COMPACTO

DICCIONARIO DE LA LENGUA ESPAÑOLA

CON ILUSTRACIONES

COMPACTO

DICCIONARIO DE LA LENGUA ESPAÑOLA

CON ILUSTRACIONES

REVISIÓN Y PRÓLOGO POR SAMUEL GILI GAYA

QUINTA EDICIÓN
(Reimpresión)
ABRIL 1991

Calabria, 108
08015 BARCELONA

Todos los derechos reservados. Prohibida la reproducción total o parcial de esta obra por cualquier procedimiento (ya sea gráfico, electrónico, óptico, químico, mecánico, fotocopia, etc.) y el almacenamiento o transmisión de sus contenidos en soportes magnéticos, sonoros, visuales o de cualquier otro tipo así como el préstamo, alquiler o cualquier otra forma de cesión del uso del ejemplar sin permiso previo y por escrito de los titulares del Copyright.

© BIBLOGRAF, S. A.
Calabria, 108
08015 Barcelona

Edición especial del VOX Diccionario Abreviado de la Lengua Española

Impreso en España - Printed in Spain

ISBN 84-7153-203-4
Depósito Legal B. 587-1991

Impreso por LITOGRAFIA ROSES, S. A.
Cobalto, 9
08004 BARCELONA

ÍNDICE DE ILUSTRACIONES

ANIMALES TERRESTRES (1)	I
ANIMALES TERRESTRES (2)	II
ANIMALES ACUÁTICOS (1)	III
ANIMALES ACUÁTICOS (2)	IV
AVES	V
INSECTOS Y ARÁCNIDOS	VI
ÁRBOLES	VII
FLORES	VIII
CUERPO HUMANO	IX
HERRAMIENTAS	X
INSTRUMENTOS MUSICALES	XI
MEDIOS DE TRANSPORTE	XII
BANDERAS: COMUNIDADES AUTÓNOMAS	XIII
BANDERAS: COMUNIDADES AUTÓNOMAS	XIV
BANDERAS: COMUNIDAD ECONÓMICA EUROPEA	XV
BANDERAS: HISPANOAMÉRICA	XVI

Abreviaturas empleadas en este Diccionario

a.	adjetivo.	DER.	Derecho.
a.-f.	adjetivo usado también como substantivo femenino.	desp.	despectivo.
		Dic.	Dícese.
		dim.	diminutivo.
		ESC.	Escultura.
a.-m.	adjetivo usado también como substantivo masculino.	*f.*	substantivo femenino.
		f. pl.	substantivo femenino plural.
a.-s.	adjetivo usado también como substantivo.	fam.	familiar.
		fem.	femenino.
		FORT.	fortificación.
adv.	adverbio.	gén.	género.
advers.	adversativa.	GEOGR.	Geografía.
AGR.	Agricultura.	GEOM.	Geometría.
amb.	substantivo ambiguo.	GRAM.	Gramática.
		H. NAT.	Historia Natural.
ANAT.	Anatomía.	*i.*	verbo intransitivo.
ant.	antiguo, antigua.		
apóc.	apócope.	*i.-r.*	verbo intransitivo que se usa también como reflexivo.
ARQ.	Arquitectura.		
art.	artículo.		
ARTILL.	Artillería.	*i.-t.*	verbo intransitivo que se usa también como transitivo.
ASTR.	Astronomía.		
BOT.	Botánica.		
BLAS.	Blasón.		
c. o com.	substantivo del género común.	*impers.*	verbo impersonal.
CARP.	Carpintería.	IMPR.	Imprenta.
CIR.	Cirugía.	*indef.*	indefinido.
COM.	Comercio.	inf.	verbo en infinitivo.
comp.	comparativo, comparación.		
		interj.	interjección.
conj.	conjunción.	*interr.*	interrogativo.
cop.	copulativa.	irreg.	irregular.
dem.	demostrativo.	*lat.*	latino, latina.

LIT.	Literatura.	poét.	poético.
loc.	locución.	p. p.	participio pasivo.
LÓG.	Lógica.		
m.	substantivo masculino.	prep.	preposición.
		pron.	pronombre.
m. adv.	modo adverbial.	QUÍM.	Química.
m. f.	subst. masculino o femenino.	r.	verbo reflexivo o recíproco
		rel.	relativo.
m. pl.	subst. masculino plural.	sing.	singular.
		superl.	superlativo.
MAR.	Marina.	t.	verbo transitivo.
masc.	masculino.		
MAT.	Matemáticas.	t.-i.	verbo transitivo que se usa también como intransitivo.
MEC.	Mecánica		
MED.	Medicina.		
MIL.	Milicia.		
MIN.	Minería.		
MIT.	Mitología.	t.-r.	verbo transitivo que se usa también como reflexivo.
MÚS.	Música.		
núm.	número.		
n. pr.	nombre propio.		
ÓPT.	Óptica.		
pers.	persona, personal.	TEAT.	Teatro.
		TOP.	Topografía.
PINT.	Pintura.	V.	véase.
pl.	plural.	ZOOL.	Zoología.

ABREVIATURAS

(a)	alias	fr.	fray
A. C.	año de Cristo	Gral.	general
admón.	administración	H., HH.	hermano (religioso), hermanos; hermana, hermanas
afmo.	afectísimo		
art. o art.º	artículo		
arz.	arzobispo		
atto., atta.	atento, atenta	ibíd. o íd.	ibídem, o ídem, el mismo
B. L. M.	besa la mano; Besalamano (esquela)		
		J. C.	Jesucristo
		Jhs.	Jesús
b. l. p.	besa los pies	lic.	licenciado
C., Cía. o comp.ª	compañía	M., MM.	Madre (religiosa); Madres
cap. o cap.º	capítulo	Mtro.	maestro
		Mons.	Monseñor
c/c. o cta. cte.	cuenta corriente	mr.	mártir
cf.	confróntese	N.	norte; anónimo o nombre ignorado
cta.	cuenta		
cte., ctes.	corriente, corrientes		
		N B.	nótese bien
c. m. b.	cuyas manos besa	N.ª S.ª o Ntra. Sra.	Nuestra Señora
		NE.	nordeste
c. p. b.	cuyos pies besa	NO.	noroeste
D., D.ª	Don, Doña	n.º, No. o núm.	número
D. m.	Dios mediante		
Dr.	doctor	N. S.	Nuestro Señor
E.	este	n/ o ntro., ntra.	nuestro, nuestra
E. M.	Estado Mayor		
Emmo.	Eminentísimo	NW.	noroeste
ENE.	estenordeste	O.	oeste
entl.º	entresuelo	O. M.	orden ministerial
e. p. d.	en paz descanse		
		O. P.	obras públicas
ESE	estesudeste	P., PP.	Padre (religioso); Padres
EE. UU. de A.	Estados Unidos de América		
		p. a.	por autorización, por ausencia (en las antefirmas)
etc.	etcétera		
Excmo.	excelentísimo		
fha.	fecha		
f. c.	ferrocarril	pág., págs.	página, páginas
f. o fol.	folio		
fra.	factura	pbro.	presbítero

P. D.	postdata	S. A. R.	Su Alteza Real
Prof.	profesor	S. L.	sociedad de responsabilidad limitada
p. ej.	por ejemplo		
p. o.	por orden (en las antefirmas)		
		S. M.	Su Majestad
		SO.	sudoeste
p. p.	por poder (en las antefirmas)	S. P.	Su Paternidad; servicio público
P. P.	porte pagado	S. R. I.	Santa Romana Iglesia
p. pdo.	próximo pasado (en las fechas)		
		Smo., Sma.	santísimo, santísima
pral.	principal	Sr., Sres.	señor, señores
P. S.	post scriptum (postdata)	Sra., Sras.	señora, señoras
		Srta., Srtas.	señorita, señoritas
q. b. s. m.	que besa su mano		
		S. S.	Su Santidad
q. b. s. p.	que besa sus pies	s. s. s.	su seguro servidor
		SW.	sudoeste
q. D. g.	que Dios guarde	V. o Ud.; Udes.	usted, ustedes
q. e. g. e.	que en gloria esté		
		V.	usted; véase
q. e. p. d.	que en paz descanse	V.° B.°	visto bueno
		V. E.	vuecencia, vuecelencia
q. e. s. m.	que estrecha su mano		
		V. S.	usía, vuestra señoría
q. g. h.	que gloria haya		
Rdmo.	Reverendísimo	V. S. I.	usía ilustrísima
R. I. P.	requiescat in pace (que en paz descanse)		
		vda.	viuda
		V M	Vuestra Majestad
S.	san; sur		
sto., sta.	santo, santa	V. A	Vuestra Alteza
S. A.	sociedad anónima	vg. o v.g. o v.gr.	verbigracia
s. c. o s/c.	su casa		
		vid.	vide; véase
		vol., vols.	volumen, volúmenes
S. D. M.	Su Divina Majestad		
		v/ o vtro., vtra.	vuestro, vuestra
SE.	sudeste		
S. E.	su excelencia; su eminencia	VV	ustedes
		W.	oeste
S. en C.	sociedad en comandita	Xto.	Cristo
		X.	anónimo, desconocido
s. e. u o.	salvo error u omisión		
		%	por ciento
sgte.	siguiente	‰	por mil

PRÓLOGO

El aprendizaje de la lengua materna es un proceso de imitación que dura toda la vida. Claro es que este proceso va con velocidad decreciente desde la infancia hasta la vejez, es decir, desde las facultades miméticas despiertas y adaptables del niño, hasta el embotamiento y rigidez que los años van acumulando en los hábitos expresivos de la edad senil. Pero aprendemos siempre a hablar, ensanchamos día por día nuestro repertorio idiomático, arrinconamos formas lingüísticas, adquirimos otras nuevas y penetramos más en su matiz particular. Todos los factores culturales y sociales que rodean al hombre influyen en este hacerse y deshacerse, que es la maravilla del lenguaje, donde se cumple de modo más visible que en otras actividades humanas aquella sentencia del viejo Jordi de Sant Jordi:

Tots jorns aprenc e desaprenc ensemps.

En nuestro diario aprender y desaprender la lengua propia son valores importantes, aunque no únicos, la escuela, los libros, la cultura literaria personal y la del ambiente en que vivimos, los cuales se infiltran, por imitación consciente o inconsciente, en las hablas individuales, que nunca son hoy idénticas a las de ayer ni a las de mañana. Este punto de vista, que ha venido a vivificar la Lingüística del siglo actual, ha hecho que la Metodología del lenguaje se encamine paralelamente hacia rumbos nuevos, y ha impulsado iniciativas muy prometedoras entre los educadores de Europa y de América. Se trata en tales ensayos de inventariar las formas usuales del habla y su frecuencia mayor o menor en las distintas edades de la vida individual, en función de los diversos grupos humanos y estratos sociales comprendidos dentro del ámbito general de cada lengua. Es bien sabido que no hablan igual los jóvenes que los viejos. La vida rural crea preferencias léxicas y gramaticales diferentes de las usadas en los medios urbanos, y dentro de ellos, los sectores cultos se distinguen bien de las zonas sociales de nivel intelectual más bajo. Aun sin entrar en las jergas profesionales o en los lenguajes técnicos, todos notamos cuánto se acercan en sus maneras de expresarse los individuos de una misma profesión, aunque no hablen de asuntos propios de ella. Todos hablan el mismo idioma, pero con bien marcadas diferencias de unos grupos a otros. Los pedagogos han pensado, según esto, en investigar el habla de los niños y de los adolescentes, no sólo con el fin especulativo de observar el proceso adquisitivo de la lengua, sino también con la intención práctica de influir en su desarrollo y tener una guía para elaborar con acierto libros de lectura, ejercicios de composición oral y escrita, explicaciones de textos, etc.

Estas investigaciones abarcan la pronunciación, el vocabulario, la morfología y la sintaxis, y ofrecen un campo en gran parte inexplorado, pero que ha de ser muy fecundo en consecuencias, tanto para la Lingüística como para la Pedagogía. Puede añadirse, sin embargo, que ahora estamos empezando, y que la mayor parte de los trabajos realizados hasta ahora se han dirigido hacia el léxico, por ser más fácil en este terreno practicar recuentos estadísticos comparativos de la frecuencia con que las palabras se usan entre los niños y los jóvenes de cada edad, según el ambiente en que viven y el grado de su educación. También se ha adelantado bastante en el estudio de la pronunciación infantil, que presenta un campo de observación relativamente limitado. Se comprende que lo estrictamente gramatical, y sobre todo lo sintáctico, sea más rebelde a los inventarios estadísticos y a menudo irreducible a cifras, y por esto no ha dado todavía frutos apreciables. Habría que plantear para la sintaxis infantil un método especial de exploración. En el terreno del léxico están, pues, la mayor parte de los estudios que se han practicado y siguen practicándose, y a él he de referirme como introducción a nuestro DICCIONARIO COMPACTO «VOX».

Todos hemos observado que los niños entienden mucho más de lo que dicen. Si comparamos las palabras que usa un niño con las que comprende al oírlas, nos asombrará su gran desnivel numérico. Esta observación puede aplicarse igualmente al adulto, por muy elevada que sea su cultura literaria; son muchas las palabras que usamos, pero muchísimas más las que somos capaces de comprender, aunque sean inusitadas o extremadamente raras en nuestra expresión efectiva. Por esto, los estudios a que antes me refería distinguen con acierto el *vocabulario de expresión* del *vocabulario de renocimiento*; y al componer sus estadísticas establecen la separación necesaria entre ambos sectores tan desiguales. Por otra parte, la lengua ofrece buen número de vocablos que ni usamos ni entendemos, si no vamos a buscarlos expresamente en los diccionarios. De donde resulta que en cualquier edad, oficio y grado de cultura todos somos deficitarios en relación con nuestro idioma, y que el desnivel entre el vocabulario de expresión y el de reconocimiento, por un lado, y entre éste y el léxico de la lengua, por otro, sea el portillo abierto al perfeccionamiento y ampliación de los medios expresivos.

Si este DICCIONARIO COMPACTO no fuese más que un espejo del vocabulario de expresión infantil o de las personas de escasa cultura, quedaría reducido a una parte mínima de su volumen, y su utilidad sería nula. Pero el vocabulario de reconocimiento está unido a aquél como su ampliación inmediata; y algo más allá, un caudal considerable de voces generales, aunque no estén presentes en la mente infantil, se incorpora a sus columnas con el fin de ayudar a convertir en actual el léxico potencial. Se han excluido las voces arcaicas, desusadas, jergales, dialectales, y los tecnicismos que suponen especialización. Sirviéndonos, pues, como guía metódica, del vocabulario de uso y comprensión habitual en el público a que nos dirigimos, lo rebasamos ampliamente hacia el plano del idioma general, para que el libro puesto en sus manos sea instrumento de su progresiva perfección.

No sólo se valora cuantitativamente el vocabulario personal. Abundan, sobre todo en la edad escolar, las palabras que sólo comprendemos a medias: a veces captamos únicamente su expresividad sonora sin acertar a darnos cuenta de su significado; otras veces percibimos por el contexto su atmósfera emotiva, acompañada de una idea muy imperfecta de la imagen que evocan, o de un concepto borroso que no alcanzamos a delimitar en nuestra mente. Entendemos a menudo por aproximación porque las palabras nombran, aluden, evocan un significado, pero no lo definen. Pero esta mediocomprensión es el camino que recorremos para llegar a una comprensión más perfecta; es una etapa necesaria y deseable del aprendizaje idiomático. Los maestros saben bien que existe una Pedagogía del entender a medias, sin la cual no podríamos dar un paso en el camino de la educación intelectual. El léxico, tal como existe en la lengua y en los diccionarios, tiene un valor abstracto que sólo se actualiza y concreta en el habla por medio del contexto y de la situación. Por estos motivos, el valor de un diccionario destinado a fines escolares ha de consistir en su capacidad para servir de instrumento a esa transición constante de lo abstracto a lo concreto, y de éste al plano de los conceptos generales, mediante la cual las palabras adquieren su valor formativo esencial en la educación.

Si la dificultad de definir es grande en cualquier ocasión, lo es mucho más en un diccionario de dimensiones reducidas, que ha de ser manejado por niños que no exceden de catorce años. Los redactores de este DICCIONARIO COMPACTO han acudido, en casos dudosos, a la prueba de hacer leer sus definiciones a niños de aquella edad, y han retocado su trabajo con arreglo a los resultados que observaban en cada caso. No es un diccionario enciclopédico minúsculo, sino un diccionario de la lengua española destinado a la educación idiomática. En ningún modo quiere ser más que esto; pero tampoco quisiera ser menos. Por esto la casa editora recibirá con gratitud las observaciones que los educadores quieran hacer a su contenido, en la seguridad de que serán tomadas en consideración en las sucesivas ediciones. La utilidad didáctica de un libro como el que hoy se presenta al juicio público no se prueba en un día, sino en un uso continuado que revele sus cualidades o imperfecciones. El

Diccionario compacto «Vox» es un ensayo que, inspirándose en las conclusiones a que va llegando la Metodología del lenguaje, trata de aplicarlas a nuestro idioma. Y como tal ensayo, está abierto a toda clase de rectificaciones y perfeccionamientos.

Samuel Gili Gaya

A

A a *f.* Letra vocal, primera del alfabeto. Preposición de uso muy /vario.
ababol *m.* Amapola.
abacá *m.* Planta textil tropical.
abacería *f.* Tienda de comestibles.
abacero -ra *m. f.* Persona que tiene abacería.
abacial *a.* Relativo al abad.
ábaco *m.* Parte superior del capitel. Cuadro con alambres y bolas para contar. /terio.
abad *m.* Superior de un monasabadejo *m.* Bacalao. Reyezuelo (pájaro).
abadengo -ga *a.* Perteneciente a la dignidad o jurisdicción del abad.
abadesa *f.* Superiora en ciertos monasterios de religiosas.
abadía *f.* Dignidad y jurisdicción de abad o abadesa. Monasterio.
abajo *adv.* En o hacia el lugar o parte inferior.
abalanzar *t.* Poner la balanza en el fiel. Impeler, lanzar. *r.* Arrojarse.
abalizar *t.* Poner balizas.
abalorio *m.* Cuenta de vidrio agujereada. /bandera.
abanderado *m.* El que lleva la
abanderar *t.* Matricular un buque bajo la bandera de un Estado.
abandonado *a.* Desidioso. Desaseado.
abandonar *t.* Dejar desamparado. Desistir de algo, renunciar a ello. *r.* Entregarse a algo. Descuidar sus actos u obligaciones.
abandono *s.* Acción de abandonar. Desaliño. /nico.
abanicar *t.* Hacer aire con el abaabanico *m.* Instrumento para hacer o hacerse aire. /carse.
abaniqueo *m.* Acción de abaniabaniquero -ra *m. f.* Persona que hace o vende abanicos.
abanto *m.* Especie de buitre. *a.* Dic. del toro espantadizo.
abaratar *t.* Bajar el precio.
abarca *f.* Calzado rústico de cuero.
abarcar *t.* Ceñir con los brazos. Ceñir, rodear, comprender.
abarquillado -da *adj.* De figura de barquillo.
abarquillar *t.-r.* Encorvar como un barquillo.
abarrancadero *m.* Atascadero.
abarrancar *t.* Hacer barrancos. *t.-r.* Meter en un barranco.
abarrotar *t.* Llenar con abarrotes. Llenar, atestar.
abarrote *m.* Fardo pequeño para llenar los huecos de la estiba.
abastar *t.* Abastecer.
abastecedor *a.-s.* Que abastece.
abastecer *t.-r.* Proveer de víveres u otras cosas. /tecer.
abastecimiento *m.* Acción de abasabasto *m.* Provisión de cosas necesarias. /batán.
abatanar *t.* Batir el paño en el
abate *m.* ant. Clérigo de órdenes menores o extranjero.
abatimiento *m.* Acción de abatir o abatirse. Humillación, bajeza. Postración.
abatir *t.* Derribar. Hacer bajar o inclinar. *t.-r.* Humillar. Hacer perder las fuerzas o el ánimo.
abazón *m.* Bolsa que tienen algunos monos en los carrillos.
abdicación *f.* Acción de abdicar.
abdicar *t.-r.* Renunciar, abandonar el trono, sus opiniones, etc.
abdomen *m.* Cavidad que contiene el estómago y los intestinos. Región posterior del cuerpo de los insectos y crustáceos.
abdominal *a.* Perteneciente al abdomen.
abecé *m.* Abecedario.
abecedario *m.* Serie ordenada de las letras de un idioma. Cartel o libro para aprenderlas.
abedul *m.* Árbol de corteza plateada y ramas flexibles.
abeja *f.* Insecto himenóptero que fabrica la cera y la miel.
abejar *m.* Colmenar. /tero).
abejarrón *m.* Abejorro (himenópabejaruco *m.* Ave que se alimenta de abejas.
abejera *f.* Colmenar. Toronjil.
abejón *m.* Zángano. Abejarrón.
abejorro *m.* Insecto himenóptero, velludo, grande y muy zumba-

dor. Insecto coleóptero que roe las plantas.
abellotado -da *a.* De figura de bellota.
abemolar *t.* Suavizar, dulcificar la voz. Poner bemoles a una nota.
aberenjenado -da *a.* De color o figura de berenjena.
aberración *f.* Desviación de la verdad, de la rectitud, de lo natural y lógico. Desvío aparente de los astros.
aberrar *i.* Errar, equivocarse.
abertura *f.* Acción de abrir. Hendidura, agujero. /tos.
abetal *m.* Sitio poblado de abe-
abetinote *m.* Resina del abeto.
abeto *m.* Árbol abietáceo, de copa cónica y ramas horizontales.
abiertamente *adv.* Sin reserva.
abierto -ta p.p. irreg. de *abrir*. *a.* Llano, raso. No murado o cerrado. Ingenuo, franco.
abietáceo -a y **abietíneo -a** *a.-f.* Dic. de las plantas coníferas de hojas aciculares y fruto en piña.
abigarrado -da *a.* De varios colores mal combinados.
abigarrar *t.* Poner varios colores mal combinados.
abisal *a.* Abismal.
abisinio -nia *a.-s.* De Abisinia.
abismal *a.* Perteneciente al abismo.
abismar *t.-r.* Hundir en un abismo.
abismo *m.* Profundidad grande. Cosa inmensa, insondable.
abjuración *f.* Acción de abjurar.
abjurar *t.-i.* Retractar con juramento una doctrina religiosa. Renunciar a una opinión, error, etc.
ablación *f.* Extirpación de una parte del cuerpo.
ablandamiento *m.* Acción de ablandar.
ablandar *t.* Poner blando. Suavizar. *t.-r.* Mitigar el enojo, el rigor.
ablativo *m.* Caso de la declinación que corresponde a los complementos circunstanciales.
ablución *f.* Lavatorio. Purificación ritual por el agua.
abluente *a.* Detersorio.
abnegación *f.* Renuncia de los propios afectos o intereses.
abnegado -da *a.* Que tiene abnegación.
abobado -da *a.* Que parece bobo.
abobar *t.-r.* Hacer bobo. Embobar.
abocado *a.* Dic. del vino grato por su suavidad.
abocar *t.* Asir con la boca. Acercar, aproximar. *i.* Comenzar a entrar en un canal, puerto, etc.
abocardado -da *a.* De boca semejante a la de una trompeta.
abocardar *t.* Ensanchar la boca de un tubo o agujero.
abocetar *t.* Pintar, esculpir a manera de boceto.
abocinado -da *a.* De figura de bocina.
abocinar *t.* Dar forma de bocina. *i.* Caer de bruces.
abochornar *t.-r.* Causar bochorno. *r.* Enfermar las plantas por el calor.
abofetear *t.* Dar de bofetadas.
abogacía *f.* Profesión del abogado.
abogado -da *m. f.* Licenciado en Derecho. Defensor, intercesor.
abogar *i.* Defender en juicio. Hablar en favor de alguien o algo.
abolengo *m.* Ascendencia de abuelos. Patrimonio que viene de los abuelos.
abolición *f.* Acción de abolir.
abolicionista *com.* Partidario de la abolición de algo.
abolir *t.* Derogar. Suprimir.
abolsarse *r.* Tomar figura de bolsa.
abolladura *f.* Efecto de abollar o abollarse.
abollar *t.-r.* Hacer uno o varios bollos a una cosa.
abollonar *t.* Repujar formando bollones.
abombar *t.* Dar forma convexa. Asordar, aturdir.
abominable *a.* Digno de ser abominado.
abominación *f.* Acción de abominar. Cosa abominable.
abominar *t.-i.* Condenar, maldecir. Aborrecer, detestar.
abonado -da *a.* Que es de fiar. Capaz de alguna cosa. *m. f.* Persona que ha tomado un abono.
abonador *a.-s.* Que abona.
abonanzar *i.* Cesar la tormenta. Serenarse el tiempo.
abonar *t.* Acreditar o calificar de bueno. Fertilizar la tierra. Pagar. COM. Tomar en cuenta; asentar en el haber. *t.-r.* Inscribir a alguno, mediante pago, para el disfrute de un servicio, espectáculo, etc.
abono *m.* Acción de abonar o abonarse. Derecho del que se abona. Asiento en el haber de una cuenta. Substancia con que se abona la tierra.
abordable *a.* Que se puede abordar. Tratable. /dar.
abordaje *m.* MAR. Acción de abor-
abordar *t.-i.* Chocar una embarcación con otra. Aportar, tomar tierra. *t.* Acércase a uno para

hablarle. Planear un asunto.
aborigen *a.* Originario del país en que vive. *a.-m.* Morador primitivo de un país.
aborrascarse *r.* Ponerse borrascoso.
aborrecer *t.* Tener aversión. Abandonar las aves el nido, los huevos o las crías.
aborrecible *a.* Digno de ser aborrecido.
aborrecimiento *m.* Aversión, odio.
aborregarse *r.* Cubrirse el cielo de nubecillas.
abortar *i.* Fracasar, malograrse.
aborto *m.* Acción de abortar. Cosa abortada.
aborujar *t.-r.* Hacer que una cosa forme borujos.
abotagarse, abotargarse *r.* Hincharse el cuerpo.
abotonador *m.* Instrumento para abotonar.
abotonar *t.-r.* Ajustar con botones. *i.* Echar botones las plantas.
abovedar *t.* Cubrir con bóveda. Dar figura de bóveda.
abozalar *t.* Poner bozal.
abra *f.* Bahía pequeña. Abertura entre dos montañas.
abracadabrante *a.* Que produce sorpresa o regocijo.
abrasador -ra *a.* Que abrasa.
abrasar *t.-r.* Quemar, reducir a brasa. Secar una planta por el calor o el frío. *r.* Estar muy agitado de una pasión.
abrazadera *f.* Pieza para asegurar una cosa ciñéndola.
abrazar *t.* Ceñir con los brazos. Ceñir, rodear, comprender. Seguir una profesión, carrera, etc.
abrazo *m.* Acción de abrazar.
ábrego *m.* Viento sudoeste.
abrevadero *m.* Lugar donde se abreva el ganado.
abrevar *t.* Dar de beber al ganado.
abreviación *f.* Acción de abreviar.
abreviar *t.* Acortar, reducir a menor espacio o tiempo. Apresurar.
abreviatura *f.* Representación abreviada de una palabra.
abridero -ra *a.* Que se abre fácilmente.
abrigadero, abrigaño *m.* Sitio resguardado del viento.
abrigar *t.-r.* Resguardar del frío, el viento, la lluvia, etc. Amparar.
abrigo *m.* Defensa contra el frío. Abrigadero. Amparo. Prenda de abrigo que se pone sobre las demás.
abril *m.* Cuarto mes del año.
abrileño -ña *a.* Propio del mes de abril.
abrillantar *t.* Dar brillo. Labrar en facetas.

abrir *t.-r.* Descubrir lo que está cerrado u oculto; separar las hojas de una puerta, descorrer una cortina o cerrojo, tirar de un cajón, etc. Hacer accesible. Despegar cartas o paquetes. Extender lo doblado o encogido. Hender, rasgar, dividir. Hacer un agujero, un surco, etc. Comenzar, dar principio. Ir a la cabeza o delante.
abrochador *m.* Abotonador.
abrochar *t.* Ajustar con broches, botones, corchetes, etc.
abrogación *f.* Acción de abrogar.
abrogar *t.* Abolir, revocar.
abrojal *m.* Terreno poblado de abrojos. /tible.
abrojín *m.* Caracol marino comestible.
abrojo *m.* Nombre de varias plantas de fruto espinoso. Este fruto. /cer.
abroncar *t.* Avergonzar, escarnecer.
abroquelar *t.-r.* Cubrir con broquel. /dicinal.
abrótano *m.* Planta herbácea medicinal.
abrumador -ra *a.* Que abruma.
abrumar *t.* Oprimir con grave peso, trabajo, etc. *r.* Llenarse de bruma.
abrupto -ta *a.* Escarpado.
absceso *m.* Acumulación de pus en un tejido orgánico.
absentismo *m.* Costumbre de residir el propietario fuera de la localidad en que radican sus fincas.
ábside *m.* Parte abovedada, semicircular, que sobresale de la fachada posterior de una iglesia.
absolución *f.* Acción de absolver.
absolutamente *adv.* De modo absoluto.
absolutismo *m.* Sistema de gobierno absoluto.
absolutista *a.-s.* Partidario del absolutismo.
absoluto -ta *a.* Independiente, ilimitado, sin restricción. De genio imperioso.
absolutorio -ria *a.* Que absuelve.
absolvederas *f. pl.* Facilidad en absolver.
absolver *t.* Dar por libre de algún cargo. Remitir a un penitente sus pecados.
absorbente *a.* Que absorbe.
absorber *t.* Atraer y retener un cuerpo a otro entre sus moléculas. Consumir, acabar. Atraer a sí, cautivar.
absorción *f.* Acción de absorber.
absorto -ta *a.* Admirado, pasmado.
abstemio -mia *a.-s.* Que no toma bebidas alcohólicas.
abstención *f.* Abstinencia.
abstenerse *r.* Privarse de algo.
abstergente *a.-s.* Que absterge.

absterger *t.* Limpiar las llagas.
abstinencia *f.* Acción de abstenerse. Virtud del que se abstiene de los goces materiales. Privación de comer carne.
abstinente *a.* Que practica la abstinencia.
abstracción *f.* Acción de abstraer o abstraerse. /creto.
abstracto -ta *a.* Genérico, no concreto.
abstraer *t.* Considerar aisladamente una cualidad de un objeto, o el objeto en su pura esencia. Prescindir. *r.* Enajenarse de los objetos sensibles.
abstraído -da *a.* Retirado del trato de las gentes. Ensimismado.
abstruso -sa *a.* Difícil de comprender.
absuelto *p.p.* irreg. de *absolver.*
absurdidad *f.* Cosa absurda.
absurdo -da *a.* Contrario a la razón. *m.* Absurdidad.
abubilla *f.* Pájaro insectívoro que tiene un penacho de plumas eréctiles en la cabeza.
abuchear *t.* Manifestar ruidosamente desagrado o protesta.
abucheo *m.* Acción de abuchear.
abuelo -la *m. f.* Padre o madre del padre o de la madre.
abulense *a.-s.* De Ávila.
abulia *f.* Falta de voluntad.
abúlico, ca *a.-s.* Que tiene abulia.
abultado -da *a.* De mucho bulto.
abultar *t.* Aumentar el bulto. Exagerar. *i.* Hacer bulto.
abundamiento (a mayor) *m. adv.* Además, con mayor razón.
abundancia *f.* Gran cantidad.
abundante *a.* Copioso, en gran cantidad.
abundar *i.* Haber o tener en abundancia. Estar adherido a una opinión o parecer.
abundoso -sa *a.* Abundante.
¡abur! *interj.* ¡Agur! /sa.
aburrido -da *a.* Que aburre o cansa.
aburrimiento *m.* Tedio, fastidio.
aburrir *t.* Molestar, cansar. *r.* Fastidiarse.
aburujar *t.* Aborujar.
abusar *i.* Usar mal o indebidamente.
abusivo -va *a.* Que se hace por abuso.
abuso *m.* Acción de abusar.
abusón -na *a.-s.* Que abusa.
abyección *f.* Bajeza. Abatimiento.
abyecto -ta *a.* Bajo, vil, abatido.
acá *adv.* Aquí, a esta parte.
acabado -da *a.* Perfecto. Destruido, malparado. *m.* Acción de acabar o perfeccionar.
acaballado -da *a.* Que parece de caballo.
acaballerado -da *a.* Que tiene porte de caballero.
acabamiento *m.* Efecto o cumplimiento. Término, fin.
acabar *t.* Dar fin, terminar. Apurar, consumir. *i.* Rematar, finalizar. Con la prep. *de*, haber ocurrido poco antes.
acacia *f.* Género de árboles leguminosos con flores en racimos colgantes.
academia *f.* Sociedad científica, literaria o artística. Establecimiento docente. PINT., ESC. Estudio del natural.
academicismo *m.* Sujeción a la tradición artística de las academias.
académico -ca *a.* Perteneciente a la academia o a los estudios oficiales. *m.* Miembro de una academia. /cer.
acaecedero -ra *a.* Que puede acaecer *i. impers.* Suceder.
acaecimiento *m.* Suceso.
acalambrarse *r.* Contraerse a causa del calambre.
acalenturarse *r.* Empezar a tener calentura.
acalorado -da *a.* Ardiente, apasionado. Irritado.
acaloramiento *m.* Ardor, arrebato de calor. Apasionamiento.
acalorar *t.-r.* Dar calor. Encender, fatigar con el ejercicio. Excitar.
acallar *t.* Hacer callar. Aplacar, aquietar.
acamar *t.-r.* Hacer que se tiendan las mieses.
acampanado -da *a.* De figura de campana.
acampar *i.-r.* Hacer alto en el campo, alojándose o no en tiendas.
acanalado -da *a.* Que pasa por canal. De figura abarquillada. Con estrías.
acanalar *t.* Hacer canales o estrías. Dar forma de canal.
acanelado -da *a.* De color o sabor de canela.
acantáceo -cea *a.* Parecido al acanto. De su familia.
acantilado -da *a.* Dic. de la costa cortada a pico. *m.* Escarpa casi vertical.
acanto *m.* Planta de hojas largas, rizadas y espinosas.
acantonar *t.* Distribuir las tropas en varios lugares.
acaparador -ra *a.* Que acapara.
acaparamiento *m.* Acción de acaparar.
acaparar *t.* Acopiar o apropiarse, en perjuicio de los demás.
acaracolado -da *a.* De figura de caracol.
acaramelar *t.* Bañar de caramelo. *r.* Mostrarse dulce y ga-

acarar *t.* Carear. /lante.
acardenalar *t.-r.* Producir cardenales en el cuerpo.
acariciar *t.* Hacer caricias. Complacerse en un deseo, proyecto, etcétera.
acáridos *m. pl.* Orden de arácnidos cuyo tipo es el ácaro.
ácaro *a.-m.* Dic. de ciertos arácnidos diminutos, de abdomen sentado.
acarreador -ra *a.* Que acarrea.
acarrear *t.* Transportar, esp. en carro. Ocasionar.
acarreo *m.* Acción de acarrear.
acartonarse *r.* Ponerse como cartón.
acaso *m.* Casualidad. *adv.* Por casualidad. Quizá. /to.
acatamiento *m.* Sumisión y respe-
acatar *t.* Tributar sumisión y respeto.
acatarrarse *r.* Contraer catarro.
acato *m.* Acatamiento.
acaudalado -da *a.* Que tiene mucho caudal.
acaudalar *t.* Reunir caudal.
acaudillar *t.* Mandar, guiar, conducir. *r.* Elegir caudillo.
acceder *t.* Consentir en lo que otro pide. Ceder uno en su opinión.
accesible *a.* Que tiene acceso. De fácil trato.
accesión *f.* Acción de acceder. Cosa accesoria.
accésit *m.* Recompensa inmediatamente inferior al premio.
acceso *m.* Acción de acercarse. Entrada o paso. Acometimiento brusco de la tos, la fiebre, etc.
accesorio -ria *a.* Que depende de lo principal. *m.* Utensilio auxiliar.
accidentado -da *a.* Agitado, revuelto. Quebrado, fragoso. Acometido de accidente.
accidental *a.* No esencial. Casual, contingente.
accidentar *t.* Producir accidente. *r.* Ser acometido de algún accidente.
accidente *m.* Cualidad no esencial. Suceso eventual. Indisposición que priva de sentido o movimiento. MÚS. Signo con que se altera un sonido. GRAM. Modificación en la forma de las palabras variables.
acción *f.* Operación, acto. Movimientos que denotan una intención. Derecho a pedir un juicio. Actos y sucesos del drama, novela, etc. Hecho de armas. COM. Porción del capital de una sociedad anónima.
accionar *i.* Hacer movimientos y gestos.

accionista *c.* COM. Poseedor de una o varias acciones.
acebo *m.* Árbol de hojas duras y espinosas, flores blancas y fruto en baya.
acebuche *m.* Olivo silvestre.
acecinar *t.* Salar carnes y secarlas al humo.
acechar *t.* Observar, aguardar cautelosamente.
acecho *m.* Acción de acechar.
acedar *t.-r.* Poner agrio. Disgustar.
acedera *f.* Planta de sabor ácido que se emplea como condimento.
acederaque *m.* Cinamomo.
acederilla *f.* Planta parecida a la acedera.
acedía *f.* Calidad de acedo. Indisposición del estómago por acedarse la comida.
acedo -da *a.* Ácido. Agrio.
acéfalo -la *a.* Falto de cabeza.
aceitar *t.* Untar con aceite.
aceite *m.* Líquido graso que se extrae de la aceituna. Nombre de muchas otras substancias untuosas y combustibles.
aceitería *f.* Tienda y oficio del aceitero.
aceitero -ra *a.* Relativo al aceite. *m. f.* Persona que vende aceite. *f.* Alcuza. *f. pl.* Vinagreras.
aceitoso -sa *a.* Que tiene aceite. Grasiento.
aceituna *f.* Fruto del olivo.
aceitunado -da *a.* De color de aceituna.
aceituno *m.* Olivo.
acelajado -da *a.* Que tiene celajes.
aceleración *f.* Acción de acelerar. Incremento de la velocidad en la unidad de tiempo. /ción.
aceleradamente *adv.* Con acelera-
acelerador -ra *a.-m.* Que acelera.
acelerar *t.* Hacer más rápido. Anticipar.
aceleratriz *a.* Dic. de la fuerza que acelera.
acelga *f.* Planta hortense, de hojas grandes, jugosas y comestibles.
acémila *f.* Mula o macho de carga.
acemilero *m.* El que cuida de las acémilas. /mancha.
acendrado -da *a.* Depurado, sin
acendrar *t.* Purificar los metales. Depurar.
acento *m.* Mayor intensidad con que se pronuncia determinada sílaba o que se da a ciertos sonidos musicales. Signo que la indica. Tono, entonación particular.
acentuación *f.* Acción de acentuar.
acentuar *t.* Dar acento prosódico a las palabras o ponerles acento ortográfico. Recalcar.

aceña *f.* Molino movido por agua.
aceñero -ra *m. f.* Persona que cuida de la aceña.
acepción *f.* Significado en que se toma una voz.
acepilladura *f.* Acción de acepillar. Viruta.
acepillar *t.* Cepillar.
aceptable *a.* Que se puede aceptar.
aceptación *f.* Acción de aceptar. Aprobación.
aceptar *t.* Recibir voluntariamente una cosa. Aprobar. Obligarse por escrito al pago de una letra. /cibido.
acepto -ta *a.* Agradable, bien re-
acequia *f.* Zanja para conducir agua.
acera *f.* Parte lateral de una calle destinada a los peatones.
acerado -da *a.* De acero o parecido a él.
acerar *t.* Dar al hierro las propiedades del acero. Fortalecer. Poner aceras.
acerbo -ba *a.* Áspero al gusto. Cruel, riguroso.
acerca de *m. adv.* Sobre, respecto a. /car.
acercamiento *m.* Acción de acer-
acercar *t.-r.* Poner cerca o a menor distancia.
acería *f.* Fábrica de acero.
acerico *m.* Almohadilla para clavar alfileres.
acero *m.* Hierro combinado con carbono. Arma blanca.
acerola *f.* Fruto del acerolo.
acerolo *m.* Árbol rosáceo de fruto redondo, agridulce, encarnado o amarillo.
acérrimo -ma *a.* Muy fuerte, decidido o tenaz.
acertado -da *a.* Que tiene o incluye acierto.
acertar *t.* Dar en el punto propuesto. Conseguir el fin adecuado. Dar con lo cierto. *t.-i.* Hallar. *i.* Con la prep. *a* y un inf., suceder por casualidad.
acertijo *m.* Enigma para entretenerse en acertarlo.
acervo *m.* Montón de cosas menudas. Haber que pertenece en común a muchos. /gre.
acético -ca *a.* Relativo al vina-
acetileno *m.* Gas obtenido por la acción del agua sobre el carburo de calcio.
acetona *f.* Líquido incoloro inflamable y volátil de olor característico.
acetre *m.* Caldero del agua bendita para las aspersiones.
acezar *i.* Jadear. /agüero.
aciago -ga *a.* Infausto, de mal
acial *m.* Instrumento para sujetar las bestias por el hocico.

aciano *m.* Planta compuesta de flores azules.
acíbar *m.* Áloe.
acibarar *t.* Echar acíbar. fig. Amargar. /calar.
acicalamiento *m.* Acción de aci-
acicalar *t.* Limpiar, bruñir. *t.-r.* Adornar, componer.
acicate *m.* Espuela de una sola punta. Estímulo.
acicular *a.* De figura de aguja.
acidez *f.* Calidad de ácido.
acidificar *t.-r.* Dar propiedades ácidas.
ácido -da *a.* Agrio. Relativo a un ácido. *m.* Cualquier cuerpo compuesto que contiene hidrógeno capaz de ser substituido por elementos o radicales para formar sales.
acidular *t.* Poner acídulo.
acídulo -la *a.* Ligeramente ácido.
acierto *m.* Acción de acertar. Cordura, tino.
ácimo *a.* Ázimo.
ación *f.* Correa del estribo.
acirate *m.* Loma que sirve de lindero en las heredades. Caballón.
acitrón *m.* Cidra confitada.
aclamación *f.* Acción de aclamar.
aclamar *tr.* Dar voces la multitud en aplauso de alguno. Nombrar por voz común.
aclaración *f.* Acción de aclarar.
aclarar *t.* Hacer que algo sea menos obscuro, turbio o espeso. Poner en claro. Volver a lavar la ropa. *i.* Serenarse el tiempo.
aclaratorio -ria *a.* Que aclara.
aclimatación *f.* Acción de aclimatar.
aclimatar *t.-r.* Acostumbrar a un clima o país.
acobardar *t.* Poner miedo. *r.* Cobrar miedo.
acocear *t.* Dar coces.
acochinar *t.* Matar a uno que no puede defenderse. En las damas, encerrar un peón.
acodar *t.-r.* Apoyar el codo. *t.* Enterrar el vástago de una planta, sin separarlo del tronco, para que eche raíces. Acodillar.
acodillar *t.* Doblar en forma de codo. Dar codillo.
acodo *m.* Vástago acodado.
acogedor -ra *a.-s.* Que acoge.
acoger *t.* Admitir en su casa o compañía. Amparar. Admitir, aceptar, aprobar. *r.* Refugiarse.
acogida *f.* Acogimiento. *m.* Acción de acoger.
acogotar *t.* Matar con herida o golpe en el cogote. Sujetar por el cogote.
acolchar *t.* Poner lana, algodón, etc., entre dos telas y bastearlas.

acolitado *m.* La superior de las cuatro órdenes menores.
acólito *s.* Clérigo que ha recibido el acolitado. Monaguillo.
acollar *t.* Cobijar con tierra el pie de las plantas.
acollarar *t.* Poner collar o collera. Unir por los collares.
acometedor -ra *a.* Que acomete.
acometer *t.* Embestir. Emprender, intentar. Venir súbitamente la enfermedad, el sueño, etc.
acometida *f.*, **acometimiento** *m.* Acción de acometer.
acometividad *f.* Propensión a acometer.
acomodación *f.* Acción y efecto de acomodar.
acomodadizo -za *a.* Que a todo se aviene fácilmente.
acomodado -da *a.* Conveniente. Rico, abundante de medios.
acomodador -ra *m. f.* En los espectáculos, pers. que indica a los concurrentes sus asientos.
acomodamiento *m.* Transacción. Comodidad.
acomodar *t.* Ajustar, adaptar unas cosas a otras. *t.-r.* Poner en sitio conveniente. Proveer de lo necesario. *i.* Convenir a uno una cosa. *r.* Avenirse, conformarse.
acomodaticio -cia *a.* Que se adapta a cualquier situación o doctrina.
acomodo *m.* Empleo, ocupación.
acompañado -da *a.* Concurrido.
acompañamiento *m.* Acción de acompañar. Gente que acompaña. Comparsa. MÚS. Sostén armónico de una melodía.
acompañante *a.-s.* Que acompaña.
acompañar *t.-r.* Estar o ir en compañía de otro. Juntar una cosa a otra. Ejecutar el acompañamiento musical.
acompasado -da *a.* Hecho o puesto a compás. Pausado.
acompasar *t.* Compasar.
acondicionado -da *a.* De buena o mala condición. Que está en las debidas condiciones.
acondicionar *t.-r.* Dar o adquirir cierta condición o calidad. *t.* Disponer para determinado fin.
acongojar *t.* Oprimir, afligir.
acónito *m.* Planta venenosa, medicinal y de jardín.
aconsejable *a.* Que se puede aconsejar. /mar consejo.
aconsejar *t.* Dar consejo. *r.* Tomar consejo.
aconsonantar *i.* Ser una palabra consonante de otra. *t.* Rimar los versos en consonante.
acontecer *i.-impers.* Suceder.
acontecimiento *m.* Suceso importante. /tidad.

acopiar *t.* Juntar, reunir en cantidad.
acopio *m.* Acción de acopiar.
acoplar *t.* Unir o ajustar dos piezas u objetos. *t.-r.* Aparear.
acoquinar *t.-r.* Acobardar.
acorazado *m.* Buque de guerra blindado.
acorazar *t.* Blindar buques, fortificaciones, etc. /corazón.
acorazonado -da *a.* De figura de
acorcharse *r.* Ponerse como el corcho. Embotarse la sensibilidad.
acordadamente *adv.* De común acuerdo. Con reflexión.
acordado -da *a.* Hecho con acuerdo y madurez.
acordar *t.* Resolver o determinar algo. Conciliar, componer. Templar, armonizar. *r.* Recordar.
acorde *a.* Conforme, de un mismo dictamen. Con armonía. *m.* MÚS. Tres o más sonidos combinados armónicamente.
acordeón *m.* MÚS. Instrumento de lengüetas con teclado y fuelle.
acordeonista *c.* El que toca el acordeón.
acordonar *t.* Ceñir con un cordón. Incomunicar un sitio con un cordón de gente, esp. de tropa.
acornear *t.* Dar cornadas. /tica.
ácoro *m.* Planta de raíz aromá-
acorralar *t.* Encerrar en el corral. Tener a uno rodeado para que no pueda escaparse. Dejar sin respuesta. Intimidar. /tar.
acortamiento *m.* Acción de acor-
acortar *t.* Disminuir la longitud, duración o cantidad de algo.
acosar *t.* Perseguir sin tregua. Molestar, importunar.
acoso *m.* Acción de acosar.
acostar *t.-r.* Echar o tender, esp. en la cama. Meter en cama.
acostumbrar *t.-r.* Hacer adquirir costumbre. *i.* Tener costumbre.
acotación *f.* Acotamiento. Nota al margen de un escrito.
acotar *t.* Amojonar o reservar un terreno. Poner acotaciones a un escrito.
acotiledóneo -nea *a.* Que no tiene cotiledones.
acotillo *m.* Martillo grueso de herrero. /yunda.
acoyundar *t.* Unir, poner la co-
acracia *f.* Doctrina anarquista.
ácrata *a.-s.* Anarquista.
acre *a.* Áspero y picante. Agrio, desabrido.
acrecentamiento *m.* Aumento.
acrecentar, acrecer *t.-r.* Aumentar.
acreditado -da *a.* Con crédito o reputación.
acreditar *t.* Hacer digno de crédito o reputación. Abonar en cuenta. *r.* Cobrar crédito.
acreedor -ra *a.-s.* Díc. de la per-

sona a quien se debe algo. ū. Merecedor.
acribar *t.* Cribar.
acribillar *t.* Agujerear como una criba. Molestar mucho.
acriminar *t.* Acusar de un crimen o culpa.
acrimonia *f.* Calidad de acre. Aspereza en el trato.
acrisolar *t.* Depurar los metales en el crisol. Purificar, apurar.
acritud *f.* Acrimonia.
acrobacia *f.* Arte o ejercicio del acróbata.
acróbata *c.* Volatinero, gimnasta.
acrobático -ca *a.* Concerniente al acróbata.
acromático -ca *a.* Sin color. ÓPT. Dic. del cristal o instrumento que presenta las imágenes sin irisaciones.
acromatismo *m.* Calidad de acromático.
acrópolis *f.* En la ciudad griega antigua, el sitio más alto y fortificado.
acróstico -ca *a.-m.* Dic. de la composición poética en que las letras iniciales, medias o finales de los versos forman un vocablo o frase.
acrotera *f.* Pedestal que sirve de remate en un frontispicio.
acta *f.* Relación escrita y fehaciente de un hecho o de lo tratado en una junta.
actitud *f.* Postura del cuerpo. Disposición de ánimo.
activar *t.* Avivar, acelerar.
actividad *f.* Facultad de obrar. Diligencia, prontitud. *pl.* Operaciones o tareas de una persona o entidad.
activo -va *a.* Que obra. Diligente, eficaz. Que implica acción. *m.* COM. Importe total del haber de una persona o empresa.
acto *m.* Hecho realizado por el hombre. Hecho público. Parte del drama.
actor *m.* El que representa en el teatro. DER. Demandante en juicio. /teatro.
actriz *f.* La que representa en el
actuación *f.* Acción de actuar.
actual *a.* Presente, de ahora.
actualidad *f.* Tiempo presente. Condición de actual.
actualizar *t.* Hacer actual. Poner de acuerdo con las necesidades o circunstancias actuales.
actualmente *adv.* Al presente.
actuar *t.* Poner en acción. *i.* Ejercer actos propios de su naturaleza u oficio.
actuario *m.* Auxiliar judicial.
acuarela *f.* Pintura sobre papel o cartón con colores diluidos en agua.
acuarelista *c.* Pintor de acuarelas.
acuario *m.* Depósito para conservar vivos animales y vegetales acuáticos. Signo del zodíaco.
acuartelamiento *m.* Acción de acuartelar. Lugar donde se acuartela.
acuartelar *t.-r.* Poner la tropa en cuarteles. Tenerla reunida en el cuartel.
acuático ca *a.* Que vive en el agua. Relativo al agua.
acucia *f.* Diligencia, prisa. Deseo.
acuciar *t.* Estimular, dar prisa. Desear.
acuchillar *t.* Dar cuchilladas.
acudimiento *m.* Acción de acudir.
acudir *i.* Ir a un sitio. Ir en socorro. Recurrir a alguno.
acueducto *m.* Conducto artificial para llevar agua, esp. a una población.
ácueo -a *a.* Acuoso.
acuerdo *m.* Unión, armonía. Resolución de una junta. Pacto. Reflexión.
acuidad *f.* Agudeza, viveza.
acular *t.* Arrimar por detrás. Arrinconar, acorralar.
acullá *adv.* Allá. /mular
acumulación *f.* Acción de acu-
acumulador -ra *a.-s.* Que acumula.
acumular *t.-r.* Juntar, amontonar. *t.* Imputar.
acunar *t.* Mecer en la cuna.
acuñación *f.* Acción de acuñar.
acuñar *t.* Imprimir con cuño monedas, medallas, etc. Meter cuñas.
acuoso -sa *a.* De agua. Abundante en agua o jugo.
acurrucarse *r.* Encoger el cuerpo.
acusación *f.* Acción de acusar.
acusado -da *m. f.* Persona a quien se acusa.
acusador -ra *a.-s.* Que acusa.
acusar *t.* Imputar delito. Notar, tachar. Notificar el recibo de cartas, oficios, etc.
acusativo *m.* GRAM. Caso de la declinación que corresponde al complemento directo.
acusatorio -ria *a.* De acusación.
acuse *m.* Acción de acusar recibo. Lance de ciertos juegos de naipes.
acusón -ona *a.-s.* Que tiene el vicio de acusar.
acústica *f.* Teoría del sonido.
acústico -ca *a.* Perteneciente al oído o a la acústica.
acutángulo *a.* Dic. del triángulo que tiene sus tres ángulos agudos.
achacar *t.* Atribuir, imputar.
achacoso -sa *a.* Que padece acha-

achaflanar *f.* Dar a una esquina forma de chaflán.
achaparrado -da *a.* Bajo y extendido. Rechoncho.
achaque *m.* Indisposición habitual. Defecto. Asunto, materia.
achatamiento *m.* Aplanamiento.
achatar *t.-r.* Poner chata una cosa.
achicar *t.-r.* Amenguar el tamaño. Humillar, acobardar. *t.* Sacar el agua de embarcaciones o minas.
achicoria *f.* Planta de hojas y raíces amargas usada como estomacal.
achicharradero *m.* Lugar caluroso.
achicharrar *t.-r.* Freír o asar demasiado. *t.* Molestar. *r.* Abrasarse.
achispar *t.-r.* Poner casi ebrio.
achuchar *t.* Aplastar, estrujar. Empujar.
achuchón *m.* Empujón, embestida.
achulado -da *a.* Que tiene aire de chulo.
adagio *m.* Sentencia breve y aguda. MÚS. Movimiento lento del ritmo. /guerra.
adalid *m.* Caudillo de gente de
adamantino -na *a.* poét. Diamantino. /damasco.
adamascado -da *a.* Parecido al
adamascar *t.* Labrar telas con labores parecidas al damasco.
adán *m.* fam. Hombre desaliñado o apático.
adaptación *f.* Acción de adaptar.
adaptar *t.-r.* Acomodar, ajustar una cosa a otra.
adaraja *f.* Saliente que se deja en una pared para continuarla.
adarga *f.* Escudo de cuero.
adarme *m.* Antiguo peso (1'79 g.).
adarve *m.* Camino almenado en lo alto de una muralla. Muralla.
adecentar *t.-r.* Poner decente.
adecuación *f.* Acción de adecuar.
adecuado -da *a.* Proporcionado, a propósito.
adecuar *t.* Proporcionar, acomodar, apropiar.
adefesio *m.* Disparate. Traje ridículo. Persona fea o extravagante.
adehala *f.* Lo que se da a más del precio o salario.
adehesar *t.* Convertir un terreno en dehesa.
adelantado -da *a.* Que adelanta. Precoz. Atrevido.
adelantamiento *m.* Acción de adelantar.
adelantar *t.-r.* Mover o llevar hacia adelante. *t.* Acelerar, apresurar, anticipar. *i.-r.* Aventajar. Andar con más velocidad que la debida. *i.* Progresar. *r.* Anticiparse.
adelante *adv.* Más allá. En ~, en lo venidero
adelanto *m.* Anticipo. Progreso.
adelfa *f.* Arbusto de hojas venenosas y flores de varios colores.
adelgazamiento *m.* Acción de adelgazar.
adelgazar *t.-r.* Poner delgado. *t.* Sutilizar. *i.* Enflaquecer.
ademán *m.* Movimiento que denota algún afecto del ánimo.
además *adv.* A más de esto o aquello. También.
adentellar *t.* Hincar los dientes.
adentrarse *r.* Penetrar en lo interior de una cosa.
adentro *adv.* A, o en, lo interior. *m. pl.* Lo interior del ánimo.
adepto -ta *a.* Afiliado en una secta o asociación. Partidario de alguna persona o idea.
aderezar *t.-r.* Componer, hermosear. Disponer, preparar. Guisar, condimentar.
aderezo *m.* Acción de aderezar. Cosa con que se aderezar. Juego de joyas para mujer.
adestrar *t.-r.* Adiestrar.
adeudar *t.* Deber dinero. Estar sujeto al pago de impuestos. COM. Cargar en el debe. *r.* Endeudarse.
adeudo *m.* Deuda. Lo que se ha de pagar en aduanas. COM. Asiento en el debe.
adherencia *f.* Acción de adherir o adherirse.
adherir *i.-r.* Pegarse, unirse. Abrazar una doctrina, un partido.
adhesión *f.* Acción de adherirse.
adhesivo -va *a.* Capaz de adherirse o pegarse. /Suma.
adición *f.* Acción de añadir. MAT.
adicional *a.* Que se añade.
adicionar *t.* Añadir. Sumar.
adicto -ta *a.-s.* Dedicado, apegado. Partidario. /trar.
adiestramiento *m.* Acción de adies-
adiestrar *t.* Hacer diestro. Enseñar, instruir. /do.
adinerado -da *a.* Rico, acaudala-
adintelado -da *a.* ARQ. Díc. del arco que degenera en línea recta.
adiós *interj.* para saludar o despedirse. *m.* Despedida.
adiposidad *f.* Gordura.
adiposo -sa *a.* Graso, de la naturaleza de la grasa.
aditamento *m.* Añadidura.
adivinación *f.* Acción de adivinar.
adivinador -ra *a.* Que adivina.
adivinanza *f.* Adivinación. Acertijo.
adivinar *t.* Descubrir lo que no

se sabe por medios sobrenaturales o por conjeturas. Descifrar un enigma.
adivinatorio -ria *a.* Relativo a la adivinación.
adivino -na *m. f.* Persona que adivina. /var.
adjetivación *f.* Acción de adjetivar.
adjetivar *t.* Aplicar adjetivos. Calificar.
adjetivo -va *a.* Que dice relación a una cualidad o accidente. *m.* Parte de la oración que se junta al substantivo para calificarlo o determinarlo. /car.
adjudicación *f.* Acción de adjudicar.
adjudicar *t.* Declarar que una cosa pertenece a uno. *r.* Apropiarse.
adjudicatario -ria *m. f.* Persona a quien se adjudica algo.
adjunto -ta *a.* Unido con otra cosa. *m.* Añadidura.
adminículo *m* Cosa que sirve de ayuda.
administración *f.* Acción de administrar. Cargo y oficina del administrador. /ministra.
administrador -ra *a.-s.* Que administrar
administrar *t.* Gobernar, regir. Dar o aplicar medicamentos. Conferir los sacramentos.
administrativo -va *a.* Relativo a la administración.
admirable *a.* Digno de admiración.
admirablemente *adv.* De manera admirable.
admiración *f.* Acción de admirar. Cosa admirable. Signo ortográfico (¡ !).
admirar *t.-r.* Ver con entusiasmo, sorpresa o placer. *t.* Causar sorpresa o placer.
admirativo -va *a.* De admiración.
admisible *a.* Que puede admitirse.
admisión *f.* Acción de admitir.
admitir *t.* Recibir o dar entrada. Aceptar. Permitir, sufrir.
admonición *f.* Amonestación.
adobar *t.* Componer, aderezar. Poner en adobo. Curtir las pieles. /cer.
adobe *m.* Ladrillo grande sin cocer
adobo *m.* Acción de adobar. Salsa para sazonar y conservar las carnes. Mezcla para curtir.
adocenado -da *a.* Vulgar, de poco mérito.
adocenar *t.* Disponer por docenas. *r.* Hacerse vulgar.
adoctrinar *t.* Instruir.
adolecer *i.* Caer enfermo o padecer enfermedad. Tener algún defecto. /a la infancia.
adolescencia *f.* Edad que sucede
adolescente *a.-s.* Que está en la adolescencia.
adonde *adv.* A qué parte o a la parte que.

adondequiera *adv.* A cualquier parte. Dondequiera.
adonis *m.* Mancebo hermoso.
adopción *f.* Acción de adoptar.
adoptar *t.* Prohijar. Admitir una opinión o doctrina. Tomar acuerdos o resoluciones.
adoptivo -va *a.* Díc. de la persona adoptada y de la que adopta.
adoquín *m.* Piedra prismática para pavimentar. Hombre torpe.
adoquinado *m.* Suelo de adoquines.
adorable *a.* Digno de adoración.
adoración *f.* Acción de adorar.
adorador -ra *a.-s.* Que adora.
adorar *t.* Honrar con culto religioso. Amar con extremo.
adoratorio *m.* Retablillo portátil.
adormecer *t.-r.* Dar o causar sueño. Calmar. *r.* Entorpecerse.
adormecimiento *m.* Acción de adormecer.
adormidera *f* Planta de cuyo fruto se extrae el opio.
adormilarse *y -tarse r.* Dormirse a medias.
adornar *t.* Embellecer con adornos.
adornista *c.* Persona que hace o pone adornos.
adorno *m.* Lo que sirve para hermosear.
adosar *t.* Arrimar por la espalda o al envés.
adquirente, adquiriente y adquiridor -ra *a.-s.* Que adquiere.
adquirir *t.* Ganar, conseguir, empezar a poseer.
adquisición *f.* Acción de adquirir. Cosa adquirida.
adquisidor -ra *a.-s.* Adquirente.
adquisitivo -va *a.* Que sirve para adquirir
adragante *a.* Díc. de la goma del tragacanto.
adral *m.* Zarzo o tabla que se pone en los lados del carro.
adrede *adv.* De propósito.
adriático -ca *a.-s.* Díc. del mar o golfo de Venecia. *a.* Del mar Adriático.
adscribir *t.* Atribuir. Agregar una persona a un servicio.
adscripción *f* Acción de adscribir.
aduana *f.* Oficina donde se cobran los derechos de importación de las mercaderías. /na.
aduanar *t.* Registrar en la aduana.
aduanero -ra *a.* Relativo a la aduana. *m.* Empleado en ella.
aduar *m.* Población de beduinos formada de tiendas. /pullo.
adúcar *m.* Seda exterior del capullo.
aducir *t.* Alegar pruebas, razones.
adueñarse *r.* Apoderarse de una cosa.
adufe *m.* Pandero.
adulación *f.* Acción de adular.
adulador -ra *a.-s.* Que adula.
adular *t.* Hablar con palabras

o acciones.
adulón -na *a.-s.* Adulador, servil.
adulteración *f.* Acción de adulterar.
adulterador -ra *a.-s.* Que adultera.
adulterar *i.* Cometer adulterio. *t.* Desnaturalizar, falsificar.
adulterio *m.* Violación de la fe conyugal. /adulterio.
adúltero -ra *a.-s.* Que comete
adulto -ta *a.-s.* Llegado al término de la adolescencia.
adunar *t.-r.* Unir, juntar.
adusto -ta *a.* Seco, desabrido en el trato. Tostado, ardiente.
advenedizo -za *a.-s.* Forastero. Dic. del que siendo de origen humilde se introduce entre gentes de más alta condición.
advenimiento *m.* Venida. Ascenso al trono.
adventicio -cia *a.* Que sobreviene.
adverbial *a.* Relativo al adverbio.
adverbialmente *adv.* A modo de adverbio.
adverbio *m.* Parte de la oración que modifica la signíficación del verbo, del adjetivo o de otro adverbio. /contrario.
adversario -ria *m. f.* Enemigo,
adversativo -va *a.* GRAM. Que denota oposición de sentido.
adversidad *f.* Calidad de adverso. Infortunio. /vorable.
adverso -sa *a.* Contrario, desfa-
advertencia *f.* Acción de advertir.
advertido -da *a.* Experto, avisado.
advertir *t.-i.* Reparar, echar de ver. *t.* Aconsejar, avisar.
adviento *m.* Tiempo que comprende las cuatro semanas antes de Navidad.
advocación *f.* Título que se da a un templo, capilla o altar.
adyacente *a.* Inmediato, próximo.
aeración *f.* Ventilación. Acción terapéutica del aire.
aéreo -a *a.* De aire o relativo a él. Vaporoso; fantástico.
aerífero -ra *a.* Que conduce aire.
aerobio *a.* Dic. del ser que necesita el aire para vivir.
aerodinámica *f.* Parte de la mecánica que estudia el movimiento de los gases.
aeródromo *m.* Terreno dispuesto para la salida, llegada y maniobra de aeroplanos.
aerolito *m.* Fragmento de un bólido que cae sobre la tierra.
aerómetro *m.* Instrumento para medir la densidad del aire.
aeronauta *c.* Persona que navega por el aire.
aeronáutica *f.* Navegación aérea.
aeronave *f.* Globo dirigible.
aeroplano *m.* Vehículo aéreo más pesado que el aire.
aeropuerto *m.* Aeródromo que sirve de estación.
aerostación *f.* Navegación aérea con aparatos menos pesados que el aire.
aerostática *f.* Parte de la mecánica que estudia el equilibrio de los gases.
aerostático -ca *a.* Relativo a la aerostática.
aerostato *m.* Globo aerostático.
afabilidad *f.* Calidad de afable.
afable *a.* Suave en el trato.
afamado -da *a.* Famoso.
afamar *t.-r.* Dar fama.
afán *m.* Trabajo excesivo y solícito. Anhelo vehemente.
afanar *i.-r.* Fatigarse en algún trabajo.
afanoso -sa *a.* Muy trabajoso. Que se afana. /vituperar.
afear *t.* Causar fealdad. Tachar,
afección *f.* Alteración morbosa. Afición, inclinación.
afectación *f.* Acción de afectar. Falta de naturalidad.
afectado -da *a.* Poco natural; fingido. Aquejado.
afectar *t.* Usar maneras estudiadas, fingir. Anexar. Atañer. MED. Producir alteración. *t.-r.* Causar impresión.
afectivo -va *a.* Perteneciente al afecto o a la sensibilidad.
afecto -ta *a.* Que tiene afecto, adicto. Sujeto. *m.* Pasión del ánimo. Amor, cariño.
afectuosamente *adv.* Con afecto.
afectuoso -sa *a.* Amoroso, cariñoso.
afeitado *m.* Acción de afeitar.
afeitar *t.* Hermosear, esp. con afeites. Raer la barba o el bigote.
afeite *m.* Aderezo, compostura. Cosmético.
afelio *m.* En la órbita de un planeta, punto más alejado del Sol.
afelpado -da *a.* Parecido a la felpa.
afelpar *t.* Dar aspecto de felpa.
afeminado -da *a.* Parecido a las mujeres.
afeminar *t.-r.* Hacer que uno se parezca a las mujeres.
aféresis *f.* Supresión de letras al principio de un vocablo: *noramala* por *enhoramala*.
aferrado -da *a.* Obstinado.
aferrar *t.-r.* Agarrar fuertemente. *t.* Plegar las velas. *r.* Obstinarse.
afestonado -da *a.-s.* Labrado en forma de festón.
afgano -na *a.-s.* Del Afganistán.
afianzar *t.* Dar fianza por uno. *t.-r.* Afirmar, hacer firme, asegurar. Asir, agarrar.

afición *f.* Inclinación a una persona o cosa. Ahínco. Los aficionados a un deporte, etc.
aficionado -da *a.-s.* Que cultiva un arte sin profesarlo.
aficionar *t.-r.* Causar o cobrar afición.
afijo *a.-m.* Dic. de los pronombres que se unen al verbo y de los prefijos y sufijos.
afiladera *a.-s.* Dic. de la piedra de afilar.
afilador -ra *a.-m.* Que afila.
afiladura *f.* Acción de afilar.
afilamiento *m.* Adelgazamiento de la cara, nariz o dedos.
afilar *t.* Sacar filo o punta. *r.* Adelgazar la cara, la nariz o los dedos.
afiliar *t.-r.* Hacer entrar en una sociedad, partido, etc.
afiligranado -da *a.* De filigrana. Fino y delicado.
afiligranar *t.* Trabajar en filigrana. Pulir, hermosear.
afilón *m.* Correa para asentar el filo. Chaira para afilar.
afín *a.* Próximo, contiguo. Semejante. *m. f.* Pariente por afinidad.
afinación *f.* Acción de afinar.
afinador -ra *a.-s.* Que afina. *m.* Llave para afinar instrumentos.
afinar *t.-r.* Hacer fino. Perfeccionar. Purificar metales. Templar instrumentos. Cantar o tocar entonando con perfección.
afinidad *f.* Semejanza. Parentesco entre un cónyuge y los deudos del otro. QUÍM. Fuerza que une los átomos.
afino *m.* Afinación de metales.
afirmación *f.* Acción de afirmar.
afirmar *t.-r.* Poner firme, dar firmeza. *t.* Dar por cierto.
afirmativa -va *a.* Que afirma. *f.* Afirmación.
aflautar *t.* Atiplar la voz.
aflicción *f.* Efecto de afligir o afligirse.
aflictivo -va *a.* Que aflige. /ción.
afligido -da *a.* Que padece aflicción
afligir *t.-r.* Causar sufrimiento o angustia.
aflojar *t.* Disminuir la presión o tirantez. Soltar. *i.-r.* Ceder, perder fuerza.
aflorar *i.* Asomar en un terreno un filón o capa mineral.
afluencia *f.* Acción de afluir. Abundancia. Facundia.
afluente *a.* Verboso. *m.* Río que desemboca en otro.
afluir *i.* Acudir en abundancia. Verter un río sus aguas.
afollar *t.* Soplar con fuelles. Plegar en forma de fuelle.
afonía *f.* MED. Falta de voz.

afónico -ca *a.* Falto de voz.
áfono -na *a.* Falto de sonido.
aforador *m.* El que afora.
aforar *t.* Valorar mercancías para el pago de derechos. Medir el agua que lleva una corriente o la capacidad de un receptáculo.
aforismo *m.* Sentencia breve y doctrinal. /rismo.
aforístico -ca *a.* Relativo al aforo
aforo *m.* Acción de aforar.
aforrar *t.* Forrar. *r.* Ponerse mucha ropa. /na.
afortunadamente *adv.* Por fortuna
afortunado -da *a.* Que tiene buena suerte. Feliz.
afrancesado -da *a.-s.* Que imita a los franceses. Que era de su partido.
afrecho *m.* Salvado.
afrenta *f.* Deshonor. Insulto.
afrentar *t.* Causar afrenta. /ta.
afrentoso -sa *a.* Que causa afrenta
africano -na *a.-s.* De África.
afrontar *t.* Poner enfrente. Carear. Arrostrar.
afta *f.* Ulcerita en la boca.
aftoso -sa *a.* Relativo al afta. Que la padece.
afuera *adv.* Fuera del sitio en que uno está. En el exterior. *f. pl.* Alrededores de una población.
afusión *f.* Acción de verter agua sobre el cuerpo.
agachadiza *f.* Ave zancuda parecida a la chocha.
agachar *t.* Inclinar hacia abajo una parte del cuerpo. *r.* Inclinarse mucho hacia el suelo.
agalla *f.* Excrecencia que se forma en ciertos árboles. Órgano de la respiración de los peces. *pl.* Ánimo esforzado.
agamí *m.* Ave zancuda doméstica de Sudamérica.
ágape *m.* Convite de caridad de los primeros cristianos. Banquete.
agarbanzado -da *a.* De color de garbanzo.
agareno -na *a.-s.* Mahometano.
agárico *m.* Hongo parásito de ciertos árboles.
agarrada *f.* Altercado, riña.
agarradero *m.* Asa, mango.
agarrado -da *a.* Tacaño.
agarrador -ra *a.* Que agarra. *m.* Almohadilla para coger las planchas.
agarrar *t.-r.* Asir con fuerza. *i.-r.* Arraigar las plantas.
agarrotar *t.* Apretar fuertemente. *r.* Ponerse rígidos los miembros.
agasajar *t.* Tratar con atención cariñosa. /Regalo.
agasajo *m.* Acción de agasajar.
ágata *f.* Cuarzo translúcido, de

agavanza *f.* Fruto del agavanzo.
agavanzo *m.* Escaramujo.
agave *m.* Pita (planta).
agavillar *t.* Formar gavillas.
agazapar *t.* Agarrar. *r.* Agacharse.
agencia *f.* Oficio u oficina del agente.
agenciar *t.-r.* Procurar, o conseguir con diligencia. *r.* Componérselas.
agenda *f.* Libro o cuaderno en que se anota lo que se ha de recordar.
agente *a.* Que obra. *m.* Causa activa. El que obra por otro. ~ *de negocios,* el que gestiona negocios ajenos.
agigantado -da *a.* De mucha estatura. Grande. /movimientos.
ágil *a.* Ligero, expedito en los
agilidad *f.* Calidad de ágil.
ágilmente *adv.* Con agilidad.
agio *m.* Negociación de moneda, letras, etc. Agiotaje.
agiotaje *m.* Agio. Especulación abusiva.
agiotista *c.* Persona que se dedica al agiotaje.
agitación *f.* Acción de agitar.
agitador -ra *a.-s.* Que agita.
agitanado -da *a.* Que parece gitano.
agitar *t.-r.* Mover violentamente. Inquietar el ánimo.
aglomeración *f.* Acción y efecto de aglomerar. Gentío.
aglomerar *t.-r.* Amontonar, juntar.
aglutinación *f.* Acción de aglutinar.
aglutinante *a.-m.* Que aglutina.
aglutinar *t.-r.* Conglutinar, pegar.
agnocasto *m.* Sauzgatillo.
agobiador -ra *a.* Que agobia.
agobiar *t.* Doblar o encorvar hacia el suelo. Oprimir con peso; fatigar.
agobio *m.* Acción de agobiar.
agolpamiento *m.* Acción de agolparse.
agolparse *r.* Juntarse de golpe. Venir juntas ciertas cosas.
agonía *f.* Congoja del moribundo.
agónico -ca *a.* De la agonía o que se halla en ella.
agonizante *a.-s.* Que agoniza. Religioso de una congregación para el servicio de los enfermos.
agonizar *i.* Estar en la agonía. *t.* Ayudar a bien morir.
ágora *f.* Plaza pública en la ant. Grecia.
agorar *t.* Predecir lo futuro.
agorero -ra *a.-s.* Que adivina por agüeros. Que predice males.
agorgojarse *r.* Criar gorgojo.
agostar *t.-r.* Secar el excesivo calor las plantas.
agosteño -ña agostizo -za *a.* Propio de agosto. /Cosecha.
agosto *m.* Octavo mes del año.
agotamiento *m.* Acción de agotar.
agotar *t.* Extraer todo el líquido. Consumir del todo.
agracejo *m.* Uva que no llega a madurar. Arbusto de bayas comestibles. /so.
agraciado -da *a.* Gracioso, hermo-
agraciar *t.* Dar o aumentar la gracia y hermosura. Conceder una gracia.
agradable *a.* Que agrada.
agradar *t.* Complacer, gustar.
agradecer *t.* Corresponder con gratitud.
agradecido -da *a.* Que agradece.
agradecimiento *m.* Acción de agradecer.
agrado *m.* Afabilidad. Gusto, complacencia.
agramadera *f.* Instrumento para agramar.
agramar *t.* Majar el cáñamo o lino para separar la fibra.
agramiza *f.* Desperdicio del cáñamo o lino después de agramado.
agrandar *t.* Hacer más grande.
agrario -ria *a.* Relativo al campo.
agravación *f.* **agravamiento** *m.* Acción de agravar.
agravar *t.* Oprimir con gravámenes. *t.-r.* Hacer más grave o peligroso.
agraviador -ra *a.* Que agravia.
agraviar *t.* Hacer agravio. *r.* Ofenderse.
agravio *m.* Ofensa. Perjuicio.
agravioso -sa *a.* Que causa agravio.
agraz *m.* Uva sin madurar. Zumo de ella.
agrazada *f.* Bebida hecha con agraz.
agrazón *m.* Uva silvestre. Grosellero silvestre.
agredir *t.* Acometer, atacar.
agregación *f.* Acción de agregar.
agregado *m.* Conjunto de varias cosas. El que sirve en la última categoría diplomática.
agregar *t.* Unir, añadir.
agremán *m.* Pasamanería en forma de cinta
agremiar *t.-r.* Reunir en gremio.
agresión *f.* Acción de agredir.
agresividad *f.* Acometividad.
agresivo -va *a.* Que constituye agresión. Propenso a ofender.
agresor -ra *a.-s.* Que comete agresión. /do.
agreste *a.* Campesino. Inculto, ru-
agriamente *adv.* Con aspereza.
agriar *t.-r.* Poner agrio. Exasperar.

agrícola *a.* De la agricultura o que la ejerce.
agricultor -ra *m. f.* Persona que cultiva la tierra. /rra.
agricultura *f.* Cultivo de la tie-
agridulce *a.* Que tiene mezcla de agrio y dulce.
agrietar *t.-r.* Abrir grietas.
agrimensor *m.* Perito en agrimensura.
agrimensura *f.* Arte de medir las tierras.
agrio -gria *a.* Ácido. Acre, desabrido. Áspero, peñascoso.
agrisado -da *a.* Grisáceo.
agro *m.* El campo.
agronomía *f.* Teoría de la agricultura.
agrónomo *m.* El que se dedica a la agronomía.
agrumar *t.-r.* Hacer que se formen grumos.
agrupación *f.* Acción de agrupar. Sociedad.
agrupar *t.-r.* Reunir en grupo.
agua *f.* Líquido compuesto de oxígeno e hidrógeno. Infusión o destilación de flores, plantas o frutos. Lluvia. *pl.* Reflejos de ciertas telas, plumas, etc.
aguacate *m.* Árbol americano de fruto parecido a una pera grande. Este fruto.
aguacero *m.* Lluvia repentina e impetuosa. /tancia.
aguachirle *f.* Líquido sin substancia.
aguada *f.* Sitio para surtirse de agua. MAR. Provisión de agua. Color diluido en agua. Pintura hecha con él.
aguadija *f.* Humor que se forma en granos y llagas.
aguador -ra *m. f.* Persona que lleva o vende agua.
aguaducho *m.* Avenida impetuosa de agua. Puesto de bebidas.
aguafiestas *c.* El que turba una diversión.
aguafuerte *m.* Ácido nítrico. Grabado en agua fuerte.
aguagoma *f.* Disolución de goma en agua.
aguaje *m.* Corriente impetuosa del mar. Estela de un buque.
aguamanil *m.* Jarro para dar aguamanos. Palangana.
aguamanos *m.* Agua para lavar las manos. Aguamanil.
aguamar *m.* Medusa.
aguamarina *f.* Berilo de color verdemar. /miel.
aguamiel *f.* Agua mezclada con
aguanieve *f.* Lluvia con nieve.
aguanoso -sa *a.* Lleno de agua o muy húmedo.
aguantar *t.-r.* Sostener. Detener. *t.* Tolerar, sufrir, resistir.
aguante *m.* Sufrimiento, paciencia. Fuerza.
aguar *t.* Mezclar agua con vino u otro licor. Turbar, frustrar.
aguardar *t.* Esperar. Dar tiempo.
aguardentoso -sa *a.* Que parece de aguardiente o lo tiene. Dic. de la voz áspera y bronca.
aguardiente *m.* Bebida alcohólica que se obtiene del vino, etc.
aguarrás *m.* Esencia de trementina.
aguaturma *f.* Planta compuesta, de raíz tuberculosa y comestible.
aguaviento *m.* Lluvia con viento.
aguazal *m.* Lugar pantanoso.
aguazar *t.-r.* Encharcar.
agudeza *f.* Calidad de agudo. Dicho agudo.
agudo -da *a.* Sutil, delgado, afilado. Vivo, penetrante. Perspicaz. Gracioso y oportuno. Dic. de la palabra con acento prosódico en la última sílaba.
agüero *m.* Presagio. Pronóstico supersticioso.
aguerrido -da *a.* Ejercitado en la guerra. /guerra.
aguerrir *t.-r.* Acostumbrar a la
aguijada *f.* Vara con punta de hierro para picar a los bueyes.
aguijar *t.* Picar con la aguijada. Estimular, incitar.
aguijón *m.* Punta con que pican algunos insectos. Púa de una planta. Estímulo.
aguijonear *t.* Aguijar, estimular.
águila *f.* Ave rapaz falcónida, grande, fuerte y de vuelo rapidísimo.
aguileño -ña *a.* Dic. del rostro largo y afilado y de la nariz delgada y corva.
aguilucho *m.* Pollo del águila.
aguinaldo *m.* Regalo de Navidad.
agüista *c.* Persona que acude a tomar aguas minerales.
aguja *f.* Barrita puntiaguda con un ojo que sirve para coser, bordar, etc. Barrita de metal para diversos usos. Obelisco, chapitel. Riel movible para desviar trenes. Brújula.
agujazo *m.* Pinchazo con aguja.
agujerear *t.* Hacer algún agujero.
agujero *m.* Abertura más o menos redonda. El que hace o vende agujas.
agujeta *f.* Cinta con herretes para atar ciertas prendas. *pl.* Dolores a consecuencia de un ejercicio violento.
¡agur! *interj.* ¡Adiós!
agusanado -da *a.* Roído o lleno de gusanos. /nos.
agusanarse *r.* Llenarse de gusa-
agustiniano -na *a.* Perteneciente a San Agustín.

agustino -na *a.-s.* Dic. del religioso de la orden de San Agustín. /americano.
aguti *m.* Mamífero roedor sudaguzadura *f.* Acción de aguzar.
aguzanieves *f.* Pájaro insectívoro, de color blanco, negro y ceniciento, que vive en parajes húmedos.
aguzar *t.* Sacar punta. Afilar. Forzar el entendimiento o algún sentido.
¡ah! *interj.* Denota pena, admiración o sorpresa.
ahechaduras *f. pl.* Granzas.
ahechar *t.* Limpiar semillas con el harnero.
ahelear *t.* Poner amargo. *i.* Saber a hiel.
aherrojar *t.* Poner prisiones de hierro. Subyugar.
aherrumbrarse *r.* Tomar color o sabor de hierro. Cubrirse de herrumbre.
ahí *adv.* En ese lugar, a ese lugar. En esto.
ahijado -da *m. f.* Persona respecto de sus padrinos.
ahijar *t.* Prohijar. /zarse.
ahilar *t.* Ir en fila. *r.* Adelga**ahincar** *t.* Instar con ahínco. *r.* Apresurarse.
ahínco *m.* Empeño grande.
ahitar *t.-r.* Causar ahíto.
ahíto -ta *a.* Que padece ahíto. Fastidiado. *m.* Indigestión.
ahocinarse *r.* Correr los ríos por angosturas.
ahogadero *m.* Sitio donde hay mucha gente apretada.
ahogado -da *a.* Estrecho y sin ventilación. *m. f.* Persona que muere por falta de respiración.
ahogar *t.-r.* Matar impidiendo la respiración. *t.* Apagar, sofocar. Oprimir. *r.* Sentir sofocación.
ahogo *m.* Ahoguío. Aprieto. Penuria. Aflicción grande.
ahoguío *m.* Opresión en el pecho.
ahondar *t.* Hacer más hondo. Profundizar. *t.-i.* Penetrar.
ahonde *m.* Acción de ahondar.
ahora *adv.* En este momento, en el tiempo presente.
ahorcado -da *m. f.* Ajusticiado en la horca.
ahorcar *t.-r.* Quitar la vida a uno colgándole por el cuello.
ahormar *t.* Ajustar a la horma o molde.
ahornagarse *r.* Abrasarse la tierra y sus frutos por el calor.
ahorquillar *t.* Afianzar con horquillas. Dar figura de horquilla.
ahorrar *t.* Reservar dinero separándolo del gasto ordinario. No malgastar. *t.-r.* Evitar, excusar.

ahorrativo -va *a.* Que ahorra.
ahorro *m.* Acción de ahorrar. Lo que se ahorra.
ahoyar *t.* Hacer hoyos.
ahuchar *t.* Guardar en hucha.
ahuecar *t.-r.* Poner hueco. Mullir.
ahumada *f.* Señal con humo en las atalayas
ahumar *t.* Poner al humo. Llenar de humo. *i.* Humear.
ahusado -da *a.* De figura de huso.
ahuyentar *t.* Hacer huir.
ailanto *m.* Árbol de madera compacta.
airado -da *a.* Irritado, encolerizado. Dic. de la vida viciosa.
airar *t.* Irritar, encolerizar.
aire *m.* Fluido transparente que rodea la tierra. Viento. Aspecto. Garbo. Canción.
aireación *f.* Ventilación.
airear *t.-r.* Poner al aire o ventilar.
airón *f.* Garza. Penacho de algunas aves. Adorno de plumas.
airosidad *f.* Garbo, gallardía.
airoso -sa *a.* Dic. del sitio en que hace mucho aire. Garboso.
aislador -ra *a.* Que aísla. *m.* Aparato para aislar.
aislamiento *m.* Acción de aislar. Incomunicación.
aislar *t.* Cercar de agua. Dejar solo, incomunicar.
¡ajá! *interj.* Denota complacencia.
ajada *f.* Salsa con ajos y sal.
ajar *m.* Campo de ajos.
ajar *t.* Maltratar, deslucir.
ajedrecista *c.* Jugador de ajedrez.
ajedrez *m.* Juego entre dos personas, con 32 piezas, en un tablero de 64 escaques.
ajedrezado -da *a.* Que forma cuadros de dos colores.
ajenjo *m.* Planta amarga y aromática. Bebida alcohólica preparada con ella.
ajeno -na *a.* Que es de otro. Extraño. Libre de alguna cosa.
ajete *m.* Ajo tierno. Salsa de ajo.
ajetrearse *r.* Fatigarse con algún trabajo.
ajetreo *m.* Acción de ajetrearse.
ají *m.* Pimiento.
ajiaceite *m.* Salsa de ajos y aceite.
ajilimoje, ajilimójili *m.* Especie de salsa. Revoltijo.
ajimez *m.* Ventana arqueada dividida por una columna.
ajipuerro *m.* Puerro silvestre.
ajo *m.* Planta liliácea cuyo bulbo, blanco, dividido y de olor característico, se usa como condimento.
ajobar *t.* Llevar a cuestas.
ajobo *m.* Carga. Molestia, fatiga.
ajonje *m.* Substancia viscosa que

se saca de la ajonjera.
ajonjera *f.* Planta compuesta de flores amarillentas y raíz fusiforme.
ajonjolí *m.* Planta de semillas oleaginosas.
ajorca *f.* Argolla para adorno de los brazos o las piernas.
ajornalar *t.* Contratar a jornal.
ajuar *m.* Muebles y ropas de una casa o los que trae la novia.
ajuiciado -da *a.* Juicioso.
ajuiciar *t.-i.* Hacer o hacerse juicioso.
ajustado -da *a.* Justo, recto.
ajustador -ra *a.-s.* Que ajusta. Jubón ajustado al cuerpo.
ajustamiento *m.* Ajuste.
ajustar *t.-r.* Proporcionar, acomodar. Arreglar a lo justo. Contratar para un servicio. *t.* Arreglar y liquidar una cuenta.
ajuste *m.* Acción de ajustar.
ajusticiar *t.* Castigar con la pena de muerte.
al Contracción de la prep. *a* y el artículo *el*.
ala *f.* Miembro de que se sirven para volar las aves y los insectos. Parte de una cosa que se parece a un ala. Parte lateral de un edificio o de un ejército.
Alá *m.* Dios, en árabe.
alabancia *f.* Jactancia.
alabancioso -sa *a.* Jactancioso.
alabanza *f.* Acción de alabar.
alabar *t.* Celebrar o aplaudir con palabras. *r.* Jactarse.
alabarda *f.* Lanza cuya moharra tiene una cuchilla transversal.
alabardero *m.* Guarda del rey.
alabastrino -na *a.* De alabastro o parecido a él.
alabastro *m.* Piedra caliza, blanca y translúcida.
álabe *m.* Rama combada hacia la tierra. Paleta de rueda hidráulica.
alabearse *r.* Torcerse, combarse la madera.
alabeo *m.* Vicio que toma la madera al alabearse.
alacena *f.* Hueco en la pared, a manera de armario.
alacrán *m.* Arácnido pulmonado con el abdomen terminado en uña venenosa.
alacridad *f.* Alegría y presteza de ánimo para hacer algo.
aladierna *f.* Arbusto de flores blancas y fruto en baya negra y jugosa.
alado -da *a.* Que tiene alas. Veloz.
alamar *m.* Presilla con botón en la orilla de un vestido.
alambicado -da *a.* Sutil. Dado con escasez y poco a poco.
alambicar *t.* Destilar. Sutilizar. Examinar atentamente.
alambique *m.* Aparato para destilar. /bre grueso.
alambrada *f.* FORT. Red de alam-
alambre *m.* Hilo de metal.
alambrera *f.* Red de alambre.
alameda *f.* Sitio poblado de álamos. Paseo con árboles.
álamo *m.* Árbol de tronco alto y madera blanca y ligera.
alamparse *r.* Tener ansia por una cosa.
alancear *t.* Dar lanzadas.
alano -na *a.-s.* Dic. de un antiguo pueblo que invadió la Galia y España. Dic. de un perro cruzado de dogo y lebrel.
alar *m.* Alero.
alárabe, alarbe *a.-s.* Árabe. Hombre brutal.
alarde *m.* Ostentación, gala.
alardear *i.* Hacer alarde.
alargar *t.* Hacer más largo. Prolongar. /gar.
alargamiento *m.* Acción de alar-
alarido *m.* Grito de guerra o lastimero.
alarife *m.* Maestro de obras.
alarma *f.* Señal para prepararse a la defensa o al combate. Inquietud, sobresalto.
alarmar *t.* Dar la alarma. Inquietar, asustar.
alarmista *a.-c.* Que difunde nuevas alarmantes.
alavés -sa *a.-s.* De Álava.
alazán -na *a.-s.* Dic. del caballo de color de canela.
alazor *m.* Planta tintórea de flores azafranadas.
alba *f.* Primera luz del día. Vestidura sagrada de lienzo blanco que baja hasta los pies.
albacea *c.* Testamentario.
albaceazgo *m.* Cargo de albacea.
albacetense y **albaceteño -ña** *a.* De Albacete.
albacora *f.* Breva. Bonito (pez).
albada *f.* Alborada.
albahaca *f.* Planta labiada de hojas pequeñas, muy olorosa.
albahaquero *m.* Tiesto para plantas.
albalá *amb.* Documento en que se hacía constar algo.
albanés -sa *a.-s.* De Albania.
albañal *m.* Conducto que da salida a las aguas inmundas.
albañil *m.* Maestro u oficial de albañilería.
albañilería *f.* Arte de construir edificios.
albar *a.* Blanco.
albarán *m.* Papel indicador de que una casa se alquila. Relación de mercancías entregadas.
albarda *f.* Aparejo principal de las bestias de carga.

albardero m. El que hace o vende albardas.
albardilla f. Tejadillo que se pone sobre los muros. Agarrador para la plancha. /parto.
albardín m. Mata parecida al esparto.
albaricoque m. Fruto del albaricoquero.
albaricoquero m. Árbol rosáceo de fruto en drupa amarillenta, de sabor agradable.
albarizo -za a. Blanquecino.
albarrada f. Pared de piedra seca.
albarrana a. Dícese de las torres que se ponían a trechos en las murallas. Díc. de cierta cebolla medicinal. /Pacífico.
albatros m. Ave palmípeda del albayalde m. Carbonato de plomo de color blanco.
albear i. Blanquear.
albedrío m. Potestad de obrar por reflexión y elección. Voluntad, antojo.
albéitar m. Veterinario.
alberca f. Depósito artificial de agua. /guero.
albérchiga f. Fruto del alberchiguero.
albérchigo m. Albérchiga. Alberchiguero.
alberchiguero m. Variedad de melocotonero. Albaricoque.
albergar t. Dar albergue.
albergue m. Lugar donde se halla hospedaje o resguardo.
albigense a.-s. Díc. de ciertos herejes de los siglos XII y XIII en el Mediodía de Francia.
albinismo m. Falta de pigmento que hace aparecer más o menos blancos el cabello, la piel, etcétera. /binismo.
albino -na a.-s. Que padece albinismo.
albo -ba a. poét. Blanco.
albogue m. Instrumento músico pastoril.
albóndiga, albondiguilla f. Bolita de carne o pescado picado, frita y guisada.
albor m. Albura. Luz del alba.
alborada f. Amanecer. Música al alborear.
alborear i. Amanecer.
alborga f. Especie de alpargata.
albornoz m. Especie de capa o capote con o sin capucha.
alborotadizo -za a. Que se alborota fácilmente.
alborotado -da a. Que obra sin reflexión. /rota.
alborotador -ra a.-s. Que alborota.
alborotar t. Inquietar, perturbar, amotinar. i. Causar alboroto.
alboroto m. Gritería. Tumulto. Sobresalto.
alborozar t.-r. Causar alborozo.
alborozo m. Regocijo o alegría grandes.

albricias f. pl. Regalo al que trae una buena noticia.
albufera f. Laguna junto al mar.
álbum m. Libro en blanco cuyas hojas se llenan con poesías, firmas, fotografías, etc.
albumen m. Substancia que envuelve el embrión de algunas semillas.
albúmina f. Substancia compuesta de carbono, hidrógeno, nitrógeno, oxígeno y azufre.
albuminuria f. Presencia de albúmina en la orina.
albur m. Pez de río, comestible. Contingencia, azar.
albura f. Blancura. Clara de huevo. Capa blanquecina que se halla debajo de la corteza en los árboles.
alburno m. BOT. Albura.
alcacel m. Cebada verde.
alcachofa f. Alcachofera. Cabezuela de la alcachofera.
alcachofera f. Planta compuesta cuya cabezuela está cubierta de brácteas carnosas comestibles.
alcahaz m. Jaula grande para aves.
alcaide m. Encargado de la guarda de una fortaleza o cárcel.
alcaidía f. Empleo del alcaide.
alcalaíno -na a.-s. De Alcalá.
alcaldada f. Acción abusiva de una autoridad. /tamiento.
alcalde m. Presidente de un ayuntamiento.
alcaldesa f. Mujer alcalde o del alcalde. /calde.
alcaldía f. Cargo y oficina del álcali m. Parte soluble de las cenizas de las plantas. Nombre de ciertos óxidos que pueden obrar como bases enérgicas.
alcalinidad f. Calidad de alcalino.
alcalino -na a. Que tiene álcali o sus propiedades.
alcaloide m. Nombre de ciertas substancias orgánicas de propiedades alcalinas.
alcance m. Seguimiento, persecución. Distancia a que llega una cosa. Capacidad, talento. Transcendencia. Saldo deudor.
alcancía f. Vasija propia para guardar dinero.
alcándara f. Percha para las aves de cetrería.
alcanfor m. Substancia blanca, volátil, de olor característico, empleada en medicina y en la industria.
alcanforero m. Árbol del cual se extrae el alcanfor.
alcantarilla f. Puentecillo en un camino. Cloaca, sumidero.
alcantarillado m. Conjunto de alcantarillas.
alcanzar t. Llegar a juntarse con el o lo que va delante. Llegar

alcaparra a igualarse con otro o a tocar algo, esp. con la mano. Entender, comprender. Conseguir. Llegar el tiro a cierta distancia. Ser suficiente para algún fin.

alcaparra *f.* Arbusto de fruto en baya carnosa y pequeña. Botón de su flor que se come encurtido. /parra.

alcaparrón *m.* Fruto de la alcaparra.

alcaraván *m.* Ave zancuda que vive de insectos y pequeños vertebrados. /aromáticas.

alcaravea *f.* Planta de semillas

alcarraza *f.* Vasija de arcilla porosa que refresca el agua.

alcarria *f.* Terreno alto y raso.

alcatifa *f.* Tapete o alfombra fina.

alcatraz *m.* Pelícano. Aro (planta). Cucurucho.

alcaudón *m.* Pájaro carnívoro que se usó en cetrería.

alcayata *f.* Escarpia.

aloazaba *f.* Recinto fortificado dentro de una población.

alcázar *m.* Fortaleza. Palacio real. MAR. Cubierta superior desde el palo mayor hasta la popa o la toldilla.

alce *m.* ZOOL. Anta. Porción que se corta de la baraja.

alción *m.* Martín pescador. ZOOL. Cierto pólipo.

alcoba *f.* Aposento para dormir.

alcohol *m.* Líquido incoloro inflamable que se obtiene de la destilación del vino, la cerveza, etc.

alcoholar *t.* Obtener alcohol de una substancia.

alcohólico -ca *a.* Que tiene alcohol. *a.-s.* Alcoholizado.

alcoholímetro *m.* Areómetro para medir la cantidad de alcohol contenida en un líquido.

alcoholismo *m.* Abuso de las bebidas alcohólicas. Enfermedad que ocasiona.

alcoholizado -da *a.-s.* Que padece alcoholismo.

alcoholizar *t.* Añadir alcohol a un líquido. *r.* Contraer alcoholismo.

alcor *m.* Colina.

Alcorán *m.* Código de Mahoma.

alcornoque *m.* Árbol cupulífero cuya corteza constituye el corcho. *fig.* Estúpido.

alcornoqueño -ña *a.* Relativo al alcornoque.

alcorza *f.* Pasta de azúcar y almidón.

alcorzar *t.* Cubrir con alcorza.

alcotán *m.* Ave rapaz parecida al halcón.

alcurnia *f.* Ascendencia, linaje.

alcuza *f.* Vasija en que se pone el aceite para el uso diario.

alcuzcuz *m.* Pasta de harina y miel, usada entre los moros.

aldaba *f.* Pieza de metal para llamar a las puertas. Barreta para asegurar postigos o puertas. Aldabilla.

aldabada *f.* **aldabazo** *m.* Golpe de aldaba.

aldabilla *f.* Pieza de hierro que entrando en una hembrilla sirve para cerrar.

aldabón *m.* Aldaba para llamar. Asa grande de cofre.

aldabonazo *m.* Aldabada.

aldea *f.* Pueblo de corto vecindario.

aldeano -na *a.-s.* De una aldea. *a.* Rústico.

aldehuela *f.* Dim. de *aldea*.

alderredor *adv.* Alrededor.

aleación *f.* Mezcla de metales.

alear *i.* Mover las alas, los brazos. *t.* Mezclar metales fundiéndolos.

aleatorio -ria *a.* Incierto, que depende de algún suceso fortuito.

aleccionar *t.* Instruir, enseñar.

alechugado -da *t.* Doblado o rizado como las hojas de la lechuga.

aledaño -ña *a.* Confinante, colindante. *m.* Confín, término.

alegación *m.* Acción de alegar.

alegar *t.* Citar hechos, razones, etc., en apoyo de algo.

alegato *m.* Alegación por escrito. Razonamiento.

alegoría *f.* Ficción que presenta un objeto al espíritu para que despierte el pensamiento de otro. Obra alegórica.

alegórico -ca *a.* Perteneciente a la alegoría.

alegrar *t.-r.* Causar alegría. *t.* Avivar, hermosear.

alegre *a.* Que siente, causa o denota alegría. Excitado por la bebida.

alegría *f.* Sentimiento de placer y viva satisfacción. Ajonjolí.

alegro *m.* Movimiento musical moderadamente vivo.

alegrón *m.* Alegría intensa y repentina.

alejamiento *m.* Acción de alejar.

alejandrino -na *a.-s.* De Alejandría. Dic. del verso de 14 sílabas. /lejos.

alejar *t.-r.* Poner lejos o más

alelado -da *a.* Embobado, turulato.

alelamiento *m.* Efecto de alelarse.

alelar *t.-r.* Poner lelo.

aleluya *f.* Voz de júbilo usada por la Iglesia. Estampa pequeña. Planta que florece por Pascua.

alemán -mana *a.-s.* De Alemania.

alentada *f.* Respiración no interrumpida.

alentado -da *a.* Valiente.
alentar *i.* Respirar. *t.-r.* Animar, infundir aliento.
alerce *m.* Árbol conífero, que da una piña menor que la del pino.
alergia *f.* Extremada sensibilidad de un organismo humano para ciertas substancias que son inocuas para la mayoría de las personas.
alero *m.* Parte saliente del tejado. Pieza lateral del coche que preserva de las salpicaduras del lodo a los que van dentro.
alerta *adv.* Con vigilancia. *m.* Aviso para que se vigile.
alertar *t.* Poner alerta.
alesnado -da *a.* Puntiagudo a manera de lesna.
aleta *f.* Dim. de ala. Cada uno de los apéndices que tienen los peces para nadar.
aletargar *t.-r.* Causar o padecer letargo. /aleta.
aletazo *m.* Golpe de ala o de
aletear *t.* Mover las alas sin echar a volar.
aleteo *m.* Acción de aletear.
aleve *a.-s.* Alevoso.
alevosamente *adv.* Con alevosía.
alevosía *f.* Traición, perfidia.
alevoso -sa *a.-s.* Que comete o que implica alevosía.
alfa *f.* Primera letra del alfabeto griego.
alfabéticamente *adv.* Por el orden del alfabeto.
alfabético -ca *a.* Perteneciente al alfabeto.
alfabeto *m.* Abecedario.
alfalfa *f.* Planta leguminosa cultivada para forraje.
alfalfal y **-far** *m.* Terreno sembrado de alfalfa.
alfaneque *m.* Especie de halcón.
alfanje *m.* Sable ancho y curvo de los orientales.
alfaque *m.* Banco de arena en la boca de un río.
alfaquí *m.* Doctor musulmán.
alfar *m.* Alfarería. Arcilla.
alfarería *f.* Arte de fabricar vasijas de barro. Obrador de alfarero.
alfarero *m.* El que fabrica vasijas de barro.
alfarje *m.* Artefacto para moler la aceituna. Techo con maderas labradas.
alféizar *m.* Vuelta o derrame de la pared en el corte de una puerta o ventana.
alfeñicarse *r.* Afectar delicadeza, adelgazarse.
alfeñique *m.* Pasta de azúcar cocida en aceite de almendras. Persona endeble.

alferecía *f.* Epilepsia infantil.
alférez *m.* MIL. Oficial de categoría inmediatamente inferior a la de teniente.
alfil *m.* Pieza del ajedrez que se mueve diagonalmente.
alfiler *m.* Clavillo metálico o joya que sirve para sujetar.
alfiletero *m.* Cañuto para guardar alfileres y agujas.
alfombra *f.* Tejido con que se cubre el suelo.
alfombrado *m.* Conjunto de alfombras. Acción de alfombrar.
alfombrar *t.* Cubrir el suelo con alfombra.
alfonsino -na *a.* Perteneciente a algún rey Alfonso.
alforfón *m.* Planta de cuya semilla se hace un pan ordinario.
alforja *f.* y **-jas** *f. pl.* Talega que forma dos bolsas cuadradas.
alga *f.* Planta talofita acuática.
algaida *f.* Sitio lleno de maleza. Duna.
algalia *f.* Substancia de olor fuerte que se obtiene del gato de algalia. Planta de olor almizcleño. CIR. Sonda.
algara *f.* Tropa de a caballo que hacía correrías.
algarabía *f.* Lengua arábiga. Lengua o escritura ininteligible. Gritería confusa.
algarada *f.* Correría de una algara. Vocería, tumulto.
algarroba *f.* Arveja. Fruto del algarrobo.
algarrobo *m.* Árbol leguminoso cuyo fruto es una vaina azucarada y comestible.
algazara *f.* Ruido, gritería.
álgebra *f.* Parte de las matemáticas que trata de la cantidad considerada en general.
algebraico y **algébrico -ca** *a.* Perteneciente al álgebra.
álgido -da *a.* Acompañado de frío glacial. /adv. Un poco.
algo *pron. indef.* Alguna cosa.
algodón *m.* Substancia fibrosa, blanca y suave que recubre las semillas del algodonero. BOT. Algodonero. /doneros.
algodonal *m.* Plantación de algo-
algodonero -ra *a.* Perteneciente al algodón. *m. f.* Persona que trata en algodón. *m.* Arbusto malváceo que produce el algodón.
algodonoso -sa *a.* Que tiene aspecto de algodón.
algoritmia *f.* **algoritmo** *m.* Ciencia del cálculo.
alguacil *m.* Ministro inferior de justicia. Oficial inferior ejecutor de los mandatos del alcalde. /na.
alguien *pron. indef.* Alguna perso-

algún *a.* Apóc. de *alguno*.
alguno -na *a.* Se aplica a persona o cosa indeterminada. *pron. indef.* Alguna persona o cosa.
alhaja *f.* Joya. Adorno o mueble precioso. /Amueblar.
alhajar *t.* Adornar con alhajas.
alharaca *f.* Demostración excesiva de la vehemencia de un afecto.
alhelí *m.* Planta crucífera de jardín con flores olorosas de varios colores.
alheña *f.* Arbusto cuyas hojas, en polvo, se usan para teñir.
alhóndiga *f.* Local público para venta y depósito de granos.
alhucema *f.* Espliego.
alhumajo *m.* Hojas de pino.
aliáceo -cea *a.* Perteneciente al ajo o parecido a él.
aliado -da *a.-s.* Unido o coligado.
alianza *f.* Acción de aliarse. Parentesco por casamiento.
aliarse *r.* Unirse o coligarse.
alias *adv.* De otro modo, por otro nombre. *m.* Apodo.
alible *a.* Capaz de nutrir.
alicaído -da *a.* Caído de alas. Débil. Triste. Decaído.
alicante *m.* Especie de víbora.
alicantina *f.* Treta, malicia.
alicantino -na *a.-s.* De Alicante.
alicatado *m.* Obra de azulejos de estilo árabe.
alicates *m. pl.* Tenacillas de acero de puntas fuertes.
aliciente *m.* Atractivo, incentivo.
alicuanta *a.* Que no es alícuota.
alícuota *a.* Dic. de cada una de las partes iguales de un todo.
alidada *f.* Regla con pínulas para dirigir visuales.
alienable *a.* Enajenable.
alienación *f.* Acción de alienar. MED. Trastorno mental.
alienado -da *a.-s.* Loco, demente.
alienar *t.-r.* Enajenar.
alienista *a.-com.* Especialista en enfermedades mentales.
aliento *m.* Respiración. Soplo. Esfuerzo, valor.
alifafe *m.* Tumor de las caballerías. Achaque gralte. leve.
aligación *f.* Mezcla. /rar.
aligeramiento *m.* Acción de aligerar.
aligerar *t.* Hacer menos pesado. Acelerar. Abreviar. Aliviar.
alígero -ra *a.* Alado. Veloz.
alijar *m.* Terreno inculto.
alijar *t.* Aligerar o desembarcar la carga de un buque.
alijo *m.* Acción de alijar. Conjunto de géneros de contrabando.
alimaña *f.* Animal perjudicial a la caza menor. /mentar.
alimentación *f.* Acción de alimentar.
alimentar *t.-r.* Dar alimento.

alimenticio -cia *a.* Que alimenta.
alimento *m.* Lo que sirve para nutrir un ser vivo. Sostén, pábulo.
alindar *t.* Señalar los lindes. *t.-r.* Poner lindo.
alineación *f.* Acción de alinear.
alinear *t.-r.* Situar en línea recta.
aliñar *t.* Aderezar, condimentar. Adornar.
aliño *m.* Acción de aliñar. Condimento. Adorno, aseo. /pies.
alípede *a.* Que lleva alas en los
aliquebrado -da *a.* Alicaído.
alisador -ra *a.-s.* Que alisa. *m.* Instrumento para alisar.
alisar *m.* Sitio poblado de alisos.
alisar *t.* Poner liso.
alisios *a.-s. pl.* Dic. de los vientos fijos que soplan de la zona tórrida.
alisma *f.* Planta que crece en lugares pantanosos.
aliso *m.* Árbol betuláceo, de madera muy dura.
alistamiento *m.* Acción de alistar. MIL. Mozos alistados anualmente.
alistar *t.* Sentar en lista. Prevenir, disponer. *r.* MIL. Sentar plaza.
aliviar *t.-r.* Aligerar, hacer menos pesado. Disminuir las fatigas, enfermedades o aflicciones.
alivio *m.* Acción de aliviar o aliviarse.
alizar *m.* Friso de azulejos.
aljaba *f.* Caja para flechas.
aljama *f.* Mezquita. Sinagoga. Morería. Judería.
aljamía *f.* Lo escrito en castellano con caracteres arábigos.
aljamiado -da *a.* Escrito en aljamía.
aljez *m.* Mineral de yeso.
aljibe *m.* Cisterna. MAR. Caja para el agua.
aljófar *m.* Perla pequeña. Conjunto de ellas. /suelo.
aljofifa *f.* Paño para fregar el
aljofifar *t.* Fregar con aljofifa.
alma *f.* Parte espiritual e inmortal del hombre. Principio de la vida, esencia; sostén. Persona, individuo. Parte interior de ciertos objetos.
almacén *m.* Local donde se guardan o se venden géneros.
almacenaje *m.* Derecho de almacén.
almacenar *t.* Poner en almacén. Reunir muchas cosas.
almacenista *com.* Dueño de un almacén.
almáciga *f.* Especie de resina. Lugar donde se siembran semillas para trasplantarlas.
almácigo *m.* Lentisco.
almádana o **-mádena** *f.* Mazo

para romper piedras.
almadía *f.* Canoa usada en la India. Armadía.
almadraba *f.* Pesca de atunes. Lugar donde se hace. Red que se emplea en ella.
almadreña *f.* Zueco.
almagrar *t.* Teñir de almagre.
almagre *m.* Óxido nativo de hierro, de color rojo.
almanaque *m.* Calendario impreso en hojas sueltas o formando libro. /aristas.
almarada *f.* Puñal agudo de tres
almarjo *m.* Barrilla.
almártaga *f.* Litargirio.
almaste *m.* **almástiga** *f.* Almáciga (resina).
almazara *f.* Molino de aceite.
almazarrón *m.* Almagre.
almea *f.* Azúmbar. Danzarina oriental.
almeja *f.* Molusco bivalvo comestible.
almena *f.* Cada uno de los prismas que coronan los muros de las fortalezas.
almenado -da *a.* Guarnecido de almenas. De figura de almena.
almenar *t.* Guarnecer de almenas.
almenara *f.* Fuego de aviso en las atalayas.
almendra *f.* Fruto y semilla del almendro. Semilla de una drupa.
almendrada *f.* Bebida de leche de almendras.
almendrado -da *a.* De figura de almendra. *m.* Pasta de almendras, harina y azúcar.
almendral *m.* Sitio poblado de almendros.
almendro *m.* Árbol rosáceo de fruto en drupa alargada con semilla comestible.
almendruco *m.* Fruto tierno del almendro.
almeriense *a.-s.* De Almería.
almete *m.* Pieza de la armadura antigua que cubría la cabeza.
almez *m.* Árbol de corteza lisa y fruto en drupa comestible, redonda, negra por fuera y amarilla por dentro.
almeza *f.* Fruto del almez.
almiar *m.* Pajar al descubierto.
almíbar *m.* Azúcar disuelto en agua y espesado a fuego lento.
almibarado -da *a.* *fig.* Meloso, excesivamente halagüeño.
almibarar *t.* Cubrir con almíbar. Suavizar las palabras.
almidón *m.* Substancia blanca que se encuentra en las semillas y raíces de varias plantas.
almidonar *t.* Impregnar de almidón desleído en agua.
almilla *f.* Especie de jubón ajustado al cuerpo.

almimbar *m.* Púlpito de las mezquitas. /ta.
alminar *m.* Torre de una mezqui-
almiranta *f.* Mujer del almirante.
almirantazgo *m.* Dignidad de almirante. Alto consejo de la armada.
almirante *m.* El que tiene el cargo superior de la armada.
almirez *m.* Mortero de metal para machacar. /mizcle.
almizclar *t.* Aromatizar con al-
almizcle *m.* Substancia odorífera que se obtiene del almizclero.
almizcleño -ña *a.* Que huele a almizcle.
almizclero -ra *a.* Almizcleño. *m.* Rumiante que tiene en el vientre una bolsa en que segrega el almizcle. *f.* Desmán (mamífero).
almo -ma *a.* poét. Criador, vivificador.
almocafre *m.* Instrumento para escardar y limpiar la tierra.
almodrote *m.* Cierta salsa. Mezcla confusa.
almófar *m.* Cofia de malla sobre la cual se ponía el capacete.
almogávar *m.* Soldado de una tropa escogida que hacía correrías o incursiones.
almohada *f.* Colchoncillo para reclinar la cabeza o para sentarse sobre él.
almohade *a.-s.* De una secta árabe que en el siglo XII fundó un imperio sucesor del de los almoravides.
almohadilla *f.* Cojincillo. Resalto labrado en un sillar.
almohadón *m.* Almohada grande.
almohaza *f.* Utensilio para estregar las caballerías.
almohazar *t.* Estregar con almohaza.
almoneda *f.* Venta de bienes muebles en pública subasta. Venta de géneros a bajo precio.
almoravid *a.-s.* De una tribu que fundó un imperio en el occidente africano y llegó a dominar la España árabe.
almorrana *f.* Tumorcillo sanguíneo en el ano.
almorta *f.* Planta leguminosa de semillas en figura de muela.
almorzada *f.* Lo que cabe en el hueco de las dos manos juntas.
almorzar *i.* Tomar el almuerzo. *t.* Comer en el almuerzo.
almud *m.* Medida para áridos.
almuecín, almuédano *m.* Musulmán que desde el alminar convoca al pueblo a la oración.
almuerzo *m.* Comida que se toma antes de la principal.
alnado -da *m. f.* Hijastro -tra.
alocado -da *a.* Que tiene cosas

de loco.
alocución *f.* Discurso de un superior a sus inferiores.
áloe, áloes *m.* Planta liliácea de la cual se extrae un zumo amargo y purgante. Este jugo.
aloja *f.* Bebida hecha de miel, agua y especias.
alojamiento *m.* Acción de alojar. Lugar donde se está alojado.
alojar *t.-r.* Hospedar, aposentar. Introducir una cosa dentro de otra.
alón *m.* Ala entera de ave, quitadas las plumas.
alondra *f.* Pájaro insectívoro pardusco con collar negro.
alópata *a.-s.* Que se dedica a la alopatía.
alopatía *f.* Sistema terapéutico opuesto a la homeopatía.
alopecia *f.* Caída del cabello por enfermedad.
aloque *a.* Dic. del vino tinto claro o de la mezcla de tinto y blanco.
alpaca *f.* Mamífero camélido propio de la Am. Meridional. Su pelo y tejido hecho con él. Tela abrillantada. Aleación de cobre, cinc y níquel.
alpargata *f.* Calzado de cáñamo.
alpargatería *f.* Tienda del alpargatero.
alpargatero -ra *m. f.* Persona que hace o vende alpargatas.
alpechín *m.* Líquido que sale de las aceitunas apiladas.
alpestre *a.* Alpino. Montañoso.
alpinismo *m.* Deporte consistente en la ascensión a las altas montañas.
alpinista *com.* Persona que practica el alpinismo.
alpino -na *a.* Perteneciente a los Alpes o a las altas montañas.
alpiste *m.* Graminácea cuyas semillas se dan a los pájaros.
alquería *f.* Casa de campo para labranza.
alquermes *m.* Quermes.
alquicel y -cer *m.* Vestidura morisca a modo de capa blanca.
alquiladizo -za *a.* Que se alquila.
alquilador -ra *m. f.* Persona que alquila.
alquilar *t.-r.* Dar o tomar un servicio o el uso de una cosa por precio convenido.
alquiler *m.* Acción de alquilar. Precio en que se alquila una cosa. /zo.
alquilón -na *a.-s.* des. Alquiladi-
alquimia *f.* Química de los antiguos que pretendía transmutar los metales.
alquimista *m.* El que profesaba la alquimia.

alquitara *f.* Alambique.
alquitrán *m.* Substancia untuosa, de color obscuro, que se obtiene de la destilación de la madera o de la hulla.
alquitranar *t.* Dar de alquitrán.
alrededor *adv.* Cercando, rodeando. Cerca, poco más o menos. *m. pl.* Contornos de un lugar.
álsine *f.* Planta cuya semilla comen los pájaros.
alta *f.* Entrada en servicio de un militar destinado a un cuerpo. Documento que lo acredita. Orden en que se declara curado un enfermo. Acto de ingresar como miembro en una profesión o como socio en una agrupación o sociedad.
altamente *adv.* En extremo, en gran manera.
altanería *f.* Caza con aves de alto vuelo. Altivez.
altanero *a.* De alto vuelo. Altivo.
altar *m.* Mesa para celebrar la misa. Ara para los sacrificios.
altavoz *m.* Aparato para ampliar los sonidos en un receptor radiotelefónico o los producidos ante un micrófono.
altea *f.* Malvavisco.
alterable *a.* Que puede alterarse.
alteración *f.* Acción de alterar.
alterar *t.-r.* Cambiar la esencia, forma, etc., de una cosa. Perturbar, trastornar. /ta.
altercación *f.* **altercado** *m.* Disputa-
altercar *i.* Disputar, porfiar.
alternación *f.* Acción de alternar.
alternador *m.* Generador de corriente alterna. /va.
alternancia *f.* Sucesión alternati-
alternar *t.* Hacer cosas por turno y sucesivamente. *i.* Sucederse por turno. Sucederse unas cosas a otras repetidamente. Tratarse las personas.
alternativa *f.* Derecho de alternar. Opción entre dos cosas.
alternativo -va, alterno -na *a.* Que se hace o sucede con alternación.
alterno -na *a.* Alternativo. Uno sí y otro no.
alteza *f.* Altura. Elevación. Tratamiento que se da a los príncipes.
altibajo *m.* Golpe de alto a bajo. *pl.* Desigualdades de un terreno. Cambios de fortuna.
altilocuencia *f.* Grandilocuencia.
altillo *m.* Cerrillo. Construcción en alto en el interior de una tienda, almacén, etc.
altimetría *f.* TOP. Medición de alturas.
altiplanicie *f.* Meseta extensa.
altísimo *a.* Superl. de *alto*. *El*

Altísimo, Dios.
altisonante *a.* Altísono. Retumbante. /vado.
altísono -na *a.* Muy sonoro, elevado.
altitud *f.* Altura.
altivez *f.* Orgullo, soberbia.
altivo -va *a.* Orgulloso, soberbio.
alto -ta *a.* De altura considerable. De gran estatura. Superior en su línea. Caro. *m.* Altura. Detención, parada, *adv.* En lugar superior. En voz fuerte.
altozano *m.* Elevación del terreno.
altramuz *m.* Planta leguminosa de semilla achatada comestible. Su semilla.
altruismo *m.* Esmero abnegado en el bien ajeno.
altruista *a.* Relativo al altruismo. *a.-s.* Que lo practica.
altura *f.* Elevación sobre la superficie de la tierra. Elevación moral o intelectual. Cumbre. Región elevada. Dimensión de los cuerpos perpendicular a su base.
alubia *f.* Judía.
alucinación *f.* Acción de alucinar. Sensación subjetiva falsa.
alucinar *t.-r.* Producir sensaciones o percepciones imaginarias. Cautivar irresistiblemente.
alud *m.* Masa de nieve que se desprende de los montes.
aluda *f.* Hormiga con alas.
aludir *t.* Hacer referencia.
alumbrado *m.* Sistema de iluminación.
alumbramiento *m.* Acción y efecto de alumbrar.
alumbrar *t.* Llenar de luz. Poner luces. Acompañar con luz. Enseñar, ilustrar. Sacar a la superficie las aguas subterráneas. Tratar con alumbre. *i.* Dar a luz. *r.* Embriagarse.
alumbre *m.* Sulfato doble de alúmina y potasio, de propiedades astringentes.
alúmina *f.* Óxido de aluminio.
alumínico -ca *a.* Que tiene alúmina.
aluminio *m.* Metal blanco muy ligero y maleable. /nos.
alumnado *m.* Conjunto de alumnos.
alumno -na *s.* Discípulo.
alunizar *i.* Posarse sobre la superficie de la Luna.
alusión *f.* Acción de aludir.
alusivo -va *a.* Que alude.
aluvial *a.* De aluvión.
aluvión *m.* Avenida fuerte de agua. *De* ~, dic. de los terrenos formados por las corrientes de agua.
álveo *m.* Madre de un río.
alveolar *a.* Relativo o parecido a los alvéolos.
alvéolo *m.* Celdilla. Cavidad en que está engastado un diente.

alza *f.* Aumento de precio. Regla en el cañón de un arma para precisar la puntería.
alzacuello *m.* Corbatín del traje eclesiástico.
alzada *f.* Estatura del caballo. Recurso de apelación.
alzado -da *a.* Dic. del precio fijado por un total. *m.* Diseño de un edificio, máquina, etc., en su proyección vertical.
alzamiento *m.* Acción de alzar. Puja. Levantamiento.
alzapaño *m.* Pieza en la pared para tener recogida una cortina.
alzaprima *f.* Palanca para mover pesos. /prima.
alzaprimar *t.* Levantar con alza-
alzar *t.* Levantar. Elevar la hostia y el cáliz en la misa. Quitar, recoger, guardar. *r.* Sublevarse.
allá *adv.* En aquel lugar. En tiempo pasado. /nar.
allanamiento *m.* Acción de alla-
allanar *t.* Poner llano. Superar una dificultad. Permitir la entrada. Entrar a la fuerza en casa ajena. *r.* Caerse a plomo. Sujetarse, avenirse.
allegado -da *a.* Cercano. *m.* Pariente. Parcial.
allegar *t.* Recoger, juntar. *t.-r.* Arrimar. /Además.
allende *adv.* De la parte de allá.
allí *adv.* En aquel lugar, a aquel lugar. Entonces.
ama *f.* Dueña de la casa o de alguna cosa. Criada principal. Nodriza.
amabilidad *f.* Calidad de amable.
amable *a.* Digno de ser amado. Afable, complaciente.
amadrigarse *r.* Meterse en la madriguera. Retraerse.
amadrinar *t.* Ser madrina de uno.
amaestrar *t.* Adiestrar. Domar, enseñar a los animales.
amagar *i.-t.* Dejar ver la intención de ejecutar una cosa. Amenazar. *t.* Fingir que se va a hacer o decir algo.
amago *m.* Acción de amagar. Señal, indicio.
amainar *t.* MAR. Recoger velas. *i.* Aflojar el viento. Aflojar en algún empeño.
amalecita *a.-s.* De un pueblo bíblico descendiente de Amalec.
amalgama *f.* Aleación de mercurio con otro metal. Mezcla.
amalgamar *t.-r.* Hacer amalgama. Unir, mezclar.
amamantamiento *m.* Acción de amamantar.
amamantar *t.* Dar de mamar.
amancillar *t.* Manchar. Deslucir, ajar.

amanecer *m.* Tiempo en que amanece.
amanecer *i.* Apuntar el día.
amanerado -da *a.* Que adolece de amaneramiento.
amaneramiento *m.* Acción y efecto de amanerar.
amanerar *t.-r.* Dar cierta afectación a las obras, lenguaje, etc.
amansar *t.-r.* Hacer manso, domar. Apaciguar.
amante *a.-s.* Que ama.
amanuense *com.* Escribiente.
amañado -da *a.* Mañoso, hábil. Falsificado.
amañar *t.* Componer con maña. *r.* Darse maña, acomodarse a hacer algo. /ficio.
amaño *m.* Destreza. Traza o artificio.
amapola *f.* Planta de flores rojas y semilla negruzca que abunda en los sembrados.
amar *t.* Tener amor.
amaraje *m.* Acción de amarar.
amaranto *m.* Planta de adorno, con flores en espiga aterciopelada.
amarar *i.* Posarse en el agua un hidroavión.
amargado -da *a.* Malhumorado, resentido.
amargar *i.* Tener sabor parecido al de la hiel. *i-t.* Causar amargura.
amargo -ga *a.* Que amarga. *m.* Amargor.
amargor *m.* Sabor amargo. Aflicción, disgusto.
amarguera *f.* Planta de sabor amargo.
amargura *f.* Amargor.
amarilis *f.* Planta bulbosa con flores de colores muy vivos.
amarillear *i.* Mostrar amarillez.
amarillecer *i.* Ponerse amarillo.
amarillento -ta *a.* Que tira a amarillo.
amarillez *f.* Calidad de amarillo.
amarillo *a.-m.* Díc. del color parecido al del oro, el limón, etc. *a.* De color amarillo.
amariposado -da *a.* De figura de mariposa.
amarra *f.* Cabo para asegurar la embarcación.
amarradero *m.* Lugar donde se amarra.
amarrar *t.* Atar, asegurar con cuerdas, cadenas, etc.
amarre *m.* Acción de amarrar.
amartelar *t.-r.* Dar celos. Enamorar.
amartillar *t.* Martillar. Poner en el disparador un arma de fuego.
amasadera *f.* Artesa en que se amasa.
amasadura *f.* Acción de amasar.
amasamiento *m.* Amasadura. MED. Compresión de las partes blandas para excitar la circulación.
amasar *t.* Formar masa mezclando harina, yeso, etc., con agua. Reunir, juntar, MED. Practicar el amasamiento.
amasijo *m.* Porción de masa. Mezcla confusa.
amatista *f.* Variedad de cuarzo de color violeta.
amatorio -ria *a.* Relativo al amor. Que induce a amar.
amazacotado -da *a.* Pesado, groseramente compuesto.
amazona *f.* MIT. Mujer de ciertas razas guerreras. Mujer de ánimo varonil. Mujer que monta a caballo. /loquios.
ambages *m. pl.* Rodeos, circunlóquios.
ámbar *m.* Resina fósil, amarillenta y translúcida. Substancia de origen animal, de olor almizcleño. /ámbar.
ambarino -na *a.* Perteneciente al ámbar.
ambición *f.* Pasión por conseguir poder, fama, etc.
ambicionar *t.* Tener ambición por una cosa. /bición.
ambicioso -sa *a.-s.* Que tiene ambición.
ambidextro -tra *a.* Que usa indistintamente de una y otra mano.
ambiente *a.* Díc. del fluido que rodea un cuerpo. *m.* Lo que rodea a las personas o cosas, esp. el aire; medio social.
ambigú *m.* En los locales para reuniones o fiestas, sitio donde se sirven manjares. /guo.
ambigüedad *f.* Calidad de ambiguo.
ambiguo -gua *a.* Que admite distintas interpretaciones.
ámbito *m.* Espacio comprendido dentro de ciertos límites. Su contorno.
ambladura *f.* Acción de amblar.
amblar *i.* Andar un cuadrúpedo moviendo a un tiempo el pie y la mano de un mismo lado.
ambo *m.* En el juego de la lotería, dos números contiguos en el cartón.
ambos -bas *a. pl.* El uno y el otro; los dos.
ambrosía *f.* MIT. Manjar de los dioses. Cosa deleitosa.
ambulacro *m.* Corredor en las catacumbas. Órgano locomotor de los equinodermos.
ambulancia *f.* Hospital ambulante. Coche para transportar enfermos. Oficina postal en un tren.
ambulante *a.* Que va de un lugar a otro, que no está fijo. *m.* Empleado de correos encargado de una ambulancia.
amedrentar *t.* Infundir miedo.

amén *m.* Voz lat. Así sea. *adv.* Excepto. A más, además.
amenaza *f.* Acción de amenazar.
amenazar *t.* Dar a entender que se quiere hacer algún mal a otro. Parecer inminente una cosa mala. /rar, infamar.
amenguar *t.* Disminuir. Deshon-
amenidad *f.* Calidad de ameno.
amenizar *t.* Hacer ameno.
ameno -na *a.* Grato, deleitable, placentero.
amento *m.* Inflorescencia formada por una especie de espiga articulada por su base.
amerengado -da *a.* Parecido al merengue.
americanismo *m.* Vocablo o giro propio de los americanos.
americanista *com.* Persona que estudia las lenguas y culturas de América.
americano -na *a.-s.* De América.
ametralladora *f.* Arma de fuego que dispara rápida y sucesivamente proyectiles de fusil.
ametrallar *t.* Disparar metralla contra el enemigo.
amianto *m.* Mineral muy resistente al fuego que se presenta en fibras blancas y flexibles.
amigable *a.* Amistoso.
amigdaláceo -a *a.* Parecido a la almendra.
amígdalas *f. pl.* Glándulas situadas a uno y otro lado del istmo de las fauces. /amígdalas.
amigdalitis *f.* Inflamación de las
amigo -ga *a.-s.* Que tiene amistad. Aficionado. *a.* Amistoso
amiláceo -cea *a.* De la naturaleza del almidón.
amilanar *t.-r.* Causar miedo, acobardar.
amillaramiento *m.* Acción de amillarar.
amillarar *t.* Evaluar el haber de los vecinos de un pueblo para el reparto de contribuciones.
aminorar *t.* Minorar. /be.
amir *m.* Príncipe o caudillo ára-
amistad *f.* Afecto desinteresado. *f. pl.* Personas con las que se tiene amistad.
amistar *t.-r.* Unir en amistad. Reconciliar.
amistoso -sa *a.* Propio de amigos.
amito *m.* Lienzo con una cruz en medio que se pone el sacerdote antes del alba. /ria.
amnesia *f.* Pérdida de la memo-
amnistía *f.* Perdón general para cierta clase de delitos.
amnistiar *t.* Conceder amnistía.
amo *m.* Cabeza de una casa o familia. Dueño.
amoblar *t.* Amueblar.
amodorrado -da *a.* Soñoliento.

amodorramiento *m.* Acción de amodorrarse.
amodorrarse *r.* Caer en modorra.
amohinar *t.-r.* Causar mohína.
amojamarse *r.* Ponerse enjuto y seco.
amojonar *t.* Señalar con mojones.
amoladera *a.-s.* Díc. de la piedra de amolar.
amolador *m.* El que tiene por oficio amolar.
amolar *t.-r.* Afilar con la muela. Molestar, fastidiar.
amoldar *t.-r.* Ajustar al molde, a una pauta.
amomo *m.* Planta tropical de semillas aromáticas.
amonedar *t.* Reducir a moneda un metal.
amonestación *f.* Acción de amonestar. Publicación de los nombres de los que quieren casarse u ordenarse.
amonestar *t.* Advertir, reprender. Publicar las amonestaciones.
amoniacal *a.* Que contiene amoníaco.
amoniaco *m.* Gas compuesto de nitrógeno e hidrógeno. Substancia resinosa usada en medicina.
amónico -ca *a.* Amoniacal.
amonita *f.* Concha fósil de forma espiral. *a.-s.* De un pueblo bíblico descendiente de Amón.
amontarse *r.* Huirse al monte.
amontillado *a.-s.* Díc. del vino hecho a imitación del Montilla.
amontonar *t.-r.* Juntar y mezclar sin orden. *r.* Irritarse.
amor *m.* Vivo afecto o inclinación a una persona o cosa. Blandura, suavidad.
amoral *a.* Desprovisto de sentido moral. /rado.
amoratado -da *a.* Que tira a mo-
amordazar *t.* Poner mordaza.
amorfo -fa *a.* Sin forma determinada.
amorío *m.* Enamoramiento.
amormío *m.* Planta de flores blancas poco olorosas.
amoroso -sa *a.* Que siente o denota amor. Blando; templado, apacible.
amortajar *t.* Poner la mortaja a un difunto.
amortecer *t.* Amortiguar. *r.* Desmayarse.
amortiguador -ra *a.* Que amortigua. *m.* Resorte para disminuir el efecto de los choques o sacudidas.
amortiguar *t.-r.* Mitigar, suavizar, templar.
amortizable *a.* Que se puede amortizar.
amortización *f.* Acción y efec-

to de amortizar.
amortizar *t.* Redimir el capital de un censo, deuda, etc. Suprimir empleos o plazas.
amoscarse *r.* Enfadarse.
amostazar *t.-r.* Irritar, enojar.
amotinar *t.-r.* Alzar en motín.
amovible *adj.* No fijo.
amparar *t.-r.* Favorecer, proteger, defender.
amparo *m.* Acción de amparar. Protección, abrigo, defensa.
ampelografía *f.* Descripción y tratado de la vid.
amperímetro *m.* Aparato para medir los amperios.
amperio *m.* Unidad de medida de la corriente eléctrica.
ampliación *f.* Acción de ampliar. Fotografía ampliada.
ampliar *t.-r.* Extender, dilatar. Reproducir en mayor tamaño.
amplificación *f.* Acción de amplificar.
amplificador -ra *a.-m.* Que amplifica.
amplificar *t.-r.* Ampliar.
amplificativo -va *a.* Que sirve para amplificar. /cioso.
amplio -plia *a.* Dilatado, espa-
amplitud *f.* Extensión. Calidad de amplio.
ampo *m.* Blancura. Copo de nieve.
ampolla *f.* Vejiga en la piel. Burbuja de vidrio de cuello largo. Tubito con un líquido inyectable. /la piel.
ampollar *t.* Hacer ampollas en
ampolleta *f.* Reloj de arena.
ampulosidad *f.* Calidad de ampuloso.
ampuloso -sa *a.* Dic. del lenguaje hinchado y redundante.
amputación *f.* Acción de amputar.
amputar *t.* CIR. Cortar y separar del cuerpo un miembro o porción de él.
amuchachado -da *a.* Que parece muchacho o de muchacho.
amueblar *t.* Dotar de muebles.
amuleto *m.* Objeto portátil al que se atribuye virtud sobrenatural protectora.
amunicionar *t.* Municionar.
amura *f.* Parte de los costados del buque donde éste se estrecha para formar la proa.
amurallar *t.* Murar.
amusgar *t.-i.* Echar hacia atrás las orejas una bestia.
ana *f.* Medida de longitud (próximamente 1 m.).
anacarado -da *a.* Nacarado.
anacardo *m.* Árbol de flores pequeñas cuyo pedúnculo se hincha en forma de pera comestible y cuyo fruto contiene una almendra dulce.
anacoreta *com.* Religioso que vive en lugar solitario.
anacreóntico -ca *a.* Propio del poeta Anacreonte.
anacrónico -ca *a.* Que adolece de anacronismo. Anticuado.
anacronismo *m.* Error en la época a que corresponde una cosa. Antigualla.
ánade *amb.* Pato.
anadear *i.* Andar como el ánade.
anadón *m.* Pollo del ánade.
anaerobio *a.* Dic. del ser que puede vivir en ausencia del oxígeno del aire.
anagrama *m.* Transformación de una palabra en otra por transposición de letras.
anal *a.* Relativo al ano.
anales *m. pl.* Relaciones de sucesos por años.
analectas *f. pl.* Florilegio.
analfabetismo *m.* Falta de instrucción elemental. /leer.
analfabeto -ta *a.-s.* Que no sabe
analgesia *f.* Ausencia de dolor.
analgésico -ca *a.* Relativo a la analgesia. *a.-m.* Que la produce.
análisis *amb.* Separación y distinción de las partes de un todo. Examen crítico minucioso.
analista *com.* Autor de anales. MED. Analizador. /lisis.
analítico -ca *a.* Relativo al aná-
analizador -ra *a.-s.* Que analiza.
analizar *t.-r.* Hacer el análisis.
analogía *f.* Semejanza, correspondencia. Parte de la gramática que estudia las palabras consideradas aisladamente.
analógico -ca *a.* Análogo. Relativo a la analogía.
análogo -ga *a.* Semejante.
ananá, ananás *m.* Planta de fruto en forma de piña carnosa, comestible y muy aromática.
anaquel *m.* Tabla horizontal de armario, estante, etc.
anaquelería *f.* Conjunto de anaqueles.
anaranjado -da *a.-m.* Dic. del color parecido al de la naranja.
anarquía *f.* Falta de gobierno en el estado. Desorden.
anárquico -ca *a.* Relativo a la anarquía.
anarquismo *m.* Doctrina que aspira a crear una sociedad sin Estado.
anarquista *a.-com.* Partidario del anarquismo. /dición.
anatema *amb.* Excomunión. Mal-
anatematizar *t.* Pronunciar anatema. Maldecir, Reprobar.
anatomía *f.* Estructura de un ser orgánico y esp. del cuerpo hu-

mano. Su estudio o disección.
anatómico -ca *a*. Relativo a la anatomía.
anatomista *com*. Profesor de anatomía.
anca *f*. Mitad lateral de la parte posterior de un animal. Cadera. Parte posterior y superior de las caballerías.
ancianidad *f*. Vejez.
anciano -na *a.-s*. Dic. de la persona de mucha edad.
ancla *f*. Instrumento que, pendiente de una cadena, se echa al mar para asegurar los buques.
ancladero *m*. Fondeadero.
anclaje *m*. Acción de anclar.
anclar *i*. Echar anclas.
anclote *m*. Ancla pequeña.
ancón *m*, **anconada** *f*. Ensenada.
áncora *f*. Ancla. Pieza de ciertos relojes.
ancorar *i*. Anclar.
ancho -cha *a*. Que tiene anchura o la tiene excesiva. *m*. Anchura.
anchoa *f*. Boquerón.
anchor *m*. Anchura.
anchura *f*. Latitud. Libertad, desahogo.
anchuroso -sa *a*. Muy ancho o espacioso.
andaderas *f. pl*. Aparato para que el niño aprenda a andar.
andador -ra *a.-s*. Que anda mucho. *m*. Avisador. *m. pl*. Tirantes para sostener al niño cuando aprende a andar.
andadura *f*. Acción de andar. Paso llano de la caballería.
andaluz -za *a.-s*. De Andalucía
andaluzada *f*. Exageración.
andamiada *f*, **andamiaje** *m*. Conjunto de andamios.
andamio *m*. Armazón de tablones para trabajar en las obras.
andana *f*. Orden de algunas cosas puestas en línea.
andanada *f*. Descarga cerrada de toda una andana o batería de un buque. Represión. Gradería cubierta en las plazas de toros.
andante *a*. Que anda. *m*. Movimiento musical moderadamente lento.
andantesco -ca *a*. Relativo a los caballeros andantes.
andanza *f*. Caso, suceso.
andar *m*. Andadura. *pl*. Manera de andar.
andar *i*. Moverse de un lugar a otro. Funcionar un mecanismo. Transcurrir el tiempo.
andaraje *m*. Rueda de noria.
andariego -ga *a.-s*. Andador.
andarín -na *a.-s*. Dic. de la persona andadora.
andarivel *m*. Maroma tendida entre las orillas de un río para guiar una barca.
andarrios *m*. Aguzanieves.
andas *f. pl*. Tablero con dos barras para llevar algo en hombros. Féretro con varas.
andén *m*. Sitio para andar a lo largo de un muelle, una vía de ferrocarril, etc.
andino -na *a*. Relativo a los Andes.
andorga *f*. Vientre. /des.
andorrano -na *a.-s*. De Andorra.
andrajo *m*. Pedazo de ropa muy usada. /jos.
andrajoso -sa *a*. Lleno de andrajos.
androceo *m*. Conjunto de los estambres de una flor.
androide *m*. Autómata de figura humana.
andrómina *f*. Embuste, enredo.
andurriales *m. pl*. Parajes extraviados.
anea *f*. Planta cuyas hojas se emplean para asiento de sillas, ruedos, etc.
anécdota *f*. Relación breve de un suceso o rasgo curioso.
anecdótico -ca *a*. Que tiene carácter de anécdota.
anegadizo -za *a*. Dic. del terreno que frecuentemente se anega.
anegar *t.-r*. Ahogar en el agua. Inundar.
anejar *t*. Anexar. /agregado.
anejo -ja *a.-m*. Anexo, unido,
anélido -da *a.-m*. Dic. de los gusanos de cuerpo segmentado y sangre roja.
anemia *f*. MED. Empobrecimiento de la sangre.
anémico -ca *a*. Relativo a la anemia. *a.-s*. Que la padece.
anemómetro *m*. Instrumento para medir la velocidad del viento.
anemona *y* **-ne** *f*. Planta ranunculácea de flores vistosas.
aneroide *a*. Dic. del barómetro en que las variaciones de la presión atmosférica se miden por las deformaciones que experimenta una cajita metálica en cuyo interior se ha hecho el vacío. /sibilidad.
anestesia *f*. Privación de la sen-
anestesiar *t*. Insensibilizar con un anestésico.
anestésico -ca *a*. Relativo a la anestesia. *a.-m*. Que la produce.
aneurisma *amb*. MED. Tumor en las paredes de una arteria.
anexar *t*. Unir una cosa a otra con dependencia de ella.
anexión *f*. Acción de anexar.
anexo -xa *a.-m*. Unido a otra cosa con dependencia de ella.
anfibio -bia *a*. Que puede vivir dentro y fuera del agua. *a.-m*.

Díc. de ciertos vertebrados como la rana y la salamandra.
anfibología *f.* GRAM. Doble sentido, ambigüedad.
anfibológico -ca *a.* Que implica anfibología.
anfiscio -cia *a.-s.* Díc. del habitante de la zona tórrida cuya sombra, al mediodía, mira ya al norte, ya al sur, según las estaciones.
anfiteatro *m.* Edificio redondo u oval con gradas alrededor. Conjunto de asientos en semicírculo.
anfitrión *m.* El que tiene convidados a su mesa.
ánfora *f.* Cántaro alto y estrecho, usado por los griegos y romanos.
anfractuosidad *f.* Sinuosidad, escabrosidad de un terreno. ANAT. Depresión y elevación que se repiten en la superficie de algunos cuerpos.
angarillas *f. pl.* Andas pequeñas para transportar materiales. Armazón para transportar cosas en cabalgaduras. Vinagreras.
ángel *m.* Espíritu celeste criado por Dios para su ministerio. Expresión, gracia. /dicinal.
angélica *f.* Planta de semilla meangelical y angélico -ca *a.* Relativo a los ángeles o parecido a ellos.
angelote *m.* Figura grande de ángel. Niño gordo y apacible.
ángelus *m.* Oración que comienza con las palabras *Angelus Domini*.
angina *f.* Inflamación de las amígdalas. *Angina de pecho*, cierta enfermedad del corazón.
anglicanismo *m.* Doctrina de la Iglesia oficial inglesa.
anglicano -na *a.-s.* Del anglicanismo o que lo profesa.
anglicismo *m.* Giro propio del idioma inglés.
angloamericano -na *a.* Perteneciente a ingleses y americanos. *a.-s.* De los EE. UU. de A.
anglosajón -na *a.-s.* Procedente de los pueblos germánicos que en el siglo V invadieron a Inglaterra.
angosto -ta *a.* Estrecho, reducido.
angostura *f.* Estrechura, paso estrecho.
anguila *f.* Pez de agua dulce, comestible, de cuerpo cilíndrico.
angula *f.* Cría de la anguila.
angular *a.* Relativo al ángulo. De figura de ángulo.
ángulo *m.* Porción indefinida de plano limitado por dos líneas que se cortan. Rincón. Esquina, arista.

anguloso -sa *a.* Que tiene ángulos.
angustia *f.* Congoja, aflicción.
angustiar *t.-r.* Causar angustia.
angustioso -sa *a.* Que causa angustia. Que la padece.
anhelar *i.* Respirar con dificultad. *t.* Tener anhelo de algo.
anhélito *m.* Respiración fatigosa.
anhelo *m.* Deseo vehemente.
anhelosamente *adv.* Con anhelo.
anheloso -sa *a.* Díc. de la respiración fatigosa. Que tiene o siente anhelo.
anhídrido *m.* Óxido capaz de formar un ácido al combinarse con el agua.
anhidro -dra *a.* Díc. del cuerpo en cuya composición no entra el agua.
anidar *i.* Hacer nido. Morar.
anilina *f.* Colorante obtenido del añil.
anilla *f.* Anillo o argolla de colgadura, correa, etc.
anillado -da *a.* Que tiene anillos o forma de anillo.
anillo *m.* Aro pequeño; esp. el que se lleva en los dedos. ZOOL. Segmento.
ánima *f.* Alma. La que pena en el purgatorio.
animación *f.* Acción de animar. Viveza en las acciones. Concurso de gente.
animadversión *f.* Enemistad, ojeriza.
animal *m.* Ser viviente dotado de sensibilidad y movimiento voluntario. *a.* Relativo al animal o a lo sensitivo. *a.-s.* Persona grosera o ignorante.
animalada *f. fig.* Borricada.
animalidad *f.* Calidad de animal.
animalucho *m.* Animal de figura desagradable.
animar *t.* Infundir el alma. Infundir ánimo, energía. Dar movimiento, alegría, variedad.
anímico -ca *a.* Psíquico.
ánimo *m.* Alma. Valor, energía. Intención. Atención o pensamiento.
animosidad *f.* Animadversión.
animoso -sa *a.* Que tiene ánimo, valor.
aniñado -da *a.* Que parece niño o de niño.
aniquilación *f.* **aniquilamiento** *m.* Acción de aniquilar.
aniquilar *t.* Reducir a la nada, destruir.
anís *f.* Planta de semillas menudas aromáticas. Grano de anís con baño de azúcar. Anisado.
anisado -da *a.* Compuesto con anís. *m.* Aguardiente anisado.
anisar *t.* Aromatizar con anís.

anisete *m.* Licor compuesto de aguardiente, azúcar y anís.
aniversario -ria *a.* Anual. *m.* Oficio fúnebre al año del fallecimiento. Cumpleaños.
ano *m.* Orificio por donde se expele el excremento.
anoche *adv.* En la noche de ayer.
anochecer *m.* Tiempo en que anochece.
anochecer *i.* Venir la noche.
anochecida *f.* Anochecer.
anodino -na *a.-m.* Que calma el dolor. *a.* Ineficaz, insubstancial.
ánodo *m.* Polo positivo de un generador de electricidad.
anofeles *m.* Mosquito propagador del paludismo.
anomalía *f.* Irregularidad.
anómalo -la *a.* Irregular, extraño.
anona *f.* Arbolito tropical de fruto carnoso y aromático.
anonadar *t.-r.* Aniquilar. Apocar. Humillar, abatir.
anónimo -ma *a.-m.* Díc. del escrito sin nombre de autor o del autor de nombre desconocido. *m.* Secreto del que oculta su nombre.
anormal *a.* No normal.
anotación *f.* Acción de anotar.
anotar *t.* Poner notas en un escrito. Apuntar. /losis.
anquilosarse *r.* Producirse anquilo-
anquilosis *f.* Falta de movimiento en una articulación móvil.
ánsar *m.* Ganso.
ansarino -na *a.* Relativo al ánsar. *m.* Pollo del ánsar.
ansia *f.* Congoja, fatiga. Angustia. Anhelo. *pl.* Náuseas.
ansiar *t.* Desear con ansia.
ansiedad *f.* Inquietud del ánimo. Ansia, angustia.
ansiosamente *adv.* Con ansia.
ansioso -sa *a.* Acompañado de ansias. Que tiene ansia. Codicioso.
anta *f.* Rumiante cérvido muy corpulento.
antagónico -ca *a.* Que denota o implica antagonismo.
antagonismo *m.* Oposición. Estado de lucha o rivalidad.
antagonista *com.* Adversario, contrario.
antaño *adv.* En otro tiempo.
antártico -ca *a.* GEOG. Díc. del polo sur. Perteneciente o cercano al polo sur.
ante *m.* Anta. Piel adobada de algunos animales.
ante *prep.* En presencia de, delante de.
antealtar *m.* Espacio contiguo a la grada del altar.
anteanoche *adv.* En la noche de anteayer.

anteayer *adv.* En el día inmediatamente anterior a ayer.
antebrazo *m.* Parte del brazo desde el codo a la muñeca.
antecámara *f.* Pieza delante de la sala principal.
antecedente *a.* Que antecede. *m.* Lo que sirve para juzgar hechos posteriores. MAT. Primer término de una razón. Término a que se refieren los pronombres relativos.
anteceder *t.* Preceder.
antecesor -ra *m. f.* Persona que precedió a otra en algo.
anteco -ca *a.-m.* Díc. de los habitantes de la Tierra que están bajo un mismo meridiano, a igual distancia del ecuador, pero en distinto hemisferio.
antecristo *m.* Anticristo.
antedata *f.* Fecha falsa de un documento anterior a la verdadera.
antedecir *t.* Predecir.
antedicho -cha *a.* Dicho con anterioridad.
antediluviano -na *a.* Anterior al diluvio universal.
antefirma *f.* Tratamiento o denominación que se pone antes de la firma.
antelación *f.* Anticipación con que sucede una cosa respecto de otra. /cipación.
antemano (de) *m. adv.* Con antí-
antemeridiano -na *a.* Anterior al mediodía.
antemural *m.* Fortaleza, roca, etc., que sirve de defensa.
antena *f.* MAR. Entena. ZOOL. Apéndice móvil en la cabeza de un artrópodo. Circuito abierto empleado en radio para transmitir o recibir las radiaciones.
anteojo *m.* Instrumento óptico para ver desde lejos. *pl.* Instrumento óptico con cristales para entrambos ojos.
antepalco *m.* Pieza que da ingreso a un palco.
antepasado -da *a.* Anterior a otro tiempo pasado. *m.* Ascendiente, abuelo.
antepecho *m.* Pretil. Reborde de ventana para apoyar los codos.
antepenúltimo -ma *a.* Inmediatamente anterior al penúltimo.
anteponer *t.* Poner delante. Preferir.
anteportada *f.* Hoja que precede a la portada de un libro.
anteposición *f.* Acción de anteponer.
antepuerto *m.* Abrigo, dársena anterior al puerto.
antera *f.* BOT. Parte del estambre que contiene el polen.
anterior *a.* Que precede.

anterioridad *f.* Precedencia en el tiempo o en el espacio.
antes *adv.* Denota prioridad en el tiempo o en el espacio. Denota preferencia. /sala.
antesala *f.* Pieza delante de la
antever *t.* Prever.
antiaéreo -rea *a.* Relativo a la defensa contra aviones.
antialcohólico -ca *a.* Contrario al alcoholismo. /par.
anticipación *f.* Acción de anticipar.
anticipadamente *adv.* Con anticipación.
anticipar *t.* Hacer que ocurra algo antes de tiempo. Entregar dinero antes de tiempo. Adelantar plazos, fechas. *r.* Hacer algo antes que otro.
anticipo *m.* Anticipación. Dinero anticipado.
anticolonialismo *m.* Oposición al colonialismo.
anticonstitucional *a.* Contrario a la constitución.
anticristo *m.* Enemigo de Cristo o de su Iglesia que al fin del mundo se levantará para seducir a los hombres.
anticuado -da *a.* Que ya no está en uso.
anticuarse *r.* Hacerse antiguo.
anticuario *m.* El que entiende o negocia en cosas antiguas. El que las colecciona.
antideslizante *a.* Que impide que las ruedas resbalen.
antídoto *m.* Contraveneno.
antiespasmódico -ca *a.* Que calma los desórdenes nerviosos.
antievangélico -ca *a.* Contrario al evangelio.
antifaz *m.* Velo o máscara con que se cubre la cara.
antífona *f.* Versículo que se reza antes y después de un salmo.
antifonal y **-nario** *m.* Libro de antífonas.
antigualla *f.* Cosa antigua o pasada de moda.
antiguamente *adv.* En lo antiguo.
antigüedad *f.* Calidad de antiguo. Tiempo antiguo.
antiguo *a.* Que existe desde hace mucho tiempo. Que existió o sucedió en tiempo remoto.
antilogía *f.* Contradicción entre dos textos o expresiones.
antílope *m.* Rumiante bóvido de aspecto de ciervo.
antillano -na *a.-s.* De las Antillas.
antimilitarismo *m.* Oposición al militarismo.
antimonio *m.* Metal blanco azulado, brillante y quebradizo.
antinatural *a.* Contranatural.
antinomia *f.* Contradicción entre dos leyes o principios racionales.

antipapa *m.* Papa cismático elegido en oposición al legítimo.
antipara *f.* Cancel, biombo.
antiparras *f. pl. fam.* Anteojos.
antipatía *f.* Repugnancia instintiva hacia alguien o algo.
antipático -ca *a.* Que causa antipatía. /fugo.
antipirético -ca *a.-m.* MED. Febrí-
antipirina *f.* Medicamento febrífugo y analgésico.
antípoda *a.-m.* Dic. de un habitante de la Tierra con respecto a otro que more en lugar diametralmente opuesto.
antiquísimo -ma *a.* Superl. de *antiguo*.
antirrábico -ca *a.* Que combate la rabia.
antiscio *a.* Dic. de cada uno de los habitantes de las dos zonas templadas que por vivir sobre el mismo meridiano y en hemisferios opuestos proyectan al mediodía la sombra en dirección contraria.
antisemita *a.-com.* Opuesto a la raza judía.
antisepsia *f.* Desinfección.
antiséptico -ca *a.-m.* Desinfectante. /social.
antisocial *a.* Contrario al orden
antítesis *f.* Oposición de sentido entre dos términos o proposiciones. /titesis.
antitético -ca *a.* Que implica an-
antófago -ga *a.* Que se alimenta de flores.
antojadizo -za *a.* Que tiene antojos con frecuencia.
antojarse *r.* Hacerse objeto de deseo una cosa. Ofrecerse como probable.
antojo *m.* Deseo vivo y pasajero. Capricho. Mancha o lunar en la piel.
antología *f.* Colección literaria de trozos escogidos.
antónimo -ma *a.-s.* Dic. de las palabras que expresan ideas opuestas.
antonomasia *f.* RET. Figura que consiste en poner el nombre apelativo por el propio o viceversa.
antorcha *f.* Hacha para alumbrar.
antraceno *m.* Hidrocarburo obtenido del alquitrán.
antracita *f.* Carbón de piedra poco bituminoso.
ántrax *m.* Grupo de diviesos, especie de avispero muy maligno.
antro *m.* Caverna.
antropofagia *f.* Costumbre de comer carne humana.
antropófago -ga *a.-s.* Que come

carne humana.
antropoide *a.-s.* Antropomorfo.
antropología *f.* Parte de la historia natural que trata del hombre.
antropológico -ca *a.* Perteneciente a la antropología.
antropólogo *m.* El que se dedica a la antropología.
antropometría *f.* Estudio de las medidas del cuerpo humano.
antropométrico -ca *a.* Relativo a la antropometría.
antropomorfo -fa *a.* De forma parecida a la del hombre. *a.-s.* Dic. de los grandes monos sin cola. /naval.
antruejo *m.* Los tres días de Carantuvión *m.* Golpe o acometimiento repentino. *m. adv.* De antuvión, de sopetón.
anual *a.* De cada año. Que dura un año.
anualidad *f.* Calidad de anual. Renta anual.
anualmente *adv.* Cada año.
anuario *m.* Libro publicado de año en año.
anubarrado -da *a.* Cubierto de nubes.
anublar *t.-r.* Ocultar las nubes el cielo. Obscurecer, empañar. Marchitar. /Unir.
anudar *t.* Hacer nudos. Juntar.
anuencia *f.* Consentimiento.
anuente *a.* Que consiente.
anulación *f.* Acción de anular.
anular *t.* Dar por nulo. Incapacitar.
anular *a.* Relativo al anillo o que tiene su figura. *m.* Cuarto dedo de la mano. /ciar.
anunciación *f.* Acción de anunciar. Dar noticia de algo. Hacer saber. Pronosticar.
anuncio *m.* Acción de anunciar. Aviso al público. Presagio.
anuo -nua *a.* Anual.
anverso *m.* Cara principal de una moneda o medalla. Primera página de un pliego.
anzuelo *m.* Arponcillo o garfio para pescar.
añadido -da *a.-m.* Postizo.
añadidura *f.* Lo añadido.
añadir *t.* Agregar. Aumentar.
añafil *m.* Trompeta morisca.
añagaza *f.* Señuelo. Artificio para atraer con engaño.
añal *a.* Anual. Dic. de la res que tiene un año. /tico.
añalejo *m.* Calendario eclesiástico.
añejar *t.-r.* Hacer añejo.
añejo -ja *a.* Dic. de ciertas cosas que tienen uno o más años. Que tiene mucho tiempo.
añicos *m. pl.* Pedacitos de una cosa que se rompe.

añil *m.* Arbusto leguminoso que da un colorante azul. Este colorante.
año *m.* Tiempo que emplea la Tierra en recorrer su órbita. Doce meses.
añojo -ja *m. f.* Becerro o cordero de un año.
añoranza *f.* Nostalgia.
añorar *t.* Recordar con pena la ausencia, privación o pérdida de una persona o cosa.
añoso -sa *a.* De muchos años.
añublo *m.* Enfermedad de los cereales.
aorta *f.* Arteria principal que arranca del ventrículo izquierdo del corazón. /ta.
aortitis *f.* Inflamación de la aor-
aovado -da *a.* De figura de huevo.
aovar *i.* Poner huevos.
apabullar *t.* Aplastar. Confundir.
apacentar *t.* Dar pasto al ganado.
apacibilidad *f.* Calidad de apacible.
apacible *a.* Dulce en la condición y el trato. Agradable, bonancible.
apaciguar *t.-r.* Poner en paz, aquietar. Desenojar.
apache *a.-s.* De una tribu de indios norteamericanos. *m.* Malhechor.
apadrinar *t.* Hacer oficio de padrino. Patrocinar.
apagado -da *a.* De genio sosegado y apocado. Amortiguado.
apagador -ra *a.* Que apaga. *m.* Pieza cónica para apagar las luces. Pieza del piano que evita las resonancias.
apagar *t.-r.* Extinguir el fuego, la luz, etc. Aplacar.
apagón *m.* Apagamiento súbito de las luces.
apaisado -da *a.* De figura rectangular y con la base mayor que la altura.
apalancar *t.* Mover con palancas.
apalear *t.* Dar golpes con un palo. Aventar con pala.
apaleo *m.* Acción de apalear.
apandar *t.* Pillar, apropiarse una cosa.
apandillar *t.-r.* Hacer pandilla.
apañado -da *a.* Parecido al paño. Hábil, mañoso.
apañar *t.* Recoger. Asir, apropiarse. Ataviar. Remendar. *r.* Darse maña.
apaño *m.* Acción de apañar. Maña, habilidad.
aparador *m.* Mueble donde se guarda el servicio de mesa. Escaparate.
aparar *t.* Preparar, adornar. Acudir con las manos, la capa, etc., para recibir algo.

aparato *m.* Apresto, prevención. Pompa, fausto. Instrumento o conjunto de instrumentos u órganos que sirven para un objeto o función. /toso.
aparatoso -sa *a.* Pomposo, ostenaparcería *f.* Trato de los que van a la parte en una granjería.
aparcero -ra *m. f.* Persona que tiene aparcería con alguien.
aparear *t.-r.* Juntar formando par. Ajustar, igualar.
aparecer *i-r.* Manifestarse, dejarse ver. Estar, hallarse.
aparecido *m.* Espectro de un difunto.
aparejado -da *a.* Apto, idóneo.
aparejador -ra *a.-s.* Que apareja. *m.* Perito que ayuda a un arquitecto.
aparejar *t.* Preparar. Poner el aparejo.
aparejo *m.* Preparación. Arreos de las caballerías. Conjunto de palos, vergas, velas, etc., de un buque. Sistema de poleas.
aparentar *t.* Manifestar o dar a entender lo que no es o no hay. Hablando de la edad de una persona, tener ésta el aspecto correspondiente a dicha edad.
aparente *a.* Que parece y no es. Que se muestra a la vista.
aparición *f.* Acción de aparecer. Visión de un ser sobrenatural o fantástico.
apariencia *f.* Aspecto exterior. Probabilidad.
apartadero *m.* Lugar o vía en caminos, ferrocarriles, etc., para apartar o apartarse, dejando libre el paso.
apartado -da *a.* Retirado, remoto. *m.* Correspondencia que se aparta en el correo para que los destinatarios la recojan.
apartar *t.* Separar, alejar. Disuadir. *r.* Desviarse, retirarse.
aparte *adv.* En otro lugar. Separadamente. *m.* Párrafo.
apasionadamente *adv.* Con pasión, con parcialidad.
apasionado -da *a.* Poseído de una pasión. Parcial.
apasionar *t.-r.* Causar una pasión. *r.* Aficionarse.
apatía *f.* Dejadez, falta de energía.
apático -ca *a.* Que tiene apatía.
apeadero -ra *m.* Poyo para montar o desmontarse. Estación secundaria de ferrocarril.
apear *t.-r.* Bajar de una caballería o carruaje. *t.* Disuadir. Deslindar. Sostener, apuntalar.
apechugar *i.* Empujar con el pecho. Aceptar una cosa que repugna.

apedazar *t.* Remendar.
apedrear *t.* Tirar piedras. *r.* Padecer daño con el granizo.
apegarse *r.* Cobrar apego.
apego *m.* Afición o inclinación.
apelación *f.* Acción de apelar.
apelante *a.-s.* Que apela.
apelar *i.* Recurrir contra una decisión o sentencia. Recurrir a una persona o cosa.
apelativo *a.-s.* GRAM. Dic. del nombre común.
apelmazar *t.-r.* Poner menos esponjoso de lo requerido.
apelotonar *t.-r.* Formar pelotones.
apellidar *t.* Nombrar, llamar. *t.-r.* Nombrar por el apellido.
apellido *m.* Nombre de familia. Nombre; sobrenombre.
apenar *t.* Causar pena.
apenas *adv.* Casi no, escasamente. En cuanto.
apencar *i.* fam. Apechugar.
apéndice *m.* Cosa adjunta o añadida a otra, de la cual es como parte accesoria o dependiente. H. NAT. Prolongación delgada y hueca en la parte inferior del intestino ciego.
apendicitis *f.* MED. Inflamación del apéndice cecal.
apeo *m.* Acción de apear. Sostén.
aperador *m.* El que apera. El que cuida de una hacienda de campo.
aperar *t.* Componer carros y aparejos para el trajín del campo.
apercibimiento *m.* Acción de apercibir.
apercibir *t.* Disponer lo necesario. Amonestar, advertir. *t.-r.* Preparar el ánimo.
apergaminado -da *a.* Parecido al pergamino.
apergaminarse *r.* Acartonarse.
aperitivo -va *a.-m.* Que abre el apetito.
apero *m.* Conjunto de instrumentos de labranza.
aperrear *t.* Echar los perros a uno. *t.-r.* Fatigar mucho.
aperreo *m.* Acción de aperrearse.
apertura *f.* Acción de abrir. Inauguración.
apesadumbrar *t.-r.* Causar pesadumbre.
apestar *t.* Comunicar la peste. *t.-i.* Echar mal olor.
apestoso -sa *a.* Que apesta.
apétalo -la *a.* BOT. Que carece de pétalos. /Desear.
apetecer *t.* Tener gana de algo.
apetecible *a.* Digno de apetecerse.
apetencia *f.* Gana de comer. Deseo.
apetitivo -va *a.* Dic. de la facultad de apetecer. Apetitoso.
apetito *m.* Gana de comer. Deseo.

apetitoso -sa *a.* Que excita el apetito. Sabroso.
apiadar *t.* Causar piedad. *r.* Tener piedad.
apical *a.* Perteneciente al ápice.
ápice *m.* Punta o extremo superior. Parte mínima, nonada.
apícola *a.* Relativo a la apicultura.
apicultura *f.* Cría de las abejas.
apilar *t.* Amontonar.
apiñar *t.-r.* Juntar o agrupar estrechamente.
apio *m.* Planta umbelífera de raíz y tallo comestibles.
apiolar *t.* Poner pihuela. Prender. Matar.
apisonador -ra *a.-f.* Que sirve para apisonar.
apisonar *t.* Apretar con pisón la tierra. /zarra.
apizarrado -da *a.* De color de pi-
aplacar *t.* Amansar. Mitigar.
aplacible *a.* Agradable.
aplanadera *f.* Instrumento para aplanar el suelo.
aplanar *t.* Allanar. Aplastar. *r.* Perder el vigor, desalentarse.
aplastar *t.-r.* Deformar una cosa disminuyendo su grueso.
aplaudir *t.* Palmotear en señal de aprobación. Alabar, aprobar.
aplauso *m.* Acción de aplaudir.
aplazar *t.* Emplazar. Diferir.
aplicación *f.* Acción de aplicar o aplicarse. Asiduidad. Adorno sobrepuesto.
aplicado -da *a.* Que tiene aplicación o asiduidad.
aplicar *t.* Poner una cosa sobre o en contacto con otra. Hacer uso de una cosa para un fin. Destinar. Atribuir. *r.* Poner esmero en ejecutar una cosa.
aplomado -da *a.* Que tiene aplomo. Plomizo.
aplomar *t.* ARQ. Poner verticalmente. *r.* Cobrar aplomo.
aplomo *m.* Gravedad, circunspección. Serenidad. Verticalidad.
apocado -da *a.* De poco ánimo. Vil.
apocalipsis *m.* Libro de la Biblia que contiene las revelaciones del apóstol San Juan.
apocalíptico -ca *a.* Relativo al apocalipsis. Terrorífico. /mo.
apocamiento *m.* Cortedad de áni-
apocar *t.* Reducir a poco; limitar. *t.-r.* Humillar.
apocopar *t.* Hacer apócope.
apócope *f.* GRAM. Supresión de uno o más sonidos al fin de un vocablo: *algún* por *alguno*.
apócrifo -fa *a.* Fabuloso, supuesto.
apodar *t.* Poner apodos.
apoderado -da *a.-s.* Que tiene poder de otro.
apoderar *t.* Dar poderes. *r.* Hacerse dueño de una cosa.
apodo *m.* Nombre que se da a uno, tomado de sus defectos u otra circunstancia.
ápodo -da *a.* ZOOL. Falto de pies.
apófisis *f.* Parte saliente de un hueso.
apogeo *m.* Punto en que la Luna dista más de la Tierra. Grado superior que puede alcanzar una cosa.
apolillar *t.-r.* Roer la polilla.
apolíneo -nea *a.* Relativo a Apolo.
apologético -ca *a.* Relativo a la apología. *f.* Parte de la teología que expone las pruebas y fundamentos de la religión.
apología *f.* Alabanza o defensa de alguien o algo.
apólogo *m.* Fábula moral.
apoltronarse *r.* Hacerse poltrón.
apomazar *t.* Alisar con piedra pómez.
apoplejía *f.* Suspensión de la acción cerebral debida a derrames sanguíneos en el encéfalo.
apoplético -ca *a.* Relativo a la apoplejía. *a.-s.* Que la padece.
aporcar *t.* Cubrir con tierra ciertas hortalizas.
aporrear *t.-r.* Golpear. *t.* Machacar, importunar. *r.* Fatigarse.
aportación *f.* Acción de aportar. Bienes aportados.
aportadera *f.* Recipiente de madera para transportar uva.
aportar *i.* Arribar a puerto. *t.* Llevar su parte. Dar, proporcionar.
aposentar *t.* Dar hospedaje.
aposento *m.* Cuarto o pieza de una cosa. Hospedaje.
apósito *m.* Remedio externo que se sujeta con paños, vendas, etc.
aposta *adv.* Adrede.
apostadero *m.* Sitio donde hay gente apostada. Puerto donde hay buques de guerra.
apostar *t.* Pactar entre sí dos o más que quien acertare en algo ganará cierta cantidad o cosa determinada. *i.* Rivalizar. *t.-r.* Poner a uno o más en determinado paraje para algún fin.
apostasía *f.* Acción y efecto de apostatar.
apóstata *com.* Persona que comete apostasía.
apostatar *i.* Negar la fe de Jesucristo.
apostilla *f.* Nota o aclaración a un texto.
apostillar *t.* Poner apostillas. *r.* Llenarse de postillas.
apóstol *m.* Cada uno de los doce primeros discípulos de Cristo.

El que propaga una doctrina.
apostolado *m.* Ministerio de apóstol.
apostólico -ca *a.* Relativo a los apóstoles o al papa.
apostrofar *t.* Dirigir apóstrofes. Poner apóstrofo.
apóstrofe *amb.* RET. Palabras dirigidas a uno con vehemencia. Dicterio.
apóstrofo *m.* Signo ortográfico ['] que indica la elisión de una vocal.
apostura *f.* Gentileza, gallardía.
apotegma *m.* Sentencia breve.
apotema *f.* Perpendicular trazada desde el centro de un polígono regular a cualquiera de sus lados.
apoteósico -ca *a.* Con caracteres de apoteosis.
apoteosis *f.* Deificación. Glorificación. TEAT. Cuadro final de gran espectáculo.
apoteósico -ca *a.* Apoteósico.
apoyar *t.-r.* Hacer que una cosa descanse sobre otra. Servir de apoyo. Confirmar una opinión. Favorecer.
apoyo *m.* Lo que sirve para sostener. Protección, auxilio.
apreciable *a.* Capaz de ser apreciado. Digno de estima.
apreciación *f.* Acción de apreciar o tasar.
apreciar *t.* Poner precio. Estimar. Formar juicio de la magnitud, importancia, etc., de las cosas.
aprecio *m.* Valoración. Estimación.
aprehender *t.* Coger, prender. Concebir las cosas.
aprehensión *f.* Acción de aprehender.
apremiar *t.* Oprimir, apretar. Dar prisa, compeler.
apremio *m.* Acción de apremiar. Recargo de contribuciones por demora en el pago.
aprender *t.* Adquirir por el estudio o la experiencia el conocimiento de una cosa.
aprendiz *a.-s.* Que aprende un arte u oficio.
aprendizaje *m.* Acción de aprender un arte u oficio. Tiempo que dura.
aprensión *f.* Aprehensión. Escrúpulo, temor. Opinión infundada.
aprensivo -va *a.* Que tiene aprensión.
apresamiento *m.* Acción de apresar.
apresar *t.* Asir, hacer presa. Tomar por fuerza una nave, etc. Aprisionar.
aprestar *t.-r.* Preparar, disponer. Aderezar los tejidos.
apresuramiento *m.* Acción de apresurar. /rar.
apresurar *t.-r.* Dar prisa, acelerar.
apretado -da *a.* Arduo, peligroso. Mezquino.
apretadura *f.* Acción de apretar.
apretar *t.* Estrechar ciñendo. Reducir a menor volumen. Comprimir, oprimir. Atirantar lo que estrecha. Acosar, importunar, afligir. Activar. *t.-r.* Apiñar.
apretón *m.* Apretadura fuerte y rápida. Ahogo, conflicto.
apretura *f.* Opresión causada por el gentío. Ahogo, conflicto.
aprieto *m.* Apretura, apuro.
aprisa *adv.* Con celeridad o prontitud.
aprisco *m.* Paraje donde se recoge el ganado.
aprisionar *t.* Poner en prisión. Poner prisiones. Sujetar.
aprobación *f.* Acción de aprobar.
aprobado *m.* Nota menor de aptitud en los exámenes.
aprobar *t.* Calificar de bueno. Asentir. Declarar apto.
aprontar *t.* Disponer con prontitud. Entregar sin dilación.
apropiado -da *a.* Adecuado para un fin.
apropiar *t.* Hacer propio de alguno. Aplicar, acomodar. *r.* Hacerse dueño de una cosa.
aprovechado -da *a.-s.* Que saca provecho de todo. Aplicado, diligente.
aprovechamiento *m.* Acción de aprovechar o aprovecharse.
aprovechar *i.* Servir de provecho. Adelantar, progresar. *t.* Emplear útilmente una cosa.
aprovisionar *t.-r.* Abastecer.
aproximación *f.* Acción de aproximar. /o menos.
aproximadamente *adv.* Poco más
aproximar *t.-r.* Acercar.
áptero -ra *a.* Que carece de alas.
aptitud *f.* Suficiencia, idoneidad para algo.
apto -ta *a.* Idóneo, capaz.
apuesta *f.* Acción de apostar. Cosa que se apuesta. /do.
apuesto -ta *a.* Ataviado. Gallar-
apuntación *f.* Apuntamiento. Notación musical.
apuntador -ra *a.-s.* Que apunta. *m.* El que apunta en el teatro.
apuntalar *t.* Poner puntales.
apuntamiento *m.* Acción de apuntar. DER. Resumen de los autos.
apuntar *t.* Tomar nota breve por escrito. Hacer un apunte o dibujo ligero. Fijar provisionalmente con clavos, hilvanes, etc. Asestar un arma. Insinuar.

TEAT. Ir leyendo a los actores lo que han de recitar. Decir en voz baja a otro lo que debe contestar. Jugar dinero a una carta o número. *i*. Empezar a manifestarse una cosa.

apunte *m*. Apuntamiento. Nota por escrito. Dibujo o pintura hechos con pocas líneas o pinceladas. Apuntador de teatro.

apuñalar *t*. Dar de puñaladas.

apuñear *t*. Dar de puñadas.

apurado -da *a*. Necesitado. Dificultoso, peligroso. Exacto.

apurar *t*. Purificar. Extremar, llevar hasta el cabo. Agotar. Molestar. Apremiar. *r*. Afligirse.

apuro *m*. Aprieto, escasez grande. Aflicción.

aquejar *t*. Agligir.

aquel, -lla, -llos, -llas *a*. dem. y **aquél, aquello, aquéllos, aquéllas** pron. dem. Designan la persona o cosa que está lejos del que habla y del que escucha. /jas.

aquelarre *m*. Conciliábulo de bruaquende *adv*. De la parte de acá.

aquerenciarse *r*. Tomar querencia.

aquese -sa -so pron. dem. Ese.

aqueste -ta -to pron. dem. Este.

aquí *adv*. En este lugar.

aquiescencia *f*. Consentimiento.

aquiescente *a*. Que consiente.

aquietar *t*.-*r*. Sosegar. /latar.

aquilatamiento *m*. Acción de aqui**aquilatar** *t*. Graduar los quilates. Apreciar debidamente.

aquilino -na *a*. Aguileño.

aquilón *m*. Norte, cierzo.

ara *f*. Altar.

árabe *a*.-*s*. De Arabia.

arabesco -ca *a*. Arábigo. *m*. Adorno compuesto de tracerías, follajes, volutas, etc.

arábico, arábigo -ga *a*. Árabe.

arabista com. Persona que estudia la lengua y literatura árabes.

arable *a*. Que puede ararse.

arácnido -da *a*.-*s*. Díc. de los artrópodos sin antenas, con cuatro pares de patas y con el tórax, y a veces el abdomen, formando un todo con la cabeza.

aracnoides *f*. ANAT. Meninge situada entre la duramadre y la piamadre.

arado *m*. Instrumento para arar. Acción de arar.

arador -ra *a*.-*s*. Que ara. *m*. Ácaro que produce la sarna.

aragonés -sa *a*. De Aragón.

arambel *m*. Andrajo que cuelga del vestido.

arameo -a *a*.-*s*. De un pueblo bíblico descendiente de Aram.

arancel *m*. Tarifa oficial de derechos. /arancel.

arancelario -ria *a*. Relativo al

arándano *m*. Arbusto ericáceo de fruto en baya.

arandela *f*. Disco o platillo que se pone en el candelero. Anillo en las máquinas para evitar el roce.

arandillo *m*. Pájaro insectívoro.

araña *f*. Arácnido de abdomen abultado que segrega un hilo sedoso. Especie de candelabro colgante.

arañar *t*.-*r*. Herir ligeramente con las uñas, un alfiler, etc.

arañazo *m*. Herida hecha arañando.

arañuela *f*. Planta ranunculácea de jardín.

arar *t*. Abrir surcos en la tierra con el arado.

arbitraje *m*. Acción de arbitrar. Juicio arbitral. /tro.

arbitral *a*. Perteneciente al árbi**arbitrar** *t*. Proceder libremente. Juzgar como árbitro. Allegar, disponer.

arbitrariedad *f*. Acto injusto o ilegal.

arbitrario -ria *a*. Que depende del arbitrio. Que incluye arbitrariedad.

arbitrio *m*. Facultad de resolver. Medio para un fin. Sentencia del árbitro. Impuesto para gastos públicos.

árbitro -tra *a*.-*s*. Que puede obrar con independencia. *m*. Persona a quien se somete la decisión de una disputa. En deportes, el que cuida de la aplicación del reglamento.

árbol *m*. Planta perenne de tronco leñoso que se ramifica a cierta altura. Palo de buque. Pie derecho que sirve de eje en una máquina.

arbolado -da *a*. Poblado de árboles. *m*. Conjunto de árboles.

arboladura *f*. Palos y vergas de un buque.

arbolar *t*. Enarbolar. Poner los árboles a un buque.

arboleda *f*. Sitio poblado de árboles.

arbolillo *m*. Dim. de *árbol*.

arbóreo -a *a*. Perteneciente al árbol o parecido a él.

arborescencia *f*. Calidad de arborescente.

arborescente *a*. Que tiene caracteres de árbol.

arboricultor *m*. El que se dedica a la arboricultura.

arboricultura *f*. Cultivo de los árboles.

arbotante *m*. Pilar terminado en

forma de medio arco.
arbusto *m.* Planta leñosa de poca altura, ramificada desde la base.
arca *f.* Caja grande con tapa llana y cerradura. Caja de caudales.
arcabucear *t.* Tirar arcabuzazos.
arcabucero *m.* Soldado armado de arcabuz.
arcabuz *m.* Ant. Arma de fuego parecida al fusil.
arcabuzazo *m.* Tiro de arcabuz y herida que hace.
arcada *f.* Serie de arcos. Ojo de puente. Movimiento del estómago que excita a vómito.
arcaduz *m.* Caño por donde se conduce el agua. Cangilón.
arcaico -ca *a.* Relativo al arcaísmo. Anticuado.
arcaísmo *m.* Voz o frase anticuada. Imitación de lo antiguo.
arcángel *m.* Espíritu angélico del octavo coro.
arcano -na *a.* Secreto, recóndito. *m.* Secreto, misterio.
arce *m.* Árbol de madera muy dura y salpicada de manchas.
arcediano *m.* Dignidad en el cabildo catedral.
arcilla *f.* Especie de tierra formada principalmente por un silicato alumínico.
arcilloso -sa *a.* Que tiene arcilla. Parecido a ella.   /cipreste.
arciprestazgo *m.* Dignidad de arc-
arcipreste *m.* Cierta dignidad eclesiástica. Presbítero que tiene jurisdicción sobre ciertas parroquias.
arco *m.* Porción de línea curva. ARQ. Fábrica en forma de arco geométrico. Arma para disparar flechas. Varilla con cerdas para tocar el violín y otros instrumentos.
arcón *m.* Aum. de *arca.*
archidiócesis *f.* Diócesis arzobispal.
archiducado *m.* Dignidad de archiduque.
archiduque *m.* Título de los príncipes de las casas de Austria y de Baviera.
archimandrita *m.* Dignidad de la Iglesia griega.
archipámpano *m.* Gran personaje imaginario.
archipiélago *m.* Parte del mar poblada de islas.
archivador *m.* Mueble o caja para guardar documentos.   /archivo.
archivar *t.* Poner o guardar en
archivero -ra *m. f.* Persona que cuida de un archivo.
archivo *m.* Lugar donde se custodian documentos. Conjunto de éstos.
archivolta *f.* Molduras que decoran la parte exterior de un arco.
arder *i.* Estar encendido. Estar muy agitado por una pasión.
ardid *m.* Artificio, maña para lograr algo.
ardiente *a.* Que arde. Que causa ardor. Vehemente.
ardilla *f.* Mamífero roedor de cola muy larga y peluda.
ardimiento *m.* Valor, intrepidez.
ardite *m.* Ant. Moneda de escaso valor.
ardor *m.* Calor grande. Vehemencia. Ardimiento.
ardoroso -sa *a.* Que tiene ardor.
arduo -dua *a.* Muy difícil.
área *f.* Superficie comprendida dentro de un perímetro. Medida agraria (1 Dm²).
areca *f.* Palma cuyo fruto se emplea en tintorería.
arena *f.* Conjunto de partículas de piedra. Lugar de una lucha. Redondel.
arenal *m.* Suelo de arena movediza. Terreno arenoso.
arenga *f.* Discurso enardecedor.
arengar *t.* Pronunciar una arenga.
arenilla *f.* Arena muy menuda.
arenisco -ca *a.* Que tiene arena. *f.* Roca formada por granitos de cuarzo.
arenoso -sa *a.* Que tiene arena o participa de su naturaleza.
arenque *m.* Pez parecido a la sardina, pero algo mayor.
areómetro *m.* Instrumento para medir la densidad de los líquidos.
areópago *m.* Tribunal superior de la ant. Atenas.
arete *m.* Arillo de metal que llevan las mujeres en cada oreja.
argadijo -dillo *m.* Devanadera. Persona bulliciosa.
argamandijo *m.* Conjunto de cosas menudas.   /na y agua.
argamasa *f.* Mezcla de cal, are-
árgana *f.* Especie de grúa. *pl.* Especie de angarillas.
arganeo *m.* Argolla en el extremo de la caña del ancla.
argelino -na *a.-s.* De Argel.
argentado -da *a.* Plateado.
argentar *t.* Dar color de plata. Platear.
argentería *f.* Bordadura o filigrana de plata u oro.
argentífero -ra *a.* Que contiene plata.
argentino -na *a.* De color o de sonido semejante al de la plata. *a.-s.* De la República Argentina.
argo *m.* Cuerpo simple gaseoso, existente en el aire.

argolla *f.* Aro grueso de metal.
árgoma *f.* Aulaga.
argón *m.* Argo.
argonauta *m.* Cada uno de los héroes griegos que fueron a la conquista del vellocino de oro.
argos *m.* Persona muy vigilante.
argot *m.* Jerga, lenguaje de germanía. Lenguaje de un oficio.
argucia *f.* Sutileza, sofisma.
argüir *t.* Deducir. Descubrir, demostrar. Acusar. *i.* Disputar impugnando.
argumentación *f.* Acción de argumentar. Argumento.
argumentar *t.* Deducir, probar. *i.* Poner argumentos.
argumento *m.* Razonamiento para demostrar algo. Asunto de una obra.
aria *f.* Composición musical de carácter melódico.
aridez *f.* Calidad de árido.
árido -da *a.* Seco, estéril. Falto de amenidad. *m. pl.* Granos, legumbres.
Aries *m.* Signo del zodíaco. Constelación zodiacal.
ariete *m.* Ant. máquina militar para batir murallas.
arillo *m.* Dim. de *aro*. Arete.
ario -ria *a.-s.* Indoeuropeo.
arisco -ca *a.* Áspero, intratable, huidizo.
arista *f.* Filamento del cascabillo de los cereales. GEOM. Línea de intersección de dos planos.
aristarco *m.* Crítico severo.
aristocracia *f.* Gobierno de las clases altas. Clase noble o que sobresale entre las demás.
aristócrata *com.* Individuo de la aristocracia.
aristocrático -ca *a.* Relativo a la aristocracia.
aristón *m.* Instrumento músico de manubrio.
aristotélico -ca *a.* Perteneciente a Aristóteles.
aritmética *f.* Ciencia que estudia la cantidad representada en números.
aritmético -ca *a.* Perteneciente a la aritmética. *m.* El que se dedica a ella.
arlequín *m.* Gracioso de la antigua comedia italiana. Persona informal y ridícula.
arma *f.* Instrumento para atacar o defenderse. Cuerpo militar. *f.-pl.* Blasones del escudo.
armada *f.* Fuerzas navales de un Estado. MAR. Escuadra.
armadía *f.* Conjunto de maderos atados para conducirlos a flote.
armadijo *m.* Trampa para cazar.
armadillo *m.* Mamífero americano cuyo dorso y cola están cubiertos de placas córneas.
armador *m.* El que por su cuenta arma una embarcación.
armadura *f.* Conjunto de armas defensivas que protegían el cuerpo. Armazón, esp. el de un tejado.
armamento *m.* Apresto para la guerra. Conjunto de armas.
armar *t.-r.* Vestir o poner armas. Proveer de armas. *t.* Concertar las varias piezas de una cosa. Aprestar una embarcación. Disponer, promover.
armario *m.* Mueble con puertas y anaqueles.
armatoste *m.* Máquina o mueble tosco y pesado.
armazón *f.* Conjunto de piezas sobre que se arma algo.
armella *f.* Anillo de metal con una espiga para clavarlo.
armenio -nia *a.-s.* De Armenia.
armería *f.* Museo de armas. Tienda en que se venden. Arte de fabricarlas.
armero *m.* El que fabrica, vende o custodia armas. Aparato para tenerlas.
armilar (esfera) *a.* Dic. de un aparato con varios círculos que representan la esfera celeste.
armiño *m.* Mamífero de piel suave, parda en verano y blanca en invierno. Su piel.
armisticio *m.* Suspensión de hostilidades.
armón *m.* ARTILL. Juego delantero de la cureña.
armonía *f.* Arte de formar los acordes musicales. Conjunto de sonidos agradables. Proporción y concordancia. Amistad y buena correspondencia.
armónica *f.* Cierto instrumento de viento.
armónico -ca *a.* Relativo a la armonía.
armonio *m.* Órgano pequeño.
armonioso -sa *a.* Que tiene armonía. Agradable al oído.
armónium *m.* Armonio.
armonizar *t.* Poner en armonía.
arnés *m.* Armadura defensiva. *pl.* Guarniciones de las caballerías.
árnica *f.* Planta medicinal. Tintura de ella que se emplea contra las contusiones.
aro *m.* Pieza de madera, hierro, etc., en forma de circunferencia. Planta de rizoma feculento y flores en espádice.
aroma *f.* Flor de aromo. *m.* Perfume. Materia aromática.
aromático -ca *a.* Que tiene aroma.
aromatizar *t.* Dar o comunicar aroma.
aromo *m.* Acacia de flores ama-

rillas, muy olorosas.
arpa *f.* Instrumento músico triangular con cuerdas verticales.
arpado -da *a.* Que remata en dientecillos. De canto armonioso.
arpar *t.* Arañar.
arpegio *m.* MÚS. Sucesión de los sonidos de un acorde.
arpía *f.* Monstruo fabuloso. Mujer perversa.
arpista *com.* Tocador de arpa.
arpón *m.* Instrumento de pesca con una punta para herir y otras para hacer presa.
arponero *m.* El que pesca con arpón.
arquear *t.* Dar forma de arco. Medir la cabida de una embarcación.
arqueo *m.* Acción de arquear. Cabida de una embarcación. Reconocimiento de los caudales que existen en la caja.
arqueología *f.* Ciencia que estudia lo antiguo.
arqueológico -ca *a.* Relativo a la arqueología.
arqueólogo *m.* El que se dedica a la arqueología.
arquero *m.* Soldado armado con arco.
arquetipo *m.* Dechado, ejemplar, modelo.
arquimesa *f.* Mueble con tablero de mesa y varios compartimientos.
arquitecto *m.* El que ejerce la arquitectura.
arquitectónico -ca *a.* Relativo a la arquitectura.
arquitectura *f.* Arte de proyectar y construir edificios.
arquitrabe *m.* Parte inferior del cornisamento.
arrabal *m.* Barrio extremo o contiguo a una población.
arracada *f.* Arete con adorno colgante.
arracimarse *r.* Unirse en forma de racimo.
arraclán *m.* Árbol de hojas ovales y madera flexible.
arraigar *i.-r.* Echar raíces. Hacerse firme.
arraigo *m.* Acción de arraigar.
arramblar *t.-r.* Cubrir el suelo de arena un río o torrente. *t.* Llevárselo todo.
arrancar *t.* Sacar de raíz. Quitar o separar con violencia. *i.* Empezar a andar, partir. Principiar, traer su origen.
arranque *m.* Acción de arrancar. Ímpetu de cólera, amor, etc. Ocurrencia. Comienzo de un arco, de un miembro, etc.
arrapiezo *m.* Andrajo. Persona de corta edad o humilde condición.
arras *f. pl.* Lo que se da como prenda en un contrato.
arrasar *t.* Allanar. Destruir. Llenar hasta el borde.
arrastrado -da *a.* Pobre, miserable, fatigoso. *a.-s.* Pícaro.
arrastrar *t.* Llevar por el suelo o tras de sí. *i.-r.* Trasladarse rozando el cuerpo por el suelo. *r.* Humillarse servilmente. *i.* Jugar triunfo en ciertos juegos.
arrastre *m.* Acción de arrastrar.
arrayán *m.* Arbusto de flores blancas, olorosas.
¡arre! *interj.* usada para arrear las bestias.
arrear *t.* Estimular a las bestias para que anden. Dar un golpe, bofetón, etc.
arrebañar *t.* Recoger alguna cosa sin dejar nada.
arrebatado -da *a.* Precipitado, impetuoso. Violento. De rostro encendido.
arrebatar *t.* Quitar con violencia. Llevar consigo o tras sí con fuerza irresistible. *r.* Enfurecerse.
arrebatiña *f.* Acción de recoger presurosamente una cosa disputada entre muchos.
arrebato *m.* Furor causado por una pasión. Éxtasis.
arrebol *m.* Color rojo de las nubes. Colorete.
arrebolar *t.-r.* Poner de color de arrebol.
arrebozar *t.* Rebozar.
arrebujar *t.-r.* Cubrir bien y envolver con la ropa.
arreciar *i.-r.* Ir haciéndose más recio o violento.
arrecife *m.* Calzada. Bajío a flor de agua.
arrecirse *r.* Entumecerse /frío.
arrechucho *m.* Arranque, ímpetu. Indisposición repentina y pasajera.
arredrar *t.-r.* Hacer retroceder. Amedrentar.
arregazar *t.-r.* Recoger las faldas hacia el regazo.
arreglado -da *a.* Ordenado, moderado.
arreglar *t.-r.* Ajustar a regla. Ordenar, concertar. Componer, reparar.
arreglo *m.* Acción de arreglar. Regla, orden. Conciliación.
arrellanarse *r.* Extenderse en el asiento con comodidad.
arremangar *t.-r.* Recoger hacia arriba las mangas o la ropa.
arremeter *i.* Acometer con ím-

petu.
arremetida *f.* Acción de arremeter.
arremolinarse *r.* Amontonarse desordenadamente. Formar remolinos.
arrendador -ra *a.-s.* Que da algo en arrendamiento. Arrendatario.
arrendajo *m.* Pájaro córvido que imita la voz de otras aves.
arrendamiento *m.* Acción de arrendar. Precio en que se arrienda.
arrendar *t.* Ceder o adquirir por precio el aprovechamiento temporal de una cosa. Atar por las riendas.
arrendatario -ria *a.-s.* Que toma algo en arriendo.
arreo *m.* Atavío, adorno. *pl.* Guarniciones.
arrepentimiento *m.* Pesar de haber hecho alguna cosa.
arrepentirse *r.* Pesarle a uno haber hecho o haber dejado de hacer alguna cosa.
arrequesonarse *r.* Cuajarse la leche. /víos.
arrequives *m. pl.* Adornos, atavíos.
arrestar *t.* Poner preso. *r.* Arrojarse a una acción o empresa ardua.
arresto *m.* Acción de arrestar. Reclusión por tiempo breve. *pl.* Arrojo, atrevimiento.
arrezagar *t.* Arremangar.
arrianismo *m.* Herejía de Arrio que profesaban los visigodos.
arriano -na *a.-s.* Partidario del arrianismo.
arriar *t.* Bajar una vela o bandera. Aflojar un cabo.
arriate *m.* Era estrecha para plantas junto a una pared.
arriba *adv.* A lo alto, hacia lo alto, en lo alto. En lugar anterior.
arribada *f.* Llegada de una nave a un puerto. /puerto.
arribar *i.* Llegar la nave a un
arribo *m.* Llegada.
arriendo *m.* Arrendamiento.
arriería *f.* Oficio de arriero.
arriero *m.* El que trajina con bestias de carga.
arriesgado -da *a.* Peligroso. Osado, temerario.
arriesgar *t.-r.* Poner a riesgo.
arrimadero *m.* Cosa a que se puede estribar o a que uno puede arrimarse.
arrimar *t.* Acercar; poner en contacto. Dar golpes, palos, etc. Arrinconar. *r.* Acercarse, apoyarse.
arrimo *m.* Acción de arrimar. Protección. Apego.
arrinconar *t.* Poner en un rincón. Dejar por inútil.
arriscado -da *a.* Atrevido, resuelto. Lleno de riscos.
arroba *f.* Peso de 25 libras. Medida para líquidos.
arrobamiento *m.* Embelesamiento, éxtasis.
arrobar *t.* Embelesar. *r.* Enajenarse, extasiarse.
arrobo *m.* Arrobamiento.
arrocero -ra *a.* Relativo al arroz. *m. f.* Cultivador de arroz.
arrodillar *t.-r.* Hacer que uno apoye una o ambas rodillas en el suelo.
arrodrigonar *t.* Poner rodrigones.
arrogancia *a.* Calidad de arrogante.
arrogante *a.* Soberbio. Brioso. Gallardo. /nes.
arrogarse *r.* Apropiarse atribuciones.
arrojadizo -za *a.* Que se puede arrojar o lanzar. /pido.
arrojado -da *a.* Resuelto, intrépido.
arrojar *t.-r.* Lanzar o precipitar con violencia. *t.* Echar, despedir. Vomitar.
arrojo *m.* Osadía, intrepidez.
arrollar *t.* Envolver en forma de rollo. Derrotar; confundir. Atropellar.
arropar *t.* Cubrir con ropa. Echar arrope al vino.
arrope *m.* Mosto cocido. Almíbar de miel. Jarabe concentrado.
arropía *f.* Melcocha.
arrostrar *t.* Hacer cara, resistir.
arroyada *f.* Valle por donde corre un arroyo. Surco que hace el agua.
arroyo *m.* Corriente de agua de escaso caudal. Parte de la calle por donde corren las aguas.
arroz *m.* Planta gramínacea cuyo grano se come cocido. Su fruto.
arrozal *m.* Tierra sembrada de arroz.
arruga *f.* Pliegue que se hace en la piel. Pliegue irregular en la tela, papel, etc.
arrugar *t.-r.* Hacer arrugas.
arruinar *t.-r.* Causar ruina.
arrullar *t.* Enamorar con arrullo el palomo o el tórtolo. Adormecer al niño con arrullos.
arrullo *m.* Canto grave de las palomas y tórtolas. Canto para adormecer a los niños.
arrumaco *m.* Demostración de cariño hecha con gestos y ademanes.
arrumbar *t.* Poner algo como inútil en lugar excusado. Arrinconar. *i.* MAR. Fijar el rumbo.
arsenal *m.* Lugar donde se construyen y reparan buques. Depósito de armas. /nico.
arseniato *m.* Sal del ácido arsé-

arsénico *m*. Metaloide quebradizo, venenoso, de color gris.
arte *amb*. Conjunto de procedimientos para hacer algo. Producción de la belleza. Habilidad, maña. Aparato para pescar. /nica.
artefacto *m*. Obra de arte mecánica.
artejo *m*. Nudillo. Cada una de las piezas que forman los apéndices de los artrópodos.
artemisa y **-misia** *f*. Planta compuesta aromática.
arteria *f*. Conducto que recibe la sangre del corazón.
artería *f*. Amaño, astucia.
arterial *a*. Perteneciente a las arterias.
arteriola *f*. Arteria pequeña.
arteriosclerosis *f*. Endurecimiento de las paredes de las arterias.
artero -ra *a*. Mañoso, astuto.
artesa *f*. Especie de cajón para amasar el pan y otros usos.
artesanado *m*. Conjunto de los artesanos.
artesanía *f*. Calidad de artesano. Artesanado.
artesano -na *m. f*. Persona que ejerce un arte mecánico.
artesiano *a.-s*. Díc. del pozo que alcanza una capa acuática cuyas aguas tienen presión suficiente para emerger a la superficie del suelo.
artesón *f*. Artesa para fregar. Cierto adorno con molduras en techos y bóvedas.
artesonado -da *a*. Adornado con artesones. *m*. Techo artesonado.
ártico -ca *a.-m*. Díc. del polo norte. Perteneciente o cercano al polo norte.
articulación *f*. Acción de articular. Unión de dos partes rígidas de un animal o de una planta. Unión de dos huesos. Nudo de una caña. Pronunciación clara.
articulado -da *a*. Que tiene articulaciones. *a.-m*. ZOOL. Dic. de los anélidos y los artrópodos. *m*. Serie de artículos de una ley, tratado, etc.
articular *a*. Relativo a las articulaciones.
articular *t*. Unir, enlazar. Pronunciar claramente. /tículos.
articulista *com*. Escritor de artículos.
artículo *m*. Cada una de las divisiones de una ley, tratado, diccionario, etc. Escrito en un periódico. Cosa comerciable. GRAM. Parte de la oración que se antepone al substantivo para anunciar su género y su número.
artífice *com*. Artista. Autor.

artificial *a*. Hecho por industria, o arte.
artificio *m*. Arte, habilidad. Máquina, aparato. Disimulo, doblez.
artificioso -sa *a*. Hecho con artificio. Disimulado, engañoso.
artilugio *m*. Mecanismo de poca importancia. Enredo.
artillado *m*. Artillería de un buque o de un fuerte.
artillar *t*. Armar de artillería.
artillería *f*. Arte de construir máquinas de guerra. Conjunto de cañones, obuses, etc. Cuerpo militar que los sirve.
artillero *m*. El que profesa la artillería. Soldado de artillería.
artimaña *f*. Trampa. Artificio, astucia.
artista *a.-s*. Persona que ejercita un arte bella. /tes.
artístico -ca *a*. Relativo a las artes.
artrítico -ca *a*. Concerniente a la artritis, o a las enfermedades que afectan a las articulaciones Que padece artritis
artritis *f*. Inflamación de las articulaciones.
artritismo *m*. Propensión a las enfermedades artríticas.
artrópodo -da *a.-m*. Dic. de los animales invertebrados de cuerpo segmentado con esqueleto exterior y patas articuladas; como los insectos y los crustáceos.
arveja *f*. Planta leguminosa cuyas semillas se dan a las aves.
arvense *a*. BOT. Que crece en los sembrados.
arzobispado *m*. Dignidad de arzobispo, su palacio y territorio de su jurisdicción.
arzobispal *a*. Perteneciente al arzobispo.
arzobispo *m*. Obispo de una iglesia metropolitana.
arzolla *f*. Planta compuesta de tallo y fruto espinoso.
arzón *m*. Fuste de la silla de montar.
as *m*. Antigua moneda romana. Naipe que lleva el número uno.
asa *f*. Asidero que sobresale del cuerpo de una vasija, cesta, etc.
asado *m*. Carne asada.
asador *m*. Varilla en que se clava lo que se quiere asar. Aparato para asar.
asadura *f*. Entrañas de un animal. Pachorra.
asaetear *t*. Tirar saetas; herir con ellas.
asalariar *t*. Señalar salario.
asaltar *t*. Acometer una plaza. Acometer por sorpresa. Ocurrir de pronto a uno un pensa-

asalto *m.* Acción de asaltar. ESGR. Combate simulado.
asamblea *f.* Reunión de personas convocadas para un fin.
asambleísta *com.* Individuo de una asamblea.
asar *t.* Cocer un manjar a la acción directa del fuego. *r.* Sentir mucho calor.
asaz *adv.* y *a.* Bastante.
asbesto *m.* Especie de amianto de fibras duras y rígidas.
áscari *m.* Soldado de infantería marroquí.
ascendencia *f.* Serie de ascendientes.
ascendente *a.* Que asciende.
ascender *i.* Subir. *t.* Dar un ascenso.
ascensión *f.* Acción de ascender.
ascenso *m.* Promoción a mayor empleo.
ascensor *m.* Aparato para subir personas o cosas.
asceta *com.* Persona que hace vida ascética.
ascético -ca *a.* Relativo a la práctica y ejercicio de la perfección cristiana.
ascetismo *m.* Profesión y doctrina de la vida ascética.
ascio -cia *a.-m.* Díc. del habitante de la zona tórrida.
asco *m.* Repugnancia que incita a vómito. Cosa que repugna.
ascua *f.* Pedazo de materia que está ardiendo sin llama.
aseado -da *a.* Limpio, curioso.
asear *t.* Componer con aseo, limpiar.
asechanza *f.* **asecho** *m.* Engaño o artificio para dañar.
asediar *t.* Sitiar. Importunar con pretensiones.
asedio *m.* Acción de asediar.
asegurado -da *a.-s.* Que ha contratado un seguro.
asegurador -ra *a.-s.* Que asegura.
asegurar *t.* Fijar sólidamente. Dar garantía. Preservar de daño. Afirmar, dar por cierto. Garantizar por un precio contra determinado accidente.
asemejar *t.* Hacer una cosa semejante a otra. *r.* Semejar.
asendereado -da *a.* Díc. del camino frecuentado. Agobiado de adversidades.
asenso *m.* Acción de asentir.
asentaderas *f. pl.* Nalgas.
asentado -da *a.* Juicioso. Estable.
asentar *t.* Sentar. Colocar, poner. Fundar. Aplanar, alisar. Anotar. Afirmar. Afinar el filo de una navaja.
asentimiento *m.* Asenso. Consentimiento.
asentir *i.* Convenir con otro en un mismo dictamen.
asentista *m.* Contratista de suministros, esp. para el Estado.
aseo *m.* Limpieza, curiosidad.
asepsia *f.* MED. Método para impedir el acceso de gérmenes nocivos al organismo. Ausencia de éstos.
aséptico -ca *a.* Relativo a la asepsia. /guir.
asequible *a.* Que se puede conseguir.
aserción *f.* Afirmación.
aserradero *m.* Paraje donde se asierra la madera.
aserrar *t.* Serrar.
aserrín *m.* Serrín.
aserto *m.* Aserción.
asesinar *t.* Matar alevosamente.
asesinato *m.* Acción de asesinar.
asesino *a.-s.* Que asesina.
asesor *a.-s.* Que asesora.
asesorar *t.* Dar consejo o dictamen. *r.* Tomar consejo.
asesoría *f.* Oficio de asesor.
asestar *t.* Dirigir un arma, un proyectil, etc., contra una persona o cosa. Dar un golpe.
aseveración *f.* Acción de aseverar.
aseverar *t.* Asegurar lo que se dice.
asfaltar *t.* Revestir de asfalto.
asfalto *m.* Especie de betún que, mezclado con arena, se usa para pavimentar.
asfixia *f.* Suspensión de las funciones vitales por falta de respiración.
asfixiar *t.-r.* Causar asfixia.
asfixiante *a.* Que asfixia.
así *adv.* De esta manera, de esta suerte. Aunque. *Así que,* tan luego como.
asiático -ca *a.-s.* De Asia.
asidero *m.* Parte por donde se ase. Ocasión, pretexto.
asiduidad *f.* Frecuencia, aplicación constante a una cosa.
asiduo -dua *a.* Frecuente, puntual, perseverante.
asiento *m.* Mueble o lugar para sentarse. Parte inferior de las vasijas. Poso. Cordura. Sitio donde está asentada una cosa. Anotación. /Sueldo.
asignación *f.* Acción de asignar.
asignar *t.* Señalar lo que corresponde a uno.
asignatura *f.* Materia cualquiera de las que forman un plan de estudios.
asilar *t.* Albergar en un asilo.
asilo *m.* Lugar de refugio. Establecimiento benéfico. Amparo.
asimetría *f.* Falta de simetría.
asimilación *f.* Acción de asimilar.
asimilar *t.* Asemejar, comparar. Apropiarse los organismos las

substancias nutritivas. *r.* Parecerse.
asimismo *a.* Del mismo modo.
asíntota *f.* GEOM. Recta que se acerca indefinidamente a una curva sin encontrarla nunca.
asir *t.-r.* Tomar, coger, agarrar.
asirio -ria *a.-s.* De Asiria.
asistencia *f.* Acción de asistir. Ayuda.
asistenta *f.* Criada que no vive en la casa.
asistente *a.-s.* Que asiste. *m.* Soldado que sirve a un oficial.
asistir *i.* Estar presente. *t.* Acompañar; ayudar, socorrer.
asma *f.* Enfermedad que se manifiesta por acceso de sofocación.
asmático -ca *a.* Relativo al asma. *a.-s.* Que la padece.
asna *f.* Hembra del asno.
asnal *a.* Relativo al asno.
asno *m.* Animal solípedo más pequeño que el caballo.
asociación *f.* Acción de asociar. Conjunto de asociados.
asociado -da *a.-s.* Que se junta a otro u otros para algún fin.
asociar *t.-r.* Dar o tomar como compañero. Juntar cosas. *r.* Juntarse para algún fin.
asolamiento *m.* Acción de asolar.
asolar *t.* Poner por el suelo, arrasar. *r.* Posarse los líquidos.
asolear *t.* Solear. *r.* Acalorarse con el sol.
asomar *i.* Empezar a mostrarse. *t.-r.* Mostrar o sacar por una abertura o por detrás de alguna parte.
asombradizo -za *a.* Espantadizo.
asombrar *t.* Hacer sombra. *t.-r.* Causar admiración. Asustar.
asombro *m.* Susto, espanto. Grande admiración. /asombro.
asombroso -sa *a.* Que causa
asomo *m.* Indicio o señal.
asonada *f.* Tumulto, motín.
asonancia *f.* Rima entre dos palabras cuyas vocales son iguales a contar desde la última sílaba acentuada.
asonantar *i.* Ser asonante. *t.* Emplear como asonante.
asonante *a.-s.* Que hace asonancia.
asonar *i.* Hacer asonancia.
asordar *t.* Ensordecer.
aspa *f.* Cruz en forma de X. Instrumento para aspar. Aparato exterior del molino de viento.
aspar *t.* Hacer madeja. Mortificar.
aspaviento *m.* Demostración afectada de temor, admiración, etc.
aspecto *m.* Manera de aparecer a la vista. Semblante, apariencia.
aspereza *f.* Calidad de áspero.
asperges *m.* Rociadura. Hisopo.
asperjar *t.* Rociar.
áspero -ra *a.* Insuave al tacto. Escabroso. Desapacible. Desabrido.
asperón *m.* Piedra amoladera.
aspérrimo *a.* Superl. de *áspero*.
aspersión *f.* Acción de asperjar.
aspersorio *m.* Instrumento con que se asperja. /nenosa.
áspid y **-de** *m.* Víbora muy ve-
aspillera *f.* Abertura estrecha en un muro para disparar por ella.
aspiración *f.* Acción de aspirar.
aspirante *a.-s.* Que aspira. *m.* El que ha obtenido derecho a un empleo.
aspirar *t.* Atraer el aire a los pulmones. Pretender. /co.
asquear *i.-t.* Tener o mostrar as-
asquerosidad *f.* Suciedad asquerosa.
asqueroso -sa *a.* Que causa asco.
asta *f.* Palo de lanza, pica, bandera, etc. Lanza. Cuerno.
astenia *f.* MED. Debilidad general.
asterisco *m.* Signo ortográfico en forma de estrella (*).
asteroide *a.* De figura de estrella. *m.* Pequeño planeta.
astigmatismo *m.* Defecto de una lente o del ojo que origina imágenes deformadas.
astil *m.* Mango de las azadas, picos, etc. Barra de la pluma de ave.
astilla *f.* Fragmento que salta de lo que se rompe.
astillar *t.* Hacer astillas.
astillero *m.* Percha para lanzas. Sitio donde se construyen buques.
astrágalo *m.* Tragacanto. ARQ. Anillo que rodea una columna. Uno de los huesos del talón.
astral *a.* Relativo a los astros.
astreñir *t.* Astringir.
astricción *f.* Acción de astreñir.
astringir *t.* Contraer los tejidos orgánicos. Constreñir.
astro *m.* Cuerpo celeste.
astrolabio *m.* Antiguo instrumento astronómico.
astrología *f.* Ciencia que pretende conocer la influencia de los astros en los destinos de los hombres.
astrólogo -ga *m. f.* Persona que profesa la astrología.
astronauta *c.* Navegante interplanetario.
astronáutica *f.* Navegación interplanetaria. /tros.
astronomía *f.* Ciencia de los as-
astronómico -ca *a.* Relativo a la astronomía.
astrónomo *m.* El que se dedica a la astronomía.
astroso -sa *a.* Desastrado. Vil.
astucia *f.* Calidad de astuto.

Ardid. /Asturias.
astur y **asturiano -na** *a.-s.* De
astuto -ta *a.* Hábil para engañar o evitar el engaño.
asueto *m.* Vacación, descanso.
asumir *t.* Tomar para sí.
asunción *f.* Acción de asumir. Elevación de la Virgen al cielo.
asunto *m.* Materia de que se trata. Argumento. Negocio.
asustadizo -za *a.* Que se asusta fácilmente.
asustar *t.-r.* Dar o causar susto.
atabal *m.* Timbal. Tamboril.
atacar *t.* Acometer, embestir. Impugnar. Meter el taco en un arma, barreno, etc. Atar, abrochar.
atadero *m.* Lo que sirve para atar. Parte por donde se ata.
atadijo *m.* Lío pequeño y mal hecho. /das.
atado *m.* Conjunto de cosas atadas.
atadura *f.* Acción de atar. Cosa con que se ata.
atajar *i.* Ir por el atajo. Salir al encuentro por un atajo. Detener el curso de una cosa. Interrumpir.
atajo *m.* Camino más corto.
atalaya *f.* Torre o altura para atalayar. El que atalaya.
atalayar *t.* Observar desde sitio elevado. /cumbir.
atañer *i.* Tocar, pertenecer. Incumbir.
ataque *m.* Acción de atacar. Acometimiento de un mal.
atar *t.* Unir o sujetar con ligaduras. Impedir el movimiento.
atarantado -da *a.* Picado de la tarántula. Bullicioso. Aturdido.
atarantar *t.* Aturdir.
atarazana *f.* Arsenal. Cobertizo de los cordeleros.
atardecer *i.* Tardecer.
atardecer *m.* Último período de la tarde.
atarear *t.* Señalar tarea. *r.* Entregarse mucho al trabajo.
atarjea *f.* Conducto que lleva las aguas al sumidero.
atarugar *t.-r.* Hacer callar. *r.* Atragantarse. /Estorbo.
atascadero *m.* Terreno cenagoso.
atascar *t.* Tapar con tascos. Obstruir. Dificultar. *r.* Quedarse detenido en terreno cenagoso o por un obstáculo.
atasco *m.* Impedimento que priva el paso. Obstrucción.
ataúd *m.* Caja para un cadáver. Féretro.
ataujía *f.* Taracea moruna de metales y esmaltes.
ataviar *t.-r.* Componer, adornar.
atávico -ca *a.* Relativo al atavismo.
atavismo *m.* Herencia de caracteres de un antepasado que no se ofrecen en las generaciones intermedias.
ateismo *m.* Doctrina que niega la existencia de Dios.
atemorizar *t.* Causar temor.
atemperar *t.* Moderar, templar. Acomodar una cosa a otra.
atenacear, atenazar *t.* Arrancar con tenazas la carne. Sujetar.
atención *f.* Acción de atender. Cuidado. Obsequio, cortesía.
atender *i.-t.* Aplicar el entendimiento a algo. Cuidar. Tener en cuenta. /dido.
atendible *a.* Digno de ser atendido.
ateneo *m.* Asociación científica o literaria.
atenerse *r.* Ajustarse en sus acciones a alguna cosa. Acogerse.
ateniense *a.-s.* De Atenas.
atentado *m.* Delito, esp. contra una autoridad.
atentar *t.* Cometer atentado. Intentar un delito. *r.* Moderarse.
atentatorio -ria *a.* Que implica atentado.
atento -ta *a.* Que tiene fija la atención en algo. Cortés.
atenuación *f.* Acción de atenuar.
atenuar *t.-r.* Poner tenue. Minorar.
ateo -a *a.* Relativo al ateísmo. *a.-s.* Partidario de él.
aterciopelado -da *a.* Parecido al terciopelo.
aterecerse, aterirse *r.* Pasmarse de frío.
aterrador -ra *a.* Que aterra.
aterrajar *t.* Labrar con la terraja.
aterrar *t.* Echar por tierra. *i.* Llegar a tierra. *t.-r.* Causar terror.
aterrizaje *m.* Acción de aterrizar.
aterrizar *i.* Descender a tierra el aeroplano.
aterronar *t.-r.* Hacer terrones.
aterrorizar *t.* Causar terror.
atesar *t.* MAR. Poner tirante.
atesorar *t.* Reunir, guardar dinero o cosas de valor.
atestación *f.* Deposición de testigo.
atestado -da *a.* Testarudo. *m.* Documento oficial en que se hace constar un hecho.
atestar *t.* Henchir, llenar apretando. Testificar. /tigo.
atestiguar *t.* Afirmar como testigo.
atezado -da *a.* Tostado por el sol. De color negro.
atezar *t.* Ennegrecer.
atiborrar *t.* Llenar de borra u otra cosa. *t.-r.* Atracar, hartar.
aticismo *m.* Pureza y elegancia en el estilo literario.
ático -ca *a.-s.* Del Ática o de Atenas. *a.* Relativo al aticismo. *m.* Último piso de un

atigrado -da *a.* Manchado como la piel del tigre.
atildar *t.* Poner tildes. Componer, asear.
atinar *i.* Acertar. Dar con lo que se busca.
atiplar *t.* Levantar el tono de la voz o de un instrumento.
atirantar *t.* Poner tirante.
atisbar *t.* Mirar, observar recatadamente.
atisbo *m.* Acción de atisbar. Indicio, vislumbre.
atizador -ra *a.-s.* Que atiza. *m.* Instrumento para atizar.
atizar *t.* Remover el fuego. Despabilar la luz. Avivar. Dar un golpe.
atlante *m.* Estatua de hombre que sirve de columna.
atlántico -ca *a.* Del monte Atlas. *a.-m.* Dic. del mar que se extiende desde Europa y África hasta América.
atlas *m.* Colección de mapas.
atleta *m.* Competidor en los ejercicios de la carrera, el salto, etc. Hombre robusto.
atlético -ca *a.* Relativo al atleta.
atletismo *m.* Práctica de los ejercicios atléticos.
atmósfera *f.* Masa de aire que rodea la tierra.
atmosférico -ca *a.* Relativo a la atmósfera.
atocha *f.* Esparto.
atolón *m.* Isla de coral.
atolondrado -da *a.* Aturdido.
atolondrar *t.* Aturdir.
atolladero *m.* Atascadero. Situación difícil.
atollar *i.-r.* Dar en un atolladero.
atómico -ca *a.* Relativo al átomo o a su desintegración.
átomo *m.* Elemento primario de la composición química de los cuerpos. Partícula muy pequeña.
atonía *f.* Falta de energía. Debilidad de los tejidos orgánicos.
atónito -ta *a.* Pasmado.
átono -na *a.* Sin acento prosódico.
atontar *t.* Aturdir. *t.-r.* Volver tonto.
atormentar *t.-r.* Causar dolor o aflicción. Dar tormento.
atornillar *t.* Introducir un tornillo. Sujetar con tornillos.
atosigar *t.* Envenenar. Fatigar con prisas.
atrabiliario -ria *a.* Relativo a la atrabilis. *a.-s.* De genio destemplado.
atrabilis *f.* Bilis negra y acre.
atracadero *m.* MAR. Sitio para atracar.
atracador *m.* El que atraca o saltea.
atracar *t.-i.* Arrimar o arrimarse una embarcación a otra o a tierra. *t.-r.* Hartar. *t.* Saltear en poblado.
atracción *f.* Acción de atraer. Cosa o fuerza que atrae.
atraco *m.* Acción de atracar o saltear.
atracón *m.* Hartazgo.
atractivo -va *a.* Que atrae. *m.* Gracia o cualidad que atrae.
atraer *t.* Traer hacia sí. Captar la voluntad.
atragantar *r.* Atravesarse algo en la garganta. Turbarse en la conversación.
atraillar *t.* Atar con traílla.
atrancar *t.* Asegurar la puerta con tranca. *t.-r.* Atascar.
atrapar *t.* Coger al que huye. Conseguir. Engañar con maña.
atrás *adv.* Hacia la parte posterior. Detrás. Denota tiempo pasado.
atrasar *t.* Retardar. Hacer retroceder las agujas del reloj. *i.* No marchar con la debida velocidad. *r.* Quedarse atrás.
atraso *m.* Efecto de atrasar. *pl.* Pagas o rentas vencidas y no cobradas.
atravesado -da *a.* Algo bizco. De mala intención.
atravesar *t.* Poner al través o de modo que pase de una parte a otra. Estar puesto oblicuamente. Pasar de una parte a otra, de parte a parte. *r.* Interponerse.
atreverse *r.* Determinarse a algo arriesgado. Insolentarse.
atrevido -da *a.* Que se atreve. Hecho con atrevimiento.
atrevimiento *m.* Acción de atreverse.
atribución *f.* Acción de atribuir. Facultad que uno tiene por su cargo.
atribuir *t.-r.* Aplicar por conjetura; imputar, achacar. Asignar algo a uno como de su competencia.
atribular *t.* Causar tribulación.
atributivo -va *a.* Que indica un atributo o cualidad.
atributo *m.* Propiedad o cualidad. Símbolo, insignia. Palabra que se adjunta a un substantivo para calificarlo o especificarlo.
atrición *f.* Dolor de haber ofendido a Dios por miedo del castigo eterno.
atril *m.* Mueble para sostener libros o papeles abiertos.
atrincherar *t.* Fortificar con trincheras. *r.* Ponerse en trincheras.

atrio *m.* Espacio cubierto que da acceso a algunos edificios. Patio interior. Zaguán.
atrito -ta *a.* Que tiene atrición.
atrocidad *f.* Crueldad grande. Necedad o temeridad grande.
atrofia *f.* Detención fortuita en el desarrollo de un órgano.
atrofiarse *r.* Padecer atrofia.
atronar *t.* Asordar con ruido. Aturdir.
atropar *t.-r.* Juntar, reunir.
atropellar *t.* Pasar precipitadamente por encima. Empujar, derribar. Hacer precipitadamente. Agraviar con abuso de fuerza o poder. *r.* Apresurarse demasiado.
atropello *m.* Acción de atropellar.
atroz *m.* Cruel. Enorme. Terrible.
atuendo *m.* Atavío, vestido.
atufar *t.-r.* Enfadar, enojar. *r.* Tomar tufo.
atún *m.* Pez marino comestible de gran tamaño. /reflexión.
aturdido -da *a.* Que procede sin
aturdimiento *m.* Perturbación debida a un golpe, a una desgracia, etc. Falta de serenidad.
aturdir *t.* Causar aturdimiento.
aturrullar *t.-r.* Turbar, confundir, desconcertar.
atusar *t.* Recortar o alisar el pelo. *r.* Componerse.
audacia *f.* Osadía.
audaz *a.* Osado, atrevido.
audible *a.* Oíble.
audición *f.* Acción de oír. Sesión de música.
audiencia *f.* Acción de oír una autoridad a los que acuden a ella. Tribunal de justicia de una provincia o región.
auditivo -va *a.* Perteneciente al oído. *m.* Auricular.
auditor *m.* Juez o asesor de ciertos tribunales.
auditorio -ria *a.* Auditivo. *m.* Concurso de oyentes.
auge *m.* Elevación grande en dignidad, fortuna, etc. Apogeo.
augur *m.* Sacerdote y adivino de la antigua Roma.
augurar *t.* Agorar.
augurio *m.* Agüero. /ración.
augusto -ta *a.* Que infunde veneración.
aula *f.* Sala de clase.
aulaga *f.* Planta espinosa de flores amarillas.
áulico -ca *a.-s.* Perteneciente a la corte o al palacio.
aullador -ra *a.* Que aúlla.
aullar *i.* Dar aullidos.
aullido *m.* Voz prolongada del lobo, el perro, etc.
aumentar *t.-i.-r.* Dar mayor extensión, número o materia a una cosa.
aumentativo -va *a.* Que aumenta. *a.-s.* GRAM. Que aumenta la significación de una voz.
aumento *m.* Acción y efecto de aumentar.
aun y **aún** *adv.* Todavía. Siquiera, hasta. /ficar.
aunar *t.* Unir para un fin. Uni-
aunque *adv.* A pesar de que.
¡aúpa! *interj.* ¡Upa!
aupar *t.* Levantar o subir a una persona.
aura *f.* Viento suave. Especie de buitre de América.
auranciáceo -cea *a.* Parecido al naranjo.
áureo -rea *a.* De oro. Dorado.
aureola *f.* Círculo luminoso que se figura detrás de la cabeza de las imágenes. Gloria, fama.
aureolar *t.* Adornar como con aureola.
aurícula *f.* Cada una de las dos cavidades superiores del corazón.
auricular *a.* Relativo al oído o a la aurícula. Dic. del dedo meñique. *m.* En el aparato telefónico, utensilio que se aplica al oído.
aurífero -ra *a.* Que lleva oro.
auriga *m.* poét. Cochero.
aurora *f.* Luz sonrosada que precede al día. Principio de algo.
auscultación *f.* Acción de auscultar.
auscultar *t.* MED. Escuchar los sonidos que se producen en el cuerpo.
ausencia *f.* Acción de ausentarse o de estar ausente. Falta de alguna cosa.
ausentarse *r.* Alejarse de una persona o lugar.
ausente *a.-s.* Alejado de una persona o lugar. /favor.
auspicio *m.* Agüero. Protección,
austeridad *f.* Calidad de austero.
austero -ra *a.* Áspero al gusto. Rígido, severo.
austral *a.* Perteneciente al austro.
australiano -na *a.-s.* De Australia.
austríaco -ca *a.* De Austria.
austro *m.* Sur. /tico.
autenticidad *f.* Calidad de autén-
auténtico -ca *a.* Verdadero. Que hace fe.
auto *m.* Resolución judicial. Composición dramática religiosa. Automóvil.
autobiografía *f.* Vida de una persona escrita por ella misma.
autobús *m.* Ómnibus automóvil.
autocar *m.* Autobús para servicio de carretera.
autoclave *f.* Aparato para la desinfección por vapor y altas temperaturas.
autocracia *f.* Gobierno absoluto.

autócrata *com.* Soberano absoluto.
autóctono -na *a.* Originario del país en que vive.
autodidacto -ta *a.-s.* Que se instruye por sí mismo. /móviles.
autódromo *m.* Pista para automóviles.
autógeno -na *a.* Díc. de la soldadura metálica que se hace sin materia extraña.
autogiro *m.* Aparato volador que aterriza verticalmente.
autógrafo -fa *a.-m.* Díc. del escrito de mano de su mismo autor.
autómata *m.* Máquina que imita la figura y movimientos de un ser animado.
automático -ca *a.* Maquinal. Que obra o se regula por sí mismo.
automatizar *tr.* Hacer automático.
automedonte *m. poét.* Cochero.
automóvil *a.-m.* Que se mueve por sí mismo. *m.* Carruaje movido por un motor de explosión.
automovilismo *m.* Uso deportivo del automóvil.
automovilista *a.* Relativo al automovilismo. *com.* Persona dedicada al automovilismo.
autonomía *f.* Facultad de gobernarse por sus propias leyes. Independencia relativa.
autopista *f.* Carretera para automóviles.
autopsia *f.* Disección de un cadáver.
autor -ra *m. f.* Persona que hace una cosa o es causa de ella.
autoridad *f.* Poder, derecho a mandar o gobernar. Persona que la tiene. Crédito y fe que se da a una persona.
autoritario -ria *a.* Que se funda en la autoridad. *a.-s.* Que impone a los demás su autoridad.
autorización *f.* Acción de autorizar.
autorizar *t.* Dar autoridad. Aprobar. Dar fe al notario en un documento.
autorretrato *m.* Retrato de una persona hecha por ella misma.
autovía *f.* Autopista. Coche automóvil de ferrocarril.
auxiliar *a.-s.* Que auxilia. *m.* Funcionario subalterno.
auxiliar *t.-r.* Dar auxilio.
auxiliaria *f.* Empleo de auxiliar.
auxilio *m.* Ayuda, socorro.
aval *m.* Firma que garantiza un documento de crédito. Documento que responde de una persona. /de aval.
avalar *t.* Garantizar por medio
avalorar *t.* Dar valor.
avaluar *t.* Valuar.
avalúo *m.* Valuación. /ticipo.
avance *m.* Acción de avanzar. Anavante *adv.* MAR. Adelante.
avanzada *f.* Partida de soldados destacada para prevenir sorpresas.
avanzar *t.* Adelantar. *i.-r.* Ir hacia adelante. Progresar. Acercarse a su fin un tiempo.
avaricia *f.* Afán de atesorar riquezas.
avaricioso -sa, avariento -ta, avaro -ra *a.* Que tiene avaricia.
avasallador -ra *a.-s.* Que avasalla.
avasallar *t.* Sujetar, someter, dominar. /plumas.
ave *f.* Animal con alas, pico y
avecilla *f.* Dim. de *ave.*
avecinar *t.-r.* Acercar, Avecindar.
avecindar *t.* Dar vecindad. *r.* Establecerse como vecino.
avechucho *m.* Ave fea. Sujeto despreciable.
avefría *f.* Ave zancuda, blanca y verde, con moño.
avejentar *t.-r.* Poner o parecer viejo antes de serlo.
avellana *f.* Fruto del avellano.
avellanal, avellanar *m.* Sitio poblado de avellanos. /sona.
avellanarse *r.* Arrugarse una per-
avellaneda *f.* y **-do** *m.* Avellanal.
avellano *m.* Arbusto que da un fruto de cubierta leñosa con una semilla redonda, comestible.
avemaría *f.* Oración a la Virgen que empieza con las palabras *Ave María.* Ángelus.
avena *f.* Planta gramínea cuyo grano se da a las caballerías.
avenencia *f.* Convenio. Conformidad y unión.
avenida *f.* Creciente impetuosa de un río. Vía ancha con árboles.
avenir *t.* Conciliar a los discordes. *r.* Ponerse o estar de acuerdo, en armonía. Conformarse.
aventajado -da *a.* Que aventaja a lo ordinario. Notable.
aventajar *t.* Mejorar. *t.-r.* Llevar ventaja, exceder.
aventar *t.* Hacer aire a una cosa. Echar al viento; limpiar los granos en la era.
aventura *f.* Suceso o lance extraño. Casualidad. Riesgo.
aventurar *t.-r.* Arriesgar, poner en peligro.
aventurero -ra *a.-s.* Que busca aventuras. Que trata de elevarse por medios reprobados.
avergonzar *t.-r.* Causar o sentir vergüenza.
avería *f.* Daño sufrido por un buque o una mercancía. Desperfecto.
averiar *t.* Causar avería. *r.* Estropearse. /riguar.
averiguación *f.* Acción de ave-
averiguar *t.* Buscar, descubrir la verdad.
averío *m.* Conjunto de aves.

averno m. poét. Infierno. /cia.
aversión f. Oposición, repugnan-
avestruz m. Ave corredora del África y la Arabia, la mayor de las conocidas.
avezar t.-r. Acostumbrar.
aviación f. Locomoción aérea con aparatos más pesados que el aire.
aviador -ra a.-s. Que dirige o tripula un aparato de aviación.
aviar t. Proveer de lo necesario. Preparar, arreglar. Apresurar.
avícola a. Relativo a la avicultura.
avicultor -ra m. f. Persona que se dedica a la avicultura.
avicultura f. Arte de criar aves.
avidez f. Ansia, codicia.
ávido -da a. Ansioso, codicioso.
avieso -sa a. Torcido, fuera de regla. Malo o mal inclinado.
avilantez f. Audacia, insolencia.
avilés -sa a.-s. De Ávila.
avinagrado -da a. Acre y desabrido.
avinagrar t.-r. Poner acedo o agrio.
avío m. Prevención, apresto. pl. Utensilios para algo.
avión m. Aeroplano. Especie de vencejo.
avioneta f. Avión pequeño.
avisado -da a. Prudente, sagaz.
avisar t. Dar noticia. Advertir, aconsejar.
aviso m. Acción de avisar. Escrito, palabras, etc., con que se avisa.
avispa f. Insecto himenóptero de cuerpo amarillo con fajas negras, provisto de un aguijón.
avispado -da a. Vivo, despierto.
avispero m. Panal fabricado por avispas. Grupo de diviesos.
avispón m. Aum. de *avispa*.
avistar t. Alcanzar con la vista. r. Verse uno con otro para tratar algo.
avitaminosis f. Enfermedad causada por la ausencia de vitaminas en la alimentación.
avituallar t. Proveer de vituallas.
avivar t. Dar nueva fuerza y vigor. Dar viveza.
avizor a.-m. Que avizora.
avizorar t. Acechar.
avutarda f. Ave zancuda de vuelo corto y pesado.
axila f. Sobaco. Punto de unión de una parte de la planta con la rama o tronco.
axilar a. Relativo a la axila.
axioma m. Verdad clara y evidente.
axiomático -ca a. Evidente.
¡ay! Interj. de dolor o amenaza.
ayer adv. En el día inmediatamente anterior al de hoy. En tiempo pasado.
ayo -ya m. f. Persona encargada de la educación o crianza de un niño.
ayuda f. Acción de ayudar. Persona o cosa que ayuda. Lavativa.
ayudante m. El que está a las órdenes de otro y le ayuda en sus funciones.
ayudantía f. Empleo de ayudante.
ayudar t. Prestar cooperación. Socorrer. r. Valerse de la ayuda de uno o de algo.
ayunar i. Abstenerse total o parcialmente de comer o beber.
ayuno m. Acción de ayunar.
ayuno -na a. Que no ha comido. Ignorante de lo que se habla.
ayuntamiento m. Corporación que gobierna un municipio.
azabache m. Variedad de lignito negro, compacto y susceptible de pulimento.
azacanar y **azacanear** i.-r. Trabajar con afán.
azada f. Instrumento para cavar formado por una cuadrangular de hierro y un mango.
azadón m. Azada de pala curva y larga.
azafata f. Criada que servía a la reina.
azafate m. Canastillo llano.
azafrán m. Planta cuyos estigmas se usan para teñir y como condimento. /azafrán.
azafranado -da a. De color de
azafranar t. Teñir de azafrán. Poner azafrán.
azagaya f. Lanza pequeña arrojadiza.
azahar m. Flor del naranjo, del limonero y del cidro.
azalea f. Arbolito de adorno, de flores venenosas.
azamboa f. Fruto del azamboero.
azamboero, azamboo m. Variedad de cidro de fruto arrugado.
azar m. Casualidad. Desgracia imprevista.
azararse r. Perder la serenidad.
azaroso -sa a. Que tiene en sí azar o desgracia. /dura.
ázimo a. Dic. del pan sin leva-
azoado -da a. Que tiene ázoe.
ázoe m. Nitrógeno.
azófar m. Latón.
azogar t. Cubrir con azogue. r. Enfermar por haber absorbido vapores de azogue.
azogue m. Metal líquido, blanco, brillante y muy pesado.
azoico a. Nítrico. /en cetrería.
azor m. Ave rapaz que se usó

azorar *t.-r.* Conturbar, sobresaltar.
azotacalles *com.* Persona callejera.
azotaina *f.* Zurra.
azotar *t.* Dar azotazos. Golpear.
azotazo *m.* Golpe de azote. Manotada en las nalgas.
azote *m.* Instrumento con que se azota. Azotazo. Calamidad.
azotea *f.* Cubierta llana de un edificio.
azteca *a.-s.* De un antiguo pueblo invasor y dominador de Méjico.
azúcar *m.* Substancia blanca, muy dulce, que se obtiene de varias plantas.
azucarado -da *a.* Que tiene azúcar. Dulce.
azucarar *t.* Poner azúcar. Suavizar.
azucarera *f.* Fábrica de azúcar.
azucarero -ra *a.* Relativo al azúcar. *m.* Vasija para el azúcar.
azucarillo *m.* Masa esponjosa de almíbar y clara de huevo.
azucena *f.* Planta liliácea de flores blancas, muy olorosas.
azud *m.* **azuda** *f.* Máquina para sacar agua de los ríos. Presa en los ríos.
azuela *f.* Herramienta de carpintero para desbastar.
azufaifa *f.* Fruto del azufaifo.
azufaifo *m.* Árbol de tronco tortuoso con fruto en drupa, comestible.
azufrar *t.* Impregnar de azufre o sahumar con él.
azufre *m.* Metaloide amarillo que se electriza por frotación.
azul *a.-m.* Dic. del color del cielo sin nubes.
azulado -da *a.* De color azul o que tira a él.
azular *t.* Dar o teñir de azul.
azulear *i.* Mostrar su color azul. Tirar a azul. /driado.
azulejo *m.* Ladrillo pequeño vi-
azulete *m.* Viso de azul que se da a las ropas.
azulino -na *a.* Que tira a azul.
azumbre *m.* Medida para líquidos (2'016 l.).
azur *a.-m.* BLAS. Azul oscuro.
azuzar *t.* Incitar a los perros a que embistan. Estimular.

B

B b *f.* Be, letra consonante, segunda del alfabeto.
baba *f.* Saliva que fluye de la boca. Viscosidad que segregan algunos animales.
babador *m.* Babero.
babaza *f.* Baba de ciertos animales.
babear *i.* Echar baba.
babel *amb.* Lugar de confusión.
babeo *m.* Acción de babear.
babero *m.* Lienzo que por limpieza se pone a los niños en el pecho.
babia (estar en) *fr.* Estar distraído.
babieca *c.* Persona floja y boba.
babilonia *f.* Babel.
babilónico -ca *a.* Relativo a Babilonia.
babilonio -nia *a.-s.* De Babilonia.
bable *m.* Dialecto asturiano.
babor *m.* Lado izquierdo del buque, mirando de popa a proa.
babosa *f.* Molusco terrestre sin concha.
babosear *t.* Llenar de babas.
baboso -sa *a.-s.* Que echa muchas babas.
babucha *f.* Zapato moruno ligero y sin tacón.
baca *f.* Sitio en lo alto de las diligencias.
bacalao *m.* Pez comestible que se conserva salado y prensado.
bacanal *a.* Del dios Baco. *f. pl.* Fiestas que se celebraban en honor de Baco. *f.* Orgía.
bacante *f.* Sacerdotisa de Baco.
bacará *m.* Cierto juego de naipes.
baceta *f.* Naipes que quedan sin repartir.
bacía *f.* Especie de jofaina, esp. la usada por los barberos.
bacilar *a.* Relativo a los bacilos.
bacilo *m.* Bacteria de forma cilíndrica.
bacín *m.* Orinal. Vasija para pedir limosna.
bacinada *f.* Acción indigna.
bacinete *m.* Pieza de la armadura que cubría la cabeza.
bacinilla *f.* Bacía pequeña.
bacteria *f.* Microbio vegetal, que puede ser o no patógeno, y del cual hay muchas especies.
bactericida *a.-m.* Que destruye las bacterias.
bacteriología *f.* Parte de la microbiología que estudia las bacterias.
bacteriólogo *m.* El que se dedica a la bacteriología.
báculo *m.* Palo o cayado para sostenerse. El de oro o plata, insignia de los obispos.
bache *m.* Hoyo en una calle o camino.
bachiller -ra *a.-s.* Que habla mucho. *c.* Persona que ha obtenido grado al terminar la enseñanza media.
bachillerato *m.* Grado de bachiller. Estudios para obtenerlo.
bachillerear *i.* Hablar mucho e impertinentemente.
bachillería *f.* Locuacidad impertinente. Habladuría.
badajo *m.* Pieza de metal que hace sonar la campana.
badana *f.* Piel curtida de oveja.
badén *m.* Zanja que forman las aguas llovedizas. Cauce para dar paso al agua en una carretera.
badil *m.* Paleta para remover la lumbre.
badila *f.* Badil, esp. el del brasero.
badulaque *a.-m.* Persona de poco juicio.
bagaje *m.* Equipaje de un Ejército en marcha. Bestia para conducirlo.
bagatela *f.* Cosa fútil.
bagazo *m.* Cáscara de la linaza. Residuo de cosas exprimidas.
¡bah! *interj.* de incredulidad o desdén.
bahía *f.* Entrada de mar en la costa, menor que un golfo.
bailable *a.* Que se puede bailar. *m.* Danza de una obra de espectáculo.
bailar *i.-t.* Mover el cuerpo y los pies en orden y a compás. *i.* Moverse una cosa sin salir de un espacio reducido.

baile *m*. Acción o arte de bailar. Reunión para bailar.
bailotear *i*. Bailar mucho y sin arte.
bailoteo *m*. Acción de bailotear.
baivel *m*. Escuadra falsa de cantero.
baja *f*. Disminución de precio o valor. MIL. Pérdida o falta de un individuo. Acto de dejar de ser miembro de una profesión o asociación. /quía.
bajá *m*. Título de honor en Turbajada *f*. Acción de bajar. Camino por donde se baja.
bajamar *f*. Fin del reflujo del mar.
bajar *i*. Ir a un lugar más bajo. Disminuir una cosa. *i.-t.-r.* Apear. *t*. Llevar a un sitio más bajo. Recorrer de arriba abajo. Inclinar hacia abajo. Disminuir el precio.
bajel *m*. Buque. /bajo.
bajeza *f*. Acción vil. Calidad de
bajío *m*. Bajo en los mares.
bajo -ja *a*. De poca altura. Situado en lugar inferior. Inclinado hacia abajo. Dic. del sonido grave. Humilde, despreciable. *m*. Sitio hondo. Elevación del fondo del mar que obstruye la navegación. MÚS. La más grave de las voces humanas; el que la tiene. *m. pl.* Planta baja de un edificio.
bajón *m*. Instrumento de viento de sonido grave. Notable disminución en el caudal, la salud, etc.
bajuno -na *a*. Bajo, soez.
bala *f*. Proyectil para armas de fuego. Fardo apretado. Atado de 10 resmas de papel.
balada *f*. Composición poética en que se refieren hechos legendarios.
baladí *a*. De poca substancia y aprecio.
baladrón -drona *a*. Fanfarrón, que blasona de valiente.
baladronada *f*. Hecho o dicho de baladrón.
baladronear *i*. Decir baladronadas.
bálago *m*. Paja larga de los cereales.
balance *m*. Movimiento de un cuerpo que se inclina ya a un lado, ya a otro. Cómputo y comparación del activo y el pasivo en un negocio.
balancear *i.-r.* Dar o hacer balances. Merecer. *t*. Equilibrar.
balanceo *m*. Acción de balancear.
balancín *m*. Volante para acuñar. Contrapeso de volatinero.
balandra *f*. Embarcación pequeña con cubierta y un palo.
balandrán *m*. Vestidura talar ancha y con esclavina.
balandro *m*. Balandra pequeña.
balanza *f*. Instrumento para pesar. Comparación.
balar *i*. Dar balidos. /tres.
balaustrada *f*. Serie de balaustbalaustre, **balaústre** *m*. Columnita de barandilla.
balazo *m*. Golpe o herida de bala.
balbucear *i*. Balbucir.
balbucencia *f*., **balbuceo** *m*. Acción de balbucir.
balbuciente *a*. Que balbuce.
balbucir *i*. Hablar de manera vacilante y confusa.
balcánico -ca *a*. De los Balcanes.
balcón *m*. Hueco abierto desde el suelo de la habitación, con barandilla por lo común saliente.
baldadura *f*., **baldamiento** *m*. Impedimento del baldado.
baldaquín y -quino *m*. Especie de dosel. Pabellón que cubre un altar.
baldar *t.-r.* Impedir una enfermedad el uso de algún miembro.
balde *m*. MAR. Cubo de cuero, lona o madera. *m. adv. De balde,* gratis; sin motivo. *En balde,* en vano.
baldear *t*. Regar con baldes.
baldeo *m*. Acción de baldear.
baldés *m*. Badana suave.
baldío *a.-s*. Dic. del terreno inculto. Vano, sin fundamento.
baldón *m*. Oprobio, injuria. /lar.
baldosa *f*. Ladrillo fino para sobaldragas *m*. Hombre sin energía.
balduque *m*. Cinta para atar legajos.
balear *a.-s*. De las Baleares.
balido *m*. Voz de la oveja y la cabra.
balín *m*. Bala pequeña.
balista *f*. Ant. máquina de guerra para arrojar piedras.
balística *f*. Ciencia que estudia el movimiento de los proyectiles.
baliza *f*. MAR. Señal fija o flotante.
balneario -ria *a*. Relativo a los baños. *m*. Establecimiento de baños o aguas medicinales.
balón *m*. Pelota grande de viento. Fardo grande. /lota.
baloncesto *m*. Cierto juego de pe**balsa** *f*. Hueco del terreno que se llena de agua. Plataforma flotante formada por maderos unidos.
balsámico -ca *a*. Que tiene bálsamo o cualidades de tal.
balsamina *f*. Nombre de una planta trepadora y de otra medicinal.
bálsamo *m*. Líquido resinoso y aromático que fluye de ciertos árboles.

báltico -ca *a.-s.* Dic. del mar comprendido entre Dinamarca, Suecia, Alemania, Lituania, Letonia, Estonia, Finlandia y Rusia.
baluarte *m.* Obra pentagonal de fortificación. Protección, defensa.
balumba *f.* Bulto que hacen muchas cosas juntas.
ballena *f.* Mamífero cetáceo, el mayor de los conocidos. Cada una de sus barbas o de las tiras en que se cortan. /na.
ballenato *m.* Hijuelo de la balle-
ballenero -ra *a.* Relativo a la pesca de ballenas. *m.* Pescador de ballenas.
ballesta *f.* Ant. máquina de guerra. Arma ant. para lanzar saetas. Muelle de coche.
ballestero *m.* El que combatía con ballesta. El que hacía ballestas.
ballet *m.* Danza escénica.
ballico *m.* Planta para formar céspedes.
bambalina *f.* Lienzo pintado que cuelga del telar de un teatro.
bamboche *m.* Persona rechoncha y de cara encendida.
bambolear *i.-r.* Moverse a un lado y otro sin perder el sitio.
bamboleo *m.* Acción de bambolear. /pa fingida.
bambolla *f.* Boato aparente, pom-
bambú *m.* Planta gramínácea de tallo leñoso y muy resistente.
banana *f.* Fruto del banano.
banano *m.* Planta que da unos frutos largos, de piel correosa, blandos y de gusto delicado.
banasta *f.* Cesto grande.
banasto *m.* Banasta de figura redonda.
banca *f.* Asiento de madera sin respaldo. Cajón de lavandera. Comercio que consiste en operaciones de giro, cambio, créditos, cuentas corrientes, etc. Cierto juego de naipes.
bancal *m.* AGR. Pedazo de tierra cuadrilongo. Tapete de banco.
bancario -ria *a.* COM. Relativo a la banca.
bancarrota *f.* Quiebra de un comerciante. Desastre.
banco *m.* Asiento largo y estrecho. Mesa de trabajo de un artesano. Bajío extenso. Establecimiento de crédito. Multitud de peces.
banda *f.* Faja o lista. Cinta ancha que cruza el pecho. Lado. Costado del buque. Porción de gente armada. Cuerpo de músicos, esp. militar.
bandada *f.* Conjunto de aves o peces que van juntos.

bandazo *m.* Inclinación violenta del buque sobre una banda.
bandearse *r.* Ingeniarse para vivir.
bandeja *f.* Pieza plana con bordes de poca altura para presentar algo.
bandera *f.* Lienzo que, sujeto a un palo, sirve de insignia.
bandería *f.* Bando, parcialidad.
banderilla *f.* Palo con una lengüeta de hierro que usan los banderilleros.
banderillear *t.* Clavar banderillas a los toros.
banderillero *m.* Torero que banderillea.
banderín *m.* Dim. de *bandera*. Cabo o soldado que lleva un banderín en la bayoneta.
banderola *f.* Bandera pequeña.
bandidaje *m.* Bandolerismo.
bandido *m.* Bandolero.
bando *m.* Edicto publicado solemnemente. Facción, partido.
bandolera *f.* Correa que cruza el pecho y de la cual se trae colgada un arma.
bandolerismo *m.* Desafueros de los bandoleros. Existencia de éstos en una comarca.
bandolero *m.* Salteador de caminos.
bandolina *f.* Mucílago para fijar el cabello.
bandullo *m.* Vientre, tripas.
bandurria *f.* Instrumento de doce cuerdas que se toca con púa.
banquero *m.* COM. El que se dedica a la banca. El que lleva el naipe en ciertos juegos.
banqueta *f.* Asiento pequeño y sin respaldo.
banquete *m.* Comida espléndida.
banquetear *t.-i.r.* Dar banquetes o andar en ellos.
banquillo *m.* Dim. de *banco*. Asiento para el procesado ante el tribunal.
bañar *t.-r.* Meter el cuerpo o sumergir una cosa en un líquido. Humedecer, empapar. Dar de lleno el sol, la luz.
bañero -ra *m. f.* Dueño de un baño. Persona que cuida de los baños. *f.* Pila para bañarse.
bañista *com.* Persona que concurre a tomar baños.
baño *m.* Acción de bañar. Líquido en que se baña. Bañera. Capa que queda en la cosa bañada. /pical.
baobab *m.* Árbol del África tro-
baptisterio *m.* Pila bautismal y sitio donde está.
baque *m.* Batacazo.
baqueta *f.* Varilla para atacar y limpiar las armas de fuego. *f. pl.* Palillos de tambor.

baquetear t. Incomodar mucho.
báquico -ca a. Perteneciente a Baco. /bidas.
bar m. Establecimiento de bebidas.
barahúnda f. Ruido y confusión grandes.
baraja f. Conjunto de naipes con que se juega.
barajar t. Mezclar los naipes. Mezclar y revolver.
baranda f. Barandilla.
barandal m. Listón en que se asientan los balaustres o el que los sujeta por arriba.
barandilla f. Antepecho con balaustres y barandales.
baratija f. Cosa menuda y de poco valor.
baratillo m. Conjunto de cosas de poco precio. Sitio en que se venden.
barato -ta a. Vendido o comprado a bajo precio. m. Venta a bajo precio. adv. Por poco precio.
báratro m. poét. Infierno.
baratura f. Bajo precio.
baraúnda f. Barahúnda.
barba f. Parte de la cara debajo de la boca. Pelo de la cara. Cada una de las láminas córneas que tiene la ballena en la mandíbula superior. f. pl. Bordes desiguales del papel.
barbacana f. Obra de fortificación avanzada. Tronera, saetera.
barbado -da a.-s. Que tiene barbas.
barbaridad f. Necedad. Temeridad. Crueldad grande.
barbarie f. Rusticidad, falta de cultura. Crueldad.
barbarismo m. Vocablo procedente de otra lengua. Vicio de lenguaje.
bárbaro -ra a.-s. De cualquiera de los pueblos que invadieron el imperio romano. Cruel. Temerario. Inculto, tosco.
barbechar t. Arar la tierra para que descanse o para la siembra.
barbecho m. Acción de barbechar. Tierra que se deja descansar.
barbería f. Tienda y oficio del barbero.
barberil a. Propio de barberos.
barbero m. El que afeita, corta el pelo, etc.
barbián, -ana a.-s. Desenvuelto, gallardo.
barbilampiño -ña a. De poca o ninguna barba.
barbilindo -y **-lucio** a. Que presume de bien parecido.
barbilla f. Punta de la barba.
barboquejo m. Cinta que sujeta el sombrero, la gorra, etc., por debajo de la barba.
barbotear t. Barbullar, mascullar.
barbudo -da a. Que tiene muchas barbas. /mente.
barbullar t. Hablar atropelladamente.
barca f. Embarcación pequeña.
barcada f. Carga que lleva la barca. /liana.
barcarola f. Canción popular ita-
barcaza f. Lanchón para la carga y descarga.
barcelonés -sa a.-s. De Barcelona.
barco m. Construcción de madera o metal dispuesta para flotar y correr por el agua.
barda f. Armadura ant. de los caballos. Cubierta de ramaje, espino, etc., sobre una tapia.
bardal m. Barda de tapia.
bardana f. Lampazo.
bardo m. Poeta de los antiguos celtas. Poeta.
bargueño m. Mueble con cajoncitos y gavetas.
bario m. Metal blanco amarillento difícil de fundir.
barita f. Óxido de bario.
baritono m. Voz media entre la de tenor y bajo. El que la tiene.
barlovento m. MAR. Parte de donde viene el viento.
barniz m. Composición líquida para dar lustre.
barnizar t. Dar barniz.
barométrico -ca a. Relativo al barómetro.
barómetro m. Instrumento para medir la presión atmosférica.
barón m. Título de nobleza inferior al de vizconde.
baronesa f. Mujer del barón o que tiene baronía.
baronía f. Dignidad y territorio del barón.
barquear i.-t. Ir o atravesar en barca.
barquero -ra m. f. Persona que gobierna la barca.
barquilla f. Dim. de barca.
barquillero -ra m. f. Persona que hace o vende barquillos.
barquillo m. Dim. de barca. Hoja delgada de pasta dulce encorvada o arrollada en canuto.
barra f. Pieza rígida mucho más larga que gruesa. Bajío en la boca de un río.
barrabás m. Persona muy mala.
barrabasada f. Acción atropellada. Travesura grave.
barraca f. Caseta construida toscamente. Vivienda rústica.
barracón m. Aum. de barraca. Barraca de feria.
barranca f., **barranco** m. Quiebra profunda que hacen las aguas en la tierra. Dificultad.
barredero -ra a. Que arrastra cuanto encuentra. f. Máquina para barrer las calles.
barredura f. Acción de barrer. f.

pl. Inmundicias.
barrena *f.* Instrumento para taladrar. /na.
barrenar *t.* Taladrar con la barrena.
barrendero *m.* Persona que barre por oficio.
barreno *m.* Barrena grande. Agujero hecho con barrena.
barreño *m.* Vasija de barro para fregar la loza y otros usos.
barrer *t.* Limpiar el suelo con la escoba. Pasar rozando. Llevárselo todo.
barrera *f.* Valla de palos o tablas. Obstáculo. Antepecho en las plazas de toros. Sitio de donde se saca barro.
barretina *f.* Gorro catalán.
barriada *f.* Barrio. Parte de él.
barrica *f.* Tonel mediano.
barricada *f.* Parapeto improvisado para estorbar el paso del enemigo.
barriga *f.* Vientre.
barrigón -na, barrigudo -da *a.* De gran barriga.
barril *m.* Cuba para conservar y transportar diferentes licores y géneros. /junto de barriles.
barrilamen *m.* **barrilería** *f.* Conjunto de barriles.
barrilla *f.* Planta cuyas cenizas contienen sosa. Estas cenizas.
barrillero -ra *a.* Que contiene barrilla.
barrio *m.* Parte de un pueblo. Arrabal.
barrizal *m.* Terreno lleno de barro.
barro *m.* Masa de tierra y agua. Granillo rojizo en el rostro.
barroco -ca *a.-s.* Dic. de un estilo arquitectónico de los siglos XVII y XVIII.
barrote *m.* Barra de hierro para afianzar algo.
barrueco *m.* Perla irregular.
barruntar *t.* Prever por algún indicio.
barrunto *m.* Acción de barruntar. Indicio, noticia.
bartola (a la) *m. adv.* Sin ningún cuidado.
bártulos *m. pl.* Enseres de uso corriente.
barullo *m.* Confusión, desorden.
basa *f.* Asiento de la columna o estatua. Base, fundamento.
basalto *m.* Roca volcánica de color negro verdoso.
basamento *m.* Cuerpo formado por la basa y el pedestal de la columna.
basar *t.-r.* Asentar sobre una base. Fundar, apoyar.
basca *f.* Ansia, náusea.
bascosidad *f.* Inmundicia.
báscula *f.* Aparato para medir grandes pesos.
bascular *a.* Relativo a la báscula.
bascular *i.* Tener movimiento de báscula.
base. *f.* Fundamento o apoyo. MAT. Cantidad que ha de elevarse a una potencia. GEOM. Línea o superficie inferior de una figura o cuerpo. QUÍM. Compuesto que combinado con los ácidos forma sales.
básico -ca *a.* Fundamental. QUÍM. Que tiene carácter de base.
basílica *f.* Iglesia antigua o que goza de ciertos privilegios.
basilisco *m.* Animal fabuloso que mataba con la vista. Reptil de América.
basquiña *f.* Saya exterior.
basta *f.* Hilván. Puntada del colchón.
bastante *a.* Que basta. *adv.* Ni mucho ni poco. No poco.
bastar *i.* Ser suficiente.
bastarda *a.* Dic. de una antigua letra de mano.
bastardear *i.* Degenerar.
bastardía *f.* Calidad de bastardo.
bastardilla *a.* Dic. de una letra de imprenta que imita a la bastarda.
bastardo -da *a.* Que degenera de su origen o naturaleza. De nacimiento ilegítimo.
baste *m.* Hilván. Almohadillado de la silla de montar.
bastear *t.* Echar bastas.
bastidor *m.* Armazón donde se fijan lienzos, vidrios, etc. Decoración lateral en un teatro.
bastilla *f.* Doblez asegurado con puntadas en la orilla de una tela.
bastimento *m.* Provisión para una ciudad, ejército, etc. Barco.
bastión *m.* Baluarte.
basto *m.* Especie de albarda. As de bastos. *pl.* Uno de los palos de la baraja.
basto -ta *a.* Sin pulimento. Grosero, rústico.
bastón *m.* Vara para apoyarse al andar.
bastonazo *m.* Golpe dado con el bastón.
bastonero *m.* El que hace o vende bastones.
basura *f.* Inmundicia. Estiércol.
basurero *m.* El que recoge la basura. Sitio donde se amontona ésta.
bata *f.* Ropa talar con mangas para estar en casa.
batacazo *m.* Golpe fuerte que da uno al caer.
batahola *f.* Bulla, ruido grande.
batalla *f.* Combate entre dos ejércitos. Torneo. Agitación del ánimo.

batallar *i.* Reñir con armas. Disputar. Luchar.
batallón *m.* Unidad de infantería compuesta de varias compañías.
batallón -na *a.* Dic. de la cuestión que apasiona.
batán *m.* Máquina para enfurtir /paños.
batanar *t.* Abatanar.
batata *f.* Planta de tubérculo azucarado y comestible.
batea *f.* Bandeja, azafate.
batel *m.* Bote, barco pequeño.
batelero -ra *m.-f.* Persona que gobierna el batel.
batería *f.* Conjunto de piezas de artillería, de instrumentos de percusión, de utensilios de cocina. Agrupación de aparatos, pilas eléctricas, etc.
batida *f.* Acción de batir o reconocer el monte o un paraje.
batidera *f.* Instrumento para mezclar la cal y la arena.
batidor -ra *a.* Que bate. *m.* Instrumento para batir. Peine para desenmarañar el pelo. MIL. Explorador.
batiente *a.* Que bate. *m.* Parte del cerco en que baten las puertas al cerrarse. Sitio batido por las olas.
batir *t.* Golpear. Martillar. Dar el sol, el aire, el agua, en una cosa. Revolver con fuerza para mezclar, espesar, etc. Derrotar. Reconocer terreno para ojear la caza, descubrir el enemigo, etc. *r.* Combatir.
batintín *m.* Gong. /godón.
batista *f.* Tela fina de lino o albatracio **-cia** *a.-m.* ZOOL. Dic. de los anfibios sin cola.
baturrillo *m.* Mezcla incoherente.
batuta *f.* MÚS. Varilla con que un director marca el compás.
baúl *m.* Cofre.
bauprés *m.* MAR. Palo horizontal que sale de la proa.
bautismal *a.* Relativo al bautismo.
bautismo *m.* Sacramento que nos hace cristianos.
bautizar *t.* Administrar el bautismo. Poner nombre.
bautizo *m.* Acción de bautizar.
bávaro -ra *a.-s.* De Baviera.
baya *f.* Fruto polispermo de pericarpio pulposo.
bayadera *f.* Bailarina y cantora india.
bayeta *f.* Tela de lana poco tupida.
bayo -ya *a.* De color blanco amarillento.
bayoneta *f.* Arma blanca que se adapta al cañón del fusil.
bayonetazo *m.* Golpe de bayoneta.
baza *f.* Naipes que recoge el que gana la mano.

bazar *m.* En Oriente, mercado público. Tienda de artículos diversos.
bazo -za *a.* Moreno amarillento. *m.* Víscera vascular situada en el hipocondrio izquierdo.
bazofia *f.* Mezcla de desechos de comida.
bazucar *t.* Revolver un líquido moviendo la vasija.
be *f.* Nombre de la letra *b*. Onomatopeya del balido.
beata *f.* Mujer que viste hábito sin ser monja. Muy devota. *fam.* La que afecta devoción.
beaterio *m.* Casa en que viven beatas en comunidad.
beatificar *t.* Declarar el papa digno de culto a un siervo de Dios.
beatitud *f.* Bienaventuranza eterna. Tratamiento que se da al papa.
beato -ta *a.* Bienaventurado. *a.-s.* Beatificado por el papa. Muy devoto o que afecta devoción.
bebedero -ra *a.* Que es bueno de beber. *m.* Vasija o sitio donde beben los pájaros.
bebedizo -za *a.* Potable. *m.* Bebida medicinal o emponzoñada.
beber *t.* Tragar un líquido. *i.* Brindar.
bebida *f.* Líquido que se bebe.
bebido -da *a.* Casi borracho.
bebistrajo *m.* Bebida desagradable.
beborrotear *i.* Beber poco y a menudo.
beca *f.* Ayuda económica que percibe un estudiante.
becada *f.* Chocha.
becario -ria *m. f.* Estudiante que disfruta de beca.
becerrada *f.* Lidia de becerros.
becerro -rra *m. f.* Toro o vaca de menos de un año.
becuadro *m.* MÚS. Signo que indica que una nota recobra su sonido natural.
bedel *m.* Empleado subalterno en un centro docente. /desierto.
beduino -na *a.-s.* Árabe nómada del
befa *f.* Burla insultante.
befar *t.* Burlar, escarnecer.
befo -fa *a.-s.* Belfo.
bejarano -na *a.-s.* De Béjar.
bejuco *m.* Nombre de varias plantas tropicales sarmentosas.
beldad *f.* Belleza, esp. de la mujer. Mujer hermosa.
belén *m.* Representación del nacimiento de Jesús. Confusión, desorden.
beleño *m.* Planta narcótica.
belfo -fa *a.-s.* Que tiene muy grueso el labio inferior. *m.* Labio del caballo y otros animales.
belga *a.-s.* De Bélgica.

bélico -ca *a.* Guerrero.
belicoso -sa *a.* Guerrero. Agresivo, pendenciero. /rante.
beligerancia *f.* Calidad de beligerante.
beligerante *a.-s.* Que está en guerra.
belitre *a.-s.* Pícaro, ruin. /rra.
bellaco -ca *a.-s.* Malo, pícaro. Astuto.
belladona *f.* Planta de acción calmante y narcótica.
bellaquería *f.* Acción o dicho de bellaco.
belleza *f.* Propiedad de las cosas que infunde en nosotros un deleite espiritual, un sentimiento de admiración.
bellota *f.* Fruto de la encina y el roble. Es ovalado, y lleva en su base un involucro escamoso.
bemol *m.* MÚS. Alteración que hace bajar la nota un semitono.
bencina *f.* Mezcla de hidrocarburos que se emplea para hacer funcionar motores.
bendecir *t.* Alabar. Invocar la protección divina en favor de alguien o de algo. Consagrar al culto.
bendición *f.* Acción de bendecir.
bendito -ta p. p. irreg. de *bendecir.* *a.* Bienaventurado. Feliz. De pocos alcances.
benedictino -na *a.-s.* Díc. del religioso de la regla de San Benito.
beneficencia *f.* Virtud de hacer bien. Conjunto de instituciones y servicios benéficos.
beneficiado *m.* Que goza de un beneficio eclesiástico.
beneficiar *t.* Hacer bien. Hacer que una cosa produzca beneficio.
beneficio *m.* Bien que se hace o se recibe. Ganancia. Cargo eclesiástico al que va aneja una renta.
beneficioso -sa *a.* Provechoso, útil.
benéfico -ca *a.* Que hace bien.
benemérito -ta *a.* Digno de galardón. /miso.
beneplácito *m.* Aprobación, permiso.
benevolencia *f.* Buena voluntad, afecto.
benévolo -la *a.* Que tiene buena voluntad o afecto.
bengala *f.* Caña de Indias. Cierta clase de luces pirotécnicas.
bengalí *a.-s.* De Bengala.
benignidad *f.* Calidad de benigno.
benigno -na *a.* Bueno, afable. Templado, apacible.
benjamín *m.* Hijo menor y preferido. /mático.
benjuí *m.* Cierto bálsamo aromático.
bentos *m.* Conjunto de los organismos que viven en el fondo del mar.
benzoico -ca *a.* Del benjuí.
benzol *m.* Hidrocarburo que se extrae de la brea.
beodo -da *a.-s.* Borracho, ebrio.
berberisco -ca *a.-s.* Bereber.
berbiquí *m.* Manubrio semicircular que lleva una broca o taladro.
bereber *a.-s.* De Berbería.
berenjena *f.* Planta de fruto comestible, alargado y de piel morada. Su fruto.
berenjenal *m.* Sitio plantado de berenjenas. Asunto embrollado.
bergamota *f.* Variedad de lima y de pera muy aromáticas.
bergamoto *m.* Limero y peral que dan la bergamota.
bergante *m.* Pícaro, bandido.
bergantín *m.* Buque de dos palos y velas cuadradas.
berilo *m.* Variedad de esmeralda.
berlina *f.* Coche cerrado de dos asientos. Departamento delantero de las diligencias.
berlinés -sa *a.-s.* De Berlín.
bermejizo -za *a.* Que tira a bermejo. *m.* Especie de murciélago.
bermejo -ja *a.* Rubio rojizo.
bermellón *m.* Cinabrio pulverizado.
bernardo -da *a.-s.* Díc. del religioso de la orden del Cister.
berrear *f.* Dar berridos.
berrenchín *m.* Dim. de *berrinche.*
berrendo -da *a.* Manchado de dos colores.
berrido *m.* Voz del becerro y otros animales. Grito desaforado. /de.
berrinche *m.* Coraje, enojo grande.
berro *m.* Planta de los sitios húmedos que se come en ensalada.
berroqueña (piedra) *f.* Granito.
berza *f.* Col.
besalamano *m.* Esquela sin firma que empieza con la abreviatura B. L. M.
besamanos *m.* Acto en que se besa la mano al soberano o a una imagen religiosa, o se felicita a las autoridades.
besante *m.* Ant. moneda bizantina.
besar *t.* Tocar con los labios en señal de afecto.
beso *m.* Acción de besar.
bestezuela *f.* Dim. de *bestia.*
bestia *f.* Animal cuadrúpedo. *c.* Persona ruda e ignorante.
bestial *a.* Brutal, irracional.
bestialidad *f.* Brutalidad.
besugo *m.* Pez marino de carne blanca y delicada. /te.
besuquear *t.* Besar repetidamen-

besuqueo *m.* Acción de besuquear.
beta *f.* Segunda letra del alfabeto griego.
bético -ca *a.-s.* De la Bética, hoy Andalucía.
betún *m.* Substancia mineral que arde con llama y olor peculiar. Mezcla con que se lustra el calzado.
bey *m.* Soberano turco.
bezo *m.* Labio grueso.
bezudo -da *a.* Grueso de labios.
biberón *m.* Utensilio para la lactancia artificial.
Biblia *f.* La Sagrada Escritura.
bíblico -ca *a.* Relativo a la Biblia.
bibliofilia *f.* Afición a los libros.
bibliófilo *m.* Aficionado a los libros.
bibliografía *f.* Descripción de libros. Relación de libros o escritos referentes a una materia. /bros.
bibliomanía *f.* Pasión por los libros.
bibliómano *m.* El que tiene bibliomanía.
biblioteca *f.* Local donde se tienen libros ordenados para la lectura. Conjunto o colección de libros.
bibliotecario -ria *m. f.* Persona que cuida de una biblioteca.
bicarbonato *m.* Sal compuesta de ácido carbónico y una base.
bicéfalo -la *a.* Que tiene dos cabezas.
bíceps *a.-s.* Dic. de los músculos que tienen un extremo dividido en dos.
bicicleta *f.* Biciclo de dos ruedas iguales. /ruedas.
biciclo *m.* Velocípedo de dos
bicoca *f.* Cosa de poca estima.
bicolor *a.* De dos colores.
bicharraco *m.* Bicho feo o repugnante.
bichero *m.* MAR. Palo con un gancho para atracar.
bicho *m.* Cualquier animal pequeño. Toro de lidia.
bidón *m.* Lata, bote.
bien *m.* Lo que se considera como la última perfección. Lo que produce bienestar o dicha. Utilidad, beneficio. *m. pl.* Hacienda, caudal. *adv.* Como es debido, acertadamente.
bienal *a.* Que dura un bienio. Que se repite cada bienio.
bienandanza *f.* Felicidad, fortuna.
bienaventurado -da *a.-s.* Que goza de la gloria eterna. Feliz. Muy cándido.
bienaventuranza *f.* La gloria eterna. Felicidad.
bienestar *m.* Comodidad. Vida holgada.
bienhadado -da *a.* Afortunado.
bienhechor -ra *a.-s.* Que hace bien a otro.
bienio *m.* Período de dos años.
bienquerer *t.* Querer bien, estimar.
bienquistar *t.-r.* Poner bien a unos con otros.
bienquisto -ta *a.* Estimado de todos, de buena fama.
bienvenida *f.* Parabién por la feliz llegada. /placer.
bienvenido -da *a.* Acogido con
bifocal *a.* De dos focos. Se aplica a los lentes que sirven para leer y para ver de lejos.
biftec *m.* Bistec.
bifurcación *f.* Acción de bifurcarse. Punto en que una cosa se bifurca. /males.
bifurcarse *r.* Dividirse en dos ra-
biga *f.* Carro romano de dos caballos.
bigamia *f.* Estado del hombre casado a la vez con dos mujeres o de la mujer casada con dos hombres. Segundo casamiento.
bígamo -ma *a.-s.* Que comete bigamia. Casado dos veces.
bigardo -da *a.* Vago, vicioso.
bigornia *f.* Yunque con dos puntas.
bigote *m.* Pelo que nace en el labio superior.
bigotera *f.* Tira para cubrir el bigote. Asiento plegable en algunos coches.
bilbaíno -na *a.-s.* De Bilbao.
bilbilitano -na *a.-s.* De Calatayud.
biliar *r.* Relativo a la bilis.
bilingüe *a.* Que habla dos lenguas. Escrito en dos idiomas.
bilioso -sa *a.* Que tiene exceso de bilis. Colérico, irritable.
bilis *f.* Líquido amargo segregado por el hígado.
billar *m.* Juego que consiste en impulsar, por medio de tacos, bolas de marfil en una mesa rectangular. Esta mesa.
billete *m.* Carta breve. Tarjeta o cédula para entrar u ocupar asiento en un local, vehículo, etc. Cédula impresa que representa cantidades de moneda o la que acredita la participación en una lotería.
billón *m.* Un millón de millones.
binar *t.* Dar segunda labor a las tierras. *i.* Celebrar el sacerdote dos misas en un día.
binario -ria *a.* Compuesto de dos elementos.
binóculo *m.* Anteojo doble.
binomio *m.* Expresión algebraica formada por la suma o la dife-

binza *f.* Fárfara del huevo. Película exterior de la cebolla.
biografía *f.* Historia de la vida de una persona.
biografiar *t.* Hacer la biografía de una persona.
biógrafo -fa *m. f.* Persona que escribe una biografía.
biología *f.* Ciencia de las leyes de la vida.   /biología.
biológico -ca *a.* Perteneciente a la
biólogo *m.* El que se dedica a la biología.
biombo *m.* Mampara suelta y plegable.   /pies.
bípede y **bípedo -da** *a.-m.* De dos
biplano *m.* Aeroplano cuyas alas forman dos planos superpuestos.
bipolar *a.* Que tiene dos polos.
birlibirloque (por arte de) *m. adv.* Por medios ocultos, por encantamiento.
birlocho *m.* Carruaje ligero descubierto.
birreme *a.-s.* De dos remos.
birreta *f.* Solideo rojo de los cardenales.
birrete *m.* Birreta. Gorro. Gorro con borla, distintivo de los catedráticos, magistrados, etc.
birria *f.* Cosa deforme o ridícula.
bis *adv.* Indica repetición.
bisabuelo -la *m. f.* Padre o madre del abuelo o de la abuela.
bisagra *f.* Conjunto de dos planchitas unidas por el pasador, sobre el cual giran las puertas, tapas, etc.
bisar *t.* Repetir una recitación, un trozo musical, etc.
bisbisar, bisbisear *t.* Musitar.
bisbiseo *m.* Acción de bisbisear.
bisección *f.* GEOM. División en dos partes.
bisector -triz *a.-s.* GEOM. Que divide en dos partes iguales.
bisel *m.* Corte oblicuo en el borde de una lámina o plancha.
bisemanal *a.* Que se hace u ocurre dos veces por semana.
bisiesto *a.* Díc. del año de 366 días.
bisílabo -ba *a.* De dos sílabas.
bisnieto -ta *m. f.* Hijo o hija del nieto o nieta.
bisojo -ja *a.-s.* Que padece estrabismo.
bisonte *m.* Bóvido salvaje, parecido al toro.
bisoñé *m.* Peluca que cubre la parte anterior de la cabeza.
bisoño -ña *a.-s.* Díc. del soldado nuevo. Inexperto.
bistec *m.* Lonja de carne de vaca soasada en parrillas.
bistre *m.* Color rojizo oscuro.
bisturí *m.* CIR. Instrumento para hacer incisiones.
bisutería *f.* Joyería de imitación.
bitácora *f.* MAR. Armario para la brújula.
bitoque *m.* Tarugo con que se cierra el agujero de un tonel.
bituminoso -sa *a.* Que tiene betún o semejanza con él.
bivalvo -va *a.* De dos valvas.
bizantino -na *a.-s.* De Bizancio, hoy Constantinopla o Estambul.
bizarría *f.* Gallardía, valor. Esplendor.
bizarro -rra *a.* Valiente, gallardo. Espléndido.   /trabismo.
bizcar *i.* Torcer la vista por es-
bizco -ca *a.-s.* Bisojo.
bizcocho *m.* Pan sin levadura que se cuece dos veces. Masa de harina, huevos y azúcar cocida al horno. Loza o porcelana sin barnizar.   /azúcar.
bizcotela *f.* Bizcocho con baño de
bizma *f.* Emplasto confortante.
bizmar *t.* Aplicar bizmas.
bizna *f.* Telilla interior de la nuez.
biznieto -ta *m. f.* Bisnieto.
blanca *f.* Ant. moneda. MÚS. Figura equivalente a la mitad de una redonda.
blanco -ca *a.* Del color de la nieve. De la raza indoeuropea. *m.* Color blanco. Objeto sobre el que se dispara. Espacio sin llenar en un escrito.
blancor *m.*, **blancura** *f.* Calidad de blanco.
blandear *i.-r.* Aflojar, ceder. *t.* Hacer mudar de propósito.
blandir *t.* Mover un arma u otra cosa con aire amenazador.
blando -da *a.* Tierno, que cede fácilmente a la presión. Suave, dulce, benigno.   /pabilo.
blandón *m.* Hacha de cera de un
blandura *f.* Calidad de blando.
blanquear *t.-r.* Poner blanco. *i.* Mostrar una cosa su blancura. Tirar a blanco.   /blanco.
blanquecino -na *a.* Que tira a
blanqueo *m.* Acción de blanquear.
blasfemar *i.* Decir blasfemias.
blasfemia *f.* Expresión injuriosa contra Dios, la Virgen o los santos.
blasfemo -ma *a.-s.* Que contiene blasfemia o que blasfema.
blasón *m.* Arte de explicar los escudos de armas. Escudo de armas. Figura del escudo.
blasonar *i.* Jactarse.
bledo *f.* Planta quenopodiácea comestible.
blenda *f.* Sulfuro de cinc nativo.
blindaje *m.* Conjunto de planchas usadas para blindar.
blindar *t.* Proteger con planchas

metálicas.
blocao *m.* Fortín.
blonda *f.* Encaje de seda.
blondo -da *a.* Rubio.
bloque *m.* Trozo grande de piedra sin labrar. Taco de hojas de papel.
bloquear *t.* Asediar. Cortar las comunicaciones al litoral de un país.
bloqueo *m.* Acción de bloquear.
blusa *f.* Vestidura exterior a modo de túnica holgada con mangas.
boa *f.* Serpiente gigante de América. *m.* Abrigo de piel o pluma para el cuello.
boardilla *f.* Buhardilla.
boato *m.* Ostentación en el porte exterior. /bobo.
bobalicón -cona *a.-s.* Aum. de
bobear *i.* Hacer o decir boberías.
bobería *f.* Dicho o hecho necio.
bóbilis, bóbilis (de) *m. adv.* De balde; sin trabajo.
bobina *f.* Carrete. /dido.
bobo -ba *a.-s.* Tonto. Muy cán-
boca *f.* Abertura por la que un ser viviente recibe los alimentos. Abertura, entrada. Órgano de la palabra. Parte afilada de ciertas herramientas.
bocacalle *f.* Entrada de calle.
bocadillo *m.* Panecillo relleno con algún manjar.
bocado *m.* Porción de comida que cabe en la boca. Mordedura. Parte del freno que entra en la boca de la caballería.
bocal *m.* Jarro de boca ancha.
bocamanga *f.* Parte de la manga más cercana a la muñeca.
bocanada *f.* Porción de líquido que de una vez se arroja por la boca. Porción de humo que se echa de una vez cuando se fuma.
bocel *m.* Moldura lisa de forma cilíndrica.
bocera *f.* Lo que queda ensuciando los labios después de comer o beber.
boceto *m.* Bosquejo de un cuadro. Proyecto de obra escultórica.
bocina *f.* Caracola. Cuerno (instrumento). Especie de trompeta para hablar de lejos. Aparato avisador de los carruajes.
bocio *m.* Tumor enquistado que forma papada.
bocoy *m.* Barril grande.
bocha *f.* Bola de madera para el juego llamado de bochas.
boche *m.* Hoyo que hacen los muchachos en el suelo para ciertos juegos.
bochinche *m.* Tumulto, barullo.
bochorno *m.* Calor sofocante. Aire caliente del estío. Encendimiento del rostro. Rubor, vergüenza.

bochornoso -sa *a.* Que causa bochorno.
boda *f.* Casamiento. Fiesta con que se solemniza.
bodega *f.* Lugar donde se guarda y cría el vino. Espacio inferior de los buques.
bodegón *m.* Tienda de comidas. Taberna. /na tonta.
bodoque *m.* Bola de barro. Perso-
bodorrio *m.* Boda desigual o sin aparato.
bodrio *m.* Guiso mal aderezado.
bóer *a.-s.* Del África austral.
bofe *m.* Pulmón.
bofetada *f.* Golpe dado con la mano abierta en el carrillo.
bofetón *m.* Bofetada fuerte.
boga *f.* Cierto pez comestible. Acción de bogar. Buena aceptación.
bogar *i.* Remar. /fama.
bogavante *m.* Crustáceo parecido a la langosta. /Su vida.
bohemia *f.* Conjunto de bohemios.
bohemio -mia *a.-s.* Bohemo. Gitano. Dic. de la persona de vida desordenada.
bohemo -ma *a.-s.* De Bohemia.
bohío *m.* Cabaña de América.
bohordo *m.* Junco de la espadaña. Tallo sin hojas que sostiene las flores de algunas plantas. Lanza arrojadiza.
boina *f.* Gorra chata y sin visera.
boj *m.* Arbusto de madera muy dura y compacta.
bol *m.* Ponchera. Taza grande y sin asas.
bola *m.* Cuerpo esférico. Betún para lustrar. Mentira.
bolado *m.* Azucarillo.
bolazo *m.* Golpe de bola.
bolchevique *a.-s.* Comunista ruso.
bolcheviquismo, bolchevismo *m.* Comunista ruso.
bolero -ra *a.-s.* Que miente mucho. *m. f.* Bailarín de bolero. *m.* Baile popular español. Chaquetilla de señora.
boleta *f.* Cédula para entrar en alguna parte.
boletín *m.* Publicación periódica sobre una materia determinada. Cédula de suscripción.
boliche *m.* Bola pequeña en el juego de las bochas. Cierto juguete. Juego de bolos. Jábega pequeña.
bólido *m.* Masa mineral en ignición que atraviesa la atmósfera.
bolillo *m.* Palito torneado para hacer encajes.
boliviano -na *a.-s.* De Bolivia.
bolo *m.* Palo torneado que puede tenerse en pie. Bola. Tonto. *m. pl.* Juego que se hace con nueve bolos a los que se tira con una bola.

bolonio -nia *a.-s.* Necio.
boloñés -sa *a.-s.* De Bolonia.
bolsa *f.* Saquillo para guardar, dinero. Recipiente flexible. Arruga o seno. Reunión oficial de los bolsistas.
bolsillo *m.* Bolsa para el dinero. Saquillo cosido en los vestidos.
bolsista *m.* El que negocia con fondos públicos.
bolso *m.* Monedero grande de señora.
bollo *m.* Panecillo amasado con leche, huevos, etc. Convexidad hecha por golpe o presión en una cosa delgada. Chichón.
bollón *m.* Clavo de adorno.
bomba *f.* Máquina para elevar o comprimir flúidos. Proyectil o artefacto explosivo. Pieza hueca de cristal que se pone en las lámparas para que alumbren mejor.
bombacho *a.-s.* Dícese de ciertos pantalones muy anchos.
bombarda *f.* Ant. máquina militar, especie de cañón.
bombardear *t.* Atacar con artillería o bombas de aviación.
bombardeo *m.* Acción de bombardear.
bombardino *m.* Instrumento de viento, de sonido grave, con tres pistones.
bombardón *m.* Instrumento parecido al bombardino.
bombear *t.* Disparar bombas de artillería. Dar bombo.
bombero *m.* Individuo del cuerpo destinado a extinguir incendios.
bombilla *f.* Ampolla de cristal con un filamento que al paso de la corriente eléctrica se pone incandescente e ilumina.
bombo *m.* Tambor muy grande que se toca con una maza. Elogio exagerado. Caja giratoria para las bolas de un sorteo.
bombón *m.* Pieza pequeña de chocolate o azúcar. /amable.
bonachón -na *a.* De genio dócil,
bonaerense *a.-s.* De Buenos Aires.
bonancible *a.* Tranquilo, sereno.
bonanza *f.* Tiempo tranquilo en el mar. Prosperidad.
bondad *f.* Calidad de bueno. Inclinación a hacer bien.
bondadoso -sa *a.* Lleno de bondad.
bonete *m.* Gorra de cuatro picos.
boniato *m.* Variedad de batata.
bonificación *f.* Mejora. Descuento, rebaja. /descuento.
bonificar *t.* Hacer bonificación o
bonitamente *adv.* Con tiento, maña o disimulo.
bonito *-ta a.* Lindo, agraciado. *m.* Pez semejante al atún.

bono *m.* Vale de limosna que se canjea por géneros. COM. Título de deuda.
bonzo *m.* Sacerdote budista.
boñiga *f.* Excremento del ganado vacuno.
boqueada *f.* Acción de abrir la boca los moribundos.
boquear *i.* Abrir la boca. Estar expirando.
boquerón *m.* Abertura grande. Pez parecido a la sardina.
boquete *m.* Entrada angosta. Brecha. /boca abierta.
boquiabierto -ta *a.* Que tiene la
boquilla *f.* Pieza por donde se sopla en ciertos instrumentos. Tubito para fumar cigarros. Pieza donde se produce la llama en ciertos aparatos de alumbrado.
boquirrubio -bia *a.* Hablador. *m.* Mozalbete presumido.
borato *m.* Sal del ácido bórico.
bórax *m.* Sal compuesta de borato sódico y agua. /llones.
borbollar y **-llear** *i.* Hacer borbo-
borbollón *m.* Erupción que hace el agua elevándose sobre la superborbollonear *i.* Borbollar. /ficie.
borbónico -ca *a.* Relativo a los Borbones.
borborigmo *m.* Ruido de tripas.
borbotar *i.* Manar o hervir un líquido a borbotones.
borbotón *m.* Borbollón.
borceguí *m.* Calzado ajustado con cordones que llega hasta más arriba del tobillo.
borda *f.* Canto superior del costado del buque. Choza.
bordada *f.* Camino que hace un barco entre dos viradas.
bordado *m.* Acción de bordar. Bordadura.
bordador -ra *m. f.* Persona que tiene por oficio bordar.
bordadura *f.* Labor de relieve hecha con aguja.
bordar *t.* Adornar con bordadura.
borde *m.* Extremo, orilla. *a.* Díc. de las plantas no cultivadas. *a.-s.* Bastardo.
bordear *i.* Andar por el borde. Dar bordadas.
bordelés -sa *a.-s.* De Burdeos.
bordo *m.* Costado exterior del buque. Bordada. *m. adv.* A bordo, en la embarcación.
bordón *m.* Bastón muy alto. Cuerda gruesa de un instrumento de música.
boreal *a.* Septentrional.
bóreas *m.* Viento del norte.
borgoñón -ñona *a.-s.* De Borgoña.
boricado -da *a.* Que contiene ácido bórico.
bórico -ca *a.* Dic. de un ácido compuesto de boro, oxigeno e

hidrógeno. Boricado.
borla *f.* Conjunto de hebras o cordoncillos reunidos por uno de sus cabos.
borne *m.* Botón metálico a que se une un conductor eléctrico.
boro *m.* Metaloide que sólo existe combinado en la naturaleza.
borona *f.* Mijo. Maíz.
borra *f.* Cordera de un año. Parte más grosera de la lana. Pelo de cabra. Pelusa.
borrachera *f.* Embriaguez. Orgía.
borrachín -na *a.* Dim. de *borracho*.
borracho -cha *a.* Ebrio. Que se embriaga habitualmente.
borrador *m.* Escrito de primera intención que se copia después de enmendado. Libro en que los comerciantes hacen sus apuntes.
borradura *f.* Acción de borrar.
borraja *f.* Planta cuya flor se emplea como sudorífica.
borrar *t.* Tachar lo escrito. *i.-r.* Hacer desaparecer, desvanecer.
borrasca *f.* Tempestad.
borrego -ga *m. f.* Cordero o cordera de uno o dos años.
borreguil *a.* Relativo al borrego.
borrica *f.* Asna.
borricada *f.* Conjunto de borricos. Dicho o hecho necio.
borrico *m.* Asno. Necio.
borriqueño -ña *a.* De borrico.
borrón *m.* Mancha de tinta en el papel. Mancha, deshonra. Borrador.
borronear *t.* Escribir sin propósito determinado.
borroso -sa *s.* Lleno de borra. Confuso.
borujo *m.* Burujo.
boscaje *m.* Bosque pequeño.
bósforo *m.* GEOGR. Estrecho.
bosque *m.* Terreno poblado de árboles y matas.
bosquejar *t.* Trazar los primeros rasgos de una obra.
bosquejo *m.* Acción y efecto de bosquejar.
bostezar *i.* Abrir la boca y hacer inspiración y expiración lenta por efecto del sueño, aburrimiento, etc.
bostezo *m.* Acción de bostezar.
bota *f.* Calzado que resguarda el pie y parte de la pierna. Odre pequeño con brocal. Cuba.
botadura *f.* Acción de botar un buque.
botalón *m.* Palo largo que sale fuera de la embarcación.
botánica *f.* Ciencia que estudia los vegetales.
botánico -ca *a.* Perteneciente a la botánica. *m. f.* Persona que se dedica a ella.

botanista *c.* Botánico.
botar *t.* Arrojar con violencia. Echar al agua un buque. *i.* Saltar después de dar en el suelo.
botarate *m.* Hombre de poco juicio.
botarga *f.* Vestido ridículo.
botasilla *f.* MIL. Toque de clarín para ensillar los caballos.
bote *m.* Vasija pequeña. Barco pequeño. Salto. Golpe dado con lanza o pica. /gosto.
botella *f.* Vasija de cuello angosto.
botellazo *m.* Golpe dado con una botella.
botero *m.* El que hace o vende botas o pellejos. Patrón de un bote.
botica *f.* Tienda de boticario.
boticario -ria *m. f.* Farmacéutico -ca. *f.* Mujer del farmacéutico.
botija *f.* Vasija de barro, redonda, de cuello corto y angosto.
botijo *m.* Vasija de barro, barriguda, con asa, boca y pitón.
botillería *f.* Tienda donde se hacen y venden bebidas.
botín *m.* Calzado que cubre la parte superior del pie. Despojo tomado al enemigo.
botina *f.* Calzado que pasa algo del tobillo.
botiquín *m.* Caja con medicinas para casos de urgencia.
boto -ta *a.* Rom. Rudo, torpe.
botón *m.* Yema de las plantas. Pieza pequeña para abrochar o adornar. Piececilla que sirve de tirador, asidero, etc.
botonadura *f.* Juego de botones para un vestido. /dos.
botones *m.* Muchacho para recados.
bóveda *f.* Techo que forma concavidad. Cripta.
bovedilla *f.* Bóveda pequeña entre viga y viga.
bovino -na *a.* Perteneciente al buey o a la vaca. *a.-m.* Dic. de los bóvidos de gran tamaño.
bóvido -da *a.-m.* Dic. de los rumiantes que tienen cuernos óseos permanentemente envueltos en una vaina córnea.
boxeador *a.-m.* Que boxea.
boxear *i.* Batirse a puñetazos según ciertas reglas. /xear.
boxeo *m.* Arte y ejercicio de bo-
boya *f.* Cuerpo flotante sujeto al fondo del mar que sirve de señal.
boyada *f.* Manada de bueyes.
boyal *a.* Relativo al buey.
boyante *a.* Próspero.
boyero *m.* El que guarda o conduce bueyes.
boyuno -na *a.* Bovino.
bozal *m.* Aparato que se pone en la boca a los animales para que no muerdan.

bozo *m.* Vello que apunta a los jóvenes sobre el labio superior.
bracear *i.* Mover los brazos.
braceo *m.* Acción de bracear.
bracero *m.* El que da el brazo a otro. Peón, jornalero.
bracmán *m.* Brahmán.
bráctea *f.* Hoja de cuya axila nace una flor.
bractéola *f.* Hoja situada en el pedúnculo de una flor.
braga *f.* Metedor de niño. Cuerda con que se ciñe un objeto para suspenderlo. *pl.* Calzones anchos.
braguero *m.* Aparato o vendaje para contener las hernias.
bragueta *f.* Abertura delantera del pantalón. /dia.
brahmán *m.* Sacerdote de la In-
brahmanismo *m.* Cierta religión de la India.
bramadera *f.* Juguete de niños.
bramante *m.* Cordel delgado de cáñamo.
bramar *i.* Dar bramidos.
bramido *m.* Voz del toro y otros animales. Grito furioso.
branquia *f.* Órgano respiratorio de los animales acuáticos. /quias.
branquial *a.* Relativo a las bran-
braquial *a.* Relativo al brazo.
brasa *f.* Leña o carbón encendido.
brasero *m.* Vasija de metal en que se pone lumbre para calentarse.
brasil *m.* Color encarnado que se usó como afeite.
brasileño -ña *a.-s.* Del Brasil.
bravata *f.* Amenaza con arrogancia. Baladronada.
bravear *i.* Echar bravatas.
braveza *f.* Bravura. Ímpetu de los elementos.
bravío -a *a.* Feroz, indómito. Silvestre. Rústico.
bravo -va *a.* Valiente. Fiero. Bueno, excelente.
bravucón -cona *a.-s.* Que presume de valiente.
bravura *f.* Fiereza de los brutos. Valentía. /(1'67 m.).
braza *f.* Medida de longitud
brazada *f.* Movimiento de brazos. Brazado.
brazado *m.* Lo que se abarca con los brazos.
brazal *m.* Pieza de la armadura que cubría el brazo. Tira de tela que se lleva ciñendo al brazo izquierdo.
brazalete *m.* Aro que se lleva alrededor de la muñeca.
brazo *m.* Miembro del cuerpo desde el hombro a la mano. Pata delantera del cuadrúpedo. Parte de una cosa que se extiende en forma de brazo.

brazuelo *m.* Parte del brazo de los cuadrúpedos entre el codo y la rodilla.
brea *f.* Substancia viscosa que se obtiene por destilación de ciertas maderas. MAR. Mezcla de brea, pez, sebo y aceite.
brebaje *m.* Bebida, esp. la desagradable.
brécol *m.* Variedad de col cuyas hojas no se apiñan.
brecha *f.* Rotura o abertura hecha en una muralla o pared.
brega *f.* Acción de bregar. Riña.
bregar *i.* Luchar, reñir. Afanarse.
breña *f.* Tierra quebrada y poblada de maleza.
brete *m.* Aprieto, dificultad.
bretón -tona *a.-s.* De Bretaña. *m.* Variedad de col.
breva *f.* Primer fruto de la higuera. Cigarro puro aplastado.
breve *a.* De corta extensión o duración. *m.* Documento pontificio. *m. adv. En ~,* muy pronto.
brevedad *f.* Calidad de breve. Concisión. /siástico.
breviario *m.* Libro de rezo ecle-
brezo *m.* Arbusto de hojas escamosas, madera dura y raíces gruesas. /caresca.
briba y **bribia** *f.* Holgazanería pi-
bribón -bona *a.-s.* Dado a la briba. Bellaco.
bribonada *f.* Picardía, bellaquería.
brida *f.* Freno del caballo con las riendas y el correaje de la cabeza. /brioso.
bridón *m.* Brida pequeña. Caballo
brigada *f.* MIL. Unidad formada por dos regimientos. Grupo de personas para ciertos trabajos.
brigadier *m.* General de brigada.
brillante *a.* Que brilla. Admirable, sobresaliente. *m.* Diamante tallado en facetas por el haz y por el envés.
brillantez *f.* Brillo.
brillantina *f.* Cosmético para dar brillo al pelo.
brillar *i.* Resplandecer. Sobresalir.
brillo *m.* Lustre o resplandor. Lucimiento.
brincar *i.* Dar brincos.
brinco *m.* Movimiento que se hace levantando los pies del suelo con ligereza.
brindar *i.* Manifestar, al ir a beber, el bien que se desea a personas o cosas. *i.-t.* Ofrecer. *r.* Ofrecerse a hacer algo.
brindis *m.* Acto de brindar. /bo.
brío *m.* Pujanza. Resolución. Gar-
brioche *m.* Pasta de harina, huevos y mantequilla.
brioso -sa *a.* Que tiene brío.
brisa *f.* Viento del nordeste.

Airecillo. Orujo de la uva.
brisca *f.* Cierto juego de naipes.
bristol *m.* Especie de cartulina.
británico -ca *a.* Perteneciente a la Gran Bretaña.
brizna *f.* Filamento o parte muy delgada de una cosa.
broca *f.* Barrena de las máquinas de taladrar.
brocado *m.* Tela de seda entretejida con oro o plata.
brocal *m.* Antepecho en la boca de un pozo. Cerco en la boca de la bota para beber por él.
brocatel *a.* Dic. del mármol con vetas de varios colores.
bróculi *m.* Brécol.
brocha *f.* Escobilla de cerdas para pintar o para afeitarse.
brochazo *m.* Golpe de brocha.
broche *m.* Conjunto de dos piezas que enganchan entre sí, esp. para sujetar los vestidos.
broma *f.* Bulla. Chanza. Molusco que destruye las maderas en el mar.
bromatología *f.* Ciencia que estudia los alimentos.
bromazo *m.* Broma pesada.
bromear *i.-r.* Usar de bromas.
bromista *a.-s.* Aficionado a dar bromas.
bromo *m.* Metaloide líquido que despide vapores rojizos.
bromuro *m.* Combinación del bromo con otro elemento.
bronca *f.* Riña. Represión. Protesta ruidosa del público.
bronce *m.* Aleación de cobre y estaño.
broncear *t.* Dar color de bronce.
broncíneo *a.* De bronce o parecido a él. /desagradable.
bronco -ca *a.* Áspero. De sonido
bronquedad *f.* Calidad de bronce.
bronquial *a.* Relativo a los bronquios.
bronquio *m.* Cada uno de los conductos en que se bifurca la tráquea.
bronquitis *f.* Inflamación de los bronquios. /fensa.
broquel *m.* Escudo pequeño. De-
brotar *i.* Nacer las plantas. Salir las hojas o renuevos. Manar.
brote *m.* Pimpollo que empieza a desarrollarse. Acción de brotar.
broza *f.* Despojo de las plantas. Maleza. Desecho.
bruces (de) *m. adv.* Tendido de boca hacia el suelo.
brujería *f.* Obra de brujos o brujas.
brujo -ja *m. f.* Hombre o mujer que, según la superstición popular, tiene pacto con el diablo. *f.* Mujer fea y vieja.

brújula *f.* Aguja imantada que marca la dirección del norte magnético.
bruma *f.* Niebla en el mar.
brumazón *m.* Niebla espesa.
brumoso -sa *a.* Nebuloso.
bruno -na *a.* De color oscuro.
bruñir *t.* Sacar lustre a un metal, piedra, etc.
brusco -ca *a.* Áspero, desapacible. Súbito. *m.* Planta liliácea, de fruto en baya pequeña y roja.
brusquedad *f.* Calidad de brusco.
brutal *a.* Que imita o semeja a los brutos.
brutalidad *f.* Calidad de bruto. Acción brutal.
bruto -ta *a.-s.* Necio, incapaz. *a.* Sin pulimiento. Sin descontar la tara. *m.* Animal irracional.
bu *m.* Fantasma con que se asusta a los niños.
búbalo -la *m. f.* Especie de antílope.
bubón *m.* Tumor purulento y voluminoso.
bucal *a.* Relativo a la boca.
búcaro *m.* Especie de arcilla olorosa. Vasija hecha con ella.
bucle *m.* Rizo de cabello en forma helicoidal.
bucólico -ca *a.* Dic. de la poesía en que se trata de asuntos pastoriles. *f.* Composición poética del género bucólico. burl. Comida.
buche *m.* Ensanchamiento en el esófago de las aves. Estómago. Líquido que cabe en la boca. Pecho, adentros.
búdico -ca *a.* Relativo al budismo.
budismo *m.* Religión fundada por Buda.
budista *a.* Relativo al budismo. *a.-c.* Que lo profesa.
buen *a.* Apócope de bueno.
buenamente *adv.* Fácilmente. Voluntariamente.
buenaventura *f.* Buena suerte. Adivinación supersticiosa que hacen las gitanas.
bueno -na *a.* Que tiene bondad o bien moral. Útil, conveniente. Gustoso. Sano.
buey *m.* Toro castrado.
búfalo -la *m. f.* Bóvido mayor que el buey, de cuernos vueltos hacia atrás.
bufanda *f.* Prenda para abrigar el cuello y la boca.
bufar *i.* Resoplar con ira.
bufete *m.* Mesa de escribir. Despacho de abogado.
bufido *m.* Voz del animal que bufa. Expresión de enojo.
bufo -fa *a.* Dic. de lo cómico que raya en grotesco. *m.* Gracioso

bufón -fona *a.* Chocarrero. *m.* Truhán que se ocupa en hacer reír. /bufón.
bufonada *f.* Dicho o hecho de
buharda y buhardilla *f.* Ventana que sobresale en el tejado. Desván.
buharro *m.* Ave rapaz estrígida menor que el búho.
búho *m.* Ave rapaz, la mayor de las estrígidas, de vuelo pausado y silencioso.
buhonero *m.* Vendedor ambulante de baratijas.
buitre *m.* Ave rapaz vultúrida que se alimenta esp. de carroña.
buitrón *m.* Cierto arte de pesca. Red para cazar perdices.
bujería *f.* Baratija, chuchería.
bujía *f.* Vela de cera blanca o estearina. Unidad de intensidad luminosa. Dispositivo donde salta la chispa eléctrica en los motores de explosión.
bula *f.* Documento pontificio expedido por la cancillería apostólica.
bulbo *m.* Órgano vegetal subterráneo, formado por una yema o brote. ANAT. Protuberancia redondeada de ciertos órganos.
bulevar *m.* Paseo o calle ancha con árboles.
búlgaro -ra *a.-s.* De Bulgaria.
bulo *m.* Rumor público falso.
bulto *m.* Volumen de una cosa. Fardo, maleta, etc. Hinchazón. Cuerpo del que sólo se percibe confusamente la forma.
bulla *f.* Gritería. Concurrencia grande.
bullanga *f.* Motín, alboroto.
bullebulle *c.* Persona inquieta y entrometida.
bullicio *m.* Ruido de mucha gente. Alboroto, tumulto.
bullicioso -sa *a.* Que produce bullicio. Inquieto. Alborotador.
bullir *i.* Hervir, agitarse. Menearse mucho. Darse una cosa en abundancia.
buñolería *f.* Tienda de buñuelos.
buñolero -ra *a. f.* Persona que hace o vende buñuelos.
buñuelo *m.* Fruta de sartén hecha de masa de harina.
buque *m.* Casco del barco. Barco con cubierta.
burbuja *f.* Glóbulo de aire u otro gas que se forma en un líquido.
burbujear *i.* Hacer burbujas.
burdo -da *a.* Tosco, basto.
bureo *m.* Solaz, diversión.
burga *f.* Manantial de agua caliente.

burgalés *a.-s.* De Burgos.
burgo *m.* Aldea o población pequeña.
burgomaestre *m.* Alcalde de algunas ciudades alemanas.
burgrave *m.* Señor de una ciudad, título ant. alemán.
burgués -guesa *a.* Relativo a la burguesía. *m. f.* Ciudadano de la clase media acomodada.
burguesía *f.* Conjunto de burgueses.
buriel *a.* De color rojo pardo.
buril *m.* Instrumento de acero para grabar en metales.
burla *f.* Acción o palabras con que se procura poner en ridículo. Chanza, engaño.
burladero *m.* Trozo de valla paralelo a la barrera para resguardo de los toreros.
burlar *i.-r.* Chasquear, zumbar. *t.* Engañar. Frustrar.
burlesco -ca *a.* Jocoso, satírico.
burlón -na *a.-s.* Inclinado a decir o hacer burlas. Que implica burla.
burocracia *f.* Conjunto de funcionarios públicos.
burócrata *c.* Funcionario público.
burra *f.* Asna. Mujer necia e ignorante.
burrada *f.* Dicho o hecho necio.
burrería *f.* Necedad, estupidez.
burrero *m.* El que conduce burras para vender su leche.
burro *m.* Asno. Hombre necio e ignorante. Cierto juego de naipes.
bursátil *a.* Relativo a las operaciones de bolsa.
burujo *m.* Pella que se forma en ciertas cosas.
busca *f.* Acción de buscar.
buscapié *m.* Especie que se suelta para averiguar algo.
buscapiés *m.* Cohete sin varilla que corre por el suelo.
buscar *t.* Hacer diligencias para encontrar.
buscarruidos *c.* Persona inquieta y pendenciera.
buscón -na *a.-s.* Que busca. Que hurta o estafa hábilmente.
busilis *m.* Punto en que estriba la dificultad.
busto *m.* Parte superior del cuerpo humano.
butaca *f.* Silla de brazos con el respaldo inclinado hacia atrás.
butano *m.* Gas natural que sirve envasado a presión y se usa como combustible.
butifarra *f.* Embutido de carne de cerdo.
buzo *m.* El que trabaja sumergido

en el agua.
buzón *m.* Conducto de desagüe. Abertura por donde se echan las cartas para el correo. Caja provista de abertura para el mismo fin.

C

C c *f.* Letra consonante, tercera del alfabeto.
¡ca! *interj.* ¡Quiá!
cabal *a.* Ajustado a peso o medida. Completo, acabado.
cábala *f.* Ciencia oculta. Conjetura. Intriga.
cabalgada *f.* Tropa de jinetes que salían a correr el campo.
cabalgadura *f.* Bestia para cabalgar. Bestia de carga.
cabalgar *i.-t.* Montar o andar a caballo.
cabalgata *f.* Conjunto o comparsa de jinetes.
cabalístico -ca *a.* Relativo a la cábala. Misterioso, oculto.
caballa *f.* Pez comestible de carne roja.
caballada *f.* Manada de caballos.
caballar *a.* Perteneciente o parecido al caballo.
caballeresco -ca *a.* Propio de caballero o relativo a él.
caballerete *m.* Joven presumido.
caballería *f.* Caballo, mulo o asno. Cuerpo de soldados de a caballo. Orden militar. Instituto de los caballeros que hacían profesión de las armas.
caballeriza *f.* Sitio destinado para los caballos.
caballerizo *m.* El que cuida de la caballeriza.
caballero -ra *a.* Que cabalga. *m.* Hidalgo noble. El que se porta con nobleza. Individuo de una orden de caballería. Señor, término de cortesía.
caballerosidad *f.* Proceder caballeroso.
caballeroso -sa *a.* Propio de caballeros. Que obra como caballero.
caballete *m.* Línea más elevada de un tejado. Cubierta de la chimenea. Sostén formado por un madero horizontal apoyado en cuatro tornapuntas. Bastidor para sostener un cuadro, pizarra, etc.
caballista *c.* Persona que monta bien a caballo.
caballitos *m. pl.* Tiovivo.
caballo *m.* Animal solípedo de orejas pequeñas, crin larga y cola cubierta de pelos.
caballón *m.* Lomo de tierra entre dos surcos.
cabaña *f.* Casilla tosca y rústica.
cabañal *m.* Población de cabañas.
cabecear *i.* Mover la cabeza. Dar cabezadas. Moverse la embarcación bajando y subiendo de popa a proa.
cabeceo *m.* Acción de cabecear.
cabecera *f.* Principio o parte principal de ciertas cosas. Parte superior de la cama.
cabecilla *m.* Jefe de rebeldes.
cabellera *f.* Conjunto de los cabellos. Ráfaga luminosa que rodea a un cometa.
cabello *m.* Pelo de la cabeza humana. Conjunto de ellos.
cabelludo -da *a.* De mucho cabello.
caber *i.* Poder contenerse una cosa dentro de otra. Tener lugar o entrada. Corresponder a uno una cosa.
cabestrillo *m.* Banda para sostener la mano o el brazo lastimados.
cabestro *m.* Ramal atado a la cabeza de la caballería. Buey que guía la torada.
cabeza *f.* Parte superior del cuerpo humano, separada del tronco por el cuello. La superior o anterior de muchos animales. Intelecto, talento, juicio. Principio o parte extrema. Res. Superior, jefe.
cabezada *f.* Golpe con la cabeza. Inclinación de la cabeza al saludar o dormirse. Correaje que ciñe la cabeza de una caballería.
cabezal *m.* Especie de almohada.
cabezazo *m.* Cabezada (golpe).
cabezón -na *a.* De cabeza grande. Terco.
cabezudo -da *a.* Cabezón. *m.* Fi-

gura de enano de gran cabeza.
cabezuela *f.* Harina gruesa. Inflorescencia de flores sentadas sobre un receptáculo rodeado por un involucro de brácteas.
cabida *f.* Espacio que tiene una cosa para contener otra.
cabila *f.* Tribu de beduinos o de bereberes.
cabildear *i.* Procurar con maña ganarse las voluntades en una corporación.
cabildeo *m.* Acción de cabildear.
cabildo *m.* Comunidad de eclesiásticos de una catedral o colegiata. Ayuntamiento, concejo.
cabileño -ña *a.* Perteneciente a una cabila.
cabillo *m.* Pezón en las plantas.
cabina *f.* Pequeño departamento aislado para usos diversos.
cabizbajo -ja *a.* Que lleva baja la cabeza por abatimiento, melancolía, etc.
cable *m.* Maroma. Medida de 120 brazas. Cordón formado por varios conductores eléctricos.
cablegrafiar *t.* Transmitir un despacho por cable.
cablegrama *m.* Telegrama transmitido por cable submarino.
cabo *m.* Extremo de algo. Fin, término. Punta de tierra que penetra en el mar. Hilo, hebra. MAR. Cuerda. Individuo de tropa inmediatamente superior al soldado.
cabotaje *m.* Navegación comercial hecha a lo largo de la costa.
cabra *f.* Rumiante ovino, de cuernos arqueados hacia atrás y cola muy corta. /de cabras.
cabrero -ra *m. f.* Pastor o pastora
cabrestante *m.* Torno vertical para mover grandes pesos.
cabria *f.* Máquina para levantar pesos.
cabrillas *f. pl.* Las siete estrellas principales de las Pléyades. Pequeñas olas espumosas.
cabrillear *i.* Formarse cabrillas en el mar. Rielar.
cabrilleo *m.* Acción de cabrillear.
cabrío -a *a.* Relativo a las cabras.
cabriola *f.* Brinco. Voltereta.
cabriolé *m.* Especie de birlocho.
cabritilla *f.* Piel curtida de cabrito o cordero.
cabrito *m.* Cría de la cabra.
cabrón *m.* Macho de la cabra.
cabruno -na *a.* Relativo a la cabra.
cabujón *m.* Piedra preciosa pulida y no tallada.
caca *f.* Excremento humano.
cacahuete *m.* Planta que da un fruto de cáscara coriácea con varias semillas oleaginosas y comestibles.
cacao *m.* Arbolillo tropical, cuyas semillas se emplean para hacer el chocolate. Estas semillas.
cacarear *i.* Dar voces repetidas el gallo o la gallina.
cacareo *m.* Acción de cacarear.
cacatúa *f.* Papagayo de plumaje blanco con moño eréctil.
cacera *f.* Zanja de riego.
cacería *f.* Partida de caza.
cacerola *f.* Cazuela de metal con mango.
cacicato y **-cazgo** *m.* Dignidad, poder o territorio del cacique.
cacique *m.* Jefe de una tribu de indios. Persona que en un pueblo o comarca ejerce excesiva influencia política.
caciquismo *m.* Influencia de los caciques políticos.
caco *m.* Ladrón diestro.
cacofonía *f.* Vicio de lenguaje que consiste en la repetición de los mismos sonidos.
cacto *m.* Nombre de varias plantas de tallo carnoso con las hojas reducidas a espinas.
cacumen *m.* fam. Agudeza, caletre.
cacha *f.* Cada una de las dos piezas del mango de las navajas.
cachalote *m.* Cetáceo de 15 a 20 m: de largo, con cabeza enorme.
cacharrería *f.* Tienda de loza ordinaria.
cacharro *m.* Vasija tosca. Pedazo útil de ella. Máquina vieja.
cachaza *f.* Lentitud, flema.
cachazudo -da *a.* Que tiene cachemir *m.* Casimir. /chaza.
cachear *t.* Registrar a un sospechoso para quitarle las armas.
cachete *m.* Puñetazo en la cara. Carrillo.
cachetero *m.* Puñal con que se remata a las reses. El que remata al toro.
cachetina *f.* Riña a cachetes.
cachiporra *f.* Palo abultado en uno de los extremos.
cachivache *m.* Vasija, utensilio, trasto. /pequeño.
cacho -cha *a.* Gacho. *m.* Pedazo
cachorrillo *m.* Pistola pequeña.
cachorro -rra *m. f.* Cría de un mamífero, esp. del perro.
cachucha *f.* Bote o lanchilla. Especie de gorra. Baile popular andaluz.
cachupín -pina *m. f.* Mote aplicado al español que se establece en América.
cachupinada *f.* Convite casero.
cada *a.* Sirve para designar separadamente una o más cosas

cadalso *m.* Tablado erigido para patíbulos o para un acto solemne.

cadáver *m.* Cuerpo muerto.

cadavérico -ca *a.* Perteneciente o semejante al cadáver.

cadena *f.* Conjunto de eslabones enlazados entre sí. Sujeción. Serie de montañas, sucesos, etc.

cadencia *f.* Repetición regular de sonidos o movimientos. Distribución proporcionada de los acentos y pausas.

cadencioso -sa *a.* Que tiene cadencia. /cadenilla.

cadeneta *f.* Labor en figura de

cadente *a.* Que amenaza ruina. Cadencioso.

cadera *f.* Cada una de las dos partes salientes formadas a los lados del cuerpo por los huesos superiores de la pelvis.

cadete *m.* Alumno de una academia militar.

cadí *m.* Juez turco o moro.

caducar *i.* Chochear. Perder su validez una ley, documento, etc. Arruinarse una cosa por gastada.

caduceo *m.* Vara rodeada de dos culebras, atributo de Mercurio y símbolo del comercio.

caducidad *f.* Efecto de caducar.

caduco -ca *a.* Decrépito. Perecedero. Dic. de las hojas que caen todos los años.

caedizo -za *a.* Que cae fácilmente.

caer *i.-r.* Venir un cuerpo de arriba abajo. *i.* Pender, colgar. Decaer. Desaparecer. Morir. Hallarse, encontrarse. Cumplirse un plazo. Sentar bien o mal.

café *m.* Cafeto. Su semilla. Bebida preparada con ella. Establecimiento en que se bebe café.

cafeína *f.* Alcaloide que se encuentra en el café, el té, etc.

cafetal *m.* Terreno poblado de cafetos.

cafetería *f.* Despacho de café (bebida).

cafetero -ra *a.* Relativo al café. *m. f.* Dueño o dueña de un café. *f.* Vasija para hacer o servir café. /blecimiento.

cafetín *m.* Dim. de *café* (esta-

cafeto *m.* Árbol tropical de fruto en baya roja y semillas con un surco longitudinal.

cafre *a.-s.* De Cafrería. Bárbaro, cruel. /ca o morisca.

caftán *m.* Especie de túnica tur-

cagachín *m.* Especie de mosquito pequeño.

cagafierro *m.* Escoria de hierro.

cagalera *f.* Diarrea.

cagar *i.-t.-r.* Evacuar el vientre. *t.* Manchar, echar a perder una

cagarria *f.* Colmenilla. /cosa.

cagarruta *f.* Excremento del ganado menor.

cagatintas *m. desp.* Oficinista.

cagón -na *a.-s.* Que caga mucho. Cobarde.

cahiz *m.* Medida para áridos (666 l.).

caid *m.* Juez o gobernador musulmán.

caida *f.* Acción y efecto de caer. Cosa que cuelga. Culpa, pecado. *pl.* Dichos oportunos.

caimán *m.* Especie de cocodrilo de América.

cairel *m.* Cerco de cabellera postiza. Guarnición a modo de fleco.

caja *f.* Recipiente que se cierra con una tapa. Sitio donde se guarda el dinero y se hacen los pagos. Tambor. Parte del coche donde van las personas. Hueco en que se introduce alguna cosa.

cajero -ra *m. f.* Persona que hace cajas. **com.** Persona encargada de la caja.

cajetilla *f.* Paquete de tabaco picado o de cigarrillos.

cajista *m.* Oficial que compone lo que se ha de imprimir.

cajón *m.* Caja grande. Receptáculo que se ajusta en un hueco de ciertos muebles. Casilla de madera.

cal *f.* Óxido de calcio.

cala *f.* Pequeña ensenada. Tienta. Supositorio. Pedazo cortado de una fruta para probarla. Parte más baja en lo interior de un buque. Planta acuática.

calabacera *f.* Planta cucurbitácea de fruto muy vivo en su forma, tamaño y color.

calabacín *m.* Calabacita verde y cilíndrica.

calabaza *f.* Calabacera. Su fruto.

calabazate *m.* Dulce de calabaza.

calabobos *m.* Lluvia menuda.

calabozo *m.* Lugar seguro para encerrar presos.

calabrés *a.-s.* De Calabria.

calabrote *m.* Cabo grueso.

calado *m.* Labor que se hace sacando hilos de una tela o taladrando papel, madera, etc. Profundidad a que llega la quilla de un buque.

calafate *m.* El que calafatea. Carpintero de obras navales.

calafatear *t.* Cerrar las junturas de las tablas de las naves con estopa y brea.

calamar *m.* Molusco cefalópodo de carne muy estimada.

calambre *m.* Contracción espasmódica y dolorosa de un músculo.
calamidad *f.* Desgracia que alcanza a muchos. /vo.
calamina *f.* Silicato de zinc nativo
calamitoso -sa *a.* De calamidades o que las causa.
cálamo *m.* Tallo liso como el del junco. Caña. Pluma para escribir. Flauta antigua.
calamocano *a.* Achispado.
calandrajo *m.* Andrajo.
calandria *f.* Alondra. Máquina para prensar y satinar ciertas telas o el papel.
calaña *f.* Índole, calidad.
calar *t.* Penetrar un líquido en un cuerpo. Atravesar. Penetrar, comprender. Hacer calados. Sumergir las redes. *r.* Ponerse la gorra, el sombrero o las gafas. Mojarse mucho.
calasancio -cia *a.* Escolapio.
calavera *f.* Armazón ósea de la cabeza. Hombre de poco juicio.
calaverada *f.* Acción de un calavera. /forma el talón.
calcáneo *m.* Hueso del tarso que
calcañar *m.* Parte posterior de la planta del pie.
calcar *t.* Sacar copia de un dibujo por contacto del original con un papel, tela, etc. Imitar.
calcáreo -a *a.* Que tiene cal.
calce *m.* Llanta de rueda. Cuña o alza. /cida.
calcedonia *f.* Ágata muy translú-
calceta *f.* Media (calzado).
calcetín *m.* Media o media corta.
calcinación *f.* Acción de calcinar.
calcinar *t.* Someter a calor muy elevado una materia.
calcio *m.* Metal blanco y blando.
calco *m.* Copia obtenida calcando.
calcomanía *f.* Pasatiempo que consiste en pasar imágenes convenientemente preparadas, de un papel a objetos diversos.
calcular *t.* Determinar una cantidad en relación con otra u otras dadas. Conjeturar.
calculista *a.-s.* Proyectista.
cálculo *m.* Acción de calcular. Conjetura. Concreción que se forma en alguna parte del organismo.
calda *f.* Caldeo. *pl.* Baños de aguas minerales calientes.
caldaico -ca *a.* De Caldea.
caldear *t.* Calentar mucho.
caldeo -a *a.-s.* De Caldea. *m.* Acción de caldear.
caldera *f.* Vasija de metal grande y redonda. Recipiente de la máquina de vapor donde se hace hervir el agua.

calderero *m.* El que hace o vende calderos, etc.
calderilla *f.* Monedas de cobre.
caldero *m.* Caldera pequeña.
calderón *m.* IMPR. Signo ('). MÚS. Signo que indica suspensión del compás.
calderoniano -na *a.* Propio de Calderón de la Barca.
caldo *m.* Líquido que resulta de cocer en agua la vianda. Líquido vegetal como el vino, el aceite, etc.
caldoso -sa *a.* Que tiene mucho caldo. /tancia.
calducho *m.* Caldo de poca subs-
calefacción *f.* Acción de calentar. Aparatos para ella.
calenda *f. pl.* Entre los ant. romanos, primer día del mes.
calendario *m.* Sistema de división del tiempo por años, meses y días. Almanaque.
caléndula *f.* Maravilla (planta).
calentador *m.* Vasija o aparato para calentar.
calentar *t.-r.* Hacer subir la temperatura de un cuerpo.
calentón *m.* Acto de calentarse de prisa.
calentura *f.* Fiebre.
calenturiento -ta *a.-s.* Que tiene indicios de calentura.
calera *f.* Horno o cantera de cal.
calesa *f.* Coche abierto con capota.
calesero *m.* Cochero de calesas.
caleta *f.* Dim. de *cala*.
caletre *m.* Tino, discernimiento, capacidad.
calibrar *t.* Medir el calibre.
calibre *m.* Diámetro interior de un tubo o cañón. Diámetro del proyectil o de un alambre.
calicanto *m.* Mampostería.
calidad *f.* Manera de ser. Carácter, índole. Condición. Importancia. /luroso.
cálido -da *a.* Que da calor. Ca-
calidoscopio *m.* Aparato de óptica recreativa. /pies.
calientapiés *m.* Braserillo para los
caliente *a.* Que tiene calor.
califa *m.* Príncipe sarraceno sucesor de Mahoma.
califato *m.* Dignidad y territorio del califa. Duración de su mando.
calificación *f.* Acción de calificar. Nota de examen.
calificar *t.* Determinar o expresar las cualidades. Resolver la nota que se ha de dar al examinando. Ennoblecer.
calificativo -va *a.-s.* Que califica.
caligine *f.* Niebla, oscuridad.
caliginoso -sa *a.* Nebuloso, obscuro.

caligrafía *f.* Arte de escribir con buena letra.
calígrafo *m.* Perito en caligrafía.
calina *f.* Niebla tenue que enturbia el aire.
cáliz *m.* Vaso sagrado que sirve en la misa. Cubierta externa de las flores.
caliza *f.* Roca formada por carbonato de cal.
calizo -za *a.* De cal.
calma *f.* Falta de viento. Paz, sosiego. Cachaza. Cesación o suspensión.
calmante *a.-s.* Que calma.
calmar *t.-r.* Sosegar, adormecer. *i.* Estar en calma.
calmoso -sa *a.* Que está en calma. Cachazudo.
caló *m.* Lenguaje de los gitanos.
calofriarse *r.* Sentir calofríos.
calofrío *m.* Escalofrío. /curioso.
calomelanos *m. pl.* Cloruro mercalor *m.* Energía que produce la dilatación y el cambio de estado de los cuerpos. Elevación de la temperatura. Sensación producida por el calor. Actividad, viveza. Buena acogida.
caloría *f.* Calor necesario para elevar un grado la temperatura de un gramo o un quilogramo de agua.
calórico -ca *a.* Relativo al calor.
calorífero -ra *a.* Que transmite el calor. *m.* Calientapiés.
calumnia *f.* Acusación falsa.
calumniador -ra *a.-s.* Que calumnia.
calumniar *t.* Acusar falsamente.
calumnioso -sa *a.* Que contiene calumnia.
caluroso -sa *a.* Que tiene o causa calor. Vivo, ardiente.
calva *f.* Parte de la cabeza despojada de pelo. Espacio sin árboles en un bosque.
calvario *n. pr.* Lugar donde Cristo fue crucificado. *m.* Vía Crucis. /de un bosque.
calvero *m.* Calva en lo interior
calvicie *f.* Falta de cabello.
calvinismo *m.* Herejía y secta de Calvino.
calvo -va *a.-s.* Que ha perdido el cabello.
calza *f.* Prenda de vestir que cubría el muslo y la pierna o sólo el muslo. /ancho.
calzada *f.* Camino empedrado y
calzado -da *a.* Dic. de los religiosos que usan zapatos. *m.* Todo género de zapato, abarca, alpargata, etc. /zarse.
calzador *m.* Utensilio para calzarse.
calzar *t.-r.* Poner el calzado. Poner o llevar puestos los guantes o las espuelas. Poner calces.

calzón *m.* Prenda de vestir del hombre a modo de pantalón corto.
calzonazos *m.* Hombre flojo y condescendiente.
calzoncillos *m. pl.* Calzones interiores. /llar.
callada *f.* Silencio, efecto de ca**callado -da** *a.* Reservado, taciturno. Tácito.
callar *i.-r.* No hablar. Cesar de gritar, hacer ruido, etc. *t.* Reservar algo, no decirlo.
calle *f.* Camino entre casas y paredes, o entre dos hileras de árboles.
calleja *f.* Callejuela. /calle.
callejear *i.* Andar de calle en
callejero -ra *a.* Que callejea.
callejón *m.* Paso estrecho y largo entre casas, paredes, etc.
callejuela *f.* Dim. de *calle.* Efugio, pretexto. /callos.
callicida *a.-s.* Que extirpa los
callo *m.* Dureza en los pies, manos, etc. *pl. coc.* Pedazos del estómago de la vaca, ternera o carnero que se comen guisados.
callosidad *f.* Dureza muy extensa.
calloso -sa *a.* Que tiene callo.
cama *m.* Mueble donde duermen las personas. Sitio donde se echan los animales. Pieza corva del arado.
camada *f.* Hijuelos que tienen de una vez ciertos animales. Cuadrilla.
camafeo *m.* Piedra preciosa con una figura en relieve.
camaleón *m.* Reptil al que se atribuye la facultad de cambiar de color.
camándula *f.* Marrullería, astucia.
camandulería *f.* Gazmoñería.
camandulero -ra *a.-s.* Hipócrita, bellaco.
cámara *f.* Pieza principal de una casa o buque. Nombre de ciertas cavidades. Junta. Cuerpo colegislador. Neumático de automóvil, bicicleta, etc. *pl.* Diarrea.
camarada *m.* Compañero.
camaranchón *m.* Desván.
camarera *f.* Criada distinguida. Criada que sirve en cafés, fondas, etc.
camarero *m.* Oficial de la cámara del Papa. Criado que sirve en fondas, buques, etc. Mozo de café.
camarilla *f.* Grupo de personas que influyen subrepticiamente en los negocios del Estado.
camarín *m.* Capilla detrás de un altar. Cuarto donde se visten los actores. Tocador (aposento).

camarista *f.* Dama de la reina.
camarlengo *m.* Cardenal que preside la Cámara Apostólica.
camarón *m.* Pequeño crustáceo comestible.
camarote *m.* Compartimiento en los buques para poner la cama.
camastro *m.* Lecho pobre y sin aliño.
camastrón -na *a.-s.* Disimulado, /taimado.
cambalache *m.* Cambio, trueque.
cámbaro *m.* Cangrejo de mar.
cambiante *a.* Que cambia. *m.* Variedad de visos o colores. El que se dedica a cambiar moneda.
cambiar *t.-r.* Dar, tomar o poner una cosa por otra. *i.-t.* Mudar, variar.
cambio *m.* Acción de cambiar. Dinero de vuelta. Valor relativo de las monedas según los países. /moneda.
cambista *c.* Persona que cambia
cambronera *f.* Arbusto con que se forman setos. /adulando.
camelar *t.* Galantear. Engañar
camelia *f.* Arbusto de flores grandes, blancas, rojas o rosadas. Su flor.
camélido -da *a.-m.* Díc. de los rumiantes de la familia del camello. /gaño.
camelo *m.* Galanteo. Chasco, en-
camella *f.* Hembra del camello.
camello *m.* Rumiante de cuello largo con dos gibas en el dorso.
camerino *m.* Camarín de actor.
camilla *f.* Cama portátil para enfermos. Mesa con tarima para el brasero.
caminante *a.-s.* Que camina, viandante.
caminar *i.* Ir de viaje. Andar.
caminata *f.* Paseo largo. Viaje corto. /mino.
caminero -ra *a.* Relativo al ca-
camino *m.* Tierra hollada por donde se transita. Viaje. Medio o modo.
camión *m.* Carro o automóvil grande para cargas pesadas.
camisa *f.* Prenda interior de lienzo que cubre el cuerpo. Piel que deja la culebra.
camisería *f.* Tienda del camisero.
camisero -ra *m. f.* Persona que hace o vende camisas.
camiseta *f.* Camisa corta y sin cuello, de punto, que se pone a raíz de la carne.
camisola *f.* Camisa fina.
camisolín *m.* Pechera con cuello que hacía oficio de camisa.
camisón *m.* Camisa larga para dormir.
camomila *f.* BOT. Manzanilla.
camorra *f.* Pendencia.
camorrista *a.-s.* Pendenciero.

campa *a.* Díc. de la tierra sin árboles.
campal *a.* Díc. de la batalla fuera del poblado.
campamento *m.* Acción de acampar. Lugar donde se acampa.
campana *f.* Instrumento cóncavo de metal que suena herido por un badajo o martillo.
campanada *f.* Golpe de badajo en la campana. Sonido que hace. Suceso ruidoso.
campanario *m.* Torre de las campanas. /campanas.
campaneo *m.* Toque repetido de
campanilla *f.* Campana pequeña. Flor de figura de campana. Úvula. /campanilla.
campanillazo *m.* Toque fuerte de
campano *m.* Cencerro.
campante *a.* Ufano, satisfecho.
campanudo -da *a.* Hinchado, retumbante.
campaña *f.* Campo llano. Expedición militar. Período de operaciones.
campar *i.* Sobresalir. Acampar.
campear *i.* Campar, sobresalir. Combatir en campo raso.
campechano -na *a.* Franco, de genio abierto.
campeche (palo) *m.* Madera tintórea de un árbol de América.
campeón *m.* Héroe famoso en armas. Defensor, paladín. Vencedor en un campeonato.
campeonato *m.* Certamen deportivo. Primacía obtenida en las luchas deportivas.
campesino -na *a.-s.* Del campo. Labrador.
campestre *a.* Del campo.
campiña *f.* Espacio grande de tierra llana labrantía.
campo *m.* Terreno extenso fuera de poblado. Campiña. Terreno destinado a determinado fin. Espacio material o imaginario que ocupa una cosa.
camposanto *m.* Cementerio.
camuesa *f.* Fruto del camueso.
camueso *m.* Manzano de fruto fragante y sabroso. Necio, ignorante.
can *m.* Perro. Gatillo. Kan.
cana *f.* Cabello blanco. Medida catalana de dos varas.
canadiense *a.-s.* Del Canadá.
canal *m.* Cauce artificial. Conducto para las aguas en los tejados. Teja delgada y combada. Conducto, vía. Estría.
canalizar *t.* Abrir canales. Regularizar el cauce de un río.
canalón *m.* Conducto que recibe el agua de los tejados.
canalla *f.* Gente baja y ruin. *m.* Hombre vil.

canallada f. Acción propia de un canalla. /tuchos.
canana f. Cinto para llevar car-
cananeo -a a.-s. De Canaán.
canapé m. Escaño acolchonado.
canario -a a.-s. De Canarias. m. Pájaro cantor de plumaje amarillo, verdoso o blanquecino.
canasta f. Cesto de mimbres ancho de boca, gralte. con dos asas.
canastilla f. Cestita. Ropa para el niño que ha de nacer.
canastillo m. Azafate de mimbres.
canasto m. Canasta recogida de boca.
cancel m. Contrapuerta ajustada a una puerta de entrada.
cancela f. Verjilla puesta en el umbral de una casa.
cancelar t. Anular una escritura pública o una obligación. Extinguir una deuda.
cáncer m. Tumor que destruye los tejidos. Constelación y signo del Zodíaco.
cancerarse r. Padecer cáncer. Hacerse cancerosa una llaga.
cancerbero m. Perro mitológico de tres cabezas. fig. Portero o guarda severo.
canceroso -sa a. Que tiene cáncer o es de su naturaleza.
cancilla f. Puerta a manera de verja.
canciller m. En algunos Estados, jefe del Gobierno. Empleado auxiliar en embajadas y consulados.
cancillería f. Oficio y oficina del canciller.
canción f. Composición en verso para ser cantada.
cancionero m. Colección de canciones y poesías.
cancionista c. Persona que compone o canta canciones.
cancro m. Cáncer.
cancha f. Patio del frontón.
candado m. Cerradura suelta que asegura puertas, tapas de cofre, etc.
cande a. Dic. del azúcar reducido a cristales transparentes.
candeal a.-s. Dic. de un trigo que da harina o pan de superior calidad.
candela f. Vela para alumbrar. Lumbre (fuego).
candelabro m. Candelero de dos o más brazos.
Candelaria f. Fiesta de la Purificación de la Virgen.
candelero m. Utensilio para sostener la vela o candela.
candelizo m. Carámbano.
candente a. Que está enrojecido por el fuego.
candidato -ta m. f. Aspirante a una dignidad o cargo.
candidatura f. Reunión o lista de candidatos. Aspiración a una dignidad o cargo.
candidez f. Calidad de cándido.
cándido -da a. Sencillo, sin malicia.
candil m. Lámpara de aceite formada por dos recipientes de metal superpuestos. Pico de sombrero.
candileja f. Recipiente superior del candil. Vaso para alumbrar con una o más mechas. pl. Línea de luces en el proscenio del teatro.
candiota a.-s. De Candía. Barril o vasija grande de barro para vino.
candor m. Suma blancura. Sinceridad y pureza de ánimo.
candoroso -sa a. Que tiene candor.
caneca f. Frasco de barro vidriado para licores.
canela f. Corteza de las ramas del canelo usada como condimento.
canelo -la a. De color de canela. m. Árbol tropical de corteza aromática.
canelón m. Canalón. Carámbano colgante.
canesú m. Pieza superior de la camisa o blusa.
cangilón m. Vasija de las norias. Vaso grande.
cangrejera f. Nido de cangrejos.
cangrejo m. Nombre de un crustáceo fluvial y de otro marino, comestibles.
canguro m. Mamífero marsupial de Australia, que anda a saltos.
caníbal a.-s. Salvaje de las Antillas. Cruel, feroz.
canibalismo m. Antropofagia. Crueldad, ferocidad.
canica f. Bolita con que juegan los niños.
canicie f. Color cano del pelo.
canícula f. Período más caluroso del año.
canicular a. Propio de la canícula.
canijo -ja a. Débil, enfermizo.
canilla f. Hueso largo de la pierna o el brazo. Cañoncito en la cuba para sacar vino. Carrete para devanar el hilo en las máquinas de tejer o coser.
canillera f. Espinillera.
canino -na a. Propio del perro. m. Colmillo.
canje m. Trueque, substitución.
canjear t. Hacer canje.
cano -na a. Que tiene canas.
canoa f. Embarcación ligera de remo o motor.
canon m. Regla o precepto. Regla establecida en un concilio. Par-

canónico -ca *a.* Conforme a los cánones.
canónigo *m.* Miembro del cabildo de una catedral. /zar.
canonización *f.* Acción de canonizar.
canonizar *t.* Declarar santo a un siervo de Dios ya beatificado.
canonjía *f.* Prebenda y dignidad del canónigo.
canoro -ra *a.* Dic. del ave cantora. Grato y melodioso.
canoso -sa *a.* Que tiene muchas canas. /cansa.
cansado -da *a.* Fatigado. Que
cansancio *m.* Falta de fuerzas por haberse fatigado. /fadar.
cansar *t.* Causar cansancio. En-
cantable *a.* Que se puede cantar.
cantábrico -ca *a.* De Cantabria.
cántabro -bra *a.-s.* De Cantabria.
cantador -ra *m. f.* Persona que canta coplas populares.
cantaleta *f.* Chasco, zumba.
cantante *a.* Que canta. *m. f.* Persona que canta por oficio.
cantar *t.-i.* Formar sonidos modulados con la voz. Componer poesía.
cantar *m.* Copla puesta en música.
cántara *f.* Medida para líquidos. Cántaro.
cantárida *f.* Insecto que se emplea como vejigatorio.
cantarín -na *a.* Aficionado a cantar.
cántaro *m.* Vasija grande, ventruda, con una o dos asas.
cantata *f.* Poema puesto en música.
cantatriz *f.* Cantante. /sica.
cantera *f.* Sitio de donde se saca piedra. /dra.
cantero *m.* El que labra la pie-
cántico *m.* Canto de gracias y alabanzas a Dios.
cantidad *f.* Todo lo que es capaz de aumento o disminución. Porción grande. Porción de dinero.
cantiga o cántiga *f.* Ant. composición poética.
cantil *m.* Lugar que forma escalón en la costa en el fondo del mar.
cantilena *f.* Cantar. Repetición molesta.
cantimplora *f.* Sifón. Especie de garrafa.
cantina *f.* Puesto de bebidas y comestibles en cuarteles, estaciones, etc.
cantinela *f.* Cantilena.
cantinera *f.* Mujer que vende bebidas a la tropa. /na.
cantinero *m.* Dueño de una canti-
cantizal *m.* Terreno donde hay muchos cantos.
canto *m.* Acción y arte de cantar. Música de canto. Parte de un poema. Extremidad, lado, borde o esquina. Trozo de piedra. Lado del cuchillo o sable opuesto al filo. Corte del libro opuesto al lomo.
cantón *m.* Esquina. País, región.
cantonera *f.* Pieza de refuerzo en las esquinas de libros, muebles, etc. Rinconera.
cantor -ra *a.-s.* Que canta. Poeta.
canturrear *i.* Cantar a media voz.
canturreo *m.* Acción de canturrear.
cánula *f.* Tubo de la jeringa.
canutillo *m.* Cañutillo.
canuto *m.* Cañuto.
caña *f.* Tallo de las gramíneas. Gramínea leñosa de 3 a 4 m. de altura. Parte de la bota o de la media que cubre la pierna. Vaso alto y estrecho. Instrumento de pesca.
cañada *f.* Espacio de tierra entre dos alturas.
cañamazo *m.* Tela de tejido ralo sobre la que se borda.
cañamelar *m.* Plantío de caña de azúcar.
cañamiel *f.* Caña de azúcar.
cáñamo *m.* Planta textil cuya simiente se da a las aves. Fibra que se extrae de ella.
cañamón *m.* Semilla del cáñamo.
cañar *m.* Cañaveral. /cañas.
cañaveral *m.* Sitio poblado de
cañazo *m.* Golpe de caña.
cañería *f.* Conducto formado por
cañí *a.-s.* Gitano. /caños.
cañizo *m.* Tejido de cañas.
caño *m.* Tubo de metal, vidrio o barro. Chorro.
cañón *m.* Pieza de artillería. Pieza de forma tubular. Parte hueca de la pluma del ave.
cañonazo *m.* Tiro de cañón.
cañonear *t.* Batir a cañonazos.
cañoneo *m.* Acción de cañonear.
cañonera *f.* FORT. Tronera.
cañonero -ra *a.-s.* Dic. del barco o lancha que lleva cañones.
cañutero *m.* Alfiletero.
cañutillo *m.* Dim. de *cañuto.* Cierto modo de injertar.
cañuto *m.* En las cañas, entrenudo. Cañón o tubo corto y no muy grueso.
caoba *f.* Árbol de América, de madera muy estimada.
caos *m.* Estado de confusión y desorden.
caótico -ca *a.* Relativo al caos.
capa *f.* Ropa larga y suelta, sin mangas. Extensión uniforme de una substancia que cubre una cosa.
capacete *m.* Pieza de la armadura, especie de casco.
capacidad *f.* Propiedad de poder

contener alguna cosa. Aptitud. Talento.
capacitar *t.* Hacer apto, habilitar.
capacho *m.* Espuerta.
capar *t.* Extirpar o inutilizar los órganos genitales. Castrar.
caparazón *m.* Cubierta que se pone al caballo. Envoltura rígida que protege el cuero de los crustáceos, los quelonios, etc.
caparrosa *f.* Sulfato de cobre, de cinc o de hierro.
capataz *m.* El que gobierna cierto número de operarios.
capaz *a.* Que tiene capacidad. Grande, espacioso.
capazo *m.* Espuerta grande.
capcioso -sa *a.* Artificioso, engañoso.
capear *t.* Hacer suertes al toro con la capa. MAR. Sortear el mal tiempo.
capelo *m.* Sombrero rojo de cardenal.
capellán *m.* Sacerdote de una capilla u oratorio privado.
capellanía *f.* Fundación para misas y otras cargas pías.
capellina *f.* Pieza de la armadura que cubría la parte superior de la cabeza.
caperuza *f.* Bonete que remata en punta hacia atrás.
capicúa *m.* Número que es igual leído de derecha a izquierda que de izquierda a derecha.
capilar *a.* Relativo al cabello o a la capilaridad. Del diámetro de un cabello.
capilaridad *f.* Calidad de capilar. Cierta propiedad de los líquidos.
capilla *f.* Capucha. Iglesia pequeña. Parte de una iglesia con altar. Oratorio de una comunidad, palacio, etc. Músicos o cantores de una iglesia.
capillo *m.* Gorrito de lienzo para los niños.
capirotazo *m.* Golpe dado con un dedo haciéndolo resbalar sobre la yema del pulgar.
capirote *m.* Especie de gorro para cubrir la cabeza.
capisayo *m.* Vestidura común de los obispos.
capital *a.* Relativo a la cabeza. Principal, importante. *f.* Población principal de un Estado, provincia, etc. *m.* Dinero que produce renta.
capitalismo *m.* Régimen económico fundado en el predominio del capital.
capitalista *a.* Relativo al capitalismo. *c.* Persona que aplica su capital a los negocios.
capitán *m.* MIL. El que manda una compañía, escuadrón o batería. El que manda un buque mercante. Caudillo.
capitana *f.* Mujer del capitán.
capitanear *t.* Mandar como capitán.
capitanía *f.* Empleo de capitán.
capitel *m.* Parte que corona la columna.
capitolio *m.* Edificio majestuoso. Acrópolis.
capitulación *f.* Pacto. Convenio en que se estipula una rendición.
capitular *i-t.* Pactar. *i.* Rendirse.
capitular *a.* Perteneciente a un cabildo.
capítulo *m.* Junta de religiosos seculares. Cabildo. División en los libros.
capón *a.* Castrado. *m.* Golpe dado en la cabeza.
capota *f.* Especie de sombrero femenino. Cubierta plegadiza de coche.
capote *m.* Capa con mangas. Gabán militar. Capa corta de torero.
Capricornio *m.* Constelación y signo del Zodíaco.
capricho *m.* Idea o propósito repentino y sin motivo aparente. Antojo.
caprichoso -sa *a.* Que obra o se hace por capricho. /capricho.
caprichudo -da *a.* Que obra por
cápsula *f.* Casquete sobre la boca de una botella. Cilindro hueco con un fulminante. Membrana en forma de saco.
captar *t.-r.* Atraer a sí los afectos. *t.* Recoger las aguas de un manantial, las ondas radiofónicas, etc.
captura *f.* Acción de capturar.
capturar *t.* Aprehender, aprisionar.
capucha *f.* Capucho. /nar.
capuchina *f.* Planta trepadora de jardín.
capuchino -na *a.-s.* Dic. del religioso franciscano descalzo.
capucho *m.* Prenda para la cabeza, rematada en punta, que puede echarse a la espalda.
capuchón *m.* Abrigo antiguo. Dominó corto.
capullo *m.* Envoltura que se teje el gusano de seda. Botón de las flores.
cara *f.* Parte anterior de la cabeza. Semblante. Aspecto. Fachada. Anverso. Cada una de las superficies que limitan un poliedro.
carabao *m.* Búfalo de Malasia.
carabela *f.* Ant. embarcación larga, con tres palos.
carabina *f.* Fusil corto. fam. Se-

carabinero *m.* Soldado que persigue el contrabando.
cárabo *m.* Cierto coleóptero. Embarcación morisca.
caracol *m.* Molusco de concha en espiral. Vuelta que el jinete hace dar al caballo.
caracola *f.* Caracol marino grande, cuya concha se hace sonar soplando. /caballo.
caracolear *i.* Hacer caracoles el
carácter *m.* Conjunto de rasgos distintivos. Condición de las personas. Energía de la voluntad. Signo de escritura o imprenta. Señal o marca.
característico -ca *a.* Relativo al carácter. *f.* Cualidad distintiva. *m. f.* Actor o actriz que representa papeles de persona de edad.
caracterizar *t.* Distinguir, dar carácter. Enaltecer con un cargo o dignidad. /enfado.
¡caramba! *interj.* de extrañeza o
carámbano *m.* Pedazo de hielo largo y puntiagudo.
carambola *f.* Lance del billar consistente en hacer que una bola toque a las otras dos.
caramelo *m.* Pasta de azúcar hecho almíbar y endurecido.
caramillo *m.* Flauta rústica. Montón mal hecho. Chisme, enredo.
carantoña *f.* Vieja muy compuesta. *pl.* Halagos interesados.
carapacho *m.* Caparazón de la tortuga, el cangrejo, etc.
carátula *f.* Careta o máscara.
caravana *f.* Grupo de viajeros y vehículos que van juntos.
¡caray! *interj.* ¡Caramba!
carbón *m.* Cuerpo sólido, negro, combustible, que resulta de la combustión incompleta de ciertas substancias.
carbonato *m.* Sal del ácido carbónico.
carboncillo *m.* Carbón para dibujar.
carbonería *f.* Lugar donde se vende carbón.
carbonero -ra *a.* Relativo al carbón. *m.* El que hace o vende carbón. *f.* Lugar donde se guarda el carbón.
carbónico -ca *a.* Relativo al carbono. Compuesto de él.
carbonilla *f.* Carbón menudo.
carbonizar *t.* Reducir a carbón.
carbono *m.* Metaloide sólido, componente principal del carbón.
carbunclo *m.* Rubí. Carbunco.
carbunco *m.* Enfermedad contagiosa de los animales, que puede transmitirse al hombre.
carbúnculo *m.* Rubí. /burar.
carburador *m.* Aparato para car-
carburante *a.-s.* Que contiene hidrocarburo.
carburar *t.* Mezclar los gases o el aire con hidrocarburos.
carburo *m.* Combinación del carbono con un cuerpo simple.
carcaj. *m.* Aljaba.
carcajada *f.* Risa ruidosa.
carcamal *m. f.* fam. Persona vieja y achacosa.
cárcava *f.* Hoya. Zanja.
cárcel *f.* Edificio para custodia de los presos.
carcelario -ria *a.* Relativo a la cárcel. /cárcel.
carcelero *m.* El que cuida de la
carcoma *f.* Insecto que roe la madera. Cosa que consume.
carcomer *t.-r.* Roer la carcoma. Consumir poco a poco.
carda *f.* Acción de cardar. Instrumento para cardar.
cardamomo *m.* Planta de semilla medicinal.
cardar *t.* Preparar una materia textil para el hilado. Sacar el pelo a los paños.
cardelina *f.* Jilguero.
cardenal *m.* Individuo del Consejo del Papa. Equimosis.
cardenalato *m.* Dignidad de cardenal.
cardenillo *m.* Substancia venenosa que se forma en los objetos de cobre.
cárdeno -na *a.* Amoratado.
cardiaco -ca *a.* Relativo al corazón. *a.-s.* Que padece del corazón. /estómago.
cardias *m.* Orificio superior del
cardillo *m.* Planta cuyas pencas tiernas se comen cocidas.
cardinal *a.* Principal, fundamental.
cardiólogo -ga *a.-s.* Especialista en enfermedades del corazón.
cardo *m.* Planta de hojas espinosas y cabezuelas redondas.
cardumen *m.* Banco de peces.
carear *t.* Confrontar, poner cara a cara.
carecer *i.* Tener falta de alguna cosa. /un buque.
carenar *t.* Reparar el casco de
carencia *f.* Falta de una cosa.
careo *m.* Acción de carear.
carestía *f.* Falta o escasez. Subido precio de las cosas.
careta *f.* Máscara para cubrir la cara.
carey *m.* Tortuga marina de concha parda y leonada. Materia córnea que se obtiene de ella.
carga *f.* Acción de cargar. Lo que se transporta. Proyectil y explosivo para un disparo. Cosa que

cargadero *m.* Sitio donde se carga y descarga.

cargamento *m.* Carga de un buque.

cargante *a.* Enojoso, pesado.

cargar *t.* Poner peso, mercancías, etc., sobre una persona, animal o vehículo. Imponer tributo u obligación. Introducir la carga en un arma. Anotar en las cuentas las partidas del debe. Acometer al enemigo. Fastidiar. *i.* Hacer peso, estribar.

cargazón *f.* Cargamento. Aglomeración de nubes.

cargo *m.* Acción de cargar. Carga o peso. Obligación. Gobierno, custodia. Dignidad, empleo. Falta que se imputa. Hace peso. Gravamen. Obligación. Medida para leña, granos, etc. Ataque resuelto al enemigo.

cariacontecido -da *a.* De semblante afligido.

cariar *i.* Producir caries. *r.* Padecer caries.

cariátide *f.* Estatua que sirve de /columna.

caribe *a.-s.* De un ant. pueblo de las Antillas. /satíricos.

caricatura *f.* Pintura, dibujo, etc.,

caricaturista *c.* Artista que hace caricaturas.

caricia *f.* Demostración cariñosa.

caridad *f.* Amor a Dios y al prójimo. Limosna, auxilio.

caries *f.* Destrucción progresiva de un hueso.

carilla *f.* Plana, página.

cariño *m.* Amor, afecto. Expresión de afecto.

cariñoso -sa *a.* Afectuoso.

caritativo -va *a.* Que ejercita la caridad. Perteneciente a ella.

cariz *m.* Aspecto.

carlanca *f.* Collar con puntas para los mastines.

carlismo *m.* Partido político de los partidarios de don Carlos de Borbón y de sus descendientes.

carlista *a.-s.* Partidario del carlismo. *a.* Relativo a él.

carlovingio -gia *a.-s.* Carolingio.

carmelita *a.-s.* Dic. del religioso del Carmen.

carmelitano *a.* Relativo a la orden del Carmen.

carmen *m.* En Granada, quinta con huerto o jardín.

carmenar *t.* Desenredar el cabello, la lana, etc. Repelar.

carmesí *a.-m.* Dic. del color parecido al de la grana.

carmín *m.* Color rojo encendido.

carminativo -va *a.* Que sirve para combatir el flato.

carnada *f.* Cebo de carne.

carnal *a.* Perteneciente a la carne. Terrenal.

carnaval *m.* Los tres días que preceden al miércoles de ceniza.

carnavalesco -ca *a.* Relativo al carnaval.

carne *f.* Parte del cuerpo animal constituida por los músculos. Parte mollar de la fruta. Sensualidad.

carnecería *f.* Carnicería (tienda).

carnero *m.* Bóvido ovino de cuernos arrollados en espiral, cola larga y lana espesa.

carnestolendas *f. pl.* Carnaval.

carnet *m.* Librito de memorias. Tarjeta de identidad.

carnicería *a.* Tienda de carnicero. Mortandad.

carnicero -ra *a.-s.* Carnívoro. *m. f.* Persona que vende carne.

carnívoro -ra *a.-s.* Que se alimenta de carne. /Gordura.

carnosidad *f.* Carne superflua.

carnoso -sa *a.* De carne o de consistencia de carne.

caro -ra *a.* De mucho valor. Subido de precio. Querido.

carolingio -gia *a.-s.* Relativo a Carlomagno.

carótida *f.* Cada una de las dos arterias que por uno y el otro lado del cuello llevan la sangre a la cabeza. /mestible.

carpa *f.* Pez de agua dulce comestible.

carpelo *m.* Órgano de las plantas fanerógamas que protege los óvulos.

carpeta *f.* Par de cubiertas entre las que se guardan papeles.

carpintería *f.* Taller y oficio del carpintero. /madera.

carpintero *m.* El que trabaja en

carpo *m.* Parte de la mano que se articula con el antebrazo y el metacarpo.

carraca *f.* Ant. nave de transporte. Barco o artefacto viejo. Instrumento sonoro de madera usado en Semana Santa.

carrasca *f.* Encina pequeña.

carrascal *m.* Sitio poblado de carrascas.

carraspear *i.* Tener carraspera.

carraspera *f.* Aspereza en la garganta.

carrera *f.* Paso del que corre. Curso de los astros. Profesión. Espacio que ha de recorrer una comitiva. Pugna de velocidad. Puntos que se sueltan en una media.

carreta *f.* Carro largo, bajo, de ruedas sin llanta.

carretada *f.* Carga de una carreta o de un carro.

carrete *m.* Cilindro para mantener arrollado en él hilo, alambre, etc. /carreta.

carretear *t.* Llevar en carro o

carretela *f.* Coche de cuatro asientos con cubierta plegadiza.
carretera *f.* Camino ancho para carruajes.
carretero *a.* Díc. del camino propio para carruajes. *m.* El que hace o guía carros.
carretilla *f.* Carro pequeño de mano. Buscapiés.
carretón *m.* Carro pequeño.
carricoche *m.* Coche viejo y feo.
carril *m.* Huella que dejan las ruedas en el suelo. Cada una de las barras paralelas sobre las que corren locomotoras y vagones. /barboquejo.
carrillera *f.* Quijada. Correa del
carrillo *m.* Parte carnosa de la cara debajo de la mejilla.
carrizo *m.* Planta con cuyos tallos se hacen cielos rasos.
carro *m.* Carruaje de dos ruedas que, tirado por caballerías sirve para el transporte. Osa mayor.
carrocería *f.* Caja de un coche o automóvil.
carromato *m.* Carro con toldo y bolsas para la carga.
carroña *f.* Carne corrompida.
carroño -ña *a.* Podrido.
carroza *f.* Coche grande y lujoso.
carruaje *m.* Vehículo montado sobre ruedas.
carta *f.* Papel escrito y cerrado, dirigido a una persona. Naipe. MAR. Mapa.
cartabón *m.* Escuadra en forma de triángulo rectángulo isósceles.
cartaginés -sa *a.* De Cartago.
cartapacio *m.* Cuaderno. Funda en que los muchachos llevan sus libros.
cartear *i.* Jugar las cartas falsas. *r.* Corresponderse por cartas.
cartel *m.* Papel que se fija en parajes públicos. El que sirve en las escuelas para enseñar a leer. /carteles.
cartelera *f.* Armazón para fijar
cartelón *m.* Cartel grande.
carteo *m.* Acción de cartearse.
cartera *f.* Utensilio de bolsillo o bolsa para llevar papeles. Cubierta formada por dos hojas de cartón. /de bolsillo.
carterista *m.* Ladrón de carteras
cartero *m.* Repartidor de cartas del correo.
cartilaginoso -sa *a.* De cartílago o semejante a él.
cartílago *m.* ANAT. Tejido conjuntivo sólido, resistente y elástico.
cartilla *f.* Abecedario para niños. Cuaderno donde se anotan ciertos datos.
cartografía *f.* Arte de trazar cartas geográficas. /gráficas.

cartógrafo *m.* Autor de cartas geo-
cartomancia *f.* Arte supersticioso de adivinar el futuro por medio de los naipes.
cartón *m.* Hoja gruesa de pasta de papel endurecida.
cartuchera *f.* Caja para llevar cartuchos. Canana.
cartucho *m.* Cilindro que contiene la carga para un arma de fuego.
cartuja *f.* Orden religiosa fundada por San Bruno.
cartujo *a.-s.* Díc. del religioso de la Cartuja.
cartulina *f.* Cartón delgado.
carúncula *f.* Excrecencia carnosa de algunos animales.
casa *f.* Edificio destinado a habitación. Escaque.
casaca *f.* Vestidura ceñida al cuerpo con faldones hasta las corvas.
casación *f.* Acción de casar una sentencia. /de casarse.
casadero -ra *a.* Que está en edad
casamata *f.* Bóveda para instalar piezas de artillería.
casamentero -ra *a.-s.* Que propone bodas o interviene en su ajuste. /casarse.
casamiento *m.* Acción de casar o
casar *i.-r.* Contraer matrimonio. *t.* Autorizar el sacerdote el matrimonio. Unir. DER. Anular.
cascabel *m.* Bola hueca de metal con un pedacito de él dentro para que suene.
cascabillo *m.* Cascabel. Cascarilla del grano de trigo. Cúpula de la bellota.
cascada *f.* Despeñadero de agua.
cascajo *m.* Guijo. Trasto inútil.
cascanueces *m.* Utensilio para romper nueces.
cascar *t.* Quebrantar o hendir. Dar golpes.
cáscara *f.* Corteza o cubierta.
cascarilla *f.* Dim. de *cáscara*. Corteza medicinal de un arbusto americano.
cascarón *m.* Cáscara del huevo.
cascarrabias *c.* Persona que se enoja fácilmente.
casco *m.* Cráneo. Pieza de la armadura que cubre la cabeza. Uña de la caballería. Cuerpo de la nave. Pedazo de vasija rota. Tonel o botella para envase.
cascote *m.* Fragmentos de ladrillo.
caseína *f.* Albuminoide contenido en la leche.
cáseo -a, caseoso -sa *a.* Relativo al queso.
casería *f.* Casa de campo.
caserío *m.* Conjunto de casas.
casero -ra *a.* Que se hace en casa. Que está mucho en su casa.

m. f. Dueño o administrador de una casa. /talada.
caserón *m.* Casa grande y destartalada.
caseta *f.* Casa pequeña, de construcción ligera.
casi *adv.* Poco menos de, aproximadamente, por poco. /cia.
casia *f.* Arbusto parecido a la acacia.
casilla *f.* Casa pequeña y aislada. Escaque. Compartimiento.
casillero *m.* Mueble con divisiones. /fino.
casimir *m.* Tejido de lana muy
casino *m.* Sociedad de recreo.
caso *m.* Suceso. Ocasión. Función que desempeñan los substantivos, adj. y pron. en la oración.
casorio *m. fam.* Casamiento mal concertado. /cabeza.
caspa *f.* Escamilla formada en la
¡cáspita! *interj.* de sorpresa.
casquete *m.* Cubierta de tela, cuero, etc., que se ajusta a la cabeza. /menuda.
casquijo *m.* Multitud de piedra
casquivano *a.* De poco juicio.
casta *f.* Generación, linaje. Clase, especie, calidad.
castaña *f.* Fruto del castaño. Damajuana. Especie de moño.
castañeta *f.* Castañuela.
castañetear *t.* Tocar las castañuelas. *i.* Sonarle a uno los dientes.
castaño -ña *a.* Del color de la castaña. *m.* Árbol que da un fruto comestible, cubierto con una cáscara de color pardo oscuro.
castañuela *f.* Instrumento de percusión compuesto de dos pequeñas piezas cóncavas que se hacen sonar con los dedos.
castellano -na *a.-s.* De Castilla.
casticismo *m.* Amor a lo castizo.
castidad *f.* Virtud opuesta a la lujuria.
castigar *t.* Imponer castigo. Mortificar, corregir.
castigo *m.* Pena que se impone por un delito o falta.
castillo *m.* Edificio fortificado.
castizo -za *a.* De buena casta. Dícese del lenguaje puro.
casto -ta *a.* Que guarda castidad.
castor *m.* Roedor de pelo muy fino. Su piel y su pelo.
castrar *t.* Capar.
castrense *a.* Perteneciente o relativo al ejército. /sualidad.
casual *a.* Que sucede por ca-
casualidad *f.* Suceso imprevisto cuya causa se ignora.
casuario *m.* Ave corredora menor que el avestruz.
casulla *f.* Vestidura que se pone el sacerdote sobre las demás para celebrar la misa.
cata *f.* Acción de catar.

cataclismo *m.* Trastorno grande del globo terráqueo.
catacumbas *f. pl.* Subterráneos donde los primitivos cristianos practicaban el culto.
catadura *f.* Acción de catar. Gesto, semblante. /exequias.
catafalco *m.* Túmulo para las
catalán -na *a.-s.* De Cataluña.
catalejo *m.* Anteojo.
catalepsia *f.* Suspensión de la sensibilidad y el movimiento acompañado de rigidez muscular.
catalogar *t.* Hacer catálogo. /lar.
catálogo *m.* Lista ordenada de cosas.
cataplasma *f.* Tópico blando calmante o emoliente.
catapulta *f. Ant.* máquina para lanzar piedras o saetas.
catar *t.* Gustar o examinar una cosa.
catarata *f.* Salto grande de agua. Opacidad del cristalino que produce ceguera.
catarral *a.* Relativo al catarro.
catarro *m.* Inflamación de las membranas mucosas.
catastro *m.* Censo estadístico de fincas. /grave.
catástrofe *f.* Suceso infausto y
catavino *m.* Taza o pipeta para probar el vino.
catecismo *m.* Libro en forma de preguntas y respuestas, esp. el de la doctrina cristiana.
catecúmeno -na *m. f.* Persona que se instruye para recibir el bautismo. Neófito.
cátedra *f.* Asiento desde donde el maestro enseña. Aula. Empleo de catedrático.
catedral *a.-f.* Díc. de la iglesia principal de una diócesis.
catedrático -ca *a. f.* El que ocupa en propiedad una cátedra de enseñanza.
categoría *f.* Cada uno de los grupos en que se pueden clasificar distintos objetos. Clase, rango. /sivo.
categórico -ca *a.* Claro y deci-
catequista *c.* Persona que catequiza. /gión.
catequizar *t.* Instruir en la reli-
caterva *f. Desp.* Multitud.
catéter *m.* CIR. Sonda metálica.
cateto *m.* Lado del ángulo recto en el triángulo rectángulo.
catolicidad *f.* Calidad de católico. Universalidad.
catolicismo *m.* Creencia de la Iglesia católica.
católico -ca *a.* Universal. Díc. de la Iglesia fundada por Jesucristo. Sano y perfecto. *a.-s.* Que profesa el catolicismo.
catón *m.* Censor severo.

catorce *a.* Diez más cuatro. Decimocuarto.
catre *m.* Cama ligera para una persona.
cauce *m.* Lecho de un río. Acequia.
caución *f.* Prevención, cautela. Fianza.
caucho *m.* Goma elástica.
caudal *a.* Caudaloso. *m.* Cantidad de agua que mana o corre. Hacienda, dinero.
caudaloso -sa *a.* De mucha agua.
caudillo *m.* Capitán, adalid, jefe.
causa *f.* Aquello que es origen de algo. Motivo, razón. Pleito, proceso.
causal *a.* Dic. de la relación de causa. Que la expresa o indica.
causar *t.* Ser causa o motivo.
causticidad *f.* Calidad de cáustico.
cáustico -ca *a.-s.* Que quema o corroe. Mordaz.
cautela *f.* Precaución y reserva. Astucia.
cauterio *m.* CIR. Medio para quemar los tejidos.
cauterizar *t.* Curar con el cauterio.
cautivar *t.* Aprisionar. Atraer, prendar.
cautiverio *m.* Estado del cautivo.
cautivo -va *a.-s.* Aprisionado en la guerra. Sujeto.
cauto -ta *a.* Que obra con cautela.
cava *f.* Acción de cavar. Bodega.
cavar *t.* Mover la tierra con la azada, pico, etc. *i.* Profundizar.
cavatina *f.* MÚS. Aria corta.
caverna *f.* Cavidad natural en la tierra.
cavial y **caviar** *m.* Manjar de huevas de esturión.
cavidad *f.* Espacio hueco.
cavilación *f.* Acción de cavilar.
cavilar *t.* Considerar una cosa con demasiada insistencia.
cayado *m.* Palo de los pastores. Báculo de los obispos.
caz *m.* Canal para tomar y conducir agua.
caza *f.* Acción de cazar. Animales que se cazan.
cazadero *m.* Sitio para cazar.
cazador -ra *a.-s.* Que caza. *m.* Soldado de infantería ligera. *f.* Especie de chaqueta.
cazar *t.* Perseguir animales para matarlos o cogerlos. Conseguir algo con destreza.
cazatorpedero *m.* Buque de guerra pequeño para perseguir torpederos.
cazcarria *f.* Lodo seco pegado a la ropa.
cazo *m.* Vasija semiesférica con mango.
cazoleta *f.* Dim. de *cazuela.* Pieza del puño de la espada que resguarda la mano. Receptáculo pequeño de algunos objetos.
cazón *m.* Pez selacio muy voraz.
cazuela *f.* Vasija redonda, más ancha que honda, para guisar.
cazurro -rra *a.-s.* Reservado. Taimado.
ce *f.* Nombre de la letra *c.*
ceba *f.* Acción de cebar.
cebada *f.* Planta parecida al trigo con que se alimenta a las bestias.
cebar *t.* Dar cebo a los animales. Poner cebo en las armas, barrenos, etc. Fomentar una pasión. *r.* Encarnizarse.
cebellina *a.* Díc. de una marta de piel muy estimada.
cebo *m.* Comida con que se engorda o atrae a los animales. Explosivo con que se hace estallar la carga en las armas, barrenos, etc. Fomento, pábulo.
cebolla *f.* Planta liliácea hortense de bulbo comestible. Este bulbo.
cebolleta *f.* Planta parecida a la cebolla, de bulbo pequeño.
cebollino *m.* Sementero de cebollas. Simiente de cebolla.
cebón -bona *a.-s.* Díc. del animal cebado.
cebra *f.* Animal parecido al asno, de pelaje amarillento con listas transversales.
cebú *m.* Buey del África y la India que tiene una o dos jibas encima de la cruz.
cecal *a.* Relativo al intestino ciego.
cecear *i.* Pronunciar la *s* como *c.*
ceceo *m.* Acción de cecear.
ceceoso -sa *a.* Que cecea.
cecina *f.* Carne salada y seca.
cedazo *m.* Aro con una tela de cerdas que sirve para cerner.
ceder *i.* Disminuir o cesar la resistencia, la fuerza. Rendirse, sujetarse. *t.* Renunciar. Transferir.
cedrino -na *a.* Relativo al cedro.
cedro *m.* Árbol abietáceo, de madera aromática e incorruptible.
cédula *f.* Pedazo de papel escrito o para escribir. Nombre de ciertos documentos.
cefalalgia *f.* Dolor de cabeza.
cefálico -ca *a.* Perteneciente a la cabeza.
cefalópodo -da *a.-m.* Díc. de los moluscos marinos sin concha, con la cabeza rodeada de brazos provisto de ventosas.
céfiro *m.* Viento de Poniente. Viento suave.
cegajoso -sa *a.-s.* De ojos cargados y llorosos.
cegar *i.* Perder la vista. *t.* Quitar la vista. Obstruir. *t.-r.* Ofuscar.
cegato -ta *a.* Corto de vista.

ceguedad *f.* Privación de la vista. Obcecación.
ceguera *f.* Privación de la vista.
ceja *f.* Parte cubierta de pelo sobre la cuenca del ojo. Parte que sobresale un poco en algunas cosas.
cejar *i.* Retroceder. Ceder.
cejijunto -ta *a.* Que tiene casi juntas las cejas. Ceñudo.
cejudo -da *a.* De cejas largas y pobladas.
celada *f.* Pieza de la armadura que cubría la cabeza. Emboscada.
celador -ra *a.-s.* Que cela o vigila. /bes tenues.
celaje *m.* Cielo surcado de nu-
celar *t.* Vigilar. Observar.
celda *f.* Aposento del religioso, del preso. Celdilla.
celdilla *f.* Casilla de panal.
celebrar *t.* Hacer solemnemente. Venerar con culto público. Decir misa. Alabar, aplaudir.
célebre *a.* Famoso. Chistoso.
celebridad *f.* Renombre. Persona famosa. Fiesta. /(4'625 l.).
celemín *m.* Medida para áridos
celentéreo -a *a.-m.* Díc. de los animales inferiores de simetría radiada.
celeridad *f.* Prontitud, rapidez.
celeste *a.* Perteneciente al cielo. Díc. del color azul claro.
celestial *a.* Perteneciente al cielo de los bienaventurados. Perfecto, delicioso.
celibato *m.* Soltería.
célibe *a.-s.* Soltero, soltera.
célico -ca *a.* poét. Celeste. Celestial.
celo *m.* Cuidado, esmero. Interés ardiente. *pl.* Sospecha de que la persona amada ponga su cariño en otro.
celosía *f.* Enrejado de listoncillos en una ventana.
celoso -sa *a.* Que tiene celo o celos. Receloso.
celta *a.-s.* De un pueblo ant. establecido en el occidente de Europa. /celtas.
céltico -ca *a.* Perteneciente a los
célula *f.* Pequeña celda o cavidad. Elemento anatómico primordial de los seres vivos.
celular *a.* Relativo a las células o formado por ellas.
celuloide *m.* Substancia sólida casi transparente, de mucha aplicación en la industria.
cellisca *f.* Temporal de agua, nieve y viento.
cementerio *m.* Terreno destinado a enterrar cadáveres.
cemento *m.* Cal hidráulica.
cena *f.* Comida que se toma por la noche.

cenáculo *m.* Sala en que Jesucristo celebró su última cena. Reunión habitual de literatos, artistas, etc.
cenacho *m.* Espuerta para llevar comestibles.
cenador -ra *a.-s.* Que cena. *m.* Espacio en los jardines, cercado y vestido de plantas o parras.
cenagal *m.* Lugar lleno de cieno.
cenar *i.* Tomar la cena.
cenceño -ña *a.* Delgado, enjuto.
cencerrada *f.* Ruido desagradable que se hace por burla de alguien.
cencerro *m.* Campanilla tosca que llevan las reses. /parente.
cendal *m.* Tela delgada y trans-
cenefa *f.* Lista en el borde de cortinas, pañuelos, etc.
cenicero *m.* Platillo donde se echa la ceniza del cigarro.
ceniciento -ta *a.* De color ceniza.
cenit *m.* Punto del firmamento que corresponde verticalmente a un lugar de la Tierra.
cenital *a.* Relativo al cenit.
ceniza *f.* Polvo que queda de una combustión completa. *pl.* Restos mortales.
cenobio *m.* Monasterio.
cenobita *c.* Persona que profesa la vida monástica.
censo *m.* Padrón de la población, riqueza, etc. Contrato que sujeta una finca al pago de una pensión. Esta pensión.
censor *m.* Antiguo magistrado romano. El que examina los escritos para juzgar si pueden ser publicados. El que critica.
censura *f.* Oficio de censor. Examen hecho por él. Desaprobación. Murmuración.
censurar *t.* Examinar el censor un texto. Reprobar. Criticar.
centauro *m.* Monstruo fabuloso mitad hombre y mitad caballo.
centavo -va *a.-m.* Centésimo.
centella *f.* Rayo, chispa.
centellar y **-llear** *i.* Despedir rayos de luz.
centén *m.* Ant. moneda de oro.
centena *f.* Conjunto de 100 uni-
centenar *m.* Centena. /dades.
centenario -ria *a.* Relativo a la centena. *a.-s.* Que tiene cien años. *m.* Siglo. Día en que se cumplen una o más centenas de años de algún suceso.
centeno -na *a.* Centésimo. *m.* Planta parecida al trigo.
centésimo -ma *a.-s.* Díc. de cada una de las cien partes iguales en que se divide un todo. *a.* Que sigue al nonagésimo noveno.
centi- Prefijo que significa *cien* o *centésima parte*.

céntimo -ma *a.* Centésimo. *m.* Centésima parte de una unidad monetaria.

centinela *amb.* Soldado que se pone de guardia.

centolla *f.* Cangrejo marino, grande, comestible.

central *a.* Perteneciente al centro. *f.* Oficina principal.

centralizar *t.* Reunir varias cosas en un centro común.

centrar *t.* Determinar el centro de una cosa. Colocar una cosa de manera que su centro se halle en la posición debida.

céntrico -ca *a.* Central.

centrifugo -ga *a.* FÍS. Que aleja del centro.

centrípeto -ta *a.* FÍS. Que atrae hacia el centro.

centro *m.* Punto medio de una cosa. Lugar de donde parten o a donde convergen acciones coordenadas. Sociedad, círculo.

centuplicar *t.* Hacer cien veces mayor.

céntuplo -pla *a.-m.* Díc. del producto de multiplicar por ciento una cantidad.

centuria *f.* Siglo, cien años. Compañía de cien hombres en la milicia romana. /ría.

centurión *m.* Jefe de una centu-

ceñidor *m.* Faja, correo, etc., para ceñir la cintura.

ceñir *t.* Ajustar a la cintura o al cuerpo. Rodear.

ceño *m.* Gesto de enojo.

ceñudo -da *a.* Que tiene ceño. Adusto.

cepa *f.* Parte del tronco junto a la raíz. Tronco de la vid.

cepillar *t.* Quitar el polvo con cepillo. Alisar con cepillo.

cepillo *m.* Cepo para limosnas. Instrumento para quitar el polvo a la ropa. Instrumento para alisar la madera o los metales.

cepo *m.* Madero en que se asienta el yunque. Instrumento para sujetar a un reo por la garganta o el pie. Artificio para cazar. Arquilla con una ranura para recoger limosnas.

ceporro *m.* Hombre rudo.

cera *f.* Substancia con que las abejas fabrican los panales. Materia parecida a ella.

cerámica *f.* Arte de fabricar objetos de barro o loza.

cerbatana *f.* Cañuto para disparar bodoques o flechas.

cerca *f.* Tapia, muro, etc., con que se rodea un espacio. *adv.* Denota proximidad. *Cerca de,* aproximadamente, casi. *prep. Cerca de,* junto a, ante.

cercanía *f.* Proximidad. Inmediación. /to.

cercano -na *m.* Próximo, inmedia-

cercar *t.* Rodear con cerca. Poner cerco a una plaza.

cercenar *t.* Cortar las extremidades de una cosa. Disminuir, acortar.

cerceta *f.* Ave palmípeda.

cerciorar *t.-r.* Asegurar a uno la verdad de algo.

cerco *m.* Lo que ciñe o rodea. Aro. Marco de puerta. Asedio.

cerda *f.* Pelo recio de la cola y crin de las caballerías; del cuerpo del cerdo, etc. Hembra del cerdo.

cerdo *m.* Paquidermo doméstico, de cuerpo grueso, que se cría y ceba para el consumo.

cereal *a.-m.* Díc. de las plantas gramináceas de semillas farináceas y de estas semillas.

cerebelo *m.* Parte inferior y posterior del encéfalo.

cerebral *f.* Relativo al cerebro.

ceremonia *f.* Acto o serie de actos para dar culto u honor. Ademán afectado. /monias.

ceremonial *m.* Conjunto de cere-

ceremonioso -sa *a.* Que gusta de ceremonias.

céreo -a *a.* De cera.

cerería *f.* Establecimiento del cerero.

cerero *m.* El que labra o vende cera.

cereza *f.* Fruto del cerezo.

cerezo *m.* Árbol rosáceo cuyo fruto es una drupa pequeña, encarnada, dulce y jugosa.

cerilla *f.* Vela delgada. Fósforo para encender. /brillante.

cerio *m.* Metal raro de color gris

cerne *m.* Parte más dura del tronco de los árboles.

cerner *t.* Separar con el cedazo las partes más gruesas de las más finas.

cernícalo *m.* Ave rapaz falcónida, de cabeza abultada.

cero *m.* Cifra sin valor propio. Nada. /fam. Miedo.

cerote *m.* Mezcla de pez y cera.

cerquillo *m.* Corona de cabello de ciertos religiosos.

cerradura *f.* Mecanismo que se pone en puertas, cajones, etc., para cerrarlos.

cerraja *f.* Cerradura. Hierba amarga y medicinal.

cerrajería *f.* Oficio y establecimiento del cerrajero.

cerrajero *m.* El que hace o vende cerraduras, llaves, etc.

cerrar *t.* Hacer que una cosa no pueda verse por dentro. Hacer desaparecer una abertura. Impedir la entrada o salida. Poner

término. Dar por firme un trato. *t.-r.* Cicatrizar una herida.
cerrazón *f.* Obscuridad que precede a las tempestades.
cerril *a.* Dic. del ganado indómito. Grosero, rústico. /da.
cerro *m.* Elevación de tierra aislada.
cerrojo *m.* Barreta de hierro con manija para cerrar puertas, etc.
certamen *m.* Función literaria. Concurso para premiar artistas, literatos, etc.
certero -ra *a.* Diestro en tirar. Seguro, acertado. Cierto, sabedor.
certeza *f.* Conocimiento seguro. Calidad de cierto.
certidumbre *f.* Certeza.
certificación *f.* Acción de certificar. Documento en que se certifica. /cumento/.
certificado *m.* Certificación (documento).
certificar *t.* Asegurar como cierto. Expedir certificado. Hacer registrar envíos por correo.
certísimo -ma *a.* Superl. de *cierto*.
cerúleo -a *a.* Del color del cielo.
cerumen *m.* Cera de los oídos.
cerusa *f.* Albayalde.
cervantino -na *a.* Propio de Cervantes como escritor.
cervato *m.* Ciervo menor de seis meses.
cervecería *f.* Fábrica de cerveza. Establecimiento donde se sirve cerveza.
cervecero -ra *a.* Relativo a la cerveza. *m. f.* Persona que hace o vende cerveza.
cerveza *f.* Bebida fermentada de cebada y lúpulo.
cervical *a.* Relativo a la cerviz.
cerviguillo *m.* Parte exterior abultada de la cerviz.
cesante *a.* Que cesa. *a.-s.* Que se queda sin empleo.
cesantía *f.* Estado de cesante.
cesar *i.* Suspenderse, acabarse. Dejar de hacer lo que se está haciendo.
cesáreo -a *a.* Relativo al César.
cesarismo *m.* Gobierno absoluto de una sola persona.
cese *m.* Cesación en el cargo.
cesio *m.* Metal alcalino que se inflama en el aire.
cesión *f.* Acción de ceder.
césped *m.* Hierba menuda y tupida.
cesta *f.* Recipiente tejido con mimbres, juncos, etc. Pala cóncava para jugar a la pelota.
cestería *f.* Arte y tienda del cestero.
cestero -ra *m. f.* Persona que hace o vende cestas o cestos.
cesto *m.* Cesta grande.
cetáceo -a *a.-m.* Dic. de ciertos mamíferos pisciformes, como la ballena. /ña.
cetrería *f.* Caza con aves de rapi-
cetrino -na *a.* Amarillo verdoso. Melancólico y adusto.
cetro *m.* Insignia de soberano.
cía *f.* Hueso de la cadera.
cianhídrico *a.* Dic. de un ácido muy venenoso.
cianosis *f.* MED. Coloración azul o lívida de la piel.
cianuro *m.* Sal del ácido cianhídrico.
ciar *i.* Remar hacia atrás.
ciática *f.* Neuralgia del nervio ciático.
ciático -ca *a.* Relativo a la cadera.
ciborio *m.* Baldaquino de altar.
cicatear *i.* Hacer cicaterías.
cicatería *f.* Calidad o acción de cicatero.
cicatero -ra *a.* Ruin, que escasea lo que debe dar.
cicatriz *f.* Señal que queda de una herida o llaga.
cicatrizar *t.-r.* Curar completamente una herida o llaga.
cicerone *m.* Persona que enseña y explica las curiosidades de un lugar. /flores rojas.
ciclamor *m.* Árbol leguminoso de
ciclismo *m.* Deporte de los aficionados a la bicicleta.
ciclista *c.* Persona que practica el ciclismo.
ciclo *m.* Período de tiempo en que se verifican una serie de acontecimientos o fenómenos.
ciclón *m.* Huracán.
cíclope *m.* Gigante fabuloso que sólo tenía un ojo.
ciclópeo -a *a.* Gigantesco.
cicuta *f.* Planta umbelífera venenosa.
cidra *f.* Fruto del cidro.
cidro *m.* Árbol de fruto parecido al limón.
ciego -ga *a.-s.* Privado de la vista. Ofuscado. Obstruido.
cielo *m.* Esfera aparente, azul y diáfana que rodea la Tierra. Mansión de los bienaventurados. Parte superior que cubre algunas cosas.
ciempiés *m.* Escolopendra. Obra incoherente.
cien *a.* Apóc. de ciento.
ciénaga *f.* Lugar cenagoso.
ciencia *f.* Conocimiento de las cosas por sus causas. Saber. Conjunto sistemático de conocimientos.
cieno *m.* Lodo blando de los ríos, lagunas, etc. /cia.
científico -ca *a.* Relativo a la ciencia.
ciento *a.-m.* Diez veces diez.
cierre *m.* Acción de cerrar. Cerradura.
cierto -ta *a.* Verdadero, indudable. Un, algún. *adv.* Ciertamente.

cierva *f.* Hembra del ciervo.
ciervo *m.* Rumiante esbelto y ligero, de cuernas ramosas.
cierzo *m.* Viento del norte.
cifra *f.* Número (signo). Escritura secreta. Abreviatura.
cifrar *t.* Escribir en cifra. *t.-r.* Compendiar.
cigarra *f.* Insecto de cabeza gruesa y alas membranosas que produce un sonido estridente.
cigarrera *f.* Mujer que hace cigarros. Caja para cigarros puros.
cigarrillo *m.* Cigarro de tabaco picado, envuelto en una hojita de papel.
cigarro *m.* Rollo de hojas de tabaco para fumar.
cigarrón *m.* Saltamontes.
cigoñal *m.* Aparato para sacar agua de pozos someros.
cigüeña *f.* Ave zancuda de paso, grande, con el cuello y pico largos. Manubrio de los tornos.
cigüeñal *m.* Cigoñal. Pieza de ciertos motores.
cilantro *m.* Hierba umbelífera aro- /mática.
cilicio *m.* Ceñidor áspero que se usa por penitencia. /lindro.
cilíndrico -ca *a.* De forma de ci-
cilindro *m.* Cuerpo limitado por una superficie curva y dos planos circulares y paralelos. Caja en que se mueve un émbolo.
cima *f.* Lo más alto de un monte, un árbol, etc. Fin, complemento.
cimbalillo *m.* Campana pequeña.
cimbalo *m.* Cimbalillo. MÚS. Especie de platillos.
cimborio y **-rrio** *m.* Cuerpo cilíndrico que sirve de base a la cúpula. Cúpula.
cimbra *f.* Armazón para construir los arcos y bóvedas.
cimbrar *t.-r.* Hacer vibrar o doblar una cosa flexible.
cimbreante *a.* Flexible.
cimbrear *t.-r.* Cimbrar. /tar.
cimentación *f.* Acción de cimen-
cimentar *t.* Poner los cimientos. Fundar. /o celada.
cimera *f.* Adorno sobre el casco
cimiento *m.* Parte en que descansa el edificio. Principio, raíz.
cimitarra *f.* Sable corvo de turcos y persas. /mercurio.
cinabrio *m.* Sulfuro nativo de
cinamomo *m.* Árbol de madera dura y aromática.
cinc *m.* Metal blanco azulado de estructura laminosa.
cincel *m.* Instrumento de boca acerada y recta para labrar piedras y metales. /cincel.
cincelar *t.* Labrar, grabar con el
cinco *a.-m.* Cuatro y uno. Quinto.
cincuenta *a.-m.* Cinco veces diez.

cincuentena *f.* Conjunto de cincuenta unidades.
cincuentón -na *a.-s.* Que está entre los 50 y los 60 años de edad.
cincha *f.* Faja con que se asegura la silla o la albarda sobre la cabalgadura.
cinchar *t.* Asegurar con la cincha.
cine *m.* Apóc. de *cinematógrafo*.
cineasta *c.* Actor o actriz de cine.
cinegético -ca *a.* Relativo a la caza.
cinema *m.* Cine. /za.
cinematografía *f.* Arte de representar el movimiento por medio de la fotografía.
cinematógrafo *m.* Linterna que proyecta sobre una pantalla las imágenes de una película, cuyo paso rápido produce la ilusión del movimiento. Local donde se proyectan estas películas.
cinerario -ria *a.* Destinado a contener cenizas de cadáveres.
cíngaro -ra *a.-s.* Gitano.
cíngulo *m.* Cordón con que el sacerdote se ciñe el alba.
cínico -ca *a.* Impúdico, descarado.
cínife *m.* Mosquito. /güenza.
cinismo *m.* Impudencia, desver-
cinoglosa *f.* Hierba de virtudes pectorales.
cinomorfo *a.* Dic. de ciertos monos de aspecto de perro.
cinta *f.* Tejido largo y angosto. Tira de papel, celuloide, etc.
cintajo *m.* Desp. de *cinta*.
cintarazo *m.* Golpe dado de plano con la espada.
cintillo *m.* Cordoncillo para ceñir la copa del sombrero. Sortija pequeña. /ñir la cintura.
cinto *m.* Faja o correa para ce-
cintura *f.* Parte más estrecha del cuerpo humano por encima de las caderas.
cinturón *m.* Cinto. Lo que rodea.
ciprés *m.* Árbol conífero de madera olorosa y copa cónica.
circense *a.* Del circo romano.
circo *m.* Lugar destinado, en la ant. Roma, a espectáculos públicos. Espectáculo en que intervienen atletas, equilibristas, payasos, etc.
circuir *t.* Rodear, cercar.
circuito *m.* Terreno comprendido dentro de un perímetro. Camino que sigue una corriente eléctrica.
circulación *f.* Acción de circular. Ordenación del tránsito.
circular *a.* Perteneciente al círculo o que tiene su figura. *f.* Cada una de las cartas iguales dirigidas a diversas personas.
circular *i.* Moverse en derredor. Ir y venir. Pasar una cosa de unas personas a otras.

circulatorio -ria *a.* Relativo a la circulación.
círculo *m.* Porción de plano limitado por la circunferencia. Casino, sociedad.
circuncidar *t.* Cortar una porción del prepucio.
circuncisión *f.* Acción de circuncidar. Fiesta de la Circuncisión del Señor.
circunciso *pp.* irreg. de *circuncidar*.
circundar *t.* Circuir. /
circunferencia *f.* Curva cerrada y plana cuyos puntos equidistan del centro.
circunflejo *a.* Díc. del acento de esta forma (^).
circunlocución *f.*, **circunloquio** *m.* Acción de expresar una cosa con más palabras que las indispensables.
circunscribir *t.* GEOM. Trazar una figura que rodee a otra. Reducir a ciertos límites.
circunscripción *f.* Acción de circunscribir. División de un territorio. /cunspecto.
circunspección *f.* Calidad de circunspecto.
circunspecto -ta *a.* Cuerdo, prudente.
circunstancia *f.* Accidente de tiempo, lugar, modo, etc. Requisito. /do detalle.
circunstanciadamente *adv.* Con todo detalle.
circunstanciado -da *a.* Referido circunstanciadamente.
circunstancial *a.* Que denota una circunstancia o depende de ella.
circunstante *a.* Que está alrededor. *a.-s.* Díc. de los que están presentes. /cunvalar.
circunvalación *f.* Acción de circunvalar.
circunvalar *t.* Circuir, rodear.
circunvolución *f.* Vuelta o rodeo de una cosa. /dedor.
circunyacente *a.* Que está alrededor.
cirial *m.* Candelero alto. /otra.
cirineo *m.* Persona que ayuda a otra.
cirio *m.* Vela grande de cera.
cirro *m.* Tumor duro e indoloro. BOT. Zarcillo. Nube blanca, alta, de textura fibrosa.
ciruela *f.* Fruto del ciruelo.
ciruelo *m.* Árbol rosáceo cuyo fruto es una drupa jugosa, de piel lisa.
cirugía *f.* Arte de curar las enfermedades mediante operaciones. /rugía.
cirujano *m.* El que profesa la cirugía.
cisalpino -na *a.* Situado entre los Alpes y Roma.
cisco *m.* Carbón menudo. Reyerta.
cisma *amb.* Escisión religiosa. Desavenencia.
cismático -ca *a.-s.* Que se aparta de su legítima cabeza. Que introduce cisma.

cisne *m.* Ave palmípeda de cuello largo y flexible. /tarcir.
cisquero *m.* Muñequilla para estarcir.
Císter *m.* Orden religiosa fundada por San Roberto.
cisterciense *a.* Del Císter.
cisterna *f.* Depósito subterráneo donde se recoge el agua.
cisura *f.* Pequeña incisión.
cita *f.* Señalamiento de día, hora y lugar para verse. Mención que se hace para prueba de lo que se dice.
citación *f.* Acción de citar.
citar *t.* Dar cita. Alegar como cita.
cítara *f.* MÚS. Instrumento formado por una caja llana con cuerdas horizontales.
citerior *a.* De la parte de acá.
citrato *m.* Sal del ácido cítrico.
cítrico -ca *a.* Relativo al limón. Díc. del ácido que se encuentra en el limón.
ciudad *f.* Población importante.
ciudadanía *f.* Calidad y derecho de ciudadano.
ciudadano -na *a.-s.* Vecino de una ciudad. Relativo a la ciudad.
ciudadela *f.* MIL. Recinto fortificado en el interior de una plaza.
cívico -ca *a.* Perteneciente a la ciudadanía.
civil *a.* Ciudadano. Sociable, urbano. Que no es militar o eclesiástico. DER. Relativo a las relaciones e intereses privados.
civilidad *f.* Sociabilidad, urbanidad.
civilización *f.* Acción de civilizar. Cultura, ilustración. Ideas, artes, costumbres, etc., de un pueblo o raza.
civilizar *t.-r.* Sacar del estado salvaje. Educar.
civismo *m.* Celo patriótico.
cizalla *f.* Especie de tijeras para cortar metales.
cizaña *f.* Planta gramínea perjudicial a los sembrados. Discordia.
cizañar *t.* Meter cizaña.
clamar *i.* Dar voces lastimosas.
clámide *f.* Capa corta de los griegos y romanos.
clamor *m.* Grito colectivo. Voces lastimosas.
clamorear *i.* Rogar con clamores.
clamoreo *m.* Clamor continuado.
clamoroso -sa *a.* Díc. del rumor de voces de mucha gente. Vocinglero.
clandestino -na *a.* Secreto, hecho ilícitamente.
claque *f.* Conjunto de los que aplauden por oficio en el teatro.
clara *f.* Materia transparente que

claraboya *f.* Ventana en el techo.
clarear *i.* Empezar a amanecer. *r.* Transparentarse.
clarete *a.-s.* Díc de un vino tinto algo claro.
claridad *f.* Calidad de claro. Efecto de la luz iluminando un espacio.
clarificar *t.* Iluminar. Aclarar. Poner claro lo turbio.
clarín *m.* Instrumento parecido a la trompeta, pero de sonidos más agudos.
clarinete *m.* Instrumento de viento formado por un tubo de madera con agujeros y una boquilla con lengüeta.
clarión *m.* Pasta de yeso y greda para escribir en la pizarra.
clarividencia *f.* Penetración, perspicacia.
clarividente *a.* Perspicaz.
claro -ra *a.* Bañado de luz, brillante. Díc. del color poco subido. Transparente. Ilustre. Poco espeso. Ralo. Perspicaz. Evidente. *m.* Espacio que media entre algunas cosas.
clase *f.* Conjunto de personas de la misma condición, profesión, etc. Cada grupo de una división. Calidad. Conjunto de escolares que reciben la misma enseñanza. Aula.
clásico -ca *a.-s.* Díc. del autor o de la obra literaria o artística que se tiene por modelo digno de imitación.
clasificar *t.* Ordenar por clases.
claudicar *i.* Faltar a sus deberes o principios. /tro.
claustral *a.* Perteneciente al claus-
claustro *m.* Galería de convento. Estado monástico. Junta de profesores.
cláusula *f.* Cada una de las disposiciones en un contrato, testamento, etc. Conjunto de palabras que forman un sentido completo.
clausura *f.* Recinto interior de un convento. Obligación de no salir de él. Vida recogida. Acción de clausurar.
clausurar *t.* Poner fin solemnemente a una asamblea, certamen, etc. Cerrar por orden gubernativa.
clava *f.* Palo cuyo grueso va en aumento desde la empuñadura.
clavar *t.-r.* Introducir un clavo o cosa puntiaguda. Asegurar con clavos.
clavazón *f.* Conjunto de clavos.
clave *m.* Clavicordio. *f.* Signo en el pentagrama para determinar el nombre de las notas. Lo que es preciso conocer para entender una cosa. Piedra central de un arco o bóveda.
clavel *m.* Planta de hojas largas y estrechas y flores olorosas. Flor del clavel.
clavellina *f.* Clavel (planta).
clavero *m.* Llavero (persona). Árbol tropical que produce los clavos de especia.
clavetear *t.* Guarnecer con clavos. Herretear.
clavicímbalo, clavicímbano y clavicordio *m.* MÚS. Ant. instrumento de cuerda, precursor del piano.
clavícula *f.* Hueso que va del esternón al hombro.
clavija *f.* Trozo de metal, madera, etc., que encaja en el taladro de una pieza.
clavillo *m.* Clavo pequeño. Clavo (especia).
clavo *m.* Pieza de metal, larga, con cabeza y punta. Capullo seco de la flor del clavero usado como especia.
clemátide *f.* Planta ranunculácea medicinal.
clemencia *f.* Virtud que modera el rigor de la justicia.
clemente *a.* Que tiene clemencia.
clepsidra *f.* Reloj de agua.
cleptomanía *f.* Propensión morbosa al hurto.
clerecía *f.* Clero.
clerical *a.* Relativo al clero.
clérigo *m.* El que ha recibido las órdenes sagradas.
clero *m.* Conjunto de los clérigos.
cliente *c.* Persona que utiliza los servicios profesionales de otra.
clientela *f.* Conjunto de clientes.
clima *m.* Conjunto de condiciones atmosféricas de un país. País, región. /climas.
climatología *f.* Estudio de los
clínica *f.* Enseñanza práctica de la medicina. Hospital privado.
clínico -ca *a.* Perteneciente a la clínica.
clisé *m.* Plancha para reproducir un grabado o una página compuesta.
cloaca *f.* Conducto para las aguas sucias de los pueblos. /clueca.
cloquear *i.* Cacareo de la gallina
clorato *m.* Sal del ácido clórico.
clórico -ca *a.* Del cloro o que lo contiene.
cloro *m.* Elemento gaseoso, de color amarillo verdoso, sofocante y tóxico.
cloroformizar *t.* Anestesiar con cloroformo.
cloroformo *m.* Líquido anestésico compuesto de carbono, hidrógeno y cloro.

clorosis f. MED. Empobrecimiento de la sangre.
clorótico -ca a. Relativo a la clorosis. Que la padece.
cloruro m. Compuesto de cloro y otro elemento.
club m. Sociedad política, deportiva o de recreo. /empolla.
clueca a.-f. Dic. del ave cuando
coacción f. Fuerza que se hace a uno para que diga o haga algo.
coadjutor -ra m. f. Persona que ayuda a otra. Eclesiástico que ayuda a un párroco.
coadyuvar t. Contribuir, ayudar al logro de algo.
coagular t.-r. Cuajar, solidificar lo líquido.
coágulo m. Sangre cuajada. Grumo. Masa coagulada.
coalición f. Confederación, liga, alianza.
coartada (probar la) fr. Justificar el presunto reo su ausencia del lugar en que se cometió el delito.
coartar t. Limitar, restringir.
coautor -ra m. f. Autor con otro.
coaxial (cable). A base de dos conductores concéntricos, empleado en comunicaciones.
cobalto m. Metal blanco, rojizo, que entra en la composición de muchas pinturas.
cobarde a.-s. Falto de valor, pusilánime. /valor.
cobardía f. Falta de ánimo y
cobayo f. Roedor del tamaño de un conejo pequeño. /vasijas.
cobertera f. Pieza para tapar
cobertizo m. Tejado saledizo. Sitio cubierto rústicamente.
cobertor m. Colcha.
cobertura f. Cubierta.
cobijar t. Cubrir, tapar. Albergar.
cobijo m. Acción de cobijar. Albergue.
cobranza f. Acción de cobrar.
cobrar t. Percibir lo que se acredita. Adquirir.
cobre m. Metal rojizo, uno de los mejores conductores del calor y la electricidad.
cobrizo -za a. Que contiene cobre. De color de cobre.
cobro m. Cobranza.
coca f. Arbusto del Perú de hojas estimulantes.
cocaína f. Alcaloide que se usa como anestésico local.
cocción f. Acción de cocer.
cóccix m. Hueso en que termina el espinazo.
cocear i. Dar o tirar coces.
cocer t.-r. Preparar un manjar por medio del fuego. Someter ciertas cosas a la acción del calor.

i. Hervir.
cocido m. Olla (guiso).
cociente m. Resultado de dividir una cantidad por otra.
cocimiento m. Cocción. Líquido cocido con substancias medicinales.
cocina f. Pieza donde se guisa. Aparato para cocer la comida. Arte de preparar ésta.
cocinero -ra m. f. Persona que guisa.
coco m. Fruto del cocotero. Cocotero. Gusanillo de los frutos. Fantasma con que se amedrenta a los niños.
cocodrilo m. Reptil saurio, grande, muy voraz.
cócora c. Persona molesta.
cocotero m. Palma cuyo fruto, grande, de cáscara leñosa, contiene una pulpa blanca comestible y un líquido dulce.
coche m. Carruaje con asientos. Automóvil, tranvía, vagón.
cochera f. Paraje donde se encierran coches.
cochero m. El que guía un coche.
cochinada f. Porquería. Acción ruin.
cochinilla f. Pequeño crustáceo terrestre. Insecto que da una materia colorante roja. Esta materia.
cochinillo m. Cerdo pequeño.
cochino -na m. f. Cerdo, cerda. Persona sucia.
cochitril m. Pocilga. Habitación estrecha y desaseada.
cochura f. Cocción.
coda f. Adición al final de una pieza de música.
codazo m. Golpe con el codo.
codear i. Mover los codos. r. Tratarse de igual a igual con otro.
codera f. Pieza de adorno o remiendo en los codos. /llas.
codeso m. Mata de flores amari-
códice m. Libro manuscrito antiguo. Parte del misal.
codicia f. Apetito desordenado de riquezas. Deseo vehemente.
codiciar t. Desear con ansia.
codicioso -sa a. Que tiene codicia.
codificar t. Reunir en un código.
código m. Cuerpo de leyes. Conjunto de reglas o preceptos.
codillo m. En los cuadrúpedos, coyuntura del brazo junto al pecho. Lance del tresillo en que el que ha entrado hace menos bazas que un contrario.
codo m. Parte posterior de la articulación del brazo con el antebrazo. Trozo de tubo que forma ángulo. Ant. medida de longitud (42 cm.).
codorniz f. Ave gallinácea de pa-

so, menor que la perdiz.
coercer *t.* Contener, refrenar, sujetar.
coerción *f.* Acción de coercer.
coercitivo -va *a.* Que coerce.
coetáneo -nea *a.-s.* Que es de la misma edad o tiempo.
coexistencia *f.* Existencia simultánea.
coexistir *i.* Existir juntamente.
cofa *f.* MAR. Meseta horizontal en el cuello de un palo.
cofia *f.* Especie de gorro de mujer. Red para el pelo.
cofrade *c.* Individuo de una cofradía.
cofradía *f.* Hermandad religiosa.
cofre *m.* Especie de arca con tapa convexa.
cogedor -ra *a.* Que coge. *m.* Cajón para recoger la basura.
coger *t.* Asir, tomar. Recoger los frutos del campo. Apresar, atrapar. Alcanzar. Contener, abarcar. *i.* Caber.
cogida *f.* Acto de coger el toro a un torero.
cogitabundo -da *a.* Muy pensativo.
cognoscible *a.* Conocible.
cognoscitivo -va *a.* Capaz de conocer.
cogollo *m.* Lo interior y más apretado de una col, lechuga, etc. Lo mejor de una cosa.
cogote *m.* Parte posterior del cuello.
cogujada *f.* Pájaro parecido a la alondra con un penacho en la cabeza. /jes.
cogulla *f.* Hábito de ciertos mon-
cogullada *f.* Papada del puerco.
cohechar *t.* Sobornar a un juez o funcionario público.
cohecho *m.* Acción de cohechar.
coherencia *f.* Conexión de unas cosas con otras. Cohesión.
coherente *a.* Que tiene coherencia.
cohesión *f.* Acción de adherirse las cosas entre sí. Unión íntima entre las moléculas. Enlace.
cohesivo -va *a.* Que produce cohesión.
cohete *m.* Artificio volante de fuego. Artificio que sirve para propulsar aviones, lanzar naves espaciales, etc.
cohibir *t.* Refrenar, reprimir.
cohombro *m.* Variedad de pepino.
cohonestar *t.* Dar visos de honesta a una acción indecorosa.
cohorte *f.* Ant. cuerpo romano de infantería. /dir.
coincidencia *f.* Acción de coinci-
coincidir *i.* Convenir una persona o cosa con otra. Ocurrir dos o más cosas al mismo tiempo.
cojear *i.* Andar inclinando el cuerpo más a un lado que a otro. Adolecer de algún vicio o defecto.
cojera *f.* Defecto del que cojea.
cojijoso -sa *a.* Que se queja por leve motivo.
cojín *m.* Almohadón.
cojo -ja *a.-s.* Que cojea.
cok *m.* Coque.
col *f.* Planta crucífera hortense de hojas anchas lobuladas, comestibles.
cola *f.* Apéndice posterior de algunos animales. Apéndice parecido a una cola. Parte posterior o final. Hilera de personas que esperan vez. Pasta para pegar. Árbol de África, de semilla tónica. /rar.
colaboración *f.* Acción de colabo-
colaborar *t.* Trabajar con otros en una misma obra. /gera.
colación *f.* Cotejo. Refacción li-
colacionar *t.* Cotejar. /colada.
colada *f.* Acción de colar. Ropa
coladero *y* **colador** *m.* Utensilio en que se cuela un líquido.
coladura *f.* Acción de colar. Equivocación, plancha.
colapso *m.* MED. Postración repentina de las fuerzas vitales.
colar *t.* Pasar un líquido por manga, cedazo o paño. Blanquear la ropa con lejía caliente. *r.* Introducirse a escondidas. Decir inconveniencias o equivocarse.
colateral *a.* Que está a uno y otro lado. *a.-s.* Dic. del pariente que no lo es por línea recta.
colcha *f.* Cobertura de cama.
colchón *m.* Saco cuadrilongo, relleno de lana, pluma, etc., para dormir sobre él.
colchonero -ra *m. f.* Persona que hace o vende colchones.
colear *i.* Mover la cola.
colección *f.* Conjunto de cosas de una misma clase.
coleccionar *t.* Formar colección.
coleccionista *m. f.* Persona que forma colecciones.
colecta *f.* Recaudación de donativos. Oración de la misa.
colectar *t.* Recaudar donativos.
colectividad *f.* Comunidad, sociedad, corporación.
colectivismo *m.* Teoría según la cual los medios de producción han de pertenecer al Estado.
colectivo -va *a.* Que afecta a una colectividad. Que tiene virtud de reunir. GRAM. Dic. del nombre que, en sing., significa pluralidad.
colector *a.-m.* Que recoge. *m.* Recaudador. /sión.
colega *m.* Compañero de profe-

colegial *a.* Perteneciente al colegio. Dic. de la iglesia que, sin ser catedral, tiene cabildo. *m.* Alumno de un colegio.
colegiala *f.* Alumna de un colegio.
colegiarse *r.* Constituirse en colegio. Afiliarse a un colegio.
colegiata *f.* Iglesia colegial.
colegio *m.* Establecimiento de enseñanza. Corporación de individuos de la misma profesión.
colegir *t.* Inferir, deducir.
colegislador -ra *a.* Que legisla con otro.
coleóptero *a.-m.* Dic. de los insectos que tienen las alas del primer par convertidas en una especie de estuche. /morbo.
cólera *f.* Bilis. Ira, enojo. Cólera
cólera morbo *m.* Enfermedad contagiosa, epidémica, muy grave.
colérico -ca *a.* Relativo a la cólera. Irascible. *a.-s.* Atacado de cólera morbo.
colerina *f.* Gastroenteritis aguda.
coleta *f.* Mechón largo de cabello en la parte posterior de la cabeza. Adición breve.
coletilla *f.* Dim. de *coleta*.
coleto *m.* Ant. Jubón de piel.
colgadero *m.* Pieza de que se cuelga alguna cosa.
colgadura *f.* Conjunto de tapices o telas con que se adornan paredes, balcones, etc.
colgajo *m.* Trapo que cuelga. Porción de frutas colgadas.
colgar *t.* Poner una cosa pendiente de otra. Adornar con colgaduras. *t.-r.* Ahorcar. *i.* Pender.
colibrí *m.* Pájaro americano muy pequeño.
cólico *m.* Acceso doloroso en los intestinos. Dolor debido a la obstrucción de una víscera.
coliflor *f.* Variedad de col con los brotes transformados en masas carnosas blancas.
coligarse *r.* Unirse, confederarse.
colilla *f.* Punta del cigarro que se tira.
colina *f.* Elevación del terreno, menor que una montaña.
colindante *a.* Que colinda.
colindar *i.* Lindar entre sí.
colirio *m.* Medicamento en gotas para los ojos.
coliseo *m.* Anfiteatro romano. Teatro o cine importante.
colisión *f.* Choque. Pugna.
colista *c.* Persona que espera en una cola. El que va a la cola.
colmar *t.* Llenar con exceso.
colmena *f.* Vaso que sirve de habitación a un enjambre de abejas.
colmenar *m.* Lugar donde están las colmenas.

colmenero -ra *m. f.* Persona que tiene colmenas. /table.
colmenilla *f.* Cierto hongo comes-
colmillo *m.* Diente agudo situado entre los incisivos y los molares. Incisivo prolongado de elefante.
colmo *m.* Lo que rebasa la medida. Complemento.
colocación *f.* Acción de colocar. Situación. Empleo.
colocar *t.* Poner, instalar, situar. Poner en un empleo, condición, etc. Vender una mercancía.
colodra *f.* Vasija de madera en forma de barreño. /cabeza.
colodrillo *m.* Parte posterior de la
colofón *m.* Anotación al final de un libro con el nombre del impresor, fecha, etc.
colofonia *f.* Resina sólida, amarillenta y translúcida.
colombiano -na *a.-s.* De Colombia.
colombino -na *a.* Relativo a Cristóbal Colón.
colon *m.* Parte del intestino grueso comprendida entre el ciego y el recto.
colonia *f.* Territorio o establecimiento fuera de un país y dependiente de él. Conjunto de individuos de un país que viven en otro. Agrupación de animales pequeños que viven juntos.
colonial *a.* Perteneciente a la colonia.
colonialismo *m.* Acción de unos países que mantienen a otros bajo régimen colonial.
colonización *f.* Acción de colonizar.
colonizar *t.* Establecer colonia en un territorio.
colono *m.* Habitante de una colonia. Labrador arrendatario.
coloquio *m.* Conversación, plática.
color *m.* Calidad que el ojo aprecia en los objetos según la clase de rayos de luz que aquéllos reflejan. Substancia colorante. Pretexto, motivo. /Color.
coloración *f.* Acción de colorar.
colorado -da *a.* De color rojo.
colorar *t.* Dar color.
colorear *t.* Colorar. Cohonestar. *i.* Mostrar su color encarnado.
colorete *m.* Afeite encarnado.
colorido *m.* PINT. Disposición de los colores. Color. Pretexto.
colorín *m.* Color vivo y llamativo.
colosal *a.* Relativo al coloso. Gigantesco. Extraordinario.
coloso *m.* Estatua gigantesca. Persona o cosa sobresaliente.
columbrar *t.* Divisar.
columna *f.* Pilar, gralte. de sección circular. División vertical de una página. Tropa en formación de poco frente y mucho

fondo. Parte de un ejército.
columnata *f.* Serie de columnas.
columpiar *t.-r.* Mecer en el columpio.
columpio *m.* Cuerda fija por ambos extremos a un punto elevado para mecerse en ella.
coluro *m.* Círculo máximo de la esfera celeste que pasa por los polos y corta la eclíptica en los puntos equinocciales o en los solsticiales.
colza *f.* Variedad de nabo de semillas oleaginosas.
collado *m.* Colina. Depresión que facilita el paso de una sierra.
collar *m.* Adorno que rodea el cuello. Aro que se ciñe al pescuezo de los animales.
collera *f.* Collar de cuero relleno para las caballerías.
collerón *m.* Collera de lujo.
coma *f.* Signo ortográfico [,]. MED. Sopor profundo.
comadre *f.* La madrina de un niño con relación al padrino y a los padres. Vecina y amiga.
comadrear *i.* Chismear, murmurar.
comadreja *f.* Mamífero mustélido muy perjudicial.
comadrona *f.* Partera.
comandancia *f.* Empleo, oficina, distrito del comandante.
comandante *m.* Jefe militar inmediatamente superior al capitán. Militar que ejerce un mando.
comandar *t.* Mandar un ejército, una flota, etc. /dita.
comandita *f.* Sociedad en comandita.
comanditar *t.* Aprontar los fondos para una empresa comercial o industrial de otro, sin contraer obligación mercantil.
comanditario -ria *a.-s.* Relativo a la comandita.
comando *m.* Mando militar.
comarca *f.* Territorio que comprende varias poblaciones. /guo.
comarcano -na *a.* Cercano, contí-
comatoso -sa *a.* Relativo al coma.
comba *f.* Inflexión que toma un cuerpo cuando se encorva. Juego de niños en que se salta una cuerda.
combar *t.* Encorvar.
combate *m.* Pelea, batalla.
combatiente *a.-m.* Que combate.
combatir *i.-r.* Luchar. *t.* Acometer. Impugnar. /combatir.
combinación *f.* Acción y efecto de
combinar *t.-r.* Unir para formar un compuesto para algún fin.
combustible *a.* Que puede arder. *m.* Lo que sirve para hacer lumbre. /quemar.
combustión *f.* Acción de arder o
comedero -ra *a.* Comestible. *m.* Vasija donde se echa la comida a los animales.
comedia *f.* Obra dramática, esp. la de enredo o costumbres. Farsa, fingimiento. /Hipócrita.
comediante *m. f.* Actor, actriz.
comedido -da *a.* Cortés, moderado.
comedimiento *m.* Cortesía, moderación.
comedirse *r.* Moderarse.
comedor -ra *a.* Que come mucho. *m.* Sala destinada para comer.
comendador *m.* Dignidad superior a la de caballero en ciertas órdenes.
comensal *c.* Cualquiera de los que comen en una misma mesa.
comentar *t.* Hacer comentarios.
comentario *m.* Observación sobre una obra, discurso, etc. *pl.* Conversación sobre personas o sucesos. /menta.
comentarista *c.* Persona que co-
comer *i.* Tomar alimento. Tomar la comida principal del día. *t.* Mascar y tragar el alimento. Corroer. Consumir.
comercial *a.* Perteneciente al comercio.
comerciante *a.-s.* Que comercia.
comerciar *i.* Comprar y vender con fin lucrativo.
comercio *m.* Acción de comerciar. Conjunto de comerciantes. Establecimiento comercial. Comunicación, trato. /comer.
comestible *a.-m.* Que se puede
cometa *m.* Astro que lleva una cola o cabellera nebulosa. Juguete que los muchachos hacen elevar por el aire.
cometer *t.* Dar encargo de una cosa. Incurrir en culpa o error.
cometido *m.* Comisión, encargo.
comezón *f.* Picazón. Desazón producida por el deseo.
comicidad *f.* Calidad de cómico.
comicios *m. pl.* Reuniones y actos electorales.
cómico -ca *a.* Relativo a la comedia. Que hace reír. *m. f.* Comediante.
comida *f.* Alimento. El que se toma en horas determinadas. El principal que se toma gralte. al mediodía.
comidilla *f.* Tema preferido de conversación.
comienzo *m.* Principio, origen.
comilón -lona *a.-s.* Que come mucho.
comilona *f.* Comida abundante.
comillas *f. pl.* Signo ortográfico [« »] que se pone en las citas o ejemplos. /máticas.
comino *m.* Planta de semillas aro-
comisaría *f.*, **comisariato** *m.* Empleo y oficina del comisario.
comisario *m.* El que tiene poder

de una autoridad superior para ejercer ciertas funciones.
comisión *f.* Acción de cometer. Encargo. Mandato para realizar ciertas transacciones comerciales y lo que se cobra por ello. Conjunto de personas encargadas de algo. /cargo.
comisionar *t.* Dar comisión o encomisionista *c.* Persona que desempeña comisiones comerciales.
comiso *m.* Confiscación de géneros o efectos.
comistrajo *m.* Mezcla extravagante de manjares.
comisura *f.* Punto de unión de los labios, párpados, etc.
comité *m.* Junta o comisión.
comitiva *f.* Acompañamiento.
como y **cómo** *adv.* De qué modo o manera, en qué estado. A semejanza de, del modo que. *conj.* Si, en caso que. Porque.
cómoda *f.* Mueble con tablero de mesa y cajones.
comodidad *f.* Calidad de cómodo. Conveniencia. /todo.
comodín *m.* Lo que sirve para
cómodo -da *a.* Que se presta al uso necesario sin ofrecer inconveniente, molestia, etc. Oportuno, fácil. /comodidad.
comodón -dona *a.* Amante de la comodidad.
compacto -ta *a.* De textura apretada. Apiñado.
compadecer *t.-r.* Dolerse del mal ajeno. *r.* Venir bien una cosa con otra.
compadraje *m.* Concierto de varios para ayudarse mutuamente.
compadrazgo *m.* Compadraje. Relación de compadres.
compadre *m.* El padrino de un niño con relación a la madrina y a los padres. Amigo, compañero.
compaginar *t.* Poner en buen orden cosas que tienen relación mutua. IMPR. Formar páginas.
compañerismo *m.* Armonía entre compañeros.
compañero -ra *m. f.* Persona que se acompaña con otra. En corporaciones, colegios, etc., cada individuo con respecto a los demás.
compañía *f.* Presencia de una persona junto a otra. Los que acompañan. Sociedad. Cuerpo de actores. MIL. Unidad mandada por un capitán. /rar.
comparación *f.* Acción de comparar.
comparar *t.* Fijar la atención en dos o más objetos para descubrir sus relaciones, diferencias o semejanzas. Cotejar.
comparativo -va *a.* Que sirve para comparar.

comparecer *t.* Presentarse.
comparsa *f.* En el teatro, conjunto de los que figuran y no hablan. Cada uno de ellos. Conjunto de máscaras.
compartimiento *m.* Acción de compartir. Departamento.
compartir *t.-r.* Distribuir en partes. Usar o tener en común.
compás *m.* Instrumento para trazar curvas y tomar distancias. Medida del tiempo en la música.
compasión *f.* Sentimiento que excitan los males ajenos.
compasivo -va *a.* Que tiene compasión. /patible.
compatibilidad *f.* Calidad de compatible *a.* Capaz de unirse o concurrir en un mismo lugar o sujeto.
compatricio -cia *m. f.* y **compatriota** *c.* Persona de la misma patria que otra.
compeler *t.* Obligar con fuerza.
compendiar *t.* Reducir a compendio.
compendio *m.* Resumen.
compenetración *f.* Acción de compenetrarse.
compenetrarse *r.* Penetrar las partículas de una substancia entre las de otra. Identificarse en ideas y sentimientos. /pensar.
compensación *f.* Acción de compensar *t.* Neutralizar el efecto de una cosa con el de otra. Resarcir, indemnizar.
competencia *f.* Rivalidad. Incumbencia. Aptitud, idoneidad.
competente *a.* Bastante, adecuado. Apto, idóneo.
competer *i.* Tocar, incumbir.
competir *i.* Contender, rivalizar.
compilación *f.* Acción de compilar. Colección de leyes, extractos, etc.
compilar *t.* Juntar en un solo cuerpo leyes, extractos, etc.
compinche *c. desp.* Camarada.
complacencia *f.* Satisfacción, contento.
complacer *t.* Hacer lo que es grato a otro. *r.* Hallar satisfacción en una cosa.
complejo -ja *a.-m.* Que se compone de elementos diversos.
complementar *t.* Completar.
complementario -ria *a.* Que completa o perfecciona una cosa.
complemento *m.* Lo que completa una cosa.
completamente *adv.* Enteramente.
completar *t.* Hacer cabal o perfecta una cosa. /oficio divino.
completas *f. pl.* Última parte del
completo -ta *a.* Lleno, cabal. Perfecto.

complexión *f.* Constitución física del individuo.
complicación *f.* Concurrencia de cosas diversas. Embrollo, dificultad.
complicado -da *a.* Enmarañado. Compuesto de muchas piezas.
complicar *t.* Mezclar, unir entre sí cosas diversas. *r.* Embrollarse, enmarañarse.
cómplice *c.* Compañero en el delito. /plice.
complicidad *f.* Calidad de cómplice.
complot *m.* Confabulación, intriga.
complutense *a.-s.* De Alcalá de Henares.
componedor -ra *m. f.* Persona que compone. *m.* IMPR. Regla con un borde y un tope en cada extremo en que se compone el renglón.
componenda *f.* Arreglo o transacción censurable.
componente *a.-m.* Que entra en la composición de un todo.
componer *t.* Formar de varias cosas o partes un todo. Producir obras literarias o musicales. Reproducir un texto juntando los caracteres tipográficos. Aderezar. Poner en paz. Ataviar. Reparar, arreglar.
comportamiento *m.* Manera de portarse.
comportar *t.* Tolerar. *r.* Portarse.
composición *f.* Acción y arte de componer. Obra literaria o musical. IMPR. Líneas o páginas compuestas.
compositor -ra *a.-s.* Que compone, esp. obras musicales. /tela.
compostelano -na *a.* De Compos-
compostura *f.* Arreglo, reparo. Convenio. Aseo, adorno.
compota *f.* Dulce de fruta cocida.
compotera *f.* Vasija para compota.
compra *f.* Acción de comprar. Cosa comprada.
comprar *t.* Adquirir por dinero.
comprender *t.* Abrazar, ceñir. Contener. Entender.
comprensión *f.* Acción y facultad de comprender.
comprensivo -va *a.* Que comprende o incluye. Capaz de entender fácilmente.
compresa *f.* Pedazo de lienzo que se aplica debajo del vendaje.
compresible *a.* Que se puede comprimir. /mir.
compresión *f.* Acción de compri-
comprimir *t.-r.* Apretar, reducir el volumen por presión. Reprimir, contener.
comprobación *f.* Acción de comprobar. /ba.
comprobante *a.-m.* Que comprue-
comprobar *t.* Verificar, confirmar mediante prueba.
comprometer *t.* Poner la decisión de algo en manos de un tercero. *t.-r.* Exponer a un riesgo. Poner en obligación.
compromisario -ria *m. f.* Persona en quien otras delegan para que resuelva algo.
compromiso *m.* Obligación contraída, palabra dada. Dificultad, embarazo.
compuerta *f.* Media puerta a manera de antepecho. Portón movible en presas o canales.
compuesto -ta *p. p.* de *componer. a.-m.* Formado por varios elementos. Díc. de las plantas de flor en cabezuela.
compulsar *t.* Cotejar textos.
compulsión *f.* Acción de compeler.
compunción *f.* Dolor de haber pecado. Dolor del mal ajeno.
compungir *t.* Mover a compunción.
computar *t.* Determinar por el cálculo.
cómputo *m.* Cuenta, cálculo.
comulgar *t.* Dar la sagrada comunión. *i.* Recibirla. Compartir con otros ideas, sentimientos.
común *a.* Compartido por dos o más al mismo tiempo. Perteneciente a todos. Ordinario, frecuente. *m.* Todo el pueblo. Retrete, letrina.
comunal *a.* Común (de todos).
comunicación *f.* Acción de comunicar. Escrito en que se comunica algo. Trato, relación. Unión mediante pasos, canales, vías, etc.
comunicado *m.* Escrito que se manda a un periódico. Comunicación (escrito).
comunicar *t.* Hacer a otro partícipe de algo. Hacer saber. *i.-r.* Conversar, tratar. *r.* Tener paso unas cosas con otras.
comunidad *f.* Calidad de común. Todo el pueblo. Personas que viven juntas y bajo ciertas reglas.
comunión *f.* Participación en lo que es común. Congregación de los que profesan la misma fe. Acto de recibir la sagrada Eucaristía.
comunismo *m.* Sistema que suprime la propiedad privada y establece la comunidad de bienes.
comunista *a.-c.* Relativo al comunismo o partidario de él.
con Prep. de uso muy vario.
conato *m.* Empeño, esfuerzo. Intento.
concavidad *f.* Calidad de cóncavo. Parte o sitio cóncavo.
cóncavo -va *a.* Que tiene la superficie más deprimida por el

concebir *i.-t.* Dar existencia a un nuevo ser. Formar idea o concepto de algo; comprender. Comenzar a sentir un afecto.
conceder *t.* Hacer merced de una cosa. Asentir. /cejo.
concejal *m.* Individuo de un concejil *a.* Perteneciente al concejo. /pueblo.
concejo *m.* Ayuntamiento de un
concento *m.* Canto acordado y armonioso de diversas voces.
concentrar *t.* Reunir en un centro. Hacer más fuerte una solución.
concéntrico -ca GEOM. Díc. de las figuras y sólidos que tienen el mismo centro.
concepción *f.* Acción de concebir.
concepto *m.* Idea. Opinión, juicio.
conceptuar *t.* Formar concepto.
conceptuoso -sa *a.* Sentencioso, agudo.
concernir *i.* Atañer.
concertar *t.-r.* Pactar, ajustar. Poner de acuerdo. Componer, ordenar. MÚS. Acordar. *i.-r.* Concordar, convenir.
concertina *f.* Especie de acordeón.
concertista *c.* MÚS. El que da un concierto.
concesión *f.* Acción de conceder. Cosa concedida.
conciencia *f.* Conocimiento de sí mismo y de sus propios estados. Sentimiento interior del bien y del mal.
concienzudo -da *a.* De recta conciencia. Hecho con atención y detenimiento.
concierto *m.* Buen orden. Convenio. Sesión musical. /gar.
conciliábulo *m.* Junta para intri-
conciliación *f.* Acción de conciliar.
conciliar *a.* Perteneciente a los concilios.
conciliar *t.* Poner de acuerdo. *r.* Atraerse la benevolencia.
concilio *m.* Congreso de eclesiásticos. /sión.
concisión *f.* Brevedad en la expre-
conciso -sa *a.* Que tiene concisión.
concitar *t.* Excitar los sentimientos de uno contra otro.
cónclave y **conclave** *m.* Junta de cardenales para elegir Papa.
concluir *t.-r.* Acabar. Decidir. Inferir, deducir. *t.* Convencer. *i.* Finalizar.
conclusión *f.* Acción de concluir.
concluyente *a.* Que concluye o convence.
concordancia *f.* Conformidad de una cosa con otra. GRAM. Conformidad de accidentes entre dos o más palabras variables.
concordar *t.* Poner de acuerdo. *i.* Convenir una cosa con otra. GRAM. Guardar concordancia.
concordato *m.* Tratado entre un gobierno y la Santa Sede.
concordia *f.* Conformidad, unión.
concreción *f.* Acumulación de partículas que forman masa.
concretar *t.* Reducir a lo más esencial. *r.* Limitarse. /cado.
concreto *a.* Determinado, especifi-
conculcar *t.* Hollar. Quebrantar una ley, etc.
concupiscencia *f.* Apetito desordenado de los bienes terrenos.
concurrencia *f.* Acción de concurrir. Gente que concurre.
concurrente *a.-s.* Que concurre.
concurrir *i.* Juntarse o coincidir en un mismo lugar o tiempo personas, cosas o sucesos. Contribuir a un fin.
concurso *m.* Concurrencia. Competencia abierta entre varios para escoger los mejores.
concha *f.* Caparazón o cubierta de algunos animales. Carey. TEAT. Mueble para ocultar al apuntador.
conchabarse *r.* Confabularse.
condado *m.* Dignidad o territorio del conde.
condal *a.* Perteneciente al conde.
conde *m.* Título de nobleza inferior al de marqués y superior al de vizconde.
condecente *a.* Conveniente.
condecoración *f.* Acción de condecorar. Distintivo honorífico.
condecorar *t.* Dar una condecoración.
condena *f.* Imposición de una pena. La pena impuesta.
condenación *f.* Acción de condenar o condenarse.
condenar *t.* Declarar culpable e imponer pena. Reprobar. Inutilizar una puerta, paso, etc. *r.* Incurrir en la pena eterna.
condensación *f.* Acción de condensar o condensarse.
condensar *t.-r.* Reducir una cosa a menor extensión o volumen, dándole más consistencia o más fuerza.
condesa *f.* Mujer del conde o que tiene condado.
condescendencia *f.* Acción de condescender.
condescender *i.* Acomodarse a la voluntad de otro.
condestable *m.* Ant. jefe supremo de la milicia.
condición *f.* Índole o estado de las cosas. Carácter, genio. Estado social. Aquello de que depende la realización o cumplimiento de una cosa. /condición.
condicional *a.* Que incluye una

condimentar t. Sazonar la comida.
condimento m. Lo que sirve para sazonar la comida.
condiscípulo -la m. f. Discípulo con otro.
condolerse r. Participar en el pesar ajeno.
condonar t. Remitir una pena o deuda.
cóndor m. Buitre sudamericano de gran tamaño.
conducción f. Acción de conducir. Conjunto de conductos.
conducir t. Dirigir, guiar. Llevar, transportar. r. Portarse.
conducta f. Manera de conducirse. Gobierno, dirección.
conductibilidad f. Propiedad de los cuerpos que transmiten el calor o la electricidad.
conducto m. Tubo, canal, etc., por donde pasa una cosa. Intermediario.
conductor -ra a.-s. Que conduce. Que deja pasar el calor y la electricidad.
condumio m. Manjar que se come con pan.
conectar t. Combinar con el movimiento de una máquina el de un aparato. Unir.
coneja f. Hembra del conejo.
conejar m. Vivar.
conejera f. Madriguera de conejos.
conejero -ra a. Que caza conejos.
conejo m. Roedor domesticable, del cual se aprovecha la carne y el pelo.
conexión f. Trabazón, enlace.
conexo -xa a. Que tiene conexión.
confabulación f. Acción de confabularse.
confabularse r. Ponerse secretamente de acuerdo.
confección f. Acción de confeccionar. Preparación farmacéutica.
confeccionar t. Hacer, preparar.
confederación f. Unión, liga. Conjunto de personas o Estados confederados.
confederar t.-r. Unir en confederación.
conferencia f. Conversación. Reunión para tratar de un negocio. Disertación.
conferenciante c. El que pronuncia una conferencia.
conferenciar i. Reunirse para tratar de un negocio.
conferir t. Conceder dignidad, empleo, etc. Cotejar.
confesar t. Manifestar uno sus actos, ideas, etc., ocultos. Reconocer lo que no puede negar. Oir el confesor al penitente. t.-r. Declarar los pecados al confesor.
confesión f. Acción de confesar o confesarse.
confesionario -ria m. Confesonario.
confeso -sa a. Que ha confesado su culpa.
confesonario m. Mueble desde cuyo interior oye al penitente el confesor.
confesor m. Cristiano que profesa públicamente su fe. Sacerdote que confiesa.
confeti m. Pedacitos de papel de color que se arrojan en ciertas fiestas.
confiado -da a. Crédulo, imprevisor. Presumido.
confianza f. Esperanza firme. Presunción. Familiaridad en el trato.
confiar t. Depositar o poner algo al cuidado de uno. i.-r. Esperar con firmeza.
confidencia f. Confianza. Revelación secreta.
confidencial a. Hecho o dicho en confidencia.
confidente -ta a. Fiel, de confianza. m. f. Persona a quien otra fía sus secretos. Espía. m. Canapé de dos asientos.
configuración f. Figura peculiar de una cosa.
confín m. Límite, término.
confinamiento m. Acción y efecto de confinar.
confinar i. Lindar. r. Encerrarse, recluirse. Desterrar.
confirmación f. Acción de confirmar. Sacramento que nos confirma en la gracia del bautismo.
confirmar t. Corroborar la certeza. Revalidar lo aprobado. Dar mayor firmeza. Administrar la confirmación.
confiscar t. Privar a uno de sus bienes y aplicarlos al fisco.
confitar t. Cubrir con baño de azúcar las frutas o cocerlas en almíbar.
confite m. Bolilla de pasta de azúcar.
confitería f. Establecimiento del confitero.
confitero -ra m. f. Persona que hace o vende dulces y confituras.
confitura f. Fruta u otra cosa confitada.
conflagración f. Incendio. Perturbación de pueblos o naciones.
conflicto m. Lo más recio de un combate. Lucha. Situación difícil.
confluencia f. Acción de confluir. Lugar donde confluyen ríos o caminos.
confluir i. Juntarse ríos o caminos. Concurrir gente en un lugar.
conformación f. Disposición de las partes de una cosa.
conformar t.-i.-r. Ajustar, concordar una cosa con otra. r.

Acomodarse, resignarse.
conforme *a.* 1. 1al. Acorde. Que se corresponde con ciertas reglas, costumbres, etc. Resignado. *adv.* Con arreglo a. Del mismo modo que. Al paso que.
conformidad *f.* Semejanza. Armonía, proporción, correspondencia. Resignación.
confort *m.* Comodidad.
confortable *a.* Que conforta. Que da comodidad. /forta.
confortador -ra *a.-s.* Que conforta**confortar** *t.* Dar vigor. Animar, consolar. /amistad íntima.
confraternidad *f.* Hermandad o
confrontar *t.* Carear. Cotejar. *i.-r.* Confinar, lindar. *i.-r.* Estar o ponerse enfrente.
confundir *t.-r* Mezclar cosas diversas. Tomar una cosa por otra. Turbar. Humillar, avergonzar.
confusión *f.* Mezcla. Falta de orden y claridad. Equivocación. Perplejidad. Vergüenza, humillación.
confuso -sa *a.* Revuelto. Oscuro, dudoso. Difícil de distinguir. Turbado.
congelar *t.-r.* Hacer pasar un cuerpo del estado líquido al sólido. Enfriar mucho.
congénere *a.* Del mismo género.
congeniar *i.* Avenirse por tener el mismo genio.
congénito -ta *a.* Connatural y como nacido con uno.
congestión *f.* Acumulación de sangre en una parte del cuerpo. Acumulación, aglomeración.
conglomerar *t.-r.* Aglomerar.
conglutinar *t.-r.* Unir, pegar.
congoja *f.* Desmayo, angustia.
congraciar *t.-r.* Ganar la benevolencia de uno.
congratular *t.-r.* Manifestar a uno que se comparte su alegría o satisfacción.
congregación *f.* Junta, comunidad. Reunión de monasterios de una misma orden. Cofradía.
congregante -ta *m. f.* Individuo de una congregación.
congregar *t.-r.* Reunir, juntar.
congreso *m.* Junta para deliberar sobre ciertos asuntos. Asamblea legislativa.
congrio *m.* Pez marino comestible, parecido a la anguila.
congruencia *f.* Oportunidad. Conexión de ideas, palabras, etc.
congruente *a.* Conveniente, oportuno.
cónico, ca *a.* Relativo al cono. De forma de cono.
conífero -ra *a.-f.* Díc. de los árboles o arbustos resinosos de hojas aciculares o escamosas e infrutescencia globosa.
conjetura *f.* Juicio que se forma por señales o indicios.
conjugación *f.* Acción de conjugar.
conjugar *t.* Unir, enlazar. GRAM. Variar las terminaciones del verbo para expresar los accidentes de modo, tiempo, número y persona.
conjunción *f.* Unión. Situación relativa de dos astros cuando tienen la misma longitud. Parte de la oración que enlaza las palabras y oraciones.
conjuntiva *f.* Membrana mucosa que cubre la parte anterior del ojo.
conjuntivo -va *a.* Que une y junta. Relativo a la conjunción.
conjunto -ta *a.* Contiguo. Unido. *m.* Agregado de varias cosas. Totalidad.
conjura, conjuración *f.* Conspiración, intriga.
conjurar *i.-r.* Ligarse con juramento. Conspirar. *t.* Exorcizar. Pedir a uno con instancia o con alguna autoridad. Impedir, evitar.
conjuro *m.* Acción de conjurar. Imprecación supersticiosa.
conllevar *t.* Soportar con paciencia.
conmemoración *f.* Recuerdo. Solemnidad con que se conmemora algo.
conmemorar *t.* Hacer solemnemente memoria de algo o de alguien. /o valuación.
conmensurable *a.* Sujeto a medida
conmigo Forma del pron. *yo* como término de la prep. *con*.
conminación *f.* Acción de conminar.
conminar *t.* Mandar con amenaza de pena o castigo.
conmiseración *f.* Compasión.
conmoción *f.* Perturbación violenta. Tumulto.
conmovedor -ra *a.* Que conmueve.
conmover *t.-r.* Perturbar, mover fuertemente. Enternecer.
conmutador -ra *a.* Que conmuta. *m.* Pieza que hace cambiar de conductor a una corriente eléctrica.
conmutar *t.* Trocar, permutar.
connatural *a.* Conforme a la naturaleza de uno.
connivencia *f.* Complicidad por tolerancia. Confabulación.
connubio *m.* poét. Matrimonio.
cono *m.* GEOM. Sólido limitado por un plano y una superficie curva terminada en una cúspide. BOT. Infrutescencia de las coníferas.

conocer *t.* Tener idea de una cosa. Distinguir. Echar de ver, advertir. Tener trato con una persona. Echar de ver que una persona o cosa es la misma de que ya uno tenía idea. Entender en un asunto.

conocido -da *a.* Distinguido, ilustre. *m. f.* Persona a quien se trata sin intimidad.

conocimiento *m.* Acción de conocer. Entendimiento. Conocido.

conque *conj.* Anuncia una consecuencia. *m.* Condición.

conquista *f.* Acción de conquistar. Cosa conquistada.

conquistar *t.* Adquirir por las armas. Ganar la voluntad.

consabido -da *a.* Dic. de la persona o cosa de que se tiene ya noticia. /sagrar.

consagración *f.* Acción de consagrar.

consagrar *t.* Hacer sagrado. Dedicar a Dios. Pronunciar el sacerdote las palabras rituales para transformar el pan y el vino en el cuerpo y la sangre de Jesucristo. *t.-r.* Dedicar a un fin, estudio, etc.

consanguineo -a *a.-s.* Pariente por consanguinidad.

consanguinidad *f.* Descendencia de un mismo tronco.

consciente *a.* Que tiene conciencia de sí mismo y de sus actos.

consecución *f.* Acción de conseguir.

consecuencia *f.* Hecho que se sigue o resulta de otro. Proposición inferida de otra. Importancia. Correspondencia entre los principios de uno y su conducta.

consecuente *a.* Que es consecuencia de una cosa. Dic. de la persona que tiene consecuencia. *m.* MAT. Segundo término de la razón. /pués de otro.

consecutivamente *adv.* Uno después de otro.

consecutivo -va *a.* Que sigue a otra cosa.

conseguir *t.* Obtener, lograr.

conseja *f.* Cuento, fábula. Patraña.

consejero -ra *m. f.* Persona que aconseja. Individuo de un Consejo.

consejo *m.* Parecer, dictamen. Junta de personas para aconsejar, administrar, dirigir, etc.

consenso *m.* Asenso, consentimiento.

consentido -da *a.* Mimado.

consentimiento *m.* Acción de consentir.

consentir *i.-t.* Permitir una cosa. Mimar. *r.* Empezar a rajarse.

conserje *m.* El que cuida de la custodia y limpieza de un edificio o establecimiento.

conserva *f.* Carne, fruta, etc., preparadas para que se conserven. /serva.

conservador -ra *a.-s.* Que conserva.

conservar *t.-r.* Mantener en cierto estado; hacer durar. Hacer conservas.

conservatorio *m.* Establecimiento de enseñanza artística.

conservero -ra *m. f.* Persona que hace conservas.

considerable *a.* Digno de consideración. Grande.

considerablemente *adv.* Mucho.

consideración *f.* Acción de considerar. Deferencia. Meditación.

considerar *t.* Pensar, reflexionar. Tener en cuenta. Tratar con respeto. *t.-r.* Juzgar, estimar.

consigna *f.* Orden dada a un centinela, guarda, etc. FERROC. Dependencia en las estaciones donde se custodian equipajes.

consignación *f.* Acción de consignar. Cantidad consignada.

consignar *t.* Señalar cantidad para un pago. Poner por escrito. Enviar, destinar.

consigo Forma del pron. *se, sí* como término de la prep. *con.*

consiguiente *a.* Que depende y se deduce de otra cosa.

consiliario -a *m. f.* Consejero.

consistencia *f.* Duración, estabilidad. Trabazón, solidez.

consistente *a.* Que consiste. Que tiene consistencia.

consistir *i.* Estar fundada o incluida una cosa en otra.

consistorial *a.* Relativo al consistorio.

consistorio *m.* Consejo del Papa y los cardenales. Ayuntamiento, cabildo. /otro.

consocio *m.* Socio con respecto a

consola *f.* Mesa de adorno, sin cajones, para estar arrimada a la pared.

consolar *t.-r.* Aliviar la pena o aflicción de uno.

consolidar *t.-r.* Dar solidez. Reunir o pegar lo roto.

consonancia *f.* Correspondencia de sonidos acordes. Identidad de sonidos en la terminación de las palabras. Relación de conformidad.

consonante *a.-s.* Que consuena o tiene consonancia. Dic. de la letra que no puede pronunciarse sin el auxilio de una vocal.

consonar *i.* Formar o tener consonancia.

consorcio *m.* Participación de la misma suerte con otro. COM. Agrupación de empresas.

consorte c. Partícipe de una misma suerte con otro. Cónyuge.
conspicuo -cua a. Ilustre, insigne.
conspiración f. Acción de conspirar.
conspirar i. Obrar de consuno contra alguien o algo.
constancia f. Firmeza y perseverancia. Certeza.
constar i. Ser cierto y evidente. Estar compuesto de determinadas partes.
constelación f. ASTR. Grupo de estrellas fijas al que se atribuye nombre determinado. /ternar.
consternación f. Acción de consternar.
consternar t.-r. Conturbar mucho y abatir el ánimo.
constipación f. Constipado. Estreñimiento.
constipado m. Catarro, resfriado.
constipar t. Impedir la transpiración. r. Resfriarse, acatarrarse.
constitución f. Acción de constituir. Manera de estar constituido. Ley fundamental de un Estado.
constituir t. Formar, componer. Fundar, erigir, ordenar.
constitutivo -va a. Que constituye.
constreñir t. Obligar, compeler. MED. Apretar y cerrar.
constricción f. Encogimiento.
construcción f. Acción de construir. Obra construida.
constructivo -va Díc. de lo que construye. /ye.
constructor -ra a.-s. Que construye.
construir t. Hacer un mueble, una máquina, una casa, etc.
consuegro -gra m. f. Padre o madre de un cónyuge respecto de los del otro.
consuelo m. Lo que consuela. Gozo, alegría.
consueta m. Apuntador de teatro.
consuetudinario -ria a. Que es de costumbre.
cónsul m. Ant. magistrado romano. Agente diplomático encargado de proteger las personas e intereses de sus compatriotas en una población extranjera.
consulado m. Dignidad, cargo y oficina del cónsul.
consular a. Relativo al cónsul.
consulta f. Acción de consultar.
consultar t. Deliberar sobre lo que se ha de hacer. Pedir parecer.
consultivo -va a. Establecido para ser consultado.
consultor -ra a.-s. Que da su /parecer.
consumación f. Acción de consumar. Acabamiento.
consumar t. Llevar a cabo totalmente.
consumición f. Consumo. Lo que se toma en un café, bar, etc.
consumir t.-r. Destruir, extinguir. Gastar. /sas.
consumo m. Gasto de ciertas cosas.
consunción f. Acción de consumir. Enflaquecimiento.
consuno (de) m. adv. De común acuerdo. /sume.
consuntivo -va a. MED. Que consume.
contabilidad f. Orden adoptado para llevar las cuentas.
contacto m. Acción de tocarse los cuerpos. Trato, comunicación.
contado -da a. Raro, poco. Al ~, con dinero contante. Por de ~, por supuesto.
contador -ra a. Que cuenta. m. El que lleva las cuentas. Aparato que mide el fluido que pasa por un conductor. /tagio.
contagiar t. Transmitir por contagio.
contagio m. Transmisión de una enfermedad, vicio, etc.
contaminación f. Acción de contaminar.
contaminar t.-r. Penetrar la inmundicia. Contagiar. /tivo.
contante a. Díc. del dinero efectivo.
contar t. Notar los objetos para saber cuántas unidades hay en un conjunto. Referir, narrar. i. Hacer cuentas. Confiar en una persona o cosa.
contemplación f. Acción de contemplar. f. pl. Miramientos.
contemplar t. Mirar, considerar. Complacer a uno.
contemplativo -va a. Perteneciente a la contemplación o dado a ella.
contemporáneo -a a.-s. Que existe al mismo tiempo que otra persona o cosa.
contemporizar i. Acomodarse al gusto o dictamen ajeno.
contención f. Acción de contener. Contienda. /de litigio.
contencioso -sa a. Que es objeto
contender i. Pelear. Disputar. Competir, rivalizar.
contendiente a.-s. Que contiende.
contener t. Encerrar dentro de sí. t.-r. Detener. Refrenar.
contenido -da a. Moderado. m. Lo que se contiene dentro de una cosa. /contento.
contentar t.-r. Satisfacer. Dar
contento -ta a. Alegre, satisfecho. m. Alegría, satisfacción.
contera f. Pieza de metal en el extremo inferior de un bastón, paraguas, etc.
contestación f. Acción de contestar. Alteración, disputa.
contestar t. Responder a lo que se pregunta o dice. i. Atestiguar lo que dicen otros.
contexto m. Serie del discurso.

tejido de la narración.
contextura *f.* Disposición de las partes de un todo.
contienda *f.* Pelea, disputa.
contigo Forma del pron. *ti* como término de la prep. *con*.
contiguo -gua *a.* Que está tocando a otra cosa.
continencia *f.* Virtud que refrena las pasiones.
continental *a.* Relativo a los países del continente.
continente *a.* Que tiene continencia. *m.* Lo que contiene. Aire, actitud. Cada una de las grandes extensiones de tierra separadas por los océanos.
contingencia *f.* Posibilidad de que una cosa suceda. Acaecimiento posible.
contingente *a.* Posible. *m.* Parte proporcional que se señala.
continuación *f.* Acción de continuar. /sión.
continuamente *adv.* Sin intermi-
continuar *t.* Proseguir lo comenzado. *i.* Durar, permanecer. *r.* Seguir, extenderse.
continuidad *f.* Unión natural de las partes de un todo. Persistencia.
continuo -a *a.* Que dura, se hace o se extiende sin interrupción.
contonearse *r.* Mover con afectación los hombros y caderas.
contoneo *m.* Acción de contonearse.
contorno *m.* Conjunto de líneas que limitan una figura. *pl.* Territorio que rodea una población.
contorsión *f.* Contracción de los miembros o las facciones.
contra *prep.* En oposición o contrariedad. Enfrente, mirando hacia. *f.* Dificultad, inconveniente.
contraalmirante *m.* Oficial inmediatamente inferior al vicealmirante.
contraataque *m.* Respuesta ofensiva a un ataque.
contrabajo *m.* MÚS. El mayor y más grave de los instrumentos de cuerda y arco. /peso.
contrabalancear *t.* Hacer contra-
contrabandista *a.-s.* Que hace contrabando.
contrabando *m.* Introducción fraudulenta de géneros prohibidos o que no han pagado derechos de aduana.
contracción *f.* Acción de contraer. GRAM. Figura que consiste en hacer de dos palabras una sola.
contráctil *a.* Capaz de contraerse.
contradanza *f.* Danza de figuras que ejecutan muchas parejas a un tiempo.
contradecir *t.-r.* Decir lo contrario de lo que otro dice.
contradicción *f.* Acción de contradecir. Oposición. /tradice.
contradictor -ra *a.-s.* Que con-
contradictorio -ria *a.* Que tiene contradicción con otra cosa.
contraer *t.-r.* Estrechar, encoger. Adquirir obligaciones, costumbres, enfermedades, etc.
contrafuerte *m.* Machón saliente para reforzar un muro. Refuerzo interior en el calzado.
contrahacer *t.* Imitar una cosa; falsificarla. Remedar. *r.* Fingirse.
contrahecho -cha *a.* De cuerpo torcido o corcovado.
contralto *m.* Voz media entre la de tiple y la de tenor.
contraluz *f.* Aspecto de las cosas desde el lado opuesto a la luz.
contramaestre *m.* Jefe en algunos talleres. Oficial de mar que dirige la marinería.
contramarcha *f.* Retroceso en el camino que se lleva.
contramina *f.* Mina para volar la del enemigo.
contraorden *f.* Orden que revoca otra anterior.
contrapartida *f.* Compensación.
contrapelo (a) *m. adv.* Contra la inclinación natural del pelo. Con desgana.
contrapeso *m.* Peso que contrabalancea otro.
contraponer *t.-r.* Poner una cosa enfrente de otra. Comparar. Oponer. /traponer.
contraposición *f.* Acción de con-
contraproducente *a.* De efecto contrario a aquel que se persigue.
contrariar *t.* Oponerse a un deseo, intención, etc.
contrariedad *f.* Oposición. Contratiempo. Disgusto.
contrario -ria *a.-f.* Opuesto o repugnante. *a.* Que daña o perjudica. *m. f.* Enemigo, adversario.
contrarrestar *t.* Resistir, hacer frente u oposición.
contrasentido *m.* Deducción opuesta a lo que arrojan de sí los antecedentes. /conocido.
contraseña *f.* Seña para ser
contrastar *t.* Resistir, hacer frente. Comprobar la ley de los objetos de oro y plata o la exactitud de los pesos y medidas. *i.* Diferenciarse mucho.
contraste *m.* Acción de contrastar. El que contrasta el oro, la plata, etc. Oposición o diferencia notable.

contrata *f.* Contrato, esp. para ejecutar una obra o prestar un servicio. /judicial.
contratiempo *m.* Accidente perjudicial.
contratista *com.* Persona que ejecuta una obra por contrata.
contrato *m.* Convenio por el cual se crea una obligación.
contravención *f.* Acción de contravenir. /tra el veneno.
contraveneno *m.* Medicamento contra el veneno.
contravenir *t.* Obrar en contra de lo mandado. /traviene.
contraventor -ra *a.-s.* Que contraviene.
contrayente *a.-s.* Que contrae, esp. matrimonio.
contribución *f.* Acción de contribuir. Cantidad que se paga al Estado.
contribuir *t.* Pagar un impuesto. *t.-i.* Concurrir con otros al logro de un fin.
contribuyente *a.-s.* Que contribuye.
contrición *f.* Pesar de haber ofendido a Dios por ser quien es.
contrincante *m.* Competidor, rival.
contristar *t.* Afligir, entristecer.
contrito -ta *a.* Que siente contrición.
controversia *f.* Discusión.
controvertir *i.-t.* Discutir.
contubernio *m.* Alianza vituperable. /maz.
contumacia *f.* Calidad de contumaz.
contumaz *a.* Porfiado en mantener un error. Impenitente.
contumelia *f.* Injuria dicha cara a cara.
contundente *a.* Que produce contusión. Convincente, concluyente.
contundir *t.* Magullar, golpear.
conturbar *t.-r.* Turbar, inquietar. Alterar el ánimo.
contusión *f.* Lesión por golpe sin herida exterior.
contuso -sa *a.-s.* Que ha recibido contusión. /leciente.
convalecencia *f.* Estado del convaleciente.
convalecer *i.* Recobrar las fuerzas perdidas por enfermedad.
convaleciente *a.-s.* Que convalece.
convalidar *t.* Confirmar, revalidar.
convecino -na *a.* Cercano. *a.-s.* Vecino de un mismo pueblo que otro.
convencer *t.-r.* Reducir a uno a reconocer la verdad de una cosa, a adoptar una resolución, etc. /vencer.
convencimiento *m.* Acción de convencer.
convención *f.* Pacto. Asamblea nacional.
convencional *a.* Establecido por convención o por la costumbre.
conveniencia *f.* Conformidad entre dos cosas. Utilidad, provecho, comodidad.
conveniente *a.* Útil, oportuno. Concorde. Decente.
convenio *m.* Ajuste, pacto.
convenir *i.* Ser de un mismo parecer. Ser conveniente. *r.* Ajustarse, concordarse. /religiosos.
convento *m.* Comunidad y casa de religiosos.
conventual *a.* Relativo al convento. /vergir.
convergencia *f.* Acción de convergir.
converger y **-gir** *i.* Dirigirse al mismo punto. Concurrir al mismo fin. /versar.
conversación *f.* Acción de conversar.
conversar *i.* Hablar una o más personas con otra u otras.
conversión *f.* Acción de convertir o convertirse.
converso -sa *a.* Convertido al cristianismo. Lego.
convertir *t.-r.* Mudar una cosa en otra. Reducir a la verdadera religión o a la práctica de las buenas costumbres.
convexidad *f.* Calidad de convexo. Parte convexa.
convexo -xa *a.* Que tiene la superficie más prominente en medio que en los extremos.
convicción *f.* Convencimiento.
convicto -ta *a.* Díc. del reo cuyo delito se ha probado legalmente. /vidada.
convidado -da *m. f.* Persona convidada.
convidar *t.* Rogar una persona a otra que la acompañe a comer, a una fiesta, etc. Mover, incitar.
convincente *a.* Que convence.
convite *m.* Acción de convidar. Banquete, fiesta.
convivencia *f.* Acción de convivir.
convivir *i.* Vivir en compañía de otro u otros. /car.
convocación *f.* Acción de convocar.
convocar *t.* Llamar a varios a un lugar o acto.
convocatoria *f.* Escrito con que se convoca.
convoy *m.* Escolta o guardia. Conjunto de buques, carruajes, etc., escoltados. Tren. /teger.
convoyar *t.* Acompañar para proteger.
convulsión *f.* Contracción muscular, espasmódica y repetida. Agitación violenta. /convulsión.
convulsivo -va *a.* Con carácter de convulsión.
convulso -sa *a.* Atacado de convulsiones. Trémulo, excitado.
conyugal *a.* Perteneciente a los cónyuges.
cónyuge *c.* Cada uno de los dos esposos respecto del otro.
coñac *m.* Aguardiente añejado en toneles de roble.
cooperación *f.* Acción de cooperar.
cooperar *i.* Obrar juntamente con otros para un fin.
cooperativa *f.* Sociedad para ven-

der o comprar en común.
coordinación *f.* Acción de coordinar.
coordinar *t.* Disponer metódicamente. Concertar para una acción común.
copa *f.* Vaso con pie para beber. Parte alta del árbol. Parte del sombrero en que entra la cabeza. *pl.* Palo de la baraja.
copaiba *m.* Copayero.
copal *a.-m.* Resina para hacer barnices. Árbol del cual se saca.
copar *t.* Conseguir todos los puestos en una elección. Apresar una fuerza militar.
copayero *m.* Árbol del cual se obtiene un bálsamo.
copear *i.* Vender por copas. Tomar copas.
copete *m.* Cabello levantado sobre la frente. Penacho de ave.
copia *f.* Gran cantidad. Reproducción de un escrito, obra de arte, etc. Imitación.
copiador -ra *a.* Que copia. *m.* COM. Libro en que se copia la correspondencia.
copiar *t.* Sacar copia. Imitar.
copioso -sa *a.* Abundante, cuantioso. /a copiar.
copista *c.* Persona que se dedica
copla *f.* Estrofa. Canción popular breve. *pl.* Versos.
coplero *m. f.* Persona que vende coplas. Mal poeta.
copo *m.* Porción de lana, lino, etc., dispuesta para hilarse. Cada una de las porciones de la nieve que cae. Acción de copar.
copón *m.* Vaso en que se guardan las hostias consagradas.
copra *f.* Médula del coco.
copto *a.-s.* Cristiano de Egipto.
cópula *f.* Atadura, unión.
copulativo -va *a.* Que liga o une.
coque *m.* Carbón procedente de la destilación de la hulla.
coqueta *a.-s.* Dic. de la mujer que suele coquetear. /vanidad.
coquetear *i.* Tratar de agradar por
coquetería *f.* Acción de coquetear.
coquetón -na *a.* Gracioso, atractivo.
coracero *m.* Soldado de a caballo, armado de coraza. /ción, ira.
coraje *m.* Esfuerzo, valor. Irrita-
corajina *f.* Arrebato de ira.
coral *a.* Relativo al coro. *m.* Nombre de ciertos pólipos que viven en colonias. Polípero del coral.
coralero -ra *m. f.* Persona que trabaja o vende el coral.
corambre *m.* Conjunto de cueros.
corán *m.* Alcorán. /Odre.
coraza *f.* Armadura que protege el busto. MAR. Blindaje.
corazón *m.* Órgano central de la circulación de la sangre. Parte central o interior de una cosa. Sentimiento interior. Valor. Amor, benevolencia.
corazonada *f.* Impulso espontáneo. Presentimiento.
corbata *f.* Tira de seda, lienzo, etc., que se pone o anuda alrededor del cuello.
corbatería *f.* Tienda donde se venden corbatas.
corbatín *m.* Corbata corta.
corbeta *f.* Buque ligero de guerra.
corcel *m.* Caballo ligero y brioso.
corcova *f.* Corvadura anómala de la columna vertebral o del pecho. /va.
corcovado -da *a.* Que tiene corco-
corcovo *m.* Salto que da un animal encorvando el lomo.
corchea *f.* Figura musical equivalente a la mitad de la negra.
corcheta *f.* Hembra del corchete.
corchete *m.* Especie de broche metálico compuesto de macho y hembra. ant. Alguacil.
corcho *m.* Corteza del alcornoque. Tapón o pedazo de corcho.
cordaje *m.* MAR. Jarcia. /juicio.
cordal *a.-s.* Dic. de la muela del
cordel *m.* Cuerda delgada.
cordelería *f.* Establecimiento y oficio del cordelero.
cordelero -ra *m. f.* Persona que hace o vende cordeles o cuerdas. /oveja.
cordera *f.* **cordero** *m.* Cría de la
cordial *a.* Afectuoso. Que fortalece el corazón. *m.* Bebida confortante.
cordialidad *f.* Afectuosidad. Franqueza, sinceridad. /nero.
cordilla *f.* Trenza de tripas de car-
cordillera *f.* Serie de montañas.
cordobán *m.* Piel curtida de cabra.
cordobés -besa *a.-s.* De Córdoba.
cordón *m.* Cuerda delgada, redonda. Conjunto de hombres colocados a intervalos para impedir el paso.
cordura *f.* Prudencia, juicio.
corea *f.* MED. Baile de San Vito.
corear *t.* MÚS. Acompañar con coros una composición.
coreografía *f.* Arte de la danza.
coreográfico -ca *a.* Relativo a la coreografía. /cuero.
coriáceo -a *a.* De consistencia de
corifeo *m.* El que es seguido de otros en una opinión, secta, etc.
corindón *m.* Alúmina nativa cristalizada.
corintio -tia *a.-s.* De Corinto.
corista *com.* Persona que canta en un coro.
coriza *f.* Romadizo.
cornada *f.* Golpe dado con la punta del cuerno.

cornalina *f.* Ágata roja.
cornamenta *f.* Cuernos de algunos animales.
cornamusa *f.* Trompeta cuyo tubo forma una rosca. Especie de gaita gallega.
córnea *f.* Membrana transparente en la parte anterior del globo del ojo.
cornear *t.* Acornear.
corneja *f.* Pájaro parecido al cuervo. /muy dura.
cornejo *m.* Arbusto de madera
córneo -a *a.* De cuerno o parecido a él.
corneta *f.* Instrumento de viento parecido al clarín. *m.* El que lo toca.
cornetín *m.* Instrumento parecido a una corneta de llaves. El que lo toca.
cornezuelo *m.* Dim. de *cuerno*. Hongo parásito del centeno.
cornijal *m.* Punta o esquina. Purificador (lienzo).
cornisa *f.* Coronamiento compuesto de molduras o cuerpo voladizo que sirve de remate a otro.
cornisamento *m.* Conjunto de molduras que coronan un edificio.
cornucopia *f.* Vaso de figura de cuerno, rebosando de frutas y flores. Espejo con brazos a manera de candelabros.
cornudo -da *a.* Que tiene cuernos.
cornúpeta *a.-s.* Díc. del toro de lidia.
coro *m.* Conjunto de personas que cantan juntas. Pieza que canta el coro. Rezo y canto de las horas canónicas. Parte de una iglesia destinada al coro. /país.
corografía *f.* Descripción de un
coroides *a.-f.* Membrana que tapiza todo el globo del ojo menos la parte de la córnea.
corola *f.* Cubierta interior de la flor completa.
corolario *m.* Proposición que se deduce por sí sola de lo demostrado anteriormente.
corona *f.* Cerco de ramas, flores, metal, etc., con que se ciñe la cabeza. Dignidad real. Reino, monarquía. Aureola. Tonsura. Nombre de varias monedas.
coronación *f.* Acción de coronar. Coronamiento.
coronamiento *m.* Adorno que remata un edificio. Fin de una obra.
coronar *t.-r.* Poner una corona en la cabeza. *t.* Completar, acabar. Poner, ponerse o estar en la parte superior de una torre, eminencia, etc. /miento.
coronel *m.* MIL. Jefe de un regi-
coronilla *f.* Parte de la cabeza humana opuesta a la barbilla.

corpachón y **-panchón** *m.* Aum. de *cuerpo*.
corpiño *m.* Jubón sin mangas.
corporación *f.* Asociación, entidad, esp. de carácter público.
corporal *a.* Relativo al cuerpo. *m.* Lienzo sobre el cual se ponen la hostia y el cáliz en el altar. /corporación.
corporativo -va *a.* Relativo a la
corpóreo -a *a.* Que tiene cuerpo. Corporal. /cuerpo.
corpulencia *f.* Grandeza de
corpulento -ta *a.* Que tiene mucho cuerpo.
corpus *m.* Jueves en que se celebra la institución de la Eucaristía. /queño.
corpúsculo *m.* Cuerpo muy pe-
corral *m.* Sitio cercado y descubierto, esp. el destinado a los animales.
corraliza *f.* Corral de una casa.
correa *f.* Tira de cuero. Flexibilidad de una cosa correosa.
correaje *m.* Conjunto de correas.
correazo *m.* Golpe de correa.
corrección *f.* Acción de corregir. Represión. Calidad de correcto.
correccional *a.* Que conduce a la corrección. *m.* Establecimiento penitenciario. /Castigo.
correctivo -va *a.* Que corrige. *m.*
correcto -ta *a.* Conforme a las reglas; libre de errores. Cortés.
corrector -ra *a.-s.* Que corrige.
corredera *f.* Ranura o carril por donde resbala una pieza. Tabla corrediza. Cucaracha.
corredizo -za *a.* Que se desata o corre con facilidad.
corredor -ra *a.-s.* Que corre mucho. *m.* El que interviene en compras y ventas. Pasillo, pasadizo. /gobernador.
corregidor *m.* Antiguo alcalde o
corregir *t.* Enmendar, rectificar. Amonestar. Moderar.
correhuela *f.* Dim. de *correa*. Mata de tallos volubles.
correlación *f.* Relación recíproca entre cosas.
correlativo -va *a.* Que tiene o indica correlación.
correligionario -ria *a.-s.* Que es de la misma religión o partido que otro. /rretear.
correntón -na *a.* Amigo de co-
correo *m.* El que lleva la correspondencia. Servicio público de transporte de la correspondencia. Correspondencia que se despacha o recibe.
correoso -sa *a.* Que parece de cuero. Que fácilmente se dobla y estira sin romperse.
correr *i.* Caminar o moverse con rapidez. Ir o extenderse de una

correría *f.* Incursión hecha por tierra enemiga. Excursión.

correspondencia *f.* Acción de corresponder. Trato recíproco. Correo (cartas).

corresponder *i.* Pagar, compensar los afectos, beneficios, etc. Tocar, pertenecer. *i.-r.* Tener proporción una cosa con otra. *r.* Comunicarse por escrito. Amarse recíprocamente.

correspondiente *a.* Que corresponde. *a.-s.* Que tiene correspondencia con alguien.

corresponsal *a.-s.* Entre comerciantes y periodistas, correspondiente.

corretaje *m.* Diligencia del corredor. Remuneración que recibe.

corretear *i.* Correr en varias direcciones.

correvedile, correveidile *c.* Persona que trae chismes y cuentos.

corrida *f.* Carrera (acción del que corre). Lidia de toros en una plaza.

corrido -da *a.* Experimentado. Avergonzado. Continuo, seguido.

corriente *a.* Que corre. Usual. *f.* Masa de agua o de aire que se mueve en una dirección. Paso de la electricidad a través de un conductor. *adv.* Conforme, está bien.

corrillo *m.* Corro de personas apartadas de las demás.

corrimiento *m.* Acción de correrse. Vergüenza, rubor.

corro *m.* Cerco de gente. /borar.

corroboración *f.* Acción de corro-

corroborar *t.* Restablecer las fuerzas. Dar nueva fuerza a un argumento, opinión, etc.

corroer *t.* Desgastar lentamente.

corromper *t.-r.* Alterar, dañar, pudrir. Pervertir. Sobornar. *i.* Oler mal.

corrosión *f.* Acción de corroer.

corrosivo -va *a.* Que tiene virtud de corroer. /per.

corrupción *f.* Acción de corrom-

corruptela *f.* Mala costumbre o abuso contra la ley.

corruptible *a.* Que puede corromperse.

corrupto -ta *a.* Corrompido.

corruptor -ra *a.-s.* Que corrompe.

corsario -ria *a.-s.* Díc. de la nave armada en corso y del que la manda. *m.* Pirata.

corsé *m.* Prenda de mujer para ajustarse el cuerpo.

corsetero -ra *m. f.* Persona que hace o vende corsés.

corso -sa *a.-s.* De Córcega. *m.* Campaña que hacen los buques mercantes armados contra los piratas o los enemigos.

corta *f.* Acción de cortar árboles.

cortacircuitos *m.* Aparato que interrumpe automáticamente la corriente eléctrica. /líndrico.

cortadillo *m.* Vaso pequeño y ci-

cortador -ra *a.-s.* Que corta. *m.* Carnicero (que vende carne).

cortadura *f.* División por instrumento cortante. Paso entre montañas. *pl.* Recortes.

cortafrío *m.* Cincel para cortar hierro frío.

cortapisa *f.* Restricción, estorbo.

cortaplumas *m.* Navaja pequeña.

cortar *t.* Dividir, hender. Suprimir, interrumpir. *r.* Turbarse Separarse los componentes de la leche, de una salsa.

corte *m.* Filo de un arma. Acción de cortar. Incisión. Corta. Tela o cuerpo que se necesita para un vestido o un calzado. Población donde reside el soberano. Familia y comitiva del rey. Galanteo.

cortedad *f.* Pequeñez. Escasez de talento. Timidez. /lantear.

cortejar *t.* Asistir, acompañar. Ga-

cortejo *m.* Acción de cortejar. Comitiva. /so.

cortés *a.* Atento, afable, obsequio-

cortesanía *f.* Urbanidad.

cortesano -na *a.* Relativo a la corte. Cortés. *m.* Palaciego.

cortesía *f.* Calidad de cortés. Demostración de atención o respeto.

cortésmente *adv.* Con cortesía.

corteza *f.* Parte exterior del árbol. Parte exterior y dura de algunas cosas.

cortical *a.* Relativo a la corteza.

cortijo *m.* Finca de tierra y casa de labor.

cortina *f.* Paño colgante con que se cubre una puerta, ventana, etc. Lo que encubre y oculta. Lienzo de muralla entre dos baluartes.

cortinaje *m.* Juego de cortinas.

cortinilla *f.* Cortina pequeña.

corto -ta *a.* De poca longitud, extensión o duración. Escaso. De poco talento. Tímido.

cortón *m.* Insecto que corta las raíces de las plantas.

coruscante *a.* Brillante.

corva *f.* Parte de la pierna opuesta a la rodilla.

corvejón *m.* En los cuadrúpedos, articulación entre la pierna y

la caña.
corveta *f.* Movimiento del caballo cuando anda empinado.
córvido *a.-m.* Díc. de los pájaros de la familia del cuervo.
corvina *f.* Pez marino comestible.
corvo -va *a.* Combado, arqueado. *m.* Garfio.
corza *f.* Hembra del corzo.
corzo *m.* Rumiante cérvido de cola corta y cuernas ahorquilladas.
cosa *f.* Todo lo que tiene entidad. Objeto inanimado.
cosaco -ca *a.-s.* Habitante de ciertos distritos de Rusia.
cosario *m.* Ordinario, trajinero.
coscoja *f.* Árbol o arbusto parecido a la encina. /cabeza.
coscorrón *m.* Golpe dado en la
cosecha *f.* Frutos que se recogen. Acción de recogerlos.
cosechar *i.-t.* Recoger la cosecha.
cosechero -ra *m. f.* Persona que tiene cosecha.
coselete *m.* Antigua coraza ligera. Tórax de los insectos.
coser *t.* Unir con hilo enhebrado en la aguja dos o más pedazos de tela, etc.
cosmético *m.* Preparado para hermosear la tez o el pelo.
cósmico -ca *a.* Relativo al cosmos.
cosmogonía *f.* Ciencia o sistema de la formación del universo.
cosmografía *f.* Astronomía descriptiva.
cosmógrafo *m.* El que se dedica a la cosmografía.
cosmonauta *c.* Astronauta.
cosmopolita *a.-s.* Que considera como patria el mundo entero. *a.* Común a muchos países.
cosmos *m.* Mundo, universo.
coso *m.* Plaza para diversiones públicas. Calle principal de algunas poblaciones.
cosquillas *f. pl.* Sensación que produce en ciertas partes del cuerpo una sucesión rápida de toques ligeros.
cosquillear *t.* Hacer cosquillas.
cosquilleo *m.* Sensación de cosquillas.
cosquilloso -sa *a.* Que siente mucho las cosquillas. Poco sufrido.
costa *f.* Lo que se paga por una cosa. Orilla del mar. *pl.* Gastos judiciales.
costado *m.* Parte lateral del cuerpo humano. Lado.
costal *a.* Relativo a las costillas. *m.* Saco grande.
costalada *f.* Golpe que da uno al caer al suelo.
costanera *f.* Cuesta, pendiente.
costanero -ra *a.* Que está en cuesta. Relativo a la costa.
costanilla *f.* Calle corta y en cuesta.
costar *i.* Ser adquirida una cosa por tal o cual precio. Causar una cosa cuidado, perjuicio, etc.
costarriqueño -ña *a.-s.* De Costa /Rica.
coste *m.* Costa, precio.
costear *t.* Pagar el coste. Navegar junto a la costa.
costero -ra *a.* Costanero.
costilla *f.* Cada uno de los huesos encorvados que parten del espinazo y vienen hacia el pecho.
costillar *m.* Conjunto de las costillas.
costo *m.* Costa, coste.
costoso -sa *a.* Que cuesta mucho.
costra *f.* Parte exterior que se endurece y seca sobre una cosa húmeda o blanda.
costumbre *f.* Lo que se hace más comúnmente. Modo de obrar establecido por un largo uso.
costura *f.* Acción de coser. Unión de dos piezas cosidas. Labor que se está cosiendo.
costurera *f.* La que cose por oficio.
costurero *m.* Mesita o cuarto para la costura. /catriz.
costurón *m.* Costura grosera. Cicota *f.* ant. Arma defensiva del cuerpo.
cotejar *t.* Comparar.
cotejo *m.* Acción de cotejar.
cotidiano -na *a.* Diario, de todos los días.
cotiledón *m.* La primera o cada una de las dos primeras hojas del embrión de una planta.
cotillón *m.* Danza con figuras.
cotización *f.* Acción de cotizar.
cotizar *t.* Asignar precio en la bolsa o mercado. *i.* Pagar o recaudar una cuota. /tasa.
coto *m.* Terreno acotado. Límite.
cotorra *f.* Papagayo pequeño. Persona habladora.
cotufa *f.* Tubérculo de la raíz del aguaturma.
coturno *m.* Cierto calzado griego y romano. Calzado de suela gruesa usado en la tragedia antigua.
covacha *f.* Cueva pequeña.
covachuela *f.* desp. Oficina pública. /del Estado.
covachuelista desp. *m.* Oficinista
coxal *a.* Relativo a la cadera.
coyote *m.* Especie de lobo de México.
coyunda *f.* Correa con que se uncen los bueyes. Unión conyugal.
coyuntura *f.* Articulación movible de un hueso. Oportunidad.
coz *f.* Golpe que da un animal con una o ambas patas traseras.
craneal *a.* Relativo al cráneo.
cráneo *m.* Caja ósea que encierra el encéfalo.
craneología *f.* Estudio del cráneo.
crápula *f.* Embriaguez. Libertinaje.

crapuloso -sa *a.* Dado a la crápula.
crascitar *i.* Graznar el cuervo.
crasitud *f.* Gordura, grasa.
craso -sa *a.* Grueso, gordo. Dic. del error o la ignorancia indisculpable.
cráter *m.* Boca de volcán.
creación *f.* Acción de crear. El Universo. Cosa creada.
creador -ra *a.-s.* Que crea. *m.* Dic. de Dios.
crear *t.* Producir de la nada. Establecer, fundar. Hacer, componer, idear.
crecedero -ra *a.* Que puede crecer. Dic. del vestido holgado para un niño.
crecer *i.* Desarrollarse, aumentarse.
creces *f. pl.* Aumento, exceso.
crecida *f.* Aumento del agua de los ríos o arroyos.
crecido -da *a.* Grande, numeroso.
creciente *a.* Que crece. *f.* Subida de la marea.
crecimiento *m.* Acción de crecer.
credencial *a.* Que acredita. *f.* Documento que acredita la posesión de un empleo.
crédito *m.* Asenso. Reputación. Derecho que tiene uno a recibir algo.
credo *m.* Oración que contiene los artículos de la fe. Conjunto de doctrinas.
credulidad *f.* Calidad de crédulo.
crédulo -la *a.* Que cree fácilmente.
creederas *f. pl.* Facilidad en creer.
creencia *f.* Fe y crédito que se da a una cosa. Religión, secta.
creer *t.* Tener por cierto. Tener fe. Pensar, juzgar.
creíble *a.* Que puede creerse.
crema *f.* Nata de la leche. Natillas. Pasta para el cutis. Diéresis.
cremación *f.* Acción de quemar.
cremallera *f.* Barra dentada que engrana con un piñón.
crematorio -ria *a.* Relativo a la cremación. /tasa.
crémor *m.* Tartrato ácido de po-
crencha *f.* Raya que divide el cabello en dos partes. Cada una de estas partes.
creosota *f.* Líquido antiséptico, aceitoso e incoloro.
crepitación *f.* Acción de crepitar.
crepitar *i.* Hacer ruidos semejantes a los de la leña que arde.
crepuscular *a.* Relativo al crepúsculo.
crepúsculo *m.* Claridad que hay al amanecer y al anochecer.
creso *m.* Hombre muy rico.
crespo -pa *a.* Ensortijado, rizado. Irritado.
crespón *m.* Tejido ligero, de superficie arrugada y mate.
cresta *f.* Carnosidad o penacho en la cabeza de algunas aves. Protuberancia. Cima.
crestomatía *f.* Colección de escritos selectos.
creta *f.* Carbonato de cal terroso.
cretáceo -a *a.-s.* GEOL. Dic. del tercer período de la era secundaria.
cretense *a.-s.* De Creta.
cretinismo *m.* Enfermedad que detiene el desarrollo físico y mental.
cretino -na *a.-s.* Que padece cretinismo. /fuerte.
cretona *f.* Tela de algodón muy
creyente *a.-s.* Que cree.
cría *f.* Acción de criar. Niño o animal mientras se está criando. Hijos de un animal.
criadero *m.* Vivero. Yacimiento de mineral.
criadilla *f.* Patata. ~ *de tierra*, hongo sabroso que se cría bajo tierra.
criado -da *m. f.* Persona empleada en el servicio doméstico.
criador -ra *a.-s.* Que cría.
crianza *f.* Acción de criar. Urbanidad.
criar *t.* Crear. Producir. Nutrir la madre al hijo. Educar. Alimentar y cuidar animales domésticos.
criatura *f.* Toda cosa criada. Niño de poca edad.
criba *m.* Cerco con un cuero agujereado o una tela metálica.
cribar *t.* Limpiar pasando por la criba. /sos. También *gato*.
cric *m.* Máquina para levantar pe-
crimen *m.* Delito grave.
criminal *a.* Relativo al crimen. *a.-s.* Que ha cometido un crimen. /nal.
criminalidad *f.* Calidad de crimi-
criminoso -sa *a.* Criminal.
crin *f.* Cerdas que tienen algunos animales en la cerviz.
criollo -lla *a.-s.* Hijo de europeos nacido en otra parte del mundo. Propio de los países americanos.
cripta *f.* Lugar subterráneo, esp. en una iglesia.
criptógamo -ma *a.* Dic. de las plantas que no se reproducen por semillas formadas en flores.
criptograma *m.* Documento cifrado.
crisálida *f.* Ninfa de insecto.
crisantema *f.* **y -mo** *m.* Planta compuesta, de jardín, oriunda de China.
crisis *f.* Mutación notable en una enfermedad. Momento decisivo y grave de un negocio. Situación de un ministerio que ha

dimitido. /el obispo.
crisma *amb.* Óleo consagrado por
crisol *m.* Vaso para fundir alguna materia a temperatura muy elevada.
crispar *t.-r.* Causar contracción repentina y pasajera de los músculos.
crispatura *f.* Efecto de crispar.
cristal *m.* Cuerpo que se ha solidificado en forma poliédrica. Vidrio pesado y brillante. Hoja de cristal o vidrio.
cristalino *a.* De cristal o parecido a él. *m.* Cuerpo transparente situado detrás de la pupila del ojo.
cristalizar *t.-r.* Hacer tomar o tomar la forma cristalina.
cristalografía *f.* Ciencia que estudia los cristales.
cristianar *t.* Bautizar.
cristiandad *f.* Conjunto de los fieles o países cristianos.
cristianismo *m.* Religión cristiana.
cristiano -na *a.* Relativo a la religión de Cristo. *a.-s.* Que la profesa.
Cristo *m.* El hijo de Dios hecho hombre. Crucifijo.
criterio *m.* Norma para conocer la verdad. Juicio o discernimiento.
crítica *f.* Arte de juzgar el valor de una obra. Juicio crítico sobre una obra. Censura, murmuración.
criticar *t.* Juzgar una obra artística, literaria, etc. Censurar.
crítico -ca *a.* Perteneciente a la crisis. *a.-m.* Que juzga las cualidades y los defectos de una obra. /crítica.
criticón -cona *a.-s.* Que todo lo
crizneja *f.* Trenza de cabellos. Soga o pleita.
croar *i.* Cantar la rana.
croata *a.-s.* De Croacia.
cromar *t.* Dar un baño de cromo.
cromático -ca *a.* Relativo a los colores. ÓPT. Que presenta los objetos con irisaciones. MÚS. Que procede por semitonos.
cromatismo *m.* ÓPT. Calidad de cromático.
cromo *m.* Metal blanco grisáceo, susceptible de pulimento. Cromolitografía.
cromolitografía *f.* Impresión litográfica en colores. Estampa así obtenida.
crónica *f.* Relación ordenada de hechos históricos. Artículo de información periodística.
crónico -ca *a.* Habitual, inveterado.
cronista *c.* Autor de una crónica.
cronología *f.* Manera de contar los tiempos. /tiempo.
cronometría *f.* Medida exacta del

cronómetro *m.* Reloj de mucha precisión. /las y aros.
croquet *m.* Juego con mazos, bo-
croqueta *f.* Especie de albóndiga rebozada con huevo y pan rallado.
croquis *m.* Diseño o dibujo ligero.
crótalo *m.* Castañuelas. Serpiente venenosa de América, llamada también serpiente de cascabel.
cruce *m.* Acción de cruzar. Punto donde se cruzan dos líneas.
crucero *m.* Encrucijada. Espacio en que se cruzan la nave mayor y la transversal de una iglesia. Buque grande de guerra.
crucífero -ra *a.* Dic. de las plantas con flores de cuatro pétalos.
crucificar *t.* Clavar en una cruz.
crucifijo *m.* Imagen de Jesús crucificado.
crucifixión *f.* Acción de crucificar.
crucigrama *m.* Entretenimiento que consiste en formar palabras cruzando sus letras.
crudeza *f.* Calidad de crudo.
crudo -da *a.* Que no está cocido. Que no está en sazón o curado. Sin atenuantes. Cruel, riguroso.
cruel *a.* Que hace sufrir o se deleita en ello.
crueldad *f.* Calidad de cruel. Acción cruel.
cruento -ta *a.* Sangriento.
crujía *f.* Corredor de un edificio.
crujido *m.* Acción de crujir.
crujir *i.* Hacer cierto ruido los cuerpos cuando luchan unos con otros o se rompen.
crup *m.* Garrotillo.
crustáceo -a *a.-m.* Dic. de los artrópodos cubiertos por un caparazón con la cabeza y el tórax soldados.
cruz *f.* Madero hincado en el suelo y atravesado por otro. Representación de la cruz en que murió Jesucristo. Señal o condecoración en forma de dos rectas que se cruzan. Reverso de una moneda. /infieles.
cruzada *f.* ant. Expedición contra
cruzado -da *a.-s.* Que lleva cruz. Dic. del que se alistaba en una cruzada.
cruzamiento *m.* Cruce. Acción de cruzar castas.
cruzar *t.* Atravesar. Juntar hembras y machos de distintas castas. *r.* Pasar dos personas, vehículos, etc., en dirección opuesta.
cu *f.* Nombre de la letra *q*.
cuadernillo *m.* Conjunto de cinco pliegos de papel.
cuaderno *m.* Conjunto de pliegos de papel cosidos.
cuadra *f.* Sala de cuartel, hos-

pital, etc. Caballeriza.
cuadradillo *m*. Regla cuadrada para rayar papel.
cuadrado -da *a*. De figura de cuadrado. De sección cuadrada. MAT. Dic. de la raíz de segundo grado. *m*. Cuadrilátero rectángulo de lados iguales. Segunda potencia de un número.
cuadragésimo -ma *a.-s*. Dic. de cada una de las 40 partes iguales en que se divide un todo. *a*. Que sigue al trigésimo nono.
cuadrangular *a*. y **cuadrángulo** *a.-m*. Que tiene cuatro ángulos.
cuadrar *t*. Dar figura de cuadrado. MAT. Elevar a la segunda potencia. *i*. Ajustarse, venir bien. Agradar. *r*. Ponerse una persona en posición erguida. /cuadrar.
cuadratura *f*. GEOM. Acción de
cuadrícula *f*. Conjunto de cuadrados que resultan de cortarse dos series de rectas paralelas.
cuadricular *t*. Trazar una cuadrícula.
cuadriga *f*. Tiro de cuatro caballos.
cuadril *m*. Hueso del anca.
cuadrilátero -ra *a.-m*. GEOM. De cuatro lados.
cuadrilongo *a.-s*. Dic. del paralelogramo rectángulo.
cuadrilla *f*. Conjunto de varias personas para ejecutar ciertas cosas.
cuadro *a.-m*. Cuadrado. *m*. Rectángulo. Tela o tabla con una pintura. Marco, cerco. Espectáculo, escena. TEAT. División de un acto. Armazón de la bicicleta.
cuadrumano *y* **-drúmano -na** *a.-s*. Dic. de los mamíferos que tienen el pulgar oponible a los demás dedos en todas las extremidades.
cuadrúpedo -da *a.-m*. Dic. del animal de cuatro pies.
cuádruple, cuádruplo -la *a*. Que contiene un número cuatro veces exactamente. /cuatro.
cuadruplicar *t*. Multiplicar por
cuajada *f*. Parte de la leche que se separa del suero.
cuajar *m*. Última cavidad del estómago de los rumiantes.
cuajar *t.-r*. Trabar, coagular. Recargar de adornos. *i.-r*. Lograrse. *i*. Gustar, agradar.
cuajarón *m*. Porción de líquido cuajado.
cuajo *m*. Materia que cuaja la leche. Cuajar. *De ~*, de raíz.
cual, cuales *pron. rel. e interr.*, Equivale a qué. *correl.* Como, así como.
cualesquiera *a*. y *pron. indef.* Plural de *cualquiera*.

cualidad *f*. Circunstancia que distingue. Calidad. /lidad.
cualitativo -va *a*. Que denota cualquier *a*. Apóc. de cualquiera.
cualquiera *pron. indef*. Uno o alguno, sea el que fuere. /to.
cuan y **cuán** *adv*. Apóc. de cuanto
cuando *adv*. En el tiempo que.
cuándo *adv. interr*. En qué tiempo.
cuantía *f*. Cantidad, valor.
cuantioso -sa *a*. Grande en cantidad.
cuanto -ta *a*. y *adv*. En correlación con *tanto*, denota equivalencia o igualdad. Precedido de *unos*, equivale a algunos. *pron.* Todos los que, todo lo que. *m. adv. Por cuanto*, indica causa, razón. *En cuanto*, mientras, así que, luego que.
cuánto -ta *a*. y *adv. interr*. Sirve para preguntar o encarecer la cantidad, el grado, la intensidad de una cosa.
cuáquero -ra *m. f.* Individuo afiliado al cuaquerismo, cierta doctrina protestante fundada en Inglaterra.
cuarenta *a*. Cuatro veces diez.
cuarentena *f*. Conjunto de cuarenta unidades. Tiempo que están en observación los que vienen de lugares donde hay epidemia.
cuaresma *f*. Tiempo entre el miércoles de ceniza y la Pascua de Resurrección.
cuarta *f*. Cuarta parte. Palmo.
cuartana *f*. Calentura que entra con frío de cuatro en cuatro días.
cuartear *t*. Dividir en cuartos. *r*. Agrietarse una pared.
cuartel *m*. Cuarta parte. Alojamiento de la tropa. Buen trato que se ofrece a los vencidos.
cuartelero -ra *a*. Relativo al cuartel.
cuarteo *m*. Acción de cuartear. Esguince para evitar un golpe.
cuarterón -rona *a.-s*. Hijo de blanco y mestiza o al contrario. *m*. Cuarta parte.
cuarteta *f*. Estrofa de cuatro versos de menos de ocho sílabas.
cuarteto *m*. Estrofa de cuatro versos de más de ocho sílabas. MÚS. Conjunto de cuatro voces o instrumentos. Composición para ellos.
cuartilla *f*. Cuarta parte de un pliego de papel. Parte entre el menudillo y el casco de las caballerías.
cuarto -ta *a*. Que sigue en orden al tercero. *a.-m*. Dic. de cada una de las cuatro partes en que se divide un todo. *m*. Cuarta parte de una hora. Habitación,

cuarzo *m.* Mineral silíceo muy duro y lustroso.
cuasi *adv.* Casi. /dicinal.
cuasia *f.* Planta amarga y me-
cuasimodo *m.* Domingo de la octava de Pascua.
cuaternario -ria *a.* Que consta de cuatro elementos. *a.-m.* Díc. de la era o período geológico actual.
cuatrero *a.-s.* Ladrón de bestias.
cuatrimotor *a.-s.* Aeroplano con cuatro motores. /tro meses.
cuatrimestre *m.* Espacio de cua-
cuatro *a.* Tres y uno. /ciento.
cuatrocientos -tas *a.* Cuatro veces
cuba *f.* Recipiente compuesto de duelas, aseguradas con aros, y cerrado en sus extremos por tablas.
cubano -na *a.-s.* De Cuba.
cubeta *f.* Cuba pequeña. Recipiente usado en los laboratorios.
cubicar *t.* Elevar un número al cubo. MAT. Dic. de la raíz de tercer grado.
cúbico -ca *a.* Relativo al cubo. MAT. Dic. de la raíz de tercer grado.
cubierta *f.* Lo que tapa o cubre una cosa. Cada uno de los suelos de un buque.
cubierto *pp. irreg. de cubrir. m.* Techumbre. Servicio de mesa para cada comensal. Comida que se da por un precio determinado. Juego de tenedor, cuchara y cuchillo.
cubil *m.* Paraje donde se recogen las fieras.
cubilete *m.* Vaso de metal, cuerno, etc., en forma de cono truncado.
cubital *a.* Relativo al codo.
cúbito *m.* El hueso más largo del antebrazo.
cubo *m.* Vasija en forma de cono truncado, con asa. Tercera potencia de un número. GEOM. Hexaedro regular.
cubrecama *f.* Colcha.
cubrir *t.* Ocultar y tapar una cosa con otra. *r.* Ponerse el sombrero o la gorra. *t.-r.* Proteger.
cucamonas *f. pl.* Carantoñas.
cucaña *f.* Palo largo, enjabonado, por el cual se ha de andar o trepar para coger un objeto atado a su extremo.
cucaracha *f.* Cochinilla (crustáceo). Insecto nocturno y corredor que devora los comestibles.
cuclillas (en) *m. adp.* Con el cuerpo doblado y sentado sobre los calcañares.
cuclillo *m.* Ave trepadora de la cual se dice que pone los huevos en los nidos de otras aves.
cuco *a.* Lindo. Taimado, astuto. *m.* Cuclillo.
cucú *m.* Canto del cuclillo.
cucúrbita *f.* Retorta.
cucurbitáceo -a *a.-m.* Dic. de las plantas rastreras o trepadoras de fruto en baya grande con muchas semillas.
cucurucho *m.* Papel arrollado en forma cónica.
cuchara *f.* Utensilio de mesa compuesto de un mango con una palita cóncava.
cucharada *f.* Lo que cabe en una cuchara.
cucharilla *f.* Cuchara pequeña.
cucharón *m.* Cuchara grande para repartir la sopa.
cuchichear *i.* Hablar en voz baja o al oído.
cuchicheo *m.* Acción de cuchichear.
cuchichiar *i.* Cantar la perdiz.
cuchilla *f.* Cuchillo grande. Instrumento cortante de varias formas. /corte.
cuchillada *f.* Golpe de arma de
cuchillo *m.* Instrumento cortante de un solo corte, con mango.
cuchipanda *f.* Francachela.
cuchitril *m.* Cochitril.
cuchufleta *f.* Dicho de broma o chanza.
cuello *m.* Parte del cuerpo que une la cabeza al tronco. Pieza suelta o parte de una prenda que cubre el cuello. Parte estrecha de alguna cosa.
cuenca *f.* Cavidad en que está cada uno de los ojos. Territorio cuyas aguas afluyen todas a un mismo río, lago, etc.
cuenco *m.* Vaso de barro, hondo y ancho, sin borde.
cuenta *f.* Acción de contar; cálculo. Estado de las sumas para cobrar o pagar. Registro regular de transacciones pecuniarias. Exposición de razones, actos, etc. Cuidado, incumbencia. Cualquier bolilla ensartada.
cuentagotas *m.* Utensilio para verter un líquido gota a gota.
cuentahilos *m.* Lupa para contar los hilos de un tejido.
cuentista *a.-s.* Chismoso. *c.* Autor de cuentos.
cuento *m.* Relación de un suceso imaginario. Chisme, enredo. Cómputo. Regatón, contera.
cuerda *f.* Conjunto de hilos de esparto, cáñamo, etc., que torcidos forman un solo cuerpo. MÚS. Hilo de tripa o metal. Parte propulsora del mecanismo de un reloj, juguete, etc. Segmen-

to de recta que une los extremos de un arco. *Cuerdas vocales,* repliegues musculares de la laringe.

cuerdo -da *a.* Que está en su juicio. Prudente.

cuerno *m.* Prolongación ósea del frontal de algunos animales. Materia que lo forma o lo cubre. Antena de artrópodo. Instrumento de viento de forma curva.

cuero *m.* Pellejo, esp. el curtido de ciertos animales. Odre.

cuerpo *m.* Substancia material. En el hombre y en los animales, conjunto de sus partes materiales. El tronco del cuerpo. Parte del vestido que lo cubre. Grueso o espesor de ciertas cosas. Parte principal de una cosa. GEOM. Figura de tres dimensiones. Conjunto de personas que ejercen una misma función. Parte de un ejército.

cuervo *m.* Pájaro carnívoro de plumaje negro.

cuesco *m.* Hueso de fruta.

cuesta *f.* Terreno en pendiente.

cuestación *f.* Petición de limosnas o donativos.

cuestión *f.* Pregunta. Punto controvertible. Problema. Riña.

cuestionar *t.* Controvertir.

cuestionario *m.* Lista de cuestiones. /tano.

cueva *f.* Cavidad subterránea. Sócuévano *m.* Cesto grande y hondo.

cuezo *m.* Artesilla de albañil para amasar el yeso.

cuidado *m.* Atención para hacer bien una cosa. Recelo, temor. Lo que está a cargo de uno.

cuidadoso -sa *a.* Que tiene cuidado.

cuidar *t.* Poner cuidado. *t.-i.* Asistir, guardar. *r.* Preocuparse, esp. de su salud.

cuita *f.* Aflicción, trabajo.

cuitado -da *a.* Afligido, desventurado.

culantrillo *m.* Helecho que se cría en las paredes de los pozos.

culata *f.* Anca. Parte posterior de un arma de fuego.

culatazo *m.* Golpe de culata.

culebra *f.* Reptil sin patas de cuerpo largo y estrecho.

culebrear *i.* Andar haciendo eses.

culebrina *f.* Ant. pieza de artillería de poco calibre.

culebrón -na *m.* Persona taimada, intrigante.

culera *f.* Remiendo en los fondillos de los pantalones.

culinario -ria *a.* Relativo a la cocina.

culminar *i.* Llegar una cosa a la posición más elevada.

culo *m.* Nalgas. Ancas. Ano. Parte inferior o posterior de una cosa.

culpa *f.* Falta, delito, pecado. Hecho de ser causa de una cosa.

culpabilidad *f.* Calidad de culpable.

culpable *a.* Que tiene culpa.

cultivar *t.* Dar a la tierra y a las plantas las labores necesarias. Ejercitarse en algo.

cultivo *m.* Acción de cultivar.

culto -ta *a.* Cultivado. Dotado de cultura. *m.* Adoración, homenaje religioso.

cultura *f.* Cultivo. Conjunto de conocimientos de una persona o pueblo.

cumbre *f.* Cima.

cumpleaños *m.* Aniversario del nacimiento. /cumplir.

cumplidero -ra *a.* Que se ha de

cumplido -da *a.* Completo, cabal. Exacto en cumplimientos y cortesías. *m.* Acción obsequiosa.

cumplimentar *t.* Felicitar, hacer visitas de cumplimiento. Ejecutar una orden.

cumplimiento *m.* Acción de cumplir. Cumplido.

cumplir *t.* Ejecutar, hacer lo previsto o debido. Completar un tiempo determinado; esp. díc. de la edad. Terminar un plazo.

cúmulo *m.* Montón, multitud. Nube grande con aspecto de montaña nevada.

cuna *f.* Camita que puede mecerse. Patria, origen. Estirpe.

cundir *i.* Extenderse, propagarse. Dar mucho de sí.

cunear *t.* Acunar.

cuneiforme *a.* De figura de cuña.

cuneta *f.* Zanja de desagüe en los lados de un camino.

cuña *f.* Prisma triangular para hender, ajustar, rellenar, etc.

cuñado -da *m. . f.* Hermano del cónyuge.

cuñete *m.* Barrilito.

cuño *m.* Troquel.

cuociente *m.* Cociente.

cuota *f.* Parte de cada uno en un reparto o contribución.

cupé *m.* Berlina.

cuplé *m.* Canción, tonadilla.

cupo *m.* Cuota o parte asignada.

copón *m.* Parte recortable de un título, de una cartilla de racionamiento, etc. /vo a él.

cúprico -ca *a.* De cobre o relati-

cuprífero -ra *a.* Que tiene cobre.

cúpula *f.* Bóveda hemisférica en lo alto de un edificio. Involucro de la avellana, la bellota, etc.

cupulífero -ra *a.-f.* Díc. de ciertas plantas de fruto cubierto

por una cúpula.
cura *m.* Sacerdote. Párroco. *f.* Curación, método curativo.
curación *f.* Acción de curar.
curador -ra *a.-s.* Que cuida de algo. Que cura. *m.* DER. Persona que cuida de los bienes de un menor.
curaduría *f.* Cargo de curador.
curandero -ra *m. f.* Persona que hace de médico sin serlo.
curar *i.* Cuidar. *t.* Aplicar remedios. Curtir pieles, ahumar o salar carnes, etc. *t.-i.-r.* Sanar.
curare *m.* Veneno extraído de un bejuco americano.
curatela *f.* Curaduría.
curativo -va *a.* Que sirve para curar. /gresía.
curato *m.* Cargo del párroco. Feli-
cúrcuma *f.* Resina colorante de una planta de la India.
curdo -da *a.-s.* Del Curdistán.
cureña *f.* ARTILL. Armazón en que se monta el cañón.
curia *f.* Tribunal eclesiástico. Conjunto de abogados, procuradores y funcionarios judiciales.
curial *a.-m.* Perteneciente a la curia. /ajeno.
curiosear *i.* Andar averiguando lo
curiosidad *f.* Calidad de curioso. Cosa curiosa o rara.
curioso -sa *a.* Deseoso de saber, de averiguar. Interesante, raro. Aseado.
curro -rra *a.* Majo.
curruca *f.* Pájaro cantor de pico recto y delgado.
currutaco -ca *a.-s.* Afectado en el uso de las modas.
cursar *t.* Estudiar una materia

custodia *f.* Acción de custodiar. Receptáculo en que se expone el Santísimo Sacramento. Sagrario.
custodiar *t.* Guardar, vigilar.
custodio *m.* El que custodia.
cutáneo -a *a.* Relativo al cutis.
cutícula *f.* Película. Epidermis.
cutis *m.* Piel del hombre, esp. la del rostro.
cuyo -ya *pron. rel y pos.* De quien.
czar *m.* Zar.
czarda *f.* Baile húngaro.
czarevitz *m.* Zarevitz.
czarina *f.* Zarina.
en un centro docente. Dar curso a una solicitud, etc.
cursi *a.-s.* Que presume de fino y elegante sin serlo.
cursivo -va *a.* Díc. del carácter y de la letra bastardilla.
curso *m.* Camino que sigue una cosa. En universidades, escuelas, etc., tiempo señalado en cada año para asistir a las lecciones.
curtido *m.* Acción de curtir.
curtidor *m.* El que curte pieles.
curtir *t.* Aderezar las pieles. Tostar el cutis.
curva *f.* Línea curva.
curvatura *f.* Desvío de la dirección recta. /neas curvas.
curvilíneo -a *a.* Compuesto de lí-
curvo -va *a.-s.* Que se aparta constantemente de la dirección recta.
cuscuta *f.* Planta parásita de flores sonrosadas.
cúspide *f.* Cumbre puntiaguda. Punta del cono y de la pirámide.

CH

Ch *f.* Letra consonante, cuarta del alfabeto español.
chabacanada, chabacanería *f.* Falta de arte y gusto. Dicho grosero. /gusto.
chabacano -na *a.* Grosero, de mal
chacal *m.* Especie de lobo pequeño de Asia y África. /agrio.
chacolí *m.* Vino ligero y algo
chacolotear *i.* Hacer ruido la herradura floja.
chacona *f.* Ant. danza.
chacota *f.* Bulla. Burla.
chacotear *i.* Chancearse.
cháchara *f.* Charla inútil.
chafaldita *f.* Pulla ligera.
chafar *t.* Aplastar, arrugar, deslucir. Confundir, apabullar.
chafarote *m.* Alfanje corto y ancho.
chaflán *m.* Cara que resulta en un sólido de cortar por un plano un ángulo diedro.
chaflanar *t.* Achaflanar.
chaira *f.* Cuchilla de zapatero. Cilindro de acero para afilar.
chal *m.* Pañuelo rectangular para cubrir los hombros.
chalado -da *a.* Medio loco. Muy enamorado.
chalán -lana *a.-s.* Tratante en caballerías, astuto y mañoso.
chalar *t.-r.* Enloquecer. Enamorar.
chaleco *m.* Prenda sin mangas que se lleva encima de la camisa.
chalet *m.* Casa de madera de estilo suizo. Casa de recreo no muy grande.
chalina *f.* Corbata de caídas largas. /cida al ajo.
chalote *m.* Planta hortense pare
chalupa *f.* Barco pequeño con cubierta y dos palos. Lancha.
chamarasca *f.* Leña menuda que levanta llama.
chamarilero -ra *m. f.* Negociante en trastos viejos.
chamba *f.* Chiripa.
chambelán *m.* Gentilhombre de cámara. Camarlengo.
chambergo *a.-s.* Dic. de un antiguo sombrero de ala ancha y levantada por un lado.
chambón *a.-s.* Torpe en el juego. Que consigue algo por chiripa.
chambonada *f.* Desacierto del chambón. Ventaja obtenida por chiripa.
chambra *f.* Prenda que usan algunas mujeres sobre la camisa.
chamiza *f.* Gramínácea que se emplea para techumbre. Leña menuda.
chamizo *m.* Árbol o leño medio quemado. Choza.
chamorro -rra *a.-s.* Que tiene la cabeza esquilada.
champaña *m.* Vino blanco espumoso de origen francés.
chamuscar *t.-r.* Quemar por la parte exterior.
chamusquina *f.* Acción de chamuscar. Camorra.
chancear *i.-r.* Usar de chanzas.
chancero -ra *a.* Que suele chancear. Gracioso, festivo.
chancleta *f.* Zapatilla sin talón o con el talón doblado.
chancletear *i.* Andar haciendo ruido con las chancletas.
chanclo *m.* Sandalia de madera o suela gruesa. Zapato de goma en que entra el pie calzado.
chanchullo *m.* Manejo ilícito.
chanfaina *f.* Guisado de bofes o livianos picados.
chanflón -na *a.* Tosco, grosero.
chantaje *m.* Acción de sacar dinero a uno con la amenaza de difamarlo.
chantre *m.* Dignidad de las catedrales que dirigía el canto en el coro. /so. Broma.
chanza *f.* Dicho festivo y gracio
chanzoneta *f.* Chanza. Copla ligera y festiva.
chapa *f.* Hoja de metal, madera, etc. Cordura, formalidad.
chapalear *i.* Chapotear. Chacolo
chapar *t.* Chapear. /tear.
chaparral *m.* Sitio poblado de chaparros.
chaparro *m.* Mata ramosa de en-

cina o roble. /ta duración.
chaparrón *m.* Lluvia recia de corta duración.
chapear *t.* Cubrir con chapas.
chapeta *f.* Dim. de *chapa.* Mancha roja en la mejilla.
chapin *m.* Chanclo de corcho forrado de cordobán.
chapitel *m.* Remate de las torres en figura piramidal. Capitel.
chapó *m.* Partida de billar en mesa de troneras.
chapodar *t.* Cortar ramas para aclarar los árboles.
chapotear *t.* Humedecer repetidas veces con esponja o paño empapado. *i.* Agitar los pies o las manos en el agua.
chapoteo *m.* Acción de chapotear.
chapucear *t.* Hacer algo sin arte ni aseo.
chapucería *f.* Tosquedad, imperfección. Obra mal hecha.
chapucero -ra *a.* Hecho groseramente. Que trabaja mal.
chapurrar *t.* Hablar mal un idioma.
chapuza *f.* Chapucería. /ma.
chapuzar *t.-r.* Meter de cabeza en el agua.
chapuzón *m.* Acción de chapuzar.
chaqué *m.* Especie de levita con los faldones separados por delante.
chaqueta *f.* Prenda exterior de vestir con mangas y sin faldones, que llega hasta las caderas.
chaquete *m.* Juego de tablero parecido al de damas.
chaquetón *m.* Aum. de *chaqueta.*
charada *f.* Acertijo en que se trata de adivinar una palabra guiándose por el sentido de las palabras que se pueden formar tomando una sílaba o más de la principal.
charanga *f.* MÚS. Banda de instrumentos de metal.
charca *f.* Depósito de agua detenida en el terreno.
charco *m.* Charca pequeña.
charla *f.* Acción de charlar.
charlar *i.* Hablar mucho y sin substancia. Conversar.
charlatán *a.-s.* Que charla. Embaidor.
charlatanería *f.* Locuacidad. Calidad de charlatán. /engañosa.
charlatanismo *m.* Charlatanería
charnela *f.* Bisagra. Gozne.
charol *m.* Barniz muy lustroso. Cuero con este barniz.
charolar *t.* Barnizar con charol.
charrán -na *a.-s.* Pillo, tunante.
charranada *f.* Acción de charrán.
charrasca *f.* y **charrasco** *m.* Arma arrastradiza.
charretera *f.* Divisa militar a modo de hombrera con fleco.
charro -rra *a.-s.* Aldeano de Salamanca. *a.* Adornado con mal gusto.
chascarrillo *m.* Cuentecillo agudo.
chasco *m.* Burla, engaño. Decepción.
chasis *m.* Armazón inferior del automóvil. Bastidor para placas fotográficas.
chasquear *t.* Dar chasco. *i.* Dar chasquidos.
chasquido *m.* Sonido del látigo. Ruido seco y súbito.
chatarra *f.* Hierro viejo.
chatedad *f.* Calidad de chato.
chato -ta *a.* De nariz poco prominente. Bajo y aplanado. *m.* Vaso de vino.
chaval *a.-m.* Joven.
chaveta *f.* Clavo hendido o clavija. *Perder la ~,* perder el juicio.
che *f.* Nombre de la letra *ch.*
chelin *m.* Moneda inglesa (1/20 de
chepa *f.* Corcova. /libra).
cheque *m.* Documento comercial en forma de orden de pago.
cheviot *m.* Lana del cordero de Escocia.
chico -ca *a.* Pequeño. *a.-s.* Niño. Muchacho.
chicolear *i.* Decir chicoleos.
chicoleo *m.* Piropo, requiebro.
chicote -ta *m. f.* Persona joven y robusta. Cigarro puro. MAR. Extremo o pedazo de cuerda.
chicozapote *m.* Zapote.
chicha *f.* Bebida hecha con maíz fermentado. *a.* MAR. Dic. de la calma completa.
chicharo *m.* Guisante.
chicharra *f.* Cigarra.
chicharrón *m.* Residuo de la manteca del cerdo. Vianda requemada.
chichón *m.* Bulto en la cabeza por efecto de un golpe.
chichonera *f.* Gorro para preservar a los niños de golpes en la cabeza.
chifla *f.* Acción de chiflar. Especie de silbato.
chiflado -da *a.* Maniático.
chifladura *f.* Manía.
chiflar *i.* Silbar. Hacer burla. *r.* Alelarse. Tener sorbido el seso.
chifle *m.* Silbato. Reclamo para cazar aves.
chiflido *m.* Sonido del chiflo. Silbo que lo imita.
chiflo *m.* Chifla (silbato).
chilaba *f.* Vestidura moruna con capucha.
chile *m.* Pimiento.
chileno -na *a.-s.* De Chile.
chilindrina *f.* Chascarrillo. Chafaldita. /naipes.
chilindrón *m.* Cierto juego de
chilla *f.* Reclamo de cazador. Ta-

bla delgada de baja calidad.
chillar *i.* Dar chillidos.
chillido *m.* Grito agudo y desapacible.
chillón -ona *a.-s.* Que chilla mucho. Dic. de los colores muy vivos o mal combinados.
chimenea *f.* Conducto por donde sale el humo. Hogar o fogón.
chimpancé *m.* Mono antropomorfo de África. /na.
china *f.* Piedra pequeña. Porcelana.
chinche *amb.* Insecto de color rojo oscuro que chupa la sangre del hombre. Clavito de cabeza grande para asegurar papeles.
chinchilla *f.* Roedor americano parecido a la ardilla.
chinchorrería *f.* Chisme, cuento. Impertinencia.
chinchoso -sa *a.* Dic. de la persona molesta y pesada.
chinela *f.* Calzado casero de suela ligera.
chinero *m.* Armario para vajilla.
chinesco *a.* Chino. Parecido a las cosas de China. *m.* Instrumento con campanillas y cascabeles.
chino -na *a.-s.* De la China. *m.* Idioma chino.
chipirón *m.* Calamar.
chipriota *a.-s.* De Chipre.
chiquero *m.* Zahúrda. Toril.
chiquilicuatro *m.* Chisgarabis.
chiquillada *f.* Acción propia de chiquillos. /quillos.
chiquillería *f.* Multitud de chiquillo **-lla** *a.-s.* Chico (niño, muchacho). /quito.
chiquitín -na *a.-s.* Dim. de chiquito **-ta** *a.-s.* Dim. de *chico*.
chiribita *f.* Chispa (partícula inflamada). /pequeño.
chiribitil *m.* Desván. Cuarto muy
chirigota *f.* Cuchufleta.
chirimbolo *m.* fam. Utensilio, vasija o cosa análoga.
chirimía *f.* Instrumento parecido al clarinete.
chirimoya *f.* Fruto del chirimoyo.
chirimoyo *m.* Árbol americano de fruto en baya grande, verdosa, de sabor exquisito.
chirinola *f.* Juego parecido al de los bolos. Friolera. Buen humor.
chiripa *f.* Casualidad favorable.
chirivía *f.* Planta umbelífera de raíz comestible.
chirlata *f.* Garito.
chirle *a.* Insípido, sin substancia.
chirlo *m.* Herida o cicatriz en la cara.
chirriar *i.* Dar un sonido agudo ciertas cosas. Chillar los pájaros.
chirrido *m.* Voz o sonido agudo y desapacible.
chirumen *m.* fam. Caletre.

¡chis! *interj.* Chitón. /trefe.
chisgarabís *m.* Zascandil. Meque-
chisme *m.* Noticia para meter discordia o murmuración. Trasto pequeño.
chismear *i.* Llevar chismes.
chismografía *f.* Murmuración.
chismorrear *i.* Chismear.
chismorreo *m.* Acción de chismorrear. /mear.
chismoso -sa *a.-s.* Dado a chis-
chispa *f.* Partícula inflamada que salta. Viveza de ingenio. Partícula de cualquier cosa. Borrachera. /chispa.
chispazo *m.* Acción de saltar la
chispear *i.* Echar chispas. Relucir. Lloviznar.
chispero *m.* ant. Majo, chulo.
chispo -pa *a.* Casi ebrio.
chisporrotear *i.* Despedir chispas reiteradamente.
chisporroteo *m.* Acción de chisporrotear. /voz.
chistar *i.* Prorrumpir en alguna
chiste *m.* Dicho agudo y gracioso. Suceso gracioso.
chistera *f.* Sombrero de copa alta.
chistoso -sa *a.* Que usa de chistes. Gracioso.
chita *f.* Astrágalo, taba.
chiticallando *a.* Con mucho silencio o disimulo.
chito *m.* Juego en que se pone dinero sobre un tarugo y se tira a él con tejos.
¡chitón! Interj. para imponer silencio. Cierto molusco univalvo.
chivato *m.* Chivo que no llega al año.
chivo -va *m. f.* Cría de la cabra.
¡cho! *interj.* ¡So!
chocante *a.* Raro, extraño.
chocar *i.* Encontrarse con violencia dos cuerpos. Pelear. Causar extrañeza.
chocarrería *f.* Chiste grosero.
chocarrero -ra *a.-s.* Que tiene chocarrería o las dice.
chocolate *m.* Pasta de cacao y azúcar con canela o vainilla. Bebida hecha con ella.
chocolatera *f.* Vasija para hacer chocolate.
chocolatería *f.* Establecimiento donde se hace, vende o sirve chocolate.
chocolatero -ra *m. f.* Persona que fabrica o vende chocolate.
chocolatín *m.* Pastilla o tableta de chocolate.
chocha *f.* Ave zancuda, menor que la perdiz, de carne muy sabrosa.
chochear *i.* Tener debilitadas las facultades por la edad. Extremar el cariño a personas o cosas.
chocho -cha *a.* Que chochea. *m.*

Altramuz. /vil.
chófer *m.* Conductor de automó-
chofeta *f.* Braserillo manual.
chola y **-lla** *f.* fam. Cabeza.
chopo *m.* Álamo negro. fam. Fusil.
choque *m.* Acción de chocar. Contienda. Combate.
choquezuela *f.* Rótula (hueso).
chorizo *m.* Embutido de carne de cerdo curado al humo.
chorlito *m.* Ave zancuda de carne muy apreciada.
chorrear *i.* Caer un líquido formando chorro o lentamente y goteando.
chorreo *m.* Acción de chorrear.
chorrera *f.* Guarnición de encaje que se ponía en la abertura de la camisola.
chorrillo *m.* Dim. de *chorro*.
chorro *m.* Golpe de un líquido que sale con fuerza y continuidad. Caída sucesiva de cosas iguales y menudas.
chotacabras *f.* Ave trepadora que acude a los rediles en busca de insectos.
choto -ta *m. f.* Cría de la cabra mientras mama. Ternero -ra.
chova *f.* Pájaro córvido de plumaje negro.
choza *f.* Cabaña. /cho viento.
chubasco *m.* Chaparrón con muchubasquero *m.* Impermeable.
chuchería *f.* Fruslería pulida y delicada.
chucho *m.* Perro. Interj. para espantar al perro.
chueca *f.* Tocón. Hueso redondeado que encaja en otro.
chufa *f.* Planta que produce unos tubérculos pequeños con los cuales se hace horchata. Tubérculo de esta planta. Burla, mentira. /lo.
chulada *f.* Dicho o hecho de chu**chulapo -pa** *m. f.* Chulo -la.
chulería *f.* Cierto donaire en palabras y ademanes. Conjunto de chulos. Valentonería.

chuleta *f.* Costilla con carne de ternera, carnero o puerco.
chulo -la *a.-s.* Que habla u obra con chulería. Cierto individuo del pueblo bajo de Madrid.
chumacera *f.* Pieza en que descansa y gira un eje de maquinaria.
chumbera *f.* Nopal.
chumbo -ba *a. Higo chumbo,* fruto del nopal. *Higuera chumba,* nopal.
chunga *f.* Burla festiva.
chunguearse *r.* Burlarse festivamente.
chupa *f.* Antigua prenda que cubría el cuerpo.
chupada *f.* Acción de chupar.
chupado -da *a.* Muy flaco.
chupador -ra *a.* Que chupa. *m.* Pieza que se da a chupar al niño.
chupar *t.* Sacar o atraer con los labios el jugo de una cosa. Absorber.
chupatintas *m.* desp. Oficinista.
chupete *m.* Chupador. /cuencia.
chupetear *t.-i.* Chupar con frecuencia.
chupetón *m.* Acción de chupar con fuerza.
chupón -na *a.* Que chupa. *m.* Vástago o brote inútil.
churre *m.* Pringue gruesa y sucia.
churriento -ta *a.* Que tiene churre.
churrigueresco -ca *a.* Díc. de un estilo arquitectónico, derivación del barroco.
churro *m.* Cohombro. Dulce de harina y azúcar frito en aceite.
churrusco *m.* Pedazo de pan demasiado tostado.
churumbel *m.* Niño.
chuscada *f.* Dicho o hecho de chusco.
chusco -ca *a.-s.* Gracioso, divertido. *m.* Pieza de pan de munición.
chusma *f.* Gente soez.
chuzo *m.* Palo armado con un pincho.

D

D d *f.* Quinta letra del alfabeto español.
dable *a.* Hacedero, posible.
daca Voz equivalente a *dame acá*.
dacion *f.* DER. Acción de dar.
dactilografía *f.* Mecanografía.
dactilógrafo -fa *m. f.* Mecanógrafo -fa. /los dedos.
dactilología *f.* Arte de hablar con
dactiloscopia *f.* Sistema de identificación por las impresiones digitales.
dádiva *f.* Don, regalo.
dadivoso -sa *a.* Liberal, generoso.
dado *m.* Pieza cúbica que sirve para juegos de azar. MEC. Pieza cúbica para apoyar ejes, tornillos, etc.
dado -da *a.* Supuesto, concedido.
dador -ra *a.-s.* Que da. *m.* Portador de una carta. Librador de una letra.
daga *f.* Especie de espada corta.
dalia *f.* Planta compuesta de jardín de cabezuelas grandes. Su flor.
dálmata *a.-s.* De Dalmacia.
dalmática *f.* Túnica de heraldos y maceros. Vestidura sacerdotal propia del diácono.
daltonismo *m.* Defecto de la vista que consiste en confundir ciertos colores.
dalle *m.* Guadaña.
dama *f.* Mujer noble o distinguida. Actriz. En el ajedrez, reina. En las damas, peón coronado. *f. pl.* Juego de tablero con 24 piezas iguales.
damajuana *f.* Vasija de figura de castaña.
damasceno -na *a.-s.* De Damasco.
damasco *m.* Tela con dibujos labrados.
damasquinado *m.* Ataujía de metales finos sobre hierro o acero.
damasquino -na *a.* Damasceno.
damisela *f.* Señorita.
damnificar *t.* Causar daño.
danés -sa *a.-s.* Dinamarqués.
dantesco -ca *a.* Relativo al poeta Dante. /del Danubio.
danubiano -na *a.* De las orillas
danza *f.* Baile.
danzante *m. f.* Persona que danza. Persona ligera y entrometida.
danzar *i.-t.* Bailar. /tida.
danzarín -na *a.-s.* Bailarín.
dañar *t.-r.* Hacer daño. /Dolor.
daño *m.* Perjuicio, menoscabo.
dar *t.* Donar. Entregar. Conferir. Proporcionar, ofrecer, aplicar, causar. Ejecutar lo que significan ciertos substantivos. *i.* Caer, topar. Untar, bañar. *r.* Entregarse, aficionarse. Considerarse.
dardo *m.* Lanza pequeña arrojadiza.
dársena *m.* Parte resguardada en un puerto.
data *f.* Fecha.
datar *t.* Poner data. *i.* Existir desde un momento determinado.
dátil *m.* Fruto de la palmera.
dativo *m.* Caso de la declinación que corresponde al complemento indirecto.
dato *m.* Antecedente necesario para llegar al conocimiento de una cosa.
de *f.* Nombre de la letra *d.* Preposición de uso muy vario.
deán *m.* El que preside el cabildo después del prelado.
debajo *adv.* En lugar o puesto inferior. /tienda.
debate *m.* Discusión, disputa. Contender
debatir *t.* Discutir, contender.
debe *m.* Parte de una cuenta que comprende las partidas de cargo. /mas.
debelar *t.* Rendir a fuerza de armas
deber *m.* Aquello a que uno está obligado.
deber *t.* Estar obligado a hacer o entregar algo. Con la prep. *de*, ser posible. /energía.
débil *a.* Falto de fuerza, vigor o
debilidad *f.* Falta de fuerza, vigor o energía. Flaqueza.
debilitación *f.* Acción de debilitar.
debilitar *t.-r* Disminuir la fuer-

za, vigor o eficacia.
débito *m*. Deuda.
debut *m*. Estreno, presentación de un artista.
debutar *i*. Estrenarse ante el público.
deca- Prefijo que significa *diez*.
década *f*. Período de diez días o años.
decadencia *f*. Declinación, principio de ruina.
decadente *a*. Que decae.
decaedro *m*. Sólido de diez caras.
decaer *i*. Ir a menos. Debilitarse.
decágono -na *a.-m*. Díc. del polígono de diez lados.
decaimiento *m*. Flaqueza, debilidad.
decálogo *m*. Los diez mandamientos de la ley de Dios.
decámetro *m*. Medida de 10 metros.
decanato *m*. Dignidad y despacho del decano.
decano *m*. El más antiguo de una comunidad. El que preside ciertas corporaciones.
decantar *t*. Propalar, ponderar. Inclinar una vasija para que caiga el líquido sin que salga el poso.
decapitar *t*. Cortar la cabeza.
decasílabo -ba *a.-s*. De diez sílabas.
decena *f*. Conjunto de diez unidades.
decenal *a*. Que se repite cada decenio. Que dura un decenio.
decencia *f*. Aseo, compostura. Dignidad, honestidad, recato.
decenio *m*. Período de diez años.
decentar *t*. Empezar a cortar o gastar una cosa.
decente *a*. Que tiene decencia. Moderadamente satisfactorio.
decepción *f*. Engaño. Contrariedad causada por un desengaño.
decepcionar *t*. Desilusionar.
deci- Prefijo que significa *décima parte*.
decidido -da *a*. Resuelto, audaz.
decidir *t.-r*. Determinar, resolver.
decidor -ra *a.-s*. Que habla con facilidad y gracia.
décima *f*. Combinación de diez versos.
decimal *a*. Díc. de la décima parte. Díc. del sistema métrico y de numeración cuya base es diez.
decímetro *m*. Décima parte del metro.
décimo -ma *a.-s*. Díc. de cada una de las diez partes iguales de un todo. Que sigue en orden al noveno.
decir *m*. Dicho, sentencia.
decir *t*. Expresar el pensamiento. Afirmar. Pronunciar. *i*. Convenir, armonizar.
decisión *f*. Resolución adoptada. Firmeza, denuedo.
decisivo -va *a*. Que decide.
declamación *f*. Acción o arte de declamar.

declamar *i.-t*. Recitar con arte. Hablar en público con vehemencia. *i*. Expresarse con vehemencia.
declamatorio -ria *a*. Propio de la declamación.
declaración *f*. Acción de declarar.
declarante *c*. Persona que declara.
declarar *t*. Manifestar, explicar. *i.-t*. Manifestar ante el juez. *r*. Producirse un incendio, una epidemia, etc.
declinable *a*. GRAM. Que se declina.
declinación *f*. Caída, descenso. Decadencia. GRAM. Acción de declinar. Serie de los casos gramaticales.
declinar *i*. Desviarse de una dirección. Aproximarse a su fin. Decaer, menguar. *t*. Poner las palabras declinables en los casos gramaticales. Renunciar.
declive *m*. **declividad** *f*. Pendiente, inclinación.
decocción *f*. Acción y resultado de cocer en agua.
decomisar *t*. Declarar que una cosa ha caído en comiso.
decomiso *m*. Comiso.
decoración *f*. **decorado** *m*. Acción de decorar. Cosa que decora. Conjunto de lienzos pintados de la escena.
decorador -ra *m. f*. Persona que decora.
decorar *t*. Adornar. Condecorar.
decorativo -va *a*. Que sirve para decorar.
decoro *m*. Honor, respeto. Circunspección. Recato. Honra.
decoroso -sa *a*. Que tiene o manifiesta decoro.
decrecer *i*. Disminuir.
decreciente *a*. Que decrece.
decrecimiento, decremento *m*. Disminución.
decrépito -ta *a.-s*. Muy viejo o decaído.
decrepitud *f*. Suma vejez.
decretal *f*. Resolución pontificia.
decretar *t*. Ordenar algo el jefe del Estado, el Gobierno o un tribunal o juez.
decreto *m*. Decisión de la autoridad competente.
decúbito *m*. Posición del cuerpo tendido sobre un plano horizontal.
décuplo -pla *a.-m*. Que contiene diez veces un número.
decuria *f*. Décima parte de una centuria romana.
decurión *f*. Jefe de una decuria.
decurso *m*. Sucesión del tiempo.
dechado *m*. Muestra, modelo, ejemplo.
dedada *f*. Porción que se toma con el dedo.
dedal *m*. Utensilio para proteger el dedo cuando se cose.
dédalo *m*. Laberinto.
dedicación *f*. Acción de dedicar..

dedicar *t.* Destinar a Dios, al culto, a la memoria de una persona, de un hecho, etc. Dirigir a una persona una obra de entendimiento. *t.-r.* Emplear, destinar, aplicar.
dedicatoria *f.* Escrito con que se dedica una obra.
dedil *m.* Dedal de cuero.
dedillo (al) *m. adv.* Perfectamente.
dedo *m.* Cada uno de los cinco miembros en que termina la mano y el pie del hombre. Miembro análogo en los animales. Porción del ancho de un dedo.
deducción *f.* Acción de deducir.
deducir *t.* Sacar consecuencias. Rebajar, descontar.
deductivo -va *a.* Que procede por deducción.
defecación *f.* Acción de defecar.
defecar *i.* Expeler los excrementos.
defección *f.* Abandono, traición.
defectivo -va *a.* Defectuoso, incompleto. /o carencia.
defecto *m.* Imperfección. Falta
defectuoso -sa *a.* Imperfecto.
defender *t.-r.* Proteger, sostener. *t.* Sostener la inocencia de alguno.
defensa *f.* Acción de defender. Cosa con que uno se defiende.
DER. Abogado defensor.
defensión *f.* Resguardo, defensa.
defensiva *f.* Situación del que se defiende. /defender.
defensivo -va *a.* Que sirve para
defensor -ra *a.-s.* Que defiende.
deferencia *f.* Adhesión respetuosa al dictamen ajeno. Muestra de respeto. /rencia.
deferente *a.* Que muestra deferencia.
deferir *i.* Adherirse al dictamen de uno por respeto.
deficiencia *f.* Defecto.
deficiente *a.* Defectuoso.
déficit *m.* Lo que falta para equilibrar los gastos con los ingresos o el crédito con el débito.
definición *f.* Acción de definir.
definido -da *a.* Que tiene límites precisos.
definir *t.* Fijar con exactitud la significación de una palabra o la naturaleza de una cosa.
deflagración *f.* Acción de deflagrar.
deflagrar *i.* Arder súbitamente con llama y sin explosión.
deformación *f.* Alteración de la forma. /su forma.
deformar *t.* Alterar una cosa en
deforme *a.* De forma anómala.
deformidad *f.* Calidad de deforme. Cosa deforme. Error grosero.
defraudación *f.* Acción de defraudar.
defraudar *t.* Privar a uno con engaño de lo que le toca. Frustrar, malograr. /sona.
defunción *f.* Muerte de una per-
degeneración *f.* Acción de degenerar. /envilecido.
degenerado -da *a.-s.* Depravado,
degenerar *i.* Perder las cualidades de su especie o linaje.
deglución *f.* Acción de deglutir.
deglutir *i.-t.* Tragar.
degollación *f.* Acción de degollar.
degolladero *m.* Matadero.
degolladura *f.* Herida en la garganta. Escote en los vestidos.
degollar *t.* Cortar la garganta. Escotar los vestidos.
degollina *f.* Matanza, mortandad.
degradación *f.* Acción de degradar. Humillación, bajeza.
degradar *t.* Deponer a uno de sus dignidades, honores, etc. *t.-r.* Envilecer.
degüello *m.* Acción de degollar.
degustación *f.* Acción de gustar o probar. /nada a pastos.
dehesa *f.* Tierra acotada desti-
deicida *a.-c.* Que dio muerte a Cristo. /cidas.
deicidio *m.* Crimen de los dei-
deidad *f.* Ser divino. Dios de los gentiles.
deificar *t.* Divinizar. /Dios.
deífico -ca *a.* Perteneciente a
dejación *f.* Acción de dejar.
dejadez *f.* Pereza, abandono de sí mismo. Debilidad.
dejar *t.* Soltar una cosa, retirarse o apartarse de ella. Hacer que alguno entre o continúe en posesión de una cosa. Prestar. Consentir, permitir. Omitir. *r.* Descuidarse, abandonarse.
dejo *m.* Acento o modo de hablar. Sabor que queda de una cosa.
del Contracción de *de* y *el*.
delación *f.* Acción de delatar.
delantal *m.* Prenda que resguarda la parte delantera del vestido.
delante *adv.* Con prioridad de lugar. En la parte anterior. Enfrente. A la vista, en presencia.
delantera *f.* Parte anterior. Espacio con que uno se adelanta a otro.
delantero *a.-s.* Que está o va delante.
delatar *t.* Denunciar, acusar. Descubrir, revelar.
delator -ra *a.-s.* Que delata.
delectación *f.* Deleite.
delegación *f.* Acción de delegar. Oficina del delegado. Conjunto de delegados.
delegado -da *c.* Persona en quien se delega.
delegar *t.* Facultar uno a otro para que haga sus veces.

deleitable *a.* Deleitoso.
deleitación *f.* Deleite.
deleitar *t.-r.* Producir deleite.
deleite *m.* Placer.
deleitoso -sa *a.* Que causa deleite.
deletéreo -a *a.* Mortífero, venenoso.
deletrear *i.* Pronunciar cada letra y sílaba por separado.
deleznable *a.* Que se rompe o deshace fácilmente.
delfín *m.* Cetáceo carnívoro de dos o tres metros de largo. Primogénito del rey de Francia.
delfina *f.* Mujer del Delfín de Francia.
delgadez *f.* Calidad de delgado.
delgado -da *a.* Flaco. De poco grueso. Sutil. /rar.
deliberación *f.* Acción de deliberar.
deliberar *i.* Examinar el pro y el contra. *t.* Decidir después de cuidadoso examen.
delicadez *f.* Debilidad. Delicadeza. Susceptibilidad.
delicadeza *f.* Cualidad de delicado. Finura. Escrupulosidad.
delicado -da *a.* Fino, suave, tierno. Sensible. Fácil de deteriorarse. Que exige mucho cuidado. Sutil. Débil, enfermizo. Suspicaz. Que procede con miramiento.
delicia *f.* Placer vivo. /miento.
delicioso -sa *a.* Que causa delicia.
delictivo -va, delictuoso -sa *a.* Que incluye delito.
delicuescencia *f.* Calidad de delicuescente.
delicuescente *a.* Que absorbe la humedad y se disuelve en ella.
delimitar *t.* Señalar los límites.
delincuencia *f.* Calidad de delincuente.
delincuente *a.-s.* Que delinque.
delineación *f.* Acción de delinear.
delineante *m.* El que traza planos por oficio.
delinear *t.* Trazar las líneas de una figura.
delinquir *t.* Cometer un delito.
deliquio *m.* Desmayo, desfallecimiento.
delirar *i.* Sufrir delirio. Disparatar.
delirio *m.* Desorden de la imaginación causada por una enfermedad. Despropósito.
delirium tremens *m.* Delirio violento producido por el alcoholismo.
delito *m.* Violación de la ley. Culpa, crimen.
delta *f.* Letra del alfabeto griego. Isla triangular en la desembocadura de ciertos ríos.
demacración *f.* Enflaquecimiento.
demacrar *t.-r.* Enflaquecer.
demagogia *f.* Halago de las pasiones de la plebe.
demagogo *m.* Agitador turbulento del pueblo.
demanda *f.* Súplica, petición. Pregunta. Busca. COM. Pedido.
demandadero -ra *m. f.* Persona que hace mandados.
demandar *t.* Pedir. Preguntar. DER. Pedir justicia contra uno.
demarcación *f.* Acción de demarcar. Terreno demarcado.
demarcar *t.* Señalar o marcar los límites.
demás *pron.* y *a. indef.* Otro, otra, otros, otras, los restantes. *m. adv.* Por ~, en vano, en demasía. /safuero.
demasía *f.* Exceso. Insolencia, desafuero.
demasiado -da *a.* Que es en demasía. *adv.* En demasía.
demencia *f.* Locura.
demente *a.-s.* Loco, falto de juicio.
demérito *m.* Lo que hace desmerecer.
democracia *f.* Régimen político en que el pueblo ejerce la soberanía. /democracia.
demócrata *a.-s.* Partidario de la democracia.
democrático -ca *a.* Relativo a la democracia.
demografía *f.* Estudio estadístico de la población. /arruinar.
demoler *t.* Deshacer, derribar o
demolición *f.* Acción de demoler.
demoniaco -ca *a.* Perteneciente al demonio.
demonio, demontre *m.* Diablo.
demora *f.* Dilación. Tardanza.
demorar *t.* Retardar. *r.* Detenerse o hacer mansión.
demostrable *a.* Que se puede demostrar. /trar.
demostración *f.* Acción de demostrar.
demostrar *t.* Probar con razonamientos o ejemplos. Manifestar.
demostrativo -va *a.* Que demuestra.
demudar *t.-r.* Alterar, desfigurar. *r.* Inmutarse. /mana.
denario -ria *m.* Ant. moneda romana.
denegación *f.* Acción de denegar.
denegar *t.* No conceder lo que se pide.
denegatorio -ria *a.* Que incluye denegación.
dengoso -sa *a.* Melindroso.
dengue *m.* Melindre mujeril. Enfermedad parecida a la gripe.
denigrante *a.* Que denigra.
denigrar *t.* Injuriar. Infamar.
denigrativo -va *a.* Que denigra.
denodado -da *a.* Que tiene denuedo. /nombre.
denominación *f.* Nombre o renombre.
denominador -ra *a.-s.* Que denomina. *m.* MAT. Divisor en el quebrado.
denominar *t.* Nombrar o distinguir con un nombre.

denostar *t.* Injuriar, infamar de palabra.
denotar *t.* Indicar o significar algo.
densidad *f.* Calidad de denso.
densímetro *m.* Areómetro graduado. /curo, confuso.
denso -sa *a.* Compacto, espeso. Os-
dentado -da *a.* Que tiene dientes. *m.* Dentadura.
dentadura *f.* Conjunto de los dientes, muelas y colmillos.
dental *a.* Relativo a los dientes.
dentar *t.* Poner o formar dientes a algo. *i.* Endentecer.
dentario -ria *a.* Dental.
dentellada *f.* Mordisco.
dentellar *i.* Dar diente con diente.
dentellear *t.* Mordiscar.
dentera *f.* Sensación desagradable en los dientes al comer ciertas cosas, oír ciertos ruidos, etc. Envidia. Deseo.
dentición *f.* Acción de endentecer.
dentículo *m.* ARQ. H. NAT. Adorno, órgano o parte en figura de diente.
dentífrico -ca *a.-s.* Que sirve para limpiar y conservar los dientes.
dentista *a.-c.* Dic. del cirujano que trata las enfermedades de los dientes.
dentón *m.* Pez marino comestible.
dentro *adv.* A o en la parte interior.
denudar *t.* H. NAT. Despojar.
denuedo *m.* Brío, intrepidez.
denuesto *m.* Injuria grave de palabra.
denuncia *f.* Acción de denunciar.
denunciar *t.* Dar a la autoridad noticia de un daño o hecho. Delatar. /Presentar.
deparar *t.* Dar, proporcionar.
departamento *m.* Parte o división de un territorio, edificio, vehículo, etc.
departir *i.* Conversar. /tar.
depauperar *t.* Empobrecer. Debili-
dependencia *f.* Hecho de depender. Cosa que depende de otra. Conjunto de dependientes.
depender *i.* Estar condicionada una cosa por otra. Estar subordinado a algo o alguien.
dependiente *m.* Empleado, esp. de comercio.
depilar *t.-r.* Quitar el pelo o vello.
deplorable *a.* Digno de ser deplorado. /tar.
deplorar *t.* Sentir mucho. Lamen-
deponente *a.-s.* Que depone o declara.
deponer *t.* Dejar. Privar a uno de su empleo o dignidad. Declarar ante el juez. *i.* Evacuar el vientre.
deportación *f.* Acción de deportar.
deportar *t.* Desterrar a un lugar lejano.
deporte *m.* Recreación. Juego o ejercicio de agilidad, destreza o fuerza.
deportista *c.* Aficionado a los de- /portes.
deposición *f.* Privación de empleo o dignidad. Declaración ante un juez. Evacuación de vientre.
depositar *t.* Confiar una cosa a uno, esp. para su custodia. Poner una cosa en un sitio. *t.-r.* Sedimentar. /cen depósitos.
depositaria *f.* Lugar donde se ha-
depositario -ria *m. f.* Persona en quien se deposita una cosa.
depósito *m.* Acción de depositar. Cosa depositada. Lugar donde se deposita.
depravación *f.* Corrupción, vicio.
depravado -da *a.-s.* Viciado, corrompido.
depravar *t.-r.* Viciar, corromper.
deprecación *f.* Ruego ferviente.
deprecar *t.* Rogar, suplicar con instancia. /súplica.
deprecatorio -ria *a.* Que expresa
depreciar *t.-r.* Disminuir el valor o precio. /Malversación.
depredación *f.* Saqueo, pillaje.
depresión *f.* Acción de deprimir. Parte deprimida.
depresivo -va y **deprimente** *a.* Que deprime.
deprimir *t.-r.* Reducir el volumen por presión. Hundir una parte de la superficie. Humillar. Abatir.
depuración *f.* Acción de depurar.
depurar *t.* Quitar las impurezas. Acrisolar la conducta.
depurativo -va *a.-m.* Que depura.
derecha *f.* Mano derecha. En política, los partidos más moderados.
derecho -cha *a.* Recto, seguido. Vertical. Dic. del lado, mano, etc., que corresponde a levante cuando el cuerpo mira hacia el norte. *adv.* En derechura. *m.* Facultad de hacer o de exigir. Razón, justicia. Conjunto y ciencia de las leyes. Lado mejor labrado de una cosa. *pl.* Tanto que se paga por ciertas cosas.
derechura (en) *a. adv.* Por el camino más recto. /gobierno.
deriva (a la) *m. adv.* MAR. Sin
derivación *f.* Acción de derivar. Palabra derivada.
derivar *i.-r.* Traer su origen de alguna cosa. *t.* Desviar, conducir. GRAM. Formar una palabra de otra.
dermatología *f.* Estudio de las enfermedades de la piel.
dermatólogo *m.* Médico especialista en dermatología.

dermis *f.* Capa de tejido conjuntivo que con la epidermis forma la piel.
derogación *f.* Acción de derogar. Disminución, deterioración.
derogar *t.* Anular, suprimir.
derrama *f.* Repartimiento de un gasto o contribución.
derramamiento *m.* Acción de derramar.
derramar *t.-r.* Dejar salir de un recipiente. Esparcir. Repartir impuestos.
derrame *m.* Derramamiento. Salida o acumulación anormal de un líquido orgánico.
derredor *m.* Contorno, circuito.
derrengar *t.* Descaderar, lastimar los lomos. Inclinar a un lado.
derretimiento *m.* Acción de derretir. Afecto vehemente.
derretir *t.-r.* Liquidar por medio del calor. *r.* Enardecerse con el amor. Estar muy impaciente.
derribar *t.* Demoler. Echar por tierra, hacer caer.
derribo *m.* Acción de derribar.
derrocar *t.* Despeñar. Arruinar. Derribar. /cha.
derrochador *-ra a.-s.* Que derrocha.
derrochar *t.* Dilapidar, malgastar.
derroche *m.* Acción de derrochar.
derrota *f.* Camino, rumbo. Vencimiento completo.
derrotar *t.* Vencer y hacer huir en desorden. Destruir, arruinar.
derrote *m.* Cornada que da el toro levantando la cabeza.
derrotero *m.* Camino, rumbo.
derruir *t.* Derribar o arruinar un edificio.
derrumbadero *m.* Despeñadero.
derrumbamiento *m.* Acción de derrumbar. /peñar.
derrumbar *t.-r.* Precipitar, despeñar.
derviche *m.* Especie de monje musulmán.
desabastecer *t.* Desproveer.
desabollar *t.* Quitar las abolladuras. /to.
desabor *m.* Insipidez, desabrimiento.
desaborido *-da adj.* Sin substancia. *a.-s.* Soso.
desabotonar *t.* Desasir los botones de una prenda.
desabrido *-da a.* Sin sabor o de mal sabor. Destemplado. Desapacible.
desabrigado *-da a.* Desamparado.
desabrigar *t.-r.* Quitar el abrigo.
desabrigo *m.* Desamparo.
desabrimiento *m.* Falta de sabor. Disgusto. Aspereza en el trato.
desabrochar *t.* Desasir los broches, botones, etc.
desacatar *t.* Faltar al respeto.
desacato *m.* Falta de respeto. Irreverencia. Descomedimiento.
desacertado *-da a.* Que yerra u obra sin acierto. /acierto.
desacertar *i.* Errar; no tener
desacierto *m.* Acción de desacertar. Cosa desacertada.
desacomodar *t.* Privar de la comodidad. *t.-r.* Quitar el acomodo.
desacomodo *m.* Falta de comodidad o acomodo.
desaconsejar *t.* Disuadir.
desacorde *a.* Que no concuerda con otro u otra cosa.
desacostumbrar *t.-r.* Hacer perder o dejar una costumbre.
desacreditar *t.* Disminuir el crédito o estimación.
desacuerdo *m.* Disconformidad en los dictámenes o acciones. Error. Olvido.
desafección *f.* Malquerencia.
desafecto *-ta a.* Que no siente estima por una cosa. Contrario. *m.* Malquerencia.
desaferrar *t.* Desasir, soltar. Levar anclas.
desafiador *-ra a.-s.* Que desafía.
desafiar *t.* Provocar a duelo, contienda o discusión. Oponerse.
desafinación *f.* Acción de desafinar.
desafinar *i.-r.* MÚS. Apartarse de la debida entonación.
desafío *m.* Acción de desafiar. Duelo.
desaforado *-da a.* Que obra o es contra ley o fuero. Muy grande, desmedido.
desafortunado *-da a.* Desgraciado.
desafuero *m.* Acto contra la ley o la sana razón.
desagraciado *-da a.* Sin gracia.
desagradable *a.* Que desagrada.
desagradar *i.-r.* Causar desagrado.
desagradecer *t.* No agradecer los beneficios. /gradece.
desagradecido *-da a.-s.* Que desagradecimiento *m.* Acción de desagradecer. /to.
desagrado *m.* Disgusto, descontento.
desagraviar *t.-r.* Reparar el agravio. Compensar el perjuicio.
desagravio *m.* Acción de desagraviar.
desagregar *t.-r.* Separar, apartar.
desaguadero *m.* Conducto o canal de desagüe.
desaguar *t.* Extraer el agua de un lugar. *i.* Entrar los ríos en el mar. /Desaguadero.
desagüe *m.* Acción de desaguar.
desaguisado *m.* Agravio, acción descomedida.
desahogado *-da a.* Descarado, descocado. Desembarazado. Que vive con desahogo.
desahogar *t.* Aliviar. *t.-r.* Dar rien-

da suelta a las pasiones. r. Recobrarse del calor. Librarse de dudas. Decir lo que uno siente.
desahogo m. Alivio. Expansión. Desembarazo. Abundancia de medios. Desvergüenza.
desahuciar t. Quitar toda esperanza. Expulsar al inquilino.
desahucio m. Acción de desahuciar.
desairado -da a. Que carece de garbo. Que no queda airoso.
desairar t. Desatender, desestimar.
desaire m. Falta de garbo. Acción de desairar.
desalar t. Quitar la sal. Quitar las alas. r. Correr mucho. Sentir vivo anhelo.
desalentar t. Dificultar el aliento. t.-r. Quitar el ánimo.
desalfombrar t. Quitar las alfombras. /mo.
desaliento m. Decaimiento del ánimo
desaliñar t.-r. Descomponer el atavío o el aliño. /gligencia.
desaliño m. Falta de aliño. Negligencia.
desalmado -da a. Sin conciencia. Inhumano. /lojar.
desalojamiento m. Acción de desalojar.
desalojar t. Hacer salir de un lugar. t.-i. Dejar el sitio o morada.
desalojo m. Desalojamiento.
desalquilar t. Dejar de tener alquilado. /rras. Desasir.
desamarrar t.-r. Quitar las amarras.
desamoblar t. Desamueblar.
desamor m. Desafecto. Enemistad.
desamparar t. Abandonar. Dejar sin amparo.
desamparo m. Acción de desamparar. Falta de amparo.
desamueblar t. Quitar los muebles. /mino ya andado.
desandar t. Retroceder en el camino ya andado.
desangrar t.-r. Sacar o perder mucha sangre. Empobrecer.
desanimar t.-r. Desalentar, acobardar. /ánimo.
desánimo m. Desaliento, falta de ánimo.
desanublar t.-r. Despejar, aclarar.
desanudar t.-r. Deshacer el nudo. Desenredar.
desapacible a. Que causa disgusto, desagradable.
desaparecer i. Ocultarse, quitarse de la vista.
desaparejar i. Quitar o destruir el aparejo. /recer.
desaparición f. Acción de desaparecer.
desapasionado -da a. Falto de pasión. Imparcial. /sión.
desapasionar t.-r. Quitar la pasión.
desapegar t. Despegar. r. Desprenderse del afecto.
desapego m. Falta de apego, indiferencia.
desapercibido -da a. Desprevenido.
desaplacible a. Desagradable.

desaplicación f. Falta de aplicación. /ca.
desaplicado -da a. Que no se aplica
desapoderado -da a. Precipitado. Violento, desenfrenado.
desapoderar t.-r. Desposeer. t. Retirar los poderes.
desapolillar t.-r. Quitar la polilla.
desaprensión f. Falta de aprensión.
desaprensivo -va a. Que tiene desaprensión, Sinvergüenza.
desaprobación f. Acción de desaprobar.
desaprobar t. No aprobar.
desapropiar t.-r. Desposeer.
desaprovechado -da a. Que no aprovecha, que no adelanta.
desaprovechar t. Desperdiciar.
desarbolar t. MAR. Quitar o derribar la arboladura.
desarmar t.-r. Quitar o hacer entregar las armas. t. Descomponer un artefacto separando sus piezas. Aplacar los ánimos de uno.
desarme m. Acción de desarmar.
desarraigar t. Arrancar de raíz. Desterrar. /gar.
desarraigo m. Acción de desarraigar.
desarreglado -da a. Que hace las cosas sin regla.
desarreglar t.-r. Sacar de regla, desordenar.
desarreglo m. Desorden.
desarrollar t.-r. Descoger lo arrollado. Hacer pasar una cosa por una serie de estados, cada uno más perfecto que el anterior. Explicar una teoría.
desarrollo m. Acción de desarrollar.
desarropar t. Quitar o apartar la ropa. /gas.
desarrugar t.-r. Quitar las arrugas.
desarticular t.-r. Hacer salir un miembro de su articulación. Quebrantar un plan, una organización.
desartillar t. Quitar la artillería.
desarzonar t. Hacer caer al jinete de la silla.
desaseado -da a. Falto de aseo.
desaseo m. Falta de aseo.
desasimiento m. Acción de desasir. Desinterés.
desasir t.-r. Soltar, desprender.
desasnar t.-r. Quitar la rudeza con la enseñanza.
desasosegar t.-r. Privar de sosiego.
desasosiego m. Falta de sosiego.
desastrado -da a. Desgraciado. Roto, desaseado.
desastre m. Desgracia grande, suceso lamentable. /nesto.
desastroso -sa a. Desgraciado, funesto
desatar t. Soltar, desenlazar. r. Perder el encogimiento. Descomedirse. Desencadenarse.

desatascar *t.* Sacar del atascadero.
desatención *f.* Falta de atención. Descortesía.
desatender *t.* No prestar atención. No hacer caso. No asistir, no cuidar.
desatentado -da *a.-s.* Que obra sin tino. *a.* Excesivo, desordenado.
desatento -ta *a.* Que no pone atención. Descortés.
desatiento *m.* Desasosiego.
desatinado -da *a.* Sin tino. Sin juicio ni razón.
desatinar *t.* Decir o hacer desatinos. *t.* Hacer perder el tino.
desatino *m.* Falta de tino. Despropósito.
desatollar *t.* Desatascar.
desatornillar *t.* Destornillar.
desatracar *t.-i.* Separar la embarcación de aquello a que está atracada.
desatrancar *t.* Quitar la tranca.
desautorización *f.* Acción de desautorizar. /estimación.
desautorizar *t.* Quitar autoridad o
desavenencia *f.* Oposición, discordia. /cordar.
desavenir *t.-r.* Desconcertar, dis-
desayunarse *r.* Tomar el desayuno.
desayuno *m.* Primer alimento que se toma por la mañana.
desazón *f.* Desabrimiento. Disgusto, pesadumbre, inquietud.
desazonar *t.* Quitar la sazón o el sabor. *t.-r.* Disgustar. Sentirse indispuesto.
desbancar *t.* Hacer perder a uno el afecto de una persona ganándolo para sí. /darse.
desbandada *f.* Acción de desban-
desbandarse *r.* Dispersarse. Huir en desorden.
desbarajustar *t.* Desordenar.
desbarajuste *m.* Desorden.
desbaratar *t.* Deshacer, arruinar. Estorbar. MIL. Poner en confusión. *i.* Disparatar.
desbarrar *i.* Deslizarse. Disparatar.
desbastador *m.* Herramienta para desbastar.
desbastar *t.* Quitar las partes más bastas. Quitar la tosquedad.
desbaste *m.* Acción de desbastar.
desbocar *t.* Romper la boca a una cosa. *i.* Hacerse insensible al freno y dispararse una caballería. /bordarse.
desbordamiento *m.* Acción de des-
desbordar *i.-r.* Salir de los bordes. Desmandarse las pasiones.
desbravar *t.* Domar caballos o mulos. *r.* Perder los licores su fuerza.
desbriznar *t.* Desmenuzar.
desbrozar *t.* Quitar la broza.

desbrozo *m.* Acción de desbrozar.
descabalar *t.* Dejar incompleto un todo. /llería.
descabalgar *i.* Bajar de una caba-
descabellado -da *a.* Que va sin orden, concierto o razón.
descabellar *t.-r.* Despeinar. *t.* Matar instantáneamente al toro hiriéndole en la cerviz. /llar.
descabello *m.* Acción de descabe-
descabezar *t.* Quitar o cortar la cabeza. ~ *el sueño*, adormilarse un poco. /en la cabeza.
descalabradura *f.* Herida recibida
descalabrar *t.-r.* Herir en la cabeza. Causar perjuicio.
descalabro *m.* Contratiempo, infortunio. /honorar.
descalificar *t.* Desconceptuar, des-
descalzar *t.-r.* Quitar el calzado. *t.* Socavar. /los pies.
descalzo -za *a.* Que trae desnudos
descaminar *t.-r.* Apartar del buen camino.
descamisado -da *a.* Sin camisa. *a.-s.* Pobre, miserable.
descampado -da *a.-m.* Díc. del terreno descubierto y desembarazado.
descansar *i.* Cesar en el trabajo, reposar. Dormir. Confiar en uno. *t.-i.* Apoyar o estar apoyada una cosa sobre otra. *t.* Dar descanso.
descansillo *m.* Porción de piso en que termina un tramo de escalera.
descanso *m.* Pausa o alivio en el trabajo o fatiga. Descansillo.
descantillar *t.* Romper las aristas o cantos. Desfalcar, rebajar.
descañonar *t.* Quitar los cañones a las aves. Afeitar a contrapelo.
descarado -da *a.* Desvergonzado.
descararse *r.* Desvergonzarse.
descarga *f.* Acción de descargar.
descargadero *m.* Sitio destinado para descargar.
descargar *t.* Quitar o aliviar la carga. Disparar un arma. Dar un golpe. *t.-r.* Liberar de un cargo u obligación.
descargo *m.* Acción de descargar. Satisfacción o excusa de un cargo.
descarnar *t.* Quitar al hueso la carne.
descaro *m.* Desvergüenza.
descarriar *t.-r.* Apartar del camino o del rebaño. *r.* Apartarse de lo justo.
descarrilar *i.* Salir fuera del carril un vehículo.
descarrío *m.* Acción de descarriar.
descartar *t.* Desechar. *r.* Deshacerse de cartas inútiles en el juego.
descarte *m.* Acción de descartarse.

Las cartas desechadas.
descascarar *t.* Quitar la cáscara.
descascarillar *t.* Quitar la cascarilla.
descaspar *t.* Quitar la caspa.
descastado -da *a.-s.* Que manifiesta poco cariño a los parientes. Ingrato.
descendencia *f.* Hijos y generaciones sucesivas. Estirpe.
descendente *a.* Que desciende.
descender *i.-t.* Bajar. *i.* Derivarse. Proceder de una persona o linaje.
descendiente *com.* Persona que desciende de otra.
descendimiento *m.* Acción de descender a uno.
descenso *m.* Bajada.
descentralizar *t.* Hacer menos dependiente del poder central.
descentrar *t.* Sacar de su centro.
desceñir *t.-r.* Desatar, quitar el ceñidor.
descepar *t.* Arrancar árboles o plantas. Extirpar.
descerrajar *t.* Arrancar o violentar la cerradura. Disparar uno o más tiros con arma de fuego.
descifrar *t.* Leer un escrito cifrado. Llegar a comprender lo difícil. /vado.
desclavar *t.-r.* Desprender de los clavos.
descoagular *t.-r.* Liquidar lo coagulado.
descocado -da *a.-s.* Desenvuelto, descarado.
descocar *t.* Quitar a los árboles los cocos.
descoco *m.* Desenvoltura, descaro.
descoger *t.* Desplegar, extender.
descolgar *t.* Bajar lo colgado. Quitar las colgaduras. *r.* Escurrirse de alto abajo por una cuerda, etc.; ir bajando.
descolorar *t.-r.* Quitar el color.
descolorido -da *a.* De color pálido, amortiguado.
descolorir *t.* Descolorar.
descollar *i.* Sobresalir.
descombrar *t.* Desembarazar, despajar. /brar.
descombro *m.* Acción de descombrar.
descomedido -da *a.* Excesivo. Descortés. /peto.
descomedimiento *m.* Falta de respeto.
descomedirse *r.* Faltar al respeto.
descomponer *t.* Separar las partes de un todo. *t.-r.* Desorganizar. *r.* Entrar en putrefacción. Desazonarse el cuerpo. Perder la serenidad o la compostura.
descomposición *f.* Acción de descomponer.
descompostura *f.* Descomposición. Desaliño. Descaro.
descompuesto -ta *a.* Inmodesto, atrevido, descortés.

descomulgado -da *a.* fam. Malvado, perverso.
descomunal *a.* Extraordinario, monstruoso, enorme.
desconceptuar *t.-r.* Desacreditar.
desconcertadamente *adv.* Sin concierto.
desconcertar *t.* Turbar el orden y concierto. Dislocar. *t.-r.* Suspender el ánimo. Desavenir. *r.* Perder la serenidad.
desconcierto *m.* Descomposición. Desorden. Turbación. Desavenencia.
desconchado *m.* Parte en que una pared ha perdido su enlucido.
desconchar *t.* Quitar a una pared parte de su enlucido.
desconectar *t.* Interrumpir la conexión.
desconfiado -da *a.* Que desconfía.
desconfianza *f.* Falta de confianza.
desconfiar *i.* No tener confianza.
desconforme *a.* Disconforme.
desconformidad *f.* Disconformidad.
descongestión *f.* Acción de descongestionar. /gestión.
descongestionar *t.* Quitar la con-
desconocer *t.* No conocer. Negar uno ser suya alguna cosa, rechazarla.
desconocido -da *a.-s.* Ignorado. No conocido antes.
desconocimiento *m.* Acción de desconocer. /considerar.
desconsideración *f.* Acción de des-
desconsiderado -da *a.* Falto de consideración.
desconsiderar *t.* No guardar la consideración debida.
desconsolar *t.-r.* Privar de consuelo. Afligir.
desconsuelo *m.* Angustia, aflicción.
descontar *t.* Rebajar una cantidad. Dar por cierto o acaecido.
descontentadizo -za *a.* Difícil de contentar. /gustar.
descontentar *t.* Desagradar, dis-
descontento -ta *a.* Disgustado. *m.* Disgusto, desagrado.
descorazonar *t.-r.* Desalentar.
descorchar *t.* Quitar o sacar el corcho.
descorche *m.* Acción de descorchar.
descornar *t.-r.* Quitar o arrancar los cuernos.
descorrear *i.-r.* Soltar el ciervo la piel que cubre sus pitones.
descorrer *t.* Volver uno a correr el espacio que antes había corrido. Plegar o reunir lo que estaba antes estirado. *i.-r.* Escurrir.
descortés *a.-s.* Falto de cortesía.
descortesía *f.* Falta de cortesía.
descortezar *t.-r.* Quitar la corteza.
descoser *t.-r.* Soltar lo cosido.
descosido -da *a.* Indiscreto en el hablar. Desordenado, falto de

trabazón. *m.* Parte descosida en un vestido.
descoyuntar *t.-r.* Desencajar un hueso. *t.* Fastidiar.
descrédito *m.* Pérdida de la reputación.
descreído -da *a.* Incrédulo.
descreimiento *m.* Incredulidad.
describir *t.* Delinear, dibujar. Representar por medio del lenguaje.
descripción *f.* Acción de describir.
descriptible *a.* Que se puede describir.
descriptivo -va *a.* Que describe.
descristianizar *t.-r.* Apartar de la fe cristiana.
descrito -ta *pp. irreg.* de *describir*.
descuadernar *t.* Desbaratar, descomponer.
descuajar *t.* Descoagular. Arrancar de raíz.
descuajaringarse *i.* Relajarse el cuerpo por el cansancio.
descuaje y **-jo** *m.* Acción de descuajar.
descuartizamiento *m.* Acción de descuartizar.
descuartizar *t.* Dividir en cuartos, despedazar.
descubierta *f.* MIL. Reconocimiento del terreno.
descubierto -ta *pp. irreg.* de *descubrir*. Destocado. *m.* Déficit. *Al* ~, al raso.
descubridor -ra *a.-s.* Que descubre.
descubrimiento *m.* Acción de descubrir. Cosa descubierta.
descubrir *t.* Destapar, manifestar. Hallar lo ignorado o escondido. Inventar. Alcanzar a ver. Quitarse de la cabeza el sombrero, gorra, etc.
descuento *m.* Rebaja.
descuidado -da *a.-s.* Negligente. Desaliñado. Desprevenido.
descuidar *i.-r.* No cuidar.
descuidero -ra *a.-s.* Que hurta aprovechando descuidos.
descuido *m.* Omisión, negligencia. Olvido, inadvertencia. Desliz.
desde *prep.* que denota punto de origen en el tiempo o en el espacio.
desdecir *i.* No convenir una cosa con otra. *r.* Retractarse.
desdén *m.* Indiferencia, desprecio.
desdentado -da *a.* Sin dientes. *a.-s.* Díc. de los mamíferos que carecen de dientes incisivos.
desdeñar *t.* Tratar con desdén. *r.* Tener a menos.
desdeñoso -sa *a.-s.* Que manifiesta desdén.
desdibujado -da *a.* Borroso, mal conformado.
desdicha *f.* Desgracia. Miseria.
desdichado -da *a.-s.* Desgraciado, infeliz.
desdoblar *t.* Extender lo doblado. Formar dos o más cosas con elementos de una.
desdorar *t.* Quitar el oro a una cosa. Deslustrar, mancillar.
desdoro *m.* Deslustre en la reputación, virtud, etc.
desear *t.* Aspirar a la posesión de una cosa. Anhelar que acontezca o deje de acontecer algo.
desecación *f.* y **desecamiento** *m.* Acción de desecar.
desecar *t.-r.* Quitar el jugo, el agua, la humedad.
desechar *t.* Excluir, arrojar. Rechazar. Apartar de sí. Dejar por inútil.
desecho *m.* Lo que se desecha después de escoger lo mejor. Cosa que no sirve.
desembalar *t.* Deshacer el embalaje.
desembaldosar *t.* Arrancar las baldosas.
desembarazar *t.* Quitar el impedimento. Desocupar. *r.* Apartar de sí lo que estorba.
desembarazo *m.* Despejo, desenfado.
desembarcadero *m.* Lugar para desembarcar.
desembarcar *t.* Sacar de la nave. *i.-r.* Salir de una embarcación.
desembarco *m.* Acción de desembarcar las personas.
desembargar *t.* Quitar el impedimento. Alzar el embargo.
desembargo *m.* Acción de desembargar.
desembarque *m.* Acción de desembarcar.
desembarrancar *t.-i.* Sacar o salir a flote la nave embarrancada.
desembocadura *m.* Punto donde desemboca un río, una calle, etc.
desembocar *i.* Desaguar un río, canal, etc. Tener una calle o camino salida a un lugar.
desembolsar *t.* Sacar de la bolsa. Pagar dinero.
desembolso *m.* Entrega de dinero.
desembozar *t.-r.* Quitar el embozo.
desembragar *t.* Desprender del eje motor un mecanismo.
desembrague *m.* Acción de desembragar.
desembridar *t.* Quitar la brida.
desembrollar *t.* Desenredar; aclarar.
desembuchar *t.* Decir cuanto uno sabe.
desemejante *a.* Diferente.
desemejanza *f.* Diferencia.
desemejar *i.* Diferenciarse. *t.* Desfigurar.
desempapelar *t.* Quitar a una cosa el papel que la cubría.
desempaquetar *t.* Desenvolver lo empaquetado.
desempatar *t.* Deshacer el empate.
desempate *m.* Acción de desem-

desempedrar *t.* Arrancar las piedras de un empedrado.
desempeñar *t.* Liberar lo empeñado. Liberar de deudas. Cumplir. Representar un papel. Ejercer un cargo.
desempeño *m.* Acción de desempeñar.
desempleo *m.* Falta de trabajo, paro.
desempolvar *t.-r.* Quitar el polvo.
desempotrar *t.* Sacar lo empotrado.
desencadenamiento *m.* Acción de desencadenar.
desencadenar *t.* Quitar la cadena. *r.* Estallar con violencia las fuerzas o las pasiones.
desencajar *t.-r.* Sacar de su lugar o encaje. *r.* Descomponerse el semblante.
desencallar *t.* Poner a flote la embarcación encallada.
desencaminar *t.* Descaminar.
desencantar *t.-r.* Deshacer el encanto.
desencanto *m.* Acción de desencantar.
desencapotarse *r.* Serenarse el cielo.
desencoger *t.* Estirar lo encogido. *r.* Perder el encogimiento.
desencolar *t.* Despegar lo encolado.
desencolerizar *t.-r.* Apaciguar al encolerizado.
desenconar *t.-r.* Quitar la inflamación. Moderar el encono.
desencuadernar *t.* Deshacer lo encuadernado.
desenchufar *t.* Separar lo enchufado.
desenfadado -da *a.* Desembarazado, libre.
desenfadar *t.-r.* Quitar el enfado.
desenfado *m.* Despojo. Desahogo del ánimo.
desenfrenar *t.* Quitar el freno. *r.* Desmandarse; entregarse a los vicios.
desenfreno *m.* Acción de desenfrenarse.
desenfundar *t.* Quitar la funda.
desenganchar *t.-r.* Soltar lo enganchado. Quitar de un carruaje las caballerías.
desengañar *t.* Hacer conocer el engaño. Quitar las ilusiones.
desengaño *m.* Acción de desengañar.
desengarzar *t.* Desprender lo engarzado.
desengastar *t.* Sacar del engaste.
desengomar *t.* Quitar la goma.
desengrasar *t.* Quitar la grasa. *i.* Enflaquecer. /la aguja.
desenhebrar *t.* Sacar la hebra de
desenjaezar *t.* Quitar los jaeces.
desenjaular *t.* Sacar de la jaula.
desenlace *m.* Acción de desenlazar. Desenredo, solución.
desenladrillar *t.* Deshacer el enladrillado.
desenlazar *t.* Desatar los lazos.
desenlosar *t.* Deshacer el enlosado.
desenmarañar *t.* Desenredar. Poner en claro.
desenmascarar *t.-r.* Quitar la máscara.
desenmohecer *t.-r.* Quitar el moho.
desenojar *t.-r.* Hacer deponer el enojo.
desenredar *t.* Deshacer el enredo. *r.* Salir de una dificultad.
desenrollar *t.* Extender lo arrollado.
desensillar *t.* Quitar la silla al caballo.
desentenderse *s.* Fingir que no se entiende un asunto. Prescindir de un asunto, no tomar parte en él.
desenterrar *t.* Exhumar. Sacar lo que está debajo de tierra.
desentoldar *t.* Quitar los toldos.
desentonar *i.* Salir del tono y punto. *r.* Descomedirse.
desentono *m.* Desproporción en el tono de la voz. Descomedimiento.
desentorpecer *t.-r.* Sacudir o quitar la torpeza.
desentrampar *t.-r.* Liberar de deudas.
desentrañar *t.* Sacar las entrañas. Poner en claro. *r.* Despojarse uno de todo para darlo al que ama.
desentumecer, desentumir *t.-r.* Quitar el entumecimiento.
desenvainar *t.* Sacar de la vaina.
desenvoltura *f.* Soltura. Desvergüenza.
desenvolver *t.* Desarrollar. Descoger lo envuelto. Descifrar, aclarar. *r.* Desenredarse.
desenvolvimiento *m.* Acción de desenvolver.
desenvuelto *pp.* irreg. de *desenvolver.* Libre, descarado.
deseo *m.* Acción de desear.
deseoso -sa *a.* Que desea.
desequilibrado -da *a.-s.* Falto de equilibrio mental.
desequilibrar *t.-r.* Hacer perder el equilibrio. *r.* Enloquecer.
desequilibrio *m.* Falta de equilibrio.
deserción *f.* Acción de desertar.
desertar *i.-t.* Abandonar el soldado sus banderas. Abandonar una causa, etc.
desertor *m.* El que deserta.
desesperación *f.* Pérdida total de la esperanza. Cólera o despecho grandes.
desesperado -da *a.-s.* Poseído de desesperación.
desesperanzar *t.-r.* Quitar o perder la esperanza.
desesperar *t.-i.-r.* Desesperanzar. *t.-r.* Impacientar, exasperar.
desestañar *t.* Quitar el estaño de un objeto estañado.
desesterar *t.* Quitar las esteras.

desestero *m.* Acción de desesterar.
desestimar *t.* No estimar debidamente. Denegar.
desfachatado -da *a.* Descarado.
desfachatez *f.* Descaro, desvergüenza.
desfalcar *t.* Quitar parte de una cosa. Tomar para sí un caudal que se tenía en custodia.
desfalco *m.* Acción de desfalcar.
desfallecer *t.* Decaer, debilitarse Padecer desmayo.
desfallecimiento *m.* Decaimiento, desmayo. /perjudicial.
desfavorable *a.* Poco favorable,
desfavorecer *t.* Dejar de favorecer. Afear.
desfigurar *t.* Deformar. Afear. *t.-r.* Disfrazar.
desfiladero *m.* Paso estrecho, esp. entre montañas.
desfilar *i.* Marchar en fila. Salir varios, uno tras otro.
defile *m.* Acción de desfilar.
desflorar *t.* Ajar. Tratar superficialmente un asunto.
desfogar *t.* Dar salida al fuego. *t.-r.* Manifestar con ardor una pasión.
desfondar *t.* Romper el fondo.
desgaire *m.* Desaliño afectado. Ademán de desprecio.
desgajar *t.* Arrancar una rama del tronco. Separar, romper. *r.* Desprenderse.
desgaje *m.* Acción de desgajar.
desgalichado -da *a.* Desaliñado, desgarbado. /pugnancia.
desgana *f.* Inapetencia. Tedio, re-
desganarse *r.* Perder el apetito.
desgañitarse *r.* Esforzarse gritando.
desgarbado -da *a.* Falto de garbo.
desgarrado -da *a.* Licencioso, escandaloso.
desgarrar *t.-r.* Rasgar. Herir vivamente los sentimientos.
desgarro *m.* Rotura. Arrojo, desvergüenza.
desgarrón *m.* Desgarro grande en la ropa; jirón.
desgastar *t.* Quitar o consumir poco a poco.
desgaste *m.* Acción de desgastar.
desglosar *t.* Separar una cuestión de otras.
desglose *m.* Acción de desglosar.
desgobernar *t.* Perturbar el gobierno, gobernar sin tino. Dislocar. /gobierno.
desgobierno *m.* Desorden, falta de
desgoznar *t.* Arrancar los goznes.
desgracia *f.* Suceso funesto. Suerte adversa. Falta de gracia. Pérdida de privanza.
desgraciado -da *a.-s.* Que padece desgracia. Desafortunado. *a.* Falto de gracia.

desgraciar *t.-r.* Echar a perder, malograr.
desgranar *t.* Sacar el grano de una cosa. *r.* Soltarse lo ensartado. /bellos.
desgreñar *t.* Descomponer los ca-
desguarnecer *t.* Quitar la guarnición o guarniciones. Quitar las piezas esenciales de un mecanismo.
desguazar *t.* Desbastar un madero. Deshacer un buque.
deshabitado -da *a.* Que ya no está habitado.
deshacer *t.* Destruir lo hecho. Poner en fuga un ejército. Derretir, desleír, disolver. *r.* Estropearse. Trabajar con mucho ahínco. Extenuarse. Desvanecerse. Desapropiarse de una cosa.
desharrapado -da *a.-s.* Andrajoso, roto.
deshebrar *t.* Sacar las hebras. Deshacer en partes muy delgadas.
deshecho -cha *a.* Hablando de lluvia, temporales, etc., impetuoso, violento.
deshelar *t.-r.* Liquidar lo helado.
desherbar *t.* Arrancar las hierbas.
desheredar *t.* Excluir de la herencia. /duras.
desherrar *t.-r.* Quitar las herra-
deshielo *m.* Acción de deshelar.
deshilachar *t.-r.* Sacar hilachas.
deshilar *t.-r.* Sacar hilos de un tejido. *t.* Reducir a hilos.
deshilvanar *t.* Quitar los hilvanes.
deshinchar *t.-r.* Quitar la hinchazón.
deshojar *t.-r.* Quitar las hojas.
deshoje *m.* Caída de las hojas.
deshollinar *t.* Quitar el hollín.
deshonestidad *f.* Calidad de deshonesto. Cosa deshonesta.
deshonesto -ta *a.* Falto de honestidad.
deshonor *m.* Pérdida del honor. Afrenta, deshonra.
deshonorar *t.* Quitar el honor.
deshonra *f.* Pérdida de la honra. Cosa deshonrosa.
deshonrar *t.* Quitar la honra. Escarnecer. /coroso.
deshonroso -sa *a.* Afrentoso, inde-
deshora *f.* Tiempo inoportuno.
deshuesar *t.* Quitar los huesos.
desiderátum *m.* Objeto de un vivo deseo. Lo mejor en su línea.
desidia *f.* Negligencia, inercia.
desidioso -sa *a.* Negligente, dejado.
desierto -ta *a.* Despoblado, solo. *m.* Lugar inhabitado, estéril.
designación *f.* Acción de designar.
designar *t.* Formar designio. Denominar. Señalar, destinar para un fin.
designio *m.* Intención, propósito.

desigual *a.* No igual. Arduo. Inconstante.
desigualdad *f.* Calidad de desigual. Eminencia o depresión en una superficie.
desilusión *f.* Pérdida de las ilusiones. Desengaño.
desilusionar *t.-r.* Hacer perder las ilusiones.
desimanar, desimantar *t.-r.* Hacer perder la imantación a un imán.
desinencia *f.* GRAM. Terminación de una palabra que expresa un accidente gramatical.
desinfección *f.* Acción de desinfectar. /ta.
desinfectante *a.-m.* Que desinfec-
desinfectar *t.* Quitar lo que puede ser causa de infección.
desinflar *t.-r.* Sacar el aire, etc. de un cuerpo inflado. /sectos.
desinsectar *t.* Exterminar los in-
desintegrar *t.-r.* Romper la integridad de lo que forma un todo.
desinterés *m.* Desapego de todo provecho personal.
desinteresado -da *a.* Desprendido, apartado del interés.
desinteresarse *r.* Perder el interés.
desistimiento *m.* Acción de desistir. /presa o intento.
desistir *i.* Renunciar a una em-
desjarretar *t.* Cortar las piernas por el jarrete.
desjuiciado -da *a.* Falto de juicio.
deslavar *t.* Lavar muy por encima. Desubstanciar.
desleal *a.-s.* Que obra sin lealtad.
deslealtad *f.* Falta de lealtad.
desleír *t.-r.* Desunir las partes de un cuerpo por medio de un líquido. /mal hablado.
deslenguado -da *a.* Desvergonzado.
deslenguarse *r.* Desvergonzarse.
desliar *t.-r.* Desatar.
desligar *t.-r.* Desatar las ligaduras. *t.* Dispensar de algo.
deslindar *t.* Señalar los lindes. Apurar, aclarar.
deslinde *m.* Acción de deslindar.
desliz *m.* Acción de deslizarse. Falta, culpa, error.
deslizar *i.-r.* Correr o escurrirse por encima de una superficie lisa. Escaparse. Caer en una flaqueza.
deslomar *t.-r.* Lastimar los lomos.
deslucir *t.-r.* Quitar la gracia o el lustre. Desacreditar.
deslumbrador -ra *a.* Que deslumbra. /lumbrar.
deslumbramiento *m.* Acción de des-
deslumbrar *t.-r.* Ofuscar la vista con demasiada luz. *t.* Producir a uno impresión excesiva.
deslustrar *t.* Quitar el lustre. Desacreditar.

deslustre *m.* Acción de deslustrar.
desmadejar *t.* Causar flojedad en el cuerpo.
desmán *m.* Exceso, demasía. Mamífero insectívoro pequeño.
desmanarse *r.* Apartarse de la manada.
desmandar *t.* Revocar la orden o manda. *r.* Descomedirse, propasarse. Desmanarse. /torpe.
desmanotado -da *a.-s.* Encogido,
desmantelar *t.* Destruir las fortificaciones. Desamparar, desamueblar una casa. MAR. Desarbolar. Desaparejar un buque.
desmaña *f.* Falta de maña.
desmañado -da *a.* Falto de maña.
desmarrido -da *a.* Desfallecido, mustio. /apagado.
desmayado -da *a.* Dic. del color
desmayar *t.* Causar desmayo. *i.* Acobardarse. *r.* Perder el sentido.
desmayo *m.* Desaliento. Síncope. Sauce llorón.
desmedido -da *a.* Desproporcionado. Desmesurado. /derse.
desmedirse *r.* Descomedirse, exce-
desmedrar *t.* Deteriorar. *r.* Decaer, enflaquecer.
desmedro *m.* Acción de desmedrar.
desmejoramiento *m.* Acción de desmejorar.
desmejorar *t.* Hacer perder el lustre y la perfección. *i.-r.* Ir perdiendo la salud.
desmelenar *t.* Desgreñar.
desmembración *f.* Acción de desmembrar.
desmembrar *t.* Separar los miembros del cuerpo. Dividir una cosa de otra.
desmemoriado -da *a.-s.* Torpe o falto de memoria.
desmemoriarse *r.* Olvidarse; faltar a uno la memoria.
desmentir *t.* Decir a uno que miente. Sostener la falsedad de un dicho o hecho.
desmenuzar *t.* Dividir en partes menudas. Examinar menudamente.
desmerecer *i.* Perder mérito o valor. Ser una cosa inferior a otra. Hacerse indigno de alabanza.
desmesura *f.* Descomedimiento.
desmesurado -da *a.* Grande, excesivo. *a.-s.* Descortés.
desmesurar *t.* Desarreglar. *r.* Descomedirse.
desmigajar *t.* Desmigar.
desmigar *t.* Hacer migajas.
desmilitarizar *t.* Quitar el carácter militar. /nuado.
desmirriado -da *a.* Flaco, exte-
desmochar *t.* Quitar la parte superior de algo.

desmoche *m.* Acción de desmochar.
desmontar *t.* Cortar el monte, el bosque. Allanar o rebajar un terreno. Desarmar un artefacto. Privar de cabalgadura. *t.-r.* Bajar de una caballería.
desmonte *m.* Acción de desmontar. Terreno desmontado.
desmoralización *f.* Acción de desmoralizar.
desmoralizar *t.-r.* Corromper las costumbres. *r.* Desanimarse.
desmoronamiento *m.* Acción de desmoronar.
desmoronar *t.-r.* Deshacer y arruinar poco a poco.
desnarigado -da *a.-s.* Sin narices, chato.
desnarigar *t.* Quitar las narices.
desnatar *t.-r.* Quitar la nata.
desnaturalización *f.* Acción de desnaturalizar.
desnaturalizado -da *a.* Que falta a los deberes que impone la naturaleza.
desnaturalizar *t.-r.* Privar del derecho de naturaleza. Alterar, pervertir.
desnivel *m.* Falta de nivel. Diferencia de altura.
desnivelar *t.-r.* Sacar de nivel.
desnucar *t.-r.* Dislocar o fracturar los huesos de la nuca.
desnudamente *adv.* Sin rebozo.
desnudar *t.* Quitar el vestido o parte de él. Despojar de lo que cubre.
desnudez *f.* Calidad de desnudo.
desnudo -da *a.* Sin vestido o muy mal vestido. Falto de lo que cubre, adorna, etc. Claro, sin rebozo. /organismo.
desnutrición *f.* Depauperación del
desobedecer *t.* No obedecer.
desobediencia *f.* Acción de desobedecer.
desobediente *a.-s.* Que desobedece.
desobstruir *t.* Quitar las obstrucciones. /ción.
desocupación *f.* Falta de ocupa-
desocupado -da *a.* Sin ocupación. Ocioso.
desocupar *t.* Dejar libre un lugar. Sacar lo que hay dentro de una cosa.
desodorante *a.-s.* Que destruye malos olores. /oír.
desoír *t.* Desatender, dejar de
desolación *f.* Acción de desolar. Aflicción, angustia.
desolador -ra *a.* Que desuela.
desolar *t.* Asolar. *r.* Afligirse, angustiarse.
desoldar *t.* Quitar la soldadura.
desolladero *m.* Matadero.
desollado -da *a.* Descarado, sin vergüenza. /desollar.
desolladura *f.* Acción y efecto de

desollar *t.-r.* Quitar la piel. Causar grave daño.
desorden *m.* Falta de orden. Alteración del orden moral o social.
desordenado -da *a.* Falto de orden. Que procede con desorden.
desordenar *t.* Turbar el orden. *r.* Salir de regla.
desorejar *t.* Cortar las orejas.
desorganización *f.* Acción de desorganizar.
desorganizar *t.-r.* Desordenar en sumo grado, descomponer.
desorientación *f.* Acción de desorientar.
desorientar *t.-r.* Hacer perder la orientación. Confundir.
desosar *t.* Deshuesar.
desovar *i.* Soltar los peces y anfibios sus huevos.
desove *m.* Acción de desovar.
desoxidar *t.* Quitar el oxígeno. Limpiar del óxido.
despabiladeras *f. pl.* Tijeras para despabilar la luz.
despabilado -da *a.* Desvelado. Vivo, despejado.
despabilar *t.* Quitar la parte quemada del pabilo. Avivar el ingenio. *r.* Sacudir el sueño.
despacio *adv.* Poco a poco.
despacioso -sa *a.* Lento, pausado.
despachaderas *f. pl.* Modo áspero de responder. Facilidad en salir de dificultades.
despachar *t.* Abreviar, concluir. Resolver. Enviar. Despedir. Vender géneros. Matar. *i.-r.* Darse prisa.
despacho *m.* Acción de despachar. Tienda. Aposento donde se despachan los negocios. Comunicación transmitida por vía rápida.
despachurrar *t.* Aplastar, reventar.
despaldillar *t.-r.* Desconcertar la espaldilla a un animal.
despampanante *a.* Asombroso.
despampanar *t.* Quitar los pámpanos. Dejar atónito.
despanzurrar *t.* Despachurrar, reventar.
desparejar *t.* Deshacer la pareja.
desparpajado -da *a.* Despejado, desenvuelto.
desparpajo *m.* Desembarazo en el hablar o en las acciones.
desparramar *t.-r.* Esparcir, extender. /de piernas.
despatarrado -da *a.* Muy abierto
despatarrar *t.-r.* Abrir mucho las piernas. *t.* Llenar de asombro.
despavorido -da *a.* Lleno de pavor.
despavorir *t.-r.* Llenar de pavor.
despearse *r.* Maltratarse los pies con el mucho caminar.
despectivo -va *a.* Despreciativo.
despechar *t.-r.* Causar despecho.

despecho *m.* Malquerencia nacida de un desengaño. Desesperación. *A ~ de*, a pesar de alguno.

despechugado -da *a.* Que lleva el pecho descubierto.

despechugar *t.* Quitar la pechuga a un ave. *r.* Descubrirse el pecho, mostrarlo.

despedazar *t.-r.* Hacer pedazos un cuerpo.

despedida *f.* Acción de despedir o despedirse.

despedir *t.* Lanzar, arrojar. Echar de sí. Esparcir, difundir. Acompañar por obsequio al que se va. *t.-r.* Quitar la ocupación o empleo. *r.* Separarse de alguien diciendo expresiones de afecto o cortesía. /trato.

despegado -da *a.* Desabrido en el

despegar *t.-r.* Separar lo pegado. *i.* Dejar un aeroplano el suelo o el agua. *r.* Desapegarse.

despego *m.* Desapego.

despeinar *t.-r.* Deshacer el peinado.

despejado -da *a.* Que tiene soltura, desembarazo. De entendimiento claro. Espacioso, ancho.

despejar *t.* Desembarazar un sitio. Aclarar. MAT. Hallar el valor de una incógnita. *r.* Adquirir desenvoltura. Serenarse el tiempo.

despejo *m.* Acción de despejar. Desembarazo. Claro entendimiento.

despeluzar *t.-r.* Desordenar el pelo. Erizar los cabellos.

despeluznante *a.* Pavoroso, horri-
despeluznar *t.* Despeluzar. /ble.

despellejar *t.* Desollar. Murmurar de uno. /tar.

despenar *t.* Quitar las penas. Ma-
despender *t.* Gastar, disipar.

despensa *f.* Provisión de comestibles y lugar donde se guardan.

despensero -ra *s.* Persona que cuida de la despensa.

despeñadero *m.* Declive alto y peñascoso. Riesgo.

despeñar *t.-r.* Precipitar desde una eminencia.

despeño *m.* Acción de despeñar. Ruina. Diarrea.

despepitarse *r.* Gritar o hablar con vehemencia. Con la prep. *por*, mostrar gran afición.

desperdiciar *t.* Malbaratar, desaprovechar.

desperdicio *m.* Malbaratamiento. Residuo que no se aprovecha.

desperdigar *t.* Esparcir.

desperezarse *r.* Estirar los miembros para desentumecerse o sacudir la pereza. /zarse.

desperezo *m.* Acción de desperez-

desperfecto *m.* Leve deterioro.

despernado -da *a.* Fatigado de andar.

despertador -ra *a.-s.* Que despierta. *m.* Reloj con timbre para despertar.

despertar *t.-r.* Cortar el sueño al dormido. Traer a la memoria. Mover, excitar. *i.* Dejar de dormir.

despiadado *a.* Impío, inhumano.

despicar *t.* Desahogar, satisfacer. *r.* Vengarse de un pique.

despido *m.* Despedida.

despierto -ta *a.* Que no duerme. Avisado, despabilado.

despilfarrado -da *a.-s.* Desharrapado. Pródigo.

despilfarrador -ra *a.-s.* Que despilfarra. /char.

despilfarrar *t.* Malgastar, derro-
despilfarro *m.* Gasto excesivo o superfluo. /pintado.

despintar *t.-r.* Borrar o raer lo

despiojar *t.-r.* Quitar los piojos.

despique *m.* Satisfacción que se toma de una ofensa.

despistar *t.-r.* Hacer perder la pista, desorientar.

despiste *m.* Desorientación.

desplacer *m.* Pena, desazón.

desplacer *t.-r.* Disgustar, desagradar a alguno. /planta.

desplantar *t.* Desarraigar una

desplante *t.* Dicho o hecho lleno de descaro o desabrimiento.

desplazamiento *m.* Volumen y peso del agua desalojada por un buque.

desplazar *t.* Tratándose de un buque, desalojar un volumen de agua.

desplegar *t.-r.* Extender, desdoblar. Desenvolver, exponer. Ejercitar una aptitud o cualidad.

despliegue *m.* Acción de desplegar.

desplomar *t.-r.* Hacer perder la posición vertical. *r.* Caer, arruinarse. Caerse sin vida o sin conocimiento.

desplome *m.* Acción de desplomar o desplomarse.

desplumar *t.* Quitar las plumas. Pelar, dejar sin dinero.

despoblación *f.* Acción de despoblar.

despoblado *m.* Sitio no poblado.

despoblar *t.-r.* Disminuir mucho la población. Despojar un sitio de lo que hay en él.

despojar *t.* Desposeer, quitar. *r.* Desnudarse. Desposeerse.

despojo *m.* Acción de despojar. Botín del vencedor. Vientre, asadura, cabeza y manos de las reses. *pl.* Sobras. Restos mortales.

desportillar *t.* Deteriorar una co-

desposado -da *a.-s.* Recién casado. Aprisionado con esposas.
desposar *t.* Autorizar el párroco el matrimonio. *r.* Casarse.
desposeer *t.* Privar a uno de lo que posee. *r.* Renunciar uno a lo que posee. /poseer.
desposeimiento *m.* Acción de desposorio *m.* Promesa mutua de matrimonio. Casamiento.
déspota *m.* Soberano absoluto. Persona que abusa de su poder o autoridad.
despótico -ca *a.* Absoluto, tiránico.
despotismo *m.* Autoridad absoluta. Abuso de poder.
despotricar *i.* Hablar sin consideración ni reparo.
despreciable *a.* Digno de desprecio.
despreciar *t.* Desestimar, tener en poco. Desdeñar.
despreciativo -va *a.* Que indica desprecio.
desprecio *m.* Desestimación, falta de aprecio. Desdén.
desprender *t.-r.* Desunir, despegar. *r.* Desapropiarse. Deducirse, inferirse. /generoso.
desprendido -da *a.* Desinteresado.
desprendimiento *m.* Acción de desprenderse. Largueza, desinterés.
despreocupación *f.* Estado del ánimo libre de preocupaciones.
despreocupado -da *a.* Libre de preocupaciones. Que no sigue las creencias o usos generales.
despreocuparse *r.* Librarse de una preocupación. Desentenderse.
desprestigiar *t.-r.* Hacer perder el prestigio. /tigio.
desprestigio *m.* Pérdida del prestigio.
desprevención *f.* Falta de prevención. /prevenido.
desprevenido -da *a.* Que no está
desproporción *f.* Falta de la proporción debida.
desproporcionar *t.* Quitar la proporción a una cosa.
despropósito (a) *m. adv.* Dicho o hecho fuera de razón.
desproveer *t.-r.* Despojar de lo necesario.
desprovisto *pp. irreg.* de *desproveer.* Falto de lo necesario.
después *adv.* Significa posterioridad. /pulpa.
despulpar *t.* Sacar o deshacer la
despuntar *t.* Quitar o gastar la punta. *i.* Empezar a brotar o a manifestarse. Mostrar disposición para algo.
desquiciamiento *m.* Acción de desquiciar.
desquiciar *t.* Desencajar, sacar de quicio. Descomponer. Turbar.
desquitar *t.-r.* Restaurar la pérdida sufrida. Tomar satisfacción o despique.
desquite *m.* Acción de desquitar.
destacamento *m.* Porción de tropa destacada.
destacar *t.* Separar una porción de tropa para un fin. Hacer resaltar. *r.* Sobresalir, descollar.
destajista *c.* Persona que trabaja a destajo.
destajo *m.* Trabajo que se ajusta por un tanto alzado.
destapar *t.-r.* Quitar la tapa o tapón. Descubrir lo tapado.
destarar *t.* Descontar la tara de lo que se ha pesado.
destartalado -da *a.* Descompuesto, desproporcionado y sin orden. /zos.
destazar *t.* Hacer piezas o pedazos.
destejar *t.* Quitar las tejas.
destejer *t.* Deshacer lo tejido.
destellar *i.* Despedir destellos.
destello *m.* Acción de destellar. Chispa o ráfaga de luz intensa y breve.
destemplado -da *a.* Falto de temple o mesura.
destemplanza *f.* Desigualdad del tiempo. Falta de moderación Sensación de malestar en el cuerpo.
destemplar *t.-r.* Alterar la armonía o el buen orden de una cosa. *r.* Perder la moderación. Sentir malestar en el cuerpo. *r.-t.* Perder su temple el acero.
destemple *m.* Indisposición, alteración. Disonancia de las cuerdas de un instrumento.
desteñir *t.-r.* Quitar el tinte, el color. /nillas.
desternillarse *r.* Romperse las ter-
desterrar *t.* Expulsar de un territorio. Apartar de sí.
desterronar *t.* Deshacer los terrones.
destetar *t.-r.* Hacer que deje de mamar un niño o un animal.
destete *m.* Acción de destetar.
destiempo (a) *m. adv.* Fuera de tiempo, sin oportunidad.
destierro *m.* Pena del desterrado y su residencia. Lugar muy apartado.
destilación *f.* Acción de destilar.
destilar *i.* Correr lo líquido gota a gota. *t.* Evaporar la parte volátil de una substancia y reducirla luego a líquida.
destilería *f.* Oficina en que se destila. /nar.
destinación *f.* Acción de desti-
destinar *t.* Señalar algo para un fin. Designar a uno para un empleo o servicio.
destinatario -ria *m. f.* Persona a quien va dirigida o desti-

nada una cosa.
destino *m.* Hado. Aplicación de una cosa para un fin. Empleo. Lugar a donde va dirigido un envío, viajero, etc.
destitución *f.* Acción de destituir.
destituir *t.* Privar de alguna cosa. Separar de un cargo.
destornillado -da *a.-s.* Inconsiderado, sin seso.
destornillador *m.* Instrumento para destornillar.
destornillar *t.* Sacar un tornillo dándole vueltas. *r.* Obrar sin juicio.
destrabar *t.* Quitar las trabas. Desprender.
destral *f.* Hacha pequeña.
destrenzar *t.* Deshacer lo trenzado.
destreza *f.* Habilidad, arte.
destripacuentos *c.* Persona que interrumpe un relato.
destripar *t.* Sacar las tripas. Despachurrar.
destripaterrones *m.* Gañán o jornalero del campo.
destrizar *t.* Hacer trizas.
destronamiento *m.* Acción de destronar. /un rey.
destronar *t.* Echar del trono a
destrozar *t.* Romper, hacer trozos. MIL. Derrotar.
destrozo *m.* Acción de destrozar.
destrozón -zona *a.-s.* Que destroza o rompe mucho.
destrucción *f.* Acción de destruir.
destructivo -va *a.* Que destruye.
destructor -ra *a.-s.* Que destruye. *m.* Cierto buque de guerra.
destruible *a.* Destructible.
destruir *t.* Arruinar, deshacer, inutilizar.
desudar *t.-r.* Quitar el sudor.
desuellacaras *m.* Mal barbero. Desvergonzado.
desuello *m.* Acción de desollar.
desuncir *t.* Desatar del yugo.
desunión *f.* Separación de lo unido. Discordia.
desunir *t.-r.* Apartar, separar. Introducir discordia.
desuso *m.* Falta de uso.
desvaído -da *a.* Alto y desgarbado. Dic. del color bajo.
desvainar *t.* Sacar las semillas de las vainas.
desvalido -da *a.-s.* Desamparado.
desvalijamiento *a.* Acción de desvalijar.
desvalijar *t.* Robar el contenido de una valija, baúl, etc. Despojar mediante robo, juego, etc.
desvalimiento *m.* Desamparo.
desvalorar y **desvalorizar** *t.* Disminuir el valor.
desván *m.* Parte más alta de la casa, inmediata al tejado.
desvanecer *t.-r.* Disgregar las partículas de un cuerpo, de modo que desaparezcan de la vista. Borrar, hacer desaparecer. *r.* Evaporarse. Desmayarse.
desvanecimiento *m.* Acción de desvanecer. Desmayo. Envanecimiento.
desvariar *i.* Delirar, decir locuras.
desvarío *m.* Dicho o hecho fuera de concierto. Delirio.
desvelado -da *a.* Falto de sueño.
desvelar *t.-r.* Quitar el sueño. *r.* Poner gran cuidado en algo.
desvelo *m.* Privación de sueño. Cuidado grande.
desvencijar *t.-r.* Aflojar, desunir las partes de una cosa.
desvendar *t.* Quitar la venda.
desventaja *f.* Mengua o perjuicio notado por comparación.
desventajoso -sa *a.* Que acarrea desventaja.
desventura *f.* Desdicha.
desventurado -da *a.* Desgraciado, infeliz.
desvergonzado -da *a.-s.* Que habla u obra con desvergüenza.
desvergonzarse *r.* Descomedirse, insolentarse.
desvergüenza *f.* Falta de vergüenza, insolencia. Dicho o hecho impúdico o insolente.
desvestir *t.-r.* Desnudar.
desviación *f.* Acción de desviar.
desviar *t.-r.* Alejar de su lugar o camino. Apartar de un propósito.
desvincular *t.* Romper la vinculación o lazo.
desvío *m.* Desviación. Desapego. Vía o camino que se aparta de otro. /una cosa.
desvirtuar *t.* Quitar la virtud a
desvivirse *r.* Mostrar viva solicitud por una persona o cosa.
desvolvedor *m.* Instrumento para aflojar o apretar tuercas.
detall (al) *m. adv.* Al por menor.
detallar *t.* Tratar, referir, etc., circunstanciadamente. Vender al detall. /cunstanciada.
detalle *m.* Pormenor; cuenta cir-
detective *m.* El que se ocupa en investigar crímenes, etc.
detector *m.* Elemento de un receptor de radio que transforma las oscilaciones captadas en otras de menor frecuencia.
detención *f.* Acción de detener. Dilación, prolijidad. Arresto.
detener *t.-r.* Suspender, no dejar pasar adelante. Retener, conservar. Arrestar. *r.* Retardarse, pararse. /lijidad.
detenimiento *m.* Detención. Pro-

detentar *t.* Retener uno sin derecho una cosa.
detergente *a.-s.* Detersorio.
deteriorar *t.-r.* Estropear, menoscabar.
deterioro *f.* Acción de deteriorar.
determinación *f.* Acción de determinar. Resolución.
determinado -da *a.* Osado, valeroso. GRAM. Díc. de los artículos el, la lo, los, las.
determinante *a.* Que determina.
determinar *t.* Fijar, precisar. GRAM. Señalar la extensión, función o significado de una palabra. Causar, producir. Discernir. *t.-r.* Hacer tomar o tomar una resolución.
determinativo -va *a.* Que determina o resuelve.
detersivo -va y **detersorio -ria** *a.-m.* Que limpia o purifica.
detestable *a.* Abominable, execrable.
detestación *f.* Acción de detestar.
detestar *t.* Condenar, aborrecer.
detonación *f.* Acción y efecto de detonar. /un trueno.
detonar *i.* Dar un estampido como
detracción *f.* Acción de detraer.
detractar *t.* Detraer, denigrar.
detractor -ra *a.-s.* Maldiciente o infamador. /infamar.
detraer *t.* Substraer. Denigrar,
detrás *adv.* En la parte posterior. Después de.
detrimento *m.* Daño, perjuicio.
detrito *m.* Resultado de la descomposición en partículas.
deuda *f.* Obligación de pagar o devolver algo. Lo que se debe. Pecado, ofensa.
deudo *m.* Pariente. Parentesco.
deudor -ra *a.-s.* Que debe.
devanadera *t.* Instrumento para devanar. /lo o carrete.
devanar *t.* Arrollar hilo en ovi-
devaneo *m.* Delirio, desatino. Pasatiempo vano. /tar.
devastación *f.* Acción de devas-
devastar *t.* Destruir, arrasar.
devengar *t.* Adquirir derecho a retribución.
devoción *f.* Veneración, fervor religioso. Prácticas religiosas. Inclinación, afición.
devocionario *m.* Libro de oraciones para los fieles.
devolución *f.* Acción de devolver.
devolver *t.* Volver una cosa a su estado o situación anterior. Restituir. Corresponder a un favor, agravio, etc. Vomitar.
devorador -ra *a.* Que devora.
devorar *t.* Tragar con ansia. Consumir, destruir.
devoto -ta *a.-s.* Que tiene devoción o mueve a ella.

dextrina *f.* Substancia que se obtiene del almidón. /fecación.
deyección *f.* Excrementos. Su de-
día *m.* Período de veinticuatro horas. Tiempo que dura la claridad del sol. *m. pl.* Cumpleaños. Festividad del santo de una persona.
diabetes *f.* Enfermedad caracterizada por la presencia de glucosa en la orina.
diabético -ca *a.* Relativo a la diabetes. *a.-s.* Que la padece.
diablesa *f.* Diablo hembra.
diablillo *m.* Persona traviesa.
diablo *m.* Ángel malo. Persona traviesa, temeraria o astuta.
diablura *f.* Travesura extraordinaria. Acción temeraria.
diabólico -ca *a.* Propio del diablo.
diaconado y **-to** *m.* Segunda de las órdenes mayores.
diácono *m.* Clérigo que ha recibido el diaconado.
diadema *f.* Corona. Adorno femenino en forma de media corona.
diafanidad *f.* Calidad de diáfano.
diáfano -na *a.* Transparente.
diafragma *m.* Músculo que separa la cavidad pectoral de la abdominal. Separación en forma de lámina. Disco vibrante de un teléfono, fonógrafo, etc. ÓPT. Disco perforado para regular la luz.
diagnosticar *t.* Hacer el diagnóstico de una enfermedad.
diagnóstico *m.* Determinación de una enfermedad. Conjunto de signos de ésta.
diagonal *a.-s.* GEOM. Díc. de la recta que en un polígono une los vértices de dos ángulos no inmediatos, y en un poliedro une dos vértices no situados en la misma cara.
diagrama *m.* Dibujo para demostrar gráficamente una cosa.
dialéctica *f.* Arte de razonar.
dialéctico -ca *a.* Relativo a la dialéctica. /ma.
dialecto *m.* Variedad de un idio-
dialogar *i.* Hablar en diálogo.
diálogo *m.* Conversación entre dos o más.
diamante *m.* Piedra preciosa formada de carbono cristalizado.
diamantífero *a.* Díc. del terreno en que existen diamantes.
diamantino -na *a.* Relativo al diamante.
diamantista *c.* Persona que labra o vende diamantes.
diametral *a.* Perteneciente al diámetro.
diametralmente *adv.* De un extremo hasta el opuesto.

diámetro *m.* Recta que divide el círculo en dos mitades.
diana *f.* Toque militar, al amanecer. Punto central de un blanco de tiro.
diantre *m.* fam. Diablo.
diapasón *m.* MÚS. Instrumento que sirve para producir un tono determinado.
diapositiva *f.* Fotografía positiva sacada en cristal.
diariamente *adv.* Cada día.
diario -ria *a.* Correspondiente a cada día. *a.-s.* Dic. del libro en que se anota algo día por día. *m.* Periódico que se publica cada día.
diarista *a.-s.* El que compone o publica un diario.
diarrea *f.* Frecuente evacuación /intestinal.
diástole *f.* Movimiento de dilatación del corazón y las arterias.
diatriba *f.* Discurso o escrito violento o injurioso.
dibujante *a.-s.* Que dibuja.
dibujar *t.* Representar un cuerpo por medio de lápiz, pluma, etc.
dibujo *m.* Arte y acción de dibujar. Imagen dibujada.
dicacidad *f.* Agudeza, mordacidad ingeniosa.
dicaz *a.* Agudo y mordaz.
dicción *f.* Palabra, vocablo. Manera de hablar o escribir. Pronunciación.
diccionario *m.* Catálogo alfabético de palabras con sus definiciones o su traducción.
dicente *a.-s.* Que dice.
diciembre *m.* Último mes del año.
diciente *a.-s.* Dicente.
dicotiledóneo -a *a.* Dic. de las plantas cuyo embrión tiene dos o más cotiledones.
dictado *m.* Título, calificativo. Acción de dictar. *m. pl.* Inspiraciones de la razón o la conciencia.
dictador *m.* El que recibe o se arroga todos los poderes.
dictadura *f.* Concentración de todos los poderes en un solo individuo o en una asamblea.
dictamen *m.* Opinión, juicio sobre una cosa.
dictaminar *i.* Dar dictamen.
dictar *t.* Decir uno algo para que otro lo escriba. Expedir, pronunciar leyes, fallos, etc.
dictatorial *a.* Perteneciente al dictador. Absoluto, arbitrario.
dicterio *m.* Dicho denigrante, provocativo.
dicha *f.* Felicidad. Suerte feliz.
dicharachero -ra *a.-s.* Propenso a decir dicharachos. Decidor.
dicharacho *m.* Dicho demasiado vulgar.
dicho -cha *p. p.* irreg. de *decir. m.* Frase, sentencia. Ocurrencia chistosa.
dichoso -sa *a.* Feliz, afortunado. Enfadoso.
didáctica *f.* Arte de enseñar.
didáctico -ca *a.* Relativo a la enseñanza.
didascálico -ca *a.* Didáctico.
didelfo -fa *a.-s.* Marsupial.
diecinueve *a.* Diez y nueve.
dieciséis *a.* Diez y seis.
diecisiete *a.* Diez y siete.
diedro *a.* Dic. del ángulo formado por dos planos.
diente *m.* Hueso engastado en la mandíbula. Cada una de las puntas o resaltos que presentan ciertas cosas. Parte de la cabeza del ajo.
diéresis *f.* Pronunciación de un diptongo en dos sílabas. Signo ortográfico que consiste en dos puntos sobre una vocal.
diestra *f.* La mano derecha.
diestro -tra *a.* Derecho. Hábil. *m.* Torero. Riendas de las caballerías. *f.* Mano derecha.
dieta *f.* Régimen en el comer y beber. Nombre de ciertas asambleas. Honorarios diarios de un funcionario mientras desempeña alguna comisión.
dietario *m.* Libro en que se anotan los ingresos y gastos diarios.
diez *a.* Nueve y uno.
diezmar *t.* Separar o castigar de cada diez uno. Causar gran mortandad.
diezmilímetro *m.* Décima parte de un milímetro.
diezmo *m.* Décima parte de los frutos que se pagaban a la Iglesia. /mar.
difamación *f.* Acción de difa-
difamar *t.* Desacreditar publicando cosas contra la buena fama de una persona.
difamatorio -ria *a.* Que difama.
diferencia *f.* Cualidad por la cual una cosa se distingue de otra. MAT. Residuo, resta. Disgusto, disputa.
diferencial *a.* Relativo a la diferencia. *f.* Cierto mecanismo que se emplea en los automóviles.
diferenciar *t.* Hacer distinción, señalar diferencias. *t.-r.* Hacer diferencias. *t.-r.* Hacer diferente. *r.* Distinguirse.
diferente *a.* Que difiere en algo. *adv.* Diferentemente.
diferentemente *adv.* De manera diferente.
diferir *t.* Retardar o suspender.

Distinguirse, no ser igual.
difícil *a.* Que no se logra, ejecuta, etc., sin mucho trabajo. Descontentadizo.
difícilmente *adv.* Con dificultad.
dificultad *f.* Calidad de difícil. Inconveniente. Reparo, duda.
dificultar *t.* Poner dificultades. Hacer difícil.
dificultoso -sa *a.* Difícil.
difidencia *f.* Desconfianza.
difteria *f.* Enfermedad infecciosa de la garganta.
diftérico -ca *a.* Perteneciente a la difteria.
difumar *t.* Esfumar.
difuminar *t.* Frotar con el difumino.
difumino *m.* Esfumino. /mino.
difundir *t.-r.* Extender, esparcir. Divulgar, propagar.
difunto -ta *a.-s.* Díc. de la persona muerta.
difusión *f.* Acción de difundir. Calidad de difuso.
difuso -sa *a.* Ancho, dilatado. Superabundante en palabras.
digerible *a.* Que se puede digerir.
digerir *t.* Convertir en el aparato digestivo los alimentos en substancia asimilable. Meditar.
digestible *a.* Fácil de digerir.
digestión *f.* Acción de digerir.
digestivo -va *a.* Que sirve para la digestión.
digitación *f.* MÚS. Movimiento de los dedos al tocar un instrumento.
digital *a.* Relativo a los dedos. *f.* Planta de cuyas hojas se obtiene un tónico cardíaco.
dígito *a.* Díc. del número menor de diez.
dignación *f.* Condescendencia con lo que desea el inferior.
dignarse *r.* Tener la dignación de hacer una cosa.
dignatario *m.* Persona investida de una dignidad.
dignidad *f.* Calidad de digno. Excelencia. Gravedad, decoro. Cargo honorífico y de autoridad.
dignificar *t.* Dar dignidad.
digno -na *a.* Que tiene dignidad. Merecedor. Proporcionado al mérito o condición.
digresión *f.* Parte de un discurso extraña al asunto.
dije *m.* Alhaja pequeña que suele llevarse colgada. /nes.
dilacerar *t.* Desgarrar las carnes.
dilación *f.* Demora, tardanza.
dilapidar *t.* Disipar, malgastar.
dilatación *f.* Acción de dilatar.
dilatar *t.-r.* Hacer que ocupe más lugar o tiempo una cosa; aumentar su volumen. Diferir.

dilatoria *f.* Dilación.
dilección *f.* Amor, voluntad honesta. /ción.
dilecto -ta *a.* Amado con dilec-
dilema *m.* Argumento en que dos proposiciones contrarias conducen a la misma conclusión.
diletante *a.-s.* Aficionado a un arte, esp. a la música.
diletantismo *m.* Afición a un arte.
diligencia *f.* Cuidado, actividad, prontitud. Coche grande de viajeros. Negocio, trámite, paso.
diligente *a.* Cuidadoso, activo. Pronto en el obrar.
dilucidar *t.* Explicar, aclarar.
dilución *f.* Acción de diluir.
diluente *a.-m.* Que diluye.
diluir *t.* Desleír.
diluviar *i.* Llover mucho.
diluvio *m.* Inundación causada por lluvias copiosas. Lluvia muy copiosa.
dimanar *i.* Proceder el agua de sus manantiales. Provenir.
dimensión *f.* Longitud, área, volumen. Extensión en una dirección determinada.
dimes y diretes *loc.* Debates, altercaciones.
diminutivo -va *a.* Que disminuye.
diminuto -ta *a.* Muy pequeño.
dimisión *f.* Acción de dimitir.
dimisionario -ria *a.* Que ha presentado su dimisión.
dimitente *a.-s.* Que dimite.
dimitir *t.* Renunciar un cargo.
din *m.* fam. Dinero.
dinamarqués -quesa *a.-s.* De Dinamarca.
dinámica *f.* Parte de la mecánica que estudia las fuerzas que producen el movimiento.
dinámico -ca *a.* Relativo a la fuerza cuando produce movimiento. Activo, diligente.
dinamismo *m.* Energía activa y propulsora. /nitroglicerina.
dinamita *f.* Explosivo a base de
dínamo *m.* Máquina destinada a convertir la energía mecánica en energía eléctrica o al revés.
dinamómetro *m.* Instrumento para medir fuerzas.
dinastía *f.* Serie de príncipes soberanos de una familia.
dinástico -ca *a.* Perteneciente a la dinastía. Partidario de una dinastía. /dinastía.
dinastismo *m.* Adhesión a una
dinerada *f.* y **dineral** *m.* Cantidad grande de dinero.
dinero *m.* Moneda corriente. Caudal. Moneda y peso antiguos.
dintel *m.* Parte superior de la puerta o ventana.
diocesano -na *a.* Perteneciente a la diócesis. *a.-s.* Díc. del obis-

diócesis

po o arzobispo de una diócesis.
diócesi y **-sis** *f.* Distrito de la jurisdicción de un obispo.
dioico -ca *a.* Dic. de las plantas que tienen en pie separado las flores de cada sexo.
dionisíaco -ca *a.* Relativo a Baco.
dioptría *f.* Unidad de refringencia de los instrumentos ópticos.
dióptrica *f.* Parte de la óptica que trata de la refracción de la luz. /dióptrica.
dióptrico -ca *a.* Relativo a la
diorama *m.* Panorama en que, con un lienzo pintado, se producen diferentes efectos según como se ilumine.
Dios *m.* Ser Supremo. Cualquier falsa deidad.
diosa *f.* Deidad femenina.
diploma *m.* Despacho, bula, etc., autorizado por un soberano. Título para acreditar un grado académico, un premio, etc.
diplomacia *f.* Servicio de los Estados en sus relaciones internacionales. Cortesanía interesada.
diplomática *f.* Arte de conocer los diplomas y otros documentos. Diplomacia.
diplomático -ca *a.* Relativo al diploma o a la diplomacia. *m. f.* El que interviene en negocios de Estado internacionales.
díptero -ra *a.-s.* Dic. de los insectos con sólo un par de alas.
diptongo *m.* Unión de dos vocales en una sola sílaba.
diputación *f.* Acción de diputar. Cargo de diputado. Conjunto de diputados.
diputado -da *m. f.* Persona nombrada por un cuerpo para representarle.
diputar *t.* Elegir para algún uso o ministerio. Conceptuar, tener por.
dique *m.* Muro para contener las aguas. Cavidad en un puerto para reparar buques.
dirección *f.* Acción de dirigir. Cargo y oficina del director. Camino, rumbo. Señas escritas sobre una carta o paquete.
directivo -va *a.-s.* Que tiene facultad para dirigir.
directo -ta *a.* Derecho, en línea recta. Sin intermediario. Sin paradas intermedias.
director -ra *a.-s.* Que dirige.
directorio -ria *a.* Propio para dirigir. *m.* Junta directiva.
dirigente *a.-s.* Directivo.
dirigible *a.* Que puede ser dirigido. *m.* Globo dirigible.
dirigir *t.-r.* Guiar, encaminar. Gobernar, regir. Poner la dirección a una carta o paquete. *r.* Tomar una dirección, ir. /bar.
dirimente *a.* Que dirime.
dirimir *t.* Anular. Resolver, acabar.
discernimiento *m.* Acción y facultad de discernir.
discernir *t.* Distinguir con los sentidos o el entendimiento.
disciplina *f.* Doctrina, enseñanza. Arte, facultad o ciencia. Orden, subordinación. *pl.* Instrumento para azotar.
disciplinado -da *a.* Que observa la disciplina.
disciplinante *m.* Penitente que se azotaba públicamente.
disciplinar *t.* Instruir. Imponer disciplina. Dar disciplinazos.
disciplinario -ria *a.* Relativo a la disciplina.
disciplinazo *m.* Golpe dado con las disciplinas.
discípulo -la *m.-f.* Persona que recibe enseñanza de un maestro o una escuela.
disco *m.* Cilindro de muy poca altura. Lámina circular.
discóbolo *m.* Atleta que arroja el disco.
discoidal *a.* En forma de disco.
díscolo -la *a.-s.* Avieso, indócil.
disconforme *a.* No conforme.
disconformidad *f.* Diferencia; oposición. /continuo.
discontinuidad *f.* Calidad de discontinuo.
discontinuo -nua *a.* No continuo.
discordancia *f.* Disconformidad, desacuerdo.
discordar *i.* Ser opuesto o desavenido. No estar acordes.
discorde *a.* Disconforme, desavenido, opuesto. Disonante.
discordia *f.* Desavenencia de voluntades u opiniones.
discreción *f.* Sensatez de juicio, tacto. Ingenio, agudeza. *A* ~, al buen juicio o voluntad de alguno.
discrecional *a.* Que se hace libre y prudencialmente.
discrepancia *f.* Desigualdad, discordancia, disentimiento.
discrepar *i.* Diferenciarse, desdecir. Disentir.
discreto -ta *a.-s.* Que tiene discreción o la denota. Que se compone de partes separadas.
disculpa *f.* Acción de disculpar. Razones que se dan para ello.
disculpable *a.* Que merece disculpa.
disculpar *t.-r.* Dar razones o pruebas que descarguen de culpa. Perdonar.
discurrir *i.* Andar, correr. Transcurrir. Razonar. *t.* Idear, inventar. /curso.
discursear *i.* Pronunciar un dis-

discurso *m.* Facultad de discurrir. Serie de palabras para manifestar lo que se piensa. Transcurso del tiempo.
discusión *f.* Acción de discutir.
discutible *a.* Que se puede discutir.
discutir *t.* Examinar detalladamente una cuestión. Alegar razones contra el parecer de otro.
disecador *m.* Disector.
disecar *t.* Dividir en partes un animal o planta para su examen. Preparar animales muertos para conservarlos.
disección *f.* Acción de disecar.
disector *m.* El que diseca.
diseminar *t.-r.* Esparcir, sembrar. /res. Contienda.
disensión *f.* Oposición de pareceres.
disentería *f.* Enfermedad infecciosa del intestino grueso.
disentimiento *m.* Acción de disentir.
disentir *i.* Opinar de modo distinto que otro.
diseñar *t.* Hacer un diseño.
diseño *m.* Traza, delineación.
disertación *f.* Acción de disertar. Discurso. /materia.
disertar *i.* Razonar sobre una
disfavor *m.* Desaire, desatención. Suspensión del favor.
disforme *a.* Deforme. Feo, desproporcionado.
disfraz *m.* Artificio para desfigurar o disimular. Traje de máscara.
disfrazar *t.-r.* Vestir a uno con un vestido desacostumbrado. Desfigurar, disimular.
disfrutar *t.* Percibir los productos o ventajas de las cosas. Sentir placer.
disfrute *m.* Acción de disfrutar.
disfumino *m.* Esfumino.
disgregar *t.-r.* Separar las partes integrantes de una cosa.
disgustar *t.-r.* Causar disgusto. *rec.* Desavenirse.
disgusto *m.* Desazón, desabrimiento. Pesadumbre. Contienda, diferencia. Fastidio.
disidencia *f.* Acción de disidir.
disidente *a.-s.* Que diside.
disidir *i.* Separarse por cuestiones doctrinales de una comunidad, escuela, etc.
disimetría *f.* Asimetría.
disimilitud *f.* Desemejanza.
disimulación *f.* Acción de disimular. Disimulo.
disimulado -da *a.-s.* Que disimula lo que siente.
disimular *t.* Encubrir la intención o los sentimientos. Afectar ignorancia. Tolerar, perdonar. Ocultar.

disimulo *m.* Arte con que se oculta lo que se siente.
disipación *f.* Acción de disipar. Conducta del que se entrega a los placeres.
disipado -da *a.-s.* Disipador. Entregado a los placeres.
disipador -ra *a.-s.* Que malgasta su hacienda.
disipar *t.-r.* Desvanecer. Evaporar. *t.* Desperdiciar, malgastar.
dislate *m.* Disparate.
dislocar *t.-r.* Sacar de su lugar, esp. los huesos.
disloque *m.* El colmo, cosa excelente. /bo.
disminución *f.* Merma, menoscabo.
disminuir *t.-i.-r.* Hacer menor la extensión, intensidad o número.
disnea *f.* MED. Dificultad de respirar.
disociar *t.-r.* Desunir, separar.
disolubilidad *f.* Calidad de disoluble.
disoluble *a.* Que se puede disolver.
disolución *f.* Acción de disolver. Relajamiento de las costumbres.
disoluto -ta *a.-s.* Licencioso.
disolvente *a.-m.* Que disuelve.
disolver *t.-r.* Separar, desunir. Destruir. Desleír.
disonancia *f.* Sonido desagradable. Disconformidad.
disonar *i.* Sonar desagradablemente. Discrepar.
dispar *a.* Desigual, diferente.
disparador *m.* Pieza de un arma que sirve para dispararla.
disparar *t.-r.* Hacer que un arma despida el proyectil. Arrojar. *r.* Partir o correr precipitadamente.
disparatado -da *a.* Que dispara. Contrario a la razón.
disparatar *i.* Decir o hacer cosas fuera de razón.
disparate *m.* Dicho o hecho disparatado. Atrocidad.
disparejo -ja *a.* Dispar.
disparidad *f.* Desemejanza.
disparo *m.* Acción de disparar.
dispendio *m.* Gasto excesivo.
dispendioso -sa *a.* Costoso.
dispensa *f.* Privilegio, excepción de lo dispuesto. /sar.
dispensación *f.* Acción de dispensar** *t.* Conceder, distribuir. Excusar. Eximir de una obligación.
dispensario *m.* Lugar donde los enfermos, sin estar hospitalizados, reciben asistencia médica.
dispepsia *f.* Dificultad de digerir.
dispersar *t.-r.* Separar y diseminar.
dispersión *f.* Acción de dispersar.

disperso -sa *a.* Que está dispersado. /ferencia.
displicencia *f.* Desagrado, indiferencia.
displicente *a.* Que desplace. *a.-s.* Desabrido, de mal humor.
disponer *t.-r.* Colocar, poner en situación conveniente. *t.* Preparar, prevenir. Mandar. *i.* Usar, utilizar. *r.* Prepararse para hacer una cosa.
disponible *a.* Dic. de aquello de que se puede disponer.
disposición *f.* Ordenada colocación de algo. Estado de espíritu o aptitud para hacer algo. Precepto, mandato. Facultad de disponer de algo.
dispositivo -va *a.* Que dispone. *m.* Mecanismo. /despejado.
dispuesto -ta *a.* Apuesto. Hábil.
disputa *f.* Acción de disputar.
disputar *t.* Debatir. Contender para alcanzar o defender algo. *i.* Porfiar, altercar.
disquisición *f.* Exposición rigurosa y detallada.
distancia *f.* Espacio o tiempo entre dos cosas o sucesos. Diferencia.
distanciar *t.-r.* Alejar. Rezagar.
distante *a.* Apartado, lejano.
distender *t.-r.* MED. Causar una tensión violenta. Aflojar lo tirante.
distensión *f.* Acción de distender.
dístico *m.* Estrofa de dos versos.
distinción *f.* Acción de distinguir. Calidad de distinguido. Honor. Diferencia. /tajado.
distinguido -da *a.* Ilustre, aventajado.
distinguir *t.* Conocer como diferente. Percibir en la lejanía, la obscuridad, etc. Caracterizar. Hacer particular aprecio de una persona. Otorgar algún honor. *r.* Sobresalir.
distintivo -va *a.* Que distingue. *m.* Insignia, marca.
distinto -ta *a.* Que no es lo mismo. Diferente. Claro, sin confusión. /mación.
distorsión *f.* Torcimiento, deformación.
distracción *f.* Acción de distraer. Diversión.
distraer *t.-r.* Divertir. Apartar la atención. *t.* Malversar fondos.
distraído -da *a.-s.* Que se distrae con facilidad.
distribución *f.* Acción de distribuir. /tribuye.
distribuidor -ra *a.-s.* Que distribuye.
distribuir *t.* Dividir una cosa entre varias personas o lugares, o atribuyendo a cada parte su destino.
distributivo -va *a.* Que atañe a distribución.
distrito *m.* Parte de un territorio de población. /paz.
disturbio *m.* Perturbación de la
disuadir *t.* Inducir a mudar de dictamen o propósito.
disuasión *f.* Acción de disuadir.
disuelto -ta pp. irreg. de *disolver*.
disyunción *f.* Acción de desunir.
disyuntiva *f.* Alternativa entre dos cosas por una de las cuales hay que optar.
disyuntivo -va *a.* Que desune.
ditirambo *m.* Elogio exagerado.
diurético -ca *a.-m.* MED. Que hace orinar.
diurno -na *a.* Relativo al día.
diva *f.* Diosa. V. *divo.*
divagación *f.* Acción de divagar.
divagar *i.* Separarse del asunto. Hablar sin concierto.
diván *m.* Sofá con almohadones.
divergencia *f.* Acción de divergir. Diversidad de pareceres.
divergente *a.* Que diverge.
divergir *i.* Irse apartando unas de otras dos o más líneas o superficies. Discrepar.
diversidad *f.* Variedad, desemejanza.
diversificar *t.* Hacer diverso.
diversión *f.* Acción de divertir. Entretenimiento.
diverso -sa *a.* De distinta naturaleza, figura, etc. Desemejante. *a. pl.* Varios, muchos.
divertido -da *a.* Que divierte. Festivo, de buen humor.
divertimiento *m.* Diversión.
divertir *t.* Apartar, desviar. *t.-r.* Entretener, recrear.
dividendo *m.* Cantidad que ha de dividirse por otra. COM. Parte de beneficio que se abona a cada acción de capital.
dividir *t.* Separar en parte. Desunir. Repartir. Dadas dos cantidades, hallar las veces que una de ellas está contenida en la otra.
divieso *m.* Tumor puntiagudo y duro que se forma en la piel.
divinidad *f.* Naturaleza divina. Dios.
divinizar *t.* Hacer divino. fig. Santificar. /Dios.
divino -na *a.* Perteneciente a
divisa *f.* Señal exterior para distinguir personas, grados, etc. Moneda extranjera.
divisar *t.* Ver a distancia o confusamente. /sible.
divisibilidad *f.* Calidad de divisible.
divisible *a.* Que se puede dividir.
división *f.* Acción de dividir. Desunión. Parte de un cuerpo de ejército.
divisor -ra *a.-m.* Submúltiplo. *m.* Cantidad por la cual se divide otra.

divisorio -ria *a.-f.* Que separa o divide.

divo -va *a.* Divino. *a.-s.* Cantante de gran mérito.

divorciar *t.* Separar judicialmente los cónyuges. Separar, apartar.

divorcio *m.* Separación judicial de los cónyuges. Separación, divergencia.

divulgación *f.* Acción de divulgar.

divulgar *t.* Publicar, difundir.

diz. Apócope de *dice* o de *dícese*.

do *m.* MÚS. Primera nota de la escala fundamental. *adv.* Donde.

dobladillo *m.* Pliegue cosido que se hace a la ropa en los bordes. /mula.

doblado -da *a.* Que finge y disi-

doblaje *m.* Acción de doblar una película cinematográfica.

doblar *t.* Aumentar una cosa otro tanto de lo que era. Aplicar una sobre otra dos partes de una cosa flexible. Pasar al otro lado de un cabo, esquina, etc. Poner en lengua distinta de la original las palabras de una película. *t.-r.* Torcer, encorvar. *i.* Tocar a muerto. *r.* Ceder.

doble *a.* Formado por dos cosas iguales. Fuerte, grueso. Fornido. Disimulado. *a.-m.* Duplo. *m.* Doblez. Toque de difuntos.

doblegar *t.-r.* Doblar, inclinar, torcer. Obligar a ceder.

doblez *m.* Parte que se dobla o pliega. Señal que queda en la parte por donde se dobló. Simulación.

doce *a.* Diez y dos.

docena *f.* Conjunto de doce.

docente *a.* Que enseña.

dócil *a.* Suave, obediente.

docilidad *f.* Calidad de dócil.

dock *m.* Muelle con almacenes.

docto -ta *a.-s.* Sabio, erudito.

doctor -ra *m. f.* Persona que ha recibido el último grado académico. Médico.

doctorado *m.* Grado de doctor.

doctoral *a.* Relativo al doctor. Díc. del canónigo asesor jurídico del cabildo.

doctorar *t.-r.* Graduar de doctor.

doctrina *f.* Lo que es objeto de enseñanza. Conjunto de dogmas o principios.

doctrinal *a.* Perteneciente a la doctrina.

doctrinar *t.* Enseñar, aleccionar.

doctrinario -ria *a.-s* Que atiende más a las doctrinas y teorías abstractas que a la realidad.

documentación *f.* Acción de documentar. Conjunto de documentos. /documentos.

documental *a.* Que se funda en

documentar *t.* Probar con documentos. Proporcionar documentos.

documento *m.* Escrito con que se prueba o acredita algo. Lo que sirve para aclarar algo.

dodecaedro *m.* Sólido de doce caras.

dodecágono -na *a.-m.* Díc. del polígono de doce lados.

dogal *m.* Cuerda para ahorcar. Opresión, tiranía.

dogaresa *f.* Mujer del dux.

dogma *m.* Punto capital de una doctrina o religión. Conjunto de dogmas. /dogma.

dogmático -ca *a.* Relativo al

dogo -ga *a.-s.* Díc. de un perro de cuerpo grueso, muy fuerte y valeroso.

dólar *m.* Unidad monetaria en EE. UU. y Canadá. /medad.

dolencia *f.* Indisposición, enfer-

doler *i.* Padecer dolor una parte del cuerpo. Causar disgusto hacer algo. *r.* Quejarse, sentirse. Compadecerse. Arrepentirse.

dolido -da *a.* Quejoso, lastimado.

doliente *a.* Enfermo. Dolorido.

dolmen *m.* Megalito en forma de mesa.

dolo *m.* Engaño, fraude.

dolor *m.* Sensación o sentimiento aflictivo. Arrepentimiento.

dolorido -da *a.* Que padece dolor. Apenado.

dolorosa *f.* Imagen de la Virgen de los Dolores.

doloroso -sa *a.* Lamentable, lastimoso. Que causa dolor.

doloso -sa *a.* Engañoso, fraudulento.

doma *f.* Domadura. /lento.

domador -ra *m. f.* Que doma. Que exhibe fieras domadas.

domadura *f.* Acción de domar.

domar *t.* Amansar a un animal. Sujetar, reprimir.

domeñar *t.* Someter, sujetar.

domesticar *t.* Acostumbrar a un animal salvaje a la compañía del hombre. /tico.

domesticidad *f.* Calidad de domés-

doméstico -ca *a.* Relativo a la casa. Díc. del animal que se cría en compañía del hombre. *m.* Criado. *f.* Sirvienta.

domiciliar *t.-r.* Dar domicilio.

domiciliario -ria *a.* Relativo al domicilio.

domicilio *m.* Casa en que uno habita. Morada fija y permanente.

dominación *f.* Acción de dominar.

dominador -ra *a.-s.* Que domina o pretende dominar.

dominante *a.* Que quiere avasallar. Que sobresale o prevalece.

dominar *t.* Tener bajo su domi-

nio. Poseer a fondo una ciencia o arte. *t.-r.* Sujetar, reprimir. *i.-t.* Sobresalir, ser más alto.
dómine *m.* Maestro de latín. Maestro anticuado. /semana.
domingo *m.* Primer día de la
dominguero -ra *a.* Que suele usarse en domingo.
dominica *f.* Domingo.
dominical *a.* Relativo al domingo o al Señor.
dominicano -na *a.-s.* Dominico. De la República Dominicana.
dominico -ca *a.-s.* De la orden de Santo Domingo.
dominio *m.* Poder que uno tiene sobre lo suyo. Superioridad legítima sobre las personas. Territorio sujeto al poder de un Estado o soberano. Campo de una ciencia, arte, etc.
dominó *m.* Juego que se hace con 28 fichas. Disfraz talar con capucha.
domo *m.* ARQ. Cúpula.
don *m.* Dádiva, presente. Título que se usa antepuesto al nombre.
donación *f.* Acción de donar.
donador -ra *a.-s.* Que hace donación.
donaire *m.* Discreción, gracia. Agudeza. Gallardía. /re.
donairoso -sa *a.* Que tiene donai-
donante *a.-s.* Que dona.
donar *t.* Ceder gratuitamente el dominio de una cosa.
donativo *m.* Dádiva, regalo.
doncel *m.* Joven noble. Joven soltero. /camarera.
doncella *f.* Mujer virgen. Criada,
doncellez *f.* Estado de doncella.
donde *adv.* En qué lugar, a qué lugar, en el lugar que. *pron. rel.* En que, en el cual, en los cuales (refiriéndose a lugar).
dondequiera *adv.* En cualquier parte.
dondiego *m.* Planta cuyas flores sólo están abiertas de noche. ~ *de día*, planta cuyas flores sólo están abiertas de día.
donoso -sa *a.* Que tiene donosura.
donostiarra *a.-s.* De San Sebastián (Guipúzcoa).
donosura *f.* Donaire, gracia.
doña *f.* Título que se da a las señoras, antepuesto al nombre.
doquier y **doquiera** *adv.* Dondequiera.
dorada *f.* Pez marino con una mancha dorada entre los ojos.
doradillo *m.* Hilo delgado de latón.
dorado -da *a.* De color de oro. *m.* Doradura. /dora.
dorador -ra *m. f.* Persona que
doradura *f.* Acción de dorar.

dorar *t.* Cubrir de oro o dar color de oro.
dórico -ca *a.* Dorio.
dorio -ria *a.-s.* De la ant. Dóride (Grecia).
dormán *m.* Chaqueta de húsar.
dormilón -na *a.* Muy inclinado a dormir.
dormilona *f.* Pendiente con un brillante. Butaca muy cómoda.
dormir *i.-r.* Hallarse o caer en estado de reposo con suspensión de los sentidos y del movimiento voluntario. *i.* Pernoctar. *r.* Adormecerse.
dormitar *i.* Estar medio dormido.
dormitorio *m.* Pieza destinada para dormir. /donda.
dornajo *m.* Artesa pequeña y re-
dorsal *a.* Perteneciente al dorso.
dorso *m.* Espalda. Revés de una cosa.
dos *a.-m.* Uno y uno. /ciento.
doscientos -tas *a. pl.* Dos veces
dosel *m.* Ornamento que forma techo sobre un altar, trono, etc., y cae por detrás a modo de colgadura.
dosificar *t.* Determinar la dosis.
dosis *f.* Toma de medicina que se da al enfermo cada vez.
dotación *f.* Acción de dotar. Tripulación de un buque de guerra.
dotar *t.* Dar o asignar dote, sueldo, haber, etc. Proveer de tripulación, empleados, etc. Adornar a uno la naturaleza con dones y cualidades.
dote *amb.* Caudal que lleva la mujer al tomar estado. Cualidad apreciable.
dovela *f.* Piedra labrada en forma de cuña.
dozavo -va *a.-s.* Duodécimo.
dracma *f.* Ant. moneda griega de plata. Peso antiguo.
draconiano -na *a.* Excesivamente severo.
draga *f.* Máquina para dragar. Barco que la lleva.
dragado *m.* Acción de dragar.
dragaminas *m.* Buque que recoge las minas submarinas.
dragar *t.* Extraer fango, piedras, arena, etc., del fondo del agua.
dragón *m.* Animal fabuloso, especie de serpiente con pies y alas. Reptil saurio. Soldado de caballería que combatía a pie.
drama *m.* Pieza de teatro de un género mixto entre la tragedia y la comedia. Suceso conmovedor de la vida real.
dramática *f.* Arte de componer obras dramáticas.
dramático -ca *a.* Relativo al drama. Conmovedor.

dramatismo. m. Calidad de dramático.
dramaturgia f. Dramática.
dramaturgo m. Autor de dramas.
drástico -ca a. Que actúa rápida y violentamente.
dríada y **-de** f. MIT. Ninfa de los bosques.
dril m. Tela de hilo o algodón crudos.
driza f. Cuerda para izar o arriar las vergas, velas, etc.
droga f. Nombre de ciertas substancias usadas en química, industria, medicina, etc.
droguería f. Comercio o tienda de drogas.
droguero -ra m. f. Persona que comercia en drogas.
dromedario m. Especie de camello con una sola giba.
druida m. Sacerdote de los antiguos galos y celtas.
drupa f. Fruto monospermo de pericarpio carnoso, coriáceo o fibroso y endocarpio leñoso.
dualidad f. Reunión de dos caracteres opuestos.
dubitación f. Duda.
dubitativo -va a. Que implica o denota duda.
ducado m. Título y territorio del duque. Ant. moneda de oro.
ducal a. Perteneciente al duque.
dúctil a. Dic. de los metales que se pueden extender en alambres o hilos. Condescendiente. Acomodadizo.
ductilidad f. Calidad de dúctil.
ducha f. Chorro de agua que se hace caer sobre el cuerpo. Aparato para dar duchas.
duchar t.-r. Dar una ducha.
ducho, cha a. Experimentado, diestro.
duda f. Indeterminación del ánimo entre dos juicios o decisiones. Cuestión que se propone.
dudar i. Estar en duda. t. Dar poco crédito. Desconfiar.
dudoso -sa a. Que ofrece duda. Que tiene duda. Poco probable.
duela f. Cada una de las tablas curvadas de los toneles, barricas, etc.
duelista m. El que anda en desafíos.
duelo m. Combate entre dos. Dolor, esp. por la muerte de alguno. Parientes o amigos que asisten a un entierro o funeral. Fatiga, trabajo.
duende m. Espíritu que se supone travesea en algunas casas.
dueña f. Mujer que tiene el dominio de una cosa. Ant. criada principal.
dueño m. El que tiene el dominio de una cosa. Amo.
dulcamara f. Planta medicinal de flores violadas.
dulce a. De sabor parecido al de la miel o del azúcar. Que no es amargo o salado. Grato a los sentidos o al ánimo. Afable, dócil. m. Manjar compuesto con azúcar o almíbar.
dulcedumbre f. Dulzura, suavidad.
dulcería f. Confitería.
dulcificación f. Acción de dulcificar.
dulcificar f. Volver dulce una cosa. Mitigar.
dulía f. Culto que se tributa a los ángeles y santos, como siervos y amigos de Dios.
dulzaina f. Ant. instrumento parecido a la chirimía.
dulzarrón -na y **dulzón -na** a. Empalagoso por lo muy dulce.
dulzor m. Duizura.
duna f. Montecillo de arena movediza en los desiertos y playas.
dúo m. Composición que se canta o toca entre dos.
duodécimo -ma a.-s. Díc. de cada una de las doce partes en que se divide un todo. a. Que sigue en orden al undécimo.
duodeno -na a. Duodécimo. m. Primera sección del intestino delgado.
duplicado m. Segundo documento del mismo tenor que el primero.
duplicar t. Hacer doble. Multiplicar por dos.
dúplice a. Doble.
duplicidad f. Doblez, falsedad. Calidad de doble.
duplo -pla a. m. Que contiene un número dos veces exactamente.
duque m. Título nobiliario superior al de marqués. Soberano de ciertos Estados.
duquesa f. Mujer del duque. La que posee un ducado.
durable a. Duradero.
duración f. Acción de durar.
duradero -ra a. Que dura o puede durar mucho.
duramadre y **duramáter** f. La más externa, gruesa y fibrosa de las tres meninges.
duramen m. Parte central del tronco de los árboles.
durante adv. Mientras.
durar i. Continuar siendo, viviendo, obrando, etc.
duraznero m. Variedad de melocotonero.
durazno m. Duraznero y su fruto.
dureza f. Calidad de duro. Parte endurecida. Callosidad.
durmiente a.-s. Que duerme. m. Madero sobre el que descan-

duro -ra *a.* Que se resiste a ser labrado, cortado, comprimido, etc. Falto de suavidad. Fuerte. Violento, cruel. Penoso. *m.* Moneda de 5 ptas.

dux *m.* Jefe de las ant. repúblicas de Venecia y Génova.

E

E e *f.* Letra vocal, sexta del alfabeto.
e *conj. cop.* Se usa en vez de *y* antes de palabras que empiecen por *i* o *hi.*
¡ea! Interj. con que se anima o se indica una resolución.
ebanista *m.* El que trabaja en maderas finas.
ebanistería *f.* Arte, obra o taller del ebanista.
ébano *m.* Árbol de madera pesada y negra, muy apreciada. Esta madera.
ebonita *f.* Caucho vulcanizado, negro y muy duro.
ebrio -bria *a.-s.* Embriagado.
ebullición *f.* Acción de hervir.
ebúrneo -a *a.* De marfil.
eccehomo *m.* Imagen de Jesucristo como le presentó Pilatos al pueblo.
eclecticismo *m.* Método que consiste en reunir y conciliar opiniones y sistemas diversos.
ecléctico -ca *a.* Relativo al eclecticismo. /blia.
Eclesiastés *m.* Libro de la Biblia.
eclesiástico -ca *a.* Relativo a la Iglesia. *m.* Clérigo.
eclipsar *t.* Causar eclipse. Obscurecer. *a.* Experimentar eclipse. Desaparecer.
eclipse *m.* Ocultación de un astro debida a la interposición de otro astro o al paso del primero por la sombra proyectada por otro.
eclíptica *f.* Círculo máximo de la esfera celeste y de la Tierra que forma con el ecuador un ángulo de 23° 27'.
eclíptico -ca *a.* Relativo al eclipse o a la eclíptica.
eco *m.* Repetición del sonido por reflexión de las ondas sonoras.
ecoico -ca *a.* Relativo al eco.
economato *m.* Cargo de ecónomo. Tienda donde determinadas personas pueden adquirir géneros a precios económicos.
economía *f.* Recta administración de los bienes. Riqueza pública. Buena distribución del tiempo y de otras cosas. Ahorro. Escasez, miseria.
económico -ca *a.* Relativo a la economía. Poco costoso. Que gasta poco.
economista *a.-c.* Versado en economía política.
economizar *t.* Ahorrar.
ecónomo *a.-m.* Díc. del sacerdote que regenta una parroquia vacante.
ecuación *f.* MAT. Igualdad que contiene una o más incógnitas.
ecuador *m.* ASTR., GEOGR. Círculo máximo perpendicular al eje de la Tierra. /midad.
ecuánime *a.* Que tiene ecuanimidad *f.* Igualdad de ánimo. Imparcialidad.
ecuatorial *a.* Relativo al ecuador. *m.* Instrumento usado en astronomía.
ecuatoriano -na *a.-s.* De la República del Ecuador.
ecuestre *a.* Relativo al caballero o al caballo.
ecuménico -ca *a.* Universal.
eczema *f.* Erupción de vejiguillas que al secarse producen costras o descamación.
echador -ra *a.-s.* Que echa.
echar *t.* Hacer que una cosa vaya a parar o caiga en alguna parte. Hacer salir de un lugar. Despedir de sí. Producir las plantas raíces, hojas o flores; salirle a una persona o animal dientes, pelo, etc. Reclinar, recostar. Con ciertas voces, hacer, tomar, etc., lo que ellas significan. *r.* Arrojarse, precipitarse. Tenderse.
edad *f.* Tiempo que ha vivido una persona o que lleva de existencia una cosa. Período de la vida humana. Período histórico.
edecán *m.* MIL. Oficial que comunica las órdenes del general.
edema *m.* Hinchazón blanda de una parte del cuerpo.
edición *f.* Impresión y publicación de una obra o escrito.
edicto *m.* Decreto. Orden que se fija en parajes públicos.

edículo *m*. Edificio pequeño.
edificación *f*. Acción de edificar. Edificio. /ejemplo.
edificante *a*. Que edifica con el
edificar *t*. Construir un edificio. Dar buen ejemplo.
edificio *m*. Obra construida para habitación o usos análogos.
edil *m*. ant. Magistrado romano. Concejal.
edilicio -cia *a*. Relativo al edil.
editar *t*. Publicar una obra, periódico, etc.
editor -ra *a.-s*. Que edita.
editorial *a*. Relativo al editor o a la edición. *m*. Artículo de periódico no firmado. *f*. Empresa editorial.
edredón *m*. Plumón del eider. Almohadón empleado como cobertor.
educación *f*. Acción de educar. Cortesía, urbanidad.
educador -ra *a.-s*. Que educa.
educando -da *a.-s*. Que se educa, esp. en un colegio.
educar *t*. Desarrollar las facultades y aptitudes; dirigir, enseñar.
educativo -va *a*. Que educa o sirve para educar.
efe *f*. Nombre de la letra f.
efectismo *m*. Abuso de recursos para impresionar el ánimo.
efectivamente *adv*. Real y verdaderamente.
efectividad *f*. Calidad de efectivo.
efectivo -va *a*. Real, verdadero. *m*. Dinero disponible. *m. pl.* Tropas.
efecto *m*. Lo producido por una causa. Valor mercantil. Artículo de comercio. Impresión del ánimo. /cutar.
efectuar *t*. Poner por obra, ejecutar.
efemérides *f. pl.* Libro en que se refieren los hechos de cada día. Sucesos ocurridos un número exacto de años antes de un día determinado.
efervescencia *f*. Desprendimiento de burbujas gaseosas a través de un líquido. Hervor, agitación.
efervescente *a*. Que está o puede estar en efervescencia.
efesio -sia *a.-s*. De Éfeso.
eficacia *f*. Virtud, fuerza para obrar.
eficaz *a*. Activo, que tiene la virtud de producir el efecto deseado.
eficiencia *f*. Virtud para lograr un efecto determinado.
eficiente *a*. Que tiene eficiencia.
efigie *f*. Imagen de una persona o cosa.
efímero -ra *a*. Que dura sólo un día. Pasajero, de corta duración. /sutilísimas.
efluvio *m*. Emisión de partículas
efugio *m*. Recurso para salir de una dificultad.
efusión *f*. Derramamiento de un líquido. Expansión de los afectos generosos o alegres.
efusivo -va *a*. Que siente o manifiesta efusión. /ción.
égida y **égida** *f*. Escudo. Protec-
egipciaco -ca y **egipcio -cia** *a.-s*. De Egipto.
egiptología *f*. Estudio de las antigüedades de Egipto.
égloga *f*. Poema pastoril.
egoísmo *m*. Inmoderado amor de sí mismo.
egoísta *a.-c*. Que tiene egoísmo.
ególatra *a*. Que tiene egolatría.
egolatría *f*. Adoración de sí mismo. /sí mismo.
egotismo *m*. Afán de hablar de
egregio -gia *a*. Ilustre.
¡eh! *Interj.* para preguntar, llamar, reprender, advertir, etc.
eider *m*. Ganso de plumaje muy suave.
eje *m*. Pieza alrededor de la cual gira un cuerpo. Línea que divide por mitad el ancho de una cosa. Parte esencial; sostén.
ejecución *f*. Acción de ejecutar.
ejecutante *a.-s*. Que ejecuta, esp. una obra musical.
ejecutar *t*. Poner por obra. Ajusticiar. Desempeñar con arte una cosa.
ejecutor -ra *a.-s*. Que ejecuta.
ejecutoria *f*. Título en que consta la nobleza.
ejemplar *a*. Que da buen ejemplo. *m*. Prototipo. Caso que sirve de escarmiento. Cada uno de los impresos, grabados, etc., sacados de un mismo original. Cada uno de los individuos de una especie o género. /plar.
ejemplaridad *f*. Calidad de ejem-
ejemplo *m*. Caso, hecho, etc., que se cita para que se imite o evite, o bien para ilustrar un aserto. Conducta que mueve a otros a que la imiten.
ejercer *t*. Practicar una profesión, virtud, etc.
ejercicio *m*. Acción de ejercitarse o ejercer. Trabajo para la adquisición de una aptitud, habilidad, etc.
ejercitar *t*. Ejercer. Enseñar con la práctica. *r*. Adiestrarse.
ejército *m*. Conjunto de tropas. Fuerzas militares de un Estado.
ejido *m*. Campo común de un pueblo, lindante con él.
el *Art*. determinado en género masculino y núm. singular.
él *Pron.* personal de 3.ª pers.

en gén. masculino y núm. singular. /rar.
elaboración *f.* Acción de elaborar.
elaborar *t.* Preparar un producto. Trabajar una materia.
elación *f.* Altivez, presunción. Elevación del espíritu.
elástica *f.* Prenda interior de punto.
elasticidad *f.* Calidad de elástico. Propiedad que todos los cuerpos poseen de recobrar su forma y extensión cuando cesa la fuerza que los había deformado.
elástico -ca *a.* Que tiene elasticidad. Acomodaticio. *m.* Elástica. Tejido elástico.
ele *f.* Nombre de la letra *l.*
eléboro *m.* Planta ranunculácea de raíz medicinal.
elección *f.* Acción de elegir.
electivo -va *a.* Que se hace o se da por elección.
electo -ta *a.-s.* Que acaba de ser elegido para un cargo.
elector *a.-s.* Que elige o tiene derecho de elegir.
electoral *a.* Relativo a los electores o a las elecciones.
electricidad *f.* Agente físico que se manifiesta por fenómenos mecánicos, luminosos, fisiológicos y químicos.
electricista *a.-c.* Perito en las aplicaciones de la electricidad.
eléctrico -ca *a.* Relativo a la electricidad.
electrificar *t.* Hacer que un ferrocarril, una fábrica, etc., funcione por medio de la electricidad.
electrizar *t.-r.* Comunicar o producir electricidad en un cuerpo. Inflamar los ánimos.
electrocución *f.* Acción de electrocutar.
electrocutar *t.* Matar por medio de la electricidad.
electrodo *m.* ELECT. Pieza terminal de un circuito.
electrógeno -na *a.* Que engendra electricidad.
electroimán *m.* Barra que se imanta por la acción de una corriente eléctrica.
electrólisis *f.* Descomposición química de un cuerpo producida por la electricidad.
electrólito *m.* Cuerpo que se descompone en la electrólisis.
electromotor -ra *a.-s.* Díc. de la máquina que transforma la energía eléctrica en trabajo mecánico.
electrón *m.* Componente del átomo que lleva carga eléctrica negativa. /electrones.
electrónico -ca *a.* Relativo a los

electroscopio *m.* Aparato para conocer si un cuerpo está electrizado.
electrotecnia *f.* Estudio de las aplicaciones técnicas de la electricidad.
elefanta *f.* Hembra del elefante.
elefante *m.* Mamífero de gran tamaño, con la nariz en forma de trompa prensil y dos incisivos muy largos.
elegancia *f.* Calidad de elegante.
elegante *a.* Dotado de gracia, nobleza y sencillez. Airoso. De buen gusto.
elegía *f.* Composición poética triste y tierna.
elegíaco -ca *a.* Relativo a la elegía. Lastimero.
elegible *a.* Que puede ser elegido.
elegir *t.* Escoger, preferir. Nombrar por elección.
elemental *a.* Relativo al elemento. Fundamental, primordial.
elemento *m.* Cuerpo simple. Parte simple o integrante de algo. Medio en que vive un ser. *m. pl.* Las fuerzas naturales. Fundamentos de una ciencia o arte. Medios, recursos.
elenco *m.* Catálogo, índice. Selección de artistas.
elevación *f.* Acción de elevar. Altura. Encumbramiento.
elevado -da *a.* Alto. Sublime.
elevar *t.-r.* Alzar, levantar. Enaltecer.
eliminar *t.-r.* Quitar, separar, suprimir, excluir. MED. Expeler.
elipse *f.* GEOM. Curva cerrada, simétrica respecto a dos ejes perpendiculares entre sí, con dos focos. /palabras.
elipsis *f.* GRAM. Supresión de
elipsoide *f.* Sólido engendrado por la revolución de una elipse.
elíptico -ca *a.* De figura de elipse. Relativo a la elipse o a la elipsis.
élitro *m.* Cada una de las dos alas anteriores, endurecidas, de los coleópteros.
elixir *m.* Licor medicinal. Remedio maravilloso.
elocución *f.* Manera de hacer uso de la palabra.
elocuencia *f.* Facultad de expresarse con eficacia. Oratoria.
elocuente *a.* Que se expresa con elocuencia.
elogiar *t.* Hacer elogios.
elogio *m.* Alabanza.
elucidación *f.* Declaración, explicación.
elucidar *t.* Poner en claro.
eludir *t.* Evitar una dificultad, obligación, etc., con algún artificio.

ella Pron. personal de 3.ª persona en gén. femenino y núm. singular.
elle f. Nombre de la letra ll.
ello Pron. personal de 3.ª pers. en el género neutro.
ellos, ellas Pron. pers. de 3.ª persona pl. en gén. masculino o femenino. /to.
emaciación f. MED. Adelgazamiento.
emanación f. Acción de emanar. Efluvio.
emanar t. Desprenderse, derivar, traer origen de algo.
emancipación f. Acción de emancipar.
emancipar t.-r. Libertar de la patria potestad o de la servidumbre.
embadurnar t.-r. Untar. Embarrar, pintarrajear.
embair t. Embelecar, embaucar.
embajada f. Mensaje. Cargo de embajador. Casa en que reside.
embajador -ra m. f. Persona que representa a un Estado y a su jefe cerca del Gobierno y del jefe de otro. Mensajero. f. Mujer del embajador.
embalaje m. Acción de embalar. Cosa con que se embala.
embalar t. Colocar dentro de cubiertas o cajas las mercancías. /dosas.
embaldosado m. Solado con baldembalsamamiento m. Acción de embalsamar.
embalsamar t. Preparar un cadáver para evitar su putrefacción. Perfumar. /balsar.
embalsar t. Meter en balsa. Reembalse m. Acción de embalsar. Balsa artificial donde se acopian las aguas de un río.
embarazar t.-r. Estorbar, retardar.
embarazo m. Impedimento, estorbo. Encogimiento, falta de soltura. /raza.
embarazoso -sa a. Que embaembarcación f. Barco, nave.
embarcadero m. Lugar destinado para embarcar.
embarcar t.-r. Dar ingreso a personas, mercancías, etc., en una embarcación.
embarco m. Acción de embarcar.
embargar t. Suspender, paralizar. DER. Retener una cosa judicialmente.
embargo m. Retención judicial de bienes. Sin ~, no obstante.
embarque m. Acción de embarcar géneros, provisiones, etc.
embarrancar i.-r. Atascar en un barranco. t.-r. MAR. Encallar.
embarrar t.-r. Cubrir o manchar con barro.

embarullar t.-r. Enredar, confundir, mezclar.
embastar t. Hilvanar. Poner bastas a los colchones.
embaste m. Hilván.
embate m. Golpe impetuoso de mar. Acometida impetuosa.
embaucar t. Engañar, alucinar.
embaular t. Meter en un baúl. Comer mucho.
embebecer t.-r. Embelesar.
embeber t. Absorber un cuerpo sólido otro líquido. Empapar. Encajar, meter. *i.* Encogerse una tela. /ficios.
embelecar t. Engañar con artiembeleco m. Embuste, engaño.
embelesar t. Arrebatar, cautivar los sentidos.
embeleso m. Efecto de embelesar. Cosa que embelesa.
embellecer t. Hermosear.
embellecimiento m. Acción de embellecer. Adorno. /mucho.
emberrenchinarse r. Enfadarse
embestida f. Acción de embestir.
embestir t. Acometer con ímpetu.
embetunar t. Cubrir con betún.
emblanquecer t.-r. Blanquear.
emblema m. Representación, símbolo.
embobamiento m. Embeleso.
embobar t.-r. Embelesar.
embocadura f. Acción de embocar. Boquilla de un instrumento. Boca de un río, del escenario.
embocar t. Meter por la boca. Entrar por una parte estrecha. Comenzar un negocio.
embolado m. Papel teatral corto. Toro embolado. Artificio engañoso. /cuernos del toro.
embolar t. Poner bolas a los
embolia f. MED. Obstrucción de un vaso sanguíneo.
embolismo m. Confusión, enredo.
émbolo m. Disco que se ajusta y mueve dentro de un cuerpo de bomba o del cilindro de una máquina.
embolsar t.-r. Guardar en la bolsa. Cobrar.
emboquillar t. Poner boquillas.
emborrachar t.-r. Causar embriaguez. Atontar. /borra.
emborrar t. Henchir o llenar de
emborronar t. Echar borrones. Escribir de prisa y desaliñadamente.
emboscada f. Ocultación de una o más personas para atacar por sorpresa a otra u otras. Asechanza.
emboscar t.-r. Poner en emboscada. r. Ocultarse entre el ramaje. /botar.
embotamiento m. Acción de em-

embotar *t.-r.* Engrosar el filo o la punta de un arma. *t.* Debilitar, enervar.
embotellamiento *m.* Acción de embotellar.
embotellar *t.* Echar en botella. Acorralar, inmovilizar.
embozar *t.-r.* Cubrir el rostro por la parte inferior. Disimular.
embozo *m.* Parte de una prenda con que uno se emboza.
embragar *t.* Abrazar un fardo, piedra, etc., con bragas. Hacer que un mecanismo o parte de él comunique con el eje motor. /recer.
embravecer *t.-r.* Irritar, enfurecer.
embravecimiento *m.* Irritación, furor.
embrazadura *f.* Asa del escudo.
embrazar *t.* Meter el brazo por el asa del escudo.
embrear *t.* Untar con brea.
embriagar *t.-r.* Emborrachar. Enajenar.
embriaguez *f.* Turbación de las potencias por haber bebido demasiado alcohol. Enajenación del ánimo.
embridar *t.* Poner la brida.
embrión *m.* Principio, informe todavía, de un ser orgánico, de alguna cosa. /embrión.
embrionario -ria *a.* Relativo al
embrocación *f.* Acción de derramar un líquido sobre una parte enferma. /brolla.
embrollador -ra *a.* Que em-
embrollar *t.-r.* Enredar, confundir las cosas.
embrollo *m.* Enredo, maraña. Embuste. Situación embarazosa.
embrollón -llona *a.-s.* Embrollador.
embromar *t.* Gastar chanzas. Engañar con trapacerías.
embrujamiento *m.* Acción de embrujar.
embrujar *t.* Hechizar.
embrujo *m.* Hechizo.
embrutecer *t.-r.* Entorpecer las facultades del espíritu.
embrutecimiento *m.* Acción de embrutecer.
embuchado *m.* Tripa rellena de carne de cerdo.
embuchar *t.* Embutir carne picada en una tripa. Introducir comida en el buche. Engullir.
embudo *m.* Instrumento cónico, hueco, rematado en un canuto, para transvasar líquidos. Trampa, enredo.
embuste *m.* Mentira disfrazada con artificio. /gañar.
embustería *f.* Artificio para en-
embustero -ra *a.-s.* Que dice embustes. /Embuchado.
embutido *m.* Obra de taracea.
embutir *t.* Meter una cosa dentro de otra y apretarla. Embuchar. Encajar con arte materias diferentes o de diferentes colores en un objeto. *t.-r.* Engullir.
eme *f.* Nombre de la letra m.
emergencia *f.* Ocurrencia, accidente. /u otro líquido.
emerger *i.* Brotar, salir del agua
emeritense *a.-s.* De Mérida.
emersión *f.* Reaparición de un astro después de un eclipse.
emético -ca *a.-m.* Vomitivo.
emigración *f.* Acción de emigrar.
emigrado -da *m. f.* Persona que ha emigrado.
emigrante *a.-s.* Que emigra.
emigrar *i.* Dejar uno su país para establecerse en otro. Cambiar periódicamente de clima algunos animales.
eminencia *f.* Elevación del terreno. Excelencia. Título que se da a los cardenales. Persona eminente. /liente.
eminente *a.* Elevado. Sobresa-
eminentísimo -ma *a.* Muy eminente. Tratamiento de los cardenales.
emir *m.* Amir.
emisario -ria *m. f.* Mensajero encargado gralte. de una misión secreta.
emisión *f.* Acción de emitir. Títulos o efectos públicos que se crean de una vez.
emisor -ra *a.-s.* Que emite. *f.* Estación radioemisora.
emitir *t.* Arrojar, exhalar. Poner en circulación papel moneda, títulos, etc. Lanzar ondas hertzianas. Exponer opiniones, conceptos, etc.
emoción *f.* Agitación del ánimo.
emocionar *t.* Conmover el ánimo.
emoliente *a.-m.* MED. Que ablanda. /de un empleo.
emolumento *m.* Utilidad accesoria
empacar *t.* Empaquetar.
empachar *t.* Estorbar. Causar indigestión. *r.* Avergonzarse, cortarse.
empacho *m.* Cortedad, turbación. Estorbo. Indigestión.
empadronamiento *m.* Acción de empadronar. Padrón.
empadronar *t.* Inscribir en el padrón. /fastidiar.
empalagar *i.-r.* Causar hastío,
empalagoso -sa *a.* Que empalaga.
empalar *t.* Espetar en un palo.
empaliar *t.* Adornar con colgaduras la iglesia, las calles, etc.
empalizada *f.* Estacada.
empalmar *t.* Unir dos piezas por sus extremos. *i.* Enlazar un

empalme coche o ferrocarril con otro.

empalme *m.* Acción de empalmar. Punto en que se empalma.

empanada *f.* Manjar encerrado en masa o pan y cocido al horno.

empanar *t.* Encerrar en masa o pan. Rebozar con pan rallado.

empantanar *t.-r.* Inundar un terreno. Detener, embarazar un negocio.

empañar *t.* Envolver en pañales. Quitar el brillo o la transparencia. Obscurecer. Mancillar.

empapar *t.* Mojar una cosa hasta que quede penetrada del líquido. Absorber. *r.* Poseerse, imbuirse.

empapelado *m.* Acción de empapelar.

empapelador -ra *m. f.* Persona que empapela. /Procesar.

empapelar *t.* Cubrir de papel.

empaque *m.* Acción de empaquetar. Seriedad con afectación y tiesura.

empaquetar *t.* Formar paquetes.

emparedado *m.* Trocito de vianda entre dos trozos de pan.

emparedar *t.-r.* Encerrar entre paredes.

emparejar *t.-r.* Formar una pareja. *i.* Llegar en un camino junto a otra persona o cosa.

emparentar *i.* Contraer parentesco.

emparrado *m.* Conjunto de vástagos de parra que forman cubierto.

emparrar *t.* Hacer emparrado.

emparrillar *t.* Asar en parrillas.

empastar *t.* Cubrir de pasta. Encuadernar en pasta. Rellenar con pasta los dientes cariados.

empaste *m.* Acción de empastar.

empatar *t.-i.* Igualar los votos de una votación o los tantos ganados en un juego.

empate *m.* Acción de empatar.

empavesada *f.* Faja de paño con que se adorna un buque.

empavesado -da *a.* Armado de pavés. *m.* Conjunto de banderas y gallardetes con que se engalana un buque.

empavesar *t.* Engalanar una embarcación.

empecatado -da *a.* Incorregible, malévolo. Desdichado.

empecer *t.* Dañar, perjudicar. *i.* Impedir, obstar.

empecinado *m.* Peguero. /de pez.

empecinar *t.* Untar de pecina o

empedernido -da *a.* Insensible, duro de corazón.

empedernir *t.-r.* Endurecer mucho. *r.* Hacerse insensible.

empedrado *m.* Acción de empedrar. Pavimento de piedras.

empedrar *t.* Pavimentar con piedras. Cubrir, llenar.

empegar *t.* Bañar o marcar con pez. /ses.

empeguntar *t.* Empegar las reses.

empeine *m.* Pubis. Parte superior del pie. Enfermedad del cutis. /fundirse.

empelotarse *r.* Enredarse, confundirse.

empellar *t.* Empujar.

empellón *m.* Empujón fuerte.

empenachar *t.* Adornar con penacho.

empeñar *t.* Dar o dejar en prenda. *t.-r.* Poner o hacer de medianero. Obligar. Trabar una lucha. *r.* Endeudarse. Insistir con tesón.

empeño *m.* Acción de empeñar. Obligación de hacer algo. Vivo deseo de hacer o conseguir algo. Tesón, constancia. /peor.

empeorar *t.-i.-r.* Volver o poner

empequeñecer *t.-r.* Minorar una cosa. /imperio.

emperador *m.* Soberano de un

emperatriz *f.* Mujer del emperador. Soberana de un imperio.

emperejilar *t.-r.* Adornar con profusión y esmero.

emperezar *i.-r.* Dejarse dominar por la pereza.

emperifollar *t.-r.* Emperejilar.

empernar *t.* Asegurar con pernos.

empero *conj.* Pero, sin embargo.

emperrarse *r.* Obstinarse.

empezar *t.* Comenzar, dar principio. *i.* Tener principio.

empicarse *r.* Aficionarse demasiado. /gulloso.

empinado -da *a.* Muy alto. Or-

empinar *t.* Levantar en alto. Beber. *r.* Ponerse una persona sobre las puntas de los pies. Levantarse un animal sobre las patas traseras. Alcanzar gran altura.

empingorotado -da *a.* De elevada posición social. Ensoberbecido.

empíreo -a *a.-m.* Dic. del cielo *a.* Celestial, supremo, divino.

empírico -ca *a.* Que es resultado de la experiencia. Relativo al empirismo. *a.-s.* Que conoce sólo por la práctica.

empirismo *m.* Procedimiento fundado en la mera práctica o experiencia.

empitonar *t.* Coger el toro al torero con los pitones.

empizarrar *t.* Cubrir con pizarras.

emplasto *m.* Medicamento glutinoso extendido sobre un pedazo de tela.

emplazamiento *m.* Acción de em-

plazar. Posición, colocación.
emplazar i. Citar a una persona en determinado tiempo y lugar.
empleado -da m. f. Persona que tiene un destino o empleo.
emplear t.-r. Ocupar a uno dándole un trabajo o comisión. Gastar, consumir, usar.
empleo m. Acción de emplear. Destino, ocupación.
empleomanía f. Afán por obtener empleos públicos.
emplomar t. Cubrir o asegurar con plomo.
emplumar t. Poner plumas. /aves.
emplumecer i. Echar plumas los
empobrecer t. Hacer pobre. i.-r. Llegar a pobre. r. Venir a menos una cosa. /empobrecer
empobrecimiento m. Acción de
empolvar t.-r. Echar polvo o polvos. r. Llenarse de polvo.
empollar t. Calentar el ave los huevos para sacar pollos. Estudiar mucho.
emponzoñamiento m. Acción de emponzoñar. /Inficionar.
emponzoñar t.-r. Dar ponzoña.
emporcar t.-r. Ensuciar.
emporio m. Ciudad de gran importancia comercial. Lugar famoso por las ciencias, las artes, etc.
empotrar t. Meter algo en la pared o en el suelo. /cidido.
emprendedor -ra a. Resuelto, de-
emprender t. Acometer y empezar una obra o empresa.
empresa f. Acción de emprender. Cosa que se emprende. Sociedad mercantil o industrial. Símbolo que alude a lo que se intenta conseguir.
empresario -ria m. f. Persona que toma a su cargo una empresa.
empréstito m. Préstamo que toma el Estado o una corporación.
empujar t. Hacer fuerza contra una cosa para moverla.
empuje m. Acción de empujar. Brío, resolución.
empujón m. Impulso dado con fuerza.
empuñadura f. Puño de la es-
empuñar t. Asir por el puño.
emulación f. Acción de emular.
emular t. Imitar a otro procurando igualarle o excederle.
émulo -la a.-s. Competidor que procura aventajar.
emulsión f. Líquido consistente que contiene en suspensión pequeñas partículas de substancias insolubles.
en Prep. de uso muy vario.
enaguachar t. Llenar demasiado de agua. t.-r. Causar empacho el beber mucho o comer mucha fruta.
enaguas f. pl. Falda interior, gralte. de tela blanca.
enajenación f. Acción de enajenar. Distracción, embeleso.
enajenado -da a.-s. Loco.
enajenamiento m. Enajenación.
enajenar t. Ceder la propiedad de algo. t.-r. Sacar fuera de sí; turbar la razón. r. Desposeerse de algo.
enalbardar t. Poner la albarda.
enaltecer t. Ensalzar.
enamoradizo -za a. Propenso a enamorarse. /amor.
enamorado -da a.-s. Que tiene
enamoramiento m. Acción de enamorar o enamorarse.
enamorar t. Excitar amor. r. Prendarse, aficionarse.
enano -na a. Diminuto. m. f. Persona muy pequeña.
enarbolar t. Levantar en alto una bandera, etc.
enarcar t.-r. Arquear.
enardecer t.-r. Excitar, avivar. r. Encenderse una parte del cuerpo.
enarenar t.-r. Cubrir de arena. r. MAR. Encallar.
enastar t. Poner mango o asta.
encaballar i. Descansar una cosa sobre otra.
encaballar t. Colocar una pieza de modo que se apoye sobre el extremo de otra.
encabestrar t. Poner el cabestro.
encabezamiento m. Acción de encabezar. Cabeza de un escrito.
encabezar t. Poner en padrón. Iniciar una suscripción o lista. Poner el encabezamiento a un escrito. Mejorar un vino con otro más fuerte. /ballo.
encabritarse r. Empinarse el ca-
encadenamiento m. Acción de encadenar. Conexión, enlace.
encadenar t.-r. Atar con cadena. Trabar, enlazar.
encajar t. Meter ajustadamente una cosa dentro de otra. Decir, dar, disparar. r. Meterse. Ponerse una prenda.
encaje m. Acción de encajar. Hueco donde se encaja algo. Labor de mallas, lazadas o calados. /cajes.
encajera f. Mujer que hace en-
encajonar t. Meter en un cajón. t.-r. Meter en sitio angosto.
encalabrinar t. Llenar la cabeza de un vapor que la turbe. Excitar, irritar. r. Obstinarse.
encalar t. Blanquear o espolvorear con cal.
encalmarse r. Quedar en calma el tiempo o el viento.
encallar i. Dar la nave en la are-

na o piedras quedando sin movimiento. Atascarse un negocio.
encallecer *i.-r.* Criar callos.
encallecido -da *a.* Endurecido por la costumbre, los trabajos, etc.
encamarse *r.* Meterse en cama por enfermedad. Echarse las mieses.
encaminar *t.-r.* Dirigir hacia un punto o fin. Enseñar el camino.
encanallar *t.-r.* Envilecer.
encandecer *t.* Poner incandescente.
encandilar *t.* Deslumbrar. Avivar la lumbre. *r.* Encenderse los ojos por la bebida o el deseo.
encanecer *i.-r.* Ponerse cano. /encanijarse
encanijamiento *m.* Acción de
encanijar *t.-r.* Poner flaco y enfermizo. /ta.
encantador -ra *a.-s.* Que encanta
encantamiento *m.* Acción de encantar.
encantar *t.* Ejercer un poder mágico sobre personas o cosas. Cautivar la atención, seducir, hechizar.
encanto *m.* Encantamiento. Cosa que embelesa.
encañado *m.* Conducto de caños. Enrejado de cañas.
encañar *t.* Conducir el agua por encañados. Sanear de humedad las tierras. Poner cañas a las plantas.
encañonar *t.* Hacer que una cosa entre por un cañón. Apuntar con un arma de fuego. Planchar formando cañones.
encapotar *t.-r.* Cubrir con el capote. *r.* Ponerse el rostro ceñudo. Nublarse el cielo.
encapricharse *r.* Empeñarse en un capricho. /pucha.
encapuchar *t.-r.* Tapar con capucha.
encarado -da *a.* Con los adv. *bien* o *mal*, de buena o mala cara.
encaramar *t.-r.* Levantar o subir. Elevar a puestos altos u honoríficos.
encarar *i.-r.* Ponerse cara a cara. *t.* Dirigir la puntería.
encarcelamiento *m.* Acción de encarcelar.
encarcelar *t.* Poner en la cárcel.
encarecer *t.-r.* Aumentar el precio. Ponderar, alabar. Recomendar. /carecer.
encarecimiento *m.* Acción de en-
encargado -da *a.-s.* Que tiene algo a su cargo.
encargar *t.-r.* Poner una cosa al cuidado de uno. *t.* Recomendar. Pedir que se haga, traiga o envíe una cosa.
encargo *m.* Acción de encargar. Cosa encargada.
encariñar *t.-r.* Despertar o tomar cariño.
encarnación *f.* Acción de encarnar. Personificación de una idea, doctrina, etc. PINT. Color de la carne.
encarnado -da *a.* De color de carne. Colorado.
encarnadura *f.* Calidad de la carne viva con respecto a la curación de las heridas.
encarnar *i.* Tomar carne el Verbo Divino. Criar carne una herida. *t.* Personificar alguna idea o doctrina. ESC. Dar color de carne.
encarnizado -da *a.* Encendido, ensangrentado. Muy porfiado y sangriento.
encarnizamiento *m.* Acción de encarnizarse. Crueldad.
encarnizar *t.-r.* Encruelecer. *r.* Mostrarse cruel. Batirse con furor.
encarrilar *t.* Encaminar. Poner sobre los carriles. /sortijarse.
encarrujarse *r.* Retorcerse, en-
encartar *t.* Procesar. Incluir a uno en algo.
encartonar *t.* Resguardar con cartones. Encuadernar en cartón. /sillas.
encasillado *m.* Conjunto de ca-
encasquetar *t.-r.* Encajar bien en la cabeza el sombrero, gorra, etc. Meter a uno algo en la cabeza.
encasquillar *t.* Poner casquillos. *r.* Atascarse un arma de fuego con el casquillo.
encastillarse *r.* Obstinarse en un parecer. Encerrarse en un castillo o en sitios altos y ásperos.
encatusar *t.* Engatusar. /ros.
encausar *t.* Procesar.
encauste y **-to** *m.* Modo de pintar aplicando el color por medio del fuego.
encáustico -ca *a.* Dic. de la pintura hecha al encauste. *m.* Preparado para dar brillo.
encauzar *t.* Abrir cauce; dirigir por un cauce. Dirigir por buen camino una cosa.
encefálico -ca *a.* Relativo al encéfalo. /encéfalo.
encefalitis *f.* Inflamación del
encéfalo *m.* Parte central del sistema nervioso, encerrada en el cráneo.
encelajarse *r.* Cubrirse de celajes.
encelar *t.* Dar celos. *r.* Concebir celos. /sos.
encella *f.* Molde para hacer que-
encenagar *t.-r.* Meter en el cieno. *r.* Entregarse al vicio.
encendedor *m.* Aparato para en-

cender. Que enciende.
encender t.-r. Hacer que una cosa arda; pegar fuego. Causar ardor. Suscitar contiendas. Enardecer. r. Ponerse colorado.
encendido -da m. De color encarnado subido. Ruborizado. m. Acto de encender.
encendimiento m. Acto de arder y abrasarse una cosa. Ardor.
encerado m. Lienzo impermeabilizado. Capa de cera que se da a muebles y entarimados. Cuadro de hule, madera, etc., que sirve de pizarra.
encerar t. Aderezar con cera alguna cosa. Manchar con cera.
encerradero m. Sitio donde se encierra el ganado.
encerrar t.-r. Meter a una persona o cosa en parte de donde no pueda salir. t. Incluir, contener. /Celada.
encerrona f. Retiro voluntario.
encía f. Carne que cubre la quijada y guarnece la dentadura.
encíclica f. Carta que el Papa dirige a todos los obispos.
enciclopedia f. Conjunto de todas las ciencias y conocimientos humanos. Obra en que se expone.
enciclopédico -ca a. Relativo a la enciclopedia.
encierro m. Acción de encerrar. Lugar donde se encierra. Clausura, recogimiento.
encima adv. En lugar o puesto superior. Sobre. Además.
encimar t.-i. Poner una cosa en alto o sobre otra.
encina f. Árbol de hojas persistentes que produce bellotas.
encinar m. Terreno poblado de encinas.
encintado m. Borde de piedra de una acera, andén, etc.
encizañar t. Cizañar. /claustro.
enclaustrar t. Encerrar en un
enclavado -da a. Dic. del sitio encerrado dentro del área de otro.
enclavijar t. Poner clavijas. Trabar una cosa con otra.
enclenque a. Enfermizo. /ave.
enclocar t.-r. Ponerse clueca una
encobar i.-r. Empollar.
encocorar t. Fastidiar, molestar.
encoger t.-r. Retirar contrayendo. Apocar el ánimo. i. Apretarse el tejido de una tela cuando se moja.
encogido -da a. Apocado.
encogimiento m. Acción de encoger. Cortedad de ánimo.
encojar t.-r. Poner cojo.
encoladura f. y **encolamiento** m. Acción de encolar.

encolar t. Pegar con cola.
encolerizar t.-r. Poner colérico.
encomendar t. Encargar. r. Entregarse o confiarse al amparo de uno.
encomiar t. Alabar mucho.
encomiástico -ca a. Que contiene alabanza.
encomienda f. Encargo. Dignidad en las órdenes militares. Recomendación, elogio.
encomio m. Alabanza, elogio.
enconar t. Inflamar una llaga. Irritar el ánimo.
encono m. Animadversión, rencor.
encontradizo -za a. Que se encuentra con otra persona o cosa.
encontrado -da a. Puesto enfrente. Opuesto.
encontrar t. Topar, tropezar, dar con una persona o cosa. Hallar. r. Oponerse. Hallarse en un sitio o de cierta manera. Concurrir juntos en un mismo lugar.
encontrón y -tronazo m. Golpe accidental que se da de una cosa con otra.
encopetado -da a. Engreído. Noble, linajudo.
encorajar t. Dar coraje. r. Encenderse en coraje.
encorar t. Meter en un cuero. t.-i. Cicatrizar las llagas.
encordar t. Poner cuerdas.
encordelar t. Poner cordeles.
encordonar t. Poner cordones.
encornadura f. Forma de los cuernos de un animal. Cornamenta.
encorvadura f. y **encorvamiento** m. Acción de encorvar.
encorvar t.-r.¹ Poner corvo. r. Inclinarse. /Guardar.
encovar t. Meter en una cueva.
encrespamiento m. Acción de encresparse.
encrespar t.-r. Ensortijar, rizar. Erizar el pelo, el plumaje. Enfurecer, irritar. r. Elevarse las olas.
encrucijada f. Punto donde se cruzan dos o más calles o caminos. Emboscada.
encrudecer t. Poner crudo. Exasperar, irritar.
encruelecer t. Instigar a la crueldad. r. Hacerse cruel.
encuadernación f. Acción de encuadernar. Modo de estar encuadernado. Taller del encuadernador.
encuadernador -ra m. f. Persona que encuaderna.
encuadernar t. Juntar y coser pliegos o cuadernos y ponerles cubiertas.
encuadrar t. Encerrar una cosa en marco o cuadro. Incluir dentro de sí una cosa.

encubar *t.* Echar en cubas.
encubiertamente *adv.* A escondidas. Con dolo.
encubierto -ta p. p. irreg. de *encubrir*.
encubridor -ra *a.-s.* Que encubre.
encubrir *t.* Ocultar, tapar.
encuentro *m.* Acto de encontrarse. Choque. Oposición, contradicción.
encumbrado -da *a.* Elevado, alto.
encumbramiento *m.* Acción de encumbrar.
encumbrar *t.-r.* Levantar en alto. Ensalzar, engrandecer.
encurtido *m.* Fruto o legumbre que se ha encurtido.
encurtir *t.* Conservar frutos o legumbres en vinagre.
encharcar *t.-r.* Cubrir de agua un terreno. Enaguachar el estómago.
enchiquerar *t.* Encerrar el toro en el chiquero. Encarcelar.
enchufar *t.-i.* Ajustar la boca de un caño con la de otro. Encajar las dos piezas de un enchufe eléctrico.
enchufe *m.* Acción de enchufar. Clavija para la toma de corriente eléctrica.
ende (por) *m. conj.* Por tanto.
endeble *a.* Débil. De escaso valor.
endeblez *f.* Calidad de endeble.
endecágono -na *a.-m.* Dic. del polígono de once lados.
endecasílabo -ba *a.-m.* Dic. del verso de once sílabas.
endecha *f.* Canción triste.
endemia *f.* Enfermedad habitual en un país. /endemia.
endémico -ca *a.* Con caracteres de
endemoniado -da *a.-s.* Poseído del demonio. Perverso.
endemoniar *t.* Introducir los demonios en el cuerpo. *t.-r.* Encolerizar.
endentar *t.* Enlazar dos piezas por medio de dientes. Poner dientes a una rueda.
endentecer *i.* Empezar los niños a echar dientes.
enderezar *t.* Poner derecho lo torcido. Corregir. Dirigir. *r.* Encaminarse.
endeudarse *r.* Llenarse de deudas.
endiablado -da *a.* Muy feo. Endemoniado.
endilgar *t.* Encaminar. Encajar, espetar. /miento.
endiosamiento *m.* Altivez, erguimiento.
endiosar *t.* Divinizar. *r.* Ensoberbecerse.
endocardio *m.* Membrana que tapiza las cavidades del corazón.
endocarpio *m.* Capa interna del pericarpio.
endocrino -na *a.* Relativo a las secreciones internas. /de fiesta.
endomingarse *r.* Vestirse con ropa
endosar *f.* Ceder un documento de crédito, haciéndolo constar al dorso. Trasladar a uno una carga, trabajo, etc. /documento.
endoso *m.* Acción de endosar un
endriago *m.* Monstruo fabuloso.
endrina *f.* Fruto del endrino.
endrino -na *a.* Del color de la endrina. *m.* Especie de ciruelo silvestre de fruto negro y áspero.
endulzar *t.-r.* Poner dulce una cosa. Suavizar. /tolerar.
endurar *t.-r.* Endurecer *t.* Sufrir,
endurecer *t.-r.* Poner duro. Robustecer. Encruelecer. /cidad.
endurecimiento *m.* Dureza. Tenaene *f.* Nombre de la letra *n*.
enea *f.* Anea.
eneágono -na *a.-m.* Dic. del polígono de nueve lados.
enebrina *f.* Fruto del enebro.
enebro *m.* Arbusto de gálbulas pequeñas, negras y carnosas.
eneldo *m.* Hierba umbelífera de flores amarillas.
enema *m.* Lavativa.
enemiga *f.* Enemistad, odio.
enemigo -ga *a.-s.* Contrario, adversario. *m.* El diablo.
enemistad *f.* Aversión, odio.
enemistar *t.-r.* Hacer enemigo; hacer perder la amistad.
energía *f.* Actividad, vigor. Fuerza de voluntad. Capacidad que tiene la materia de producir movimiento, luz, calor, etc.
enérgico -ca *a.* Que tiene energía.
energúmeno -na *m. f.* Endemoniado. Furioso, alborotado.
enero *m.* Primer mes del año.
enervación *f.* y **enervamiento** *m.* Acción de enervar. MED. Agotamiento nervioso. /fuerzas.
enervar *t.* Debilitar, quitar las
enfadar *t.-r.* Causar enfado.
enfado *m.* Desagrado, enojo.
enfadoso -sa *a.* Que causa enfado.
enfaldar *t.-r.* Recoger las faldas.
enfaldo *m.* Falda recogida. Cavidad que hacen las ropas enfaldadas.
enfangar *t.-r.* Meter en el fango. *r.* Entregarse a los vicios.
enfardar *t.* Hacer fardos.
énfasis *amb.-m.* Fuerza de expresión con que se quiere realzar lo que se dice.
enfático -ca *a.* Dicho con énfasis. Que habla con énfasis.
enfermar *i.* Caer enfermo. *t.* Causar enfermedad.
enfermedad *f.* Alteración de la salud. /enfermos.
enfermería *f.* Casa o sala para
enfermero -ra *m. f.* Persona que asiste a los enfermos.

enfermizo -za *a.* De poca salud. Que ocasiona enfermedades. Propio de un enfermo.
enfermo -ma *a.-s.* Que padece enfermedad.
enfervorizar *t.-r.* Infundir fervor.
enfilar *t.* Poner en fila. Dirigir una visual. Ensartar.
enfisema *m.* MED. Tumefacción por infiltración de gases en un tejido.
enflaquecer *t.-i.-r.* Poner flaco.
enflaquecimiento *m.* Acción de enflaquecer.
enfocar *t.* Hacer que la imagen obtenida por un aparato óptico se produzca exactamente en un plano determinado. Abordar bien un asunto.
enfoscarse *r.* Ponerse hosco. Encapotarse el cielo.
enfrascar *t.* Echar en frascos. *r.* Dedicarse por entero a una cosa.
enfrenar *t.* Poner el freno a un caballo. Refrenar.
enfrentar *t.-r.* Poner frente a frente. Arrostrar.
enfrente *f.* A la parte opuesta. En contra, en pugna.
enfriadera *f.* Vasija en que se enfría una bebida. /friar..
enfriamiento *f.* Acción de enfriar *t.-i.-r.* Poner o quedarse frío. Entibiar, amortiguar.
enfrontar *t.-i.* Llegar al frente de alguna cosa. Hacer frente.
enfundar *t.* Poner dentro de su funda. Henchir. /rioso.
enfurecer *t.-r.* Irritar, poner furenfurruñarse *r.* Ponerse enfadado.
enfurtir *t.* Dar cuerpo a los paños, fieltros, etc.
engaitar *t.* Engañar con halagos.
engalanar *t.-r.* Adornar, ataviar.
engalgar *t.* Apretar la galga de un carro.
engallado -da *a.* Erguido.
engallarse *r.* Ponerse erguido y arrogante.
enganchar *t.-r.* Agarrar con gancho. Poner las caballerías a los carruajes. *t.* Atraer con arte. *r.* Sentar plaza de soldado.
enganche *m.* Acción de enganchar. Pieza para enganchar.
engañabobos *c.* Persona embelecadora. Cosa engañosa.
engañador -ra *a.-s.* Que engaña.
engañapastores *m.* Chotacabras.
engañar *t.* Inducir a tener por cierto o bueno lo que no lo es. Distraer algún estado o afección. Hacer traición. *r.* Equivocarse.
engañifa *f.* Engaño artificioso.
engaño *m.* Acción de engañar. Falsedad. Muleta o capa del torero. /falaz.
engañoso -sa *a.* Que engaña;
engarabatar *t.-r.* Poner en forma de garabato. /los dedos.
engarabatarse *r.* Engarabatarse
engarce *m.* Acción de engarzar. Metal en que se engarza.
engargantar *t.* Meter por la garganta. *i.* Engranar. /mente.
engarrafar *t.* Agarrar fuerte
engarzar *t.* Trabar formando cadena con un hilo de metal. Engastar.
engastar *t.* Encajar y embutir una cosa en otra.
engaste *m.* Acción de engastar. Guarnición que asegura lo que se engasta.
engatar *t.* Engañar halagando.
engatusar *t.* Ganar la voluntad con halagos.
engendrar *t.* Dar origen a un nuevo ser. Causar, formar.
engendro *m.* Criatura informe. Obra mal ideada. /junto.
englobar *t.* Incluir en un conengolfarse *r.* Ocuparse intensamente en un asunto, pensamiento, etc.
engolosinar *t.* Excitar el deseo con algún atractivo. *r.* Aficionarse.
engomar *t.* Untar con goma.
engordar *t.* Cebar. *i.* Ponerse gordo. fig. Hacerse rico.
engorde *m.* Acción de engordar el ganado.
engorro *m.* Embarazo, estorbo.
engorroso -sa *a.* Embarazoso.
engoznar *t.* Poner goznes. Encajar en un gozne.
engranaje *m.* Efecto de engranar. Conjunto de las piezas que engranan. Trabazón.
engranar *i.* Endentar. *t.* Enlazar, trabar.
engrandecer *t.* Aumentar, hacer grande. *t.-r.* Exaltar, elevar.
engrandecimiento *m.* Acción de engrandecer. /sar.
engrasación *f.* Acción de engraengrasar *t.* Dar crasitud. Untar con grasa.
engrase *m.* Engrasación. Materia lubricante.
engravar *t.* Cubrir con grava.
engreimiento *m.* Envanecimiento.
engreir *t.-r.* Envanecer.
engrescar *t.-r.* Excitar a la riña.
engrosar *t.-r.* Hacer grueso. Aumentar el número. *i.* Tomar carnes.
engrudar *t.* Untar con engrudo.
engrudo *m.* Masa de harina o almidón cocidos en agua.
enguantar *t.-r.* Poner guantes.
enguatar *t.* Entretelar con guata.
enguijarrar *t.* Empedrar con

enguirnaldar guijarros. /naldas.
enguirnaldar *t.* Adornar con guirnaldas.
engullir *t.* Tragar atropelladamente.
engurrio *m.* Tristeza. /mente.
enhacinar *t.* Hacinar.
enharinar *t.-r.* Cubrir con harina.
enhebrar *t.* Pasar la hebra por el ojo de la aguja.
enhestar *t.-r.* Levantar en alto. Poner derecho. /recho.
enhiesto -ta *a.* Levantado, derecho.
enhilar *t.* Enhebrar. Ordenar las ideas de un discurso.
enhorabuena *f.* Parabién. *adv.* Con bien, con felicidad.
enhoramala *adv.* Denota disgusto o desaprobación.
enhornar *t.* Meter en el horno.
enigma *m.* Dicho, expresión o cosa de interpretación difícil.
enigmático -ca *a.* Oscuro, misterioso; que incluye enigma.
enjabonado *m.* Jabonadura de la ropa.
enjabonar *t.* Jabonar. /ropa.
enjaezar *t.* Poner los jaeces al caballo. /jalbegar.
enjalbegadura *f.* Acción de enjalbegar.
enjalbegar *t.* Blanquear las paredes. /de carga.
enjalma *f.* Albardilla de bestia
enjambrar *t.* Encerrar en las colmenas las abejas. Sacar un enjambre de la colmena. *i.* Criar la colmena un enjambre.
enjambre *m.* Conjunto de abejas con su maestra, que salen de la colmena. Muchedumbre.
enjaretado *m.* Tablero en forma de enrejado.
enjaretar *t.* Hacer o decir algo atropelladamente. Endilgar, encajar.
enjaular *t.-r.* Poner en una jaula.
enjebe *m.* Alumbre. /la.
enjoyar *t.-r.* Adornar con joyas.
enjuagadura *f.* Acción de enjuagar.
enjuagar *t.* Aclarar con agua limpia lo que se ha jabonado. Limpiar la dentadura con algún líquido.
enjuague *m.* Acción de enjuagar. Líquido para enjuagar. Negociación oculta, intriga.
enjugador -ra *a.* Que enjuga. Utensilio para enjugar.
enjugar *t.-r.* Quitar la humedad, secar. Extinguir un déficit.
enjuiciamiento *m.* Acción de enjuiciar.
enjuiciar *t.* Someter a juicio. DER. Instruir una causa.
enjundia *f.* Gordura de un animal. Fuerza, vigor, substancia.
enjundioso -sa *a.* Que tiene mucha enjundia.
enjuta *f.* ARQ. Cada uno de los triángulos que deja en un cuadro el círculo inscripto en él.
enjuto -ta *p. p.* irreg. de *enjugar*. Delgado, flaco.
enlace *m.* Acción de enlazar. Unión. Parentesco. Casamiento.
enladrillado *m.* Pavimento de ladrillos.
enladrillar *t.* Solar con ladrillos.
enlazar *t.* Coger o juntar con lazos. Atar. *t.-r.* Unir, dar enlace. *i.* Empalmar unos vehículos con otros.
enligar *t.* Enviscar. /otros.
enlobreguecer *t.-r.* Obscurecer.
enlodar *t.-r.* Manchar con lodo.
enlodazar *t.* Enlodar. /Infamar.
enloquecer *t.* Hacer perder el juicio. *i.* Volverse loco.
enlosado *m.* Pavimento de losas.
enlosar *t.* Solar con losas.
enlucido -da *a.* Blanqueado. *m.* Capa de yeso, estuco, etc., que se da a las paredes.
enlucir *t.* Dar una capa de yeso, argamasa, etc., a las paredes. Limpiar los metales.
enlutar *t.-r.* Cubrir de luto. Obscurecer. Entristecer.
enmaderar *t.* Cubrir con madera.
enmadrarse *r.* Encariñarse demasiado el hijo con la madre.
enmangar *t.* Poner mango.
enmarañamiento *m.* Acción de enmarañar. /embrollar.
enmarañar *t.* Enredar, revolver.
enmascarar *t.-r.* Cubrir con máscara. *t.* Encubrir, disfrazar.
enmelar *t.* Untar con miel. Endulzar.
enmendar *t.-r.* Corregir, quitar defectos. *t.* Resarcir.
enmienda *f.* Corrección de un error o falta. *pl.* Substancias con que se fertilizan las tierras.
enmohecer *t.-r.* Cubrir de moho.
enmudecer *t.* Hacer callar. *i.* Quedar mudo. Guardar silencio.
ennegrecer *t.* Teñir de negro.
ennoblecer *t.-r.* Hacer noble. Dignificar. /noblecer.
ennoblecimiento *m.* Acción de enenojadizo -za *a.* Que con facilidad se enoja.
enojar *t.-r.* Causar enojo.
enojo *m.* Ira, enfado. Molestia.
enojoso -sa *a.* Que causa enojo.
enología *f.* Conocimientos relativos a los vinos. /gullo.
enorgullecer *t.-r.* Llenar de orenorgullecimiento *m.* Acción de enorgullecer.
enorme *a.* Desmedido, excesivo.
enormidad *f.* Tamaño desmedido. Exceso de maldad. Despropósito. /nos.
enotecnia *f.* Arte de elaborar vienquistarse *r.* Encerrarse dentro de un quiste.
enrabiar *t.-r.* Encolerizar.

enramada *f.* Adorno o cobertizo de ramas. /con ramaje.
enramar *t.* Adornar o cubrir
enranciar *t.-r.* Hacer rancio.
enrarecer *t.-r.* Dilatar un cuerpo gaseoso. *t.-i.-r.* Hacer que escasee una cosa. /nivelar.
enrasar *t.-r.* Igualar en altura.
enrase *m.* Acción de enrasar.
enredadera *a.-s.* Díc. de las plantas de tallo voluble y trepador. *f.* Planta enredadera de flores en campanilla.
enredador -ra *a.* Que enreda. Chismoso, embustero.
enredar *t.-r.* Prender con red. Meter a uno en negocios o peligros. Entretejer, enmarañar. *i.* Travesear, revolver.
enredijo *m.* Enredo.
enredo *m.* Maraña de cosas flexibles. Travesura. Engaño, mentira. Complicación. /dos.
enredoso -sa *a.* Lleno de enre-
enrejado *m.* Conjunto de rejas. Especie de celosía de cañas o varas entretejidas.
enrejar *t.* Poner rejas. Disponer en forma de enrejado.
enrevesado -da *a.* Revesado.
enriquecer *t.-r.* Hacer rico. Adornar. /riquecer.
enriquecimiento *m.* Acción de en-
enriscado -da *a.* Lleno de riscos.
enriscar *t.* Elevar. *r.* Guarecerse entre riscos.
enristrar *t.* Poner la lanza en el ristre. Hacer ristras con ajos, cebollas, etc.
enrocar *i.-t.* En el ajedrez, mover en una misma jugada el rey y la torre. Revolver el copo en la rueca.
enrojecer *t.-r.* Poner rojo. *i.* Ruborizarse.
enrolar *t.* Alistar.
enrollar *t.* Envolver una cosa en otra o en forma de rollo.
enronquecer *t.-r.* Poner ronco.
enroque *m.* En el ajedrez, acción de enrocar.
enroscar *t.-r.* Poner en forma de rosca. *t.* Introducir a vuelta de
ensacar *t.* Meter en sacos. /rosca.
ensaimada *f.* Bollo formado por una tira de pasta hojaldrada revuelta en espiral.
ensalada *f.* Hortaliza aderezada con sal, aceite, vinagre, etc. Mezcla confusa.
ensaladera *f.* Fuente para servir la ensalada.
ensalmar *t.* Curar con ensalmos. Componer los huesos dislocados o rotos.
ensalmo *m.* Modo supersticioso de curar con oraciones y remedios empíricos.

ensalzar *t.* Exaltar. *t.-r.* Alabar.
ensambladura *f.* Acción de ensamblar. /dera.
ensamblar *t.* Unir piezas de ma-
ensanchar *t.-r.* Extender, dilatar.
ensanche *m.* Dilatación, extensión. Terreno destinado a nuevas edificaciones en las afueras de la ciudad.
ensangrentar *t.-r.* Manchar con sangre. /sañarse.
ensañamiento *m.* Acción de en-
ensañar *t.* Enfurecer. *r.* Deleitarse en hacer daño.
ensartar *t.* Pasar por un hilo cuentas, etc. Enhebrar. Espetar, atravesar. Decir muchas cosas sin conexión.
ensayar *t.* Probar, reconocer una cosa antes de usarla. Hacer la prueba de un espectáculo. Probar la calidad de los minerales o los metales. *r.* Ejercitarse en hacer una cosa.
ensaye *m.* Examen de la calidad de los metales.
ensayista *c.* Escritor de ensayos.
ensayo *m.* Acción de ensayar. Trabajo literario que trata con brevedad de temas filosóficos, artísticos, etc.
ensebar *t.* Untar con sebo.
ensenada *f.* Entrada de mar en la tierra formando seno.
enseña *f.* Insignia, estandarte.
enseñamiento *m.* Acción de enseñar.
enseñanza *f.* Enseñamiento. Sistema de dar instrucción. Ejemplo. /Indicar. Mostrar.
enseñar *t.* Instruir. Amaestrar.
enseñorearse *r.* Hacerse dueño de una cosa.
enseres *m. pl.* Muebles, utensilios.
ensiforme *a.* De forma de espada.
ensillar *t.* Poner la silla al caballo. /concentrarse.
ensimismarse *r.* Abstraerse, re-
ensoberbecer *t.-r.* Causar, excitar soberbia. /soga.
ensogar *t.* Atar o forrar con
ensordecer *t.* Causar sordera. *i.* Volverse sordo. /hilo, etc.
ensortijar *t.-r.* Rizar el cabello.
ensuciar *t.-r.* Manchar, poner sucio. *r.* Evacuar el vientre.
ensueño *m.* Acto de representarse en la fantasía del que duerme sucesos o especies. Ilusión, fantasía. /tablas.
entablado *m.* Suelo formado de
entablamento *m.* Cornisamento.
entablar *t.* Cubrir o cercar con tablas. Disponer, empezar, trabar.
entablillar *t.* CIR. Sujetar con tablillas y vendaje un miembro.
entalladura *f.* Acción de entallar. Corte en los pinos o en las

maderas.
entallar *t.* Tallar, esculpir, grabar. Hacer cortes en los pinos para resinarlos o en las maderas para ensamblarlas. *t.-i.-r.* Formar el talle. /plantas.
entallecer *i.-r.* Echar tallos las
entapizar *t.* Tapizar.
entarimado *m.* Entablado.
entarimar *t.* Cubrir el suelo con tablas o tarimas.
entarquinar *t.* Abonar las tierras con tarquín. Manchar con él. /rugos.
entarugado *m.* Pavimento de ta-
entarugar *t.* Pavimentar con tarugos.
ente *m.* Lo que es, existe o puede existir. fig. Sujeto ridículo.
enteco -ca *a.* Enfermizo, flaco.
entelerido -da *a.* Sobrecogido de frío o de pavor.
entena *f.* Palo encorvado al cual va asegurada la vela latina.
entenado -da *m.* Hijastro -tra.
entendederas *f. pl.* fam. Entendimiento.
entender *t.* Formarse idea clara de una cosa. Deducir, creer, juzgar. *i.* Tener conocimiento, aptitud o autoridad para algo. *rec.* Ir dos o más de conformidad. /perito.
entendido -da *a.* Sabio, docto,
entendimiento *m.* Facultad de comprender. Inteligencia.
entenebrecer *t.-r.* Llenar de tinieblas; oscurecer. /do.
enteralgia *f.* Dolor intestinal agu-
enteramente *adv.* Cabalmente, del todo. /de un negocio.
enterar *t.-r.* Informar, instruir
entereza *f.* Integridad, perfección. Rectitud. Firmeza de ánimo. /testino.
enteritis *f.* Inflamación del in-
enterizo -za *a.* Entero. De una sola pieza.
enternecer *t.-r.* Ablandar. Mover a ternura.
enternecimiento *m.* Acción de enternecer.
entero -ra *a.* Íntegro, sin falta alguna. Que tiene firmeza de ánimo. Robusto, sano.
enterrador *m.* Sepulturero.
enterramiento *m.* Entierro. Sepulcro.
enterrar *t.-r.* Poner debajo de tierra. *t.* Dar sepultura.
entesar *t.* Poner tirante.
entibar *t.* Estribar. MIN. Apuntalar con maderas.
entibiar *t.-r.* Poner tibio.
entidad *f.* Lo que constituye la esencia de una cosa. Valor, importancia. Colectividad considerada como unidad.

entierro *m.* Acción de enterrar. Cadáver que se lleva a enterrar y su acompañamiento.
entintar *t.* Untar o teñir con tinta. Teñir.
entoldado *m.* Acción de entoldar. Conjunto de toldos.
entoldar *t.* Cubrir con toldos. Cubrir con sedas, paños, etc., las paredes.
entomología *f.* Parte de la zoología que trata de los insectos.
entomólogo *m.* El que se dedica a la entomología.
entonación *f.* Acción de entonar.
entonar *t.* Cantar ajustado al tono. Cantar. Dar cierto tono a la voz. Dar vigor al organismo. PINT. Armonizar las tintas. *r.* Engreírse.
entonces *adv.* En aquel tiempo o momento. En tal caso, siendo así. /cia.
entono *m.* Entonación. Arrogan-
entontecer *t.* Poner tonto. *i.-r.* Volverse tonto.
entorchado *m.* Bordado de oro o plata de ciertos uniformes.
entornar *t.* Volver la puerta o ventana hacia el cerco sin cerrarla del todo. Cerrar a medias los ojos. Inclinar, volcar.
entorpecer *t.-r.* Poner torpe. Retardar, dificultar. /torpecer.
entorpecimiento *m.* Acción de en-
entrada *f.* Acción de entrar. Derecho de entrar. Conjunto de personas que asisten a un espectáculo. Billete para entrar en él. Caudal que entra en una caja. Espacio por donde se entra. Principio, comienzo.
entramado *m.* Armazón de madera que se rellena para formar pared.
entrambos -bas *a. pl.* Ambos.
entrampar *t.* Hacer caer en una trampa. Gravar con deudas. *r.* Endeudarse.
entrante *a.-s.* Que entra.
entraña *f.* Cada uno de los órganos contenidos en las cavidades del pecho y del vientre. *f. pl.* Lo más escondido. Voluntad, afecto. /tuoso.
entrañable *a.* Íntimo, muy afec-
entrañar *t.* Introducir en lo más hondo. Llevar dentro de sí. *r.* Unirse intimamente con otro.
entrapajar *t.-r.* Envolver con trapos una parte del cuerpo.
entrar *i.* Ir o pasar de fuera adentro. Meterse una cosa en otra. Pasar a formar parte de un conjunto. Acometer. Caber, ser necesario. Empezar. *t.* Meter, introducir una cosa.
entre *prep.* En medio de. En el

intervalo de dos momentos, grados, etc. En lo interior. En el número de.

entreabrir *t.-r.* Abrir un poco.
entreacto *m.* Intermedio en un espectáculo.
entrecano -na *a.* Medio cano.
entrecavar *t.* Cavar ligeramente.
entrecejo *m.* Espacio entre las dos cejas. Ceño. /apremiar.
entrecoger *t.* Coger, estrechar,
entrecortado -da *a.* Dic. de la voz o sonido que se emite con intermitencias.
entrecortar *t.* Cortar con intermitencias, sin dividir del todo.
entrecuesto *m.* Espinazo de animal. Solomillo.
entredicho *m.* Prohibición. Cierta censura eclesiástica.
entredós *m.* Tira de bordado o encaje que se cose entre dos telas.
entrefino *a.* De calidad media entre fino y basto.
entrega *f.* Acción de entregar. Cuaderno de una obra que se reparte periódicamente.
entregar *t.-r.* Poner en poder de otro. *r.* Dedicarse por entero. Abandonarse a una pasión.
entrelazar *t.* Enlazar, entretejer.
entrelinea *f.* Lo escrito entre dos líneas.
entrelucir *i.* Dejarse ver al través.
entremedias *adv.* Entre una y otra cosa.
entremés *m.* Manjar ligero que se sirve gralte. antes del primer plato. TEAT. Pieza jocosa de un solo acto.
entremeter *t.* Meter una cosa entre otras. *r.* Meterse uno donde no le llaman.
entremetido -da *a.-s.* Que se mete donde no le llaman. /fundir.
entremezclar *t.* Mezclar sin con-
entrenador -ra *a.-s.* Que entrena.
entrenamiento *m.* Ejercicio, preparación.
entrenar *t.-r.* Ejercitar, preparar para un deporte.
entrenudo *m.* Parte del tallo de una planta entre dos nudos.
entreoir *t.* Oir sin percibir o entender bien.
entrepaño *m.* Espacio de pared comprendido entre dos pilastras o huecos.
entrepiernas *f. pl.* Parte interior de los muslos.
entrepuente *m.* o **-tes** *m. pl.* Espacio entre las cubiertas de un buque.
entrerrenglonar *t.* Escribir entre los renglones.
entresaca *f.* Acción de entresacar.
entresacar *t.* Sacar unas cosas de entre otras. Escoger.
entresijo *m.* Redaño. Cosa interior, escondida.
entresuelo *m.* Habitación entre el cuarto bajo y el principal.
entresurco *m.* Espacio entre dos surcos.
entretallar *t.* Labrar a bajo relieve. Grabar, esculpir.
entretanto *adv.* Mientras.
entretejer *t.* Mezclar hilos diferentes en la tela que se teje. Trabar, enlazar.
entretela *f.* Lienzo que se pone entre la tela y el forro. *f. pl.* fam. Lo intimo del corazón.
entretener *t.-r.* Tener a uno detenido y en espera. Recrear el ánimo. *t.* Mantener. Dar largas a un asunto. /vertido.
entretenido -da *a.* Chistoso, di-
entretenimiento *m.* Acción de entretener. Cosa para entretener. Manutención, conservación.
entretiempo *m.* Tiempo de primavera y otoño.
entreventana *f.* Espacio macizo de pared entre dos ventanas.
entrever *t.* Ver confusamente una cosa. Conjeturarla, adivinarla.
entreverado -da *a.* Que tiene interpoladas cosas varias.
entreverar *t.* Intercalar una cosa entre otras.
entrevía *f.* Espacio que queda entre dos rieles de un camino de hierro.
entrevista *f.* Conferencia de dos o más personas. /trevista.
entrevistarse *r.* Tener una en-
entristecer *t.* Causar tristeza. *t.-r.* Poner triste.
entrojar *t.* Guardar en la troje grano, frutos, etc.
entroncar *i.* Tener o contraer parentesco. Empalmar.
entronización *f.* Acción de entronizar. /no. Ensalzar.
entronizar *t.* Colocar en el tro-
entronque *m.* Relación de parentesco. Empalme de caminos, etc.
entruchada *f.* y **-do** *m.* Cosa hecha por confabulación y con engaño.
entruchar *t.* Meter a uno con engaño en un negocio.
entubar *t.* Poner tubos.
entuerto *m.* Tuerto o agravio.
entullecer *t.* Suspender el movimiento. *t.-r.* Tullirse.
entumecer *t.-r.* Entorpecer el movimiento de un miembro.
entumirse *r.* Entorpecerse un miembro.
enturbiar *t.-r.* Poner turbio.
entusiasmar *t.-r.* Infundir entusiasmo.

entusiasmo *m.* Exaltación del ánimo. Admiración apasionada.
entusiasta *a.-s.* Que siente entusiasmo. Entusiástico.
entusiástico -ca *a.* Relativo al entusiasmo; que lo denota.
enumeración *f.* Expresión sucesiva y ordenada de las partes de un todo.
enumerar *t.* Hacer enumeración.
enunciación *f.* Acción de enunciar.
enunciado *m.* Enunciación. Términos con que se expone un problema. /te una cosa.
enunciar *t.* Expresar concisamente.
envainar *t.* Meter en la vaina.
envalentonamiento *m.* Acción de envalentonar.
envalentonar *t.-r.* Infundir o cobrar valentía o arrogancia.
envanecer *t.-r.* Infundir vanidad.
envanecimiento *m.* Acción de envanecer. /rar.
envaramiento *m.* Acción de envarar.
envarar *t.-r.* Entumecer un miembro.
envasar *t.* Echar o meter en envases. Beber mucho.
envase *m.* Acción de envasar. Recipiente para ciertos géneros. Lo que envuelve o contiene artículos de comercio.
envedijarse *r.* Enredarse.
envejecer *t.-i.* Hacer o hacerse viejo. /nena.
envenenador -ra *a.-s.* Que envenena.
envenenamiento *m.* Acción de envenenar. /veneno.
envenenar *t.-r.* Inficionar con
enverar *i.* Empezar las frutas a tomar color de maduras.
envergadura *f.* MAR. Ancho de una vela. Distancia entre las puntas de las alas del ave cuando están abiertas.
envergar *t.* Sujetar una vela a su verga.
envero *m.* Color de los frutos que empiezan a madurar.
envés *m.* Revés, espalda. /dor.
enviado *m.* Mensajero, embajador.
enviar *t.* Hacer que uno vaya o que una cosa sea llevada a alguna parte. /vertir.
enviciar *t.* Mal acostumbrar. Pervertir.
envidar *t.* Hacer envite.
envidia *f.* Pesar del bien ajeno. Deseo. /seado.
envidiable *a.* Digno de ser deseado.
envidiar *t.* Tener envidia.
envidioso -sa *a.-s.* Que siente envidia.
envilecer *t.-r.* Hacer vil.
envilecimiento *m.* Acción de envilecer.
envío *m.* Acción de enviar. Remesa. /mesa.
envión *m.* Empujón.
enviscar *t.* Untar con liga.

envite *m.* Apuesta en algunos juegos de naipes. /da.
enviudar *i.* Quedar viudo o viuda.
envoltorio *m.* Lío de ropa, etc. Lo que sirve para envolver.
envoltura *f.* Conjunto de pañales de un niño. Capa exterior de una cosa.
envolver *t.-r.* Cubrir una cosa ciñéndola con tela, papel, etc. Arrollar hilo, cinta, etc. Complicar en un asunto. MIL. Rodear al enemigo. /yesar.
enyesado *m.* Operación de enyesar.
enyesar *t.* Tapar, allanar o endurecer con yeso. Agregar yeso a alguna cosa.
enzarzar *t.* Cubrir con zarzas. *t.-r.* Malquistar a unos con otros. *r.* Enredarse. Reñir.
eñe *f.* Nombre de la letra ñ.
eoceno *a.-s.* Dic. del período geológico con que empieza la era terciaria.
eólico -ca *a.* Eolio.
eolio *a.-s.* De la Eólida.
epacta *f.* Número de días en que el año solar excede al lunar.
epéntesis *f.* GRAM. Adición de letras en medio de un vocablo.
eperlano *m.* Pez de río parecido a la trucha.
épica *f.* Poesía épica.
epiceno -na *a.* Dic. del género de los nombres de animales cuando con una misma terminación y artículo designan al macho y a la hembra.
epicentro *m.* Punto de la superficie terrestre bajo el cual tiene origen un fenómeno sísmico.
épico -ca *a.* Relativo a la epopeya o a la épica. *a.-f.* Dic. de la poesía heroica.
epicureísmo *m.* Filosofía de Epicuro. Amor a los placeres.
epicúreo -a *a.* Relativo a Epicuro. *a.-s.* Que ama los placeres.
epidemia *f.* Enfermedad que reina transitoriamente en una región o localidad. /epidemia.
epidémico -ca *a.* Relativo a la
epidérmico -ca *a.* Perteneciente a la epidermis.
epidermis *f.* Membrana exterior de la piel.
epifanía *f.* Fiesta de la Adoración de los Reyes. /abdomen.
epigastrio *m.* Región superior del
epiglotis *f.* Órgano que en el momento de la deglución cierra la glotis.
epígrafe *m.* Resumen o cita puesto a la cabeza de una obra, un capítulo, etc. Inscripción. Título, rótulo.
epigrafía *f.* Estudio de las inscripciones. /epigrafía.
epigráfico -ca *a.* Relativo a la

epigrama *m.* Inscripción. Composición poética breve, festiva o satírica. /epigrama.
epigramático -ca *a.* Relativo al
epilepsia *f.* Enfermedad nerviosa caracterizada por desvanecimientos seguidos de convulsiones.
epiléptico -ca *a.* Perteneciente a la epilepsia. *a.-s.* Que la padece.
epilogar *t.* Compendiar. /dece.
epílogo *m.* Recapitulación, conclusión de un discurso, novela, etc. Compendio.
epinicio *m.* Canto de victoria.
epirota *a.-s.* Del Epiro.
episcopado *m.* Dignidad del obispo. Época del gobierno de un obispo. Conjunto de obispos.
episcopal *a.* Perteneciente al obispo. /sodio.
episódico -ca *a.* Relativo al episodio
episodio *m.* Acción secundaria en la novela, el drama, etc. Suceso enlazado con otros que forman un conjunto.
epístola *f.* Carta, misiva. Parte de la misa inmediatamente anterior al gradual.
epistolar *a.* Relativo a la epístola o carta.
epistolario *m.* Colección de cartas. Libro que contiene las epístolas de la misa.
epitafio *m.* Inscripción sepulcral.
epitalamio *m.* Himno en la celebración de una boda.
epitelial *a.* Relativo al epitelio.
epitelio *m.* Capa superficial de la piel y de las membranas mucosas.
epíteto *m.* Adjetivo que se agrega a un substantivo para acentuar su carácter.
epitomar *t.* Reducir a epítome.
epítome *m.* Compendio.
epizootia *f.* Epidemia del ganado.
época *f.* Era. Período notable de tiempo.
epopeya *f.* Poema narrativo de empresas nobles y personajes heroicos.
épsilon *f.* Nombre de la *e* breve del alfabeto griego.
epulón *m.* El que come y se regala mucho. /iguales.
equiángulo -la *a.* De ángulos
equidad *f.* Igualdad de ánimo. Rectitud. Justicia natural. Moderación en el precio.
equidistante *a.* Que equidista.
equidistar *i.* Estar dos o más cosas a igual distancia de otra u otras.
équido -da *a.-m.* Solípedo.
equilátero -ra *a.* GEOM. Que consta de lados iguales.

equilibrado -da *a.* Ecuánime, prudente. /brio.
equilibrar *t.-r.* Poner en equilibrio
equilibrio *m.* Estado de un cuerpo solicitado por dos o más fuerzas que se contrarrestan. Contrapeso entre cosas diversas. Ecuanimidad, sensatez. *pl.* Ejercicios de equilibrio.
equilibrista *a.-s.* Diestro en hacer equilibrios.
equimosis *f.* Mancha lívida en la piel, por efecto de un golpe, ligadura, etc.
equino -na *a.* Relativo al caballo. *m.* Erizo marino. /cio.
equinoccial *a.* Relativo al equinoccio
equinoccio *m.* ASTR. Época del año en que los días son iguales a las noches.
equinodermo -ma *a.-m.* Dic. de los animales marinos, de simetría radiada, que tienen en el cuerpo un sistema de canales por donde pasa el agua; como la estrellamar.
equipaje *m.* Conjunto de cosas que se llevan de viaje. Tripulación. /cesario.
equipar *t.-r.* Proveer de lo ne-
equiparar *t.* Comparar dos cosas considerándolas iguales.
equipo *m.* Acción de equipar. Conjunto de ropas, etc., para uso de una persona. Grupo de personas para un servicio, deporte, etc.
equis *f.* Nombre de la letra *x*.
equitación *f.* Arte y ejercicio de montar a caballo. /dad.
equitativo -va *a.* Que tiene equi-
equivalencia *f.* Igualdad en el valor, potencia, eficacia, área o volumen. /otra cosa.
equivalente *a.* Que equivale a
equivaler *i.* Ser igual en el valor, potencia, eficacia, área o volumen.
equivocación *f.* Acción de equivocar. Cosa hecha equivocadamente. /por otra.
euivocar *t.-r.* Tomar una cosa
equívoco -ca *a.* Que puede entenderse en varios sentidos. *m.* Palabra de varios significados.
era *f.* Fecha desde la cual se empiezan a contar los años. Período muy largo de tiempo. Espacio donde se trillan las mieses. Cuadro pequeño de tierra. /dos años.
eral *m.* Novillo que no pasa de
erario *m.* Tesoro público.
ere *f.* Nombre de la letra *r* en su sonido simple.
erección *f.* Acción de erigir.
eréctil *a.* Que puede levantarse o enderezarse.

eremita *m.* Ermitaño.
ergotizar *i.* Abusar del silogismo.
erguir *t.-r.* Levantar, poner derecho. *r.* Ensoberbecerse.
erial *a.-m.* Díc. de la tierra /inculta.
ericáceo -a *a.-f.* Díc. de las plantas de la familia del madroño.
erigir *t.* Fundar, instituir o levantar.
erisipela *f.* Enfermedad caracterizada por inflamación de la piel y las mucosas. /piel.
eritema *m.* Enrojecimiento de la
eritreo -a *a.* Díc. del mar Rojo y de lo perteneciente a él.
erizado -da *a.* Cubierto de púas, espinas, etc.
erizar *t.-r.* Levantar, poner rígido el pelo, las plumas, etc. Llenar o estar lleno de obstáculos.
erizo *m.* Mamífero insectívoro, con el dorso y los costados cubiertos de púas y capaz de arrollarse en forma de bola.
ermita *f.* Capilla o santuario gralte. en despoblado.
ermitaño -ña *m. f.* Persona que cuida de la ermita. *m.* Asceta solitario.
erosión *f.* Desgaste producido en la superficie de un cuerpo por el roce de otro.
erótico -ca *a.* Amatorio.
errabundo -da *a.* Errante.
erradamente *adv.* Con error.
erradicar *t.* Arrancar de raíz.
errado -da *a.* Que yerra.
errante *a.* Que anda vagando de una parte a otra.
errar *t.-i.-r.* No acertar; equivocar. *r.* Andar vagando.
errata *f.* Equivocación material en lo escrito o impreso.
errático -ca *a.* Errante. /riable.
errátil *a.* Errante, incierto, va-
erre *f.* Nombre de la letra *r* en su sonido múltiple.
erróneo -a *a.* Que contiene error.
error *m.* Idea equivocada. Concepto o doctrina falsos. Acción desacertada.
eructar *i.* Expeler con ruido por la boca los gases estomacales.
eructo *m.* Acción de eructar.
erudición *f.* Resultado de una vasta instrucción. /ción.
erudito -ta *a.* Que tiene erudi-
erupción *f.* Aparición en la piel de granos, manchas y vesículas. Emisión de lava en los volcanes.
eruptivo -va *a.* Relativo a la erupción o procedente de ella.
esbeltez *f.* Calidad de esbelto.
esbelto -ta *a.* Gallardo, de gentil y descollada altura.
esbirro *m. desp.* Alguacil.

esbozar *t.* Bosquejar.
esbozo *m.* Bosquejo.
escabechar *t.* Echar en escabeche. *fig. y fam.* Matar.
escabeche *m.* Adobo de vinagre, laurel, etc., para conservar pescados y otros manjares. Pescado escabechado.
escabel *m.* Banquillo para descansar los pies. Taburete sin respaldo.
escabiosa *f.* Planta de raíz medicinal. /cabroso.
escabrosidad *f.* Calidad de es-
escabroso -sa *a.* Áspero, desigual. Que está al borde de lo inmoral.
escabullirse *r.* Escaparse de entre las manos. Irse uno sin que lo echen de ver.
escala *f.* Escalera de mano. Línea graduada para medir algo. Proporción entre las dimensiones de un dibujo, mapa, etc., y el objeto que representa. Serie graduada de cosas. MÚS. Sucesión ordenada de sonidos. MIL. Escalafón. Puerto donde toca un buque.
escalada *f.* Acción de escalar.
escalafón *m.* Lista de los individuos de un cuerpo. /calar.
escalamiento *m.* Acción de es-
escálamo *m.* MAR. Estaca a la cual se ata el remo.
escalar *t.* Entrar en un lugar valiéndose de escalas o por modo subrepticio o violento. Subir, trepar a una altura.
escaldado -da *a.* Escarmentado, receloso.
escaldar *t.-r.* Bañar con agua hirviendo. *r.* Escocerse.
escaleno *a.* Díc. del triángulo de lados desiguales.
escalera *f.* Serie de escalones para subir y bajar.
escalfador *m.* Braserillo que se pone sobre la mesa para mantener caliente la comida. Jarro para calentar agua.
escalfar *t.* Cocer en agua hirviendo un huevo sin la cáscara.
escalinata *f.* Escalera exterior de un solo tramo y hecha de fábrica.
escalo *m.* Acción de escalar. Trabajo de zapa para penetrar en un lugar o salir de él.
escalofriante *a.* Que produce escalofrío.
escalofrío *m.* Indisposición en que se siente calor y frío al mismo
escalón *m.* Peldaño. /tiempo.
escalonar *t.* Situar ordenadamente personas o cosas de trecho en trecho.

escalonia, escaloña *f.* Chalote.
escalpelo *m.* Bisturí de mango fijo.
escama *f.* Cada una de las placas pequeñas y rígidas que cubren la piel de ciertos animales, o de las láminas secas y coriáceas que se encuentran en algunas partes de los vegetales. Recelo.
escamar *t.* Quitar las escamas. *t.-r.* Hacer entrar en recelo.
escamón -na *a.* Receloso.
escamonda *f.* Escamondo.
escamondar *t.* Limpiar un árbol; quitar lo superfluo.
escamondo *m.* Acción de escamondar. /camas.
escamoso -sa *a.* Que tiene escamoteador -ra *a.-s.* Que escamotea.
escamotear *t.* Hacer el jugador de manos que desaparezcan a ojos vistas las cosas. Robar, hacer desaparecer. /motear.
escamoteo *m.* Acción de escampar *i.* Dejar de llover.
escampavía *f.* Barco pequeño, que sirve de explorador.
escanciar *t.* Echar, servir vino.
escandalizar *t.-r.* Causar escándalo.
escándalo *m.* Acción o palabra que es causa de que uno obre o piense mal. Ruido, tumulto.
escandaloso -sa *a.* Que causa escándalo.
escandallo *m.* Determinación del precio de coste o venta de una mercancía. /candinavia.
escandinavo -va *a.-s.* De la Escaño *m.* Banco con respaldo.
escapada *f.* Acción de escapar.
escapar *i.-r.* Salir de un encierro o peligro. Salir ocultamente. *r.* Salirse un líquido o gas por un resquicio.
escaparate *m.* Estante con vidrieras. Hueco con cristales en la fachada de una tienda para exponer géneros.
escapatoria *f.* Acción de escaparse. Excusa, efugio.
escape *m.* Acción de escapar. Fuga apresurada. Fuga de un gas o líquido. Válvula para la salida de gases en un motor. Pieza de una máquina que, separándose, deja obrar un muelle, rueda, etc., que sujetaba.
escápula *f.* Omóplato. /cápula.
escapular *a.* Relativo a la escapulario *m.* Pedazo de tela con una imagen que se lleva colgado al cuello.
escaque *m.* Casilla del tablero de ajedrez o de damas.
escarabajear *i.* Bullir desordenadamente. Escribir mal. Punzar a uno algún cuidado o disgusto.
escarabajo *m.* Coleóptero de cuerpo elíptico y antenas en maza hojosa. *m. f.* Letras mal formadas. /Su fruto.
escaramujo *m.* Rosal silvestre.
escaramuza *f.* Refriega de poca importancia.
escarapela *f.* Riña. Divisa redonda que se traía en el sombrero, morrión, etc.
escarbar *t.* Arañar, rascar el suelo. Mondar, limpiar los dientes o los oídos. Avivar la lumbre. Inquirir lo oculto.
escarcela *f.* Bolsa que pendía de la cintura. Mochila de cazador.
escarceo *m.* Movimiento de pequeñas olas en el mar. *m. pl.* Tornos y vueltas que dan los caballos. Rodeo, divagación.
escarcha *f.* Rocío congelado.
escarchar *i.* Helarse el rocío. *t.* Preparar confituras de modo que el azúcar cristalice en lo exterior.
escarda *f.* Acción de escardar.
escardadera *f.* Almocafre.
escardar *t.* Arrancar las malas hierbas de los sembrados.
escardillo *m.* Almocafre.
escarificador *m.* Instrumento para cortar verticalmente la tierra. CIR. Instrumento para escarificar.
escarificar *t.* Labrar la tierra con el escarificador. CIR. Hacer incisiones superficiales.
escarlata *f.* Color carmesí más bajo que el de la grana.
escarlatina *f.* Enfermedad contagiosa caracterizada por inflamación de la garganta y erupción cutánea.
escarmentar *t.* Corregir con rigor. *r.* Tomar enseñanza de la experiencia propia o ajena.
escarmiento *m.* Desengaño que hace escarmentar. Castigo.
escarnecer *t.* Hacer mofa.
escarnio *m.* Befa que afrenta.
escarola *f.* Achicoria que se come en ensalada. /escarola.
escarolado -da *a.* Rizado como la escarpa *f.* Declive áspero.
escarpado -da *a.* Que tiene escarpa.
escarpadura *f.* Escarpa.
escarpar *t.* Cortar un terreno en plano inclinado.
escarpia *f.* Clavo con cabeza acodillada. /gruesas.
escarpidor *m.* Peine de púas
escarpín *m.* Zapato de una suela y una costura. Calzado interior de abrigo.

escarzano *a.* ARQ. Dic. del arco menor que la semicircunferencia. /Apenas.
escasamente *adv.* Con escasez.
escasear *t.* Dar poco y de mala gana. *i.* Faltar o ir a menos una cosa.
escasez *f.* Poquedad, mezquindad. Falta de lo necesario.
escaso -sa *a.* Corto, poco. No cabal. Mezquino.
escatimar *t.* Disminuir, escasear lo que se ha de dar.
escayola *f.* Yeso calcinado. Estuco.
escena *f.* Parte del teatro donde se representan las obras. Lugar que allí se figura. Teatro. Parte del acto en que actúan unos mismos personajes. Lugar de una acción.
escenario *m.* Parte del teatro donde se dispone la escena.
escénico -ca *a.* Relativo a la escena.
escenografía *f.* Arte de pintar decoraciones escénicas.
escenógrafo *a.-m.* Que se dedica a la escenografía.
escepticismo *m.* Incredulidad o duda acerca de la verdad o eficacia de alguna cosa.
escéptico -ca *a.-s.* Dado al escepticismo.
escindir *t.* Cortar, dividir.
escisión *f.* Cortadura, rompimiento. Disidencia.
escita *a.-s.* De la Escitia.
esclarecer *t.* Iluminar. Poner en claro. Ennoblecer.
esclarecido -da *a.* Noble, insigne, preclaro. /clarecer.
esclarecimiento *m.* Acción de esclavina *f.* Especie de capa corta que cubre los hombros.
esclavitud *f.* Estado de esclavo. Sujeción. /vitud.
esclavizar *t.* Reducir a la esclavo -va *a.-s.* Que carece de libertad por estar sometido al dominio de otro.
esclerosis *f.* MED. Induración de un tejido o de un órgano.
escleroso -sa *a.* Afectado de esclerosis.
esclerótica *f.* Membrana blanquecina que cubre el globo del ojo.
esclusa *f.* Recinto con puertas en un canal para que los barcos puedan pasar de un tramo a otro de distinto nivel.
escoba *f.* Manojo de ramas o palmitos, atados a un palo, que sirve para barrer.
escobada *f.* Movimiento con la escoba para barrer. Barredura ligera.
escobajo *m.* Escoba vieja. Raspa de racimo sin uvas.

escobar *t.* Barrer con la escoba.
escobazo *m.* Golpe de escoba.
escobén *m.* MAR. Agujero por donde sale el cable del ancla.
escobilla *f.* Escobita de cerdas o alambres.
escobillón *m.* ARTILL. Instrumento para limpiar los cañones.
escobón *m.* Escoba de mango muy largo. Escoba sin mango.
escocedura *f.* Acción de escocerse.
escocer *t.* Causar escozor. *r.* Sentirse, dolerse. Ponerse rubicunda una parte del cuerpo por efecto del roce, el sudor, etc.
escocés -cesa *a.-s.* De Escocia.
escoda *f.* Especie de martillo para labrar piedras.
escodar *t.* Labrar con la escoda.
escofina *f.* Especie de lima de dientes gruesos para desbastar.
escoger *t.* Elegir una o más cosas entre otras.
escogido -da *a.* Selecto.
escolapio -pia *a.* Relativo a la Orden de las Escuelas Pías. *m.* Clérigo regular de las Escuelas Pías.
escolar *a.* Relativo al estudiante o a la escuela. *m.* Estudiante.
escolasticismo *m.* Filosofía enseñada en las escuelas medievales.
escolástico -ca *a.-s.* Relativo a las escuelas medievales o al escolasticismo. *f.* Escolasticismo.
escolio *m.* Nota que se pone a un texto para explicarlo. Proposición aclaratoria.
escolopendra *f.* Miriópodo que tiene las patas del primer par en forma de uñas venenosas.
escolta *f.* Tropa o embarcación que escolta. Acompañamiento en señal de reverencia.
escoltar *t.* Acompañar para proteger, custodiar, etc.
escollera *f.* Obra de piedras arrojadas al fondo del agua como resguardo contra la acción de las olas.
escollo *m.* Peñasco a flor de agua o cubierto por ella. Peligro. Dificultad. /piar.
escombrar *t.* Desembarazar, lim
escombro *m.* Desecho de un edificio derribado.
esconder *t.-r.* Poner a una persona o cosa en sitio donde no sea vista o encontrada.
escondidas (a) *m. adv.* Ocultamente.
escondite *m.* Escondrijo. Juego de muchachos en que unos se esconden y otros los buscan.
escondrijo *m.* Lugar para esconder algo.
escopeta *f.* Arma de fuego portátil, larga, con uno o dos cañones.

escopetazo *m.* Tiro de escopeta.
escopetear *t.-r.* Tirar escopetazos.
escopetería *f.* Gente armada de escopetas. Multitud de escopetazos.
escopetero *m.* El que va armado de escopeta. El que las hace o vende. /el escoplo.
escopleadura *f.* Corte hecho con
escoplear *t.* Hacer escopleaduras.
escoplo *m.* CARP. Herramienta de hierro acerado para hacer cortes y rebajos.
escora *f.* MAR. Inclinación de la nave por la fuerza del viento. MAR. Puntal.
escorar *t.* Apuntalar con escoras. *i.* Inclinarse la nave por la fuerza del viento.
escorbuto *m.* Enfermedad caracterizada por debilidad general, ulceraciones en las encías y hemorragias.
escordio *m.* Hierba medicinal.
escoria *f.* Residuo de la fundición de los metales. Cosa vil, desechada.
escoriación *f.* Excoriación.
escorial *m.* Montón de escorias.
escoriar *t.* Excoriar.
escorpena y **-pina** *f.* Pez de cabeza gruesa y espinosa.
escorpión *m.* Alacrán. Pez parecido a la escorpina.
escota *f.* MAR. Cabo para cazar las velas. /gunas cosas.
escotadura *f.* Corte hecho en al-
escotar *t.* Cortar un vestido por la parte del cuello. Cercenar. Pagar el escote.
escote *m.* Escotadura del cuello en un vestido de mujer. Parte que paga cada uno de un gasto hecho en común.
escotilla *f.* Abertura en la cubierta de un buque.
escotillón *m.* Trampa o puerta en el suelo.
escozor *m.* Sensación como la de una quemadura. Sentimiento penoso.
escriba *m.* Doctor e intérprete de la ley judaica.
escribanía *f.* Oficio y oficina del escribano. Recado de escribir.
escribano *m.* El que daba fe de las escrituras. Secretario judicial. /cribe.
escribiente *c.* Empleado que es-
escribir *t.* Representar ideas, números, etc., por medio de letras u otros signos. Comunicar por escrito. /preciosos.
escriño *m.* Cofrecito para objetos
escrito -ta *p. p.* irregular de *escribir.* Carta, documento, obra escrita.
escritor -ra *m. f.* Persona que escribe.

escritorio *m.* Mueble para guardar papeles o para escribir en él. Despacho de los hombres de negocios.
escritura *f.* Acción y arte de escribir. Sistema de signos usados en la escritura. Documento autorizado por un notario. *La Sagrada Escritura,* los libros del Antiguo y del Nuevo Testamento.
escriturar *t.* Hacer constar en escritura pública.
escrófula *f.* Tumefacción fría de los ganglios linfáticos.
escrofularia *f.* Planta medicinal de flores en panoja.
escrofulismo *m.* Escrofulosis.
escrofulosis *f.* Afección de carácter escrofuloso.
escrofuloso -sa *a.* Relativo a la escrófula. *a.-s.* Que la padece.
escrúpulo *m.* Duda, recelo que punza la conciencia. Ant. peso (1,198 g.). /nuciosidad.
escrupulosidad *f.* Exactitud, mi-
escrupuloso *a.-s.* Que tiene escrúpulos. *a.* Exacto, minucioso.
escrutar *t.* Examinar con cuidado. Hacer el recuento de los votos en una elección.
escrutinio *m.* Examen cuidadoso. Recuento de votos.
escuadra *f.* Instrumento de dibujo que tiene un ángulo recto. Soldados que manda un cabo. Conjunto de buques de guerra.
escuadrar *t.* Labrar o disponer en ángulo recto.
escuadrilla *f.* Escuadra de buques pequeños. Grupo de aviones que vuelan juntos.
escuadrón *m.* División de un regimiento de caballería. /lido.
escualidez *f.* Calidad de escuá-
escuálido -da *a.* Sucio, asqueroso. Flaco, macilento.
escualo -la *a.-s.* Dic. de ciertos peces, como el tiburón.
escucha *f.* Acción de escuchar. Centinela avanzado.
escuchar *t.* Aplicar el oído para oír. Dar oídos. *r.* Hablar con pausas afectadas. /y débil.
escuchimizado -da *a.* Muy flaco
escudar *t.-r.* Resguardar con el escudo. Amparar, defender.
escuderil *a.* Relativo al escudero.
escudero *m.* Paje que acompañaba a un caballero. Criado que servía a una señora.
escudete *m.* Dim. de *escudo.*
escudilla *f.* Vasija semiesférica para servir sopa y caldo. /llas.
escudillar *t.* Distribuir en escudi-
escudo *m.* Arma defensiva para cubrirse y resguardarse que se

escudriñar *t.* Examinar, averiguar cuidadosamente.
escuela *f.* Establecimiento de enseñanza. Doctrina, sistema.
escuerzo *m.* Sapo. Persona desmedrada. /tricto.
escueto -ta *a.* Sin adornos. es-
esculpir *t.* Labrar a mano una estatua, figura, etc. Grabar.
escultor -ra *m. f.* Persona que esculpe.
escultórico -ca *a.* Escultural.
escultura *f.* Arte de esculpir y tallar. Obra de escultor.
escultural *a.* Relativo a la escultura. /se escupe.
escupidera *f.* Recipiente donde
escupidura *f.* Lo escupido.
escupir *i.-t.* Arrojar saliva o flema por la boca. Despedir un cuerpo una substancia. /dura.
escupitajo *m.* escupitina *f.* Escupi-
escurribanda *f.* Escapatoria. Flujo de vientre.
escurridizo -za *a.* Que se escurre o desliza fácilmente. /deras.
escurrido -da *a.* Estrecho de ca-
escurridor *m.* Colador para escurrir viandas.
escurriduras *f. pl.* Últimas gotas que quedan en una vasija.
escurrir *t.* Apurar las últimas gotas de una vasija. *t.-r.* Hacer que una cosa empapada despida el líquido que contenía. *i.-r.* Caer gota a gota. Deslizarse, resbalar. *r.* Escapar.
esdrújulo -la *a.-m.* Dic. del vocablo acentuado en la antepenúltima sílaba.
ese *f.* Nombre de la letra *s.*
ese, esa, eso, esos, esas *a. y pron.* Formas del demostrativo con que se designa lo que está más cerca de la persona con quien se habla.
esencia *f.* Lo permanente e invariable de un ser. Lo más puro y acendrado de una cosa. Substancia vegetal, volátil y olorosa.
esencial *a.* Relativo a la esencia. Primordial.
esfenoides *m.* Hueso corto de la cabeza situado en la parte media e inferior del cráneo.
esfera *f.* Sólido o superficie limitado por una superficie curva cuyos puntos equidistan todos de otro interior llamado centro. Clase, condición social. Espacio a que se extiende una acción o influjo. Círculo en que giran las manecillas del reloj.
esférico -ca *a.* Perteneciente a la esfera o que tiene su figura.

esferoide *m.* Cuerpo de forma parecida a la esfera.
esfinge *f.* Animal fabuloso con cabeza y busto de mujer y cuerpo y pies de león.
esfínter *m.* Anillo muscular que abre y cierra un orificio natural. /liente.
esforzado -da *a.* Alentado, va-
esforzar *t.* Dar fuerza y vigor. Infundir valor. *r.* Hacer esfuerzos.
esfuerzo *m.* Empleo enérgico de la fuerza, la actividad, etc. Vigor, valor.
esfumar *t.* Esfuminar. PINT. Rebajar los tonos. *r.* Disiparse.
esfuminar *t.* Extender el lápiz con el esfumino.
esfumino *m.* Rollito de piel o papel suave para esfuminar.
esgrima *f.* Arte de esgrimir.
esgrimir *t.* Jugar una espada, sable, etc. Usar de una cosa como arma.
esguince *m.* Ademán con el cuerpo para evitar un golpe. Distensión de una coyuntura.
eslabón *m.* Pieza que, enlazada con otras, forma una cadena. Hierro con que se saca fuego del pedernal.
eslabonar *t.* Unir unos eslabones con otros. *t.-r.* Enlazar unas cosas con otras.
eslavo -va *a.-s.* Dic. del individuo de una raza del N. y E. de Europa. /sobre la cubierta.
eslora *f.* Longitud de la nave
esmaltar *t.* Cubrir con esmalte. Adornar, hermosear.
esmalte *m.* Barniz vítreo que con la fusión se adhiere a un metal, porcelana, etc.
esmerado -da *a.* Hecho con esmero. Que se esmera. /de.
esmeralda *f.* Piedra preciosa ver-
esmerar *t.* Pulir. *r.* Poner sumo cuidado en una cosa.
esmerejón *f.* Azor.
esmeril *m.* Mezcla pulverulenta que se usa para pulimentar.
esmerilar *t.* Pulir con esmeril.
esmero *m.* Cuidado sumo.
esmirriado -da *a.* Desmirriado.
esófago *m.* Conducto que va de la faringe al estómago.
esotérico -ca *a.* Oculto, reservado, secreto.
esotro -tra Contr. de *ese, eso, esa* y *otro u otra.*
espacial *a.* Relativo al espacio.
espaciar *t.* Poner espacio entre las cosas. Esparcir.
espacio *m.* Continente de todos los objetos sensibles que coexisten. Parte de él que ocupa un cuerpo. Capacidad de lugar. Intervalo.

espaciosidad *f.* Anchura, capacidad. /Lento.
espacioso -sa *a.* Ancho, dilatado.
espada *f.* Arma blanca larga, recta, aguda y cortante. *m.* Torero que mata al toro. *f. pl.* Palo de la baraja.
espadachín *m.* El que maneja bien la espada.
espadaña *f.* Planta de hojas ensiformes. Campanario formado por una sola pared.
espadar *t.* Quebrantar lino o cáñamo con la espadilla.
espadería *f.* Establecimiento del espadero. /espadas.
espadero *m.* El que hace o vende
espádice *m.* Inflorescencia formada por un eje cubierto por las flores y envuelto en una espata.
espadilla *f.* Machete de madera para espadar. As de espadas.
espadillar *t.* Espadar.
espadín *m.* Espada estrecha.
espadón *m.* Aum. de *espada*.
espahí *m.* Soldado de caballería en Argelia.
espalda *f.* o *f. pl.* Parte posterior del tronco humano. Envés o parte posterior de una cosa.
espaldar *m.* Espalda de la coraza. Enrejado en una pared para que en él se extiendan ciertas plantas. /espaldas.
espaldarazo *m.* Golpe dado en las
espaldera *f.* Pared con que se resguardan las plantas arrimadas
espaldilla *f.* Omóplato. /a ella.
espantable *a.* Espantoso.
espantadizo -za *a.* Que fácilmente se espanta.
espantajo *m.* Lo que se pone para espantar los pájaros. Cosa que infunde vano temor.
espantar *t.-r.* Causar espanto. Asombrar. *t.* Ahuyentar.
espanto *m.* Terror. Asombro. Consternación.
espantoso -sa *a.* Que espanta.
español -la *a.-s.* De España.
españolismo *m.* Amor a España. Carácter español.
españolizar *t.* Castellanizar. *r.* Tomar costumbres españolas.
esparadrapo *m.* Lienzo cubierto de emplasto, para sujetar vendajes.
esparaván *m.* Gavilán (ave). Tumor en el corvejón de las caballerías.
esparavel *m.* Red redonda para pescar. Instrumento de albañil.
esparceta *f.* Pipirigallo. /ñil.
esparcimiento *m.* Acción de esparcir. Distracción.
esparcir *t.-r.* Extender, desparramar. Divulgar. Divertir, distraer.
espárrago *m.* Planta liliácea de turiones comestibles. Turión comestible del espárrago.
esparraguera *f.* Espárrago (planta). /nas.
esparrancarse *r.* Abrirse de piernas
espartano -na *a.-s.* De Esparta.
espartería *f.* Oficio y tienda de espartero.
espartero -ra *m. f.* Persona que fabrica o vende obras de esparto.
espartizal *m.* Campo de esparto.
esparto *m.* Planta con cuyas hojas se hacen cuerdas, esteras, etc.
espasmo *m.* Contracción involuntaria de los músculos. /espasmo.
espasmódico -ca *a.* Relativo al
espata *f.* Bráctea grande que envuelve el espádice. /laminar.
espato *m.* Mineral de estructura
espátula *f.* Paleta estrecha que usan los pintores, farmacéuticos, etc.
especia *f.* Cualquiera de las drogas aromáticas usadas como condimento.
especial *a.* Singular, particular. Muy propio para algún efecto.
especialidad *f.* Calidad de especial. Ramo de la ciencia o arte a que se dedica una persona.
especialista *a.-s.* Que cultiva un ramo determinado de una ciencia o arte. /pecialidad.
especializarse *r.* Cultivar una es-
especie *f.* Conjunto de cosas semejantes entre sí. Naturaleza común a cierto número de individuos. H. NAT. Categoría de clasificación entre la familia y la variedad. Persona o cosa de determinada categoría. Imagen mental. Apariencia. Caso, asunto, tema, noticia.
especiería *f.* Tienda de especies.
especificar *t.* Explicar, declarar con individualidad.
específico -ca *a.* Que caracteriza una especie. *m.* Medicamento fabricado al por mayor, puesto en envase especial.
espécimen *m.* Muestra, modelo.
espectáculo *m.* Función o diversión pública. Lo que se ofrece a la vista.
espectador -ra *a.* Que mira con atención. *m. f.* Que asiste a un espectáculo.
espectral *a.* Relativo al espectro.
espectro *m.* Fantasma. Resultado de la dispersión de la luz a través de un prisma.
espectroscopio *m.* Instrumento óptico para observar los espectros.
especulación *f.* Acción de espe-

cular.
especular t. Meditar, reflexionar. i. Comerciar, traficar.
espejear i. Relucir, resplandecer.
espejismo m. Ilusión óptica, frecuente en los desiertos, en virtud de la cual los objetos lejanos dan imágenes engañosas.
espejo m. Lámina de vidrio azogado que forma imagen de los objetos por reflexión de los rayos luminosos. Modelo, dechado.
espejuelo m. Yeso cristalizado. Trozo de madera con pedacitos de espejo, para atraer alondras y cazarlas. m. pl. Anteojos.
espelunca f. Cueva, gruta.
espeluznar t.-r. Despeluzar.
espeluzno m. Escalofrío, estremecimiento.
espera f. Acción de esperar.
esperantista a. Relativo al esperanto. m. f. Persona que cultiva esta lengua.
esperanto m. Idioma artificial inventado por Zamenhof.
esperanza f. Confianza de lograr una cosa. Virtud teologal por la cual aguardamos de Dios su gracia y nuestra eterna salvación.
esperanzar t. Dar esperanza.
esperar t. Tener esperanza de conseguir algo. Permanecer en un sitio o detenerse en el obrar hasta que llegue uno o suceda algo.
esperma de ballena f. Substancia contenida en la cabeza del cachalote. /espeso.
espesar t.-r. Hacer espeso o más
espeso -sa a. De mucha densidad. Dic. del conjunto de cosas muy numerosas en poco espacio. Grueso, recio.
espesor m. Grueso de un sólido. Densidad de un fluido.
espesura f. Calidad de espeso. Paraje muy poblado de árboles y matorrales.
espetar t. Atravesar con el asador. Decir a uno algo que le sorprenda o moleste.
espetera f. Tabla con garfios para colgar carnes y utensilios de cocina. /asador.
espetón m. Hierro a manera de
espía m. Persona mandada para espiar.
espiar t. Observar con disimulo; informarse en secreto.
espicanardo m. Planta de la India de raíz espinosa.
espícula f. Cuerpo u órgano pequeño de forma de aguja.
espiga f. Conjunto de flores o frutos agrupados a lo largo de un eje común. Parte adelgazada de una herramienta, arma, madero, etc., que entra en el mango, la empuñadura, etc.
espigado -da a. Alto, crecido de cuerpo. /espiga.
espigador -ra m. f. Persona que
espigar t.-i. Recoger las espigas que han quedado en el rastrojo. r. Crecer mucho.
espigón m. Mazorca. Punta. Macizo saliente a la orilla de un río o del mar.
espina f. Púa de ciertas plantas. Astilla pequeña. Pesar duradero. Recelo. Hueso de pez. *Espina dorsal,* espinazo.
espinaca f. Planta hortense de hojas comestibles.
espinal a. Relativo al espinazo.
espinar m. Sitio poblado de espinos.
espinar t.-r. Herir con espinas.
espinazo m. Serie de vértebras que van desde la nuca a la rabadilla.
espinela f. LIT. Décima.
espineta f. Clavicordio pequeño.
espingarda f. Escopeta morisca muy larga.
espinilla f. Parte anterior de la canilla de la pierna.
espino m. Arbolillo rosáceo de ramas espinosas.
espinoso -sa a. Que tiene espinas.
espión m. Espía.
espionaje m. Acción de espiar.
espira f. Vuelta de hélice o de espiral.
espiración f. Acción de espirar.
espiral a. Relativo a la espira. f. Curva que da vueltas alrededor de un punto alejándose continuamente de él. /pirado.
espirar t.-i. Expeler el aire as-
espiritado -da a. Muy flaco y extenuado. /tar.
espiritar t.-r. Endemoniar. Agi-
espiritismo m. Doctrina de los que creen en la evocación de los espíritus.
espiritista a.-s. Relativo al espiritismo o que lo profesa.
espiritoso -sa a. Que contiene mucho alcohol.
espíritu m. Substancia incorpórea, alma. Ser inmaterial y dotado de razón. Idea central, principio, esencia. Ánimo, brío. Substancia que se extrae de ciertos cuerpos por destilación.
espiritual a. Perteneciente al espíritu. /ritual.
espiritualidad f. Calidad de espi-
espirómetro m. Aparato para medir la capacidad respiratoria.
espita f. Canilla de cuba. Grifo pequeño.
esplendente a. Resplandeciente.
esplender i. Resplandecer.
esplendidez f. Abundancia, largueza. Magnificencia.

espléndido -da *a.* Liberal, ostentoso, magnífico. Resplandeciente.
esplendor *m.* Resplandor. Lustre, magnificencia. /dece.
esplendoroso -sa *a.* Que resplan**esplénico -ca** *a.* Relativo al bazo.
espliego *m.* Mata labiada aromática de flores en espiga.
esplín *m.* Tedio, melancolía.
espolada *f.* **espolazo** *m.* Golpe de espuela. /la. Estimular.
espolear *t.* Aguijar con la espue**espoleta** *f.* Detonador de las bombas, granadas y torpedos.
espolín *m.* Espuela fija en el tacón.
espolón *m.* Apófisis ósea que tienen ciertas aves en el tarso. Remate de la proa del buque. Malecón. Tajamar. ARQ. Contrafuerte.
espolvorear *t.* Esparcir sobre una cosa otra hecha polvo.
espongiario -ria *a.-m.* Díc. de ciertos animales marinos que tienen las paredes del cuerpo perforadas y los tejidos sostenidos por un esqueleto de espículas silíceas o calcáreas.
esponja *f.* Cualquier animal espongiario. Materia porosa y elástica formada por el esqueleto de los espongiarios.
esponjado *m.* Azucarillo.
esponjar *t.* Ahuecar, hacer más porosa una cosa. *r.* Envanecerse. Adquirir lozanía una persona. /joso.
esponjosidad *f.* Calidad de espon**esponjoso -sa** *a.* Muy poroso y ligero.
esponsales *m. pl.* Mutua promesa de casamiento.
esponsalicio -cia *a.* Perteneciente a los esponsales. /pontáneo.
espontaneidad *f.* Calidad de es**espontáneo -a** *a.* Que procede de un impulso interior. Que se produce sin cultivo, cuidados o intervención.
espora *f.* Célula reproductora de las plantas criptógamas.
esporádico -ca *a.* Ocasional, aislado. /de esparto.
esportilla *f.* **esportillo** *m.* Capacho
esposar *t.* Poner esposas.
esposas *f. pl.* Manillas de hierro para sujetar a los presos.
esposo -sa *m. f.* Persona casada respecto de su cónyuge.
espuela *f.* Instrumento que se ajusta al talón de la bota para picar al caballo.
espuerta *f.* Receptáculo de esparto, palma, etc., con dos asas.
espulgar *t.-r.* Limpiar de pulgas o piojos.
espulgo *m.* Acción de espulgar.
espuma *f.* Agregado de burbujas en la superficie de un líquido. Impurezas que ciertas substancias arrojan de sí al cocer en el agua.
espumadera *f.* Cucharón con agujeros para espumar. /jos.
espumajear *i.* Echar espumara**espumar** *t.* Quitar la espuma. *i.* Hacer espuma.
espumarajo *m.* Saliva arrojada en abundancia por la boca.
espumear *i.* Producir espuma.
espumoso -sa *a.* Que hace mucha espuma. /adulterado.
espurio -ria *a.* Bastardo. Falso,
espurrear *t.* Rociar con un líquido expelido por la boca.
esputar *t.* Expectorar. /una vez.
esputo *m.* Lo que se esputa de
esqueje *m.* Vástago cortado que se introduce en tierra para multiplicar la planta.
esquela *f.* Carta breve. Papel impreso en que se dan citas o se comunican noticias a varias personas. /queleto. Muy flaco.
esquelético -ca *a.* Relativo al es**esqueleto** *m.* Armazón ósea de los vertebrados. Armazón de algunos invertebrados.
esquema *m.* Representación gráfica de cosas inmateriales. Representación de una cosa en sus líneas más salientes. /esquema.
esquemático -ca *a.* Relativo al
esquenanto *m.* Planta de raíz aromática y medicinal.
esquí *m.* Plancha larga de madera dura, usada para patinar sobre la nieve. /esquía.
esquiador -ra *m. f.* Persona que
esquiar *i.* Deslizarse sobre la nieve o hielo con esquís.
esquife *m.* Bote que lleva el navío para saltar a tierra.
esquila *f.* Cencerro. Campana pequeña. Esquileo.
esquilar *t.* Cortar el pelo o lana de un animal. /esquilar.
esquileo *m.* Acción y tiempo de
esquilmar *t.* Coger el fruto de las haciendas y ganados. Chupar con exceso las plantas el fruto de la tierra.
esquilón *m.* Esquila grande.
esquimal *a.-s.* Del país situado junto a las bahías del Hudson y de Baffin.
esquina *f.* Arista, esp. la formada por dos paredes de un edificio.
esquinado -da *a.* Que tiene esquina. De trato difícil.
esquirla *f.* Astilla de hueso, piedra, etc.
esquirol *m.* Obrero que substituye a un huelguista.
esquisto *m.* Pizarra.
esquivar *t.* Evitar, rehuir.

esquivez *f.* Desapego, aspereza.
esquivo -va *a.* Desdeñoso, huraño. /za.
estabilidad *f.* Permanencia; firmeza.
estabilizar *t.* Hacer estable.
estable *a.* Permanente, durable, firme.
establecer *t.* Fundar. Decretar. *r.* Avecindarse. Abrir uno por su cuenta un establecimiento.
establecimiento *m.* Acción de establecer. Cosa establecida. Colocación estable. Lugar donde se ejerce una industria o profesión.
establo *m.* Lugar cubierto en que se encierra el ganado.
estaca *f.* Palo con punta. Garrote. Rama verde plantada para que se haga árbol.
estacada *f.* Cerca hecha de estacas. Palenque. /estaca.
estacar *t.* Atar una bestia a una
estacazo *m.* Golpe de estaca.
estación *f.* Estancia, mansión. Visita que se hace a las iglesias o altares. Cada una de las cuatro divisiones del año. Temporada. Sitio en que paran los trenes. Edificio donde están ciertos servicios.
estacionar *t.-r.* Situar en un lugar. *r.* Quedarse estacionario.
estacionario -ria *a.* Que permanece en el mismo estado.
estada *f.* Mansión, detención en un lugar. /(4 varas).
estadal *m.* Medida de longitud
estadio *m.* Lugar público en que se practican ciertos deportes. Octava parte de la milla. Fase, período.
estadista *m.* Hombre versado en asuntos de Estado. Perito en estadística.
estadística *f.* Ciencia que tiene por objeto clasificar y contar todos los hechos de un mismo orden. Conjunto de estos hechos contados y clasificados.
estadístico -ca *a.* Perteneciente a la estadística.
estadizo -za *a.* Que está mucho tiempo sin crearse o renovarse.
estado *m.* Situación, modo de estar. Resumen por partidas generales. Cuerpo político de una nación. Dominios de un príncipe. Medida de longitud (7 pies).
estadounidense *a.-s.* De los Estados Unidos de América del N.
estafa *f.* Acción de estafar. /fa.
estafador -ra *a.* Persona que estafa
estafar *t.* Robar con engaño.
estafermo *m.* Persona parada o de aspecto fachoso.
estafeta *f.* Correo que iba a caballo. Oficina de correos.

estalactita *f.* Concreción pendiente del techo de una caverna.
estalagmita *f.* Concreción formada sobre el suelo de una caverna.
estallar *i.* Henderse o reventar una cosa con estruendo. Restallar. Ocurrir violentamente alguna cosa.
estallido *m.* Acción de estallar.
estambre *m.* Lana de hebras largas. Órgano masculino de la flor. /tambre.
estameña *f.* Tejido basto de es
estampa *f.* Figura impresa. Figura de una persona o animal. Imprenta o impresión. Huella.
estampación *f.* Acción de estampar.
estampar *t.* Imprimir, sacar en estampa. Formar un relieve en una chapa metálica, prensándola sobre un molde. Dejar una huella.
estamperia *f.* Sitio donde se estampa o se venden estampas.
estampero *m.* El que hace o vende estampas. /pente.
estampía (de) *m. adv.* De repente
estampido *m.* Ruido fuerte y seco como el de un disparo. /ma.
estampilla *f.* Sello con una fir
estancación *f.* **estancamiento** *m.* Acción de estancar.
estancar *t.-r.* Detener el curso de una cosa. *t.* Prohibir la venta libre de una cosa.
estancia *f.* Mansión en un lugar. Sala, aposento. Estrofa.
estanco -ca *a.* MAR. Que no hace aguas por sus costuras. *m.* Expendeduría de géneros estancados.
estandarte *m.* Bandera de los cuerpos montados y de algunas corporaciones.
estanque *m.* Receptáculo de agua para el riego y otros usos.
estanquero -ra *m. f.* Persona encargada de un estanco.
estante *a.* Fijo en un lugar. *m.* Armario con anaqueles y sin puertas.
estantería *f.* Juego de estantes.
estantigua *f.* Visión, fantasma. Persona alta y desgarbada.
estañadura *f.* Acción de estañar.
estañar *t.* Cubrir, bañar o soldar con estaño.
estaño *m.* Metal blanco, brillante y dúctil que se usa para soldar. /madera o hierro.
estaquilla *f.* Clavo pequeño de
estar *t.* Existir, hallarse, permanecer en determinado lugar, situación o modo.
estarcir *t.* Estampar dibujos pasando la brocha o el cisquero por una chapa, papel, etc., recortados o picados.

estática *f.* Parte de la mecánica que estudia las leyes del equilibrio.

estático -ca *a.* Relativo a la estática. Que permanece en un mismo estado.

estatua *f.* Figura de bulto labrada a imitación del natural.

estatuario -ria *a.* Relativo a la estatuaria. *m.* El que hace estatuas. *f.* Arte de hacerlas.

estatuir *t.* Establecer, determinar.

estatura *f.* Altura de una persona.

estatuto *m.* Reglamento orgánico.

estay *m.* MAR. Cabo que sujeta la cabeza de un mástil al pie del este *m.* Oriente. /inmediato.

este, esta, esto, estos, estas *a. y pron.* Formas del demostrativo con que se designa lo que está más próximo a la que habla.

esteárico -ca *a.* De estearina.

estearina *f.* Substancia blanca, fusible, de que se hacen bujías.

estela *f.* Rastro que deja en el agua la embarcación. Monumento en forma de pedestal.

estelar *a.* Sidéreo.

estenografía *f.* Taquigrafía.

estenografiar *t.* Taquigrafiar.

estenógrafo -fa *m. f.* Taquígrafo -fa. /tumbante.

estentóreo -a *a.* Muy fuerte o re-

estepa *f.* Erial llano y extenso. Nombre de varios arbustos.

estera *f.* Tejido grueso de esparto, junco, etc., para cubrir el suelo.

esterar *t.* Cubrir con esteras el suelo.

estercolar *t.* Beneficiar la tierra con estiércol. /col.

estercolero *m.* Depósito de estiér-

estéreo *m.* Medida para leña equivalente a 1 m³.

estereoscopio *m.* Instrumento óptico que da la sensación del relieve.

estereotipar *t.* Fundir en planchas una composición tipográfica. Imprimir con estas planchas.

estereotipia *f.* Arte de estereotipar. /estereero.

esterería *f.* Establecimiento del

esterero *m.* El que hace o vende esteras.

estéril *a.* Que no da fruto.

esterilidad *f.* Calidad de estéril.

esterilizar *t.-r.* Hacer estéril. *t.* Destruir los gérmenes patógenos que hay en una cosa.

esterilla *f.* Dim. de *estera*. Trencilla de oro o plata. Especie de cañamazo.

esterlina (libra) *f.* Unidad monetaria en Gran Bretaña.

esternón *m.* Hueso plano en la parte media y anterior del tórax.

estero *m.* Acción de esterar. Terreno bajo inundable a orillas de una ría.

estertor *m.* Resuello anheloso de los moribundos. Ruido que hace el paso del aire por las vías respiratorias obstruidas. /tor.

estertoroso -sa *a.* Que tiene ester-

estética *f.* Estudio de la belleza.

estético -ca *a.* Relativo a la estética o a la belleza.

estetoscopio *m.* MED. Instrumento para auscultar.

esteva *f.* Pieza corva del arado que empuña el labrador.

estevado -da *a.-s.* Que tiene las piernas arqueadas.

estiaje *m.* Caudal mínimo de un río en épocas de sequía.

estiba *f.* Colocación conveniente de los pesos de un buque.

estibar *t.* Distribuir todos los pesos del buque.

estiércol *m.* Excremento del animal. Materias descompuestas que sirven de abono.

estigio -gia *a.* poét. Infernal.

estigma *m.* Marca o señal en el cuerpo. Señal de deshonra. BOT. Extremo libre del pistilo.

estigmatizar *t.* Marcar con hierro candente. Infamar.

estilar *i.-r.* Usar, acostumbrar, practicar. /nal estrecho.

estilete *m.* Punzón pequeño. Pu-

estilista *c.* Escritor de estilo esmerado y elegante.

estilo *m.* ant. Punzón para escribir. Modo, manera, forma, uso, moda. BOT. Prolongación filiforme del ovario.

estima *f.* Consideración y aprecio.

estimable *a.* Que admite estimación. Digno de estima.

estimación *f.* Valor en que se tasa una cosa. Aprecio, afecto.

estimar *t.* Apreciar, evaluar. Tener en buen concepto. Juzgar, creer.

estimativa *f.* Facultad con que se aprecian las cosas.

estimulante *a.-s.* Que estimula.

estimular *t.* Aguijonear. Excitar, avivar.

estímulo *m.* Incitamiento para obrar o funcionar.

estío *m.* Estación del año comprendida entre el solsticio de verano y el equinoccio de otoño.

estipendiario *m.* El que percibe estipendio. /do.

estipendio *m.* Remuneración, suel-

estípite *m.* Pilastra de forma de pirámide truncada con la base menor hacia abajo.

estíptico -ca *a.* MED. Astringente.

estípula *f.* BOT. Apéndice foliáceo en los lados del pecíolo.

estipulación *f.* Convenio, cláusula.

estipular *t.* Convenir, concertar, acordar.
estirado -da *a.* Que afecta gravedad. Entonado, orgulloso.
estirar *t.* Alargar una cosa extendiéndola con fuerza. Alargar un discurso, escrito, etc. Planchar ligeramente. *r.* Desperezarse.
estirón *m.* Acción de estirar. Crecimiento rápido. /o linaje.
estirpe *f.* Tronco de una familia
estival *a.* Perteneciente al estío.
estocada *f.* Golpe dado de punta con la espada.
estofa *f.* Tela con labores de seda. Calidad, clase.
estofado -da *a.* Aliñado, engalanado. *m.* Acción de estofar. Guiso de un manjar a fuego lento y bien tapado.
estofar *t.* Labrar de realce una tela acolchada. Guisar estofado.
estoicismo *m.* Fortaleza o dominio sobre la propia sensibilidad.
estoico -ca *a.-s.* Fuerte, ecuánime ante la desgracia.
estola *f.* Ornamento sagrado que consiste en una faja larga de paño con tres cruces, una en medio y dos en los extremos.
estolidez *f.* Estupidez.
estólido -da *a.* Estúpido.
estolón *m.* BOT. Vástago rastrero que a trechos echa raíces.
estomacal *a.* Perteneciente al estómago. *a.-m.* Que favorece la digestión.
estómago *m.* Víscera situada entre el esófago y el intestino.
estomatitis *f.* Inflamación de la mucosa bucal.
estopa *f.* Parte basta del lino o del cáñamo. Jarcia vieja deshilada. /topa.
estoposo -sa *a.* Parecido a la es-
estoque *m.* Espada angosta para herir de punta.
estoquear *t.* Herir de punta con espada o estoque.
estoraque *m.* Árbol del cual se obtiene un bálsamo oloroso. Este bálsamo.
estorbar *t.* Poner obstáculo a una cosa. Incomodar. /torba.
estorbo *m.* Persona o cosa que es-
estornino *m.* Pájaro cantor de plumaje negro.
estornudar *i.* Despedir estrepitosamente por la boca y la nariz el aire inspirado.
estornudo *m.* Acción de estornudar.
estotro -tra Contracción de *este, esta, esto* y *otro* u *otra.*
estrabismo *m.* MED. Desviación de la dirección normal de la mirada.
estrado *m.* Sala en que las señoras recibían visitas. Tarima del trono o de una mesa presidencial. *m. pl.* Salas de los tribunales.
estrafalario -ria *a.-s.* Desaliñado. Extravagante, raro. /rrupción.
estragamiento *m.* Desarreglo, co-
estragar *t.* Viciar, corromper.
estrago *m.* Daño, ruina, asolamiento.
estragón *m.* Planta que se usa como condimento.
estrambote *m.* Versos que se añaden al final de una composición poética. /estrafalario.
estrambótico -ca *a.* Extravagante,
estramonio *m.* Planta narcótica y medicinal.
estrangul *m.* MÚS. Lengüeta de ciertos instrumentos.
estrangular *t.* Ahogar oprimiendo el cuello. /al estraperlo.
estraperlista *a.-s.* Que se dedica
estraperlo *m.* Comercio ilegal de géneros intervenidos por el Estado. /Astucia.
estratagema *f.* Ardid de guerra.
estratega *m.* Perito en estrategia.
estrategia *f.* Arte de dirigir las operaciones militares.
estratégico -ca *a.* Relativo a la estrategia.
estrato *m.* GEOL. Masa mineral en forma de capa. Nube baja y estrecha.
estratosfera *f.* Zona superior de la atmósfera.
estraza *f.* Desecho de ropa basta.
estrechar *t.-r.* Reducir a menor ancho o espacio. Precisar a uno a que haga algo. *r.* Apretarse. Cercenar el gasto.
estrechez *f.* Calidad de estrecho. Escasez, penuria.
estrecho -cha *a.* De poca anchura. Que ajusta o aprieta. Miserable, tacaño. Dic. del parentesco cercano y de la amistad íntima. *m.* Paso angosto en el mar, entre dos tierras.
estrechura *f.* Estrechez.
estregar *t.-r.* Frotar.
estregón *m.* Roce fuerte.
estrella *f.* Astro que no sea el Sol o la Luna. Suerte, destino. Figura con que se representa una estrella.
estrelladera *f.* Espumadera plana.
estrellado -da *a.* De forma de estrella. Lleno de estrellas.
estrellamar *f.* Equinodermo de cuerpo estrellado.
estrellar *t.-r.* Hacer pedazos una cosa arrojándola con fuerza. *t.* Freír huevos. *r.* Fracasar.
estremecer *t.* Hacer temblar. *r.* Temblar con movimiento agitado y súbito. /tremecerse.
estremecimiento *m.* Acción de es-

estrenar *t.* Hacer uso por primera vez de una cosa. Representar por primera vez una comedia, etc. *r.* Actuar por primera vez.
estreno *m.* Acción de estrenar.
estreñimiento *m.* Acción de estreñir.
estreñir *t.-r.* Poner el vientre en mala disposición para evacuarse.
estrépito *m.* Ruido, estruendo. Ostentación. /trépito.
estrepitoso -sa *a.* Que causa estria *f.* ARQ. Mediacaña labrada en hueco. Raya en hueco de algunos cuerpos.
estriar *t.* Formar estrías.
estribación *f.* Estribo de cordillera.
estribar *i.* Descansar una cosa en otra. Fundarse.
estribillo *m.* Letrilla que se repite al fin de cada estrofa. Muletilla.
estribo *m.* Pieza en que el jinete apoya el pie. Escalón para subir y bajar de los carruajes. ARQ. Contrafuerte. Apoyo, fundamento. Ramal que se desprende de una cordillera.
estribor *m.* Costado derecho del buque mirando de popa a proa.
estricnina *f.* Alcaloide venenoso de la nuez vómica.
estricto -ta *a.* Estrecho, riguroso, ajustado a la ley.
estridente *a.* Díc. del sonido agudo y chirriante. Que causa ruido. /rriante.
estridor *m.* Sonido agudo y chiestro *m.* Entusiasmo, inspiración poética o artística.
estrofa *f.* Parte o división de una composición poética. /ra fregar.
estropajo *m.* Porción de esparto paestropajoso -sa *a.* Fibroso y áspero. Que pronuncia de manera confusa. Desaseado.
estropear *t.-r.* Maltratar, lisiar. Echar a perder.
estropicio *m.* Destrozo, rotura estrepitosa. Trastorno ruidoso.
estructura *f.* Distribución y orden de las partes de un todo.
estruendo *m.* Ruido grande. Aparato, pompa.
estruendoso -sa *a.* Estrepitoso.
estrujar *t.* Apretar para sacar el zumo. Apretar y magullar.
estrujón *m.* Acción de estrujar.
estuario *m.* Estero de un río.
estucar *t.* Revestir de estuco.
estuco *m.* Masa de yeso blanco y agua de cola.
estuche *m.* Caja o envoltura para guardar un objeto o varios.
estudiante *c.* Persona que cursa estudios. /estudiantes.
estudiantil *a.* Perteneciente a los
estudiantina *f.* Comparsa musical de estudiantes.
estudiar *t.-i.* Aplicar el entendimiento para adquirir el conocimiento de una cosa. Cursar en los centros de enseñanza.
estudio *m.* Acción de estudiar. Obra en que se estudia algo. Aposento donde ciertas personas estudian o trabajan.
estudioso -sa *a.* Dado al estudio.
estufa *f.* Aparato para dar calor, o para desinfectar, secar, etc., por medio del calor. Invernáculo.
estulticia *f.* Necedad.
estulto -ta *a.* Necio.
estuoso -sa *a.* Caluroso, ardiente.
estupefacción *f.* Estupor.
estupefaciente *a.-s.* Narcótico, soporífero.
estupefacto -ta *a.* Atónito. /broso.
estupendo -da *a.* Admirable, asomestupidez *f.* Torpeza en comprender. Hecho propio de un estúpido. /pidez.
estúpido -da *a.-s.* Que tiene estuestupor *m.* MED. Disminución de la actividad de las funciones intelectuales. Asombro, pasmo.
estuquista *m.* El que hace obras de estuco.
esturión *m.* Pez de mar y de los grandes ríos, con cuyas huevas se prepara el caviar. /e larga.
eta *f.* Letra griega equivalente a
etapa *f.* Época o avance parcial en el desarrollo de una acción u obra.
etcétera Voz que se usa para indicar que se omite lo que queda por decir.
éter *m.* Los espacios celestes. Fluido invisible que se supone llena todo el espacio. Líquido volátil y anestésico.
etéreo -a *a.* Relativo al éter o al cielo.
eternal *a.* Eterno. /da eterna.
eternidad *f.* Duración infinita. Vieternizar *t.* Perpetuar la duración de una cosa.
eterno -na *a.* Que no tuvo principio ni tendrá fin. De duración infinita.
ética *f.* Parte de la filosofía que trata de la moral.
ético -ca *a.* Relativo a la ética o conforme a ella. *m.* Moralista. *a.-s.* Hético. /labras.
etimología *f.* Origen de las paetimológico -ca *a.* Relativo a la etimología.
etimologista *c.* y **etimólogo** *m.* Persona que investiga el origen de las palabras.
etiología *f.* Estudio de las causas de las enfermedades.
etíope *a.-s.* De Etiopía.
etiqueta *f.* Ceremonial. Ceremonia en el trato. Marbete.

etiquetero -ra *a.* Que gasta muchos cumplimientos.
etmoides *m.* Hueso de la cabeza situado delante del esfenoides.
étnico -ca *a.* Perteneciente a una nación o raza.
etnografía *f.* Descripción de los pueblos o razas.
etnología *f.* Estudio de los pueblos o razas.
etrusco -ca *a.-s.* De Etruria.
eucalipto *m.* Árbol muy alto, de cuyas hojas se extrae una esencia medicinal.
eucaristía *f.* Sacramento instituido por Jesucristo que contiene el cuerpo, la sangre, el alma y la divinidad de Ntro. Señor Jesucristo bajo las especies de pan y vino. /eucaristía.
eucarístico -ca *a.* Relativo a la
eucología *f.* Devocionario.
eufemismo *m.* Modo de expresar con suavidad y decoro ideas cuya franca expresión sería ofensiva. /la palabra.
eufonía *f.* Calidad de sonar bien
eufónico -ca *a.* Que tiene eufonía.
euforbio *m.* Planta africana de la cual se extrae una gomorresina medicinal.
euforia *f.* Sensación de bienestar.
eunuco *m.* Hombre castrado.
eurásico -ca *a.* Perteneciente al continente formado por Europa y Asia.
euritmia *f.* Armonía y proporción.
europeo -a *a.-s.* De Europa.
éuscaro -ra *a. m.* Vascuence.
evacuación *f.* Acción de evacuar.
evacuar *t.* Dejar, desocupar. Expeler del cuerpo humores, excrementos, etc. Desempeñar un encargo, cumplir un trámite.
evadir *t.* Evitar. Eludir. *r.* Fugarse, escaparse.
evaluación *f.* Valuación.
evaluar *t.* Valorar.
evanescente *a.* Que se desvanece.
evangeliario *m.* Libro con los evangelios del año.
evangélico -ca *a.* Relativo al evan-
evangelio *m.* Doctrina de Jesucristo. Vida de Jesucristo referida por los evangelistas.
evangelista *m.* Cada uno de los cuatro autores del evangelio.
evangelizar *t.* Predicar el Evangelio.
evaporación *f.* Acción de evaporar.
evaporar *t.-r.* Convertir en vapor. Disipar, desvanecer.
evasión *f.* Evasiva. Fuga.
evasiva *f.* Efugio. /siva.
evasivo -va *a.* Que incluye evasión
evento *m.* Suceso imprevisto.
eventual *a.* Sujeto a cualquier evento.

eventualidad *f.* Calidad de eventual. Hecho de realización incierta.
evidencia *f.* Calidad de evidente.
evidenciar *t.* Hacer evidente.
evidente *a.* Cierto, claro, patente.
evitación *f.* Acción de evitar.
evitar *t.* Apartar, impedir un daño o molestia. Huir de incurrir en algo.
evo *m.* Eternidad.
evocación *f.* Acción de evocar.
evocar *t.* Llamar a los espíritus. Traer algo a la memoria o la imaginación.
evolución *f.* Acción de desarrollarse o transformarse las cosas pasando de un estado a otro. MIL. Cambio de formación de tropas o buques.
evolucionar *i.* Sufrir una evolución. Hacer evoluciones.
evolutivo -va *a.* Que se produce por evolución o pertenece a ella.
ex- Prefijo que se antepone al nombre de un empleo o dignidad para designar al que lo tuvo y ya no lo tiene.
ex abrupto *m.* Cosa dicha bruscamente.
exacción *f.* Acción de exigir impuestos, multas, etc. Cobro injusto y violento. /cerbar.
exacerbación *f.* Acción de exa-
exacerbar *t.-r.* Irritar. Agravar una enfermedad, pasión, etc.
exactitud *f.* Calidad de exacto.
exacto *a.* Puntual, fiel y cabal.
exactor *m.* Cobrador de los tributos. /Cosa exagerada.
exageración *f.* Acción de exagerar.
exagerado -da *a.-s.* Exagerador. *a.* Que incluye exageración.
exagerador -ra *a.-s.* Que exagera.
exagerar *t.* Dar proporciones excesivas a una cosa.
exaltación *f.* Acción de exaltar.
exaltado -da *a.* Que se exalta. Exagerado.
exaltar *t.* Elevar a mayor dignidad. Realzar el mérito. *r.* Arrebatarse.
examen *m.* Indagación, estudio de una cosa. Prueba que se hace de la idoneidad de un sujeto. /que examina.
examinador -ra *m. f.* Persona
examinando -da *m. f.* Persona que se presenta a examen.
examinar *t.* Investigar, reconocer. Probar la idoneidad de un sujeto. /zas.
exangüe *a.* Desangrado. Sin fuer-
exánime *a.* Sin señales de vida.
exantema *m.* Erupción cutánea.
exasperación *f.* Acción de exasperar.
exasperar *t.-r.* Irritar, exacerbar.

excarcelar *t.* Poner en libertad al preso.
excavación *f.* Acción de excavar.
excavar *t.* Hacer hoyos o cavidades. /brante.
excedente *a.* Excesivo. *a.-m.* Sobrante.
exceder *t.* Ser una persona o cosa más grande o aventajada que otra. *r.* Pasar los límites justos.
excelencia *f.* Superior calidad o bondad. Tratamiento que se da a ciertas personas.
excelente *a.* Que sobresale en bondad o mérito.
excelentísimo -ma *a.* Tratamiento con que se habla a la pers. a quien corresponde el de excelencia.
excelsitud *f.* Suma alteza. /lencia.
excelso -sa *a.* Muy elevado. Muy excelente. /trico.
excentricidad *f.* Calidad de excéntrico.
excéntrico -ca *a.* Que está fuera de centro. Raro, extravagante.
excepción *f.* Acción de exceptuar. Cosa exceptuada. /ción.
excepcional *a.* Que forma excepción.
excepto *adv.* A excepción de, fuera de, menos.
exceptuar *t.* Excluir de la generalidad de lo que se trata, de la regla común. /de regla.
excesivo -va *a.* Que excede y sale
exceso *m.* Lo que excede. Abuso, delito, crimen. /mente.
excitable *a.* Que se excita fácilmente.
excitación *f.* Acción de excitar.
excitar *t.* Estimular, provocar. *t.-r.* Animar por el enojo, el entusiasmo, etc.
exclamación *f.* Voz o frase en que se refleja una emoción. /nes.
exclamar *i.* Proferir exclamaciones.
excluir *t.* No admitir a una persona o cosa entre otras. Descartar la posibilidad de una cosa.
exclusión *f.* Acción de excluir.
exclusiva *f.* Privilegio de hacer algo prohibido a los demás.
exclusivamente *adv.* Con exclusión. Únicamente.
exclusive *adv.* Con exclusión.
exclusivismo *m.* Obstinada adhesión a una persona o cosa con exclusión de toda otra.
exclusivo -va *a.* Que excluye. Único, solo.
excogitar *t.* Hallar una cosa discurriendo o meditando.
excomulgar *t.* Expulsar de la comunión de los fieles. /gar.
excomunión *f.* Acción de excomulgar.
excoriación *f.* Acción de excoriar.
excoriar *t.-r.* Gastar o arrancar la piel de una parte del cuerpo.
excrecencia *f.* Prominencia anormal en un cuerpo.
excreción *f.* Acción de excretar. Cosa excretada. /la excreción.
excrementicio *a.* Perteneciente a
excremento *m.* Materia que despide el cuerpo por las vías naturales.
excretar *i.-t.* Expeler el excremento, la orina, el sudor, etc.
excretorio -ria *a.* Que sirve para la excreción.
exculpar *t.* Descargar de culpa.
excursión *f.* Correría. Ida a algún paraje para recreo, estudio, etc.
excursionismo *m.* Práctica de las excursiones.
excursionista *c.* Persona que hace excursiones.
excusa *f.* Acción de excusar. Motivo que se invoca para ello.
excusado -da *a.* Separado del uso común. Superfluo, inútil. *m.* Retrete.
excusar *t.-r.* Alegar razones para librar a uno de culpa. Rehusar hacer una cosa. *t.* Evitar.
execrable *a.* Digno de execración.
execración *f.* Acción de execrar.
execrar *t.* Condenar, maldecir. Abominar. /blia.
exégesis *f.* Explitación de la Biblia.
exegeta *m.* Intérprete o expositor de la Biblia.
exención *f.* Acción de eximir.
exento -ta *p. p.* irreg. de *eximir.*
exequias *f. pl.* Honras fúnebres.
exfoliar *t.-r.* Dividir una cosa en láminas o escamas.
exhalación *f.* Acción de exhalar. Rayo, centella. Vaho.
exhalar *t.* Despedir gases, vapores, olores. Lanzar quejas, suspiros, etc.
exhaustivo -va *a.* Que agota.
exhausto -ta *a.* Agotado.
exhibición *f.* Acción de exhibir.
exhibir *t.-r.* Presentar, mostrar en público.
exhortación *f.* Acción de exhortar.
exhortar *t.* Inducir con razones o ruegos.
exhorto *m.* Despacho de un juez a otro para que mande ejecutar lo que se le pide.
exhumación *f.* Acción de exhumar.
exhumar *t.* Desenterrar.
exigencia *f.* Acción de exigir.
exigente *a.-s.* Que exige.
exigir *t.* Pedir imperiosamente.
exigüidad *f.* Calidad de exiguo.
exiguo -gua *a.* Escaso, insuficiente
exilado -da *a.* Desterrado. /te.
exilio *m.* Destierro.
eximio -mia *a.* Muy excelente.
eximir *t.-r.* Libertar de una obligación.
existencia *f.* Hecho de existir. Vida del hombre. *f. pl.* Mercancías almacenadas.
existir *i.* Tener ser real. Tener vida.

éxito *m.* Fin de un asunto.
éxodo *m.* Libro de la Biblia. Emigración de un pueblo.
exonerar *t.* Aliviar de peso, carga u obligación. Destituir.
exorbitante *a.* Que excede mucho de lo regular.
exorcismo *m.* Conjuro contra el espíritu maligno.
exorcista *m.* Persona que exorciza.
exorcizar *t.* Usar de exorcismos.
exordio *m.* Introducción, preámbulo.
exornar *t.-r.* Adornar. /bulo.
exotérico -ca *a.* Común, accesible para el vulgo.
exótico -ca *a.* Extranjero, de país lejano. Ús. sólo para cosas.
expansión *f.* Dilatación. Prolongación. Manifestación efusiva. Solaz.
expansionarse *r.* Desahogarse. Divertirse.
expansivo -va *a.* Que tiende a dilatarse. Franco, comunicativo.
expatriarse *r.* Abandonar uno su patria.
expectación *f.* Intensidad con que se espera una cosa.
expectante *a.* Que espera observando. /seguir algo.
expectativa *f.* Esperanza de conseguir algo.
expectoración *f.* Acción de expectorar. Lo que se expectora.
expectorar *t.* Arrojar por la boca las secreciones de las vías respiratorias.
expedición *f.* Acción de expedir. Remesa. Desembarazo, prontitud. Excursión.
expedicionario -ria *a.* Que lleva a cabo una expedición. /expide.
expedidor -ra *a.* Persona que
expediente *m.* Asunto administrativo. Conjunto de los papeles concernientes a un asunto. Arbitrio, recurso.
expedir *t.* Despachar, extender por escrito. Remitir, enviar.
expeditivo -va *a.* Que obra con eficacia y rapidez.
expedito -ta *a.* Desembarazado, libre. Pronto a obrar.
expeler *t.* Echar de sí o de alguna parte.
expendeduría *f.* Tienda en que se expende algo.
expender *t.* Gastar dinero. Vender al menudeo o por cuenta ajena. /der.
expendición *f.* Acción de expen-
expensas *f.* pl. Gastos, costas.
experiencia *f.* Enseñanza que se adquiere con la práctica. Experimento.
experimentación *f.* Acción de experimentar. /experiencia.
experimentado -da *a.* Que tiene
experimental *a.* Fundado en la experiencia o que se sabe por ella.
experimentar *t.* Probar y examinar por la práctica. Sentir en sí o sufrir un cambio, modificación, etc.
experimento *m.* Acción de experimentar. /m. Perito.
experto -ta *a.* Práctico, diestro.
expiación *f.* Acción de expiar.
expiar *t.* Purgar las culpas.
expiatorio -ria *a.* Que se hace por expiación.
expiración *f.* Acción de expirar.
expirar *i.* Morir. Llegar a su fin un plazo, etc.
explanación *f.* Acción de explanar. /allanado.
explanada *f.* Espacio de terreno
explanar *t.* Allanar. Explicar, declarar.
explayar *t.* Ensanchar, extender. *r.* Esparcirse. Desahogarse.
expletivo -va *a.* Díc. de las voces que entran en la frase sin ser necesarias. /plicar.
explicable *a.* Que se puede ex-
explicación *f.* Acción de explicar. Satisfacción que se da de una ofensa. /explicarse.
explicaderas *f.* pl. Manera de
explicar *t.-r.* Declarar lo que se piensa o siente. *t.* Exponer un texto. Dar a conocer la causa de una cosa. *r.* Comprenderla.
explicativo -va *a.* Que explica.
explícito -ta *a.* Que expresa claramente una cosa.
exploración *f.* Acción de explorar.
explorador -ra *a.-s.* Que explora.
explorar *t.* Tratar de descubrir lo que hay en un lugar, país, cuerpo, etc.
explosión *f.* Acción de reventar un cuerpo violenta y ruidosamente.
explosivo -va *a.-m.* Que hace o puede hacer explosión.
explotación *f.* Acción de explotar.
explotar *t.* Sacar utilidad. Aprovecharse de algo.
expoliación *f.* Acción de expoliar.
expoliar *t.* Despojar con violencia o iniquidad.
exponente *a.-s.* Que expone. *m.* MAT. Número o expresión que indica el grado de la potencia.
exponer *t.* Poner a la vista. Manifestar. Explicar un texto, doctrina, etc. *t.-r.* Poner en peligro.
exportación *f.* Acción de exportar.
exportar *t.* Enviar géneros del propio país a otro.
exposición *f.* Acción de exponer. Riesgo. Manifestación pública de productos de la industria, el arte, etc.
expositivo -va *a.* Que expone.
expósito -ta *a.-s.* Díc. del recién nacido abandonado en paraje

expositor -ra *a.-s.* Que expone.
expresamente *adv.* De manera expresa. Adrede.
expresar *t.-r.* Manifestar lo que se piensa, siente, etc.
expresión *f.* Acción de expresar. Voz, locución o signos con que se expresa una cosa.
expresivo -va *a.* Que expresa vivamente. Afectuoso.
expreso -sa *a.* Claro, especificado. *a.-m.* Díc. del tren muy rápido. *m.* Correo extraordinario. /sacar zumo.
exprimidera *f.* Instrumento para
exprimir *t.* Extraer el zumo apretando. Estrujar.
expropiación *f.* Acción de expropiar. /te.
expropiar *t.* Desposeer legalmente.
expuesto -ta p. p. irreg. de *exponer*. Peligroso.
expugnar *t.* Tomar por fuerza de armas una fortaleza, una ciudad.
expulsar *t.* Expeler, echar.
expulsión *f.* Acción de expulsar.
expurgar *t.* Quitar lo nocivo, erróneo, etc.
expurgo *m.* Acción de expurgar.
exquisito -ta *a.* De extraordinario primor o gusto.
extasiarse *r.* Arrobarse.
éxtasis *m.* Arrobamiento. /tasis.
extático -ca *a.* Que está en éx-
extemporáneo -nea *a.* Inoportuno, inconveniente.
extender *t.-r.* Hacer que una cosa ocupe más espacio. Desenvolver. Dar mayor amplitud. *t.* Esparcir lo amontonado. Poner por escrito un documento. *r.* Ocupar cierta extensión o tiempo. Propagarse. /derse.
extensible *a.* Que puede exten-
extensión *f.* Acción de extender. Propiedad de los cuerpos de ocupar un espacio. Medida del espacio ocupado por un cuerpo.
extensivo -va *a.* Que puede extenderse a otra u otras cosas.
extenso -sa *a.* Que tiene extensión o mucha extensión.
extenuación *f.* Enflaquecimiento, debilitación grande. /litar.
extenuar *t.-r.* Enflaquecer, debi-
exterior *a.* Que está por la parte de afuera. Relativo a otros países. *m.* Superficie externa. Traza, porte.
exterioridad *f.* Cosa exterior. Apariencia. /velar.
exteriorizar *t.* Hacer patente, re-
exterminar *t.* Acabar del todo una cosa. Asolar, devastar. /nar.
exterminio *m.* Acción de extermi-
externo -na *a.* Exterior. *a.-s.* Dícese del alumno de un colegio que no habita en éste.
extinción *f.* Acción de extinguir.
extinguir *t.-r.* Apagar. Hacer que cese o acabe del todo una cosa. /guir.
extinto -ta p. p. irreg. de *extin-*
extintor *a.* Que extingue. *m.* Aparato portátil para extinguir incendios. /par.
extirpación *f.* Acción de extir-
extirpar *t.* Arrancar de cuajo. Destruir radicalmente.
extorsión *f.* Acción de usurpar o arrebatar. Daño, molestia.
extra *a.* Extraordinario. *adv.* Además. *m.* Gaje, plus.
extracción *f.* Acción de extraer. Origen, linaje.
extractar *t.* Reducir a extracto.
extracto *m.* Resumen de un escrito. Substancia que se extrae de otra.
extractor -ra *a.-s.* Que extrae. *m.* Aparato para extraer.
extradición *f.* Entrega del reo refugiado en un país extranjero.
extraer *t.* Sacar. MAT. Averiguar las raíces de una cantidad.
extralimitación *f.* Acción de extralimitarse.
extralimitarse *r.* Excederse en sus facultades o atribuciones.
extramuros *adv.* Fuera del recinto de una población.
extranjería *f.* Calidad y condición legal del extranjero.
extranjero -ra *a.-s.* Que es o viene de otro país. *m.* Toda nación que no es la propia.
extrañamiento *m.* Acción de extrañar o desterrar.
extrañar *t.-r.* Desterrar a país extranjero. Ver u oír con extrañeza. *t.* Sentir la novedad de una cosa.
extrañeza *f.* Calidad de extraño o raro. Cosa extraña. Admiración, novedad.
extraño -ña *a.-s.* De nación, familia o profesión distinta. *a.* Que es ajeno a una cosa. Raro, inexplicable.
extraordinario -ria *a.* Fuera del orden o regla general o común.
extravagancia *f.* Calidad de extravagante. Cosa extravagante.
extravagante *a.* Que se hace o dice fuera del común modo de obrar. *a.-s.* Que procede así.
extravasarse *r.* Salirse un líquido de su vaso o conducto.
extraviar *t.-r.* Hacer perder el camino. Poner una cosa en otro lugar que el que debía ocupar. No fijar la vista en objeto determinado. *r.* Perderse. Errar. Descarriarse.

extravío *m*. Acción de extraviar. Desorden en las costumbres.
extremadamente *adv*. Con extremo.
extremado -da *a*. Muy bueno o muy malo en su género.
extremar *t*. Llevar una cosa al extremo. *r*. Esmerarse.
extremaunción *f*. Sacramento que se administra a los moribundos. /dura.
extremeño -ña *a.-s*. De Extrema-
extremidad *f*. Parte extrema de una cosa. Grado último a que puede llegar. Pies y manos del hombre. Brazos, piernas o patas por oposición al tronco.
extremo -ma *a*. Último. Dic. de lo más intenso, elevado o distante. *m*. Punto, grado, etc., extremo de una cosa. *m. pl.* Manifestaciones exageradas.
extremoso -sa *a*. Propenso a extremar las cosas.
extrínseco -ca *a*. Externo, no esencial.
exuberancia *f*. Abundancia suma.
exuberante *a*. Abundante en exceso.
exudación *f*. Acción de exudar.
exudar *i*. Salir un líquido a modo de sudor.
exultar *i.-t*. Mostrar gran alegría.
exvoto *m*. Ofrenda a Dios, la Virgen o los santos en recuerdo de un beneficio recibido.
eyacular *t*. Lanzar con fuerza el contenido de un órgano.

F

F *f.* Efe, séptima letra del alfabeto español.
fa *m.* MÚS. Cuarta nota de la escala fundamental.
fábrica *f.* Fabricación. Lugar donde se fabrica. Edificio, construcción. Renta de las iglesias.
fabricación *f.* Acción de fabricar.
fabricante *c.-s.* Que fabrica. *m.* Dueño de una fábrica.
fabricar *t.* Hacer una cosa por medios mecánicos. Construir, elaborar, inventar.
fabril *a.* Relativo a las fábricas.
fábula *f.* Rumor, hablilla. Relato falso. Mito. Poema moral en que se hace hablar a seres irracionales o inanimados.
fabulista *c.* Autor de fábulas.
fabuloso -sa *a.* Falso, de pura invención. Excesivo, increíble.
faca *f.* Cuchillo corvo. Cuchillo grande y con punta.
facción *f.* Gente en rebelión. Partido, bando. Acto del servicio militar. Parte del rostro.
faccioso -sa *a.-s.* Rebelde, sublevado.
faceta *f.* Cada una de las caras de un poliedro cuando son pequeñas. Aspecto.
facial *a.* Relativo al rostro.
fácil *a.* Que se puede hacer sin gran trabajo. Probable.
facilidad *f.* Calidad de fácil. Disposición para hacer una cosa sin gran trabajo. Ocasión propicia.
facilitar *t.* Hacer fácil. Proporcionar, entregar.
facineroso -sa *a.-s.* Delincuente habitual. *m.* Malvado. /sias.
facistol *m.* Atril grande de las iglesias.
facsímil o **-mile** *m.* Imitación exacta de una cosa.
factible *a.* Que se puede hacer.
facticio -cia *a.* Artificial.
factor *m.* Agente comercial. Empleado de ferrocarril que recibe y expide equipajes, mercancías, etc. Cada una de las cantidades que multiplicadas entre sí forman un producto. Elemento que contribuye a un resultado.
factoría *f.* Establecimiento de comercio, esp. en país colonial.
factótum *m.* El que todo lo hace en una casa.
factura *f.* Hechura. Cuenta detallada de los objetos comprendidos en una venta o remesa.
facturar *t.* Poner en factura. Registrar en las estaciones equipajes o mercancías para su expedición. /Sol.
fácula *f.* Mancha brillante en el
facultad *f.* Aptitud, potencia para ejercer una función. Derecho para hacer una cosa. Permiso. Ciencia o arte. Sección de una universidad.
facultar *t.* Conceder facultades para hacer algo.
facultativo -va *a.* Potestativo. Perteneciente a una facultad o ciencia, o que la profesa. *m.* Médico.
facundia *f.* Abundancia, facilidad de palabra. /cundia.
facundo -da *a.* Que tiene fa-
facha *f.* Traza, figura, aspecto. Adefesio.
fachada *f.* Parte anterior de un edificio. Aspecto exterior.
fachenda *f.* Jactancia, vanidad. *m.* Fachendoso. /vanidosa.
fachendear *i.* Hacer ostentación
fachendoso -sa *a.-s.* Jactancioso, vanidoso. /guesa.
fado *m.* Canción popular portu-
faena *f.* Trabajo. Quehacer.
faetón *m.* Carruaje de caja larga con un asiento a lo largo de cada costado.
fagocito *m.* Célula capaz de digerir elementos extraños, esp. microbios.
fagot *m.* Instrumento de viento de madera, de sonido grave.
faisán *m.* Ave gallinácea de hermoso plumaje y carne muy estimada.
faja *f.* Tira de tela o tejido de punto con que se rodea la cintura. Tira o lista mucho más larga que ancha.
fajar *t.-r.* Ceñir con faja.
fajín *m.* Dim. de *faja.* Ceñidor que usan los generales y ciertos funcionarios.
fajina *f.* Conjunto de haces de mies. Haz de ramas delgadas. MIL. Toque para la comida.
fajo *m.* Haz o atado.
falacia *f.* Engaño, mentira.
falange *f.* Cierto cuerpo de infantería de los griegos. Conjunto numeroso. Cada uno de

falárica *f.* Arma arrojadiza antigua.
falaz *a.* Engañoso, mentiroso.
falbalá *m.* Faralá.
falcado -da *a.* Que tiene forma de hoz.
falconete *m.* ARTILL. Especie de culebrina.
falcónido -da *a.-f.* Díc. de las aves de la familia del halcón.
falda *f.* Prenda del vestido femenil o parte de una ropa talar que cae de la cintura abajo. Parte inferior de una montaña.
faldear *t.* Caminar por la falda de una montaña.
faldellín *m.* Falda corta. Refajo.
faldero -ra *a.* Relativo a la falda. Díc. del perro pequeño.
faldistorio *m.* Asiento pontifical bajo y sin respaldo.
faldón *m.* Falda suelta al aire que pende de algún vestido.
falibilidad *f.* Calidad de falible.
falible *a.* Que puede engañar o engañarse. Que puede faltar.
falsario -ria *a.-s.* Que falsifica. Que usa falsedades.
falsear *t.* Contrahacer, adulterar. *i.* Flaquear una cosa. MÚS. Disonar una cuerda.
falsedad *f.* Falta de verdad.
falsete *m.* MÚS. Voz más aguda que la natural.
falsía *f.* Falsedad, deslealtad, doblez.
falsificación *f.* Acción de falsificar. Cosa falsificada.
falsificador -ra *a.-s.* Que falsifica.
falsificar *t.* Falsear, contrahacer, adulterar.
falsilla *f.* Papel rayado que se pone debajo de otro para que sirva de guía al escribir.
falso -sa *a.* Contrario a la verdad. Que no es real. Contrahecho, fingido. Engañoso, desleal.
falta *f.* Defecto, privación. Acto contrario al deber. Ausencia de una persona del sitio en que debiera estar. Equivocación.
faltar *i.* No estar una persona o cosa allí donde debiera estar. Quedar un remanente de tiempo o alguna acción sin realizar. Incurrir en falta. *t.* Ofender, injuriar.
falto -ta *a.* Defectuoso o necesitado de alguna cosa.
faltriquera *f.* Bolsillo del vestido. /carroza.
falúa *f.* Embarcación menor con
falucho *m.* Embarcación costanera con una vela latina.
falla *f.* Defecto que merma la resistencia. GEOL. Quiebra.
fallar *t.* Sentenciar, decidir. Jugar triunfo por no tener el palo que se juega. *i.* Frustrarse. Perder su resistencia una cosa.
falleba *f.* Varilla acodillada en sus extremos con que se cierran puertas y ventanas.
fallecer *i.* Morir. /llecer.
fallecimiento *m.* Acción de fa-
fallido -da *a.* Frustrado. *a.-s.* Quebrado o sin crédito.
fallo -lla *a.* En el juego de naipes, falto de un palo. *m.* Sentencia.
fama *f.* Noticia o voz pública. Reputación. Celebridad, renombre.
famélico -ca *a.* Hambriento.
familia *f.* Gente que vive en una casa bajo la autoridad del dueño. Estirpe. Parentela. Prole. H. NAT. Categoría de clasificación entre el orden y el género.
familiar *a.* Perteneciente a la familia. Llano, sin ceremonia. Que se sabe muy bien. *m.* Allegado, pariente. Paje de un obispo. /fianza.
familiaridad *f.* Llaneza y confianza
familiarizar *t.* Hacer familiar.
famoso -sa *a.* Que tiene fama.
fámula *f.* Criada. /Notable.
fámulo *m.* Criado.
fanal *m.* Farol grande en puertos, naves, etc. Campana de cristal para resguardar algún objeto.
fanático -ca *a.* Que defiende con celo desmedido opiniones o creencias. /fanático.
fanatismo *m.* Apasionamiento del
fanatizar *t.* Volver fanático.
fandango *m.* Antiguo baile español.
fanega *f.* Medida para áridos. Medida agraria.
fanfarria *f.* Bravata, jactancia.
fanfarrón -ona *a.-s.* Jactancioso.
fanfarronada *f.* Dicho o hecho de fanfarrón. /nadas.
fanfarronear *i.* Echar fanfarro-
fanfarronería *f.* Modo de portarse del fanfarrón.
fangal *m.* Sitio lleno de fango.
fango *m.* Lodo glutinoso.
fangoso -sa *a.* Lleno de fango.
fantasear *i.* Dejar correr la fantasía. Vanagloriarse.
fantasía *f.* Imaginación. Imagen ilusoria, creación ficticia. Presunción. MÚS. Composición hecha de fragmentos de una obra.
fantasioso -sa *a.* Vano, presuntuoso.
fantasma *m.* Visión quimérica. *f.* Espantajo, espectro.
fantasmagoría *f.* Arte de representar figuras por medio de una ilusión óptica.
fantasmón -na *a.-s.* Presuntuoso.

fantástico -ca *a.* Quimérico, sin realidad. Perteneciente a la fantasía.
fantoche *m.* Títere. Farolón.
faquín *m.* Mozo de cuerda.
faquir *m.* Especie de santón mahometano.
faralá *m.* Volante de los vestidos femeninos.
farallón *m.* Roca alta y tajada.
faramalla *f.* Charla engañosa.
farándula *f.* Profesión de los farsantes. ant. Compañía de cómicos ambulantes.
farandulero -ra *a.-s.* Trapacero. Comediante.
faraón *m.* Soberano del antiguo Egipto. Juego de naipes.
faraute *m.* Mensajero, heraldo.
fardel *m.* Fardo.
fardería *f.* Conjunto de fardos.
fardo *m.* Lío grande y apretado.
farfalloso -sa *a.* Tartamudo, tartajoso.
farfante y **farfantón** *a.-m.* Fanfarrón, valentón.
fárfara *f.* Telilla del huevo de las aves. Planta de propiedades pectorales.
farfolla *f.* Envoltura de las panojas del maíz. Cosa de pura apariencia.
farfulla *f.* Defecto del que farfulla. /te.
farfullar *t.* Decir atropelladamente.
farináceo -a *a.* De la naturaleza de la harina.
faringe *f.* Conducto que se extiende desde el velo del paladar hasta el esófago.
faringitis *f.* Inflamación de la faringe.
farisaico -ca *a.* Propio de los fariseos. Hipócrita.
fariseísmo *m.* Hipocresía.
fariseo *m.* Miembro de una secta judía que afectaba rigor y austeridad. Hipócrita.
farmacéutico -ca *a.* Relativo a la farmacia. *m. f.* Persona que la ejerce.
farmacia *f.* Ciencia y arte de preparar los medicamentos. Botica.
farmacopea *f.* Libro oficial que trata de las substancias medicinales.
faro *m.* Torre elevada donde se pone la luz para guía de los navegantes. Farol con potente reverbero.
farol *m.* Caja con una o más caras de vidrio dentro de la cual va una luz. Fachenda.
farola *f.* Farol grande.
farolear *i.* Fachendear, presumir.
farolero -ra *a.-s.* Ostentoso, fachendoso. *m.* El que cuida de los faroles. /flores blancas.
farolillo *m.* Planta trepadora de
fárrago *m.* Mezcla de cosas desordenadas e inconexas.
farragoso -sa *a.* Desordenado, confuso.
farruco -ca *a. fam.* Valiente. una cosa. *r.* Adaptarse, acostumbrarse.
favor *m.* Ayuda. Honra, beneficio, gracia. Privanza. /picio.
favorable *a.* Que favorece. Pro-
favorecer *t.* Ayudar, socorrer. Apoyar, secundar.
favoritismo *m.* Preferencia del favor sobre el mérito.
favorito -ta *a.-s.* Que es con preferencia estimado.
faz *f.* Rostro, cara. Anverso.
fe *f.* Virtud teologal por la cual creemos las verdades reveladas por Dios. Crédito que se da a las cosas. Confianza. Palabra, promesa solemne. Fidelidad. Documento que certifica ciertas cosas.
fealdad *f.* Calidad de feo.
febeo -a *a.* Relativo a Febo.
Febo *m.* poét. El Sol.
febrero *m.* Segundo mes del año.
febricitante *a.* Calenturiento.
febrífugo -ga *a.-m.* Que quita la fiebre.
febril *a.* Relativo a la fiebre. Ardoroso, desasosegado.
fecal *a.* Excrementicio.
fécula *f.* Substancia blanca, pulverulenta, que se extrae de ciertos vegetales. /fécula.
feculento -ta *a.* Que contiene
fecundación *f.* Acción de fecundar.
fecundar *t.* Hacer fecunda o productiva una cosa.
fecundidad *f.* Calidad de fecundo.
fecundizar *t.* Fertilizar.
fecundo -da *a.* Que produce o se reproduce. Fértil, abundante.
fecha *f.* Indicación del tiempo en que se hace u ocurre algo. Tiempo actual.
fechar *t.* Poner la fecha.
fechoría *f.* Acción mala.
federación *f.* Acción de federar. Confederación.
federal *a.* Federativo.
federalismo *m.* Sistema de confederación entre Estados.
federalista *a.-s.* Partidario del federalismo.
federar *t.-r.* Confederar.
federativo -va *a.* Perteneciente a la federación. /cio.
fehaciente *a.* Que hace fe en juf-
feldespato *m.* Silicato de aluminio con calcio, sodio o bario.
felibre *m.* Poeta provenzal moderno. /Suerte feliz.
felicidad *f.* Satisfacción, contento.
farsa *f. ant.* Comedia. Enredo, tramoya.

farsante *m. f.* Cómico. *a.-s.* Que finge lo que no siente; embaucador. /cosa u otra.
fas *Por fas o por nefas*, por una
fasces *f. pl.* Haz de varas con una segur en medio, insignia del cónsul romano.
fascículo *m.* Cada uno de los cuadernos impresos en que se suele dividir y expender un libro.
fascinación *f.* Acción de fascinar. Engaño, alucinación. /hechizar.
fascinar *t.* Deslumbrar, alucinar.
fase *f.* Cada uno de los aspectos sucesivos de la Luna y los planetas. Cualquier aspecto, estado o período de un fenómeno, negocio, etc. /molestar.
fastidiar *t.-r.* Causar fastidio.
fastidio *m.* Hastío. Enfado, cansancio, molestia. /tidio.
fastidioso -sa *a.* Que causa fastidio.
fasto -ta *a.* Memorable, venturoso. *m.* Fausto. *m. pl.* Anales.
fastuosidad *f.* Calidad de fastuoso.
fastuoso -sa *a.* Ostentoso, amigo del fausto.
fatal *a.* Inevitable. Desgraciado, malo. /Desgracia.
fatalidad *f.* Calidad de fatal.
fatalismo *m.* Doctrina que considera como inevitables todos los sucesos. /talismo.
fatalista *a.-s.* Que profesa el fatalismo.
fatídico -ca *a.* Que anuncia el porvenir; siniestro, ominoso.
fatiga *f.* Cansancio. Respiración penosa. Penalidad.
fatigar *t.-r.* Causar fatiga.
fatigoso -sa *a.* Fatigado. Que causa fatiga.
fatuidad *f.* Calidad de fatuo.
fatuo -tua *a.-s.* Falto de entendimiento. Presuntuoso, vano.
fauces *f. pl.* Parte posterior de la boca.
fauna *f.* Conjunto de los animales de un país, región, etc.
fauno *m.* MIT. Semidiós de los campos y selvas.
fausto -ta *a.* Feliz. *m.* Suntuosidad. Pompa.
fautor -ra *m. f.* Persona que favorece y excita a otra, esp. en mal sentido.
favonio *m.* Viento suave.
felicitación *f.* Acción de felicitar.
felicitar *t.-r.* Dar el parabién. Expresar el deseo de que una persona sea feliz.
félido -da *a.-s.* Díc. de los mamíferos de la familia del león.
feligrés -gresa *m. f.* Persona que pertenece a una parroquia.
feligresía *f.* Jurisdicción y conjunto de feligreses de una parroquia. /a.-s. Félido.
felino -na *a.* Relativo al gato.

feliz *a.* Que tiene felicidad. Que la ocasiona. Oportuno, acertado.
felón -lona *a.-s.* Desleal, traidor.
felonía *f.* Deslealtad, traición, acción indigna.
felpa *f.* Tejido que tiene pelo por la haz. Zurra.
felpudo -da *a.* Afelpado. *m.* Ruedo, esterilla afelpada. /mujer.
femenil *a.* Perteneciente a la
femenino -na *a.* Propio de la mujer. GRAM. Dic. del género de los nombres que llevan los artículos *la, las* o *una, unas.*
fementido -da *a.* Engañoso, falso.
feminismo *m.* Doctrina social que concede a la mujer los mismos derechos que al hombre.
feminista *a.-s.* Partidario del feminismo.
femoral *a.* Relativo al fémur.
fémur *m.* Hueso del muslo.
fenecer *t.* Poner fin, concluir. *i.* Morir. Acabarse. /cer.
fenecimiento *m.* Acción de fenecer.
fenicio -cia *a.-s.* De Fenicia.
fénico -ca *a.* Dic. de un ácido desinfectante.
fénix *m.* Ave fabulosa que renacía de sus cenizas.
fenomenal *a.* Relativo al fenómeno. Tremendo, grande.
fenómeno *m.* Toda apariencia o manifestación material o espiritual. Cosa extraordinaria.
feo -a *a.* Falto de belleza. Que causa horror. De mal aspecto. *m.* Desaire grosero. /pos.
feracidad *f.* Fertilidad de los campos.
feraz *a.* Dic. de la tierra fértil.
féretro *m.* Caja en que se lleva a enterrar los difuntos.
feria *f.* Cualquier día que no sea sábado o domingo. Mercado y fiestas que se celebran en días señalados.
ferial *a.* Relativo a la feria. *m.* Feria (mercado). /tar.
feriar *t.* Vender, comprar, permu-
fermentación *f.* Acción de fermentar.
fermentar *i.* Transformarse un cuerpo orgánico por la acción de otro que no sufre modificación. /fermentar.
fermento *m.* Substancia que hace
ferocidad *f.* Fiereza, crueldad.
feroz *a.* Que obra con ferocidad o que la denota.
ferrar *t.* Guarnecer con hierro.
férreo -a *a.* De hierro. Duro, tenaz.
ferrería *f.* Lugar donde se beneficia el mineral de hierro.
ferreruelo *m.* Ant. capa corta.
ferretería *f.* Ferrería. Establecimiento del ferretero.
ferretero -ra *m. f.* El que vende

objetos de hierro.
férrico -ca *a.* Díc. de los compuestos de hierro.
ferrocarril *m.* Camino con dos rieles sobre los cuales ruedan los trenes.
ferroso -sa *a.* De hierro o que lo contiene.
ferruginoso -sa *a.* Que contiene hierro o sus compuestos.
fértil *a.* Que produce abundantes frutos.
fertilidad *f.* Calidad de fértil.
fertilizar *t.* Hacer fértil la tierra.
férula *f.* Palmeta. Dominio. CIR. Tablilla flexible.
férvido -da *a.* Ardiente.
ferviente *a.* Fervoroso.
fervor *m.* Calor intenso. Celo ardiente y afectuoso.
fervoroso -sa *a.* Que tiene fervor.
festejar *t.* Agasajar, obsequiar. Galantear.
festejo *m.* Acción de festejar. *pl.* Regocijos públicos.
festín *m.* Festejo particular con banquete, baile, música, etc. Banquete espléndido.
festival *m.* Gran fiesta, esp. musical.
festividad *f.* Día festivo. Fiesta o solemnidad.
festivo -va *a.* De fiesta. Chistoso, agudo. Alegre.
festón *m.* Bordado, dibujo o recorte en forma de ondas o puntas, en el borde de una cosa.
festonear *t.* Adornar con festón.
fetiche *m.* Ídolo de los salvajes.
fetichismo *m.* Culto de los fetiches.
fetidez *f.* Hediondez.
fétido -da *a.* Hediondo.
feudal *m.* Relativo al feudo o al feudalismo.
feudalismo *m.* Sistema de organización social propio de la Edad Media. /feudo.
feudatario -ria *a.-s.* Que tenía un
feudo *m.* Contrato por el cual un señor daba tierras, rentas, etc., a cambio de un juramento de vasallaje. Cosa dada en feudo. Vasallaje.
fez *m.* Gorro rojo propio de turcos y moros.
fiado (al) *m. adv.* Sin pagar en el acto el precio de lo que se toma.
fiador -ra *s.* Persona que fía a otra o responde por ella. *m.* Pieza con que se afirma una cosa.
fiambre *a.-m.* Que después de asado o cocido se come frío.
fiambrera *f.* Cacerola con tapa ajustada para llevar comidas.
fianza *f.* Obligación de hacer aquello a que alguno se ha obligado, si éste no lo cumple. Prenda dada en seguridad del cumplimiento de una obligación.
fiar *t.* Asegurar que otro cumplirá lo que promete, obligándose a satisfacer por él. Vender sin tomar el precio de contado. *t.-i.* Confiar.
fiasco *m.* Mal éxito, chasco.
fibra *f.* Cada uno de los filamentos que entran en la composición de los tejidos orgánicos o de ciertos minerales. Vigor, energía.
fibroso -sa *a.* Que tiene fibras.
ficción *f.* Acción de fingir. Invención poética.
ficticio -cia *a.* Fingido, aparente.
ficha *f.* Pieza usada en substitución de moneda o para señalar los tantos en el juego. Pieza del dominó. Cédula en que se consignan ciertos datos.
fichar *t.* Hacer la ficha antropométrica de alguien.
fichero *c.* Mueble para fichas.
fidedigno -na *a.* Digno de fe.
fidelidad *f.* Calidad de fiel. Exactitud. /de hilo o cordel.
fideo *m.* Pasta de sopa en forma
fiduciario -ria *a.* Que depende del crédito o confianza.
fiebre *f.* Elevación de la temperatura del cuerpo. Nombre de ciertas enfermedades. Viva excitación.
fiel *a.* Que cumple sus compromisos. Constante en su afección. Exacto. *m.* Inspector de ciertos servicios. Aguja que en las balanzas marca el equilibrio.
fielato *m.* Oficina en que se pagan los impuestos de consumo.
fielmente *adv.* Con fidelidad.
fieltro *m.* Tela de lana o pelo conglomerado.
fiera *f.* Bruto feroz y carnicero. Persona cruel.
fiereza *f.* Crueldad, saña. Braveza de las fieras.
fiero -ra *a.* Relativo a las fieras. Cruel, intratable. Terrible. Horroroso. Grande.
fiesta *f.* Día de descanso con obligación de oír misa. Día en que se celebra una solemnidad. Agasajo, caricia. Alegría, diversión.
figle *m.* Instrumento de viento de sonoridad grave.
figón *m.* Casa de comidas.
figulino -na *f.* De barro cocido.
figura *f.* Forma exterior. Cosa que representa otra. Rostro. Personaje. Nota musical. Mudanza en el baile. GEOM. Espacio cerrado por líneas.
figuración *f.* Acción de figurarse una cosa. /teatro.
figurante -ta *m. f.* Comparsa de
figurar *t.* Representar, delinear la figura. Aparentar. *i.* Formar

figurería

parte de un número de personas o cosas. r. Imaginarse.
figurería f. Mueca o ademán afectado. /trajes o adornos.
figurín m. Dibujo o modelo para
figurón m. Hombre entonado y vanidoso.
fijación f. Acción de fijar.
fijador -ra a.-s. Que fija. m. Líquido para fijar el cabello, una fotografía, etc.
fijar t. Clavar, hincar, asegurar, pegar. Hacer fijo. Dirigir la atención, la mirada. Determinar, señalar. r. Reparar, notar.
fijeza f. Firmeza, seguridad.
fijo -ja p. p. irreg. de *fijar*. Firme, seguro. Permanente.
fila f. Conjunto de personas o cosas puestas en línea.
filamento m. Cuerpo filiforme.
filamentoso -sa a. Que tiene filamentos. /mano.
filantropía f. Amor al género hu-
filantrópico -ca a. Relativo a la filantropía.
filántropo m. El que se emplea en beneficio de los demás.
filarmonía f. Amor a la música.
filarmónico -ca a.-s. Que ama la música. /destorcidos.
filástica f. MAR. Hilos de cabos
filatelia f. Afición a coleccionar sellos de correos.
filatelista c. Persona que se dedica a la filatelia.
filatería f. Verbosidad para embaucar.
filete m. Moldura angosta. Línea fina de adorno. Espiral saliente del tornillo. Solomillo.
filfa f. Mentira, engañifa.
filiación f. Procedencia. Señas personales.
filial a. Perteneciente al hijo. a.-f. Dic. del establecimiento que depende de otro.
filiar t. Tomar la filiación.
filibustero m. Ant. pirata del mar de las Antillas.
filiforme a. De forma de hilo.
filigrana f. Obra primorosa de hilos de oro o plata. Cosa delicada y pulida. Marca transparente en el papel.
filili m. Delicadeza, primor.
filípica f. Censura acre.
filipino -na a.-s. De Filipinas.
filisteo -a a.-s. De una ant. nación enemiga de los hebreos.
film m. Película cinematográfica.
filo m. Corte de un instrumento.
filología f. Ciencia del lenguaje.
filólogo -ga m. f. Persona que se dedica a la filología.
filón f. MIN. Masa de mineral que se halla en la tierra.
filosofar i. Discurrir con razones filosóficas.
filosofía f. Ciencia que trata de la esencia, propiedades y causas de las cosas naturales. Sistema filosófico. /losofía.
filosófico -ca a. Relativo a la fi-
filósofo m. El que se dedica a la filosofía.
filoxera f. Insecto que ataca las raíces de la vid.
filtración f. Acción de filtrar.
filtrar t. Hacer pasar un líquido por un filtro. i.-r. Penetrar un líquido a través de un cuerpo sólido.
filtro m. Materia porosa a través de la cual se hace pasar un fluido para depurarlo. Brebaje mágico.
fimo m. Estiércol.
fin amb. Término, remate. m. Término al cual tiende una acción; motivo. A ~ de o de que, para o para que.
finado -da f. Persona muerta.
final a. Que remata o perfecciona. m. Fin, término.
finalidad f. Fin, objeto.
finalista c. En los deportes, el que llega al partido final.
finalizar t. Concluir. i. Acabarse.
financiero -ra a. Relativo a la hacienda pública, a la banca o a los grandes negocios. m. f. Persona versada en estas materias.
finar i. Fallecer, morir. /terias.
finca f. Propiedad inmueble.
fincar i.-r. Adquirir fincas.
finchado -da a. Vano, engreído.
finés -sa a.-s. Finlandés.
fineza f. Calidad de fino. Acción obsequiosa. /finge.
fingido -da a. Que se finge. Que
fingimiento m. Acción de fingir.
fingir t.-r. Presentar como cierto o real lo que no lo es. Aparentar. /Acabar.
finiquitar t. Saldar una cuenta.
finiquito m. Saldo de una cuenta.
finlandés -sa a.-s. De Finlandia.
fino -na a. Delgado, sutil. Acabado y de buena calidad. Esbelto. Cortés, urbano. Sagaz. /gañar.
finta f. Ademán o amago para en-
finura f. Primor, delicadeza. Urbanidad, cortesía.
fiord y **fiordo** m. Golfo estrecho y profundo en las costas de Escandinavia.
firma f. Nombre y apellido que una persona pone al pie de un escrito. Acto de firmar. Empresa comercial.
firmamento m. La bóveda celeste.
firmante a.-s. Que firma.
firmar t. Poner uno su firma.
firme a. Estable, sólido. Entero, constante.

firmeza *f.* Estabilidad, solidez. Tesón, entereza.
fiscal *a.* Relativo al fisco o al oficio del fiscal. *m.* Acusador público en los tribunales. El que fiscaliza. /fiscal.
fiscalía *f.* Empleo y oficina del
fiscalizar *t.* Inspeccionar, averiguar, criticar.
fisco *m.* Erario público.
fisga *f.* Arpón tridente para pescar. Burla, ironía. /Burlarse.
fisgar *t.* Husmear, atisbar. *i.-r.*
fisgón -na *a.-s.* Burlón. Husmeador, curioso.
fisgonear *i.* Fisgar, curiosear.
fisgoneo *m.* Acción de fisgonear.
física *f.* Ciencia que estudia los fenómenos que no modifican la estructura molecular.
físico -ca *a.* Relativo a la física. Relativo a la constitución corpórea. *m.* El que se dedica a la física. Exterior de una persona.
fisiología *f.* Ciencia que estudia los órganos y sus funciones.
fisiológico -ca *a.* Relativo a la fisiología. /la fisiología.
fisiólogo *m.* El que se dedica a
fisión *f.* Escisión del núcleo del átomo.
fisirrostro *a.* Dic. del pájaro que tiene el pico muy hendido.
fisonomía *f.* Aspecto particular del rostro de una persona.
fisonómico -ca *a.* Perteneciente a la fisonomía.
fisonomista *a.-s.* Que recuerda fácilmente a las personas por su fisonomía.
fístula *f.* Conducto ulcerado y estrecho que se abre en la piel o en las mucosas.
fisura *f.* Fractura longitudinal de un hueso. Grieta, hendedura.
fitografía *f.* Descripción de las plantas.
flabelo *m.* Abanico de plumas, ornamento del Papa.
fláccido -da *a.* Flaco, flojo.
flaco, ca *a.* De pocas carnes. Flojo, sin fuerza. *m.* Defecto o pasión predominante.
flacura *f.* Calidad de flaco.
flagelación *f.* Acción de flagelar.
flagelar *t.* Azotar. Fustigar.
flagelo *m.* Azote. Prolongación filiforme y contráctil de ciertas células.
flagrante *a. poét.* Que flagra. Que se está ejecutando actualmente.
flagrar *i. poét.* Arder, llamear.
flamante *a.* Lúcido, resplandeciente. Nuevo, reciente.
flamear *i.* Despedir llamas. Ondear las velas y las banderas.
flamen *m. ant.* Sacerdote romano.
flamenco -ca *a.-s.* De Flandes. Achulado, agitanado. *m.* Ave palmípeda de patas, cuello y pico largos y encarnados.
flameo *m.* Acción de flamear.
flamígero -ra *a.* Que despide llamas o imita su figura.
flámula *f.* Especie de grímpola.
flan *m.* Dulce de yemas de huevo, leche y azúcar cuajados en un molde puesto al baño de María.
flanco *m.* Costado, lado.
flanquear *t.* Estar colocado o colocarse al flanco de una cosa, esp. para protegerla o atacarla.
flanqueo *m.* Acción de flanquear.
flaquear *i.* Debilitarse. Amenazar ruina o caída. Aflojar, ceder.
flaqueza *f.* Calidad de flaco o flojo. Acción defectuosa cometida por debilidad.
flato *m.* Acumulación molesta de gases en el tubo digestivo.
flatulencia *f.* Indisposición del que padece flatos.
flatulento -ta *a.* Que causa flatos. *a.-s.* Que los padece.
flauta *f.* Instrumento de viento en forma de tubo con orificio y llaves.
flautín *a.* Flauta pequeña.
flautista *c.* Músico que toca la flauta. /nas.
flebitis *f.* Inflamación de las venas.
fleco *m.* Adorno formado por una serie de hilos o cordoncillos colgantes.
flecha *f.* Saeta. Sagita.
flechar *t.* Poner la flecha en el arco. Herir con flecha. Inspirar amor repentino.
flechazo *m.* Disparo o herida de flecha. Amor repentino.
fleje *m.* Tira de chapa de hierro con que se aseguran toneles, fardos, etc. Resorte.
flema *f.* Mucosidad pegajosa procedente de las vías respiratorias. Apatía, lentitud, pachorra.
flemático -ca *a.* Relativo a la flema. Tardo, lento.
flemón *m.* Tumor en las encías. Inflamación del tejido conjuntivo. /o la causa.
flemoso -sa *a.* Que tiene flema
flequillo *m.* Porción de cabello recortado que cae sobre la frente.
fletamento *m.* Acción de fletar.
fletar *t.* Alquilar la nave o parte de ella.
flete *m.* Precio del alquiler de una nave o parte de ella. Carga de un buque.
flexibilidad *f.* Calidad de flexible.
flexible *a.* Que se dobla o cede fácilmente. /blarse.
flexión *f.* Acción de doblar o doflexor -ra *a.* Que produce la flexión.
flexuoso -sa *a.* Que forma ondas.
flocadura *f.* Guarnición de flecos.

flojear *i.* Flaquear. Obrar con flojedad.
flojedad *f.* Debilidad, flaqueza. Pereza, descuido. /las aves.
flojel *m.* Plumón muy fino de
flojera *f. fam.* Flojedad.
flojo -ja *a.* Mal atado; poco apretado o tirante. Falto de vigor. Perezoso, negligente.
flor *f.* Órgano de fructificación de las plantas fanerógamas. Piropo. Lo más escogido de una cosa. /de un país.
flora *f.* Conjunto de las plantas
floración *f.* Florescencia.
floral *a.* Relativo a la flor.
florear *t.* Adornar con flores. Escoger lo mejor. *i.* Decir requiebros.
florecer *i.* Echar flor. Prosperar. Existir una persona o cosa insigne. *r.* Ponerse mohoso.
floreciente *a.* Que florece. Próspero. /cer.
florecimiento *m.* Acción de flore-
florentino -na *a.-s.* De Florencia.
floreo *m.* Conversación de pasatiempo. Dicho vano.
florero -ra *a.-s.* Que echa flores. *m. f.* Florista. *m.* Vaso para poner flores.
florescencia *f.* Acción de florecer.
floresta *f.* Terreno frondoso y ameno. /tas.
florete *m.* Espadín de cuatro aris-
floricultor -ra *m.* Persona que se dedica a cultivar flores.
floricultura *f.* Arte y oficio del floricultor.
florido -da *a.* Que tiene flores. Exornado de galas retóricas. Dic. de lo más escogido.
florilegio *m.* Colección de trozos literarios selectos.
florista *m. f.* Persona que hace o vende flores.
florón *m.* Adorno a modo de flor.
flota *f.* Conjunto de buques.
flotación *f.* Acción de flotar.
flotador -ra *a.-m.* Que flota.
flotadura *f.*, **flotamiento** *m.* Flotación.
flotar *i.* Sostenerse un cuerpo en equilibrio en la superficie de un líquido o en suspensión en un gas. Ondear al aire.
flote *m.* Flotación. /queños.
flotilla *m.* Flota de buques pe-
fluctuación *f.* Acción de fluctuar.
fluctuar *i.* Vacilar un cuerpo sobre las aguas. Dudar, titubear. Oscilar los precios, etc.
fluidez *f.* Calidad de fluido.
fluido *a.-s.* Dic. de los líquidos y los gases. Dic. del estilo corriente y fácil.
fluir *i.* Correr un líquido. Brotar, manar.

flujo *m.* Movimiento de las cosas fluidas. Movimiento de ascenso de la marea. Abundancia excesiva. /rrosivo.
flúor *m.* Metaloide gaseoso co-
fluorescencia *f.* Propiedad de algunos cuerpos de emitir luz en ciertas condiciones. Luz así emitida. /cencia.
fluorescente *a.* Que tiene fluores-
fluvial *a.* Perteneciente a los ríos.
fluxión *f.* Acumulación morbosa de humores en un órgano.
foca *f.* Mamífero carnívoro pinnípedo de cabeza y cuello parecidos a los del perro.
focal *a.* Relativo al foco.
foco *m.* Punto donde vienen a reunirse los rayos de luz, calor, etc., reflejados o refractados. Punto donde está concentrada o localizada una cosa. Punto cuya distancia a cualquiera de los de una curva tiene una expresión determinada.
fofo -fa *a.* Esponjoso, blando, poco consistente.
fogarada *f.* Llamarada.
fogata *f.* Fuego que levanta llama.
fogón *m.* Sitio donde se enciende fuego en las cocinas y en las calderas de vapor.
fogonazo *m.* Llama que levantan la pólvora, el magnesio, etc.
fogonero *m.* El que cuida del fogón en las máquinas de vapor.
fogosidad *f.* Ardimiento y viveza.
fogoso -sa *a.* Ardiente, demasiado vivo.
foguear *t.* Limpiar con fuego una escopeta. MIL. Acostumbrar al fuego de la pólvora.
foja *f.* Ave zancuda, nadadora.
folia *f.* Baile español. *pl.* Baile portugués. /a las hojas.
foliáceo -a *a.* Relativo o parecido
foliación *f.* Acción de foliar. Acción de echar hojas las plantas.
foliar *a.* BOT. De la hoja o de su naturaleza. /libro.
foliar *t.* Numerar los folios de un
folicular *m.* Folletista, periodista. /derno.
folio *m.* Hoja de un libro o cua-
foliolo *m.* Hojuela de una hoja compuesta.
folklore *m.* Conjunto de leyendas, tradiciones, etc., populares.
follaje *m.* Conjunto de hojas de los árboles y plantas.
follar *t.* Afollar. *r.* Soltar una ventosidad sin ruido.
folletín *m.* Novela que se publica en los periódicos.
folletinesco -ca *a.* De folletín. Complicado y novelesco.
folletinista *c.* Escritor de folletines.
folletista *c.* Escritor de folletos.

folleto *m.* Obra impresa de corta extensión.
follón -llona *a.* Flojo, perezoso. Cobarde y ruin. *m.* Ventosidad sin ruido. Gresca, tumulto.
fomentar *t.* Excitar, promover, proteger. Aplicar fomentos.
fomento *m.* Pábulo. Auxilio, protección. Medicamento líquido que se aplica en paños.
fonación *f.* Emisión de la voz.
fonda *f.* Establecimiento público de comidas y hospedaje.
fondeadero *m.* Paraje donde puede fondear la nave.
fondear *t.* Reconocer el fondo del agua. Registrar una embarcación. *i.* Anclar.
fondeo *m.* Acción de fondear.
fondillos *m. pl.* Parte trasera de los pantalones. /fonda.
fondista *c.* Persona que tiene una
fondo *m.* Parte inferior o posterior de una cosa hueca. Parte sumergida de un buque. Superficie sólida sobre la cual descansa el agua del mar, de un río, etc. Campo de una tela, pintura, etc. Lo principal o esencial de una cosa. *sing.* y *pl.* Caudal, dinero.
fonético -ca *a.* Perteneciente a los sonidos del lenguaje. *f.* Parte de la lingüística que estudia los sonidos. /al sonido.
fónico -ca *a.* Relativo a la voz o
fonógrafo *m.* Aparato que inscribe y reproduce los sonidos.
fontana *f.* poét. Fuente.
fontanal *a.* Relativo a la fuente. *m.* Fontanar.
fontanar *m.* Manantial.
fontanería *f.* Arte de conducir las aguas. Conductos por donde se las dirige.
fontanero *m.* El que se ocupa de la conducción de aguas.
foque *m.* Vela triangular que se orienta sobre el bauprés.
forajido -da *a.-s.* Facineroso, bandido.
foral *a.* Relativo al fuero.
foráneo -a *a.* Forastero.
forastero -ra *a.-s.* Que es o viene de fuera del lugar.
forcejar y **forcejear** *i.* Hacer fuerza. Resistir, hacer oposición.
forense *a.* Perteneciente al foro.
forestal *a.* Relativo a los bosques.
forja *f.* Fragua de platero. Ferrería. Acción de forjar.
forjar *t.* Dar forma al metal con el martillo. Inventar, fingir, imaginar.
forma *f.* Apariencia, figura externa, modo de ser o de manifestarse una cosa. Tamaño de un libro. Molde. *pl.* Modales.

FORZAR

formación *f.* Acción de formar.
formal *a.* Relativo a la forma. Que tiene formalidad. Expreso, preciso.
formalidad *f.* Manera de proceder en ciertos actos. Seriedad. Exactitud, puntualidad.
formalismo *m.* Observancia rigurosa del método y formas.
formalizar *t.* Revestir de los requisitos legales. Concretar, precisar. *r.* Ponerse serio.
formar *t.* Hacer algo dándole forma. Constituir. Educar, adiestrar. Poner en orden la tropa. *i.* Colocarse uno en una formación, cortejo, etc. *r.* Desarrollarse una persona.
formato *m.* Forma de un libro.
fórmico *a.* Dic. de un ácido líquido, incoloro, de sabor picante.
formidable *a.* Muy temible o asombroso. Excesivamente grande. /infectante.
formol *m.* Cierta solución des
formón *m.* Especie de escoplo.
fórmula *f.* Forma establecida para expresar, ejecutar o resolver una cosa. Receta.
formulario -ria *a.* Relativo a las fórmulas. Que se hace por pura fórmula. *m.* Libro de fórmulas.
formulismo *m.* Excesivo apego a las fórmulas.
fornido -da *a.* Robusto y de mucho hueso.
foro *m.* Sitio donde actúan los tribunales. Lo que concierne a la abogacía y a los tribunales. Fondo del escenario.
forraje *m.* Pasto herbáceo, verde o seco. /forraje.
forrajear *t.* Segar y coger el
forrajero -ra *a.* Que sirve para forraje. *f.* Cordón que llevaba el militar de caballería.
forrar *t.* Poner forro.
forro *m.* Resguardo o cubierta con que se reviste una cosa.
fortalecer *t.-r.* Fortificar.
fortaleza *f.* Fuerza, vigor. Virtud cardinal que da fuerza para practicar la virtud. Recinto fortificado.
fortificación *f.* Acción de fortificar. MIL. Obra de defensa.
fortificar *t.-r.* Dar vigor y fuerza. Proteger con fortificaciones.
fortín *m.* Fuerte pequeño.
fortísimo *a* Superl. de *fuerte*.
fortuito -ta *a.* Casual, inopinado.
fortuna *f.* Casualidad, suerte. Buena suerte. Hacienda, caudal.
forzado -da *a.* No espontáneo. Forzoso. *m.* Presidiario.
forzar *t.* Hacer fuerza o violencia. Obligar a que se ejecute una cosa.

forzosamente adv. Por fuerza.
forzoso -sa a. Que no se puede excusar o evitar.
forzudo -da a. Que tiene grandes fuerzas.
fosa f. Sepultura. Cada una de ciertas cavidades del cuerpo.
fosfatado -da a. Que tiene fosfato.
fosfato m. Sal del ácido fosfórico. /cencia.
fosforecer i. Manifestar fosforescencia.
fosforera f. Cajita para fósforos.
fosforescencia f. Propiedad de los cuerpos luminiscentes en la oscuridad.
fosforescente a. Que fosforece.
fosforescer t. Fosforecer.
fosfórico -ca a. Relativo al fósforo.
fósforo m. Metaloide sólido, amarillento, muy venenoso. Trozo de cerilla, madera, etc., con cabeza inflamable, que sirve para encender.
fósil a.-m. Dic. de los seres orgánicos que se encuentran petrificados en las capas terrestres. /sil.
fosilizarse r. Convertirse en fósil.
foso m. Hoyo. Piso inferior del escenario. Excavación que circuye una fortaleza.
fotocopia f. Copia fotográfica.
fotogénico -ca a. Apto para la reproducción fotográfica.
fotograbado m. Arte de grabar planchas por medios fotográficos. Grabado obtenido de este modo.
fotografía f. Arte de producir imágenes por la acción química de la luz. Imagen así obtenida. Taller del fotógrafo.
fotografiar t. Hacer fotografías.
fotógrafo m. El que se dedica a la fotografía.
fotometría f. Medida de la intensidad de la luz.
fotómetro m. Instrumento para medir la intensidad de la luz.
fotosfera f. Atmósfera luminosa del sol.
fototipia f. Arte de obtener clisés tipográficos por medio de la fotografía.
frac m. Vestidura de hombre que por delante llega hasta la cintura y por detrás tiene dos faldones. /éxito.
fracasar i. Frustrarse. No tener
fracaso m. Malogro, mal éxito. Caída o ruina estrepitosa.
fracción f. División en partes. Parte de un todo. MAT. Cociente indicado. Número quebrado.
fraccionar t. Dividir en partes.
fraccionario -ria a. Relativo a una fracción. Dic. del número quebrado.
fractura f. Acción de fracturar.
fracturar t. Romper o quebrar.
fragancia f. Olor suave y delicioso.
fragante a. Que despide fragancia. Flagrante.
fragata f. Buque de tres palos con cofas y vergas.
frágil a. Quebradizo. Perecedero. Que cae fácilmente en pecado.
fragilidad f. Calidad de frágil.
fragmentar t. Reducir a fragmentos.
fragmentario -ria a. Incompleto.
fragmento m. Pedazo, trozo, porción.
fragor m. Ruido prolongado, estruendo. /doso.
fragoroso -sa a. Ruidoso, estruen
fragosidad f. Aspereza y espesura de un monte.
fragoso -sa a. Áspero, intrincado. Fragoroso. /tales.
fragua f. Fogón para forjar me
fraguar t. Forjar, idear, discurrir.
fraile m. Religioso.
frailuno -na a. desp. Propio de fraile. /bueso.
frambuesa f. Fruto del fram
frambueso m. Especie de zarza de fruto encarnado comestible.
francachela f. Comida alegre y regocijada.
francés -cesa a.-s. De Francia.
francesilla f. Planta ranunculácea de jardín.
franciscano -na a.-s. De la Orden de San Francisco de Asís.
francmasón -ona m. f. Individuo de la francmasonería.
francmasonería f. Asociación secreta que usa símbolos tomados de la albañilería.
franco -ca a. Dadivoso. Ingenuo, leal en su trato. Libre, desembarazado. Exento; que no paga. a.-s. Dic. de un pueblo que dominó la Galia. m. Moneda de Francia, Bélgica y Suiza. /diz.
francolín m. Ave parecida a la per
franela f. Tejido fino ligeramente cardado por una cara.
franquear t. Desembarazar, abrir camino. Pagar en sellos el porte por el correo. r. Descubrir uno su interior a otro.
franqueo m. Acción de franquear las cartas.
franqueza f. Libertad, exención. Liberalidad. Sinceridad.
franquicia f. Exención del pago de ciertos derechos.
frasco m. Vaso angosto de cuello recogido.
frase f. Conjunto de palabras que

forma sentido.
frasear *t.* Formar frases.
fraseología *f.* Conjunto de modismos o locuciones.
fraterna *f.* Represión áspera.
fraternal *a.* Propio de hermanos.
fraternidad *f.* Unión y amor entre hermanos. /manos.
fraternizar *i.* Tratarse como hermanos.
fraterno -na *a.* Perteneciente a los hermanos. /cidio.
fratricida *a.-s.* Que comete fratri-
fratricidio *m.* Crimen del que mata a su hermano.
fraude *m.* Engaño con que se perjudica a uno. /fraude.
fraudulento *a.* Que se hace con
fray *m.* Apóc. de *fraile.*
frazada *f.* Manta peluda que se echa sobre la cama.
frecuencia *f.* Calidad de frecuente.
frecuentar *t.* Repetir un acto a menudo. Concurrir con frecuencia a un lugar.
frecuente *a.* Que ocurre o se hace a menudo. Usual.
fregadero *m.* Recipiente en que se friegan las vasijas, platos, etc.
fregar *t.* Restregar con fuerza. Limpiar y lavar el pavimento, los platos, etc.
fregatriz y **fregona** *f.* Criada que friega. /pescado.
freiduría *f.* Tienda donde se fríe
freír *t.* Cocer en aceite o grasa hirviendo.
frenar *t.* Refrenar. Moderar o parar con el freno. /tación.
frenesí *m.* Delirio furioso; exal-
frenético -ca *a.* Poseído de frenesí. Furioso.
frenillo *m.* Membrana que sujeta la lengua por la parte inferior.
freno *m.* Instrumento que colocado en la boca de la caballería sirve para gobernarla. Aparato que modera o detiene el movimiento de un carruaje. Sujeción.
frenología *f.* Hipótesis que considera que a cada una de las partes del cerebro corresponde una facultad, afecto o instinto.
frenopatía *f.* Estudio de las enfermedades mentales.
frente *f.* Parte superior de la cara. Parte delantera de una cosa. Línea que ocupan los ejércitos combatientes.
fresa *f.* Planta rosácea de tallos rastreros y fruto rojo. Este fruto. /fresas.
fresal *m.* Terreno plantado de
fresca *f.* Fresco. Dicho picante.
frescachón *a.* Fresco o rollizo.
fresco *a.* Moderadamente frío. Reciente, acabado de coger, hacer, etc. Sereno, impávido. Desvergonzado. Rollizo, sano. *m.* Frío moderado. Pintura hecha sobre una capa de estuco fresco.
frescor *m.* Frescura o fresco.
frescura *f.* Calidad de fresco. Desvergüenza. Dicho picante.
fresno *m.* Árbol de tronco grueso y madera elástica. /de.
fresón *m.* Variedad de fresa gran-
fresquera *f.* Jaula o armario para conservar frescos los comestibles.
freza *f.* Excremento de algunos animales. Desove y huevos de los peces. /Desovar.
frezar *i.* Despedir el excremento.
friable *f.* Que se desmenuza fácilmente.
frialdad *f.* Frío. Indiferencia, desafecto. /rozar.
fricción *f.* Acción de friccionar o
friccionar *t.* Dar friegas.
friega *f.* Acción de estregar una parte del cuerpo.
frigidez *f.* Frialdad.
frígido -da *a.* Frío.
frigio -gia *a.-s.* De Frigia.
frigorífico -ca *a.* Que produce enfriamiento.
frijol *m.* Alubia.
frío *a.* Que tiene una temperatura sensiblemente inferior a la del cuerpo humano. Indiferente, desafecto. Falto de gracia. *m.* Disminución notable de calor. Sensación que produce.
friolento -ta *a.* Friolero.
friolera *f.* Cosa de poca monta.
friolero -ra *a.* Muy sensible al frío.
frisar *t.* Rizar el pelo de los tejidos. *i.* Acercarse, lindar.
frisio -sia *a.-s.* Frisón.
friso *m.* ARQ. Parte entre el arquitrabe y la cornisa. Faja en la parte superior o inferior de las paredes.
frisón -na *a.* De Frisia.
fritada y **-tanga** *f.* Conjunto de cosas fritas.
frito -ta p. p. irreg. de *freír.*
fritura *f.* Fritada.
frivolidad *f.* Calidad de frívolo.
frívolo -la *a.* Ligero, veleidoso. Fútil.
fronda *f.* Hoja de planta. *pl.* Conjunto de hojas o ramas espesas.
frondosidad *f.* Abundancia de hojas y ramas.
frondoso -sa *a.* Que abunda en hojas o en árboles.
frontal *a.* Relativo a la frente.
frontera *f.* Confín de un Estado. Fachada.
fronterizo -za *a.* Que está en la frontera. Que está enfrente.
frontero -ra *a.* Situado enfrente. *adv.* Enfrente.
frontis *m.* Fachada. Frontispicio.
frontispicio *m.* Fachada o delantera. ARQ. Frontón.

frontón *m.* Pared o edificio para el juego de pelota. ARQ. Remate triangular.
frotación *f.*, **frotamiento** *m.* Acción de frotar.
frotar *t.-r.* Pasar repetidamente una cosa sobre otra con fuerza.
frote *m.* Frotación.
fructífero -ra *a.* Que produce fruto. /tificar.
fructificación *f.* Acción de fructificar.
fructificar *i.* Dar fruto.
fructuoso -sa *a.* Que da fruto o utilidad.
frugal *a.* Parco en comer y beber. Que consiste en alimentos simples y poco abundantes.
frugalidad *f.* Calidad de frugal.
frugívoro -ra *a.* Que se alimenta de frutos.
fruición *f.* Complacencia, goce.
frumentario -ria y **frumenticio -cia** *a.* Relativo al trigo y otros cereales.
frunce *m.* Pliegue o conjunto de pliegues menudos.
fruncir *t.* Arrugar la frente o las cejas. Recoger una tela haciendo en ella arrugas menudas.
fruslería *f.* Cosa de poco valor.
frustráneo -a *a.* Que no produce el efecto apetecido.
frustrar *t.* Privar a uno de lo que esperaba. *t.-r.* Malograr un intento. /plantas.
fruta *f.* Fruto comestible de las
frutal *a.* Dic. del árbol que da fruta.
frutería *f.* Tienda donde se vende fruta.
frutero -ra *a.* Que sirve para llevar o contener fruta. *m.* Plato para servir fruta. *m. f.* Vendedor de fruta.
fruticoso -sa *a.* Dic. de las plantas semileñosas.
fruto *m.* Producto de las plantas constituido por la semilla o semillas y su envoltura. Producto, utilidad, resultado.
fucilazo *m.* Relámpago sin ruido.
fuco *m.* Alga que crece a orillas del mar.
fucsia *f.* Arbusto de jardín, de flores colgantes.
fucsina *f.* Colorante para teñir de rojo oscuro.
fuego *m.* Desprendimiento de calor y luz producido por la combustión. Cuerpo en estado de combustión. Incendio. Ardor de las pasiones o de la sangre. Efecto de disparar las armas de fuego.
fuelle *m.* Instrumento para soplar. Pieza plegable en los lados de ciertos objetos. Pliegue en un vestido.

fuente *f.* Manantial. Construcción con caños o espitas por donde sale el agua. Pila bautismal. Plato grande.
fuer *m. A fuer de*, a título de, a modo de.
fuera *adv.* A, o en, la parte exterior. En otra parte. *Fuera de*, excepto, salvo.
fuero *m.* Jurisdicción, poder. Compilación de leyes. Privilegio. Arrogancia.
fuerte *a.* Que tiene fuerza. Versado. *m.* MIL. Fortaleza. Aquello en que uno más sobresale.
fuerza *f.* Capacidad de acción o de resistencia; actividad, energía, intensidad. Poder. Violencia. *sing.* y *pl.* Gente de guerra.
fuga *f.* Huida apresurada. Escape de un fluido. Cierta especie de composición musical.
fugarse *r.* Escaparse, huir.
fugaz *a.* Que con velocidad huye y desaparece.
fugitivo -va *a.-s.* Que huye. Que pasa muy aprisa.
fuina *f.* Garduña.
fulano -na *s.* Voz con que se suple el nombre de una persona cuando se ignora o se calla. Persona indeterminada.
fulgente y **fúlgido -da** *a.* Resplandeciente.
fulgor *m.* Brillo, resplandor.
fulguración *f.* Acción de fulgurar.
fulgurar *i.* Brillar.
fuliginoso -sa *a.* Parecido al hollín.
fulminación *f.* Acción de fulminar.
fulminante *a.* Que fulmina. *a.* Dic. de la enfermedad repentina y mortal. *a.-m.* Que estalla con explosión.
fulminar *t.* Arrojar rayos. Imponer sentencias, excomuniones.
fulmíneo -a *a.* De la naturaleza del rayo.
fullería *f.* Trampa en el juego. Engaño. /rías.
fullero -ra *a.-s.* Que hace fulle-
fumada *f.* Porción de humo que se toma de una vez fumando.
fumadero *m.* Sitio para fumar.
fumador -ra *a.-s.* Que tiene costumbre de fumar.
fumar *i.* Humear. *i.-t.* Aspirar y despedir el humo del tabaco, opio, etc.
fumaria *f.* Hierba de jugo amargo y medicinal.
fumarola *f.* Grieta en la tierra por donde salen gases.
fumigación *f.* Acción de fumigar.
fumigar *t.* Desinfectar con humo.
fumista *m.* El que hace o vende cocinas, estufas, etc.
fumistería *f.* Establecimiento del fumista.

fumoso -sa *a.* Que abunda en humo.
funámbulo -la *m. f.* Volatinero que hace ejercicios sobre una cuerda.
función *f.* Acción propia de un órgano o una máquina. Ejercicio de un empleo o cargo. Acto público, espectáculo.
funcional *a.* Relativo a las funciones.
funcionario -ria *m. f.* Empleado público.
funda *f.* Cubierta, bolsa, etc., con que se resguarda una cosa.
fundación *f.* Acción de fundar. Obra benéfica, cultural, etc.
fundador -ra *a.-s.* Que funda.
fundamental *a.* Que sirve de fundamento.
fundamentar *t.* Echar los cimientos. Establecer, asegurar.
fundamento *m.* Cimiento de un edificio. Principio, base. Seriedad, formalidad.
fundar *t.* Empezar a edificar. Establecer, erigir, instituir. *t.-r.* Apoyar con razones.
fundente *a.-s.* Que facilita la fusión.
fundición *f.* Acción de fundir. Fábrica en que se funden metales. Hierro colado. /oficio.
fundidor *m.* El que funde por
fundir *t.* Derretir y liquidar cuerpos sólidos. *t.-r.* Unir intereses, partidos, etc.
fundo *m.* Finca rústica.
fúnebre *a.* Relativo a los muertos. Triste, luctuoso.
funeral *a.* Funerario. *m.* Solemnidad de un entierro. Exequias.
funerario -ria *a.* Relativo al entierro. *f.* Empresa encargada de la conducción y entierro de difuntos.
funesto -ta *a.* Aciago. Triste, desgraciado.
fungoso -sa *a.* Esponjoso, fofo.
funicular *a.-m.* Dic. del ferrocarril que funciona por medio de cuerdas o cables.
furgón *m.* Carro largo cubierto para transporte. Vagón de ferrocarril para los equipajes.

furia *f.* Ira exaltada. Violencia, impetuosidad. Velocidad. Persona muy irritada. MIT. Divinidad infernal.
furibundo -da *a.* Lleno de furia.
furioso -sa *a.* Poseído de furia. Violento, terrible.
furor *m.* Cólera, furia. Arrebatamiento.
furriel *m.* MIL. Cabo que distribuye las provisiones. /das.
furtivo -va *a.* Hecho a escondidas.
furúnculo *m.* Divieso.
fusa *f.* Nota musical que vale media semicorchea.
fusco -ca *a.* Oscuro.
fuselaje *m.* Cuerpo del avión.
fusible *a.-m.* Que puede fundirse.
fusiforme *a.* De figura de huso.
fusil *m.* MIL. Arma de fuego portátil de cañón largo.
fusilamiento *m.* Acción de fusilar.
fusilar *t.* Ejecutar a uno con una descarga de fusiles.
fusilazo *t.* Tiro de fusil.
fusilería *f.* Conjunto de fusiles o de fusileros. /fusil.
fusilero *m.* Soldado armado de
fusión *f.* Liquidación de un cuerpo por la acción del calor. Unión de partidos, intereses, etc.
fusionar *t.-r.* Unir partidos, intereses, etc. /go y delgado.
fusta *f.* Leña delgada. Látigo largo.
fuste *f.* Asta de lanza. Pieza de madera de la silla de montar. Parte de la columna entre el capitel y la base. Importancia, entidad. /dureza.
fustigar *t.* Azotar. Censurar con
fútbol *m.* Juego entre dos equipos cada uno de los cuales impulsando un balón con los pies trata de hacerlo pasar por la meta contraria.
futesa *f.* Fruslería, nadería.
fútil *a.* De poca importancia.
futilidad *f.* Poca o ninguna importancia de una cosa.
futura *f.* Novia, prometida.
futuro -ra *a.* Que está por venir o suceder. *a.-s.* GRAM. Dic. del tiempo verbal que expresa acción futura. *m.* Novio, prometido.

G

G g *f.* Octava letra del alfabeto español.
gabacho -cha *a.-s.* desp. Francés.
gabán *m.* Abrigo, sobretodo.
gabardina *f.* Sobretodo de tela gralte. impermeable.
gabarra *f.* Embarcación para la carga y descarga en los puertos.
gabela *f.* Tributo o impuesto.
gabinete *m.* Aposento destinado al estudio o a recibir en la intimidad. Sala con una colección de objetos de un arte o ciencia. Ministerio, Gobierno.
gacela *f.* Antílope pequeño muy esbelto y ágil.
gaceta *f.* Periódico en que se dan noticias de algún ramo especial.
gacetilla *f.* Noticia corta en un periódico. /llas.
gacetillero *m.* Redactor de gacetillas.
gacha *f.* Cualquier masa muy blanda. *f. pl.* Comida compuesta de harina, agua, sal, leche, miel, etc.
gacho -cha *a.* Inclinado hacia tierra. /atractivo.
gachón -na *a.* Que tiene gracia y
gaditano -na *a.-s.* De Cádiz.
gafa *f.* Grapa. *pl.* Anteojos con enganches para afianzarlos detrás de las orejas.
gafete *m.* Corchete (broche).
gafo -fa *a.-s.* Que tiene contraídos los dedos.
gaita *f.* Instrumento de viento formado por una especie de odre con tres tubos. Nombre de otros instrumentos.
gaitero *m.* El que toca la gaita.
gaje *m.* Emolumento, salario.
gajo *m.* Rama de árbol. Parte del racimo de uvas. Racimo apiñado de cualquier fruta. División interior de algunas frutas. Punta, parte, división de ciertas cosas.
gala *f.* Vestido o adorno suntuoso. Lo más selecto. Gracia y bizarría.
galactosa *f.* Azúcar de la leche.
galaico -ca *a.* De Galicia.
galán *m.* Apóc. de *galano. m.* Hombre gallardo. El que galantea a una mujer. Actor que desempeña alguno de los principales papeles serios.
galancete *m.* Galán joven.

galano -na *a.* Bien adornado. Elegante.
galante *a.* Atento, obsequioso, esp. con las damas. Que gusta de que la galanteen.
galanteador *a.-s.* Que galantea.
galantear *t.* Requebrar, obsequiar. Enamorar.
galanteo *m.* Acción de galantear.
galantería *f.* Acción o expresión obsequiosa. Generosidad.
galantina *f.* Carne rellena que se come fiambre.
galanura *f.* Gracia, gentileza, gallardía.
galápago *m.* Tortuga de vida lacustre. Motón de caja chata por un lado. Silla de montar ligera.
galardón *m.* Premio, recompensa.
galardonar *t.* Premiar, recompensar. /grande extensión.
galaxia *f.* Vía láctea. Nebulosa de
galbana *f.* Pereza.
gálbula *f.* Fruto compuesto, globoso, propio del ciprés y plantas afines.
galena *f.* Sulfuro de plomo nativo.
galeno *m.* fam. Médico.
galeote *m.* Forzado en las galeras.
galera *f.* Nave antigua de vela y remos. Carro grande, cubierto, de cuatro ruedas. Cárcel de mujeres. Crustáceo marino comestible.
galería *f.* Habitación larga y espaciosa. Corredor descubierto o con vidrieras. Colección de obras artísticas. Camino subterráneo. Bastidor que sostiene la cortina.
galerna *f.* Viento fuerte del NO. en el Cantábrico.
galga *f.* Palo grueso que sirve de freno a las ruedas del carro. Piedra grande.
galgo -ga *a.-s.* Dic. de un perro muy ligero de cuerpo delgado y patas largas.
galicismo *m.* Vocablo o giro de la lengua francesa empleado en otra. /Galias.
gálico -ca *a.* Perteneciente a las
galileo -a *a.-s.* De Galilea.
galillo *m.* Úvula.
galimatías *m.* Lenguaje oscuro. Confusión.
galio *m.* Hierba que sirve para cuajar la leche. Metal parecido al aluminio.

galiparlista *m.* El que usa galicismos.
galocha *f.* Zueco.
galón *m.* Tejido estrecho a manera de cinta. El que usan como distintivo ciertas clases del ejército.
galonear *t.* Adornar con galones.
galop *f.* Danza de origen húngaro y movimiento muy vivo.
galopada *f.* Carrera a galope.
galopante *a.* Que galopa. Díc. de la tisis de evolución muy rápida.
galopar *i.* Ir a galope. /pida.
galope *m.* Marcha más levantada y veloz del caballo.
galopillo *m.* Pinche de cocina.
galopín *m.* Muchacho sucio y desharrapado. Pícaro, bribón.
galvánico -ca *a.* Perteneciente al galvanismo.
galvanismo *m.* Electricidad dinámica, esp. la producida por una acción química.
galvanizar *t.* Recubrir un metal con una ligera capa de otro. Infundir nuevos ánimos.
galvanómetro *m.* Instrumento para apreciar la intensidad y el sentido de una corriente eléctrica.
galvanoplastia *f.* Arte de cubrir los cuerpos con capas metálicas mediante la electrólisis.
gallardear *i.* Ostentar gallardía.
gallardete *m.* Banderita larga y rematada en punta.
gallardía *f.* Desenfado y buen aire. Bizarría, valor.
gallardo -da *a.* Airoso, apuesto. Bizarro. Grande, excelente.
gallear *i.* Alzar la voz con amenaza. Descollar. /tañido.
gallegada *f.* Baile gallego y su
gallego -ga *a.-s.* De Galicia.
gallera *f.* Reñidero de gallos.
galleta *f.* Bizcocho (pan). Pasta de harina, azúcar y otras substancias cocida al horno.
gallina *f.* Hembra del gallo. Persona cobarde.
gallináceo -a *a.* Relativo o parecido a la gallina. *a.-s.* Dic. de las aves poco voladoras de cuerpo grueso y patas cortas, como el gallo. /gallinas.
gallinaza *f.* Excremento de las
gallinazo *m.* Aura (ave).
gallinero -ra *m. f.* Persona que trata en gallinas. *m.* Lugar donde se crían aves de corral. Paraíso del teatro.
gallineta *f.* Fúlica. Chocha.
gallipato *f.* Anfibio que vive en los estanques cenagosos.
gallito *m.* El que sobresale y hace valer en alguna parte.
gallo *m.* Ave gallinácea, doméstica, con cresta y carúnculas rojas y espolones en los tarsos. El que todo lo manda o lo quiere mandar. Nota aguda falsa dada por el que canta.
gallocresta *f.* Planta de hojas parecidas a la cresta de un gallo.
gallofa *f.* Comida que se daba a los peregrinos. Cuento, chisme.
gallofear *i.* Holgazanear viviendo de limosna.
gallón *m.* ARQ. Adorno que consta de la cuarta parte de un huevo puesta entre dos hojas. Tepe.
gama *f.* Hembra del gamo. Escala musical. Escala, gradación de colores.
gamba *f.* Crustáceo comestible.
gamberro -rra *a.-s.* Libertino, disoluto. Grosero, mal educado.
gambeta *f.* Movimiento que se hace cruzando las piernas en el aire al danzar. Corveta.
gambetear *i.* Hacer gambetas.
gamboa *f.* Variedad de membrillo.
gamella *f.* Arco que se forma en cada extremo del yugo. Artesa para dar de comer a los animagamezno *m.* Gamo pequeño. /les.
gamma *f.* Letra griega correspondiente a la *g* suave.
gamo *m. f.* Rumiante cérvido de pelo rojizo salpicado de manchitas blancas.
gamón *m.* Planta de flores blancas y hojas ensiformes.
gamuza *f.* Antílope del tamaño de una cabra, con cuernos lisos y encorvados en la punta. Piel de gamuza adobada. Tejido que la imita.
gana *f.* Deseo, apetito, voluntad.
ganadería *f.* Copia de ganado. Raza especial de ganado. Cría y tráfico de ganados.
ganadero -ra *a.* Relativo al ganado o que trafica en él.
ganador -ra *a.-s.* Que gana.
ganancia *f.* Acción de ganar y su efecto, esp. en el comercio.
ganancial *a.* Perteneciente a la ganancia.
gananacioso -sa *a.-s.* Que ocasiona ganancia. Que la obtiene.
ganapán *m.* Faquín. Hombre rudo y tosco.
ganar *t.* Lograr, adquirir o aumentar un beneficio, esp. de dinero. Vencer. Conquistar. Llegar al lugar que se pretende. Captar la voluntad. Aventajar. *i.* Prosperar, mejorar.
ganchillo *m.* Aguja de gancho. Labor hecha con ella.
gancho *m.* Instrumento corvo y puntiagudo para agarrar o colgar cosas. /gancho.
ganchudo -da *a.* Con forma de
gándara *f.* Tierra baja e inculta.

gandujar *t.* Encoger, fruncir, plegar. /gazán.
gandul -la *a.-s.* Vagabundo, holgazán.
gandulear *i.* Holgazanear.
ganduleria *f.* Calidad de gandul.
ganga *f.* Lo que se adquiere a poca costa. Materia inútil que acompaña a los minerales. Ave parecida a la perdiz.
ganglio *m.* Masa de células nerviosas. Cuerpo rojizo y esponjoso en el trayecto de los vasos linfáticos.
gangoso -sa *a.* Que ganguea.
gangrena *f.* Desorganización y privación de vida en un tejido.
gangrenarse *r.* Padecer gangrena.
gangrenoso -sa *a.* Con carácter de gangrena.
ganguear *i.* Hablar con resonancia nasal.
gangueo *m.* Acción de ganguear.
ganoso -sa *a.* Deseoso.
gansada *f.* Sandez.
ganso -sa *m.* Ave palmípeda, doméstica, de pico anaranjado y pies rojizos. *a.-s.* Persona tarda, perezosa o sandia.
ganzúa *f.* Garfio para abrir sin llaves las cerraduras.
gañán *m.* Mozo de labranza. /ñe.
gañido *m.* Grito del animal que gañiles *m. pl.* Región del cuerpo del animal que comprende los órganos de la voz.
gañir *i.* Dar gritos agudos el perro y otros animales cuando los maltratan.
gañote *m.* Garguero.
garabatear *i.-t.* Garrapatear.
garabato *m.* Gancho de hierro para asir o colgar algo. Gracia femenina. Garrapato. /viles.
garaje *m.* Cochera para automóviles.
garambaina *f.* Adorno de mal gusto. *pl.* Visajes, muecas.
garante *a.-s.* Que da garantía.
garantia *f.* Fianza, prenda. Cosa que asegura o protege contra algún riesgo o necesidad.
garantir y **garantizar** *t.* Dar garantía, responder de una cosa.
garañón *m.* Asno padre.
garapiña *f.* Estado del líquido congelado en grumos.
garapiñar *t.* Poner un líquido en estado de garapiña. Bañar en el almíbar que forma grumos.
garapiñera *f.* Vasija para garapiñar.
garapito *m.* Insecto que nada en las aguas estancadas.
garatusa *f.* Halago, caricia interesada. /garbanzos.
garbanzal *m.* Terreno sembrado de
garbanzo *m.* Planta leguminosa de semillas globosas alimenticias.
garbear *i.* Afectar garbo. /cias.
garbillar *t.* Ahechar grano.

garbo *m.* Gallardía, buen porte. Gracia, elegancia. Desinterés.
garboso -sa *a.* Airoso, gallardo.
garceta *f.* Ave zancuda de penacho con dos plumas filiformes.
gardenia *f.* Planta de flores blancas y muy olorosas. Flor de la gardenia.
garduña *f.* Mamífero carnicero mustélido, algo mayor que la comadreja.
garduño -ña *m. f.* Ratero mañoso, ladrón astuto.
garfa *f.* Uña corva, garra.
garfada *f.* Acción de agarrar con las uñas.
garfio *m.* Gancho de hierro.
garganta *f.* Parte anterior del cuello. Espacio entre el velo del paladar y el esófago. Parte del pie por donde está unido a la pierna. Estrechura en una montaña, río, etc. En la polea, ranura por donde pasa la cuerda.
gargantear *i.* Gorgoritear.
gargantilla *f.* Collar que ciñe la garganta.
gárgaras *pl.* Acción de mantener un líquido en la garganta, con la boca hacia arriba, sin tragarlo y arrojando el aliento.
gargarismo *m.* Acción de gargarizar. Licor para hacer gárgaras.
gargarizar *i.* Hacer gárgaras.
gárgol *m.* Ranura en un madero.
gárgola *f.* Caño o canal de tejado o fuente.
garguero *m.* Parte superior de la tráquea o toda ella.
garita *f.* Casilla para abrigo de centinelas y vigilantes.
garito *m.* Casa de juego.
garlar *i.* Charlar.
garlito *m.* Celada, asechanza.
garlopa *f.* Cepillo grande de carpintero.
garnacha *f.* Vestido talar de los togados. Uva roja muy dulce y vino hecho con ella.
garra *f.* Pata del animal armada de uñas corvas. Mano del hombre.
garrafa *f.* Vasija esférica, de cuello largo y angosto.
garrafal *a.* Muy grande, exorbitante. /majuana.
garrafón *m.* Aum. de *garrafa.* Damajuana.
garrancha *f.* Espada. Espata.
garrancho *m.* Parte dura, saliente del tronco o rama de un árbol. Gancho.
garrapata *f.* Arácnido que vive parásito sobre ciertos animales.
garrapatear *i.* Hacer garrapatos. Escribir.
garrapato *m.* Rasgo irregular y caprichoso. *pl.* Letras y rasgos mal formados.

garrar y **garrear** i. Cejar un buque arrastrando el ancla.
garrido -da a. Galano, gentil.
garrocha f. Vara con un arponcillo en su extremo. Vara para picar a los toros.
garrón m. Espolón de ave. Extremo de la pata de algunos animales por donde se cuelgan.
garrotazo m. Golpe dado con un garrote.
garrote m. Palo grueso. Ligadura fuerte. Instrumento con que se estrangula al reo.
garrotillo m. Difteria.
garrucha f. Polea. /gárrula.
garrulería f. Charla de persona
gárrulo -la a. Muy hablador. Díc. del ave que canta o chirría mucho. /largo.
garza f. Ave zancuda con moño
garzo -za a. De color azulado.
garzota f. Ave zancuda parecida a la garceta. Penacho en sombreros, morriones, etc. /me.
gas m. Cualquier cuerpo aeriforme
gasa f. Tela muy clara y sutil.
gascón -cona a.-s. De Gascuña.
gaseiforme a. Que se encuentra en estado de gas.
gaseoso -sa a. Gaseiforme. Que contiene gases.
gasificar t. Convertir en gas.
gasógeno m. Aparato para obtener un gas.
gasolina f. Líquido inflamable obtenido del petróleo.
gasolinera f. Embarcación con motor de gasolina.
gasómetro m. Depósito donde se almacena el gas.
gastador -ra a.-s. Que gasta mucho. Soldado de la escuadra que abre la marcha en los desfiles.
gastar t. Emplear el dinero. Tener, usar habitualmente. t.-r. Consumir con el uso.
gasterópodo -da a.-s. Díc. de los moluscos que se arrastran.
gasto m. Acción de gastar.
gastralgia f. Dolor de estómago.
gástrico -ca a. Relativo al estómago.
gastroenteritis f. Inflamación de las mucosas gástrica e intestinal.
gastronomía f. Arte culinaria. Afición a comer opíparamente.
gástronomo -ma m. f. Persona aficionada a la gastronomía.
gata f. Hembra del gato.
gatada f. Acción propia de gato. Jugarreta.
gatas (a) m. adv. Con pies y manos en el suelo. /Hurtar.
gatear i. Andar a gatas. Trepar. t.
gatera f. Agujero para que puedan pasar los gatos.
gatería f. Junta de gatos. Halago y humildad interesados.
gatillo m. Percusor o disparador de un arma de fuego. Instrumento para sacar muelas.
gato m. Mamífero doméstico, félido, que caza ratones. Máquina con un engranaje para levantar grandes pesos. Bolsa, dinero.
gatuno -na a. Relativo al gato.
gatuña f. Hierba leguminosa.
gatuperio m. Mezcla de cosas incoherentes. Embrollo, intriga.
gaucho -cha a.-s. De las pampas argentinas y uruguayas.
gavia f. MAR. Vela del mastelero.
gavial m. Reptil parecido al cocodrilo.
gavilán m. Ave rapaz parecida al halcón. Cada uno de los hierros de la cruz de la espada.
gavilla f. Haz de mieses, sarmientos, etc. Junta de muchas personas.
gaviota f. Ave palmípeda que vive en las costas y se alimenta de peces. /francés.
gavota f. Ant. danza de origen
gaya f. Lista de diverso color que el fondo.
gayo -ya a. Alegre, vistoso.
gayuba f. Mata sobre cuyas raíces vive una cochinilla.
gaza f. MAR. Lazo que se forma en el extremo de un cabo.
gazapa f. Mentira, embuste. /blar.
gazapatón m. Disparate en el ha-
gazapera f. Madriguera de los conejos. /yerro.
gazapo m. Conejo nuevo. Gazapo,
gazmoñería f. Afectación de modestia, devoción o escrúpulos.
gazmoño -ña a.-s. Que tiene gazmoñería.
gaznápiro -ra a.-s. Palurdo, torpe. /nate.
gaznatada f. Manotada en el gaz-
gaznate m. Garguero.
gazpacho m. Sopa fría de pan, aceite, agua, vinagre, ajos, etc.
gazuza f. Hambre.
ge f. Nombre de la letra g.
gea f. Descripción del reino inorgánico de un país.
géiser m. Surtidor intermitente de agua y vapor, de origen volcánico.
gelatina f. Substancia sólida transparente que se obtiene de los huesos, tendones, etc.
gelatinoso -sa a. De gelatina. Abundante en ella. Parecido a ella.
gema f. Yema, botón. Piedra preciosa. Sal ~, sal de mina.
gemebundo -da a. Que gime.
gemelo -la a. Díc. de dos hermanos nacidos al mismo tiempo. Díc. de dos piezas u ór-

ganos iguales de una máquina, aparato, etc. *m. pl.* Anteojos de teatro o campaña. Botones para los puños de las camisas.

gemido *m.* Acción de gemir.

geminado -da *a.* Doble o dispuesto en par.

Géminis *m.* Signo y constelación zodiacal.

gemir *i.* Expresar el dolor con voces quejumbrosas.

genciana *f.* Planta de raíz aperitiva y medicinal.

gendarme *m.* Guardia civil de algunos países.

genealogía *f.* Serie de los ascendientes de cada individuo.

genealógico -ca *a.* Relativo a la genealogía. /en genealogías.

genealogista *c.* Persona versada

generación *f.* Acción de engendrar. Sucesión de descendientes en línea recta. Conjunto de todos los vivientes coetáneos.

generador -ra *a.* Que engendra u origina. *m.* Máquina productora de energía.

general *a.* Común a todos o a muchos. Vago, indeciso. Vasto. *m.* Oficial superior en el ejército. Prelado superior de una orden religiosa.

generala *f.* Mujer del general. *m.* MIL. Toque para que las fuerzas se pongan sobre las armas.

generalato *m.* Empleo de general. Conjunto de los generales.

generalidad *f.* Calidad de general. La mayor parte.

generalísimo *m.* General en jefe.

generalización *f.* Acción de generalizar. /común.

generalizar *t.* Hacer general o

generalmente *adv.* Con generalidad, en general. /ra.

generatriz *a.-f.* GEOM. Generado-

genérico -ca *a.* Común a muchas especies. GRAM. Perteneciente al género. Díc. del nombre común.

género *f.* Conjunto de cosas o seres que tienen caracteres comunes. Especie, clase. Accidente gramatical relativo al sexo de personas o animales o el que se atribuye a las cosas. Mercancía. /roso.

generosidad *f.* Calidad de gene-

generoso -sa *a.* Noble, magnánimo. Dadivoso. Excelente, de buena clase.

génesis *f.* Origen y formación de una cosa. *m.* Primer libro de la Biblia.

genial *a.* Perteneciente al genio.

genialidad *f.* Singularidad propia del carácter de una persona.

genio *m.* Carácter de una persona. Disposición para una cosa. Aptitud superior, don altísimo de invención. Persona que lo posee. /neración.

genital *a.* Que sirve para la ge-

genitivo *m.* GRAM. Caso de la declinación que expresa posesión, pertenencia o materia de que está hecha una cosa.

genovés -sa *a.-s.* De Génova.

gente *f.* Pluralidad de personas. Tropa. Nación. Familia.

gentil *a.-s.* Idólatra, pagano. Gracioso, apuesto, galano. /tesía.

gentileza *f.* Gracia, gallardía. Cor-

gentilhombre *m.* Buen mozo. Noble que servía en casa de los reyes.

gentilicio -cia *a.* Perteneciente a las naciones y al linaje o familia. /gentiles.

gentílico -ca *a.* Relativo a los

gentilidad *f.* Conjunto de los gentiles. Su religión.

gentilmente *adv.* Con gentileza.

gentío *m.* Afluencia de mucha gente.

gentuza *f.* Gente despreciable.

genuflexión *f.* Acción de doblar la rodilla. /gítimo.

genuino -na *a.* Puro, natural, le-

geodesia *f.* Ciencia que tiene por objeto determinar la figura y magnitud de la superficie terrestre.

geognosia *f.* Parte de la geología que estudia la composición de la Tierra.

geografía *f.* Ciencia de la descripción de la Tierra.

geográfico -ca *a.* Concerniente a la geografía. /geografía.

geógrafo *m.* El que se dedica a la

geología *f.* Ciencia que estudia la historia de la Tierra y la formación de sus materiales.

geológico -ca *a.* Concerniente a la geología. /geología.

geólogo *m.* El que se dedica a la

geómetra *m.* El que se dedica a la geometría.

geometría *f.* Parte de las matemáticas que trata de la extensión. /la geometría.

geométrico -ca *a.* Perteneciente a

geórgica *f.* Obra poética relacionada con la agricultura.

geranio *m.* Planta de jardín de tallo carnoso y flores en umbela. /gerente.

gerencia *f.* Cargo y oficina del

gerente *m.* Director de una empresa. /grande.

gerifalte *m.* Especie de halcón

germanía *f.* Jerga de ladrones y rufianes.

germánico -ca *a.* De Alemania.

germano -na *a.-s.* De la antigua Germania. Alemán.

germen *m.* Principio, origen, semilla. /nar.
germinación *f.* Acción de germinar.
germinal *a.* Relativo al germen.
germinar *i.* Empezar a desarrollarse la semilla.
gerundense *a.-s.* De Gerona.
gerundio *m.* GRAM. Forma no personal del verbo que en español termina en -*ando* o -*iendo*.
gesta *f.* Conjunto de hechos memorables de un hombre o un pueblo. /ción.
gestación *f.* Preparación, elaboración.
gestatorio -ria *a.* Que se lleva a brazos.
gestear, gesticular *i.* Hacer gestos.
gestión *f.* Acción de gestionar.
gestionar *t.* Hacer diligencias para el logro de algo.
gesto *m.* Expresión del rostro; ademán. Mueca.
gestor -ra *a.-s.* Que gestiona. Que participa en la dirección de una empresa.
giba *f.* Corcova.
gibelino -na *a.-s.* Partidario de los emperadores de Alemania contra los Papas, en la Edad Media.
giboso -sa *a.* Corcovado.
giga *f.* Ant. danza.
gigante *a.* Gigantesco.
gigante -ta *m. f.* Persona extraordinariamente alta. Gigantón.
gigantesco -ca *a.* Relativo a los gigantes. Muy grande o sobresaliente en su línea.
gigantón -tona *m. f.* Aum. de *gigante*. Figura gigantesca que se lleva en algunas procesiones.
gigote *m.* Comida picada en pedazos menudos.
gimnasia *f.* Arte de fortalecer y desarrollar el cuerpo mediante ciertos ejercicios. Estos ejercicios.
gimnasio *m.* Lugar destinado a la gimnasia. Centro de enseñanza intelectual. /gimnasia.
gimnasta *c.* Persona ejercitada en
gimnástico -ca *a.* Relativo a la gimnasia. *f.* Gimnasia.
gimnoto *m.* Pez que produce descargas eléctricas.
gimotear *i.* Gemir con frecuencia.
ginebra *f.* Licor aromatizado con bayas de enebro.
ginebrino -na *a.-s.* De Ginebra.
gineceo *m.* Aposento de las mujeres en la ant. casa griega. BOT. Verticilo floral formado por los pistilos.
ginecología *f.* Estudio de las enfermedades de la mujer.
giralda *f.* Veleta de torre en figura humana o de animal.
girar *i.* Dar vueltas. Negociar. *i.-t.* COM. Expedir letras u órdenes de pago.
girasol *m.* Planta de grandes cabezuelas amarillas que dan semillas comestibles y oleaginosas.
giratorio -ria *a.* Que gira o da vueltas.
giro *m.* Acción de girar. Frase. Dirección, aspecto que toma una cosa. /tanos.
gitanada *f.* Acción propia de gi-
gitanería *f.* Conjunto de gitanos. Caricia, mimo interesado.
gitanesco -ca *a.* Propio de gitanos.
gitano -na *a.-s.* De un pueblo nómada cuyas tribus se esparcieron por Europa a fines del siglo XIII. *a.* Propio de gitanos.
glacial *a.* Helado, frío.
glaciar *m.* Helero.
glacis *m.* FORT. Explanada.
gladiador *m.* El que en los juegos romanos batallaba a muerte.
gladiolo *m.* BOT. Espadaña.
glándula *f.* ZOOL. Cualquiera de los órganos que elaboran y segregan substancias. /dulas.
glandular *a.* Propio de las glán-
glanduloso -sa *a.* Que tiene glándulas.
glasé *m.* Tafetán muy brillante.
glasear *t.* Dar brillo al papel, la ropa, etc. /ro.
glauco -ca *a.* De color verde cla-
gleba *f.* Terrón que levanta el arado. Tierra de labor.
glicerina *f.* Alcohol incoloro y dulce que se obtiene por la saponificación de las grasas.
glicina, glicinia *f.* Planta de jardín de flores en racimos.
global *a.* Total. Considerado en conjunto.
globo *m.* Cuerpo esférico. Bombo de lámpara. *Globo aerostático*, aparato que, lleno de un gas, se eleva en la atmósfera. *Globo dirigible*, zepelín. *En globo*, en conjunto.
globoso -sa *a.* De figura de globo.
globular *a.* De figura de glóbulo.
glóbulo *m.* Corpúsculo esférico.
globuloso -sa *a.* Compuesto de glóbulos.
gloria *f.* Bienaventuranza. Cielo de los bienaventurados. Fama, honor. Esplendor. Gusto, placer. /Complacerse.
gloriarse *r.* Preciarse, jactarse.
glorieta *f.* Cenador de jardín. Plazoleta. /car.
glorificación *f.* Acción de glorifi-
glorificar *t.* Conferir la gloria. Ensalzar.
glorioso -sa *a.* Digno de gloria o que goza de ella. Que procura

gloria. Jactancioso.
glosa *f.* Explicación o comento de un texto.
glosar *t.* Explicar, comentar.
glosario *m.* Diccionario de voces obscuras o desusadas. Vocabulario. Colección de glosas.
glosopeda *f.* Enfermedad contagiosa de los ganados.
glotis *f.* Abertura superior de la laringe.
glotón -na *a.-s.* Que come con exceso y con ansia.
glotonería *f.* Calidad y vicio del glotón.
glucinio *m.* Metal muy raro.
glucógeno -na *a.* Que produce azúcar o glucosa.
glucómetro *m.* Instrumento para medir el azúcar de un líquido.
glucosa *f.* Especie de azúcar que se encuentra en ciertos frutos y en la sangre.
gluten *m.* Substancia adhesiva que se encuentra en la harina.
glúteo -a *a.* Perteneciente a la nalga.
glutinoso -sa *a.* Pegajoso, viscoso.
gneis *m.* Roca parecida al granito.
gnomo *m.* Ser fantástico, enano, dotado de poder sobrenatural.
gnomon *m.* Indicador de las horas en el reloj solar.
gobernación *f.* Gobierno.
gobernador -ra *a.-s.* Que gobierna. *m.* Jefe superior de un territorio.
gobernalle *m.* Timón.
gobernar *t.* Dirigir, conducir. Regir, mandar.
gobierno *m.* Acción de gobernar. Conjunto de los ministros de un Estado. Forma política según la cual es gobernado éste. Empleo y oficina del gobernador.
gobio *m.* Pez de río comestible.
goce *m.* Acción de gozar.
godo -da *a.-s.* De un pueblo germánico que fundó reinos en España e Italia.
gofio *m.* Harina de maíz o de trigo tostados.
gol *m.* En el fútbol, puerta y acto de introducir por ella la pelota.
gola *f.* Gaznate. Pieza de la armadura que defendía la garganta. Moldura en forma de *S*.
goleta *f.* Velero ligero de dos o tres palos.
golf *m.* Juego escocés en que se trata de meter una pelota en ciertos hoyos, dándole con un palo.
golfo -fa *m. f.* Pilluelo, vagabundo. *m.* Gran porción de mar que se interna en la tierra. Cierto juego de envite.
golilla *f.* Especie de cuello que usaban los curiales.
golondrina *f.* Pájaro fisirrostro de cuerpo negro por encima y blanco por debajo, alas puntiagudas y cola abarquillada.
golondrino *m.* Pollo de la golondrina. Tumor en el sobaco.
golosina *f.* Manjar delicado. Deseo, apetito.
golosinar y **-near** *i.* Andar comiendo golosinas.
goloso -sa *a.-s.* Aficionado a las golosinas.
golpe *m.* Encuentro repentino y violento de dos cuerpos. Latido del corazón. Suceso repentino. Admiración, sorpresa. Abundancia, copia.
golpear *t.-i.* Dar repetidos golpes.
gollería *f.* Manjar exquisito y delicado. fig. Delicadeza, demasía.
gollete *m.* Parte superior de la garganta. Cuello estrecho de algunas vasijas.
goma *f.* Exudación de ciertas plantas, que se endurece al aire y forma con el agua disoluciones glutinosas.
gomorresina *f.* Substancia formada de goma y resina.
gomoso -sa *a.* Que tiene goma o se parece a ella. *m.* Pisaverde.
góndola *f.* Bote de recreo usado esp. en Venecia.
gondolero *m.* El que dirige la góndola.
gong *m.* Batintín, gora.
gongorismo *m.* Imitación de Góngora.
goniómetro *m.* Instrumento para medir ángulos.
gordiano *a.* Dic. del nudo inextricable o de la dificultad insoluble.
gordiflón -ona, gordinflón -ona *a.* Muy grueso, pero de carnes fofas.
gordo -da *a.* De muchas carnes. Muy abultado o grueso. Craso. *m.* Grasa del animal. Premio mayor de la lotería.
gordura *f.* Grasa del cuerpo. Exceso de carnes y grasa.
gorgojo *m.* Coleóptero que ataca a las semillas y granos. Persona muy pequeña.
gorgoritear *i.* Hacer gorgoritos.
gorgorito *m.* Quiebro que se hace con la voz al cantar.
gorgoteo *m.* Ruido producido por el movimiento de un líquido o de un gas en una cavidad.
gorguera *f.* Ant. cuello alechugado.
gorila *m.* Mono antropomorfo, grande y fiero.
gorja *f.* Garganta.
gorjal *m.* Parte de la vestidura del sacerdote que rodea el cuello. Pieza de la armadura, que se ajustaba al cuello.

gorjear *i.* Hacer gorjeos.
gorjeo *m.* Quiebro que se hace con la voz en la garganta. Díc. esp. del canto de los pájaros.
gorra *f.* Prenda para abrigar la cabeza, sin copa ni alas. *De gorra*, a costa ajena.
gorrero -ra *m. f.* Persona que hace o vende gorras. Gorrista.
gorrinería *f.* Porquería.
gorrino -na *m. f.* Cerdo.
gorrión -na *m. f.* Pájaro muy común de plumaje gris oscuro.
gorrista *a.-s.* Que vive o se divierte de gorra.
gorro *m.* Prenda de tela o punto para abrigar la cabeza.
gorrón -na *a.-s.* Gorrista. *m.* MEC. Espiga en que termina un árbol vertical.
gota *f.* Glóbulo de cualquier líquido. Enfermedad que causa hinchazón muy dolorosa en ciertas articulaciones.
gotear *i.* Caer gota a gota.
gotera *f.* Gotas de agua que caen en el interior de un espacio techado. Hendedura del techo por donde caen. /via.
goterón *m.* Gota grande de lluvia.
gótico -ca *a.* Relativo a los godos. ARQ. Díc. del estilo que tiene como característica el arco ojival.
gotoso -sa *a.-s.* Que padece gota.
gozar *t.-i.* Tener alguna cosa de la cual se saca ventaja. *i.-r.* Sentir placer.
gozne *m.* Herraje articulado con que se fijan al quicial las hojas de puertas y ventanas. Bisagra, charnela.
gozo *m.* Placer, alegría.
gozoso -sa *a.* Que tiene gozo.
gozque *a.-s.* Díc. de un perro pequeño muy ladrador.
grabado *m.* Arte de grabar. Procedimiento para grabar. Estampa.
grabador -ra *m. f.* Persona que graba por oficio.
grabar *t.* Labrar sobre una plancha de metal o madera, figuras, letras, etc. Fijar profundamente. /sión.
gracejo *m.* Donaire en la expregracia. *f.* Ayuda sobrenatural otorgada por Dios al hombre. Don, beneficio. Indulto. Benevolencia, amistad. Atractivo. Donaire. Chiste.
grácil *a.* Sutil, delicado.
graciosidad *f.* Gracia, hermosura. Chiste, ocurrencia.
gracioso -sa *a.* Que tiene gracia. Chistoso. Gratuito. *m. f.* Actor que desempeña papeles festivos.

grada *f.* Peldaño. Instrumento agrícola para allanar la tierra.
gradación *f.* Serie de cosas ordenadas gradualmente.
gradería *f.* Conjunto de gradas.
gradilla *f.* Escalerilla portátil. Soporte para los tubos de ensayo.
grado *m.* Escalón. Cada uno de los estados, valores o calidades que puede tener una cosa. Sección de una escuela. Título que se da al que termina sus estudios en una facultad. División de una escala que sirve de unidad de medida. Cada una de las 360 partes en que se divide la circunferencia.
graduación *f.* Acción de graduar. Categoría de un militar.
graduado -da *a.* Que tiene grado. Dividido en grados.
graduar *t.* Dar a una cosa el grado que le corresponde. Dividir u ordenar en grados. *t.-r.* Conferir o recibir grado académico.
gráfico -ca *a.* Concerniente a la escritura. Que representa por medio del dibujo. Que expresa clara y vivamente. *m.* Representación por medio del dibujo. *f.* Dibujo esquemático que hace ver la relación que guardan entre sí ciertos datos.
grafito *m.* Mineral de carbono, negro y lustroso.
grafología *f.* Arte de conocer el carácter de una persona por su escritura.
gragea *f.* Confite muy menudo.
grajo *m.* Pájaro parecido al cuervo, de pico y pies rojos y uñas negras.
grama *f.* Planta gramínácea medicinal, muy común.
gramática *f.* Arte de hablar y escribir bien una lengua. Texto en que se enseña. /mática.
gramatical *a.* Relativo a la gra**gramático -ca** *a.* Gramatical. *m.* El entendido en gramática.
gramináceo -a y **gramíneo -a** *a.-f.* Díc. de ciertas plantas de flores en espiguilla, reunidas en espigas o racimos.
gramo *m.* Unidad de peso del sistema métrico decimal (peso, en el vacío, de un cm.³ de agua destilada a 4º C.)
gramófono *m.* Fonógrafo en el cual las vibraciones están inscritas sobre un disco.
gramola *f.* Gramófono cuyo estuche sirve de caja acústica.
gran *a.* Apóc. de *grande*.
grana *f.* Granazón. Cochinilla.

Quermes. Color rojo. Paño fino.
granada *f.* Fruto del granado. ARTILL. Proyectil explosivo.
granadero *m.* Soldado que arrojaba granadas. /pasionaria.
granadilla *f.* Flor y fruto de la
granado -da *a.* Notable, principal. Espigado, alto. *m.* Árbol que da un fruto globoso, de corteza coriácea, con multitud de granos rojos. /granos.
granalla *f.* Metal reducido a
granar *i.* Formarse y crecer el grano de ciertos frutos.
granate *m.* Piedra fina de color rojo oscuro.
granazón *f.* Acción de granar.
grande *a.* Que excede a lo común y regular. Prócer, magnate.
grandeza *f.* Calidad de grande. Majestad y poder. Dignidad de grande de España.
grandilocuencia *f.* Elocuencia elevada.
grandilocuente, grandilocuo -cua *a.* Que habla o escribe con grandilocuencia.
grandiosidad *f.* Grandeza, magnificencia. /magnífico.
grandioso -sa *a.* Sobresaliente,
grandor *m.* Tamaño. /grande.
grandullón -na *a.* aum. desp. de
graneado -da *a.* Reducido a grano: Salpicado de pintas. Díc. del fuego que hacen los soldados sin intermisión.
granel (a) *m.* *adv.* Sin número ni medida. Sin envase, sin empaquetar.
granero *m.* Sitio donde se guarda el grano.
granítico -ca *a.* De granito o semejante a él.
granito *m.* Roca dura, compuesta de feldespato, cuarzo y mica.
granívoro -ra *a.* Que se alimenta de granos.
granizada *f.* Copia de granizo que cae de una vez.
granizado *m.* Bebida helada.
granizar *i.* Caer granizo.
granizo *m.* Agua congelada que cae de las nubes en forma de granos.
granja *f.* Hacienda con casería. Establecimiento donde se venden o sirven productos lácteos.
granjear *t.* Adquirir caudal traficando. *t.-r.* Conseguir, captar.
granjería *f.* Ganancia. /tar.
granjero -ra *a.* *m.* *f.* Persona que cuida de una granja.
grano *m.* Fruto de los cereales. Semilla pequeña, baya de la uva, etc. Trozo pequeño redondeado. Ant. peso. Tumorcillo en la piel. /nos.

granoso -sa *a.* Cubierto de gra-
granuja *f.* Uva desgranada. Pilluelo. Bribón.
granujiento -ta *a.* Granoso.
granulación *f.* Acción de granular. /los.
granular *a.* Que presenta gránu-
granular *t.* Reducir a gránulos.
gránulo *m.* Dim. de *grano*. Bolita medicamentosa.
granuloso -sa *a.* Que tiene gránulos.
granza *f.* Rubia (planta).
granzas *f.* *pl.* Residuos de las semillas, después de cribarlas.
granzones *pl.* Nudos de la paja que quedan al cribar.
grapa *f.* Pieza metálica, cuyos dos extremos, doblados, se clavan para unir o sujetar algo.
grasa *f.* Sebo del animal. Mugre. Substancia untuosa.
grasiento -ta *a.* Lleno de grasa.
graso -sa *a.* Pingüe, mantecoso.
grasoso -sa *a.* Impregnado de grasa.
gratificación *f.* Remuneración extraordinaria o por un servicio eventual.
gratificar *t.* Recompensar con gratificación. Dar gusto.
grátil *m.* Orilla de la vela por donde se une a la verga.
gratis *adv.* De balde.
gratitud *f.* Agradecimiento.
grato -ta *a.* Gustoso, agradable.
gratuito -ta *a.* De balde. Arbitrario, infundado. /cada.
grava *f.* Guijo. Piedra machagravamen *m.* Carga, obligación. Censo, hipoteca, etc.
gravar *t.-r.* Cargar, imponer gravamen.
grave *a.-m.* Que pesa. Importante. Arduo. Serio, circunspecto. Díc. del sonido bajo, hueco. GRAM. Díc. de la palabra cuyo acento carga en la penúltima sílaba.
gravedad *f.* Calidad de grave. Fuerza de atracción hacia el centro de la Tierra. Pesantez.
grávido -da *a.* poét. Cargado, lleno.
gravitación *f.* Acción de gravitar. Atracción universal.
gravitar *i.* Obedecer un cuerpo celeste a la gravitación. Pesar o tener propensión a caer un cuerpo sobre otro.
gravoso -sa *a.* Molesto. Oneroso.
graznar *i.* Dar graznidos.
graznido *m.* Grito del cuervo, el grajo, etc. Canto desapacible.
greca *f.* Faja decorativa compuesta por líneas en que se va repitiendo la misma combina-
greco -ca *a.-s.* Griego. /ción.

grecolatino -na *a.* Concerniente a griegos y latinos.
greda *f.* Arcilla arenosa, propia para quitar manchas.
gredoso -sa *a.* Relativo a la greda.
gregario -ria *a.* Que forma grey. Que sigue servilmente las ideas ajenas.
greguería *f.* Algarabía.
greguescos *m. pl.* Calzones muy anchos usados antiguamente.
gremial *a.* Relativo al gremio.
gremio *m.* Corporación formada por la gente de un oficio, profesión, etc.
greña *f.* Cabellera revuelta y mal compuesta.
gres *m.* Pasta para fabricar cerámica refractaria.
gresca *f.* Bulla, algazara. Riña.
grey *f.* Rebaño. Conjunto de individuos que tienen algún carácter común.
griego -ga *a.-s.* De Grecia.
grieta *f.* Quiebra, abertura, hendedura.
grifo -fa *a.* Crespo, enmarañado. *m.* Llave para dar salida a un líquido. Animal fabuloso, medio águila y medio león.
grillarse *r.* Echar grillos las semillas, bulbos y tubérculos.
grillera *f.* Agujero o jaula de grillos.
grillete *m.* Aro de hierro para fijar una cadena al pie de un preso.
grillo *m.* Insecto que produce un sonido agudo y monótono. Tallo tierno de las semillas, bulbos y tubérculos. *pl.* Conjunto de dos grilletes.
grima *f.* Desazón, horror que causa una cosa.
grimpola *f.* Gallardete corto.
gringo -ga *a. desp.* Extranjero. *m.* Lenguaje ininteligible.
gripe *f.* Enfermedad epidémica, con manifestaciones catarrales.
gris *a.-s.* Dic. del color ceniciento. Triste, apagado.
grisáceo -a y **griseo -a** *a.* Que tira a gris. /de Suiza.
grisón -na *a.-s.* De un cantón
grisú *m.* Gas mefítico y detonante que se desprende en las minas de carbón.
grita *f.* Gritería. Voces de desagrado. /gritos.
gritar *i.* Levantar la voz; dar
griterio *m.* y **-ría** *f.* Confusión de voces altas y desentonadas.
grito *m.* Efecto de gritar. Expresión pronunciada en voz muy alta.
gro *m.* Tela de seda sin brillo.
groenlandés -sa *a.-s.* De Groenlandia.
grog *m.* Bebida de agua caliente, ron, azúcar y limón.
grosella *f.* Fruto del grosellero.
grosellero *m.* Arbusto cuyo fruto es una baya pequeña, roja y agridulce. /dad.
grosería *f.* Descortesía. Tosque-
grosero -ra *a.* Ridículo y extravagante. De mal gusto.
grúa *f.* Máquina para levantar pesos con un brazo giratorio y una o más poleas.
gruesa *f.* Doce docenas.
grueso -sa *a.* Corpulento, abultado. Grande. *m.* Una de las tres dimensiones. Espesor o cuerpo de una cosa. Parte principal de un todo.
gruir *i.* Gritar las grullas.
grulla *f.* Ave zancuda, alta, de plumaje ceniciento. /nero.
grumete *m.* Aprendiz de mari-
grumo *m.* Cuajarón. Conjunto de cosas apiñadas. /mos.
grumoso -sa *a.* Lleno de gru-
gruñido *m.* Voz del cerdo. Voz amenazadora de algunos animales. Sonidos roncos, inarticulados de una persona.
gruñir *i.* Dar gruñidos.
gruñón -na *a.* Que gruñe.
grupa *f.* Anca de una caballería.
grupo *m.* Conjunto de seres o cosas. /tificial.
gruta *f.* Caverna natural o ar-
grutesco -ca *a.-m.* Dic. del adorno caprichoso de bichos, quimeras y follajes.
guacamayo *m.* Papagayo de plumaje rojo, azul y amarillo.
guadamaci o **-cil** y **guadameci** o **-cil** *m.* Cuero adornado con dibujos o relieves.
guadaña *f.* Instrumento para segar a ras de tiera. /daña.
guadañar *t.* Segar con la gua-
guadarnés *m.* Lugar donde se guardan los arneses.
guajiro -ra *m. f.* Campesino blanco de Cuba.
gualda *f.* Planta que sirve para teñir de amarillo.
gualdera *f.* Cada uno de los tablones laterales de una escalera, cureña, etc.
gualdo -da *a.* Amarillo dorado.
gualdrapa *f.* Cobertura que cubre las ancas de la caballería.
gualdrapazo *m.* Golpe de las velas de un buque contra los palos y jarcias.
guanaco *m.* Rumiante sudamericano, parecido a la llama.
guanche *a.-s.* Dic. de un ant. poblador de las islas Canarias.
guano *m.* Abono formado por el excremento de ciertas aves ma-

rinas. Abono mineral que se le parece.
guantada *f.* y **-azo** *m.* Golpe dado con la mano abierta.
guante *m.* Prenda que se adapta a la mano para abrigarla.
guantelete *m.* Manopla.
guantería *f.* Establecimiento y oficio del guantero.
guantero -ra *m. f.* Persona que hace o vende guantes.
guapetón -na *a.* Aum. de *guapo*.
guapeza *f.* Bizarría, valor. Ostentación en el vestir. Valentonería.
guapo -pa *a.* Bien parecido. Ostentoso en el vestir. *m.* Hombre pendenciero. /azúcar.
guarapo *m.* Jugo de la caña de
guarda *c.* Persona que guarda. *f.* Acción de guardar. Guarnición de la espada. Varilla exterior del abanico. Hoja que ponen los encuadernadores al principio y al fin de los libros. Hierro de la cerradura que corresponde a un hueco de la llave.
guardabarrera *c.* En los ferrocarriles, persona que cuida de un paso a nivel.
guardabarros *m.* Alero de coche.
guardabosque *m.* Guarda de un bosque.
guardabrisa *m.* Bastidor con cristal en la parte anterior del automóvil. Parabrisa.
guardacantón *m.* Poste de piedra en las esquinas de las calles y en los lados de los caminos.
guardacostas *m.* Buque destinado a guardar las costas.
guardafrenos *m.* El que maneja los frenos en los trenes.
guardaagujas *m.* El que maneja las agujas en las vías férreas.
guardainfante *m.* Ant. Especie de tontillo hueco.
guardalmacén *m.* El que guarda un almacén. /espada.
guardamano *m.* Guarnición de la
guardameta *m.* En el juego de fútbol, jugador que se coloca ante el recinto que sirve de meta para evitar la entrada del balón. Portero.
guardamonte *m.* Pieza que protege el disparador de un arma de fuego.
guardamuebles *m.* Local donde se guardan muebles.
guardapolvo *m.* Resguardo o sobretodo para preservar del polvo.
guardar *t.* Cuidar, custodiar, vigilar, preservar de daño. Observar, cumplir. Conservar, retener. *r.* Precaverse. Evitar.
guardarropa *m.* Local o armario para guardar ropa.
guardarropía *f.* Conjunto de trajes y efectos del teatro. Lugar donde se custodian.
guardarruedas *m.* Guardacantón.
guardería *f.* Ocupación del guarda. Institución para el cuidado de los niños durante las horas de trabajo de sus padres.
guardesa *f.* Mujer que guarda una cosa. Mujer del guarda.
guardia *f.* Defensa, custodia. Tropa que guarda un puesto. Cuerpo de tropa destinado a mantener el orden, escoltar, etc. *m.* Individuo de una guardia. *Guardia marina*, cadete de la armada.
guardián -na *s.* Persona que custodia algo. Prelado de un convento de franciscanos.
guardilla *f.* Buhardilla.
guarecer *t.-r.* Acoger, dar refugio. Guardar, preservar.
guarida *f.* Lugar donde se guarecen los animales. Refugio.
guarismo *m.* Cifra arábiga. Cantidad expresada con cifras.
guarnecer *t.* Poner guarnición. Adornar. Equipar.
guarnición *f.* Adorno en las ropas. Engaste. Defensa en las armas blancas para preservar la mano. Tropa que defiende un lugar. *pl.* Correaje de las caballerías.
guarnicionero *m.* El que hace guarniciones para las caballe-
guarro -rra *a.* Cochino. /rías.
guasa *f.* Chanza, burla. Sosería.
guasón -ona *a.-s.* Burlón, chancero. /mala.
guatemalteco -ca *a.-s.* De Guate-
¡guay! *interj.* ¡Ay!
guayaba *f.* Fruto del guayabo. Jalea hecha con él.
guayabo *m.* Árbol americano de fruto comestible.
guayaco *m.* Árbol americano medicinal. /del guayaco.
guayacol *m.* Principio medicinal
gubernamental *a.-s.* Perteneciente o favorable al gobierno.
gubernativo -va *a.* Perteneciente al gobierno.
gubia *f.* Formón de mediacaña.
guedeja *f.* Cabellera larga. Melena del león.
güelfo *a.-s.* Partidario de los Papas contra los gibelinos, en la Edad Media.
guerra *f.* Lucha armada entre naciones o partidos. Pugna.
guerrear *i.* Hacer guerra.
guerrero -ra *a.* Relativo a la guerra. *a.-s.* Que guerrea. Inclinado a la guerra.

guerrilla *f.* MIL. Formación en orden abierto. Partida de paisanos que hostiliza al enemigo.
guerrillero *m.* El que manda una guerrilla o sirve en ella.
guía *c.* Persona que enseña el camino. La que enseña o dirige a otra. *f.* Cosa que dirige o encamina. Extremo del bigote retorcido.
guiar *t.* Enseñar el camino. *t.-r.* Dirigir, encaminar, conducir.
guija *f.* Piedra pelada y chica. Almorta.
guijarral *m.* Terreno guijarroso.
guijarro *m.* Piedra lisa y no muy grande. /guijarros.
guijarroso -sa *a.* Que abunda en
guijo *m.* Conjunto de guijas.
guilladura *f.* Chifladura.
guillarse *r.* Irse, huirse. Chiflarse.
guillotina *f.* Máquina para decapitar. Máquina de cortar papel.
guillotinar *t.* Decapitar con guillotina.
guincho *m.* Pincho de palo.
guinda *f.* Fruto del guindo.
guindaleza *f.* MAR. Cabo grueso y largo. /fam. *t.-r.* Ahorcar.
guindar *t.* Colgar de lo alto.
guindilla *f.* Pimiento pequeño y muy picante.
guindo *m.* Árbol parecido al cerezo, de fruto redondo y ácido.
guinea *f.* Moneda inglesa (21 chelines).
guineo -a *a.-s.* De Guinea.
guiñada *f.* Acción de guiñar.
guiñapo *m.* Andrajo, trapo.
guiñar *t.* Cerrar un ojo momentáneamente. *r.* Hacerse guiños.
guiño *m.* Guiñada.
guión *m.* Cruz que precede a un prelado. Bandera de una cofradía. Escrito esquemático que sirve de guía. Argumento de una película. Signo ortográfico (-).
guipar *t.* vulg. Ver, descubrir.
guipur *m.* Encaje de mallas gruesas. /coa.
guipuzcoano -na *a.-s.* De Guipúzcoa.
guirigay *m.* Lenguaje ininteligible. Gritería, confusión.
guirlache *m.* Turrón de almendras tostadas y caramelo.
guirnalda *f.* Corona abierta o tira entretejida de flores y ra
guisa *f.* Modo, manera. /mos.
guisado *m.* Guiso preparado con salsa. /guisa.
guisandero -ra *m. f.* Persona que
guisante *m.* Planta leguminosa de tallos volubles y semillas globosas comestibles. Semilla del guisante.
guisar *t.* Preparar los manjares al fuego.
guiso *m.* Manjar guisado.
guisote *m.* Desp. de *guiso*.
guita *f.* Cuerda delgada. fam. Dinero.
guitarra *f.* MÚS. Instrumento de caja estrechada por el medio, con mástil y seis cuerdas que se pulsan con los dedos.
guitarrero -ra *m. f.* Persona que hace o vende guitarras.
guitarrillo *m.* Guitarra pequeña de cuatro cuerdas.
guitarrista *c.* Persona que toca la guitarra.
guitarro *m.* Guitarrillo.
gula *f.* Exceso en la comida o bebida. Apetito desordenado de comer y beber.
gules *m. pl.* BLAS. Color rojo.
gulusmear *m.* Golosinear. Andar oliendo lo que se guisa.
gumía *f.* Daga encorvada de los moros.
gurrumino -na *a.* Desmedrado.
gurullada *f.* fam. Cuadrilla de gente baladí.
gurullo *m.* Burujo.
gusanear *i.* Hormiguear.
gusanera *f.* Sitio donde se crían gusanos. /sanos.
gusaniento -ta *a.* Que tiene gu
gusanillo *m.* Dim. de *gusano*.
gusano *m.* Animal invertebrado, de forma prolongada y cuerpo blando, sin esqueleto ni patas articuladas. Lombriz. Oruga.
gusarapiento -ta *a.* Que tiene gusarapos. fig. Muy inmundo y corrompido.
gusarapo *m.* Cualquiera de los animales de forma de gusano que se crían en los líquidos.
gustar *t.* Percibir el sabor. Experimentar, probar. *t.-i.* Agradar. Tener complacencia en algo.
gustazo *m.* Gusto grande.
gustillo *m.* Dejo o saborcillo.
gusto *m.* Sentido corporal con el cual percibimos el sabor de las cosas. Placer, deleite. Facultad de sentir o apreciar lo bello. Manera de apreciar las cosas. Capricho, antojo, voluntad.
gutapercha *f.* Cierta goma translúcida. Tela barnizada con ella.
gutural *a.* Relativo a la garganta.
guzla *f.* MÚS. Instrumento de una sola cuerda a modo de rabel.

H

H h *f.* Novena letra del alfabeto español. Hoy carece de sonido.
haba *f.* Planta anual de legumbre larga y rolliza con varias semillas oblongas y aplastadas. Su fruto y su semilla. Roncha.
habanera *f.* Danza propia de La Habana.
habanero -ra *a.-s.* De La Habana.
habano -na *a.* De La Habana. *m.* Cigarro puro de Cuba.
habar *m.* Campo de habas.
haber *m.* Hacienda, caudal. Retribución periódica. Parte de la cuenta corriente en que se anotan las partidas a favor del titular.
haber *v. auxiliar.* Sirve para formar los tiempos compuestos. Con la prep. *de* y un infinitivo, denota obligación. *t.* Poseer. *impers.* Acaecer, ocurrir, efectuarse. Existir, estar en alguna parte. Hacer cierto tiempo. *r.* Portarse. Contender.
habichuela *f.* Judía.
hábil *a.* Inteligente y dispuesto para hacer algo. Legalmente apto.
habilidad *f.* Capacidad, disposición, destreza. Cosa hecha con habilidad. /bilidad.
habilidoso -sa *a.* Que tiene habilidad.
habilitación *f.* Acción de habilitar. Cargo y oficina del habilitado.
habilitado *m.* Encargado de pagar los haberes de un cuerpo.
habilitar *t.* Hacer a una persona o cosa hábil o apta.
habitable *a.* Que puede habitarse.
habitación *f.* Edificio o parte de él que se destina a la vivienda. Pieza, aposento. Acción de habitar.
habitante *m.* Cada una de las personas que habitan en un lugar.
habitar *t.* Vivir, morar en una casa, ciudad, etc.
hábito *m.* Vestido de religioso o religiosa. El que se lleva en cumplimiento de un voto. Costumbre.
habitual *a.* Que se hace, posee o padece por hábito.
habituar *t.-r.* Acostumbrar.
habla *f.* Facultad de hablar. Acción de hablar. Idioma, lenguaje. /masiado.
hablador -ra *a.-s.* Que habla de-
habladuría *f.* Chisme, hablilla.
hablar *i.* Articular palabras. Darse a entender. Conversar. Murmurar. Interceder. *t.* Conocer un idioma. Decir. /corre.
hablilla *f.* Rumor, mentira que
hablista *c.* Persona que habla o escribe con propiedad y elegancia.
habón *m.* Roncha. /gancia.
hacanea *f.* Jaca de gran robustez.
hacedero -ra *a.-s.* Que puede hacerse.
hacedor -ra *a.-s.* Que hace alguna cosa. *Dios es el Hacedor Supremo.*
hacendado -da *a.-s.* Que tiene tierras, casas, etc.
hacendista *m.* El versado en la hacienda pública.
hacendoso -sa *a.* Solícito y diligente en las faenas domésticas.
hacer *t.* Producir, formar, ejecutar, realizar. Disponer, arreglar. Causar. Representar un papel. Obligar. Habituar. Equivaler a. *t.-i.-r.* Fingirse; ejercer, actuar. *i.* Importar, convenir. *r.* Volverse, transformarse. Acostumbrarse. Apropiarse. Apartarse. *impers.* Presentarse el tiempo o estado atmosférico. Haber transcurrido cierto tiempo.
hacia *prep.* Denota dirección o término del movimiento. Denota proximidad de tiempo.
hacienda *f.* Finca agrícola. Bienes de uno.
hacina *f.* Conjunto de haces apilados. Montón. /nar.
hacinamiento *m.* Acción de haci-
hacinar *t.* Apilar, amontonar.
hacha *f.* Vela grande con cuatro pabilos. Mecha de esparto y al-

quitrán. Herramienta cortante de pala acerada, con ojo para enastarla.
hachazo *m.* Golpe de hacha.
hache *f.* Nombre de la letra h.
hachero *m.* Candelero para el hacha. El que trabaja con hacha. /la costa.
hacho *m.* Sitio elevado cerca de
hachón *m.* Mecha de esparto y alquitrán.
hada *f.* Ser fantástico en forma de mujer dotada de poder mágico.
hado *m.* Destino, suerte, sino.
hagiografía *f.* Historia de la vida de los santos.
hagiógrafo *m.* Biógrafo de santos.
¡hala! Interj. con que se anima, llama o da prisa.
halagador -ra *a.* Que halaga.
halagar *t.* Dar muestras de afecto. Dar motivo de satisfacción, lisonjear. Agradar. Adular.
halago *m.* Acción de halagar. Cosa que halaga.
halagüeño -ña *a.* Que halaga.
halar *t.* Tirar de un cabo, de una lona, de un remo.
halcón *m.* Ave rapaz diurna, tipo de las falcónidas.
halconería *f.* Caza con halcones.
halconero *m.* El que cuidaba de los halcones.
halda *f.* Falda.
hálito *m.* Aliento del animal. Vapor que una cosa arroja.
halo *m.* Círculo que aparece a veces alrededor del Sol o de la Luna. Aureola.
hallar *t.* Dar con una persona o cosa. Dar con lo que se busca. Inventar. Ver, observar, notar. Averiguar. *r.* Encontrarse.
hallazgo *m.* Acción de hallar. Cosa hallada.
hamaca *f.* Red que, colgada por los extremos, sirve de cama o de vehículo.
hambre *f.* Gana y necesidad de comer. Deseo ardiente. Falta de alimento.
hambrear *t.* Hacer padecer hambre. *i.* Padecerla. /hambre.
hambriento -ta *a.-s.* Que tiene
hambrón -na *a.-s.* Habitualmente hambriento o necesitado.
hampa *f.* Género de vida de los pícaros y maleantes.
hampón *a.-s.* Valentón. Bribón, haragán.
hangar *m.* Cobertizo para los aparatos de aviación.
haragán -na *a.-s.* Que huye del trabajo. /el ocio.
haraganear *i.* Pasar la vida en
haraganería *f.* Holgazanería.
harapiento -ta *a.* Andrajoso.

harapo *m.* Andrajo.
haraposo -sa *a.* Andrajoso.
harem y **harén** *m.* Departamento de la casa árabe en que viven las mujeres.
harina *f.* Polvo que resulta de moler granos, semillas, etc.
harinero -ra *a.* Perteneciente a la harina.
harinoso -sa *a.* Que tiene mucha harina. De aspecto de harina.
harnero *m.* Criba.
harpillera *f.* Tejido basto para hacer sacos y cubiertas.
hartar *t.-r.* Saciar el apetito. Satisfacer el deseo. Fastidiar, cansar.
hartazgo y **hartazón** *m.* Acción de hartar. Repleción.
harto -ta p. p. irreg. de *hartar.* *a.* Bastante, sobrado. *adv.* Bastante.
hartura *f.* Hartazgo. Abundancia.
hasta Prep. que expresa el término del cual no se pasa en relación al espacio, al tiempo y a la cantidad. *conj.* También, aún.
hastial *m.* Fachada terminada por las dos vertientes del tejado. Hombrón rústico.
hastiar *t.-r.* Causar hastío.
hastío *m.* Repugnancia a la comida. Disgusto, tedio.
hatajo *m.* Pequeño hato de ganado. Hato, conjunto.
hato *m.* Pequeño ajuar para el uso preciso y ordinario. Porción de ganado. Conjunto, copia.
haya *f.* Árbol cupulífero, de madera resistente y fruto en forma de tetraedro. /hayas.
hayedo *m.* Terreno poblado de
hayuco *m.* Fruto del haya.
haz *m.* Porción atada de mies, hierba, leña, etc. Conjunto de rayos luminosos. Faz. Cara anterior de las telas, hojas, etc.
haza *f.* Porción de tierra labrantía. /o heroico.
hazaña *f.* Hecho, esp. el ilustre
hazmerreír *m.* Persona ridícula que sirve de diversión.
he Partícula que, con los adverbios *aquí* y *allí* o con un pron. personal sirve para señalar una persona o cosa.
hebdómada *f.* Semana.
hebdomadario -ria *a.* Semanal.
hebilla *f.* Pieza con uno o más clavillos en medio que sirve para ajustar y unir correas, cintas, etc.
hebra *f.* Porción de hilo que se pone en la aguja. Fibra, filamento.
hebraico -ca *a.* Hebreo.
hebraísmo *m.* Sistema religioso

de los judíos.
hebraísta *m*. El que cultiva la lengua y literatura hebreas.
hebraizante *com*. Judaizante.
hebreo -a *a.-s*. De un antiguo pueblo que conquistó y habitó la Palestina. Que profesa la ley mosaica. *m*. Idioma hebreo.
hecatombe *f*. Sacrificio de cien víctimas que hacían los gentiles. Gran matanza.
hectárea *f*. Medida agraria (100 áreas). /(100 g.).
hectogramo *m*. Medida de peso
hectolitro *m*. Medida de capacidad (100 l.).
hectómetro *m*. Medida de longitud (100 m.).
hechicería *f*. Arte y acto de hechizar.
hechicero -ra *a.-s*. Que practica la hechicería. Que cautiva y embelesa.
hechizar *t*. Someter a uno a supuestas influencias maléficas. Cautivar el ánimo, embelesar.
hechizo -za *a*. Artificioso, postizo. *m*. Cosa de que se valen los hechiceros. Lo que hechiza o embelesa.
hecho -cha p. p. irreg. de *hacer*. *m*. Acción, obra. Suceso.
hechura *f*. Acción de hacer. Forma, figura de las cosas. Lo que se paga por la confección de una cosa.
heder *i*. Arrojar mal olor. /dor.
hediondez *f*. Cosa hedionda. He**hediondo -da** *a*. Que arroja hedor.
hedor *m*. Mal olor.
hegemonía *f*. Supremacía de un Estado o pueblo sobre otros.
hégira y **héj-** *f*. Era musulmana que empieza el 15 de julio de 622 de la nuestra.
helada *f*. Congelación debida a la frialdad del tiempo. Escarcha.
helado -da *a*. Muy frío. Pasmado por el miedo o la sorpresa. *m*. Bebida o manjar helado.
heladora *f*. Máquina para hacer helados.
helar *t.-r*. Congelar. Pasmar, sobrecoger.
helecho *m*. Planta de rizoma ramoso y frondas coriáceas.
helénico -ca *a*. De Grecia.
helenio *m*. Planta de raíz amarga y medicinal.
helenismo *m*. Giro de la lengua griega. Influencia ejercida por la ant. cultura griega.
heleno -na *a.-s*. Griego.
helero *m*. Masa de hielo en las altas montañas.
helianto *m*. Planta de cabezuelas amarillas.

hélice *f*. GEOM. Curva que da vueltas en la superficie de un cilindro formando ángulos iguales con todas las generatrices. Espiral. Pieza con aletas helicoidales que actúa de propulsor en buques y aviones.
helicoidal *a*. De figura de hélice.
helicón *m*. Parnaso. MÚS. Instrumento de viento.
helicóptero *m*. Aparato de aviación capaz de ascender y descender verticalmente.
helio *m*. Cierto cuerpo simple gaseoso.
heliograbado *m*. Procedimiento para obtener grabados mediante la acción de la luz solar.
helioscopio *m*. Telescopio solar.
helióstato *m*. Instrumento geodésico que refleja los rayos solares en una dirección siempre fija.
heliotropo *m*. Planta de jardín, de flores pequeñas y azuladas.
helminto *m*. Lombriz.
helvecio -cia y **helvético -ca** *a.-s*. De Suiza. /sangre.
hematíe *m*. Glóbulo rojo de la
hematoma *m*. Tumor producido por una contusión.
hembra *f*. Animal del sexo femenino. Pieza con un agujero que encaja otra.
hembrilla *f*. Piececita en que otra se introduce. Armella.
hemeroteca *f*. Colección de periódicos.
hemiciclo *m*. Semicírculo. Sala o gradería semicircular.
hemiplejía *f*. Parálisis de un lado del cuerpo.
hemíptero -ra *a.-m*. Dic. de los insectos provistos de trompa chupadora y pico articulado.
hemisférico -ca *a*. Concerniente al hemisferio. /ra.
hemisferio *m*. Mitad de una esfe**hemistiquio** *m*. Cada una de las dos mitades de un verso.
hemoglobina *f*. Materia colorante de los glóbulos rojos de la sangre.
hemoptisis *f*. Expectoración de sangre.
hemorragia *f*. Flujo de sangre.
hemorroide *f*. Almorrana.
hemostático -ca *a.-m*. Destinado a contener la hemorragia.
henar *m*. Terreno poblado de heno.
henchir *t.-r*. Llenar, hinchar.
hendedura *f*. Hendidura.
hender *t.-r*. Hacer una hendidura. *t*. Atravesar, cortar un fluido.
hendidura *f*. Abertura prolongada, grieta.

henil *m.* Sitio donde se guarda el heno.
heno *m.* Hierba anual forrajera. Conjunto de vegetales que forman los prados naturales. Hierba segada, seca.
heñir *t.* Sobar la masa del pan con el puño.
hepático -ca *a.* Perteneciente al hígado. /ras.
heptaedro *m.* Sólido de siete caras.
heptagonal *a.* De figura de heptágono.
heptágono -na *a.-m.* Dic. del polígono de siete lados.
heptarquía *f.* País dividido en siete reinos. /sílabas.
heptasílabo -ba *a.-m.* De siete
heráclida *a.-s.* Descendiente de Hércules.
heráldico -ca *a.* Relativo al blasón. *f.* Ciencia del blasón.
heraldo *m.* Oficial que tenía a su cargo transmitir mensajes, llevar los registros de la nobleza, etc. Mensajero.
herbáceo -a *a.* De la naturaleza de la hierba.
herbaje *m.* Hierba de los prados.
herbario -ria *a.* Relativo a las hierbas. *m.* Colección de hierbas y plantas secas.
herbazal *m.* Sitio poblado de hierbas.
herbívoro -ra *a.-m.* Que se alimenta de vegetales.
herbolario *m.* El que vende plantas medicinales. /lario.
herboristería *f.* Tienda de herbo-
herborizar *i.* Recoger plantas.
herboso -sa *a.* Poblado de hierba.
hercúleo -a *a.* Perteneciente, relativo o digno de Hércules.
hércules *m.* Hombre forzudo.
heredad *f.* Finca rural.
heredar *t.* Suceder en los bienes, derechos u obligaciones de una pers. Poseer ciertos caracteres por herencia.
heredero -ra *a.-s.* Que tiene derecho a una herencia.
hereditario -ria *a.* Perteneciente a la herencia o que se adquiere por ella. /una herejía.
hereje *c.* Persona que sostiene
herejía *f.* Error en materia de fe, sostenido con pertinacia.
herencia *f.* Derecho de heredar. Lo que se hereda. Transmisión de caracteres biológicos.
heresiarca *m.* Jefe de una secta herética. /la herejía.
herético -ca *a.* Perteneciente a
herida *f.* Lesión producida por un instrumento o un choque.
herir *t.-r.* Hacer herida. Golpear un cuerpo contra otro. Dar ·la luz del sol. Ofender.

hermafrodita *a.* H. NAT. Que tiene órganos reproductores de los dos sexos. *Flor hermafrodita.*
hermanar *t.-r.* Unir, uniformar.
hermanastro -tra *m. f.* Hijo de uno de los cónyuges, respecto de los hijos del otro.
hermandad *f.* Parentesco entre hermanos. Unión, amistad. Cofradía.
hermano -na *m. f.* Nacido de los mismos padres o sólo del mismo padre o de la misma madre. Religioso lego. Persona vinculada espiritualmente con otras.
hermético -ca *a.* Perfectamente cerrado. Impenetrable.
hermosear *t.* Hacer o poner hermoso.
hermoso -sa *a.* Dotado de hermosura. Dic. del tiempo sereno.
hermosura *f.* Belleza. Cosa o mujer hermosa.
hernia *f.* Tumor producido por la salida total o parcial de una víscera. /hernias.
hernista *m.* Cirujano que cura
héroe *m.* Varón ilustre por sus hazañas y virtudes. Protagonista de un poema épico, leyenda, etc. Semidiós.
heroicidad *f.* Calidad de heroico. Acción heroica.
heroico -ca *a.* Relativo a los héroes o propio de ellos. Épico.
heroína *f.* Femenino de *héroe.* Éter diacético de la morfina.
heroísmo *m.* Conjunto de cualidades propias del héroe. Acción heroica.
herpe *m.* Erupción cutánea de pequeñas vesículas agrupadas.
herpético -ca *a.* Relativo al herpe. *a.-s.* Que lo padece.
herpetología *f.* Tratado de los reptiles.
herrada *f.* Cubo de madera con aros de hierro.
herradero *m.* Acción de marcar con hierro los ganados. Sitio donde se hace esta operación.
herrador *m.* El que se dedica a herrar las caballerías.
herradura *f.* Hierro casi semicircular que se clava a las caballerías en los cascos.
herraje *m.* Conjunto de piezas de hierro con que se guarnece algo.
herramienta *f.* Cualquier instrumento de trabajo manual.
herrar *t.* Poner las herraduras. Marcar con hierro. Guarnecer de hierro.
herrería *f.* Fábrica en que se labra el hierro. Oficio y taller del herrero.
herrero *m.* El que labra el hierro.

herrete *m.* Cabo metálico que se pone a los cordones, cintas, etc.
herretear *t.* Poner herretes.
herrumbre *f.* Orín, moho.
herrumbroso -sa *a.* Que cría herrumbre. /electromagnética.
hertziana *a.-f.* Díc. de la onda
herventar *t.* Cocer en agua una cosa hasta que dé un hervor.
hervidero *m.* Manantial de donde surge el agua burbujeando. Ruido de los humores en el pecho. Muchedumbre.
hervir *i.* Agitarse un líquido por crearse en su interior gases o vapores. Abundar. Excitarse las pasiones.
hervor *m.* Acción de hervir. Fo-
hesitación *f.* Duda. /gosidad.
hespérides *f. pl.* MIT. Ninfas que guardaban el jardín de las manzanas de oro. /traño.
heteróclito -ta *a.* Irregular, ex-
heterodoxia *f.* Calidad de heterodoxo.
heterodoxo -xa *a.-s.* Que se separa de la ortodoxia.
heterogeneidad *f.* Calidad de heterogéneo.
heterogéneo -a *a.* Compuesto de partes de diversa naturaleza. Diferente.
hético -ca *a.-s.* Tísico. Flaco.
hexaedro *m.* Sólido de seis caras.
hexagonal *a.* De figura de hexágono.
hexágono -na *a.-m.* Díc. del polígono de seis lados.
hexámetro *a.-m.* Díc. de cierto verso de la poesía clásica.
hexápodo -da *a.* De seis patas. *m.* Insecto.
hez *f.* Poso de un líquido. Lo más vil y despreciable.
hialino -na *a.* Parecido al vidrio.
hiato *m.* Encuentro de dos vocales consecutivas sin formar diptongo.
híbrido -da *a.* Díc. del animal o vegetal que proviene de dos especies o variedades distintas. Formado por elementos de distinta naturaleza.
hidalgo -ga *m. f.* Persona de noble nacimiento. *a.* Generoso, noble.
hidalguía *f.* Calidad de hidalgo. Generosidad, nobleza.
hidra *f.* MIT. Monstruo con siete cabezas. Pólipo de agua dulce.
hidrargirio y -giro *m.* Azogue.
hidratar *t.* QUÍM. Combinar un cuerpo con el agua.
hidrato *m.* QUÍM. Combinación de un cuerpo con el agua.
hidráulica *f.* Mecánica de los fluidos. Arte de conducir, contener y elevar las aguas.

hidráulico -ca *a.* Relativo a la hidráulica. Que funciona por medio del agua.
hidroavión *m.* Aeroplano con flotadores para posarse sobre el agua. /drógeno.
hidrocarburo *m.* Carburo de hi-
hidrodinámica *f.* Tratado del movimiento de los líquidos.
hidrófilo -la *a.* Que absorbe el agua con facilidad.
hidrofobia *f.* Horror al agua. Rabia (enfermedad).
hidrófobo -fa *a.* Que padece hidrofobia.
hidrógeno *m.* Elemento gaseoso, incoloro, catorce veces más ligero que el aire.
hidrografía *f.* Parte de la geografía que describe los mares, ríos y lagos.
hidrográfico -ca *a.* Relativo a la hidrografía.
hidrología *f.* Estudio de las aguas.
hidromel *f.* Aguamiel.
hidropesía *f.* Acumulación anormal de suero en una parte del cuerpo. /hidropesía.
hidrópico -ca *a.-s.* Que padece
hidroplano *m.* Hidroavión.
hidrostática *f.* Parte de la mecánica que estudia el equilibrio de los fluidos.
hidrostático -ca *a.* Relativo a la hidrostática.
hidroterapia *f.* Tratamiento de las enfermedades por la aplicación del agua.
hiedra *f.* Planta trepadora, de hojas coriáceas y lustrosas.
hiel *f.* Bilis. Amargura. /dad.
hielo *m.* Agua congelada. Frial-
hiena *f.* Mamífero carnívoro, nocturno, que suele alimentarse de carroña.
hierático -ca *a.* Díc. del estilo o ademán que tiene o afecta solemnidad extrema.
hierba *f.* Planta cuyo tallo no desarrolla tejido leñoso.
hierbabuena *f.* Planta aromática, usada como condimento.
hierofante *m.* Maestro de nociones recónditas. /salén.
hierosolimitano -na *a.* De Jeru-
hierro *m.* Metal gris azulado, dúctil, maleable y muy tenaz. Arma o instrumento de hierro.
higa *f.* Cierta acción despreciativa.
hígado *m.* Víscera que segrega la bilis. Ánimo, valentía.
higiene *f.* Parte de la medicina que tiene por objeto la conservación de la salud.
higiénico -ca *a.* Relativo a la higiene. /ne.
higienista *a.-s.* Versado en higie-

higo *m.* Segundo fruto de la higuera.

higrometría *f.* Determinación de la humedad, esp. la atmosférica.

higrómetro *m.* Instrumento para medir la humedad del aire.

higroscopio *m.* Instrumento que indica el estado higrométrico del aire.

higuera *f.* Árbol frutal, de savia láctea, hojas grandes y lobuladas e infrutescencias piriformes.

higueral *m.* Sitio poblado de higueras.

hijastro -tra *m. f.* Respecto de un cónyuge, hijo o hija del otro en matrimonio anterior.

hijo -ja *m. f.* Persona o animal respecto de sus padres. Persona respecto del país o población de que es natural. Consecuencia. Producción del ingenio. *pl.* Descendientes.

hijodalgo *m.* Hidalgo.

hijuela *f.* Dim. de *hija*. Reguera. Parte de cada heredero en una herencia.

hijuelo *m.* Dim. de *hijo*. Retoño.

hila *f.* Hilera. Acción de hilar. *pl.* Hebras que se sacan de un /lienzo.

hilada *f.* Hilera.

hilado *m.* Acción de hilar. Lino, cáñamo, etc., hilado.

hilador -ra *m. f.* Persona que hila.

hilandería *f.* Arte de hilar. Fábrica de hilados.

hilandero -ra *m. f.* Hilador.

hilar *t.* Reducir a hilo.

hilarante *a.* Que mueve a risa.

hilaridad *f.* Risa que excita una cosa. /o basto.

hilaza *f.* Hilado. Hilo desigual

hilera *f.* Orden en línea recta. Aparato para reducir a alambre un metal.

hilo *m.* Cuerpo muy largo y delgado, que se forma de una materia textil. Alambre delgado. Hebra que producen ciertos insectos y arácnidos. Chorro delgado. Continuidad de un discurso. Tejido de lino.

hilván *m.* Costura provisional a punto largo.

hilvanar *t.* Preparar con hilvanes. Hacer algo con precipitación.

himeneo *m.* Casamiento. /ción.

himenóptero -ra *a.-m.* Díc. de los insectos masticadores con cuatro alas membranosas.

himno *m.* Canto de alabanza, entusiasmo o adoración.

hincapié *m.* Acción de hincar o afirmar el pie. Insistencia.

hincar *t.* Introducir, clavar. Apoyar con fuerza.

hincha *f.* Odio. *a.-s.* Partidario entusiasta de un equipo deportivo.

hinchado -da *a.* Vano, presumido. Afectado.

hinchar *t.-r.* Hacer que un cuerpo aumente de volumen llenándolo de agua, aire, etc. Exagerar. *r.* Envanecerse.

hinchazón *f.* Efecto de hincharse. Vanidad, presunción. Afectación del estilo.

hiniesta *f.* Retama.

hinojo *m.* Planta umbelífera, usada como condimento. Rodilla.

hioides *m.* Hueso flotante situado debajo de la lengua.

hipar *i.* Sufrir el hipo. Gimotear.

hipérbaton *m.* GRAM. Alteración del orden regular de las palabras.

hipérbola *f.* Curva simétrica compuesta de dos ramas abiertas dirigidas en opuesto sentido.

hipérbole *f.* RET. Exageración.

hiperbóreo -a *a.* Muy septentrional. Ártico.

hiperclorhidria *f.* Acidez de estómago.

hiperdulía *f.* Culto a la Virgen.

hiperestesia *f.* Sensibilidad excesiva.

hipertrofia *f.* Desarrollo excesivo de un órgano.

hípico -ca *a.* Relativo al caballo y a la equitación.

hipnosis *f.* Estado especial parecido al sueño y al sonambulismo.

hipnotismo *m.* Conjunto de fenómenos relacionados con la hipnosis. /sis.

hipnotizar *t.* Producir la hipno-

hipo *m.* Serie de movimientos inspiratorios espasmódicos. Deseo. /sa del ánimo.

hipocondría *f.* Depresión morbo-

hipocondríaco -ca *a.* Relativo a la hipocondría. *a.-s.* Que la padece.

hipocondrio *m.* Cada una de las dos regiones laterales situadas debajo de las costillas falsas.

hipocresía *f.* Fingimiento de cualidades o sentimientos.

hipócrita *a.-s.* Que tiene hipocresía.

hipodérmico -ca *a.* Que está o se pone debajo de la piel.

hipódromo *m.* Lugar destinado para carreras de caballos.

hipogastrio *m.* Parte inferior del vientre.

hipogeo *m.* Sepulcro subterráneo.

hipogrifo *m.* Animal fabuloso, mitad grifo, mitad caballo.

hipopótamo *m.* Paquidermo cor-

hipoteca *f.* Derecho sobre una finca con que se garantiza el pago de un crédito.
hipotecar *t.* Gravar una finca con hipoteca. /hipoteca.
hipotecario -ria *a.* Relativo a la
hipotenusa *f.* Lado opuesto al ángulo recto en un triángulo rectángulo.
hipótesis *f.* Suposición.
hipotético -ca *a.* Relativo a la hipótesis.
hirsuto -ta *a.* Díc. del pelo áspero y duro y de lo que está cubierto de él.
hisopear *t.* Rociar con el hisopo.
hisopo *m.* Mata labiada muy olorosa. Aspersorio para el agua bendita.
hispalense *a.-s.* Sevillano.
hispánico -ca *a.* Español.
hispanidad *f.* Calidad de español. Conjunto de pueblos de lengua hispánica. /panófilo.
hispanismo *m.* Afición del his-
hispanista *c.* Persona dedicada a los estudios hispánicos.
hispano -na *a.-s.* Español.
hispanoamericano -na *a.* Relativo a España y América. *a.-s.* De la América española.
hispanófilo -la *a.-s.* Amigo de España. Hispanista.
híspido -da *a.* De pelo áspero.
histérico -ca *a.* Relativo al histerismo. *a.-s.* Que lo padece.
histerismo *m.* Estado de excitabilidad nerviosa exagerada.
histología *f.* Ciencia que estudia los tejidos orgánicos. /gía.
histólogo *m.* Versado en histolo-
historia *f.* Narración de sucesos pasados. fig. Cuento. Chisme, enredo.
historiador -ra *m. f.* Persona que escribe historia.
historial *m.* Reseña de los antecedentes de un asunto o de la carrera de una persona.
historiar *t.* Contar o escribir la historia. /toria.
histórico -ca *a.* Relativo a la his-
historieta *f.* Narración breve, cuento.
histrión *m.* Comediante.
histriónico -ca *a.* Propio de los histriones.
hito -ta *a.* Fijo, firme. *m.* Poste de piedra, señal.
hocicar *t.* Hozar. *i.* Dar con los hocicos en alguna parte.
hocico *m.* Parte de la cabeza de algunos animales donde están la boca y las narices. Gesto de enojo.
hocino *m.* Especie de hoz.

hogaño *adv.* En este año. En esta época.
hogar *m.* Sitio donde se enciende lumbre. Casa, domicilio.
hogaza *f.* Pan de más de dos libras.
hoguera *f.* Porción de materias que arden con llama.
hoja *f.* Cada uno de los órganos laminares que nacen del tallo y las ramas de los vegetales. Pétalo. Lámina delgada de cualquier materia. Cuchilla de un arma. Parte movible de una puerta o ventana.
hojalata *f.* Lámina de hierro o acero bañada de estaño.
hojalatería *f.* Establecimiento del hojalatero.
hojalatero *m.* El que hace o vende piezas de hojalata.
hojaldre *amb.* Masa con manteca que, cocida al horno, hace hojas.
hojarasca *f.* Conjunto de hojas secas. Cosa inútil.
hojear *t.* Pasar ligeramente las hojas de un libro.
hojuela *f.* Dim. de *hoja*.
¡hola! Interj. de extrañeza, llamamiento o saludo.
holanda *f.* Lienzo muy fino.
holandés -sa *a.-s.* De Holanda.
holgado -da *a.* Ocioso. Ancho. Que vive con bienestar.
holganza *f.* Descanso. Ociosidad. Placer.
holgar *i.* Descansar. Estar ocioso *r.* Alegrarse. Divertirse.
holgazán -na *a.-s.* Ocioso, que no quiere trabajar.
holgazanear *i.* Estar ocioso
holgazanería *f.* Aversión al trabajo.
holgorio *m.* Regocijo, fiesta bulliciosa.
holgura *f.* Regocijo, diversión. Anchura.
holocausto *m.* Sacrificio en que se quemaba la víctima. Sacrificio, ofrenda generosa.
holoturia *f.* Equinodermo de forma alargada.
hollar *t.* Pisar. Abatir, humillar.
hollejo *m.* Pellejo de algunas frutas y legumbres.
hollín *m.* Substancia crasa y negra depositada por el humo.
holliniento -ta *a.* Que tiene hollín.
hombrada *f.* Acción propia de un hombre generoso y valiente.
hombradía *f.* Entereza, valor.
hombre *m.* Ser creado por Dios a su imagen y semejanza. Varón. Marido.
hombrear *i.* Echárselas de hombre. *i.-r.* Querer igualarse con otros.

hombrecillo *m.* Dim. de *hombre*.
hombrera *f.* Pieza que refuerza o adorna un vestido en la parte del hombro.
hombro *m.* Parte superior del tronco de donde nace el brazo.
hombruno -na *a.* De hombre. Que se parece al hombre.
homenaje *m.* Juramento de fidelidad. Sumisión, veneración. Acto público en honor de una persona. /homeopatía.
homeópata *a.-s.* Que profesa la
homeopatía *f.* Sistema curativo a base de determinadas substancias administradas en dosis mínimas. /mero.
homérico -ca *a.* Propio de Homicida *a.-s.* Que ocasiona la muerte a una persona.
homicidio *m.* Muerte causada a una persona por otra.
homilía *f.* Plática sobre materias de religión.
hominicaco *m.* Hombre cobarde y de mala traza. /mogéneo.
homogeneidad *f.* Calidad de homogéneo a *a.* De un mismo género. Formado por elementos de igual naturaleza.
homólogo -ga *a.* Semejante, que se corresponde.
homónimo -ma *a.* Que tiene el mismo nombre que otro.
homúnculo *m.* Dim. de *hombre*.
honda *f.* Tira de cuerda, cuero, etc., para arrojar piedras.
hondamente *adv.* Con hondura.
hondero *m.* El que tira con honda.
hondo -da *a.* Profundo. Recóndito. Intenso, extremado. *m.* Fondo.
hondonada *f.* Terreno hondo.
hondura *f.* Profundidad.
honestidad *f.* Decencia. Recato, pudor. Modestia, compostura.
honesto -ta *a.* Decente. Recatado. Honrado. Razonable.
hongo *m.* Dic. de ciertas plantas sin clorofila, esp. las formadas por un casquete sostenido por un piececillo. Sombrero de copa aovada o chata.
honor *m.* Virtud, probidad. Honestidad, recato. Buena reputación. Dignidad, cargo. *pl.* Obsequio. /rado.
honorable *a.* Digno de ser honrado.
honorario -ria *a.* Que sirve para honrar. Que sólo tiene los honores de un empleo. *m. pl.* Estipendio por un trabajo.
honorífico -ca *a.* Que da honor.
honra *f.* Respecto de la propia dignidad. Buena reputación. Honestidad en la mujer. Demostración de aprecio. *pl.* Funerales: *honras fúnebres.*
honradez *f.* Cualidad de honrado.
honrado -da *a.* Que procede o se hace con rectitud.
honrar *t.* Respetar, enaltecer. *r.* Tener a honra.
honrilla *f.* Puntillo, vergüenza.
honroso -sa *a.* Que da honra. Decente.
hopalanda *f.* Túnica que se llevaba sobre el vestido.
hora *f.* Vigésima cuarta parte del día. Momento determinado.
horaciano -na *a.* Relativo a Horacio.
horadar *t.* Agujerear.
horario -ria *a.* Perteneciente a las horas. *m.* Saetilla del reloj que señala las horas. Cuadro de las horas en que deben ejecutarse ciertos actos.
horca *f.* Aparato para ahorcar a los condenados. Palo rematado en dos o más puntas. Ristra.
horcajadas (a) *m. adv.* A caballo, con una pierna a cada lado.
horcón *m.* AGR. Horca.
horchata *f.* Bebida de almendras, chufas, etc., machacadas con agua y azúcar.
horchatería *f.* Tienda donde se hace o vende horchata.
horda *f.* Tropa de salvajes nómadas. Grupo desenfrenado de gente armada.
horizontal *a.* Que está en el horizonte o paralelo a él.
horizontalidad *f.* Calidad de horizontal.
horizonte *m.* Línea que limita la parte de superficie terrestre visible desde un punto.
horma *f.* Molde para formar algo. Pared de piedra seca.
hormiga *f.* Insecto himenóptero que abre galerías, donde vive en sociedad.
hormigón *m.* Mezcla de piedras menudas y argamasa.
hormiguear *i.* Experimentar picor o cosquilleo en una parte del cuerpo. Bullir, moverse una multitud. /guear.
hormigueo *m.* Acción de hormi-
hormiguero *m.* Sitio donde viven las hormigas. Sitio donde hay mucha gente en movimiento.
hormiguillo *m.* Cosquilleo, picazón. /forma un botón.
hormilla *f.* Disco que, forrado,
hornacina *f.* Hueco o nicho en una pared para una imagen, estatua, etc.
hornada *f.* Lo que se cuece de una vez en un horno.
hornaguera *f.* Carbón de piedra.
hornaguero -ra *a.* Flojo, holgado.
hornero -ra *m. f.* Persona que

cuece pan en el horno.
hornija *f.* Leña menuda.
hornilla *f.* Hueco en los hogares con una rejuela para sostener la lumbre. Hueco en la pared del palomar para que aniden las palomas.
hornillo *m.* Horno manual.
horno *m.* Fábrica para caldear, gralte. abovedada, dentro de la cual se produce calor.
horóscopo *m.* Predicción supersticiosa fundada en el aspecto de los astros al nacer una persona.
horquilla *f.* Dim. de *horca*. Alambre doblado que sirve para sujetar el pelo. Pieza de un mecanismo que tiene forma de horca.
horrendo -da *a.* Que causa horror.
hórreo *m.* Granero, troj.
horrible y **hórrido -da** *a.* Horrendo. /pantoso.
horripilante *a.* Que horripila, es-
horripilar *t.-r.* Causar horror, espanto.
horrísono -na *a.* Que con su ruido causa horror.
horro -rra *a.* Liberto. Libre, exento.
horror *m.* Sentimiento de repulsión causado por algo terrible o repugnante.
horrorizar *t.* Causar horror.
horroroso -sa *a.* Que causa horror. Muy feo.
hortaliza *f.* Plantas comestibles hortenses.
hortelano -na *a.* Relativo a huertas. *m.* El que cultiva una huerta. Pájaro común en España. *f.* Mujer del hortelano.
hortense *a.* Perteneciente a las huertas.
hortensia *f.* Arbusto de jardín, de inflorescencias globulosas.
hortera *f.* Escudilla de palo. *m.* Mancebo de tienda.
horticultor -ra *m. f.* Persona que se dedica a la horticultura.
horticultura *f.* Cultivo de los huertos y huertas.
hosco -ca *a.* Ceñudo, áspero, intratable.
hospedaje *m.* Alojamiento.
hospedar *t.* Recibir huéspedes y darles alojamiento. *r.* Alojarse.
hospedería *f.* Casa para alojamiento de viandantes.
hospiciano -na *m. f.* Persona recogida en un hospicio.
hospicio *m.* Casa para albergar peregrinos y pobres.
hospital *m.* Establecimiento en que se curan enfermos, generalmente pobres.
hospitalario -ria *a.* Que ejerce la hospitalidad.

hospitalidad *f.* Virtud de acoger a los necesitados. Buen recibimiento que se hace a los visitantes.
hospitalizar *t.* Ingresar un enfermo en un hospital.
hostelero -ra *m. f.* Persona que tiene una hostería.
hostería *f.* Casa donde se da hospedaje por dinero.
hostia *f.* Víctima ofrecida a Dios en sacrificio. Oblea blanca que el sacerdote consagra y ofrece en el sacrificio de la misa.
hostigar *t.* Fustigar. Perseguir, molestar.
hostil *a.* Contrario, enemigo.
hostilidad *f.* Calidad de hostil, acción hostil. /migo.
hostilizar *f.* Acometer al ene-
hotel *m.* Fonda de lujo. Casa aislada para una sola familia. /hotel.
hotelero -ra *m. f.* Dueño de un
hotentote -ta *a.-s.* De una raza negra sudafricana.
hoy *adv.* En el día presente. En el tiempo presente.
hoya *f.* Hoyo grande en la tierra. Sepultura.
hoyo *m.* Concavidad en una superficie. Sepultura.
hoz *f.* Instrumento corvo para segar. Angostura en un valle o río.
hozar *t.* Levantar el puerco o el jabalí la tierra con el hocico.
hucha *f.* Arca de los labradores. Alcancía.
hueco -ca *a.* Cóncavo o vacío. Mullido. Vano, presumido. Retumbante, profundo. *m.* Intervalo de tiempo o lugar.
huelga *f.* Tiempo en que uno está sin trabajar. Cesación del trabajo hecha de común acuerdo por los obreros.
huelguista *m.* Obrero que hace huelga.
huella *f.* Señal que deja el pie donde pisa. Vestigio.
huérfano -na *a.-s.* Menor de edad que pierde a sus padres o a uno de elos.
huero -ra *a.* Vano, vacío y sin substancia.
huerta *f.* Huerto extenso. Tierra de regadío. /la huerta.
huertano -na *a.-s.* Habitante de
huerto *m.* Terreno en que se cultivan legumbres, verduras o árboles frutales.
hueso *m.* Cualquier pieza del esqueleto de los vertebrados. Parte dura, en lo interior de las frutas.
huesoso -sa *a.* Relativo al hueso.
huésped -da *m. f.* Persona aloja-

da en casa ajena. La que hospeda a otra en su casa.
hueste *f.* Ejército, tropa en campaña. /hueso.
huesudo -da *a.* Que tiene mucho
hueva *f.* Masa de huevecillos de ciertos peces.
huevera *f.* Copa especial para comer huevos pasados por agua.
huevería *f.* Tienda de huevos.
huevero -ra *m. f.* Persona que trata en huevos. *m.* Utensilio para servir en la mesa los huevos pasados por agua.
huevo *m.* Célula que sueltan las aves, peces, insectos, etc., de donde sale el nuevo ser.
hugonote -ta *a.-s.* Nombre que se daba a los calvinistas franceses.
huida *f.* Acción de huir.
huir *i.-r.* Alejarse rápidamente, esp. para evitar un daño o peligro. *i.-t.* Apartarse de una cosa.
hule *m.* Caucho. Tela barnizada para hacerla impermeable.
hulla *f.* Carbón fósil.
humanar *t.-r.* Hacer humano.
humanidad *f.* Naturaleza humana. Género humano. Benignidad, compasión. *pl.* Literatura griega y latina.
humanismo *m.* Cultivo de las humanidades.
humanista *c.* Persona instruida en humanidades.
humanitario -ria *a.* Benigno, caritativo, benéfico.
humanizar *t.-r.* Humanar.
humano -na *a.* Relativo al hombre o propio de él. Compasivo.
humareda *f.* Abundancia de humo.
humear *i.* Arrojar humo o vaho.
humedad *f.* Calidad de húmedo. Agua o vapor de agua de que está impregnado un cuerpo.
humedecer *t.-r.* Causar humedad.
húmedo -da *a.* Acuoso. Ligeramente impregnado de un líquido.
humeral *a.* Relativo al húmero. *m.* Paño blanco que se pone el sacerdote sobre los hombros para coger la custodia o el copón.
húmero *m.* Hueso del brazo.
humildad *f.* Virtud del sentimiento de nuestra bajeza. Condición inferior. Sumisión.
humilde *a.* Que tiene humildad.
humillación *f.* Acción de humillar.
humilladero *m.* Cruz o imagen que suele haber a la entrada de los pueblos.
humillante *a.* Que humilla. Degradante.
humillar *t.* Bajar la cabeza, el cuerpo, etc., en señal de acatamiento. Abatir el orgullo. *r.* Hacer actos de humildad.
humo *m.* Producto gaseoso de la combustión. Vapor que exhala una cosa. *pl.* Altivez.
humor *m.* Cualquier líquido de un organismo. Genio. Disposición del ánimo. Facultad del humorista.
humorada *f.* Dicho o hecho festivo, extravagante.
humorismo *m.* Facultad de descubrir y expresar elementos cómicos en ideas, situaciones, etcétera. /humorismo.
humorista *a.-s.* Que cultiva el
humus *m.* Mantillo. /dir.
hundimiento *m.* Acción de hundir.
hundir *t.-r.* Sumir, meter en lo hondo. Destruir, arruinar.
húngaro -ra *a.-s.* De Hungría.
huno -na *a.-s.* De un antiguo pueblo bárbaro asiático que invadió Europa. /so.
huracán *m.* Viento muy impetuoso.
huracanado -da *a.* Violento como un huracán.
huraño -ña *a.* Que huye del trato de las gentes.
hurgar *t.* Remover con los dedos, un palo, etc.
hurgón *m.* Hierro para atizar la lumbre. /hurgón.
hurgonear *t.* Remover con el
hurí *f.* Mujer bellísima del paraíso musulmán.
hurón *m.* Mamífero que se emplea en la caza de conejos. Persona que todo lo averigua.
huronear *i.* Husmear, curiosear.
¡hurra! Interj. de entusiasmo.
hurtadillas (a) *m. adv.* Furtivamente. /tar.
hurtar *t.* Robar. Desviar, apartar.
hurto *m.* Acción de hurtar.
húsar *m.* Soldado de caballería ligera, vestido a la húngara.
husillo *m.* Tornillo de las prensas y otras máquinas.
husmear *t.* Rastrear con el olfato. Indagar con disimulo. *i.* Empezar a oler mal.
husmo *m.* Olor de las carnes que empiezan a pasarse.
huso *m.* Instrumento para torcer y arrollar, en el hilado a mano, el hilo que se va formando.
¡huy! Interj. de dolor, melindre o asombro pueril.

I

i *f.* Décima letra del alfabeto español y tercera de las vocales.
ibérico -ca y **-rio -ria** *a.* Ibero.
ibero -ra, íbero -ra *a.-s.* De la Iberia.
iberoamericano -na *a.-s.* Hispanoamericano.
íbice *m.* Cabra montés.
ibicenco -ca *a.-s.* De Ibiza.
ibis *f.* Ave zancuda venerada por los antiguos egipcios.
iceberg *m.* Gran masa flotante de hielo en los mares.
icono *m.* Imagen religiosa, pintada en tablilla, venerada entre los orientales.
iconoclasta *a.-s.* Que niega el culto a las sagradas imágenes.
iconografía *f.* Descripción de imágenes, retablos, estatuas, etc.
icosaedro *m.* Sólido de veinte caras.
ictericia *f.* Enfermedad causada por la difusión de la bilis en la sangre.
ictiófago -ga *a.-s.* Que se alimenta de peces.
ictiología *f.* Parte de la zoología que trata de los peces.
ida *f.* Acción de ir.
idea *f.* Conocimiento o representación mental de una cosa. Opinión. Proyecto, intención. Inventiva.
ideal *a.* Que constituye un prototipo perfecto. Que sólo existe en el pensamiento. *m.* Modelo de perfección.
idealidad *f.* Calidad de ideal.
idealismo *m.* Tendencia a dejarse influir más por ideales que por consideraciones prácticas.
idealista *a.-s.* Que tiene idealismo.
idealizar *t.* Atribuir a una cosa características ideales.
idear *t.* Formar idea de una cosa. Proyectar, inventar.
ídem *pron. lat.* El mismo, lo mismo.
idéntico -ca *a.* Que es lo mismo que otra cosa. Muy parecido.
identidad *f.* Calidad de idéntico. Hecho de ser una persona o cosa la misma que se supone.
identificar *t.-r.* Presentar como idénticas dos o más cosas. *t.* Reconocer que una persona o cosa es la que se supone.
ideología *f.* Conjunto de ideas de una escuela o un autor.
idílico -ca *a.* Relativo al idilio.
idilio *m.* Poema bucólico de asunto amoroso. Coloquio amoroso.
idioma *m.* Lengua de un país. Modo particular de hablar.
idiosincrasia *f.* Temperamento, índole. /Ignorante.
idiota *a.-s.* Que padece idiotez.
idiotez *f.* Falta congénita de las facultades intelectuales. Estupidez. /Modismo.
idiotismo *m.* Ignorancia. GRAM.
idólatra *a.-s.* Que adora ídolos. *a.* Que ama con idolatría.
idolatrar *i.-t.* Adorar ídolos. *t.* Amar con exceso.
idolatría *f.* Culto de los ídolos. Amor excesivo.
ídolo *m.* Figura de falsa deidad. Persona amada con exceso.
idoneidad *f.* Calidad de idóneo.
idóneo -a *a.* Que tiene aptitud para una cosa. Adecuado.
iglesia *f.* Congregación de fieles que siguen la religión de Jesucristo. Estado eclesiástico. Templo cristiano.
ignaro -ra *a.* Ignorante.
ígneo -a *a.* De fuego. De color de fuego.
ignición *f.* Acción de estar un cuerpo ardiendo.
ignominia *f.* Afrenta pública.
ignominioso -sa *a.* Que causa ignominia.
ignorancia *f.* Falta de instrucción. Falta de conocimiento acerca de una cosa.
ignorante *a.-s.* Que ignora.
ignorar *t.* No saber una cosa.
ignoto -ta *a.* No conocido.
igual *a.* Que no difiere. Proporcionado. Constante, no variable. Liso, uniforme. *a.-s.* De la misma clase o condición. *m.* Signo de la igualdad (=).
iguala *f.* Acción de igualar. Ajuste, pacto.
igualar *t.-r.* Poner al igual. Allanar. Pactar, convenirse. *i.-r.* Ser una cosa igual a otra.
igualdad *f.* Condición o calidad de igual. MAT. Expresión de la equivalencia de dos cantidades.
iguana *f.* Reptil saurio de América.
ijada *f.* Cavidad situada entre las costillas falsas y las caderas.
ijar *m.* Ijada.

I ANIMALES TERRESTRES (1)

IV ANIMALES ACUÁTICOS (2)

VERTEBRADOS

salmón

atún

rana · perca

delfín

V AVES

VI INSECTOS Y ARÁCNIDOS

INSECTOS

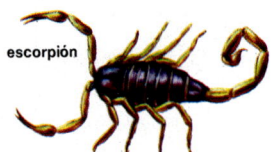

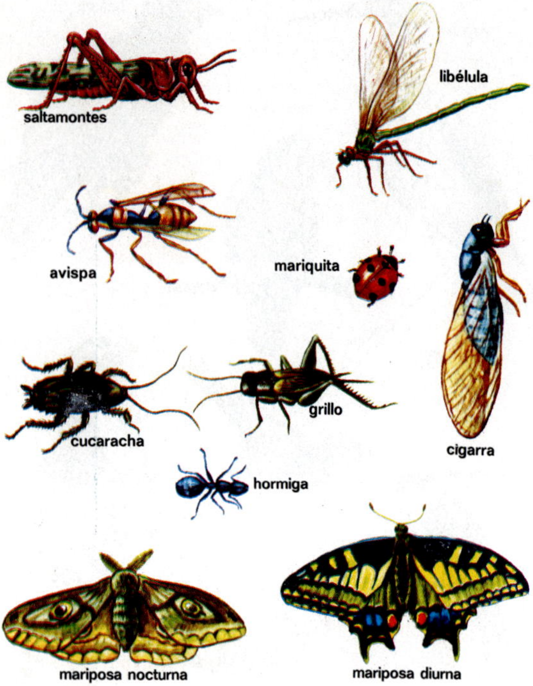

ARACNIDOS

VII ÁRBOLES

VIII FLORES

- rosa
- clavel
- amapola
- cala
- retama
- alhelí
- girasol
- geranio

IX CUERPO HUMANO

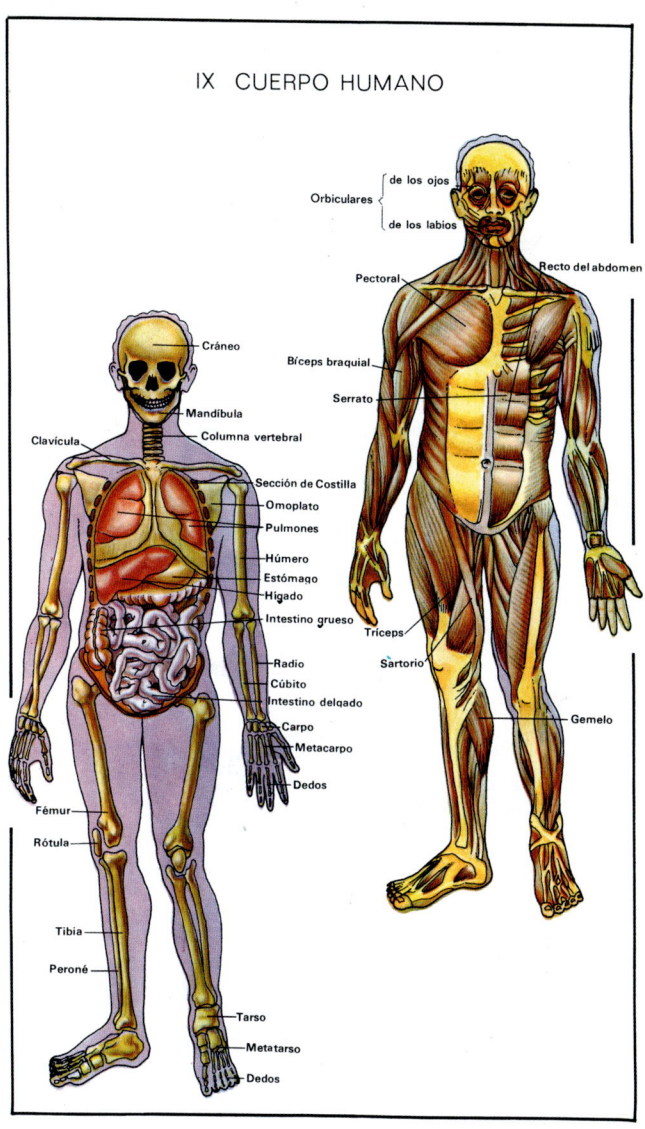

X HERRAMIENTAS

XI INSTRUMENTOS MUSICALES

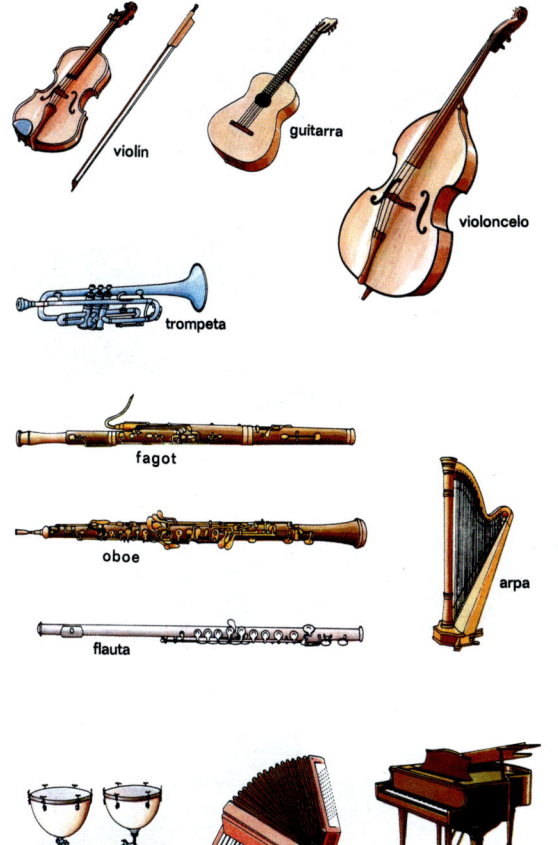

XII MEDIOS DE TRANSPORTE

diligencia

automóvil

camión

locomotora eléctrica

XIII BANDERAS: COMUNIDADES AUTÓNOMAS

España

Andalucía

Aragón

Asturias

Baleares

Canarias

Cantabria

Castilla - La Mancha

Castilla - León

XIV BANDERAS: COMUNIDADES AUTÓNOMAS

Cataluña

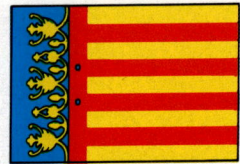

Comunidad Valenciana

Extremadura

Galicia

Madrid

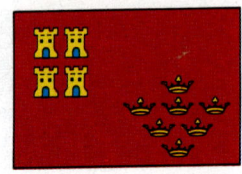

Murcia

Navarra

País Vasco

La Rioja

XV BANDERAS: COMUNIDAD ECONÓMICA EUROPEA

C.E.E.

Bélgica 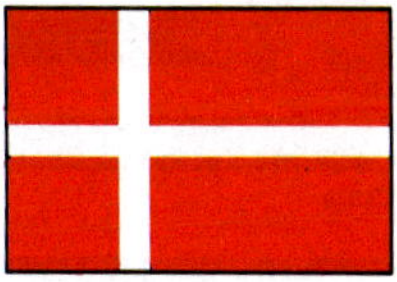 **Dinamarca**  **España**

Francia  **Grecia**  **Irlanda**

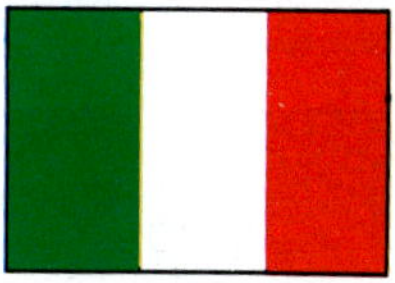

Italia  **Luxemburgo**  **Países Bajos**

Portugal  **Reino Unido**  **R.F. de Alemania**

XVI BANDERAS: HISPANOAMÉRICA

ilación *f.* Acción de inferir. Trabazón con que se siguen las partes de un discurso.
ilativo -va *a.* Que se infiere. GRAM. Continuativo.
ilegal *a.* Contrario a la ley.
ilegalidad *f.* Falta de legalidad.
ilegible *a.* Que no puede leerse.
ilegítimo -ma *a.* No legítimo.
ileon *m.* Tercer intestino delgado. Ilion.
ilerdense *a.-s.* De Lérida.
ileso -sa *a.* Que no ha recibido lesión.
iletrado -da *a.* Falto de cultura.
iliaco -ca *a.* Relativo al íleon.
ilícito -ta *a.* No lícito.
ilimitado -da *a.* Que no tiene límites.
ilion *m.* Hueso que forma el saliente de la cadera.
ilógico -ca *a.* Que carece de lógica. /monios.
ilota *c.* Esclavo de los lacedemonios.
iluminación *f.* Acción de iluminar. Adorno de muchas luces.
iluminador -ra *a.-s.* Que ilumina.
iluminar *t.* Alumbrar. Adornar con luces. Dar color a las figuras de un libro, estampa, etc. Dar luz al entendimiento.
ilusión *f.* Falsa percepción de un objeto. Esperanza sin fundamento.
ilusionarse *r.* Forjarse ilusiones.
ilusionista *a.-s.* Prestidigitador.
iluso -sa *a.-s.* Engañado, seducido.
ilusorio -ria *a.* Engañoso. Nulo.
ilustración *f.* Acción de ilustrar. Estampa o grabado en un libro. Publicación periódica con texto y grabados. Cultura.
ilustrar *t.-r.* Iluminar el entendimiento. Instruir. Hacer ilustre. *t.* Aclarar. Adornar con láminas y grabados.
ilustre *a.* De distinguida prosapia. Insigne, célebre. /tre.
ilustrísimo -ma *a.* Superl. de *ilustre*.
imagen *f.* Apariencia visible de una persona o cosa imitada por el dibujo, la pintura, la escultura. /ginar.
imaginación *f.* Facultad de imaginar.
imaginar *t.-r.* Representar mentalmente una cosa. Crear en la imaginación. Presumir, sospechar.
imaginario -ria *a.* Que sólo existe en la imaginación.
imaginativa *f.* Facultad de imaginar. Sentido común.
imaginativo -va *a.* Que continuamente piensa o imagina.
imaginería *f.* Talla o pintura de imágenes. /de imágenes.
imaginero *m.* Escultor o pintor

imán *m.* Toda substancia que atrae al hierro por condición natural o adquirida. Barra de hierro, acero, etc., magnetizada. /zada.
imanación *f.* Imantación.
imanar *t.* Imantar. /tar.
imantación *f.* Acción de imantar.
imantar *t.* Convertir en imán.
imbécil *a.* Escaso de razón.
imbecilidad *f.* Escasez de razón. Idiotez. /ba.
imberbe *a.* Dic. del joven sin barba.
imbibición *f.* Acción de embeber.
imbornal *m.* Agujero de desagüe en los buques, terrados, calles.
imbricado -da *a.* Dispuesto a la manera de las tejas en un tejado.
imbuir *t.* Infundir, persuadir.
imitación *f.* Acción de imitar.
imitar *t.* Hacer una cosa a semejanza de otra. Hacer lo mismo que hace otro.
imitativo -va *a.* Perteneciente a la imitación. /cia.
impaciencia *f.* Falta de paciencia.
impacientar *t.-r.* Hacer perder o perder la paciencia.
impaciente *a.* Que no tiene paciencia. /en el blanco.
impacto *m.* Choque del proyectil
impalpable *a.* Que no produce sensación al tacto.
impar *a.* Que no tiene par. Que no es múltiplo de dos.
imparcial *a.-s.* Que juega con imparcialidad.
imparcialidad *f.* Falta de prevención en favor o en contra.
impartir *t.* Repartir, comunicar.
impasibilidad *f.* Calidad de impasible.
impasible *a.* Incapaz de padecer. Indiferente a las emociones.
impavidez *f.* Denuedo, entereza.
impávido -da *a.* Libre de pavor; imperturbable.
impecable *a.* Incapaz de pecar. Perfecto. /do.
impedido -da *a.-s.* Baldado, tullido.
impedimento *m.* Obstáculo, estorbo.
impedir *t.* Imposibilitar la ejecución. Privar, estorbar.
impeler *t.* Dar empuje a una cosa para moverla. Incitar.
impenetrabilidad *f.* Calidad de impenetrable. /penetrar.
impenetrable *a.* Que no se puede
impenitencia *f.* Obstinación en el pecado. /impenitencia.
impenitente *a.-s.* Que muestra
impensado -da *a.* Inesperado.
imperar *i.* Ejercer la dignidad imperial. Dominar, mandar.
imperativo -va *a.-m.* Que impera o manda. Dic. del modo verbal que se usa para mandar

o rogar. /de percibir.
imperceptible *a.* Que no se puede percibir.
imperdible *a.* Que no puede perderse. *m.* Alfiler que se abrocha.
imperdonable *a.* Que no se puede perdonar.
imperecedero -ra *a.* Que no perece. Eterno.
imperfección *f.* Falta de perfección. Defecto.
imperfecto -ta *a.* No perfecto.
imperial *a.* Perteneciente al emperador o al imperio. Sitio con asientos sobre la cubierta de un carruaje.
imperialismo *m.* Sistema político que pretende la dominación de un Estado sobre otros.
imperialista *a.* Relativo al imperialismo. *a.-s.* Partidario de éste.
imperio *m.* Acción de imperar. Dignidad de emperador. Altanería. Estados sujetos a una nación o a un emperador.
imperioso -sa *a.* Que manda con imperio. /meable.
impermeabilizar *t.* Hacer impermeable *a.* Impenetrable al agua o a otro fluido. *m.* Abrigo impermeable.
impersonal *a.* Que no se aplica a nadie personalmente.
impertérrito -ta *a.* Que no se intimida. /impertinente.
impertinencia *f.* Dicho o hecho impertinente *a.* Que no viene al caso. Importuno, molesto. *pl.* Anteojos con mango.
imperturbable *a.* Que no se perturba. /trar.
impetración *f.* Acción de impetrar.
impetrar *t.* Conseguir una gracia. Solicitar con ahínco.
ímpetu *m.* Movimiento acelerado y violento. Fuerza, violencia.
impetuosidad *f.* Ímpetu.
impetuoso -sa *a.* Violento, precipitado.
impío -a *a.* Falto de piedad. Irreligioso. /aplacar.
implacable *a.* Que no se puede
implantar *t.* Establecer, instaurar. Ingerir una cosa en otra.
implicar *t.* Envolver, enredar. Contener como consecuencia. *i.* Obstar.
implícito -ta *a.* Que se sobreentiende incluido en otra cosa.
implorar *i.* Pedir con ruegos o lágrimas.
impolítico -ca *a.* Falto de política. Descortés. /mancha.
impoluto -ta *a.* Limpio, sin
imponderable *a.* Que no puede pesarse. Que excede a toda ponderación.
imponer *t.* Poner tributo, castigo, etc. Instruir. Infundir respeto o miedo; dominar. Poner dinero a rédito o en depósito.
impopular *a.* Que no es popular.
importación *f.* Acción de importar. /tante.
importancia *f.* Calidad de importante *a.* Que importa o es de mucha entidad.
importar *i.* Convenir, ser de mucha entidad. *t.* Montar, sumar, valer. Introducir géneros, costumbres, etc., extranjeros.
importe *m.* Dinero que vale una cosa.
importunar *t.* Incomodar con una pretensión, molestar.
importunidad *f.* Calidad de importuno. Molestia.
importuno -na *a.* Inoportuno. Molesto. /bilidad.
imposibilidad *f.* Falta de posibilitar *t.* Hacer imposible. *r.* Quedar impedido.
imposible *a.* No posible.
imposición *f.* Acción de imponer.
imposta *f.* Hilada de sillares en que se asienta un arco.
impostor *a.-s.* Calumniador. Que engaña con apariencia de verdad.
impostura *f.* Imputación calumniosa. Engaño con apariencia de verdad. /tente.
impotencia *f.* Calidad de impotente *a.* Falto de potencia.
impracticable *a.* No practicable. Intransitable.
imprecación *f.* Expresión con que se imprecia.
imprecar *t.* Manifestar deseo de daño para alguno.
impregnar *t.-r.* Introducir entre las moléculas de un cuerpo las de otro. Empapar.
impremeditación *f.* Falta de premeditación. /meditado.
impremeditado -da *a.* No premeditado.
imprenta *f.* Arte de imprimir. Oficina donde se imprime.
imprescindible *a.* Díc. de aquello de que no se puede prescindir.
impresión *f.* Acción de imprimir. Obra impresa. Marca que una cosa deja en otra por presión. Efecto vivo en el ánimo.
impresionable *a.* Que se impresiona fácilmente.
impresionar *t.-r.* Conmover, persuadir. Hacer que la luz actúe sobre la placa fotográfica.
impreso -sa *p. p. irreg.* de *imprimir.* Obra impresa.
impresor *m.* El que imprime.
imprevisión *f.* Falta de previsión.
imprevisor -ra *a.* Que no prevé.
imprevisto -ta *a.* No previsto.
imprimir *t.* Dejar en un papel u

otra materia, por medio de la presión, la huella o señal de letras, caracteres, etc. Fijar en el ánimo. Comunicar, transmitir.
improbable *a.* No probable.
improbo -ba *a.* Falto de probidad. Dic. del trabajo excesivo y continuado. /procedente.
improcedencia *f.* Calidad de im-
improcedente *a.* No conforme a derecho. Inadecuado. /duce.
improductivo -va *a.* Que no pro-
improperio *m.* Injuria, denuesto.
impropiedad *f.* Falta de propiedad.
impropio -pia *a.* Falto de las cualidades convenientes. Ajeno, extraño.
imprövido -da *a.* Desprevenido.
improvisación *f.* Acción de improvisar. Cosa improvisada.
improvisar *t.* Hacer una cosa sin preparación alguna.
improviso -sa *a.* Que no se prevé o previene.
imprudencia *f.* Falta de prudencia. Acción imprudente.
imprudente *a.-s.* Que no tiene prudencia.
impúber o **impúbero -ra** *a.-s.* Que no ha llegado a la pubertad.
impudencia *f.* Desvergüenza.
impudicia *f.* Deshonestidad.
impúdico -ca *a.* Deshonesto.
impudor *m.* Falta de pudor.
impuesto *m.* Tributo, carga.
impugnación *f.* Acción de impugnar.
impugnar *t.* Combatir, refutar.
impulsar *t.* Impeler.
impulsivo -va *a.* Que impele. Que procede sin reflexión.
impulso *m.* Acción de impeler. Instigación.
impulsor -ra *a.-s.* Que impele.
impune *a.* Que queda sin castigo.
impunidad *f.* Falta de castigo.
impureza *f.* Falta de pureza.
impuro -ra *a.* No puro.
imputación *f.* Acción de imputar. Cosa imputada.
imputar *t.* Atribuir la culpa o responsabilidad de algo. Señalar la aplicación de una cantidad en cuenta.
inaccesible *a.* No accesible.
inacción *f.* Falta de acción.
inaceptable *a.* No aceptable.
inactividad *f.* Falta de actividad.
inactivo -va *a.* Sin acción.
inadaptado -da *a.-s.* Que no se adapta.
inadecuado -da *a.* No adecuado.
inadmisible *a.* No admisible.
inadvertencia *f.* Falta de advertencia.
inadvertido -da *a.* Que no advierte o repara. No advertido.
inagotable *a.* Que no se puede agotar. /aguantar.
inaguantable *a.* Que no se puede
inalámbrico -ca *a.* Dic. de la telegrafía o telefonía sin hilos.
inalienable *a.* Que no se puede enajenar. /alterar.
inalterable *a.* Que no se puede
inamovible *a.* No amovible.
inanición *f.* Debilidad extrema, esp. por falta de alimento.
inanimado -da *a.* Que no tiene vida.
inánime *a.* Exánime. Inanimado.
inapelable *a.* Que no admite apelación.
inapetencia *f.* Falta de apetito.
inapetente *a.* Que no tiene apetito.
inapreciable *a.* Que no se puede apreciar. /nía.
inarmónico -ca *a.* Falto de armo-
inarticulado -da *a.* No articulado.
inasequible *a.* No asequible.
inaudito -ta *a.* Nunca oído. Monstruoso. /gurar.
inauguración *f.* Acción de inau-
inaugural *a.* Relativo a la inauguración.
inaugurar *t.* Dar principio, abrir con solemnidad.
inca *m.* Rey, príncipe o varón de estirpe regia entre los ant. peruanos: /calcular.
incalculable *a.* Que no se puede
incalificable *a.* Que no se puede calificar. Vituperable.
incandescencia *f.* Calidad de incandescente.
incandescente *a.* Candente.
incansable *a.* Incapaz o muy difícil de cansarse.
incapacidad *f.* Falta de capacidad.
incapacitar *t.* Hacer incapaz. DER. Declarar la falta de aptitud legal.
incapaz *a.* Falto de capacidad. Necio, tonto.
incautación *f.* Acción y efecto de incautarse.
incautarse *r.* Posesionarse la autoridad de dinero o bienes.
incauto -ta *a.* Que no tiene cautela. /dio.
incendiar *t.-r.* Causar un incen-
incendiario -ria *a.-s.* Que incendia maliciosamente. Subversivo.
incendio *m.* Fuego grande que abrasa edificios, bosques, etc.
incensar *t.* Dirigir el humo del incienso hacia una persona o cosa. Lisonjear.
incensario *m.* Braserillo para incensar.
incentivo *m.* Estímulo.
incesto *m.* Unión prohibida entre parientes.
incidencia *f.* Acción de incidir. Lo que sobreviene en el curso de un asunto.

incidental *a.* Incidente.
incidente *a.* Que incide. Que sobreviene en el curso de un asunto. *m.* Suceso que interrumpe más o menos el curso de otro.
incidir *i.* Incurrir en una falta, error, etc. Llegar un proyectil, un rayo de luz, etc., a una superficie. Hacer una incisión.
incienso *m.* Gomorresina aromática que se quema en las ceremonias del culto. Lisonja.
incierto -ta *a.* No cierto. Inconstante. Inseguro. /rar.
incineración *f.* Acción de incinerar.
incinerar *t.* Reducir a cenizas.
incipiente *a.* Que empieza.
incisión *f.* Hendedura hecha con instrumento cortante.
incisivo -va *a.* Apto para abrir o cortar. Punzante, mordaz. Díc. del diente en forma de cuña.
inciso -sa *a.* Cortado. *m.* GRAM. Frase, oración intercalada en el contexto.
incitación *f.* Acción de incitar.
incitar *t.* Mover, estimular a hacer algo.
incitativo -va *a.-m.* Que incita.
incivil *a.* Falto de civilidad, inculto.
inclemencia *f.* Falta de clemencia. Rigor del tiempo.
inclemente *a.* Falto de clemencia.
inclinación *f.* Acción de inclinar. Propensión, afecto.
inclinar *t.-r.* Desviar una cosa de su posición vertical u horizontal. Persuadir. *r.* Propender.
ínclito -ta *a.* Ilustre, esclarecido.
incluir *t.* Poner, comprender una cosa dentro de otra. Contener una cosa a otra.
inclusa *f.* Asilo de expósitos.
inclusión *f.* Acción de incluir.
inclusive *adv.* Con inclusión.
inclusivo -va *a.* Que incluye.
incluso *p. p. irreg.* de *incluir*. *adv.* Con inclusión de. Hasta, también.
incoar *t.* Comenzar. /cobrar.
incobrable *a.* Que no se puede
incoercible *a.* No coercible.
incógnita *f.* MAT. Cantidad desconocida de una ecuación. Cosa o razón oculta.
incógnito -ta *a.-m.* No conocido.
incoherencia *f.* Falta de coherencia. /lor.
incoloro -ra *a.* Que carece de co-
incólume *a.* Sano, sin lesión ni menoscabo. /de quemar.
incombustible *a.* Que no se puede
incomodar *t.* Causar incomodidad. *r.* Enojarse.
incomodidad *f.* Falta de como-

didad. Molestia. Enojo.
incómodo -da *a.* Que incomoda. Falto de comodidad.
incomparable *a.* Que no admite comparación.
incompatibilidad *f.* Calidad de incompatible.
incompatible *a.* No compatible.
incompetencia *f.* Falta de competencia.
incompetente *a.* No competente.
incomplejo -ja *a.* No complejo.
incompleto -ta *a.* No completo.
incomprensible *a.* Que no se puede comprender.
incomprensión *f.* Falta de comprensión.
incompresible *a.* Que no se puede comprimir.
incomunicación *f.* Acción de incomunicar. Aislamiento.
incomunicado -da *a.* Que no tiene comunicación.
incomunicar *t.* Privar de comunicación. /concebirse.
inconcebible *a.* Que no puede
inconciliable *a.* Que no puede conciliarse.
inconcuso -sa *a.* Firme, sin duda ni contradicción.
incondicional *a.* Absoluto, sin restricción.
inconexión *f.* Falta de conexión.
inconexo -xa *a.* Que no tiene conexión con una cosa.
inconfesable *a.* Vergonzoso, que no puede confesarse.
inconfeso -sa *a.* Que no confiesa el delito que se le imputa.
incongruencia *f.* Falta de congruencia.
incongruente *a.* No congruente.
inconmensurable *a.* No conmensurable.
inconmovible *a.* Que no se puede conmover o alterar.
inconsciencia *f.* Estado en que no se tiene consciencia de las propias palabras o acciones.
inconsciente *a.* No consciente.
inconsecuencia *f.* Falta de consecuencia.
inconsecuente *a.-s.* Que procede con inconsecuencia.
inconsiderado -da *a.-s.* Que no considera ni reflexiona.
inconsistencia *f.* Falta de consistencia. /tencia.
inconsistente *a.* Falto de consis-
inconsolable *a.* Que no puede consolarse.
inconstancia *f.* Falta de constancia. Inestabilidad. Veleidad.
inconstante *a.* Falto de constancia. Inestable, mudable.
inconsútil *a.* Sin costura.
incontable *a.* Que no puede contarse. Innumerable.

incontestable *a.* Que no se puede dudar ni impugnar. /nencia.
incontinencia *f.* Falta de continencia.
incontinente *a.* Que no se contiene. *adv.* Incontinenti.
incontinenti *adv.* Al instante.
incontrastable *a.* Que no se puede vencer o impugnar.
incontrovertible *a.* Indiscutible.
inconveniencia *a.* Incomodidad. Desconformidad. Grosería.
inconveniente *a.* No conveniente. Descortés. *m.* Obstáculo. Daño que resulta de hacer una cosa.
incorporación *f.* Acción de incorporar.
incorporar *t.-r.* Unir para formar un todo. Levantar la parte superior del cuerpo del que está echado. *r.* Ingresar los soldados en filas.
incorpóreo -a *a.* No corpóreo.
incorrección *f.* Falta de corrección.
incorrecto -ta *a.* No correcto.
incorruptibilidad *f.* Calidad de incorruptible.
incorruptible *a.* No corruptible.
incorrupto -ta *a.* Que está sin corromperse.
increado -da *a.* No creado.
incredulidad *f.* Repugnancia en creer. Falta de fe.
incrédulo -la *a.-s.* Que no cree.
increíble *a.* Que no puede creerse. Muy difícil de creer.
incrementar *t.* Aumentar.
incremento *m.* Aumento.
increpar *t.* Reprender con dureza.
incriminar *t.* Acriminar.
incruento -ta *a.* No sangriento.
incrustación *f.* Acción de incrustar. Cosa incrustada.
incrustar *t.* Cubrir con una costra dura. Embutir en una superficie lisa piedras, metales, maderas, etc., formando dibujos.
incubación *f.* Acción de incubar.
incubadora *f.* Aparato para incubar.
incubar *t.* Encobar, empollar.
inculcar *t.* Infundir una idea, un concepto, etc., a fuerza de repetirlo. /culpa.
inculpabilidad *f.* Exención de
inculpación *f.* Acción de inculpar.
inculpar *t.* Culpar, acusar.
inculto -ta *a.* No cultivado. De corta instrucción.
incultura *f.* Falta de cultivo o de cultura.
incumbencia *f.* Obligación que el cargo, empleo, etc., impone.
incumbir *i.* Estar a cargo de uno una cosa.
incunable *a.-m.* Díc. de los libros impresos antes del siglo XVI. /curar.
incurable *a.* Que no se puede
incuria *f.* Descuido, negligencia.
incurrir *i.* Caer en culpa, error, etc. Merecer pena o castigo. Atraerse odio, desprecio, etc.
incursión *f.* Acción de incurrir. Correría.
incurso -sa *a.* Que incurre.
indagación *f.* Acción de indagar.
indagar *t.* Tratar de llegar al conocimiento de una cosa.
indebido -da *a.* Que no es exigible. Ilícito.
indecencia *f.* Falta de decencia. Acto vituperable.
indecente *a.* No decente.
indecible *a.* Que no se puede decir o explicar.
indecisión *f.* Falta de decisión.
indeciso -sa *a.* No decidido o resuelto. Irresoluto.
indeclinable *a.* No declinable.
indecoroso -sa *a.* Falto de decoro.
indefectible *a.* Que no puede faltar o dejar de ser.
indefenso -sa *a.* Que carece de defensa. /finirse.
indefinible *a.* Que no puede definirse.
indefinido -da *a.* No definido.
indeleble *a.* Que no se puede borrar.
indemne *a.* Libre de daño.
indemnidad *f.* Situación del que está libre de padecer daño.
indemnización *f.* Acción de indemnizar. Cosa con que se indemniza. /daño.
indemnizar *t.-r.* Resarcir de un
independencia *f.* Falta de dependencia. Libertad.
independiente *a.* Exento de dependencia. /diente.
independizar *t.-r.* Hacer independescifrar.
indescifrable *a.* Que no se puede
indescriptible *a.* Que no se puede describir.
indestructible *a.* Que no se puede destruir.
indeterminación *f.* Falta de determinación. /minado.
indeterminado -da *a.* No determindiano
indiano -na *a.-s.* Pers. de América. Que vuelve rico de América.
indicación *f.* Acción de indicar.
indicador -ra *a.-s.* Que indica.
indicar *t.* Dar a entender, señalar, significar.
indicativo -va *a.* Que indica. *a.-m.* Díc. del modo verbal que expresa la acción o estado como real.
índice *a.-m.* Díc. del segundo dedo de la mano. *m.* MAT. Número que indica el grado de una raíz. Lista ordenada de capítulos, libros, etc.

indicio *m*. Señal que da a conocer lo oculto.
indico -ca *a*. De la India.
indiferencia *f*. Estado del que no siente inclinación ni repugnancia a una cosa.
indiferente *a*. Que siente indiferencia. Que no importa que sea de una o de otra forma.
indiferentismo *m*. Indiferencia en materia de religión o de política.
indígena *a.-s*. Originario del país de que se trata.
indigencia *f*. Falta de recursos.
indigente *a.-s*. Falta de recursos.
indigestarse *i*. Sufrir indigestión. No sentar bien la comida.
indigestión *f*. Digestión difícil o defectuosa.
indigesto -ta *a*. Que se digiere con dificultad.
indignación *f*. Enojo, enfado, ira.
indignar *t*. Irritar, enojar.
indignidad *f*. Calidad de indigno. Cosa indigna.
indigno -na *a*. Que no tiene mérito para una cosa. Que no corresponde a las circunstancias de un sujeto. Vil, ruin.
índigo *m*. Añil.
indio -dia *a.-s*. De la India. Díc. del ant. poblador de América y de sus descendientes. *a*. De los indios.
indirecta *f*. Medio indirecto para dar a entender algo.
indirecto -ta *a*. Que no va rectamente a un fin.
indisciplina *f*. Falta de disciplina.
indisciplinado -da *a*. Falto de disciplina.
indisciplinarse *r*. Quebrantar la disciplina.
indiscreción *f*. Falta de discreción. Dicho o hecho indiscreto.
indiscreto -ta *a.-s*. Que obra sin discreción. Hecho sin discreción.
indisculpable *a*. Que no tiene disculpa.
indiscutible *a*. No discutible.
indisolubilidad *f*. Calidad de indisoluble.
indisoluble *a*. Que no se puede disolver.
indispensable *a*. Que no se puede dispensar. Necesario.
indisponer *t.-r*. Privar de la disposición conveniente. Malquistar. Causar o experimentar alteración en la salud.
indisposición *f*. Falta de disposición y preparación. Alteración leve de la salud.
indispuesto -ta *a*. p. p. irreg. de *indisponer*. *a*. Que siente indisposición en la salud.
indistinto -ta *a*. Que no se distingue de otra cosa.
individual *a*. Perteneciente al individuo.
individualidad *f*. Calidad peculiar de una persona o cosa.
individualismo *m*. Principio de gobierno que favorece la libertad del individuo. Egoísmo de cada cual.
individualista *a.-s*. Partidario del individualismo.
individuo -dua *a*. Individual. Indivisible. *m*. Cada ser organizado respecto de su especie. Persona perteneciente a una clase, corporación, etc. *m. f*. Persona, sujeto.
indivisibilidad *f*. Calidad de indivisible. /dividir.
indivisible *a*. Que no se puede
indiviso -sa *a*. No dividido.
indócil *a*. Que no es dócil.
indocto -ta *a*. Falto de instrucción, inculto.
indocumentado -da *a*. Falto de documentos de identidad o de títulos o cualidades para un cargo.
indoeuropeo *a*. Díc. de una vasta familia de pueblos de raza blanca y de las lenguas que hablan.
índole *f*. Inclinación natural de cada uno. Condición de las cosas. /lente.
indolencia *f*. Calidad de indolente.
indolente *a*. Que no duele. Flojo, perezoso.
indoloro -ra *a*. Que no causa dolor. /domar.
indomable *a*. Que no se puede
indómito -ta *a*. No domado. Difícil de sujetar.
indubitable *a*. Indudable.
inducción *f*. Acción de inducir. Razonamiento que va de lo particular a lo general.
inducir *t*. Instigar, persuadir. Inferir por inducción.
inductivo -va *a*. Que procede por inducción.
inductor -ra *a.-s*. Que induce.
indudable *a*. Que no puede dudarse.
indulgencia *f*. Facilidad en perdonar. Remisión que la Iglesia concede de la pena temporal debida por los pecados.
indulgente *a*. Fácil en perdonar.
indultar *t*. Perdonar una pena.
indulto *m*. Perdón, remisión de una pena.
indumentaria *f*. Estudio histórico del traje. Vestido.
indumento *m*. Vestidura.
industria *f*. Destreza. Conjunto de operaciones para la obten-

ción o transformación de productos. Conjunto de las industrias de un ramo o de un país.
industrial *a.* Relativo a la industria. *m.* El que la ejerce.
industrioso -sa *a.* Que obra o se hace con industria. Laborioso.
inédito -ta *a.* Escrito y no publicado.
inefable *a.* Que con palabras no se puede explicar.
ineficacia *f.* Falta de eficacia.
ineficaz *a.* No eficaz.
ineluctable *a.* Inevitable.
ineludible *a.* Que no puede eludirse.
inenarrable *a.* Inefable.
inepcia *f.* Ineptitud, necedad.
ineptitud *f.* Falta de aptitud.
inepto -ta *a.* No apto. Necio.
inequívoco -ca *a.* Que no admite duda.
inercia *f.* Flojedad, inacción. Incapacidad que tienen los cuerpos de modificar por sí mismos su estado de movimiento o de reposo.
inerme *a.* Que está sin armas.
inerte *a.* Que tiene inercia.
inescrutable *a.* Que no se puede saber ni averiguar.
inesperado -da *a.* Que sucede sin esperarse.
inestabilidad *f.* Falta de estabilidad.
inestable *a.* No estable.
inestimable *a.* Que no se puede estimar como corresponde.
inexactitud *f.* Falta de exactitud.
inexacto -ta *a.* No exacto.
inexcusable *a.* Que no se puede excusar.
inexistente *a.* Que no existe.
inexorable *a.* Que no se deja vencer por ruegos.
inexperiencia *f.* Falta de experiencia.
inexperto -ta *a.-s.* Falto de experiencia.
inexplicable *a.* Que no se puede explicar.
inexpresivo -va *a.* Que carece de expresión.
inexpugnable *a.* Inconquistable.
inextinguible *a.* No extinguible.
inextricable *a.* Difícil de desenredar.
infalibilidad *f.* Calidad de infalible.
infalible *a.* Que no puede engañar ni engañarse. Seguro, cierto.
infamar *t.* Quitar la honra y fama.
infamatorio -ria *a.* Que infama.
infame *a.* Que carece de honra. Malo, vil.
infamia *f.* Descrédito, deshonra. Maldad, vileza.
infancia *f.* Edad hasta los siete años. Los niños de esta edad.
infante -ta *m. f.* Hijo o hija del rey, posterior al primogénito. *m.* Niño durante la infancia. Soldado de infantería.
infantería *f.* Tropa de a pie.
infanticida *a.-s.* Que comete infanticidio.
infanticidio *m.* Muerte dada a un niño.
infantil *a.* Relativo a la infancia.
infanzón *m.* Hidalgo que tenía potestad y señorío limitados.
infarto *m.* MED. Hinchazón u obstrucción de un órgano.
infatigable *a.* Incansable.
infatuación *f.* Acción de infatuar.
infatuar *t.-r.* Engreír, envanecer.
infausto -ta *a.* Desgraciado.
infección *f.* Acción de infectar.
infeccioso -sa *a.* Que es causa de infección o tiene carácter de tal.
infectar *t.-r.* Contaminar con los gérmenes de una enfermedad.
infecto -ta *a.* Inficionado, infectado.
infecundo -da *a.* No fecundo.
infelicidad *f.* Desgracia, desdicha.
infeliz *a.-s.* Desgraciado. Bondadoso y apocado.
inferior *a.* Situado debajo o más bajo. Que es menos que otra persona o cosa. Muy malo.
inferioridad *f.* Calidad de inferior.
inferir *t.* Sacar una consecuencia. Hacer una ofensa, herida, etc.
infernal *a.* Del infierno. Muy malo.
infernillo *m.* Cocinilla.
infestar *t.* Invadir un lugar los animales o plantas perjudiciales. *t.-r.* Apestar.
inficionar *t.* Corromper, contagiar.
infidelidad *f.* Falta de fidelidad.
infiel *a.* Falto de fidelidad o de exactitud. *a.-s.* No cristiano.
infierno *m.* Lugar de castigo eterno.
infiltración *f.* Acción de infiltrar.
infiltrar *t.-r.* Introducir un líquido en los intersticios de un sólido. Infundir ideas. *r.* Penetrar subrepticiamente.
ínfimo -ma *a.* Muy bajo. Último y más inferior.
infinidad *f.* Calidad de infinito. Gran número.
infinitesimal *a.* MAT. Díc. de las cantidades infinitamente pequeñas.
infinitivo *a.-m.* Díc. del modo del verbo que indica la idea verbal sin relaciones de tiempo, número ni persona.
infinito -ta *a.* Que no tiene fin.

Muy grande o numeroso.
inflación *f.* Acción de inflar. Vanidad. Excesiva emisión de billetes. /se.
inflamable *a.* Fácil de inflamar-
inflamación *f.* Acción de inflamar. MED. Reacción de un tejido caracterizada por enrojecimiento, calor, tumefacción y dolor.
inflamar *t.-r.* Encender levantando llama. Enardecer las pasiones. *r.* MED. Producirse inflamación.
inflamatorio -ria *a.* Que causa inflamación o procede de ella.
inflar *t.-r.* Hinchar con gases. Engreír. Exagerar.
inflexibilidad *f.* Calidad de inflexible. /o doblarse.
inflexible *a.* Incapaz de torcerse.
inflexión *f.* Torcimiento de lo derecho. Elevación o alteración hecha con la voz.
infligir *t.* Imponer un castigo. Producir un daño.
inflorescencia *f.* Disposición de las flores en la planta.
influencia *f.* Acción de influir. Poder, valimiento.
influir *i.* Producir una cosa ciertos efectos en otras. Ejercer predominio o fuerza moral.
influjo *m.* Influencia.
influyente *a.* Que influye.
infolio *m.* Libro en folio. /mar.
información *f.* Acción de informar.
informal *a.* Que carece de formalidad.
informalidad *f.* Calidad de informal.
informar *t.* Enterar, dar noticia.
informativo -va *a.* Que informa.
informe *m.* Noticia sobre algo. *a.* Mal formado. De forma vaga.
infortunado -da *a.* Desgraciado.
infortunio *m.* Desgracia.
infracción *f.* Quebrantamiento de una ley, pacto, etc.
infractor -ra *a.-s.* Transgresor.
in fraganti *adv.* En flagrante.
infranqueable *a.* Imposible o difícil de franquear.
infrascrito -ta *a.-s.* Que firma al fin de un escrito.
infringir *t.* Quebrantar una ley, pacto, etc.
infructífero -ra *a.* Que no da fruto. Inútil.
infructuoso -sa *a.* Ineficaz.
ínfulas *f. pl.* Presunción, vanidad. /to.
infundado -da *a.* Sin fundamento-
infundir *t.* Comunicar Dios un don o gracia. Causar en el ánimo un impulso moral o afectivo.
infusión *f.* Acción de infundir. Cocimiento.
infuso -sa *p. p. irreg. de infundir.*
infusorio -ria *a.-m.* Dic. de ciertos microorganismos que viven en los líquidos.
ingeniar *t.* Inventar ingeniosamente. *r.* Discurrir modos para conseguir una cosa.
ingeniería *f.* Arte de construir máquinas, caminos, puentes, fortificaciones, etc.
ingeniero *m.* El que profesa la ingeniería.
ingenio *m.* Facultad para discurrir o inventar. El que la tiene. Industria, maña. Máquina, artificio.
ingeniosidad *f.* Calidad de ingenioso. Rasgo de ingenio.
ingenioso -sa *a.* Que tiene ingenio. Hecho con ingenio.
ingénito *a.* Connatural y como nacido con uno.
ingenuidad *f.* Sinceridad, buena fe. /blez.
ingenuo -nua *a.* Sincero, sin doingerencia *f.* Acción de ingerirse.
ingerir *t.* Introducir. Tragar. *r.* Entremeterse.
ingestión *f.* Acción de ingerir los alimentos, medicamentos, etc.
ingle *f.* Parte del cuerpo en que se juntan los muslos con el vientre.
inglés -sa *a.-s.* De Inglaterra. *m.* Lengua inglesa.
ingratitud *f.* Desagradecimiento.
ingrato -ta *a.-s.* Desagradecido. *a.* Desagradable. /so.
ingrávido -da *a.* Ligero, sin pe-
ingrediente *m.* Substancia que entra en un compuesto.
ingresar *t.-i.* Entrar.
ingreso *m.* Entrada. /gles.
inguinal *r.* Relativo a las in-
ingurgitar *t.* MED. Engullir.
inhábil *a.* Falto de habilidad. Inadecuado.
inhabilitar *t.* Incapacitar.
inhabitable *a.* No habitable.
inhabitado -da *a.* No habitado.
inhalación *f.* Acción de inhalar.
inhalar *t.* Absorber por las vías respiratorias.
inherente *a.* Unido por su naturaleza a una cosa.
inhibición *f.* Acción de inhibirse.
inhibirse *r.* Abstenerse de intervenir en un asunto.
inhospitalario -ria *a.* Falto de hospitalidad. Que no ofrece seguridad ni abrigo. /mar.
inhumación *f.* Acción de inhu-
inhumano -na *a.* Falto de humanidad, cruel. /tura.
inhumar *t.* Enterrar, dar sepul-

iniciación *f.* Acción de iniciar.
inicial *a.* Perteneciente al principio. *f.* Letra inicial.
iniciar *t.* Admitir a uno en alguna cosa secreta. Instruir en algo. Comenzar.
iniciativa *f.* Derecho o acción de hacer una propuesta. Acción de adelantarse a los demás en el obrar. Cualidad que inclina a ello.
inicuo -cua *a.* Malvado, injusto.
inimitable *a.* No imitable.
ininteligible *a.* No inteligible.
iniquidad *f.* Maldad, injusticia.
injertar *t.* Ingerir en una planta una parte de otra.
injerto *m.* Acción de injertar. Parte que se injerta. Planta injertada.
injuria *f.* Ofensa, agravio. Daño.
injuriar *t.* Inferir injuria. Dañar.
injurioso -sa *a.* Que injuria.
injusticia *f.* Falto de justicia. Acción injusta. /cado.
injustificado -da *a.* No justificado.
injusto -ta *a.* Contrario a la justicia.
inmaculada *a.* Purísima.
inmaculado -da *a.* Que no tiene mancha. /nente.
inmanencia *f.* Calidad de inmanente.
inmanente *a.* Inherente a un ser.
inmarcesible *a.* Que no puede marchitarse.
inmaterial *a.* No material.
inmaturo -ra *a.* No maduro.
inmediación *f.* Calidad de inmediato. *pl.* Contornos.
inmediato -ta *a.* Contiguo. Que sucede sin tardanza.
inmejorable *a.* Que no se puede mejorar.
inmemorial *a.* Tan antiguo que no hay memoria de su comienzo.
inmensidad *f.* Calidad de inmenso. Número, extensión grande.
inmenso -sa *a.* Tan grande que no puede medirse.
inmerecido -da *a.* No merecido.
inmersión *f.* Acción de introducir una cosa en un líquido.
inmigración *f.* Acción de inmigrar.
inmigrar *i.* Llegar a un país para establecerse en él.
inminencia *f.* Calidad de inminente. /a suceder.
inminente *a.* Que está próximo
inmiscuir *t.-r.* Mezclar. *r.* Entremeterse. /moderación.
inmoderado -da *a.* Que no tiene
inmodestia *f.* Falta de modestia.
inmodesto -ta *a.* No modesto.
inmolación *f.* Acción de inmolar.
inmolar *t.* Sacrificar una víctima. *r.* Sacrificarse.
inmoral *a.* Opuesto a la moral.
inmoralidad *f.* Falta de moral. Acción inmoral.
inmortal *a.* No mortal. Que no puede morir. /mortal.
inmortalidad *f.* Calidad de in-
inmortalizar *t.-r.* Perpetuar en la memoria de los hombres.
inmotivado -da *a.* Sin motivo.
inmóvil *a.* Que no se mueve.
inmovilidad *f.* Calidad de inmóvil.
inmovilizar *t.-r.* Hacer inmóvil.
inmueble *a.-m.* Dic. de los bienes consistentes en tierras o edificios.
inmundicia *f.* Suciedad, basura.
inmundo -da *a.* Sucio, asqueroso. Impuro.
inmune *a.* Libre, exento. No atacable por ciertas enfermedades.
inmunidad *f.* Calidad de inmune.
inmunizar *t.* Hacer inmune.
inmutar *t.* Alterar. *r.* Sentir y manifestar conmoción repentina del ánimo.
innato -ta *a.* Connatural y como nacido con el mismo sujeto.
innecesario -ria *a.* No necesario.
innegable *a.* Que no se puede negar.
innoble *a.* No noble. /daño.
innocuo -cua *a.* Que no hace
innominado -da *a.* Que no tiene nombre especial.
innovación *f.* Acción de innovar.
innovar *t.* Introducir novedad.
innumerable e **innúmero -ra** *a.* Incontable. /vancia.
inobservancia *f.* Falta de obser-
inocencia *r.* Condición de inocente.
inocentada *f.* Acción candorosa o simple. Engaño ridículo. Broma del día de Inocentes.
inocente *a.-s.* Libre de culpa. Cándido, sin malicia. *a.* Que no daña. /dido.
inocentón -na *a. s.* Inocente, cán-
inocuidad *a.* Calidad de innocuo.
inoculación *f.* Acción de inocular.
inocular *t.-r.* Comunicar por medios artificiales una enfermedad contagiosa.
inodoro *a.* Que no tiene olor.
inofensivo -va *a.* Incapaz de ofender. Innocuo.
inolvidable *a.* Que no se puede olvidar.
inopia *f.* Indigencia.
inopinado -da *a.* Inesperado.
inoportunidad *f.* Falta de oportunidad.
inoportuno -na *a.* Fuera de tiempo o propósito.
inorgánico -ca *a.* No orgánico.
inoxidable *a.* Que no se oxida.

inquebrantable *a.* Que no puede quebrantarse.
inquietar *t.-r.* Causar inquietud, turbar el sosiego.
inquieto -ta *a.* No quieto. De índole bulliciosa. Desasosegado.
inquietud *f.* Falta de quietud. Desasosiego.
inquilinato *m.* Arriendo de una /casa.
inquilino -na *m. f.* Persona que ha tomado en alquiler una casa o habitación.
inquina *f.* Aversión, ojeriza.
inquiridor -ra *a.* Que inquiere.
inquirir *t.* Indagar, examinar.
inquisición *f.* Acción de inquirir. Tribunal que castigaba los delitos contra la fe.
inquisidor -ra *a.-s.* Inquiridor. Juez de la Inquisición.
insaciable *a.* Que no se puede saciar. /livar.
insalivación *f.* Acción de insa-
insalivar *t.* Mezclar los alimentos con la saliva.
insalubre *a.* Malsano.
insania *f.* Locura.
insano -na *a.* Malsano. Demente.
inscribir *t.* Grabar letreros. GEOM. Trazar una figura dentro de otra. *t.-r.* Apuntar en una lista o registro.
inscripción *f.* Acción de inscribir. Letrero grabado.
inscripto, inscrito -ta p. p. irreg. de *inscribir*.
insecticida *a.-m.* Que sirve para matar insectos.
insectívoro -ra *a.* Que se alimenta de insectos.
insecto *m.* Artrópodos con un par de antenas y tres pares de patas.
inseguridad *f.* Falta de seguridad.
inseguro -ra *a.* Falta de seguridad.
insensatez *f.* Falta de sensatez. Dicho o hecho insensato.
insensato -ta *a.-s.* Tonto, necio, sin sentido.
insensibilidad *f.* Falta de sensibilidad. Dureza de corazón.
insensibilizar *t.* Hacer insensible.
insensible *a.* Que no siente. Duro de corazón. Privado de sentido. Imperceptible. /separar.
inseparable *a.* Que no se puede
insepulto -ta *a.* No sepultado.
inserción *f.* Acción de insertar.
insertar *t.-r.* Incluir, introducir.
inserto -ta p. p. irreg. de *insertar*.
inservible *a.* No servible.
insidia *f.* Asechanza.
insidioso *a.-s.* Que arma asechanzas. Hecho con ellas.
insigne *a.* Célebre, señalado.
insignia *f.* Señal, distintivo, divisa.
insignificancia *f.* Calidad de insignificante.
insignificante *a.* Que nada significa. Pequeño.
insinuación *f.* Acción de insinuar.
insinuar *t.* Dar a entender algo, indicándolo ligeramente. *r.* Introducirse en el ánimo de uno.
insipidez *f.* Calidad de insípido.
insípido -da *a.* Falto de sabor. Falto de gracia. /porfiar.
insistencia *f.* Acción de insistir.
insistir *i.* Instar reiteradamente. Mantenerse firme en una cosa.
insociable *a.* Intratable y huraño.
insolación *f.* Exposición a los rayos del sol. Enfermedad causada por exponer excesivamente la cabeza al ardor del sol.
insolencia *f.* Falta de respeto.
insolentar *t.-r.* Hacer insolente.
insolente *a.-s.* Que procede con insolencia. Hecho con ella.
insólito -ta *a.* No común, desacostumbrado.
insoluble *a.* No soluble. Que no se puede resolver.
insolvencia *f.* Condición de insolvente. /qué pagar.
insolvente *a.-s.* Que no tiene con
insomne *a.* Desvelado.
insomnio *m.* Vigilia, desvelo.
insondable *a.* Que no se puede sondear. /lerable.
insoportable *a.* Insufrible, into-
insostenible *a.* Que no se puede sostener.
inspección *f.* Acción de inspeccionar. Cargo u oficina del inspector. /nocer.
inspeccionar *t.* Examinar, reco-
inspector -ra *a.-s.* Que inspecciona o vigila.
inspiración *f.* Acción de inspirar. Estímulo creador del artista.
inspirar *t.* Aspirar el aire. Infundir ideas o sentimientos. *r.* Encontrar inspiración el artista.
instabilidad *f.* Inestabilidad.
instable *a.* Inestable.
instalación *f.* Acción de instalar.
instalar *t.* Poner en posesión de un cargo. Establecer. Colocar. *r.* Establecerse.
instancia *f.* Acción de instar. Solicitud escrita.
instantáneo -nea *a.* Que sólo dura un instante. *a.-f.* FOT. Dic. de la fotografía hecha en un instante.
instante *m.* Momento, espacio de tiempo brevísimo.
instar *t.* Pedir con insistencia.
instauración *f.* Acción de ins-

taurar.
instaurar t. Restaurar. Establecer.
instigación f. Acción de instigar.
instigar t. Incitar, inducir.
instilar t. Echar gota a gota.
instintivo -va a. Que es obra del instinto.
instinto m. Impulso interior que determina los actos de los animales. Impulso o propensión maquinal.
institución f. Establecimiento, fundación. pl. Órganos constitucionales de un Estado. /blecer.
instituir t. Erigir, fundar, establecer.
instituto m. Regla, estatuto. Corporación científica, benéfica. est. Establecimiento de segunda enseñanza.
institutor -ra a.-s. Que instituye.
institutriz f. Maestra en el hogar doméstico.
instrucción f. Acción de instruir. Caudal de conocimientos adquiridos. Conjunto de reglas para algún fin.
instructivo -va a. Que instruye.
instructor a.-s. Que instruye.
instruido -da a. Que tiene instrucción.
instruir t. Enseñar. Informar. Formalizar un proceso.
instrumental a. Relativo a los instrumentos. m. Conjunto de instrumentos.
instrumentar t. Arreglar una composición musical para varios instrumentos.
instrumento m. Aquello de que nos servimos para hacer algo. DER. Escritura, documento.
insubordinación f. Falta de subordinación.
insubordinado -da a.-s. Que falta a la subordinación.
insubordinar t. Provocar la insubordinación. r. Sublevarse.
insubstancial a. De poca substancia. Soso.
insuficiencia f. Falta de suficiencia. Escasez.
insuficiente a. No suficiente.
insuflar t. MED. Introducir soplando. /sufrir.
insufrible a. Que no se puede
ínsula f. Isla. Lugar pequeño.
insular a.-s. Isleño.
insulsez f. Calidad de insulso. Dicho insulso.
insulso -sa a. Insípido, soso.
insultar t. Ofender provocando.
insulto m. Acción de insultar.
insumiso -sa a. No sometido o sumiso.
insuperable a. No superable.
insurgente a.-s. Insurrecto.
insurrección f. Sublevación.
insurreccionar t.-r. Sublevar.
insurrecto -ta a.-s. Sublevado, rebelde.

intacto -ta a. No tocado. Sin menoscabo. Puro.
intachable a. Que no admite o merece tacha. /carse.
intangible a. Que no puede tocarse.
integración f. Acción de integrar.
integral a. Dic. de las partes que entran en la composición de un todo. /gral.
integrante a. Que integra. Integrar t. Dar integridad a una cosa.
integridad f. Calidad de íntegro.
íntegro -gra a. Dic. de aquello a que no falta ninguna de sus partes. Probo, recto, honrado.
intelectivo -va a. Que tiene virtud de entender.
intelecto m. Entendimiento.
intelectual a. Relativo al entendimiento. s. Persona dedicada al trabajo intelectual.
intelectualidad f. Entendimiento. Conjunto de los intelectuales.
inteligencia f. Acción y facultad de comprender. Trato y correspondencia secreta.
inteligente a.-s. Sabio, instruido. a. Dotado de inteligencia.
inteligible a. Que puede ser entendido. /planza.
intemperancia f. Falta de temperancia.
intemperante a. Falto de templanza. Descomedido.
intemperie f. Destemplanza o desigualdad del tiempo.
intempestivo -va a. Que es fuera de tiempo y sazón.
intención f. Determinación de la voluntad con relación a un fin. Instinto dañino de los animales. /tención.
intencionado -da a. Que tiene in-
intendencia f. Dirección y gobierno de una cosa. Empleo y oficina del intendente.
intendente f. Jefe superior económico.
intensidad, intensión f. Magnitud de una fuerza, cualidad, etc.
intensificar t.-r. Hacer intenso.
intensivo -va a. Que intensifica.
intenso -sa a. Que tiene intensidad. Muy vivo.
intentar t. Tener intención de hacer algo. Procurar, pretender. /Cosa intentada.
intento m. Propósito, designio.
intentona f. Intento temerario, esp. frustrado.
intercalar t. Interponer o poner una cosa entre otras.
intercambio m. Reciprocidad de servicios. Comercio entre dos países.
interceder i. Rogar por otro.

interceptar *t.* Detener una cosa en su camino. Destruir una comunicación. /ceder.
intercesión *f.* Acción de interceder.
intercesor -ra *a.-s.* Que intercede.
intercontinental *a.* Que está entre dos continentes.
intercostal *a.* Que está entre las costillas.
interdicción *f.* Prohibición.
interdicto *m.* Entredicho.
interés *m.* Provecho, utilidad; valor. Rédito. Sentimiento egoísta. Inclinación hacia una persona o cosa. *pl.* Bienes de fortuna.
interesado -da *a.-s.* Que tiene interés en algo. *a.* Que se deja llevar del interés.
interesante *a.* Que interesa.
interesar *t.-r.* Dar o hacer tomar parte a uno en un negocio. Cautivar la atención o el ánimo. *r.* Tener interés en algo.
interferencia *f.* Acción de interferir.
interferir *t.* Interponerse o mezclarse una acción o movimiento en otro. /tretando.
ínterin *m.* Interinidad. *adv.* Entre tanto.
interinidad *f.* Calidad de interino.
interino -na *a.-s.* Que temporalmente suple la falta de otra persona o cosa.
interior *a.* Que está en la parte de adentro. *m.* La parte interior.
interioridad *f.* Calidad de interior. *pl.* Cosas privativas, secretas.
interjección *f. GRAM.* Voz que expresa por sí sola un afecto del ánimo.
interlinear *t.* Entrerrenglonar.
interlocución *f.* Diálogo.
interlocutor -ra *m. f.* Cada una de las personas que dialogan.
interludio *m.* Intermedio musical.
intermediario -ria *a.-s.* Que media entre dos o más personas.
intermedio -dia *a.* Que está en medio de los extremos. *m.* Espacio que hay de un tiempo a otro, de una acción a otra.
interminable *a.* Que no tiene término o fin.
intermisión *f.* Interrupción.
intermitencia *f.* Calidad de intermitente.
intermitente *a.* Que se interrumpe o cesa y prosigue o se repite.
internacional *a.* Relativo a dos o más naciones.
internado *m.* Estado del alumno interno. Conjunto de alumnos internos y local en que habitan.
internar *t.* Conducir tierra adentro. *i.-r.* Penetrar.
interno -na *a.* Interior. *a.-s.* Dic. del alumno que vive en un establecimiento de enseñanza.
interplanetario, ria *a.* Que existe, se efectúa, etc., entre dos o más planetas.
interpelación *f.* Acción de interpelar.
interpelar *t.* Dirigir la palabra. Compeler a dar explicaciones.
interpolación *f.* Acción de interpolar. /lar.
interpolar *t.* Interponer, intercalar.
interponer *t.-r.* Poner una cosa entre otras. Poner por intercesor. /poner.
interposición *f.* Acción de interponer.
interpretación *f.* Acción de interpretar.
interpretar *t.* Explicar el sentido de una cosa. Traducir. Representar un papel. Ejecutar una composición musical. /preta.
intérprete *c.* Persona que interpreta.
interregno *m.* Espacio de tiempo en que un Estado no tiene soberano.
interrogación *f.* Pregunta.
interrogante *a.-s.* Que interroga. Signo ortográfico de interrogación (¿ ?).
interrogar *t.* Preguntar.
interrogativo -va *a.* Que implica o denota pregunta. /guntas.
interrogatorio *m.* Serie de preguntas.
interrumpir *t.* Suspender, impedir la continuación de una cosa.
interrupción *f.* Acción de interrumpir. /rrumpe.
interruptor -ra *a.-s.* Que interrumpe.
intersección *f.* Encuentro de dos líneas, dos superficies o dos sólidos que se cortan.
intersticio *m.* Espacio pequeño entre dos cuerpos o parte de un cuerpo.
intertropical *a.* Situado entre los dos trópicos.
intervalo *m.* Espacio que hay de un lugar o de un tiempo a otro. /venir.
intervención *f.* Acción de intervenir.
intervenir *i.* Tomar parte en un asunto. Mediar. Sobrevenir. *t.* Examinar cuentas. /viene.
interventor -ra *a.-s.* Que interviene.
intestado -da *a.* Que muere sin hacer testamento. /tinos.
intestinal *a.* Relativo a los intestinos.
intestino -na *a.* Interno. Civil, doméstico. *m.* Conducto que va desde el estómago al ano.
intimación *f.* Acción de intimar.
intimar *t.* Notificar, hacer saber con autoridad. *r.-i.* Introdu-

cir en el afecto o el ánimo.
intimidación *f.* Acción de intimidar.
intimidad *f.* Amistad íntima. Lo más íntimo o reservado.
intimidar *t.* Infundir miedo.
íntimo -ma *a.* Interior, interno. Dic. de la amistad estrecha y del amigo de confianza.
intitular *t.-r.* Poner o dar título.
intolerable *a.* Que no se puede tolerar.
intolerancia *f.* Falta de tolerancia.
intolerante *a.-s.* No tolerante.
intoxicación *f.* Acción de intoxicar.
intoxicar *t.-r.* Envenenar.
intradós *m.* Superficie cóncava de un arco o bóveda.
intranquilizar *t.* Quitar la tranquilidad.
intranquilo -la *a.* Falto de tranquilidad.
intransigencia *f.* Calidad de intransigente. /transigente.
intransigente *a.* Que no transige.
intransitable *a.* No transitable.
intransitivo -va *a.-s.* Dic. del verbo que no tiene complemento directo.
intratable *a.* No tratable.
intrepidez *f.* Arrojo. Osadía.
intrépido -da *a.* Que no teme en los peligros.
intriga *f.* Manejo cauteloso. Embrollo, enredo.
intrigante *a.-s.* Que intriga.
intrigar *i.* Emplear intrigas. *t.* Excitar la curiosidad. /uso.
intrincado -da *a.* Enredado, confuso.
intríngulis *m.* Razón oculta.
intrínseco -ca *a.* Íntimo, esencial.
introducción *f.* Acción de introducir. Preámbulo.
introducir *t.-r.* Dar entrada, hacer entrar. /duce.
introductor -ra *a.-s.* Que introduce.
introito *m.* Entrada o principio.
intromisión *f.* Acción de entrometerse.
intrusión *f.* Acción de introducirse sin derecho.
intruso -sa *a.-s.* Que se ha introducido sin derecho.
intuición *f.* Percepción clara e instantánea de una idea o verdad. /intuición.
intuitivo -va *a.* Relativo a la
intumescencia *f.* Hinchazón.
intumescente *a.* Que se hincha.
inundación *f.* Acción de inundar.
inundar *t.-r.* Cubrir el agua un terreno.
inusitado -da *a.* No usado.
inútil *a.* No útil.
inutilidad *f.* Calidad de inútil.
inutilizar *t.-r.* Hacer inútil.
invadir *t.* Entrar por fuerza en un lugar, territorio, etc. Usurpar funciones ajenas.

invalidar *t.* Quitar validez.
invalidez *f.* Calidad de inválido.
inválido -da *a.-s.* Viejo, enfermo, inútil. Nulo, sin valor.
invariable *a.* Que no padece variación.
invasión *f.* Acción de invadir.
invasor -ra *a.-s.* Que invade.
invectiva *f.* Discurso violento contra personas o cosas.
invencible *a.* Que no puede ser vencido.
invención *f.* Acción de inventar. Cosa inventada. Engaño, ficción.
invendible *a.* Que no puede venderse.
inventar *t.* Descubrir o crear algo nuevo. Crear el artista. Imaginar hechos falsos.
inventariar *t.* Hacer inventario.
inventario *m.* Asiento ordenado de los bienes de alguien.
inventiva *f.* Disposición para inventar.
invento *m.* Invención, cosa inventada.
inventor -ra *a.-s.* Que inventa.
inverecundo -da *a.-s.* Falto de vergüenza.
invernáculo *m.* Lugar cubierto para defender las plantas del frío.
invernada *f.* Estación de invierno.
invernadero *m.* Lugar para pasar el invierno. Invernáculo.
invernal *a.* Relativo al invierno.
invernar *t.* Pasar el invierno en un sitio.
invernizo -za *a.* Relativo al invierno o propio de él.
inverosímil *a.* Que no tiene apariencia de verdad.
inverosimilitud *f.* Calidad de inverosímil.
inversión *f.* Acción de invertir.
inverso -sa *a.* Alterado, trastornado, contrario.
invertebrado -da *a.-s.* Dic. de los animales que no tienen vértebras.
invertir *t.* Poner las cosas en dirección o en orden opuesto al que tenían. Emplear tiempo o dinero.
investidura *f.* Acción de investir.
investigación *f.* Acción de investigar.
investigar *t.* Hacer diligencias para descubrir algo.
investir *t.* Conferir una dignidad o cargo importante. /gado.
inveterado -da *a.* Antiguo, arraigado.
invicto -ta *a.* No vencido.
invierno *m.* Estación del año comprendida entre el solsticio del mismo nombre y el equinoccio de primavera.
inviolable *a.* Que no se debe o no

se puede violar o profanar.
invisible *a.* Que no puede ser visto.
invitación *f.* Acción de invitar. Tarjeta con que se invita.
invitar *t.* Convidar. Incitar.
invocación *f.* Acción de invocar.
invocar *t.* Pedir con ruego la ayuda de uno. Alegar una ley, costumbre o razón.
involucrar *t.* Meter en un escrito, etc., asuntos extraños a su objeto.
involucro *m.* Verticilo de brácteas.
involuntario -ria *a.* No voluntario. /ser herido.
invulnerable *a.* Que no puede
inyección *f.* Acción de inyectar. Fluido inyectado.
inyectable *a.* Que se aplica en inyección. *m.* Ampolla (tubito).
inyectar *t.* Introducir un líquido en un cuerpo.
iota *f.* Letra griega equivalente a la *i.* /dicinal.
ipecacuana *f.* Planta de raíz meir *i.-r.* Moverse de un lugar a otro. *i.* Extenderse de un punto a otro. Diferenciarse, distinguirse. Expresa acción que se está realizando o que va a realizarse. *r.* Deslizarse, perder el equilibrio. Morir. Acabarse, gastarse.
f. Enojo violento. Furia de los elementos.
iracundia *f.* Ira. Propensión a la ira. /ira.
iracundo -da *a.* Propenso a la
irascible *a.* Propenso a irritarse.
iridio *m.* Metal blanco muy pesado.
iridiscente *a.* Que muestra o refleja los colores del iris.
iris *m.* METEOR. Arco luminoso que presenta los colores del espectro. Diafragma contráctil en cuyo centro está la pupila del ojo.
irisación *f.* Acción de irisar.
irisado -da *a.* Que tiene los colores del iris.
sar *i.* Presentar un cuerpo fajas o reflejos de luz con los colores del iris.
irlandés -sa *a.-s.* De Irlanda.
ironía *f.* Burla fina con que se da a entender lo contrario de lo que se dice.
irónico -ca *a.* Que denota o implica ironía.
irracional *a.-s.* Que carece de razón. *a.* Opuesto a la razón.
irradiación *f.* Acción de irradiar.
irradiar *i.* Despedir radiaciones luminosas, térmicas, etc.
irrazonable *a.* No razonable.
irreal *a.* Falto de realidad.

irrealizable *a.* Que no se puede realizar.
irrebatible *a.* No rebatible.
irreconciliable *a.* Que no quiere reconciliarse. Incompatible.
irrecusable *a.* Que no se puede recusar.
irreducible, irreductible *a.* Que no se puede reducir.
irreflexión *f.* Falta de reflexión.
irreflexivo -va *a.* No reflexiona. Hecho sin reflexionar.
irregular *a.* Que no es regular.
irregularidad *f.* Calidad de irregular. Inmoralidad en la administración.
irreligión *f.* Falta de religión.
irreligioso -sa *a.-s.* Falto de religión o que se opone a ella.
irremediable *a.* Que no se puede remediar.
irremisible *a.* Que no se puede remitir o perdonar.
irreparable *a.* Que no se puede reparar. /reprensión.
irreprensible *a.* Que no merece
irreprochable *a.* No reprochable.
irresistible *a.* Que no se puede resistir.
irresoluble *a.* Que no se puede resolver. /ción.
irresolución *f.* Falta de resolu-
irresoluto -ta *a.-s.* Falto de resolución.
irrespetuoso -sa *a.* No respetuoso.
irrespirable *a.* Que no se puede respirar. /ponsabilidad.
irresponsabilidad *f.* Falto de res-
irresponsable *a.* No responsable.
irreverencia *f.* Falta de reverencia.
irreverente *a.-s.* No reverente.
irrevocable *a.* Que no se puede revocar.
irrigación *f.* Acción de irrigar.
irrigar *t.* Regar. MED. Rociar con un líquido una parte del cuerpo.
irrisión *f.* Burla, desprecio.
irrisorio -ria *a.* Que mueve a risa y burla. Insignificante.
irritabilidad *f.* Propensión a irritarse.
irritable *a.* Que puede irritarse.
irritación *f.* Acción de irritar.
irritante *a.* Que irrita.
irritar *i.-r.* Hacer sentir ira. Causar o producirse excitación morbosa en una parte del cuerpo.
irrogar *t.-r.* Causar daño o perjuicio.
irrumpir *i.* Entrar violentamente. Invadir súbitamente.
irrupción *f.* Acción de irrumpir.
isabelino -na *a.* Relativo a una reina Isabel.
isba *f.* Vivienda de madera de algunos pueblos septentrionales.
isla *f.* Porción de tierra ro-

deada de agua.
islam *m.* Islamismo. Conjunto de pueblos mahometanos.
islamismo *m.* Religión mahometana.
islamita *a.-s.* Mahometano.
islandés -sa *a.-s.* De Islandia, isla del norte de Europa.
isleño -ña *a.-s.* De una isla.
isleta *f.* Dim. de *isla*.
islote *m.* Isla pequeña y despoblada.
ismaelita *a.-s.* Descendiente de Ismael. Árabe. Sarraceno.
isócrono -na *a.* Que se efectúa en tiempos iguales.
isópodo -da *a.-s.* De patas o pies iguales. Dic. de ciertos crustáceos.
isósceles *a.* Dic. del triángulo que tiene dos lados iguales.
isotermo -ma *a.* De igual temperatura.
isquión *m.* Hueso posterior e inferior de los tres que forman el coxal.
israelita *a.-s.* Hebreo.
istmo *m.* Lengua de tierra que une dos continentes o una península a un continente.
italianismo *m.* Giro propio de la lengua italiana.
italiano -na *a.-s.* De Italia. *m.* Lengua italiana.
itálico -ca *a.* Italiano. *a.-f.* Dic. de la letra bastardilla.
item *adv. lat.* Otrosí.
itinerario -ria *a.* Perteneciente a caminos. *m.* Descripción de un camino o viaje.
izar *t.* MAR. Hacer subir una cosa tirando de la cuerda de que está colgada.
izquierda *f.* Mano izquierda. En política, los partidos liberales, republicanos, etc.
izquierdo -da *a.* Dic. del lado opuesto al derecho. Zurdo.

J

J j Undécima letra del alfabeto.
jabalí *m.* Especie de cerdo salvaje.
jabalina *f.* Hembra del jabalí. Lanza arrojadiza.
jabardillo *m.* Multitud de insectos o avecillas. /na.
jabato *m.* Cachorro de la jabalina.
jábega *f.* Red muy larga para pescar.
jabeque *m.* Embarcación de tres palos, con velas latinas.
jabón *m.* Producto que sirve para lavar y se obtiene por la acción de un álcali sobre una grasa.
jabonado *m.* Jabonadura.
jabonadura *f.* Acción de jabonar. *pl.* Espuma de jabón. Agua mezclada con ella. /agua.
jabonar *t.* Fregar con jabón y
jaboncillo *m.* Pastilla de jabón aromático. Esteatita.
jabonería *f.* Fábrica o tienda donde se vende jabón.
jabonero -ra *a.* De color blanco sucio. *m. f.* Persona que hace o vende jabón. *f.* Cajita para el jabón.
jabonoso -sa *a.* De jabón o de su naturaleza.
jaca *f.* Caballo cuya alzada no llega a siete cuartas.
jácara *f.* Romance festivo. Ronda nocturna de gente alegre.
jacarandoso -sa *a.* Donairoso, alegre, desenvuelto.
jacarero -ra *a.-s.* Alegre de genio.
jácena *f.* Viga maestra.
jacinto *m.* Planta liliácea de flores acampanadas. Su flor.
jaco *m.* Caballo pequeño y ruin.
jacobino -na *a.-s.* Perteneciente al partido más exaltado de la Revolución francesa.
jactancia *f.* Alabanza presuntuosa de sí mismo.
jactancioso -sa *a.-s.* Que se jacta.
jactarse *r.* Alabarse presuntuosamente de algo.
jaculatorio -ria *a.* Breve y fervoroso. *f.* Oración breve y fervorosa.
jade *m.* Piedra muy dura, blanquecina o verdosa.
jadear *i.* Respirar anhelosamente por el cansancio.
jadeo *m.* Acción de jadear.
jaez *m.* Adorno de las caballerías. Calidad, carácter.
jaguar *m.* Especie de pantera de América.
jaguarzo *m.* Arbusto de flores blancas. /cha.
jaique *m.* Capa árabe con capu-
¡ja, ja, ja! Interj. con que se denota risa.
jalapa *f.* Planta americana de raíz purgante.
jalbegar *t.* Enjalbegar. /bido.
jalde y **jaldo -da** *a.* Amarillo su-
jalea *f.* Conserva gelatinosa hecha de zumo de frutas.
jalear *t.* Llamar a los perros a voces. Animar con palmadas y voces a los que bailan, cantan, etcétera.
jaleo *m.* Acción de jalear. Baile andaluz. Jarana. Alboroto.
jalifa *m.* En Marruecos, lugarteniente, substituto.
jalón *m.* TOP. Vara que se clava en tierra como señal.
jalonar *t.* Señalar con jalones.
jamás *adv.* Nunca.
jamba *f.* ARQ. Cualquiera de las dos piezas que sostienen el dintel. /mala traza.
jamelgo *m.* Caballo flaco o de
jamón *m.* Pernil curado del cerdo.
jamona *a.-s.* *fam.* Aplícase a la mujer que ha pasado de la juventud, esp. cuando es gruesa.
jangada *f.* Salida o idea necia.
japonés -nesa *a.-s.* Del Japón. *m.* Idioma japonés.
jaque *m.* Lance del ajedrez en que el rey está amenazado. Valentón, perdonavidas.
jaqueca *f.* Dolor de cabeza intermitente.
jaquel *m.* Escaque.
jaquelado -da *a.* BLAS. Dividido en escaques.

jaquetón *m.* Valentón.
jáquima *f.* Cabezada de cordel.
jara *f.* Arbusto que abunda en los montes de España.
jarabe *m.* Bebida compuesta de azúcar cocido en agua y substancias refrescantes o medicinales. /jaras.
jaral *m.* Terreno poblado de
jaramago *m.* Planta crucífera, común entre los escombros.
jarana *f.* Diversión bulliciosa. Pendencia, tumulto.
jaranear *i.* Andar en jaranas.
jaranero -ra *a.-s.* Aficionado a jaranas.
jarcia *f.* Aparejos y cabos de un buque. Instrumentos y redes para pescar.
jardín *m.* Terreno donde se cultivan plantas y flores ornamentales.
jardinera *f.* La que cuida de un jardín. Mueble para plantas. Carruaje descubierto. Tranvía abierto, usado en verano.
jardinería *f.* Arte y oficio del jardinero. /un jardín.
jardinero *m.* El que cuida de
jareta *f.* Dobladillo para meter en él una cinta o cordón.
jarifo -fa *a.* Rozagante, adornado.
jaro *m.* Aro (planta). Mancha espesa de los montes bajos.
jarope *m.* Jarabe.
jarra *f.* Vasija de barro de boca ancha, con una o más asas.
jarrete *m.* Corva. Corvejón. Parte alta y carnuda de la pantorrilla.
jarretera *f.* Liga con hebilla. Orden militar inglesa.
jarro *m.* Vasija a modo de jarra y con una sola asa.
jarrón *m.* Vaso labrado para adorno. /teada.
jaspe *m.* Calcedonia opaca, veteada.
jaspeado -da *a.* Veteado como el jaspe. /pe.
jaspear *t.* Pintar imitando el jaspe.
jaula *f.* Caja hecha con alambres, mimbres, etc., para encerrar animales. MIN. Armazón para subir y bajar por los pozos.
jauría *f.* Conjunto de perros que cazan juntos.
javanés -sa *a.-s.* De Java.
jayán -na *m. f.* Persona alta y de muchas fuerzas.
jazmín *m.* Arbusto de flores blancas muy olorosas. Su flor.
jefa *f.* Superiora de un cuerpo u oficio. /del jefe.
jefatura *f.* Dignidad y oficina
jefe *m.* Superior de un cuerpo u oficio.
¡je, je, je! Interj. con que se denota la risa.

jeme *m.* Distancia desde el extremo del pulgar al del índice, separados todo lo posible.
jengibre *m.* Planta de rizoma aromático, usado en medicina y como especia.
jenízaro *m.* Soldado de una antigua guardia turca.
jeque *m.* Jefe o régulo árabe.
jerarca *m.* Superior en una jerarquía.
jerarquía *f.* Orden y grados de autoridad, poder, etc., de personas o cosas. Categoría.
jerárquico -ca *a.* Perteneciente a la jerarquía.
jerezano -na *a.-s.* De Jerez.
jerga *f.* Tela gruesa y tosca. Lenguaje especial de ciertas gentes u oficios. Jerigonza.
jergón *m.* Colchón de paja, esparto, etc., y sin bastas.
jerife *m.* Individuo de la dinastía reinante en Marruecos.
jerifiano -na *a.* Relativo al jerife.
jerigonza *f.* Lenguaje de mal gusto y difícil de entender.
jeringa *f.* Instrumento para inyectar líquidos.
jeringar *t.* Arrojar o inyectar un líquido con jeringa. Molestar.
jeringazo *m.* Acción de jeringar.
jeroglífico -ca *a.* Dic. de una escritura en que se usan figuras o símbolos. *m.* Frase expresada con figuras o símbolos.
jerónimo -ma *a.-s.* De la orden de San Jerónimo.
jerosolimitano -na *a.-s.* De Jerusalén.
jersey *m.* Especie de jubón de tejido elástico.
Jesucristo *n. pr.* El Hijo de Dios hecho hombre.
jesuita *a.-s.* Dic. del religioso de la Compañía de Jesús.
jesuítico -ca *a.* Perteneciente a los jesuitas.
Jesús *n. pr.* Jesucristo.
jeta *f.* Boca saliente. Cara, rostro. Hocico del cerdo.
jetudo -da *a.* Que tiene jeta.
ji *f.* Letra del alfabeto griego equivalente a la *ch*.
jibia *f.* Molusco cefalópodo de cuerpo oval.
jícara *f.* Vasija pequeña para tomar chocolate.
jifero -ra *a.* Perteneciente al matadero. *m.* Matarife. Cuchillo del jifero.
jigote *m.* Gigote.
jilguero *m.* Pájaro cantor, de plumaje pardo, blanco con una mancha roja en la cara, y en las alas y cola, negro mancha-

do de amarillo y blanco.
jineta *f.* Mamífero carnicero pequeño. Manera de montar con los estribos cortos.
jinete *m.* El que monta a caballo.
jinjol *m.* Azufaifa.
jinjolero *m.* Azufaifo.
jira *f.* Pedazo que se rasga o corta de una tela. Banquete o merienda campestre.
jirafa *f.* Rumiante de cuello alto y esbelto y miembros posteriores más bajos que los anteriores.
jirón *m.* Pedazo desgarrado de una ropa.
jockey *m.* Jinete en las carreras de caballos.
jocoserio -ria *a.* Mezclado de serio y jocoso.
jocosidad *f.* Calidad de jocoso. Chiste, donaire. /festivo.
jocoso -sa *a.* Gracioso, chistoso.
jofaina *f.* Vasija ancha y poco profunda que sirve esp. para lavarse. /Jonia.
jónico -ca *y* **jonio -nia** *a.-s.* De
jorgun -na *m. f.* Hechicero.
jornada *f.* Camino que se anda en un día. Todo el camino o viaje. Tiempo de duración del trabajo diario de los obreros. En el ant. teatro, acto.
jornal *m.* Estipendio por cada día de trabajo. Este mismo trabajo. Medida agraria.
jornalero *m.* El que trabaja a jornal.
joroba *f.* Corcova. Molestia.
jorobado -da *a.-s.* Corcovado.
jorobar *t.* Molestar, fastidiar.
jota *f.* Nombre de la letra *j.* Baile popular de Aragón, Valencia y Navarra.
joven *a.-s.* De poca edad.
jovial *a.* Alegre, festivo, apacible. /de genio.
jovialidad *f.* Alegría y apacibilidad
joya *f.* Objeto precioso usado como adorno. Cosa o persona de mucha valía.
joyel *m.* Joya pequeña.
joyería *f.* Taller, tienda o comercio de joyas.
joyero *m.* El que hace o vende joyas. Caja o armario para guardarlas.
joyo *m.* Cizaña.
juanete *m.* Hueso del nacimiento del dedo grueso del pie cuando sobresale demasiado.
juanetudo -da *a.* Que tiene juanetes.
jubilación *f.* Acción de jubilar.
jubilar *a.* Perteneciente al jubileo.
jubilar *t.* Eximir del servicio a un funcionario por razón de enfermedad o ancianidad. *i.-r.* Alegrarse. *r.* Conseguir la jubilación.
jubileo *m.* Indulgencia plenaria concedida por el Papa. Entrada y salida frecuente de muchas personas.
júbilo *m.* Viva alegría.
jubiloso -sa *a.* Lleno de júbilo.
jubón *m.* Vestidura ceñida al cuerpo que cubre desde los hombros hasta la cintura.
judaico -ca *a.* Perteneciente a los judíos. /días.
judaísmo *m.* Religión de los judíos
judaizar *i.* Abrazar la religión de los judíos.
judería *f.* Barrio de los judíos.
judía *f.* Planta de tallos volubles y legumbres largas con varias semillas comestibles. Su fruto y su semilla.
judicatura *f.* Cargo de juez. Cuerpo formado por los jueces.
judicial *a.* Perteneciente al juicio o a la judicatura.
judiciario -ria *a.* Perteneciente a la astrología.
judíos -a *a.* Hebreo. De Judea.
juego *m.* Acción de jugar. Entretenimiento. Ejercicio recreativo sometido a ciertas reglas. Conjunto de ciertas cosas que sirven al mismo fin. Unión de ciertas cosas que permite que una se mueva en relación con la otra.
juerga *f.* Diversión, jarana.
jueves *m.* Quinto día de la semana.
juez *m.* El que tiene a su cargo juzgar y sentenciar.
jugada *f.* Acción de jugar cuando toca el turno. fig. Treta, mala pasada.
jugador -ra *a.-s.* Que juega.
jugar *i.* Entretenerse, travesear, retozar. Tomar parte en un juego. Hacer juego una cosa con otra. *t.* Llevar a cabo un juego. Arriesgar. Manejar las armas.
jugarreta *f.* Mala pasada.
juglar *m.* El que iba por cortes, castillos, etc., recitando, cantando o haciendo juegos.
juglaresa *f.* Mujer juglar.
jugo *m.* Líquido contenido en ciertos tejidos orgánicos. Lo útil y substancial de una cosa.
jugoso -sa *a.* Que tiene jugo.
juguete *m.* Objeto con que juegan los niños. Obra teatral breve y ligera. /do y retozando.
juguetear *i.* Entretenerse jugan-
juguetón -tona *a.* Que juega y retoza con frecuencia.
juicio *m.* Facultad de discernir el bien del mal y lo verda-

dero de lo falso. Cordura. Opinión. Acción y resultado de juzgar. DER. Conocimiento de una causa.

juicioso -sa *a.* Que tiene juicio.
julepe *m.* Cierto juego de naipes. Reprimenda.
juliano *a.* Relativo a Julio César.
julio *m.* Séptimo mes del año.
jumento -ta *m. f.* Asno -na.
juncal *a.* Relativo al junco. Flexible, airoso. /cinal.
juncia *f.* Planta olorosa y medi-
junco *m.* Planta de tallos largos, lisos y cilíndricos. Bastón de rota. Embarcación pequeña usada en Oriente.
junio *m.* Sexto mes del año.
junquillo *m.* Planta de flores olorosas. Bastón de rota.
junta *f.* Reunión de personas para tratar un negocio. Personas nombradas para regir una colectividad. Juntura.
juntar *t.-r.* Unir. Acopiar. Congregar.
junto -ta *p. p. irreg.* de *juntar.* Unido, cercano. *ad.* Cerca. Juntamente.
juntura *f.* Parte en que se juntan dos o más cosas.
Júpiter *n. p.* Dios supremo de la mitología griega y romana. El mayor de los planetas.
jura *f.* Acción de jurar.
jurado -da *a.* Que ha prestado juramento. *m.* Grupo de personas encargadas de decidir en concursos, exposiciones, etc.
juramentar *t.* Tomar juramento. *r. y rec.* Obligarse con juramento.
juramento *m.* Afirmación de una cosa tomando por testigo a Dios o invocando algo sagrado. Voto, reniego.
jurar *t.* Afirmar con juramento. *i.* Echar votos y reniegos.
jurídico -ca *a.* Que atañe o se ajusta al derecho.
jurisconsulto *m.* El que profesa la ciencia del derecho. Jurisperito.
jurisdicción *f.* Autoridad para gobernar o juzgar. Territorio en que se ejerce.
jurisperito *m.* Versado en jurisprudencia. /recho.
jurisprudencia *f.* Ciencia del de-
jurista *c.* El que se dedica al derecho. /piedad.
juro *m.* Derecho perpetuo de
justa *f.* Combate singular a caballo y con lanza. Torneo.
justamente *adv.* Con justicia. Ni más ni menos. Con identidad de lugar o tiempo.
justar *i.* Combatir en las justas.
justicia *f.* Virtud que inclina a obrar y juzgar rectamente y dando a cada uno lo que le pertenece. Lo que debe hacerse según derecho o razón. Ejercicio de la justicia por los jueces y tribunales.
justiciero -ra *a.* Que observa y hace observar la justicia.
justificación *f.* Acción de justificar. Prueba convincente.
justificar *t.* Hacer Dios justo a uno. Probar con razones, testigos, etc. *t.-r.* Probar la inocencia de uno.
justificativo -va *a.* Que sirve para justificar.
justipreciar *t.* Tasar, apreciar.
justo -ta *a.-s.* Que vive según la ley de Dios. *a.* Que obra según justicia. Arreglado según justicia. Exacto, cabal. Apretado, que ajusta bien.
juvenil *a.* Perteneciente a la juventud.
juventud *f.* Edad entre la niñez y la edad viril. Condición de joven. Conjunto de jóvenes.
juzgado *m.* Tribunal y oficina del juez.
juzgar *t.* Pronunciar como juez una sentencia. Formar dictamen. Creer, estar convencido de algo.

K

K k Duodécima letra del alfabeto español.
ka *f.* Nombre de la letra *k*.
kaiser *m.* Emperador de Alemania.
kan *m.* Príncipe o jefe entre los tártaros.
kappa *f.* Letra del alfabeto griego equivalente a la *k*.
kéfir *m.* Leche fermentada artificialmente.
kermes *m.* Quermes.
kilo *m.* Kilogramo.
kilociclo *m.* Unidad eléctrica formada por 1.000 ciclos.
kilogramo *m.* Medida de peso (1.000 g.).
kilolitro *m.* Medida de capacidad (1.000 l.).
kilométrico -ca *a.* Que se cuenta por kilómetros. Muy largo.
kilómetro *m.* Medida de longitud (1.000 m.).
kilovatio *m.* Medida eléctrica (1.000 vatios).
kimono *m.* Quimono.
kiosco *m.* Quiosco.
kirie *m.* En la misa, invocación después del introito.
kirieleison *m.* Kirie.

L

L I Decimotercia letra del alfabeto español.
la Forma fem. sing. del artículo determinado. Forma fem. sing. del pronombre personal de 3.ª pers. en acusativo. *m.* MÚS. Sexta nota de la escala.
lábaro *m.* Estandarte con el monograma de Cristo.
laberíntico -ca *a.* Enmarañado, confuso.
laberinto *m.* Lugar formado de intrincados caminos, de donde es difícil encontrar la salida.
labia *f.* Verbosidad persuasiva.
labiado -da *a.-f.* Dic. de ciertas plantas que tienen la corola dividida en dos partes en forma de labios.
labial *a.* Relativo al labio.
labio *m.* Cada una de las dos partes exteriores, carnosas y movibles de la boca. Reborde de ciertas cosas.
labor *f.* Trabajo. Operación agrícola. Obra de coser, bordar, etc.
laborable *a.* Que se puede laborar o trabajar.
laborar *t.* Labrar.
laboratorio *m.* Lugar para experimentos científicos y operaciones químicas, farmacéuticas, etc.
laborear *t.* Labrar, trabajar.
laboreo *m.* Cultivo del campo. Arte de explotar las minas.
laboriosidad *f.* Aplicación al trabajo.
laborioso -sa *a.* Aficionado al trabajo. Trabajoso, penoso.
labrador -ra *a.-s.* Que labra la tierra. *m. f.* Persona que tiene tierra y la cultiva.
labrantín *m.* Labrador de poco caudal.
labrantío -a *a.-m.* Dic. de la tierra laborable.
labranza *f.* Cultivo de los campos.
labrar *t.* Trabajar una materia. Cultivar la tierra. Arar. Hacer, causar. /tico.
labriego -ga *m. f.* Labrador rústico.
labrusca *f.* Vid silvestre.
laca *f.* Resina de ciertos árboles de la India. Barniz hecho con ella.
lacayo *m.* Criado de librea.
lacayuno -na *a.* Propio de lacayos.
lacedemonio -nia *a.-s.* De Lacedemonia.
laceración *f.* Acción de lacerar.
lacerar *t.* Lastimar, herir, dañar.
lacería *f.* Miseria, pobreza. Trabajo, molestia.
lacería *f.* Conjunto de lazos.
lacinia *f.* Cada uno de los segmentos estrechos en que se dividen ciertas hojas, sépalos o pétalos.
lacio -cia *a.* Marchito. Flojo, sin vigor.
lacónico -ca *a.* Breve, conciso.
laconismo *m.* Calidad de lacónico.
lacra *f.* Reliquia de una enfermedad. Vicio, defecto.
lacrar *t.-r.* Dañar la salud. Perjudicar. Cerrar con lacre.
lacre *m.* Pasta que se usa, derretida, para cerrar y sellar pliegos.
lacrimal *a.* Perteneciente a las lágrimas. /lágrimas.
lacrimógeno -na *a.* Que produce
lacrimoso -sa *a.* Que tiene lágrimas. Que mueve a llanto.
lactación *f.* Acción de lactar.
lactancia *f.* Lactación. Período de la vida en que la criatura mama.
lactar *t.* Amamantar. *i.* Nutrirse con leche.
lácteo -a *a.* Perteneciente o parecido a la leche.
lactescente *a.* De aspecto de leche. Que tiene un jugo lechoso.
lacticinio *m.* Leche o manjar compuesto con ella. /che.
láctico -ca *a.* Relativo a la le-
lactosa *f.* Azúcar de leche.
lacustre *a.* Relativo a los lagos. Que habita en ellos.
ladear *t.-r.* Inclinar, torcer hacia un lado. Andar por las laderas.
ladera *f.* Declive de un monte.

ladilla *f.* Insecto parásito del hombre. Cebada ladilla.
ladino *a.* Sagaz, taimado.
lado *m.* Parte derecha o izquierda del cuerpo o de una cosa. Parte del espacio alrededor de un cuerpo. Cada una de las líneas que forman un ángulo o limitan una superficie.
ladrar *i.* Dar ladridos.
ladrido *m.* Voz del perro.
ladrillar *m.* Fábrica de ladrillos.
ladrillero -ra *m. f.* Persona que hace o vende ladrillos.
ladrillo *m.* Prisma de arcilla cocida, usado en albañilería.
ladrón -na *a.-s.* Que hurta o roba.
ladronera *f.* Escondrijo de ladrones. Latrocinio.
lagar *m.* Sitio donde se pisa la uva, se prensa la aceituna o se machaca la manzana.
lagarta *f.* Hembra del lagarto. Mujer taimada.
lagartija *f.* Lagarto de pequeñas dimensiones.
lagarto *m.* Reptil saurio de patas cortas y cuerpo y cola largos. Hombre taimado.
lago *m.* Gran masa de agua depositada en hondonadas del terreno.
lagotear *i.* Hacer lagoterías.
lagotería *f.* Zalamería, halago interesado. /goterías.
lagotero -ra *a.-s.* Que hace lagoterías.
lágrima *f.* Gota del humor que segrega la glándula lagrimal, que vierten los ojos.
lagrimal *a.* Dic. de los órganos de secreción de las lágrimas. *m.* Extremidad del ojo próxima a la nariz. /menudo.
lagrimear *i.* Secretar lágrimas a
lagrimeo *m.* Acción de lagrimear.
lagrimón *m.* Aum. de *lágrima*.
lagrimoso -sa *a.* Dic. de los ojos tiernos y húmedos. Lacrimoso, lloroso.
laguna *f.* Lago pequeño. Hueco, omisión, solución de continui-
lagunajo *m.* Charco. /dad.
lagunar *m.* Hueco de un techo artesonado.
laicismo *m.* Doctrina que defiende la independencia del estado de toda influencia religiosa.
laico -ca *a.-s.* Lego. Que prescinde de la religión.
laja *f.* Lancha, lastra.
lama *f.* Cieno blando del fondo del agua. Ova (alga). *m.* Sacerdote budista del Tibet.
lambda *f.* Letra del alfabeto griego, equivalente a la *l*.
lambrequín *m.* BLAS. Adorno que baja de lo alto del casco y rodea el escudo.
lamedal *m.* Sitio cenagoso.
lamedura *f.* Acción de lamer.
lamentable *a.* Digno de lamentarse. Triste.
lamentación *f.* Queja con alguna muestra de dolor.
lamentar *t.-r.* Sentir con llanto u otra manifestación de dolor.
lamento *m.* Lamentación.
lamentoso -sa *a.* Que prorrumpe en quejas. Lamentable.
lamer *t.* Pasar la lengua por una cosa. Tocar blanda y suavemente.
lamerón -rona *a.* Goloso.
lámina *f.* Plancha delgada, esp. de metal. Plancha grabada con un dibujo para estamparlo. Estampa obtenida con ella.
laminador -ra *a.-s.* Que lamina. *m.* Máquina para reducir a láminas los metales maleables.
laminar *a.* De forma de lámina.
laminar *t.* Reducir a láminas.
laminero -ra *a.-s.* Que hace láminas. Goloso.
lámpara *f.* Utensilio para dar luz. Bombilla eléctrica o de radio.
lamparería *f.* Taller, tienda o almacén de lámparas.
lamparero -ra *m. f.* Persona que hace o vende lámparas o cuida de ellas.
lamparilla *f.* Vasija con aceite y una candelilla o torcida para dar luz.
lamparón *m.* Escrófula en el cuello. Mancha de aceite o grasa.
lampazo *m.* Planta de raíz diurética y depurativa.
lampiño *a.* Que no tiene barba. Liso, sin vello.
lampista *m.* Lamparero.
lampistería *f.* Lamparería.
lamprea *f.* Pez de cuerpo casi cilíndrico comestible.
lana *f.* Pelo de las ovejas y carneros. Tela de la lana.
lanar *a.* Dic. del ganado o de la res que tiene lana.
lance *m.* Acción de lanzar. Pesca que se saca de una vez. Suerte de capa en los toros. Cada uno de los accidentes del juego. Trance u ocasión crítica. Encuentro, riña.
lancear *t.* Herir con lanza.
lanceolado -da *a.* BOT. De figura semejante al hierro de la lanza.
lancero *m.* Soldado armado con lanza. *pl.* Baile de figuras.
lanceta *f.* CIR. Instrumento para sangrar, abrir tumores, etc.
lancha *f.* Chalupa, bote, barca.

Piedra lisa, plana y delgada.
lanchero *m.* Conductor o patrón de una lancha.
lanchón *m.* Aum. de *lancha.*
landa *f.* Llanura en que sólo se crían plantas silvestres.
landó *m.* Coche de cuatro ruedas con doble capota.
landre *f.* Tumor formado en el cuello, los sobacos o las ingles.
lanero -ra *a.* Relativo a la lana. *m.* Que trata en lanas.
langosta *f.* Insecto saltador que se multiplica mucho y a veces es una plaga para la agricultura. Crustáceo marino de 4 a 6 dm. de largo, de carne muy estimada.
langostín y **-tino** *m.* Crustáceo marino de carne fina, de 12 a 14 cm. de largo.
langostón *m.* Insecto, especie de langosta grande.
languidecer *i.* Adolecer de languidez.   /fatiga.
languidez *f.* Debilidad, flojedad,
lánguido -da *a.* Flaco, débil, fatigado. De poco espíritu y energía.   /fina.
lanilla *f.* Tejido delgado de lana
lanosidad *f.* Vello de las plantas.
lanoso -sa *a.* Lanudo.   /tas.
lanudo -da *a.* Que tiene mucha lana o vello.   /nosidad.
lanuginoso -sa *a.* Que tiene la
lanza *f.* Arma compuesta de un asta con un hierro puntiagudo. Vara de madera unida al juego delantero de un coche. Tubo en que rematan las mangas de las bombas.   /lanza.
lanzada *f.* Golpe o herida de
lanzadera *f.* Instrumento que lleva el hilo de la trama cuando se teje.
lanzallamas *a.* Dic. del tubo o aparato para lanzar llamas.
lanzamiento *m.* Acción de lanzar.
lanzar *t.-r.* Arrojar, echar.
lanzón *m.* Lanza corta y gruesa.
laña *f.* Grapa.
lañar *t.* Trabar, unir con lañas.
lapa *f.* Molusco univalvo comestible.
lapachar *m.* Terreno cenagoso.
lapicero *m.* Instrumento en que se coloca el lápiz. Lápiz.
lápida *f.* Piedra llana en que se pone una inscripción.
lapidación *f.* Acción de lapidar.
lapidar *t.* Matar a pedradas.
lapidario -ria *a.* Perteneciente a las piedras preciosas o a las lápidas. *m.* El que labra piedras preciosas.
lapídeo -a *a.* De piedra o perteneciente a ella.
lapislázuli *m.* Mineral de color azul, usado en pintura.
lápiz *m.* Substancia mineral que sirve para dibujar. Barrita de grafito, envuelta en madera, con que se escribe o dibuja.
lapo *m.* Cintarazo; bastonazo. Trazo.
lapón -pona *a.-s.* De Laponia.
lapso *m.* Espacio de tiempo. Caída en una culpa o error.
lar *m.* Dios doméstico de los romanos. Hogar de cocina. *pl.* La casa, el hogar.   /sa.
lardear *t.* Untar con lardo o grasa.
lardero *a.* Díc. del jueves que precede a las carnestolendas.
lardo *m.* Lo gordo del tocino. Grasa.
lardoso -sa *a.* Grasiento.
larga *f.* El más largo de los tacos del billar. Dilación, aplazamiento. Lance del toreo.
largar *t.* Aflojar, soltar. Desplegar la bandera, las velas. *r.* Irse con presteza o disimulo.
largo *a.* Que tiene mucha o demasiada longitud. Que dura mucho. Extenso. Dadivoso. Abundante. Listo, astuto. *a. pl.* Muchos. *m.* Longitud.
largor *m.* Longitud.
larguero *m.* Cada uno de los dos palos que se ponen a lo largo de una obra de carpintería.
largueza *f.* Longitud. Liberalidad.
largura *f.* Longitud.
laringe *f.* Órgano de la voz situado entre la tráquea y la faringe.   /ringe.
laríngeo -a *a.* Relativo a la la-
laringitis *f.* Inflamación de la laringe.
larva *f.* En los animales sujetos a metamorfosis, primera forma del animal al salir del huevo.
las Forma fem. pl. del artículo determinado; y del pron. pers. de 3.ª pers. en acusativo.
lascivia *f.* Propensión a la lujuria.
lascivo -va *a.* Relativo a la lascivia o inclinado a ella.
laser *m.* Amplificación de la luz por medio de la emisión de radiaciones estimuladas.
lasitud *f.* Desfallecimiento, cansancio.   /fuerzas.
laso -sa *a.* Cansado, falto de
lástima *f.* Compasión. Cosa que la excita. Cosa que causa disgusto.
lastimar *t.-r.* Herir o hacer daño. Ofender. Compadecer.
lastimero -ra, **lastimoso -sa** *a.* Que mueve a lástima.
lastrar *t.* Poner lastre.
lastre *m.* Peso en la embarcación para que ésta se sumerja hasta

donde convenga. Juicio, madurez.
lata *f.* Envase de hojalata. Tabla delgada. Cosa pesada, fastidiosa.
latente *a.* Oculto, que existe sin manifestarse al exterior.
lateral *a.* Perteneciente o que está al lado de una cosa.
látex *m.* Jugo de ciertos vegetales que da las gomas, resinas, etc.
latido *m.* Movimiento de contracción y dilatación del corazón y las arterias. Ladrido entrecortado.
latigazo *m.* Golpe de látigo.
látigo *m.* Azote con que se aviva a las caballerías.
latiguillo *m.* Exceso declamatorio para lograr un aplauso.
latín *m.* Lengua del Lacio que hablaban los romanos.
latinajo *m.* Cita en latín. Latín malo.
latinidad *f.* Latín. Conjunto de los pueblos latinos.
latinista *c.* Persona que cultiva la lengua y literatura latinas.
latinizar *t.* Dar forma latina.
latino -na *a.-s.* Del Lacio. *a.* De la lengua latina. Díc. de los pueblos en que se hablan lenguas derivadas del latín. MAR. Dic. de la vela triangular.
latir *t.* Dar latidos.
latitud *f.* La menor de las dos dimensiones principales que tiene una figura plana. GEOGR. Distancia de un lugar al Ecuador.
lato -ta *a.* Dilatado. /dor.
latón *m.* Aleación de cobre y cinc.
latonero *m.* El que hace o vende objetos de latón. /sado.
latoso -sa *a.-s.* Fastidioso, pelatría *f.* Culto que sólo se debe a Dios. /de hurtar.
latrocinio *m.* Hurto o costumbre
laúd *m.* Ant. instrumento de cuerda. Embarcación parecida al falucho.
laudable *a.* Digno de alabanza.
láudano *m.* Tintura o extracto de opio. /alabanza.
laudatorio -ria *a.* Que implica
laudes *f. pl.* Parte del oficio divino que se dice después de maitines.
laudo *m.* Fallo de los árbitros o amigables componedores.
laurear *t.* Coronar con laurel. Premiar, honrar.
laurel *m.* Árbol de hojas lanceoladas siempre verdes. Corona, triunfo.
lauréola *f.* Corona de laurel. Adelfilla. /za.
lauro *m.* Laurel. Gloria, alaban-
lava *f.* Materia en fusión que sale de un volcán.
lavabo *m.* Mueble con recado para el aseo personal. Cuarto para este aseo.
lavacaras *c.* Adulador.
lavacoches *m.* Empleado de garaje que lava los coches.
lavadero *m.* Lugar donde se lava.
lavado *m.* Acción de lavar. Pintura a la aguada con un solo color.
lavador -ra *a.-s.* Que lava.
lavadura *f.* Acción de lavar. Lavazas.
lavaje *m.* CIR. Lavado de heridas, cavidades, etc.
lavamanos *m.* Pila para lavarse las manos.
lavamiento *m.* Acción de lavar. Ayuda, lavativa.
lavanda *f.* Espliego.
lavandero -ra *m. f.* Persona que lava ropa.
lavándula *f.* Espliego.
lavar *t.* Limpiar, con agua u otro líquido. Purificar.
lavativa *f.* Ayuda, enema. Jeringa para administrar ayudas.
lavatorio *m.* Acción de lavar o lavarse. Lavabo. Lavamanos.
lavotear *t.* Lavar aprisa y mal.
lavazas *f. pl.* Agua sucia.
lavoteo *m.* Acción de lavotear.
laxante *a.* Que laxa. *m.* Medicamento para mover el vientre.
laxar *t.* Aflojar, ablandar.
laxativo -va *a.-m.* Laxante.
laxitud *f.* Calidad de laxo.
laxo -xa *a.* Flojo, sin la tensión debida. Dic. de la moral relajada.
laya *f.* Calidad, calaña. *f.* Pala para labrar la tierra. /laya.
layar *t.* Labrar la tierra con la
lazada *f.* Nudo que se desata tirando de uno de sus cabos. Lazo de adorno.
lazareto *m.* Estación sanitaria donde se hace cuarentena. Hospital de leprosos.
lazarillo *m.* Muchacho que guía a un ciego.
lazarino -na *a.-s.* Leproso.
lazo *m.* Nudo de cintas. Lazada. Unión, vínculo. Artificio para coger conejos, perdices, etc. Cuerda con lazada corrediza para sujetar toros, caballos, etc. Ardid, asechanza.
le Forma masc. y fem. sing. del dativo y masc. sing. del acus. del pron. pers. de 3.ª pers.
leal *a.-s.* Fiel, incapaz de traicionar.
lealtad *f.* Calidad de leal.
lebrato *m.* Liebre joven.
lebrel -la *a.-s.* Dic. de un perro

propio para cazar liebres.
lebrillo *m*. Vasija más ancha por el borde que por el fondo, usada para lavar.
lección *f*. Lectura. Lo que el maestro enseña cada vez. Ejemplo que nos enseña.
lectivo -va *a*. Díc. del tiempo y días destinados a dar lección.
lector -ra *a.-s*. Que lee. *m*. Clérigo que ha recibido la orden del lectorado.
lectorado *m*. Segunda de las órdenes menores.
lectoral *a*. Díc. del canónigo que es el teólogo del cabildo.
lectura *f*. Acción de leer. Cosa leída. Lección.
lechada *f*. Masa fina de cal, yeso, etc. Emulsión.
lechal *a.-s*. Díc. del animal que aún mama. Lechoso.
leche *f*. Líquido nutritivo que se forma en las tetas de las hembras para alimento de sus hijos.
lechecillas *f. pl*. Mollejas de algunos animales. /leche.
lechería *f*. Sitio donde se vende
lechero -ra *a*. Relativo a la leche. Que da leche. *m. f*. Persona que vende leche. *f*. Vasija para la leche.
lechetrezna *f*. Planta de jugo lechoso. /drilla.
lechigada *f*. Cría, camada. Cua-
lecho *m*. Cama para dormir. Terreno por donde corren las aguas de un río. Estrato. Porción de cosas extendidas sobre otras.
lechón *m*. Cochinillo que aún mama. Puerco. /che.
lechoso -sa *a*. Parecido a la le-
lechuga *f*. Planta hortense que se come gralte. en ensalada.
lechuguino -na *s*. Petimetre.
lechuza *f*. Ave rapaz nocturna, de cara blanca y plumaje muy suave.
leer *t*. Interpretar el sentido de los textos escritos o impresos; pronunciar en alta voz estos textos. Interpretar cualquier clase de signos.
lega *f*. Monja exenta de coro.
legación *f*. Cargo de legado. Cargo diplomático. Personal y oficina del que lo tiene.
legado *m*. Don que se hace en testamento. Lo que se transmite a los sucesores. Persona que una suprema potestad envía a otra. Eclesiástico que representa al Papa. /documentos.
legajo *m*. Atado de papeles o
legal *a*. Prescrito por la ley y conforme a ella.
legalidad *f*. Calidad de legal.
legalizar *t*. Dar estado legal. Certificar la autenticidad de un documento o firma.
légamo *m*. Cieno, limo.
legaña *f*. Humor segregado en los párpados que se cuaja en el borde de éstos.
legañoso -sa *a*. Que tiene muchas legañas.
legar *t*. Dejar algo en testamento. Transmitir algo a los sucesores. Enviar a uno de legado.
legatario -ria *m. f*. Persona favorecida con un legado.
legendario -ria *a*. Concerniente a las leyendas.
legible *a*. Que se puede leer.
legión *f*. Nombre de ciertos cuerpos de tropa. Multitud.
legionario -ria *a*. Perteneciente a la legión. *m*. Soldado de una legión.
legislación *f*. Conjunto de las leyes de un Estado o relativas a una materia determinada.
legislador -ra *a.-s*. Que legisla.
legislar *i*. Dar o establecer leyes.
legislativo -va *a*. Que tiene la misión de hacer leyes. Relativo a la legislación.
legislatura *f*. Período de funcionamiento de los cuerpos legislativos.
legista *m*. Jurisperito.
legítima *f*. Porción de la herencia que la ley asigna a determinados herederos. /timar.
legitimación *f*. Acción de legi-
legitimar *t*. Probar la legitimidad de algo. Hacer legítimo.
legitimidad *f*. Calidad de legítimo.
legítimo -ma *a*. Conforme a la ley. Genuino, verdadero.
lego -ga *a.-s*. Que no tiene órdenes sagradas. Falto de instrucción. *m*. Religioso lego.
legua *f*. Medida itineraria (5'5727 kilómetros).
leguleyo *m*. El que trata de leyes con poco conocimiento de ellas.
legumbre *f*. Fruto o semilla que se cría en vainas. Hortaliza.
leguminoso -sa *a.-f*. Díc. de las plantas cuyos frutos son legumbres. /lugar.
lejanía *f*. Parte remota de un
lejano -na *a*. Que está lejos.
lejía *f*. Agua que tiene en disolución álcalis o sales alcalinas.
lejos *adv*. A gran distancia.
lelo -la *a.-s*. Simple, pasmado.
lema *m*. Tema. Letra o mote de los emblemas y empresas.
lemosín -sina *a.-s*. De Limoges. *m*. Lengua de oc.

lémur *m.* Mamífero cuadrumano de Madagascar.
lencería *f.* Conjunto de lienzos. Tienda donde se venden.
lencero *m.* El que vende lienzos.
lendrera *f.* Peine de púas finas y espesas.
lengua *f.* Órgano movible situado en la cavidad de la boca. Órgano de la palabra. Cosa en forma de lengua. Lenguaje de una nación.
lenguado *m.* Pez comestible de cuerpo oblongo, muy comprimido.
lenguaje *m.* Facultad de expresar los pensamientos. Modo de hablar. fig. Castigo, paliza. Idioma.
lenguaraz *a.-s.* Atrevido en el hablar.
lengüeta *f.* Dim. de *lengua*. Epiglotis. Laminilla que produce el sonido en ciertos instrumentos de viento.
lenidad *f.* Blandura en castigar.
lenificar *t.* Suavizar, ablandar.
lenitivo -va *a.-m.* Que suaviza o mitiga.
lente *amb.* ÓPT. Cristal o medio refringente limitado por dos caras curvas o una curva y otra plana. *pl.* Anteojos que se sujetan en la nariz.
lentecer *i.-r.* Reblandecerse.
lenteja *f.* Planta de semillas alimenticias, redondas y planas. Semilla de esta planta.
lentejuela *f.* Laminilla redonda de metal para adornar la ropa.
lenticular *a.* De figura de lenteja.
lentisco *m.* Arbusto de cuyos frutos se saca un aceite.
lentitud *f.* Tardanza. Velocidad escasa en el movimiento.
lento -ta *a.* Tardo, pausado, poco veloz.
leña *f.* Parte de los árboles y matas que se destina para la lumbre. fig. Castigo, paliza.
leñador -ra *m. f.* y **leñatero** *m.* Persona que corta leña.
leñera *f.* Sitio donde se guarda la leña.
leñero -ra *m. f.* Persona que vende leña. Leñera.
leño *m.* Parte más dura del tallo de los vegetales. Trozo de árbol cortado y sin ramas. Madera. Nave.
leñoso -sa *a.* Dic. de la parte más dura de los vegetales.
león *m.* Mamífero carnicero félido, de pelaje amarillo rojizo, cabeza grande y cola larga. Signo del Zodíaco.
leona *f.* Hembra del león.
leonado -da *a.* De color rubio obscuro.
leonera *f.* Jaula para leones. Aposento desordenado.
leonés -sa *a.* De León.
leonino -na *a.* Relativo al león. Dic. del contrato poco equitativo.
leopardo *m.* Mamífero carnicero félido de pelaje rojizo con manchas negras.
lepidóptero -ra *a.-m.* Dic. de los insectos que tienen las alas cubiertas de escamillas.
leporino -na *a.* Perteneciente a la liebre.
lepra *f.* Enfermedad que se manifiesta por manchas cutáneas, ulceraciones y caquexia.
leprosería *f.* Hospital de leprosos.
leproso -sa *a.-s.* Que padece lepra.
lerdo -da *a.* Tardo, torpe para comprender.
leridano -na *a.* De Lérida.
les Forma masc. pl. del dativo del pron. pers. de 3.ª pers.
lesión *f.* Daño corporal. Detrimento. /judica.
lesivo -va *a.* Que daña o perleso -sa *a.* Agraviado, lastimado
letal *a.* Mortífero.
letanía *f.* Plegaria formada por una serie de invocaciones empezadas por uno y completadas por otro. /targo
letárgico -ca *a.* Relativo al leletargo *m.* Estado de somnolencia profunda y prolongada.
letificar *t.* Alegrar, regocijar.
letífico -ca *a.* Que alegra.
letra *f.* Cada uno de los sonidos con que se representan. Forma de la letra. Palabras de una canción. Documento mercantil de giro.
letrado -da *a.* Docto, instruido. *m. f.* Abogado.
letrero *m.* Palabra o conjunto de ellas escritas para publicar alguna cosa. /cortos.
letrilla *f.* Composición de versos
letrina *f.* Lugar destinado a expeler en él los excrementos.
leucocito *m.* Glóbulo blanco de la sangre.
leudar *t.-r.* Dar fermento a la masa con levadura.
leva *f.* Recluta de gente. Palanca. Álabe. /levantar.
levadizo -za *a.* Que se puede
levadura *f.* Substancia que hace fermentar el cuerpo con que se la mezcla.
levantamiento *m.* Acción de levantar. Alzamiento, rebelión.
levantar *t.-r.* Mover de abajo arriba. Poner en sitio más alto. Poner derecho. Recoger, quitar. Construir, edificar. Producir, hacer. Engrandecer, ensal-

zar. Imputar una cosa falsa. *r.* Ponerse en pie. Dejar la cama. Sublevarse. /Este.
levante *m.* Oriente. Viento del
levantino -na *a.-s.* De Levante.
levantisco -ca *a.* De genio inquieto y turbulento.
levar *t.* MAR. Recoger el ancla.
leve *a.* Ligero, de poco peso. De poca importancia.
levita *m.* Sacerdote de la tribu de Leví. *f.* Prenda de hombre, ceñida al cuerpo, con mangas y faldones cruzados.
levítico -ca *a.* Relativo a los levitas. Clerical.
levitón *m.* Levita larga y holgada.
léxico *m.* Diccionario. Caudal de voces y giros de un autor o persona.
lexicografía *f.* Estudio de los vocablos de una lengua.
lexicógrafo *m.* El versado en lexicografía.
lexicón *m.* Diccionario.
ley *f.* Regla y norma inmutable. Precepto de la autoridad suprema. Proporción de metal fino que deben tener las ligas de metales preciosos. Fidelidad. Amor.
leyenda *f.* Inscripción al pie de un grabado; en una moneda, lápida, etc. Relación de sucesos transformada por la tradición.
lezna *f.* Aguja fuerte con mango que usan los zapateros.
lía *f.* Soga de esparto trenzado. Heces.
liar *t.* Ligar, atar. *t.-r.* Envolver en un compromiso.
libación *f.* Acción de libar.
libar *t.* Chupar el jugo de una cosa. Gustar un licor.
libelista *m.* Autor de libelos.
libelo *m.* Escrito infamatorio.
libélula *f.* Insecto de abdomen largo y delgado, con cuatro alas largas y voluminosas.
líber *m.* Parte interior de la corteza de los árboles.
liberación *f.* Acción de liberar.
liberal *a.* Que obra con liberalidad. Hecho con liberalidad. *a.-m.* Partidario del liberalismo.
liberalismo *m.* Doctrina que afirma la primacía de la libertad individual.
liberar *t.* Librar.
libérrimo -ma *a.* Superl. de *libre*.
libertad *f.* Facultad de obrar de un modo o de otro o de no obrar. Estado del que no es esclavo o no está preso, sujeto u obligado.
libertar *t.* Poner en libertad, sacar de sujeción. Eximir. Preservar.

libertario -ria *a.* Anarquista.
liberticida *a.* Que ataca a la libertad.
libertinaje *m.* Desenfreno.
libertino -na *a.-s.* Dado al libertinaje. /miso.
liberto -ta *m. f.* Esclavo manu-
libidinoso -sa *a.* Lujurioso.
libio -bia *a.-s.* De Libia.
libra *f.* Ant. medida de peso. Nombre de varias monedas. Signo del Zodíaco.
libración *f.* Oscilación de un cuerpo ligeramente perturbado en su equilibrio.
libraco *m.* Desp. de *libro*.
librador -ra *a.-s.* Que libra.
libramiento *m.* Acción de librar. Orden de pago.
libranza *f.* Orden de pago escrita.
librar *t.* Sacar o preservar de un trabajo, peligro, etc. Eximir de una obligación. Dar, expedir. Girar letras u órdenes de pago.
libre *a.* Que goza de libertad. Atrevido. Licencioso. Exento. No ocupado. Que no ofrece obstáculos.
librea *f.* Uniforme de ciertos criados.
librería *f.* Biblioteca. Tienda o comercio de libros.
librero -ra *m. f.* Persona que vende libros.
libreta *f.* Cuaderno para notas, cuentas, etc. Pan de una libra.
libretista *c.* Autor de libretos.
libreto *m.* Obra de teatro escrita para ser puesta en música.
librillo *m.* Dim. de *libro*. Cuaderno de papel de fumar.
libro *m.* Conjunto de hojas de papel, escritas o impresas y cosidas formando un cuerpo. Tercera cavidad del estómago de los rumiantes. /siva.
licencia *f.* Permiso. Libertad abu-
licenciado -da *a.* Dado por libre. *m. f.* El que ha obtenido en una facultad el grado que le habilita para ejercerla.
licenciamiento *m.* Licenciatura. Acción de licenciar a los soldados.
licenciar *t.* Conferir el grado de licenciado. Dar la licencia a los soldados.
licenciatura *f.* Grado de licenciado. Acto de recibirlo.
licencioso -sa *a.* Atrevido, disoluto.
liceo *m.* Nombre de ciertos establecimientos de enseñanza y de ciertas sociedades literarias o recreativas.
licitación *f.* Acción de licitar.
licitar *t.* Ofrecer precio por una cosa en subasta.

lícito -ta *a.* Justo, permitido.
licopodio *m.* Hierba cuyas esporas se usan en farmacia.
licor *m.* Cuerpo líquido. Bebida espirituosa obtenida por destilación.
licorista *c.* Persona que hace o vende licores.
licoroso -sa *a.* Rico en alcohol, parecido a un licor.
lictor *m.* En la ant. Roma, ministro que precedía con las fasces a los cónsules.
licuar *t.-r.* Liquidar, fundir.
lid *f.* Combate. Disputa.
lidia *f.* Acción de lidiar.
lidiador -ra *a.-s.* Que lidia.
lidiar *t.* Pelear. Luchar con el toro en la plaza.
liebre *f.* Roedor parecido al conejo, pero mayor que él.
liendre *f.* Huevecillo del piojo.
liento -ta *a.* Húmedo.
lienzo *m.* Tela de lino o cáñamo. Pintura sobre lienzo. Pared.
liga *f.* Cinta para asegurar las medias y los calcetines. Unión, mezcla. Aleación. Confederación. Muérdago. Materia viscosa para cazar pájaros.
ligado *m.* Enlace de las letras en la escritura. MÚS. Unión de dos notas iguales.
ligadura *f.* Vuelta que se da apretando con una atadura. Sujeción. Venda.
ligamento *m.* Enlace. Cordón fibroso que liga los huesos de las articulaciones.
ligar *t.* Atar. Alear metales. Unir, conciliar. Obligar. *r.* Confederarse.
ligazón *f.* Trabazón, enlace.
ligereza *f.* Calidad de ligero. Dicho o hecho irreflexivo.
ligero -ra *a.* Que pesa poco. Ágil, veloz. De poca importancia. Díc. del sueño que se interrumpe fácilmente. Inconstante.
lignito *m.* Carbón de piedra de formación más reciente que la hulla.
ligur *a.-s.* De Liguria.
lija *f.* Pez escuálido muy voraz. Piel seca de lija que sirve para pulir. Papel de lija.
lijar *t.* Pulir con lija.
lila *f.* Arbusto de flores moradas, olorosas. *a.-s.* Tonto.
**liliáceo -a.-f.* Díc. de ciertas plantas de raíz bulbosa o tuberculosa.
liliputiense *a.-s.* Díc. de la persona muy pequeña.
lima *f.* Fruto del limero. Instrumento de acero para desgastar.
limadura *f.* Acción de limar. *pl.* Partículas que saltan al limar.
limar *t.* Desgastar o pulir con la lima.
limaza *f.* Babosa.
limazo *m.* Viscosidad, baba.
limbo *m.* Lugar a donde van las almas de los que, antes del uso de razón, mueren sin bautismo. Borde, orla. Círculo graduado de un instrumento. BOT. Lámina de las hojas.
limeño -ña *a.-s.* De Lima.
limero *m.* Árbol que da un fruto esferoidal de corteza amarilla y pulpa jugosa y algo dulce.
limitación *f.* Acción de limitar.
limitado -da *a.* De corto entendimiento.
limitar *t.* Poner o fijar límites. Acortar, restringir. *i.* Lindar.
límite *m.* Confín, lindero. Término, fin.
limítrofe *a.* Que confina o linda.
limo *m.* Lodo, légamo.
limón *m.* Fruto del limonero.
limonada *f.* Bebida de agua, azúcar y jugo de limón.
limonero -ra *m. f.* Persona que vende limones. *m.* Árbol que da un fruto ovoide, de corteza amarilla y pulpa ácida.
limosna *f.* Dádiva caritativa.
limosnero -ra *a.* Caritativo. *m.* Encargado de recoger y distribuir limosnas.
limoso -sa *a.* Lleno de limo.
limpia *f.* Acción de limpiar.
limpiabotas *c.* Persona que da lustre al calzado.
limpiachimeneas *m.* El que deshollina chimeneas.
limpiar *t.* Quitar la suciedad. Purificar.
limpiaúñas *m.* Instrumento para limpiar las uñas.
limpidez *f.* Calidad de límpido.
límpido -da *a.* Limpio, claro.
limpieza *f.* Calidad de limpio. Acción de limpiar. Destreza, perfección. Honradez.
limpio -pia *a.* Que no tiene mancha ni suciedad.
linaje *m.* Ascendencia o descendencia de una familia. Clase, condición.
linajudo -da *a.* Que es o presume ser de gran linaje.
linaria *f.* Planta medicinal.
linaza *f.* Simiente del lino.
lince *m.* Mamífero félido mayor que el gato, con las orejas terminadas en un pincel de pelos. Persona sagaz. /char.
linchamiento *m.* Acción de linchar.
linchar *t.* Ejecutar tumultuosamente o sin proceso a un delincuente.
lindar *i.* Estar contiguos dos países, terrenos, etc.

linde *amb.* Límite. /de.
lindero -ra *a.* Que linda. *m.* Lin-
lindeza *f.* Calidad de lindo. Hecho o dicho gracioso.
lindo -da *a.* Bello, primoroso.
línea *f.* Extensión continua de una sola dimensión. Raya. Serie de cosas dispuestas una a continuación de otra. Renglón. Vía marítima, terrestre o aérea. Clase, género. Medida de longitud (2 mm.).
lineal *a.* Relativo a la línea. Que consiste en líneas.
lineamiento *m.* Línea que indica una forma o contorno.
linear *a.* H. NAT. Lineal.
linfa *f.* Líquido que corre por los vasos llamados linfáticos. Agua.
linfático -ca *a.-s.* Que abunda en linfa. Relativo a ella.
linfatismo *m.* Disposición orgánica con predominio del sistema linfático.
lingote *m.* Barra de metal en bruto.
lingual *a.* Relativo a la lengua.
lingüista *c.* El que se dedica a la lingüística.
lingüística *f.* Ciencia del lenguaje.
linimento *m.* Preparación de aceite y bálsamos que se aplica en fricciones.
lino *m.* Planta anual de fibra textil. Materia textil obtenida de ella. Tejido de esta materia.
linóleo *m.* Tela de yute impermeabilizada.
linón *m.* Tejido de lino y algodón más fino que la batista.
linotipia *f.* IMPR. Máquina de componer, de la cual sale la línea formando una sola pieza.
linotipista *c.* Persona que maneja la linotipia.
linterna *f.* Farol portátil con una sola cara de vidrio. Torrecilla con ventanas que remata algunos edificios.
linternazo *m.* Golpe, esp. el dado con la linterna.
liño *m.* Hilera de plantas.
lío *m.* Porción de cosas atadas. Embrollo.
lionés -sa *a.-s.* De Lyón.
lioso -sa *a.* Embrollador o embrollado.
liquen *m.* Planta constituida por la asociación de un hongo y un alga.
liquidación *f.* Acción de liquidar.
liquidar *t.* Hacer líquido un sólido o gas. Ajustar una cuenta. Vender a bajo precio. Cesar en el negocio.
líquido -da *a.-m.* Dic. de los cuerpos que, teniendo volumen propio, no tienen forma propia. Dic. del saldo que resulta de la comparación del debe con el haber.
lira *f.* Antiguo instrumento de cuerda. Unidad monetaria de Italia.
lírico -ca *a.* Dic. del género dramático cuyas obras son cantadas. Propio de la lírica. *a.-f.* Dic. de la poesía en que el autor expone sus sentimientos.
lirio *m.* Planta de flores terminales grandes, de seis pétalos.
lirismo *m.* Cualidad de lírico.
lirón *m.* Roedor que pasa el invierno adormecido.
lis *m.* Lirio.
lisa *f.* Pez de río. /boa.
lisboeta y **lisbonense** *a.-s.* De Lis-
lisiado -da *a.-s.* Baldado. Cojo o manco. /manente.
lisiar *t.-r.* Producir lesión per-
liso -sa *a.* Igual, sin asperezas. Sin labrar o adornar. Sencillo, natural.
lisonja *f.* Adulación. /tural.
lisonjear *t.* Adular. *t.-r.* Deleitar, agradar.
lisonjero -ra *a.* Que lisonjea.
lista *f.* Tira. Línea de color, esp. en los tejidos. Relación de personas o cosas. /listas.
listado -da *a.* Que forma o tiene
listo -ta *a.* Diligente. Preparado. Avisado, sagaz.
listón *m.* Cinta angosta de seda. Pedazo de tabla angosta.
lisura *f.* Calidad de liso.
litargirio *m.* Óxido de plomo.
litera *f.* Vehículo ant. a manera de caja de coche. Cama fija de los camarotes.
literal *a.* Conforme a la letra del texto. /la literatura.
literario -ria *a.* Perteneciente a
literato -ta *a.-s.* Que se dedica a la literatura.
literatura *f.* Arte de la expresión por medio de la palabra. Conjunto de producciones literarias.
litiasis *f.* Mal de piedra.
litigar *t.* Pleitear.
litigio *m.* Pleito. Disputa.
litigioso -sa *a.* Que está en pleito o se disputa.
litófago -ga *a.* Dic. de ciertos moluscos que taladran las rocas.
litografía *f.* Arte de dibujar o grabar en piedra para la reproducción en estampa. Estampa así obtenida.
litografiar *t.* Reproducir por medio de la litografía.
litográfico -ca *a.* Perteneciente a la litografía. /tografía.
litógrafo *m.* El que ejerce la li-
litología *f.* Tratado de las rocas.
litoral *a.* Perteneciente a la costa del mar. *m.* Costa de un

mar o país.
litro *m.* Medida métrica de capacidad (1 dm³).
lituano -na *a.-s.* De Lituania.
liturgia *f.* Culto público y oficial que la Iglesia rinde a Dios. Modo de celebrarlo.
litúrgico -ca *a.* Relativo a la liturgia.
liviandad *f.* Calidad de liviano. Acción liviana.
liviano -na *a.* Leve, ligero. Inconstante. Lascivo. *m. pl.* Bofes.
lividez *f.* Calidad de lívido.
lívido -da *a.* Amoratado.
livonio -nia *a.-s.* De Livonia.
livor *m.* Color cárdeno. Envidia, odio.
liza *f.* Campo dispuesto para la lid. Lid.
lizo *m.* Cada uno de los hilos en que los tejedores dividen el estambre para que pase la lanzadera.
lo Forma neutra del artículo determinado. Forma masc. o neutra del acusativo sing. del pron. pers. de 3.ª persona.
loa *f.* Alabanza. En el teatro ant., prólogo.
loable *a.* Laudable.
loar *t.* Alabar.   /tana.
loba *f.* Hembra del lobo. Sotana.
lobanillo *m.* Tumor indolente que se forma debajo de la piel.
lobato *m.* Cachorro del lobo.
lobera *f.* Guarida de lobos.
lobezno *m.* Lobato.
lobina *f.* Róbalo.
lobo *m.* Mamífero carnicero muy voraz, parecido a un perro.
lóbrego *a.* Tenebroso. Melancólico.
lobreguez *f.* Obscuridad.
lóbulo *m.* División, gralte. redondeada, de un órgano o del borde de una cosa. Parte inferior de la oreja.
local *a.* Perteneciente al lugar. Provincial o municipal. *m.* Sitio cerrado y cubierto.
localidad *f.* Calidad de local. Lugar, pueblo. Asiento en un local de espectáculos.
localizar *t.-r.* Fijar en un punto determinado. *t.* Determinar el lugar donde se halla algo.
loción *m.* Lavamiento. Producto para lavar el cabello.
locomoción *f.* Traslación de un punto a otro.
locomotor -ra *a.* Propio de la locomoción o que la produce. *f.* Máquina que arrastra los vagones de un tren.
locomotriz *f.* Locomotora.
locomóvil *a.* Que puede mudar o ser mudado de lugar.

locuacidad *f.* Calidad de locuaz.
locuaz *a.* Que habla mucho.
locución *f.* Expresión, modo de hablar. Frase.
locura *f.* Privación del juicio. Acción inconsiderada.
locutor -ra *m. f.* Pers. que da avisos, lee anuncios, etc., en las estaciones de radiodifusión.
locutorio *m.* Departamento donde reciben visitas las monjas o los penados. Departamento con un teléfono para uso del público.
locha *f.* Pez comestible de agua dulce.
lodazal *m.* Sitio lleno de lodo.
lodo *m.* Barro que forma la lluvia.
logarítmico -ca *a.* Perteneciente al logaritmo.
logaritmo *m.* Exponente de una potencia de un número fijo que iguala a un número dado.
logia *f.* Grupo de masones. Lugar donde se reúne.
lógica *f.* Ciencia que estudia las leyes, formas y modos del raciocinio.
lógico -ca *a.* Perteneciente a la lógica. Que se produce de acuerdo con sus leyes. *a.-s.* Versado en lógica.
logogrifo *m.* Enigma parecido a la charada.
logomaquia *f.* Discusión en que se atiende a las palabras y no al fondo del asunto.
lograr *t.* Conseguir, obtener. *r.* Llegar a su perfección una cosa.
logrero -ra *m. f.* Especulador, usurero.   /Usura.
logro *m.* Acción de lograr. Lucro.
loma *f.* Altura pequeña y prolongada.
lombarda *f.* Bombarda. Variedad de berza.   /día.
lombardo -da *a.-s.* De Lombardía.
lombriz *f.* Gusano de cuerpo cilíndrico y muy alargado.
lomera *f.* Correa que se acomoda al lomo de las caballerías.
lomo *m.* Parte inferior y central de la espalda. Espinazo de los cuadrúpedos. Carne de cerdo que forma el lomo. Parte del libro opuesta al corte. Tierra que levanta el arado.
lona *f.* Tela fuerte usada para velas, toldos, etc.
loncha *f.* Lonja.
londinense *a.-s.* De Londres.
longanimidad *f.* Grandeza y constancia de ánimo en las adversidades.
longánimo -ma *a.* Que tiene longanimidad.
longaniza *f.* Embutido largo y angosto de carne de cerdo.

longevidad *f.* Larga vida.
longevo -va *a.* Muy anciano.
longitud *f.* La mayor de las dos dimensiones principales de una cosa o figura plana. Distancia de un lugar al primer meridiano, contada por grados del ecuador. /gitud.
longitudinal *a.* Relativo a la longitud.
lonja *f.* Parte larga, ancha y poco gruesa que se corta de otra. Centro de contratación.
lontananza (en) *m. adv.* A lo lejos.
loor *m.* Alabanza.
loquero *m.* Guardián de locos.
lord *m.* Título de honor en Inglaterra. ¶ Pl. *lores*.
loriga *f.* Coraza de láminas pequeñas de acero. /Papagayo.
loro -ra *a.* Moreno oscuro. *m.*
los Forma masc. pl. del artículo determinado *el*. Forma masc. pl. del acusativo del pron. personal de 3.ª persona *él*.
losa *f.* Piedra llana y de poco grueso. Sepultura.
losange *m.* Figura de rombo puesta verticalmente. /jaros.
loseta *f.* Trampa para cazar pájaros.
lote *m.* Cada una de las partes en que se divide un todo para su distribución.
lotería *f.* Juego público en que se otorgan premios a varios números sacados a la suerte. Juego casero que se imita al anterior. Casa donde se despachan billetes de lotería.
lotero -ra *m. f.* Persona encargada de un despacho de lotería.
loto *m.* Planta acuática de flores blancas.
loza *f.* Barro fino, cocido y barnizado. Vajilla de loza.
lozanía *f.* Verdor, frondosidad. Vigor, robustez.
lozano -na *a.* Que tiene lozanía.
lubricante *a.-m.* Que sirve para lubricar.
lubricar *t.* Hacer lúbrica o resbaladiza una cosa.
lubricidad *f.* Calidad de lúbrico.
lúbrico -ca *a.* Resbaladizo. Propenso a la lujuria.
lubrificante *a.-m.* Lubricante.
lubrificar *t.* Lubricar.
lucerna *f.* Araña grande de alumbrado. Lumbrera en el techo.
lucero *m.* El planeta Venus. Cualquier astro grande y brillante.
lucidez *f.* Calidad de lúcido.
lucido -da *a.* Que obra con gracia, liberalidad y esplendor.
lúcido -da *a.* Luciente. Claro en el razonamiento, el estilo, etc.
luciérnaga *f.* Insecto cuya hembra, que carece de alas, está dotada de un aparato fosforescente.
Lucifer *m.* El ángel malo. Hombre soberbio y maligno.
lucífugo -ga *a.* Que huye de la luz.
lucimiento *m.* Acción de lucir o lucirse.
lucio -cia *a.* Terso, lúcido. *m.* Pez de agua dulce.
lucir *i.* Brillar, resplandecer. *i.-r.* Sobresalir, aventajarse. *t.* Manifestar las propias cualidades y ventajas.
lucrar *t.* Lograr. *r.* Obtener lucro de una cosa. /cro.
lucrativo -va *a.* Que produce lu-
lucro *m.* Ganancia, utilidad.
luctuoso -sa *a.* Triste y digno de llanto.
lucubración *f.* Acción y resultado de trabajar velando en obras de ingenio.
lucha *f.* Acción de luchar. Lid, combate. Disputa.
luchar *i.* Contender cuerpo a cuerpo. Pelear, combatir. Disputar. Esforzarse.
ludibrio *m.* Escarnio, mofa.
ludir *t.* Frotar, rozar una cosa con otra.
luego *adv.* Prontamente, sin dilación. Después. *conj.* Por consiguiente.
luengo -ga *a.* Largo.
lugar *m.* Porción determinada de espacio. Pueblo, esp. si es pequeño. Pasaje de un libro. Puesto, empleo. Ocasión, motivo. /un lugar.
lugareño -ña *a.-s.* Habitante de
lugarteniente *m.* El que tiene autoridad para hacer las veces de otro en algún cargo.
lugre *m.* Embarcación pequeña con tres palos.
lúgubre *a.* Triste, melancólico.
luis *m.* Moneda francesa de oro de veinte francos.
luisa *f.* Planta aromática.
lujo *m.* Demasía en el adorno, la pompa o el regalo.
lujoso -sa *a.* Que tiene o gasta lujo.
lujuria *f.* Concupiscencia de la carne. Exceso, demasía.
lujuriante *a.* Muy lozano y abundante. /lujuria.
lujurioso -sa *a.-s.* Dado a la
lumbago *m.* Dolor reumático en los lomos. /lomos.
lumbar *a.* Perteneciente a los
lumbrada *f.* Fogata grande.
lumbre *f.* Materia combustible encendida. Luz. Brillo. Hueco de una puerta o ventana.
lumbrera *f.* Cuerpo luminoso.

Persona insigne. Abertura en un techo por donde entra la luz. /brera (persona).
luminar *m.* Astro luminoso. Lumbrera
luminaria *f.* Luz que se pone por adorno.
lumínico -ca *a.* Relativo a la luz.
luminiscencia *f.* Propiedad de emitir una luz débil sin elevación de temperatura.
luminosidad *f.* Calidad de luminoso.
luminoso -sa *a.* Que despide luz.
luna *f.* Satélite de la Tierra. Su luz. Cristal de un espejo, escaparate, etc.
lunación *f.* Tiempo que media entre dos conjunciones de la Luna con el Sol.
lunar *a.* Perteneciente a la Luna. *m.* Mancha pequeña en la piel. Defecto, imperfección.
lunático -ca *a.-s.* Que padece locura intermitente. Maniático.
lunch *m.* Refacción ligera.
lunes *m.* Segundo día de la semana.
luneta *f.* Lente de los anteojos. ant. En los teatros, butaca de patio. Baluarte pequeño.
lupa *f.* Lente de aumento provista de un mango.
lupia *f.* Lobanillo.
lúpulo *m.* Planta cuyos frutos se emplean para aromatizar la cerveza.
luquete *m.* Pajuela. /tugués.
lusitano -na y luso -sa *a.-s.* Portugués.
lustración *f.* Acción de lustrar o purificar.
lustrar *t.* Bruñir, dar lustre.
lustre *m.* Brillo de las cosas tersas y pulidas. Esplendor, gloria.
lustrina *f.* Tela lustrosa por una cara.
lustro *m.* Espacio de cinco años.
lustroso -sa *a.* Que tiene lustre.
lúteo -a *a.* De lodo.
luteranismo *m.* Secta de Lutero.
luterano -na *a.-s.* Que profesa el luteranismo.
luto *m.* Duelo causado por la muerte de una persona. Señal exterior de este duelo.
luxación *f.* Dislocación de un hueso.
luz *f.* Forma de energía que actuando sobre nuestros ojos nos hace ver los objetos. Día. Utensilio para alumbrar. *pl.* Ilustración, cultura.
Luzbel *m.* Lucifer.

LL

L ll *f.* Decimocuarta letra del alfabeto español.
llaga *f.* Úlcera.
llagar *t.-r.* Hacer o causar llaga.
llama *f.* Masa gaseosa en combustión. Vehemencia de una pasión. Rumiante sudamericano que se utiliza como bestia de carga.
llamada *f.* Llamamiento. Toque para que la tropa tome las armas.
llamador -ra *m. f.* Persona que llama. *m.* Aldaba o botón para llamar.
llamamiento *m.* Acción de llamar.
llamar *t.* Dar voces a uno o hacer ademanes para que venga o atienda. Convocar, citar. Atraer una cosa hacia una parte. Nombrar, dar el nombre a una persona o cosa. *i.* Hacer sonar el llamador, dar golpes, etc., para que acudan a abrir, servir, etc. *r.* Tener tal o cual nombre. /ga pronto.
llamarada *f.* Llama que se apalla
llamativo -va *a.* Dic. del manjar que excita la sed. Que llama la atención exageradamente.
llamazar *m.* Terreno pantanoso.
llambria *f.* Peña que forma plano muy inclinado.
llamear *i.* Echar llamas.
llana *f.* Herramienta para extender el yeso o la argamasa. Plana de una hoja.
llanada *f.* Llanura.
llaneza *f.* Sencillez. Familiaridad.
llano -na *a.* Igual y extendido; sin altos ni bajos. Sencillo, afable. Claro. Fácil. GRAM. Grave.
llanta *f.* Cerco metálico de las ruedas de coches, carros, etc.
llantén *m.* Planta con cuyas hojas se hace un cocimiento medicinal.
llanto *m.* Efusión de lágrimas.
llanura *f.* Igualdad de la superficie de una cosa. Terreno extenso y llano.
llares *f. pl.* Cadena con garabatos pendiente en el cañón de la chimenea.
llave *f.* Instrumento de metal para correr y descorrer el pestillo de una cerradura. Otro para facilitar o impedir el paso de un fluido por un conducto. Otro para apretar y aflojar tuercas. Otro para dar cuerda a un reloj. Mecanismo en las armas de fuego para dispararlas. Corchete (signo de estas figuras [ ]).
llavero -ra *m. f.* Persona encargada de las llaves. *m.* Anillo en que se traen las llaves.
llegada *f.* Acción de llegar.
llegar *i.* Venir, alcanzar el término de un camino. Alcanzar, tocar. Ascender. Importar. Suceder una cosa a uno. *t.* Arrimar. *r.* Acercarse.
llenar *t.-r.* Ocupar enteramente un espacio. *t.* Poner en gran cantidad, colmar. Cumplir, satisfacer.
lleno -na *a.* Que contiene de una cosa todo lo que su capacidad permite. *m.* Gran concurrencia en un espectáculo. Plenilunio.
llevadero -ra *a.* Tolerable.
llevar *t.* Transportar de una parte a otra. Vestir una prenda. Guiar, dirigir, conducir. Cobrar un precio. Tolerar, sufrir. Exceder en tiempo, distancia, etc. Cuidar de ciertas cosas. *t.-r.* Quitar. *r.* Avenirse bien o mal con otro.
llorar *i.-t.* Derramar lágrimas. *t.* Sentir vivamente.
lloriquear *i.* Gimotear.
lloriqueo *m.* Gimoteo.
lloro *m.* Acción de llorar.
llorón -ona *a.-s.* Que llora mucho.
lloroso -sa *a.* Que parece haber llorado.
llovedizo -za *a.* Dic. del techo que deja pasar el agua de lluvia. Dic. del agua de lluvia.
llover *i.-t.* Caer agua de las nubes.
llovizna *f.* Lluvia menuda.
lloviznar *i.* Caer llovizna.
lluvia *f.* Acción de llover. Agua llovediza. Muchedumbre.
lluvioso -sa *a.* Dic. del tiempo o del lugar en que llueve mucho.

M

M m Decimoquinta letra del alfabeto español.
maca *f.* Señal que queda en la fruta de un daño recibido.
macabro -bra *a.* Que participa de lo feo de la muerte.
macaco *m.* Mono pequeño de cola corta.
macadam o **-dán** *m.* Pavimento de piedra machacada.
macana *f.* Palo corto y grueso. Broma, camelo, disparate.
macareno -na *a.-s.* De la Macarena, barrio de Sevilla. *m.* Guapo, baladrón.
macarrón *m.* Pasta alimenticia en forma de cañuto.
macarrónico -ca *a.* Dic. del latín muy defectuoso.
macarse *r.* Empezar a pudrirse los frutos magullados.
macedónico -ca y **macedonio -nia** *a.-s.* De Macedonia.
maceración *f.* Acción de macerar.
macerar *t.* Ablandar una cosa estrujándola, golpeándola o teniéndola sumergida en un líquido. Mortificar el cuerpo con penitencias.
macero *m.* El que lleva la maza delante de los cuerpos o personas que usan esta señal de dignidad.
maceta *f.* Martillo corto. Vaso de barro con tierra para criar plantas.
macicez *f.* Calidad de macizo.
macilento -ta *a.* Flaco, descolorido, triste.
macizo -za *a.-m.* Lleno, sólido. *m.* Grupo de montañas o de construcciones apiñadas. Cuadro de flores en un jardín.
macolla *f.* Conjunto de vástagos, nacidos de un mismo pie.
macrocéfalo -la *a.* De cabeza grande.
mácula *f.* Mancha.
macular *t.* Manchar.
macuto *m.* MIL. Mochila.
machaca *f.* Instrumento para machacar. *c.* Persona pesada.
machacante *m.* Soldado que sirve a los sargentos.
machacar *t.* Quebrantar a golpes. *i.* Porfiar e insistir.
machacón -na *a.-s.* Importuno, pesado. /sadez.
machaquería *f.* Importunidad, pe-
machetazo *m.* Golpe de machete.
machete *m.* Cuchillo grande. Arma más corta que la espada, ancha y de un solo filo.
machiega *f.* Dic. de la abeja reina.
machihembrar *t.* CARP. Ensamblar a caja y espiga o a ranura y lengüeta.
macho *m.* Animal del sexo masculino. Mulo. Mazo grande de herrero. Banco del yunque. Pilar.
machón *m.* ARQ. Macho, pilar.
machucar *t.* Maltratar una cosa, magullar.
machucho -cha *a.* Sosegado, juicioso. Entrado en días.
madapolán *m.* Especie de percal blanco y fino.
madeja *f.* Hilo recogido en vueltas iguales. Mata de pelo.
madera *f.* Substancia dura y fibrosa de los árboles. Disposición natural de las personas para algo.
maderable *a.* Dic. del árbol, bosque, etc., que da madera útil.
maderaje y **maderamen** *m.* Conjunto de maderas de una construcción. /deras.
maderero *m.* El que trata en ma-
madero *m.* Pieza larga de madera.
madrastra *f.* Mujer del padre respecto a los hijos que éste tiene de un matrimonio anterior. /sus hijos.
madraza *f.* Madre que mima a
madre *f.* Mujer o hembra respecto a sus hijos. Título de ciertas religiosas. Cauce de un río. Poso del vino o vinagre.
madreperla *f.* Concha que produce la perla.
madrépora *f.* Pólipo que produce un polípero pétreo y arborescente. Este polípero.
madreselva *f.* Arbusto sarmentoso de flores olorosas.
madrigal *m.* Composición poética breve en que se expresa un afecto delicado.
madriguera *f.* Cuevecilla en que habitan ciertos animales.
madrileño -ña *a.-s.* De Madrid.

madrina *f.* Mujer que presenta o asiste a una persona en algún sacramento.

madroño *m.* Arbusto de fruto esférico, encarnado, verrugoso y comestible.

madrugada *f.* Amanecer. Acción de madrugar.

madrugar *i.* Levantarse temprano. Ganar tiempo.

madrugón -na *a.* Madrugador. *m.* Madrugada grande.

maduración *f.* Acción de madurar.

madurar *t.* Volver maduro. Meditar un proyecto. *i.* Ir sazonándose los frutos Empezar a supurar un tumor.

madurez *f.* Sazón de los frutos. Prudencia, juicio. Edad adulta.

maduro -ra *a.* Que está en sazón. Prudente, juicioso. Entrado en años.

maestra *f.* Mujer que enseña o la que dirige un taller. Mujer del maestro.

maestral *a.-m.* Dic. del viento Noroeste. /maestranza.

maestrante *m.* Caballero de la

maestranza *f.* Cierta sociedad de caballeros. Talleres de artillería. Operarios de un arsenal.

maestrazgo *m.* Dignidad de maestre.

maestre *m.* Superior de una orden militar.

maestresala *m.* Criado principal que presentaba los manjares en la mesa.

maestría *f.* Arte, destreza en enseñar o ejecutar.

maestro -tra *a.* De relevante mérito. Principal. *m.* El que enseña un arte, ciencia u oficio, y esp. las primeras letras. El que es perito en una materia. Compositor de música o director de una agrupación musical.

magallánico -ca *a.* Relativo al estrecho de Magallanes.

magdalena *f.* Bollo pequeño en forma de lanzadera.

magia *f.* Arte o ciencia que pretende obrar prodigios. Encanto, atractivo.

magiar *a.-s.* De un pueblo que habita en Hungría y Transilvania.

mágico -ca *a.* Relativo a la magia. Maravilloso. *m. f.* Persona que ejerce la magia. Encantador. *f.* Magia.

magín *m.* Imaginación.

magisterio *m.* Enseñanza, ejercicio y profesión del maestro. Conjunto de los maestros.

magistrado *m.* Superior en el orden civil. Miembro de un tribunal de justicia.

magistral *a.* Relativo al magisterio. Hecho con maestría.

magistratura *f.* Cargo y dignidad de magistrado.

magnanimidad *f.* Grandeza y elevación de ánimo.

magnánimo -ma *a.* Que tiene magnanimidad.

magnate *m.* Persona muy principal o poderosa.

magnesia *f.* Óxido de magnesio.

magnésico -ca *a.* Perteneciente al magnesio.

magnesio *m.* Metal blanco, que arde con luz muy intensa.

magnético -ca *a.* Del imán o que tiene sus propiedades. Perteneciente al magnetismo.

magnetismo *m.* Fuerza atractiva del imán. Conjunto de fenómenos atractivos y repulsivos producidos por los imanes y las corrientes eléctricas. Hipnotismo.

magnetita *f.* Imán (mineral).

magnetizar *t.* Convertir un cuerpo en imán. Hipnotizar.

magneto *m.* Generador de electricidad usado en los motores de explosión.

magnetofónico -ca *a.* Dic. del aparato, cinta, etc., que por medio de un procedimiento magnético reproduce el sonido.

magnificar *t.* Engrandecer, ensalzar.

magníficat *m.* Cántico de la Virgen al Señor que se reza o canta al final de las vísperas.

magnificencia *f.* Esplendidez. Ostentación, grandeza.

magnífico -ca *a.* Espléndido, suntuoso. Excelente. Generoso. Título de honor.

magnitud *f.* Tamaño o cantidad. Grandeza, importancia.

magno -na *a.* Grande.

magnolia *f.* Árbol de flores blancas, grandes y olorosas. Su flor.

mago -ga *a.-s.* Que ejerce la magia. *Dic.* de los tres reyes que fueron a adorar a Jesús recién nacido.

magra *f.* Lonja de jamón.

magrez *f.* Calidad de magro.

magro -gra *a.* Flaco, enjuto. Sin grosura. *m.* Carne magra del cerdo.

magulladura *f.* y **magullamiento** *m.* Acción y efecto de magullar.

magullar *t.* Causar contusiones o cardenales.

mahometano -na *a.* Relativo al mahometismo. *a.-s.* Que lo profesa.

mahometismo *m.* Islam. Religión de Mahoma.

mahonés -sa *a.-s.* De Mahón.
mahonesa *f.* Salsa de aceite y yema de huevo. Mayonesa.
maído *m.* Maullido.
maitines *m. pl.* Primera de las horas del oficio divino.
maíz *m.* Planta gramínácea que produce unas mazorcas con granos gruesos, amarillos, muy nutritivos. Su grano. /maíz.
maizal *m.* Terreno sembrado de
majada *m.* Lugar donde se recogen de noche el ganado y los pastores. /majada.
majadear *i.* Hacer noche en una
majadería *f.* Dicho o hecho necio.
majadero -ra *a.-s.* Necio, y porfiado. Maza para majar.
majagranzas *m.* Hombre pesado y necio. /portunar.
majar *t.* Machacar. Molestar, im-
majestad *f.* Grandeza, sublimidad. Título dado a Dios y a los soberanos. /jestuoso.
majestuosidad *f.* Calidad de ma-
majestuoso -sa *a.* Que tiene majestad.
majeza *f.* Calidad de majo.
majo -ja *a.-s.* Que afecta un poco de libertad y guapeza. Ataviado, lujoso.
majuela *f.* Fruto del majuelo. Correa de los zapatos.
majuelo *m.* Arbusto parecido al espino, de fruto rojo. Viña nueva.
mal *a.* Apócope de *malo*. *m.* Lo contrario al bien o que se aparta de lo lícito y honesto. Daño, ofensa. Desgracia. Enfermedad, dolencia. *adv.* Contrariamente a lo que es debido. Desacertadamente. Difícilmente. Insuficientemente.
mala *f.* Malilla.
malacate *m.* Especie de cabrestante movido por una caballería. /los moluscos.
malacología *f.* ZOOL. Tratado de
malaconsejado -da *a.-s.* Que obra desatinadamente.
malacostumbrado -da *a.* Que tiene malos hábitos. Que está muy mimado.
malagueña *f.* Aire popular parecido al fandango.
malagueño -ña *a.-s.* De Málaga.
malandante *a.* Desafortunado, infeliz. /gracia.
malandanza *f.* Mala fortuna, des-
malandrín -na *a.-s.* Maligno, perverso, bellaco.
malaquita *f.* Carbonato de cobre nativo. /jilla.
malar *a.* Perteneciente a la me-
malaria *f.* Paludismo.
malaventura *f.* Desventura.
malaventurado -da *a.* Desgraciado.
malaventuranza *f.* Infortunio.

malayo -ya *a.-s.* De una raza esparcida en Malaca y Malasia.
malbaratar *t.* Vender a bajo precio. Disipar.
malcomer *i.* Comer poco y mal.
malcontento -ta *a.* Descontento. *a.-s.* Revoltoso, rebelde. *m.* Cierto juego de naipes.
malcriado -da *a.* Falto de buena educación; descortés.
malcriar *t.* Educar mal a los hijos. /ción mala.
maldad *f.* Calidad de malo. Ac-
maldecir *t.* Echar maldiciones. *i.* Hablar mal de otros.
maldiciente *a.-s.* Detractor, murmurador.
maldición *f.* Imprecación con que se desea un daño a otro.
maldito -ta *a. p. p.* irreg. de *maldecir*. Perverso, de mala intención. De mala calidad.
maleabilidad *f.* Calidad de maleable.
maleable *a.* Díc. del metal que puede extenderse en láminas.
maleante *a.* Que malea. *a.-s.* Perverso, malo. /der. Pervertir.
malear *t.-r.* Dañar, echar a per-
malecón *m.* Murallón para defensa contra las aguas.
maledicencia *f.* Detracción, murmuración.
maleficiar *t.* Causar daño. Hechizar. /sado con él.
maleficio *m.* Hechizo o daño cau-
maléfico -ca *a.* Que hace maleficios. Que ocasiona daño.
malestar *m.* Desazón, incomodidad indefinible.
maleta *f.* Cofre de mano de lona o cuero.
maletín *m.* Dim. de *maleta*.
malevolencia *f.* Mala voluntad.
malévolo -la *a.* Inclinado a hacer mal.
maleza *f.* Abundancia de hierbas malas. Espesura de arbustos.
malgache *a.-s.* De Madagascar.
malgastar *t.* Gastar mal, disipar.
malhablado -da *a.* Infeliz, desventurado.
malhechor -ra *a.-s.* Que comete acciones culpables.
malherir *t.* Herir gravemente.
malhumorado -da *a.* Que está de mal humor. Displicente.
malicia *f.* Maldad. Perversidad, malignidad. Propensión a pensar mal. Sagacidad. Recelo.
maliciar *t.* Sospechar, recelar. Malear.
malicioso -sa *a.-s.* Que interpreta las cosas con malicia. *a.* De índole perniciosa.
malilla *f.* Carta que es la segunda en valor en ciertos juegos de naipes. Juego en que la

carta superior es el nueve.
malintencionado -da *a.-s.* Que tiene mala intención.
malmeter *t.* Malbaratar, malgastar. Malquistar.
malo -la *a.* Falto de bondad. Contrario a la ley moral. Propenso al mal. Nocivo, peligroso. Enfermo. Difícil. Desagradable. Deteriorado. Travieso.
malograr *t.* No aprovechar el tiempo, la ocasión, etc. *r.* Frustrarse. No llegar a su natural desarrollo.
malparado -da *a.* Que ha sufrido notable menoscabo.
malquerencia *f.* Mala voluntad, aversión.
malquistar *t.-r.* Poner mal a una persona con otra.
malquisto -ta *a.* Que está mal con una o varias personas.
malrotar *t.* Disipar, malgastar.
malsano -na *a.* Dañoso a la salud. Enfermizo.
malsín *m.* Cizañero, soplón.
malsonante *a.* Que suena mal. Contrario a la decencia.
malta *f.* Cebada germinada para fabricar cerveza. Granos de cebada o trigo tostados.
maltés -sa *a.* De Malta.
maltratar *t.* Tratar mal.
maltrecho -cha *a.* Maltratado, malparado.
malva *f.* Planta medicinal de flores grandes y violáceas.
malváceo -a *a.-f.* Díc. de las plantas de la familia de la malva. /perverso.
malvado -da *a.-s.* Muy malo,
malvarrosa *f.* Planta malvácea de jardín.
malvasía *f.* Uva muy dulce y fragante. Vino hecho de ella.
malvavisco *m.* Planta cuya raíz se usa como emoliente.
malvender *t.* Malbaratar.
malversar *t.* Gastar ilícitamente caudales ajenos. /uno.
malvezar *t.* Acostumbrar mal a
malvís *m.* Especie de tordo.
malvivir *t.* Vivir mal.
malla *f.* Cada uno de los cuadriláteros que forman el tejido de la red. Tejido de pequeños eslabones o anillos de metal. Tejido parecido al de la red.
mallo *m.* Mazo. Juego de bolas con mazo. /cha.
mallorquín -na *a.-s.* De Mallor-
mama *f.* En lenguaje infantil, madre. Teta.
mamá *f.* fam. Madre.
mamada *f.* Acción de mamar.
mamantón -ona *a.* Que mama todavía. /las tetas.
mamar *t.* Chupar la leche de

mamarracho *m.* Figura o cosa defectuosa y ridícula.
mameluco *m.* Soldado de una ant. milicia de Egipto.
mamífero -ra *a.-m.* Díc. de los animales cuyas hembras tienen mamas.
mamola *f.* Caricia o burla que se hace poniendo la mano debajo de la barba de uno.
mamón -na *a.-s.* Que aún mama. Que mama demasiado.
mamotreto *m.* Libro o legajo muy abultado.
mampara *f.* Cancel movible que se pone en las habitaciones.
mamparo *m.* Tabique con que se divide lo interior de un barco.
mamporro *m.* Golpe que hace poco daño.
mampostería *f.* Obra de albañilería hecha de mampuestos.
mampuesto *m.* Piedra sin labrar que se puede colocar en obra con la mano. /fósil.
mamut *m.* Especie de elefante
maná *m.* Alimento que Dios envió a los israelitas en el desierto.
manada *f.* Conjunto de animales de una misma especie que andan juntos. Hato.
manantial *a.* Díc. del agua que mana. *m.* Nacimiento de las aguas. Origen, principio.
manar *i.-t.* Brotar de una parte un líquido.
manatí *m.* Mamífero sirenio de América. /manos.
mancar *t.* Lisiar, estropear las
mancebo *m.* Mozo joven. Oficial, dependiente.
mancera *f.* Esteva.
mancilla *f.* Mancha, desdoro.
mancillar *t.* Manchar. Deslucir, afear.
manco -ca *a.-s.* Falto de un brazo o mano o que ha perdido su uso. *a.* Incompleto.
mancomún (de) *m. adv.* De acuerdo dos o más personas, o en unión de ellas.
mancomunadamente *adv.* De mancomún.
mancomunar *t.-r.* Unir, asociar para algún fin.
mancomunidad *f.* Acción de mancomunarse. Agrupación de municipios o provincias.
mancha *f.* Señal que una cosa deja en un cuerpo ensuciándolo. Deshonra, desdoro.
manchar *t.* Hacer manchas. Deslustrar la buena fama.
manchego -ga *a.-s.* De la Mancha.
manchú *a.-s.* De Manchuria.
manda *f.* Oferta, donación. Le-

gado. /dero.
mandadero -ra *m. f.* Demandadero.
mandado *m.* Mandamiento. Comisión, embajada. /den.
mandamiento *m.* Precepto u orden.
mandar *t.* Obligar, imponer la realización de una cosa. Legar. Enviar. Encargar.
mandarín *m.* Alto funcionario de China.
mandatario -ria *m. f.* Persona que acepta de otra el encargo de representarla o de gestionar algo por su cuenta.
mandato *m.* Orden o precepto. Encargo.
mandíbula *f.* Quijada.
mandil *m.* Delantal que cuelga desde el cuello.
mandioca *f.* Arbusto americano de cuya raíz se extrae tapioca.
mando *m.* Autoridad del superior. Persona que la tiene.
mandoble *m.* Cuchillada dada esgrimiendo el arma con ambas manos. Espada grande.
mandolina *f.* Instrumento parecido a la bandurria.
mandón -ona *a.-s.* Que manda más de lo que debe.
mandrágora *f.* Planta narcótica y medicinal.
mandria *a.-s.* Apocado, pusilánime.
mandril *m.* Cierto mono de aspecto de perro. CIR. Vástago que se introduce en ciertos instrumentos huecos.
manducar *t.-i.* Comer.
manducatoria *f.* Comida.
manecilla *f.* Dim. de *mano*. Broche para cerrar los libros. Saetilla de algunos instrumentos.
manejar *t.* Traer entre manos, usar. Gobernar. *r.* Moverse.
manejo *m.* Acción de manejar. Treta, astucia.
manera *f.* Forma particular con que se ejecuta y acaece una cosa. *pl.* Porte y modales.
manes *m. pl.* MIT. Las almas de los muertos.
manga *f.* Parte del vestido que cubre el brazo. Tubo largo y flexible, para riego, etc. Tela cónica para filtrar líquidos. Nube en forma de embudo que gira rápidamente.
manganesa *f.* Mineral de manganeso.
manganeso *m.* Metal de brillo acerado, duro, quebradizo y muy oxidable. /did.
manganilla *f.* Engaño, treta, mangle *m.* Arbusto tropical de muchas raíces aéreas.
mango *m.* Parte estrecha y larga por donde se coge un utensilio. Árbol de la India de fruto aromático.
mangonear *i.* Entremeterse en una cosa queriendo dirigirla.
mangoneo *m.* Acción de mangonear.
mangosta *f.* Mamífero carnicero de los países cálidos.
manguera *f.* Manga de bomba o de riego.
manguitería *f.* Peletería.
manguito *m.* Rollo de piel que usan las señoras para abrigar las manos.
maní *m.* Cacahuete.
manía *f.* Forma de locura del que está dominado por una idea fija. Extravagancia, tema, capricho. /manía.
maníaco -ca *a.-s.* Que padece
maniatar *t.* Atar las manos.
maniático -ca *a.-s.* Que tiene manías.
manicomio *m.* Hospital para enfermos mentales.
manicuro -ra *m. f.* Persona que se dedica a cuidar las manos. *f.* Cuidado de las manos.
manido -da *a.* Que empieza a pudrirse. Manoseado, vulgar.
manifestación *f.* Acción de manifestar. Reunión pública al aire libre con la cual los concurrentes manifiestan su deseo u opinión.
manifestante *c.* Persona que toma parte en una manifestación.
manifestar *t.-r.* Declarar; dar a conocer abiertamente. Poner a la vista. *r.* Tomar parte en una manifestación.
manifiesto -ta *a.* Patente, ostensible, claro. *m.* Escrito dirigido a la opinión pública.
manigua *f.* Terreno de la isla de Cuba cubierto de malezas.
manija *f.* Mango o manubrio.
maniluvio MED. Baño de manos.
manilla *f.* Pulsera (brazalete). Grillete para las muñecas.
maniobra *f.* Operación manual. MAR. Faena que se hace con los cabos o aparejos. Artificio, manejo. *pl.* Movimientos que ejecutan las tropas como ejercicio, o los trenes en las estaciones y cruces de vías.
maniobrar *i.* Ejecutar maniobras.
manipulación *f.* Acción de manipular. /la.
manipulador -ra *a.* Que manipu-
manipular *t.* Operar con las manos. Manejar negocios.
manípulo *m.* Ornamento sagrado que se sujeta al antebrazo izquierdo sobre la manga del alba.
maniquí *m.* Figura articulada o armazón en forma de cuerpo

manir *t.* Dejar que las carnes se ablanden antes de guisarlas.
manirroto -ta *a.-s.* Pródigo, derrochador.
manivela *f.* Manubrio, cigüeña.
manjar *m.* Cualquier comestible.
mano *f.* Parte del cuerpo humano desde la muñeca hasta la punta de los dedos. Extremidad de los cuadrumanos. Pie delantero de los cuadrúpedos. Destreza. Poder, mando. Ayuda. Lado en que se halla una cosa. Manecilla, saetilla. Instrumento para machacar. Capa de pintura. Conjunto de cinco cuadernillos de papel.
manojo *m.* Hacecillo que se puede coger con la mano.
manolo -la *m. f.* Mozo o moza del pueblo bajo de Madrid.
manómetro *m.* Instrumento para medir la tensión de los gases.
manopla *f.* Pieza de la armadura que guarnecía la mano.
manosear *t.* Tocar repetidamente con las manos.
manotada *f.* **manotazo** *m.* Golpe dado con la mano.
manotear *a.* Dar manotadas. *i.* Mover mucho las manos al hablar.
manquedad *f.* Falta de mano o brazo. /ligro.
mansalva (a) *m. adv.* Sin peligro.
mansedumbre *f.* Suavidad, benignidad de carácter.
mansión *f.* Detención, estancia. Morada, albergue.
manso -sa *a.* Benigno, suave. Apacible. Dic. de los animales que no son bravos.
manta *f.* Trozo rectangular de tejido grueso para abrigarse.
mantear *t.* Hacer saltar en una manta.
manteca *f.* Gordura de los animales, esp. la del cerdo. Substancia crasa de la leche y de algunos frutos.
mantecada *f.* Especie de bollo de harina, mantequilla, etc.
mantecado *m.* Bollo amasado con manteca de cerdo. Sorbete de leche, huevos y azúcar.
mantecoso -sa *a.* Que tiene mucha manteca o se parece a ella. /cubre la mesa.
mantel *m.* Lienzo con que se
mantelería *f.* Juego de mantel y servilletas.
manteleta *f.* Esclavina de mujer a modo de chal.
mantelete *m.* Vestidura que traen los obispos sobre el roquete.
mantenedor *m.* El que mantenía un torneo, justa, etc.
mantener *t.* Conservar. Sostener, defender. Proveer del alimento necesario.
mantenimiento *m.* Acción de mantener. Alimento.
manteo *m.* Capa larga de los eclesiásticos.
mantequería *f.* Establecimiento donde se hace o vende manteca.
mantequero -ra *a.* Relativo a la manteca. *m. f.* Persona que hace o vende manteca. *f.* Vasija para la manteca.
mantequilla *f.* Grasa de la leche. Manteca de vacas batida con azúcar.
mantilla *f.* Prenda de seda, tul, etc., con que las mujeres se cubren la cabeza. Cualquiera de las piezas con que se envuelve a los niños por encima de los pañales.
mantillo *m.* Parte orgánica del suelo. Estiércol fermentado.
manto *m.* Ropa suelta con que las mujeres se cubren de pies a cabeza. Vestidura rica de ceremonia, a modo de capa.
mantón *m.* Pañuelo grande de abrigo. /cilmente.
manuable *a.* Que se maneja fá-
manual *a.* Que se ejecuta con las manos. Manuable. *m.* Libro en que se compendia una materia.
manubrio *m.* Empuñadura para hacer girar alguna cosa.
manufactura *f.* Obra fabricada. Fábrica.
manumisión *f.* Acción de manumitir. /esclavo.
manumitir *t.* Dar libertad al
manuscrito -ta *a.-m.* Escrito a mano. /tener.
manutención *f.* Acción de man-
manzana *f.* Fruto del manzano. Conjunto aislado de casas contiguas. /de manzanos.
manzanar *m.* Terreno plantado
manzanilla *f.* Hierba cuyas flores se usan en infusión. Esta infusión. Vino blanco aromático y seco de Andalucía.
manzano *m.* Árbol rosáceo de fruto en pomo, globoso, de sabor acídulo.
maña *f.* Destreza. Astucia.
mañana *f.* Tiempo desde el amanecer al mediodía. Tiempo futuro. *adv.* En el día después de hoy.
mañanear *t.* Madrugar.
mañoso -sa *a.* Que tiene maña.
mapa *m.* Representación geográfica de la Tierra o parte de ella sobre una superficie plana.
mapache *m.* Mamífero america-

no parecido al tejón.
mapamundi *m*. Mapa de la superficie de la Tierra dividida en dos hemisferios.
maqueta *f*. Modelo en tamaño reducido de una obra arquitectónica.
maquiavélico -ca *a*. Relativo al maquiavelismo.
maquiavelismo *m*. Modo de proceder con astucia y perfidia.
maquila *f*. Porción de grano, aceite, etc., que percibe el molinero por la molienda.
maquilero *m*. El que cobra la maquila.
máquina *f*. Artificio para aprovechar, dirigir o regular la acción de una fuerza. Locomotora. Traza, proyecto.
maquinación *f*. Intriga.
maquinal *a*. Dic. de la acción o movimiento que se ejecuta sin deliberación.
maquinar *t*. Tramar ocultamente.
maquinaria *f*. Arte de construir máquinas. Conjunto de máquinas.
maquinismo *m*. Predominio de las máquinas en la industria.
maquinista *c*. Persona que inventa, construye, gobierna o dirige máquinas.
mar *amb*. Masa de agua salada que cubre la mayor parte de la superficie de la Tierra. Parte determinada de ella.
marabú *m*. Ave de África parecida a la cigüeña.
maragato -ta *a.-s*. De la Maragatería, en el reino de León.
maraña *f*. Maleza. Enredo, embrollo.
marañón *m*. Cierto árbol de América. /rica.
marasmo *m*. Grado extremo de extenuación. Suspensión, inmovilidad. /ñola.
maravedí *m*. Ant. moneda española
maravilla *f*. Cosa extraordinaria que causa admiración. Admiración. /admiración.
maravillar *t.-r*. Admirar, causar
maravilloso -sa *a*. Extraordinario, admirable.
marbete *m*. Cédula pegada a un objeto para indicar la marca de fábrica, contenido, precio, etc.
marca *f*. Provincia, distrito fronterizo. Señal hecha en una persona, animal o cosa. Acción de marcar.
marcador *a.-s*. Que marca.
marcar *t*. Poner marca; señalar. En los deportes, contrarrestar un jugador el juego de su contrario. Obtener tantos.
marcasita *f*. Pirita.
marcial *a*. Perteneciente a la guerra o a la milicia. Bizarro, varonil.
marcialidad *f*. Aire marcial.
marco *m*. Cerco que rodea o en que se encajan algunas cosas. Unidad monetaria alemana.
marcha *f*. Acción de marchar. Grado de celeridad en la marcha. Toque militar o pieza de música para regular el paso.
marchamar *t*. Poner marchamo.
marchamo *m*. Señal que los aduaneros ponen en los fardos.
marchante *a*. Mercantil. *m*. Traficante.
marchar *i*. Caminar. Andar, funcionar. *i.-r*. Ir de un sitio a otro. Partir de un lugar.
marchitar *t.-r*. Ajar, poner mustio. Quitar el vigor.
marea *f*. Movimiento periódico y alternativo de ascenso y descenso de las aguas del mar.
mareante *a.-s*. Que profesa la navegación. Que marea.
marear *t*. Gobernar una nave. *r*. Sentir mareo. *i.-t*. Molestar, fastidiar.
marejada *f*. Movimiento tumultuoso de grandes olas.
mareo *m*. Desasosiego y turbación de la cabeza y del estómago. Molestia, ajetreo.
marfil *m*. Parte dura de los dientes de los mamíferos. Materia que la forma.
marfileño -ña *a*. De marfil o semejante a él.
marga *f*. Roca compuesta de arcilla y carbonato de cal.
margarita *f*. Perla. Planta de cabezuelas amarillas en el centro y blancas en la circunferencia.
margen *amb*. Extremidad, orilla. Blanco alrededor de una página.
marginal *a*. Que está en el margen o pertenece a él.
marginar *t*. Poner anotaciones al margen.
margrave *m*. Título de ciertos príncipes alemanes.
mariano -na *a*. Relativo a la Virgen María.
marica *f*. Urraca.
Maricastaña *n. p*. Personaje proverbial, símbolo de remota antigüedad.
maridaje *m*. Unión de los casados. Unión, enlace.
maridar *i*. Casarse. *t*. Unir.
marido *m*. Hombre casado, con respecto a la mujer.
marimacho *m*. Mujer hombruna.
marimorena *f*. Camorra.
marina *f*. Parte de tierra junto al mar. Pintura que representa

el mar. Arte de navegar. Conjunto de buques de una nación.
marinar *t.* Sazonar el pescado para conservarlo.
marinera *f.* Blusa de marinero.
marinería *f.* Oficio de marinero. Conjunto de marineros.
marinero -ra *a.* Díc. del buque fácil de gobernar. Perteneciente a la marina o a los marineros. *m.* El que sirve en las embarcaciones.
marinesco -ca *a.* Perteneciente a los marineros.
marino -na *a.* Perteneciente al mar. *m.* El que profesa la náutica. El que sirve en la marina.
marioneta *f.* Títere.
mariposa *f.* Cualquier insecto lepidóptero. Lamparilla.
mariposear *i.* Variar con frecuencia de ocupaciones y caprichos.
mariquita *f.* Insecto coleóptero encarnado con puntitos negros.
marisabilla *f.* Mujer sabihonda.
mariscal *m.* Oficial muy preeminente en la milicia. Veterinario.
mariscala *f.* Mujer del mariscal.
marisco *m.* Cualquier molusco o crustáceo.
marisma *f.* Terreno bajo anegadizo a orillas del mar.
marital *a.* Perteneciente al marido o a la vida conyugal.
marítimo -ma *a.* Perteneciente al mar.   /bruna.
maritornes *f.* Criada fea y hombruna.
marjal *m.* Terreno bajo y pantanoso.
marjoleta *f.* Fruto del marjoleto.
marjoleto *m.* Espino arbóreo, de madera dura.
marmita *f.* Olla de metal con tapadera ajustada.
marmitón *m.* Pinche de cocina.
mármol *m.* Piedra caliza, susceptible de buen pulimento. Obra de mármol.
marmolería *f.* Conjunto de mármoles. Taller de marmolista.
marmolillo *m.* Guardacantón. Tonto.   /mármoles.
marmolista *m.* El que trabaja en
marmóreo -a *a.* De mármol o parecido a él.
marmota *f.* Roedor que pasa el invierno dormido. Persona que duerme mucho.
marojo *m.* Planta parecida al muérdago. Melojo.
maroma *f.* Cuerda gruesa.
maronita *a.-s.* Miembro de la comunidad cristiana del Líbano.
marqués *m.* Título intermedio entre los de duque y conde.
marquesa *f.* Mujer del marqués. La que tiene marquesado.
marquesado *m.* Dignidad y territorio del marqués.
marquesina *f.* Cobertizo que cubre una puerta, escalinata, etc.
marquetería *f.* Ebanistería, taracea.
marquilla (papel de) *m.* Papel de tina de tamaño medio entre el de marca y el de marca mayor.
marrajo -ja *a.* Dic. del toro malicioso. Hipócrita, astuto.
marrana *f.* Hembra del marrano. *t.-r.* Mujer sucia.
marranada, marranería *f.* Cochinada.   /sucio.
marrano *m.* Cerdo. *m.-a.* Hombre
marrar *i.* Faltar, errar.
marras (de) *loc. a.* Ocurrido en tiempo u ocasión pasada a la que se alude.
marrasquino *m.* Licor de cerezas amargas.
marro *m.* Juego parecido al del tejo. Juego en que los jugadores divididos en dos bandos procuran atraparse. Falta, yerro.
marroquí *a.-s.* De Marruecos. *m.* Tafilete.
marrullería *f.* Astucia para engañar a uno halagándole.
marrullero -ra *a.-s.* Que usa de marrullerías.
marsellés -llesa *a.-s.* De Marsella.
marsellesa *f.* Himno nacional francés.   /delfín.
marsopa *f.* Cetáceo parecido al
marsupial *a.-m.* Dic. de los mamíferos cuyas hembras tienen una bolsa abdominal donde sus crías terminan su desarrollo.
marta *f.* Mamífero carnicero de pelaje espeso y suave. Su piel.
martagón -ona *m. f.* Persona astuta.
Marte *m.* MIT. Dios de la guerra. Planeta, el más próximo a la Tierra.   /mana.
martes *m.* Tercer día de la semana.
martillada *f.* Golpe con el martillo.   /llo.
martillar *t.* Golpear con el martillo.
martillo *m.* Herramienta para golpear, compuesta de una cabeza de hierro enastada en un mango.
martinete *m.* Ave zancuda que vive junto a los ríos y lagos. Mazo movido mecánicamente.
martingala *f.* Artimaña.
mártir *c.* Persona que padece martirio.
martirio *m.* Tormentos o muerte que uno padece por sostener la verdad de su creencia. Sufrimiento grande.
martirizar *t.-r.* Hacer padecer

martirologio *m.* Catálogo de los mártires y santos.
marxismo *m.* Doctrina socialista comunista.
marzo *m.* Tercer mes del año.
mas *conj. advers.* Pero.
más *adv. de comp.* Denota mayor cantidad o intensidad. Signo de la suma (+).
masa *f.* Agregación de partículas o cosas que forman cuerpo. Mezcla consistente de un líquido con una substancia pulverulenta. Volumen, conjunto. Multitud. FÍS. Cantidad de materia de un cuerpo. /labor.
masada *f.* Casa de campo y de
masaje *m.* MED. Amasamiento.
masajista *c.* Persona que da masaje. /tadura.
mascar *t.* Triturar con la den-
máscara *f.* Figura de tela, cartón, etc., con que uno se cubre el rostro. Disfraz. *c.* Persona enmascarada.
mascarada *f.* Sarao o comparsa de máscaras.
mascarilla *f.* Máscara que sólo cubre la parte superior del rostro. Vaciado en yeso que se saca sobre el rostro.
mascarón *m.* Aum. de *máscara*. Cara deforme que se usa como adorno arquitectónico.
mascota *f.* Persona, animal o cosa que, según el vulgo, trae suerte.
mascujar *t.* Mascar mal o con dificultad. Mascullar.
masculino -na *a.* Propio del varón o animal macho. GRAM. Díc. del género de los nombres a los cuales se aplica el artículo *el, los*.
maser *m.* Amplificación de microondas por emisión de radiaciones estimuladas.
masera *f.* Artesa grande para amasar.
masilla *f.* Mezcla de aceite de linaza y tiza para sujetar los cristales.
maslo *m.* Tronco de la cola de los cuadrúpedos.
masón *m.* Francmasón.
masonería *f.* Francmasonería.
masónico -ca *a.* Perteneciente a la masonería.
mastelerillo *m.* MAR. Palo menor que se coloca sobre el mastelero.
mastelero *m.* MAR. Palo menor que se coloca sobre cada uno de los mayores.
masticación *f.* Acción de masticar.
masticar *t.* Mascar.
mástil *m.* Palo de buque. Palo derecho que sostiene algo. Parte más estrecha de algunos instrumentos de cuerda.
mastín -tina *a.-s.* Díc. de un perro grande, fornido, muy valiente y leal.
mastodonte *m.* Mamífero fósil parecido al mamut.
mastranzo *m.* Planta labiada, aromática y medicinal.
mastuerzo *m.* Planta hortense de sabor picante. Hombre torpe y majadero.
mata *f.* Planta vivaz, de tallo bajo, ramificado y leñoso. Pie de una hierba. Porción grande de cabello.
matacán *m.* Nuez vómica. FORT. Obra voladiza con parapeto y suelo aspillerado.
matacandelas *m.* Apagador puesto en el extremo de una caña.
matacandiles *m.* Planta herbácea de flores olorosas, moradas.
matachín *m.* Matarife. Camorrista, fanfarrón.
matadero *m.* Sitio donde se mata al ganado.
matador -ra *a.-s.* Que mata. *m.* Espada (torero).
matadura *f.* Llaga que hace el aparejo a la bestia.
matalascallando *a.-s.* Persona que persigue sus fines sin aparentarlo.
matalobos *m.* Acónito.
matalón -lona *a.-s.* Díc. de la caballería flaca y llena de mataduras.
matalote *a.-s.* Matalón.
matamoros *m.* Valentón.
matamoscas *m.* Instrumento para matar moscas. /tandad.
matanza *f.* Acción de matar. Mor-
matar *t.-r.* Causar la muerte. *t.* Apagar la luz, el fuego, etc. Quitar los cantos o aristas. En el juego, echar una carta superior a la del contrario. *r.* Trabajar con afán.
matarife *m.* El que mata y descuartiza las reses. /médico.
matasanos *m.* Curandero, mal
matasiete *m.* Valentón.
mate *a.* Falto de brillo, amortiguado. *m.* Lance final del juego de ajedrez. Planta sudamericana con cuyas hojas se hace una infusión. Esta infusión.
matemática *f.,* **matemáticas** *f. pl.* Ciencia que trata de la cantidad.
matemático -ca *a.* Perteneciente a las matemáticas. Exacto, preciso. *m.* El que se dedica a las matemáticas.
materia *f.* Aquello de que una cosa está hecha. Pus. Substancia corpórea en oposición a espíritu. Aquello que se estudia o de que se habla o escribe.
material *a.* Relativo a la mate-

ria. m. Materias necesarias para una obra. /rial.
materialidad f. Calidad de material.
materialismo m. Doctrina según la cual la materia es la única realidad. /materialismo.
materialista a.-s. Partidario del
materializar t. Considerar como material lo que no lo es. r. Ir abandonando lo espiritual por lo material.
maternal m. Materno.
maternidad f. Estado o calidad de madre. /la madre.
materno -na a. Perteneciente a
matinal a. Matutino.
matiz m. Unión de varios colores mezclados con proporción. Cada una de las gradaciones que puede tener un color. Grado o variedad que no altera la substancia.
matizar t. Armonizar los colores. Dar un matiz. Graduar delicadamente sonidos, conceptos, etc.
matojo m. Desp. de *mata*. Planta barrillera. /ro.
matón m. Espadachín, pendenciero.
matorral m. Terreno lleno de maleza.
matraca f. Instrumento de madera que se usa en Semana Santa. Insistencia molesta. Zumba.
matraz m. Frasco esférico de cuello angosto y recto.
matrero -ra a. Astuto.
matricida c. Persona que mata a su madre.
matricidio m. Delito del matricida.
matrícula f. Lista de nombres de personas o cosas que se asientan para un fin determinado por las leyes o reglamentos.
matricular t.-r. Inscribir en matrícula. /monio.
matrimonial a. Relativo al matrimonio.
matrimonio m. Sacramento que une a un hombre y una mujer. Marido y mujer.
matritense a. Madrileño.
matriz f. Órgano especial de ciertas hembras. Molde en que se funden ciertos objetos. Parte del talonario que queda encuadernada al separar los talones.
matrona f. Madre de familia respetable. Partera.
matute m. Introducción fraudulenta de géneros de consumo.
matutero -ra m. f. Persona que hace matute. /la mañana.
matutino -na a. Perteneciente a
maula f. Cosa inútil. Retal. Engaño. c. Persona tramposa.
maullar i. Dar maullidos.
maullido m. Voz del gato.
mauritano -na a.-s. De Mauritania, reg. de la ant. África.

máuser m. Cierto fusil de repetición.
mausoleo m. Sepulcro monumental.
maxilar a. Perteneciente a la mandíbula. m. Hueso maxilar.
máxima f. Regla o principio generalmente admitido.
máxime adv. m. Principalmente.
máximo -ma a. Superl. de *grande*. m. Límite extremo a que puede llegar una cosa.
máximum m. Máximo. /garita.
maya f. Planta, especie de margayal f. Instrumento para desgranar el centeno.
mayar i. Maullar. /majestad.
mayestático -ca a. Propio de la
mayo m. Quinto mes del año.
mayólica f. Loza de esmalte metálico.
mayonesa f. Mahonesa.
mayor a. Que excede en cantidad o tamaño. m. Jefe de ciertos cuerpos. pl. Antepasados.
mayoral m. Capataz de cualquier clase de trabajadores del campo.
mayorazgo m. Institución que perpetúa en una familia la propiedad de ciertos bienes. Poseedor de éstos. Primogénito.
mayordomía f. Cargo y oficina del mayordomo.
mayordomo m. Jefe del servicio de una casa. Administrador.
mayoría f. Calidad de mayor. Mayor edad. Parte mayor de los componentes de una colectividad. Mayor número de votos.
mayúsculo -la a. Mayor que lo ordinario de su especie.
maza f. Arma antigua. Instrumento para golpear o machacar. Insignia que llevan los maceros.
mazacote m. Hormigón. Objeto de arte tosco. Manjar apelmazado.
mazapán m. Pasta de almendras molidas y azúcar cocida al horno.
mazmorra f. Prisión subterránea.
mazo m. Martillo de madera. Porción de cosas atadas.
mazorca f. Husada. Espiga densa o apretada, como la del maíz.
mazurca f. Danza de origen polaco.
me Forma del dativo o acusativo sin preposición del pron. pers. *yo*. /vez.
meada f. Orina expelida de una
meadero m. Urinario.
meaja f. Migaja.
meandro m. Recoveco de un río o camino. Curva sinuosa.
mear i.-r. Orinar.
mecánica f. Parte de la física que trata del movimiento y el equilibrio y de las fuerzas que los producen. Arte de construir

mecánico -ca *a.* Perteneciente a la mecánica o a los oficios manuales. *m.* El que maneja o arregla máquinas.
mecanismo *m.* Combinación de las partes de una cosa destinada a producir un efecto.
mecanografía *f.* Arte de escribir con máquina. /quina.
mecanografiar *t.* Escribir con máquina.
mecanógrafo -fa *m. f.* Persona que escribe con máquina.
mecedor -ra *a.-m.* Que mece. *m.* Columpio.
mecedora *f.* Silla de brazos para mecerse. /tras y las artes.
mecenas *m.* Protector de las letras.
mecer *t.* Remover un líquido. *t.-r.* Mover compasadamente de un lado a otro.
mecha *f.* Torcida de una lámpara o bujía. Cuerda inflamable para dar fuego a minas y barrenos. Mechón. Trocito de tocino gordo.
mechar *t.* Introducir mechas de tocino en la carne.
mechero *m.* Boquilla de lámpara. Cañón de los candeleros. Encendedor mecánico. /queña.
mechinal *m.* Habitación muy pequeña.
mechón *m.* Porción de pelos, hebras o hilos.
medalla *f.* Pieza de metal acuñada con alguna figura o símbolo.
medallón *m.* Bajo relieve redondo u ovalado. Joya en forma de caja pequeña.
médano *m.* Duna. Banco de arena casi a flor de agua.
media *f.* Calzado de punto que cubre pie y pierna.
mediacaña *f.* Moldura cóncava de sección semicircular. Formón de boca arqueada.
mediación *f.* Acción de mediar.
mediado -da *a.* Que sólo contiene la mitad de su cabida.
mediador *a.-s.* Que media.
mediana *f.* Taco largo de billar.
medianero -ra *a.* Que está en medio de dos cosas. *a.-s.* Que media o intercede por otro.
medianía *f.* Término medio entre dos extremos. Persona que carece de prendas relevantes.
mediano -na *a.* De calidad intermedia; ni bueno ni malo; ni grande ni pequeño. /noche.
medianoche *f.* Las doce de la
mediante *a.* Que media. *prep.* Por medio de.
mediar *i.* Llegar a la mitad de una cosa. Interceder. Interponerse entre los desavenidos. Estar una cosa en medio de otras.

mediastino *m.* Espacio entre una y otra pleura.
mediato -ta *a.* Que en grado, tiempo o lugar está próximo a una cosa mediando otra entre las dos.
médica *f.* Mujer del médico. La que ejerce la medicina.
medicación *f.* Empleo terapéutico de los medicamentos.
medicamento *m.* Substancia empleada como remedio.
medicamentoso -sa *a.* Que tiene virtud de medicamento.
medicastro *m.* Matasanos.
medicina *f.* Ciencia de curar las enfermedades del hombre. Medicamento.
medicinal *a.* Que tiene cualidades o usos terapéuticos.
medicinar *t.-r.* Administrar medicinas.
medición *f.* Acción de medir.
médico -ca *a.* Relativo a la medicina. *m.* El que la ejerce. *a.-s.* Medo.
medida *f.* Acción de medir. Expresión comparativa de las dimensiones o cantidades. Lo que sirve para medir. Proporción. Prudencia. Disposición, prevención.
medieval *a.* De la Edad Media.
medievo *m.* Edad Media.
medio -dia *a.* Igual a la mitad de una cosa. Que está entre los dos extremos. *m.* Parte que en una cosa equidista de sus extremos. Lo que sirve para conseguir una cosa. Elemento en que vive un ser. *pl.* Caudal, renta. *adv.* No del todo.
mediocre *a.* Mediano. /diocre.
mediocridad *m.* Calidad de me-
mediodía *m.* Hora en que el Sol está en el punto más alto sobre el horizonte Sur.
medioeval *a.* Medieval.
medir *t.* Determinar la longitud, extensión, volumen, capacidad, etc., de una cosa. *t.-r.* Moderarse en acciones o palabras.
meditabundo *a.* Que medita en silencio.
meditación *t.* Acción de meditar.
meditar *t.* Aplicar el pensamiento a la consideración de una cosa. /meditación.
meditativo -va *a.* Propio de la
mediterráneo *a.* Que está rodeado de tierra. Perteneciente al mar Mediterráneo.
medium *m.* Persona que pretende comunicar con los espíritus.
medo -da *a.-s.* De la antigua Media.
medra *f.* Aumento, mejora.
medrar *i.* Crecer. Mejorar uno de fortuna.
medro *m.* Medra. /fortuna.

medroso -sa *a.-s.* Temeroso.
médula y **medula** *f.* Substancia contenida en el interior de los huesos. BOT. Parte central del tallo y de la raíz.
medular *a.* Relativo a la médula.
medusa *f.* Animal celentéreo de forma de sombrilla, originado de un pólipo por gemación.
mefítico -ca *a.* Que respirado puede causar daño. /galito.
megalítico -ca *a.* Relativo al megalito
megalito *m.* Monumento prehistórico hecho de grandes piedras.
megalomanía *f.* Manía de grandezas. /megalomanía.
megalómano -na *a.-s.* Que padece
megaterio *m.* Mamífero desdentado fósil.
mehala *f.* En Marruecos, cuerpo del ejército regular.
mejicano -na *a.* De Méjico.
mejido *a.* Díc. del huevo batido con azúcar y disuelto en leche o agua caliente.
mejilla *f.* Cada una de las dos prominencias que hay en el rostro humano debajo de los ojos.
mejillón *m.* Molusco bivalvo comestible de concha casi negra.
mejor *a.* Comp. de *bueno:* más bueno. *adv.* Comp. de *bien:* más bien.
mejora *f.* Medra, aumento. Puja.
mejoramiento *m.* Acción de mejorar.
mejorana *f.* Hierba labiada medicinal y de jardín.
mejorar *t.* Hacer o poner mejor. Acrecentar. *i-r.* Volverse o ponerse mejor. /enfermedad.
mejoría *f.* Medra, Alivio en una
mejunje *m.* Cosmético o medicamento compuesto.
melado -da *a.* De color de miel.
melancolía *f.* Tristeza vaga y permanente.
melancólico -ca *a.* Perteneciente a la melancolía. Que la tiene.
melar *a.* Que sabe a miel.
melar *i.* Hacer las abejas la miel.
melaza *f.* Residuo de la cristalización del azúcar.
melcocha *f.* Miel cocida y sobada.
melena *f.* Cabello largo y suelto. Crin del león. /lena.
melenudo -da *a.* Que tiene melena
melífero -ra *a.* Que tiene o lleva
melificar *i.-t.* Melar. /miel.
melifluo -a *a.* Dulce, suave.
meliloto *m.* Planta leguminosa de flores emolientes.
melindre *m.* Especie de dulce o fruta de sartén. Delicadeza afectada.
melindroso -sa *a.-s.* Que hace muchos melindres.
melinita *f.* Explosivo a base de ácido pícrico.

melisa *f.* Toronjil. /fruto.
melocotón *m.* Melocotonero. Su
melocotonero *m.* Árbol frutal, variedad del pérsico.
melodía *f.* Dulzura y suavidad de la voz o de un instrumento. Sucesión de sonidos de una composición que se destacan por su expresión.
melódico -ca *a.* Relativo a la melodía. /oído.
melodioso -sa *a.* Dulce, grato al
melodrama *m.* Ópera. Drama popular caracterizado por la violencia de las situaciones y la exageración de los sentimientos.
melodramático -ca *a.* Propio del melodrama. /amolar.
melodreña *f.* Dic. de la piedra de
meloja *f.* Lavaduras de miel.
melojo *m.* Árbol semejante al roble albar.
melomanía *f.* Afición desmedida a la música.
melómano -na *a.-s.* Que tiene melomanía.
melón *m.* Planta cucurbitácea de fruto grande, elipsoidal, de carne dulce y aguanosa. Su fruto.
melonar *m.* Terreno sembrado de melones.
melopea *f.* Entonación rítmica con que se recita algo.
melosidad *f.* Calidad de meloso.
meloso -sa *a.* Que tiene calidad de miel. Blando, suave.
mella *f.* Rotura o hendedura en el borde o filo de una cosa. Merma, menoscabo.
mellado -da *a.-s.* Falto de uno o más dientes.
mellar *t.* Hacer mellas.
mellizo -za *a.-s.* Gemelo.
membrana *f.* Piel o lámina muy delgada.
membranoso -sa *a.* Compuesto de membranas. Parecido a la membrana.
membrete *m.* Anotación; nota por escrito. Nombre de una persona o corporación estampado en la parte superior del papel que usa para escribir. /brillos.
membrillar *f.* Plantación de membrillero
membrillero *m.* Membrillo (arbusto).
membrillo *m.* Arbusto rosáceo de fruto en pomo, aromático, de carne áspera. Su fruto.
membrudo -da *a.* Fornido, robusto.
memo -ma *a.-s.* Tonto, mentecato.
memorable y **memorando -da** *a.* Digno de memoria.
memorándum *m.* Librito de apuntes. Comunicación diplomática en que se recapitulan hechos y

razones.
memoria *f.* Facultad del alma por la cual reproducimos mentalmente objetos ya conocidos. Recuerdo. Disertación o relación escrita. *pl.* Saludo a un ausente por medio de un tercero.
memorial *m.* Escrito en que se pide una gracia. Cuaderno de notas.
memorialista *c.* Persona que escribe memoriales, cartas, etc., por encargo.
memorión *m.* Aum. de *memoria*. *a.-s.* Que tiene feliz memoria.
mena *f.* Mineral metalífero tal como se extrae del criadero.
ménade *f.* Bacante.
menaje *m.* Muebles de una casa. Material de una escuela.
mención *f.* Recuerdo o memoria que se hace de una persona o cosa.
mencionar *t.* Hacer mención.
mendicante *a.* Que mendiga.
mendicidad *f.* Condición de mendigo. Acción de mendigar.
mendigar *i.* Pedir limosna. *t.* Pedir a título de limosna.
mendigo -ga *m. f.* Persona que pide limosna.
mendrugo *m.* Pedazo de pan duro.
menear *t.-r.* Mover, agitar. *r.* Obrar con prontitud y diligencia.
meneo *m.* Acción de menear.
menester *m.* Necesidad de una cosa. Ejercicio, empleo o ministerio.
menesteroso -sa *a.-s.* Falto, necesitado.
menestral -la *m. f.* Artesano.
mengano -na *m. f.* Voz que se usa como *fulano* y *zutano*, siempre después del primero.
mengua *f.* Acción de menguar. Pobreza. Descrédito.
menguado -da *a.-s.* Cobarde. Necio. Miserable, ruin.
menguante *a.* Que mengua. *f.* Estiaje. Marea descendente. Decadencia. /guar.
menguar *i.* Disminuir. *t.* Amen-
mengue *m.* fam. Demonio.
menhir *m.* Megalito formado por una piedra alta hincada en el suelo.
menina *f.* Señora que desde niña entraba a servir a la reina o a las infantas niñas.
meninge *f.* Cada una de las tres membranas que envuelven el encéfalo. /meninges.
meningitis *f* Inflamación de las
menino *m.* Caballero que desde niño servía a la reina o a los príncipes niños.
menisco *m.* Vidrio cóncavo-convexo. Superficie libre del líquido contenido en un tubo estrecho.
menor *a.* Comp. de *pequeño:* más pequeño. *m.* Religioso de la Orden de San Francisco.
menoría *f.* Menor edad.
menorquín -na *a.-s.* De Menorca.
menos *adv. de comp.* Denota en menor cantidad o de una cualidad inferior. Denota idea opuesta a la de preferencia. *adv. m.* Excepto. *m.* Signo de la resta [—].
menoscabar *t.* Mermar. Deslucir, deteriorar. Causar mengua.
menoscabo *m.* Efecto de menoscabar.
menospreciar *t.* Tener a una persona o cosa en menos de lo que merece. Despreciar.
menosprecio *m.* Poco aprecio. Desprecio.
mensaje *m.* Recado o comunicación que una persona manda o dirige a otra.
mensajería *f.* Carruaje público en servicio periódico.
mensajero -ra *a.-s.* Que lleva un mensaje o noticia.
mensual *a.* Que se repite cada mes. Que dura un mes.
mensualidad *f.* Sueldo o salario de un mes.
ménsula *f.* Repisa o miembro arquitectónico saliente para sostener algo. /dir.
mensurable *a.* Que se puede me-
mensurar *t.* Medir.
menta *f.* Hierbabuena.
mental *a.* Relativo a la mente.
mentalidad *f.* Capacidad o actividad mental.
mentar *t.* Nombrar, mencionar.
mente *f.* Entendimiento, intelecto, pensamiento.
mentecatez *f.* Necedad.
mentecato -ta *a.-s.* Tonto, necio.
mentidero *m.* Sitio donde se junta la gente ociosa para conversar.
mentir *i.* Dar por cierto lo contrario de lo que se tiene por verdadero. Inducir a error.
mentira *f.* Expresión contraria a la verdad.
mentiroso -sa *a.-s.* Que tiene costumbre de mentir.
mentis *m.* Voz con que se desmiente a uno.
mentol *m.* Parte sólida de la esencia de menta.
mentón *m.* Barbilla.
mentor *m.* Consejero, guía, preceptor. /tos).
menú *m.* Minuta (lista de pla-
menudear *t.-r.* Hacer o suceder una cosa a menudo.
menudencia *f.* Pequeñez de una

cosa. Cosa baladí. Detalle. *pl.* Despojos del cerdo.
menudeo *m.* Acción de menudear. Venta al por menor.
menudillo *m.* Articulación entre la caña y la cuartilla de los cuadrúpedos. *pl.* Entrañas de las aves.
menudo -da *a.* Pequeño, chico. De poca importancia. Exacto, minucioso. *m. pl.* Entrañas, manos y sangre de las reses.
meñique *a.-s.* Díc. del dedo más pequeño de la mano.
meollo *m.* Encéfalo. Médula. Substancia, fondo. Entendimiento.
meón -ona *a.* Que mea mucho.
mequetrefe *m.* Hombre entremetido y de poco provecho.
meramente *adv.* Solamente.
mercachifle *m.* Buhonero. desp. Mercader.
mercadear *i.* Comerciar.
mercader -ra *m. f.* Comerciante.
mercadería *f.* Mercancía.
mercado *m.* Contratación pública en sitio destinado al efecto. Este sitio.
mercancía *f.* Género vendible.
mercante *a.* Mercantil. *m.* Mercader. /cio.
mercantil *a.* Relativo al comer-
mercar *t.* Comprar.
merced *f.* Dádiva, beneficio gracioso. Voluntad, arbitrio.
mercedario -ria *a.-s.* Díc. del religioso de la Orden de la Merced.
mercenario -ria *a.-s.* Mercedario. Que sirve por estipendio.
mercería *f.* Comercio de cosas menudas, como alfileres, cintas, etc.
mercero -ra *m. f.* Persona que comercia en mercería.
Mercurio *m.* MIT. Dios del comercio. Planeta, el más próximo al Sol.
mercurio *m.* Azogue.
merecedor -ra *a.* Que merece.
merecer *t.* Hacerse digno de algo. Lograr.
merecido *m.* Castigo de que se juzga digno a uno.
merecimiento *m.* Acción de merecer. Mérito.
merendar *i.* Tomar la merienda.
merendero *m.* Sitio en que se merienda. /dante.
merendona *f.* Merienda abun-
merengue *m.* Dulce de claras de huevo con azúcar.
mergo *m.* Cuervo marino.
meridiana *f.* Especie de canapé. Siesta.
meridiano -na *a.* Perteneciente a la hora del mediodía. Claro, luminoso. *m.* GEOGR., ASTR. Círculo máximo que pasa por los polos.
meridional *a.* Del Sur.
merienda *f.* Comida ligera que se toma por la tarde.
merino -na *a.* Díc. de una raza de carneros que dan una lana muy fina y rizada. *a.-m.* Díc. de esta lana. /una cosa.
meritísimo -ma *a.* Dignísimo de
mérito *m.* Derecho a la recompensa. Lo que da valor a una cosa.
meritorio -ria *a.* Digno de premio. *m.* Aprendiz de un despacho.
merluza *f.* Pez marino de carne muy apreciada. Borrachera.
merma *f.* Acción de mermar. Porción que se gasta o substrae de una cosa.
mermar *i.-r.* Disminuirse una cosa. *t.* Quitar a uno parte de lo que le corresponde.
mermelada *f.* Conserva de fruta con miel o azúcar.
mero -ra *a.* Puro, simple, sin mezcla. *m.* Pez marino de carne fina y delicada.
merodear *i.* Apartarse algunos soldados en busca de lo que puedan robar. Vagar por el campo viviendo de lo que se roba.
merodeo *m.* Acción de merodear.
merovingio -gia *a.* De la dinastía de Meroveo.
mes *m.* Cada una de las doce partes en que se divide el año. Mensualidad.
mesa *f.* Mueble compuesto por una tabla lisa sostenida por uno o varios pies. Lo que se come. Personas que dirigen una asamblea. /cada mes.
mesada *f.* Lo que se da o paga
mesana *f.* Palo de popa. Vela envergada en él.
mesar *t.-r.* Arrancar o estrujar los cabellos o barbas con las manos.
mescolanza *f.* Mezcolanza.
mesenterio *m.* Repliegue del peritoneo.
meseta *f.* Descansillo. Terreno elevado y llano de gran extensión. /Mesías.
mesiánico -ca *a.* Relativo al
Mesías *n. pr.* El Hijo de Dios.
mesnada *f.* Compañía de gente armada que servía a un señor.
mesnadero *a.-m.* Que servía en la mesnada.
mesocracia *f.* Gobierno de la clase media. Burguesía.
mesón *m.* Venta, parador.
mesonero -ra *m. f.* Dueño de un

mesón.
mestizo -za *a.-s.* Hijo de padres de raza distinta.
mesura *f.* Gravedad, compostura. Cortesía, moderación.
meta *f.* Término señalado en la carrera. Fin a que tiende una persona.
metacarpo *m.* Parte de la mano entre el carpo y los dedos.
metafísica *f.* Ciencia que trata de los principios primeros y universales.
metafísico -ca *a.* Relativo a la metafísica. *m.* El que la profesa.
metáfora *f.* Tropo que consiste en dar a las voces un sentido figurado, en virtud de una comparación tácita.
metafórico -ca *a.* Que incluye metáfora.
metal *m.* Cualquiera de ciertos cuerpos simples, conductores del calor o la electricidad.
metálico -ca *a.* De metal o parecido a él. *m.* Dinero amonedado. /metal.
metalífero -ra *a.* Que contiene
metalista *m.* El que trabaja en metales.
metalizar *t.-r.* Dar propiedades metálicas. *r.* Llegar uno a no tener otro móvil que el amor al dinero.
metaloide *m.* Cualquiera de los cuerpos simples no metales.
metalurgia *f.* Arte de extraer los metales de los minerales que los contienen.
metalúrgico -ca *a.* Perteneciente a la metalurgia. *m.* El que la profesa. El que trabaja en metales.
metamorfosear *t.-r.* Transformar.
metamórfosis *f.* Transformación. Serie de cambios que experimentan ciertos animales.
metano *m.* Gas que se produce en los pantanos y en las minas de carbón.
metaplasmo *m.* GRAM. Alteración de una palabra.
metatarso *m.* Parte del pie entre el tarso y los dedos.
metedor -ra *m. f.* Persona que mete una cosa. Paño que se pone a los niños debajo del pañal.
metempsícosis *f.* Creencia según la cual el alma del hombre después de la muerte pasa a otros cuerpos.
meteórico *a.* Perteneciente a los meteoros.
meteoro *m.* Cualquier fenómeno atmosférico aéreo, acuoso, luminoso o eléctrico.

meteorología *f.* Parte de la física que estudia los meteoros.
meteorológico -ca *a.* Perteneciente a la meteorología.
meter *t.-r.* Introducir, incluir una cosa dentro de otra. Poner. *t.* Causar, promover, ocasionar. *r.* Introducirse. Tomar un estado o profesión. /rado.
meticuloso -sa *a.* Medroso, mi-
metódico -ca *a.* Hecho con método. Que usa de método.
metodismo *m.* Secta protestante de origen inglés.
método *m.* Modo ordenado de proceder para llegar a un fin determinado. /métodos.
metodología *f.* Tratado de los
metonimia *f.* RET. Tropo que consiste en designar una cosa por el nombre de otra, tomando el efecto por la causa, el continente por el contenido, etc.
metraje *m.* Longitud en metros.
metralla *f.* Munición menuda con que se cargan cirtos artefactos explosivos. /ción.
métrica *f.* Arte de la versifica-
métrico -ca *a.* Relativo a la medida o al metro.
metro *m.* Medida del verso. Unidad de longitud, base del sistema métrico decimal. Metropolitano (ferrocarril).
metrónomo *m.* Instrumento para medir el tiempo e indicar el compás en la música.
metrópoli *f.* La nación respecto a sus colonias. Ciudad principal de una provincia o Estado. Iglesia arzobispal.
metropolitano -na *a.* Relativo a la metrópoli. Arzobispal. *m.* Arzobispo. Ferrocarril subterráneo o aéreo.
mezcla *f.* Acción de mezclar. Agregado de cosas diferentes.
mezclar *t.-r.* Juntar, incorporar cosas diversas. *r.* Meterse uno entre otros. /confusa.
mezcolanza *f.* Mezcla extraña y
mezquindad *f.* Calidad de mezquino. Cosa mezquina.
mezquino -na *a.* Pobre. Avaro. Pequeño, escaso. Infeliz.
mezquita *f.* Templo mahometano.
mi MÚS. Tercera nota de la escala.
mí Forma del pron. pers. de 1.ª pers. sing. masc. y fem. como término de una preposición.
mi, mis *a. pos.* Apócope de *mío, mía, míos y mías.*
miaja *f.* Migaja.
miasma *m.* Efluvio maligno.
miau *m.* Maullido.
mica *f.* Silicato nativo que se puede separar en hojas trans-

parentes. Hembra del mico.
micado *m.* Soberano del Japón.
micción *f.* Acción de mear.
mico *m.* Mono de cola larga.
micología *f.* Parte de la botánica que trata de los hongos.
micra *f.* Milésima de milímetro.
microbio *m.* Ser unicelular microscópico. /queña.
microcéfalo *m.* De cabeza pe-
micrófono *m.* Aparato para transmitir los sonidos y aumentar su intensidad.
micrómetro *m.* Instrumento para medir cantidades muy pequeñas.
micrón *m.* Micra.
microorganismo *m.* Microbio.
microscópico -ca *a.* Relativo al microscopio. Muy pequeño.
microscopio *m.* Instrumento óptico para observar objetos muy pequeños.
microsurco *m.* Surco extremadamente fino en la superficie de un disco de gramófono. Disco que los tiene.
miedo *m.* Perturbación angustiosa del ánimo por un peligro real o imaginario. /do.
miedoso -sa *a.* Que tiene mie-
miel *f.* Substancia muy dulce que elaboran las abejas. /dula.
mielitis *f.* Inflamación de la mé-
miembro *m.* Cualquiera de las extremidades del hombre o de los animales. Parte de un todo. Individuo de una colectividad.
mientes *f. pl.* Pensamiento, mente.
mientras *adv.* Durante el tiempo en que. Puede expresar oposición o contrariedad.
miércoles *m.* Cuarto día de la semana.
mierda *f.* Excremento. Suciedad.
mies *f.* Cereal maduro. Tiempo de la siega. *pl.* Los sembrados.
miga *f.* Migaja. Parte más blanda del pan. Substancia y virtud interior de las cosas.
migaja *f.* Porción pequeña de cualquier cosa. *pl.* Las del pan.
migar *t.* Desmenuzar el pan.
migración *f.* Cambio de residencia de un pueblo o raza. Viajante periódico de las aves de paso. /migraciones.
migratorio -ria *a.* Relativo a las
miguelete *m.* Individuo de la milicia foral de Guipúzcoa.
mijo *m.* Gramínea de grano redondo, pequeño y amarillento. Su grano.
mil *a.* Diez veces ciento. Millar.
milagrero -ra *a.* Que todo lo atribuye a milagros. Que finge milagros.
milagro *m.* Hecho sensible, superior al orden natural, debido al poder divino. Cosa maravillosa.
milagroso -sa *a.* Que tiene carácter de milagro. Maravilloso. Que obra milagros.
milanés -sa *a.-s.* De Milán.
milano *m.* Ave rapaz falcónida, de plumaje rojizo.
mildeu *m.* Enfermedad de la vid, producida por un hongo.
milenario -ria *a.* Relativo al número mil. *m.* Milenio. Día en que se cumplen uno o más milenios de algún suceso.
milenio *m.* Período de mil años.
milenrama *f.* Planta medicinal, tónica y astringente.
milésimo -ma *a.-s.* Dic. de cada una de las mil partes en que se divide un todo. *a.* Que ocupa el último lugar en una serie de mil.
mili- Prefijo que significa milésima parte.
milicia *f.* Arte de hacer la guerra. Profesión militar. Tropa o gente de guerra.
miliciano -na *a.* Perteneciente a la milicia. *m.* Individuo de una milicia.
militante *a.-s.* Que milita.
militar *a.* Concerniente a la milicia o a la guerra. *m.* El que se dedica a la milicia.
militar *t.* Servir en la guerra, profesar la milicia. Figurar en un partido.
militarismo *m.* Predominio de los militares en el gobierno.
milonga *f.* Baile popular argentino.
milla *f.* Medida náutica internacional (1.852 m.).
millar *m.* Conjunto de mil unidades.
millón *m.* Mil millares.
millonario -ria *a.-s.* Muy rico, que posee millones.
mimar *t.* Halagar, acariciar. Tratar con excesivo regalo o condescendencia.
mimbre AMB. Mimbrera. Rama de mimbrera.
mimbrear *i.-r.* Cimbrear.
mimbreño -ña *a.* De la naturaleza del mimbre.
mimbrera *f.* Arbusto cuyas ramas, delgadas y flexibles, se emplean en cestería.
mímica *f.* Arte de imitar o expresarse por medio de ademanes. /mímica.
mímico -ca *a.* Perteneciente a la
mimo *m.* Entre griegos y romanos, farsante. Cariño, halago, regalo.
mimosa *f.* Planta de flores ama-

rillas; las hojas de algunas especies se pliegan al tocarlas.
mimoso -sa *a.* Melindroso, delicado.
mina *f.* Criadero de un mineral. Excavación para extraer éste. Paso subterráneo. Artefacto explosivo.
minador *a.-s.* Que mina.
minar *t.* Abrir minas. Colocar minas. Destruir poco a poco.
mineral *a.* Inorgánico. *m.* Substancia inorgánica existente en la corteza terrestre, esp. la que se extrae de las minas. Origen de las fuentes.
mineralogía *f.* Parte de la historia natural que trata de los minerales.
mineralogista *c.* Persona versada en mineralogía. /minas.
minería *f.* Arte de laborar las
minero -ra *a.* Perteneciente a la minería. *m.* El que trabaja en las minas. Mina.
mineromedicinal *a.* Dic. del agua mineral usada en medicina.
minerva *f.* MIT. Diosa de la sabiduría. Prensa tipográfica de pequeñas dimensiones. Función en honor del Smo. Sacramento.
mingo *m.* Bola tercera del juego del billar.
miniatura *f.* Pintura de pequeñas dimensiones.
miniaturista *c.* Persona que pinta miniaturas.
mínimo -ma *a.* Superl. de *pequeño*. *m.* El valor más pequeño que puede tener una cosa.
minimum *m.* Mínimo.
minino -na *m. f.* Gato, gata.
minio *m.* Óxido de plomo de color rojo.
ministerial *a.* Perteneciente al ministerio. *a.-s.* Dic. del que apoya a un ministerio.
ministerio *m.* Función, empleo, cargo. Cargo de ministro. Cada uno de los departamentos en que se divide la gobernación de un Estado. Gobierno o cuerpo de ministros.
ministrar *t.-i.* Servir un cargo. *t.* Suministrar. /iglesia.
ministril *m.* Antiguo músico de
ministro *m.* El que ejerce un ministerio. El que ayuda a misa. Oficial inferior de justicia. Jefe de un ministerio. Diplomático inferior al embajador.
minoración *f.* Acción de minorar.
minorar *t.-r.* Disminuir. /rar.
minoría *f.* Parte menor de los componentes de una colectividad. Conjunto de votos opuestos a los de la mayoría. Menor edad.

minoridad *f.* Menor edad.
minucia *f.* Menudencia.
minuciosidad *f.* Calidad de minucioso.
minucioso -sa *a.* Que se detiene en los menores detalles.
minué *m.* Ant. danza de origen francés.
minuendo *m.* MAT. Cantidad de la que ha de restarse otra.
minúsculo -la *a.* Muy pequeño. De poca entidad.
minuta *f.* Borrador, apuntación de una cosa. Cuenta de honorarios. Lista de los platos de una comida.
minutero *m.* Manecilla del reloj que señala los minutos.
minuto -ta *a.* Menudo. *m.* Sexagésima parte de un grado de círculo. Sexagésima parte de la hora.
mío, mía, míos, mías *a.* Posesivo de 1.ª pers. masc. y fem., sing. y pl. Tiene carácter de pronombre cuando se usa con el artículo determinado.
miocardio *m.* Parte muscular del corazón.
miope *a.-s.* Corto de vista.
miopía *f.* Defecto del miope.
miosota *f.* Raspilla.
mira *f.* Pieza para dirigir visuales. Intención.
mirada *f.* Acción o modo de mirar. /se mira.
miradero *m.* Lugar desde donde
mirado -da *a.* Cauto, circunspecto. Merecedor de buen o mal concepto.
mirador -ra *a.-s.* Que mira. *m.* Galería o terrado para explayar la vista. Balcón cubierto y cerrado con cristales.
miramiento *m.* Acción de mirar o considerar. Respeto y circunspección.
mirar *t.* Fijar la vista. Observar, considerar, buscar, inquirir. Tener o llevar un fin. Respetar, atender. Cuidar, proteger. Hallarse frente a algo.
miria- Prefijo que significa diez mil. /unidades.
miríada *f.* Conjunto de diez mil
miriámetro *m.* Medida itineraria (10 km.).
miriápodo *a.-s.* Miriópodo.
mirífico -ca *m.* Maravilloso.
mirilla *f.* Abertura en la puerta, etc., para observar quién llama.
miriñaque *m.* Saya interior con aros para dar vuelo a las faldas.
miriópodo -da *a.-m.* Dic. de los artrópodos terrestres con un par de antenas y numerosos pares de patas.

miristica *f.* Árbol cuyo fruto es la nuez moscada.
mirlo *m.* Pájaro domesticable que aprende a imitar los sonidos.
mirón -na *a.-s.* Que mira, esp. con curiosidad.
mirra *f.* Gomorresina aromática, amarga y medicinal.
mirto *m.* Arrayán.
misa *f.* Sacrificio incruento en que, bajo las especies de pan y vino, ofrece el sacerdote el Cuerpo y la Sangre de Jesucristo.
misacantano *m.* Sacerdote que celebra su primera misa.
misal *a.-s.* Díc. del libro que contiene las oraciones y lecturas de la misa. /tropo.
misantropía *f.* Calidad de misántropo.
misántropo *m.* El que siente aversión al trato humano.
miscelánea *f.* Mezcla de cosas diversas.
misceláneo -a *a.* Mixto, vario.
miserable *a.* Pobre, infeliz. Abatido. Avariento. Perverso, canalla.
miserere *m.* Salmo penitencial que empieza con esta palabra. MED. Cólico miserere.
miseria *f.* Infortunio. Pobreza extremada. Mezquindad. Cosa corta.
misericordia *f.* Virtud que nos inclina o ser compasivos y clementes.
misericordioso -sa *a.-s.* Que tiene misericordia.
mísero -ra *a.* Miserable.
misérrimo -ma *a.* Superl. de *mísero*.
misión *f.* Acción de enviar. Encargo, cometido. Predicación del evangelio, esp. en tierras de infieles. Serie de sermones.
misionero -ra *a.* Eclesiástico que evangeliza en tierra de infieles. Sacerdote que predica una misión. /Carta, mensaje.
misivo -va *a.* Que se envía. *f.*
mismo -ma *a.* Indica que una persona o cosa es aquella de que se trata. /jeres.
misógino *a.* Que odia a las mujeres.
mistela *f.* Bebida hecha de alcohol y zumo de uva sin fermentar.
misterio *m.* Cosa secreta, incomprensible. Dogma cristiano, inaccesible a la razón y que es objeto de fe. Cada uno de los pasos de la vida, pasión y muerte de Jesucristo. Ant. drama religioso. /misterio.
misterioso -sa *a.* Que implica
misticismo *m.* Estado o calidad de místico.

mística *f.* Tratado de la vida espiritual y de la contemplación.
místico -ca *a.* Perteneciente a la mística. *a.-s.* Que se dedica a la vida espiritual.
mitad *f.* Cada una de las dos partes iguales en que se divide un todo. Medio (parte central).
mítico -ca *a.* Relativo al mito.
mitigar *t.-r.* Moderar, suavizar.
mito *m.* Tradición fabulosa. Fábula, ficción.
mitología *f.* Historia fabulosa de los dioses y héroes de la antigüedad. /la mitología.
mitológico -ca *a.* Perteneciente a
mitón *m.* Guante de punto que deja los dedos al descubierto.
mitra *f.* Prenda alta y apuntada con que en ciertas funciones solemnes se cubren la cabeza los prelados. /tra.
mitrado *a.* Que puede usar mi-
mixtela *f.* Bebida de aguardiente, agua, azúcar y canela.
mixtilíneo -a *a.* Díc. de la figura cuyos lados son rectos unos y curvos otros.
mixtión *f.* Mezcla, mixtura.
mixto -ta *a.* Mezclado. *a.-m.* Formado por elementos de distinta naturaleza. *m.* Fósforo, cerilla. /sas.
mixtura *f.* Mezcla de varias cosas.
mizcalo *m.* Cierto hongo comestible.
mnemotecnia *f.* Método para fijar los conocimientos en la memoria.
mnemotécnico -ca *a.* Relativo a la mnemotecnia. /Israel.
moabita *a.* De Moab, en el ant.
moaré *m.* Muaré.
mobiliario *a.* Mueble. *m.* Moblaje.
moblaje *m.* Conjunto de muebles de una habitación.
mocedad *f.* Época de la vida desde la pubertad hasta la edad adulta. /moza.
mocerío *m.* Conjunto de gente
mocetón -ona *m. f.* Persona joven y robusta.
moción *f.* Acción de moverse o ser movido. Proposición que se hace en una junta. /ven.
mocito -ta *a.-s.* Persona muy jo-
moco *m.* Humor pegajoso segregado por las membranas mucosas.
mocoso -sa *a.-s.* Que tiene muchos mocos. *m.* Niño atrevido. Mozo imprudente.
mocheta *f.* Extremo romo opuesto a la punta o filo de ciertas herramientas.
mochila *f.* Caja, saco o bolsa que se lleva sujeta a la espalda.
mocho -cha *a.* Díc. de aquello a

mochuelo *m.* Ave rapaz nocturna, mayor que la lechuza.
moda *f.* Uso pasajero que regula el modo de vestir, vivir, etc.
modal *a.* Relativo al modo. *pl.* Acciones con que uno da a conocer su educación.
modalidad *f.* Modo de ser o de manifestarse una cosa.
modelado *m.* Acción y efecto de modelar.
modelar *t.* Formar de cera, barro, etc., una figura. *r.* Ajustarse a un modelo.
modelo *m.* Lo que ha de servir de objeto de imitación.
moderación *f.* Acción de moderar. Templanza.
moderado -da *a.* Que tiene moderación. Que guarda el medio entre los extremos.
moderar *t.-r.* Templar. Ajustar una cosa evitando el exceso.
modernismo *m.* Afición a lo moderno.
modernizar *t.-r.* Dar forma o aspecto moderno.
moderno *a.* Perteneciente a la edad moderna de la historia. Nuevo, reciente.
modestia *f.* Virtud del que no siente ni muestra elevada opinión de sí mismo. Falta de lujo. Honestidad.   /tia.
modesto -ta *a.* Que tiene modestia.
modicidad *a.* Calidad de módico.
módico ca *a.* Moderado, reducido, limitado.   /ficar.
modificación *f.* Acción de modificar.
modificar *t.* Cambiar una cosa en sus caracteres no esenciales. Limitar el sentido de una palabra.
modificativo -va *a.* Que modifica.
modillón *m.* Saliente que adorna por debajo una cornisa.
modismo *m.* Frase o manera de hablar propia o característica de una lengua.
modista *c.* Persona que hace prendas de vestir para señora.
modo *m.* Manera. Forma variable que puede recibir un ser sin que cambie su esencia. GRAM. Cada una de las distintas maneras generales de manifestarse la acción del verbo. Locución equivalente a una parte de la oración.
modorra *f.* Sueño muy pesado. Pesadez soñolienta.
modulación *f.* Acción de modular.
modular *t.* Dar inflexiones variadas a la voz o al sonido.
mofa *f.* Burla, escarnio.

mofar *i.-r.* Hacer mofa.
mofeta *f.* Gas mefítico que se desprende de las minas. Mamífero de América, parecido a la comadreja.   /noso.
moflete *m.* Carrillo grueso y carmofletudo **-da** *a.* Que tiene mofletes.
mogol -la *a.-s.* De Mogolia.
mogollón (de) *m. adv.* De balde, de gorra.
mogón -na *a.* Díc. de la res vacuna a la que falta un asta o la tiene rota por la punta.
mogote *m.* Montículo aislado. Cornamenta poco crecida de los venados.
moharra *f.* Hierro de la lanza.
mohín *m.* Mueca, gesto.
mohína *f.* Enojo, disgusto.
mohino -na *a.* Triste, disgustado.
moho *m.* Hongo muy pequeño que se cría en la superficie de ciertos cuerpos. Capa que se forma por alteración química en la superficie de un cuerpo metálico.
mohoso -sa *a.* Cubierto de moho.
mojada *f.* Mojadura. Medida agraria catalana (49 a.).
mojadura *f.* Acción de mojar.
mojar *t.* Adherirse un líquido a un cuerpo o penetrarlo. Hacer que un líquido moje un cuerpo.
mojicón *m.* Especie de bizcocho o bollo. Puñetazo dado en la cara.
mojiganga *f.* Fiesta pública con disfraces ridículos.
mojigatería *f.* Calidad de mojigato. Acción propia de él.
mojigato -ta *a.-s.* Disimulado, que afecta humildad o cobardía. Beato, hazañero.
mojón *m.* Hito.
molar *a.* Perteneciente a la muela. Apto para moler. *m.* Muela (diente).
molde *m.* Objeto hueco o instrumento para dar forma a una materia.
moldear *t.* Sacar el molde de una figura. Vaciar.
moldura *f.* CARP., ARQ. Parte saliente de perfil uniforme que sirve de adorno.
mole *a.* Muelle, blando. *m.* Cosa de gran bulto.
molécula *f.* Agrupación definida de átomos considerada como primer elemento de la composición física de los cuerpos.
molecular *a.* Propio de las moléculas.   /muele.
molendero -ra *m. f.* Persona que
moler *t.* Triturar, reducir a polvo. Molestar. Cansar.
molestar *t.* Causar molestia.

molestia *f.* Perturbación del bienestar del cuerpo o de la tranquilidad del ánimo.
molesto -ta *a.* Que molesta. Que siente molestia.
molicie *f.* Blandura. Afición a vivir regaladamente.
molienda *f.* Acción de moler.
molificar *t.* Suavizar, ablandar.
molinería *f.* Industria molinera.
molinero -ra *a.* Perteneciente al molino. *m. f.* Persona que tiene molino o que trabaja en él. *f.* Mujer del molinero.
molinete *m.* Ruedecita con aspas que gira movida por el viento. Movimiento circular que se hace con el bastón, la espada, etc.
molinillo *m.* Instrumento pequeño para moler. Palillo con una rueda gruesa en su extremo inferior, para batir el chocolate.
molino *m.* Máquina para moler o estrujar. Edificio donde está instalada.
moltura *f.* Molienda.
molturar *t.* Moler.
molusco *a.-m.* Dic. de los animales invertebrados de cuerpo blando, gralte. protegido por una concha calcárea.
mollar *a.* Blando, fácil de partir.
molledo *m.* Parte carnosa de un miembro. Miga del pan.
molleja *f.* Segundo estómago de las aves. Apéndice carnoso formado gralte. por infarto de las glándulas.
mollejón *m.* Hombre grueso y flojo. Hombre blando de genio.
mollera *f.* Parte superior del cráneo. Caletre, seso.
mollete *m.* Panecillo esponjado. Molledo del brazo. Moflete.
momentáneo -a *a.* Que sólo dura un momento.
momento *m.* Pequeño espacio de tiempo. Tiempo en que ocurre algo. Oportunidad. Importancia.
momería *f.* Acción burlesca.
momia *f.* Cadáver que se deseca y conserva.
momificar *t.-r.* Convertir en momia un cadáver.
momio -mia *a.* Magro. *m.* Lo que se obtiene de más. Ganga.
momo *m.* Gesto o mofa ridícula.
mona *f.* Hembra del mono. Mono pequeño de Gibraltar y el N. de África. Borrachera. Cierto juego de naipes. /jes.
monacal *a.* Relativo a los monmonacato *m.* Estado de monje. Institución monástica.
monacillo *m.* Monaguillo.
monada *f.* Acción de mono. Gesto afectado. Monería. Cosa pequeña y primorosa.

monaguillo *m.* Niño empleado en el servicio del altar.
monarca *m.* Soberano de una monarquía.
monarquía *f.* Forma de gobierno en que el poder supremo reside en una sola persona. Estado regido de este modo.
monárquico -ca *a.* Relativo al monarca o a la monarquía. *a.-s.* Partidario de la monarquía.
monasterio *m.* Convento.
monástico -ca *a.* Relativo al monacato o al monasterio.
monda *f.* Acción de mondar.
mondadientes *m.* Instrumento para limpiar los dientes.
mondadura *f.* Acción de mondar. *pl.* Despojo de lo que se monda.
mondar *t.* Quitar la piel, cáscara, vaina, etc., a los frutos y tubérculos. Podar. Quitar lo superfluo.
mondo -da *a.* Limpio de cosas superfluas o extrañas.
mondongo *m.* Intestinos y panza de las reses y del cerdo.
moneda *f.* Pieza de metal acuñada que sirve de medida común para el precio de las cosas. Billete de banco.
monedero *a.* Que sirve para poner moneda. *m.* Portamonedas.
monería *f.* Gesto o acción graciosa de los niños. Monada.
monetario -ria *a.* Relativo a la moneda.
monigote *m.* Muñeco o figura ridícula. Persona despreciable.
monis *f.* Cosa pequeña y pulida. *m. pl.* Dinero.
mónita *f.* Astucia, maña.
monitor *m.* El que amonesta y avisa. Cierto buque de guerra.
monitorio -ria *a.* Que amonesta o avisa.
monja *f.* Religiosa profesa.
monje *m.* Anacoreta. Religioso de ciertas órdenes.
monjil *a.* Propio de las monjas o relativo a ellas. *m.* Hábito de monja.
monjío *m.* Estado de monja.
mono -na *a.* Pulido, gracioso. *m.* Cualquier mamífero cuadrumano del suborden de los simios. Traje de faena.
monocotiledóneo -a *a.-f.* Dic. de las plantas de un solo cotiledón.
monocromo -ma *a.* De un solo color.
monóculo *m.* Lente para un solo ojo.
monogamia *f.* Régimen en que está prohibida la pluralidad de esposas. Estado de monógamo.
monógamo *a.-m.* Casado con una

monografía *f.* Estudio sobre un punto especial de historia, ciencia, etc.
monograma *m.* Cifra, abreviatura de un nombre.
monolito *m.* Monumento de piedra de una sola pieza.
monólogo *m.* Soliloquio.
monomanía *f.* Locura sobre una sola idea.
monomio *m.* Expresión algebraica que consta de un solo término. /pétalo.
monopétalo -la *a.* BOT. De un solo
monoplano *a.-m.* Díc. del aeroplano con una sola superficie de sostén.
monopolio *m.* Privilegio exclusivo para la venta o aprovechamiento de alguna cosa.
monopolizar *t.* Tener, adquirir o atribuirse el monopolio de alguna cosa.
monosilábico -ca *a.* Concerniente al monosílabo.
monosílabo -ba *a.-m.* Díc. de la palabra de una sola sílaba.
monospermo *a.* De una sola semilla.
monoteísmo *m.* Religión o doctrina teológica que afirma la existencia de un solo Dios.
monotipo *m.* IMPR. Máquina de componer que funde los tipos uno por uno.
monotonía *f.* Uniformidad de tono. Falta de variedad.
monótono -na *a.* Que adolece de monotonía.
monseñor *m.* Título que se da a ciertos eclesiásticos de dignidad.
monserga *f.* Lenguaje embrollado.
monstruo *m.* Producción contra el orden regular de la naturaleza. Cosa muy grande.
monstruosidad *f.* Calidad de monstruoso. Cosa monstruosa.
monstruoso -sa *a.* Que es contra el orden natural. Muy grande.
monta *f.* Acción de montar. Valor de una cosa.
montacargas *m.* Ascensor para elevar pesos.
montado -da *a.* Que va a caballo.
montador *m.* Poyo para montar en las caballerías. Obrero que monta máquinas.
montaje *m.* Acción de montar un aparato o máquina. /te.
montano -na *a.* Relativo al mon-
montante *m.* Espadón que se esgrime con ambas manos. Pie derecho. Listón o columnita que divide una ventana. Pleamar.
montaña *f.* Monte (elevación). Territorio cubierto de montes.
montañés -sa *a.-s.* De la montaña.
montañoso -sa *a.* Perteneciente a las montañas. Lleno de ellas.
montar *i.-r.* Subirse encima de una cosa. *i.-t.* Cabalgar. *i.* Ser de importancia. *t.* Importar una cantidad total. Armar un aparato o máquina. Engastar. Amartillar un arma.
montaraz *a.* Criado en los montes. Agreste.
monte *m.* Grande elevación natural de terreno. Tierra sin roturar. Cierto juego de naipes.
montea *f.* Acción de montear.
montear *t.* Buscar y perseguir la caza. /tenegro.
montenegrino -na *a.-s.* De Mon-
montepío *m.* Establecimiento fundado para socorros mutuos.
montera *f.* Prenda para la cabeza, esp. la de los toreros. Cubierta de cristales sobre un patio. Cubierta del alambique.
montería *f.* Caza mayor. Arte de cazar.
montero -ra *m. f.* Persona que busca, persigue y ojea la caza.
montés y montesino -na *a.* Que anda, está o se cría en el monte.
montículo *m.* Monte pequeño.
montón *m.* Conjunto de cosas puestas sin orden unas sobre otras. Número considerable.
montuno -na *a.* Perteneciente al monte.
montuoso -sa *a.* Relativo a los montes. Abundante en ellos.
montura *f.* Cabalgadura. Arreos de la cabalgadura. Montaje.
monumental *a.* Relativo al monumento. Muy grande.
monumento *m.* Obra pública para perpetuar el recuerdo de una persona o hecho. Edificio notable. Altar donde se expone la urna con la hostia consagrada, el día del Jueves Santo. Objeto o documento histórico.
monzón *m.* Viento periódico que sopla en el océano Índico.
moña *f.* Lazo en la coleta de los toreros. Adorno de cintas en la divisa de los toros.
moño *m.* Atado o rodete que se hace con el pelo. Lazo de cintas. Penacho de ave.
moñudo -da *a.* Que tiene moño.
moquear *i.* Echar mocos.
moquero *m.* Pañuelo para limpiarse los mocos.
moqueta *f.* Tela fuerte para hacer alfombras. /rices.
moquete *m.* Puñetazo en las na-
moquillo *m.* Catarro de algunos animales. Pepita de las aves.

moquita *f.* Moco nasal claro.
mora *f.* Fruto del moral y de la morera. Zarzamora.
morabito *m.* Ermitaño mahometano. Su ermita.
morada *f.* Casa o habitación. Estancia en un lugar.
morado -da *a.-s.* Dic. del color entre carmín y azul. /mora.
morador -ra *a.-s.* Que habita o
moral *a.* Relativo a la moral o conforme a ella. *f.* Doctrina de las acciones humanas en orden a su bondad o malicia. Conducta en su aspecto moral. Conjunto de las facultades del espíritu. *m.* Árbol de infrutescencias pequeñas, moradas, agridulces.
moraleja *f.* Enseñanza que se deduce de un cuento, fábula, etc.
moralidad *f.* Conformidad con los preceptos de la moral. Cualidad moral. /de moral.
moralista *c.* Profesor o escritor
moralizar *t.-r.* Hacer moral. *i.* Hacer reflexiones morales.
morar *i.* Residir en un lugar.
moratoria *f.* Espera concedida al deudor.
moravo -va *a.* De Moravia.
morbidez *f.* Calidad de mórbido, suave.
mórbido -da *a.* Que padece enfermedad o la ocasiona. Blando, suave, delicado.
morbo *m.* Enfermedad.
morboso -sa *a.* Enfermo. Que causa enfermedad o concierne a ella.
morcajo *m.* Tranquillón.
morcilla *f.* Embuchado de sangre.
morcón *m.* Morcilla hecha de una tripa gruesa.
mordacidad *f.* Calidad de mordaz.
mordaz *a.* Corrosivo. Picante al gusto. Que hiere, murmura o critica con acritud.
mordaza *f.* Instrumento que puesto en la boca impide el hablar.
mordedura *f.* Acción de morder. Daño hecho con ella.
mordente *m.* Mordiente. Adorno musical.
morder *t.* Asir con los dientes una cosa clavándolos en ella.
mordicar *t.* Picar o punzar como mordiendo.
mordiente *a.* Que muerde. *m.* Substancia que sirve para fijar los colores.
mordiscar *t.* Morder ligera y frecuentemente.
mordisco *m.* Mordedura leve. Bocado que se saca de una cosa.
morena *f.* Pez marino de cuerpo cilíndrico. Montón de piedras que se forma en los heleros.
moreno -na *a.* De color oscuro que tira a negro. Del color menos claro en la raza blanca.
morera *f.* Árbol parecido al moral, pero con el fruto blanco.
morería *f.* Barrio o país de moros.
morfina *f.* Substancia narcótica, alcaloide del opio.
morfología *f.* H. NAT. Estudio de la forma de los seres orgánicos. GRAM. Tratado de las formas de las palabras.
morganático -ca *a.* Dic. del matrimonio entre un príncipe y una mujer de linaje inferior y viceversa. /rir.
moribundo -da *a.* Próximo a morigeración *f.* Templanza en las costumbres. /tumbres.
morigerado -da *a.* De buenas cos-
morigerar *t.-r.* Moderar, contener, evitar los excesos.
morillo *m.* Caballete de hierro para sostener la leña en el hogar.
morir *i.-r.* Dejar de vivir. Acabar, apagarse una cosa.
morisco -ca *a.* Moro. *a.-s.* Dic. de los moros bautizados que se quedaron en España.
morisma *f.* Secta de los moros. Multitud de ellos. /burlar.
morisqueta *f.* Treta. Acción para
morlaco -ca *a.-s.* Que finge tontería o ignorancia.
moro -ra *a.-s.* De la ant. Mauritania. Mahometano. *a.* De moros.
morondanga *f.* Mezcla de cosas inútiles y de poca entidad.
morondo -da *a.* Pelado de cabellos o de hojas.
morosidad *f.* Lentitud, tardanza.
moroso -sa *a.* Tardo. *a.-s.* Retrasado en el pago.
morra *f.* Parte superior de la cabeza. Juego entre dos personas que a la vez extienden los dedos de una mano y cantan un número, ganando el que acierta el total.
morrada *f.* Golpe dado con la cabeza. Guantada.
morral *m.* Talego que con el pienso se cuelga a la cabeza de las bestias. Saco que usan los cazadores, soldados y caminantes.
morralla *f.* Pescado menudo. Personas o cosas de escaso valer.
morrillo *m.* Carne de las reses en lo alto del cuello. Cogote abultado.
morriña *f.* Tristeza, melancolía.
morro *m.* Cosa redonda de figura de cabeza. Saliente que forman los labios abultados.
morrocotudo -da *a.* De mucha

morronga f. Gata.
morrongo m. Gato.
morsa f. Mamífero parecido a la foca, pero de mayor tamaño.
mortadela f. Embutido grueso de carne de cerdo picada.
mortaja f. Sudario. Muesca donde se encaja algo.
mortal a. Sujeto a la muerte. a. Que causa la muerte. Angustioso, abrumador. Concluyente. m. El hombre.
mortalidad f. Condición de mortal. Número proporcional de defunciones en población o tiempo determinados.
mortandad f. Multitud de muertes.
mortecino a. Dic. del animal muerto naturalmente y de su carne. Apagado, sin vigor.
morterete m. Mortero pequeño con que se hacen salvas.
mortero m. Vaso ancho en que se machacan drogas, especias, etc. Pieza de artillería corta y de gran calibre. Argamasa.
mortífero -ra a. Que causa o puede causar la muerte.
mortificación f. Acción de mortificar. Lo que mortifica.
mortificar t.-r. Afligir, molestar. Domar las pasiones castigando el cuerpo.
mortificante a. Que mortifica.
mortuorio -ria a. Relativo al muerto o a las honras fúnebres.
morueco m. Carnero padre.
moruno -na a. Perteneciente a los moros.
mosaico -ca a. Relativo a Moisés. m. Obra taraceada de piedras de varios colores.
mosca f. Insecto díptero, muy común y molesto, de cuerpo negro y alas transparentes.
moscada a. Dic. de la nuez de la mirística.
moscarda f. Mosca que se alimenta de carne muerta.
moscardón m. Mosca grande que deposita sus huevos en el pelo de las bestias. Moscón. Avispón. /de canto agradable.
moscareta f. Pájaro insectívoro
moscatel a.-m. Dic. de una uva de grano muy dulce. Dic. del vino que se saca de ella.
moscón m. Mosca grande y zumbadora. Hombre porfiado e importuno.
moscovita a.-s. De Moscovia. Ruso. /pintas.
mosqueado -da a. Sembrado de
mosquear t. Ahuyentar las moscas. r. Resentirse.
mosquero m. Haz de hierbas o tiras de papel para espantar o atrapar las moscas.
mosquetazo m. Tiro de mosquete.
mosquete m. Ant. arma de fuego mayor que el fusil.
mosquetería f. Tropa de mosqueteros. Fuego de mosquete.
mosquetero m. Soldado armado de mosquete.
mosquitera f. **mosquitero** m. Pabellón de cama hecho de gasa, para librarse de los mosquitos.
mosquito m. Insecto díptero, delgado, que pica con un aguijón y chupa la sangre del hombre y de los animales.
mostacera f. Tarro para mostaza.
mostacilla f. Munición de caza muy menuda.
mostacho m. Bigote.
mostachón m. Bollito de almendras, harina y especias.
mostaza f. Planta de cuya semilla se hace una harina usada en medicina y como condimento. Salsa hecha con esta semilla.
mostear i. Destilar las uvas el mosto. /pecias.
mostillo m. Mosto cocido con es-
mosto m. Zumo de la uva antes de fermentar. Vino.
mostrador -ra a.-s. Que muestra. m. Mesa en las tiendas para presentar los géneros.
mostrar t. Exponer a la vista. Indicar, señalar. Explicar. Hacer patente.
mostrenco -ca a. Dic. de los bienes sin dueño conocido. a.-s. Torpe, ignorante.
mota f. Nudillo que se forma en el paño. Partícula que se pega a la ropa. Eminencia pequeña y aislada.
mote m. Sentencia breve que incluye un secreto. Apodo.
motear t. Salpicar de motas.
motejar t. Notar, censurar con motes o apodos.
motete m. Breve composición musical sobre versículos de la Escritura.
motilón a.-s. Pelón, sin pelo. m. Lego de convento.
motín m. Tumulto sedicioso.
motivar t. Dar motivo. Explicar el motivo.
motivo -va a. Que mueve. m. Causa, razón. MÚS. Tema de una composición.
motocicleta f. Bicicleta automóvil.
motón m. Polea cuya caja cubre completamente la rueda.
motor -ra a. Que mueve. m. Aparato generador de fuerza que mueve una máquina.
motorista c. Persona que conduce

motorizar *t.* Dotar de medios mecánicos de tracción o transporte.
motriz *a. f.* Motora.
movedizo -za *a.* Fácil de ser movido. Inseguro, inconstante.
mover *t.-r.* Hacer que un cuerpo ocupe posición o lugar distinto del que ocupa. *t.* Hacer obrar, inducir, persuadir. Suscitar, originar.
movible *a.* Que puede moverse o ser movido.
móvil *a.* Movible. *m.* Lo que mueve o impulsa. MEC. Cuerpo en movimiento.
movilidad *f.* Calidad de movible.
movilización *f.* Acción de movilizar.
movilizar *t.* Poner en actividad tropas, gentes, capitales, etc.
movimiento *m.* Acción de mover o moverse. Circulación. Primera manifestación de un afecto del ánimo. MÚS. Velocidad del compás. /(258 l.).
moyo *m.* Medida de capacidad
moyuelo *m.* Salvado muy fino.
moza *f.* Criada. /años.
mozalbete *m.* Mozo de pocos
mozallón *m.* Mozo robusto.
mozárabe *a.-s.* Dic. del cristiano que vivía entre los moros de España. *a.* Relativo a los mozárabes.
mozo -za *a.-s.* Joven. Soltero. *m.* Hombre que sirve en oficios humildes.
mozuelo -la *m. f.* Dim. de *mozo.*
muaré *m.* Tela fuerte de seda que forma aguas. Moaré.
muceta *f.* Esclavina que usan los prelados, doctores y licenciados.
mucilaginoso -sa *a.* Que contiene mucílago o tiene sus propiedades.
mucílago *m.* Substancia viscosa que contienen algunas plantas.
mucosidad *f.* Materia viscosa, parecida al moco.
mucoso -sa *a.* Semejante al moco. Que tiene o produce mucosidad. *f.* Membrana mucosa.
muchachada *f.* Acción propia de muchachos.
muchacho -cha *m. f.* Niño, niña. Mozo, moza.
muchedumbre *f.* Multitud.
mucho -cha *a.* Abundante, excesivo. *adv.* Con abundancia, más de lo regular.
muda *f.* Acción de mudar. Ropa que se muda de una vez.
mudanza *f.* Acción de mudar, cambio. Cambio de domicilio. Movimiento que se hace en los bailes.

mudar *t.-r.* Dar o tomar otro ser, estado, figura, lugar, etc. Dejar una cosa y tomar otra. *t.* Remover de un sitio o empleo. Experimentar un animal la caída de la pluma o la renovación de la epidermis. Experimentar un muchacho el cambio de la voz.
mudéjar *a.-s.* Dic. del mahometano que vivió entre los cristianos en tiempo de la reconquista. Relativo a los mudéjares. /Silencio.
mudez *f.* Imposibilidad de hablar.
mudo -da *a.-s.* Privado de la facultad de hablar. Callado.
mueblaje *m.* Moblaje.
mueble *a.* Dic. de los bienes que se pueden trasladar. *m.* Objeto móvil que sirve para comodidad o adorno en una casa.
mueca *f.* Contorsión del rostro.
muela *f.* Piedra para moler o para afilar. Cada uno de los dientes posteriores a los caninos.
muelle *a.* Suave, delicado. Voluptuoso. *m.* Pieza elástica de metal. Obra a la orilla del mar o de un río, o andén alto en una estación, para el embarque y desembarque, la carga y descarga, etc.
muérdago *m.* Planta parásita de algunos árboles.
muermo *m.* Enfermedad contagiosa de las caballerías.
muerte *f.* Cesación de la vida. Homicidio. Destrucción, ruina.
muerto -ta *a.-s.* Que está sin vida. *a.* Apagado, inactivo.
muesca *f.* Hueco hecho en una cosa para encajar otra.
muestra *f.* Pequeña cantidad de una mercancía para darla a conocer. Rótulo sobre una tienda que indica la naturaleza del comercio. Ejemplar que se ha de copiar. Señal, demostración.
muestrario *m.* Colección de muestras.
muftí *m.* Jurisconsulto musulmán.
mugido *m.* Voz de las reses vacunas.
mugir *i.* Dar mugidos. Bramar.
mugre *f.* Grasa, suciedad.
mugriento -ta *a.* Lleno de mugre.
mugrón *m.* Sarmiento acodado de la vid.
muguete *m.* Planta pequeña, con flores blancas de olor almizclado. /nino.
mujer *f.* Persona del sexo femenino
mujeriego -ga *a.* Mujeril. Que anda entre mujeres. /mujer.
mujeril *a.* Perteneciente a la
mujerío *m.* Conjunto de mujeres.

mujerona *f.* Mujer alta y corpulenta. /*mujer.*
mujerzuela *f.* Dim. o desp. de
mújol *m.* Pez muy estimado por su carne y por sus huevas.
mula *f.* Hembra del mulo. Calzado que usan los papas.
muladar *m.* Lugar donde se echa el estiércol o basura.
mular *a.* Relativo al mulo.
mulatero *m.* El que alquila mulos. Mulero.
mulato -ta *a.-s.* Mestizo de raza blanca y negra.
mulero *m.* Mozo de mulas.
muleta *f.* Bastón con un travesaño en un extremo que se coloca debajo del sobaco para apoyarse al andar. Palo del que pende un trapo rojo para engañar al toro.
muletilla *f.* Muleta de torero. Voz o frase que uno repite con frecuencia. /*edad.*
muleto -ta *m. f.* Mulo de poca
muletón *m.* Cierta tela afelpada.
mulo *m.* Hijo de asno y yegua o de caballo y asna.
multa *f.* Pena pecuniaria.
multar *t.* Imponer multa.
multicolor *a.* De muchos colores.
multicopista *m.* Aparato para sacar copias de un escrito.
multiforme *a.* Que tiene varias formas.
multimillonario -ria *a.-s.* Que tiene muchos millones.
múltiple *a.* Que no es uno ni simple. Vario, de muchas maneras.
multiplicación *f.* Acción u operación de multiplicar.
multiplicador -ra *a.-s.* Que multiplica. Dic. del número por el cual se multiplica otro.
multiplicando *a.-s.* Dic. del número que se multiplica por otro.
multiplicar *t.-r.* Aumentar en gran número los individuos o unidades de una especie. *t.* Dados dos números, hallar abreviadamente la suma de tantos sumandos iguales a uno de ellos como unidades tiene el otro. /*tiple.*
multiplicidad *f.* Calidad de múltiplo
múltiplo -pla *a.-m.* Dic. del número que contiene a otro varias veces exactamente.
multitud *f.* Número grande de personas o cosas. Vulgo.
mullido *m.* Cosa blanda con que se rellena algo.
mullir *t.* Esponjar una cosa.
mundanal *a.* Mundano.
mundano -na *a.* Relativo al mundo. Aficionado a sus pompas y placeres.
mundial *a.* Perteneciente al mundo entero.
mundillo *m.* Dim. de *mundo.* Almohadilla para hacer encaje. Arbusto de jardín de flores blancas.
mundo *f.* Todo lo creado. La Tierra. Sociedad humana. Vida secular. Uno de los enemigos del alma. Baúl grande.
munición *f.* Pertrechos de un ejército. Carga de las armas de fuego. /*nes.*
municionar *t.* Proveer de municiones
municipal *a.* Relativo al municipio. *m.* Guardia municipal.
municipalidad *f.* Municipio.
munícipe *m.* Vecino de un municipio. Concejal.
municipio *m.* Conjunto de habitantes de un término regido por un ayuntamiento. El mismo ayuntamiento.
munificencia *f.* Generosidad.
munificiente y **munífico -ca** *a.* Generoso, espléndido.
muñeca *f.* Parte del cuerpo donde se articula la mano con el antebrazo. Lío de trapo para varios usos. Figurilla de niña que sirve de juguete.
muñeco *m.* Figurilla de hombre.
muñeira *f.* Baile popular de Galicia.
muñidor *m.* Persona que interviene en tratos, intrigas, etc.
muñón *m.* Parte de un miembro cortado que permanece adherida al cuerpo.
mural *a.* Hecho o aplicado sobre una pared.
muralla *f.* Muro defensivo que rodea una plaza fuerte.
murar *t.* Cercar con muro.
murciano -na *a.* De Murcia.
murciélago *m.* Cualquier animal quiróptero.
murga *f.* Alpechín. Compañía de músicos callejeros.
muriático -ca *a.* Clorhídrico.
múrice *m.* Caracol de mar que segrega un licor parecido a la púrpura.
murmujear *i.-t.* Hablar quedo.
murmullo *m.* Ruido sordo y confuso de voces, de las aguas corrientes, el viento, etc.
murmuración *f.* Acción de murmurar de alguien.
murmurar *i.* Hacer ruido apacible, las aguas, las hojas, etc. *i.-t.* Hablar entre dientes. Conversar en perjuicio de un ausente.
murmurio *m.* Murmullo.
muro *m.* Pared o tapia. Muralla.
murria *f.* Tristeza, melancolía.

murtón *m.* Fruto del arrayán.
mus *m.* Cierto juego de naipes.
musa *f.* MIT. Cada una de las deidades que presidían las ciencias y las artes. Inspiración, numen. Poesía.
musaraña *f.* Mamífero insectívoro muy pequeño. Sabandija.
muscular *a.* Perteneciente a los músculos.
musculatura *f.* Conjunto de los músculos.
músculo *m.* ANAT. Órgano compuesto de fibras que sirve para producir el movimiento.
musculoso -sa *a.* Que tiene músculos o los tiene abultados.
muselina *f.* Tela muy fina y poco tupida.
museo *m.* Lugar donde se guardan objetos notables pertenecientes a las ciencias o a las artes.
muserola *f.* Correa de la brida que pasa por encima de la nariz del caballo.
musgo *m.* Planta criptógama muy pequeña que crece formando capa sobre la tierra, el tronco de los árboles, etc.
musgoso -sa *a.* Cubierto de musgo.
música *f.* Arte de combinar los sonidos conforme a las leyes de la melodía, armonía y ritmo. Concierto de instrumentos o voces. Compañía de músicos.
musical *a.* Relativo a la música.
músico -ca *a.* Relativo a la música. *m. f.* Persona que la profesa.
musicólogo -ga *m. f.* Persona que escribe sobre música.
musiquero *m.* Mueble para papeles de música.
musitar *i.* Hablar entre dientes.
muslime *a.-s.* Mahometano.
muslímico -ca *a.* Perteneciente a los muslimes.
muslo *m.* Parte de la pierna desde la cadera hasta la rodilla.
musmón *m.* Híbrido de carnero y cabra.
mustio -tia *a.* Marchito. Melancólico, triste.
musulmán -mana *a.-s.* Mahometano.
mutabilidad *f.* Calidad de mudable.
mutación *f.* Mudanza.
mutilación *f.* Acción de mutilar.
mutilar *t.* Cortar un miembro o parte del cuerpo. Quitar una porción de otra cosa.
mutismo *m.* Silencio voluntario o impuesto.
mutual *a.* Mutuo.
mutualidad *f.* Calidad de mutual. Régimen de prestaciones mutuas.
mutuo -a *a.-s.* Que recíprocamente se hace entre dos o más personas, animales o cosas.
muy *adv.* Mucho, en alto grado.
muzárabe *a.-s.* Mozárabe.
my *f.* Letra del alfabeto griego equivalente a la *m*.

N

N n *f.* Decimosexta letra del alfabeto español.
naba *f.* Planta de raíz carnosa parecida al nabo.
nabab *m.* Príncipe musulmán de la India. Hombre muy rico.
nabar *m.* Terreno sembrado de nabos.
nabiza *f.* Hoja tierna del nabo.
nabo *m.* Planta crucífera de raíz fusiforme, comestible.
nácar *m.* Substancia dura, blanca, irisada, que se forma en el interior de ciertas conchas.
nacarado -da *a.* De aspecto de nácar.
nacarino -na *a.* Propio del nácar o parecido a él.
nacencia *f.* Bulto o tumor en el /cuerpo.
nacer *i.* Recibir existencia en el mundo. Empezar a ser, tener origen. Salir el vegetal de su semilla o del suelo. Salir el vello, pelo, pluma. Aparecer las hojas, flores, frutos. Brotar las fuentes. Aparecer un astro en el horizonte.
nacido -da *a.* Propio, apto para una cosa. *a.-s.* Dic. de cualquiera de los seres humanos que existen o han existido.
nacimiento *m.* Acción de nacer. Linaje. Origen, principio. Representación del nacimiento de Jesús.
nación *f.* Conjunto de habitantes de un país regido por el mismo gobierno.
nacional *a.* Perteneciente a la nación. *a.-s.* Natural de una nación.
nacionalidad *f.* Carácter nacional. Estado de la persona nacida o naturalizada en una nación.
nacionalismo *a.* Apego a la propia nación.
nacionalizar *t.-r.* Naturalizar una persona. Hacer pasar al Estado una propiedad, servicio, etc.
nada *pron.* Ninguna cosa. *adv.* En ningún modo. *f.* El no ser.
nadadera *f.* Calabaza o vejiga para aprender a nadar.
nadador *a.-s.* Que nada.
nadar *i.* Mantenerse y avanzar dentro del agua. Flotar. Abundar en una cosa.
nadería *f.* Cosa baladí.
nadie *pron.* Ninguna persona.
nadir *m.* Punto de la esfera celeste opuesto al cenit.
nado (a) *m. adv.* Nadando.
nafta *f.* Líquido incoloro, volátil, inflamable, que se obtiene del petróleo.
naftalina *f.* Hidrocarburo sólido, blanco, que se emplea contra la polilla.
naipe *m.* Cada una de las cartulinas rectangulares que se usan para jugar. Baraja.
nalga *f.* Cada una de las dos partes carnosas del trasero.
nalgatorio *m.* Conjunto de ambas nalgas.
nao *f.* Nave, barco.
napoleón *m.* Ant. moneda francesa de cinco francos.
napoleónico -ca *a.* Propio de Napoleón o de su tiempo.
napolitano -na *a.-s.* De Nápoles.
naranja *f.* Fruto del naranjo.
naranjada *f.* Zumo de naranja con agua y azúcar.
naranjal *m.* Plantación de naranjos.
naranjero -ra *a.* Relativo a la naranja. *m. f.* Persona que vende naranjas.
naranjo *m.* Árbol de flores blancas aromáticas y fruto redondo, de corteza encarnada y pulpa jugosa, agridulce, dividida en gajos.
narbonense *a.-s.* De Narbona.
narciso *m.* Planta de flores olorosas y raíz bulbosa. El enamorado de sí mismo.
narcótico -ca *a.-m.* Dic. de la droga que produce sopor.
narcotizar *t.* Adormecer con narcóticos.
nardo *m.* Espicanardo. Planta de flores blancas, olorosas, en espiga.
narguile *m.* Cierta pipa oriental.
narigudo -da *a.* De grandes narices. De figura de nariz.
nariz *m.* Órgano olfativo, esp. su parte externa que forma en el rostro una prominencia entre la frente y la boca.
narración *f.* Acción de narrar. Relato.
narrar *t.* Contar, referir, relatar.
narrativo -va *a.* Relativo a la narración. /ruedas.
narria *f.* Especie de carretón sin

narval *m.* Cetáceo de unos 6 m. de largo, con un diente que se prolonga horizontalmente hasta unos 3 m.
nasa *f.* Arte de pesca en forma de cilindro con una especie de embudo dirigido hacia adentro.
nasal *a.* Relativo a la nariz.
nata *f.* Substancia espesa que sobrenada en algunos líquidos, esp. la de la leche. Lo mejor de una cosa. /dar.
natación *f.* Acción y arte de na-
natal *a.* Perteneciente al nacimiento. Nativo.
natalicio -cia *a.* Perteneciente al día del nacimiento. *m.* Este día y cualquiera de sus aniversarios.
natalidad *f.* Número proporcional de nacimientos en población y tiempo dados.
natatorio -ria *a.* Relativo a la natación. Que sirve para nadar.
natillas *f. pl.* Dulce de huevo, leche y azúcar.
natividad *f.* Nacimiento.
nativo -va *a.* Que nace naturalmente. Relativo al lugar donde uno ha nacido. Innato.
nato -ta *a.* Díc. del título o cargo anejo a un empleo.
natura *f.* Naturaleza.
natural *a.* Perteneciente a la naturaleza. Producido por ella. Conforme a la naturaleza de un ser o a las circunstancias de un caso. Sin afectación, sin artificio. *a.-s.* Originario de un país. *m.* Índole, genio.
naturaleza *f.* Conjunto de las cosas creadas. Esencia, atributos de un ser. Origen que uno tiene según el país donde ha nacido.
naturalidad *f.* Calidad de natural. Sencillez, falta de afectación.
naturalista *c.* Persona que se dedica a la historia natural.
naturalizar *t.-r.* Admitir a un extranjero como natural de un país.
naufragar *i.* Irse a pique una embarcación. /fragar.
naufragio *m.* El hecho de nau-
náufrago -ga *a.-s.* Que ha padecido naufragio.
náusea *f.* Ansia de vomitar. Asco, repugnancia.
nauseabundo -da *a.* Que produce náuseas.
nauta *m.* Marinero, navegante.
náutica *f.* Ciencia o arte de navegar. /vegación.
náutico -ca *a.* Relativo a la na-
nava *f.* Llanura entre montañas.
navaja *f.* Cuchillo plegable.
navajazo *m.* Golpe de navaja.
naval *a.* Relativo a las naves.
navarro -rra *a.-s.* De Navarra.
navazo *m.* Huerto en una marisma.
nave *f.* Barco. Espacio grande entre muros o filas de arcadas de un edificio. /gar.
navegación *f.* Acción de nave-
navegante *a.-s.* Que navega.
navegar *i.* Ir por el agua en una nave. Andar la nave. Ir por el aire en globo o avión.
naveta *f.* Vaso para el incienso. Monumento prehistórico de Menorca.
navicular *a.* De forma de nave.
Navidad *f.* Fiesta de la Natividad de Jesucristo.
navideño -ña *a.* Relativo a la Navidad.
naviero -ra *a.* Concerniente a naves. *m.* Dueño de buques.
navío *m.* Nave grande muy fortificada. /fuentes.
náyade *f.* Ninfa de los ríos y
nazareno -na *a.-s.* De Nazaret. *m.* por antonomasia, Jesucristo.
neblí *m.* Variedad de halcón.
neblina *f.* Niebla espesa y baja.
nebulosa *f.* Masa celeste, difusa y luminosa, de aspecto de nube, formada por estrellas.
nebulosidad *f.* Calidad de nebuloso. Pequeña oscuridad, sombra.
nebuloso -sa *a.* Obscurecido por la niebla o las nubes. Oscuro. Tétrico.
necedad *f.* Calidad de necio. Dicho o hecho necio.
necesaria *f.* Letrina, excusado.
necesario -ria *a.* Que no puede dejar de ser. Que falta para algún fin.
neceser *m.* Estuche con objetos de tocador o de costura.
necesidad *f.* Impulso irresistible. Imposibilidad de que una cosa deje de ser. Falta de lo indispensable. *pl.* Evacuación corporal.
necesitado -da *a.-s.* Falto de lo necesario.
necesitar *t.-i.* Tener necesidad de alguien o de algo.
necio -cia *a.-s.* Ignorante. Imprudente.
necrología *f.* Noticia biográfica de una persona fallecida. Lista o noticia de muertos.
necrológico -ca *a.* Perteneciente a la necrología.
necrópolis *f.* Cementerio.
néctar *m.* MIT. Bebida de los dioses. Licor delicioso. Líquido azucarado que contienen ciertas

flores.
nectario *m.* Glándula de ciertas flores que segrega néctar.
neerlandés -sa *a.-s.* Holandés.
nefando -da *a.* Muy malo, execrable.
nefasto -ta *a.* Triste, funesto.
nefrítico -ca *a.* Relativo a los riñones.
nefritis *f.* Inflamación de los riñones.
negación *f.* Acción de negar. GRAM. Partícula negativa.
negado -da *a.* Incapaz, inepto.
negar *t.* Decir que una cosa no es cierta. No conceder. Vedar. No reconocer como propio. *r.* Excusarse de hacer una cosa.
negativa *f.* Negación. Denegación.
negativo -va *a.* Que incluye o expresa negación. *a.-s.* Dic. de la prueba fotográfica que reproduce invertidos los claros y oscuros del original.
negligencia *f.* Descuido, emisión.
negligente *a.-s.* Descuidado.
negociación *f.* Acción de negociar.
negociado *m.* Sección de ciertas oficinas. Negocio.
negociante *m.* Comerciante.
negociar *i.* Comerciar. *t.* Tratar asuntos.
negocio *m.* Asunto, ocupación, diligencia. Negociación. Utilidad que se logra negociando.
negrear *i.* Mostrar una cosa su negrura. Tirar a negro.
negrero -ra *a.-s.* Dic. del que se dedicaba a la trata de negros.
negro -gra *a.-m.* Dic. del color totalmente obscuro. Dic. del individuo de raza negra. *a.* Triste, infausto.
negror *m.*, **negrura** *f.* Calidad de negro.
negruzco -ca *a.* De color moreno o algo negro.
neguilla *f.* Planta que abunda en los sembrados.
negus *m.* Emperador de Abisinia.
nema *f.* Cierre o sello de una carta. /que.
nemoroso -sa *a.* Relativo al bosnene -na *m. f.* Niño pequeño.
nenúfar *f.* Planta acuática de flores blancas y hojas que flotan en la superficie del agua.
neófito -ta *m.* f. Persona recién bautizada o que se ha adherido recientemente a una opinión, partido, etc.
neolatino -na *a.* Que procede o se deriva de los latinos. Dic. de las lenguas que proceden del latín.
neolítico -ca *a.-s.* Dic. del período menos antiguo de la edad de piedra.
neologismo *m.* Vocablo o giro nuevo en una lengua. Uso de ellos. /York.
neoyorquino -na *a.-s.* De Nueva
nepotismo *m.* Favoritismo para con los parientes.
Neptuno *m.* Dios de las aguas. poét. El mar. Planeta, el más alejado del Sol.
nereida *f.* Ninfa del mar.
nervadura *f.* ARQ. Moldura saliente en un ángulo o arista. Conjunto de los nervios de una hoja o de un ala de insecto.
nervio *m.* Cada uno de los órganos en forma de cordón que partiendo del cerebro y la médula espinal, transmiten las impresiones y los impulsos motores. Fuerza, vitalidad. Tendón. Cada uno de los haces fibrosos que se distinguen en una hoja o en el ala de un insecto. ARQ. Arco saliente en el intradós de una bóveda.
nerviosidad *f.* Nerviosidad. Estado de excitación nerviosa.
nerviosismo *m.* Nerviosidad, excitación.
nervioso -sa *a.* Que tiene nervios. Relativo a los nervios. De nervios irritables. /vios.
nervosidad *f.* Fuerza de los nernervosismo *m.* Nerviosidad.
nervudo -da *a.* Que tiene fuertes nervios.
nesga *f.* Pieza triangular que se agrega a un vestido.
neto -ta *a.* Limpio, puro. Dic. del valor o peso que resulta después de deducidos los gastos o la tara.
neumático -ca *a.* FÍS. Que opera con el aire. *m.* Tubo de goma lleno de aire que sirve de llanta a las ruedas de automóvil, bicicleta, etc.
neumonía *f.* Pulmonía.
neuralgia *f.* Dolor a lo largo de un nervio. /neuralgia.
neurálgico -ca *a.* Relativo a la
neurastenia *f.* Debilidad nerviosa.
neurasténico -ca *a.* Relativo a la neurastenia. *a.-s.* Que la padece. /nervio.
neuritis *f.* Inflamación de un
neurología *f.* Estudio del sistema nervioso.
neurólogo *m.* Especialista en enfermedades nerviosas.
neurópata *c.* Que padece neuropatía. Neurólogo. /sa.
neuropatía *f.* Enfermedad nervio-
neuróptero -ra *a.-s.* Dic. de los insectos masticadores con cuatro alas membranosas y reticuladas.

neurosis f. Enfermedad funcional nerviosa.
neurótico -ca a. Relativo a la neurosis. a.-s. Que la padece.
neutral a. Que entre dos partes que contienden no se inclina a ninguna de ellas.
neutralidad f. Calidad de neutral.
neutralizar t. Hacer neutral o neutro. Contrarrestar.
neutro -tra a. QUÍM. Que no es ácido ni básico. GRAM. Díc. del vocablo que puede llevar el atributivo *lo*. Díc. del verbo intransitivo.
nevada f. Acción de nevar.
nevado -da a. Cubierto de nieve.
nevar i. Caer nieve.
nevatilla f. Aguzanieves.
nevera f. Mueble frigorífico para la conservación de alimentos.
nevero m. Ventisquero.
nevisca f. Nevada corta de copos menudos.
neviscar i. Nevar ligeramente.
nevoso -sa a. Que a menudo lo cubre la nieve. De nieve.
nexo m. Nudo, unión, vínculo.
ni *conj. copulativa* que enlaza frases o términos de una oración negativa.
niceno -na a.-s. De Nicea.
nicotina f. Alcaloide del tabaco.
nicho m. Concavidad formada en un muro para colocar algo.
nidada f. Conjunto de los huevos o pajarillos en un nido.
nidal m. Lugar donde suelen poner sus huevos las aves domésticas.
nido m. Especie de lecho que hacen las aves para poner sus huevos y criar sus pollos.
niebla f. Condensación del vapor de agua de la atmósfera.
niel m. Labor en hueco sobre metales preciosos, rellena con esmalte negro.
nieto -ta m.-f. Hijo o hija del hijo o de la hija.
nieve f. Agua congelada que cae de las nubes formando copos blancos.
nigromancia f. Arte supersticioso de adivinar evocando a los muertos. Magia negra.
nigromante m. El que ejerce la nigromancia.
nigromántico -ca a. Relativo a la nigromancia. m. Nigromante.
nihilismo m. Comunismo anárquico.
nihilista a.-s. Que profesa el nihilismo.
nimbo m. Aureola. Nube baja, oscura, de aspecto uniforme.
nimiedad f. Prolijidad. Poquedad, cortedad.
nimio -mia a. Prolijo. Cicatero.

ninfa f. MIT. Deidad inferior femenina de las aguas, bosques, etc. Mujer hermosa. Insecto que ha pasado del estado de larva y prepara su última metamórfosis.
ninfea m. Nenúfar.
ningún a. Apóc. de *ninguno*.
ninguno -na a. Ni uno solo. *pron. indef.* Nadie.
ninivita a.-s. De Nínive.
niña (V. *niño*) f. Pupila del ojo.
niñada f. Acción propia de niños.
niñear i. Hacer niñadas.
niñera f. Criada para cuidar niños.
niñería f. Niñada. Pequeñez.
niñez f. Primer período de la vida del hombre.
niño -ña a.-s. Que está en la niñez.
nipis m. Tejido hecho con fibras de la nipa, árbol de Oceanía.
nipón -pona a.-s. Japonés.
níquel m. Metal de aspecto semejante al de la plata, duro y difícil de oxidar.
níscalo m. Mízcalo.
níspero m. Árbol de fruto aovado, comestible cuando está pasado. Níspola.
níspola f. Fruto del níspero.
nitidez f. Calidad de nítido.
nítido -da a. Limpio, claro.
nitrato m. Sal del ácido nítrico.
nítrico -ca a. Relativo al nitro o al nitrógeno.
nitro m. Nitrato de potasio nativo.
nitrógeno m. Elemento gaseoso que forma la mayor parte del aire atmosférico.
nitroglicerina f. Líquido explosivo que, mezclado con un absorbente, forma la dinamita.
nivel m. Aparato para comprobar la horizontalidad de un plano o para determinar la diferencia de altura entre dos puntos. Grado de elevación de una línea o plano horizontal.
nivelación f. Acción de nivelar.
nivelar t. Comprobar o medir con el nivel. Poner un plano en la posición horizontal justa. Poner a igual altura. Igualar.
níveo -a a. De nieve o parecido a ella.
no *adv.* que denota negación.
nobiliario -ria a. De la nobleza.
nobilísimo -ma a. Superl. de *noble*.
noble a. Ilustre. Generoso. Honroso. Principal, excelente. a.-s. Díc. de la persona que goza de ciertos títulos.
nobleza f. Calidad de noble. Conjunto de los nobles de un país.
noción f. Idea de una cosa. Conocimiento elemental.
nocivo -va a. Dañoso.

noctámbulo -la *a.-s.* Díc. de la persona que acostumbra a andar por la noche.
nocturno -na *a.* Perteneciente a la noche. Que se hace en ella. *m.* Pieza musical de melodía dulce.
noche *f.* Tiempo comprendido entre la puesta y la salida del Sol.
nochebuena *f.* Noche de la vigilia de Navidad. /de noche.
nocherniego -ga *a.* Que anda
nodo *m.* Cada uno de los dos puntos opuestos en que la órbita de un astro corta la eclíptica. Tumor duro que se forma sobre huesos y tendones.
nodriza *f.* Ama de cría.
nódulo *m.* Concreción de poco volumen.
nogal *m.*, **noguera** *f.* Árbol de fruto en drupa ovoide, con una semilla comestible formada por cuatro gajos.
nogueral *m.* Terreno plantado de nogales.
nómada o **-de** *a.* Que anda vagando, sin domicilio o asiento fijo.
nombradía *f.* Fama, renombre.
nombrado -da *a.* Famoso, célebre.
nombramiento *m.* Acción de nombrar. Documento en que consta un nombramiento.
nombrar *t.* Decir el nombre de una persona o cosa. Elegir, señalar para un cargo.
nombre *m.* Palabra con que se designa una persona o cosa. Fama, reputación.
nomenclador, nomenclátor *m.* Catálogo de nombres.
nomenclatura *f.* Conjunto de las voces técnicas de una ciencia.
nómina *f.* Lista de nombres. Lista de los empleados de una oficina.
nominal *a.* Relativo al nombre.
nominativo *m.* Caso de la declinación que corresponde al sujeto de la oración.
nona *f.* Última parte de las cuatro en que dividían los romanos el día artificial.
nonada *f.* Poco o muy poco.
nonagenario -ria *a.-s.* Que ha cumplido los noventa años.
nonagésimo -ma *a.-s.* Díc. de las noventa partes iguales en que se divide un todo. Que sigue en orden al octogésimo nono.
nonato -ta *a.* No nacido naturalmente. Que no existe aún.
nono -na *a.* Noveno.
nopal *m.* Planta cactácea de tallo formado por paletas ovales y fruto en baya de pulpa comestible.
nordeste *m.* Punto del horizonte equidistante entre el N. y el E. Viento que sopla de esta parte.
noria *f.* Máquina para elevar agua compuesta de un engranaje y una rueda vertical que lleva colgada una serie de cangilones. /guir.
norma *f.* Regla que se debe se-
normal *a.* Que se halla en su estado natural. Que sirve de norma. Que se ajusta a ciertas normas. *m.* Díc. de la recta o plano que forma ángulo recto con otra u otro. Escuela de maestros.
normalidad *f.* Calidad de normal.
normalizar *t.-r.* Someter a norma. Poner en buen orden.
normando -da *a.-s.* De Normandía.
noroeste *m.* Punto del horizonte equidistante entre el N. y el O.
norte *m.* Punto cardinal que cae frente a un observador a cuya derecha da el Oriente. Viento que sopla de este parte. Polo ártico. Estrella polar.
norteamericano -na *a.-s.* De la América del Norte.
norteño -ña *a.* Perteneciente a las gentes o cosas situadas hacia el N.
noruego -ga *a.* De Noruega.
nos *m.* Forma del dativo y acusativo sin preposición del pron. pers. de 1.ª pers. en pl. En nominativo lo usan algunas personas de elevada jerarquía.
nosocomio *m.* Hospital.
nosotros -tras Nominativo masc. y fem. del pron. pers. de 1.ª pers. en pl. Se usa con preposición en dat. y ac.
nostalgia *f.* Pena de verse ausente de la patria o de los deudos o amigos.
nostálgico -ca *a.* Relativo a la nostalgia. *a.-s.* Que la padece.
nota *f.* Señal; cualidad característica. Advertencia, comentario, etc., que va fuera de texto. Apuntamiento. Comunicación diplomática. Indicación sobre la aplicación, conducta, etc., de uno. Calificación de examen. MÚS. Signo que representa un sonido. Este sonido.
notabilidad *f.* Calidad de notable. Persona notable.
notable *a.* Digno de nota o atención. Grande. *m.* Nota inmediata inferior a la de sobresaliente. *m. pl.* Personas principales.
notación *f.* Anotación. Representación por medio de signos con-

vencionales.
notar *t.* Señalar, reparar, observar, advertir. Apuntar brevemente, poner notas en los escritos. Censurar.
notaria *f.* Profesión o despacho de notario.
notariado *m.* Profesión de notario.
notarial *a.* Perteneciente al notario o autorizado por él.
notario *m.* Funcionario público que da fe de los contratos, testamentos y otros actos.
noticia *f.* Conocimiento. Suceso o novedad que se comunica a quien la desconoce.
noticiar *t.* Dar noticia.
noticiario *m.* Colección de noticias.
noticiero *m.* El que recoge y da noticias. /naria.
notición *m.* Noticia extraordinaria.
noticioso -sa *a.* Sabedor de una cosa. /car.
notificación *f.* Acción de notificar.
notificar *t.* Dar noticia. Hacer saber oficialmente.
noto *a.* Sur. /Fama.
notoriedad *f.* Calidad de notorio.
notorio -ria *a.* Conocido de todos.
novador -ra *m. f.* Persona inventora de novedades.
novatada *f.* Broma pesada que en academias, cuarteles, etc., se suele dar a los recién llegados.
novato -ta *a.-s.* Nuevo o principiante. /ces ciento.
novecientos -tas *a. pl.* Nueve veces ciento.
novedad *f.* Calidad de nuevo. Extrañeza que causa lo nuevo. Noticia. Alteración de las cosas o de la salud. *pl.* Mercancías adecuadas a la moda.
novel *a.* Novato, sin experiencia.
novela *f.* Obra literaria extensa y en prosa, en que se describen acciones fingidas, caracteres, costumbres, etc. Ficción, mentira.
novelar *i.* Escribir novelas. Contar patrañas. *t.* Dar forma de novela.
novelería *f.* Afición a novedades. Afición a las novelas.
novelero -ra *a.-s.* Amigo de novedades, fábulas o novelas.
novelesco -ca *a.* Propio de las novelas.
novelista *c.* Autor de novelas.
novelón *m.* Novela extensa, muy dramática y mal escrita.
novena *f.* Espacio de nueve días dedicados a determinado culto o devoción. /mones.
novenario *m.* Novena con sermones.
noveno -na *a.-s.* Díc. de cada una de las nueve partes iguales en que se divide un todo. Que sigue en orden al octavo.

noventa *a.* Nueve veces diez.
noventón -na *a.-s.* Nonagenario.
noviazgo *m.* Estado de novio o novia. Tiempo que dura.
noviciado *m.* Tiempo que pasa un religioso antes de profesar. Conjunto de novicios. Aprendizaje.
novicio *m. f.* Religioso que aún no ha profesado. *a.-s.* Principiante. /año.
noviembre *m.* Undécimo mes del año.
novilunio *m.* Conjunción de la Luna con el Sol.
novillada *f.* Conjunto de novillos. Lidia de novillos.
novillero *m.* Lidiador de novillos. El que hace novillos.
novillo -lla *m. f.* Toro o vaca joven. *m. pl.* Novillada. Acción de faltar a la escuela.
novio -via *m. f.* Persona recién casada o la que mantiene relaciones con intención de casarse.
novísimo -ma *a.* Superl. de *nuevo.*
nubarrón *m.* Nube grande aislada.
nube *f.* Masa de vapor de agua suspendida en la atmósfera. Cosa que obscurece u ofusca.
núbil *a.* En edad de contraer matrimonio.
nublado -da *a.* Cubierto de nubes. *m.* Nube que amenaza tempestad. Multitud de cosas.
nublar *t.* Anublar.
nubloso -sa *a.* Nuboso.
nubosidad *f.* Estado nuboso.
nuboso -sa *a.* Cubierto de nubes.
nuca *f.* Parte superior de la cerviz. /átomos.
nuclear *a.* Pert. al núcleo de los
núcleo *m.* Parte central y más densa de una cosa. Elemento primordial.
nudillo *m.* Cualquier articulación de los dedos.
nudo *m.* Entrelazamiento estrecho de uno o más hilos, cuerdas, etc. Unión, vínculo. Dificultad, enredo. Parte del tallo de una planta en que se inserta una hoja. MAR. Milla.
nudoso -sa *a.* Que tiene nudos.
nuera *f.* Mujer del hijo.
nuestro -tra y *pl.* **-tros, -tras** *pron. y a.* posesivos de 1.ª pers. en gén. masc., fem. y neutro. Indica más de un poseedor.
nueva *f.* Noticia que no se había dicho ni oído.
nueve *a.* Ocho y uno.
nuevo -va *a.* Recién hecho o fabricado. Que se ve u oye por primera vez. Otro.
nuez *f.* Fruto del nogal. Fruto parecido a la nuez. Prominencia que forma la laringe en la garganta.

nueza *f.* Planta trepadora de fruto en baya encarnada.
nulidad *f.* Calidad de nulo. Persona inepta.
nulo -la *a.* Falto de valor legal. Incapaz, inepto.
numantino -na *a.-s.* De Numancia.
numen *m.* Deidad pagana. Inspiración poética.
numeración *f.* Acción de numerar. Arte o sistema de expresar los números.
numerador *m.* Instrumento para numerar. Término de la fracción que indica cuántas partes de la unidad contiene aquélla.
numeral *a.* Relativo al número.
numerar *t.* Constar. Marcar con números sucesivos.
numerario -ria *a.* Del número. *m.* Dinero efectivo.
numérico -ca *a.* Relativo a los números.
número *m.* Expresión de la relación existente entre la cantidad y la unidad. Signo o signos con que se representa. Cantidad de personas o cosas de una especie. GRAM. Accidente que expresa si una palabra se refiere a una sola persona o cosa o a más de una.

numeroso -sa *a.* Que incluye gran número.
númida *a.-s.* De Numidia.
numismática *f.* Ciencia que trata de las monedas y medallas.
numismático -ca *a.* Perteneciente a la numismática. *m.* El que se dedica a ella.
nunca *adv.* En ningún tiempo. Ninguna vez.
nunciatura *f.* Dignidad de nuncio. Casa del nuncio y de su tribunal.
nuncio *m.* Mensajero, enviado. Anuncio. Representante diplomático del Papa.
nupcial *a.* Relativo a las nupcias.
nupcias *f. pl.* Boda.
nutria *f.* Mamífero de pelaje espeso y muy fino que vive a orillas de los ríos y arroyos.
nutricio -cia *a.* Que mantiene a una persona. Nutritivo.
nutrición *f.* Acción de nutrir.
nutrir *t.-r.* Proporcionar al organismo viviente las substancias que necesita para su crecimiento y para reparar sus pérdidas. Acrecentar.
nutritivo -va *a.* Que nutre.
ny *f.* Letra griega equivalente a nuestra *n*.

Ñ

Ñ ñ *f.* Decimoséptima letra del alfabeto español.
ñame *m.* Planta de tallos endebles y raíz tuberculosa comestible.
ñandú *m.* Especie de avestruz americano.
ñaque *m.* Conjunto de cosas inútiles y ridículas.
ñiquiñaque *m.* Sujeto o cosa despreciable.

ñoclo *m.* Especie de melindre de harina, azúcar, huevos, vino y anís.
ñoñería *f.* Acción de persona ñoña.
ñoñez *f.* Calidad de ñoño. Ñoñería.
ñoño -ña *a.-s.* Apocado y quejumbroso. Soso, insubstancial.
ñu *m.* Antílope del África del Sur.

O

O o *f.* Decimoctava letra del alfabeto español, cuarta de sus vocales. Conjunción disyuntiva.
oasis *m.* Paraje con vegetación en medio de un desierto.
obcecación *f.* Ofuscación tenaz.
obcecar *t.-r.* Cegar, ofuscar.
obedecer *t.* Cumplir la voluntad de quien manda. *i.* Provenir, dimanar.
obediencia *f.* Acción de obedecer.
obediente *a.* Que obedece. Propenso a obedecer.
obelisco *m.* Monumento en forma de pilar alto de cuatro caras convergentes.
obenque *m.* MAR. Cabo que sujeta la cabeza de un palo a los costados del buque.
obertura *f.* MÚS. Pieza con que se da principio a una ópera.
obesidad *f.* Calidad de obeso.
obeso -sa *a.* Díc. de la persona muy gruesa.
óbice *m.* Obstáculo.
obispado *m.* Dignidad y territorio del obispo.
obispillo *m.* Morcilla grande. Rabadilla de las aves.
obispo *m.* Prelado superior de una diócesis.
óbito *m.* Fallecimiento.
objeción *f.* Razón que se opone para impugnar algo.
objetar *t.* Oponer reparo; proponer una razón contraria.
objetivo -va *a.* Relativo al objeto en sí. *m.* Lente colocada en un aparato óptico en la parte dirigida hacia los objetos. Objeto, fin.
objeto *m.* Cosa. Materia de una ciencia. Fin a que se dirige una acción.
oblación *f.* Ofrenda y sacrificio que se hace a Dios.
oblea *f.* Hoja muy delgada de harina y agua cocida en molde.
oblicuidad *f.* Calidad de oblicuo.
oblicuo -cua *a.* Que no es perpendicular ni paralelo a un plano o a una recta determinada.
obligación *f.* Imposición moral o vínculo que sujeta a hacer o no hacer una cosa. Título representativo de un préstamo hecho al Estado o a una compañía. Gratitud.
obligacionista *c.* COM. Poseedor de obligaciones.
obligar *t.* Mover o impulsar a hacer algo; compeler. *r.* Comprometerse a hacer algo.
obligatorio -ria *a.* Que obliga.
obliterar *t.-r.* MED. Obstruir un conducto. /que ancho.
oblongo -ga *a.* Que es más largo
oboe *m.* Instrumento de viento formado por un tubo cónico de madera, con agujeros y llaves.
óbolo *m.* Ant. moneda griega. Cantidad exigua con que se contribuye para un fin determinado.
obra *f.* Aplicación de la actividad a un fin. Trabajo. Acción humana. Producción del entendimiento. Edificio en construcción. Reparo en un edificio.
obrador -ra *a.-s.* Que obra. *m.* Taller.
obraje *m.* Manufactura.
obrar *i.* Dedicar la actividad a un fin, proceder. Existir una cosa en sitio determinado. Defecar. *t.* Hacer una cosa; trabajar en ella. Causar efecto.
obrerismo *m.* Movimiento en pro del mejoramiento de los obreros. La clase obrera.
obsceno -na *a.* Lascivo, impuro.
obscurecer *t.-r.* Privar de luz o claridad. Hacer obscuro. *i.* Ir anocheciendo.
obscuridad *f.* Falta de luz o de claridad. Humildad de condición social.
obscuro -ra *a.* Falto de luz o claridad. Confuso. Que tira a negro. Humilde, poco conocido.
obsecración *f.* Ruego, instancia.
obsequiar *t.* Agasajar. Galantear.
obsequio *m.* Acción de obsequiar. Regalo. Cortesía, afabilidad.
obsequioso -sa *a.* Rendido, cortés.
observación *f.* Acción de observar. Nota. Advertencia.
observancia *f.* Cumplimiento de

observar t. Examinar con atención. Atisbar. Advertir, reparar. Guardar, cumplir.
observatorio m. Lugar para observar. Edificio con aparatos para observaciones meteorológicas o astronómicas.
obsesión f. Idea o preocupación tenaz. /sión.
obseso -sa a. Que padece obsesión.
obsidiana f. Mineral volcánico vítreo.
obstáculo m. Lo que se opone al paso o al cumplimiento de un propósito.
obstante (no) m. adv. Sin embargo. /nerse.
obstar i. Impedir, estorbar, oponerse.
obstinación f. Mantenimiento tenaz de un propósito, opinión, etc.
obstinado -da a. Terco, tenaz.
obstinarse a. Mantenerse tenazmente en un propósito, opinión, etc. /truir.
obstrucción f. Acción de obstruir.
obstruir t.-r. Estorbar el paso; cerrar un conducto.
obtención f. Acción de obtener.
obtener t. Alcanzar, conseguir.
obturación f. Acción de obturar.
obturador -triz a.-m. Que sirve para obturar.
obturar t. Tapar, cerrar.
obtusángulo a. Dic. del triángulo que tiene un ángulo obtuso.
obtuso -sa a. Romo. Torpe. Dic. del ángulo mayor que el recto.
obús m. ARTILL. Pieza para disparar granadas. Proyectil que se dispara con ella.
obviar t. Evitar, quitar obstáculos o inconvenientes.
obvio -via a. Visible y manifiesto.
oca f. Ganso.
ocal a. Dic. de ciertas frutas muy gustosas.
ocarina f. MÚS. Instrumento de viento de forma ovoide.
ocasión f. Oportunidad. Motivo. Peligro, riesgo.
ocasional a. Que ocasiona. Que sobreviene accidentalmente.
ocasionar t. Ser causa de algo.
ocaso m. Puesta de un astro. Oeste. Decadencia.
occidental a. Situado en el occidente.
occidente m. Punto cardinal del horizonte por donde se pone el Sol. Lugar que respecto de otro cae hacia el occidente.
occipital a. Relativo al occipucio. a.-m. Dic. del hueso del occipucio. /la cabeza.
occipucio m. Parte posterior de

oceánico -ca a. Del océano.
océano m. El mar en su totalidad. Cada una de sus grandes divisiones.
ocio m. Cesación del trabajo; inacción.
ociosidad f. Vicio de no trabajar.
ocioso -sa a. Que está en ocio. Inactivo. Inútil.
ocluir t.-r. MED. Cerrar un conducto u orificio.
oclusión f. Acción de ocluir.
ocre m. Mineral terroso de color amarillo.
octaedro m. Poliedro de ocho caras. /tágono.
octagonal a. Perteneciente al oc**octágono -na** a.-m. Dic. del polígono de ocho lados.
octava f. Espacio de ocho días en que la Iglesia celebra una fiesta. Último de los ocho días. Combinación de ocho versos. MÚS. Intervalo entre una nota y la octava superior o inferior.
octaviano -na a. Perteneciente a Octavio Augusto.
octavilla f. Octava parte de un pliego de papel. Combinación métrica de ocho versos menores.
octavo -va a.-s. Dic. de cada una de las ocho partes iguales en que se divide un todo. a. Que sigue en orden al séptimo.
octogenario -na a.-s. Que ya ha cumplido ochenta años.
octógono -na a.-m. Octágono.
octosílabo -ba a.-m. De ocho sílabas.
octubre m. Décimo mes del año.
óctuple y **óctuplo -pla** a.-m. Que contiene ocho veces una cantidad.
ocular a. Relativo a los ojos. m. Lente colocada en un aparato óptico en la parte a que se aplica el ojo del observador.
oculista c. Médico especialista de las enfermedades de los ojos.
ocultación f. Acción de ocultar.
ocultar t.-r. Esconder, tapar. Callar, no decir.
ocultismo m. Supuesta ciencia de lo oculto. /se deja ver.
oculto -ta a. Escondido, que no
ocupación f. Acción de ocupar. Trabajo. Empleo, oficio.
ocupar t. Tomar posesión. Llenar un espacio. Habitar una casa. Tener un empleo. Dar qué hacer. r. Emplearse en un trabajo.
ocurrencia f. Suceso casual, ocasión. Dicho agudo u original.
ocurrir i. Acaecer, acontecer. Venir de repente a la imaginación.
ochavado -da a. Dic. de toda

figura con ocho ángulos iguales que tiene cuatro lados alternados iguales y los otros cuatro también iguales entre sí.
ochavo *m.* Ant. moneda de cobre.
ochenta *a.* Ocho veces diez.
ochentón -tona *a.-s.* Octogenario.
ocho *a.* Siete y uno. /río.
ochocientos -tas *a.* Ocho veces ciento.
oda *f.* Composición poética de grande elevación.
odalisca *f.* Esclava del harén del sultán de Turquía.
odiar *t.* Tener odio.
odio *m.* Aversión, aborrecimiento.
odiosidad *f.* Calidad de odioso.
odioso -sa *a.* Digno de odio.
odisea *f.* Largo viaje lleno de aventuras.
odontología *f.* Estudio de los dientes y tratamiento de sus dolencias.
odontólogo *m.* El que se dedica a la odontología. /roso.
odorante y **odorífero -ra** *a.* Olo-
odre *m.* Cuero cosido y empegado, para contener líquidos.
oeste *m.* Occidente, poniente.
ofender *t.* Hacer daño. Injuriar. Causar molestia. *r.* Picarse, enfadarse.
ofensa *f.* Acción de ofender. Daño, injuria.
ofensiva *f.* Situación del que trata de ofender o atacar.
ofensivo -va *a.* Que ofende o puede ofender.
ofensor -ra *a.-s.* Que ofende.
oferente *a.-s.* Que ofrece.
oferta *f.* Promesa. Don ofrecido. Propuesta para contratar.
ofertorio *m.* Parte de la misa en que el celebrante ofrece a Dios la hostia y el vino del cáliz, antes de la consagración.
oficial *a.* Que emana de la autoridad constituida; que no es particular o privado. *m.* El que trabaja en un oficio. Empleado de ciertas oficinas. Militar desde alférez hasta capitán inclusive. /oficio.
oficiala *f.* La que trabaja en un
oficialidad *f.* Conjunto de oficiales de ejército. Carácter de oficial.
oficiar *i.* Celebrar los oficios divinos. *t.* Comunicar oficialmente por escrito.
oficina *f.* Sitio donde se prepara o elabora una cosa. Departamento donde trabajan los empleados.
oficinal *a.* Dic. de las plantas medicinales.
oficinista *c.* Persona empleada en una oficina.
oficio *m.* Ocupación habitual. Cargo o ministerio. Función propia de alguna cosa. Comunicación escrita de carácter oficial. Rezo eclesiástico. Función de iglesia.
oficioso -sa *a.* Solícito. Servicial. Entremetido. Que no tiene carácter oficial.
ofidio -dia *a.-m.* Dic. de los reptiles ápodos (culebras o serpientes).
ofrecer *t.* Presentar algo para que sea aceptado. Prometer. Mostrar. *r.* Venir a la imaginación. Ocurrir, sobrevenir.
ofrecimiento *m.* Acción de ofrecer.
ofrenda *f.* Don que se ofrece a Dios o a los santos. Dádiva.
ofrendar *t.* Hacer ofrenda.
oftalmia *f.* Inflamación de los ojos.
oftalmología *f.* Parte de la patología que trata de las enfermedades de los ojos.
oftalmólogo *m.* Oculista.
ofuscación *f.* **ofuscamiento** *m.* Turbación de la vista. Oscuridad de la razón.
ofuscar *t.-r.* Oscurecer, turbar la vista o la razón.
ogro *m.* MIT. Gigante que se alimentaba de carne humana.
¡oh! *interj.* Denota asombro, pena, alegría, etc.
ohmio *m.* Unidad de medida de la resistencia eléctrica.
oidio *m.* Hongo parásito de la vid.
oído *m.* Sentido y órgano de la audición. Aptitud para la música.
oidor -ra *a.-s.* Que oye.
oír *t.* Percibir los sonidos. Atender los ruegos o avisos.
ojal *m.* Hendedura donde entra el botón. Agujero.
¡ojalá! *interj.* Denota deseo de que suceda una cosa.
ojalar *t.* Hacer ojales.
ojeada *f.* Mirada rápida.
ojeador *m.* El que ojea la caza.
ojear *t.* Mirar. Espantar la caza y acosarla. Ahuyentar.
ojeo *m.* Acción de ojear la caza.
ojera *f.* Coloración lívida alrededor de la base del párpado inferior. Copita para bañar el ojo.
ojeriza *f.* Odio, mala voluntad.
ojeroso -sa *a.* Que tiene ojeras.
ojete *m.* Especie de ojal redondo y reforzado.
ojetear *t.* Hacer ojetes.
ojinegro -gra *a.* De ojos negros.
ojiva *f.* Figura compuesta de dos

arcos de círculo iguales, que se cortan volviendo la concavidad el uno hacia el otro. Arco de esta figura.
ojival *a*. De figura de ojiva. Díc. del arte arquitectónico gótico.
ojizarco -ca *a*. De ojos azules.
ojo *m*. Órgano de la visión. Agujero de la aguja, la balanza, la cerradura, etc. Pequeña cavidad en una cosa esponjosa. Arco de puente. /ción.
¡ojo! Interj. para llamar la atención.
ola *f*. Onda grande en la superficie de las aguas.
¡olé! *interj*. Úsase para animar y aplaudir.
oleáceo -a *a.-f*. Díc. de las plantas de la familia del olivo.
oleada *f*. Ola grande. Movimiento de gente apiñada.
oleaginoso -sa *a*. Aceitoso.
oleaje *m*. Sucesión continuada de olas.
oleina *f*. Substancia que se encuentra en las grasas.
óleo *m*. Aceite. El que usa la Iglesia en los sacramentos.
oleoducto *m*. Tubería para la conducción de petróleo.
oleografía *f*. Cromo que imita la pintura al óleo.
oleoso -sa *a*. Aceitoso.
oler *t*. Percibir los olores. Inquirir. Adivinar. *i*. Exhalar olor o hedor. /fato.
olfativo -a *a*. Perteneciente al olfato.
olfato *m*. Sentido con que se perciben los olores. Sagacidad.
olíbano *m*. Incienso.
oliera *f*. Vaso para guardar el santo óleo.
oligarca *m*. Individuo de una oligarquía. /pocos.
oligarquía *f*. Gobierno de unos
oligoceno *a.-m*. Díc. del período geológico que sigue al eoceno.
olimpiada *f*. Fiesta o juego que los griegos celebraban cada cuatro años en Olimpia.
olímpico -ca *a*. Relativo al Olimpo o a la olimpiada. Altanero, soberbio. /dioses.
Olimpo *m*. MIT. Morada de los
oliscar *t*. Oler con persistencia. Inquirir. *i*. Empezar a oler mal.
oliva *f*. Aceituna.
olivar *m*. Terreno plantado de olivos. /das.
olivarda *f*. Planta de hojas vellu-
olivo *m*. Árbol de hojas persistentes que da un fruto en drupa ovoide, verde, del cual se extrae el aceite común.
olmeda *f*. y **olmedo** *m*. Terreno plantado de olmos.
olmo *m*. Árbol de tronco robusto y fruto en sámara de alas anchas.
olor *m*. Sensación que las emanaciones de ciertos cuerpos producen en el olfato. Lo que produce esta sensación.
oloroso -sa *a*. Que exhala fragancia.
olvidadizo -za *a*. Que olvida fácilmente. Ingrato.
olvidar *t.-r*. Perder la memoria de una cosa. Descuidar inadvertidamente. /cuido.
olvido *m*. Acción de olvidar. Des-
olla *f*. Vasija redonda, para cocer, con una o dos asas. Guiso de carne, tocino, legumbres y hortalizas. /ollero.
ollería *f*. Establecimiento del
ollero -ra *m*. *f*. Persona que hace o vende ollas.
ombligo *m*. Cicatriz que se forma en medio del vientre.
omega *f*. O larga de los griegos.
ómicron *f*. O breve de los griegos.
ominoso -sa *a*. De mal agüero. Abominable.
omisión *f*. Acción de omitir. Cosa omitida. /cuidado.
omiso -sa *a*. Negligente y des-
omitir *t*. Dejar de hacer. Pasar en silencio.
ómnibus *m*. Carruaje público capaz para muchas personas.
omnímodo -da *a.-s*. Que lo abraza todo.
omnipotencia *f*. Poder omnímodo.
omnipotente *a*. Que todo lo puede.
omnisciencia *f*. Conocimiento de todas las cosas.
omnisciente y **omniscio -cia** *a*. Que todo lo sabe.
omnívoro -ra *a*. Que se alimenta tanto de vegetales como de animales.
omóplato *m*. Hueso plano triangular que forma la parte posterior del hombro.
onagro *m*. Asno silvestre.
once *a*. Diez y uno.
oncejo *m*. Vencejo (pájaro).
onceno -na *a.-s*. Undécimo.
onda *f*. Cada una de las elevaciones producidas en una superficie líquida. Ondulación. Recorte o parte a manera de semicírculo o que tiene el perfil de una onda. Forma especial del movimiento vibratorio de un medio elástico.
ondear *i*. Hacer ondas. Mecerse en el aire. *i.-t*. Ondular.
ondina *f*. Ninfa de las aguas.
ondulación *f*. Acción de ondular.
ondulado -da *a*. Que forma ondas pequeñas.
ondular *i*. Moverse una cosa formando ondas. *t*. Hacer ondas

oneroso -sa *a.* Molesto, gravoso.
ónice *m.* Calcedonia listada de varios colores. /ños.
onírico -ca *a.* Relativo a los sue-
ónix *f.* Ónice.
onomástico -ca *a.* Relativo a los nombres y especialmente a los propios.
onomatopeya *f.* Imitación del sonido de una cosa en el vocablo que se forma para significarla.
ontología *f.* Tratado del ser en general.
onza *f.* Dieciseisava parte de la libra castellana. Ant. moneda española de oro (80 pesetas). Leopardo del Asia meridional.
onzavo -va *a.-m.* Undécimo.
opacidad *f.* Calidad de opaco.
opaco -ca *a.* Que impide el paso de la luz. Sombrío. Triste.
opalescente *a.* Que parece de ópalo.
opalino -na *a.* Relativo al ópalo. Parecido a él.
ópalo *m.* Piedra silícea de lustre resinoso y de diversos colores.
opción *f.* Facultad de elegir. La elección misma.
ópera *f.* Poema dramático puesto en música todo él.
operación *f.* Acción de operar. MIL. Acción de guerra.
operador -ra *a.-s.* Que opera.
operar *t.* CIR. Ejecutar sobre el cuerpo vivo algún trabajo con fines curativos. *i.* Obrar, producir efecto. MIL. Maniobrar. COM. Especular, comerciar.
operario -ria *m. f.* Obrero -ra.
operatorio -ria *a.* Que puede operar. Relativo a las operaciones quirúrgicas.
opérculo *m.* H. NAT. Pieza que tapa o cierra ciertas aberturas.
opereta *f.* Ópera corta o ligera.
opiáceo -a *a.* Que tiene opio.
opimo -ma *a.* Fértil, abundante.
opinable *a.* Que puede ser defendido en pro y en contra.
opinar *i.* Formar o tener opinión.
opinión *f.* Juicio, dictamen, concepto. Fama.
opio *m.* Droga narcótica obtenida de las adormideras.
opíparo -ra *a.* Abundante y espléndido.
oponer *t.-r.* Poner una cosa contra otra. Proponer alguna razón contra lo que otro dice. *r.* Ser contrario, impugnar, estorbar.
oportunidad *f.* Calidad de oportuno. Circunstancia oportuna.
oportuno -na *a.* Que se hace o sucede en tiempo a propósito. Ocurrente.
oposición *f.* Acción de oponer u oponerse. En una asamblea, minoría que se opone a la mayoría. Concurso con ejercicios.
opositor -ra *m. f.* Persona que se opone a otra. Pretendiente a un empleo que se ha de proveer por oposición.
opresión *f.* Acción de oprimir.
opresivo -va *a.* Que oprime.
opresor -ra *a.-s.* Que oprime a alguno.
oprimir *t.* Ejercer presión. Sujetar, vejar, tiranizar.
oprobio *m.* Ignominia, afrenta.
oprobioso -sa *a.* Que causa oprobio. /cargo.
optar *i.* Escoger. Aspirar a un
óptica *f.* Parte de la física que trata de la luz. Arte de construir instrumentos ópticos.
óptico -ca *a.* Concerniente a la óptica o a la visión. *m.* El que fabrica o vende instrumentos ópticos.
optimismo *m.* Propensión a ver las cosas en su aspecto más favorable.
optimista *a.-s.* Que tiene optimismo.
óptimo -ma *a.* Superl. de *bueno.*
opuesto -ta *p. p.* irreg. de *oponer.*
opugnar *t.* Combatir. Contradecir, impugnar.
opulencia *f.* Gran riqueza. Gran abundancia. /lencia.
opulento -ta *a.* Que tiene opu-
opúsculo *m.* Folleto, obra de poca extensión.
oquedad *f.* Espacio hueco en lo interior de un cuerpo.
ora *conj. distrib.,* aféresis de *ahora.*
oración *f.* Discurso. GRAM. Expresión de un juicio. Súplica que se hace a Dios o a los santos.
oráculo *m.* Respuesta divina. Persona cuyo dictamen se considera como indiscutible.
orador -ra *m. f.* Persona que pronuncia un discurso.
oral *a.* Expresado verbalmente.
orangután *m.* Mono antropomorfo alto y corpulento.
orante *a.* Que ora.
orar *i.* Hablar en público. Hacer oración.
orate *c.* Loco.
oratoria *f.* Arte de hablar con elocuencia.
oratorio -ria *a.* Relativo a la oratoria. *m.* Lugar destinado para orar.
orbe *m.* Redondez o círculo. Es-

fera celeste o terrestre. Mun-
orbicular *a.* Circular. /do.
órbita *f.* Curva que describe un astro. Esfera, ámbito. Cuenca del ojo.
orden *amb.* Concierto o disposición regular de las cosas. Regla para hacer las cosas. Sucesión metódica de ellas. H. NAT. Categoría de clasificación entre la clase y la familia. Sacramento por el cual son instituidos los sacerdotes. *m.* Coro de ángeles. *f.* Instituto religioso, u honorífico. Mandato que se ha de obedecer.
ordenación *f.* Acción de ordenar u ordenarse. Orden.
ordenador -ra *a.-s.* Que ordena.
ordenamiento *m.* Acción de ordenar. Ley u ordenanza.
ordenando *m.* El que está para recibir una orden sagrada.
ordenanza *f.* Método, orden. Conjunto de preceptos para el buen gobierno de las tropas, de una ciudad, etc. *m.* Soldado a las órdenes de un oficial o jefe. Empleado que lleva órdenes.
ordenar *t.* Poner en orden. Mandar. *t.-r.* Conferir o recibir órdenes sagradas.
ordeñar *t.* Extraer la leche exprimiendo la ubre.
ordinal *a.-s.* Díc. del adjetivo numeral que expresa orden.
ordinariez *f.* Falta de urbanidad y de cultura.
ordinario *a.* Común, regular, usual. Bajo, vulgar, de poca estimación. *m.* Recadero, mensajero.
orear *t.* Poner al aire una cosa. *r.* Salir a tomar el aire.
orégano *m.* Hierba cuyas hojas se usan como condimento.
oreja *f.* Oído. Su parte externa. Cosa parecida a una oreja.
orejera *f.* Pieza de la gorra que cubre la oreja.
orejón *m.* Tira de melocotón secada al sol. Tirón de orejas.
orejudo -da *a.* Que tiene orejas grandes o largas.
orfanato *m.* Asilo de huérfanos.
orfandad *f.* Estado de huérfano.
orfebre *c.* Persona que trabaja en orfebrería.
orfebrería *f.* Obra de oro o plata.
orfeón *m.* Sociedad coral. /ta.
orfeonista *c.* Individuo de un orfeón.
orgánico -ca *a.* Relativo a los órganos y al organismo. Dic. de los seres vivientes. Que tiene armonía y consonancia.
organillo *m.* Piano de manubrio.
organismo *m.* Conjunto de los órganos que constituyen un ser viviente. Conjunto de dependencias que forman un cuerpo o institución.
organista *c.* Músico que toca el órgano.
organización *f.* Acción de organizar. Cosa organizada.
organizar *t.* Establecer o reformar algo, sujetando a reglas sus partes.
órgano *f.* Instrumento músico de teclado y fuelle, con muchos tubos. Parte del cuerpo viviente, pieza, máquina, etc., que ejerce una función. Periódico portavoz de un grupo.
orgía *f.* Festín en que se cometen excesos. Desenfreno.
orgullo *m.* Excesiva estimación del propio valer. Sentimiento legítimo de la propia estimación. /llo.
orgulloso -sa *a.* Que tiene orgu-
orientación *f.* Acción de orientar.
oriental *a.-s.* De Oriente.
orientalista *c.* Persona que cultiva las lenguas y literaturas orientales.
orientar *t.* Colocar una cosa en posición determinada respecto a los puntos cardinales. Determinar la posición de una cosa respecto a estos puntos. Encaminar a un fin. Informar a uno.
oriente *m.* Punto cardinal del horizonte por donde sale el Sol. Lugar que, respecto de otro, cae hacia este punto. Asia y sus reg. inmediatas de Europa y África. Brillo de las perlas.
orificio *m.* Boca o agujero.
oriflama *f.* Estandarte o bandera.
origen *m.* Aquello de donde una cosa procede. Ascendencia. Principio o causa.
original *a.* Perteneciente al origen. Que no es copiado ni imitado. Singular, extraño. *m.* Escrito que se copia o se da a la imprenta. Persona retratada respecto del retrato.
originalidad *f.* Calidad de original.
originar *t.* Dar origen a una cosa. *r.* Traer origen.
originario -ria *a.* Que da origen. Que trae su origen de un lugar, persona o cosa.
orilla *f.* Parte extrema o borde de una superficie, tela, etc. Parte de tierra más próxima al mar, a un río, etc.
orillar *t.* Guarnecer la orilla. Concluir, arreglar un asunto.
orillo *m.* Orilla del paño, hecha de lana basta.

orín *m.* Óxido rojizo que se forma sobre el hierro. Orina.
orina *f.* Líquido secretado por los riñones. /orina.
orinal *m.* Vaso para recoger la
orinar *t.-r.* Expeler la orina.
oriniento -ta *a.* Tomado de orín.
oriundo -da *a.* Originario.
orla *f.* Orilla adornada. Adorno que rodea una cosa.
orlar *t.* Adornar con orla.
ornamentación *f.* Acción de ornamentar.
ornamentar *t.* Adornar.
ornamento *m.* Adorno. *pl.* Vestiduras sagradas y adornos del altar.
ornar *t.-r.* Adornar.
ornato *m.* Adorno, atavío.
ornitología *f.* Parte de la zoología que trata de las aves.
ornitólogo *m.* El versado en ornitología.
oro *m.* Metal precioso de color amarillo. Dinero. *pl.* Uno de los palos de la baraja.
orografía *f.* Descripción de las montañas. /orografía.
orográfico -ca *a.* Relativo a la
orondo -da *a.* Hueco, esponjado. Lleno de presunción.
oropel *m.* Lámina de latón que imita el oro. Cosa de mucha apariencia y escaso valor.
oropéndola *f.* Pájaro que hace el nido colgándolo de las ramas horizontales de los árboles.
orquesta *f.* Conjunto de los músicos que tocan unidos en teatros, conciertos, etc.
orquídea *a.-f.* Díc. de ciertas plantas herbáceas de flores irregulares cuyo eje se dobla sobre sí mismo.
ortiga *f.* Hierba cuyas hojas y tallos están cubiertos de pelos urentes.
orto *m.* Salida de un astro.
ortodoxia *f.* Creencia recta conforme a la doctrina y dogmas de la Iglesia católica.
ortodoxo *a.* Conforme con el dogma católico. Díc. de la iglesia cismática griega.
ortografía *f.* Escritura correcta de las palabras. Parte de la gramática que la enseña.
ortopedia *f.* Corrección de las deformaciones del cuerpo.
ortopédico -ca *a.* Relativo a la ortopedia. *m. f.* Ortopedista.
ortopedista *c.* Persona que ejerce la ortopedia.
ortóptero *a.-m.* Díc. de los insectos masticadores, con las alas del primer par ligeramente endurecidas. /lepidópteros.
oruga *f.* Larva de los insectos

orujo *m.* Hollejo de la uva. Residuo de la aceituna.
orza *f.* Vasija vidriada de barro.
orzar *i.* MAR. Inclinar la proa hacia la parte de donde viene el viento.
orzuelo *m.* Granillo en el borde de un párpado.
os Dativo y acusativo sin preposición del pron. pers. de 2.ª pers. en masc. y fem. plural.
osa *f.* Hembra del oso. Nombre de dos constelaciones boreales, la *Osa mayor* y la *Osa menor*.
osadía *f.* Audacia, atrevimiento.
osado -da *a.* Que tiene osadía.
osamenta *f.* Esqueleto. Conjunto de sus huesos.
osar *i.* Atreverse.
osario *m.* Lugar en que se echan los huesos sacados de las sepulturas.
oscense *a.-s.* De Huesca.
oscilación *f.* Acción de oscilar.
oscilar *i.* Moverse alternativamente un cuerpo a un lado y otro de su posición de equilibrio. Fluctuar. Vacilar.
oscilatorio -ria *a.* De oscilación.
ósculo *m.* Beso.
óseo -a *a.* De hueso.
osera *f.* Guarida del oso.
osezno *m.* Cachorro del oso.
osificarse *r.* Convertirse en hueso.
osmanlí *a.-s.* Turco. /so.
osmio *m.* Metal semejante al platino.
oso *m.* Mamífero plantígrado de cabeza grande, pelaje largo, extremidades fuertes y cola muy corta.
osteítis *f.* Inflamación de los huesos.
ostensible *a.* Visible, manifiesto.
ostensorio *m.* Custodia en que se expone el Santísimo.
ostentación *f.* Acción de ostentar. Magnificencia exterior.
ostentar *t.* Mostrar. Hacer gala de lucimiento y boato.
ostentoso -sa *a.* Suntuoso, pomposo.
osteología *f.* Parte de la anatomía que trata de los huesos.
ostra *f.* Molusco bivalvo comestible de conchas rugosas por fuera y lisas y anacaradas por dentro.
ostracismo *m.* Entre los ant. griegos, destierro político.
ostral *m.* Lugar donde se crían las ostras. /tras.
ostricultura *f.* Arte de criar os-
ostrogodo -da *a.-s.* De la Gotia Oriental.
ostrón *m.* Ostra grande y basta.
osuno -na *a.* Perteneciente al oso.

otear *t.* Observar desde una altura. Escudriñar.
otero *m.* Cerro aislado en un llano.
otitis *f.* Inflamación del oído.
otomán *m.* Tejido que forma cordoncillo horizontal.
otomana *f.* Especie de canapé.
otomano -na *a.-s.* Turco.
otoñada *f.* Tiempo de otoño.
otoño *m.* Estación del año que sigue al estío.
otorgamiento *m.* Consentimiento, permiso. Acción de otorgar un testamento, poder, etc.
otorgar *t.* Consentir. Conceder. Hacer un testamento, una escritura, etc.
otorrea *f.* Flujo del oído.
otro -tra *a. y pron. indef.* Aplícase a la persona o cosa distinta de aquella de que se habla.
otrosí *adv.* Además.
ova *f.* Alga verde, filamentosa.
ovación *f.* Aplauso ruidoso del público.
oval *a.* De figura de óvalo o de huevo.
ovalado -da *a.* Oval.
óvalo *m.* Curva cerrada convexa y simétrica respecto a dos ejes.
ovario *m.* Órgano de las hembras y de las flores.
oveja *f.* Hembra del carnero.
ovejero -ra *a.-s.* Que cuida de las ovejas.
ovejuno -na *a.* Relativo a las ovejas.
overa *f.* Ovario de las aves.
ovetense *a.-s.* De Oviedo.
ovillar *t.* Hacer ovillos.
ovillejo *m.* Dim. de *ovillo*. Cierta combinación métrica.
ovillo *m.* Bola formada devanando un hilo. Cosa enredada.
ovíparo -ra *a.* Díc. de los animales cuyas hembras ponen huevos.
ovoide *a.* Aovado.
oxálico *a.* Dic. del ácido que se obtiene de las acederas.
oxear *t.* Espantar las aves.
oxidación *f.* Acción de oxidar.
oxidar *t.-r.* Combinar una substancia con oxígeno.
óxido *m.* Combinación del oxígeno con un elemento radical.
oxigenación *f.* Acción de oxigenar.
oxigenar *t.* Oxidar. *r.* Airearse, respirar al aire libre.
oxígeno *m.* Cuerpo simple gaseoso, esencial para la respiración, que se encuentra en el aire y es uno de los componentes del agua.
¡oxte! *Interj.* que se emplea para rechazar a persona o cosa que molesta.
oyente *a.-s.* Que oye.
ozono *m.* Oxígeno electrizado.

P

P p *f.* Decimonona letra del alfabeto español.
pabellón *m.* Tienda de campaña cónica. Dosel plegadizo. Edificio aislado que depende de otro. Ensanche cónico de la boca de ciertos instrumentos de viento. Parte exterior de la oreja.
pabilo y **pábilo** *m.* Torcida que está en medio de la vela o antorcha.
pábulo *m.* Pasto, alimento.
paca *f.* Roedor sudamericano de carne muy estimada. Fardo.
pacato -ta *a.* De condición muy apacible.
pacer *i.-t.* Comer el ganado la hierba en el campo.
paciencia *f.* Virtud del que sabe sufrir con fortaleza los trabajos y adversidades. Calidad del que sabe esperar con calma.
paciente *a.* Que tiene paciencia. *c.* Persona que padece una enfermedad.
pacienzudo -da *a.* Que tiene mucha paciencia.
pacificación *f.* Acción de pacificar.
pacificar *t.* Restablecer la paz. *t.-r.* Sosegar, aquietar.
pacifismo *m.* Doctrina de los pacifistas.
pacifista *a.-s.* Partidario de la paz entre las naciones.
pacífico -ca *a.* Quieto, sosegado. Amigo de la paz.
pacotilla (de) *fr.* De inferior calidad.
pactar *t.* Concluir un pacto.
pacto *m.* Concierto entre dos o más personas o entidades que se obligan.
pachón -na *a.-s.* Dic. de un perro parecido al perdiguero.
pachorra *f.* Flema, indolencia.
pachorrudo -da *a.* Que gasta mucha pachorra.
padecer *t.* Recibir la acción de una cosa que causa daño o dolor. *i.* Sentir daño o dolor.
padecimiento *m.* Acción de padecer.
padrastro *m.* Marido de la madre respecto de los hijos que ésta tiene de un matrimonio anterior. Pedacito de pellejo levantado junto a las uñas.
padrazo *m.* Padre muy indulgente.
padre *m.* Varón o macho respecto de sus hijos. Título que se da a ciertos religiosos.
padrenuestro *m.* Oración que comienza con las palabras *Padre nuestro*.
padrinazgo *m.* Cargo o función de padrino. Protección.
padrino *m.* El que presenta o asiste a una persona en un sacramento o en otros actos. El que favorece o protege a otro.
padrón *m.* Lista de los vecinos de un pueblo. Nota pública de infamia.
paga *f.* Acción de pagar. Sueldo.
pagadero -ra *a.* Que se ha de pagar a cierto tiempo.
pagaduría *f.* Lugar donde se paga.
paganismo *m.* Gentilidad.
pagano -na *a.-s.* Dic. de los idólatras y esp. de los ant. griegos y romanos.
pagar *t.* Dar a uno lo que se le debe. Sufrir la pena correspondiente a una culpa o yerro. Corresponder a un beneficio. *r.* Prendarse. Ufanarse de una cosa.
pagaré *m.* Documento por el cual uno se obliga a pagar una cantidad a tiempo determinado.
pagel *m.* Pez marino comestible.
página *f.* Plana de un libro o cuaderno.
paginación *f.* Acción de paginar.
paginar *t.* Numerar las páginas.
pago *m.* Entrega de lo que se debe. Satisfacción, recompensa. Conjunto de tierra o heredades.
pagoda *f.* Templo en algunos pueblos de Oriente.
paila *f.* Vasija de metal, grande, redonda y poco profunda.
pailebot y **-te** *m.* Goleta pequeña sin gavias.
pairar *i.* Estar quieta la nave con las velas tendidas.
pairo *m.* Acción de pairar la

nave.
país *m.* Región, reino, territorio. Papel o tela del abanico.
paisaje *m.* Porción de terreno considerado en su aspecto artístico.
paisajista *a.-s.* Pintor de paisajes.
paisanaje *m.* Conjunto de paisanos. Condición de paisano.
paisano -na *a.-s.* Que es del mismo país, lugar, etc., que otro. *m.* El que no es militar.
paja *f.* Caña de los cereales, seca y separada del grano. Conjunto de estas cañas.
pajar *m.* Almiar. Lugar donde se guarda la paja.
pájara *f.* Pájaro. Cometa (juguete). *a.-f.* Mujer astuta.
pajarera *f.* Jaula grande para pájaros.
pajarero -ra *a.* Alegre, chancero. *m.* El que caza, cría o vende pájaros. /fino.
pajarete *m.* Vino licoroso muy
pajarita *f.* Papel doblado en figura como de pájaro.
pájaro *m.* Ave. Dic. esp. de las que andan a saltitos.
pajarota *f.* Bola, mentira.
pajarraco *m.* desp. de *pájaro.* Hombre astuto y disimulado.
paje *m.* Criado joven que acompaña a sus amos.
pajilla *f.* Cigarrillo hecho en una hoja de maíz.
pajizo -za *a.* Hecho de paja. De color de paja.
pajoso -sa *a.* Que tiene mucha paja. De paja.
pajuela *f.* Paja o varilla cubierta de azufre.
pala *f.* Instrumento formado por una lámina de madera o hierro adaptada a un mango. Parte ancha y delgada de diversos instrumentos. Parte superior del calzado.
palabra *f.* Sonido o conjunto de sonidos que expresan una idea. Cosa que se dice. Facultad de hablar. Promesa.
palabrería *f.* Abundancia de palabras inútiles.
palabrero -ra *a.-s.* Que habla mucho. Que ofrece y no cumple.
palabrota *f.* Dicho ofensivo o grosero.
palaciego -ga *a.* Perteneciente al palacio real. *a.-s.* Dic. del que sirve en palacio. Cortesano.
palacio *m.* Edificio grande y suntuoso. /de una vez.
palada *f.* Lo que la pala coge
paladar *m.* Parte interior y superior de la boca. Gusto.
paladear *t.* Saborear poco a poco.
paladín *m.* Caballero valiente. Defensor denodado. /ladín.
paladino -na *m.* Patente. *m.* Pa-
paladio *m.* Metal raro parecido al platino.
palafito *m.* Vivienda lacustre primitiva construida sobre estacas.
palafrén *m.* Caballo en que montaban las damas.
palafrenero *m.* Mozo de caballos.
palanca *f.* Barra inflexible que se apoya y gira sobre un punto y sirve para remover o levantar pesos.
palangana *f.* Jofaina.
palanganero *m.* Mueble donde se pone la palangana.
palangre *m.* Cordel con varios anzuelos para pescar.
palanqueta *f.* Barreta de hierro para forzar puertas o cerraduras.
palanquín *m.* Mozo de cordel. Andas a modo de litera usadas en Oriente.
palastro *m.* Hierro laminado.
palatal *a.* Relativo al paladar.
palatino -na *a.-s.* Perteneciente al palacio. *a.* Del paladar.
palco *m.* Localidad independiente con balcón en los teatros, circos, etc.
palenque *m.* Valla o estacada con que se defiende o cierra un terreno.
palentino -na *a.-s.* De Palencia.
paleografía *f.* Arte de leer los escritos antiguos.
paleolítico -ca *a.-s.* Dic. del período más antiguo de la edad de piedra. /guas antiguas.
paleología *f.* Estudio de las len-
paleontología *f.* Ciencia que trata de los seres orgánicos fósiles.
palestino -na *a.-s.* De Palestina.
palestra *f.* Lugar donde se lucha.
paleta *f.* Dim. de *pala.* Lámina triangular de palastro con mango de madera. Tabla ovalada de madera, en que el pintor dispone sus colores. Badil. Cada una de las láminas de madera o metal dispuestas sobre una rueda o un eje.
paletada *f.* Porción que se puede coger con la paleta.
paletilla *f.* Omóplato.
paleto -ta *a.-s.* Dic. de la persona rústica. *m.* Gamo.
paletó *m.* Ant. gabán de paño.
paletón *m.* Parte de la llave en que están los dientes.
paliar *t.* Encubrir, disimular. Mitigar, atenuar.
paliativo -va *a.-m.* Dic. del remedio que mitiga la violencia del mal.
palidecer *i.* Ponerse pálido.
palidez *f.* Amarillez, decaimien-

pálido -da *a.* Amarillo, descaecido de su color natural. Desvaído.
palillero *m.* Pieza en que se colocan los palillos.
palillo *m.* Varilla donde se encaja la aguja de hacer media. Mondadientes. *pl.* Bolillos del billar. Palito para modelar el barro. Castañuelas.
palinodia *f.* Retractación pública.
palio *m.* Insignia usada por el papa y los arzobispos. Dosel colocado sobre unas varas largas que se usa en ciertas solemnidades.
palique *m.* Conversación, charla /ligera.
palitoque y **-troque** *m.* Palo pequeño y tosco. Banderilla.
paliza *f.* Zurra de golpes.
palizada *f.* Sitio cercado de estacas.
palisandro *m.* Madera fina, de color rojo, veteada de negro.
palma *f.* Planta de tronco recto, desnudo y coronado por un penacho de grandes hojas divididas. Hoja de palmera. Triunfo. Parte cóncava de la mano. Parte inferior del casco de las caballerías.
palmacristi *f.* Ricino.
palmada *f.* Golpe con la palma de la mano.
palmar *a.* Perteneciente a la palma de la mano o del casco. *m.* Terreno poblado de palmas.
palmario -ria *a.* Claro, patente.
palmatoria *f.* Palmeta. Candelero bajo con mango.
palmeado -da *a.* De figura de palma.
palmear *i.* Palmotear.
palmera *f.* Palma de tronco alto que da como frutos unas bayas oblongas, con un hueso muy duro, que cuelgan en racimos.
palmesano -na *a.-s.* De Palma de Mallorca.
palmeta *f.* Tabla pequeña con que los maestros castigaban a los muchachos.
palmetazo *m.* Golpe de palmeta.
palmípedo -da *a.-f.* Dic. de las aves nadadoras cuyos dedos están unidos por una membrana.
palmito *m.* Palma pequeña de hojas en figura de abanico.
palmo *m.* Medida de longitud, cuarta parte de la vara.
palmotear *i.* Dar palmadas.
palmoteo *m.* Acción de palmotear.
palo *m.* Trozo de madera, largo y cilíndrico. Golpe dado con él. Cada uno de los maderos que sostienen las vergas y las velas de una embarcación. Madera. Cada una de las cuatro series en que se divide la baraja de naipes. Trazo largo de algunas letras.
paloma *f.* Ave buena voladora, de cabeza pequeña y pico corto, abovedado en la punta.
palomar *a.* Dic. del hilo bramante delgado y muy retorcido. *m.* Sitio donde se crían palomas.
palomariega *a.* Dic. de la paloma criada en palomar.
palomilla *f.* Mariposa pequeña. Armazón triangular para sostener tablas, estantes, etc.
palomina *f.* Excremento de las palomas.
palomino *m.* Pollo de la paloma silvestre. Mancha de excremento en la camisa.
palomo *m.* Macho de la paloma.
palotada *f.* Golpe dado con el palote.
palote *m.* Palo mediano. Cada uno de los primeros trazos de quien aprende a escribir.
paloteado *m.* Danza en que los bailarines palotean al compás de la música. Riña ruidosa.
palotear *i.* Herir unos palos con otros o hacer ruido con ellos.
palpable *a.* Que puede tocarse. Evidente.
palpar *t.* Tocar una cosa con las manos para reconocerla.
palpebral *a.* Relativo a los párpados.
palpitación *f.* Acción de palpitar.
palpitar *i.* Contraerse y dilatarse el corazón, esp. cuando lo hace con violencia. Manifestarse con vehemencia un afecto.
palpo *m.* Cada uno de los apéndices que tienen los artrópodos alrededor de la boca.
palúdico -ca *a.* Palustre. Perteneciente al paludismo.
paludismo *m.* Enfermedad infecciosa propia de las regiones pantanosas.
palurdo -da *a.-s.* Tosco, rústico.
palustre *a.* Perteneciente a laguna o pantano. *m.* Paleta de albañil.
pamema *f.* Cosa fútil a que se ha querido dar importancia.
pampa *m.* En América, llanura muy extensa y sin vegetación arbórea.
pámpana *f.* Hoja de la vid.
pampanilla *f.* Taparrabo.
pámpano *m.* Sarmiento tierno o pimpollo de la vid. Pámpana.
pampero -ra *a.* De las pampas.
pampirolada *f.* Salsa de pan y ajos. Necedad.
pamplina *f.* Álsine. Pamplinada.
pamplinada *f.* Cosa de poca en-

tidad. /plona.
pamplonés -sa *a.-s.* De Pamplona.
pamporcino *m.* Planta de rizoma grande, apetecido por los cerdos.
pan *m.* Masa de harina y agua fermentada y cocida al horno. Sustento diario. Hoja finísima de oro o plata.
pana *f.* Tela de algodón parecida al terciopelo. Detención accidental de un automóvil.
panacea *f.* Medicina a que se atribuye eficacia para curar diversas enfermedades.
panadear *t.* Hacer pan para venderlo.
panadería *f.* Oficio y establecimiento del panadero.
panadero -ra *f.* Persona que hace o vende pan.
panadizo *m.* Inflamación del tejido celular de los dedos.
panal *m.* Conjunto de celdillas de cera que fabrican las abejas para depositar la miel.
panameño -ña *a.-s.* De Panamá.
panamericano -na *a.* Relativo a toda América.
pancista *a.-s.* Dic. del que mira solamente a su interés personal.
páncreas *m.* Glándula que comunica con el intestino delgado.
pancreático -ca *a.* Perteneciente al páncreas.
pandear *i.-r.* Encorvarse una pared, una viga, etc.
pandeo *m.* Acción de pandear.
pandera *f.* Pandero.
panderada *f.* Necedad.
pandereta *f.* Pandero.
panderetear *i.* Tocar el pandero y bailar al son de él.
pandero *m.* MÚS. Instrumento de percusión formado por una piel estirada sobre un aro de madera, provisto de sonajas.
pandilla *f.* Liga o unión. La que forman algunos para perjudicar a otros. Reunión de gente, esp. joven, para divertirse.
pando -da *a.* Que pandea.
pandorga *f.* Cometa (juguete). Mujer gorda y pesada.
panecillo *m.* Pan pequeño.
panegírico -ca *a.* Laudatorio. *m.* Escrito o discurso encomiástico. Sermón en honor de un santo.
panegirista *m.* El que hace o pronuncia un panegírico.
panel *m.* Compartimiento de un lienzo de pared, de la hoja de una puerta, etc.
panela *f.* Bizcocho prismático.
panetela *f.* Cigarro puro largo y delgado.
pánfilo -la *a.-s.* Muy pausado y calmoso.

pangolín *m.* Mamífero de Asia y África con el cuerpo cubierto de escamas y aspecto de lagarto.
paniaguado -da *m.* El allegado a una persona y favorecido por ella.
pánico -ca *a.-s.* Dic. del terror grande, gralte. colectivo.
panicula *f.* Panoja. /ficar.
panificación *f.* Acción de panificar.
panificar *t.* Panadear.
panizo *m.* Planta graminácea de grano redondo, alimenticio.
panoja *f.* Mazorca del maíz, el panizo y el mijo.
panoplia *f.* Armadura completa. Colección de armas. Tabla donde se colocan armas diversas.
panorama *m.* Vista de un horizonte muy dilatado.
panorámico -ca *a.* Relativo al panorama.
pantalón *m.* Prenda masculina que se ciñe a la cintura y baja cubriendo cada pierna hasta los tobillos. Prenda interior femenina más ancha y corta que el pantalón de los hombres.
pantalla *f.* Lámina que se coloca delante o alrededor de la luz. Mampara que se pone ante las chimeneas. Telón en que se proyectan las imágenes en el cinematógrafo.
pantanal *m.* Tierra pantanosa.
pantano *m.* Hondonada donde se recogen o encharcan las aguas. Gran depósito artificial de agua. Dificultad.
pantanoso -sa *a.* Lleno de pantanos o cenagales.
panteísmo *m.* Doctrina que afirma la identidad substancial de Dios y el mundo.
panteón *m.* Monumento funerario destinado a sepultura de varias personas. /anilladas.
pantera *f.* Leopardo de manchas
pantógrafo *m.* Instrumento para copiar, ampliar o reducir dibujos.
pantómetra *f.* Instrumento de topografía para medir ángulos.
pantomima *f.* Representación mímica, sin palabras.
pantomimo *m.* Bufón o actor mímico.
pantorrilla *f.* Parte carnosa y abultada de la pierna, por debajo de la corva.
pantufla *f.* y **-flo** *m.* Especie de zapato casero sin orejas ni talón.
panza *f.* Vientre, barriga. Primera de las cuatro cavidades del estómago de los rumiantes.
panzada *f.* Golpe que se da con

la panza. Hartazgo.
panzudo -da a. Que tiene mucha panza.
pañal m. Lienzo en que se envuelve a los niños de teta.
pañería f. Tienda o comercio de paños. Conjunto de paños.
pañero -ra m. f. Mercader de paños.
pañete m. Paño delgado o de inferior calidad.
pañizuelo m. Pañuelo.
paño m. Tela de lana tupida. Pedazo de lienzo o tela. Lienzo de pared.
pañol m. Compartimiento del buque donde se guardan víveres, municiones, etc.
pañolería f. Tienda o comercio de pañuelos.
pañoleta f. Prenda triangular con que las mujeres se abrigan el cuello y los hombros.
pañolón m. Mantón.
pañosa f. Capa de paño.
pañuelo m. Pieza cuadrada de lienzo, seda, etc., que sirve para diferentes usos.
papa m. Sumo pontífice romano. Padre. f. Patata. Paparrucha. pl. Gachas.
papá m. Padre.
papada f. Abultamiento carnoso debajo de la barba.
papado m. Dignidad de Papa. Tiempo que dura.
papagayo m. Ave prensora de África y de América de pico fuerte y muy encorvado y plumaje vistoso.
papalina f. Cierta gorra con dos puntas. Cofia. Borrachera.
papamoscas m. Pajarillo insectívoro. Papanatas. /crédulo.
papanatas m. Hombre simple y
papar t. Comer cosas blandas sin mascar. Comer.
paparrucha f. Noticia falsa. Obra insustancial.
papaveráceo -a a.-f. Dic. de las plantas de la familia de la adormidera.
papaya f. Fruto del papayo.
papayo m. Arbolito tropical de fruto grande, oblongo, de carne dulce.
papel m. Substancia en forma de hojas delgadas, hecha con pasta de trapos, paja, madera, etc. Pliego u hoja de papel. Documento. Parte de la obra que representa cada actor. Función que uno cumple; manera de proceder.
papelera f. Mueble para guardar papeles. Cesto para los papeles inútiles.
papelería f. Conjunto de papeles. Tienda en que se vende papel.
papelero -ra a. Concerniente al papel. m. El que fabrica o vende papel. /papel.
papeleta f. Cédula. Cucurucho de
papelista m. Fabricante o vendedor de papel. El que empapela las habitaciones.
papelón -na a.-s. Díc. de la persona que ostenta más que es. m. Papel que se desprecia.
papelote, papelucho m. Papel o escrito despreciable.
papera f. Bocio. Tumor inflamatorio en la parótida.
papila f. Cada una de las pequeñas eminencias formadas en las mucosas y debajo de la epidermis por ramificaciones nerviosas y vasculares.
papilionáceo -a a. Amariposado.
papilla f. Gachas, sopas blandas.
papiro m. Planta de cuyo tallo se sacaban láminas en que escribían los antiguos.
papirotada f. y **-tazo** m. Capirotazo.
papirote m. Capirotazo. Tonto.
papo m. Buche de las aves. Parte abultada del animal entre la barba y el cuello.
pápula f. Tumorcillo eruptivo cutáneo sin pus ni serosidad.
paquebote m. Buque que lleva correo y pasajeros.
paquete m. Envoltorio bien dispuesto y no muy abultado.
paquidermo a.-m. Díc. de los mamíferos ungulados de piel gruesa y dura.
par a. Igual o en todo semejante. Díc. del número entero divisible por dos. m. Conjunto de dos personas o cosas de la misma especie.
para Prep. que expresa, entre otras, la idea de finalidad, destino o adecuación.
parabién m. Felicitación.
parábola f. Narración de un suceso fingido que encierra una enseñanza moral. Curva abierta, simétrica respecto de un eje, con un solo foco.
parabólico -ca a. Perteneciente a la parábola. De figura de parábola.
parabrisa m. Guardabrisa.
paracaídas m. Aparato en forma de paraguas que, al abrirse, sirve para disminuir la velocidad de caída de un cuerpo.
paracaidista a. Persona que desciende en paracaídas.
paráclito m. El Espíritu Santo.
parada f. Acción de parar. Sitio donde se para.

paradero *m.* Lugar donde se para o se va a parar. Fin o término de una cosa.
paradisíaco -ca *a.* Relativo al paraíso.
paradoja *f.* Especie opuesta a la opinión común, esp. la que parece opuesta siendo exacta.
paradójico -ca *a.* Que incluye paradoja. /Mesón.
parador -ra *a.* Que para. *m.*
parafina *f.* Substancia blanca y translúcida, que se emplea para fabricar bujías y para otros usos. /sis.
parafrasear *t.* Hacer la paráfrasis.
paráfrasis *f.* Explicación o interpretación amplificativa de un texto. /paráfrasis.
parafrástico -ca *a.* Relativo a la
paraguas *m.* Utensilio portátil para resguardarse de la lluvia.
paraguayo -ya *a.-s.* Del Paraguay.
paragüero *m.* El que hace o vende paraguas. Mueble para colocar paraguas y bastones.
paraíso *m.* Lugar donde Dios puso a Adán y Eva. Mansión celestial. Lugar ameno. Piso más alto de algunos teatros.
paraje *m.* Lugar, sitio.
paralelepípedo *m.* Prisma cuyas bases son paralelogramos.
paralelismo *m.* Calidad de paralelo.
paralelo -la *a.* Dic. de las líneas o planos equidistantes entre sí y que por más que se prolonguen no pueden encontrarse. Correspondiente, semejante. *m.* Cada uno de los círculos menores paralelos al ecuador. Comparación.
paralelogramo *m.* Cuadrilátero cuyos lados opuestos son paralelos.
parálisis *f.* Pérdida de la sensibilidad o de los movimientos voluntarios. /parálisis.
paralítico -ca *a.-s.* Enfermo de parálisis.
paralización *f.* Detención de la actividad o el movimiento.
paralizar *t.-r.* Causar parálisis. Detener la actividad o el movimiento.
paramento *m.* Adorno con que se cubre una cosa. Cualquiera de las dos caras de una pared.
paramera *f.* Región donde abundan los páramos.
páramo *m.* Terreno yermo, raso y desabrigado. /mejanza.
parangón *m.* Comparación o semejanza.
parangonar *t.* Comparar una cosa con otra.
paraninfo *m.* Padrino de bodas. Salón de actos de una universidad.
paranoia *f.* Monomanía.
parapetarse *r.* Resguardarse con parapetos.
parapeto *m.* Pared o baranda para evitar caídas en puentes, escaleras, etc. FORT. Terraplén corto para protegerse.
parar *i.-r.* Cesar en el movimiento, en la acción. Llegar a un término o al fin. Recaer. Habitar, hospedarse. *t.* Detener el movimiento, la acción.
pararrayos *m.* Artificio para proteger los edificios contra el rayo.
paraselene *f.* Imagen de la Luna que aparece en una nube.
parasitario *m.* Relativo a los parásitos.
parasitismo *m.* Condición de parásito.
parásito -ta *a.-s.* Dic. del animal o vegetal que vive dentro o sobre otro organismo, de cuyas substancias se nutre. Dic. de los ruidos que perturban las transmisiones radiofónicas. *m.* El que vive a costa de otro.
parasol *m.* Quitasol.
parca *f.* La muerte.
parcela *f.* Porción pequeña de terreno. Partícula.
parcelar *t.* Dividir en parcelas.
parcial *a.* Relativo a una parte. No completo. Que procede con parcialidad. *a.-s.* Partidario.
parcialidad *f.* Conjunto de los que componen una facción o partido. Familiaridad en el trato. Prevención en favor o en contra de personas o cosas.
parco -ca *a.* Sobrio, moderado. Escaso.
parche *m.* Ungüento pegado a un pedazo de lienzo que se aplica a una parte enferma. Pedazo de papel, tela, piel, etc., que se pega sobre una cosa. Piel del tambor.
pardal *m.* Aldeano. Gorrión. Leopardo.
¡pardiez! *interj.* ¡Por Dios!
pardillo -lla *a.-s.* Aldeano. *m.* Pájaro granívoro.
pardo -da *a.-m.* Dic. del color parecido al de la tierra. *a.* De color pardo. Obscuro.
pardusco -ca *a.* Que tira a pardo.
pareado -da *a.* Estrofa de dos versos rimados entre sí.
parear *t.* Juntar, igualar dos cosas comparándolas. Formar pares. Banderillear. /tamen.
parecer *m.* Opinión, juicio, dic-
parecer *i.* Dejarse ver, manifes-

tarse. Encontrarse lo perdido; aparecer. Tener determinada apariencia o aspecto. *r.* Asemejarse.

parecido -da *a.* Que se parece a otro. Que tiene buena o mala disposición de facciones. *m.* Semejanza.

pared *f.* Obra de fábrica, levantada a plomo, para cerrar un espacio.

paredón *m.* Aum. de *pared*. Pared que queda en pie de un edificio arruinado.

pareja *f.* Conjunto de dos personas o cosas semejantes, esp. consortes, novios. Compañero o compañera en el baile.

parejo -ja *a.* Igual o semejante.

parentela *f.* Conjunto de parientes.

parentesco -ca *m.* Vínculo por consanguinidad o afinidad.

paréntesis *m.* Palabra u oración que se intercala en el período. Signo en que suele encerrarse.

parhelio *m.* Fenómeno consistente en la aparición de varias imágenes del Sol en las nubes.

paria *c.* Persona de la casta ínfima de los indios. Persona excluida de las ventajas y trato de las demás.

parias *f. pl.* Tributo, homenaje.

paridad *f.* Igualdad o semejanza.

pariente -ta *a.-s.* Dic. de una persona respecto de otra con quien tiene parentesco.

parietal *a.-m.* Dic. de cada uno de los dos huesos de la cabeza situados encima de los temporales.

parietaria *f.* Planta medicinal que suele crecer junto a las paredes.

parihuela *f.* Mueble compuesto de unas tablas atravesadas sobre dos varas para llevar una carga entre dos.

parir *i.-t.* Dar a luz.

parisiense *a.-s.* De París.

paritario -ria *a.* Dic. del consejo compuesto de igual número de patronos y de obreros.

parla *f.* Acción de parlar.

parlamentar *i.* Hablar, conversar. Entrar en tratos para un arreglo, capitulación, etc.

parlamentario -ria *a.* Relativo al parlamento. *m.* Miembro de un parlamento. El que va a parlamentar.

parlamento *m.* Acción de parlamentar. Asamblea legislativa.

parlanchín -china *a.-s.* Hablador.

parlar *i.* Hablar con desembarazo. Charlar. Hablar las aves.

parlería *f.* Verbosidad.

parlero -ra *a.* Que habla mucho. Dic. del ave cantora.

parlotear *i.* Charlar mucho.

parloteo *m.* Charla. /tas.

parnaso *m.* Conjunto de los poe-

paro *m.* Suspensión de los trabajos industriales. Carencia de trabajo. Nombre genérico de varios pájaros.

parodia *f.* Imitación burlesca de un estilo, una obra literaria, etc.

parodiar *t.* Hacer la parodia.

parola *f.* Verbosidad.

parótida *f.* Cada una de las glándulas salivales situadas detrás de la mandíbula inferior.

paroxismo *m.* Exacerbación o acceso violento de una enfermedad. Exaltación de las pasiones.

parpadear *i.* Mover los párpados.

párpado *m.* Cada uno de los dos repliegues movibles que resguardan el ojo.

parque *m.* Terreno cercado y con plantas para caza o recreo. Lugar en las ciudades para estacionar automóviles. /monia.

parquedad *m.* Moderación, parsi-

parra *f.* Vid levantada artificialmente y que se extiende mucho. Tinaja pequeña.

parrafada *f.* Conversación. Período oratorio largo.

párrafo *m.* Cada una de las divisiones de un escrito o impreso señaladas por un punto y aparte al final.

parral *m.* Conjunto de parras.

parranda *f.* Holgorio, jarana.

parricida *c.* Persona que mata a un ascendiente, descendiente o cónyuge suyo. /da.

parricidio *m.* Crimen del parrici-

parrilla *f.* Instrumento de hierro en forma de rejilla, para asar o tostar.

párroco *a.-m.* Sacerdote encargado de una feligresía.

parroquia *f.* Territorio de la jurisdicción del párroco. Su iglesia. Conjunto de parroquianos de una tienda.

parroquial *a.* Relativo a la parroquia.

parroquiano -na *a.-s.* Perteneciente a una determinada parroquia. *m. f.* Cliente de una tienda.

parsimonia *f.* Moderación en los gastos. Circunspección.

parsimonioso -sa *a.* Frugal, circunspecto.

parte *f.* Fracción o división de un todo. Sitio, lugar. Cada una de las personas, entidades o grupos que contratan, litigan, contienden, etc. Papel de un actor. *m.* Comunicación o avi-

so. Telegrama o telefonema.
partera *f.* Mujer que asiste en los partos.
partesana *f.* Especie de alabarda con hierro muy grande.
partición *f.* Reparto de una hacienda, herencia, etc.
participación *f.* Acción de participar. Aviso, noticia.
participar *i.* Tener o tomar parte en una cosa. *t.* Dar parte, notificar.
partícipe *a.-s.* Que tiene parte en una cosa.
participio *m.* Forma del verbo que entra en la conjugación de los tiempos compuestos y hace oficio de adjetivo.
partícula *f.* Parte pequeña.
particular *a.* Propio y privativo. Singular, individual. Extraordinario. *a.-s.* Que no ejerce cargo oficial. *m.* Punto o materia de que se trata.
particularidad *f.* Singularidad, individualidad. Circunstancia, detalle.
particularismo *m.* Individualismo.
particularizar *t.* Detallar. Hacer distinción especial de una persona. *r.* Singularizarse.
partida *f.* Acción de partir o salir. Asiento en el registro parroquial o civil. Copia certificada de él. Artículo de una cuenta. Cantidad de un género de comercio. Conjunto de personas que se reúnen para un determinado fin. Grupo de gente armada. Mano o conjunto de manos de un juego. Comportamiento de una persona con otra.
partidario -ria *a.-s.* Adicto a una persona, idea, partido, etc.
partido *m.* Conjunto de personas que siguen una misma opinión o juegan contra otras. Resolución que uno adopta. Provecho, ventaja. Distrito. En deportes, serie de jugadas hasta un límite determinado.
partiquino -na *m. f.* Cantante de ópera que ejecuta una parte secundaria.
partir *t.* Dividir. Hender, rajar. Repartir. *i.* Salir, ponerse en camino.
partitivo -va *a.* GRAM. Díc. del numeral que expresa división de un todo en partes.
partitura *f.* MÚS. Conjunto de las partes o voces de una obra.
parto *f.* Acción de dar a luz. Cosa producida.
parva *f.* Parvedad. Mies tendida en la era. Montón.
parvedad *f.* Pequeñez, poquedad.
parvo -va *a.* Pequeño.
párvulo -la *a.* Pequeño. *a.-s.* Niño pequeño.
pasa *f. a.* Uva seca.
pasacalle *m.* Marcha popular de compás muy vivo.
pasada *f.* Acción de pasar. Mal comportamiento de una persona con otra. Puntada larga.
pasadera *f.* Piedra puesta para pasar charcos, arroyos, etc.
pasadero -ra *a.* Que se puede pasar. Medianamente bueno de salud, calidad, etc.
pasadizo *m.* Paso estrecho.
pasado -da *a.* Que pasó, antiguo. Medio podrido. *m.* Tiempo que pasó. *pl.* Antepasados.
pasador *m.* Barrita que sirve para cerrar puertas, ventanas, etc. Aguja grande para sujetarse el pelo las mujeres. Colador (utensilio).
pasaje *m.* Acción de pasar. Lugar por donde se pasa. Paso público entre dos calles. Conjunto de pasajeros de una nave. Lo que paga cada uno por el viaje. Trozo de una obra literaria o musical.
pasajero *a.* Que dura poco. *a.-s.* Que va de camino en un vehículo.
pasamanería *f.* Obra, oficio o tienda de pasamanero.
pasamanero -ra *m. f.* Persona que hace o vende flecos, galones, etc.
pasamano *m.* Galón, fleco, etc. para adornos. Barandal.
pasante *m.* El que asiste a un abogado, profesor, etc., para adquirir práctica.
pasapán *m.* Garguero.
pasaporte *m.* Licencia para pasar de un país a otro.
pasar *i.* Trasladarse, ser transferido de un lugar o de un sujeto a otro. Ser admitido. Entrar. Ser tenido en cierto concepto. Cesar, acabarse. Ocupar el tiempo. Vivir. Ocurrir. *t.* Hacer pasar. Dejar atrás. Atravesar, cruzar. Introducir. Tragar. Colar. Tolerar. Sufrir. *r.* Empezar a pudrirse.
pasatiempo *m.* Diversión, entretenimiento.
pascua *f.* Fiesta que celebraban los hebreos. Fiesta de la Resurrección del Señor. Pentecostés. *pl.* Fiesta de Navidad.
pascual *a.* Relativo a la Pascua.
pase *m.* Licencia escrita para entrar en algún sitio, viajar gratis, etc. Lance del toreo.
paseante *a.-s.* Que pasea.
pasear *i.-r.* Andar o ir a caballo o en vehículo por re-

creo o por higiene. *t.* Llevar de una parte a otra.
paseo *m.* Acción de pasear. Sitio para pasear.
pasiego -ga *a.-s.* De Pas, valle de Santander.
pasillo *m.* Pasadizo, corredor.
pasión *f.* Acción de padecer. La de Nuestro Señor Jesucristo. Inclinación vehemente del ánimo.
pasionaria *f.* Planta en cuyas flores aparecen como imitados la corona de espinas, la lanza y los clavos de la Pasión de Cristo.
pasivo -va *a.* Que recibe la acción del agente. Que deja hacer, que no opone resistencia. *m.* Conjunto de lo que debe un comerciante.
pasmar *t.-r.* Causar pasmo. Enfriar mucho.
pasmo *m.* Enfriamiento, resfriado. Asombro, admiración.
pasmoso -sa *a.* Que causa pasmo.
paso *m.* Movimiento que se hace al andar. Longitud de un paso. Manera de andar. Acción de pasar. Lugar por donde se puede pasar. Acto o diligencia en solicitud de una cosa. Lance, suceso.
pasquín *m.* Cartel anunciador. Escrito anónimo que se fija en sitio público.
pasta *f.* Masa blanda y plástica. Encuadernación de los libros.
pastar *t.* Conducir el ganado al pasto. *i.* Pacer.
pastel *m.* Masa de harina y manteca que envuelve otros ingredientes y se cuece al horno. Hierba tintórea. Barrita de color. Convenio secreto con malos fines o excesiva transigencia.
pastelear *i.* Contemporizar por miras interesadas.
pastelería *f.* Arte y establecimiento del pastelero. Conjunto de pasteles.
pastelero -ra *m. f.* Persona que hace o vende pasteles.
pastelillo *m.* Dulce de masa muy delicada y rellena de conservas.
pasterizar *r.* Esterilizar la leche según el método de Pasteur.
pastilla *f.* Porción de pasta pequeña y de figura geométrica.
pasto *m.* Acción de pastar. Hierba que pace el ganado. Alimento.
pastor *m. f.* Persona que guarda y apacienta el ganado. Obispo, párroco.
pastoral *a.* Pastoril. Perteneciente a los prelados. *f.* Carta pastoral. /al campo.
pastorear *t.* Llevar los ganados
pastoreo *m.* Acción de pastorear.
pastoril *a.* Propio de los pastores.
pastosidad *a.* Calidad de pastoso.
pastoso -sa *a.* Suave y blando. Dic. de la voz de timbre suave.
pata *f.* Pie y pierna de los animales. Pie de un mueble. Hembra del pato.
patada *f.* Golpe dado con el pie o con la pata. Huella.
patagón -na *a.-s.* De Patagonia.
patalear *i.* Mover violentamente las piernas o patas. Dar patadas en el suelo.
pataleo *m.* Acción de patalear.
pataleta *f.* Convulsión, esp. cuando se cree fingida.
patán *m.* Rústico. Hombre tosco y grosero.
patarata *f.* Ridiculez. Expresión afectada de un sentimiento.
patata *f.* Planta cuyos rizomas llevan tubérculos gruesos, feculentos y muy alimenticios. Tubérculo de esta planta.
patatal *m.* Terreno sembrado de patatas. /leve.
patatús *m.* Congoja o accidente
patear *t.* Dar golpes con los pies. Tratar mal. *i.* Dar patadas en el suelo.
patena *f.* Platillo de metal en el cual se pone la hostia en la misa.
patentar *t.* Conceder, obtener o registrar una patente.
patente *a.* Visible, evidente. *f.* Título librado por el Gobierno confiriendo ciertos derechos o privilegios.
patentizar *t.* Hacer patente.
pateo *m.* Acción de patear.
paternal *a.* Propio del padre.
paternidad *f.* Calidad de padre.
paterno -na *a.* Perteneciente al padre.
paternóster *m.* Padrenuestro.
pateta *m.* El diablo.
patético -ca *a.* Capaz de conmover el ánimo.
patibulario -ria *a.* Repugnante, que produce horror o espanto.
patíbulo *m.* Lugar en que se ejecuta la pena de muerte.
paticojo -ja *a.-s.* Cojo.
patilla *f.* Porción de barba que se deja crecer en los carrillos.
patín *m.* Aparato que se adapta al calzado para deslizarse sobre el hielo o sobre un pavimento liso. Aparato con flotadores para pasear sobre el agua.
pátina *f.* Tono que da el tiempo

a las pinturas y objetos antiguos.
patinar *i*. Deslizarse con patines. Resbalar las ruedas de un carruaje. Dar pátina.
patio *m*. Espacio descubierto en lo interior de un edificio. En un teatro, planta baja.
patitieso -sa *a*. Que se queda sin sentido ni movimiento. Muy asombrado.
patizambo -ba *a*. De piernas torcidas hacia afuera.
pato *m*. Ave palmípeda de pico ancho y plano y carne comestible.
patochada *f*. Dicho necio.
patojo -ja *a*. Que imita al pato en el andar.
patología *f*. Parte de la medicina que estudia las enfermedades. /la patología.
patológico -ca *a*. Perteneciente a
patólogo *m*. El que se dedica a la patología. /ha nacido.
patria *f*. La tierra en que uno
patriarca *m*. Título de dignidad de algunos prelados. En la antigüedad, jefe de familia o tribu. /ca.
patriarcal *a*. Relativo al patriar-
patricio *m*. Individuo que por sus virtudes descuella entre sus conciudadanos.
patrimonial *a*. Relativo al patrimonio.
patrimonio *m*. Bienes propios heredados o adquiridos.
patrio -tria *a*. Relativo a la patria o al padre.
patriota *c*. Persona que tiene amor a su patria.
patriótico -ca *a*. Perteneciente al patriota o a la patria.
patriotismo *m*. Amor a la patria.
patrocinar *t*. Proteger, favorecer.
patrocinio *m*. Protección.
patrón -na *m. f*. Defensor, protector. Santo bajo cuya protección se halla una iglesia, un pueblo, etc. Amo, señor. *m*. El que manda un buque. Modelo según el cual se corta un objeto.
patronal *a*. Relativo al patrono.
patronato *m*. Derecho del patrono. Fundación piadosa o benéfica.
patronear *t*. Ejercer el cargo de patrón en un buque.
patronímica -ca *a*. Dic. del apellido familiar que se formaba del nombre de los padres.
patrono -na *m. f*. Patrón.
patrulla *f*. Pequeña partida de gente armada que ronda en las plazas, campamentos, etc.
patrullar *i*. Rondar una patrulla.

patudo -da *a*. Que tiene grandes patas o pies.
patulea *f*. Soldadesca desordenada. Gente desbandada y maleante.
patullar *i*. Pisar desatentadamente. Hacer muchos pasos inútilmente. /tamente.
paulatino -na *a*. Que obra lenta-
pauperismo *m*. Existencia de muchos pobres en un país.
paupérrimo -ma *a*. Superl. Muy pobre.
pausa *f*. Breve interrupción. Tardanza, lentitud. MÚS. Intervalo en el que se deja de tocar o cantar.
pausado -da *a*. Que obra o se hace con pausa.
pauta *f*. Rayas hechas en el papel con que se aprende a escribir. Regla, norma, modelo.
pautar *t*. Rayar el papel.
pava *f*. Hembra del pavo. *a.-f*. Mujer sosa. /sulsez.
pavada *f*. Manada de pavos. In-
pavana *f*. Ant. danza de origen español.
pavero -ra *m. f*. Persona que cuida o vende pavos. Sombrero andaluz de ala ancha y recta. /de.
pavés *m*. Escudo oblongo y gran-
pavesa *f*. Partícula que se desprende de un cuerpo en ignición.
pavía *f*. Variedad de melocotón.
pavimentación *f*. Acción de pavimentar.
pavimentar *t*. Revestir el suelo con ladrillos, losas, etc.
pavimento *m*. Superficie artificial que se hace para que el piso esté sólido y llano.
pavipollo *m*. Pollo del pavo.
pavo *m*. Ave gallinácea que tiene la cabeza y el cuello cubiertos de carúnculas rojas.
pavo real *m*. Ave gallinácea, cuyo macho tiene la cola muy larga y puede extenderla en forma de abanico.
pavón *m*. Pavo real. Especie de barniz que se da a los objetos de hierro o acero.
pavonar *t*. Dar pavón.
pavonear *i.-r*. Hacer vana ostentación de sí mismo.
pavor *m*. Temor, espanto.
pavoroso -sa *a*. Que causa pavor.
payasada *f*. Acción o dicho de payaso. /co.
payaso *m*. Bufón, gracioso de cir-
paz *f*. Tranquilidad, sosiego. Estado de la nación que no está en guerra. /licón.
pazguato -ta *a.-s*. Simple, boba-
pe *f*. Nombre de la letra p.

peaje *m.* Derecho de tránsito.
peal *m.* Parte de la media que cubre el pie.
peana *f.* Basa o apoyo para colocar una figura.
peatón *m.* El que anda a pie.
pebete *m.* Pasta que, encendida, exhala un humo fragante.
pebetero *m.* Vaso para quemar perfumes.
pebre *m.* Salsa de pimiento, ajo, perejil y vinagre. /cutis.
peca *f.* Pequeña mancha en el
pecado *m.* Transgresión voluntaria de la ley de Dios.
pecador -ra *a.-s.* Que peca.
pecaminoso -sa *a.* Relativo al pecado.
pecar *i.* Incurrir en pecado.
pecera *f.* Vasija de cristal llena de agua para tener peces.
pecina *f.* Cieno negruzco.
peciolo *m.* Pezón de la hoja.
pécora *f.* Res. Persona taimada y viciosa.
pecoso -sa *a.* Que tiene pecas.
pectoral *a.* Relativo al pecho. *a.-m.* MED. Provechoso para el pecho. *m.* Cruz que traen sobre el pecho los prelados.
pecuario -ria *a.* Relativo al ganado.
peculiar *a.* Propio o privativo.
peculio *m.* Dinero que particularmente tiene cada uno.
pecunia *f.* Dinero o moneda.
pecuniario -ria *a.* Perteneciente al dinero efectivo.
pechar *i.* Asumir una carga u obligación desagrada.
pechera *f.* Parte de una prenda que cubre el pecho.
pechero -ra *a.-s.* Plebeyo. *m.* Babero.
pecho *m.* Parte del cuerpo que se extiende desde el cuello hasta el vientre. Lo exterior de esta parte. Teta de la mujer. Interior del hombre. Coraje, valor.
pechuga *f.* Pecho del ave.
pechugón *m.* Golpe fuerte en el pecho.
pedagogía *f.* Ciencia y arte de enseñar y educar.
pedagógico -ca *a.* Relativo a la pedagogía. /con el pie.
pedal *m.* Palanca que se mueve
pedante *a.-s.* Que hace vano alarde de erudición.
pedantería *f.* Vicio de pedante.
pedantesco -ca *a.* Relativo a los pedantes o a su estilo.
pedazo *m.* Fragmento, parte.
pedernal *m.* Cuarzo que da chispas al ser herido por el eslabón.
pedestal *m.* Cuerpo que sostiene una columna, estatua, etc.
pedestre *a.* Que anda a pie. Llano, vulgar.
pediatría *f.* Estudio de las enfermedades de los niños.
pedículo *m.* Pezón, rabillo.
pedicuro -ra *m. f.* Callista.
pedido *m.* Petición. Encargo de mercancías.
pedigüeño -ña *a.-s.* Que pide con frecuencia e importunidad.
pediluvio *m.* Baño de pies.
pedir *t.* Rogar o demandar a uno que dé o haga una cosa. Pedir limosna. Requerir una cosa como necesaria o conveniente.
pedo *m.* Ventosidad ruidosa que se expele por el ano.
pedrada *f.* Acción de tirar una piedra. Golpe dado con ella.
pedrea *f.* Acción de apedrear. Combate a pedradas.
pedregal *m.* Terreno cubierto de piedras. /dras.
pedregoso -sa *a.* Cubierto de pie-
pedrera *f.* Cantera.
pedrería *f.* Conjunto de piedras preciosas.
pedrisco *f.* Piedra o granizo que cae de las nubes.
pedrusco *m.* Trozo de piedra sin labrar.
pedúnculo *m.* H. N. Pezón, pie, sustentáculo.
peer *i.* Echar pedos.
pega *f.* Acción de pegar o adherir. Zurra. Chasco, burla.
pegadizo -za *a.* Pegajoso. Gorrón. Postizo.
pegajoso -sa *a.* Que fácilmente se pega. Contagioso.
pegamoide *m.* Substancia con que se imita el cuero.
pegar *t.-i.* Castigar a golpes. Dar un salto, un grito, etc. *t.-r.* Unir, adherir, conglutinar. Arrimar, Contagiar. /che.
pegote *m.* Emplasto, bizma, par-
peguero *m.* El que fabrica pez o trata en ella.
pegujal *m.* Peculio. Corta porción de hacienda.
pegujalero *m.* Labrador o ganadero de corto caudal. /pez.
peguntar *t.* Marcar las reses con
peinado *m.* Compostura del pelo.
peinador -ra *a.-s.* Que peina. Lienzo o bata ligera con que se cubre el que se peina o afeita.
peinar *t.* Desenredar o componer el cabello. Desenredar pelo o lana.
peine *m.* Utensilio con púas para
peinero *m.* El que fabrica o vende peines.
peineta *f.* Peine convexo que usan las mujeres para adorno.

peje *m.* Pez (animal). Hombre taimado. /humo.
pejepalo *m.* Abadejo curado al
pejesapo *m.* Pez marino comestible, de cabeza enorme y aplastada.
pejiguera *f.* Cosa que ofrece dificultades y molestias.
peladilla *f.* Almendra confitada. Guijarro pequeño.
peladura *f.* Acción de pelar. Mondadura.
pelafustán -na *m. f.* Persona holgazana y perdida.
pelagatos *m.* Hombre pobre.
pelagra *f.* Enfermedad caracterizada por eritemas y trastornos digestivos y nerviosos.
pelaje *m.* Naturaleza y calidad del pelo de un animal. Calidad de una persona o cosa.
pelambre *m.* Conjunto de pelo.
pelambrera *f.* Alopecia. Porción de pelo espeso y crecido.
pelamesa *f.* Riña en que los contendientes se asen de los pelos.
pelantrín *m.* Pegujalero.
pelar *t.* Cortar o arrancar el pelo. Desplumar. Quitar la piel o corteza, mondar.
pelasgo -ga *a.-s.* De un pueblo muy antiguo que se estableció en Grecia e Italia.
peldaño *m.* Cada una de las partes de un tramo de escalera en que se apoya el pie.
pelea *f.* Combate, batalla, riña.
pelear *i.* Batallar, combatir, disputar. Afanarse. *r.* Reñir, desavenirse.
pelechar *i.* Echar pelo o pluma. Comenzar a medrar, a recobrar la salud.
pelele *m.* Muñeco de paja o trapos. Traje para niños.
peleón *a.* Peleador. *a.-s.* Dic. del vino ordinario.
peleona *f.* Riña, pendencia.
pelerina *f.* Esclavina.
peletería *f.* Oficio y comercio del peletero. Conjunto de pieles finas.
peletero *m.* El que adoba pieles finas o las vende.
peliagudo -da *a.* Muy dificultoso. Sutil y mañoso.
pelícano *m.* Ave palmípeda, de pico ancho y muy largo, con la piel de la mandíbula inferior en forma de bolsa.
película *f.* Piel o cubierta membranosa, muy delgada. Cinta cinematográfica.
peligrar *i.* Estar en peligro.
peligro *m.* Contingencia inminente de que suceda algún mal.
peligroso -sa *a.* Que ofrece peligro.

peliloso -sa *a.* Quisquilloso.
pelma *m.* Pelmazo.
pelmazo *m.* Cosa muy aplastada. Persona calmosa o pesada.
pelo *m.* Cada uno de los filamentos que nacen en la epidermis de los mamíferos. Cabello. Plumón. Vello. Conjunto de pelos.
pelón -na *a.-s.* Que no tiene pelo. Pobre.
peloso -sa *a.* Que tiene pelo.
pelota *f.* Bola esférica u ovoide de goma, trapos, etc., que sirve para jugar. Juego hecho con ella. Bola de materia blanda.
pelotari *m.* Jugador de pelota vasca. /pelota.
pelotazo *m.* Golpe dado con la
pelote *m.* Pelo para rellenar muebles.
pelotear *i.* Jugar a la pelota sin haber hecho partido. Reñir, disputar.
pelotera *f.* Riña, contienda.
pelotero *a.* Dic. del escarabajo común.
pelotón *m.* Aum. de *pelota.* Conjunto de pelos apretados o enredados. Conjunto desordenado de personas. Grupo de soldados.
peltre *m.* Aleación de cinc, plomo y estaño.
peluca *f.* Cabellera postiza. Reprensión severa.
pelucona *f.* Onza de oro.
peludo -da *a.* Que tiene mucho pelo. *m.* Ruedo afelpado.
peluquería *f.* Tienda y oficio del peluquero.
peluquero -ra *m. f.* Persona que peina o corta el pelo.
peluquín *m.* Peluca pequeña.
pelusa *f.* Vello de frutas o plantas. Pelo menudo que se desprende de las telas.
pelvis *f.* Cavidad del cuerpo determinada por los dos coxales, el sacro y el coxis.
pella *f.* Masa apretada y redonda.
pelleja *f.* Piel quitada del cuerpo del animal. Zalea. Pellejo.
pellejo *m.* Piel. Odre.
pelliza *f.* Prenda hecha o forrada de pieles finas.
pellizcar *t.* Asir entre los dedos, apretándola, una pequeña porción de piel y carne de una persona. Tomar o quitar una pequeña cantidad de una cosa.
pellizco *m.* Acción de pellizcar. Porción que se pellizca.
pena *f.* Castigo impuesto. Cuidado, aflicción, dolor. Esfuerzo que cuesta una cosa.
penacho *m.* Grupo de plumas que tienen algunas aves en la cabeza. Adorno de plumas.

penado -da *a.* Penoso. *m. f.* Delincuente condenado a una pena.
penal *a.* Relativo a la pena. *m.* Lugar en que los penados cumplen condena.
penalidad *f.* Aflicción, trabajo. DER. Sanción impuesta por la ley.
penar *t.* Imponer pena. *i.* Padecer, sufrir.
penates *m. pl.* Dioses domésticos de los gentiles.
penca *f.* Hoja carnosa de algunas plantas. Tira de cuero para azotar.
penco *m.* Jamelgo.
pendencia *f.* Contienda, riña.
pendenciero -ra *a.-s.* Propenso a riñas o pendencias.
pender *i.* Estar colgada o inclinada una cosa. Depender. Estar por resolverse.
pendiente *a.* Que pende. Que está por resolverse. *m.* Arete para adornar las orejas. *f.* Declive de un terreno.
péndola *f.* Péndulo de un reloj. Reloj de péndola. Pluma.
pendolista *c.* Persona que escribe diestramente.
pendón *m.* Bandera o estandarte pequeño. Insignia de las cofradías, iglesias, etc. Persona despreciable. /pendón.
pendonista *c.* Persona que lleva el
pendular *a.* Relativo al péndulo.
péndulo -la *a.* Que pende. *m.* Cuerpo que puede oscilar, suspendido desde un punto fijo.
penetrable *a.* Que se puede penetrar.
penetración *f.* Acción de penetrar. Perspicacia, sagacidad.
penetrar *t.* Introducirse un cuerpo en otro por sus poros. Hacerse sentir con violencia una cosa. *t.-r.* Comprender, llegar a conocer. *i.* Introducirse en lo interior de un espacio.
península *f.* Tierra cercada de agua y unida sólo por una parte al continente.
peninsular *a.-s.* De una península.
penique *m.* Moneda inglesa, duodécima parte del chelín.
penitencia *f.* Dolor de haber pecado. Sacramento por el cual se perdonan los pecados. Pena que impone el confesor. Acto o ejercicio de mortificación.
penitenciaría *f.* Tribunal eclesiástico de Roma. Establecimiento penitenciario.
penitenciario -ria *a.-m.* Dic. del presbítero que tiene obligación de confesar en una iglesia. Dic. de los establecimientos y sistemas de castigo y corrección de los penados. /fiesa.
penitenta *f.* Mujer que se con-
penitente *a.* Perteneciente a la penitencia o que la tiene. *c.* Persona que se confiesa o que hace penitencia. /verga.
penol *m.* MAR. Extremo de una
penoso -sa *a.* Trabajoso; que causa pena.
pensador *m.* Hombre dedicado a estudios elevados.
pensamiento *m.* Acción o facultad de pensar. Idea capital de una obra. Idea o sentencia notable. Trinitaria.
pensar *i.* Ejercitar la facultad del espíritu de concebir, razonar o inferir. *t.* Reflexionar. Imaginar, considerar. Formar ánimo de hacer una cosa.
pensativo -va *a.* Que medita y está absorto.
pensil *m.* Jardín delicioso.
pensión *f.* Cantidad anual que se da a alguien. Auxilio pecuniario para ampliar estudios. Casa de huéspedes.
pensionado -da *a.-s.* Que goza de una pensión. *m.* Colegio de alumnos internos. /sión.
pensionar *t.* Conceder una pen-
pensionista *c.* Persona que cobra pensión. La que paga pensión por estar en un colegio o casa particular.
pentagonal *a.* Que tiene cinco ángulos.
pentágono -na *a.-s.* Dic. del polígono de cinco lados.
pentagrama *m.* Renglonadura sobre la cual se escribe la música. /sílabas.
pentasílabo -ba *a.-s.* De cinco
pentateuco *m.* Los cinco primeros libros de la Biblia.
pentecostés *m.* Fiesta que celebraban los judíos. Festividad de la venida del Espíritu Santo.
penúltimo -ma *a.-s.* Inmediatamente anterior al, o a lo, último.
penumbra *f.* Sombra débil entre la luz y la obscuridad.
penuria *f.* Escasez.
peña *f.* Piedra grande natural. Reunión de amigos.
peñascal *m.* Sitio cubierto de peñascos. /vada.
peñasco *m.* Peña grande y ele-
peñascoso -sa *a.* Dic. del lugar donde hay muchos peñascos.
peñón *m.* Monte peñascoso.
peón *m.* El que anda a pie. Jornalero que ayuda al oficial. Pieza del juego de ajedrez y del de damas. Juguete de madera, de forma cónica termi-

nado en una púa de hierro al cual se arrolla una cuerda para lanzarlo y hacerle bailar.
peonaje *m.* Conjunto de peones.
peonía *f.* Planta de jardín, de flores vistosas.
peonza *f.* Juguete parecido al peón que se hace bailar dándole con un látigo.
peor *a.* Comp. de *malo.* De inferior calidad o condición. *adv.* comp. de *mal.* Más mal.
pepino *m.* Planta cucurbitácea de fruto cilíndrico.
pepita *f.* Semilla plana y larga. Trozo de oro o plata nativos. Enfermedad que las gallinas suelen tener en la lengua.
pepitoria *f.* Guisado de ave, cuya salsa lleva yema de huevo.
pepsina *f.* Fermento que se halla en el jugo gástrico.
pequeñez *f.* Calidad de pequeño. Cosa pequeña.
pequeño -ña *a.* Que no llega a las dimensiones ordinarias. Que no es grande. De corta edad. Humilde.
pera *f.* Fruto del peral.
peral *m.* Árbol de fruto en pomo, de carne jugosa, con pepitas pequeñas y negras. /rales.
peraleda *f.* Sitio poblado de perales.
peralte *m.* Mayor elevación de la parte exterior de una curva, en caminos, carreteras, etc.
perca *f.* Raño (pez). Pez de río, de carne fina.
percal *m.* Tela de algodón fina, teñida o estampada.
percalina *f.* Lustrina.
percance *m.* Contratiempo o daño imprevistos.
percatar *i.-r.* Advertir, darse cuenta, considerar.
percebe *m.* Crustáceo que tiene un pedúnculo carnoso comestible.
percepción *f.* Acción de percibir.
perceptible *a.* Que se puede percibir.
perceptor -ra *a.-s.* Que percibe.
percibir *t.* Recibir una cantidad, sueldo, etc. Adquirir conocimiento de lo exterior por medio de los sentidos. Comprender, conocer.
percusión *f.* Acción de percutir.
percusor *m.* El que hiere. Pieza que golpea, esp. aquella con que se hace detonar el fulminante en las armas de fuego.
percutir *t.* Golpear.
percutor *m.* Percusor.
percha *f.* Madero o estaca larga. Pieza o mueble con colgaderos.
perder *t.* Verse privado de una persona o cosa. Desperdiciar. Deteriorar. *t.-i.* Quedar vencido. *i.* Desteñirse una tela. *r.* Errar el camino. Irse a pique. Entregarse a los vicios. *t.-r.* Ocasionar o padecer daño o ruina.
perdición *f.* Acción de perder. Ruina, daño. Condenación eterna.
pérdida *f.* Privación de lo que se poseía. Daño, menoscabo.
perdido -da *a.* Que no tiene o no lleva destino determinado. Ciegamente enamorado. *m.* Persona viciosa.
perdigón *m.* Pollo de la perdiz. Grano de munición para la caza.
perdiguero -ra *a.* Dic. del animal que caza perdices.
perdis *m.* Calavera, vicioso.
perdiz *f.* Ave gallinácea, de cabeza pequeña y pico y pies encarnados, estimada por su carne. /Indulgencia.
perdón *m.* Acción de perdonar.
perdonar *t.* Remitir la deuda, falta, delito, etc., que toque al que remite. Exceptuar.
perdonavidas *m.* Baladrón, valentón.
perdulario -ria *a.-s.* Muy desaliñado. Vicioso incorregible.
perdurable *a.* Perpetuo. Que dura mucho tiempo.
perecedero -ra *a.* Que ha de perecer. Poco durable.
perecer *i.* Acabar, fenecer, morir. *r.* Desear con ansia una cosa.
perecimiento *m.* Acción de perecer.
peregrinación *f.*, **peregrinaje** *m.* Viaje por tierras extrañas. Viaje a un santuario.
peregrinar *i.* Andar por tierras extrañas. Ir en romería a un santuario.
peregrino -na *a.-s.* Que peregrina. *a.* Raro, extraordinario. Muy hermoso o perfecto.
perejil *m.* Hierba que se usa como condimento. Adorno excesivo.
perejila *f.* Juego de naipes.
perenal *a.* Perenne.
perendengue *m.* Arete. Adorno mujeril.
perengano -na *m. f.* Persona cuyo nombre se ignora o no se quiere expresar.
perenne *a.* Incesante, perpetuo. BOT. Vivaz.
perentorio -ria *a.* Concluyente, decisivo. Urgente, apremiante.
pereza *f.* Repugnancia al trabajo. Flojedad, descuido.
perezoso -sa *a.-s.* Que tiene o muestra pereza.
perfección *f.* Acción de perfec-

cionar. Calidad de perfecto. Cosa perfecta.
perfeccionamiento m. Acción de perfeccionar.
perfeccionar t. Acabar enteramente una obra. Hacer perfecto.
perfecto -ta a. Que tiene todas las cualidades requeridas.
perfidia f. Deslealtad, traición.
perfil m. Adorno o trazo fino y delicado. Postura en que sólo se deja ver una de las dos mitades laterales del cuerpo. Contorno de una figura.
perfilar t. Dar, presentar o sacar los perfiles de una cosa. Afinar. r. Colocarse de perfil.
perforación f. Acción de perforar.
perforar t. Horadar.
perfumador -ra a.-s. Que perfuma. m. Vaso para quemar perfumes.
perfumar t. Sahumar, aromatizar. i. Exhalar olor agradable.
perfume m. Materia que exhala buen olor. Cualquier olor muy agradable.
perfumería f. Establecimiento del perfumista. Arte de fabricar perfumes.
perfumista c. Persona que hace o vende perfumes.
pergamino m. Piel de la res, raída, adobada y estirada. Documento escrito en pergamino.
pergeñar t. Disponer, ejecutar con más o menos destreza.
pericardio m. Cubierta fibrosa que envuelve el corazón.
pericarpio m. Parte del fruto que envuelve las semillas.
pericia f. Práctica, habilidad en una ciencia o arte.
pericial a. Relativo al perito.
perico m. Especie de papagayo pequeño.
pericón m. Abanico muy grande. Baile popular argentino.
periecos -ca a.-s. Dic. de los que viven en puntos diametralmente opuestos de un mismo paralelo terrestre.
periferia f. Circunferencia, contorno.
perifollo m. Planta de hojas aromáticas, usadas como condimento. pl. Adornos de mujer.
perífrasis f. Circunlocución.
perigeo m. En la órbita de la Luna, el punto más próximo a la Tierra.
perihelio m. En la órbita de un planeta, el punto más próximo al Sol.
perilla f. Adorno en figura de pera. Pelo que se deja crecer en la punta de la barba.

perillán -llana a.-m. f. Persona pícara, astuta.
perímetro m. Ámbito. GEOM. Contorno de una figura.
perimisio m. Membrana que envuelve el músculo.
perínclito -ta a. Ínclito en sumo grado.
perinola f. Peonza pequeña que se hace bailar con los dedos.
periodicidad f. Calidad de periódico.
periódico -ca a. Que guarda período determinado. a.-m. Dic. del impreso que se publica periódicamente.
periodismo m. Profesión de periodista.
periodista c. Persona que escribe en los periódicos.
periodístico -ca a. Relativo a los periódicos.
período m. Espacio de tiempo determinado. Ciclo. GRAM. Oración compuesta.
periostio m. Membrana que cubre los huesos.
peripecia f. En el drama, la novela, etc., mudanza repentina de situación. Accidente imprevisto.
periplo m. Circunnavegación.
peripuesto -ta a. Que se adereza y viste con afectación.
periquete m. Brevísimo espacio de tiempo.
periquito m. Perico (ave).
periscopio m. Aparato óptico que sirve para ver los objetos por encima de un obstáculo que impide la visión directa.
peristilo m. Atrio rodeado de columnas.
peritación f. Estudio que hace un perito.
peritaje m. Peritación. Estudios para el título de perito.
perito a.-s. Sabio, experimentado en una ciencia o arte.
peritoneo m. Membrana serosa que cubre la superficie interior del vientre.
peritonitis f. Inflamación del peritoneo.
perjudicar t.-r. Causar perjuicio.
perjudicial a Que perjudica o puede perjudicar.
perjuicio m. Daño, menoscabo.
perjurar i. Jurar en falso. r. Faltar al juramento.
perjurio m. Delito del que perjura o se perjura.
perjuro -ra a.-s. Que perjura o se perjura.
perla f. Concreción nacarada que se forma en el interior de la concha de la madreperla. Pequeño glóbulo.

perlático -ca *a.* Que padece perlesía.
perlesía *f.* Parálisis. Debilidad muscular acompañada de temblor.
permanecer *i.* Mantenerse en un mismo lugar, estado, etc.
permanencia *f.* Calidad de permanente. Estancia en un lugar.
permanente *a.* Que permanece.
permeabilidad *f.* Calidad de permeable.
permeable *a.* Que puede ser penetrado por el agua u otro fluido. /mitir.
permisible *a.* Que se puede permitir.
permisión *f.* Acción de permitir.
permiso *m.* Consentimiento para hacer o decir algo.
permitir *t.* Dar permiso, consentir. No impedir.
permuta y **permutación** *f.* Acción de permutar.
permutar *t.* Trocar, cambiar.
pernada *f.* Golpe dado con la pierna.
pernear *i.* Mover violentamente las piernas.
pernera *f.* Pernil del pantalón.
pernicioso -sa *a.* Gravemente perjudicial.
pernil *m.* Anca y muslo del animal. Parte del pantalón que cubre cada pierna.
pernio *m.* Gozne. /pierna.
perniquebrar *t.-r.* Romper la
perno *m.* Clavo grueso, con cabeza por un extremo, que se asegura por el otro con chaveta, tuerca o remache.
pernoctar *t.* Pasar la noche en algún sitio fuera del propio domicilio.
pero *m.* Variedad de manzano. Su fruto. Defecto, dificultad. *Conj.* adversativa. Denota que un concepto se contrapone a otro anterior.
perogrullada *f.* Verdad que por sabida es simpleza el decirla.
perol *m.* Vasija de metal en forma de media esfera.
peroné *m.* Hueso largo y delgado situado en la parte externa de la pierna.
peroración *f.* Acción de perorar.
perorata *f.* Discurso o razonamiento molesto o inoportuno.
peróxido *m.* En una serie de óxidos, el que tiene la mayor cantidad de oxígeno.
perpendicular *a.-f.* Dic. de la recta o plano que forma ángulo recto con otra u otro.
perpetrar *t.* Cometer un delito o culpa grave.
perpetua *f.* Planta cuyas flores, una vez cogidas, persisten meses enteros sin alterarse.
perpetuar *t.-r.* Hacer perdurable.
perpetuidad *f.* Duración sin fin.
perpetuo -a *a.* Que dura siempre. Vitalicio.
perplejidad *f.* Confusión, duda, irresolución.
perplejo -ja *a.* Dudoso, irresoluto.
perra *f.* Hembra del perro. Rabieta. Moneda de cinco o de diez céntimos.
perrera *f.* Lugar donde se encierran los perros.
perrería *f.* Conjunto de perros. Acción desleal.
perro -rra *a.-s.* Muy malo, indigno. *m.* Mamífero carnívoro, doméstico, muy leal al hombre.
perruno -na *a.* Relativo al perro.
persa *a.-s.* De Persia.
persecución *f.* Acción de perseguir.
perseguir *t.* Seguir al que huye para alcanzarle. Buscar con empeño. Molestar, hacer padecer o sufrir.
perseverancia *f.* Constancia en la ejecución de los propósitos.
perseverar *i.* Persistir en una manera de ser o de obrar.
persiana *f.* Especie de celosía de tablillas movibles.
pérsico -ca *a.* Persa. *m.* Árbol de fruto carnoso, con el hueso surcado de arrugas. Su fruto.
persignar *t.-r.* Signar y santiguar a continuación.
persistencia *f.* Insistencia, perseverancia. Duración permanente o continua.
persistir *i.* Mantenerse constante en una cosa. Durar largo tiempo.
persona *f.* Ser humano. TEOL. El Padre, el Hijo o el Espíritu Santo. GRAM. Accidente gramatical que hace referencia al que habla, al que escucha o a aquello de que se habla.
personaje *m.* Sujeto de distinción o calidad. Cada uno de los seres ideados por un autor.
personal *a.* Perteneciente a la persona. *m.* Conjunto de personas pertenecientes a una oficina, dependencia, etc.
personalidad *f.* Diferencia individual que distingue una persona de otra. Personaje.
personalismo *m.* Acción de personalizar. Antagonismo entre personas.
personalizar *t.* Hacer personal. Aludir de modo molesto a persona determinada.
personarse *r.* Avistarse. Presentarse en una parte.
personificación *f.* Acción de per-

sonificar.
personificar *t.* Atribuir vida o acciones propias de persona a los irracionales o a las cosas. Ser una persona la representación de una cualidad, opinión, etcétera.
perspectiva *f.* Arte de representar en una superficie los objetos tal como aparecen a la vista. Conjunto de objetos que se presentan a la vista. Contingencia que puede preverse.
perspicacia *f.* Calidad de perspicaz.
perspicaz *a.* Dic. de la vista, mirada, etc., muy aguda. Dic. del ingenio agudo y del que lo tiene.
persuadir *t.-r.* Inducir a uno a hacer o creer algo.
persuasión *f.* Acción de persuadir.
persuasivo -va *a.* Que tiene eficacia para persuadir.
pertenecer *i.* Ser propia de uno alguna cosa o serle debida. Referirse a una cosa o formar parte integrante de ella.
pertenencia *f.* Derecho a la propiedad de una cosa. Cosa accesoria a la principal.
pértiga *f.* Vara larga.
pértigo *m.* Lanza del carro.
pertinacia *f.* Calidad de pertinaz.
pertinaz *a.* Obstinado, tenaz. Muy duradero.
pertinente *a.* Perteneciente. Que viene a propósito.
pertrechar *t.* Abastecer de pertrechos.
pertrechos *m. pl.* Municiones, armas, instrumentos, necesarios para la guerra o para algún fin.
perturbación *f.* Acción de perturbar.
perturbado -da *a.-s.* Enfermo mental.
perturbar *t.* Alterar el orden y concierto. *t.-r.* Trastornar la tranquilidad o el juicio.
peruano -na *a.-s.* Del Perú.
perversidad *f.* Suma maldad.
perversión *f.* Acción de pervertir. Corrupción de costumbres.
perverso -sa *a.-s.* Malo, depravado.
pervertir *t.-r.* Perturbar el orden y estado de las cosas. Viciar, corromper, depravar.
pesa *f.* Pieza de peso determinado que sirve para pesar. Pieza que colgada de una cuerda sirve de contrapeso.
pesacartas *m.* Balanza delicada para pesar cartas.
pesada *f.* Cantidad que se pesa de una vez. /pesado.
pesadez *f.* Pesantez. Calidad de

pesadilla *f.* Ensueño angustioso.
pesado -da *a.* Que pesa mucho. Dic. del sueño profundo. Cargado de humores, vapores, etc. Tardo, lento. Molesto. Enfadoso. Duro, insufrible.
pesadumbre *f.* Pesadez. Desazón, disgusto.
pesalicores *m.* Areómetro para líquidos menos densos que el agua.
pésame *m.* Expresión con que se significa a uno el sentimiento que se tiene de su pena.
pesantez *f.* Gravedad (fuerza).
pesar *m.* Dolor del ánimo. Arrepentimiento.
pesar *i.* Tener peso. Hacer fuerza en el ánimo. Causar dolor o arrepentimiento. *t.* Determinar el peso de las cosas.
pesaroso -sa *a.* Afligido. Arrepentido.
pesca *f.* Acción, oficio y arte de pescar. Lo pescado.
pescadería *f.* Sitio donde se vende pescado.
pescadero -ra *m. f.* Persona que vende pescado.
pescadilla *f.* Merluza pequeña.
pescado *m.* Pez comestible sacado del agua.
pescador -ra *a.-s.* Que pesca.
pescante *m.* En los coches, asiento del cochero.
pescar *t.* Coger peces. Sacar algo del mar o del río. Agarrar algo. Lograr, conseguir.
pescozón *m.* Manotada en el pescuezo.
pescuezo *m.* Parte del cuerpo desde la nuca hasta el tronco.
pesebre *m.* Especie de cajón donde comen las bestias.
peseta *f.* Moneda de plata, unidad monetaria de España, representada actualmente por billetes o monedas de metal inferior.
pesimismo *m.* Tendencia a ver las cosas por el lado más desfavorable. /mismo.
pesimista *a.-s.* Que tiene pesi-
pésimo *a.* Superl. de *malo.*
peso *m.* Pesantez. Resultante de la acción de la gravedad sobre un cuerpo. El que debe tener una cosa. Importancia. Fuerza, eficacia. Carga. Moneda americana de diversos valores según los países.
pespuntar *t.* Coser o labrar de pespunte.
pespunte *m.* Labor de costura con puntadas unidas.
pespuntear *t.* Pespuntar.
pesquera *f.* Sitio donde se pesca.
pesquería *f.* Trato u oficio de

pesquero -ra *a.* Relativo a la pescadores. Pesquera.
pesquis *m.* Caletre.
pesquisa *f.* Investigación. /pesca.
pestaña *f.* Cada uno de los pelos del borde de los párpados. Parte saliente y angosta en el borde de una cosa.
pestañear *i.* Mover los párpados.
pestañeo *m.* Movimiento rápido de los párpados.
peste *f.* Enfermedad contagiosa que causa gran mortandad. Mal olor.
pestífero -ra *a.* Que puede causar peste o daño. Que tiene muy mal olor.
pestilencia *f.* Peste.
pestilente *a.* Pestífero.
pestillo *m.* Pasador con que se asegura una puerta o ventana. Pieza prismática de la cerradura.
pestiño *m.* Fruta de sartén, de harina y huevos.
pestorejo *m.* Cerviguillo.
pesuño *m.* Cada uno de los dedos del animal de pata hendida.
petaca *f.* Estuche para llevar cigarros o tabaco picado.
pétalo *m.* Hoja de la corola de la flor.
petardear *t.* Batir una puerta con petardos. Estafar.
petardista *c.* Persona que petardea, que sablea. /plosivo.
petardo *m.* Pequeño artefacto explosivo.
petate *m.* Esterilla usada para dormir. Lío de la cama y la ropa.
petición *f.* Acción de pedir.
peticionario -ria *a.-s.* Que solicita una cosa.
petimetre -tra *m. f.* Persona que cuida demasiadamente de su compostura.
petirrojo *m.* Pájaro que tiene rojos la frente, el cuello, la garganta y el pecho.
petitorio -ria *a.* Relativo a la petición.
peto *m.* Armadura, adorno o vestidura que cubre el pecho.
petral *m.* Correa que ciñe el pecho de la cabalgadura.
petrel *m.* Ave palmípeda marina.
pétreo -a *a.* De piedra o de su calidad. /car.
petrificación *f.* Acción de petrificar.
petrificar *t.-r.* Convertir en piedra.
petróleo *m.* Líquido oleoso y combustible que se encuentra nativo en lo interior de la tierra.
petrolero -ra *a.* Relativo al petróleo. *m.* Buque para el transporte de petróleo.
petrolífero -ra *a.* Que contiene petróleo.
petulancia *f.* Insolencia. Ridícula presunción. /lancia.
petulante *a.-s.* Que tiene petu-
pez *m.* Animal vertebrado acuático, ovíparo, de sangre fría, respiración branquial y miembros en forma de aletas. *f.* Substancia negra, sólida, obtenida del alquitrán.
pezón *m.* Rabillo de la hoja, la flor o el fruto. Protuberancia en las tetas. Parte saliente de algunas cosas.
pezonera *f.* Pieza de hierro que atraviesa la punta del eje de los carruajes.
pezuña *f.* Conjunto de los pesuños de cada pata. Casco de los équidos.
phi *f.* Letra griega equivalente a nuestra *f.* /nuestra *p.*
pi *f.* Letra griega equivalente a
piadoso -sa *a.* Inclinado a la piedad. Religioso, devoto.
piafar *i.* Golpear el caballo el suelo con las manos, cuando está parado.
piamadre y -máter *f.* La más interior de las tres meninges.
piamontés -tesa *a.-s.* Del Piamonte.
pianista *c.* Persona que profesa el arte de tocar el piano.
piano *m.* Instrumento músico de teclado y cuerdas metálicas.
pianola *f.* Piano que puede tocarse mecánicamente.
piar *t.* Emitir su voz los polluelos y otras aves.
piara *f.* Manada de cerdos o de yeguas, mulas, etc.
piastra *f.* Moneda de plata de varios países.
pica *f.* Lanza larga de infantería. Garrocha de picador.
picacho *m.* Punta aguda en un monte.
picada *f.* Picotazo. Picadura.
picadero *m.* Sitio donde se aprende a montar. /picada.
picadillo *m.* Guisado de carne
picado *m.* En aviación, descenso casi vertical de un aparato.
picador -ra *a.-s.* Que pica. *m.* El que adiestra caballos. Torero de a caballo que pica al toro.
picadura *f.* Acción de picar. Pinchazo. Tabaco picado para fumar.
picajoso -sa *a.-s.* Quisquilloso.
picamaderos *m.* Ave trepadora que pica la corteza de los árboles.
picapedrero *m.* Cantero.
picapleitos *m.* Pietista. Abogado sin pleitos.

picaporte *m.* Instrumento para cerrar de golpe las puertas. Llave para abrir el picaporte. Aldaba, llamador.

picar *t.* Punzar, morder el ave, el insecto, etc. Herir de punta levemente. Agujerear. Herir al toro con la garrocha. Morder el pez el cebo. Tomar un poco de un manjar. Espolear. Estimular, provocar. Producir escozor. Cortar en trozos menudos. *i.* Calentar mucho el sol. Tocar, rayar en. *r.* Cariarse. Avinagrarse. Formarse en el mar olas pequeñas. Ofenderse. Preciarse.

picardear *i.* Hacer travesuras o picardías.

picardía *f.* Acción baja, ruindad. Travesuras.

picaresco -ca *a.* Relativo a los pícaros. *f.* Junta o profesión de pícaros.

pícaro -ra *a.-s.* Ruin. Malicioso. Taimado. *m.* Hombre descarado, de mal vivir.

picarón -na *a.-s.* Aum. de pícaro.

picatoste *m.* Rebanadilla de pan frita y tostada con manteca.

picaza *f.* Urraca.

picazón *f.* Desazón que causa lo que pica. Disgusto.

pico *m.* Conjunto de las dos mandíbulas del ave, revestidas de un estuche córneo. Punta en el borde de alguna cosa. Cúspide aguda de una montaña. Herramienta de cantero o de agricultor. Lo que excede a un número redondo.

picor *m.* Picazón.

picota *f.* Poste donde se exponían las cabezas de los ajusticiados o los reos a la vergüenza.

picotazo *m.* Golpe que dan las aves con el pico.

picotear *t.* Golpear, herir con el pico. *i.* Charlar.

picotería *f.* Prurito de hablar.

picotero -ra *a.-s.* Charlatán, hablador.

pícrico *a.* Dic. de un ácido amarillo, venenoso y explosivo.

pictórico -ca *a.* Relativo a la pintura.

picudo -da *a.* Que tiene pico.

pichel *m.* Vaso de metal, alto y redondo, con tapa.

pichón *m.* Pollo de la paloma.

pie *m.* Parte terminal de la pierna o de la pata. Parte de la bota o de la media que cubre el pie. Parte que sustenta un mueble. Base. Parte inferior de ciertas cosas. Ocasión, motivo. Árbol joven. Medida de longitud (28 cms. aprox.).

piedad *f.* Devoción. Conmiseración. Respeto amoroso hacia los padres y objetos venerados.

piedra *f.* Materia que constituye las rocas. Porción de ella. MED. Cálculo.

piel *f.* Tegumento que cubre el cuerpo del hombre y de los animales. Cuero curtido. Cubierta exterior de ciertas frutas.

piélago *m.* lit. Mar. Parte del mar muy distante de la tierra.

pienso *m.* Porción de alimento seco que se da al ganado.

Piérides *f. pl.* Las musas.

pierna *f.* Parte del cuerpo entre el pie y la rodilla, o comprendiendo, además, el muslo. Muslo de aves y cuadrúpedos.

pieza *f.* Cada una de las partes que forman un objeto. Cada uno de los objetos de una colección. Cada uno de los espacios cerrados en que se divide una casa. Animal de caza o pesca. Tira de tela o piel que se fabrica de una vez. Moneda. Obra dramática. Composición suelta de música.

pífano *m.* Flautín muy agudo.

pifia *f.* Golpe falso en la bola de billar. Error, descuido.

pifiar *t.* Dar pifia.

pigargo *m.* Ave rapaz que se alimenta de peces.

pigmento *m.* Materia colorante de las substancias orgánicas.

pigmeo -a *a.-s.* De estatura muy pequeña.

pignorar *t.* Empeñar.

pijama *m.* Traje de dormir y para casa, compuesto de pantalón y blusa de tela ligera.

pila *f.* Recipiente grande donde se echa agua. Montón. Pilar de puente. Aparato para producir corrientes eléctricas.

pilar *m.* Pilón (receptáculo). Especie de pilastra aislada.

pilastra *f.* Columna cuadrada.

píldora *f.* Bolita medicamentosa.

pileta *f.* Pila pequeña para agua bendita.

pilón *m.* Receptáculo de piedra en las fuentes. Mortero. Pesa de la romana.

pilongo -ga *a.* Flaco, extenuado. Dic. de la castaña seca.

píloro *m.* Abertura inferior del estómago.

piloso -sa *a.* Peludo.

pilotaje *m.* Ciencia y arte del piloto. Conjunto de pilotes.

pilotar y **-tear** *t.* Dirigir un buque, un globo, un aeroplano, etc.

pilote *m.* Estaca para los cimientos de obras hidráulicas.

piloto *m.* El que dirige un buque, un globo, un aeroplano, etc.
piltrafa *f.* Parte de carne flaca que casi no tiene más que el pellejo.
pillada *f.* Acción de pillo.
pillaje *m.* Rapiña, saqueo.
pillar *t.* Tomar por fuerza. Robar. Coger. Sorprender.
pillastre, pillastrón *m.* Pillo.
pillería *f.* Conjunto de pillos. Pillada.
pillete *m.* Dim. de *pillo*.
pillín *m.* Dim. cariñoso de *pillo*.
pillo *a.-m.* Pícaro; granuja. Sagaz, astuto.
pimentero *m.* Arbusto que da una semilla aromática y picante, usada como condimento. Vasija para la pimienta.
pimentón *m.* Pimiento encarnado molido.
pimienta *f.* Fruto del pimentero.
pimiento *m.* Planta hortense cuyo fruto es una baya hueca grande, alargada, primeramente verde y después roja. Este fruto. /dicinal.
pimpinela *f.* Planta herbácea medicinal.
pimpollo *m.* Vástago, renuevo. Niño, niña o persona joven.
pinabete *m.* Abeto. /ras.
pinacoteca *f.* Galería de pinturas.
pináculo *m.* Parte más alta de un edificio o templo. Parte más sublime de una cosa.
pinar *m.* Sitio poblado de pinos.
pincel *m.* Instrumento con que el pintor asienta los colores en el lienzo, etc. /pincel.
pincelada *f.* Trazo dado con el
pinchar *t.* Herir con algo agudo o punzante. Picar, agujerear.
pinchazo *m.* Punzadura.
pinche *-cha* *m. f.* Ayudante de cocina.
pincho *m.* Aguijón o punta aguda.
pindonga *f.* Mujer callejera.
pindonguear *i.* Callejear.
pineal *a.* Díc. de una glándula situada delante del cerebro.
pingajo *m.* Arrapiezo que cuelga.
pingo *m.* Pingajo.
pingorotudo *-da* *a.* Empinado, alto, elevado. /dante, fértil.
pingüe *a.* Craso, gordo. Abundante,
pingüino *m.* Ave palmípeda de las regiones frías, mal adaptada para el vuelo.
pinito *m.* Pino (primer paso).
pinnípedo *-da* *a.-m.* Dic. de los mamíferos de vida anfibia, como la foca.
pino *-na* *a.* Muy pendiente o derecho. *m.* Nombre de varios árboles coníferos, de fruto en piña. Primer paso que dan los niños.

pinocha *f.* Hoja del pino.
pinta *f.* Mancha en el plumaje, pelo, etc. Adorno en forma de lunar o mota. Aspecto. Medida para líquidos.
pintada *f.* Gallina de Guinea.
pintado *-da* *a.* Matizado. Que tiene pintas.
pintamonas *c.* Mal pintor.
pintar *t.* Dar una capa de color. Representar en una superficie personas, objetos, etc., por medio del color. Describir. *i.* Importar, valer.
pintarrajar o *-jear* *t.* Pintorrear.
pintarrajo *m.* Pintura mal hecha.
pintiparado *-da* *a.* Parecido, igual. Ajustado, a propósito.
pintojo *-ja* *a.* Que tiene pintas.
pintor *-ra* *m. f.* Persona que pinta.
pintoresco *-ca* *a.* Digno de ser pintado. Dic. del lenguaje, estilo, etc., con que se pintan vivamente las cosas.
pintorrear *t.* Manchar de varios colores y sin arte.
pintura *f.* Arte de pintar. Obra pintada. Color o procedimiento con que se pinta. Descripción.
pinturero *-ra* *a.-s.* Que presume de bien parecido, fino o elegante.
pínula *f.* Tablilla con una abertura, para dirigir visuales.
pinzas *f. pl.* Instrumento a modo de tenacillas.
pinzón *m.* Pájaro insectívoro cantor, del tamaño de un gorrión.
piña *f.* Fruto de las abietáceas, formado por un conjunto de piezas leñosas, imbricadas, que encierran las semillas. Ananás. Conjunto muy unido.
piñón *m.* Semilla del pino. Rueda dentada que engrana con otra mayor. /azúcar.
piñonate *m.* Pasta de piñones y
pío *-a* *a.* Devoto, piadoso. Compasivo. Dic. de la caballería de pelo blanco con manchas de otro color. *m.* Voz del pollo.
piojento *-ta* *a.* Que tiene piojos.
piojillo *m.* Piojo de las aves.
piojo *m.* Insecto parásito del hombre y de otros animales.
piojoso *-sa* *a.* Que tiene piojos. Miserable, mezquino.
piorrea *f.* Flujo de pus.
pipa *f.* Tonel para líquidos. Utensilio para fumar tabaco picado. Pepita de fruta.
pipería *f.* Conjunto de pipas.
pipeta *f.* Tubo de cristal que sirve para transvasar pequeñas porciones de líquido. /to.
pipiolo *m.* fam. Novato, inexper-

pipirigallo *m*. Planta cuyas flores semejan la cresta y carúnculas de un gallo.

pipiritaña *f*. Flautilla hecha con la caña del alcacer.

piporro *m*. fam. Bajón.

pique *m*. Resentimiento. Empeño en hacer una cosa por amor propio. *Irse a ~*, hundirse una embarcación.

piqué *m*. Tela de algodón que forma grano u otro género de labrado en relieve.

piquera *f*. Agujero de las colmenas. Agujero en un frente de tonel.

piquero *m*. Soldado armado de /pica.

piqueta *f*. Zapapico. Herramienta de albañilería.

piquete *m*. Punzadura, pinchazo leve. Agujero pequeño. Jalón pequeño. Pequeño grupo de soldados.

piquituerto *m*. Pájaro de pico corto, encorvado por la parte superior.

pira *f*. Hoguera en que se quemaban los cadáveres y las víctimas de los sacrificios.

piragua *f*. Embarcación larga y estrecha, gralte. de una sola pieza.

piramidal *a*. De forma de pirámide.

pirámide *f*. GEOM. Sólido que tiene por base un polígono, siendo las demás caras triángulos que se juntan en un vértice común.

pirata *m*. Ladrón de los mares.

piratería *f*. Ejercicio y robo o presa del pirata.

pirenaico -ca *a*. Perteneciente a los montes Pirineos.

piriforme *a*. De forma de pera.

pirita *f*. Sulfuro nativo de hierro.

pirograbado *m*. Procedimiento para grabar en madera con un instrumento incandescente.

piropear *t*. Decir piropos.

piropo *m*. Granate de color de fuego. Lisonja, requiebro.

pirosfera *f*. Masa candente que, según se supone, ocupa el centro de la Tierra.

pirosis *f*. Sensación de ardor que sube desde el estómago hasta la faringe.

pirotecnia *f*. Arte de hacer artificios de fuego.

pirotécnico -ca *a*. Relativo a la pirotecnia. *m*. El que la prac- /tica.

pirueta *f*. Cabriola.

pisa *f*. Acción de pisar. Zurra de patadas. Porción de uva o de aceituna que se estruja de una vez.

pisada *f*. Acción de pisar. Huella que deja el pie.

pisapapeles *m*. Utensilio que se pone sobre los papeles para sujetarlos.

pisar *t*. Poner el pie sobre una cosa. Apretar o estrujar con el pie o con un instrumento. MÚS. Apretar con los dedos las cuerdas de un instrumento. Pisotear.

pisaverde *m*. Hombre presumido.

piscatorio -ria *a*. Relativo a la pesca.

piscicultura *f*. Arte de fomentar la reproducción de los peces.

piscina *f*. Estanque para tener peces o para bañarse.

piscis *m*. Signo y constelación zodiacal.

piscívoro -ra *a*. Ictiófago.

piscolabis *m*. Refacción ligera.

piso *m*. Acción de pisar. Suelo o pavimento. Suela del calzado. Cada uno de los suelos de una casa.

pisón *m*. Instrumento para apretar la tierra, piedras, etc.

pisotear *t*. Pisar repetidamente. Maltratar, humillar.

pisotón *m*. Pisada sobre el pie de otro.

pista *f*. Rastro de los animales. Conjunto de indicios. Sitio dedicado a las carreras y otros ejercicios.

pistar *t*. Machacar, aprensar.

pistero *m*. Taza con pico para dar de beber a los enfermos.

pistilo *m*. Órgano femenino de la flor.

pisto *m*. Fritada de manjares picados y revueltos.

pistola *f*. Arma de fuego corta, que se maneja con una sola mano.

pistolera *f*. Estuche para la pistola.

pistolero *m*. Delincuente habitual que usa la pistola.

pistoletazo *m*. Tiro de pistola.

pistón *m*. Émbolo. Parte central de la cápsula donde está el fulminante. Llave de ciertos instrumentos músicos.

pita *f*. Planta textil, de hojas anchas, carnosas, triangulares. Bolita. Silba, pitada.

pitada *f*. Sonido de pito. Muestra de desagrado con silbidos o pitos.

pitagórico -ca *a.-s*. Relativo a la doctrina de Pitágoras.

pitanza *f*. Ración. Alimento co- /tidiano.

pitaña *f*. Legaña.

pitañoso -sa *a*. Legañoso.

pitar *i*. Tocar el pito. fam. Huir.

pitido *m*. Silbido del pito o de los pájaros.

pitillera *f*. La que hace pitillos.

Petaca para pitillos.
pitillo m. Cigarrillo.
pitima f. Borrachera. /Apolo.
pitio -tia a. Perteneciente a
pito m. Flauta pequeña, como un silbato, de sonido agudo.
pitón m. Serpiente no venenosa de gran tamaño. Cuerno que empieza a salir. Punta del cuerno del toro.
pitonisa f. Sacerdotisa de Apolo, que daba los oráculos.
pitpit m. Pájaro insectívoro común en España.
pituita f. Humor viscoso que segregan la nariz y los bronquios.
pituitario -ria a. Que contiene o segrega pituita.
pituso -sa a.-s. Pequeño, gracioso, refiriéndose a niños.
pizarra f. Roca de color negro azulado que se divide fácilmente en hojas planas y delgadas. Trozo de pizarra en que se escribe o dibuja. Encerado.
pizarral m. Terreno pizarroso.
pizarrín m. Barrita con que se escribe en las pizarras.
pizarroso -sa a. Abundante en pizarra, o parecido a ella.
pizca f. Porción muy pequeña.
pizpireta a. Dic. de la mujer viva, pronta y aguda.
placa f. Insignia de algunas órdenes de caballería. Lámina, plancha o película formada o superpuesta en un objeto.
pláceme m. Felicitación. /gre.
placentero -ra a. Agradable, ale-
placer m. Contento del ánimo. Sensación agradable. Diversión. Voluntad, consentimiento. Banco de arena o piedra llano y extenso en el fondo del mar. Arenal aurífero.
placer t. Agradar o dar gusto.
placidez f. Calidad de plácido.
plácido -da a. Quieto, sosegado. Apacible.
plaga f. Calamidad grande. Abundancia de una cosa nociva.
plagar t. Llenar o cubrir de algo nocivo o no conveniente.
plagiar t. Copiar ideas, obras, etc., ajenas, dándolas como propias.
plagiario -ria a.-s. Que plagia.
plagio m. Acción de plagiar.
plan m. Altitud o nivel. Intento, proyecto.
plana f. Cara de una hoja de papel. Llana de albañil. Porción extensa de país llano.
planada f. Llanura.
plancton m. Conjunto de los pequeños seres que viven en suspensión en el mar.
plancha f. Lámina de metal. Utensilio para planchar. Tablón puesto entre la tierra y una embarcación. Desacierto.
planchado m. Acción de planchar.
planchar t. Pasar la plancha caliente sobre la ropa.
plancheta f. Instrumento de topografía.
planeta m. Cada uno de los astros opacos que se mueven alrededor del Sol, cuya luz reflejan. /planetas.
planetario -ria a. Relativo a los
planicie f. Llanura.
planimetría f. Arte de medir superficies planas.
planisferio m. Carta en que la esfera celeste, o la terrestre, está representada por un plano.
plano -na a. Llano, liso. m. Superficie plana. Representación gráfica de un terreno, edificio, etc.
planta f. Parte inferior del pie. Vegetal. Diseño, proyecto.
plantación f. Acción de plantar. Conjunto de lo plantado.
plantaina f. Llantén.
plantar t. Meter en tierra una planta, un esqueje, etc., para que arraigue. Fijar, poner derecho. Poner. Abandonar a uno. r. Ponerse de pie firme. Resistirse a hacer algo. Ir a un lugar en poco tiempo.
plante m. Concierto entre varios para exigir o rechazar airadamente alguna cosa.
plantear t. Trazar el plan o proyecto de una cosa. Establecer. Proponer problemas.
plantel m. Criadero de plantas.
plantificar t. Plantear. t.-r. Plantar, poner.
plantígrado -da a.-m. Dic. de los cuadrúpedos que al andar apoyan en el suelo toda la planta del pie.
plantilla f. Pieza con que se cubre interiormente la planta del calzado. Plancha que sirve de patrón para cortar o labrar una pieza. Lista de los empleados y dependencias de una oficina.
plantío -a a. Dic. del terreno plantado. m. Terreno plantado recientemente.
plantón m. Arbolito para trasplantar. Espera larga o inútil en un sitio.
plañidera f. Mujer que se contrataba a llorar en los entierros.
plañidero -ra a. Lloroso y lastimero.
plañido m. Lamento.
plañir t.-i. Llorar y gemir.
plaqué m. Chapa de oro o pla-

ta sobrepuesta a otro metal.
plasma *f.* Parte líquida de la sangre. /cosa.
plasmar *t.* Hacer o formar una
plaste *m.* Masa de yeso mate y agua de cola.
plástica *f.* Arte de formar cosas de barro, yeso, etc.
plasticidad *f.* Calidad de plástico.
plástico -ca *a.* Perteneciente a la plástica. Dúctil, blando. *a.-m.* Díc. de ciertos cuerpos, como el plexiglás, el nilón, el celuloide, etc.
plata *f.* Metal precioso, blanco y brillante. Moneda. Dinero.
plataforma *f.* Tablero horizontal y elevado sobre el suelo. Parte anterior y posterior de los tranvías, autobuses, etc.
plátano *m.* Árbol que suele ponerse en calles y paseos. Banano. Banana.
platea *f.* Patio del teatro.
plateado -da *a.* Bañado de plata. De color de plata.
platear *t.* Dar o cubrir de plata.
plateresco -ca *a.-s.* Dic. del estilo arquitectónico desarrollado en España en el s. XVI.
platería *f.* Arte del platero. Taller o tienda del platero.
platero *m.* El que vende o labra objetos de plata. /breve.
plática *f.* Conversación. Sermón
platicar *i.* Conversar, tratar de un negocio o materia.
platija *f.* Pez semejante al lenguado.
platillo *m.* Cualquier pieza de figura semejante a la del plato. Guisado de carne y verduras. *pl.* MÚS. Instrumento de percusión compuesto de dos chapas metálicas circulares.
platina *f.* Parte del microscopio en que se coloca el objeto. Disco horizontal de la máquina neumática.
platinar *t.* Cubrir con una capa de platino.
platino *m.* Metal de color de plata, muy pesado y duro.
plato *m.* Vasija baja y redonda para servir los manjares, comer en ella, etc. Manjar que se sirve en los platos.
platónico -ca *a.-s.* Relativo a la filosofía de Platón. *a.* Desinteresado, puro.
plausible *a.* Digno de aplauso. Atendido, admisible.
playa *f.* Ribera arenosa y casi plana. /andaluz.
playera *f.* Cierto canto popular
plaza *f.* Lugar ancho y espacioso dentro de poblado. Sitio fortificado. Población comercial. Espacio, lugar. Puesto, empleo.
plazo *m.* Término o tiempo señalado para una cosa.
plazoleta *f.* Espacio a modo de plazuela.
plazuela *f.* Dim. de *plaza*.
pleamar *f.* Fin de la marea creciente.
plebe *f.* Estado llano. Populacho.
plebeyo *a.-s.* Perteneciente a la plebe. Ordinario, grosero.
plebiscito *m.* Decisión tomada por todo un pueblo por mayoría de votos.
plectro *m.* Púa o pieza para tocar ciertos instrumentos de cuerda. Inspiración poética.
plegadera *f.* Instrumento a manera de cuchillo para plegar o cortar papel.
plegar *t.-r.* Hacer pliegues en una cosa, doblarla. *r.* Ceder, someterse.
plegaria *f.* Súplica ferviente.
pleita *f.* Tira de esparto entretejido. /te.
pleitear *t.* Contender judicialmen-
pleitista *a.-s.* Propenso a poner pleitos.
pleito *m.* Discusión y resolución en juicio de una diferencia entre dos o más. Contienda, disputa.
plenario -ria *a.* Lleno, entero, completo.
plenilunio *m.* Luna llena.
plenipotencia *f.* Poder pleno que se concede a otro.
plenipotenciario -ria *a.-s.* Dic. de la persona que un Gobierno envía a otro o a un congreso con plenos poderes para tratar.
plenitud *f.* Totalidad, integridad. Calidad de pleno.
pleno -na *a.* Entero, completo. *m.* Reunión general de una corporación.
pleonasmo *m.* Empleo de palabras innecesarias para dar vigor a la frase.
pleonástico -ca *a.* Relativo al pleonasmo.
plesiosauro *m.* Reptil marino gigantesco, fósil.
plétora *f.* MED. Plenitud de sangre. Abundancia excesiva.
pletórico -ca *a.* Que tiene plétora.
pleura *f.* Cada una de las dos membranas serosas que envuelven los pulmones.
pleuresía, pleuritis *f.* Inflamación de la pleura.
plexo *m.* Red de filamentos nerviosos o vasculares.
Pléyades *f. pl.* Grupo de estrellas de la constelación Tauro.
pliego *m.* Pieza de papel cuadrangular y doblada. Documen-

to que se envía cerrado. Conjunto de papeles contenidos en un mismo sobre.
pliegue *m.* Arruga o doblez.
plinto *m.* ARQ. Parte cuadrada inferior de la basa.
plomada *f.* Pesa de metal que, colgada de una cuerda, señala la línea vertical.
plombagina *f.* Grafito.
plomífero -ra *a.* Que contiene plomo.
plomizo -za *a.* Que tiene plomo. De color de plomo o parecido a él.
plomo *m.* Metal pesado, dúctil, maleable y blando, de color gris.
pluma *f.* Cada una de las piezas que cubren el cuerpo de las aves, formadas por un cañón inserto en la piel y un ástil guarnecido de barbas. Pluma de ave, o instrumento que la substituye, para escribir.
plumada *f.* Rasgo hecho con la pluma. /del ave.
plumaje *m.* Conjunto de plumas
plumazo *m.* Colchón de plumas. Plumada.
plumazón *f.* Plumaje.
plumbagina *f.* Plombagina.
plúmbeo -a *a.* De plomo. Muy pesado. /i. Escribir.
plumear *t.* Sombrear con líneas.
plumero *m.* Mazo de plumas sujeto a un mango, para quitar el polvo. Penacho de plumas.
plumífero -ra *a.* Que tiene plumas.
plumón *m.* Pluma muy fina que tienen las aves debajo del plumaje exterior.
plural *a.-s.* GRAM. Que indica pluralidad.
pluralidad *f.* Multitud. Calidad de ser más de uno.
pluralizar *t.* Atribuir a dos o más sujetos una cosa peculiar de uno. /do.
plus *m.* Gratificación o sobresueldo
pluscuamperfecto *a.-s.* GRAM. Dic. del pretérito cuya acción es anterior a otra también pretérita.
plutocracia *f.* Gobierno de los ricos. Clase más rica de un país.
plutócrata *c.* Individuo de la plutocracia.
pluvial *a.* Dic. del agua llovediza. Dic. de la capa que usan los prelados y los prestes en actos del culto.
pluvímetro, pluviómetro *m.* Aparato para medir la cantidad de agua de lluvia que cae en lugar y tiempo determinados.
pluvioso -sa *a.* Lluvioso.
población *f.* Acción de poblar. Número de habitantes de un pueblo, país, etc. Ciudad, villa o lugar.
poblacho *m.* desp. Pueblo ruin y destartalado.
poblador -ra *a.-s.* Que puebla. Habitante.
poblar *t.* Ocupar con gente un sitio para que habite en él. Por ext. dic. de animales, plantas, etc. *r.* Recibir pobladores. Llenarse. cubrirse.
pobo *m.* Álamo blanco.
pobre *a.-s.* Menesteroso. Desdichado. Escaso. De poco valor. *m.* Mendigo.
pobremente *a. m.* Con pobreza.
pobrete *a.-m.* Dim. de *pobre*.
pobretería *f.* Conjunto de pobres.
pobretón -tona *a.-s.* Muy pobre.
pobreza *f.* Necesidad, estrechez. Calidad de pobre.
pocero *m.* El que hace o limpia pozos.
pocilga *f.* Establo para ganado de cerda. Lugar sucio y hediondo.
pocillo *m.* Tinaja empotrada en el suelo. Jícara.
pócima *f.* Cocimiento medicinal.
poción *f.* Bebida medicinal.
poco -ca *a.* Escaso, limitado. *adv.* Con escasez, en corto grado. *m.* Pequeña cantidad, corto tiempo.
pocho -cha *a.* Pálido, descolorido.
poda *f.* Acción y tiempo de podar. /podar.
podadera *f.* Herramienta para
podar *t.* Cortar las ramas superfluas de las plantas.
podenco -ca *a.-s.* Dic. de un perro ágil y sagaz para la caza.
poder *m.* Dominio, autoridad, facultad. Fuerza, vigor. Posesión.
poder *t.* Tener facilidad, tiempo, lugar o facultad de hacer algo. *impers.* Ser posible que suceda algo.
poderío *m.* Poder, dominio, imperio. Riquezas. Vigor o fuerza grande.
poderoso -sa *a.-s.* Que tiene poder. Rico. *a.* Grande, eficaz.
podómetro *m.* Aparato para contar los pasos de quien lo lleva.
podón *m.* Podadera grande.
podre *f.* Pus.
podredumbre *f.* Calidad dañosa que pudre las cosas.
podredura, podrición *f.* Putrefacción.
podrir *t.-r.* Pudrir.
poema *m.* Obra en verso.
poesía *f.* Expresión artística de la belleza por medio del verso. Obra en verso. Arte de componer versos. Encanto, belleza.
poeta *m.* El que compone poesías.
poetastro *m.* Mal poeta.
poética *f.* Arte y tratado de la

composición en verso.
poético -ca *a*. Relativo a la poesía.
poetisa *f*. Mujer que hace poesías.
poetizar *t*. Dar carácter poético.
polaco -ca *a.-s*. De Polonia.
polacra *f*. Buque de dos o tres palos sin cofas.
polaina *f*. Especie de media calza que cubre la pierna hasta la rodilla.
polar *a*. Relativo a los polos.
polaridad *f*. Propiedad de los cuerpos o agentes físicos que polarizan o se polarizan.
polarización *f*. Acción de polarizar.
polarizar *t.-r*. Acumular los efectos de un agente físico en puntos opuestos de un cuerpo. Modificar los rayos luminosos, de modo que no puedan reflejarse o refractarse en ciertas direcciones.
polca *f*. Danza de origen polonés.
polea *f*. Rueda móvil alrededor de un eje, con un canal en su circunferencia, por donde pasa una cuerda o cadena.
polémica *f*. MIL. Arte de defender y atacar las plazas. Controversia. /polémica.
polémico -ca *a*. Relativo a la
polemista *c*. Escritor que sostiene polémicas.
polen *m*. Polvillo fecundante de las flores. /maíz.
polenta *f*. Gachas de harina de
poleo *m*. Planta aromática estomacal.
poliandria *f*. Régimen que permite a la mujer tener varios maridos.
policía *f*. Buen orden y observancia de las leyes. Cuerpo encargado de mantener el orden. Urbanidad. *m*. Agente de policía.
policromo -ma *a*. De varios colores.
polichinela *m*. Pulchinela.
poliédrico -ca *a*. Relativo al poliedro.
poliedro *a*. GEOM. De tres o más caras. *m*. Sólido terminado por superficies planas.
polifonía *f*. MÚS. Conjunto de partes melódicas que forman un todo armónico.
polígala *f*. Hierba de raíz amarga y aromática.
poligamia *f*. Estado del polígamo. Régimen que lo permite.
polígamo *a.-s*. Que tiene a un tiempo varias mujeres como esposas.
polígloto -ta *a*. Que habla varias lenguas. Escrito en varias lenguas.
poligonal *a*. Relativo al polígono.

polígono -na *a*. Poligonal. *m*. Porción de plano limitado por varias rectas.
polígrafo *m*. Escritor que escribe sobre materias diferentes.
polilla *f*. Mariposa nocturna cuya larva destruye los tejidos, papel, pieles, etc.
polimorfo -fa *a*. Que puede tener varias formas.
polinomio *m*. Expresión algebraica que consta de varios términos.
polipasto *m*. Aparejo, sistema de poleas.
polípero *m*. Formación calcárea producida por colonias de pólipos.
pólipo *m*. Animal celentéreo, de cuerpo hueco, abierto por un extremo en una boca rodeada de tentáculos. MED. Tumor por hipertrofia de las mucosas.
polipodio *m*. Género de helechos.
polisílabo -ba *a.-s*. De más de una sílaba.
polispasto *m*. Polipasto.
polispermo *a*. De varias semillas.
polistilo -la *a*. ARQ. Que tiene muchas columnas.
politécnico -ca *a*. Que abraza muchas ciencias o artes.
politeísmo *m*. Religión que afirma la pluralidad de dioses.
politeísta *a*. Relativo al politeísmo. *a.-s*. Que lo practica.
política *f*. Ciencia y arte de gobernar. Manera de conducir un asunto. Cortesía.
político -ca *a.-s*. Que se ocupa de la política o versado en ella. *a*. Relativo a la política. Cortés.
póliza *f*. Documento justificativo del contrato en seguros, fletamentos, etc. Sello suelto con que se paga el impuesto del timbre en ciertos documentos.
polo *m*. Cualquiera de los extremos del eje de rotación de una esfera y esp. de la Tierra. Cualquiera de los dos puntos opuestos de un cuerpo en los cuales se acumula la energía de un agente físico. Juego de pelota entre jinetes.
polonés -nesa *a.-s*. Polaco.
poltrón -na *a*. Haragán. *f*. Butaca ancha y cómoda.
poltronería *f*. Haraganería.
polvareda *f*. Polvo que se levanta de la tierra.
polvo *m*. Masa de partículas de tierra seca que se levanta en el aire y se pone sobre los objetos. Sustancia sólida reducida a partículas muy menudas.
pólvora *f*. Mezcla explosiva, por

polvorear *t.* Esparcir polvo o polvos sobre una cosa.
polvoriento -ta *a.* Cubierto de polvo.
polvorín *m.* Pólvora fina. Lugar donde se guarda la pólvora.
polvorista *m.* Pirotécnico.
polla *f.* Gallina joven. Mocita.
pollada *f.* Conjunto de pollos que sacan las aves.
pollera *f.* Especie de cesto de mimbres para criar y guardar pollos.
pollería *f.* Lugar donde se venden aves comestibles.
pollero -ra *m. f.* Persona que cría o vende pollos.
pollino -na *m. f.* Asno joven. Borrico.
pollo *m.* Cría de las aves. Perdigón.
polluelo -la *m.-f.* Dim. de *pollo*.
poma *f.* Manzana.
pomada *f.* Mixtura pastosa cosmética o medicinal.
pómez *a.* Dic. de una piedra esponjosa que se usa para bruñir.
pomo *m.* Frasco pequeño de vidrio o metal. Extremo de la guarnición de la espada.
pompa *f.* Suntuosidad. Fausto. Burbuja.
pompeyano -na *a.-s.* De Pompeya.
pomposo -sa *a.* Ostentoso, magnífico.
pómulo *m.* Hueso de la mejilla.
ponche *m.* Bebida hecha de ron con agua, limón y azúcar.
ponchera *f.* Vasija en que se prepara el ponche.
poncho *m.* Especie de capote sin mangas.
ponderable *a.* Que se puede pesar. Digno de ponderación.
ponderación *f.* Atención y cuidado con que se dice o hace una cosa. Encarecimiento, exageración. Acción de pesar.
ponderado -da *a.* Que procede con tacto y prudencia.
ponderal *a.* Relativo al peso.
ponderar *t.* Pesar, examinar. Encarecer, exagerar.
ponderoso -sa *a.* Pesado. Serio, circunspecto.
ponedero -ra *a.* Que se puede poner. Que ya pone huevos. *m.* Nidal.
ponedor -ra *a.* Que pone.
ponencia *f.* Cargo de ponente. Dictamen del ponente.
ponente *a.-s.* Dic. del encargado por un cuerpo o asamblea de hacer relación de un asunto y proponer la resolución.
poner *t.-r.* Colocar en un lugar, posición o estado. Dedicar a un empleo u oficio. *t.* Disponer. Aplicar. Suponer. Soltar el huevo las aves. *r.* Ocultarse los astros bajo el horizonte.
poniente *m.* Oeste.
pontazgo *m.* Derecho que se paga para pasar por algunos puentes.
pontificado *m.* Dignidad de pontífice. Tiempo que dura.
pontifical *a.* Relativo al pontífice. /ciar de pontífice.
pontificar *i.* Ser pontífice. Oficiar de pontífice.
pontífice *m.* Prelado de una diócesis. *Sumo pontífice*, el Papa.
pontificio -cia *a.* Perteneciente al pontífice.
pontón *m.* Barco chato. Buque viejo que sirve de almacén, hospital, etc. Puente de maderas.
pontonero *m.* Militar dedicado al manejo de los pontones.
ponzoña *f.* Veneno. /zoña.
ponzoñoso -sa *a.* Que tiene ponzoña.
popa *f.* Parte posterior de las naves.
pope *m.* Sacerdote de la iglesia cismática griega.
populachería *f.* Popularidad alcanzada halagando las pasiones del vulgo. /plebe.
populacho *m.* Lo ínfimo de la plebe.
popular *a.* Relativo al pueblo. Grato al pueblo.
popularidad *f.* Aceptación y aplauso que uno tiene en el pueblo.
popularizar *t.-r.* Hacer popular.
populoso -sa *a.* Muy poblado.
popurrí *m.* Revoltillo, miscelánea.
poquedad *f.* Escasez, cortedad.
por *Prep.* De uso muy vario.
porcallón -ona *a.-s.* Aum. de *puerco*.
porcelana *f.* Loza fina, transparente y lustrosa. /puerco.
porcino -na *a.* Perteneciente al puerco.
porción *f.* Cantidad segregada de otra mayor. Número considerable.
porcuno -na *a.* Porcino. /ble.
porche *m.* Soportal, cobertizo.
pordiosear *i.* Mendigar.
pordiosero -ra *a.-s.* Mendigo.
porfía *f.* Acción de porfiar.
porfiado -da *a.-s.* Dic. del sujeto obstinado y terco en su parecer.
porfiar *i.* Disputar obstinadamente. Continuar insistentemente una acción.
pórfido *m.* Roca compacta y dura de color rojo obscuro.
pormenor *m.* Conjunto de circunstancias menudas. Cosa secundaria.
pornografía *f.* Obscenidad.
pornográfico -ca *a.* Obsceno.
poro *m.* Intersticio entre las partículas o moléculas de un cuer-

po.
porosidad *f.* Calidad de poroso.
poroso -sa *a.* Que tiene poros.
porque *conj.* causal. Por causa o razón de que.
porqué *m.* Causa, razón o motivo.
porquería *f.* Suciedad. Acción sucia. Cosa de poco valor.
porqueriza *f.* Pocilga.
porquerizo, porquero *m.* El que guarda puercos.
porra *f.* Clava. Cachiporra. Sujeto pesado.
porrazo *m.* Golpe dado con la porra. El que se recibe por un choque o caída.
porrería *f.* Tontería. Pesadez.
porreta (en) *m. adv.* Desnudo.
porrillo (a) *m. adv.* En abundancia.
porrón *m.* Botijo. Redoma de vidrio con un pitón largo para beber a chorro.
porta *f.* Abertura en el costado de un buque.
portaaviones *m.* Buque de guerra destinado a transportar aviones.
portada *f.* ARQ. Adorno en la fachada principal. Frontispicio. Primera plana de un libro impreso.
portador -ra *a.-s.* Que lleva o trae una cosa.
portaestandarte *m.* MIL. El que lleva el estandarte.
portafusil *m.* Correa para llevar colgado el fusil.
portal *m.* Entrada, zaguán. Soportal. Puerta de una ciudad.
portalámpara *f.* Accesorio para sostener la bombilla eléctrica.
portalibros *m.* Correas que usan los escolares para llevar sus libros.
portamantas *m.* Par de correas unidas por un travesaño, para llevar las mantas de viaje.
portamonedas *m.* Bolsa o cartera pequeña para llevar dinero.
portante *a.-s.* Díc. del paso de las caballerías en el cual mueven a un tiempo el pie y la mano del mismo lado.
portañola *f.* MAR. Cañonera, tronera.
portaobjeto *m.* Lámina de cristal donde se hacen las preparaciones que se examinan al microscopio.
portapaz *amb.* Lámina de metal con que en la iglesia se da la paz a los fieles.
portaplumas *m.* Mango en que se coloca la pluma metálica para escribir.
portar *t.* Llevar, traer. *r.* Conducirse.
portátil *a.* Fácil de transportar.
portazgo *m.* Derechos que se pagan por pasar por un sitio determinado de un camino.
portazo *m.* Golpe recio que da la puerta.
porte *m.* Acción de portear. Cantidad que se paga por el transporte. Conducta, aspecto, modales.
portear *t.* Llevar una cosa de una parte a otra.
portento *m.* Cosa portentosa.
portentoso -sa *a.* Que causa admiración o terror.
porteño -ña *a.-s.* Del Puerto de Santa María. Bonaerense.
portería *f.* Pieza del zaguán donde está el portero. Empleo de portero; su habitación. En algunos juegos de pelota, marco por donde se trata de hacer entrar el balón.
portero -ra *m. f.* Persona encargada de guardar, cerrar y abrir las puertas. Jugador que defiende la portería de su bando.
portezuela *f.* Puerta de carruaje.
pórtico *m.* Sitio cubierto y con columnas delante de un edificio. Galería con columnas o arcadas.
portillo *m.* Abertura en las murallas o paredes. Postigo. Camino angosto entre dos alturas.
portón *m.* Aum. de *puerta.*
portorriqueño -ña *a.-s.* De Puerto Rico.
portuario -ria *a.* Perteneciente al puerto de mar.
portugués -esa *a.-s.* De Portugal.
porvenir *m.* Suceso o tiempo futuro.
pos (en) *m. adv.* Detrás, en seguimiento, después.
posada *f.* Casa, domicilio de cada uno. Mesón. Hospedaje.
posaderas *f. pl.* Nalgas.
posadero -ra *m. f.* Mesonero.
posar *i.* Hospedarse. Descansar. *i.-r.* Asentarse las aves en un sitio. *r.* Depositarse en el fondo lo que está en suspensión en un líquido. Caer el polvo sobre las cosas.
posdata *f.* Lo que se añade a una carta ya firmada.
poseedor -ra *a.-s.* Que posee.
poseer *t.* Tener uno algo en su poder. Saber bien un idioma, arte, etc.
poseído -da *a.-s.* Poseso, furioso. Penetrado de una idea o pasión.
posesión *f.* Acción de poseer. Cosa poseída. Apoderamiento del espíritu del hombre por otro espíritu.

posesionar *t.-r.* Poner en posesión de una cosa.
posesivo -va *a.* Que denota posesión. /dece posesión.
poseso -sa *a.-s.* Díc. del que pa-
poseedor -ra *a.-s.* Poseedor.
posesorio -ria *a.* Relativo a la posesión.
posibilidad *f.* Calidad de posible. Lo que es posible.
posible *a.* Que puede ser o se puede ejecutar. *m. pl.* Bienes, rentas. medios.
posición *f.* Postura, situación. Condición social. Punto fortificado.
positivismo *m.* Calidad de positivo. Cierta doctrina filosófica.
positivista *a.* Relativo al positivismo. *a.-s.* Partidario de.
positivo -va *a.* Cierto, efectivo. Que en todo busca lo práctico, lo útil. GRAM. Que no es comparativo ni superlativo. Dícese de la prueba fotográfica que ofrece sin invertirlos los claros y obscuros del original.
posma *f.* Cachaza. *c.* Persona lenta e importuna. /poso.
poso *m.* Sedimento. Quietud, reposo.
posponer *t.* Poner a una persona o cosa después de otra.
posta *f.* Conjunto de caballerías que se apostaban para mudar los tiros, esp. de los correos. Tajada. A ~, adrede.
postal *a.* Concerniente al ramo de correos. *a.-f.* Dic. de la tarjeta que se expide por correo como carta sin sobre.
postdata *f.* Posdata.
poste *m.* Madero, piedra o columna puesta verticalmente para apoyo o señal.
postema *f.* Absceso supurado. Persona pesada y molesta.
postergación *f.* Acción de postergar.
postergar *t.* Hacer sufrir atraso a una persona o cosa.
posteridad *f.* Descendencia o generación venidera.
posterior *a.* Que está o viene detrás o después. /terior.
posterioridad *f.* Calidad de posterior.
postigo *m.* Puerta falsa. Puerta chica abierta en otra mayor. Puertecilla de una ventana.
postilla *f.* Costra de las llagas o granos que se secan.
postillón *m.* Mozo que iba montado en una de las caballerías del tiro del carruaje.
postín *m.* Vanidad, presunción.
postinero -ra *a.* Que presume.
postizo -za *a.* Que no es natural ni propio; fingido, sobrepuesto. *m.* Añadido de pelo postizo.
postor *m.* Licitador.
postración *f.* Acción de postrar. Abatimiento.
postrar *t.* Rendir, derribar. *t.-r.* Debilitar, abatir. *r.* Hincarse de rodillas.
postre *a.* Postrero. *m.* Fruta, dulces, etc., que se sirven al fin de la comida.
postrer *a.* Apóc. de *postrero*.
postrero -ra *a.* Último.
postrimería *f.* Último período de la vida.
postrimero -ra *a.* Postrero.
postulado *m.* Proposición que se admite como cierta sin demostración.
postulante *a.-s.* Que postula.
postular *t.* Pedir, pretender.
póstumo -ma *a.* Que sale a luz después de la muerte del padre o autor.
postura *f.* Situación, actitud. Precio que ofrece el licitador. Huevo del ave. Acción de ponerlo.
potable *a.* Que se puede beber.
potaje *m.* Caldo de olla o de otro guisado. Legumbres guisadas.
potasa *f.* Carbonato de potasio.
potasio *m.* Metal de color argentino, blando e inflamable.
pote *m.* Vaso alto de barro. Vasija redonda para cocer.
potencia *f.* Poder o fuerza para hacer una cosa o producir un efecto. Facultad del alma. Existencia posible. MAT. Producto de factores iguales. Estado soberano.
potencial *a.* Que tiene potencia o pertenece a ella. Que existe en potencia.
potentado *m.* Príncipe o persona poderosa.
potente *a.* Que tiene poder o virtud. Poderoso.
poterna *f.* FORT. Puerta accesoria.
potestad *f.* Poder, dominio. /ria.
potestativo -va *a.* Que está en la facultad o potestad de uno.
potingue *m.* desp. Cualquier preparado de botica.
potra *f.* Yegua joven. Hernia.
potrada *f.* Conjunto de potros.
potranca *f.* Yegua que no pasa de tres años.
potrero *m.* El que cuida de los potros. Lugar destinado a la cría y pasto de ganado caballar.
potro *m.* Caballo joven. Antiguo aparato para dar tormento.
poyo *m.* Banco que se fabrica junto a las puertas de las casas.
poza *f.* Charca. /sas.
pozal *m.* Cubo del pozo. Brocal

del pozo.
pozo *m.* Excavación vertical en la tierra hasta encontrar agua. Excavación análoga para bajar a una mina, etc.
práctica *f.* Ejercicio de un arte o facultad. Destreza adquirida con él. Ejercicio para habilitarse. Aplicación de una idea. Uso continuado.
practicante *a.-m.* Que practica. *c.* El que ejerce la cirugía menor. Auxiliar de farmacéutico.
practicar *t.* Usar o ejercer continuamente una cosa. *i.-r.* Ejercitarse.
práctico -ca *a.* Perteneciente a la práctica. Experimentado, versado.
practicón -cona *m. f.* Persona diestra en una profesión a fuerza de práctica. /de.
pradera *f.* Praderia. Prado gran-
pradería *f.* Conjunto de prados.
prado *m.* Tierra en que se deja crecer la hierba para pasto.
pragmática *f. ant.* Ley.
pratense *a.* Que se produce o vive en el prado.
preámbulo *m.* Exordio, prólogo.
prebenda *f.* Renta aneja a un oficio eclesiástico. /benda.
prebendado *a.* El que tiene pre-
preboste *m.* Sujeto que es cabeza de una comunidad.
precario -ria *a.* De poca estabilidad o duración.
precaución *f.* Cautela para evitar inconvenientes o accidentes. /daño.
precaver *t.-r.* Prevenir, evitar un
precavido -da *a.* Cauto, sagaz.
precedencia *f.* Acción de preceder. Derecho a preceder.
precedente *a.* Que precede. *m.* Resolución o caso anterior que sirve de norma.
preceder *t.* Anteceder, ir delante. Tener primacía.
preceptiva *a.-s.* Que da o enseña preceptos.
precepto *m.* Mandato, mandamiento; regla.
preceptor -ra *m. f.* Persona que enseña, maestro privado.
preceptuar *t.* Dar preceptos.
preces *f. pl.* Oraciones a Dios, a la Virgen o a los santos. Súplicas.
preciado -da *a.* De mucha estima. Que se jacta.
preciar *t.* Apreciar. *r.* Gloriarse.
precintar *t.* Poner precinto.
precinto *m.* Acción de precintar. Ligadura sellada.
precio *m.* Valor en que se estima una cosa. Lo que cuesta conseguir una cosa.

preciosidad *f.* Calidad de precioso. Cosa preciosa.
precioso -sa *a.* De mucho valor. Excelente, primoroso. Hermoso.
precipicio *m.* Despeñadero.
precipitación *f.* Acción de precipitar o precipitarse. Lluvia o nieve que cae.
precipitado -da *a.* Atropellado, irreflexivo. *m.* QUÍM. Substancia que se separa de una disolución y se posa.
precipitar *t.-r.* Despeñar. Arrojar de lo alto. Atropellar, acelerar. QUÍM. Producir en una disolución un precipitado. *r.* Arrojarse inconsideradamente.
precisar *t.* Fijar o determinar de un modo preciso. Obligar a ejecutar una cosa.
precisión *f.* Calidad de preciso. Obligación o necesidad de hacer una cosa.
preciso -sa *a.* Necesario. Fijo, cierto. Bien definido o determinado. Conciso y exacto.
precito -ta *a.-s.* Réprobo.
preclaro -ra *a.* Esclarecido, ilustre.
precocidad *f.* Calidad de precoz.
preconcebir *t.* Pensar, proyectar con anterioridad. /nizar.
preconización *f.* Acción de preco-
preconizar *t.* Elogiar públicamente; patrocinar.
precordial *a.* Díc. de la región del pecho que corresponde al corazón.
precoz *a.* Temprano, prematuro. Que en corta edad muestra cualidades que de ordinario son más tardías.
precursor -ra *a.-s.* Que precede o va delante. *m.* Díc. de San Juan Bautista.
predecesor -ra *m. f.* Antecesor.
predecir *t.* Anunciar algo que ha de suceder.
predestinación *f.* Destinación anterior.
predestinado -da *a.-s.* Elegido por Dios para lograr la gloria.
predestinar *t.* Destinar anticipadamente.
prédica *f.* Perorata.
predicación *f.* Acción de predicar.
predicado *m.* LÓG., GRAM. Lo que se afirma del sujeto.
predicador -ra *a.-s.* Que predica. *m.* Orador sagrado.
predicamento *m.* Dignidad, opinión, lugar o grado de estimación en que se halla uno.
predicar *t.* Pronunciar un sermón. Amonestar, reprender.
predicción *f.* Acción de predecir.
predilección *f.* Cariño especial y preferencia.

predilecto -ta *a.* Preferido por amor o afecto especial.
predio *m.* Heredad, finca, posesión inmueble.
predisponer *t.-r.* Disponer anticipadamente a uno para un fin.
predisposición *f.* Acción de predisponer. Tendencia a contraer determinadas enfermedades.
predispuesto -ta *a.* Propenso, inclinado a algo.
predominar *t.* Prevalecer, preparar. Exceder en altura.
predominio *m.* Imperio, poder, superioridad, influjo.
preeminencia *f.* Privilegio, exención, ventaja, preferencia.
preeminente *a.* Sublime, superior, honorífico.
preexistencia *f.* Existencia anterior.
preexistir *i.* Existir antes.
prefacio *m.* Prólogo.
prefecto *m.* El que preside un tribunal, junta o comunidad eclesiástica. Gobernador de un departamento francés.
prefectura *f.* Cargo, oficina y jurisdicción del prefecto.
preferencia *f.* Primacía, ventaja. Elección de una persona o cosa entre varias.
preferible *a.* Digno de preferirse.
preferir *t.* Dar la preferencia.
prefigurar *t.* Representar anticipadamente. /tes.
prefijar *t.* Determinar o fijar antes.
prefijo -ja *a.-m.* GRAM. Díc. del afijo que va antepuesto.
pregón *m.* Promulgación de una cosa en voz alta y en lugares públicos.
pregonar *t.* Publicar en voz alta. Anunciar a voces la mercancía. Alabar en público.
pregonero -ra *a.-s.* Que publica o divulga. *m.* Oficial público que da los pregones.
pregunta *f.* Proposición con que expresamos a alguno lo que deseamos saber.
preguntar *t.* Hacer preguntas.
preguntón -ona *a.-s.* Que pregunta mucho y con pesadez.
prehistoria *f.* Ciencia que trata de la vida de los hombres con anterioridad a todo documento histórico.
prehistórico -ca *a.* Anterior a los tiempos históricos.
prejuicio *m.* Acción de prejuzgar.
prejuzgar *t.* Juzgar de las cosas antes de tener de ellas cabal conocimiento.
prelacía *f.* Dignidad de prelado.
prelación *f.* Preferencia, antelación.
prelado *m.* Superior eclesiástico, como abad, obispo, etc. Eclesiástico de la familia del papa.
preliminar *a.* Que sirve de preámbulo. Que se antepone a una acción, empresa, etc.
preludiar *i.* MÚS. Hacer preludios. Preparar o iniciar una cosa.
preludio *m.* Lo que precede y sirve de principio a una cosa.
prematuro -ra *a.* Que no está en sazón. Que ocurre antes de tiempo. /meditar.
premeditación *f.* Acción de premeditar *t.* Pensar una cosa antes de ejecutarla. /nar.
premiar *t.* Remunerar, galardonar.
premio *m.* Remuneración, galardón, recompensa. /mioso.
premiosidad *f.* Calidad de premioso -sa *a.* Que apremia o estrecha. Gravoso. Que habla o escribe con dificultad.
premisa *f.* Proposición que sirve de base a un argumento.
premura *f.* Aprieto, prisa.
prenda *f.* Lo que se da como garantía de un contrato, etc. Lo que se da o se hace en prueba de una cosa. Cada una de las partes del vestido. Cualidad que adorna a un sujeto. Persona muy amada.
prendar *t.* Ganar la voluntad de uno. *r.* Enamorarse.
prender *t.* Asir, agarrar. Poner preso. Ataviar a una mujer. *i.* Arraigar. Comunicarse el fuego a una cosa. /prendero.
prendería *f.* Establecimiento del
prendero -ra *m. f.* Persona que trafica en prendas, alhajas o muebles usados.
prendido *m.* Adorno mujeril, esp. de la cabeza. /der.
prendimiento *m.* Acción de pren**prensa** *f.* Máquina para comprimir. Máquina de imprimir. Imprenta. Conjunto de publicaciones periódicas.
prensar *t.* Apretar en la prensa.
prensil *a.* Que sirve para asir o coger.
prensista *m.* IMPR. Oficial que trabaja en la prensa.
preñado -da *a.* Lleno, cargado.
preocuación *f.* Acción de preocupar. Cuidado, inquietud. Prevención del ánimo.
preocupar *t.* Ocupar anticipadamente una cosa. *t.-r.* Prevenir el ánimo de uno con alguna especie. Poner el ánimo de uno con cuidado.
preopinante *a.-s.* Que ha expuesto su opinión antes que otro.
preparación *f.* Acción de preparar.

preparado *m.* Droga o medicamento preparado.
preparar *t.* Prevenir, disponer para un efecto o una acción.
preparativo -va *a.* Preparatorio. *m.* Cosa preparada.
preparatorio *a.* Díc. de lo que prepara.
preponderancia *f.* Superioridad de crédito, influencia, autoridad, fuerza, etc. /ra.
preponderante *a.* Que preponde-
preponderar *i.* Prevalecer. Ejercer un influjo dominante.
preposición *f.* Parte de la oración que denota la relación que entre sí tienen dos palabras o términos.
prepositivo -va *a.* Relativo a la preposición.
prepotente *a.* Muy poderoso; más poderoso que otros.
prerrogativa *f.* Privilegio que se concede a una persona, cuerpo político, etc.
presa *f.* Acción de prender. Cosa apresada. Muro construido a través de un río o canal para llevar el agua fuera del cauce. Colmillo de ciertos animales. Uña de ave de rapiña.
presagiar *t.* Anunciar y prever una cosa.
presagio *m.* Señal que anuncia un suceso futuro.
presbicia *f.* Defecto del présbita.
présbita y **-te** *a.-s.* Díc. del que ve mejor de lejos que de cerca.
presbiterado *m.* Sacerdocio, dignidad u orden del sacerdote.
presbiterianismo *m.* Nombre de una secta protestante.
presbiterio *m.* Área del altar mayor hasta el pie de las gradas.
presbítero *m.* Clérigo ordenado de misa, o sacerdote.
presciencia *f.* Conocimiento de lo futuro.
prescindir *i.* Hacer abstracción de una persona o cosa; no contar con ella, privarse de ella.
prescribir *t.* Preceptuar, ordenar. *i.* Extinguirse una obligación, responsabilidad, etc., por el transcurso de cierto tiempo. /cribir.
prescripción *f.* Acción de prescribir.
prescrito -ta *p. p.* irreg. de *prescribir.*
presea *f.* Alhaja o cosa preciosa.
presencia *f.* Estado de la persona o cosa que se halla delante de otra u otras. Figura, aspecto. /sencia.

presencial *a.* Relativo a la presenciar.
presenciar *t.* Hallarse presente a un suceso, espectáculo, etc.
presentación *f.* Acción de presentar.
presentar *t.* Poner en la presencia de uno, mostrar. Introducir a uno en el trato de otro. Proponer para un cargo. *r.* Comparecer.
presente *a.-m.* Que está en presencia de alguien o algo. Díc. del tiempo actual. *m.* Don, regalo. Tiempo del verbo que expresa acción actual.
presentimiento *m.* Movimiento del ánimo que hace presagiar algún suceso.
presentir *t.* Antever, por cierto movimiento del ánimo, lo que ha de suceder.
preservación *f.* Acción de preservar.
preservar *t.-r.* Guardar, proteger.
presidencia *f.* Dignidad y cargo de presidente. Sitio que ocupa éste.
presidenta *f.* La que preside. Mujer del presidente.
presidente *m.* El que preside.
presidiario *m.* El que cumple condena en un presidio.
presidio *m.* ant. Guarnición de soldados. Lugar donde cumplen sus condenas los penados por delitos graves.
presidir *t.* Tener el primer lugar en una junta, asamblea, etc. Tener una cosa principal influjo.
presilla *f.* Cordón pequeño en forma de lazo con que se asegura un botón, etc.
presión *f.* Acción de apretar o comprimir. Tensión de los gases.
preso -sa *p. p.* irreg. de *prender. a.-s.* Que está preso.
prestación *f.* Acción de prestar. Impuesto o servicio exigido por la ley. /precario.
prestado (de) *m. adv.* De modo
prestamista *c.* Persona que da dinero a préstamo.
préstamo *m.* Acción de prestar o tomar prestado. Cosa prestada.
prestancia *f.* Gallardía en los movimientos; despejo en los modales.
prestar *t.* Entregar algo con obligación de devolverlo. Dar ayuda, auxilio; poner atención.
preste *m.* Sacerdote que celebra la misa cantada.
presteza *f.* Prontitud.
prestidigitación *f.* Arte del pres-

tidigitador.
prestidigitador -ra *m. f.* Jugador de manos.
prestigio *m.* Ascendiente, influencia, autoridad.
prestigioso -sa *a.* Que tiene prestigio.
presto -ta *a.* Pronto, diligente. Aparejado, dispuesto. *adv.* Al instante, con gran prontitud.
presumido -da *a.-s.* Que presume o se vanagloria.
presumir *t.* Sospechar, conjeturar. Vanagloriarse.
presunción *f.* Acción de presumir. Vanagloria.
presunto *p. p.* irreg. de *presumir. a.* Supuesto.
presuntuoso -sa *a.* Presumido, vanaglorioso.
presuponer *t.* Dar por supuesto. Formar anticipadamente el cómputo de los gastos e ingresos. /via.
presuposición *f.* Suposición previa.
presuroso -sa *a.* Pronto, veloz.
pretender *t.* Pedir o aspirar a una cosa. Procurar, intentar.
pretensión *f.* Acción de pretender. *pl.* Derecho que se cree tener. Presunción.
preterición *f.* Acción de preterir.
preterir *t.* Hacer caso omiso de una persona o cosa.
pretérito -ta *a.* Que ya ha pasado o sucedió. *m.* Tiempo del verbo que expresa acción pretérita. /texto.
pretextar *t.* Valerse de un pretexto.
pretexto *m.* Causa o motivo simulado.
pretil *m.* Murete en puentes y otros parajes para evitar caídas.
pretina *f.* Correa o cinta con hebilla para sujetar ciertas prendas en la cintura.
pretor *m.* Ant. magistrado romano.
prevalecer *i.* Tener superioridad. Crecer, aumentar.
prevaler *i.* Prevalecer. *r.* Valerse de una cosa. /ricar.
prevaricación *f.* Acción de prevaricar.
prevaricar *i.* Faltar uno con injusticia a la obligación del cargo que desempeña.
prevención *f.* Acción de prevenir. Prejuicio. Puesto de policía. Guardia del cuartel.
prevenido -da *a.* Apercibido. Advertido. Provisto.
prevenir *t.* Preparar con anticipación. Prever. Precaver, evitar. Advertir. Disponer el ánimo de uno en favor o en contra de algo. *r.* Prepararse.
preventivo -va *a.* Que previene.
prever *t.* Ver o conjeturar lo que ha de suceder.
previo -via *a.* Anticipado.
previsión *f.* Acción de prever.
previsor -ra *a.-s.* Que prevé.
prez *amb.* Estima, gloria, honor.
prima *f.* Entre los ant. romanos, primera de las cuatro partes del día. **MÚS.** Cuerda primera en algunos instrumentos. Premio sobre el precio o valor de las cosas. Precio que se paga por el seguro.
primacía *f.* Superioridad. Dignidad de primado.
primado *m.* Primero de todos los arzobispos y obispos de un país o región.
primario -ria *a.* Principal. Primero. Elemental.
primavera *f.* Estación del año comprendida entre el equinoccio del mismo nombre y el solsticio de estío. Planta de flores amarillas.
primer *a.* Apóc. de *primero.*
primeramente *adv.* Antes de todo. /cipiante.
primerizo -za *a.-s.* Novicio, principiante.
primero -ra *a.-s.* Que precede a los demás. Excelente, principal. Antiguo. *adv.* Primeramente.
primicia *f.* Fruto primero de cualquier cosa. *pl.* Principios o primeros frutos que produce cualquier cosa no material.
primitivo -va *a.* Primero o que no se origina de otra cosa.
primo -ma *a.* Primero. Excelente. Dic. del número que sólo es divisible por sí mismo o por la unidad. *m. f.* Hijo del tío o de la tía.
primogénito -ta *a.-s.* Dic. del hijo que nace primero.
primogenitura *f.* Dignidad o derecho del primogénito.
primor *m.* Habilidad, esmero. Hermosura de la obra hecha con primor. /mental.
primordial *a.* Primero, fundamental.
primoroso -sa *a.* Hecho con primor. Diestro.
princesa *f.* Mujer del príncipe o que posee un principado.
principado *m.* Dignidad y territorio del príncipe.
principal *a.* Primero en importancia. Noble, ilustre. Esencial, fundamental.
príncipe *a.* Dic. de la edición primera de un libro. *m.* El más excelente. Primogénito del rey. Individuo de la familia real. Soberano.
principesco -ca *a.* Perteneciente o relativo al príncipe.

principiante *a.-s.* Que empieza a hacer o aprender algún arte, oficio, etc. /menzar.
principiar *t.-r.* Empezar, co-
principio *m.* Primer instante del ser. Punto considerado como el primero en una extensión o cosa. Causa, origen. Proposición fundamental. Máxima.
pringar *t.* Empapar o manchar con pringue. /gue.
pringoso -sa *a.* Que tiene prin-
pringue *m.* Grasa. Suciedad que se pega.
prior *m.* Superior o segundo prelado de un convento.
priora *f.* Prelada de convento.
priorato *m.* Dignidad de prior o priora. /dencia.
prioridad *f.* Anterioridad, prece-
prisa *f.* Prontitud, rapidez. Ansia o precisión de hacer una cosa.
prisión *f.* Acción de prender. Cárcel. *pl.* Grillos, cadenas, etc.
prisionero -ra *m. f.* MIL. Persona que cae en poder del enemigo. Cautivo.
prisma *m.* Sólido terminado por dos caras paralelas e iguales llamadas bases, y por tantos paralelogramos cuantos lados tenga cada base.
prismático -ca *a.* De figura de prisma. /tivo.
pristino -na *a.* Antiguo, primi-
privación *f.* Acción de privar. Carencia.
privado -da *a.* Personal, particular, no público. *a.-s.* El que tiene privanza.
privanza *f.* Preferencia en el favor de un alto personaje.
privar *t.* Despojar de algo. Prohibir. *i.* Tener privanza. Tener general aceptación. *r.* Renunciar.
privativo -va *a.* Que causa privación o la significa. Propio, peculiar.
privilegiar *t.* Conceder privilegio a alguno.
privilegio *m.* Gracia o prerrogativa concedida a una persona o colectividad.
pro *amb.* Provecho. *En pro*, en favor. /nave.
proa *f.* Parte delantera de la
probabilidad *f.* Calidad de probable. Contingencia probable.
probable *a.* Verosímil. Que hay razones para creer que sucederá.
probar *t.* Examinar las cualidades, medida, etc., de una cosa. Tomar una pequeña porción de un manjar o líquido. Demostrar la verdad de una cosa. Intentar.
probatorio -ria *a.* Que sirve para probar.
probeta *f.* Tubo o vaso de cristal graduado.
probidad *f.* Integridad, honradez.
problema *m.* Cuestión que hay que resolver. /cierto.
problemático -ca *a.* Dudoso, in-
probo -ba *a.* Que tiene probidad.
proboscidio -dia *a.-m.* Dic. de los mamíferos del orden de los elefantes. /solencia.
procacidad *f.* Desvergüenza, in-
procaz *a.* Desvergonzado, atrevido.
procedencia *f.* Origen. Calidad de procedente.
procedente *a.* Que trae su origen de una persona, cosa o lugar. Conforme a razón, derecho o conveniencia.
proceder *m.* Modo de portarse.
proceder *i.* Ir personas o cosas en cierto orden. Seguirse una cosa de otra, venir. Poner en ejecución una cosa. Portarse, obrar. Ser conforme a razón, derecho o conveniencia.
procedimiento *m.* Acción de proceder. Método de hacer algunas cosas.
proceloso -sa *a.* Borrascoso.
prócer *a.* Alto, eminente. *m.* Persona de alta distinción.
procesal *a.* Relativo al proceso.
procesamiento *m.* Acción de procesar.
procesar *t.-r.* Formar proceso.
procesión *f.* Acto de ir ordenadamente de un lugar a otro muchas personas con algún fin público o solemne.
proceso *m.* Progreso. Conjunto de las fases sucesivas de un fenómeno. Causa criminal o civil.
proclama *m.* Notificación pública. Alocución. /clamar.
proclamación *f.* Acción de pro-
proclamar *t.* Publicar en alta voz. Aclamar. *t.-r.* Declarar investido de un cargo o mérito.
proclive *a.* Propenso, esp. a lo malo.
procomún *m.* Utilidad pública.
procónsul *m.* Gobernador de una provincia entre los romanos.
procreación *f.* Acción de procrear. /cie.
procrear *t.* Multiplicar la espe-
procura *f.* Procuración (poder, cargo).
procuración *f.* Poder que uno da a otro para que obre en su nombre. Cargo de procurador.
procurador -ra *a.-s.* Que procura. *m.* El que obra por procura-

ción. /curador.
procuraduría *f.* Cargo de procurador.
procurar *t.* Hacer diligencias para conseguir algo.
prodigalidad *f.* Disipación de la propia hacienda. Abundancia.
prodigar *t.* Disipar, gastar con exceso. Dar con abundancia.
prodigio *m.* Suceso sobrenatural. Cosa rara o primorosa.
prodigioso -sa *a.* Maravilloso. Excelente, primoroso.
pródigo -ga *a.-s.* Disipador, manirroto. Muy dadivoso.
producción *f.* Acción de producir. Cosa producida.
producir *t.* Crear, fabricar. Dar fruto, renta, etc. Originar, ocasionar. *r.* Explicarse.
productivo -va *a.* Que tiene virtud de producir.
producto -ta *a.-s.* Cosa producida. Fruto, utilidad. Cantidad que resulta de la multiplicación.
productor -ra *a.-s.* Que produce. Obrero.
proemio *m.* Prólogo.
proeza *f.* Hazaña. /nar.
profanación *f.* Acción de profanar.
profanar *t.* Tratar sin respeto una cosa sagrada.
profano -na *a.* No sagrado. Irreverente. *a.-s.* Ignorante en una materia. /Predicción.
profecía *f.* Don de profetizar.
proferir *t.* Pronunciar, decir.
profesar *t.* Ejercer una ciencia, arte u oficio. Tener una creencia o sentimiento. Enseñar en la cátedra. *i.* Hacer votos en una orden religiosa.
profesión *f.* Acción de profesar. Empleo, oficio de cada uno.
profesional *a.* Relativo a la profesión.
profeso -sa *a.-s.* Dic. del religioso que ha profesado.
profesor -ra *m. f.* Persona que ejerce o enseña una ciencia o arte.
profesorado *m.* Cargo de profesor. Cuerpo de profesores.
profeta *m.* El que, inspirado por Dios, anuncia sucesos futuros.
profético -ca *a.* Relativo al profeta o a la profecía.
profetisa *f.* Mujer profeta.
profetizar *t.* Predecir lo futuro.
profiláctica *f.* Higiene.
profiláctico -ca *a.* MED. Preservativo.
profilaxis *f.* Tratamiento que preserva de una enfermedad.
prófugo -ga *a.-s.* Fugitivo.
profundidad *f.* Calidad de profundo. Hondura.
profundizar *t.* Hacer más hondo. Llegar al perfecto conocimiento de una cosa.
profundo -da *a.* Que tiene el fondo muy distante de la boca o borde de la cavidad. Difícil de comprender. Vivo, intenso.
profusión *f.* Abundancia excesiva.
profuso -sa *a.* Abundante con exceso.
progenie *f.* Ascendencia, linaje.
progenitor *m.* Pariente en línea recta ascendente.
progenitura *f.* Progenie. Calidad y derecho de primogénito.
programa *m.* Declaración de lo que se piensa hacer en una materia. Distribución de las materias de un curso o asignatura.
progresar *i.* Hacer progresos.
progresión *f.* Acción de avanzar o proseguir.
progresivo -va *a.* Que procura el avance. Que progresa.
progreso -sa *m.* Acción de ir hacia adelante. /bir.
prohibición *f.* Acción de prohibir.
prohibir *t.* Vedar, no permitir.
prohibitivo -va, **prohibitorio** -ria *a.* Que prohíbe. /hijar.
prohijamiento *m.* Acción de prohijar.
prohijar *t.* Recibir como hijo legalmente al que no lo es.
prohombre *m.* El que goza de consideración y prestigio.
prójimo *m.* Cualquier persona respecto de otra.
prole *f.* Hijos, descendencia.
prolegómeno *m.* Escrito preliminar de un tratado.
proletario -ria *a.-m.* Que no tiene bienes. /de engendrar.
prolífico -ca *a.* Que tiene virtud
prolijidad *f.* Calidad de prolijo.
prolijo -ja *a.* Largo, dilatado. Demasiado esmerado.
prólogo *m.* Escrito antepuesto al cuerpo de la obra en un libro. Lo que sirve de exordio.
prologuista *c.* Autor de prólogos para libros ajenos.
prolongación *f.* Acción de prolongar. Parte prolongada.
prolongar *t.* Alargar.
promediar *t.* Repartir una cosa en dos mitades o partes iguales. *i.* Llegar a su mitad un espacio de tiempo.
promedio *m.* Punto o término medio.
promesa *f.* Acción de prometer.
prometer *t.* Obligarse a hacer, decir o dar alguna cosa.
prometido -da *m. f.* Futuro esposo, futura esposa.
prominencia *f.* Elevación de una cosa sobre lo que la rodea.
prominente *a.* Que se eleva sobre lo que está alrededor.

promiscuar *i.* Comer carne y pescado en una misma comida en los días en que la Iglesia lo prohibe.
promiscuidad *f.* Mezcla, confusión. /fusamente.
promiscuo -cua *a.* Mezclado confusamente.
promisión *m.* Promesa.
promisorio -ria *a.* Que encierra promesa.
promoción *f.* Acción de promover.
promontorio *m.* Altura grande de tierra, esp. si avanza dentro del mar.
promotor -ra *a.-s.* Que promueve.
promover *t.* Iniciar, dar impulso a una cosa. Elevar a alguien a una dignidad o empleo. /mulgar.
promulgación *f.* Acción de promulgar.
promulgar *t.* Publicar solemnemente.
pronombre *m.* Parte de la oración que se pone en lugar del nombre. /nombre.
pronominal *a.* Relativo al pronombre.
pronosticar *t.* Conocer por algunos indicios lo futuro.
pronóstico *m.* Predicción por indicios. /viveza.
prontitud *f.* Presteza, rapidez,
pronto -ta *a.* Veloz, rápido, vivo. Dispuesto, aparejado. *m.* Movimiento o acción repentina. *adv.* Presto, sin tardar.
prontuario *m.* Compendio de las reglas de una ciencia o arte.
pronunciación *f.* Acción de pronunciar.
pronunciamiento *m.* Rebelión militar. DER. Cada una de las declaraciones del juzgador.
pronunciar *t.* Emitir y articular sonidos para hablar. Hacer un discurso. Publicar una sentencia. *r.* Adherirse a una opinión. /pagar.
propagación *f.* Acción de propagar.
propaganda *f.* Trabajo y medios empleados para propagar doctrinas, productos comerciales, etcétera. /paganda.
propagandista *a.-c.* Que hace propaganda.
propagar *t.-r.* Multiplicar, reproducir. *t.* Difundir. /oculta.
propalar *t.* Divulgar una cosa
propasarse *r.* Excederse uno de lo razonable. /cosa.
propender *i.* Inclinarse a una
propensión *f.* Inclinación, tendencia, afición. Predisposición a contraer una enfermedad.
propenso -sa *a.* Que tiene propensión a algo.
propiciar *t.* Aplacar la ira de uno, haciéndole propicio.
propiciatorio -ria *a.* Que hace propicio. /rable.
propicio -cia *a.* Benigno, favorable.
propiedad *f.* Dominio sobre una cosa. Hacienda, inmueble.
propietario -ria *a.-s.* Que tiene derecho de propiedad sobre una cosa.
propina *f.* Gratificación.
propinar *t.* Dar a beber. Ordenar, administrar una medicina. fig. irón. Dar algo desagradable.
propincuidad *f.* Calidad de propincuo. /mo.
propincuo -cua *a.* Cercano, próxi-
propio -pia *a.* Perteneciente a uno. Característico. A propósito para un fin. Mismo. *m.* Persona que se envía con una carta o recado.
propóleos *m.* Substancia con que las abejas bañan la colmena.
proponer *t.* Manifestar una cosa para inducir a adoptarla. Presentar a uno para un empleo o cargo. *r.* Hacer propósito.
proporción *f.* Correspondencia debida de las partes con el todo o de una cosa con otra. Tamaño. Ocasión, coyuntura. MAT. Igualdad de dos razones.
proporcional *a.* Que incluye proporción.
proporcionar *t.* Disponer con la debida proporción. Poner algo a disposición de uno.
proposición *f.* Acción de proponer. Oración gramatical.
propósito *m.* Intención. Objeto, mira.
propuesta *f.* Proposición que se hace, idea que se propone.
propulsar *t.* Repulsar. Impeler.
propulsión *f.* Repulsa. Acción de propulsar.
propulsor -ra *a.-s.* Que propulsa *m.* Mecanismo propulsor.
prorrata *f.* Cuota o parte proporcional. /nalmente.
prorratear *t.* Repartir proporcio-
prorrateo *m.* Acción de prorratear.
prórroga, prorrogación *f.* Continuación de una cosa por un tiempo determinado.
prorrumpir *i.* Salir con ímpetu. Manifestarse uno repentinamente por medio de lágrimas, voces, etc. /guaje.
prosa *f.* Forma natural del len-
prosaico -ca *a.* Relativo a la prosa. Insulso, vulgar. /dad.
prosaísmo *m.* Insulsez, vulgari-
prosapia *f.* Ascendencia, linaje.
proscenio *m.* Parte anterior del escenario.
proscribir *t.* Desterrar. Excluir, prohibir. /bir.
proscripción *f.* Acción de proscri-
proscripto -ta = **proscrito -ta**

p. p. irreg. de *proscribir*. m. f. Persona proscrita.
prosecución f. Acción de proseguir. Seguimiento.
proseguir t.-i. Continuar lo empezado. /prosélitos.
proselitismo m. Celo de ganar
prosélito m. El convertido al catolicismo. Partidario ganado para un partido o doctrina.
prosista c. Escritor de obras en prosa.
prosodia f. Parte de la gramática que enseña la recta pronunciación de las voces.
prosódico -ca a. Relativo a la prosodia.
prosopopeya f. RET. Personificación. Afectación de gravedad y pompa.
prospecto m. Exposición o anuncio breve de un espectáculo, mercancía, etc.
prosperar t. Ocasionar prosperidad. i. Tenerla.
prosperidad f. Curso favorable de las cosas. Bienestar material.
próspero -ra a. Favorable, venturoso.
próstata f. Glándula del varón, situada entre la vejiga de la orina y la uretra.
prosternarse r. Postrarse.
prostitución f. Acción de prostituir.
prostituir t.-r. Deshonrar, corromper.
protagonista s. Personaje principal de un drama, novela, etc.
protección f. Acción de proteger.
protector -ra a.-s. Que protege.
protectorado m. Función de protector. Parte de soberanía que un Estado ejerce en territorio no incorporado al de su nación.
proteger t.-r. Amparar, favorecer, defender.
proteico -ca a. Que cambia de formas o de ideas.
protervia = **protervidad** f. Perversidad.
protervo -va a.-s. Perverso.
prótesis f. Adición de letras al principio de un vocablo. CIR. Procedimiento con que se repara artificialmente la falta de un órgano.
protesta f. Acción de protestar. Promesa, aseveración.
protestante a.-s. Que profesa el protestantismo. a. Perteneciente a él.
protestantismo m. Movimiento religioso que en el s. XVI se separó de la Iglesia Católica.
protestar t. Asegurar con ahínco. Confesar públicamente su fe. COM. Hacer protesto de una letra. i. Reclamar contra algún acto.
protesto m. Protesta. COM. Requerimiento ante notario por falta de aceptación o pago de una letra de cambio.
protocolo m. Conjunto de los documentos originales que un notario autoriza y custodia. Regla, ceremonial.
protohistoria f. Período de la historia en que faltan la cronología y el documento.
protomártir m. El primero de los mártires. *S. Esteban protomártir*.
protonotario m. ant. El primero y principal de los notarios.
protoplasma m. Substancia fundamental de la célula.
prototipo m. El más perfecto ejemplar y modelo de algo.
protóxido m. En una serie de óxidos, el que contiene la menor cantidad de oxígeno.
protozoario = **protozoo** m. Animal rudimentario microscópico.
protuberancia f. Prominencia más o menos redonda.
provecto -ta a. Antiguo, adelantado. Maduro, entrado en días.
provecho m. Utilidad, beneficio. Adelantamiento en ciencias, artes o virtudes. /cho.
provechosamente adv. Con provechoso
provechoso -sa a. Que causa provecho.
proveedor -ra m. f. Persona que provee a una colectividad o casa.
proveer t.-r.-i. Prevenir lo necesario para un fin. t. Suministrar. Disponer, resolver. Nombrar persona para un cargo.
provenir i. Nacer, originarse una cosa de otra.
provenzal a.-s. De Provenza.
proverbial a. Relativo al proverbio. Muy notorio y conocido.
proverbio m. Sentencia, adagio o refrán.
providencia f. Disposición para el logro de un fin. Cuidado que Dios tiene de sus criaturas. El mismo Dios. Resolución judicial.
providencial a. Relativo a la Providencia divina. /Próvido.
providente a. Avisado, prudente.
próvido -da a. Prevenido, cuidadoso. Propicio, benévolo.
provincia f. Cada una de las grandes divisiones administrativas de un Estado. Conjunto de conventos de un territorio.
provincial a. Relativo a la provincia. m. Religioso superior de una provincia.

provincialismo *m.* Apego a la provincia. Voz o giro peculiar de provincia. /vincia.
provinciano -na *a.* De una provincia.
provisor *m.* Proveedor. Juez eclesiástico en quien el obispo delega su autoridad.
provisto -ta p. p. irreg. de *proveer*. /car.
provocación *f.* Acción de provocar.
provocador *a.-s.* Que provoca.
provocar *t.* Excitar a uno a que ejecute una cosa. Irritar. Producir, causar. *i.* Mover, incitar.
provocativo -va *a.* Que tiene virtud de provocar.
próximamente *adv.* Con proximidad. Aproximadamente.
proximidad *f.* Calidad de próximo. Cercanía.
próximo -ma *a.* Cercano. Allegado. /tar.
proyección *f.* Acción de proyectar.
proyectar *t.* Lanzar hacia adelante o a distancia. Idear, disponer el plan. Hacer visible sobre un cuerpo o superficie la figura o la sombra de otro.
proyectil *m.* Cualquier cuerpo arrojadizo.
proyectista *c.* Persona dada a hacer proyectos y a facilitarlos.
proyecto *m.* Designio, pensamiento de hacer algo. Plan.
proyector -ra *a.* Que sirve para proyectar. *m.* Reflector.
prudencia *f.* Virtud cardinal que consiste en discernir lo bueno de lo malo. Discernimiento, buen juicio. Moderación.
prudencial *a.* Relativo a la prudencia.
prudente *a.* Que tiene prudencia.
prueba *f.* Acción de probar. Lo que sirve para probar algo. Indicio. Ensayo.
prurito *m.* Comezón, picor. Deseo vehemente.
prusiano -na *a.-s.* De Prusia.
pseudo *a.* Seudo.
pseudónimo *m.* Seudónimo.
psi *f.* Letra griega equivalente a *ps*.
psicología *f.* Ciencia que estudia el alma.
psicológico -ca *a.* Relativo al alma o a la psicología.
psicólogo *m.* El que se dedica a la psicología.
psicópata *c.* Enfermo mental.
psicopatía = psicosis *f.* Enfermedad mental.
psiquiatría *f.* Parte de la medicina que trata de las psicosis.
púa *f.* Cuerpo delgado, rígido y puntiagudo.
púber -ra *a.-s.* Que ha llegado a la pubertad. /adulta.

pubertad *f.* Principio de la edad
pubescencia *f.* BOT. Vellosidad.
pubescente *a.* BOT. Velloso.
pubis *m.* Parte inferior del vientre. /blicar.
publicable *a.* Que se puede publicar.
publicación *f.* Acción de publicar. Obra publicada.
públicamente *a.* De modo público.
publicano *m.* Entre los romanos, arrendador de impuestos.
publicar *t.* Hacer que una cosa llegue a noticia de todos. Poner a la venta un libro, periódico, etc.
publicidad *f.* Calidad o estado de público. Medios para extender la noticia de las cosas.
publicista *c.* Tratadista de derecho público. Persona que escribe para el público.
público -ca *a.* Visto o sabido de todos. Perteneciente a todo el pueblo. *m.* Común de un pueblo. Conjunto de los que concurren a un lugar.
puchera *f.* Olla, cocido.
puchero *m.* Olla pequeña, con una sola asa. Olla, cocido.
puches *m. pl.* Gachas.
pudendo -da *a.* Torpe, feo, indecente.
pudibundo -da *a.* Pudoroso.
pudicicia *f.* Honestidad, pudor.
púdico -ca *a.* Pudoroso, casto.
pudiente *a.-s.* Poderoso, rico.
pudor *m.* Honestidad, recato.
pudoroso -sa *a.* Lleno de pudor.
pudrición *f.* Putrefacción.
pudridero *m.* Sitio en que se pone algo para que se pudra.
pudrir *t.-r.* Resolver en podre una cosa. Corromper, dañar.
pueblo *m.* Población, esp. pequeña. Conjunto de habitantes de un lugar o país. Gente común y humilde.
puente *amb.* Obra que se construye sobre los ríos, fosos, etc., para poder pasarlos. Cubierta de un buque de guerra.
puerca *f.* Hembra del puerco. Mujer sucia o grosera.
puerco *m.* Cerdo. Hombre sucio y grosero.
puericia *f.* Edad que media entre la infancia y la adolescencia.
puericultura *f.* Crianza y cuidado de los niños.
pueril *a.* Relativo a la puericia. Infantil. /ril.
puerilidad *f.* Acción o cosa pue-
puerro *m.* Planta cuyo bulbo se usa como condimento.
puerta *f.* Vano abierto en una pared, cerca, etc., para entrar y salir por él. Principio o en-

trada.
puerto *m.* Lugar en la costa dispuesto para la seguridad de las naves. Garganta entre montañas. /o motivo.
pues *conj.* Denota causa, razón
puesta *f.* Acción de ponerse un astro. Cantidad que pone el que pierde en ciertos jugos.
puesto -ta p. p. irreg. de *poner*. *m.* Sitio que ocupa una cosa. Lugar ocupado por tropa o policías en actos del servicio. Empleo, cargo. Tiendecilla.
¡puf! Interj. que denota molestia, repugnancia o asco.
púgil *m.* El que combate a puñadas. /das.
pugilato *m.* Contienda a puña-
pugilismo *m.* Boxeo.
pugna *f.* Pelea. Oposición.
pugnacidad *f.* Belicosidad.
pugnar *i.* Luchar. Porfiar.
pugnaz *a.* Belicoso.
puja *f.* Acción de pujar.
pujante *a.* Que tiene pujanza.
pujanza *f.* Fuerza grande.
pujar *t.* Aumentar los licitadores el precio de una subasta. Hacer fuerza.
pujo *m.* Gana frecuente y dolorosa de defecar o de orinar. Ansia, deseo.
pulcritud *f.* Esmero en el aseo personal o en la ejecución de una cosa. Delicadeza en la conducta.
pulcro -cra *a.* Aseado, esmerado. Hecho con pulcritud.
pulchinela *m.* Personaje burlesco de las farsas italianas.
pulga *f.* Insecto áptero, saltador, que chupa la sangre del hombre y de los animales.
pulgada *f.* Medida de longitud, duodécima parte del pie.
pulgar *m.* Dedo primero y más grueso de los de la mano.
pulgarada *f.* Cantidad de polvo que se toma con los dedos.
pulgón *m.* Insecto pequeño cuyas hembras y larvas viven parásitas sobre ciertas plantas.
pulidez *f.* Calidad de pulido.
pulido -da *a.* Agraciado, bello. Pulcro, primoroso.
pulidor -ra *a.-s.* Que pule. Instrumento para pulir.
pulimentar *t.* Pulir.
pulimento *m.* Acción de pulir. Estado de lo pulido.
pulir *t.* Alisar, dar tersura y lustre. Perfeccionar.
pulmón *m.* Órgano de la respiración de los vertebrados que viven fuera del agua. Saco respiratorio de algunos arácnidos y moluscos.

pulmonar *a.* Relativo a los pulmones.
pulmonía *f.* Inflamación del pulmón.
pulpa *f.* Parte mollar de la carne, las frutas, etc.
pulpejo *m.* Parte carnosa y blanda de un miembro pequeño.
pulpería *f.* Tienda de comestibles en América.
púlpito *m.* En las iglesias, plataforma pequeña con antepecho y tornavoz, para predicar desde ella.
pulpo *m.* Molusco cefalópodo, comestible, con ocho tentáculos.
pulquérrimo -ma *a.* Superl. de *pulcro.*
pulsación *f.* Acción de pulsar. Latido de una arteria.
pulsar *t.* MÚS. Tocar un instrumento con los dedos. Tomar el pulso. Tantear un asunto.
pulsear *i.* Probar dos personas quién de ellas tiene más fuerza en el pulso.
pulsera *f.* Brazalete que se pone en la muñeca. Guedeja que cae sobre la sien.
pulso *m.* Serie de pulsaciones que se perciben en una parte del cuerpo. Esta parte, esp. la muñeca. Firmeza en la mano.
pulular *i.* Abundar, multiplicarse en un lugar los insectos o sabandijas. /rizar.
pulverización *f.* Acción de pulve-
pulverizador *m.* Aparato para pulverizar líquidos.
pulverizar *t.-r.* Reducir a polvo o a partículas muy tenues.
pulverulento -ta *a.* Que tiene aspecto de polvo.
pulla *f.* Dicho con que se zahiere. Expresión aguda y picante.
puma *m.* Mamífero americano parecido al tigre.
punción *f.* CIR. Operación de atravesar los tejidos hasta llegar a una cavidad.
pundonor *m.* Sentimiento de la dignidad personal, delicado y susceptible. /pundonor.
pundonoroso -sa *a.* Que tiene
punible *a.* Que merece castigo.
punición *f.* Castigo.
púnico -ca *a.* Cartaginés. De los cartagineses. /tigo.
punitivo -va *a.* Relativo al cas-
punta *f.* Extremo, esp. el agudo, de una cosa. Lengua de tierra. *pl.* Encaje que forma ondas.
puntada *f.* Agujero hecho con la aguja al coser. Espacio entre dos de estos agujeros. Porción de hilo que lo ocupa.
puntal *m.* Madero que sirve de sostén. *fig.* Apoyo, fundamento.

puntapié *m.* Golpe dado con la punta del pie.

puntear *t.* Marcar puntos en una superficie. Dar puntadas. Tocar la guitarra con un dedo.

puntera *f.* Remiendo o sobrepuesto en la punta del calzado. Puntapié.

puntería *f.* Dirección del arma apuntada. Destreza del tirador.

puntero *a.* Que tiene buena puntería. *m.* Punzón o vara con que se señala una cosa. /da.

puntiagudo -da *a.* De punta aguda.

puntilla *f.* Encaje muy angosto hecho en puntas. Cachetero.

puntillazo *m.* Puntapié.

puntillero *m.* El que remata al toro.

puntillo *m.* Cosa, gralte. leve, en que una persona pundonorosa hace consistir el honor.

punto *m.* COM. Límite mínimo de la extensión. Señal pequeñísima. Signo ortográfico que indica el fin de un período. Puntada. Cada una de las lazadillas en un tejido. Unidad de tanteo. Lugar, paraje. Instante. Estado, grado. Asunto. Ocasión.

puntuación *f.* Acción de puntuar.

puntual *a.* Que tiene puntualidad. Hecho con ella.

puntualidad *f.* Exactitud en hacer las cosas a su tiempo.

puntualizar *t.* Referir minuciosamente una cosa.

puntuar *t.* Poner los signos ortográficos en los escritos.

puntura *f.* Herida con instrumento o cosa que punza.

punzada *f.* Herida o picada de punta. Dolor agudo, repentino y pasajero.

punzar *t.* Herir con alfiler, espina, etc. Avivarse un dolor de cuando en cuando.

punzón *m.* Instrumento de hierro puntiagudo. Buril. Instrumento para formar el troquel de medallas, monedas, etc.

puñada *f.* Puñetazo.

puñado *m.* Porción de cualquier cosa que cabe en el puño.

puñal *m.* Arma corta, de acero, que sólo hiere de punta.

puñalada *f.* Herida hecha con puñal.

puñetazo *m.* Golpe dado con el puño cerrado.

puño *m.* La mano cerrada. Parte de las prendas de vestir que rodea la muñeca. Parte por donde suele cogerse el bastón, el paraguas, etc.

pupa *f.* Voz infantil que indica dolor, herida, etc.

pupila *f.* Orificio del iris por donde entra la luz en el ojo. Huérfana menor de edad, respecto de su tutor.

pupilaje *m.* Estado del pupilo. Casa de huéspedes. Precio que éstos pagan.

pupilo -la *f.* Huésped de pago en una casa particular. *m.* Huérfano menor de edad, respecto de su tutor.

pupitre *m.* Mueble con tapa inclinada que sirve para escribir.

puré *m.* Pasta o sopa de legumbres, patatas, etc., cocidas y pasadas por colador.

pureza *f.* Calidad de puro. Castidad.

purga *f.* Medicina para descargar el vientre.

purgación *f.* Acción de purgar.

purgante *a.-m.* Que purga.

purgar *t.-r.* Dar una purga. *t.* Limpiar, purificar. Expiar una culpa.

purgatorio *m.* Lugar donde las almas no condenadas al infierno purgan sus pecados antes de ascender al cielo.

puridad *f.* Pureza. /car.

purificación *f.* Acción de purificar.

purificador -ra, purificativo -va *a.* Que purifica.

purificar *t.* Quitar las impurezas. Limpiar de toda mancha o imperfección.

purismo *m.* Pureza afectada del lenguaje.

purista *a.-s.* Que escribe o habla con pureza o con purismo.

puritanismo *m.* Secta protestante separada de la iglesia anglicana.

puritano -na *a.-s.* Partidario del puritanismo. Dic. del que hace alarde de profesar con rigor las virtudes públicas o privadas. Rígido, austero.

puro -ra *a.* Exento de mezcla o de imperfecciones. Casto. Mero, solo.

púrpura *f.* Molusco marino del cual se obtenía un tinte rojo o violado. Color rojo subido que tira a violado. Dignidad imperial, real o cardenalicia.

purpurado *m.* Cardenal.

purpurar *t.-r.* Teñir de púrpura.

purpúreo -a *a.* De color de púrpura.

purpurina *f.* Cierta substancia roja. Polvo finísimo de bronce o de metal blanco.

purpurino -na *a.* Purpúreo.

purria *f.* Gentuza.

purulento *a.* Que tiene pus.

pus *m.* Humor que secretan los tejidos inflamados, los diviesos etc.

pusilánime *a.* Falto de ánimo, cobarde. /siláníme.
pusilanimidad *f.* Calidad de pu-
pústula *f.* Vejiguilla de la piel llena de pus.
pustuloso -sa *a.* Relativo a la pústula.
putativo -va *a.* Tenido por padre, hermano, etc., no siéndolo.

putrefacción *f.* Acción de pudrir Podredumbre.
putrefacto -ta *a.* Podrido, corrompido.
pútrido -da *a.* Podrido. Acompañado de putrefacción.
puya *f.* Punta de las garrochas.
puyazo *m.* Herida hecha con puya.

Q

Q q *f.* Vigésima letra del alfabeto español.
que *Pron. rel.* que equivale a *el, la, lo, cual* y *los, las, cuales.* *Conj.* copulativa que sirve principalmente para enlazar oraciones.
qué *Pron. interrog.* que equivale a *cuál, cuán, cuánto* o *qué cosa.*
quebrada *f.* Abertura estrecha y áspera entre montañas.
quebradero *m.* Quebrador.
quebradizo -za *a.* Fácil de quebrarse; frágil.
quebrado -da *a.-s.* Que ha hecho quiebra. Que padece hernia. Dic. del número que expresa partes de la unidad.
quebrador -ra *a.-s.* Que quiebra o quebranta.
quebradura *f.* Hendedura, rotura. Hernia.
quebraja *f.* Grieta, rendija, raja.
quebrantahuesos *m.* Ave rapaz falcónida, de color obscuro con la cabeza blanca. /quebrantar.
quebrantamiento *m.* Acción de
quebrantar *t.-r.* Hender, cascar. *t.* Romper, machacar. Infringir, violar. Suavizar. Fatigar. Causar pesadumbre.
quebranto *m.* Acción de quebrantar. Desaliento. Aflicción. Pérdida, daño.
quebrar *t.-r.* Romper. Doblar, torcer. Ajar el color del rostro. *i.* Declararse insolvente. *r.* Formársele hernia a uno. /palos.
quechemarín *m.* Barquito de dos
queda *f.* Hora de la noche señalada para recogerse.
quedada *f.* Acción de quedarse.
quedar *i.-r.* Detenerse, permanecer, subsistir en un lugar, estado o aspecto. *i.* Convenir. Restar, subsistir parte de una cosa. *r.* Retener una cosa propia o ajena.
quedo -da *a.* Quieto. *adv.* Con voz muy baja. Con tiento.
quehacer *m.* Ocupación.
queja *f.* Expresión de dolor. Resentimiento.
quejarse *r.* Expresar el dolor que se siente. Manifestar uno su resentimiento.
quejicoso -sa *a.* Que se queja mucho y sin causa.
quejido *m.* Voz lastimosa de dolor o pena.
quejigo *m.* Árbol parecido al roble.
quejoso -sa *a.* Que tiene queja de otro. /mucho.
quejumbroso -sa *a.* Que se queja
quelonio -nia *a.* Dic. de los reptiles con cuatro extremidades y el cuerpo protegido por una concha. /cendio.
quema *f.* Acción de quemar. Incendio.
quemadero *m.* Lugar destinado a quemar algo.
quemadura *f.* Acción del fuego o de una substancia cáustica en un cuerpo.
quemar *t.-r.* Consumir, destruir con fuego. Calentar mucho. Abrasar. Causar ardor. Impacientar, desazonar.
quemazón *f.* Quema. Calor excesivo. Comezón.
quepis *m.* Gorra militar, ligeramente cónica y con visera.
querella *f.* Queja. Discordia. Acusación ante el juez.
querellarse *r.* Quejarse. Presentar querella contra uno.
querencia *f.* Cariño. Afición del animal a un sitio. Este sitio.
querer *t.* Desear, pretender. Tener voluntad de hacer o de que se haga algo. Amar, tener cariño.
quermes *m.* Insecto que vive en la coscoja, produciendo unas agallas que dan un color rojo.
querube = **querubín** *m.* Cada uno de los ángeles del segundo coro.
quesera *f.* Sitio donde se hace el queso. Vasija donde se guarda o se sirve.
quesería *f.* Lugar donde se hace o vende queso.
quesero -ra *a.* Caseoso. *m. f.* Persona que hace o vende quesos.
queso *m.* Masa obtenida cuajando la leche, exprimiéndola y echándole sal.
quevedos *m. pl.* Anteojos que se sujetan solamente en la nariz.
¡quiá! *interj.* Denota incredulidad o negación.
quicio *m.* Parte de las puertas y

ventanas en que se asegura la hoja.
quid *m.* Esencia, razón, porqué de una cosa.
quidam *m.* Sujeto indeterminado o despreciable.
quid pro quo *m.* Error de tomar una persona o cosa por otra.
quiebra *f.* Rotura. Hendedura de la tierra. Pérdida, menoscabo. COM. Acción de declararse insolvente.
quiebro *m.* Esguince que se hace con el cuerpo. Inflexión acelerada, dulce y graciosa de la voz.
quien, *pl.* **quienes** *Pron. rel.* e *indef. masc.* y *fem.* que se refiere a personas.
quién *pron.* Forma interrogativa de *quien*.
quienquiera *pron. indef.* Persona indeterminada, alguno, sea el que fuere.
quieto -ta *a.* Que no tiene o no hace movimiento. Pacífico, sosegado.
quietud *f.* Falta de movimiento. Sosiego, reposo.
quijada *f.* Cada uno de los dos huesos en que están encajados los dientes y muelas.
quijones *m.* Hierba umbelífera aromática. /quijote.
quijotada *f.* Acción propia de un
quijote *m.* Pieza del arnés que cubre el muslo. Hombre que quiere ser juez y defensor de cosas que no le atañen.
quijotería *f.* Modo quijotesco de proceder.
quijotesco -ca *a.* Que obra o se ejecuta con quijotería. /jote.
quijotismo *m.* Condición de quijote.
quilate *m.* Unidad de peso para las perlas y piedras preciosas. Cada una de las veinticuatroavas partes en peso de oro puro que contiene una mezcla.
quilífero -ra *a.* Dic. de los vasos linfáticos que absorben el quilo de los intestinos.
quilo *m.* Líquido que el intestino elabora con el quimo formado en el estómago.
quilogramo, quilolitro, quilómetro = kilogramo, kilolitro, kilómetro.
quilla *f.* Pieza que va de popa a proa por la parte inferior del barco.
quimera *f.* Monstruo fabuloso, con cabeza de león, vientre de cabra y cola de dragón. Creación imaginaria del espíritu. Pendencia. /ginario.
quimérico -ca *a.* Fabuloso, imaquimerista *a.-s.* Pendenciero.
química *f.* Ciencia que estudia la composición íntima de las substancias y sus transformaciones recíprocas.
químico -ca *a.* Relativo a la química. *m.* El que se dedica a la química.
quimo *m.* Masa que resulta de la digestión estomacal de los alimentos.
quimono *m.* Túnica japonesa o la hecha a su semejanza que usan las mujeres. /quino.
quina *f.* Corteza medicinal del
quinario -ria *a.* Compuesto de cinco elementos.
quincalla *f.* Conjunto de objetos de metal de poco valor.
quincallería *f.* Fábrica o tienda de quincalla.
quincallero -ra *m. f.* Persona que fabrica o vende quincalla.
quince *a.* Diez y cinco. /días.
quincena *f.* Espacio de quince
quincenal *a.* Que se repite cada quincena. Que dura una quincena.
quincenario -ria *a.* Quincenal. *m. f.* Persona que pasa en la cárcel una o más quincenas.
quincuagenario -ria *a.* Que consta de cincuenta unidades. *a.-s.* Cincuentón.
quincuagésimo -ma *a.-s.* Dic. de cada una de las 50 partes iguales en que se divide un todo. Que sigue en orden al cuadragésimo nono.
quindécimo -ma *a.-s.* Quinzavo.
quiniela *f.* En el juego de pelota y en el fútbol, apuesta sobre el resultado de los partidos.
quinientos -tas *a.* Cinco veces ciento. /trae de la quina.
quinina *f.* Alcaloide que se ex**quino** *m.* Árbol americano cuya corteza es la quina.
quinqué *m.* Lámpara de petróleo con tubo de cristal y bomba o pantalla.
quinquenal *a.* Que se repite cada quinquenio. Que dura un quinquenio. /años.
quinquenio *m.* Período de cinco
quinta *f.* Casa de recreo en el campo. Acción de quintar. MIL. Reemplazo.
quintal *m.* Peso de cuatro arrobas. *Quintal métrico*, 100 kilos.
quintana *f.* Quinta, casa de campo. /(persona).
quintañón -ñona *a.-s.* Centenario
quintar *t.* Sacar por suerte uno de cada cinco. Sortear los mozos para el ejército.
quintero *m.* Arrendatario de una quinta.
quinteto *m.* Combinación de cinco versos de más de ocho sílabas. MÚS. Conjunto de cin-

co voces o instrumentos. Composición para este conjunto.
quintilla *f.* Combinación de cinco versos octosílabos.
quinto -ta *a.-s.* Dic. de cada una de las cinco partes iguales en que se divide un todo. Que sigue en orden al cuarto. El soldado, mientras recibe instrucción militar.
quintuplicar *t.-r.* Multiplicar por cinco.
quintuplo -pla *a.-m.* Que contiene un número cinco veces exactamente.
quinzavo -va *a.* Dic. de cada una de las quince partes iguales en que se divide un todo.
quiñón *m.* Porción de tierra de labor.
quiosco *m.* Pabellón o templete de estilo oriental, en azoteas, jardines, etc. Pabellón pequeño en parajes públicos.
quiquiriquí *m.* Voz imitativa del canto del gallo.
quirite *m.* Caballero o ciudadano de la ant. Roma.
quiromancía *f.* Adivinación supersticiosa por las rayas de la mano.
quiromántico -ca *a.* Relativo a la quiromancía. *m. f.* Persona que la profesa.
quiróptero -ra *a.-m.* Dic. de los mamíferos voladores, provistos de alas membranosas.
quirúrgico -ca *a.* Relativo a la cirugía.
quirófano *m.* Recinto destinado a operaciones quirúrgicas.
quisicosa *f.* Enigma o cosa difícil de averiguar.
quisque (cada) *loc.* Cada cual.
quisquilla *f.* Reparo o dificultad de poca monta. Camarón.
quisquilloso -sa *a.-s.* Que se para en quisquillas. Que se ofende fácilmente.
quiste *f.* Vejiga membranosa que se desarrolla en el cuerpo y contiene substancias líquidas o semilíquidas.
quisto *a.* Querido. Úsase con los adv. *bien* o *mal.*
quitamanchas *c.* Persona que quita las manchas de la ropa. *m.* Substancia empleada para ello.
quitanieves *f.* Máquina para retirar la nieve de las calles, caminos, etc.
quitar *t.* Separar, apartar. Hurtar. Privar de una cosa. Impedir, obstar. Prohibir. *r.* Dejar una costumbre, un lugar.
quitasol *m.* Utensilio, a manera de paraguas para resguardarse del sol.
quite *m.* Acción de quitar o estorbar. Suerte que ejecuta un torero para librar a otro del toro.
quitrín *m.* Carruaje abierto usado en América.
quizá = quizás Adv. de duda que denota posibilidad.

R

R r *f.* Vigésima primera letra del alfabeto español.
rabada *f.* Cuarto trasero de las reses sacrificadas. /tores.
rabadán *m.* Mayoral de los pas-
rabadilla *f.* Extremidad inferior del espinazo.
rabanera *f.* Mujer que vende rábanos. Mujer soez.
rabanillo *m.* Hierba que daña los sembrados. Deseo vehemente.
rabaniza *f.* Simiente del rábano. Hierba que abunda en los terrenos incultos.
rábano *m.* Hierba hortense de raíz carnosa, picante y comestible.
rabear *i.* Menear el rabo.
rabera *f.* Parte posterior de cualquier cosa.
rabí *m.* Doctor de la ley, entre los judíos. Rabino.
rabia *f.* Enfermedad infecciosa que ataca a algunos animales y se transmite por mordedura. fig. Ira, enojo, enfado grande.
rabiar *i.* Padecer rabia. Impacientarse, encolerizarse. Padecer un dolor muy fuerte. Con la prep. *por*, desear con vehemencia.
rabiatar *t.* Atar por el rabo.
rabicorto -ta *a.* De rabo corto.
rabieta *f.* Enojo grande y pasajero.
rabihorcado *m.* Ave palmípeda de cola ahorquillada.
rabilargo -ga *a.* De rabo largo.
rabillo *m.* Dim. de *rabo*. Pecíolo, pedúnculo. /rabinos.
rabínico -ca *a.* Relativo a los
rabino *m.* Maestro hebreo que interpreta la Sagrada Escritura.
rabión *m.* Corriente impetuosa de un río en ciertos parajes.
rabioso -sa *a.-s.* Que padece rabia. *a.* Colérico. Vehemente.
rabiza *f.* Punta de la caña de pescar.
rabo *m.* Cola, esp. la de los cuadrúpedos. Pecíolo, pedúnculo. Cosa que cuelga. Ángulo externo del ojo. /bo corto.
rabón -na *a.* Sin rabo o de ra-
rabudo -da *a.* De rabo grande.
racima *f.* Conjunto de los racimos que se dejan al vendimiar.
racimar *t.* Rebuscar la racima.
racimo *m.* Grupo de uvas unidas a los piececillos nacidos de un mismo eje. Grupo análogo de otras frutas o de cosas menudas.
raciocinar *i.* Hacer uso del entendimiento y la razón para conocer y juzgar.
raciocinio *m.* Facultad de raciocinar. Razonamiento.
ración *f.* Parte que se da para alimento en cada comida o la que se distribuye a cada individuo de una colectividad.
racional *a.* Perteneciente a la razón o arreglado a ella. *a.-s.* Dotado de razón. /cional.
racionalidad *f.* Calidad de ra-
racionalismo *m.* Doctrina que considera a la razón como base única del conocimiento.
racionalista *a.-s.* Que profesa el racionalismo.
racionar *t.* Distribuir raciones. Limitar la autoridad la cantidad de un artículo que puede adquirirse. /de fortuna.
racha *f.* Ráfaga. Período breve
rada *f.* Bahía, ensenada.
radar *m.* Aparato destinado a localizar objetos lejanos o invisibles mediante la reflexión de ondas hertzianas dirigidas.
radiación *f.* Acción de radiar. Energía radiada. /diactivo.
radiactividad *f.* Calidad de ra-
radiactivo -va *a.* Dic. de los cuerpos que emiten radiaciones procedentes de la desintegración del átomo.
radiado -da *a.* Formado por rayos divergentes.
radiador *m.* Aparato de calefacción compuesto de varios tubos por donde circulan agua o vapor muy calientes. Aparato para refrigerar los cilindros en algunos motores de explosión.
radial *a.* Relativo al radio. Dic. de la disposición análoga a la de los rayos de una rueda.
radiar *t.* Irradiar. Emitir por radiotelegrafía o radiotelefonía.
radicación *f.* Acción de radicar.
radical *a.* Relativo a la raíz. Fundamental, de raíz. Parti-

darío de reformas extremas.
radicalismo *m.* Modo extremado de tratar los asuntos.
radicar *i.* Arraigar. Estar ciertas cosas en determinado lugar.
radícula *f.* BOT. Rejo.
radio *m.* Recta que va del centro del círculo a la circunferencia. Rayo de rueda. Espacio circular definido por su radio. Metal rarísimo, muy radiactivo. Hueso del antebrazo. Apóc. de *radiodifusión*. Aparato radiorreceptor.
radiodifusión *f.* Emisión radiotelefónica destinada al público.
radioescucha *c.* Radioyente.
radiofónico -ca *a.* Relativo a la radiodifusión.
radiografía *f.* Obtención de una imagen mediante los rayos X. Imagen así obtenida.
radiograma *m.* Telegrama transmitido por radiotelegrafía.
radiología *f.* Estudio de las aplicaciones médicas de los rayos X.
radiólogo *m.* Especialista en radiología.
radioscopia *f.* Examen del interior del cuerpo mediante los rayos X. /los.
radiotelefonía *f.* Telefonía sin hi-
radiotelefónico -ca *a.* Relativo a la radiotelefonía.
radiotelegrafía *f.* Telegrafía sin hilos.
radiotelegráfico -ca *a.* Relativo a la radiotelegrafía.
radiotelegrafista *c.* Persona ocupada en el servicio radiotelegráfico.
radioterapia *f.* Empleo terapéutico de los rayos X y del radio.
radioyente *c.* Persona que oye una emisión radiofónica.
raedera *f.* Instrumento para raer.
raedura *f.* Acción de raer. Parte que se rae de una cosa.
raer *t.* Quitar los pelos, vello, etc., de la superficie de una cosa raspándola.
ráfaga *m.* Movimiento violento del aire, de poca duración. Golpe de luz instantáneo. Serie de disparos de una ametralladora o arma análoga.
raido -da *a.* Muy gastado por el uso. Desvergonzado.
raigambre *f.* Conjunto de raíces.
raigón *m.* Raíz de muela o diente.
rail *m.* Riel. /te.
raíz *f.* Parte de las plantas que se desarrolla bajo tierra y crece en dirección inversa a la del tallo. Origen, principio. Cantidad que tomada como factor cierto número de veces da como producto una cantidad determinada.
raja *f.* Astilla. Hendedura. Pedazo cortado a lo largo o a lo ancho de un melón, queso, etc.
rajá *m.* Soberano índico.
rajar *t.* Hender, dividir. *r.* Desdecirse de lo prometido.
ralea *f.* Raza, casta. Calidad.
ralear *i.* Hacerse ralo.
raleza *f.* Calidad de ralo.
ralo -la *a.* Dic. de las cosas cuyas partes están separadas más de lo regular.
rallador *m.* Utensilio con que se raspa pan, queso, etc.
ralladura *f.* Lo que queda rallado.
rallar *t.* Desmenuzar una cosa con el rallador.
rallo *m.* Rallador. Chapa con agujeros. Alcarraza.
rama *f.* Cada una de las partes nacidas del tronco de una planta. Serie de personas descendientes del mismo tronco. Parte de una cosa que se deriva de otra principal. Ejemplares sin encuadernar de una obra impresa.
ramadán *m.* Noveno mes del año lunar de los mahometanos.
ramaje *m.* Conjunto de ramas.
ramal *m.* Cada uno de los cabos de que se compone una cuerda. Ronzal. Parte que arranca de la línea principal de un camino, cordillera, etc.
ramalazo *m.* Golpe dado con el ramal. Dolor repentino. Adversidad inesperada.
rambla *f.* Lecho natural de las aguas pluviales.
ramblazo *m.* Lugar por donde corren las aguas de las avenidas.
ramificación *f.* Acción de ramificarse. /mas.
ramificarse *r.* Dividirse en ra-
ramillete *m.* Ramo pequeño de flores. Plato de dulces.
ramilletero -ra *m.* Persona que hace o vende ramilletes.
ramio *m.* Planta que da una fibra textil.
ramiza *f.* Conjunto de ramas cortadas.
ramo *m.* Rama de segundo orden. Rama cortada. Conjunto de flores. Cada una de las partes en que se divide una ciencia, arte, industria, etc.
ramonear *i.* Cortar el hombre o pacer los animales las puntas de las ramas.
ramoso -sa *a.* Que tiene muchos ramos o ramas.
rampa *f.* Calambre. Plano in-

rampante *a.* BLAS. Díc. del animal que se representa con las garras tendidas.
ramplón -plona *a.* Tosco, vulgar, desaliñado.
rana *f.* Batracio de piel lisa, ojos saltones y patas largas.
rancidez = ranciedad *f.* Calidad de rancio.
rancio -cia *a.* Díc. del vino y de ciertos comestibles grasientos que con el tiempo adquieren sabor y olor más fuerte, mejorándose o echándose a perder. Anticuado.
ranchería *f.* Conjunto de ranchos o chozas. Cocina de cuartel.
ranchero *m.* El que guisa el rancho. El que gobierna un rancho.
rancho *m.* Comida hecha para muchos en común. Lugar donde acampan varias familias o personas. Choza. En América, granja.
randa *f.* Especie de encaje. *m.* Ratero, granuja. /goría.
rango *m.* Jerarquía, clase, categoría.
ranunculáceo -a *a.* Díc. de las plantas de la familia del ranúnculo.
ranúnculo *m.* Planta de los terrenos húmedos que tiene un jugo acre, venenoso.
ranura *f.* Canal estrecha abierta en una tabla, piedra, etc.
raño *m.* Pez marino que tiene dos aguijones en cada opérculo. Garfio para arrancar de las peñas ostras, lapas, etc.
rapacería *f.* Rapacidad. Muchachada.
rapacidad *f.* Calidad de rapaz.
rapapolvo *m.* Represión severa.
rapar *t.* Afeitar. Cortar el pelo al rape.
rapaz *a.* Inclinado al robo, a la rapiña. Díc. de las aves carnívoras de pico fuerte y uñas corvas y aceradas.
rapaz -za *m. f.* Muchacho o muchacha de corta edad.
rapazuelo -la *m. f.* Dim. de *rapaz*.
rape (al) *m. adv.* Casi de raíz.
rapé *m.* Tabaco en polvo.
rapidez *f.* Velocidad impetuosa o movimiento acelerado.
rápido -da *a.* Veloz, pronto, acelerado. *m.* Rabión. /lento.
rapiña *f.* Robo o saqueo violento.
rapiñar *t.* Hurtar, arrebatar.
raposa *f.* Zorra.
raposear *t.* Usar de ardides o trampas.
raposo *m.* Zorro.
rapsoda *m.* Recitador de poemas.
rapsodia *f.* Trozo de un poema épico. Centón. Cierta pieza musical.
raptar *t.* Llevarse a una mujer por la violencia.
rapto *m.* Impulso, arrebato. Delito del que rapta a una mujer. Éxtasis. /to.
raptor -ra *a.-s.* Que comete rapto.
raqueta *f.* Pala especial para jugar al volante, al tenis, etc. Calzado parecido a la raqueta, para andar por la nieve. Utensilio para recoger el dinero en las mesas de juego.
raquídeo *a.* Perteneciente al raquis.
raquis *m.* Espinazo. /quis.
raquítico -ca *a.-s.* Que padece raquitismo. Exiguo, débil.
raquitismo *m.* Enfermedad de la nutrición ósea que se manifiesta principalmente en la infancia.
rareza *f.* Calidad de raro. Cosa rara. Acción rara o extravagante.
raro -ra *a.* De poca densidad. Poco frecuente. Escaso en su especie. Excelente. Extravagante.
ras *m.* Igualdad en la superficie o altura de las cosas.
rasante *a.* Que pasa rasando. *f.* Línea de una calle o camino considerada en relación con el plano horizontal.
rasar *t.* Igualar con el rasero las medidas llenas de trigo, cebada, etc. Pasar rozando.
rascacielos *m.* Edificio muy alto y de muchos pisos.
rascador *m.* Instrumento para rascar.
rascar *t.-r.* Refregar con una cosa aguda o áspera. Limpiar con rascador.
rasero *m.* Palo cilíndrico con que se rasan las medidas de áridos. /Rasgón.
rasgadura *f.* Acción de rasgar.
rasgar *t.* Romper o hacer pedazos tejidos, papel, etc.
rasgo *m.* Línea de adorno en la escritura. Facción del rostro. Acción notable. Carácter, peculiaridad.
rasgón *m.* Rotura en una tela.
rasguear *t.* Tocar la guitarra rozando varias cuerdas a la vez. *i.* Hacer rasgos con la pluma.
rasgueo *m.* Acción de rasguear.
rasguñar *t.* Arañar. Dibujar en apuntamiento o tanteo.
rasguño *m.* Arañazo. Dibujo en apuntamiento o tanteo.
raso -sa *a.* Lleno, liso, despejado. Que no tiene título que lo

distinga. Que pasa a poca altura del sueño. *m.* Tela de seda lustrosa.

raspa *f.* Arista del grano. Espina de pescado. Escobajo de las uvas. /raspar.

raspador *m.* Instrumento para raspadura *f.* Acción de raspar. Lo que se quita raspando.

raspar *t.* Raer ligeramente.

raspear *i.* Correr con aspereza o dificultad la pluma.

raspilla *f.* Planta de flores pequeñas, azules.

rasqueta *f.* Planchuela de hierro con mango que se usa para raer y limpiar.

rastillar *t.* Rastrillar.

rastra *f.* Rastro. Narria. Grada. Cosa que va colgando y arrastrando.

rastrear *t.* Seguir el rastro o buscar por él. Llevar arrastrando algo por el fondo del agua. Inquirir, averiguar. *i.* Ir casi tocando al suelo.

rastrero -ra *a.* Que va arrastrando. Bajo, despreciable. Que va casi tocando al suelo.

rastrillada *f.* Lo que se recoge de una vez con el rastrillo.

rastrillar *t.* Limpiar el lino o cáñamo de la arista o estopa. Recoger con el rastro. Limpiar de hierba con el rastrillo.

rastrillo *m.* Instrumento para rastrillar. Rastro (instrumento). Compuerta enrejada que defiende la entrada de los fuertes.

rastro *m.* Instrumento agrícola formado por un mango largo con un travesaño armado de púas. Vestigio, indicio, señal. Matadero.

rastrojar *t.* Arrancar el rastrojo.

rastrojera *f.* Tierras que han quedado de rastrojo.

rastrojo *m.* Residuo de las cañas de la mies que queda en la tierra después de segar. El campo después de segada la /mies.

rasurar *t.-r.* Afeitar.

rata *f.* Roedor de cabeza pequeña, hocico puntiagudo y cola larga que vive gralte. en los edificios y embarcaciones. Hembra del ratón. *m.* Ratero.

ratafía *f.* Rosoli que contiene zumo de frutas. /co valor.

ratería *f.* Hurto de cosas de poratero *a.-s.* Dic. del ladrón que hurta cosas de poco valor, o de los bolsillos.

ratificación *f.* Acción de ratificar.

ratificar *t.-r.* Confirmar lo que se ha dicho o hecho.

rátigo *m.* Conjunto de cosas que lleva un carro.

rato *m.* Espacio de tiempo y esp. el corto.

ratón *m.* Roedor parecido a la rata, pero más pequeño.

ratona *f.* Hembra del ratón.

ratonar *t.* Roer algo el ratón. *r.* Enfermar el gato de comer muchos ratones.

ratonera *f.* Trampa para cazar ratones.

raudal *m.* Copia de agua que corre arrebatadamente. Abundancia de cosas.

raudo -da *a.* Rápido, precipitado.

raya *f.* Señal larga y estrecha en algún cuerpo. Señal que resulta de dividir los cabellos con el peine. Límite, confín. Pez comestible de cuerpo aplastado y cola larga y delgada.

rayadillo *m.* Tela de algodón parecida al dril. /cosa.

rayano -na *a.* Que linda con una **rayar** *t.* Hacer rayas. Tachar lo escrito. Subrayar. *i.* Confinar. Asemejarse. Sobresalir. Empezar el alba, el día.

rayuela *f.* Juego en el que tirando monedas o tejos a una raya hecha en el suelo, gana el que la toca o se acerca más a ella.

rayo *m.* Línea de luz. Chispa eléctrica entre los nubes o entre una nube y la tierra. Cada una de las piezas que unen el cubo al cerco de la rueda.

raza *f.* Casta. Calidad del origen o linaje. Cada uno de los grupos en que se subdividen algunas esp. zoológicas. Grieta.

razón *f.* Facultad de discurrir. Palabras con que se expresa el discurso. Argumento, demostración. Motivo, causa. Justicia, equidad. Cuenta, relación. MAT. Resultado de la comparación entre dos cantidades.

razonable *a.* Arreglado o conforme a razón.

razonado -da *a.* Apoyado en razones.

razonamiento *m.* Acción de razonar.

razonar *i.* Discurrir, hablar dando razones.

re *m.* Segunda nota de la escala musical.

reacción *f.* Acción en sentido contrario provocada por otra. Depresión que sigue a un estado de excitación o aumento de actividad que sigue a un estado de depresión. En política, tendencia tradicionalista.

reaccionar *i.* Responder una persona o animal a un estímulo.

reaccionario -ria *a.* Opuesto a

las innovaciones.
reacio -cia *a.* Terco, porfiado, inobediente.
reactivo -va *a.-m.* Díc. de lo que produce reacción.
reactor *m.* Avión a reacción.
real *a.* Que tiene existencia verdadera. Relativo al rey. Muy bueno. *m.* Sitio donde está acampado un ejército. Campo de una feria. Moneda de 0'25 pesetas. Ant. moneda de plata.
realce *m.* Adorno de relieve. Lustre, estima, grandeza.
realeza *f.* Dignidad real.
realidad *f.* Existencia real y efectiva. Verdad, sinceridad.
realismo *m.* Doctrina que hace consistir la belleza artística en la imitación de la naturaleza. Conducta del que se atiene más a los hechos que a los principios y razones. Partido favorable a la monarquía.
realista *a.-s.* Partidario del realismo. *a.* Relativo a él.
realización *f.* Acción de realizar.
realizar *t.* Hacer, efectuar.
realzar *t.-r.* Elevar una cosa más de lo que estaba. Engrandecer. *t.* Labrar de realce.
reanimar *t.-r.* Confortar, restablecer las fuerzas.
reanudar *t.* Continuar lo interrumpido.
reaparecer *i.* Volver a aparecer.
reaparición *f.* Acción de reaparecer.
reasumir *t.* Volver a asumir.
reata *f.* Hilera de caballerías. Cuerda o correa que las ata.
rebaba *f.* Resalto de materia sobrante en los bordes de un objeto.
rebaja *f.* Disminución, descuento.
rebajamiento *m.* Acción de rebajar o rebajarse.
rebajar *t.* Hacer más bajo el nivel o la altura. Disminuir, descontar. *t.-r.* Humillar.
rebalsa *f.* Porción de agua rebalsada. /un líquido.
rebalsar *t.* Detener y estancar
rebalse *m.* Acción de rebalsar.
rebanada *f.* Porción delgada, ancha y larga que se saca de una cosa, esp. del pan.
rebanar *t.* Hacer rebanadas. Cortar de una parte a otra.
rebañadera *f.* Instrumento para sacar lo que se cayó en un pozo.
rebañadura *f.* Acción de rebañar. *pl.* Residuos que se recogen rebañando.
rebañar *t.* Recoger algo sin dejar nada. /nado.
rebaño *m.* Hato grande de ga-

rebasar *t.* Pasar, exceder de ciertos límites.
rebatiña *f.* Arrebatiña.
rebatir *t.* Rechazar, contrarrestar. Refutar.
rebato *m.* Convocación de los vecinos de un pueblo por medio de campana u otra señal.
rebelarse *r.* Levantarse contra la autoridad. Oponer resistencia.
rebelde *a.-s.* Que se rebela. Indócil, duro. /rebelde.
rebeldía *f.* Calidad o acción de
rebelión *f.* Acción de rebelarse.
rebenque *m.* Látigo con que se castigaba a los galeotes. MAR. Cuerda o cabo cortos.
reblandecer *t.-r.* Poner blando.
reblandecimiento *m.* Acción de reblandecer. /ble.
rebollo *m.* Árbol parecido al ro-
rebolludo -da *a.* Rehecho y doble.
reborde *m.* Faja estrecha y saliente a lo largo del borde.
rebosar *i.-r.* Derramarse un líquido por los bordes de un recipiente muy lleno. *i.-t.* Abundar con demasía una cosa.
rebotar *i.* Botar repetidamente un cuerpo al chocar con otro.
rebote *m.* Acción de rebotar.
rebotica *f.* Pieza que está detrás de la botica. Trastienda.
rebozar *t.-r.* Cubrir el rostro con la capa, manto, etc. *t.* Bañar una vianda en huevo, harina, etc.
rebozo *m.* Embozo. Simulación, pretexto.
rebufar *i.* Bufar con fuerza.
rebufo *m.* Expansión del aire alrededor de la boca del arma de fuego al salir el tiro.
rebujar *t.-r.* Arrebujar.
rebujina *f.* Alboroto, bullicio.
rebullicio *m.* Bullicio grande.
rebullir *i.-r.* Empezar a moverse lo que estaba quieto.
rebusca *f.* Acción de rebuscar.
rebuscar *t.* Escudriñar o buscar con curiosidad.
rebuznar *i.* Emitir el asno su
rebuzno *m.* Voz del asno. /voz.
recabar *t.* Alcanzar, conseguir con instancias y súplicas.
recadero -ra *m. f.* Persona que por oficio lleva recados.
recado *m.* Mensaje verbal. Conjunto de objetos necesarios para algo.
recaer *i.* Volver a caer. Reincidir. Venir a parar en uno beneficios, gravámenes, etc.
recaída *f.* Acción de recaer.
recalar *t.-r.* Penetrar un líquido en los poros de un cuerpo. *i.* Llegar un buque a un punto de

la costa.
recalcar *t.-r.* Apretar mucho una cosa con otra. Decir algo con lentitud y énfasis exagerado.
recalcitrante *a.* Terco, obstinado en la resistencia.
recalentar *t.* Volver a calentar o calentar demasiado.
recalzar *t.* Arrimar tierra alrededor de las plantas. Hacer un recalzo.
recalzo *m.* Reparo en los cimientos de un edificio.
recamado *m.* Bordado de realce.
recamar *t.* Bordar de realce.
recámara *f.* Cuarto después de la cámara. En las armas de fuego, lugar del ánima del cañón donde se pone el cartucho.
recambiar *t.* Hacer segundo cambio. /biar.
recambio *m.* Acción de recambiar.
recancanilla *f.* Fuerza dada a las palabras para que las note bien el que las escucha.
recapacitar *t.* Reflexionar sobre los distintos puntos de un asunto. /capitular.
recapitulación *f.* Acción de recapitular *t.* Recordar sumariamente lo ya manifestado.
recargar *t.* Volver a cargar. Aumentar la carga. Adornar con exceso. *r.* MED. Tener recargo.
recargo *m.* Aumento de carga. Aumento de calentura.
recatado -da *a.* Circunspecto. Honesto, modesto.
rescatar *t.* Encubrir, ocultar.
recato *m.* Cautela, reserva. Honestidad, modestia.
recaudación *f.* Acción de recaudar. Cantidad recaudada.
recaudador *m.* Encargado de la recaudación. /dales.
recaudar *t.* Cobrar rentas o caurecaudo *m.* Recaudación. Precaución, cuidado. Custodia.
recazo *m.* Guarnición de la espada. Parte del cuchillo opuesta al filo.
recelar *t.-r.* Temer, desconfiar, sospechar. /dado.
recelo *m.* Temor, sospecha, cuirceloso -sa *a.* Que recela.
recental *a.-s.* Dic. del cordero o del ternero de leche.
recepción *f.* Acción de recibir. Fiesta en que los reunidos desfilan delante de una autoridad.
receptáculo *m.* Cavidad que contiene o puede contener algo.
receptividad *f.* Aptitud para contraer una enfermedad.
receptor -ra *a.-s.* Que recibe. Dic. del aparato que recibe las transmisiones telegráficas o telefónicas con hilos o sin ellos.

receta *f.* Prescripción facultativa. Nota de los componentes de un producto y el modo de prepararlo.
recetar *t.* Prescribir un medicamento.
recetario *m.* Registro o libro de recetas.
recial *m.* Corriente recia de los ríos.
recibidor *m.* Recibimiento (pieza).
recibimiento *m.* Recepción. Sala principal. Pieza que da entrada a un piso.
recibir *t.* Tomar uno lo que le dan. Cobrar. Admitir dentro de sí. Aprobar. Padecer un daño. Admitir visitas. Salir a encontrar al que viene de fuera.
recibo *m.* Acción de recibir. Escrito en que se declara haber recibido algo.
recidiva *f.* Repetición de una enfermedad poco después de terminada la convalecencia.
reciedumbre *f.* Fuerza, vigor.
recién *adv.* Recientemente.
reciente *a.* Nuevo, acabado de hacer, de ocurrir, etc.
recinto *m.* Espacio comprendido dentro de ciertos límites.
recio -cia *a.* Fuerte, robusto. Grueso. Áspero de genio. Duro. Veloz, impetuoso.
recipiente *a.* Que recibe. *m.* Receptáculo. /mutua.
reciprocidad *f.* Correspondencia
recíproco -ca *a.* Que guarda reciprocidad.
recitación *f.* Acción de recitar.
recitado *m.* Forma musical intermedia entre la declamación y el canto.
recitar *t.* Decir en voz alta, versos, lecciones, etc. /mar.
reclamación *f.* Acción de reclareclamar *i.* Clamar contra una cosa. *t.* Exigir con derecho. Llamar a las aves con el reclamo.
reclamo *m.* Ave amaestrada con que se atrae a otras. Instrumento para imitar la voz de las aves. Anuncio, propaganda.
reclinar *t.-r.* Inclinar el cuerpo o parte de él apoyándolo sobre alguna cosa.
reclinatorio *m.* Mueble para arrodillarse y orar. /cerrar.
recluir *t.* Poner en reclusión, en**reclusión** *f.* Encierro o prisión.
recluso -sa *p. p.* irreg. de *recluir*. *a.-s.* Preso.
recluta *f.* Reclutamiento. *m.* Mozo alistado para el servicio militar. Soldado muy bisoño.
reclutamiento *m.* Acción de reclutar.

reclutar *t.* Alistar reclutas. Alistar personas para algún fin.
recobrar *t.-r.* Volver a adquirir lo que antes se tenía. *r.* Volver en sí. /recobrarse.
recobro *m.* Acción de recobrar o recobrarse.
recocer *t.-r.* Volver a cocer o cocer con exceso.
recodo *m.* Ángulo que forman las calles, caminos, ríos, etc.
recoger *t.* Volver a coger. Guardar, alzar. Juntar. Encoger, estrechar. Dar asilo, acoger. *r.* Retirarse.
recogida *f.* Acción de recoger.
recogimiento *m.* Acción de recoger o recogerse. Compostura.
recolección *f.* Recopilación. Cosecha.
recolectar *t.* Recoger la cosecha.
recoleto -ta *a.-s.* Dic. de ciertos religiosos. /comendar.
recomendación *f.* Acción de recomendar.
recomendar *t.* Encomendar. Hablar por alguno elogiándolo.
recompensa *f.* Acción de recompensar. Lo que sirve para recompensar.
recomponer *t.* Componer de nuevo, reparar. /concentrar.
reconcomio *m.* Acción de reconcentrar.
reconcentrar *t.-r.* Introducir, internar una cosa en otra. Reunir en un punto. *r.* Ensimismarse.
reconciliación *f.* Acción de reconciliar.
reconciliar *t.-r.* Restablecer la concordia entre los desunidos.
reconcomerse *r.* Concomerse en demasía.
reconcomio *m.* Acción de reconcomerse. Prurito. Recelo.
recóndito -ta *a.* Muy escondido.
reconfortar *t.* Confortar, reanimar.
reconocer *t.* Distinguir de los demás una persona o cosa que se había conocido antes. Examinar con cuidado, registrar. Confesar la certeza, obligación, gratitud, etc.
reconocido -da *a.* Agradecido.
reconocimiento *m.* Acción de reconocer. Gratitud.
reconquista *f.* Acción de reconquistar.
reconquistar *t.* Volver a conquistar.
reconstituir *t.* Volver a constituir. *m.* Fortalecer.
reconstituyente *a.-m.* Que reconstituye.
reconstruir *t.* Volver a construir.
reconvención *f.* Acción de reconvenir.
reconvenir *t.* Hacer cargo a uno por lo que ha dicho o hecho.
recopilación *t.* Compendio. Colección de escritos.
recopilar *t.* Juntar en compendio. Reunir escritos.
recordación *f.* Acción de recordar.
recordar *t.* Traer a la memoria una cosa.
recordatorio *m.* Aviso para hacer recordar algo.
recorrer *t.* Atravesar de un cabo a otro un espacio. Registrar. Repasar.
recorrido *m.* Espacio que se recorre. Reparación. Represión.
recortadura *f.* Recorte.
recortar *t.* Cercenar lo que sobra. Cortar con arte papel u otra cosa en varias figuras.
recorte *m.* Acción de recortar. Suelto de un periódico. *pl.* Trozos que sobran de algo recortado.
recoser *t.* Volver a coser.
recostar *t.-r.* Reclinar la parte superior del cuerpo el que está de pie o sentado.
recoveco *m.* Vuelta y revuelta de un callejón, pasillo, arroyo, etc. Rodeo o artificio.
recreación *f.* Acción de recrear.
recrear *t.-r.* Divertir, deleitar.
recreativo -va *a.* Que recrea.
recreo *m.* Recreación.
recría *f.* Acción de recriar.
recriar *t.* Cebar, engordar ganado que no había nacido en casa.
recriminación *f.* Acción de recriminar.
recriminar *t.* Acriminar. Responder a unos cargos con otros.
recrudecer *i.-r.* Tomar nuevo incremento un mal.
recrudecimiento *f.* Acción de recrudecer. /recto.
rectal *a.* Relativo al intestino
rectangular *a.* Relativo al ángulo recto o al rectángulo.
rectángulo -la *a.* Rectangular. *m.* Paralelogramo de ángulos rectos y lados contiguos desiguales. /ficar.
rectificación *f.* Acción de rectificar.
rectificar *t.* Corregir una cosa para que sea más exacta. Determinar la longitud de una curva. Purificar los líquidos.
rectilíneo -nea *a.* De líneas rectas.
rectitud *f.* Calidad de recto.
recto -ta *a.* Que no se inclina a un lado ni a otro. Justo, severo. Dic. de la línea más corta que puede ir de un punto a otro. Dic. del ángulo de 90.° *a.-m.* Dic. de la última porción del intestino grueso. *f.* Línea recta.
rector -ra *a.* Que rige. *m.* Superior de un colegio, comuni-

rectorado *m.* Cargo y oficina del rector. /tor.
rectoral *a.* Perteneciente al rec-
rectoría *f.* Cargo o jurisdicción del rector.
recua *f.* Conjunto de bestias que sirve para trajinar.
recuadro *m.* División en una superficie en forma de cuadro o rectángulo.
recuento *m.* Segunda cuenta que se hace de una cosa.
recuerdo *m.* Imagen que se ofrece a la mente de hechos o cosas percibidas anteriormente. Regalo. *pl.* Memorias (saludo).
recular *i.* Cejar o retroceder.
reculones (a) *m. adv.* Reculando.
recuperación *f.* Acción de recuperar.
recuperar *t.* Recobrar.
recurrente *a.-c.* Que recurre.
recurrir *i.* Acudir a un juez o autoridad con una demanda. Acogerse al favor de uno o emplear medios para un fin.
recurso *m.* Acción de recurrir. *pl.* Bienes, medios de vida.
recusación *f.* Acción de recusar.
recusar *t.* Negarse a admitir una cosa o persona.
rechazar *t.* Resistir un cuerpo a otro obligándole a retroceder. Resistir al enemigo. Contradecir, refutar. No admitir.
rechazo *m.* Retroceso de un cuerpo por encontrarse con otro.
rechifla *f.* Acción de rechiflar.
rechiflar *t.* Silbar con insistencia. Burlarse. /chinar.
rechinamiento *m.* Acción de re-
rechinar *i.* Hacer una cosa sonido desapacible por ludir con otra.
rechinido *m.* Rechinamiento.
rechoncho -cha *a.* Dic. de la persona o animal pequeño y grueso.
rechupete (de) *loc.* Muy exquisito y agradable.
red *f.* Aparejo hecho de mallas para cazar, pescar, etc. Redecilla. Lazo, ardid. Conjunto de líneas o vías de comunicación.
redacción *f.* Acción de redactar. Oficina donde se redacta.
redactar *t.* Escribir cartas, artículos, etc.
redactor -ra *a.-s.* Que redacta.
redada *f.* Lance de red.
redaño *m.* Mesenterio. *pl.* Fuerzas, valor.
redargüir *t.* Volver el argumento contra el que lo hace.
redecilla *f.* Dim. de *red*. Prenda de malla para recoger el pelo. Segundo estómago de los rumiantes.
rededor *m.* Contorno.

redención *f.* Acción de redimir.
redentor -ra *a.-s.* Que redime. *m.* Por antonom., Jesucristo.
redil *m.* Aprisco cercado con estacas, redes, etc.
redimir *t.* Rescatar de la esclavitud. Librar de una obligación, vejamen, dolor, etc. Dejar libre una cosa hipotecada.
redingote *m.* Capote con mangas ajustadas.
rédito *m.* Renta o beneficio que rinde un capital.
redituable *a.* Que reditúa.
redituar *t.* Producir rédito.
redoblante *m.* Tambor de caja prolongada.
redoblar *t.-r.* Aumentar una cosa al doble de lo que era. Doblar la punta del clavo. Repetir. *i.* Tocar redobles.
redoble *m.* Acción de redoblar. Toque vivo y sostenido en el tambor.
redoma *f.* Vasija de vidrio que va angostándose hacia la boca.
redomado -da *a.* Muy cauteloso y astuto.
redondear *t.* Poner redondo. *r.* Hacerse rico.
redondel *m.* Circuito. Espacio destinado a la lidia en las plazas de toros.
redondez *f.* Calidad de redondo.
redondilla *a.-s.* Dic. de una letra derecha y circular. Combinación de cuatro versos octosílabos que riman el 1.º con el 4.º y el 2.º con el 3.º.
redondo -da *a.* De figura circular o esférica. Claro, sin rodeo.
reducción *f.* Acción de reducir.
reductible *a.* Que se puede reducir.
reducir *t.* Volver una cosa al lugar o estado que tenía. Mudar, convertir. Disminuir, estrechar. Sujetar a la obediencia. Persuadir.
reducto *m.* FORT. Obra de campaña, cerrada. /dancia.
redundancia *f.* Demasiada abun-
redundante *c.* Sobrante.
redundar *i.* Rebosar. Resultar una cosa en beneficio o daño de alguno. /tar.
reduplicar *t.-r.* Redoblar, aumen-
reedificar *t.* Volver a edificar lo arruinado o derribado.
reelegir *t.* Volver a elegir.
reembarcar *t.* Volver a embarcar.
reembolsar *t.-r.* Hacer recobrar a uno, o recobrar éste, lo que había desembolsado. /sar.
reembolso *m.* Acción de reembol-
reemplazar *t.* Poner una persona o cosa en lugar de otra.
reemplazo *m.* Acción de reempla-

zar. Renovación parcial del ejército activo. /ganchar.
reenganchar *t.* MIL. Volver a enreenganche *m.* Acción de reenganchar.
reexpedir *t.* Expedir cosa que se ha recibido.
reexportar *t.* Exportar lo que se había importado.
refacción *f.* Alimento moderado para reparar las fuerzas.
refajo *m.* Saya exterior corta. Falda interior de abrigo.
refectorio *m.* Comedor de una comunidad o de algunos colegios.
referencia *f.* Narración, relato. Relación, dependencia de una cosa respecto de otra. Informe acerca de una persona.
referéndum *m.* Consulta que se hace a los electores.
referente *a.* Que se refiere.
referir *t.* Contar un hecho. Relacionar. *r.* Remitirse. Aludir.
refilón (de) *m. adv.* Oblicuamente, de paso.
refinación *f.* Acción de refinar.
refinado -da *a.* Sobresaliente. De buen gusto. Astuto, malicioso.
refinamiento *m.* Esmero. Buen gusto. Ensañamiento.
refinar *t.* Hacer más pura y fina una cosa. Perfeccionar.
refinería *f.* Fábrica donde se refina una cosa.
refino *m.* Muy fino y acendrado. *m.* Refinación.
reflector -ra *a.-s.* Que refleja. *m.* Aparato para reflejar la luz.
reflejar *t.-r.* Hacer retroceder o cambiar de dirección la luz, el sonido, etc. *t.* Manifestar o hacer patente. *r.* Dejarse ver una cosa en otra.
reflejo -ja *a.* Que ha sido reflejado. *m.* Luz reflejada. Representación, imagen.
reflexión *f.* Acción de reflejar. Acción de reflexionar. Advertencia.
reflexionar *t.* Considerar, pensar detenidamente.
reflexivo -va *a.* Que refleja. Que obra con reflexión. Dic. del verbo que tiene por complemento su mismo sujeto y del pronombre que representa a éste. /quido. Redundar.
refluir *i.* Hacer retroceso un líreflujo *m.* Movimiento de descenso de la marea.
refocilar *t.-r.* Recrear, alegrar.
reforma *f.* Acción de reformar.
reformar *t.* Volver a formar, rehacer. Arreglar. *t.-r.* Corregir.
reformatorio -ria *a.* Que reforma. *m.* Establecimiento para la corrección de jóvenes delincuentes. /formas.
reformista *a.-c.* Partidario de re**reforzar** *t.-r.* Añadir nuevas fuerzas. Fortalecer.
refracción *f.* Acción de refractar.
refractar *t.-r.* Hacer que cambie de dirección el rayo luminoso que pasa de un medio a otro de diferente densidad.
refractario -ria *a.* Opuesto, rebelde a algo. Que resiste la acción del fuego sin descomponerse.
refrán *m.* Dicho agudo y sentencioso, de uso común.
refrangible *a.* Que puede refractarse. /otra.
refregar *t.* Estregar una cosa con **refreír** *t.* Volver a freír o freír mucho.
refrenar *t.* Sujetar con el freno *t.-r.* Contener, reprimir.
refrendar *t.* Autorizar un documento.
refrescar *t.* Moderar el calor. Renovar. *i.* Tomar fuerzas o aliento. Moderarse el calor. *i.-r.* Tomar el fresco. Beber refrescos. /fría.
refresco *m.* Refrigerio. Bebida **refriega** *f.* Combate, pelea.
refrigeración *f.* Acción de refrigerar. /frigera.
refrigerador -ra *a.-m.* Que re**refrigerante** *a.* Que refrigera. *m.* Corbato.
refrigerar *t.* Refrescar. Reparar las fuerzas.
refrigerio *a.* Alivio. Corto alimento para reparar las fuerzas.
refringente *a.* Que refringe.
refringir *t.-r.* Refractar.
refuerzo *m.* Reparo para fortalecer una cosa. Ayuda.
refugiar *t.-r.* Acoger o amparar.
refugio *m.* Asilo, amparo.
refulgencia *f.* Resplandor.
refulgente *a.* Resplandeciente.
refundición *f.* Acción de refundir.
refundir *t.* Volver a fundir. Dar nueva forma a una obra de ingenio.
refunfuñar *i.* Emitir palabras mal articuladas en señal de enojo.
refutación *f.* Acción de refutar.
refutar *t.* Contradecir, impugnar.
regadera *f.* Vasija portátil a propósito para regar.
regadío -a *a.-m.* Dic. del terreno que se puede regar.
regalar *t.* Dar a uno una cosa en muestra de afecto. *t.-r.* Recrear, deleitar. *r.* Tratarse bien.
regalía *f.* Prerrogativa regia.
regaliz *f.* Planta de cuyo rizoma se extrae un jugo dulce, usado

regalo *m.* Dádiva, obsequio. Gusto, comodidad.
regalón -ona *a.* Que vive con mucho regalo. /mala gana.
regañadientes (a) *m. adv.* De
regañado *a.* Dic. del ojo desfigurado por un frunce.
regañar *i.* Gruñir el perro mostrando los dientes. Mostrar enfado. Reñir. *t.* Reprender.
regaño *m.* Gesto o palabra áspera.
regañón -ñona *a.-s.* Que tiene costumbre de regañar.
regar *t.* Esparcir agua sobre la tierra, las plantas, etc. Atravesar un río o canal un territorio. Esparcir, desparramar.
regata *f.* Reguera pequeña. Competencia de velocidad entre embarcaciones ligeras.
regate *m.* Movimiento rápido que se hace hurtando el cuerpo.
regatear *t.* Debatir el comprador y el vendedor del precio de una cosa. Hacer regatas.
regateo *m.* Acción de regatear.
regatón -ona *a.* Que regatea mucho. *m.* Contera de la lanza, el bastón, etc.
regazo *m.* Enfaldo de la saya que hace seno desde la cintura a la rodilla. Cosa que acoge a otra dándole amparo o consuelo.
regencia *f.* Acción de regir. Cargo de regente. Gobierno de un estado durante la menor edad del soberano. /nerar.
regeneración *f.* Acción de regenerar.
regenerar *t.-r.* Dar nuevo ser a una cosa que degeneró.
regentar *t.* Ejercer un cargo de mando u honor. Dirigir, sin ser el dueño, una farmacia, imprenta, etc.
regente *c.* Persona que desempeña la regencia de un Estado. *m.* El que, sin ser el dueño, rige una farmacia, imprenta, etc.
regicida *a.-s.* Matador de un rey o reina. /cida.
regicidio *m.* Crimen del regi-
regidor -ra *a.* Que rige. *m.* Concejal.
régimen *m.* Modo de regir o de regirse. Forma de gobierno. MED. Manera de alimentarse. GRAM. Dependencia que guardan entre sí las palabras en la oración.
regimiento *m.* Acción y efecto de regir. Unidad del ejército, cuyo jefe es un coronel.
regio -gia *a.* Relativo al rey. Suntuoso.
región *f.* Porción de territorio que tiene carácter propio. Espacio.

regional *a.* Relativo a una región.
regir *t.* Gobernar. Guiar, dirigir. *i.* Estar vigente. Funcionar bien.
registrador -ra *a.* Que registra. *m.* Funcionario encargado de un registro.
registrar *t.* Mirar, examinar con cuidado. Inscribir en un registro. Señalar ciertos instrumentos determinados resultados o fenómenos.
registro *m.* Acción de registrar. Pieza del reloj o de otra máquina con que se modifica su movimiento. Libro en que se anotan ciertas cosas. Oficina donde se registra.
regla *f.* Instrumento para trazar líneas rectas. Precepto, principio. Moderación, medida, tasa. Ley básica. MAT. Método de hacer una operación.
reglamentación *f.* Acción de reglamentar. /mento.
reglamentar *t.* Sujetar a regla-
reglamentario -ria *a.* Relativo al reglamento.
reglamento *m.* Conjunto de reglas para el régimen de una colectividad.
reglar *t.* Tirar líneas con la regla. Sujetar a reglas.
reglón *m.* Regla grande.
regnícola *a.-c.* Natural de un reino.
regocijar *t.-r.* Alegrar, recrear.
regocijo *m.* Júbilo.
regodearse *r.* Deleitarse.
regodeo *m.* Acción de regodearse. Diversión.
regolfar *i.-r.* Retroceder el agua haciendo remanso. Cambiar de dirección el viento por el choque con un obstáculo.
regordete -ta *a. fam.* Dícese de la persona pequeña y gruesa.
regresar *i.* Volver al lugar de donde se partió.
regresión *f.* Retroceso.
regresivo -va *a.* Que hace volver atrás.
regreso *m.* Acción de regresar.
regüeldo *m.* Eructo.
reguera *f.* Canal para el riego, en las huertas.
reguero *m.* Corriente a modo de arroyuelo. Señal que queda de una cosa que se va vertiendo. Reguera.
regulador *a.* Que regula. *m.* Mecanismo para regular el funcionamiento de una máquina.
regular *t.* Ajustado y conforme a regla. Dic. de la figura en que los lados, ángulos, etc., son iguales entre sí. Mediano.

regular *t.* Medir, ajustar, reglar, poner en orden. /lar.
regularidad *f.* Calidad de regular.
regularizar *t.* Hacer regular, poner en orden.
régulo *m.* Reyezuelo. Señor de un Estado pequeño. Basilisco.
regurgitación *f.* Acción de regurgitar.
regurgitar *i.* Expeler por la boca, sin vómito, lo contenido en el estómago. /habilitar.
rehabilitación *f.* Acción de rehabilitar *t.* Habilitar de nuevo.
rehacer *t.* Volver a hacer lo deshecho. Reponer, reparar. *r.* Reforzarse. Tomar nuevo brío. Serenarse.
rehecho -cha *a.* Robusto y de estatura mediana.
rehén *m.* Persona que como prenda queda en poder del enemigo. /Rellenar.
rehenchir *t.* Volver a henchir.
rehilete *m.* Flechilla. Banderilla.
rehogar *t.* Sazonar una vianda a fuego lento.
rehuir *t.* Evitar una cosa por algún temor o repugnancia.
rehundir *t.-r.* Sumergir a lo más hondo. Ahondar.
rehusar *t.* Excusar, no querer o no aceptar.
reimportar *t.* Importar lo que se había exportado.
reimpresión *f.* Acción de reimprimir.
reimprimir *t.* Volver a imprimir.
reina *f.* Esposa del rey. Mujer que ejerce la potestad real. Pieza del ajedrez.
reinado *m.* Tiempo en que gobierna un rey o una reina.
reinar *i.* Regir un rey o príncipe un Estado. Dominar, prevalecer. /dir.
reincidencia *f.* Acción de reincidir.
reincidir *i.* Volver a caer en un error, falta o delito.
reincorporar *t.-r.* Volver a incorporar.
reino *m.* Territorio sujeto a un rey. Cada uno de los tres grandes grupos en que se dividen los seres naturales.
reintegrar *t.* Restituir. Reconstituir la integridad de una cosa. *r.* Recobrarse de lo perdido.
reintegro *m.* Acción de reintegrar.
reir *i.-r.* Mostrar regocijo mediante ciertos movimientos de la boca y la emisión de una serie de sonidos explosivos e inarticulados. Burlarse.
reis *m. pl.* Moneda portuguesa y brasileña imaginaria.
reiteración *f.* Acción de reiterar.

reiterar *t.* Volver a decir o ejecutar. /vindicar.
reivindicación *f.* Acción de reivindicar *t.* Reclamar uno lo que le pertenece.
reja *f.* Pieza del arado que remueve la tierra. Red de barras de hierro para cerrar una abertura.
rejalgar *m.* Sulfuro de arsénico, muy venenoso.
rejilla *f.* Celosía, red de alambre, tabla calada, etc., para cerrar una abertura. Rejuela. Armazón de barras de hierro que sostiene el combustible en el hogar.
rejo *m.* Punta o aguijón. Robustez, fortaleza.
rejón *m.* Asta de madera con una moharra para herir al toro. /con el rejón.
rejonear *t.* Herir el jinete al toro
rejoneo *m.* Acción de rejonear.
rejuela *f.* Braserito para calentarse los pies.
rejuvenecer *t.-i.-r.* Dar el vigor de la juventud.
rejuvenecimiento *m.* Acción de rejuvenecer.
relación *f.* Acción de referir o contar. Lista. Conexión, enlace, correspondencia. Trato.
relacionar *t.* Hacer relación, referir. Poner en relación.
relajación *f.* Acción de relajar.
relajar *t.-r.* Aflojar, laxar. Hacer menos rigurosa la ley, la disciplina, etc. Esparcir el ánimo. *r.* Viciarse en las costumbres.
relamer *t.* Volver a lamer. *r.* Lamerse los labios. Saborear por anticipado.
relamido -da *a.* Afectado, demasiadamente pulcro.
relámpago *m.* Resplandor vivísimo producido en las nubes por una descarga eléctrica.
relampaguear *i.* Haber relámpagos. Lanzar destellos.
relampagueo *m.* Acción de relampaguear.
relapso -sa *a.-s.* Que reincide en un pecado o herejía.
relatar *t.* Referir, contar.
relatividad *f.* Calidad de relativo.
relativo -va *a.* Que hace relación a una persona o cosa. No absoluto. /rración.
relato *m.* Acción de relatar. Narelator **-ra** *a.-s.* Que relata o refiere. *m.* DER. Letrado que hace relación de los autos.
relatoría *f.* Cargo y oficina del relator.
releer *t.* Volver a leer.
relegación *f.* Acción de relegar.

relegar *t.* Desterrar. Apartar, posponer.

relente *m.* Humedad de la atmósfera en las noches serenas.

relevación *f.* Acción de relevar.

relevante *a.* Sobresaliente, excelente.

relevar *t.* Hacer de relieve. Exonerar de un gravamen o de un empleo. Mudar una guardia, centinela, etc. Reemplazar.

relevo *m.* Acción de relevar.

relicario *m.* Lugar donde se guardan las reliquias. Caja o estuche para guardarlas.

relieve *m.* Labor o figura que resalta sobre un plano. Mérito, renombre.

religión *f.* Virtud que nos mueve a dar a Dios el culto debido. Fe, creencia.

religiosamente *adv.* Con religión. Con puntualidad y exactitud.

religiosidad *f.* Esmero en cumplir los deberes religiosos. Puntualidad, exactitud.

religioso -sa *a.* Relativo a la religión. Que tiene religiosidad. *m.* Fraile, monje. *f.* Monja.

relinchar *i.* Emitir su voz el caballo.

relincho *m.* Voz del caballo.

relinga *f.* Cuerda en que van colocados los plomos y corchos de las redes. Cabo que refuerza la orilla de una vela.

reliquia *f.* Residuo de una cosa. Vestido de cosas pasadas. Parte del cuerpo de un santo, o cosa que lo ha tocado.

reloj *m.* Instrumento para medir el tiempo.

relojera *f.* Caja o bolsa para colocar el reloj.

relojería *f.* Arte, oficio y tienda del relojero.

relojero -ra *m. f.* Persona que hace, compone o vende relojes.

reluciente *a.* Que reluce.

relucir *i.-r.* Despedir o reflejar luz una cosa resplandeciente.

relumbrar *i.* Dar viva luz, resplandecer.

relumbre *m.* Brillo, esplendor.

relumbrón *m.* Golpe de luz vivo y pasajero. Oropel.

rellano *m.* Meseta de escalera.

rellenar *t.* Volver a llenar. Llenar de carne picada u otra cosa un ave, etc.

relleno, na *a.* Muy lleno. *m.* Picadillo para rellenar.

remachar *t.* Machacar la punta o la cabeza del clavo ya clavado.

remache *m.* Acción de remachar. Roblón. /cosa.

remanente *m.* Residuo de una

remansarse *r.* Detenerse la corriente de un líquido.

remanso *m.* Detención de la corriente de un líquido.

remar *i.* Manejar el remo.

rematar *t.* Acabar de matar. Acabar, concluir. Hacer remate en una subasta. *i.* Terminar.

remate *m.* Fin, cabo, extremidad. Conclusión. Adjudicación en subasta.

remedar *t.* Imitar, contrahacer.

remediar *t.* Poner remedio al daño, repararlo. Socorrer una necesidad. Evitar.

remedio *m.* Medio que se toma para reparar un daño. Lo que sirve para curar las enfermedades. Recurso, auxilio.

remedo *m.* Imitación de una cosa.

remembranza *f.* Recuerdo. /sa.

rememorar *t.* Recordar.

remendar *t.* Reforzar lo viejo o roto con algún remiendo.

remendón -dona *a.-s.* Que remienda por oficio.

remera *f.* Pluma larga del ala de las aves. /rema.

remero -ra *m. f.* Persona que

remesa *f.* Envío de una cosa. La cosa enviada en cada vez.

remesar *t.* Remitir, enviar.

remeter *t.* Volver a meter. Meter más adentro.

remiendo *m.* Pedazo de tela, etc., que se cose a lo viejo o roto. Pequeña reparación.

remilgado -da *a.* Que afecta suma pulidez o delicadeza.

remilgarse *r.* Repulirse y hacer gestos y ademanes con el rostro. /remilgarse.

remilgo *m.* Acción y ademán de

reminiscencia *f.* Recuerdo. Lo que sobrevive de una cosa.

remirado -da *a.* Que reflexiona mucho sobre sus acciones.

remisión *f.* Acción de remitir.

remiso -sa *a.* Flojo, irresoluto.

remitido *m.* Comunicado de periódico.

remitir *t.* Enviar. Perdonar. Diferir. Indicar en un escrito lugar que tenga relación con lo que se trata. *i.* Ceder, perder intensidad. *t.-r.* Dejar una decisión al juicio o dictamen de otro.

remo *m.* Instrumento en forma de pala larga para impulsar la embarcación.

remojar *i.* Empapar en agua.

remojo *m.* Acción de remojar.

remolacha *f.* Planta de raíz fusiforme, de la cual se extrae azúcar. /ra remolcar.

remolcador *a.-m.* Que sirve pa-

remolcar *t.* Llevar una embarca-

remolino *m.* Movimiento giratorio y rápido del aire, el agua, el polvo, etc. Amontonamiento de gente en confusión.
remolón -lona *a.-s.* Flojo, perezoso. Reacio.
remolonear *i.-r.* Resistirse a obrar por flojedad o pereza.
remolque *m.* Acción de remolcar. Cabo con que se remolca. Cosa remolcada.
remonta *f.* Acción de remontar. Compra y cría de caballos para el ejército.
remontar *t.-r.* Elevar por el aire. Encumbrar. Proveer de nuevos caballos a la tropa. *r.* Volar muy alto. Subir hasta el origen de una cosa.
remoquete *m.* Moquete, puñada. Dicho satírico.
rémora *f.* Pez marino que se adhiere fuertemente a los objetos flotantes. Cosa que detiene o dificulta.
remorder *t.* Volver a morder. Causar remordimiento.
remordimiento *m.* Pesar interior de quien ha obrado mal.
remosquearse *r.* Mostrarse receloso.
remoto -ta *a.* Distante, lejano. Poco probable.
remover *t.-r.* Trasladar de un lugar a otro. Conmover, alterar, quitar, apartar. Destituir.
remozar *t.-r.* Rejuvenecer.
remudar *t.-r.* Reemplazar una persona o cosa con otra.
remuneración *f.* Acción de remunerar.
remunerador -ra *a.* Que produce beneficio suficiente.
remunerar *t.* Recompensar, premiar, pagar.
remuneratorio -ria *a.* Que se hace o da en remuneración.
renacer *r.* Volver a nacer. Cobrar nueva vida.
renacimiento *m.* Acción de renacer. Época que comienza a mediados del s. XV.
renacuajo *m.* Larva de la rana.
renal *a.* Relativo al riñón.
rencilla *f.* Cuestión o riña de que queda algún enconó.
renco -ca *a.* Cojo por lesión de las caderas.
rencor *m.* Resentimiento tenaz.
rencoroso -sa *a.* Que tiene rencor.
rendición *f.* Acción de rendir.
rendija *f.* Raja, grieta.
rendimiento *m.* Fatiga, cansancio. Sumisión, humildad. Producto, utilidad. Trabajo útil.
rendir *t.* Vencer, obligar a las tropas o plazas enemigas a que se entreguen. Someter. Cansar, fatigar. Dar fruto o utilidad. *r.* Someterse, entregarse.
renegado -da *a.-s.* Que abandona la religión cristiana.
renegar *t.* Negar con instancia. Detestar, abominar. *i.* Abandonar una religión. Blasfemar. Decir injurias.
rengifero *m.* Reno.
renglón *m.* Serie de palabras escritas o impresas en línea recta.
renglonadura *f.* Conjunto de líneas señaladas en el papel para escribir sobre ellas.
reniego *m.* Blasfemia.
reno *m.* Ciervo domesticado de los países septentrionales.
renombrado -da *a.* Célebre, famoso. /ma, celebridad.
renombre *m.* Sobrenombre. Fa-
renovación *f.* Acción de renovar.
renovar *t.* Hacer como de nuevo una cosa, volverla a su primer estado. Reanudar. Trocar lo viejo por lo nuevo. Reiterar.
renquear *i.* Andar como renco.
rentar *t.* Producir renta.
rentero -ra *a.* Tributario. *m. f.* Colono arrendatario.
rentista *c.* Persona que cobra rentas o vive de ellas.
rentístico -ca *a.* Relativo a las rentas públicas.
renuencia *f.* Repugnancia a hacer una cosa.
renuente *a.* Indócil, remiso.
renuevo *m.* Vástago que echa el árbol podado o cortado. Renovación.
renuncia *f.* Acción de renunciar.
renunciamiento *m.* Renuncia. Abnegación.
renunciar *t.* Hacer dejación voluntaria de una cosa. No querer admitir o aceptar una cosa.
renuncio *m.* Falta que se comete en algunos juegos por no servir el palo que se juega.
reñidero *m.* Lugar destinado a la riña de animales.
reñido -da *a.* Enemistado. Muy disputado. /cuencia.
reñidor -ra *a.* Que riñe con fre-
reñir *i.* Disputar, pelear. Desavenirse. *t.* Reprender.
reo *a.-c.* Persona que, por haber cometido una culpa, merece castigo.
reóforo *m.* Cada uno de los dos conductores que comunican un aparato eléctrico con un generador de corriente.
reojo (mirar de) *fr.* Mirar con disimulo por encima del hombro.
reorganización *f.* Acción de reorganizar.

reorganizar *t.* Volver a organizar.
repantigarse *r.* Arrellanarse en el asiento.
reparación *f.* Acción de reparar.
reparada *f.* Movimiento brusco que hace el caballo.
reparar *t.* Componer, enmendar el daño, agravio o desperfecto. Restablecer las fuerzas. Notar, advertir. Considerar. *i.-r.* Detenerse por algún inconveniente.
reparo *m.* Reparación. Advertencia. Duda, dificultad. Cosa que resguarda. /defectos.
reparón -na *a.* Propenso a notar
repartición *f.* Acción de repartir.
repartidor -ra *a.-s.* Que reparte.
repartimento *m.* Repartición.
repartir *t.* Distribuir entre varios. Dar a cada cosa su destino.
reparto *m.* Repartimiento.
repasar *t.* Volver a pasar. Examinar una obra para corregir sus imperfecciones. Recapacitar lo estudiado. Recoser la ropa.
repaso *m.* Acción de repasar.
repatriación *f.* Acción de repatriar.
repatriar *t.-r.* Hacer que uno regrese a su patria.
repecho *m.* Cuesta pendiente y no larga.
repelar *t.* Tirar del pelo.
repelente *a.* Que repele. Repulsivo.
repeler *t.* Arrojar de sí una cosa. Rechazar, contradecir.
repelo *m.* Lo que no va al pelo. Repugnancia, desabrimiento.
repelón *m.* Tirón del pelo.
repente *m.* Movimiento súbito. Arrebato. Improvisación. /sado.
repentino -na *a.* Pronto, impensado.
repentista *c.* Improvisador.
repentizar *t.* Ejecutar a la primera lectura piezas de música. Improvisar. /cutir.
repercusión *f.* Acción de repercutir.
repercutir *t.* Trascender o causar efecto una cosa en otra. Producir eco. Retroceder por el choque.
repertorio *m.* Lista de obras musicales o teatrales que tiene estudiadas una persona, compañía, etc. Lista, catálogo.
repesar *t.* Volver a pesar.
repeso *m.* Acción de repesar. Lugar para repesar.
repetición *f.* Acción de repetir.
repetir *t.* Volver a hacer o decir lo que se había hecho o dicho.
repicar *t.* Picar, desmenuzar mucho. *t.-i.* Tañer las campanas de prisa y repetidamente en señal de fiesta. /tado.
repintar *t.* Pintar sobre lo pin-

repique *m.* Acción de repicar.
repiquetear *t.* Repicar con mucha viveza. /quetear.
repiqueteo *m.* Acción de repi-
repisa *f.* Especie de ménsula de más longitud que vuelo.
replantar *t.* Volver a plantar. Trasplantar.
replantear *t.* Trazar en el suelo la planta de una obra.
replanteo *m.* Acción de replantear.
replegar *t.* Plegar muchas veces. *r.-t.* MIL. Retirarse en buen orden las tropas.
repleto -ta *a.* Muy lleno.
réplica *f.* Acción de replicar. Argumento con que se replica.
replicar *i.* Argüir contra la respuesta o argumento. *i.-t.* Poner objeción a lo que se dice o manda.
repliegue *m.* Pliegue doble. Acción de replegarse las tropas.
repoblación *f.* Acción de repoblar.
repoblar *t.-r.* Volver a poblar. Plantar árboles.
repollo *m.* Grumo o cabeza que forman apiñándose las hojas de ciertas plantas. Variedad de col.
repolludo -da *a.* Dic. de la planta que forma repollo. Bajo y grueso.
reponer *t.* Volver a poner. Completar lo que falta. Replicar. *r.* Recobrar la salud o la hacienda. Serenarse.
reportaje *m.* Información periodística o cinematográfica.
reportar *t.-r.* Refrenar, moderar. *t.* Traer o llevar. Alcanzar, lograr.
reporte *m.* Noticia. Chisme.
reporteril *a.* Relativo al reportero.
reportero *a.-m.* Periodista, noticiero.
reposar *i.* Descansar. Permanecer en quietud. *r.-i.* Posarse un líquido.
reposición *f.* Acción de reponer.
reposo *m.* Acción de reposar.
repostería *f.* Establecimiento y arte del repostero. Despensilla.
repostero *m.* El que hace o vende pastas, dulces, fiambres, etc.
reprender *t.* Corregir, amonestar.
reprensible *a.* Digno de reprensión.
reprensión *f.* Acción de reprender.
reprensor -ra *a.-s.* Que reprende.
represa *f.* Acción de represar. Estancación.
represalia *f.* Derecho que se arrogan los enemigos para causarse recíprocamente un daño igual o mayor que el recibido.
represar *t.* Detener o estancar el agua corriente.
representación *f.* Acción de re-

representante c. Persona que representa a una casa comercial, a un cuerpo, etc.

representar t.-r. Hacer presente algo en la imaginación por medio de palabras o figuras. t. Ser imagen o símbolo de una cosa. Ejecutar una obra dramática. Hacer las veces de uno. Aparentar una edad.

representativo -va a. Que sirve para representar una cosa.

represión f. Acción de reprimir.

represivo -va a. Que reprime.

reprimenda f. Reprensión.

reprimir t.-r. Contener, refrenar.

reprobable a. Digno de reprobación. /bar.

reprobación f. Acción de reprobar

reprobar t. No aprobar: dar por malo.

réprobo -ba a.-s. Condenado a las penas eternas.

reprochar t. Reconvenir, echar en cara.

reproche m. Acción de reprochar.

reproducción f. Acción de reproducir.

reproducir t.-r. Volver a producir. Propagar una especie. Imitar, copiar. Repetir. /ce.

reproductor -ra a.-s. Que reproduce.

reps m. Tela usada en tapicería.

reptar i. Andar arrastrándose.

reptil a.-m. ZOOL. Dic. de los vertebrados que andan arrastrándose o rozando el suelo con el vientre.

república f. Estado. Forma de gobierno representativo en que el poder ejecutivo no es hereditaria.

republicano -na a. Relativo a la república. a.-s. Partidario de la república. /tricio.

república m. Estadista. Buen patricio

repudiación f. Acción de repudiar.

repudiar t. Rechazar a la mujer propia. Renunciar.

repudrir t.-r. Pudrir mucho. r. fam. Consumirse interiormente de callar o disimular un sentimiento o pesar.

repuesto -ta p. p. irreg. de *reponer*. m. Prevención de cosas para cuando sean necesarias.

repugnancia f. Oposición entre dos cosas. Asco, aversión.

repugnante a. Que repugna.

repugnar t. Ser opuesta una cosa a otra. Rehusar, admitir con dificultad. i. Causar asco o disgusto una cosa.

repulgo m. Dobladillo. Borde labrado en las empanadas. m. pl. Melindres.

repulir t.-r. Acicalar, componer.

repulsa f. Acción de repulsar. Reprimenda. /Denegar.

repulsar t. Desechar, despreciar.

repulsión f. Acción de repeler. Repugnancia, aversión.

repulsivo -va a. Que causa repulsión.

reputación f. Fama, crédito.

reputar t. Estimar, juzgar.

requebrar t.-r. Volver a quebrar. t. Lisonjear a una mujer.

requemar t.-r. Quemar o tostar con exceso. Encender la sangre. r. Resentirse sin darlo a conocer. /querir.

requerimiento m. Acción de requerir.

requerir t. Intimar con autoridad pública. Solicitar. Reconocer, examinar. t.-r. Necesitar o ser necesario. /cuajada.

requesón m. Masa de la leche

requiebro m. Acción de requebrar. Dicho con que se requiebra.

réquiem m. Composición musical que se canta con el texto litúrgico de la misa de difuntos.

requilorio m. Rodeo innecesario. Formalidad nimia.

requinto m. Clarinete pequeño. Guitarrillo. /Requisición.

requisa f. Revista o inspección.

requisar t. Hacer requisición.

requisición f. Recuento y embargo de caballos, vehículos, etc., para el servicio militar.

requisito m. Condición necesaria para una cosa.

res f. Cabeza de ganado.

resabiar t.-r. Hacer tomar un resabio.

resabio m. Sabor desagradable. Vicio o mala costumbre.

resaca f. Movimiento de la ola al retirarse. Letra de cambio que el tenedor de otra que ha sido protestada gira a cargo del librador.

resalado -da a. Que tiene gracia y donaire.

resaltar i. Rebotar. Saltar. Sobresalir; distinguirse.

resalto m. Acción de resaltar. Parte que sobresale de una superficie. /sarcir.

resarcimiento m. Acción de resarcir.

resarcir t.-r. Indemnizar, reparar un daño o agravio.

resbaladero -ra a. Resbaladizo. m. Lugar resbaladizo.

resbaladizo -za a. Que resbala fácilmente. Dic. del paraje en que es fácil resbalar.

resbalar i.-r. Escurrirse, deslizarse. i. Incurrir en un desliz.

resbalón *m*. Acción de resbalar. Desliz.
rescatar *t*. Recobrar lo caído en poder ajeno. Librar de trabajo, vejación o contratiempo.
rescate *m*. Acción de rescatar. Dinero con que se rescata.
rescindir *t*. Dejar sin efecto un contrato, obligación, etc.
rescisión *f*. Acción de rescindir.
rescisorio -ria *a*. Que rescinde.
rescoldo *m*. Brasa menuda cubierta por la ceniza.
rescripto *m*. Decisión del papa o de cualquier soberano para resolver una consulta o responder a una petición.
resecar *t.-r*. Secar mucho. Efectuar la resección.
resección *f*. CIR. Operación de separar un órgano o parte de él.
reseco -ca *a*. Demasiado seco.
reseda *f*. Planta de jardín, de flores amarillentas y olorosas. Gualda.
resellar *t*. Volver a sellar. /tirse.
resentimiento *m*. Acción de resen-
resentirse *r*. Empezar a flaquear o sentirse una cosa. Tener sentimiento o enojo por una cosa.
reseña *f*. Nota de las señales de una persona, animal o cosa. Exposición crítica o literaria.
reseñar *t*. Hacer la reseña. /ria.
reserva *f*. Guarda o prevención que se hace de una cosa. Cautela. Discreción, circunspección. Excepción. Parte del ejército que no está en servicio activo.
reservado -da *a*. Cauteloso. Discreto. Que se reserva. *m*. Compartimiento reservado.
reservar *t*. Guardar para más adelante. Destinar un lugar o cosa para persona o uso determinados. Encubrir, ocultar. Callar una cosa.
reservista *a.-m*. Díc. del soldado de la reserva.
resfriado *m*. Catarro. Destemple del cuerpo por haberse interrumpido la transpiración.
resfriar *t.-r*. Enfriar. Entibiar el ardor o el fervor. *r*. Contraer resfriado.
resguardar *t*. Defender. *r*. Prevenirse contra un daño.
resguardo *m*. Guarda, seguridad que se pone en una cosa. Seguridad que por escrito se hace en las deudas y contratos. Servicio contra el contrabando.
residencia *f*. Acción de residir. Lugar donde se reside. Acción de residenciar.
residenciar *t*. Pedir cuentas a un funcionario público.

residir *i*. Morar, radicar en un lugar o punto.
residuo *m*. Parte que queda de un todo. Resultado de la resta.
resignación *f*. Entrega que uno hace de sí mismo. Conformidad en las adversidades.
resignar *t*. Entregar una autoridad el mando a otra en ciertos casos. *r*. Conformarse.
resina *f*. Nombre de varias substancias vegetales, insolubles en el agua, que arden produciendo humo.
resinar *t*. Sacar resina a ciertos árboles.
resinero -ra *a*. Relativo a la resina. *m*. El que tiene por oficio resinar.
resistencia *f*. Acción de resistir. Capacidad para resistir. Causa que se opone a la acción de una fuerza.
resistero *m*. Siesta. Calor debido a la reverberación del sol. Lugar donde se nota.
resistir *i.-r*. Oponerse un cuerpo o una fuerza a la acción de otra. Rechazar, repeler. Contradecir. *t*. Tolerar, sufrir.
resma *f*. Conjunto de 20 manos de papel. /dernillos.
resmilla *f*. Paquete de 20 cua-
resol *m*. Reverberación del sol.
resolución *f*. Acción de resolver. Valor. Actividad, prontitud.
resolver *r*. Tomar una resolución. Dar solución a una dificultad, duda o problema. *r*. Atreverse a hacer una cosa. Venir a parar una cosa en otra.
resollar *i*. Respirar.
resonancia *f*. Prolongación del sonido que va disminuyendo. Gran divulgación que adquiere un hecho.
resonar *i*. Hacer sonidos por repercusión o sonar mucho.
resoplar *i*. Dar resoplidos.
resoplido *m*. Resuello fuerte.
resorte *m*. Muelle (pieza). Fuerza elástica. Medio para lograr un fin.
respaldar *m*. Respaldo. /fin.
respaldar *t*. Apuntar algo en el respaldo de un escrito. Proteger, guardar. *r*. Arrimarse al respaldo.
respaldo *m*. Parte del asiento en que descansan las espaldas. Dorso del escrito.
respectar *i*. def. Tocar, atañer.
respectivamente *adv*. Con relación a una cosa. Según la relación necesaria a cada caso.
respectivo -va *a*. Relativo a persona o cosa determinada.
respecto *m*. Razón, relación de una cosa con otra.

respetabilidad *f.* Calidad de respetable.
respetable *a.* Digno de respeto.
respetar *t.* Tener respeto.
respeto *m.* Miramiento, acatamiento, atención, reverencia.
respetuoso -sa *a.* Que observa respeto.
réspice *m.* Respuesta desabrida. Represión fuerte.
respigón *m.* Padrastro en el dedo.
respingar *i.* Sacudirse la bestia y gruñir. Resistir, rezongar.
respingo *m.* Acción de respingar. Sacudida violenta del cuerpo.
respingona *a.* Dic. de la nariz cuya punta tira hacia arriba.
respiración *f.* Acción de respirar.
respiradero *m.* Abertura por donde entra y sale el aire.
respirar *i.* Absorber y expeler el aire los seres vivos. *t.* Absorber cualquier substancia por los pulmones. *i.* Vivir. Hablar.
respiratorio -ria *a.* Que sirve para la respiración.
respiro *m.* Respiración. Rato de descanso. Alivio. Prórroga para pagar una deuda.
resplandecer *i.* Despedir rayos de luz. Sobresalir, brillar.
resplandor *m.* Luz muy clara que despide un cuerpo. Brillo. Esplendor.
responder *t.* Satisfacer a lo que se pregunta o propone. Replicar. Escribir en correspondencia a la carta recibida. Acudir a la llamada a una puerta. *i.* Corresponder. Estar obligado a satisfacer por el daño causado. Garantizar.
respondón -dona *a.-s.* Que tiene el vicio de replicar.
responsabilidad *f.* Obligación de responder de algo.
responsable *a.* Que responde de algo.
responso *m.* Responsorio que se dice por los difuntos.
responsorio *m.* Ciertas preces y versículos que se dicen en el re-
respuesta *f.* Contestación. /zo.
resquebradura = **resquebrajadura** *f.* Grieta, hendedura.
resquebrajar *t.-r.* Hender o rajar ligeramente.
resquemar *t.* Causar en la boca calor picante y mordaz. Escocer. /miento.
resquemor *m.* Escozor, resentimiento
resquicio *m.* Abertura entre el quicio y la puerta. Hendedura pequeña. /sidúo.
resta *f.* Operación de restar. Re-
restablecer *t.* Volver a establecer; poner una cosa en el estado que antes tenía. *r.* Recobrar la salud.
restablecimiento *m.* Acción de restablecer. /el látigo, etc.
restallar *i.* Chasquear la honda,
restañar *t.* Volver a estañar. Detener el curso de un líquido. *i.* Restallar.
restar *t.* Substraer una parte de un todo. MAT. Hallar la diferencia entre dos cantidades. *i.* Faltar, quedar. /rar.
restauración *f.* Acción de restaurante *m.* Establecimiento donde se sirven comidas.
restaurar *t.* Recuperar, recobrar. Reparar, restablecer.
restinga *f.* Banco de arena muy superficial.
restitución *f.* Acción de restituir.
restituir *t.* Volver una cosa a quien la tenía antes. Restablecer una cosa en su estado anterior.
resto *m.* Residuo.
restregar *t.* Estregar mucho.
restregón *m.* Estregón.
restricción *f.* Limitación, cortapisa.
restrictivo -va *a.* Que restringe.
restricto -ta *a.* Limitado, ceñido.
restringir *t.* Limitar, ceñir, reducir, coartar. Astringir.
restriñir *t.* Astringir.
resucitar *t.* Volver la vida a un muerto. *i.* Volver uno a la vida.
resudar *i.* Sudar ligeramente.
resudor *m.* Sudor ligero y tenue.
resuelto p. p. irreg. de *resolver*. Audaz, arrojado. Pronto.
resuello *m.* Respiración, esp. la violenta.
resulta *f.* Resultado.
resultado *m.* Efecto, consecuencia.
resultancia *f.* Resultado.
resultante *a.* Que resulta. *a.-f.* MEC. Dic. de una fuerza que equivale al conjunto de otras.
resultar *i.* Originarse, ser efecto una cosa de otra. Manifestarse o comprobarse una cosa. Redundar una cosa en provecho o daño. Agradar.
resumen *m.* Acción de resumir. Exposición resumida.
resumir *t.* Reducir a términos breves y precisos. /surgir.
resurgimiento *m.* Acción de resurgir *i.* Surgir de nuevo. Resucitar. /resucitar.
resurrección *f.* Acción y efecto de
retablo *m.* Conjunto de figuras pintadas o esculpidas. Decoración de un altar.
retacar *t.* Herir dos veces la bola con el taco en el billar.
retaco *m.* Escopeta corta. Taco de billar corto y grueso.
retaguardia *f.* Tropa que marcha

en último lugar.
retahila *f.* Serie de muchas cosas que van una tras otra.
retal *m.* Pedazo sobrante de una tela, piel, etc.
retama *f.* Mata leguminosa de flores amarillas en racimo.
retamal y **-mar** *m.* Terreno poblado de retama.
retar *t.* Desafiar.
retardar *t.* Diferir, detener, entorpecer. /Demora.
retardo *m.* Acción de retardar.
retazar *t.* Hacer pedazos.
retazo *m.* Retal, trozo.
retejar *t.* Recomponer los tejados.
retejer *t.* Tejer apretadamente.
retemblar *i.* Temblar con movimiento repetido.
retén *m.* Prevención, repuesto. MIL. Tropa preparada.
retención *f.* Acción de retener.
retener *t.* Conservar, no devolver. No dejar que se separe una persona o cosa. Conservar algo en la memoria.
retentiva *f.* Memoria.
reteñir *t.* Volver a teñir. *i.* Retiñir.
reticencia *f.* Efecto de dar a entender que se calla algo que pudiera decirse.
reticente *a.* Que usa o incluye reticencia.
retícula *f.* Retículo.
reticular *a.* De figura de red.
retículo *m.* Tejido en forma de red. Conjunto de dos o más hilos cruzados o paralelos que se ponen en ciertos instrumentos ópticos.
retina *f.* Membrana interior del ojo, en la cual se reciben las impresiones luminosas.
retinte *m.* Segundo tinte.
retintín *m.* Sensación persistente en el oído de un sonido agudo. Tonillo para zaherir.
retinto -ta *a.* De color castaño muy obscuro.
retirada *f.* Acción de retirarse.
retirado -da *a.* Distante, apartado, desviado. *a.-s.* Díc. del militar que ha dejado el servicio, conservando algunos derechos.
retirar *t.-r.* Apartar, separar. *t.* Obligar a uno a que se retire. Imprimir un pliego por el revés. *r.* Apartarse del trato. Irse.
retiro *m.* Acción de retirarse. Lugar retirado. Situación y sueldo del militar retirado.
reto *m.* Acción de retar.
retocador *m. f.* Pers. que retoca, esp. las fotografías.
retocar *t.* Volver a tocar. Quitar las imperfecciones, dar la última mano.
retoñar *i.* Volver a echar vástagos la planta. Reproducirse.
retoño *m.* Vástago, renuevo.
retoque *m.* Acción de retocar.
retorcer *t.* Torcer mucho una cosa dándole vueltas. /torcer.
retorcimiento *m.* Acción de retorcer.
retórica *f.* Arte de hablar bien. *pl.* Sofisterías o razones que no son del caso.
retórico -ca *a.* Relativo a la retórica. *a.-s.* Versado en ella.
retornar *t.* Devolver, restituir. *i.-r.* Volver al lugar o a la situación en que se estuvo.
retornelo *m.* MÚS. Frase que sirve de preludio y que después se repite.
retorno *m.* Acción de retornar.
retorta *f.* Vasija de cuello largo, encorvado.
retortero (andar al) *fr.* Andar sin sosiego de aquí para allí.
retortijón *m.* Ensortijamiento. *Retortijón de tripas,* dolor intestinal breve y fuerte.
retozar *i.* Saltar y brincar alegremente. Travesear.
retozo *m.* Acción de retozar.
retozón -ona *a.* Inclinado a retozar.
retracción *f.* Acción de retraer.
retractación *f.* Acción de retractarse.
retractar *t.-r.* Revocar lo que se ha dicho; desdecirse de ello.
retráctil *a.* H. NAT. Díc. de los órganos que pueden encogerse o retroceder.
retracto *m.* DER. Derecho que compete a ciertas personas de quedarse, por el tanto de su precio, con la cosa vendida a otro.
retraer *t.* Volver a traer. *t.-r.* Disuadir. *r.* Acogerse. Retirarse, retroceder. Hacer vida retirada.
retraído -da *a.* Que gusta de la soledad. Poco comunicativo.
retraimiento *m.* Acción de retraerse. Cortedad, reserva.
retranca *f.* Correa ancha, a modo de ataharre. /transmitir.
retransmisión *f.* Acción de re-
retransmitir *t.* Volver a transmitir.
retrasar *t.-r.* Diferir, suspender, retardar. *i.-r.* Atrasar.
retraso *m.* Acción de retrasar.
retratar *t.* Hacer el retrato.
retratista *c.* Persona que hace retratos.
retrato *m.* Representación de una persona o cosa mediante la pintura, la fotografía, la

retrechería f. Artificio mañoso para eludir un deber. Zalamería para atraer.

retrechero -ra a.-s. Que usa de retrecherías. Que tiene mucho atractivo.

retreparse r. Echar el cuerpo hacia atrás, recostarse.

retreta f. Toque militar para marchar en retirada y para avisar a la tropa que se recoja. Desfile nocturno de tropas con faroles, músicas, etc.

retrete m. Aposento para retirarse. Lugar común, excusado.

retribución f. Recompensa o pago.

retribuir t. Recompensar o pagar.

retroactivo -va a. Que obra o tiene fuerza sobre lo pasado.

retroceder i. Volver hacia atrás.

retrocesión f. Retroceso.

retroceso m. Acción de retroceder.

retrogradar i. Retroceder.

retrógrado -da a. Que retrograda. a.-s. Partidario de instituciones pretéritas.

retrogresión f. Retroceso.

retronar i. Retumbar.

retrospectivo -va a. Referente al tiempo pasado.

retrotraer t. Considerar una cosa ocurrida antes del tiempo en que ocurrió.

retrucar t. Hacer retruque.

retruco m. Retruque.

retruécano m. Juego de palabras.

retrueque m. Golpe que la bola de billar herida, dando en la banda, vuelve a dar a la bola que la hirió.

retumbante a. Que retumba.

retumbar i. Resonar mucho.

retumbo m. Acción de retumbar.

reuma m. Reumatismo.

reumático -ca a. Relativo al reuma. a.-s. Que lo padece.

reumatismo m. Enfermedad caracterizada por dolores articulares o musculares.

reunión f. Acción de reunir. Conjunto de personas reunidas.

reunir t.-r. Volver a unir. Juntar, congregar. /vacunar.

revacunación f. Acción de revacunar** t.-r. Volver a vacunar.

revalida f. Acción de revalidarse.

revalidación f. Acción de revalidar.

revalidar t. Ratificar una cosa. r. Sufrir el examen para obtener un grado académico.

revancha f. Galic. por desquite.

revelación f. Acción de revelar. Cosa revelada.

revelado m. Operación de revelar una fotografía.

revelar t. Descubrir, manifestar lo secreto u oculto. Hacer visible la imagen impresa en la placa fotográfica.

revellín m. FORT. Obra que defiende la cortina de un fuerte.

revendedor -ra a.-s. Que revende.

revender t. Vender uno lo que otro le ha vendido.

revenirse r. Encogerse, consumirse. Acedarse. Ponerse una masa o pasta blanda y correosa.

reventa f. Acción de revender.

reventar i.-r. Abrirse una cosa por impulso interior. Estallar. Tener deseo vehemente. Morir violentamente. t. Romper. Fatigar. Causar gran daño. Fastidiar.

reventón a. Díc. de ciertas cosas que parece que van a reventar. m. Acción de reventar.

rever t. Volver a ver o examinar. /verberar.

reverberación f. Acción de reverberar** i. Reflejarse la luz de un cuerpo luminoso.

reverbero m. Reverberación. Farol que hace reverberar la luz.

reverdecer i.-t. Cobrar nuevo verdor o lozanía.

reverencia f. Respeto, veneración. Inclinación del cuerpo en señal de respeto.

reverenciar t. Respetar, venerar.

reverendo -da a. Digno de reverencia. Tratamiento que se da a las dignidades eclesiásticas. /rencia.

reverente a. Que muestra reverible** a. DER. Que puede o debe revertir. Que puede volverse del revés.

reversión f. Acción de revertir.

reverso m. Revés de una moneda o medalla.

revertir i. Volver una cosa a la propiedad del dueño que antes tuvo.

revés m. Espalda o parte opuesta de una cosa. Golpe dado con la mano vuelta. Infortunio, contratiempo. /pes.

revesino m. Cierto juego de naires**timiento** m. Acción de revestir. Capa o cubierta con que se cubre una superficie.

revestir t.-r. Vestir una ropa sobre otra. Cubrir con un revestimiento. Atribuir, conceder. r. Poner a contribución una condición del ánimo.

revisar t. Rever.

revisión f. Acción de rever.

revisor -ra a.-s. El que revé. m. El que examina o inspecciona.

revista f. Segunda vista o exa-

men. Inspección militar. Examen que se hace y publica de obras literarias, teatrales, etc. Publicación periódica con escritos sobre determinadas materias. Cierto espectáculo teatral.
revistar *t.* MIL. Pasar revista.
revivir *i.* Volver a la vida.
revocación *f.* Anulación de un acto, mandato, etc.
revocar *t.* Dejar sin efecto una concesión, mandato, etc. Enlucir o pintar de nuevo las paredes. /ave. Revolotear.
revolar *i.* Dar segundo vuelo el
revolcadero *m.* Lugar donde se revuelcan los animales.
revolcar *t.* Derribar a uno y darle vueltas por el suelo. Vencer en controversia. *r.* Echarse sobre una cosa refregándose en ella. /nos y giros.
revolotear *i.* Volar haciendo torre
revoloteo *m.* Acción de revolotear.
revoltijo y **-tillo** *m.* Conjunto de muchas cosas desordenadas.
revoltoso -sa *a.-s.* Travieso, enredador, sedicioso.
revolución *f.* Acción de revolver. Movimiento de un cuerpo alrededor de otro, de un centro o de un eje. Mudanza en el estado de las cosas. Cambio violento en las instituciones políticas.
revolucionar *t.-r.* Causar revolución. Sublevar.
revolucionario -ria *a.* Relativo a la revolución. *a.-s.* Partidario de ella. Alborotador.
revólver *m.* Pistola de cilindro giratorio con varias recámaras.
revolver *t.-r.* Menear, agitar. *t.* Registrar, moviendo y separando. Alterar el buen orden. Inquietar, enredar. *i.-r.* Dar vuelta entera.
revoque *m.* Acción de revocar una pared. Material con que se revoca.
revuelo *m.* Vuelta y revuelta del vuelo. Turbación, agitación.
revuelta *f.* Revolución. Mudanza. Cambio de dirección en un camino, etc.
revulsión *f.* MED. Irritación local provocada. /revulsión.
revulsivo -va *a.-m.* Que produce
rey *m.* Monarca, soberano de un reino. Pieza principal del ajedrez. Carta de la baraja que representa un rey.
reyerta *f.* Contienda, riña.
reyezuelo *m.* Dim. de *rey*. Pájaro de plumaje vistoso.
rezagar *t.* Dejar atrás. Retrasar. *r.* Quedarse atrás.
rezar *t.* Orar vocalmente. Leer o recitar el oficio divino, la misa, etc. Decirse en un escrito una cosa. /divino.
rezo *m.* Acción de rezar. Oficio
rezongar *i.* Gruñir, refunfuñar.
rezongón -gona *a.* Que rezonga.
rezumar *i.-r.* Transpirar un líquido por los poros del recipiente. /a *r.*
rho *f.* Letra griega equivalente
ría *f.* Parte del río próxima a su entrada en el mar.
riachuelo *m.* Río pequeño.
riada *f.* Avenida, inundación.
ribazo *m.* Porción de tierra algo elevada y en declive.
ribera *f.* Orilla de mar o río. Tierra cercana a un río.
ribereño -ña *a.* De la ribera.
ribete *m.* Cinta con que se guarnece la orilla del vestido, calzado, etc. *pl.* Asomo, indicio.
ribetear *t.* Echar ribetes.
ricacho -cha, chón -chona *m. f.* Persona acaudalada, vulgar en su trato.
ricadueña = **ricahembra** *f.* ant. Hija o mujer de ricohombre.
ricino *m.* Planta de cuyas semillas se extrae un aceite purgante y lubricante.
rico -ca *a.-s.* Noble. Acaudalado. *a.* Abundante. Gustoso, sabroso. Muy bueno en su línea.
ricohombre *m.* El que pertenecía a la primera nobleza de España.
rictus *m.* Contracción de los labios que deja ver los dientes.
ridiculez *f.* Dicho o hecho extravagante. /nas o cosas.
ridiculizar *t.* Burlarse de perso-
ridículo *a.* Que mueve a risa. Escaso. Extraño. *m.* Situación ridícula.
riego *m.* Acción de regar.
riel *m.* Barra pequeña de metal en bruto. Carril de vía.
rielar *i.* Brillar con luz trémula.
rienda *f.* Cada una de las dos correas con que se gobierna la caballería. *pl.* Gobierno, dirección.
riesgo *m.* Contingencia o proximidad de un daño.
rifa *f.* Sorteo de una cosa entre varios. /tre varios.
rifar *t.* Sortear una cosa en-
rifeño -ña *a.-s.* Del Rif. /gera.
rifirrafe *m.* Contienda, bulla ligera.
rigidez *f.* Calidad de rígido.
rígido -da *a.* Inflexible, tieso. Riguroso, severo.
rigodón *m.* Contradanza de movimiento vivo.
rigor *m.* Severidad. Aspereza, dureza. Último término a que pueden llegar las cosas. Pro-

piedad y precisión. MED. Rigidez. /dad.
rigorismo *m.* Exceso de severidad.
rigorista *a.-s.* Extremadamente severo.
riguroso -sa *a.* Áspero y acre. Muy severo. Austero. Extremado, inclemente. /jurioso.
rijoso -sa *a.* Pendenciero. Lu-
rima *m.* Consonancia o asonancia en el verso. Composición poética. Rimero.
rimar *i.* Componer en verso. Hacer rima. *t.* Hacer rimar una palabra con otra. /mativo.
rimbombante *a.* Ostentoso, llamativo.
rimbombar *i.* Retumbar, resonar.
rimero *m.* Conjunto de cosas puestas unas sobre otras.
rincón *m.* Ángulo entrante formado por dos paredes o superficies. Espacio pequeño. Lugar retirado.
rinconada *f.* Ángulo entrante en la unión de dos casas, calles, etc.
rinconera *f.* Mesita, armario o estante pequeños que se colocan en un rincón.
ringlera *f.* Fila de cosas.
ringorrango *m.* Rasgo de pluma exagerado. Adorno superfluo.
rinoceronte *m.* Paquidermo de Asia y África, muy corpulento, con uno o dos cuernos sobre la línea media de la nariz.
riña *f.* Pendencia, quimera.
riñón *f.* Cada uno de los dos órganos secretores de la orina.
riñonada *f.* Tejido que envuelve los riñones. Lugar del cuerpo en que están los riñones. Guiso de riñones.
río *m.* Corriente natural de agua que desemboca en otra o en el mar. Grande abundancia.
riojano -na *a.-s.* De la Rioja.
ripio *m.* Residuo de una cosa. Conjunto de cascotes. Palabra superflua usada con el solo objeto de completar el verso.
risa *f.* Acción de reír. Lo que mueve a reír. /pado.
risco *m.* Peñasco alto y escarpado.
riscoso -sa *a.* Que tiene muchos riscos.
risotada *f.* Carcajada.
ristra *f.* Trenza de ajos o cebollas. Hilera.
ristre *m.* Hierro de la armadura donde se afianzaba la lanza.
risueño -ña *a.* Que muestra risa, alegre. De aspecto deleitable. Próspero, favorable.
rítmico -ca *a.* Perteneciente al ritmo.
ritmo *m.* Orden acompasado en la sucesión de sonidos, movimientos, etc.
rito *m.* Costumbre o ceremonia. Conjunto de reglas para el culto.
ritual *a.* Relativo al rito. *m.* Conjunto de ritos.
rival *m.* Competidor.
rivalidad *f.* Oposición entre los que aspiran a obtener una cosa. Enemistad.
rivalizar *i.* Competir.
riza *f.* Destrozo, estrago.
rizar *t.-r.* Formar rizos en el pelo. Formar olas pequeñas. *t.* Hacer dobleces menudos en las telas, papel, etc.
rizo -za *a.* Ensortijado. *m.* Mechón de pelo en forma de sortija, bucle o tirabuzón.
rizoma *m.* Tallo horizontal y subterráneo de ciertas plantas.
rizoso -sa *a.* Que se riza naturalmente.
róbalo *m.* Pez marino de carne muy estimada.
robar *t.* Tomar para sí lo ajeno. Hurtar. Raptar. Tomar naipes del monte.
roblar *t.* Remachar una pieza de hierro.
roble *m.* Árbol de hojas caedizas, bellotas por fruto y madera dura, muy apreciada.
robledal *m.* Robledo muy extenso. /bles.
robledo *m.* Sitio poblado de ro-
roblón *m.* Clavija de metal dulce, cuya punta se remacha.
robo *m.* Acción de robar.
roborar *t.* Dar fuerza y firmeza.
robustecer *t.* Dar robustez.
robustez *f.* Calidad de robusto.
robusto -ta *a.* Fuerte, vigoroso.
roca *f.* Materia mineral que forma parte de la corteza terrestre. Masa concreta, muy sólida, de esta materia. Peñasco.
rocadero *m.* Cabeza de la rueca.
rocalla *f.* Piedrecitas desprendidas de las rocas. Abalorio grueso. /frecuente.
roce *m.* Acción de rozar. Trato
rociada *f.* Acción de rociar. Reprensión áspera.
rociar *i.* Caer el rocío o la lluvia menuda. *t.* Esparcir en gotas menudas un líquido.
rocín *m.* Caballo de mala traza.
rocinante *m.* Rocín matalón.
rocío *m.* Vapor que con la frialdad de la noche se condensa en gotas menudas.
rococó *a.-s.* Díc. del estilo decorativo que floreció en Francia en el siglo XVIII.
rocoso -sa *a.* Lleno de rocas.
roda *f.* Pieza gruesa y curva que forma la proa de la nave.

rodaballo *m.* Pez marino, de cuerpo aplanado y carne muy estimada.
rodada *f.* Señal que deja la rueda en la tierra.
rodadizo -za *a.* Que rueda con facilidad.
rodado -da *a.* Dic. del vehículo que tiene ruedas y del transporte que se hace con él. Dic. del canto alisado a fuerza de rodar.
rodaja *f.* Pieza circular y plana.
rodaje *m.* Conjunto de ruedas. Acción de rodar.
rodar *i.* Dar vueltas un cuerpo alrededor de su eje. Moverse por medio de ruedas. Caer dando vueltas por una pendiente, etc. Ir de un lado a otro. *t.* Impresionar o proyectar películas cinematográficas.
rodear *i.* Andar alrededor. Ir por el camino más largo. *t.* Cercar. Hacer dar vuelta a una cosa.
rodela *f.* Escudo redondo.
rodeo *m.* Acción de rodear. Manera indirecta de hacer una cosa. Circunloquio. Efugio.
rodero -ra *a.* Relativo a las ruedas.
rodete *m.* Rosca del peinado. Rosca de paño, esparto, etc., que se pone en la cabeza.
rodezno *m.* Rueda hidráulica con paletas curvas y eje vertical.
rodilla *f.* Articulación del fémur con la tibia. Paño de limpieza.
rodillazo *m.* Golpe dado con la rodilla.
rodillera *f.* Lo que protege la rodilla. Remiendo en el pantalón o convexidad que forma éste en la parte de la rodilla.
rodillo *m.* Madero redondo. Cilindro pesado que se hace rodar para apretar la tierra. IMPR. Cilindro para dar tinta.
rodio -dia *a.-s.* De Rodas. *m.* Metal raro. /las plantas.
rodrigar *t.* Poner rodrigones a
rodrigón *m.* Vara o caña para sostener el tallo de las plantas. Criado anciano que acompañaba a las damas.
roedor -ra *a.* Que roe. *a.-m.* Dic. de los mamíferos sin colmillos con dos incisivos largos en cada mandíbula. /escudos.
roel *m.* BLAS. Pieza redonda en los
roer *t.* Cortar, descantillar menuda y superficialmente con los dientes. Desgastar poco a poco. Molestar o atormentar interiormente.
rogar *t.* Pedir algo por gracia. Instar con súplicas.
rogativa *f.* Oración pública con que se pide algo a Dios.
roido -da *a.* Corto, dado con miseria. /jizo.
rojal *a.* Rojizo. *m.* Terreno ro-
rojear *i.* Mostrar su color rojo. Tirar a rojo.
rojez *f.* Calidad de rojo.
rojo -ja *a.-m.* Dic. del color parecido al de la sangre arterial. *a.* De color rojo. Rubio.
rol *m.* Lista, nómina.
roldana *f.* Rodaja de un motón o garrucha.
rollizo -za *a.* Redondo, cilíndrico. Robusto y grueso.
rollo *m.* Piedra casi cilíndrica. Porción de papel, tejido, etc., dispuesta dando o como dando vueltas alrededor de un palo central. Cilindro de materia dura. Madero redondo sin labrar.
romadizo *m.* Catarro nasal.
romaico -ca *a.-m.* Dic. de la lengua griega moderna.
romana *f.* Instrumento para pesar compuesto de una palanca de brazos desiguales con un pilón que corre sobre el brazo mayor.
romance *a.-m.* Dic. de las lenguas neolatinas. *m.* Idioma castellano. Combinación métrica en que se asonantan los versos pares y van sin rima los impares. /mance.
romancear *t.* Traducir al ro-
romancero *m.* Colección de romances.
romancesco -ca *a.* Novelesco.
romanear *t.* Pesar con la romana.
romanesco -ca *a.* Relativo a los romanos. Romancesco.
romanista *a.-s.* Versado en derecho romano.
romano *a.-s.* De Roma.
romanticismo *m.* Movimiento literario de la primera mitad del s. XIX. Sentimentalismo, ausencia de espíritu práctico.
romántico -ca *a.* Perteneciente al romanticismo. *a.-s.* Que lo sigue. Sentimental, generoso, fantaseador. /cillo y tierno.
romanza *f.* Aria de carácter sen-
romaza *f.* Hierba cuyas hojas se comen cocidas.
rombal *a.* De figura de rombo.
rombo *m.* GEOM. Paralelogramo de lados iguales y ángulos oblicuos.
romboide *m.* Paralelogramo de ángulos oblicuos cuyos lados contiguos son desiguales.
romeral *m.* Sitio poblado de ro-

meros.
romería *f.* Peregrinación hecha a un santuario. Fiesta popular en un santuario.
romero -ra *a.-s.* Dic. del que va en romería. *m.* Arbusto de hojas aromáticas y flores azules.
romo -ma *a.* Obtuso y sin punta.
rompecabezas *m.* Arma compuesta de dos bolas de metal sujetas a un mango. Pasatiempo que consiste en componer una figura, combinando cierto número de pedacitos. Problema o acertijo difícil.
rompehielos *m.* Buque para navegar por mares donde abunda el hielo.
romper *t.* Separar con violencia las partes de un todo. Hacer una abertura en una cosa; hacerla pedazos. Interrumpir. *i.* Reventar las olas. Prorrumpir. Empezar. Desavenirse.
rompiente *m.* Sitio donde rompen las olas.
rompimiento *m.* Acción de romper. Desavenencia. Telón recortado que deja ver otro.
ron *m.* Licor alcohólico sacado de la caña de azúcar.
ronca *f.* Amenaza jactanciosa.
roncar *i.* Hacer ruido bronco con el resuello cuando se duerme. Hacer un ruido sordo o bronco el mar, el viento, etc. Echar roncos amenazando.
roncear *i.* Retardar la ejecución de una cosa por hacerla de mala gana. Halagar para lograr un fin.
roncería *f.* Tardanza en ejecutar una cosa. Halago para lograr un fin. /Regañón.
roncero -ra *a.* Lento, perezoso.
ronco -ca *a.* Que tiene ronquera. Dic. de la voz o sonido áspero y bronco.
roncha *f.* Bultillo que se eleva en figura de haba en el cuerpo del animal. Equimosis. Tajada delgada cortada en redondo.
ronda *f.* Acción de rondar. Gente que ronda. Distribución de copas de vino a personas reunidas. Camino contiguo al muro de una población.
rondalla *f.* Ronda de mozos que tocan y cantan. Cuento, conseja.
rondar *i.-t.* Andar de noche vigilando o paseando. Pasear los mozos las calles donde viven las mozas que galantean.
rondeña *f.* Aire popular parecido al fandango.
rondeño -ña *a.-s.* De Ronda.
rondó *m.* Composición musical cuyo tema se repite.
rondón (de) *m. adv.* Intrépidamente y sin reparo.
ronquera *f.* Afección de la laringe que hace bronca la voz.
ronquido *m.* Ruido que se hace roncando.
ronronear *i.* Producir el gato una especie de ronquido en demostración de contento. Ruido que produce la trepidación de los motores, etc.
ronroneo *m.* Acción de ronronear.
ronzal *m.* Cuerda que se ata al pescuezo o a la cabeza de las caballerías.
ronzar *t.* Mascar cosas duras quebrantándolas con ruido.
roña *f.* Sarna de las reses. Porquería pegada. Roñería.
roñería *f.* Miseria, tacañería.
roñoso -sa *a.* Que tiene o padece roña. Puerco, sucio. Miserable, tacaño.
ropa *f.* Todo género de tela para uso o adorno de personas o cosas. Vestido.
ropaje *m.* Vestido. Vestidura.
ropavejería *f.* Tienda de ropavejero.
ropavejero -ra *m. f.* Persona que vende ropas usadas.
ropero -ra *m.* Persona que vende ropa hecha. Armario o cuarto para la ropa.
ropilla *f.* Vestidura corta y con mangas que se ponía sobre el jubón.
ropón *m.* Ropa larga exterior.
roque *m.* Torre de ajedrez.
roquedal *m.* Lugar abundante en rocas.
roqueño -ña *a.* Lleno de rocas. Duro como una roca.
roquero -ra *a.* Perteneciente a las rocas o edificado sobre ellas.
roquete *m.* Sobrepelliz de mangas cortas.
rorcual *m.* Ballena común en nuestros mares.
rorro *m.* Niño pequeñito.
ros *m.* Especie de chacó de fieltro.
rosa *f.* Flor del rosal. Cosa de figura de rosa. *m.* Color encarnado poco subido.
rosáceo -a *a.* De color de rosa. *a.-f.* Dic. de las plantas de la familia del rosal.
rosada *f.* Escarcha.
rosado -da *a.* De color de rosa. Compuesto con rosas.
rosal *m.* Arbusto de jardín, de tallos con aguijones y flores hermosas de colores variados.
rosaleda *f.* Sitio en que hay muchos rosales.
rosario *m.* Rezo en que se con-

memoran los quince misterios de la Virgen. Sarta de cuentas usada para este rezo.

rosbif *m.* Carne de vaca soasada.

rosca *f.* Máquina compuesta de tornillo y tuerca. Vuelta de espiral. Resalto de un tornillo. Pan o bollo de forma circular con un espacio vacío en medio.

roscón *m.* Bollo en forma de rosca grande.

rosellonés -nesa *a.-s.* Del Rosellón.

róseo -a *a.* De color de rosa.

roséola *f.* Erupción cutánea de pequeñas manchas róseas.

roseta *f.* Dim. de *rosa*. Chapeta. *pl.* Granos de maíz tostados.

rosetón *m.* ARQ. Ventana circular calada. Adorno circular en los techos.

rosicler *m.* Color rosado de la aurora.

rosillo -lla *a.* Rojo claro.

rosmaro *m.* Manatí.

rosoli *m.* Licor de aguardiente, azucarado y aromatizado.

rosquilla *f.* Rosca pequeña de masa dulce y delicada.

rostral *a.* Dic. de la columna adornada con espolones de nave.

rostro *m.* Cara, semblante. Pico del ave. Espolón de nave.

rota *f.* Derrota, vencimiento. Tribunal eclesiástico. Palma de cuyo tallo se hacen bastones.

rotación *f.* Acción de rodar o girar.

rotativo -va *a.-f.* Dic. de la máquina que con movimiento seguido imprime un periódico. *m.* Periódico impreso en ella.

rotatorio -ria *a.* Que tiene movimiento circular.

roten *m.* Rota (planta). Bastón de rota.

roto -ta p. p. irreg. de *romper*. *a.-s.* Andrajoso.

rotonda *f.* Edificio o sala de planta circular.

rótula *f.* Hueso flotante situado delante de la articulación de la tibia con el fémur. FARM. Trocisco.

rotular *t.* Poner rótulo.

rótulo *m.* Título, encabezamiento, etiqueta, letrero.

rotundidad *f.* Calidad de rotundo.

rotundo -da *a.* Redondo. Dic. del lenguaje lleno y sonoro. Preciso y terminante.

rotura *f.* Rompimiento.

roturación *f.* Acción de roturar.

roturar *t.* Arar por primera vez las tierras. /ríos cereales.

roya *f.* Honguillo parásito de varoza *f.* Acción de rozar la tierra.

rozadura *f.* Acción de ludir una cosa con otra.

rozagante *a.* Dic. de la vestidura vistosa y muy larga. Vistoso, ufano. /leve.

rozamiento *m.* Roce. Disensión

rozar *t.* Limpiar la tierra de malezas. Cortar los animales la hierba con los dientes. *i.-t.* Pasar una cosa tocando la superficie de otra. *r.* Herirse un pie con otro. Tratarse las personas.

rozno *m.* Borrico pequeño.

rozón *m.* Especie de guadaña corta.

rúa *f.* Calle de un pueblo. Camino carretero. /la piel.

rubefacción *f.* Enrojecimiento de

rúbeo -a *a.* Que tira a rojo.

rubéola *f.* Enfermedad parecida al sarampión.

rubescente *a.* Rúbeo.

rubí *m.* Piedra preciosa, roja y muy brillante. /color rojo

rubia *f.* Planta cuya raíz da un

rubial *a.* Que tira a color rubio. *m.* Terreno donde se cría la rubia.

rubicundez *f.* Calidad de rubicundo. *m.* Color rojo que se presenta en la piel.

rubicundo -da *a.* Rubio que tira a rojo. De buen color.

rubio -bia *a.* De color rojo claro parecido al del oro. *a.-s.* De cabellos rubios. /Rusia.

rublo *m.* Unidad monetaria de

rubor *m.* Color encendido que la vergüenza saca al rostro. Vergüenza.

ruborizarse *r.* Teñirse de rubor el rostro. Sentir vergüenza.

ruboroso -sa *a.* Que tiene rubor.

rúbrica *f.* Señal encarnada o roja. Rasgo o rasgos que cada cual pone después de su firma. Epígrafe. Regla relativa a los ritos de la Iglesia.

rubricar *f.* Poner uno su rúbrica en un escrito.

rucio -cia *a.-s.* Dic. de las bestias de color pardo claro o canoso.

ruda *f.* Planta de flores amarillas y olor fuerte.

rudeza *f.* Calidad de rudo.

rudimentario -ria *a.* Relativo a los rudimentos.

rudimento *m.* Embrión de un ser. Parte imperfectamente desarrollada. *pl.* Primeros elementos de una ciencia o arte.

rudo -da *a.* Tosco, basto. Descortés. Violento.

rueca *f.* Instrumento para hilar.

rueda *f.* Máquina elemental, de forma circular, que gira sobre un eje. Corro.

ruedo *m.* Acción de rodar. Con-

torno, límite. Círculo o circunferencia de una cosa. Redondel en las plazas de toros. Esterilla redonda.
ruego m. Súplica, petición.
ruezno m. Corteza exterior de la nuez. /perverso.
rufián m. Hombre sin honor,
rufianesco -ca a. Relativo a los rufianes.
rufo -fa a. Rubio, bermejo.
rugido m. Voz del león. Bramido. Estruendo. /bramidos.
rugir t. Bramar el león. Dar
rugosidad f. Calidad de rugoso.
rugoso -sa a. Que tiene arrugas.
ruibarbo m. Planta de rizoma purgante.
ruido m. Sonido inarticulado y confuso. Pendencia, alboroto.
ruidoso -sa a. Que hace mucho ruido.
ruin a. Vil, bajo. Mezquino, avariento. Pequeño, desmedrado, humilde.
ruina f. Acción de caer o destruirse una cosa. Pérdida de los bienes. Perdición. pl. Restos de un edificio arruinado.
ruindad f. Calidad de ruin. Acción ruin.
ruinoso -sa a. Que empieza a arruinarse. Que arruina.
ruiseñor m. Pájaro notable por la belleza de su canto.
ruleta f. Juego de azar en que se lanza una bolita sobre una rueda giratoria dividida en casillas numeradas.
rulo m. Rodillo para allanar la tierra.
rumano -na a.-s. De Rumania.
rumba f. Baile cubano de origen negro.
rumbo m. Dirección, esp. las de la rosa náutica. Camino que uno se propone seguir. Pompa, fausto. Desprendimiento.
rumboso -sa a. Pomposo, magnífico. Desprendido, dadivoso.
rumí m. Nombre dado por los moros a los cristianos.
rumia f. Acción de rumiar.
rumiante a.-m. Dic. de los mamíferos herbívoros que rumian los alimentos y tienen el estómago dividido en cuatro cavidades.
rumiar t. Volver a la boca y masticar nuevamente el alimento que estuvo en el estómago. Pensar despacio, reflexionar.
rumor m. Voz que corre entre el público. Ruido sordo y continuado.
rumoroso -sa a. Que causa rumor.
runa f. Cada uno de los caracteres de la ant. escritura escandinava.
runfla f. Multitud de cosas de la misma especie. /runas.
rúnico -ca a. Relativo a las
runrún m. Rumor. Ronroneo.
rupia f. Moneda indostánica y peruptura** f. Rotura. /sa.
rural a. Perteneciente al campo. Rústico. /el fuego.
rusiente a. Que se pone rojo con
ruso -sa a.-s. De Rusia. m. Gabán de paño grueso.
rusticidad f. Calidad de rústico.
rústico -ca a. Perteneciente al campo. Tosco, grosero, rudo. m. Hombre del campo.
ruta f. Derrota de un viaje. Itinerario. Derrotero.
rutilar i. Brillar, resplandecer.
rutina f. Costumbre inveterada, hábito de hacer las cosas por mera práctica.
rutinero -ra a. Que procede por mera rutina.
ruzafa f. Entre los árabes, jardín.

S

S s *f.* Vigésima segunda letra del alfabeto español.

sábado *m.* Séptimo y último día de la semana. /al arenque.

sábalo *m.* Pez de mar, parecido

sábana *f.* Cada una de las dos piezas de lienzo que se ponen en la cama.

sabana *f.* En América, llanura.

sabandija *f.* Cualquier insecto o reptil pequeño.

sabanilla *f.* Pieza pequeña de lienzo. El más exterior de los lienzos con que se cubre el altar.

sabañón *m.* Rubicundez de la piel, acompañada de picazón, causada por el frío excesivo.

sabático -ca *a.* Perteneciente o relativo al sábado.

sabatino -na *a.* Perteneciente al sábado o ejecutado en él.

sabeísmo *m.* Religión de los sabeos, que daban culto a los astros.

sabeo -a *a.* De Sabá, región de la ant. Arabia.

saber *m.* Sabiduría.

saber *t.* Tener conocimiento de una cosa. Ser docto en alguna cosa. *i.* Tener habilidad para una cosa. *i.* Tener sapidez una cosa.

sabido -da *a.* Que se sabe. Que sabe mucho.

sabiduría *f.* Prudencia. Conocimiento profundo en ciencias, letras o artes.

sabiendas (a) *m. adv.* Con pleno conocimiento.

sabihondo -da *a.-s.* Que presume de sabio sin serlo.

sabina *f.* Arbusto siempre verde, de fruto negro azulado y madera encarnada, olorosa.

sabino -na *a.-s.* De cierto pueblo de la Italia ant.

sabio -bia *a.-s.* Que posee sabiduría. Cuerdo.

sablazo *m.* Golpe y herida de sable. Acción de sablear a uno.

sable *m.* Arma blanca parecida a la espada, pero algo corva.

sablear *t.* Sacar dinero a alguno, esp. pidiéndolo prestado.

sablista *a.-s.* Que tiene por hábito sablear.

saboga *f.* Sábalo. /tapas.

saboneta *f.* Reloj de bolsillo con

sabor *m.* Propiedad que tienen ciertos cuerpos de afectar el órgano del gusto. Sensación que producen estos cuerpos.

saborear *t.* Dar sabor y gusto a las cosas. Percibir despacio y con deleite el sabor. Apreciar con deleite.

sabotaje *m.* Destrucción intencionada de medios de trabajo; entorpecimiento malicioso de cualquier actividad.

saboyano -na *a.-s.* De Saboya.

sabroso -sa *a.* Sazonado y grato al gusto. Delicioso.

sabueso -sa *a.-s.* Dic. de un perro de olfato muy fino. *m.* Pesquisidor, persona que indaga.

sabuloso -sa *a.* Que tiene arena.

saburra *f.* Capa blanquecina que cubre la lengua en ciertos trastornos gástricos. /burra.

saburroso -sa *a.* Que tiene sa-

saca *f.* Acción de sacar. Exportación. Costal muy grande.

sacabocados *m.* Instrumento que sirve para taladrar.

sacabotas *m.* Instrumento para descalzarse.

sacabuche *m.* MÚS. Ant. instrumento de viento.

sacacorchos *m.* Instrumento para descorchar botellas.

sacadinero *m.* Cosa de poco valor, pero de buena apariencia.

sacamuelas *c.* Persona que saca muelas. *m.* Charlatán. /pes.

sacanete *m.* Cierto juego de nai-

sacar *t.* Hacer salir o poner una cosa fuera de otra donde estaba metida. Quitar, apartar, separar a una persona o cosa de un lugar o condición. Obtener de uno alguna cosa. Adelantar, mostrar. Citar, nombrar. Conseguir, obtener. Inventar. Copiar. Inferir, deducir.

sacarificar *t.* Convertir en azúcar.

sacarina *f.* Substancia blanca, pulverulenta, que sirve para endulzar.

sacarino -na *a.* Que tiene azúcar.

sacarosa *f.* Nombre científico del azúcar común.

sacasillas *m.* Encargado de retirar los muebles de la escena.

sacatrapos *m.* Instrumento para sacar los cuerpos blandos del ánima de las armas de fuego.

sacerdocio *m.* Dignidad, estado y ministerio del sacerdote.

sacerdotal *a.* Perteneciente al sacerdote.

sacerdote *m.* Hombre consagrado a Dios, ungido y ordenado para celebrar y ofrecer el sacrificio de la misa. Entre los gentiles, hombre consagrado a ofrecer sacrificios.

sacerdotisa *f.* Mujer dedicada al culto de las deidades paganas.

saciar *i-r.* Hartar, satisfacer.

saciedad *f.* Hartura.

saco *m.* Receptáculo de tela, cuero, papel, etc., abierto por un extremo. Especie de gabán grande. Saqueo.

sacra *f.* Cada una de las tres hojas que en sus correspondientes tablas se ponen en el altar con algunas oraciones de la misa.

sacramental *m.* Perteneciente a los sacramentos. Consagrado por la ley o la costumbre.

sacramentar *t.* Administrar a un enfermo el viático y la extremaunción.

sacramento *m.* Signo sensible de un efecto espiritual que Dios obra en nuestras almas. Cristo sacramentado en la hostia.

sacratísimo -ma *a.* Superl. de *sagrado.*

sacrificar *t.* Ofrecer o dar una cosa en reconocimiento de la divinidad. Matar reses. *t.* Poner una persona o cosa en algún riesgo o trabajo para algún fin elevado. *r.* Sujetarse con resignación a una cosa.

sacrificio *m.* Ofrenda a una deidad. Ofrenda del cuerpo de Cristo en la misa. Acción de sacrificar. Acto de abnegación.

sacrilegio *m.* Profanación de una cosa, persona o lugar sagrados.

sacrílego -ga *a.* Que comete o contiene sacrilegio.

sacristán *m.* El que ayuda al sacerdote en el cuidado de la iglesia.

sacristana *f.* Mujer del sacristán. Monja que cuida de la iglesia del convento. /tán.

sacristanía *f.* Empleo de sacris-

sacristía *f.* Lugar, en las iglesias, donde se guardan las cosas del culto.

sacro -cra *a.* Sagrado. *a.-m.* Dic. del hueso formado por cinco vértebras entre la región lumbar y el cóccix. /to.

sacrosanto -ta *a.* Sagrado y san-

sacudida *f.* Sacudimiento.

sacudidor *m.* Instrumento con que se sacuden colchones, alfombras, etc.

sacudimiento *m.* Acción de sacudir.

sacudir *t.* Agitar o golpear violentamente una cosa. Castigar con golpes. *t.-r.* Arrojar, apartar de sí.

saduceo -a *a.-s.* Dic. del individuo de una secta de judíos que negaba la inmortalidad del alma.

saeta *f.* Arma arrojadiza que se dispara con arco. Manecilla del reloj. Copla breve y devota que se canta en Andalucía al pasar las procesiones.

saetazo *m.* Acción de tirar o herir con la saeta.

saetera *f.* Aspillera.

saetero *m.* El que pelea con arco y saetas.

saetilla *f.* Saeta (manecilla; copla). Sagitaria.

saetín *m.* Canal por donde se precipita el agua a la rueda de los molinos.

sáfico -ca *a.-m.* Dic. de cierto verso endecasílabo.

saga *f.* Cada una de las leyendas poéticas de Escandinavia.

sagacidad *f.* Calidad de sagaz.

sagaz *a.* Avisado, astuto.

sagita *f.* GEOM. Sección de radio comprendida entre el punto medio de un arco de circunferencia y el de su cuerda.

sagitado -da = **sagital** *a.* De figura de saeta.

sagitaria *f.* Planta de hojas sagitadas y flores blancas.

sagitario *m.* Saetero. Signo y constelación zodiacal.

sagrado -da *a.* Dedicado a Dios. Que por alguna relación con lo divino es venerable. *m.* Asilo, refugio.

sagrario *m.* Lugar donde se guarda y deposita a Cristo sacramentado.

sagú *m.* Fécula que se extrae de la medula de la planta palmácea tropical de este nombre.

saguntino -na *a.-s.* De Sagunto.

sahumar *t.* Dar humo aromático a una cosa.

sahumerio *m.* Acción de sahumar. Humo con que se sahúma. Substancia que da humo aromático.

saín *f.* Grasa de un animal.

sainete *m.* Salsa. Bocadito gus-

toso. Sabor suave. Pieza dramática jocosa, en un acto, de carácter popular.
saino *m.* Puerco salvaje sudamericano. /la carne.
sajadura *f.* Cortadura hecha en
sajar *t.* Hacer sajaduras.
sajón -ona *a.-s.* De un ant. pueblo germánico. De Sajonia.
sal *f.* Cloruro de sodio que sirve de condimento. QUÍM. Combinación de una base y un ácido. Gracia, agudeza.
sala *f.* Pieza principal de la casa. Aposento de grandes dimensiones. Pieza donde se constituye un tribunal.
salacidad *f.* Calidad de salaz.
salacot *m.* Sombrero de forma elipsoidal usado en los países orientales.
saladar *m.* Lagunajo en que se cuaja la sal en las marismas. Terreno salobreño.
saladillo *a.-m.* Dic. del tocino fresco poco salado.
salado -da *a.* Dic. del terreno salitroso. Dic. de los manjares con demasiada sal. Gracioso, chistoso.
saladura *f.* Acción de salar.
salamandra *f.* Anfibio de forma parecida a la de un lagarto, negro, con manchas amarillas.
salamanqués -sa *a.-s.* Salmantino.
salamanquesa *f.* Reptil saurio, pequeño, de cuerpo comprimido y ceniciento.
salar *t.* Echar en sal, curar con sal. Sazonar con sal. Echar demasiada sal.
salario *m.* Estipendio periódico.
salaz *a.* Inclinado a la lujuria.
salazón *f.* Acción y tiempo de salar. Carnes y pescados salados.
salcochar *t.* Cocer sólo con agua y sal.
salchicha *f.* Embutido, en tripa delgada, de carne de cerdo.
salchichería *f.* Establecimiento del salchichero.
salchichero -ra *m. f.* Persona que hace o vende embutidos.
salchichón *m.* Embutido de jamón, tocino y pimienta.
saldar *t.* Pagar una cuenta. Vender a bajo precio.
saldo *m.* Pago de una cuenta. Cantidad que de una cuenta resulta a favor o en contra. Resto de mercancías que se vende a bajo precio.
saledizo *a.-s.* Saliente; que sobresale. m. Salidizo.
salegar *m.* Sitio en que se da sal al ganado.
salero *m.* Vaso para servir o guardar la sal. Gracia, donaire.
salesa *a.-s.* Dic. de la religiosa de la orden de San Francisco de Sales.
salesiano -na *a.-s.* Dic. de la congregación fundada por San Juan Bosco.
saleta *f.* Dim. de sala.
salicaria *f.* Planta de flores purpúreas. /licílico.
salicilato *m.* Sal del ácido sa-
salicílico *a.* Dic. de un ácido, sólido, cristalino, antiséptico.
sálico -ca *a.* Relativo a los salios. Dic. de una ley que excluía del trono a las hembras.
salida *f.* Acción de salir. Parte por donde se sale. Escapatoria. Ocurrencia. Despacho de los géneros. Parte que sobresale.
salidizo -za *m.* Parte del edificio que sobresale fuera de la pared maestra.
saliente *a.* Que sale. *m.* Oriente.
salificar *t.* Convertir en sal.
salina *f.* Mina de sal. Sitio donde se beneficia la sal.
salinero -ra *a.* Relativo a la sal. *m.* El que trata en ella.
salio -lia *a.-s.* De un ant. pueblo franco.
salir *i.* Pasar de la parte de adentro a la de afuera. Partir de un lugar. Cesar en un cargo. Aparecer, nacer, brotar. Traer su origen. Ser el primero que juega. Sobresalir. *r.* Rebosar un líquido. Derramarse algo por una rotura o rendija.
salitral *a.* Salitroso. *m.* Sitio donde se cría el salitre.
salitre *m.* Nitro.
salitroso -sa *a.* Que tiene salitre.
saliva *f.* Humor segregado por ciertas glándulas en la cavidad de la boca.
salivación *f.* Acción de salivar.
salival *a.* Perteneciente a la saliva.
salivar *i.* Arrojar saliva. /liva.
salivazo *m.* Porción de saliva escupida de una vez.
salivoso -sa *a.* Que expele mucha saliva.
salmantino -na *a.-s.* De Salamanca.
salmear *i.* Rezar o cantar los salmos. /mos.
salmista *m.* El que compone sal-
salmo *m.* Cántico que contiene alabanzas a Dios.
salmodia *f.* Canto que se usa para los salmos. Canto monótono.
salmodiar *i.* Salmear. *t.* Cantar con cadencia monótona.
salmón *m.* Pez de carne rojiza, muy estimada.

salmonete *m.* Pez marino, comestible, de color rojizo.
salmorejo *m.* Salsa de agua, vinagre, aceite, sal y pimienta.
salmuera *f.* Agua cargada de sal.
salobral *m.* Saladar.
salobreño -ña *a.* Dic. de la tierra salobre.
saloma *m.* Canto con que acompañan los marineros su faena.
salomónico -ca *a.* Relativo a Salomón. Dic. de la columna contorneada en espiral.
salón *m.* Aum. de *sala*.
saloncillo *m.* Dim. de *salón*.
salpa *f.* Pez que abunda en el Mediterráneo.
salpicadura *f.* Acción de salpicar.
salpicar *t.* Rociar, esparcir en gotas. Caer gotas de un líquido en una persona o cosa.
salpicón *m.* Fiambre de carne picada con pimienta, sal, vinagre y cebolla.
salpimentar *t.* Adobar con sal y pimienta. Amenizar.
salpresar *t.* Aderezar con sal una cosa prensándola.
salpullido *m.* Erupción cutánea leve y pasajera. Señales de las picaduras de las pulgas.
salsa *f.* Mezcla de varias substancias comestibles desleídas para aderezar o condimentar la comida. /salsa.
salsera *f.* Vasija para servir la
salserilla *f.* Taza pequeña y de poco fondo.
salsifí *m.* Planta de raíz fusiforme y comestible.
saltabanco y **-cos** *m.* Charlatán callejero. Titiritero.
saltador -ra *a.-s.* Que salta. *m.* Comba.
saltamontes *m.* Langosta (insecto) de color verde amarillento.
saltaojos *m.* Peonía.
saltar *i.* Levantarse del suelo con el impulso de las piernas para dejarse caer de pie. Levantarse una cosa por propio impulso y con violencia. Desprenderse una cosa o romperse violentamente. Responder viva o intempestivamente. *t.* Salvar de un salto un espacio. Omitir parte de lo que se lee, copia, etc. /o baila.
saltarín -rina *a.-s.* Que danza
salteador *m.* El que sale a los caminos y roba a los pasajeros.
saltear *t.* Salir a robar en los caminos. Asaltar. Sofreír a fuego vivo.
salterio *m.* Libro de los salmos. Instrumento músico de caja prismática y cuerdas metálicas.
saltimbanqui *m.* Saltabanco.

salto *m.* Acción de saltar. Espacio que se salta. Palpitación violenta del corazón.
saltón -tona *a.* Que anda a saltos o salta mucho. Dic. de los ojos muy abultados. *m.* Saltamontes. /salubre.
salubérrimo -ma *a.* Superl. de
salubre *a.* Saludable.
salubridad *f.* Calidad de salubre.
salud *f.* Estado normal del organismo. Estado de gracia espiritual. Salvación.
saludable *a.* Que conserva o restablece la salud. Que goza de buena salud. Provechoso.
saludador -ra *a.-s.* Que saluda. *m.* Embaucador que pretende curar con ensalmos.
saludar *t.* Dirigir a otro palabras de cortesía, deseándole salud, o manifestarle benevolencia o respeto.
saludo *m.* Acción de saludar.
salutación *f.* Saludo.
salutífero -ra *a.* Saludable.
salva *f.* Prueba que se hacía de la comida en palacio. Saludo hecho con armas de fuego.
salvación *f.* Acción de salvar o salvarse.
salvadera *f.* Vaso en que se tiene la arenilla para enjugar lo escrito. /lido.
salvado *m.* Cáscara del trigo mo-
salvador *a.-s.* Que salva. *m.* Por antonomasia, Jesucristo.
salvaguardia *f.* Papel o señal dada a uno para que no sea detenido o estorbado. Custodia, amparo, garantía.
salvajada *f.* Dicho o hecho propio de un salvaje.
salvaje *a.* Dic. de las plantas silvestres, del terreno montañoso e inculto y de los animales que no son domésticos. *a.-s.* Natural de un país no civilizado. Necio, rudo.
salvajez *f.* Calidad de salvaje.
salvajina *f.* Conjunto de fieras monteses. Animal montaraz.
salvajino -na *a.* Dic. de la carne de los animales monteses.
salvajismo *m.* Modo de obrar propio de salvaje. Salvajez.
salvamento *m.* Acción de salvar.
salvar *t.-r.* Librar de un riesgo. *t.* Evitar un inconveniente, vencer un obstáculo. Exceptuar de lo que se dice o hace. *r.* Alcanzar la gloria eterna.
salvavidas *m.* Aparato con que los náufragos pueden salvarse sobrenadando.
salve Interj. para saludar. *f.* Una de las oraciones que se rezan a la Virgen.

salvedad *f.* Advertencia que limita el alcance de lo que se dice o hace.
salvia *f.* Mata labiada, tónica y estomacal. /duras.
salvilla *f.* Bandeja con encajes.
salvo -va *p. p. irreg.* de *salvar*. *a.* Ileso, librado de un peligro. *adv.* Excepto.
salvoconducto *m.* Licencia expedida para que el que la lleva pueda transitar sin riesgo.
samaritano -na *a.-s.* De Samaria, ant. ciudad de Palestina.
sambenito *m.* Capotillo que se ponía a los penitentes reconciliados por la Inquisición. Mala nota. Difamación, descrédito.
samnita *a.-s.* De Samnio, país de la Italia antigua. /nillo.
samovar *m.* Tetera rusa con hornsan *a.* Apóc. de *santo*.
sanar *t.* Restituir la salud. *i.* Recobrar la salud.
sanatorio *m.* Establecimiento para albergar enfermos sometidos a cierto régimen curativo.
sanción *f.* Estatuto o ley. Acto por el que el jefe del Estado confirma una ley. Aprobación. Pena, castigo.
sancionar *t.* Dar fuerza de ley. Aprobar. Imponer pena.
sancochar *t.* Cocer la vianda dejándola medio cruda y sin sazonar.
sanctus *m.* Parte de la misa, después del prefacio y antes del canon.
sandalia *f.* Calzado formado por una suela que se asegura con correas o cintas.
sándalo *m.* Hierba labiada olorosa. Árbol de madera olorosa. Esta madera.
sandáraca *f.* Resina amarillenta que se usa principalmente para hacer barnices.
sandez *f.* Calidad de sandio. Despropósito, necedad.
sandía *f.* Planta cucurbitácea de fruto grande, casi esférico, de pulpa encarnada, comestible. Su fruto.
sandio -dia *a.-s.* Necio, simple.
sandunga *f.* Gracia, donaire.
sandunguero -ra *a.* Que tiene sandunga.
sandwich *m.* Anglic. por emparedado, bocadillo.
saneado -da *a.* Dic. de los bienes o la renta libres de cargas o descuentos.
saneamiento *m.* Acción de sanear.
sanear *t.* Asegurar o garantizar del daño que pueda sobrevenir. Remediar. Dar condiciones de salubridad a un terreno, etc.

sanedrín *m.* Consejo supremo de los judíos.
sangradera *f.* Lanceta.
sangrador *m.* El que sangra.
sangradura *f.* Sangría del brazo. Salida que se da al agua de un río, canal, etc.
sangrar *t.* Abrir a un enfermo una vena para sacarle sangre. Dar salida a un líquido. *i.* Arrojar sangre.
sangraza *f.* Sangre corrompida.
sangre *f.* Líquido coagulable que circula por las arterias y venas.
sangría *f.* Acción de sangrar. Parte de la articulación del brazo opuesta al codo.
sangriento -ta *a.* Que echa sangre. Teñido en sangre. De color de sangre. Que causa efusión de sangre.
sanguificar *t.* Hacer que se críe sangre.
sanguijuela *f.* Anélido de boca chupadora que se utiliza en medicina para sacar sangre.
sanguinaria *f.* Piedra parecida al ágata, de color de sangre.
sanguinario -ria *a.* Feroz, cruel.
sanguíneo -a *a.* De sangre. Que contiene sangre o abunda en ella. Perteneciente a la sangre.
sanguinolento -ta *a.* Sangriento.
sanguis *m.* La sangre de Cristo bajo los accidentes del vino.
sanidad *f.* Calidad de sano. Salubridad. Conjunto de servicios para preservar la salud pública.
sanitario -ria *a.* Relativo a la sanidad. *m.* Individuo del cuerpo de sanidad militar.
sano -na *a.* Que goza de salud. Saludable. Entero, no roto. Libre de error o vicio.
sánscrito *m.* Dic. de la antigua lengua de los brahmanes.
sanseacabó Expr. con que se da por terminado un asunto.
santabárbara *f.* MAR. Pañol donde se custodian las municiones. /tander.
santanderino -na *a.-s.* De Santero **-ra** *m. f.* Persona que cuida de un santuario. La que pide limosna llevando la imagen de un santo.
santiagués -guesa *a.-s.* De Santiago de Compostela.
santiamén (en un) *m. adv.* En un instante.
santidad *f.* Calidad de santo. Tratamiento honorífico dado al Papa. /ficar.
santificación *f.* Acción de santi-
santificar *t.-r.* Hacer santo a uno por medio de la gracia. *t.* Dedicar a Dios una cosa. Ha-

santiguador -ra *m. f.* Persona que santigua supersticiosamente.
santiguar *t.-r.* Hacer con la mano la señal de la cruz desde la frente al pecho y desde el hombro izquierdo al derecho. *t.* Hacer supersticiosamente cruces sobre uno.
santísimo -ma *a.* Superl. de *santo*. Tratamiento honorífico dado al Papa. *m. El Santísimo*, Cristo en la Eucaristía.
santo -ta *a.* Perfecto y libre de culpa. *a.-s.* Dic. de la persona a quien la Iglesia declara tal y le da culto. Dic. de las personas de especial virtud. *a.* Consagrado a Dios. Sagrado, inviolable.
santón *m.* Asceta musulmán. Hombre muy influyente.
santónico *m.* Planta cuyas cabezuelas tienen propiedades vermífugas.
santonina *f.* Substancia vermífuga que se extrae del santónico.
santoral *m.* Libro que contiene vidas de santos. Lista de los santos de cada día.
santuario *m.* Templo en que se venera la imagen o reliquia de un santo.
santurrón -rrona *a.-s.* Nimio en los actos de devoción. Gazmoño. /turrón.
santurronería *f.* Calidad de santurrón.
saña *f.* Furor. Intención rencorosa.
sañudo -da *a.* Que tiene saña o es propenso a ella.
sapidez *f.* Calidad de sápido.
sápido -da *a.* Que tiene sabor.
sapiencia *f.* Sabiduría.
sapo *m.* Batracio parecido a la rana pero con el cuerpo más grueso y la piel verrugosa.
saponáceo -a *a.* Jabonoso.
saponaria *f.* Jabonera (hierba).
saponificar *t.-r.* Convertir en jabón un cuerpo graso.
saque *m.* Lance del juego de pelota.
saquear *t.-r.* Apoderarse violentamente los soldados u otras gentes de lo que hallan en un paraje.
saqueo *m.* Acción de saquear.
saquera *a.* Dic. de la aguja que sirve para coser sacos.
saquería *f.* Fabricación de sacos. Conjunto de ellos.
saquero -ra *m. f.* Persona que hace o vende sacos.
sarampión *m.* Enfermedad eruptiva, febril, contagiosa, propia de la infancia.
sarao *m.* Reunión nocturna con baile y música.
sarcasmo *m.* Burla sangrienta, ironía mordaz.
sarcástico -ca *a.* Relativo al sarcasmo o que lo denota.
sarcófago *m.* Sepulcro.
sarcoma *m.* Tumor maligno del tejido conjuntivo.
sardana *f.* Danza de Cataluña.
sardina *f.* Pez marino, comestible, de 12 a 15 cm. de largo.
sardinero -ra *a.* Relativo a las sardinas. *m. f.* Persona que vende o trata en sardinas.
sardo -da *a.-s.* De Cerdeña.
sardónica y **-ce** *f.* Ágata amarillenta con fajas obscuras.
sardónico -ca *a.* Dic. de la risa afectada y que no nace de alegría interior.
sarga *f.* Tela de estambre cuyo tejido forma líneas diagonales. Arbusto de ramas mimbreñas.
sargal *m.* Terreno poblado de sargas.
sargatillo *m.* Especie de sauce.
sargazo *m.* Alga que flota en los mares cálidos y cubre una gran superficie del Atlántico.
sargento *m.* Militar que tiene empleo inmediatamente superior al de cabo.
sarmentoso -sa *a.* Que tiene semejanza con los sarmientos.
sarmiento *m.* Vástago de la vid, largo, flexible y nudoso.
sarna *f.* Enfermedad cutánea, contagiosa, debida a un ácaro.
sarnoso -sa *a.* Que tiene sarna.
sarpullido *m.* Salpullido.
sarpullir *t.-r.* Salpullir.
sarraceno -na *a.-s.* Moro, mahometano.
sarracina *f.* Pelea confusa o tumultuaria. /portar paja.
sarria *f.* Red basta para transportar paja.
sarro *m.* Sedimento que se adhiere al fondo de una vasija. Substancia amarillenta que se adhiere a los dientes.
sarta *f.* Serie de cosas metidas por orden en un hilo, cuerda, etc. Porción de cosas que van unas tras otras.
sartén *f.* Vasija de hierro, circular, de fondo plano y con mango largo, para freír.
sartenada *f.* Lo que se fríe de una vez en una sartén.
sartenazo *m.* Golpe dado con una sartén.
sartorio *a.* Dic. de un músculo del muslo. /ricano.
sasafrás *m.* Árbol aromático amestra**
sastra *f.* Mujer del sastre. La que tiene este oficio.
sastre *m.* El que tiene por oficio hacer trajes.

sastrería f. Oficio y obrador de sastre.
sastresa f. Sastra.
Satán, Satanás n. pr. Lucifer.
satánico -ca a. Relativo a Satanás. Muy perverso.
satélite m. Astro opaco que gira alrededor de un planeta. ~ *artificial*, artefacto que lanzado al espacio a la velocidad suficiente llega a equilibrar la fuerza de gravedad y a girar alrededor de la Tierra.
satinar t. Dar tersura y lustre al papel o a la tela.
sátira f. Escrito, discurso, etc., para censurar o poner en ridículo.
satírico -ca a. Perteneciente a la sátira.
satirio m. Roedor parecido a una rata acuática.
satirizar i. Escribir sátiras. t. Zaherir con ellas.
sátiro m. MIT. Monstruo mitad hombre y mitad macho cabrío.
satisfacción f. Acción de satisfacer. Razón o acción con que se responde a una queja. Vanagloria.
satisfacer t. Pagar lo que se debe. Aquietar una pasión, un apetito, etc. Dar solución a una duda. r. Vengarse de un agravio.
satisfactorio -ria a. Que puede satisfacer. Grato, próspero.
satisfecho -cha p. p. irreg. de *satisfacer*. a. Presumido. Contento.
sátrapa m. Gobernador de una provincia de la ant. Persia.
saturación f. Acción de saturar. Su efecto.
saturar t. Saciar. t.-r. Impregnar de otro cuerpo un fluido en el mayor grado posible.
saturnal a. Relativo a Saturno. f. Fiesta en honor del dios Saturno. Orgía.
saturnino -na a. De genio triste y taciturno. Relativo al plomo.
saturnismo m. Intoxicación debida a las sales de plomo.
Saturno m. Planeta algo menor que Júpiter. MIT. Dios de la agricultura. QUÍM. Plomo.
sauce m. Árbol de hojas angostas y sedosas, común en las orillas de los ríos.
saúco m. Arbolillo de flores olorosas, usadas en medicina.
saurio -ria a.-m. Dic. de los reptiles gralte. de cuatro patas, cola larga, párpados libres, boca no dilatable y esternón.
sauzgatillo m. Arbusto de ramas mimbreñas que crece en lugares frescos.

savia f. Jugo que nutre las plantas y circula por ellas.
saxífraga f. Planta de tallo ramoso y velludo, propia de los lugares frescos.
saxófono m. Instrumento de viento formado por un tubo de metal cónico y encorvado.
saya f. Falda que usan las mujeres.
sayal m. Tela de lana burda.
sayo m. Casaca hueca, larga y sin botones.
sayón m. Ant. ministro de la justicia. Verdugo.
sazón f. Punto, madurez o perfección. Ocasión, coyuntura.
sazonar t. Dar sazón al manjar, a la tierra o a los frutos. t.-r. Poner las cosas en su punto y madurez debidos.
se Forma reflexiva y recíproca del pronombre pers. de 3.ª persona para el dativo y el acusativo. Dativo del mismo pron. en combinación con el acusativo.
sebáceo -a a. De la naturaleza del sebo. Que segrega grasa.
sebo m. Grasa, esp. la sólida de los animales herbívoros.
seborrea f. Enfermedad caracterizada por el aumento de la secreción sebácea de la piel.
seboso -sa a. Que tiene sebo. Untado con grasa.
secadal m. Sequedal. Secano.
secadero m. Lugar destinado para poner a secar una cosa.
secano m. Tierra de labor que no tiene riego.
secante a. Que seca. a.-s. GEOM. Dic. de las líneas o superficies que cortan a otras.
secar t. Extraer la humedad de un cuerpo o ir consumiendo su jugo. r. Perder una planta su verdor. Quedarse sin agua un río, una fuente, etc. Enflaquecer.
sección f. Cortadura. Parte o división de un todo. Figura que resultaría si se cortara un cuerpo por un plano.
secesión f. Acto de separarse de una nación parte de su pueblo o territorio.
seco -ca a. Que carece de jugo, humedad o lozanía. Falto de agua. Árido. Áspero, poco cariñoso. Flaco, enjuto. Dic. del golpe fuerte y rápido.
secreción f. Acción de secretar. Producto secretado.
secretar t. Elaborar y despedir ciertos órganos determinadas substancias.
secretaria f. Mujer del secretario. La que hace oficio de se-

cretario.
secretaria *f.* Cargo y oficina del secretario.
secretario -ria *m. f.* Persona encargada de escribir la correspondencia, extender las actas, custodiar los documentos, etc.
secretear *i.* Hablar en secreto.
secreteo *m.* Acción de secretear.
secreter *m.* Escritorio, mesita para escribir.
secreto -ta *a.* Oculto, ignorado. Callado, reservado. *m.* Lo que se tiene oculto o callado. Reserva, sigilo. Conocimiento que exclusivamente posee alguno.
secta *f.* Conjunto de personas que profesan una doctrina particular o siguen una doctrina religiosa disidente de la Iglesia.
sectario -ria *a.-s.* Secuaz, fanático de un partido o idea.
sector *m.* Porción de círculo comprendido entre un arco y dos radios. Parte de un conjunto.
secuaz *a.-s.* Que sigue el partido o doctrina de otro.
secuela *f.* Consecuencia, resulta.
secuestrar *t.* Depositar judicialmente una cosa en manos de un tercero. DER. Embargar. Apoderarse de una persona para exigir dinero por su rescate.
secuestro *m.* Acción de secuestrar. Bienes secuestrados.
secular *a.* Seglar. Que dura un siglo o desde hace siglos. *a.-s.* Dic. del clero o sacerdote que vive en el siglo. /larizar.
secularización *f.* Acción de secu-
secularizar *t.* Hacer secular lo que era eclesiástico.
secundar *t.* Ayudar, favorecer.
secundario -ria *a.* Segundo en orden. No principal, accesorio.
sed *f.* Necesidad de beber. Deseo ardiente.
seda *f.* Hebra sutil que segregan ciertos insectos. Hilo formado con las hebras producidas por el gusano de seda.
sedal *m.* Hilo a que se ata el anzuelo de la caña de pescar.
sedante, sedativo -va *a.* MED. Que tiene virtud de calmar o sosegar.
sede *f.* Silla de un prelado. Capital de una diócesis. Jurisdicción y potestad del papa. Lugar donde se halla la dirección de una actividad, partido, etc.
sedentario -ria *a.* Dic. del oficio, vida u ocupación de poco movimiento.
sedente *a.* Que está sentado.
sedeño -ña *a.* De seda.
sedería *f.* Mercadería de seda. Tienda de géneros de seda.
sedero -ra *a.* Relativo a la seda. *m. f.* Persona que labra la seda o trata en ella.
sedición *f.* Tumulto, levantamiento contra la autoridad.
sedicioso -sa *a.-s.* Que promueve una sedición o toma parte en ella.
sediento -ta *a.-s.* Que tiene sed.
sedimentar *t.* Depositar sedimento un líquido.
sedimentario -ria *a.* Relativo al sedimento.
sedimento *m.* Materia que, habiendo estado suspensa en un líquido, se posa en el fondo.
sedoso -sa *a.* Parecido a la seda.
seducción *f.* Acción de seducir.
seducir *t.* Persuadir suavemente al mal. Atraer la voluntad.
seductor -ra *a.-s.* Que seduce.
sefardí y **-dita** *a.-s.* Dic. del judío oriundo de España.
segador *m.* El que siega.
segadora *a.-s.* Dic. de la máquina para segar. *f.* Mujer que siega.
segar *t.* Cortar mieses o hierba.
seglar *a.* Perteneciente a la vida del siglo o mundo. *a.-s.* Lego.
segmento *m.* Parte cortada de una cosa. Porción de círculo comprendida entre el arco y su cuerda.
segregación *f.* Acción de segregar.
segregar *t.-r.* Separar una cosa de entre otras. Secretar.
seguidilla *f.* Estrofa formada por versos de siete y de cinco sílabas. *pl.* Aire y baile popular español.
seguido -da *a.* Continuo, sin intermisión.
seguimiento *m.* Acción de seguir.
seguir *t.* Ir después o detrás. Perseguir. Ser del partido o de la opinión de otro; imitar un ejemplo. Proseguir lo empezado. Ejercer, profesar. *r.* Inferirse. /glo a.
según *prep.* Conforme, con arre-
segundar *t.* Asegundar. *i.* Ser segundo.
segundo -da *a.* Que sigue en orden al primero. *m.* El que manda después del principal. Sexagésima parte del minuto.
segundón -na *m.* Hijo segundo.
segur *f.* Hacha grande. Hoz.
seguridad *f.* Calidad de seguro.
seguro -ra *a.* Libre de riesgo. Cierto. Firme. Dic. de aquel o aquello en que se puede confiar. *m.* Sitio exento de peligro. Contrato por el cual se asegura a una persona o cosa de algún riesgo. Muelle en al-

gunas armas de fuego que evita que se disparen por el juego de la llave.
seis *a.* Cinco y uno.
seisavo, va *a.-m.* Sexto.
seiscientos *a.* Seis veces ciento.
seisillo *m.* MÚS. Grupo de seis notas que se ejecutan en el tiempo correspondiente a cuatro.
selacio *a.-m.* Díc. de los peces del orden del tiburón.
selección *f.* Elección de una persona o cosa entre otras. Conjunto de cosas escogidas
seleccionar *t.* Elegir, escoger.
selectivo -va *a.* Que selecciona o implica selección.
selecto -ta *a.* Escogido. Excelente.
selenio *m.* Metaloide de color pardo rojizo y brillo metálico.
selenita *c.* Habitante de la Luna.
selva *f.* Terreno extenso, inculto y muy poblado de árboles.
selvático -ca *a.* Relativo a las selvas. /rrar, tapar.
sellar *t.* Imprimir el sello. Ce-
sello *m.* Utensilio para estampar las armas, cifras, etc., en él grabadas. Lo que queda estampado con él. Trozo pequeño de papel, con timbre, oficial, que se pega a ciertos documentos y a las cartas. Carácter distintivo.
semáforo *m.* Telégrafo óptico establecido en las costas.
semana *f.* Espacio de siete días.
semanal *a.* Que sucede o se repite cada semana. Que dura una semana.
semanario -ria *a.* Semanal. *m.* Periódico que se publica semanalmente.
semántica *f.* Parte de la lingüística que estudia la significación de las palabras.
semántico -ca *a.* Relativo a la significación de las palabras.
semblante *m.* Cara, rostro. Apariencia, aspecto.
semblanza *f.* Bosquejo biográfico.
sembrado *m.* Tierra sembrada.
sembradura *f.* Acción de sembrar.
sembrar *t.* Esparcir las semillas en la tierra. Desparramar, esparcir.
semejante *a.* Parecido, análogo.
semejar *i.-r.* Parecerse una persona o cosa a otra.
semental *a.* Relativo a la siembra. Díc. del animal macho destinado a la reproducción.
sementera *f.* Acción de sembrar. Tierra sembrada. Cosa sembrada. Tiempo en que se siembra.
semestral *a.* Que sucede o se repite cada semestre. Que dura un semestre.

semestre *m.* Espacio de seis meses.
semibreve *m.* MÚS. Redonda.
semicircular *a.* De figura de semicírculo.
semicírculo *m.* Medio círculo.
semicircunferencia *f.* Media circunferencia.
semicorchea *f.* MÚS. Nota que vale media corchea.
semidiós -diosa *m. f.* MIT. Hijo de una deidad y un mortal.
semifusa *f.* MÚS. Nota que vale media fusa. /luna.
semilunar *a.* De figura de media
semilla *f.* Parte del fruto que da origen a una nueva planta.
semillero *m.* Lugar donde se crían los vegetales que han de trasplantarse.
seminario *m.* Semillero. Casa para la educación de niños y jóvenes, esp. para el estado eclesiástico. /seminario.
seminarista *m.* Alumno de un
semínima *f.* MÚS. Nota que vale media mínima.
semirrecto *a.* Díc. del ángulo de 45 grados.
semita *a.-s.* Descendiente de Sem.
semítico -ca *a.* Relativo a los semitas.
semitono *m.* MÚS. Medio tono.
sémola *f.* Pasta para sopa, de harina de flor, reducida a granos muy menudos.
semoviente *a.-s.* Díc. de los bienes consistentes en ganado.
sempiterno -na *a.* Eterno.
sen *m.* Árbol cuyas hojas se usan como purgante.
senado *m.* Ant. consejo supremo de Roma. En algunos Estados, cuerpo legislativo no elegido por sufragio directo.
senadoconsulto *m.* Decreto del ant. senado romano.
senador *m.* Individuo del senado.
senaduría *f.* Dignidad de senador.
sencillez *f.* Calidad de sencillo.
sencillo *m.* Que no tiene artificio ni composición. De poco cuerpo. Que carece de ostentación y adornos. Ingenuo, llano, franco. Incauto.
senda *f.* Camino estrecho.
sendero *m.* Senda.
sendos -das *a.* Uno o una para cada cual de dos o más personas o cosas.
séneca *m.* Hombre de mucha sabiduría.
senectud *f.* Edad senil.
senegalés -lesa *a.-s.* Del Senegal.
senescal *m.* Ant. mayordomo mayor de la casa real.
senescalía *f.* Dignidad de senescal.
senil *a.* Perteneciente a la vejez.
seno *m.* Concavidad o hueco. Par-

sensación te interna. Pecho humano. Espacio entre el vestido y el pecho. Regazo. Ensenada. Curvatura de una vela o cuerda.

sensación *f.* Impresión que recibimos por medio de los sentidos. Emoción que causa un suceso.

sensatez *f.* Calidad de sensato.

sensato -ta *a.* Prudente, de buen juicio. /tir.

sensibilidad *f.* Facultad de sen-

sensibilizar *t.* Hacer sensible una placa fotográfica.

sensible *a.* Capaz de sentir. Que puede ser percibido por los sentidos. Patente al entendimiento. Que causa sentimiento. Que se deja llevar de él. Que cede fácilmente a la acción de la luz, el calor, etc.

sensitiva *f.* Planta cuyas hojas y folíolos se abaten y pliegan si se las toca o sacude.

sensitivo -va *a.* Perteneciente a los sentidos. Capaz de sensibilizar. /dad.

sensorial *a.* Sensorio.

sensorio -ria *a.* Relativo a la sensibilidad. *m.* Centro común de todas las sensaciones.

sensual *a.* Sensitivo. Díc. de los deleites de los sentidos y de las personas aficionadas a ellos.

sensualidad *f.* Calidad de sensual. Afición a los goces de los sentidos.

sentado -da *a.* Juicioso, quieto. Díc. de las hojas, flores, etc., que no tienen piececillo.

sentar *t.-r.* Poner a uno en una silla, banco, etc., de manera que quede apoyado sobre las nalgas. *i.* Con *bien* o *mal,* hacer provecho o daño, caer bien o mal una prenda, agradar o no una cosa. *r.* Asentarse.

sentencia *f.* Dictamen, parecer. Dicho que encierra doctrina o moralidad. Resolución del juez o tribunal.

sentenciar *t.* Dictar sentencia.

sentencioso -sa *a.* Que encierra una sentencia. Díc. del tono de afectada gravedad.

sentido -da *a.* Que incluye sentimiento. Que se ofende con facilidad. *m.* Cada una de las facultades que poseen los animales de recibir impresiones mentales mediante la acción de ciertos órganos. Entendimiento, cordura. Razón de ser. Significado, acepción, interpretación.

sentimental *a.* Que expresa o excita sentimientos tiernos. Propenso a ellos.

sentimentalismo *m.* Calidad de sentimental.

sentimiento *m.* Acción de sentir. Impresión que causan las cosas espirituales. Aflicción del ánimo.

sentina *f.* Cavidad inferior del buque. Lugar inmundo.

sentir *m.* Sentimiento. Dictamen, parecer.

sentir *t.* Experimentar sensaciones. Oír. Experimentar los movimientos afectivos del ánimo. Experimentar aflicción. Juzgar, opinar. Presentir. *r.* Hallarse de una manera determinada. Considerarse.

seña *f.* Nota, indicio, ademán, gesto, etc., para indicar algo. Señal. *pl.* Indicación del domicilio de una persona.

señal *f.* Marca, distintivo. Hito. Signo. Indicio inmaterial. Vestigio. Cicatriz. Prueba, prenda de una cosa.

señalado -da *a.* Insigne, famoso.

señalamiento *m.* Acción de señalar.

señalar *t.* Poner marca o señal. Hacer una herida que deje cicatriz. Indicar, esp. con la mano. Hacer señal. Determinar, designar. *r.* Distinguirse, singularizarse. /co.

señero -ra *a.* Solo, solitario. Único.

señor -ra *a.-s.* Dueño de una cosa. *a.* Propio de señor. *m.* Poseedor de estados y lugares. Tratamiento que se da a cualquier hombre. Por antonom., Dios.

señora *f.* Mujer del señor. La que posee un señorío. Tratamiento que se da a cualquier mujer.

señorear *t.* Dominar. Mandar.

señoría *f.* Tratamiento que se da a ciertas personas. Señorío.

señorial *a.* Relativo al señorío. Majestuoso, noble.

señoril *a.* Perteneciente al señor.

señorío *m.* Dominio sobre alguna cosa. Gravedad en el porte. Conjunto de señores.

señorita *f.* Hija de un señor. Tratamiento que se da a una mujer soltera. Ama. /Amo.

señorito *m.* Hijo de un señor.

señorón -rona *a.-s.* Muy señor o muy señora.

señuelo *m.* Cualquier cosa que sirve para atraer a las aves. Cimbel.

seo *f.* Iglesia catedral. /flor.

sépalo *m.* Hoja del cáliz de una

separación *f.* Acción de separar.

separar *t.* Poner fuera del contacto o proximidad de uno o de una cosa. Destituir. Distinguir. /separatistas.

separatismo *m.* Doctrina de los

separatista a.-s. Partidario de que un territorio se separe del Estado a que pertenece.
separativo -va a. Que separa o puede separar.
sepelio m. Acción de inhumar la Iglesia a los fieles.
sepia f. Jibia. Materia colorante sacada de la jibia.
septena f. Conjunto de siete cosas.
septenario -ria a. Que consta de siete elementos. m. Tiempo de siete días. /años.
septenio m. Período de siete
septentrión m. Osa Mayor. Norte.
septentrional a. Perteneciente al septentrión.
septeto m. MÚS. Conjunto de siete voces o instrumentos. Composición para él.
septicemia f. Infección general del organismo.
séptico -ca a. Producido por la putrefacción o por gérmenes patógenos. /año.
septiembre m. Noveno mes del
séptimo -ma a.-s. Dic. de cada una de las siete partes iguales en que se divide un todo. a. Que sigue en orden al sexto.
septuagenario -ria a.-s. Que ha cumplido los setenta años.
septuagésima f. Domínica que celebra la Iglesia tres semanas antes de la primera de cuaresma.
septuagésimo -ma a.-s. Dic. de cada una de las 70 partes iguales en que se divide un todo. a. Que sigue en orden al sexagésimo nono. /pulcro.
sepulcral a. Perteneciente al se-
sepulcro m. Obra que se construye para sepultar un cadáver.
sepultar t. Poner en la sepultura. Ocultar, enterrar.
sepultura f. Acción de sepultar. Hoyo o lugar donde se entierra un cadáver.
sepulturero m. El que entierra los cadáveres.
sequedad f. Calidad de seco. Expresión áspera y dura.
sequedal m. Terreno muy seco.
sequía f. Tiempo seco de larga duración.
sequillo m. Bollo o rosquilla de masa azucarada.
séquito m. Gente que acompaña o sigue a una persona.
ser m. Esencia o naturaleza. Ente. Modo de existir.
ser i. Existir, tener realidad. Acontecer. Servir. Sirve, gralte., de simple nexo entre el sujeto y el atributo. Sirve para formar la voz pasiva.
sera f. Espuerta grande.

seráfico -ca a. Perteneciente o parecido al serafín.
serafín m. Cada uno de los ángeles del segundo coro. Persona de singular hermosura.
serba f. Fruto del serbal.
serbal y **-bo** m. Árbol de fruto parecido a una pera pequeña, comestible cuando está pasado.
serenar t.-r. Aclarar, sosegar. Apaciguar.
serenata f. Música que se toca al aire libre y durante la noche para festejar a una persona.
serenidad f. Calidad de sereno. Título de algunos príncipes.
serenísimo -ma a. Tratamiento que se da a los príncipes hijos de reyes.
sereno -na a. Claro, despejado de nubes. Apacible, sosegado. m. Humedad de la noche. Vigilante de noche.
sericicultor m. El que se dedica a la sericicultura.
sericicultura f. Industria que tiene por objeto la producción de la seda.
serie f. Conjunto de cosas relacionadas entre sí y que se suceden unas a otras.
seriedad f. Calidad de serio.
serio -ria a. Que obra reflexiva y concienzudamente. Grave, severo. Importante. Contrapuesto a jocoso.
sermón m. Discurso religioso. Amonestación, represión.
sermonar i. Predicar.
sermonear i. Sermonar. t. Amonestar o reprender.
sermoneo m. Acción de sermonear.
serosidad f. Líquido que lubrica ciertas membranas. Humor que se acumula en las ampollas.
seroso -sa a. Perteneciente o semejante al suero o a la serosidad.
serpear i. Serpentear.
serpentaria f. Dragontea. /real.
serpentario m. Constelación bo-
serpentear i. Moverse o extenderse formando vueltas o tornos.
serpentín m. Tubo en espiral para facilitar el enfriamiento en los alambiques.
serpentina f. Piedra de color verdoso. Tira de papel arrollada que se arroja en días de carnaval.
serpentón m. Aum. de *serpiente*. Instrumento músico de viento en forma de S o de U.
serpiente m. Nombre que se da a los reptiles ofidios, esp. a los de gran tamaño.
serpigo m. Llaga que se cica-

serpollo *m.* Retoño.
serradizo -za *a.* Aserradizo.
serraduras *f. pl.* Serrín.
serrano -na *a.-s.* De una sierra o serranía.
serrar *t.* Cortar con la sierra.
serrato *a.-s.* Díc. del músculo que tiene dientes a modo de sierra.
serreta *f.* Dim. de *sierra*. Mediacaña de hierro, con dentecillos, que se sujeta al cabezón sobre la nariz de las caballerías.
serrín *m.* Partículas desprendidas de la madera cuando se sierra.
serrucho *m.* Sierra de hoja ancha y con una sola manija.
serventesio *m.* Composición poética provenzal. Cuarteto en que riman el primer verso con el tercero y el segundo con el cuarto.
servicial *a.* Que sirve con diligencia. Pronto a complacer.
servicio *m.* Acción de servir. Organización o personal que sirve. Estado de sirviente. Favor, obsequio. Utilidad. Cubierto de mesa. Conjunto de piezas para servir el café, el té, etc.
servidor -ra *m. f.* Persona que sirve.
servidumbre *f.* Trabajo o condición de siervo. Sujeción grave. Conjunto de sirvientes.
servil *a.* Perteneciente a los siervos. Humilde y de poca estimación. Que obra con servilismo.
servilismo *m.* Ciega y baja adhesión a los poderosos.
servilleta *f.* Pedazo de lienzo que sirve en la mesa para aseo de cada persona.
servio -via *a.-s.* De Servia.
serviola *f.* MAR. Pescante instalado en las proximidades de la amura.
servir *i.* Ser de utilidad. Ser a propósito para un fin. *i.-t.* Estar al servicio de otro. Asistir a la mesa. Ejercer un cargo. Ser soldado. Asistir con naipe del palo que se ha jugado primero. *t.* Dar culto a Dios y a los santos. Obsequiar. *t.-r.* Hacer plato o llenar el vaso a uno. *r.* Tener a bien hacer algo. Valerse de una cosa.
sésamo *m.* Ajonjolí.
sesenta *a.* Seis veces diez.
sesentavo -va *a.-s.* Sexagésimo.
sesentón -tona *a.-s.* Sexagenario.
sesera *f.* Parte de la cabeza donde están los sesos.
sesgadura *f.* Acción de sesgar.
sesgar *t.* Cortar en sesgo. Torcer a un lado.
sesgo -ga *a.* Cortado o situado oblicuamente. *m.* Oblicuidad. Curso que toma un negocio.
sésil *a.* BOT. Sentado.
sesión *f.* Cada una de las reuniones de una junta o corporación. /cio, madurez.
seso *m.* Cerebro. Prudencia, juisestear *i.* Pasar la siesta durmiendo o descansando.
sestercio *m.* Ant. moneda romana.
sesudo -da *a.* Prudente, sensato.
seta *f.* Seda, cerda. Cualquier hongo de sombrerillo.
setecientos -tas *a.* Siete veces ciento.
setenta *a.* Siete veces diez.
setentavo -va *a.* Septuagésimo.
setentón -tona *a.-s.* Septuagenario.
setiembre *m.* Septiembre. /rio.
seto *m.* Cercado de palos o varas entretejidas.
seudo -da *a.* Falso, supuesto.
seudónimo *m.* Nombre empleado por un autor en vez del suyo verdadero.
severidad *f.* Calidad de severo.
severo -ra *a.* Que no tiene indulgencia. Rígido en la observancia de leyes o reglas. Grave, serio.
sevicia *f.* Crueldad excesiva.
sevillanas *f. pl.* Aire y baile popular sevillano.
sevillano -na *a.-s.* De Sevilla.
sexagenario -ria *a.-s.* Que ha cumplido sesenta años.
sexagésima *f.* Dominica segunda de las tres que se cuentan antes de la primera de Cuaresma.
sexagésimo -ma *a.-s.* Díc. de cada una de las sesenta partes iguales en que se divide un todo. Que sigue en orden al quincuagésimo nono.
sexagonal *a.* Hexagonal.
sexo *m.* Condición orgánica que distingue al macho de la hembra. Conjunto de individuos de uno u otro sexo.
sextante *m.* Instrumento astronómico consistente en un sector de círculo graduado de 60°, provisto de dos reflectores y un anteojo.
sexteto *m.* MÚS. Conjunto de seis voces o instrumentos. Composición para él.
sexto -ta *a.-m.* Díc. de cada una de las seis partes iguales en que se divide un todo. Que sigue en orden al quinto.
sextuplicar *t.* Multiplicar por seis.
séxtuplo -pla *a.-m.* Que contiene seis veces una cantidad.
sexual *a.* Relativo al sexo.

si. Forma reflexiva del pronombre pers. de 3.ª pers., usada como término de una preposición.

si. Adv. de afirmación. *m.* Consentimiento o permiso.

si. Conj. que denota condición o hipótesis.

si *m.* Séptima nota de la escala /musical.

sibarita *a.-s.* Muy dado a regalos y placeres.

sibarítico -ca *a.* Propio de un sibarita.

sibaritismo *m.* Género de vida del sibarita.

siberiano -na *a.-s.* De Siberia.

sibila *f.* Profetisa, adivina.

sibilante *a.* Que silba o suena a manera de silbo.

sibilino -na, sibilítico -ca *a.* Relativo a la sibila. Misterioso, oscuro.

sic *adv. lat.* Indica que una palabra o frase es tal como se halla en el texto o dicho de que se trata.

sicario *m.* Asesino pagado.

siciliano -na *a.-s.* De Sicilia.

siclo *m.* Moneda hebrea de plata. /lumniador.

sicofanta y **-te** *m.* Impostor, ca-

sicómoro *m.* Especie de higuera de madera incorruptible.

sidecar *m.* Cochecillo que algunas motocicletas llevan unido al lado. /los astros.

sideral y **sidéreo -a** *a.* Relativo a

siderurgia *f.* Arte de extraer y de trabajar el hierro.

siderúrgico -ca *a.* Relativo a la siderurgia.

sidonio -nia *a.-s.* De Sidón, c. de Fenicia.

sidra *f.* Bebida alcohólica obtenida del zumo de manzanas.

siega *f.* Acción, efecto y tiempo de segar.

siembra *f.* Acción, efecto y tiempo de sembrar.

siempreviva *f.* Perpetua amarilla.

sien *f.* Cada una de las dos partes laterales de la cabeza junto a la frente.

sienita *f.* Roca compuesta de feldespato, anfíbol y cuarzo.

sierpe *f.* Serpiente.

sierra *f.* Herramienta para dividir madera, piedra, etc., que consiste en una hoja de acero con dientes en el borde y sujeta a un mango, bastidor, etc. Cordillera de montes.

siervo -va *m. f.* Esclavo. Servidor.

siesta *f.* Tiempo después de mediodía. Sueño que se toma después de comer.

siete *a.* Seis y uno.

sietemesino -na *a.-s.* Nacido antes de tiempo. Raquítico, enclenque.

sifón *m.* Tubo encorvado para trasegar líquidos. Tubo acodado que se intercala en ciertas cañerías para impedir la salida de gases al exterior. Botella con agua carbónica, herméticamente cerrada y provista de un sifón con llave.

sigilo *m.* Sello. Secreto que se guarda.

sigilografía *f.* Estudio de los sellos antiguos.

sigiloso -sa *a.* Que guarda sigilo.

sigla *f.* Letra inicial usada como abreviatura.

siglo *m.* Espacio de cien años. El mundo, la sociedad.

sigma *f.* Letra griega equivalente a la *s*.

signar *t.* Poner el signo. Firmar. *t.-r.* Hacer la señal de la cruz.

signatario -ria *a.-s.* Firmante.

signatura *f.* Acto de firmar un documento importante. Nota en un libro para indicar su colocación en la biblioteca.

significación *f.* Acción de significar. Sentido de una palabra o frase. Importancia.

significado -da *a.* Conocido, reputado, importante. *m.* Significación.

significante *a.* Que significa.

significar *t.* Ser una cosa signo, representación o expresión de otra. Hacer saber. *i.* Tener importancia. *r.* Distinguirse.

signo *m.* Cosa que evoca en el entendimiento la idea de otra. Letra, número, etc., usada en la escritura o en la imprenta. Figura que los notarios agregan a su firma.

sílaba *f.* Letra o conjunto de letras que se pronuncian en una sola emisión de voz.

silabario *m.* Libro para aprender a leer.

silabear *i.-t.* Ir pronunciando separadamente cada sílaba.

silabeo *m.* Acción de silabear.

silábico -ca *a.* Perteneciente a la sílaba.

silba *f.* Acción de silbar.

silbar *i.* Dar o producir silbos o silbidos. /bar.

silbato *m.* Instrumento para sil-

silbido *m.* Silbo.

silbo *m.* Sonido agudo y penetrante que hace el aire o que se produce con la boca o con algún instrumento hueco.

silbón *m.* Cierta ave palmípeda.

silenciar *t.* Guardar silencio sobre una cosa.

silencio *m.* Abstención de hablar.

Falta de ruido. MÚS. Pausa.
silencioso -sa *a.* Que calla. Que no hace ruido. Dic. del lugar en que hay silencio.
silente *a.* Silencioso, sosegado.
silepsia *f.* GRAM. Figura de construcción que consiste en dar a las palabras concordancia distinta a la debida.
sílex *m.* Piedra silícea muy dura.
silfo *m.* Genio o espíritu del aire.
silicato *m.* Sal del ácido silícico.
sílice *f.* Anhídrido de silicio.
silíceo -a *a.* De sílice o semejante a ella.
silícico -ca *a.* Relativo a la sílice.
silicio *m.* Metaloide que se obtiene del cuarzo.
silicosis *f.* Enfermedad respiratoria producida por el polvo de la sílice.
silicua *f.* Fruto en vaina con el interior dividido por un tabique.
silícula *f.* Silicua casi tan larga como ancha.
silo *m.* Lugar seco y dispuesto para guardar granos.
silogismo *m.* Razonamiento que consta de tres proposiciones, una de las cuales se deduce de las otras dos. /logismo.
silogístico -ca *a.* Relativo al si-
silueta *f.* Dibujo sacado siguiendo los contornos de la sombra de un objeto. Perfil.
siluro *m.* Pez de agua dulce muy voraz.
silva *f.* Combinación métrica compuesta de versos endecasílabos y heptasílabos. Miscelánea.
silvestre *a.* Que se cría naturalmente en selvas y campos. Agreste.
silvicultor *m.* El que se dedica a la silvicultura.
silvicultura *f.* Cultivo de los bosques y montes.
silla *f.* Asiento individual con respaldo. Sede de un prelado. Aparejo para montar a caballo.
sillar *f.* Piedra labrada que forma parte de un edificio.
sillería *f.* Conjunto de sillas, sillones y canapés de una habitación. Conjunto de asientos unidos a otros. Taller o tienda del sillero. Fábrica hecha de sillares.
sillero -ra *m. f.* Persona que hace, compone o vende sillas.
silleta *f.* Orinal propio para usarlo en la cama. /silla.
silletazo *m.* Golpe dado con una
sillico *m.* Bacín (orinal).
sillín *m.* Silla de montar ligera. Asiento de la bicicleta y vehículos análogos.

sillón *m.* Aum. de *silla*. Silla de brazos grande y cómoda.
sima *f.* Cavidad grande y profunda en la tierra.
simbólico -ca *a.* Relativo al símbolo o expresado por medio de él.
simbolismo *m.* Conjunto o sistema de símbolos.
simbolizar *t.* Servir una cosa como símbolo de otra.
símbolo *m.* Cosa sensible que se toma como representación de otra.
simetría *f.* Proporción adecuada de las partes de un todo. Correspondencia de posición, forma y dimensiones de las partes en un cuerpo o figura a uno y otro lado de un plano o alrededor de un punto o eje.
simétrico -ca *a.* Relativo a la simetría o que la tiene.
simiente *f.* Semilla.
simiesco -ca *a.* De simio.
símil *a.* Semejante, parecido. *m.* Comparación, ejemplo.
similar *a.* Semejante, análogo.
similitud *f.* Semejanza.
símilor *m.* Aleación que tiene el color y el brillo del oro.
simio *m.* Mono.
simón *a.-s.* Decíase en Madrid del coche de plaza.
simonía *f.* Compra o venta de cosas espirituales.
simoníaco -ca *a.* Relativo a la simonía. *a.-s.* Que la comete.
simpatía *f.* Afinidad, inclinación que atrae una persona hacia otra. /patía.
simpático -ca *a.* Que inspira sim-
simple *a.* Sin composición. No múltiple ni vario. Sencillo. *a.-s.* Apacible, ingenuo. Mentecato. *m.* Substancia que entra en un medicamento.
simpleza *f.* Bobería, necedad.
simplicidad *f.* Calidad de simple. Sencillez, candor.
simplificación *f.* Acción de simplificar.
simplificar *t.* Hacer más sencilla una cosa.
simulación *f.* Acción de simular.
simulacro *m.* Imagen hecha a semejanza de una persona o cosa. Acción de guerra fingida para adiestrar las tropas.
simular *t.* Representar una cosa fingiendo lo que no es.
simultáneamente *adv.* Con simultaneidad. /multáneo.
simultaneidad *f.* Calidad de si-
simultáneo -a *a.* Que se hace u ocurre al mismo tiempo que otra cosa.

simún *m.* Viento abrasador de los desiertos de África y Arabia.
sin *prep.* Denota carencia o falta. Fuera de o además de.
sinagoga *f.* Congregación religiosa y templo de los judíos.
sinalefa *f.* Pronunciación en una sola sílaba de la vocal final de una palabra y la inicial de la siguiente.
sinapismo *m.* MED. Revulsivo hecho con polvo de mostaza.
sincerar *t.-r.* Justificar la inculpabilidad de uno.
sinceridad *f.* Calidad de sincero.
sincero -ra *a.* Que se siente o piensa realmente. Veraz, no hipócrita.
síncopa *f.* Supresión de una o más letras en medio de una palabra. MÚS. Enlace de dos notas iguales en diferentes tiempos del compás. /viar.
sincopar *t.* Hacer síncopa. Abre-
síncope *m.* Síncopa. MED. Suspensión repentina de los movimientos del corazón con pérdida del conocimiento.
sincrónico -ca *a.* Díc. de las cosas que ocurren o se verifican al mismo tiempo.
sincronismo *m.* Circunstancia de ocurrir al mismo tiempo.
sincronizar *t.* Regularizar dos o más fenómenos para que se produzcan al mismo tiempo.
sindéresis *f.* Capacidad natural para juzgar rectamente.
sindical *a.* Relativo al síndico o al sindicato.
sindicalismo *m.* Organización obrera y social por medio del sindicato.
sindicar *t.* Acusar. Asociar en sindicato. *r.* Entrar en un sindicato.
sindicato *m.* Junta de síndicos. Asociación formada para defender intereses comunes.
síndico *m.* Individuo encargado de liquidar una quiebra. Persona elegida por una corporación para cuidar de sus intereses. /retribuido.
sinecura *f.* Cargo fácil y bien
sinéresis *f.* Licencia poética consistente en diptongar vocales que ordinariamente se pronuncian separadas.
sinfonía *f.* Conjunto de voces o de instrumentos que suenan acordes a la vez. Composición instrumental por orquesta.
sinfónico -ca *a.* Relativo a la sinfonía.
singladura *f.* MAR. Distancia recorrida por una nave en veinticuatro horas.

singular *a.* Único, solo. Extraordinario, raro. Excelente. GRAM. Díc. del número que expresa una sola persona o cosa.
singularidad *f.* Calidad de singular. Particularidad, distinción.
singularizar *t.-r.* Distinguir, particularizar.
singulto *m.* Sollozo. Hipo.
siniestra *f.* Izquierda.
siniestro -tra *a.* Izquierdo. Avieso. Infeliz, funesto. *m.* Avería grande, destrucción, pérdida importante. /ble.
sinnúmero *m.* Número incalculable.
sino *m.* Hado, destino.
sino Conj. advers. con que se contrapone a un concepto negativo otro positivo.
sinodal *a.* Relativo al sínodo.
sínodo *m.* Concilio. Junta de eclesiásticos.
sinonimia *f.* Calidad de sinónimo.
sinónimo -ma *a.-m.* Díc. de los vocablos que tienen igual o muy parecida significación.
sinople *a.* BLAS. Verde.
sinopsis *f.* Compendio en forma sinóptica.
sinóptico -ca *a.* Díc. de lo que a primera vista presenta con claridad las partes principales de un todo.
sinovia *f.* Humor que lubrifica las articulaciones.
sinrazón *f.* Acción injusta.
sinsabor *m.* Pesar, desazón.
sinsonte *m.* Pájaro americano semejante al mirlo.
sintáctico -ca *a.* Perteneciente a la sintaxis.
sintaxis *f.* Parte de la gramática que estudia la ordenación y relaciones mutuas de las palabras en la oración.
síntesis *f.* Composición de un todo por la reunión de sus partes. Suma, compendio.
sintético -ca *a.* Relativo a la síntesis. Obtenido por síntesis.
sintetizar *t.* Hacer síntesis.
sintoísmo *m.* Religión del Japón.
síntoma *m.* Fenómeno revelador de una enfermedad. Señal, indicio. /síntoma.
sintomático -ca *a.* Relativo al
sinuosidad *f.* Calidad de sinuoso. Seno, concavidad.
sinuoso -sa *a.* Que tiene senos, ondulaciones o recodos.
sinvergüenza *a.-s.* Pícaro, bribón.
siquier o **siquiera** *conj. advers.* Equivale a bien que, aunque. *adv.* Por lo menos, tan sólo.
siracusano -na *a.-s.* De Siracusa.
sirena *f.* MIT. Ninfa marina con busto de mujer y cuerpo de pez o de ave. Pito que se

oye a mucha distancia.
sirenio -nia *a.-m.* Dic. de los mamíferos marinos, herbívoros, de aspecto pisciforme.
sirga *f.* Maroma para tirar redes, para llevar embarcaciones desde tierra, etc.
siríaco -ca *a.-s.* De Siria.
siringe *f.* Órgano de la voz de las aves.
sirio -ria *a.* Siríaco.
sirle *m.* Excremento del ganado lanar y cabrío.
siroco *m.* Viento sudeste.
sirte *f.* Bajo de arena.
sirvienta *f.* Criada.
sirviente *a.-s.* Que sirve. *m.* Criado.
sisa *f.* Parte que se hurta en la compra diaria. Sesgadura hecha en una prenda de vestir.
sisar *t.* Cometer sisa en la compra. Hacer sisas en la ropa.
sisear *i.-t.* Emitir repetidamente el sonido de s para manifestar desagrado o para llamar.
siseo *m.* Acción de sisear.
sísmico -ca *a.* Relativo al terremoto.
sismógrafo *m.* Instrumento para registrar los sacudimientos y oscilaciones de tierra.
sismología *f.* Parte de la geología que estudia los terremotos.
sismómetro *m.* Instrumento para medir la fuerza de los terremotos.
sisón -sona *a.-s.* Que sisa. *m.* Ave zancuda comestible.
sistema *m.* Conjunto de reglas, principios, medidas, etc., enlazadas entre sí. Conjunto ordenado de cosas que contribuyen a un fin. Norma de conducta.
sistemático -ca *a.* Que sigue un sistema. Que procede por principios.
sistematizar *t.* Reducir a sistema.
sístole *f.* Contracción rítmica del corazón y las arterias.
sitiador *a.-s.* Que sitia.
sitial *m.* Asiento de ceremonia.
sitiar *t.* Cercar una plaza para combatirla.
sitio *m.* Lugar. Paraje. Cerco de una plaza.
sito -ta *a.* Situado o fundado.
situación *f.* Acción de situar. Disposición de una cosa respecto del lugar que ocupa. Estado de las cosas o personas.
situar *t.* Poner en determinado sitio o situación.
so Voz que se usa sólo con adjetivos despectivos. *prep.* Bajo, debajo de.
¡so! Interj. para hacer que se paren las caballerías.

soasar *t.* Asar ligeramente.
soba *f.* Acción de sobar. Zurra.
sobaco *m.* Concavidad que forma el arranque del brazo con el cuerpo. /ajándola.
sobajar *t.* Manosear una cosa
sobaquera *f.* Abertura o refuerzo del vestido en la parte del sobaco.
sobaquina *f.* Sudor de los sobacos.
sobar *t.-r.* Manejar y oprimir una cosa repetidamente. Palpar, manosear. Castigar dando golpes.
sobarcar *t.* Poner o llevar un bulto debajo del sobaco. Subir un vestido hacia los sobacos.
soberanía *f.* Calidad de soberano. Autoridad suprema. Alteza, excelencia. Soberbia.
soberano -na *a.-s.* Que tiene o ejerce la autoridad suprema e independiente. *a.* Elevado, excelente. /pio desmedidos.
soberbia *f.* Orgullo y amor pro-
soberbio -bia *a.* Que tiene soberbia. Altivo. Fogoso. Alto, fuerte. Magnífico.
sobón -ona *a.-s.* Que por sus caricias y halagos se hace fastidioso. /divas.
sobornar *t.* Corromper con dá-
soborno *m.* Acción de sobornar.
sobra *f.* Exceso. Demasía, injuria. *pl.* Lo que queda de la comida o de otras cosas.
sobradillo *m.* Tejadillo sobre los balcones y ventanas.
sobrado -da *a.* Demasiado. Audaz. Rico. *m.* Desván. *adv.* Sobradamente.
sobrante *a.* Que sobra.
sobrar *t.* Exceder, sobrepujar. *i.* Haber más de lo necesario. Estar de más. Quedar, restar.
sobrasada *f.* Embuchado de cerdo que se hace en Mallorca.
sobre *prep.* Encima. Acerca de. Aproximadamente. *m.* Cubierta de una carta. Sobrescrito.
sobreabundar *t.* Abundar mucho.
sobrealiento *m.* Respiración fatigosa.
sobrealimentar *t.* Dar más alimento que el ordinario.
sobreasar *t.* Poner de nuevo a la lumbre lo ya asado o cocido para que se tueste.
sobrecama *f.* Colcha.
sobrecarga *f.* Lo que se añade a una carga regular.
sobrecargar *t.* Cargar con exceso.
sobrecargo *m.* El que en los buques lleva a su cuidado el cargamento.
sobreceja *f.* Parte de la frente inmediata a las cejas.
sobrecejo *m.* Ceño.

sobreceño *m.* Ceño muy sañudo.
sobrecoger *t.* Coger de repente y desprevenido. *r.* Sorprenderse, intimidarse. /ta.
sobrecubierta *f.* Segunda cubier-
sobredicho -cha *a.* Dicho arriba o antes.
sobredorar *t.* Dorar los metales.
sobreexcitación *f.* Acción de sobreexcitar. /ceso.
sobreexcitar *t.-r.* Excitar con exsobrehilar *t.* Dar puntadas sobre el borde de una tela para que no se deshilache.
sobrehueso *m.* Tumor duro situado sobre un hueso.
sobrehumano -na *a.* Que excede a lo humano.
sobrellevar *t.* Llevar uno encima una carga para aliviar a otro. Sufrir, aguantar, tolerar.
sobremanera *adv.* Más allá de lo corriente. Con exceso.
sobremesa *f.* Tapete. Tiempo que se está a la mesa después de haber comido.
sobrenadar *i.* Mantenerse encima de un líquido sin hundirse.
sobrenatural *a.* Que excede los términos de la naturaleza.
sobrenombre *m.* Nombre calificativo con que se distingue especialmente a una persona.
sobrentender *t.* Entender una cosa que no está expresa, pero que se deduce.
sobrepaga *f.* Aumento de paga.
sobrepelliz *f.* Vestidura blanca que se pone sobre la sotana.
sobreponer *t.-r.* Poner una cosa sobre otra. *r.* Hacerse superior a las adversidades.
sobreprecio *m.* Recargo en el precio. /ducción.
sobreproducción *f.* Exceso de pro
sobrepujar *t.* Exceder, aventajar.
sobresaliente *a.* Que sobresale. *m.* En los exámenes, nota superior a la de notable.
sobresalir *i.* Salir, formar saliente. Exceder en tamaño, figura, etc. Aventajarse, distinguirse.
sobresaltar *t.* Acometer de repente. Asustar, alterar a uno profundamente.
sobresalto *m.* Temor o susto repentino.
sobresanar *i.* Cerrar en falso una herida.
sobrescrito *m.* Lo que se escribe en el sobre de una carta.
sobresdrújulo -la *a.-m.* Dic. de la voz que lleva un acento en la sílaba anterior a la antepenúltima.
sobreseer *t.* DER. Dejar sin curso ulterior un procedimiento.

sobreseimiento *m.* Acción de sobreseer. /una obra.
sobrestante *m.* Capataz mayor de
sobresueldo *m.* Paga que se añade al sueldo fijo.
sobretodo *m.* Prenda de abrigo larga y ancha con mangas.
sobrevenir *i.* Suceder una cosa además o después de otra. Venir inesperadamente.
sobreviviente *a.-s.* Que sobrevive.
sobrevivir *i.* Vivir uno más que otro o después de determinado suceso o plazo.
sobriedad *f.* Calidad de sobrio.
sobrino -na *s.* Hijo o hija del hermano o hermana, o del primo o prima.
sobrio -bria *a.* Moderado, esp. en el comer o beber. Conciso.
socaire *m.* Abrigo que ofrece una cosa contra el viento.
socaliña *f.* Artificio con que se saca a uno lo que no está obligado a dar.
socapa (a) *m. adv.* Disimuladamente y con cautela.
socarrar *t.-r.* Quemar o tostar superficialmente.
socarrén *m.* Alero del tejado.
socarrina *f.* Chamusquina.
socarrón -rrona *a.-s.* Astuto, disimulado. Burlón.
socarronería *f.* Astucia y simulo. /minar.
socavar *t.* Excavar por debajo,
socavón *m.* Cueva que se excava en la ladera de un cerro o monte. /ble.
sociabilidad *f.* Calidad de socia
sociable *a.* Naturalmente inclinado a la sociedad.
social *a.* Relativo a la sociedad o a las relaciones entre unas clases y otras.
socialismo *m.* Doctrina que propugna una organización de la sociedad sobre la base de la propiedad en común de los medios de producción.
socialista *a.* Relativo al socialismo. *a.-s.* Partidario de él.
sociedad *f.* Reunión permanente de seres vivos, personas, familias o naciones. Agrupación de personas para un fin.
socio -cia *m. f.* Persona asociada con otra u otras para un fin.
sociología *f.* Ciencia que estudia las sociedades humanas.
socollada *f.* MAR. Estirón o sacudida que dan las velas.
socorrer *t.* Ayudar en un peligro o necesidad.
socorro *m.* Acción de socorrer. Cosa con que se socorre.
socrático -ca *a.-s.* Que sigue la

doctrina o método de Sócrates. *a.* Relativo a ellos.
sochantre *m.* Director del coro en los oficios divinos.
soda *f.* Sosa. Bebida hecha con agua que contiene ácido carbónico. /sodio.
sódico -ca *a.* Perteneciente al
sodio *m.* Metal blando, muy ligero, de color y brillo argentinos.
soez *a.* Bajo, vil, grosero.
sofá *m.* Asiento cómodo con respaldo y brazos para dos o más personas.
sofaldar *t.* Alzar las faldas.
sofión *m.* Bufido de enojo.
sofisma *m.* Argumento con que se pretende hacer pasar lo falso por verdadero. /fismas.
sofista *a.-s.* Que se vale de sofisterías.
sofistería *f.* Uso de sofismas.
sofisticación *f.* Acción de sofisticar.
sofisticar *t.* Adulterar, falsificar.
sofito *m.* ARQ. Plano inferior de un cuerpo voladizo.
soflama *f.* Llama tenue. Bochorno, ardor que sube al rostro. Expresión artificiosa para engañar. Perorata.
soflamar *t.* Engañar con palabras. Hacer que uno se abochorne. *r.* Requemarse con la llama.
sofocación *f.* Acción de sofocar.
sofocar *t.* Ahogar. Apagar, dominar. *t.-r.* Avergonzar, abochornar.
sofoco *m.* Efecto de sofocar o sofocarse. Grave disgusto.
sofocón *m.* Desazón, disgusto que sofoca o aturde.
sofoquina *f.* Sofoco.
sofreír *t.* Freír ligeramente.
sofrenada *f.* Acción y efecto de sofrenar. /con aspereza.
sofrenar *t.* Refrenar. Reprender
soga *f.* Cuerda gruesa de esparto. /sogas.
soguero *m.* El que hace o vende
soguilla *f.* Trenza delgada de esparto o de pelo.
sojuzgar *t.* Sujetar, dominar.
sol *m.* Astro luminoso, centro de nuestro sistema planetario. Su luz, su calor. Sitio donde da el sol. Estrella fija. MÚS. Quinta nota de la escala.
solado *m.* Acción de solar. Revestimiento de un piso.
solamente *adv.* De un solo modo; en una sola cosa; sin otra cosa.
solana *f.* Sitio donde el sol da de lleno.
solanáceo -a *a.* Dic. de las plantas de la familia del pimiento.
solano *m.* Viento que sopla de levante.
solapa *f.* Parte del vestido que corresponde al pecho y que se dobla hacia afuera. Ficción, doblez. /mulado.
solapado -da *a.* Taimado, disi-
solar *a.* Perteneciente al Sol. *a.-m.* Dic. de la casa más antigua y noble de una familia. *m.* Terreno donde se ha edificado o para edificar en él.
solar *t.* Pavimentar. Echar suelas al calzado.
solariego -ga *a.-s.* Relativo al solar de antigüedad y nobleza.
solaz *m.* Esparcimiento, recreo.
solazar *t.-r.* Dar solaz.
solazo *m.* Sol abrasador.
soldada *f.* Sueldo, salario.
soldadesca *f.* desp. Conjunto de soldados. Tropa indisciplinada.
soldadesco -ca *a.* Perteneciente a los soldados.
soldado *m.* El que sirve en la milicia. Militar sin graduación.
soldador *m.* El que suelda. Instrumento para soldar.
soldadura *f.* Acción de soldar. Unión de dos cosas soldadas. Material propio para soldar.
soldar *t.* Pegar o unir sólidamente dos cosas.
solear *t.-r.* Tener al sol por algún tiempo.
solecismo *m.* Vicio de dicción que consiste en alterar la sintaxis normal de un idioma.
soledad *f.* Falta de compañía. Lugar desierto. Tonada andaluza.
solemne *a.* Hecho públicamente con pompa o ceremonia. Formal, firme. Crítico, grave. Majestuoso, imponente.
solemnidad *f.* Calidad de solemne. Acto solemne. Festividad eclesiástica. /cuente.
soler *i.* Acostumbrar. Ser fre-
solera *f.* Madero sobre el que descansan otros. Muela del molino que está fija debajo de la volandera. Madre del vino.
soleta *f.* Pieza con que se remienda la planta del pie de la media.
solfa *f.* Arte de solfear. Conjunto de signos con que se escribe la música. Música. Zurra.
solfatara *f.* Abertura en los terrenos volcánicos por donde salen vapores sulfurosos.
solfear *i.-t.* Cantar marcando el compás y pronunciando los nombres de las notas. Zurrar, golpear.
solfeo *m.* Acción de solfear.
solicitación *f.* Acción de solicitar.
solicitar *t.* Pretender, pedir con

diligencia. FÍS. Atraer.
solícito -ta *a.* Diligente, afanoso por servir o atender.
solicitud *f.* Diligencia cuidadosa. Documento oficial en que se solicita algo.
solidaridad *f.* Comunidad de intereses y responsabilidades. Adhesión a la causa de otros.
solidario -ria *f.* Ligado a otros por comunidad de intereses y responsabilidades. Adherido a la causa de otros. /siásticos.
solideo *m.* Casquete de los ecle-
solidez *f.* Calidad de sólido.
solidificar *t.-r.* Hacer sólido un fluido.
sólido -da *a.* Firme, macizo, fuerte. Bien establecido. *a.-m.* Dic. de los cuerpos que tienen forma propia y oponen resistencia a ser divididos. *m.* GEOM. Cuerpo.
soliloquio *m.* Discurso del que habla para sí mismo.
solimán *m.* Sublimado corrosivo.
solio *m.* Trono.
solípedo -da *a.-m.* Dic. de los mamíferos ungulados que tienen las extremidades terminadas en un solo dedo.
solitaria *f.* Tenia.
solitario -ria *a.* Desamparado, desierto. Solo. *a.-s.* Que vive en la soledad. *a.* Diamante grueso que se engasta solo en una joya. Juego que ejecuta una sola persona.
sólito -ta *a.* Acostumbrado, que se hace de ordinario.
soliviantar *t.-r.* Inducir a rebelarse.
soliviar *t.* Ayudar a levantar una cosa por debajo. *r.* Levantarse un poco.
solo -la *a.* Único en su especie. Dicho de personas sin compañía. *m.* Composición musical para una sola persona. Cierto juego de naipes.
sólo *adv.* Solamente.
solomillo *m.* En las reses, capa muscular que se extiende por entre las costillas y el lomo.
solsticial *a.* Relativo al solsticio.
solsticio *m.* Tiempo del año en que el Sol se halla en uno de los trópicos.
soltar *t.-r.* Desatar. Desasir. Dar salida o libertad. *t.* Romper en risa, llanto, etc. Decir. *r.* Adquirir soltura. Empezar a andar, hablar, etc.
soltería *f.* Estado de soltero.
soltero -ra *a.-s.* Que no ha contraído matrimonio.
solterón -rona *a.-s.* Soltero ya entrado en años.

soltura *f.* Acción de soltar. Agilidad, prontitud, desenvoltura.
solubilidad *f.* Calidad de soluble.
soluble *a.* Que se puede disolver. Que se puede resolver.
solución *f.* Acción de desatar o disolver. Desenlace. Satisfacción de una duda, dificultad o problema. Mezcla resultante de desleír un cuerpo en un líquido.
solucionar *t.* Resolver, hallar solución.
solvencia *f.* Acción de solventar. Calidad de solvente.
solventar *t.* Arreglar cuentas pagando la deuda. Dar solución a un asunto.
solvente *a.* Que desata o resuelve. Capaz de pagar sus deudas.
sollado *m.* Una de las cubiertas inferiores del buque.
sollozar *i.* Llorar con un movimiento convulsivo de inspiraciones y espiraciones entrecortadas.
sollozo *m.* Acción de sollozar.
somanta *f.* Tunda, zurra.
somatén *m.* Cuerpo de gente armada, no perteneciente al ejército, que se reúne a una señal dada para perseguir a los criminales.
sombra *f.* Obscuridad, falta de luz. Imagen obscura que proyecta un cuerpo opaco al interceptar la luz. Espectro, aparición. Amparo. Suerte. Gracia, donaire.
sombrajo *m.* Resguardo de ramas, mimbres, etc., para hacer sombra.
sombrear *t.* Dar o producir sombra. PINT. Poner sombra en una pintura o dibujo.
sombrerazo *m.* Golpe dado con el sombrero. Saludo precipitado que se hace quitándose el sombrero.
sombrerera *f.* La que hace o vende sombreros. Caja para guardar el sombrero.
sombrerería *f.* Fábrica o tienda de sombreros.
sombrerete *m.* Dim. de *sombrero.* Caperuza de chimenea.
sombrerillo *m.* Dim. de *sombrero.* Parte superior de ciertos hongos.
sombrero *m.* Prenda para cubrir la cabeza, que consta de copa y ala. Sombrerillo de los
sombría *f.* Umbría. /hongos.
sombrilla *f.* Quitasol.
sombrío -a *a.* Dic. del lugar de poca luz. Tétrico, melancólico.
somero -ra *a.* Ligero, superficial.
someter *t.-r.* Sujetar, rendir, subyugar. Proponer a la consideración de uno.

sometimiento *m.* Acción de someter.
somnambulismo *m.* Sueño anormal durante el cual el paciente se levanta y anda.
somnámbulo *a.-s.* Que padece somnambulismo.
somnífero -ra *a.* Que causa sueño.
somnolencia *f.* Pesadez y torpeza debida al sueño.
somorgujo *a.* Ave palmípeda que puede mantener por mucho tiempo la cabeza sumergida bajo el agua.
somormujo *m.* Somorgujo.
son *m.* Sonido grato al oído. Noticia, rumor. Tenor, modo, manera.
sonado -da *a.* Famoso. Divulgado con mucho ruido.
sonaja *f.* Par de chapas de metal que, atravesadas por un alambre, se ponen a algunos juguetes o instrumentos para hacerlas sonar agitándolas.
sonajero *m.* Juguete con sonajas o cascabeles.
sonambulismo *m.* Somnambulismo.
sonámbulo -la *a.-s.* Somnámbulo.
sonar *i.* Hacer ruido una cosa. Tener una letra valor fónico. *t.* Tocar un instrumento. *t.-r.* Limpiar las narices.
sonata *f.* Composición musical que comprende trozos de diferente carácter.
sonda *f.* Acción de sondar. MAR. Cuerda con un peso para sondar. CIR. Instrumento para explorar conductos y heridas.
sondaleza *f.* MAR. Cuerda de la sonda.
sondar y **sondear** *t.* Echar la sonda al agua para averiguar la profundidad y explorar el fondo. CIR. Introducir la sonda.
sondeo *m.* Acción de sondear.
sonetista *c.* Autor de sonetos.
soneto *m.* Composición poética de catorce versos.
sonido *m.* Sensación producida en el oído por el movimiento vibratorio de los cuerpos. GRAM. Cada una de las letras que se pronuncian.
sonoridad *f.* Calidad de sonoro.
sonoro -ra *a.* Que suena o puede sonar. Que suena bien. Que refleja bien el sonido.
sonreír *i.-r.* Reírse levemente.
sonrisa *f.* Acción de sonreírse.
sonrojar *t.-r.* Hacer salir los colores al rostro.
sonrojo *m.* Acción de sonrojar o sonrojarse.
sonrosar *t.-r.* Dar color de rosa.
sonsacar *t.* Sacar algo con maña. Procurar con maña que uno diga o descubra lo que sabe y reserva.
sonsonete *m.* Sonido de golpecitos repetidos a compás. Tonillo monótono. Tonillo despreciativo o irónico.
soñador -ra *a.* Que sueña mucho. *a.* Que discurre fantásticamente.
soñar *t.* Representarse cosas en la fantasía mientras se duerme. Discurrir fantásticamente.
soñera *f.* Propensión a dormir.
soñolencia *f.* Somnolencia.
soñoliento -ta *a.* Acometido del sueño. Que dormita. Que causa sueño. Perezoso.
sopa *f.* Pedazo de pan empapado en un líquido. Plato de caldo y pan, arroz, fideos, etc. *pl.* Rebanadas de pan que se echan en el caldo. /lada.
sopaipa *f.* Masa frita y enmesopapear** *t.* Dar sopapos. Sopetear.
sopapo *m.* Golpe que se da con la mano debajo de la papada. Bofetón. /la sopa.
sopera *f.* Vasija en que se sirve
sopero *a.-m.* Dic. del plato hondo.
sopesar *t.* Levantar una cosa para tantear su peso.
sopetear *t.* Mojar varias veces el pan en el caldo.
sopeteo *m.* Acción de sopetear.
sopetón (de) *m. adv.* De improviso.
sopicaldo *m.* Sopa muy caldosa.
sopladero *m.* Respiradero de las cavidades subterráneas.
soplar *i.-t.* Despedir aire con la boca estrechando los labios. Hacer aire con el fuelle. *i.* Correr el viento. *t.* Hurtar, quitar. Inspirar, sugerir. Delatar.
soplete *m.* Instrumento con un tubo que aplica una corriente gaseosa a una llama para dirigirla sobre objetos que se han de someter a elevada temperatura.
soplo *m.* Acción de soplar. Instante. Aviso secreto. Delación.
soplón -ona *a.-s.* Que acusa en secreto.
soplonear *t.* Soplar, delatar.
soponcio *m.* Desmayo.
sopor *m.* Estado morboso parecido a un sueño profundo. Somnolencia. /al sueño.
soporífero -ra *a.-s.* Que inclina
soportable *a.* Que se puede soportar.
soportal *m.* Espacio cubierto que precede a la entrada de una casa. Pórtico.
soportar *t.* Sostener una carga o peso. Sufrir, tolerar.
soporte *m.* Apoyo, sostén.
soprano *m.* MÚS. La más aguda de las voces humanas, propia de las mujeres y niños. *c.* Per-

sona que tiene voz de soprano.
sor *f*. Hermana, religiosa.
sorber *t*. Beber aspirando. Absorber, tragar.
sorbete *m*. Refresco al que se da cierto grado de congelación.
sorbo *m*. Acción de sorber. Porción de líquido que se toma de una vez en la boca.
sordera *f*. Privación o disminución de la facultad de oír.
sordidez *f*. Calidad de sórdido.
sórdido -da *a*. Sucio. Indecente. Mezquino, avariento.
sordina *f*. Pieza que puesta en un instrumento músico disminuye la intensidad de su sonido.
sordo -da *a.-s*. Que no oye u oye poco. Callado. Que suena poco o sin timbre claro.
sordomudez *f*. Calidad de sordomudo.
sordomudo -da *a.-s*. Mudo por ser sordo de nacimiento.
sorna *f*. Lentitud y bellaquería con que se hace o dice una cosa.
sorprendente *a*. Que sorprende o admira.
sorprender *t*. Coger desprevenido. Descubrir lo que otro ocultaba. *t.-r*. Maravillar.
sorpresa *f*. Acción de sorprender. Cosa que hace que uno se sorprenda.
sorra *f*. Arena gruesa. Costado del vientre del atún.
sortear *t*. Someter a la decisión de la suerte. Evitar con maña.
sorteo *m*. Acción de sortear.
sortija *f*. Anillo para el dedo. Rizo del cabello.
sortilegio *m*. Adivinación por suertes supersticiosas.
sortílego -ga *a.-s*. Que practica el sortilegio.
sosa *f*. Barrilla. Óxido de sodio.
sosegado -da *a*. Quieto, pacífico.
sosegar *t.-r*. Aplacar, tranquilizar. Aquietar. *i*. Dormir, descansar.
sosera y **-ría** *f*. Insulsez. Falta de gracia y viveza.
sosiego *m*. Quietud, tranquilidad.
soslayar *t*. Poner una cosa ladeada. Evitar con un rodeo una dificultad.
soslayo (al o de) *m. adv*. Oblicuamente. De pasada.
soso -sa *a*. Que no tiene sal o tiene poca. Falto de gracia y viveza.
sospecha *f*. Acción de sospechar.
sospechar *t*. Imaginar, juzgar por conjeturas. Desconfiar, dudar.
sospechoso -sa *a*. Que da motivo para sospechar.
sostén *m*. Acción de sostener. Persona o cosa que sostiene.
sostener *t.-r*. Sustentar, mantener. Defender. Prestar apoyo.
sostenido -da *a*. MÚS. Dic. de la nota cuya entonación excede en un semitono a la de su sonido natural. *m*. Signo que representa esta alteración.
sostenimiento *m*. Acción de sostener. Sustento.
sota *f*. Carta décima de cada palo de la baraja española.
sotabanco *m*. Piso habitable colocado por encima de la cornisa general de la casa.
sotabarba *f*. Barba que se deja crecer por debajo de la barbilla.
sotana *f*. Vestidura talar que usan los eclesiásticos.
sótano *m*. Pieza subterránea entre los cimientos de un edificio.
sotavento *m*. Costado del buque opuesto al barlovento.
sotechado *m*. Cobertizo, techado.
soterrar *t*. Enterrar. Esconder.
soto *m*. Sitio poblado de árboles en las riberas o vegas.
soviet *m*. Institución política del régimen comunista ruso.
su, sus *a*. Posesivo de 3.ª persona para ambos géneros.
suave *a*. Liso y blando al tacto. Dulce, grato. Tranquilo. Lento, moderado. Dócil, apacible.
suavidad *f*. Calidad de suave.
suavizador -ra *a*. Que suaviza. Correa para suavizar las navajas de afeitar.
suavizar *t*. Hacer suave una cosa.
subafluente *m*. Río o arroyo que desagua en un afluente.
subalterno -na *a.-s*. Inferior, subordinado. Empleado u oficial de categoría inferior.
subarrendar *t*. Tomar en arriendo una cosa de manos de otro arrendatario de ella o darla éste en arriendo.
subarriendo *m*. Acción de subarrendar.
subasta *f*. Venta o adjudicación pública que se hace al mejor postor.
subastar *t*. Vender o contratar en pública subasta.
subclase *f*. H. NAT. Categoría de clasificación entre la clase y el orden.
subclavio -via *a*. Situado debajo de la clavícula.
subcutáneo -nea *a*. Que está, se introduce o se desarrolla debajo de la piel.
subdesarrollado *a*. Dic. de los países de economía pobre y atrasada, organización primaria y bajo nivel de vida.
subdiaconado *m*. Orden de sub-

diácono o de epístola.
subdiácono m. Clérigo ordenado de epístola.
subdirector -ra m. f. Persona que sirve inmediatamente a las órdenes del director o le substituye.
súbdito -ta a.-s. Sujeto a la autoridad de un superior.
subdividir t.-r. Dividir lo ya dividido. /dir.
subdivisión f. Acción de subdividir.
suberoso -sa a. Parecido al corcho.
subida f. Acción de subir. Lugar en declive.
subido -da a. Dic. de lo más fino en su especie. Dic. del olor o color fuerte y del precio muy elevado.
subinspector m. Jefe inmediato después del inspector.
subir i. Pasar de un lugar a otro superior o más alto. Cabalgar, montar. Crecer en altura. Importar una cuenta. i.-t. Elevar el tono de la voz o el sonido a uno más agudo. t. Hacer más alto. Recorrer un espacio hacia arriba. t.-r. Trasladar a un lugar más alto.
subitáneo -nea a. Que sucede súbitamente.
súbito -ta a. Improviso, repentino. Precipitado.
subjefe m. Segundo jefe.
subjetivo -va a. Relativo a nuestro modo de pensar o de sentir.
subjuntivo a. Dic. del modo verbal que expresa acción dudosa, posible o deseada.
sublevación f. Acción de sublevar o sublevarse.
sublevar t.-r. Alzar en sedición o motín. t. Excitar indignación.
sublimación f. Acción de sublimar.
sublimado m. Substancia obtenida por sublimación.
sublimar t. Engrandecer, ensalzar. Volatilizar un cuerpo sólido y condensar sus vapores.
sublime a. Excelso.
sublimidad f. Calidad de sublime.
sublingual a. Situado debajo de la lengua.
submarino -na a. Que está bajo la superficie del mar. a.-m. Dic. del buque que puede navegar bajo el agua.
subordinación f. Sujeción, dependencia.
subordinado -da a.-s. Dic. de la persona sujeta a otra. a. Dependiente de otra cosa.
subordinar t.-r. Sujetar personas o cosas a la dependencia de otras.
subrayar t. Señalar por debajo con una raya lo escrito. Recalcar las palabras.
subrepticio -cia a. Que se hace o toma ocultamente.
subrogar t.-r. Substituir.
subsanar t. Disculpar una falta o error. Remediar un defecto o resarcir un daño.
subscapular a. Dic. del músculo situado debajo del omóplato.
subscribir t. Firmar al fin de un escrito. r. Obligarse a contribuir como otros al pago de una cantidad. r.-t. Abonarse para recibir una publicación.
subscripción f. Acción de subscribir o subscribirse.
subscriptor -ra m. f. Persona que subscribe o se subscribe.
subscrito -ta p. p. irreg. de *subscribir.*
subsidiario -ria a. Que se da en socorro o subsidio a uno.
subsidio m. Auxilio extraordinario. Contribución, impuesto.
subsiguiente a. Que sigue inmediatamente. Después del siguiente.
subsistencia f. El hecho de subsistir. Conjunto de medios para el sustento de la vida humana.
subsistir i. Permanecer, durar, conservarse. Vivir.
substancia f. Lo que hay de permanente en un ser. Cosa con que otra se nutre. Jugo. Valor de las cosas. Juicio, madurez.
substancial a. Relativo a la substancia. Substancioso.
substanciar t. Compendiar, extractar. Conducir un proceso.
substancioso -sa a. Que tiene substancia.
substantivar t. Dar función de substantivo a palabras y frases.
substantivo -va a. Que tiene existencia real e independiente. GRAM. Dic. del nombre con que se designan las personas o cosas. Dic. del verbo *ser.*
substitución f. Acción de substituir.
substituir t. Poner a una persona o cosa en lugar de otra.
substitutivo a.-s. Dic. de la substancia que puede reemplazar a otra.
substituto -ta m. f. Persona que hace las veces de otra.
substracción f. Acción de substraer. MAT. Resta.
substraendo m. Cantidad que ha de restarse de otra.
substraer t. Apartar, separar, extraer. Hurtar. MAT. Restar.
subsuelo m. Terreno que está debajo de una capa de tierra.
subteniente m. Oficial inferior

subterfugio m. Efugio, pretexto.
subterráneo -a a.-m. Que está debajo de tierra.
subtítulo m. Título secundario puesto después del principal.
suburbano a. Próximo a la ciudad. Perteneciente a un suburbio.
suburbio m. Barrio próximo a una ciudad.
subvención f. Acción de subvenir. Cantidad con que se subviene.
subvenir t. Auxiliar, socorrer.
subversión f. Acción de subvertir.
subversivo -va a. Capaz de subvertir.
subvertir t.-r. Trastornar, revolver, destruir.
subyugar t. Avasallar, dominar.
succino m. Ámbar.
succión f. Acción de chupar.
sucedáneo -a a.-m. Díc. de la substancia que puede reemplazar a otra.
suceder i.-r. Entrar una persona o cosa en lugar de otra o seguirse a ella. i. Heredar a uno. Efectuarse un hecho.
sucedido m. Suceso, hecho.
sucesión f. Acción de suceder o seguirse. Herencia. Prole.
sucesivo -va a. Que sucede o se sigue a otra cosa.
suceso m. Cosa que sucede.
sucesor -ra a.-s. Que sucede a uno o sobreviene en su lugar.
sucesorio -ria a. Relativo a la sucesión.
suciedad f. Calidad de sucio. Porquería. /dioso.
sucinto -ta a. Breve, compen-
sucio -cia a. Que tiene manchas o impurezas. Deshonesto, obsceno. Que se ensucia fácilmente.
suculento -ta a. Substancioso, muy nutritivo.
sucumbir i. Ceder, someterse. Morir, perecer.
sucursal a.-f. Díc. del establecimiento que depende de otro principal.
sud m. Sur.
sudamericano -na a.-s. De la América del Sur.
sudar i.-t. Exhalar el sudor. Destilar gotas de jugo o de humedad. Trabajar mucho. t. Empapar en sudor.
sudario m. Lienzo en que se envuelve a un difunto.
sudeste m. Punto del horizonte entre el Sur y el Este.
sudoeste m. Punto del horizonte entre el Sur y el Oeste.
sudor m. Humor secretado por ciertas glándulas de la piel.
sudorífero -ra y **-fico -ca** a.-m. Que hace sudar.

sudoríparo -ra a. Que segrega el sudor.
sudoroso -sa a. Que está sudando mucho.
sueco -ca a.-s. De Suecia.
suegra a. Madre de un cónyuge respecto del otro.
suegro m. Padre de un cónyuge respecto del otro.
suela f. Parte del calzado que toca al suelo. Cuero vacuno curtido.
suelta f. Acción de soltar.
suelto -ta a. Ligero, expedito, ágil. Poco compacto, disgregado. Separado, que no hace juego. m. Moneda fraccionaria. Escrito periodístico breve.
sueño m. Acción de dormir o de soñar. Cosa que se sueña. Gana de dormir.
suero m. Parte acuosa de la sangre y otros líquidos animales. MED. Disolución en agua de ciertas sales o substancias.
suerte f. Encadenamiento de los sucesos. Circunstancia de ser favorable o adverso lo que sucede. Hecho fortuito favorable. Casualidad a la que se fía la resolución de una cosa. Lance del toreo. Condición, género, especie. Manera.
suevo -va a.-s. De una ant. tribu germánica.
suficiencia f. Capacidad, aptitud.
suficiente a. Bastante. Apto, idóneo.
sufijo -ja a.-s. Díc. de los afijos que van pospuestos.
sufragáneo -a a. Que depende de la jurisdicción y autoridad de alguno.
sufragar t. Ayudar, favorecer. Costear, satisfacer.
sufragio m. Apreciación favorable. Voto. Obra que se aplica para las almas del purgatorio.
sufragista f. Mujer que reclama el derecho de votar.
sufrible y **-dero -ra** a. Que se puede sufrir. /signación.
sufrido -da a. Que sufre con re-
sufrimiento m. Hecho de padecer un dolor. Paciencia, conformidad.
sufrir t. Padecer. Soportar, tolerar, aguantar. Permitir.
sugerir t. Hacer entrar en el ánimo de alguien una idea.
sugestión f. Acción de sugerir. Especie sugerida. Acción de sugestionar.
sugestionar t. Inspirar una persona a otra palabras o actos involuntarios.
sugestivo -va a. Que sugiere o sugestiona.
suicida c. Persona que se suicida.

a. De la naturaleza del suicidio.
suicidarse *r.* Quitarse la vida.
suicidio *m.* Acción de suicidarse.
suizo -za *a.* De Suiza.
sujeción *f.* Acción de sujetar. Unión con que una cosa está sujeta.
sujetar *t.* Someter al dominio de alguno. Afirmar o contener una cosa con la fuerza.
sujeto -ta *p. p. irreg.* de *sujetar.* Expuesto o propenso a una cosa. *m.* Asunto, materia. Persona innominada. LÓG., GRAM. Ser del cual se afirma algo.
sulfato *m.* Sal del ácido sulfúrico.
sulfhídrico *a.* Dic. de un ácido gaseoso, tóxico, que huele a huevos podridos.
sulfurar *t.* Combinar un cuerpo con el azufre. *t.-r.* Irritar, encolerizar.
sulfúreo -a y **-rico -ca.** Relativo al azufre o que lo contiene.
sulfuro *m.* Cualquier compuesto de azufre y otro elemento.
sulfuroso -sa *a.* Sulfúreo.
sultán *m.* Emperador turco. Príncipe o gobernador mahometano.
sultana *f.* Mujer del sultán.
suma *f.* Agregado de muchas cosas. Cantidad de dinero. Acción de sumar. Lo más substancial de una cosa.
sumando *m.* Cada una de las cantidades que se suman.
sumar *t.* Recopilar, compendiar. Reunir en una sola varias cantidades homogéneas. *r.* Agregarse, adherirse.
sumaria *f.* DER. Proceso escrito.
sumario -ria *a.* Compendiado. Breve, sucinto. *m.* Resumen, compendio. DER. Actuaciones que preparan el juicio.
sumarísimo *a.* DER. Dic. de cierta clase de juicios con tramitación brevísima. /mergir.
sumergible *a.* Que se puede sumergir.
sumergir *t.* Meter una cosa debajo de un líquido. Abismar, hundir. /gir.
sumersión *f.* Acción de sumergir.
sumidad *f.* Ápice o extremo más alto.
sumidero *m.* Conducto por donde se sumen las aguas.
sumiller *m.* Jefe superior en ciertas oficinas de palacio.
suministrar *t.* Proveer a uno de algo que necesita.
suministro *m.* Acción de suministrar. Provisión.
sumir *t.-r.* Hundir, sumergir. *t.* Consumir el sacerdote en la misa.
sumisión *f.* Acción de someter o someterse.

sumiso -sa *a.* Obediente, subordinado.
sumo -ma *a.* Supremo. Muy grande.
sunción *f.* Acción de sumir el sacerdote en la misa. /jo.
suntuario -ria *a.* Relativo al lujo.
suntuosidad *f.* Calidad de suntuoso. /toso.
suntuoso -sa *a.* Magnífico y costoso.
supeditar *t.* Sujetar, oprimir con rigor. Avasallar.
superabundancia *f.* Abundancia muy grande.
superávit *m.* Exceso del haber sobre el debe o de los ingresos sobre los gastos. /de.
superchería *f.* Engaño, dolo, fraude.
superficial *a.* Perteneciente a la superficie. Que está o se queda en ella. Frívolo. Aparente.
superficie *f.* Parte externa que limita un cuerpo. Apariencia externa. GEOM. Extensión en que sólo se consideran dos dimensiones.
superfino -na *a.* Muy fino.
superfluo -a *a.* No necesario, que está de más.
superintendente *c.* Persona que tiene la dirección superior de una cosa.
superior *a.* Situado encima de otra cosa o más alto que ella. Que es más que otra persona o cosa en calidad, cantidad, rango, etc. *m.* El que tiene autoridad sobre otro. El que gobierna una comunidad.
superiora *f.* La que dirige una congregación o comunidad.
superioridad *f.* Preeminencia, excelencia. Persona de superior autoridad.
superlativo -va *a.* Dic. de la cualidad en grado muy alto o en el grado más alto. Que expresa esta cualidad.
supernumerario -ria *a.-s.* Que excede o está fuera del número establecido.
superponer *t.-r.* Sobreponer.
supersónico, ca *adj.* Más veloz que el sonido.
superstición *f.* Creencia en cosas extrañas a la fe y contrarias a la razón.
supersticioso -sa *a.* Relativo a la superstición. Que la tiene.
supervivencia *f.* Acción de sobrevivir.
superviviente *a.-s.* Sobreviviente.
supino -na *a.* Que está tendido boca arriba. Necio, estólido.
suplantación *f.* Acción de suplantar.
suplantar *t.* Ocupar con malas artes el lugar de otro.
suplementario *a.* Que sirve para

suplir una cosa o completarla.
suplemento *m.* Acción de suplir. Lo que se añade a una cosa para completarla o perfeccionarla. Número u hoja adicional de un periódico o revista.
suplente *a.-s.* Que suple.
supletorio -ria *a.* Que suple la falta de otra cosa.
súplica *f.* Acción de suplicar. Escrito en que se suplica.
suplicar *t.* Rogar o pedir con humildad.
suplicio *m.* Lesión corporal o muerte infligida como castigo. Tormento.
suplir *t.* Completar lo que falta en una cosa o remediar su carencia. Hacer las veces de otro.
suponer *t.* Dar por real o existente una cosa. Traer consigo, importar. *i.* Tener autoridad o representación.
suposición *f.* Acción de suponer. Lo que se supone. Autoridad, representación. Impostura.
supositorio *m.* Cilindro, cono, etc., de una materia medicamentosa para ser introducida en el ano.
suprarrenal *a.* Situado encima de los riñones. /Preminencia.
supremacía *f.* Grado supremo.
supremo -ma *a.* Altísimo. Que no tiene superior. Único.
supresión *f.* Acción de suprimir.
suprimir *t.* Hacer cesar, hacer desaparecer. Omitir, pasar por alto.
supuesto -ta *a. p. p. irreg.* de *suponer. m.* Suposición, hipótesis. /supurar.
supuración *f.* Acción y efecto de
supurar *i.* Formar o echar pus.
supurativo -va *a.-m.* Que tiene virtud de hacer supurar.
sur *m.* Punto cardinal diametralmente opuesto al Norte. Viento que sopla de esta parte.
sura *f.* Capítulo del Corán.
surá *m.* Tejido de seda fino.
surcar *t.* Hacer surcos. Ir por un fluido cortándolo.
surco *m.* Hendedura que hace en la tierra el arado. Señal prolongada que deja una cosa en otra. Arruga en el rostro.
surgir *i.* Brotar el agua. Dar fondo la nave. Levantarse, aparecer.
surtido -da *a.-s.* Dic. del artículo de comercio que se ofrece como mezcla de varias clases. Acción de surtir.
surtidor -ra *a.-s.* Que surte. *m.* Chorro de agua que brota, especialmente hacia arriba.
surtir *t.-r.* Proveer de una cosa. *i.* Brotar el agua, esp. hacia arriba.

surto -ta *p. p. irreg.* de *surgir* (dar fondo la nave).
susceptibilidad *f.* Calidad de susceptible.
susceptible *a.* Capaz de recibir modificación o impresión. Quisquilloso, sentido.
suscitar *t.* Promover, causar.
suscribir *t.-r.* Subscribir.
suscripción *f.* Subscripción.
suscriptor -ra *m. f.* Subscriptor.
susodicho -cha *a.* Sobredicho.
suspender *t.* Levantar o sostener en alto. Detener temporalmente una acción, obra, etc. Negar la aprobación al que se examina. Causar admiración.
suspensión *f.* Acción de suspender. Aquello con que está suspendida una cosa.
suspensivo -va *a.* Que tiene virtud de suspender.
suspenso -sa *p. p. irreg.* de *suspender. a.* Admirado, perplejo.
suspensorio -ria *a.* Que sirve para suspender.
suspicacia *f.* Calidad de suspicaz. Desconfianza.
suspicaz *a.* Propenso a sospechar.
suspirar *i.* Dar suspiros.
suspiro *m.* Aspiración profunda seguida de una espiración audible que gralte. es expresión de pena, anhelo, fatiga, alivio, etc.
sustancia *f.* Substancia.
sustentáculo *m.* Apoyo o sostén.
sustentar *t.-r.* Mantener, alimentar. Sostener, defender.
sustento *m.* Mantenimiento, alimento.
sustituir *t.* Substituir.
susto *m.* Impresión repentina de miedo. Temor.
sustraer *t.* Substraer.
susurrar *i.* Hablar quedo; producir un ruido suave. *r.* Empezar a divulgarse una cosa.
susurro *m.* Ruido suave, murmullo.
sutil *a.* Delgado, delicado, tenue. Agudo, perspicaz.
sutileza *f.* Calidad de sutil. Concepto agudo y poco profundo.
sutilizar *t.* Adelgazar, atenuar. Perfeccionar. Discurrir ingeniosamente.
sutura *f.* Costura con que se reúnen los labios de una herida. Línea de unión de ciertos huesos o partes.
suyo, suya, suyos, suyas *a.* y *pron.* posesivo de 3.ª pers. en género masc. y fem., y ambos números sing. y pl.
svástica *f.* Cruz de brazos iguales, con los extremos doblados en ángulo recto de izquierda a derecha.

T

T t *f.* Vigésima tercera letra del alfabeto español.
¡ta! *interj.*, esp. repetida. ¡Tate!
taba *f.* Astrágalo (hueso). Juego de niños que se juega con una taba de carnero.
tabacal *m.* Terreno sembrado de tabaco.
tabacalero -ra *a.* Relativo al tabaco.
tabaco *m.* Planta solanácea de olor fuerte. Hoja de esta planta preparada para ser fumada o aspirada en polvo. Cigarro.
tabalada *f.* Manotada. Tamborilazo.
tabalear *t.* Menear o agitar. *i.* Golpear acompasadamente con los dedos en una cosa.
tabaleo *m.* Acción de tabalear.
tabanazo *m.* Manotada. Bofetada.
tabanco *m.* Puesto para la venta de comestibles.
tábano *m.* Insecto parecido a la mosca, que pica a las caballerías para chuparles la sangre.
tabaque *m.* Cestillo de mimbres. Clavo pequeño.
tabaquera *f.* Caja para tabaco en polvo.
tabaquería *f.* Expendeduría de tabaco.
tabaquero -ra *a.-s.* Que tuerce o vende tabaco.
tabaquismo *m.* Intoxicación por el tabaco.
tabardillo *m.* Enfermedad febril grave. Insolación. Persona alocada o bulliciosa.
tabardo *m.* Prenda de abrigo de paño tosco. Ropón que llevaban los heraldos.
tabarra *f.* Lata, tostón.
taberna *f.* Tienda de vino y licores.
tabernáculo *m.* Lugar donde los hebreos tenían el arca del Testamento. Sagrario.
tabernario -ria *a.* Propio de la taberna. Bajo, grosero.
tabernero -ra *m. f.* Persona que vende vino en la taberna. *f.* Mujer del tabernero.
tabicar *t.* Cerrar con tabique. Cerrar, tapar.
tabique *m.* Pared delgada.
tabla *f.* Pieza delgada y plana, mucho más larga que ancha, de madera o de otra materia. Bancal de huerto. Lista, catálogo, cuadro de números. Pintura hecha en tabla. *pl.* Escenario del teatro.
tablado *m.* Suelo de tablas formado en alto sobre un armazón. Pavimento del escenario.
tablajería *f.* Carnicería. Garito.
tablajero *m.* Carpintero que hace tablados. Carnicero. Garitero.
tablar *m.* Conjunto de tablas o cuadros de huerta.
tablazo *m.* Golpe dado con una tabla. Pedazo de mar o de río, extendido y de poco fondo.
tablazón *f.* Conjunto de tablas.
tablear *t.* Dividir en tablas un madero o un terreno. Igualar la tierra con la atabladera.
tablero *m.* Tabla o conjunto de tablas que forman una superficie plana. Tabla cuadrada dividida en cuadritos para jugar al ajedrez, las damas, etc. Mostrador.
tableta *f.* dim. de *tabla*. Pastilla.
tabletear *i.* Producir un ruido semejante al choque de tablas o tabletas.
tableteo *m.* Acción de tabletear.
tablón *m.* Tabla gruesa.
tabuco *m.* Aposento pequeño.
tabular *a.* De forma de tabla.
taburete *m.* Asiento sin brazos ni respaldo, para una persona.
tacada *f.* Golpe dado con el taco a la bola del billar. Serie de carambolas hechas sin soltar el taco.
tacañería *f.* Calidad de tacaño. Acción propia de tacaño.
tacaño -ña *a.-s.* Miserable, ruin, mezquino.
tacazo *m.* Golpe dado con el taco.
tácito -ta *a.* Callado, silencioso. Que no se oye o dice, sino que se supone o infiere.
taciturno -na *a.* Habitualmente callado. Triste, sombrío.
taco *m.* Pedazo de madera, metal, etc., corto y grueso. Cilindro de trapo, papel, etc., con que se aprieta la carga de un arma. Vara con que se impelen las bolas de billar. Paquete de hojas de papel. Palabrota.

tacón *m.* Pieza semicircular unida a la suela del calzado en la parte correspondiente al talón.
taconear *i.* Pisar haciendo ruido con los tacones.
taconeo *m.* Acción de taconear.
táctica *f.* Conjunto de reglas a que se ajustan en su ejecución las operaciones militares. Habilidad para lograr un fin.
táctico -ca *a.* Relativo a la táctica. *m.* Perito en ella.
táctil *a.* Relativo al tacto.
tacto *m.* Sentido corporal con el cual percibimos la presión, forma, aspereza, suavidad, etc., de las cosas. Habilidad para hablar u obrar con acierto y oportunidad.
tacha *f.* Falta, defecto. Clavo mayor que la tachuela.
tachar *t.* Poner falta o tacha. Censurar. Borrar lo escrito.
tachón *m.* Raya con que se tacha lo escrito. Clavo de adorno.
tachonar *t.* Adornar con tachones. Salpicar.
tachuela *f.* Clavo corto y de cabeza grande.
tael *m.* Moneda china de plata.
tafanario *m.* Asentaderas.
tafetán *m.* Tela delgada de seda, muy tupida. La preparada para servir de aglutinante. *pl.* Banderas. Galas de mujer.
tafilete *m.* Cuero bruñido y lustroso.
tagalo -la *a.-s.* Dic. del individuo de una raza filipina.
tagarnina *f.* Cardillo. Cigarro malo.
tagarote *m.* Hombre alto y desgarbado.
tahalí *m.* Tira de cuero que, cruzada hasta la cintura, sostiene la espada. /mejo.
taheño -ña *a.* Dic. del pelo bertahona *f.* Molino de harina movido por caballería. Panadería.
tahonero -ra *m. f.* Persona que tiene tahona.
tahur -ra *a.-s.* Jugador, dado al juego. Fullero.
taifa *f.* Bandería, parcialidad. Junta de gente de mal vivir.
taimado -da *a.-s.* Astuto, pícaro, disimulado.
tajada *f.* Porción cortada de una cosa. Borrachera.
tajadera *f.* Cuchilla a modo de media luna. Cortafrío.
tajadero *m.* Tajo de cocina.
tajamar *m.* Tablón que, ensamblado en la roda del buque, hiende el agua. Parte que se adiciona a la pila de un puente para que corte la corriente.

tajar *t.* Dividir, cortar una cosa.
tajo *m.* Corte con instrumento adecuado. Tarea. Escarpa cortada a pico. Pedazo de madera grueso para cortar y picar la carne. Trozo de madera sobre la cual se decapitaba a los condenados.
tal *a.* Igual, semejante. Tan grande. Úsase para significar lo no especificado. *pron. indef.* Alguno. *adv.* De esta manera, de tal suerte. /muchachos.
tala *f.* Acción de talar. Juego de **talabarte** *m.* Cinturón de que cuelgan los tirantes de la espada.
talabartero *m.* Guarnicionero.
taladrar *t.* Horadar. Herir los oídos un sonido muy agudo.
taladro *m.* Instrumento para taladrar. Agujero hecho con él.
tálamo *m.* Lugar donde antiguamente los novios celebraban sus bodas. Lecho conyugal.
talanquera *f.* Valla, pared, etc., que sirve de defensa.
talante *m.* Modo de ejecutar una cosa. Semblante, disposición. Voluntad, gusto.
talar *a.* Dic. de la vestidura que llega hasta los talones.
talar *t.* Cortar árboles. Destruir, devastar, arrasar.
talco *m.* Silicato de magnesia, blando, suave al tacto.
talcoso -sa *a.* Compuesto de talco o abundante en él.
talega *f.* Bolsa de tela para llevar o guardar las cosas. Su contenido. Caudal monetario.
talego *m.* Saco largo y angosto de lienzo basto.
talento *m.* Aptitud intelectual, capacidad. Entendimiento. Ant. moneda. /lento.
talentoso -sa *a.* Que tiene talero *m.* Antigua moneda alemana.
talio *m.* Metal parecido al plomo.
talión *m.* Pena en que el delincuente sufre un daño igual al que causó.
talismán *m.* Objeto al que se atribuye virtud sobrenatural.
Talmud *m.* Libro religioso de los judíos.
talón *m.* Calcañar. Parte del calzado que cubre el calcañar. Documento cortado de un libro talonario.
talonario -ria *a.* Dic. del libro de donde se cortan cheques, recibos, etc. *m.* Libro talonario.
talud *m.* Inclinación de un terreno o del paramento de un muro.
talla *f.* Obra de escultura, esp. en madera. Estatura. Instrumento para medirla.
tallar *t.* Dar forma a alguna cosa cortando en ella. Tasar.

Medir la estatura. Llevar la baraja en ciertos juegos.
tallarín *m.* Tira estrecha de pasta de macarrones.
talle *m.* Disposición del cuerpo humano. Cintura. Traza, apariencia.
taller *m.* Oficina donde se hace un trabajo manual.
tallista *m.* Persona que hace obras de talla.
tallo *m.* Órgano del vegetal que lleva las hojas, flores y frutos.
talludo -da *a.* Que tiene tallo grande. Crecido y alto.
tamaño -ña *a.* Tan grande o tan pequeño como. Muy grande. *m.* Volumen o dimensión de una cosa.
támara *f.* Palmera de Canarias. *pl.* Dátiles en racimo. Leña muy delgada.
tamarindo *m.* Árbol leguminoso cuyo fruto se usa como laxante.
tambalear *i.-r.* Menearse una cosa por falta de estabilidad.
tambaleo *m.* Acción de tambalear. /Además.
también *m.* Asimismo, igualmente.
tambor *m.* MÚS. Instrumento de percusión, formado por una caja cilíndrica hueca, con ambas bases cubiertas de piel atirantada. El que lo toca. Aro de madera sobre el cual se tiende una tela para bordarla. ANAT. Tímpano.
tamboril *m.* Tambor pequeño.
tamborilada *f.* = **tamborilazo** *m.* Golpe dado al caer en el suelo. Manotazo en la cabeza o en las espaldas.
tamborilear *i.* Tocar el tamboril. Tabalear. /tamboril.
tamborilero *m.* El que toca el
tamiz *m.* Cedazo muy tupido.
tamizar *t.* Pasar una cosa por el tamiz.
tamo *m.* Pelusa del lino, algodón, lana, etc. Polvo o paja menuda de semillas trilladas.
tampoco *adv.* con que se niega una cosa después de haberse negado otra.
tamujo *m.* Mata con cuyas ramas se hacen escobas.
tan *adv.* Tanto, en tanto grado.
tanagra *f.* Estatuita de arcilla cocida como las halladas en Tanagra.
tanda *f.* Turno. Cada uno de los grupos que alternan en un trabajo. Capa, tonga.
tándem *m.* Bicicleta para dos personas.
tanganillo *m.* Objeto para sostener o apoyar una cosa provisionalmente.
tángano *m.* Chito (juego).

tangencia *f.* Calidad de tangente.
tangencial *a.* Relativo a la tangencia.
tangente *a.* Dic. de las líneas o superficies que se tocan sin cortarse. *f.* Recta que toca en un punto a una curva o a una superficie.
tangerino -na *a.-s.* De Tánger.
tangible *a.* Que se puede tocar.
tango *m.* Baile de movimiento moderado y muy marcado. /no.
tánico -ca *a.* Que contiene tani-
tanino *m.* Substancia astringente que se extrae de la corteza de algunos árboles.
tanque *m.* MAR. Aljibe. MIL. Automóvil de guerra blindado y artillado que avanza por la revolución de unas cadenas movidas por ruedas dentadas.
tantear *t.* Medir una cosa con otra para ver si viene bien. Explorar, examinar. Apuntar los tantos en el juego. Esbozar un dibujo.
tanteo *m.* Acción de tantear. Número de tantos.
tanto -ta *a., pron.* y *adv.* Tal cantidad, en tal cantidad o grado. *m.* Unidad de cuenta en los juegos. *m. pl.* Número indeterminado. /músico.
tañer *t.* Tocar un instrumento
tañido *m.* Son que toca un instrumento. Sonido de la cosa tocada.
tapa *f.* Pieza que cierra por la parte superior las cajas, cofres, etc. Cada una de las dos cubiertas de un libro.
tapaboca *m.* Bufanda. Golpe dado en la boca.
tapaculo *m.* Escaramujo (fruto).
tapadera *f.* Cubierta movible de las ollas, braseros, etc.
tapadillo (de) *m. adv.* A escondidas.
tapafunda *f.* Cubierta de cuero que cierra la boca de las pistoleras.
tapar *t.* Poner algo para cubrir o llenar un agujero o cavidad. Abrigar o proteger un objeto poniéndole algo encima. Encubrir, ocultar, arropar.
taparrabo *m.* Delantalillo de los salvajes. Calzón muy corto usado como traje de baño.
tapete *m.* Alfombra pequeña. Paño que se pone por adorno encima de una mesa o mueble.
tapia *f.* Pared de tierra amasada. Muro de cerca. /pias.
tapial *m.* Molde para hacer ta-
tapiar *t.* Cerrar con tapias. Cerrar con muro o tabique.
tapicería *f.* Juego de tapices. Arte, obra y tienda del tapicero.
tapicero *m.* El que hace o com-

pone tapices. El que tapiza.
tapioca *f.* Fécula que se extrae de la mandioca.
tapir *m.* Mamífero de la India y de América, con el hocico prolongado en forma de pequeña trompa.
tapiz *m.* Paño con grandes dibujos con que se adornan las paredes.
tapizar *t.* Forrar con telas los muebles, o las paredes.
tapón *m.* Pieza con que se tapan botellas, toneles, etc. CIR. Masa de hilos o algodón con que se obstruye una herida, etc. /tapón.
taponar *t.* Cerrar una herida con
taponazo *m.* Golpe y estampido que da el tapón de una botella al destaparla.
taponero -ra *m. f.* Persona que fabrica o vende tapones.
tapujarse *r.* Embozarse.
tapujo *m.* Embozo. Reserva, disimulo.
taquera *f.* Estante para los tacos del billar.
taquigrafía *f.* Arte de escribir tan de prisa como se habla valiéndose de signos especiales.
taquigrafiar *t.* Escribir taquigráficamente un discurso, etc.
taquigráfico -ca *a.* Relativo a la taquigrafía.
taquígrafo -fa *m. f.* Persona que se dedica a la taquigrafía.
taquilla *f.* Despacho de billetes. Casillero para éstos.
taquillero -ra *m. f.* Persona encargada de un despacho de billetes.
tara *f.* Parte de peso que se rebaja de las mercancías por los embalajes. Defecto, tacha.
tarabilla *f.* Cítola. Zoquetillo clavado en el marco de una puerta o ventana y que la asegura al girar. Persona que habla mucho y atropelladamente.
taracea *f.* Labor de incrustación. Entarimado con maderas finas de diversos colores.
taracear *t.* Adornar con taracea.
tarambana *c.* Persona alocada, de poco juicio.
tarantela *f.* Ant. danza de origen italiano.
tarántula *f.* Araña grande de picadura venenosa. /palabras.
tararear *t.* Cantar sin articular
tarasca *f.* Figura de sierpe monstruosa. Mujer fea, mala y desenvuelta.
tarascada *f.* Mordedura. Respuesta áspera o grosera.
taray *m.* Arbusto que crece a orillas de los ríos.
tardanza *f.* Detención, demora.

tardar *i.-r.* Pasar más tiempo del que es necesario. t. Emplear un tiempo determinado.
tarde *f.* Tiempo comprendido entre el mediodía y el anochecer. *adv.* A hora avanzada. Después del tiempo oportuno. /tarde.
tardecer *i.* Empezar a caer la
tardigrado -da *a.-m.* Díc. de los mamíferos que andan lentamente.
tardío -a *a.* Que madura tarde. Que sucede tarde. Lento.
tardo -da *a.* Lento. No expedito en la comprensión.
tardón -dona *a.-s.* Que tarda, flemático.
tarea *f.* Obra, trabajo.
tarifa *f.* Tabla de precios, derechos o impuestos. /tarifa.
tarifar *t.* Fijar o aplicar una
tarifeño -ña *a.-s.* De Tarifa.
tarima *f.* Entablado movible.
tarja *f.* Escudo grande.
tarjeta *f.* Pedazo de cartulina rectangular, esp. el que lleva el nombre, título, etc., de una persona. /tarjetas.
tarjeteo *m.* Cambio frecuente de
tarjetero *m.* Cartera para tarjetas de visita.
tarlatana *f.* Tejido de algodón ligero y ralo.
tarquín *m.* Cieno, légamo.
tarraconense *a.-s.* De Tarragona.
tarro *m.* Vasija cilíndrica.
tarso *m.* Parte posterior del pie, entre el metatarso y la pierna. Parte de la pata de las aves que une los dedos con la tibia.
tarta *f.* Tartera. Torta rellena.
tártago *m.* Planta de propiedades purgantes o eméticas.
tartajear *i.* Hablar pronunciando con torpeza.
tartajeo *m.* Acción de tartajear.
tartajoso -sa *a.-s.* Que tartajea.
tartalear *i.* Moverse sin orden o trémulamente.
tartamudear *i.* Hablar con pronunciación entrecortada.
tartamudeo *m.* Acción de tartamudear. /mudea.
tartamudo -da *a.-s.* Que tarta-
tartán *m.* Tela de lana con cuadros y listas.
tartana *f.* Carruaje de dos ruedas con cubierta abovedada y asientos laterales. Embarcación menor de vela.
tartárico -ca *a.* Tártrico.
tártaro -ra *a.-s.* De Tartaria. *m.* Tartrato ácido de potasio. Sarro de los dientes. poét. El infierno.
tartera *f.* Tortera.
tartrato *m.* Sal del ácido tártrico.
tártrico -ca *a.* Díc. de un áci-

do que se extrae del tártaro.
tarugo *m*. Clavija gruesa de madera. Zoquete. Trozo de madera para formar pavimento.
tarumba (volver a uno) *fr*. Atolondrarle, confundirle.
tas *m*. Yunque pequeño de los plateros.
tasa *f*. Acción de tasar. Precio puesto por la autoridad a las mercancías. Medida, regla.
tasación *f*. Valoración.
tasador *a.-s*. Que tasa.
tasajo *m*. Pedazo de carne acecinado.
tasar *t*. Poner tasa o precio. Valuar, estimar. Poner regla o medida.
tasca *f*. Taberna.
tascar *t*. Espadar. Morder el caballo el freno. /pasadas.
tasto *m*. Mal sabor de viandas
tatarabuelo -la *m. f*. Tercer abuelo. /to.
tataranieto -ta *m. f*. Tercer nie-
¡tate! *interj*. ¡Detente!, ¡poco a poco! Denota también sorpresa.
tato -ta *a*. Tartamudo que vuelve la c y s en t.
tatuaje *m*. Acción de tatuar.
tatuar *t.-r*. Grabar dibujos indelebles en la piel humana.
tau *f*. Letra griega equivalente a *t*.
taujel *m*. Listón, reglón.
taumaturgia *f*. Facultad de realizar prodigios. /gios.
taumaturgo *m*. Autor de prodi-
taurino -na *a*. Relativo al toro o a las corridas de toros.
Tauro *m*. Constelación y signo zodiacal.
taurómaco -ca *a.-s*. Entendido en tauromaquia. /toros.
tauromaquia *f*. Arte de lidiar
tautología *f*. RET. Repetición inútil de un pensamiento.
taxativo -va *a*. Que limita y reduce un caso a determinadas circunstancias.
taxi *m*. Taxímetro (coche).
taxidermia *f*. Arte de disecar animales.
taxímetro *m*. Aparato que, en los automóviles de alquiler, marca la cantidad devengada. Coche con taxímetro. /ción.
taxonomía *f*. H. NAT. Clasifica-
taza *f*. Vasija pequeña y con asa. Pilón de fuente.
tazón *m*. Aum. de *taza*.
te Dativo o acusativo sin preposición del pron. personal de 2.ª pers. singular. *f*. Nombre de la letra t. *m*. Arbolillo de Oriente, con cuyas hojas se hace una infusión estimulante. Hojas de este arbolillo. Infusión hecha con ellas.

tea *f*. Astilla impregnada en resina que sirve para dar luz.
teatino *a.-s*. Dic. del religioso de la orden de San Cayetano.
teatral *a*. Relativo al teatro.
teatro *m*. Lugar destinado a la representación de obras dramáticas. Profesión de actor. Arte de componer obras dramáticas. Lugar de un acontecimiento notable.
tebaico -ca *a*. De Tebas, c. del ant. Egipto.
tebano -na *a.-s*. De Tebas, c. de la ant. Grecia. /duras.
teca *f*. Árbol de madera muy
tecla *f*. Cada una de las piezas que se oprimen con los dedos para hacer sonar ciertos instrumentos músicos o para hacer funcionar ciertos aparatos.
teclado *m*. Conjunto de teclas de un instrumento o aparato.
teclear *i*. Mover las teclas. Menear los dedos como el que mueve las teclas.
tecleo *m*. Acción de teclear.
tecnicismo *m*. Término técnico. Terminología de una ciencia o arte.
técnico -ca *a*. Relativo a las aplicaciones de las ciencias o artes. Propio del lenguaje de una ciencia, arte u oficio. *m*. El que está versado en una ciencia o arte.
tecnología *f*. Conjunto de conocimientos propios de un oficio o industria. Tecnicismo (terminología).
techado *m*. Techo.
techar *t*. Cubrir un edificio.
techo *m*. Parte superior que cubre un edificio o habitación.
techumbre *f*. Techo de un edificio.
tedeum *m*. Cántico litúrgico para alabar y dar gracias a Dios.
tedio *m*. Fastidio, hastío.
tedioso -sa *a*. Fastidioso.
tegumento *m*. Tejido que recubre ciertas partes de los seres orgánicos.
teína *f*. Cafeína.
teísmo *m*. Creencia en la existencia de un Dios personal.
teja *f*. Pieza de barro cocido en forma de canal, para cubrir por fuera los techos.
tejado *m*. Cubierta de edificio, hecha gralte. con tejas.
tejar *m*. Fábrica de tejas.
tejar *t*. Cubrir con tejas.
tejedor -ra *a.-s*. Que teje. *m*. Insecto que corre por la superficie del agua.
tejer *t*. Entrelazar o cruzar hilos para formar telas, trencillas, etc. Discurrir, maquinar.

Cruzar o mezclar con orden.
tejería *f.* Tejar.
tejero -ra *m. f.* Persona que fabrica tejas. *f.* Tejar.
tejido *m.* Textura; cosa tejida. En un ser orgánico, agregado de células de la misma estructura y análoga función.
tejo *m.* Pedazo de teja, ladrillo, etc., usado para jugar.
tejón *m.* Mamífero carnicero, de piel dura y pelaje largo, espeso y de tres colores.
tejuelo *m.* Dim. de *tejo*. Rótulo en el lomo de un libro. MEC. Pieza en que se apoya el gorrón de un árbol.
tela *f.* Obra hecha de muchos hilos entrecruzados. Tejido que forma la araña. Membrana.
telar *m.* Máquina para tejer.
telaraña *f.* Tela que forma la araña. Cosa sutil.
teledirigido, da *a.* Dirigido a distancia por medio de ondas hertzianas.
telefonear *t.-i.* Hablar por teléfono. /nico.
telefonema *m.* Despacho telefónico.
telefonía *f.* Arte de construir, instalar y manejar teléfonos.
telefonista *c.* Persona ocupada en el servicio de teléfonos.
teléfono *m.* Conjunto de aparatos con que se transmite a distancia el sonido.
telegrafía *f.* Arte de construir, instalar y manejar los telégrafos.
telegrafiar *t.-i.* Comunicar algo por medio del telégrafo.
telegrafista *c.* Persona ocupada en el servicio de telégrafos.
telégrafo *m.* Conjunto de aparatos destinados a transmitir despachos a larga distancia.
telegrama *m.* Despacho telegráfico.
teleósteo -a *a.-s.* Díc. de los peces de esqueleto óseo.
telero *m.* Palo de las barandas de los carros.
telescópico -ca *a.* Relativo al telescopio. Que sólo es visible con el telescopio.
telescopio *m.* Instrumento óptico para observar los cuerpos celestes.
televisión *f.* Visión de cosas lejanas mediante las ondas hertzianas. /sión.
televisor *m.* Aparato de televisión.
telón *m.* Lienzo grande que puede subirse o bajarse en el escenario de un teatro.
telúrico -ca *a.* Relativo a la Tierra como planeta.
telurio *m.* Metaloide cristalino.
telliza *f.* Colcha. /muy raro.
tema *m.* Asunto de un discurso, escrito, etc. Idea fija. Manía. Porfía.
temático -ca *a.* Relativo al tema. Temoso.
temblar *i.* Agitarse una persona con pequeños movimientos rápidos, continuos e involuntarios. Tener mucho miedo.
tembleque *a.* Tembloroso. *m.* Persona o cosa que tiembla mucho.
temblequear = tembletear *i.* Temblar con frecuencia. Afectar temblor.
temblón -blona *a.* Que tiembla. *a.-m.* Díc. del álamo cuyas hojas parecen temblar continuamente.
temblor *m.* Agitación de lo que tiembla. /mucho.
tembloroso -sa *a.* Que tiembla
temer *t.* Tener a una persona o cosa por objeto de temor. Recelar un daño. Sentir por alguno temor reverencial. Sospechar, creer. *i.* Sentir temor.
temerario -ria *a.* Imprudente, inconsiderado. Hecho o dicho sin fundamento.
temeridad *f.* Calidad de temerario. Acción temeraria. Juicio temerario. /valentía.
temerón -rona *a.-s.* Que afecta
temeroso -sa *a.* Que causa temor. Medroso, irresoluto.
temor *m.* Pasión del ánimo que incita a rehusar lo que se considera dañoso o arriesgado. Recelo de un daño futuro.
temoso -sa *a.* Tenaz, porfiado.
témpano *m.* Timbal. Piel del pandero, tambor, etc. Bloque o pedazo de hielo. Tapa de cuba o tonel.
temperamento *m.* Temperie. Carácter físico y mental de un individuo. /plar.
temperar *t.* Atemperar. MED. Temperatura *f.* Grado de calor en los cuerpos. Temperie.
temperie *f.* Estado de la atmósfera.
tempero *m.* Sazón que adquiere la tierra con la lluvia.
tempestad *f.* Fuerte perturbación de la atmósfera, de las aguas del mar o del ánimo.
tempestivo -va *a.* Oportuno.
tempestuoso -sa *a.* Que causa o constituye tempestades. Expuesto a ellas.
templado -da *a.* Moderado. Ni frío ni caliente. Valiente con serenidad.
templanza *f.* Virtud que modera los apetitos, pasiones, etc. Sobriedad. Benignidad del clima.
templar *t.* Moderar o suavizar la

fuerza de una cosa. Dar el temple a un metal. Disponer un instrumento para que dé las notas con exactitud.
templario *m*. Individuo de una orden religiosa y militar cuyo fin era asegurar los Santos Lugares de Jerusalén.
temple *m*. Temperie. Temperatura. Punto de dureza o elasticidad dado a un metal, cristal, etc. Estado del genio. Arrojo, valentía.
templete *m*. Armazón pequeña en figura de templo. Pabellón, quiosco.
templo *m*. Edificio destinado públicamente a un culto.
témpora *f*. Tiempo de ayuno en cada estación del año.
temporada *f*. Espacio de días, meses, etc., que se consideran formando un conjunto.
temporal *a*. Relativo al tiempo. Que sólo dura algún tiempo. Seglar, profano. Relativo a las sienes. *m*. Tempestad.
temporalidad *f*. Calidad de temporal.
temporero -ra *a.-s.* Que desempeña un empleo sólo por algún tiempo.
tempranal *a.-m.* Díc. del plantío de fruto temprano.
tempranero -ra *a*. Temprano.
temprano -na *a*. Adelantado, que es antes del tiempo ordinario. *adv*. En las primeras horas del día o de la noche. En tiempo anterior al señalado.
tenacidad *f*. Calidad de tenaz.
tenacillas *f*. *pl*. Despabiladeras. Instrumento a manera de tenazas pequeñas.
tenaz *a*. Que se pega o prende con fuerza. Que opone mucha resistencia a romperse o deformarse. Firme, terco.
tenazas *f*. *pl*. Instrumento de metal para asir o agarrar, compuesto de dos brazos movibles trabados por un eje.
tenazón (a o de) *m. adv*. Sin fijar la puntería. /dulce.
tenca *f*. Pez comestible de agua
tendal *m*. Toldo. Tendedero.
tendalera *f*. Desorden de las cosas tendidas por el suelo.
tendedero *m*. Sitio donde se tiende algo.
tendejón *m*. Cobertizo. /sión.
tendencia *f*. Inclinación, propen-
ténder *m*. Vagón enganchado a la locomotora que lleva el combustible y el agua.
tender *t*. Desdoblar, extender. Esparcir una cosa amontonada. Propender a algún fin. *r*. Tumbarse a la larga.
tenderete *m*. Puesto de venta al aire libre. Cierto juego de naipes. /tiene tienda.
tendero -ra *m. f*. Persona que
tendido -da *a*. Díc. del galope más veloz del caballo y de la carrera violenta del hombre. *m*. Acción de tender. Gradería próxima a la barra en las plazas de toros. /dones.
tendinoso -sa *a*. Que tiene tendones.
tendón *m*. Haz de fibras conjuntivas que une los músculos a los huesos.
tenducha *f*. y **-cho** *m*. Tienda pobre y de mal aspecto.
tenebrario *m*. Candelabro triangular, con quince velas, que se enciende en los oficios de tinieblas de la Semana Santa.
tenebroso -sa *a*. Oscuro, cubierto de tinieblas. Confuso.
tenedor -ra *a*. Que tiene una cosa. *m*. Utensilio de mesa, consistente en un astil con tres o cuatro púas. *Tenedor de libros*, el que tiene a su cargo los libros de contabilidad.
teneduría *f*. Cargo del tenedor de libros. *Teneduría de libros*, arte de llevar los libros de contabilidad.
tenencia *f*. Ocupación o posesión de una cosa. Cargo de teniente.
tener *t*. Estar lo expresado por el complemento directo en ciertas relaciones, esp. de posesión, pertenencia o afección, con la persona o cosa designada por el sujeto. Asir, mantener asido. Detener. Sostener. *t.-r*. Considerar, juzgar. *r*. Afirmarse para no caer. *Tener que* o *de*, estar obligado o precisado a.
tenería *f*. Curtiduría.
tenia *f*. Gusano parásito del intestino del hombre, de cuerpo largo y segmentado.
teniente *a*. Algo sordo. *m*. El que ejerce el cargo o ministerio de otro. MIL. Oficial inmediatamente inferior al capitán.
tenífugo -ga *a.-m*. Díc. del medicamento eficaz para la expulsión de la tenia.
tenor *m*. Constitución de una cosa. Contenido literal de un escrito. Voz media entre la de contralto y la de barítono. Persona que la tiene.
tensión *f*. Estado de un cuerpo sometido a fuerzas que lo estiran. Fuerza con que los gases tienden a dilatarse. Tendencia de una carga eléctrica

a pasar de un cuerpo a otro.
tenso -sa *a.* Que se halla en tensión.
tentación *f.* Persona o cosa que induce a una cosa mala. Estado del que se siente impulsado a hacer una cosa.
tentáculo *m.* Cada uno de los apéndices largos y flexibles de ciertos animales invertebrados.
tentadero *m.* Lugar en que se hace la tienta de becerros.
tentar *t.* Palpar, tocar. Examinar. Instigar, inducir. Intentar.
tentativa *f.* Acción con que se intenta una cosa.
tentemozo *m.* Puntal que se aplica a una cosa expuesta a caerse.
tentempié *m.* Refrigerio. /se.
tenue *a.* Delicado, delgado. De poca importancia.
tenuidad *f.* Calidad de tenue.
teñido *m.* Acción de teñir.
teñir *t.-r.* Dar a una cosa color diferente del que tenía.
teocracia *f.* Gobierno ejercido directamente por Dios o por los sacerdotes, como representantes suyos.
teocrático -ca *a.* Concerniente a la teocracia.
teodicea *f.* Teología natural.
teodolito *m.* Instrumento topográfico para medir ángulos.
teologal *a.* Teológico. *Virtudes teologales:* Fe, Esperanza y Caridad.
teología *f.* Doctrina sobre la esencia, existencia y atributos de Dios.   /teología.
teológico -ca *a.* Relativo a la
teólogo -ga *a.* Teológico. *m. f.* Persona que se dedica a la teología.
teorema *m.* Proposición que afirma una verdad demostrable.
teoría *f.* Conocimiento especulativo. Principios generales de un arte o ciencia. Serie de leyes que relacionan un orden de fenómenos.
teórico -ca *a.* Relativo a la teoría. *m. f.* Versado en la teoría de un arte o ciencia.
teoso -sa *a.* Díc. de la madera resinosa.
teosofía *f.* Movimiento religioso fundado en ciertas doctrinas orientales.   /sofía.
teósofo *m.* El que profesa la teo-
tepe *m.* Pedazo de tierra cubierto de césped y muy trabado por las raíces.
terapéutica *f.* Parte de la medicina que tiene por objeto el tratamiento de las enfermedades.   /a la terapéutica.
terapéutico -ca *a.* Concerniente
tercer *a.* Apóc. de *tercero.*

tercería *f.* Oficio de tercero.
tercero -ra *a.-s.* Que sigue en orden al segundo. Que media entre dos o más personas. *m.* Persona que no es ninguna de dos o más de quien se trata.
tercerola *f.* Arma de fuego algo más corta que la carabina.
terceto *m.* Combinación métrica de tres endecasílabos. mús. Conjunto de tres voces o instrumentos. Composición para ellos.
tercia *f.* Tercio (tercera parte). Tercera parte de una vara. Una de las horas menores del oficio divino. Segunda de las cuatro partes en que dividían los romanos el día.
terciado *a.* Díc. del azúcar un poco moreno.
terciana *f.* Calentura intermitente que repite al tercer día.
terciar *t.* Poner una cosa atravesada al sesgo. *i.* Mediar en algún ajuste o discordia.
terciario -ria *a.* Tercero en orden o grado. Díc. de la era geológica inmediatamente posterior a la secundaria.
tercio -cia *a.* Tercero. *m.* Tercera parte de una cosa. Cuerpo militar de voluntarios.
terciopelo *m.* Tela velluda y tupida de seda o algodón.
terco -ca *a.* Pertinaz, obstinado.
terebinto *m.* Arbolillo que exuda una trementina blanca.
terebrante *a.* Díc. del dolor punzante.   /versar.
tergiversación *f.* Acción de tergi-
tergiversar *t.* Forzar un argumento, repetir palabras o relatar un hecho deformándolas.
terliz *m.* Tela fuerte tejida con tres lizos.
termal *a.* Relativo a las termas.
termas *f. pl.* Caldas. Baños públicos de los ant. romanos.
terminación *f.* Acción de terminar. Extremo, parte final.
terminacho *m.* Voz vulgar; término raro.
terminal *a.* Final, último.
terminante *a.* Claro, concluyente.
terminar *t.* Poner fin a una cosa, acabarla. *i.-r.* Tener fin una cosa, acabar.
término *m.* Hito, mojón. Fin. Límite. Plazo. Vocablo. PINT. Plano en que se representa un objeto en un cuadro. MAT. Cada una de las cantidades que componen un polinomio o forman una razón, una progresión o un quebrado.
terminología *f.* Conjunto de términos propios de una profesión, ciencia, etc.
termoelectricidad *f.* Electricidad

producida por la acción del calor. /termoelectricidad.
termoeléctrico -ca a. Relativo a la
termómetro m. Instrumento para medir la temperatura.
termosifón m. Aparato anejo a la cocina que sirve para calentar agua que luego se distribuye a los baños, lavabos, etc.
terna f. Conjunto de tres personas entre las cuales se elige la que ha de desempeñar un cargo. /tres elementos.
ternario -ria a. Compuesto de
terne a.-s. Valentón. a. Obstinado. Robusto.
ternera f. Cría hembra de la vaca. Carne de ternero o de ternera.
ternero m. Cría macho de la vaca.
terneza f. Ternura. Requiebro.
ternilla f. Cartílago, esp. el que forma lámina.
ternilloso -sa a. Compuesto de ternillas. Parecido a ellas.
terno m. Conjunto de tres cosas de una misma especie. Pantalón, chaleco y chaqueta de la misma tela. Serie de tres números de la lotería primitiva. Voto, juramento.
ternura f. Calidad de tierno. Requiebro.
terquedad f. Calidad de terco. Porfía molesta. /cocido.
terracota f. Escultura de barro
terrado m. Sitio de una casa, descubierto y por lo común elevado.
terraja f. Instrumento para hacer molduras de yeso. Instrumento para labrar roscas de tornillo.
terral a.-m. Dic. del viento que sopla de tierra.
terraplén m. Macizo de tierra con que se rellena un hueco o que se levanta con algún fin.
terraplenar t. Rellenar de tierra. Levantar un terraplén.
terráqueo -a a. Que está compuesto de tierra y agua.
terrateniente c. Dueño de tierra o hacienda.
terraza f. Jarra vidriada de dos asas. Faja de terreno llano que forma escalón. Terrado.
terremoto m. Sacudida de la superficie terrestre.
terrenal a. Perteneciente a la tierra o a este mundo.
terreno -na a. Terrestre. Terrenal. m. Espacio de tierra. Esfera de acción. Orden de materias de que se trata.
térreo -a a. De tierra. Parecido a ella. /sin vegetación.
terrera f. Terreno escarpado y
terrero -ra a. Relativo a la tierra. Bajo, humilde. m. Terrado. Montón de tierra.

terrestre a. Relativo a la tierra.
terrible a. Que causa terror. Atroz. /rra.
terrícola c. Habitante de la tie-
terrífico -ca a. Que aterroriza.
territorial a. Perteneciente al territorio.
territorio m. Extensión de tierra perteneciente a una nación, región, provincia, etc. /brillo.
terrizo -za a. De tierra. Le-
terromontero m. Montoncillo de tierra, cerro pequeño.
terrón m. Masa pequeña y apretada de tierra u otras substancias.
terror m. Miedo extremado, pavor. Persona o cosa que lo infunde.
terrorífico a. Terrífico.
terrorismo m. Dominación por el terror. Actos de violencia ejecutados para infundir terror.
terrorista c. Persona que practica el terrorismo.
terroso -sa a. De la naturaleza de la tierra.
terruño m. Masa pequeña de tierra. Terreno. País natal.
terso -sa a. Limpio, claro, bruñido.
tersura f. Calidad de terso.
tertulia f. Reunión habitual de personas que se juntan para conversar o recrearse.
tertuliano -na = **tertulio -lia** a.-s. Que concurre a una tertulia.
tesalio -lia a. De Tesalia.
tesar t. MAR. Atirantar.
tesis f. Proposición mantenida con razonamientos. Disertación para doctorarse.
tesitura f. MÚS. Conjunto de sonidos propios de cada voz o instrumento. Actitud o disposición del ánimo. /un cerro.
teso -sa a. Tieso. m. Cima de
tesón m. Firmeza, inflexibilidad.
tesonero -ra a. Que tiene tesón.
tesorería f. Cargo y oficina del tesorero.
tesorero -ra m. f. Persona encargada de la custodia y distribución de caudales.
tesoro m. Cantidad de dinero, alhajas, etc., reunida y guardada. Erario. Persona o cosa de mucho precio o estimación.
tespíades f. pl. Las musas.
testa f. Cabeza. Parte anterior de algunas cosas.
testáceo a.-m. Dic. de los animales que tienen concha.
testación f. Acción de testar.
testador -ra m. f. Persona que hace testamento.
testaferro m. El que presta su nombre en un negocio ajeno.
testamentaría f. Ejecución de lo

dispuesto en un testamento. Juicio para liquidar y partir la herencia.
testamentario -ria *a.* Relativo al testamento. *m. f.* Persona encargada por el testador de cumplir su última voluntad.
testamento *m.* Declaración que hace una persona disponiendo de sus bienes para después de su muerte. /char.
testar *i.* Hacer testamento. Ta-
testarada *f.* = **testarazo** *m.* Golpe dado con la testa.
testarudez *f.* Calidad de testarudo. /fiado.
testarudo -da *a.-s.* Terco, porfiado.
testera *f.* Frente de una cosa. Asiento del coche, en que se va de frente.
testero *m.* Testera.
testículo *m.* Glándula propia del macho.
testificación *f.* Acción de testificar. /tigos.
testifical *a.* Referente a los testigos.
testificar *t.* Probar con referencia a testigos y documentos. Deponer como testigo. Declarar con verdad una cosa.
testificativo -va *a.* Que testifica.
testigo *c.* Persona que presencia una cosa o que da testimonio de ella.
testimonial *a.* Que constituye testimonio. *f. pl.* Documento que hace fe.
testimoniar *t.* Atestiguar.
testimonio *m.* Atestación, aseveración. Prueba de la certeza de una cosa.
testudo *m.* Cubierta que formaban ant. los soldados uniendo los escudos sobre sus cabezas.
testuz *m.* Frente de algunos animales.
tesura *f.* Tiesura. /males.
teta *f.* Órgano glandular de los mamíferos que sirve en las hembras para la secreción de la leche. /tanos.
tetánico -ca *a.* Relativo al tétanos
tétanos *m.* Enfermedad infecciosa caracterizada por la contracción convulsiva de los músculos.
tetar *t.* Amamantar.
tetera *f.* Vasija para preparar y servir el té.
tetilla *f.* Teta del macho. Pezón de goma que se pone al biberón.
tetina *f.* Tetilla de biberón.
tetraedro *m.* Poliedro de cuatro caras.
tetrarca *m.* Señor de la cuarta parte de un reino. Gobernador de un territorio. /trarca.
tetrarquía *f.* Dignidad de tetétrico -ca** *a.* Triste, sombrío.

teurgia *f.* Magia de los ant. gentiles.
teurgo *m.* Mago.
teutón -ona *a.-s.* De un ant. pueblo germánico. Alemán.
teutónico -ca *a.* Relativo a los teutones.
textil *a.-s.* Que puede tejerse. Referente al arte de tejer.
texto *m.* Todo lo que se dice en el cuerpo de una obra, o de una ley. Pasaje citado.
textual *a.* Propio del texto o conforme a él.
textura *f.* Disposición de los hilos en una tela. Operación de tejer. Estructura.
tez *f.* Superficie, esp. la del rostro humano.
theta *f.* Letra griega de sonido semejante a la z.
ti *m.* Forma fuerte del pron. pers. de 2.ª pers. singular para el masc. y el fem. Se usa siempre precedida de preposición.
tía *f.* Hermana o prima del padre o de la madre.
tiara *f.* Gorro alto de los antiguos persas. Mitra del Papa.
tiberio *m.* Ruido, confusión.
tibetano -na *a.-s.* Del Tibet.
tibia *f.* Hueso principal y anterior de la pierna.
tibieza *f.* Calidad de tibio.
tibio *a.* Templado, ni frío ni caliente. Flojo, poco fervoroso.
tibor *m.* Vaso grande de China o del Japón.
tiburón *m.* Pez marino, grande y muy voraz. /llete.
ticket *m.* Anglic. por vale, bi-
tictac *m.* Onomat. del ruido del reloj.
tiempo *m.* Duración de las cosas sujetas a mudanza. Época durante la cual vive una persona o sucede una cosa. Estación del año. Edad. Oportunidad, coyuntura de hacer algo. Estado de la atmósfera. Accidente del verbo que expresa el tiempo en que ocurre la acción.
tienda *f.* Armazón de palos cubierta con telas o pieles que sirve de alojamiento. Establecimiento de comercio al por menor.
tienta *f.* Operación en que se prueba la bravura de los becerros. CIR. Sonda.
tiento *m.* Ejercicio del tacto. Pulso. Miramiento, cuidado. Palo con que se guían los ciegos. Varita que usa el pintor para apoyar la mano.
tierno -na *a.* Blando, delicado, flexible. Reciente, de poco tiempo. Propenso al llanto. Afectuoso, cariñoso.

tierra *f.* Planeta que habitamos. Parte sólida de su superficie. El material más blando de los que forman esta superficie. Terreno dedicado al cultivo. Territorio, región, patria. Suelo.
tieso -sa *a.* Que con dificultad se dobla. Tenso, tirante. Terco. Afectadamente grave.
tiesta *f.* Canto de las tapas de los toneles.
tiesto *m.* Pedazo de vasija de barro. Maceta.
tiesura *f.* Dureza o rigidez. Gravedad afectada.
tífico -ca *a.* Perteneciente al tifus. *a.-s.* Que tiene tifus.
tifo *m.* Tifus.
tifoideo -a *a.* Relativo al tifus o parecido a él.
tifón *m.* METEOR. Manga. Huracán en el mar de la China.
tifus *m.* Fiebre contagiosa acompañada de una erupción de manchas rojas.
tigre *m.* Mamífero félido, muy feroz, grande, de pelaje amarillento con rayas negras.
tija *f.* Astil de la llave.
tijera *f.* Instrumento cortante, compuesto de dos hojas de acero trabadas por un eje. Ú. M. en plural.
tijereta *f.* Zarcillo de la vid. Insecto muy dañoso para las plantas.
tijeretada *f.* = **tijeretazo** *m.* Corte hecho de un golpe con las tijeras.
tijeretear *t.* Dar tijeretadas.
tijereteo *m.* Acción de tijeretear. Ruido de las tijeras.
tila *f.* Tilo. Flor del tilo y bebida hecha con ella.
tilburí *m.* Coche de dos ruedas, ligero y sin cubierta.
tildar *t.* Poner tildes. Borrar, tachar. Señalar con alguna nota denigrativa.
tilde *amb.* Rasgo que se pone sobre la ñ o sobre algunas abreviaturas. Tacha. *f.* Cosa mínima.
tilín *m.* Sonido de la campanilla.
tilo *m.* Árbol de flores blanquecinas, olorosas y medicinales.
tillado *m.* Entablado.
tillar *t.* Solar con tablas.
tímalo *m.* Pez parecido al salmón.
timar *t.* Quitar o hurtar con engaño. /azar.
timba *f.* Partida de juego de
timbal *m.* MÚS. Especie de tambor de caja metálica hemisférica. /bales.
timbalero *m.* El que toca los timbrar *t.* Estampar un timbre o sello.
timbre *m.* Sello. Aparato de llamada movido por un resorte o por la electricidad. Sonido característico de una voz o instrumento. Acción gloriosa.
timidez *f.* Calidad de tímido.
tímido -da *a.* Temeroso, encogido.
timo *m.* Tímalo. Acción de timar. Glándula situada detrás del esternón. *m.* Timonel. /ricos.
timocracia *f.* Gobierno de los más
timol *m.* Substancia muy usada como desinfectante.
timón *m.* Palo derecho que sale de la cama del arado. Pértigo. Pieza que sirve para gobernar la nave.
timonear *i.* Gobernar el timón.
timonel *m.* El que gobierna el timón.
timonera *f.* Sitio del timonel. Pluma grande de la cola del ave.
timonero *a.* Dic. del arado común o de timón. *m.* Timonel.
timorato -ta *a.* Que teme a Dios. Tímido, indeciso.
tímpano *m.* Tamboril. Instrumento de percusión formado por varias tiras de vidrio. Espacio triangular entre las cornisas de un frontón. Membrana del oído.
tina *f.* Tinaja. Vasija grande en forma de media cuba.
tinaco *m.* Tina pequeña de madera.
tinada *f.* Montón de leña. Cobertizo para el ganado.
tinaja *f.* Vasija grande, mucho más ancha por el medio que por la boca y por el fondo.
tinajero *m.* El que hace o vende tinajas. Lugar donde se ponen las tinajas.
tinerfeño -ña *a.-s.* De Tenerife.
tingitano -na *a.-s.* De Tánger.
tinglado *m.* Cobertizo. Tablado. Enredo, maquinación.
tiniebla *f. sing.* o *pl.* Falta de luz. *pl.* Suma ignorancia.
tino *m.* Hábito de acertar a tientas. Destreza para dar en el blanco. Juicio y cordura.
tinta *f.* Substancia de color, fluida o viscosa, para escribir, dibujar o imprimir. Tinte. *f. pl.* Matices de color.
tintar *t.* Teñir.
tinte *m.* Acción de teñir. Color con que se tiñe. Establecimiento donde se tiñe.
tintero *m.* Vaso en que se pone la tinta de escribir.
tintín *m.* Sonido de la campanilla, el choque de copas, etc.
tintinear *i.* Producir tintín.
tintineo *m.* Acción de tintinear.
tinto -ta p. p. irreg. de *teñir*. *a.* Dic. de la uva y del vino

color obscuro.

tintóreo -a *a.* Dic. de las plantas u otras substancias colorantes.

tintoreria *f.* Oficio y establecimiento del tintorero.

tintorero -ra *m. f.* Persona que tiene por oficio teñir. *f.* Mujer del tintorero.

tintura *f.* Acción de teñir. Líquido con que se tiñe. Disolución de una substancia medicinal en un líquido.

tiña *f.* Afección contagiosa de la piel del cráneo. Miseria, mezquindad.

tiñoso -sa *a.-s.* Que padece tiña. Miserable, mezquino.

tio *m.* Hermano o primo del padre o de la madre.

tiovivo *m.* Recreo de feria que consiste en varios asientos colocados en una plataforma giratoria.

tipejo *m.* Persona ridícula.

típico -ca *a.* Peculiar, característico.

tiple *m.* La más aguda de las voces humanas. *c.* Persona que la tiene.

tipo *m.* Modelo ideal. Ejemplo característico de una especie, género, etc. Simbolo. Letra de imprenta. Persona original. Figura o talle de una persona. H. NAT. Categoría de clasificación entre el reino y la clase.

tipografía *f.* Imprenta.

tipográfico -ca *a.* Relativo a la tipografía.

tipógrafo *m.* Impresor.

tiquismiquis *m. pl.* Escrúpulos vanos.

tira *f.* Pedazo largo y angosto de una cosa delgada.

tirabotas *m.* Gancho de hierro para calzarse las botas.

tirabuzón *m.* Sacacorchos. Rizo de cabello pendiente en espiral.

tirada *f.* Acción de tirar. Acción de imprimir. Número de ejemplares de una edición. Lo que se dice o escribe de un tirón. Distancia.

tiradero *m.* Puesto donde el cazador acecha.

tirador -ra *m.-f.* Persona que tira. Persona que estira. *m.* Asidero, cordón, etc., de que se tira. Juguete para disparar piedrecitas. Prensista.

tiralíneas *m.* Instrumento para tirar líneas de tinta.

tirana *f.* Ant. canción española.

tiranía *f.* Gobierno de un tirano. Abuso de poder o fuerza.

tiranicida *a.-s.* Que mata a un tirano.

tiranicidio *m.* Muerte dada a /un tirano.

tiránico -ca *a.* Propio de un tirano. Relativo a la tiranía.

tiranizar *t.* Dominar tiránicamente.

tirano -na *a.-s.* Que gobierna contra derecho. Que abusa de su poder. Dic. de la pasión que domina el ánimo.

tirante *a.* Tenso. *m.* Cuerda o correa para tirar del carruaje. Cada una de las dos tiras con que se suspende de los hombros el pantalón.

tirantez *f.* Calidad de tirante.

tirapié *m.* Correa con que el zapatero sujeta el zapato al coserlo.

tirar *i.* Hacer fuerza para traer hacia si o llevar tras de sí. Atraer. Propender. Asemejarse. Durar, mantenerse. Producirse la corriente de aire en un conducto. Esgrimir. *t.* Arrojar, lanzar. Disparar un arma. Derribar. Estirar. Reducir a hilo un metal. Hacer líneas. Imprimir.

tirilla *f.* Tira de lienzo en el cuello de las camisas para fijar en ellas el cuello postizo.

tirio -ria *a.-s.* De Tiro, c. de Fenicia.

tiritar *i.* Temblar de frío.

tiritón *m.* Estremecimiento del que tirita.

tiro *m.* Acción de tirar. Disparo de un arma de fuego. Alcance de un arma arrojadiza o de fuego. Lugar donde se tira al blanco. Corriente de aire en un conducto. Caballerías que tiran de un carruaje. Tirante de carruaje. Longitud de una pieza de tejido.

tiroideo -a *a.* Relativo al tiroides.

tiroides *a.-m.* Dic. de la glándula situada en la parte anterior y superior de la tráquea. Dic. del cartílago principal de la laringe.

tirolés -lesa *a.-s.* Del Tirol.

tirón *m.* Acción de tirar con violencia. Estirón.

tirotear *t.-r.* Disparar repetidamente tiros contra alguien.

tiroteo *m.* Acción de tirotear.

tirria *f.* Odio, ojeriza.

tirso *m.* Vara enramada que servía de cetro a Baco.

tisana *f.* Bebida medicinal que resulta de cocer en agua ciertas hierbas.

tísico -ca *a.-s.* Que padece tisis.

tisis *f.* Tuberculosis, esp. la pulmonar.

tisú *m.* Tela de seda entretejida con hilos de oro o plata.

titán *m.* MIT. Gigante.

titánico -ca *a.* Relativo a los ti-

tanes. Desmesurado.
titanio -nia *a.* Titánico. *m.* Metal pulverulento, de color gris de acero.
titere *m.* Figurilla que, movida con algún artificio, imita los movimientos humanos. Sujeto ridículo o informal.
titi *m.* Mono pequeño, de la América del Sur.
titilación *f.* Acción de titilar.
titilar *i.* Agitarse con ligero temblor. Centellear.
titiritar *i.* Temblar de frío o de miedo.
titiritero -ra *m. f.* Persona que maneja los títeres. Volatinero.
titubear *i.* Oscilar, tambalearse. Vacilar, dudar.
titubeo *m.* Acción de titubear.
titulado *m.* Persona que tiene un título.
titular *a.* Que tiene algún título. Que da su nombre por título a otra cosa. *a.-f.* IMPR. Dic. de la letra mayúscula usada en títulos.
titular *t.* Poner título.
título *m.* Designación distintiva de una obra, capítulo, etc. Dignidad nobiliaria. Documento que acredita la propiedad de una cosa o el derecho a ejercer un empleo o profesión. Razón, pretexto.
tiza *f.* Arcilla blanca para escribir en los encerados.
tiznar *t.* Manchar con tizne, hollín, etc.   /ce la lumbre.
tizne *amb.* Humo, hollín que hace
tiznón *m.* Mancha de tizne.
tizo *m.* Pedazo de leña mal carbonizada.
tizón *m.* Palo a medio quemar. Honguillo negruzco, parásito de los cereales.
tizona *f.* Espada.   /tizón.
tizonazo *m.* Golpe dado con un
toalla *f.* Lienzo para secarse la cara, manos, etc.
toba *f.* Piedra caliza muy porosa y ligera. Sarro de los dientes.
tobera *f.* Abertura tubular por donde entra el aire en un horno o forja.
tobillo *m.* Protuberancia en el lugar donde la pierna se une con el pie.
tobogán *m.* Especie de trineo bajo para deslizarse en planos inclinados.
toca *f.* Prenda de tela con que se cubría la cabeza. La usada por las monjas. Casquete o sombrero de ala pequeña usada por las señoras.
tocado *m.* Peinado y adorno de la cabeza en la mujer.
tocador -ra *a.-s.* Que toca. *m.* Mueble con espejo para el aseo y peinado. Aposento destinado a este fin.
tocamiento *m.* Acción de tocar.
tocar *t.* Ejercitar el sentido del tacto. Llegar a una cosa con la mano, un bastón, etc. Hacer sonar un instrumento. Tratar un asunto. *i.-r.* Entrar en contacto una cosa con otra. *i.* Pertenecer, corresponder. Caer en suerte. *t.-r.* Peinar y adornar el cabello. *r.* Cubrirse la cabeza.   /sical.
tocata *f.* Breve composición mu-
tocayo -ya *m. f.* Respecto de una persona, otra que tiene su mismo nombre.
tocinería *f.* Tienda del tocinero.
tocinero -ra *m.-f.* El que vende tocino. Mujer del tocinero.
tocino *m.* Carne gorda del cerdo, esp. la salada.
tocón *m.* Parte del tronco que queda unida a la raíz cuando cortan el árbol.
tocho -cha *a.* Tosco, grosero.
todabuena y **todasana** *f.* Planta medicinal de flores amarillas.
todavía *adv.* Denota que en un momento determinado sigue produciéndose algo o que no se ha producido lo que se espera. A pesar de eso.
todo -da *a.* Entero, cabal. Cada. *m.* La cosa entera.
todopoderoso -sa *a.* Omnipotente. Por anton. *El Todopoderoso*, Dios.
toesa *f.* Antigua medida francesa de longitud.
tofana (agua) *f.* Antiguo veneno.
toga *f.* Vestidura exterior que llevaban los romanos. Ropa talar que se ponen sobre el vestido los magistrados, abogados, catedráticos, etc.
togado -da *a.-s.* Que viste toga.
toisón *m.* Orden de caballería instituida por Felipe el Bueno.
tojo *m.* Variedad de aulaga.
tolano *m.* Pelillo corto del cogote.
toldilla *f.* Cubierta parcial que tienen algunos buques en la parte de popa.
toldo *m.* Cubierta de tela que se tiende para que dé sombra. Cubierta de un carro.
tole *m.* Confusión y gritería popular. Desaprobación general.
toledano -na *a.-s.* De Toledo.
tolerable *a.* Que se puede tolerar.
tolerancia *f.* Acción de tolerar. Disposición a admitir en los demás una manera de ser, de obrar o de pensar.
tolerante *a.* Que tolera.
tolerar *t.* Sufrir, llevar con paciencia. Disimular, permitir.

tolete m. Escálamo.
tolmo m. Peñasco aislado.
tolondro -dra y **-drón -drona** a.-s. Aturdido, alocado. m. Chichón.
tolú m. Árbol del cual se saca un bálsamo pectoral.
tolva f. Caja abierta por debajo en la que se echa el grano en los molinos para que vaya cayendo entre las muelas.
tolvanera f. Remolino de polvo.
tollo m. Cazón. Hoyo o enramada donde se oculta el cazador.
toma f. Acción de tomar. Porción tomada de una vez. MIL. Conquista de una plaza.
tomar t. Coger, asir. Elegir entre varias cosas. Comer y beber. Ocupar, conquistar. Quitar, hurtar. Contratar a una persona. Llevar consigo. Recibir, adquirir. Considerar. i. Seguir una dirección. r. Cubrirse de moho.
tomate m. Fruto de la tomatera. Tomatera.
tomatera f. Planta hortense cuyo fruto es una baya encarnada y jugosa.
tómbola f. Rifa de objetos, generalmente con fines benéficos.
tomento m. Estopa basta. Vello de algunas plantas.
tomillo m. Planta perenne muy olorosa de flores blancas o róseas.
tominejo m. Pájaro mosca.
tomismo m. Sistema filosófico de Santo Tomás de Aquino.
tomista a.-s. Partidario del tomismo.
tomiza f. Soguilla de esparto.
tomo m. Cada una de las partes, encuadernadas separadamente, en que se divide una obra extensa.
ton m. Apóc. de *tono*.
tonada f. Composición métrica para cantarse.
tonadilla f. Dim. de *tonada*. Ant. pieza teatral con fragmentos cantados. /tonadillas.
tonadillera f. Mujer que canta
tonalidad f. Sistema de sonidos que sirve de fundamento a una composición musical. Relación de tonos en una pintura.
tonel m. Cuba grande.
tonelada f. Unidad de peso (1.000 kg.). MAR. Unidad de arqueo.
tonelaje m. MAR. Arqueo (capacidad).
tonelería f. Oficio y taller del tonelero. Conjunto de toneles.
tonelero -ra a. Relativo al tonel. m. El que hace toneles.
tonelete m. Dim. de *tonel*. Falda corta. Parte de la armadura que tenía forma de falda corta.
tonicidad f. Propiedad de tener tono.
tónico -ca a.-m. Que entona o da vigor. a. Dic. de la vocal o sílaba sobre la que recae el acento. a.-f. Dic. de la nota inicial de una escala.
tonificar t. Entonar, dar vigor.
tonillo m. Tono monótono. Modo particular de acentuar las palabras.
tonina f. Atún.
tono m. Grado de elevación de un sonido. Modo particular de decir algo. Tonalidad. MÚS. Intervalo mayor entre dos notas conjuntas. Energía, vigor.
tonsila f. Amígdala.
tonsura f. Acción de tonsurar. Grado preparatorio para recibir las órdenes menores.
tonsurar t. Cortar el pelo o la lana. Dar la tonsura clerical.
tontada f. Tontería.
tontear i. Hacer o decir tonterías.
tontillo m. Ant. faldellín emballenado.
tonto -ta a.-s. Escaso de entendimiento. a. Propio de un tonto.
tontuna f. Tontería.
topacio m. Piedra fina, amarilla, muy dura.
topadizo -za a. Encontradizo.
topar t.-i. Chocar una cosa con otra. Tropezar. Hallar. Topetar.
tope m. Parte por donde pueden topar dos cosas. Pieza para limitar el movimiento de un mecanismo. Extremo superior de un palo. a. Último, máximo.
topera f. Madriguera del topo.
topetada f. Golpe dado con la cabeza. /par, chocar.
topetar t.-i. Dar topetadas. To-
topetazo m. Topetada.
tópico -ca a. Perteneciente a determinado lugar. m. Medicamento externo. Expresión vulgar o trivial.
topo m. Pequeño mamífero insectívoro, que abre galerías subterráneas, donde vive. Persona corta de vista.
topografía f. Arte de representar la superficie de un terreno. Particularidades que presenta la superficie de un terreno.
topográfico -ca a. Relativo a la topografía.
topógrafo -fa s. Persona que profesa la topografía.
toponimia f. Estudio de los nombres de lugar.
toque m. Acción de tocar. Pincelada ligera. Tañido. Advertencia. Prueba de los metales preciosos.
toquilla f. Pañuelo de punto que

torácico -ca *a.* Relativo al tórax.
torada *f.* Manada de toros.
toral *a.* Díc. de los arcos que sostienen la cúpula. /cho.
tórax *m.* Pecho. Cavidad del
torbellino *m.* Remolino de viento. Concurrencia de cosas a la vez. Persona muy viva e inquieta.
torcaz *a.* Díc. de una especie de paloma silvestre.
torcedor *a.-s.* Que tuerce. *m.* Cosa que ocasiona disgusto persistente.
torcedura *f.* Acción de torcer. Distensión de las partes que rodean una articulación.
torcer *t.-r.* Dar forma helicoidal a un cuerpo haciéndolo girar sobre sí mismo. Doblar, encorvar. Hacer cambiar de dirección o posición. *t.* Mudar la voluntad de uno. *r.* Avinagrarse el vino, cortarse la leche. *i.* Tomar otra dirección.
torcida *f.* Mecha de los velones, candiles, etc.
torcido -da *p. p.* de *torcer. a.* Que no es recto. Que no obra con rectitud.
torcijón *m.* Retorcimiento. Retortijón de tripas. /tornillo.
torculado -da *a.* De forma de
tórculo *m.* Prensa de tornillo.
tordillo -lla *a.-s.* Tordo.
tordo -da *a.-s.* Díc. de la caballería que tiene el pelo mezclado de negro y blanco. *m.* Pájaro de cuerpo grueso que se alimenta de insectos y frutos.
torear *i.-t.* Lidiar toros.
toreo *m.* Acción y arte de torear.
torería *f.* Conjunto de toreros.
torero -ra *a.* Relativo al toreo. *m.* Persona que se dedica a torear. /difícil.
torete *m.* Dim. de *toro.* Asunto
toril *m.* Encierro para los toros que han de lidiarse.
tormenta *f.* Tempestad. Adversidad.
tormentario -ria *a.* Relativo a las máquinas de guerra.
tormentilla *f.* Planta de rizoma medicinal.
tormento *m.* Acción de atormentar. Dolor físico. Congoja, aflicción.
tormentoso -sa *a.* Que ocasiona tormenta.
tormo *m.* Tolmo. Terrón.
torna *f.* Acción de tornar o devolver. /boda.
tornaboda *f.* Día después de la
tornada *f.* Acción de tornar o regresar. /versátil.
tornadizo -za *a.-s.* Inconstante,
tornado *m.* Huracán en el golfo de Guinea.
tornapunta *f.* Madero ensamblado en uno horizontal para apear otro vertical o inclinado.
tornar *t.* Devolver. *t.-r.* Mudar, convertir. *i.* Regresar, volver.
tornasol *m.* Girasol. Reflejo o viso de la luz en materias tersas.
tornasolado -da *a.* Que hace o tiene tornasoles.
tornasolar *t.* Hacer tornasoles.
tornavoz *m.* Cosa que recoge y refleja el sonido.
tornear *t.* Labrar o redondear al torno. *i.* Combatir en el torneo.
torneo *m.* Combate a caballo. Fiesta pública entre cuadrillas de caballeros. Certamen.
tornera *f.* Monja que sirve en el torno. Mujer del tornero.
tornería *f.* Establecimiento y oficio del tornero. /torno.
tornero *m.* El que hace obras al
tornillo *m.* Cilindro con resalto helicoidal que entra en la tuerca. Clavo con resalto helicoidal.
torniquete *m.* Palanca de la campanilla. Especie de torno con cuatro brazos que gira horizontalmente y se pone en ciertas entradas para que las personas pasen una a una.
torniscón *m.* Golpe dado con la mano. Pellizco retorcido.
torno *m.* Máquina simple que consiste en un cilindro que gira sobre su eje y lleva arrollada una cuerda. Máquina para tornear. Instrumento para sujetar compuesto de dos brazos paralelos, unidos por una barra con tuerca. Armazón giratoria que, ajustada al hueco de una pared, sirve para pasar objetos de una parte a otra.
toro *m.* Rumiante bóvido, grande, con la cabeza gruesa, armada de dos cuernos. Es especie muy útil al hombre. ARQ. Bocel.
toronjil *m.* = **toronjina** *f.* Planta de flores blancas, las cuales, así como las hojas, se usan como tónico y antiespasmódico.
torozón *m.* Enteritis de algunos animales. Inquietud, desazón.
torpe *a.* Que no tiene el movimiento libre; tardo, pesado. Desmañado. Rudo. Deshonesto. Infame.
torpedear *t.* Atacar un buque lanzándole torpedos.
torpedeo *m.* Acción de torpedear.
torpedero *a.-s.* Díc. del buque destinado a lanzar torpedos.
torpedo *m.* Pez marino que produce una conmoción eléctrica a quien lo toca. Máquina de guerra, explosiva, submarina, que se lanza contra un buque.
torpeza *f.* Calidad de torpe. Di-

cho o hecho torpe.
torpor *m.* MED. Entorpecimiento.
torrar *t.* Tostar.
torre *f.* Construcción cilíndrica o prismática, más alta que ancha, aislada, o que sobresale de un edificio. Quinta, granja. Pieza del ajedrez, de figura de torre.
torrefacción *f.* Tostadura.
torrefacto -ta *a.* Tostado.
torrencial *a.* Parecido al torrente.
torrente *m.* Corriente de agua impetuosa y no durable.
torrentera *f.* Lecho de un torrente. /defensa.
torreón *m.* Torre grande para
torrero *m.* El que cuida de una atalaya o faro. Colono de granja o torre. /frito.
torrezno *m.* Pedazo de tocino
tórrido -da *a.* Muy ardiente.
torrija *f.* Rebanada de pan empapada en vino, leche, etc., frita y endulzada.
torsión *f.* Acción de torcer.
torso *m.* Tronco del cuerpo humano.
torta *f.* Masa de harina, de figura redonda o alargada, cocida a fuego lento. Bofetada.
tortada *f.* Torta grande, de masa delicada y rellena.
tortera *a.-f.* Dic. de la cazuela para hacer tortadas.
tortícolis *f.* Dolor del cuello que obliga a tener éste torcido.
tortilla *f.* Fritada de huevo batido, en forma de torta.
tórtola *f.* Ave parecida a la paloma común, pero más pequeña.
tortosino -na *a.-s.* De Tortosa.
tortuga *f.* Cualquier reptil del orden de los quelonios. /so.
tortuosidad *f.* Calidad de tortuo-
tortuoso -sa *a.* Que tiene vueltas y rodeos. Solapado, cauteloso.
tortura *f.* Calidad de tuerto. Tormento. Dolor, angustia.
torvisco *m.* Mata de flores blanquecinas.
torvo -va *a.* Fiero y terrible.
torzal *m.* Cordoncillo de seda.
tos *f.* Espiración brusca y ruidosa del aire contenido en los pulmones.
tosca *f.* Toba.
toscano -na *a.-s.* De Toscana.
tosco -ca *a.* Grosero, basto. Inculto, sin enseñanza.
toser *i.* Tener y padecer tos.
tósigo *m.* Ponzoña.
tosigoso -sa *a.-s.* Envenenado. Que padece tos y opresión de pecho.
tosquedad *f.* Calidad de tosco.
tostada *f.* Rebanada de pan tostada y gralte. untada de manteca; miel, etc.
tostado -da *a.* Dic. del color subido y oscuro. *m.* Tostadura.
tostador -ra *a.-s.* Que tuesta. Instrumento o vasija para tostar.
tostadura *f.* Acción de tostar.
tostar *t.-r.* Secar una cosa a la lumbre sin quemarla hasta que tome color. Atezar el sol o el viento la piel del cuerpo.
tostón *m.* Torrado. Tostada empapada en aceite. Cochinillo asado. Moneda portuguesa de plata. Lata, cosa fastidiosa.
total *a.* General, universal. *m.* MAT. Suma. *adv.* En resumen.
totalidad *f.* Calidad de total. Todo, conjunto. /sumar.
totalizar *t.* Determinar el total,
toxicidad *f.* Calidad de tóxico.
tóxico -ca *a.-s.* Dic. de las substancias venenosas.
toxicología *f.* Parte de la medicina que trata de los venenos.
toxicólogo *m.* El versado en toxicología.
toxina *f.* Substancia tóxica producida en los seres vivos.
tozal *m.* Cerro.
tozo -za *a.* Enano.
tozudo -da *a.* Obstinado, terco.
tozuelo *m.* Cerviz gruesa y carnosa de un animal.
traba *f.* Lo que une y sujeta. Ligadura con que se atan los pies a las caballerías. Impedimento, estorbo.
trabacuenta *f.* Error en una cuenta. Discusión, disputa.
trabajador -ra *a.* Que trabaja. *m.* Jornalero, obrero.
trabajar *i.* Aplicarse en la ejecución de una cosa o por conseguir algo. Ocuparse en un oficio o ministerio. *t.* Someter una materia a una acción para darle forma.
trabajo *m.* Acción de trabajar. Obra. *pl.* Penalidades; miserias.
trabajoso -sa *a.* Que exige mucho trabajo. Lleno de trabajos y penalidades.
trabar *t.* Echar trabas. Unir, enlazar. Prender, agarrar. Espesar. Dar principio a una batalla, una conversación, etc.
trabazón *f.* Unión, enlace, conexión. Espesor, consistencia.
trabilla *f.* Tira que sujeta el pantalón o la polaina por debajo del zapato. La que por la espalda ciñe a la cintura una prenda de vestir.
trabucar *t.-r.* Volver de arriba abajo. Decir una cosa por otra. Trastrocar y confundir.
trabucazo *m.* Disparo del trabuco.
trabuco *m.* Arma de fuego más corta y de mayor calibre que la escopeta.
traca *f.* Serie de petardos colocados a lo largo de una cuerda y

que estallan sucesivamente.
tracamundana *f.* Trueque de cosas de poco valor. Alboroto.
tracción *f.* Acción de tender a mover una cosa hacia el punto de donde procede el esfuerzo. Acción de arrastrar.
tracio -cia *a.-s.* De Tracia.
tracto *m.* Trecho. Lapso. Versículos que se rezan en la misa de ciertos días.
tradición *f.* Transmisión de hechos históricos, costumbres, etc., hecha de generación en generación. Estos hechos, costumbres, etc. /dición.
tradicional *a.* Relativo a la tra-
tradicionalismo *m.* Doctrina fundada en la tradición. Carlismo.
tradicionalista *a.* Relativo al tradicionalismo. *a.-s.* Que lo profesa.
traducción *f.* Acción de traducir. Obra traducida.
traducir *t.* Expresar en una lengua lo que está expresado antes en otra.
traductor -ra *a.-s.* Que traduce.
traer *t.* Transportar una cosa al lugar en donde se habla. Atraer hacia sí. Llevar puesta una cosa. Causar, acarrear. Alegar.
tráfago *m.* Conjunto de negocios o faenas que ocasiona mucha fatiga. Tráfico.
traficante *a.-s.* Que trafica.
traficar *i.* Comerciar, negociar.
tráfico *m.* Acción de traficar. Circulación de vehículos.
tragacanto *m.* Arbusto leguminoso de cuyo tronco fluye una goma. Esta goma. /dulidad.
tragaderas *f. pl.* Faringe. Cre-
tragadero *m.* Faringe.
tragaldabas *c.* Persona muy tragona o muy crédula.
tragaluz *m.* Claraboya.
tragantada *f.* Trago muy grande.
tragantón -tona *a.-s.* Tragón.
tragantona *f.* Comilona.
tragar *t.-r.* Hacer que una cosa pase de la boca al esófago. Comer mucho. Abismar, absorber. Dar crédito. Soportar, tolerar.
tragavirotes *m.* Hombre muy serio y erguido.
tragedia *f.* Obra dramática de acción grande y desenlace funesto. Suceso funesto, desgraciado.
trágico -ca *a.* Relativo a la tragedia. Infausto. *a.-s.* Díc. del actor que representa tragedias o del autor que las escribe.
tragicomedia *f.* Obra dramática que participa de lo trágico y de lo cómico.
tragicómico -ca *a.* Relativo a la tragicomedia. Jocoserio.
trago *m.* Porción de líquido que se traga de una vez. /cho.

tragón -gona *a.-s.* Que come mu-
traición *f.* Violación de la fidelidad debida. Deslealtad.
traicionar *t.* Hacer traición.
traicionero -ra *a.-s.* Traidor.
traída *f.* Acción de traer.
traidor -ra *a.-s.* Que comete traición.
trailla *f.* Cuerda con que los cazadores llevan atado el perro. Par de perros atraillados.
traína *f.* Nombre de varias redes de fondo.
trainera *a.-f.* Díc. de la barca que pesca con traína.
traíña *f.* Red espesa que se cala rodeando un banco de sardinas.
traje *m.* Vestido completo.
trajear *t.-r.* Proveer de traje.
trajín *m.* Acción de trajinar.
trajinante *m.* El que trajina.
trajinar *t.* Acarrear mercaderías de un lugar a otro. *i.* Moverse mucho.
trajinería *f.* Ejercicio de traji-
trajinero *m.* Trajinante. /nero.
tralla *f.* Cuerda más gruesa que el bramante. Trencilla del extremo del látigo. Látigo. /tralla.
trallazo *m.* Golpe dado con la
trama *f.* Conjunto de hilos que, cruzados con los de la urdimbre, forman una tela. Confabulación, maquinación.
tramar *t.* Atravesar los hilos de la trama entre los de la urdimbre. Disponer con habilidad. Preparar un enredo o traición.
tramitación *f.* Acción de tramitar.
tramitar *t.* Hacer pasar un negocio por los trámites debidos.
trámite *m.* Paso de una parte o cosa a otra. Cada una de las diligencias que exige la realización de un negocio.
tramo *m.* Trozo de terreno separado de los demás por una señal. Parte de una escalera comprendida entre dos rellanos.
tramojo *m.* Vencejo de mies.
tramontana *f.* Norte, cierzo.
tramontano -na *a.* Del otro lado de los montes.
tramontar *i.-t.* Pasar al otro lado de los montes. /Enredo.
tramoya *f.* Maquinaria teatral.
tramoyista *m.* El que inventa, construye o maneja tramoyas.
trampa *f.* Artificio para cazar. Puerta abierta en el suelo. Ardid para burlar a alguno. Deuda cuyo pago se demora.
trampantojo *m.* Ilusión con que se engaña.
trampear *i.* Petardear. Arbitrar medios para hacer llevadera la penuria.
trampilla *f.* Ventanilla en el sue-

lo de una habitación.
tranca *f.* Palo grueso y fuerte. Palo con que se aseguran puertas y ventanas.
trancada *f.* Tranco (paso).
trancar *t.* Atrancar.
trancazo *m.* Golpe dado con una tranca. Gripe. /cisivo.
trance *m.* Momento crítico y de**tranco** *m.* Paso largo. Umbral.
tranchete *m.* Chaira.
tranquera *f.* Estacada.
tranquilidad *f.* Calidad de tranquilo. Paz, sosiego.
tranquilizar *t.* Sosegar, hacer desaparecer la inquietud.
tranquilo -la *a.* No agitado. Sin inquietud. /y centeno.
tranquillón *m.* Mezcla de trigo
transacción *f.* Acción de transigir. Trato, convenio, negocio.
transalpino -na *a.* De allende los Alpes.
transatlántico -ca *a.* Situado al otro lado del Atlántico. *m.* Buque que hace la travesía del Atlántico o de otro gran mar.
transbordador -ra *a.* Que transborda. *m.* Barquilla suspendida en dos cables que marcha entre dos puntos.
transbordar *t.-r.* Trasladar personas o cosas de un buque a otro, de un tren a otro o de una orilla de río a la otra. /dar.
transbordo *m.* Acción de transbor**transcendencia** *f.* Trascendencia.
transcendente *a.* Trascendente.
transcender *i.* Trascender.
transcontinental *a.* Que atraviesa un continente.
transcribir *t.* Copiar un escrito. Escribir con unos caracteres lo que está escrito en otros. Arreglar para un instrumento la música escrita para otro.
transcripción *f.* Acción de transcribir.
transcripto -ta = **transcrito -ta** p. p. irreg. de *transcribir*.
transcurrir *i.* Pasar, correr el tiempo.
transcurso *m.* Paso del tiempo.
transeúnte *a.-s.* Que transita por un lugar. Que está de paso.
transferencia *f.* Acción de transferir.
transferir *t.* Pasar a alguno o alguna cosa de un lugar a otro. Ceder a otro el derecho sobre una cosa. /figurar.
transfiguración *f.* Acción de trans**transfigurar** *t.-r.* Hacer cambiar de figura a una persona o cosa.
transfixión *f.* Acción de herir pasando de parte a parte.
transformación *f.* Acción de transformar.
transformador -ra *a.* Que transforma. *m.* Aparato para transformar una corriente eléctrica.
transformar *t.* Hacer cambiar de forma. Transmutar.
tránsfuga *c.* Persona que pasa de un partido a otro.
transfundir *t.* Hacer pasar un líquido de un recipiente a otro.
transfusión *f.* Acción de transfundir.
transgredir *t.* Violar, quebrantar una ley. /gredir.
transgresión *f.* Acción de trans**transgresor -ra** *a.-s.* Que comete transgresión.
transición *f.* Acción de pasar de un estado a otro. Cambio repentino de tono o expresión.
transido -da *a.* Angustiado, acongojado. /transige.
transigencia *f.* Condición del que
transigir *i.* Consentir en parte con lo que repugna, a fin de llegar a una concordia.
transistor *m.* Aparato receptor, detector y amplificador; actúa instantáneo.
transitable *a.* Dic. del sitio por donde se puede transitar.
transitar *i.* Pasar por la vía pública.
transitivo -va *a.* Que pasa de uno a otro. Dic. del verbo que exige un complemento directo.
tránsito *m.* Acción de transitar. Paso de un lugar o de un estado a otro. Muerte.
transitorio -ria *a.* Pasajero. Caduco, perecedero.
translúcido -da *a.* Dic. del cuerpo que deja pasar la luz, pero no permite ver lo que hay detrás de él.
transmigrar *i.* Emigrar. Según ciertas creencias, pasar un alma de un cuerpo a otro. /mitir.
transmisión *f.* Acción de trans**transmisor -ra** *a.-s.* Que transmite.
transmitir *t.* Hacer pasar algo de un lugar a otro. DER. Transferir. Dejar pasar algo a través de sí. /mutar.
transmutación *f.* Acción de trans**transmutar** *t.-r.* Convertir una cosa en otra. /parente.
transparencia *f.* Calidad de trans**transparentar** *r.* Dejarse ver la luz u otra cosa a través de un cuerpo transparente.
transparente *a.* Dic. del cuerpo a través del cual pueden verse los objetos. Translúcido. Que se deja adivinar. *m.* Cortina que sirve para templar la luz.
transpiración *f.* Acción de transpirar.
transpirar *i.-t.* Sudar. Exhalar una planta vapor de agua. Dejarse adivinar.

transpirenaico -ca *a.* Situado allende los Pirineos. Que atraviesa los Pirineos.
transponer *t.-r.* Poner a una persona o cosa en lugar diferente. Desaparecer alguna persona o cosa detrás de un objeto. *r.* Quedarse uno algo dormido.
transportar *t.* Llevar una cosa de un lugar a otro. *r.* Enajenarse de la razón o del sentido.
transporte *m.* Acción de transportar o transportarse. Buque de transporte. /poner.
transposición *f.* Acción de trans-
transubstanciar *t.-r.* Convertir totalmente una substancia en otra.
transverberación *f.* Transfixión.
transversal *a.* Que se halla atravesado de un lado a otro. Que lleva una dirección que corta a otra determinada.
transverso -sa *a.* Colocado o dirigido al través.
tranvía *m.* Ferrocarril en una calle o camino. Coche de tranvía.
tranviario -ria *a.* Perteneciente a los tranvías. Empleado en este servicio.
Trapa *f.* Nombre de la Orden de Cistercienses reformados.
trapacería *f.* Trapaza.
trapacero -ra = **trapacista** *a.-s.* Que usa de astucias y engaños.
trapajoso -sa *a.* Roto, deseaseado. Estropajoso.
trápala *f.* Ruido y confusión de gente. Embuste, engaño. *c.* Persona parlanchina o embustera.
trapalón -lona *m. f.* Aum. de *trápala*.
trapatiesta *f.* Riña, alboroto.
trapaza *f.* Engaño, fraude.
trapecio *m.* Palo horizontal suspendido en sus extremos por dos cuerdas paralelas. Cuadrilátero que sólo tiene dos lados paralelos. /la Trapa.
trapense *a.-s.* Díc. del monje de
trapero -ra *m. f.* Persona que recoge, compra y vende trapos.
trapezoide *m.* Cuadrilátero que no tiene ningún lado paralelo a otro.
trapiche *m.* Ingenio de azúcar.
trapichear *i.* Buscar recursos para lograr algún fin. Comerciar al menudeo. /chear.
trapicheo *m.* Acción de trapi-
trapillo (de) *m. adv.* Con vestido casero.
trapío *m.* Aire garboso de algunas mujeres. Buena planta del toro.
trapisonda *f.* Bulla o riña ruidosa. Embrollo, enredo. /das.
trapisondear *i.* Armar trapison-
trapisondista *c.* Persona que arma trapisondas.
trapo *m.* Pedazo de tela viejo y roto. Velamen. Tela de la muleta del espada.
traque *m.* Estallido del cohete.
tráquea *f.* Conducto respiratorio situado delante del esófago.
traqueal *a.* Relativo a la tráquea.
traquear *t.* Traquetear.
traquearteria *f.* Tráquea.
traqueotomía *f.* CIR. Incisión de la tráquea para evitar la sofocación del enfermo.
traquetear *i.* Hacer ruido o estrépito. *t.* Agitar una cosa de una parte a otra.
traqueteo *m.* Ruido del disparo de cohetes. Movimiento de lo que se golpea al transportarlo.
traquido *m.* Traque. Chasquido de la madera.
tras *prep.* Después de. Además. En busca, en seguimiento de. Detrás de.
trasalpino -na *a.* Transalpino.
trascantón *m.* Guardacantón.
trascendencia *f.* Penetración, perspicacia. Calidad de trascendente.
trascendental *a.* De gran importancia o gravedad.
trascendente *a.* Que trasciende.
trascender *i.* Exhalar olor vivo. Empezar a ser conocido lo que estaba oculto. Hacer sentir sus efectos, tener consecuencias.
trascolar *t.-r.* Colar a través de alguna cosa.
trascordarse *r.* Olvidar una cosa o confundirla con otra.
trascoro *m.* Parte de las iglesias detrás del coro.
trasdós *m.* Superficie exterior de un arco o bóveda.
trasegar *t.* Trastornar, revolver. Mudar de vasija un líquido. Beber mucho.
trasera *f.* Parte de atrás de un coche, una casa, etc.
trasero -ra *a.* Que está detrás. *m.* Parte posterior del animal.
trasgo *m.* Duende.
trashoguero *m.* Losa o plancha que está detrás del hogar.
trashojar *t.* Hojear. /mar.
trashumación *f.* Acción de trashu-
trashumante *a.* Que trashuma.
trashumar *t.* Pasar el ganado desde las dehesas de invierno a las de verano y viceversa.
trasiego *m.* Acción de trasegar.
traslación *f.* Acción de trasladar.
trasladar *t.-r.* Mudar de lugar o tiempo. Copiar, traducir.
traslado *t.* Acción de trasladar. Copia.
traslaticio -cia *a.* Díc. del sentido figurado de un vocablo.
traslúcido -da *a.* Translúcido.
traslucirse *r.* Ser translúcido un cuerpo. Conjeturarse una cosa.
traslumbrar *t.* Deslumbrar a uno una luz viva y repentina.

trasluz *m.* Luz que pasa a través de un cuerpo translúcido.
trasmano (a) *m. adv.* Fuera del alcance de la mano. Fuera de lo corriente y frecuentado.
trasnochado -da *a.* Desmejorado y macilento. Falto de novedad.
trasnochador -ra *a.-s.* Que trasnocha.
trasnochar *i.* Pasar la noche o gran parte de ella velando o sin dormir.
trasoír *t.* Oír con error.
trasojado -da *a.* Ojeroso, macilento.
traspalar *t.* Trasladar con la pala.
traspapelar *t.-r.* Confundirse, desaparecer un papel entre otros.
traspasar *t.* Pasar a la otra parte. Pasar una cosa de un sitio a otro. Atravesar. Ceder, transferir. Transgredir. Exceder de lo debido.
traspaso *m.* Acción de traspasar.
traspié *m.* Resbalón, tropezón.
traspintarse *r.* Clarearse por el revés del papel, tela, etc., lo escrito o dibujado.
trasplantar *t.* Mudar un vegetal de un terreno a otro. /tar.
trasplante *m.* Acción de trasplantar.
trasponer *t.-r.* Transponer.
traspontín *m.* Traspuntín.
traspunte *m.* Apuntador que previene a cada actor cuando ha de salir a escena.
traspuntín *m.* Cualquiera de los colchoncillos atravesados debajo de los colchones de la cama. Asiento plegadizo en algunos coches. /quilar.
trasquiladura *f.* Acción de trasquilar.
trasquilar *t.* Cortar el pelo sin orden ni arte. Esquilar. Menoscabar una cosa.
trasquilón *m.* Trasquiladura.
trastada *f.* Acción propia de un trasto; mala pasada.
trastazo *m.* Porrazo.
traste *m.* Cada uno de los resaltos colocados a trechos en el mástil de la guitarra u otros instrumentos.
trastear *i.* Revolver o mudar trastos de una parte a otra. Discurrir con travesura. *t.* Pisar las cuerdas de los instrumentos de trastes. Dar al toro pases de muleta. Manejar con habilidad.
trasteo *m.* Acción de trastear.
trastería *f.* Montón de trastos viejos. Trastada.
trastero -ra *a.-f.* Dic. de la pieza en que se guardan los trastos inútiles.
trastienda *f.* Aposento situado detrás de la tienda. Cautela, astucia.

trasto *m.* Mueble o utensilio doméstico, esp. si es inútil. Persona inútil o informal. *pl.* Utensilios de un arte.
trastornar *t.* Volver una cosa de abajo arriba. Invertir el orden regular de una cosa. Causar disturbios. *t.-r.* Perturbar el sentido.
trastorno *m.* Acción de trastornar.
trastrocar *t.-r.* Mudar el ser o estado de una cosa.
trasudar *i.* Exhalar trasudor.
trasudor *m.* Sudor tenue.
trasunto *m.* Copia. Lo que imita con propiedad una cosa.
trasver *t.* Ver una cosa a través de otra. Ver mal y equivocadamente.
trasverter *i.* Rebosar un líquido.
trasvolar *t.* Pasar volando de un extremo a otro. /clavos.
trata *f.* Tráfico de negros es
tratable *a.* Que se puede o deja tratar. Cortés, accesible.
tratadista *c.* Autor de tratados.
tratado *m.* Ajuste, convenio, esp. entre naciones. Escrito sobre una materia.
tratamiento *m.* Trato. Título de cortesía. Sistema de curación. Modo de trabajar ciertas materias.
tratante *m.* El que se dedica a comprar géneros para revenderlos.
tratar *t.* Manejar una cosa. *t.-i.-r.* Relacionarse con alguien. *t.* Conducirse de cierto modo con uno. Dar tratamiento, aplicar un calificativo. Discurrir o disputar sobre un asunto. Someter a tratamiento. *i.* Intentar. Negociar.
trato *m.* Acción de tratar. Tratamiento. Ajuste, convenio. Ocupación del tratante.
traumático -ca *a.* Relativo al traumatismo.
traumatismo *m.* CIR. Lesión de los tejidos por agentes mecánicos.
través *m.* Inclinación o torcimiento. Desgracia, fatalidad.
travesaño *m.* Pieza que atraviesa de una parte a otra. Almohada larga.
travesear *i.* Andar inquieto y revoltoso. Discurrir con ingenio y viveza.
travesero -ra *a.* Que se pone al través. *m.* Travesaño.
travesía *f.* Camino o calle transversal. Distancia entre dos puntos de tierra o de mar. Viaje por mar.
travestido -da *a.* Disfrazado.
traviesa *f.* Cada uno de los maderos sobre los que se asientan los

rieles del ferrocarril. Lo que se juega además de la puesta.
travieso -sa *a.* Puesto de través. Sutil, sagaz. Inquieto y revoltoso.
trayecto *m.* Espacio que se recorre de un punto a otro. Acción de recorrerlo.
trayectoria *f.* Línea descrita en el espacio por un punto que se mueve.
traza *f.* Planta o diseño de una obra. Plan para realizar un fin. Invención, arbitrio. Apariencia, figura.
trazado *m.* Acción de trazar. Recorrido de un camino, canal, etc.
trazar *t.* Hacer trazos. Delinear, diseñar. Discurrir y disponer los medios para un fin.
trazo *m.* Delineación. Línea, raya; rasgo.
trébedes *m. pl.* Aro de hierro con tres pies, para poner vasijas al fuego.
trebejo *m.* Instrumento, utensilio. Cada una de las piezas del ajedrez.
trébol *f.* Planta forrajera, de hojas pecioladas de tres en tres.
trece *a.* Diez y tres.
trecho *m.* Espacio, distancia.
tredécimo -ma *a.* Decimotercio.
tregua *f.* Cesación temporal de hostilidades. Intermisión, descanso.
treinta *a.* Tres veces diez.
treintavo -va *a.-s.* Trigésimo.
treintena *f.* Conjunto de treinta unidades.
treinteno -na *a.* Trigésimo.
tremebundo -da *a.* Espantable, horrendo.
tremedal *m.* Terreno pantanoso que retiembla cuando se anda sobre él.
tremendo -da *a.* Terrible, formidable. Muy grande.
trementina *f.* Resina semifluida que exudan los pinos, abetos, alerces y terebintos.
tremolar *t.* Enarbolar los pendones, banderas, etc., batiéndolos en el aire.
tremolina *f.* Movimiento ruidoso del aire. Bulla, confusión de voces.
trémolo *m.* MÚS. Sucesión rápida de notas cortas iguales.
trémulo -la *a.* Tembloroso.
tren *m.* Conjunto de utensilios o máquinas empleadas para una misma operación. Serie de vagones arrastrados por una locomotora. Modo de vivir con mayor o menor lujo.
trenado -da *a.* Dispuesto en forma de redecilla o trenza.

trencilla *f.* Galoncillo de seda, algodón o lana. /tación.
treno *m.* Canto fúnebre, lamen-
trenza *f.* Enlace de tres o más ramales entretejidos.
trenzado *m.* Trenza. En la danza, salto ligero, cruzando los pies.
trenzar *t.* Hacer trenzas.
trepa *f.* Acción de trepar. Astucia, engaño. Paliza, tunda.
trepador -ra *a.* Que trepa. *a.-f.* Díc. de las aves de costumbres trepadoras.
trepanación *f.* Acción de trepanar.
trepanar *t.* CIR. Horadar el cráneo con el trépano.
trépano *m.* CIR. Instrumento para horadar el cráneo.
trepar *i.-t.* Subir a un lugar ayudándose de los pies y las manos. *i.* Crecer las plantas agarrándose a los árboles u otros objetos. *t.* Taladrar, horadar.
trepidación *f.* Acción de trepidar.
trepidar *i.* Temblar, estremecerse.
tres *a.* Dos y uno.
tresañejo -ja *a.* De tres años.
trescientos *a.* Tres veces ciento.
tresillista *c.* Jugador de tresillo.
tresillo *m.* Juego de naipes entre tres personas, cada una de las cuales recibe nueve cartas. MÚS. Conjunto de tres notas de igual valor que se ejecutan en el tiempo correspondiente a dos. Conjunto de un sofá y dos butacas.
tresnal *m.* Montón de haces de mies en forma de pirámide.
treta *f.* Ardid, artimaña.
trezavo -va *a.-m.* Dic. de cada una de las trece partes iguales en que se divide un todo.
tria *f.* Acción de triar.
triaca *f.* Ant. confección farmacéutica. Remedio de un mal.
triada *f.* Grupo de tres. /gulo.
triangular *a.* De figura de trián-
triángulo -la *a.* Triangular. *m.* GEOM. Figura formada por tres líneas que se cortan mutuamente.
triar *t.* Escoger, entresacar.
triásico -ca *a.-s.* GEOL. Dic. del primer período de la era secundaria.
tribu *f.* Cada una de las agrupaciones en que se dividían algunos pueblos antiguos. Conjunto de familias nómadas que obedecen a un jefe.
tribulación *f.* Congoja, aflicción. Adversidad.
tribuna *f.* Plataforma elevada donde se lee o perora. Galería destinada a los espectadores. Balcón en el interior de una iglesia. Mirador.

tribunado *m.* Dignidad de tribuno.
tribunal *m.* Lugar donde se administra justicia. Ministro o ministros que administran justicia. Jueces de un examen, oposición, etc.
tribunicio -cia *a.* Relativo al tribuno.
tribúnico -ca *a.* Perteneciente a la dignidad de tribuno.
tribuno *m.* Ant. magistrado elegido por el pueblo romano. Orador elocuente. /Tributo.
tributación *f.* Acción de tributar.
tributar *t.* Pagar tributo. Dar muestras de obsequio, veneración, gratitud, etc.
tributario -ria *a.* Relativo al tributo. *a.-s.* Que paga tributo.
tributo *m.* Contribución. Censo. Obsequio, homenaje.
triceps *a.-m.* Dic. del músculo que tiene tres cabezas. /das.
triciclo *m.* Vehículo de tres ruedas.
triclinio *m.* Lecho en que los griegos y romanos se reclinaban para comer.
tricolor *a.* De tres colores.
tricorne *a.* De tres cuernos.
tricornio *a.* Tricorne. *m.* Sombrero de tres picos.
tricromía *f.* Impresión tipográfica en tres tintas diferentes.
tridente *a.* De tres dientes. *m.* Cetro de Neptuno en forma de fisga.
tridentino -na *a.-s.* De Trento.
triduo *m.* Ejercicio devoto que dura tres días.
triedro *a.-s.* GEOM. Dic. del ángulo sólido de tres caras.
trienal *a.* Que se repite cada trienio. Que dura un trienio.
trienio *m.* Período de tres años.
trifásico -ca *a.* De tres fases.
trífora *f.* Ventana de tres huecos.
triforme *a.* De tres formas.
trifulca *f.* Disputa, pelea.
trigal *m.* Campo de trigo.
trigésimo -ma *a.-s.* Dic. de cada una de las treinta partes iguales en que se divide un todo. *a.* Que sigue en orden al vigésimo nono.
triglifo *m.* ARQ. Miembro arquitectónico que decora el friso del orden dórico.
trigo *m.* Planta gramínácea, de cuyos granos se saca la harina con que se hace el pan. Grano de esta planta.
trígono *m.* Triángulo.
trigonometría *f.* Parte de las matemáticas que trata de la resolución de los triángulos por medio del cálculo.
trigonométrico -ca *a.* Relativo a la trigonometría.
trigueño -ña *a.* Del color del trigo; entre moreno y rubio.
trilingüe *a.* Que habla tres lenguas. Escrito en tres lenguas.
trilítero -ra *a.* De tres letras.
trilito *m.* Dolmen compuesto de tres piedras.
trilogía *f.* Conjunto de tres obras dramáticas que tienen cierto enlace.
trilla *f.* Acción y tiempo de trillar.
trillado -da *a.* Dic. del camino muy frecuentado. Común y sabido.
trilladora *f.* Máquina para trillar.
trillar *t.* Quebrantar la mies y separar el grano de la paja. Frecuentar una cosa.
trillo *m.* Instrumento para trillar, consistentes en un tablón armado con piedras o cuchillas.
trillón *m.* Un millón de billones.
trimembre *a.* De tres miembros.
trimensual *a.* Que se repite tres veces en un mes.
trimestral *a.* Que se repite cada trimestre. Que dura un trimestre.
trimestre *a.* Trimestral. *m.* Espacio de tres meses.
trimielga *f.* Torpedo (pez).
trimotor *a.-s.* Dic. del aeroplano con tres motores y tres hélices.
trinado *m.* Trino. Gorjeo.
trinar *i.* Hacer trinos. Rabiar, impacientarse.
trinca *f.* Junta de tres cosas de igual clase. MAR. Ligadura.
trincar *t.* Partir. Sujetar. Beber vino o licor.
trincha *f.* Ajustador de ciertas prendas para ceñirlas al cuerpo.
trinchante *m.* El que trincha en la mesa. Instrumento con que se afianza lo que se ha de trinchar. /vianda.
trinchar *t.* Partir en trozos la
trinchera *f.* Excavación estrecha y larga donde se resguardan los soldados. Desmonte con taludes por ambos lados. Cierto impermeable.
trinchero *m.* Mueble de comedor sobre el que se trinchan las viandas.
trineo *m.* Vehículo sin ruedas que se desliza sobre el hielo.
trinidad *f.* Misterio de la fe católica, según el cual Dios es uno y trino.
trinitaria *f.* Planta de jardín con flores de cinco pétalos.
trinitario -ria *a.-s.* De la orden de la Trinidad.
trino -na *a.* Que contiene en sí tres cosas. Ternario. *m.* MÚS. Sucesión rápida y alternada de dos notas de igual duración.
trinomio *m.* Expresión algebraica de tres términos.

trinquete m. MAR. Palo inmediato a la proa. Verga mayor y vela de este palo. Juego de pelota cerrado y cubierto. Garfio que impide el retroceso de una rueda dentada.

trio m. Tercio musical.

tripa f. Intestino. Viento, panza.

tripería f. Establecimiento del tripero. Conjunto de tripas.

tripero -ra m. f. Persona que vende tripas.

tripicallero -ra m. f. Persona que vende tripicallos. /reses.

tripicallos m. pl. Despojo de las

triple a.-m. Dic. del número que contiene a otro tres veces exactamente. /tres.

triplicar t.-r. Multiplicar por

triplice a. Triple.

triplo a.-m. Triple.

tripode m. Banquillo o armazón de tres pies.

tripolitano -na a.-s. De Trípoli.

tripón -pona a.-s. Tripudo.

tríptico m. Pintura, grabado, etc., dividido en tres hojas.

triptongo m. Conjunto de tres vocales que forman una sola sílaba. /cha tripa.

tripudo -da a.-s. Que tiene mu-

tripulación f. Personal de una embarcación o vehículo aéreo.

tripular t. Dotar de tripulación. Formar parte de la tripulación.

triquina f. Gusano que vive enquistado en la carne del cerdo, de donde puede pasar al intestino del hombre.

triquinosis f. Enfermedad ocasionada por la triquina.

triquiñuela f. Rodeo, efugio, artería.

triquitraque m. Ruido como de golpes seguidos. Artificio de pólvora que produce una serie de detonaciones.

trirreme m. Galera ant. de tres órdenes de remos.

tris m. Leve sonido de una cosa delicada al quebrarse. Poca cosa. Porción muy pequeña.

trisagio m. Himno en honor de la Santísima Trinidad.

triscar i. Hacer ruido con los pies. Retozar, travesear.

trisilabo -ba a.-m. De tres sílabas.

triste a. Afligido, melancólico. Doloroso, enojoso. Insignificante, mísero.

tristeza f. Calidad de triste.

tristón -tona a. Un poco triste.

tritón m. MIT. Deidad marina, medio hombre y medio pez. Anfibio parecido a la salamandra, con una cresta en el lomo.

trituración f. Acción de triturar.

triturar t. Moler, desmenuzar. Mascar.

triunfal a. Relativo al triunfo.

triunfar i. Vencer, quedar victorioso. Tener éxito. Jugar palo de triunfo.

triunfo i. En la ant. Roma, honores que se concedían al vencedor. Victoria. Carta del palo preferido en ciertos juegos.

triunvirato m. Magistratura de la ant. Roma en que intervenían tres personas.

triunviro m. Miembro de un triunvirato.

trivial a. Vulgar, trillado. Sin importancia o novedad.

triza f. Pedazo pequeño o partícula de un cuerpo.

trocar t.-r. Cambiar, permutar, mudar. t. Equivocar.

trocha f. Vereda angosta. Camino abierto en la maleza.

trochemoche (a) m. adv. Inconsideradamente.

trofeo m. Insignia o señal de una victoria. Despojo del enemigo. Victoria, triunfo.

troglodita a.-s. Dic. del hombre que habita en cavernas.

troj y troje f. Granero. Algorín.

trola f. Engaño, mentira.

trole m. Pértiga de hierro que transmite a los tranvías eléctricos la corriente del cable conductor.

trolebús m. Vehículo urbano de tracción eléctrica, sin raíles.

trolero -ra a. Mentiroso.

tromba f. METEOR. Manga.

trombón m. Instrumento de viento de gran flexibilidad sonora.

trompa f. Instrumento de viento, de tubo enroscado circularmente. Prolongación muscular de la nariz del elefante y el tapir. Aparato chupador de algunos insectos. Trompo hueco, zumbador. /Encontrón.

trompada f. Trompazo. Puñetazo.

trompazo m. Golpe dado con la trompa o con el trompo. Golpe recio.

trompeta f. Instrumento de viento de sonoridad brillante. Clarín. m. El que toca la trompeta.

trompetada f. Clarinada.

trompetazo m. Sonido destemplado de la trompeta.

trompetear i. Tocar la trompeta. Emitir el águila su voz.

trompetería f. Conjunto de trompetas.

trompetero m. El que hace trompetas. El que toca la trompeta.

trompetilla f. Aparatito que sirve a los sordos para oír.

trompicar i. Tropezar repetidamente.

trompicón m. Tropezón que da

trompis *m.* Puñetazo.
trompo *m.* Peón. Peonza.
tronada *f.* Tempestad de truenos.
tronado -da *a.* Deteriorado por el uso. Arruinado, empobrecido.
tronar *imners.* Sonar truenos. *i.* Dar estampido. Hablar o escribir violentamente contra algo o alguno. *r.* Arruinarse.
tronco *m.* Cuerpo truncado. Tallo de los árboles y arbustos. Cuerpo del hombre o del animal, prescindiendo de la cabeza y las extremidades. Principio de una familia. Par de caballerías.
tronchar *t.-r.* Romper con violencia el tronco, tallo o ramas de un vegetal. /lizas.
troncho *m.* Tallo de las hortalizas.
tronera *f.* Abertura para disparar los cañones. Ventana angosta. Cada uno de los agujeros de la mesa del billar. *c.* Persona de poco juicio.
tronido *m.* Estampido del trueno.
trono *m.* Asiento regio con gradas y dosel.
tronzar *t.* Dividir, hacer trozos.
tropa *f.* Turba, muchedumbre. Gente militar. Conjunto de soldados, cabos y sargentos.
tropel *m.* Movimiento acelerado, ruidoso y desordenado de personas o cosas.
tropelía *f.* Hecho ilegal. Vejación, atropello.
tropezadero *m.* Lugar donde hay peligro de tropezar.
tropezar *i.* Dar con los pies en algún estorbo. Encontrar un estorbo. Hallar una persona a otra. Caer en una culpa.
tropezón -ona *a.* Que tropieza con frecuencia. *m.* Tropiezo.
tropical *a.* Relativo a los trópicos.
trópico -ca *a.* Relativo al tropo. *m.* Cada uno de los círculos menores de las esferas celeste y terrestre, uno en cada hemisferio, paralelo al ecuador y que distan de él 23° 27'.
tropiezo *m.* Acción de tropezar. Falta o yerro. Dificultad, estorbo.
tropo *m.* Empleo de las palabras en sentido figurado.
troposfera *f.* Región de la atmósfera en contacto con la superficie de la Tierra.
troquel *m.* Molde de acero con que se acuñan monedas, medallas, etc.
trotar *i.* Ir el caballo al trote. Andar mucho y de prisa.
trote *m.* Marcha de las caballerías, intermedia entre el paso y el galope. Faena apresurada.
trotón -tona *a.* Dic. de la caballería cuyo paso ordinario es el trote. *m.* Caballo.
trova *f.* Verso. Canción compuesta por los trovadores.
trovador -ra *a.-s.* Que trova. *m.* Poeta provenzal de la Edad Media. *m. f.* Poeta, poetisa.
trovadoresco -ca *a.* Relativo a los trovadores.
trovar *i.* Hacer versos. Componer trovas. /lengua de oíl.
trovero *m.* Poeta medieval en
troyano -na *a.-s.* De Troya.
trozo *m.* Pedazo de una cosa.
truco *m.* Apariencia engañosa hecha con arte. *pl.* Juego parecido al billar. /lento.
truculencia *f.* Calidad de truculento.
truculento -ta *a.* Cruel, atroz, excesivo.
trucha *f.* Pez de agua dulce, de carne muy sabrosa.
truchimán -mana *m. f.* Trujamán. Persona astuta y poco escrupulosa.
trueco *m.* Trueque.
trueno *m.* Ruido que sigue al rayo. Estampido del tiro o artificio de fuego.
trueque *m.* Acción de trocar.
trufa *f.* Criadilla de tierra muy aromática. Mentira.
trufar *t.* Rellenar de trufas. *i.* Mentir.
truhán -ana *a.-s.* Bufón. Malicioso, astuto, sinvergüenza.
truhanada *f.* Truhanería.
truhanería *f.* Acción truhanesca. Conjunto de truhanes.
truhanesco -ca *a.* Propio de truhanes.
trujal *m.* Prensa para las uvas o para la aceituna. Molino de aceite.
trulla *f.* Bulla. Multitud. Llana de albañil.
trullo *m.* Ave palmípeda.
truncar *t.* Cortar una parte a una cosa, esp. la cúspide. Dejar incompleto.
trunco -ca *a.* Truncado, mutilado.
trupial *m.* Pájaro americano, parecido a la oropéndola.
truque *m.* Cierto juego de envite.
truquiflor *m.* Juego, variante del truque.
trust *m.* Asociación financiera de grandes industriales que trata de monopolizar una industria.
tú Nominativo y vocativo del pronombre personal de 2.ª pers. en núm. sing. para los dos géneros.
tu, tus *a.* Posesivo, apóc. de *tuyo, tuya, tuyos, tuyas.*
tuba *f.* Instrumento de viento, de sonoridad voluminosa y grave.
tuberculización *f.* Infección de un

organismo por la tuberculosis.
tubérculo *m.* BOT. Rizoma engrosado y convertido en órgano de reserva. Pequeña protuberancia en la piel de ciertos animales. MED. Especie de tumorcito en un órgano, duro al principio y que luego se reblandece.
tuberculosis *f.* Enfermedad ocasionada por el bacilo de Koch, que determina la formación de tubérculos.
tuberculoso -sa *a.* Relativo al tubérculo o que tiene su figura. Que tiene tubérculos. *a.-s.* Enfermo de tuberculosis.
tubería *f.* Conducto formado por tubos.
tuberosa *f.* Nardo.
tuberosidad *f.* Tumor, hinchazón.
tuberoso -sa *a.* Que tiene tuberosidades. Dic. de la raíz parecida a un tubérculo.
tubo *m.* Pieza hueca, gralte. cilíndrica, abierta por ambos extremos.
tubular *a.* Perteneciente o parecido al tubo. Formado por tubos.
tucán *m.* Ave trepadora americana, de pico muy grueso.
tudel *m.* Tubo encorvado, a cuyo extremo se ajusta el estrangul del fagot y de otros instrumentos.
tudesco -ca *a.-s.* Alemán.
tuerca *f.* Pieza con un hueco labrado en hélice, que ajusta en el filete de un tornillo.
tuerto -ta p. p. irreg. de *torcer*. *a.-s.* Falto de la vista en un ojo. *m.* Agravio.
tuétano *m.* Médula.
tufarada *f.* Olor vivo y fuerte, que se percibe de pronto.
tufo *m.* Emanación gaseosa de las fermentaciones y combustiones. Olor molesto. Soberbia. Porción de pelo que cae por delante de las orejas.
tugurio *m.* Habitación mezquina.
tuina *f.* Especie de chaquetón.
tul *m.* Tejido transparente de mallas poligonales.
tulipa *f.* Tulipán pequeño. Pantalla de vidrio de forma de tulipán.
tulipán *m.* Planta bulbosa de jardín, de flor grande y globosa.
tullido -da *a.-s.* Que ha perdido el movimiento del cuerpo o de alguno de sus miembros.
tullir *t.* Dejar tullido. *r.* Perder el uso de los miembros.
tumba *f.* Sepulcro. Armazón en forma de ataúd para las exequias.
tumbaga *f.* Aleación de oro y cobre. Sortija hecha de ella.
tumbar *t.* Derribar, hacer caer.

tumbilla *f.* Armazón con un braserillo, para calentar la cama.
tumbo *m.* Vaivén violento.
tumbón -bona *a.-s.* Socarrón. Perezoso, holgazán.
tumefacción *f.* MED. Hinchazón.
tumefacto -ta *a.* Túmido, hinchado.
túmido -da *a.* Hinchado.
tumor *m.* Masa de tejido anormal que se forma en alguna parte del cuerpo.
túmulo *f.* Sepulcro levantado en la tierra. Armazón que se erige para celebrar honras fúnebres.
tumulto *m.* Agitación de una multitud; motín.
tumultuario -ria = tumultuoso -sa *a.* Que causa tumulto. Que se efectúa sin orden ni concierto.
tuna *f.* Nopal y su fruto. Vida holgazana y vagabunda. Estudiantina. /taimada.
tunanta *a.-f.* Pícara, bribona,
tunantada *f.* Acción propia de tunante.
tunante *a.-s.* Que tuna. Pícaro, bribón, taimado.
tunantear *i.* Tunear.
tunantería *f.* Calidad de tunante.
tunar *i.* Andar vagando en vida holgazana y libre.
tunda *f.* Acción de tundir paños. Castigo de palos, azotes, etc.
tundidor -ra *m. f.* Persona que tunde paños.
tundir *t.* Igualar con tijera el pelo de los paños. Castigar con golpes.
tunear *i.* Hacer vida de tunante.
tunecino -na *a.-s.* De Túnez.
túnel *m.* Paso subterráneo, abierto artificialmente.
túnica *f.* Ant. Vestidura interior. Vestidura exterior amplia y larga.
tunicela *f.* Túnica interior. Vestidura propia del subdiácono.
tuno -na *a.-s.* Tunante.
tuntún (al o al buen) *m. adv.* Sin reflexión ni previsión.
tupé *m.* Copete de pelo. Atrevimiento, descaro.
tupido -da *a.* Denso, espeso.
tupir *t.* Apretar una cosa cerrando sus poros o intersticios.
turba *f.* Combustible fósil formado de residuos vegetales. desp. Multitud popular.
turbación *f.* Acción de turbar. Confusión, desorden. /desordenada.
turbamulta *f.* Multitud confusa y
turbante *m.* Tocado oriental que consiste en una faja de tela rodeada a la cabeza.
turbar *t.-r.* Alterar o interrumpir la continuidad de una acción o estado. Alterar el ánimo de alguno.

turbera *f.* Yacimiento de turba.
turbina *f.* Motor hidráulico o de vapor consistente en una rueda horizontal provista de paletas curvas.
turbinto *m.* Árbol de América que da buena trementina.
turbio -bia *a.* Alterado por algo que obscurece o quita transparencia. Revuelto. Dudoso. Confuso.
turbión *m.* Chaparrón con viento fuerte.
turbonada *f.* Fuerte chubasco acompañado de truenos.
turbulencia *f.* Alteración que enturbia una cosa. Confusión, alboroto.
turbulento -ta *a.* Turbio. Confuso, alborotado.
turca *f.* Borrachera.
turco -ca *a.-s.* De Turquía.
turcople *a.-s.* Hijo de padre turco y madre griega.
túrdiga *f.* Tira de pellejo.
turgencia *f.* Calidad de turgente.
turgente = túrgido -da *a.* Abultado, hinchado.
turíbulo *m.* Incensario.
turiferario *m.* El que lleva el incensario. /rizoma.
turión *m.* Brote que nace de un
turismo *m.* Afición a viajar por recreo. /rismo.
turista *c.* El que viaja por tu
turmalina *f.* Mineral transparente que se encuentra en ciertas rocas.
turnar *i.* Alternar ordenadamente con otras personas en un cargo, trabajo, etc.
turnio -nia *a.* Dic. de los ojos bizcos y del que los tiene.
turno *m.* Alternativa u orden sucesivo que se observa entre las personas que turnan.

turolense *a.-s.* De Teruel.
turón *m.* Mamífero mustélido que despide olor fétido.
turquesa *f.* Molde para hacer balas. Piedra fina de color azul verdoso. /Turquía.
turquesco -ca *a.* Pertenciente a
turquí *a.* Turquesco. Dic. del color azul muy oscuro.
turrón *m.* Masa de almendras, avellanas o nueces tostadas, con miel o azúcar.
turronero -ra *m. f.* Persona que hace o vende turrón.
turulato -ta *a.* Alelado, estupefacto.
¡tus! Voz para llamar a los perros: ¡tus, tus!
tusa *f.* Perra. Ú. como interj. para llamarla o espantarla.
tusílago *m.* Fárfara (planta).
tuso *m.* Perro. Ú. como interj. para llamarlo o espantarlo.
tusón *m.* Vellón de lana.
tute *m.* Juego de naipes en que se gana la partida si se reúnen cuatro reyes o cuatro caballos.
tutear *t.-r.* Hablar a uno de tú.
tutela *f.* Autoridad y cargo de tutor. Protección.
tutelar *a.* Que guía o protege. Relativo a la tutela.
tuteo *m.* Acción de tutear.
tutiplén (a) *m. adv.* En abundancia.
tutor -ra *m. f.* Persona designada para la tutela de alguien. Rodrigón. fig. Defensor, protector.
tutoría *f.* Tutela.
tuya *m.* Árbol americano de madera muy resistente.
tuyo, tuya, tuyos, tuyas *a. y pron.* posesivos de 2.ª pers. en masc. y fem. y ambos números sing. y plural.

U

U u *f.* Vigésima cuarta letra del alfabeto español.
u *conj.* disyuntiva. Se usa en substitución de *o* delante de palabras que empiezan por *o* u *ho*. /te y fértil.
ubérrimo -ma *a.* Muy abundan-
ubicación *f.* Acción de ubicar.
ubicar *i.-r.* Estar en determinado espacio o lugar.
ubicuidad *f.* Calidad de ubicuo.
ubicuo -cua *a.* Que está a un mismo tiempo en todas partes.
ubre *f.* Teta de la hembra.
ucase *m.* Decreto del zar. Orden injusta y tiránica.
udómetro *m.* Pluviómetro.
¡uf! *interj.* Denota cansancio o repugnancia.
ufanarse *r.* Engreírse, jactarse.
ufanía *f.* Calidad de ufano.
ufano -na *a.* Orgulloso, engreído. Satisfecho, contento.
ufo (a) *m. adv.* De gorra.
ujier *m.* Portero de estrados. Empleado subalterno de algunos tribunales.
ulano *m.* Lancero de caballería en algunos ejércitos.
úlcera *f.* Solución de continuidad en la piel o en una mucosa que causa desintegración de los tejidos.
ulceración *f.* Acción de ulcerar.
ulcerar *t.-r.* Causar úlcera.
ulceroso -sa *a.* Que tiene úlceras.
ulema *m.* Doctor de la ley mahometana.
uliginoso -sa *a.* Dic. de los terrenos húmedos y de las plantas que crecen en ellos.
ulmáceo -a *a.-f.* Dic. de las plantas de la familia del olmo.
ulterior *a.* Que está al otro lado. Que se dice o sucede después de otra cosa.
ultimar *t.* Concluir, acabar.
ultimátum *m.* Proposición terminante y definitiva.
último -ma *a.* Posterior a todos los demás en el espacio o en el tiempo.
ultra *prep.* Además de. En composición, más allá de.
ultrajante *a.* Que ultraja.
ultrajar *t.* Injuriar gravemente de obra o de palabra.
ultraje *m.* Injuria grave de obra o de palabra.
ultramar *m.* País situado allende el mar.
ultramarino -na *a.* De allende el mar. *a.-s.* Dic. de los géneros traídos de allende el mar.
ultramaro (azul) *m.* Lapislázuli pulverizado.
ultramontano -na *a.* Que está allende los montes.
ultranza (a) *m. adv.* A muerte; a todo trance. /tumba.
ultratumba *adv.* Más allá de la
úlula *f.* Autillo.
ulular *i.* Dar gritos o alaridos.
ululato *m.* Grito, alarido.
umbela *f.* Inflorescencia en forma de parasol.
umbelífero -ra *a.-s.* Dic. de las plantas de flores en umbela.
umbilical *a.* Relativo al ombligo.
umbráculo *m.* Cobertizo para resguardar las plantas del sol.
umbral *m.* Parte inferior de la puerta. Entrada.
umbría *f.* Parte del terreno donde apenas da el sol.
umbrío -a *a.* Sombrío.
umbroso -sa *a.* Que tiene o causa sombra.
un, una, unos, unas. Artículo indeterminado en gén. masc. y fem. *a.* Uno.
unánime *a.* Dic. del conjunto de las personas que convienen en un mismo parecer. Dic. de este parecer. /nime.
unanimidad *f.* Calidad de uná-
uncia *f.* Ant. moneda romana.
unciforme *a.-m.* Dic. de los huesos de la segunda fila del carpo.
unción *f.* Acción de ungir. Extremaunción. Devoción.
uncir *t.* Atar al yugo un animal.
undecágono -na *a.-m.* Endecágono.
undécimo -ma *a.-m.* Dic. de cada una de las once partes iguales en que se divide un todo.

a. Que sigue en orden al décimo.
undécuplo -pla *a.-s.* Que contiene un número once veces exactamente.
undisono -na *a.* Dic. de las aguas corrientes que causan ruido.
undívago -ga *a.* Que ondea como las olas. /ma ondas.
undoso -sa *a.* Que tiene o for-
undulación *f.* Acción de undular.
undular *i.* Ondular.
ungido *m.* Persona que ha sido signada con el óleo santo.
ungimiento *m.* Acción de ungir.
ungir *t.* Aplicar aceite u otra materia pingüe a la superficie de un cuerpo. Signar a una persona con óleo sagrado.
ungüentario *m.* El que hace ungüentos. Sitio donde se guardan.
ungüento *m.* Lo que sirve para ungir o untar.
unguiculado -da *a.-s.* ZOOL. Que tiene uñas.
ungulado -da *a.-s.* Dic. de los mamíferos, de régimen vegetariano, con los dedos terminados en pezuña.
unicidad *f.* Calidad de único.
único -ca *a.* Solo y sin otro de su especie. Singular, extraordinario.
unicornio *m.* Animal fabuloso de figura de caballo y con un cuerno recto en la frente. Rinoceronte.
unidad *f.* Indivisión del ser. Singularidad en número o calidad Cantidad elegida como término de comparación para medir o contar. El número entero más pequeño. Fracción del ejército a las órdenes de un jefe.
unificación *f.* Acción de unificar.
unificar *t.-r.* Hacer de varias cosas una o un todo. Hacerlas uniformes.
uniformar *t.* Hacer uniforme.
uniforme *a.* Que tiene la misma forma, intensidad, etc., en toda su extensión o duración. Dic. de dos o más cosas que tienen la misma forma. *m.* Vestido peculiar y distintivo de un cuerpo, colegio, etc.
uniformidad *f.* Calidad de uniforme.
unigénito -ta *a.* Dic. del hijo único. *m.* El Hijo de Dios.
unilateral *a.* Dic. de lo que se refiere sólo a una parte o a un aspecto de una cosa.
unión *f.* Acción de unir. Conformidad. Casamiento. Alianza.
unipersonal *a.* Que consta de una sola persona. Que pertenece a una sola persona.
unir *t.-r.* Juntar, atar, mezclar, trabar. Agregar. Casar. Aliar.
unísón *a.* Unísono. *m.* Conjunto de voces o instrumentos que interpretan al mismo tiempo la misma nota.
unísono -na *a.* Que tiene el mismo tono que otra cosa.
unitario -ria *a.-s.* Partidario del unitarismo. *a.* Que propende a la unidad o la conserva.
unitarismo *m.* Doctrina o partido favorable a la unidad y centralización política.
unitivo -va *a.* Que tiene virtud de unir.
univalvo -va *a.* Dic. de la concha de una sola pieza y del molusco que la tiene.
universal *a.* Que comprende o es común a todos. Que pertenece o se extiende a todo el mundo, a todos los países, a todos los tiempos.
universalidad *f.* Calidad de universal.
universalizar *t.* Hacer universal.
universidad *f.* Centro de enseñanza superior donde se cursan diversas facultades. Universalidad.
universitario -ria *a.* Perteneciente a la universidad.
universo -sa *a.* Universal. *m.* Mundo (lo creado).
unívocar *r.-t.* Convenir en una razón misma varias cosas.
uno, una *a.* Dic. del número que por adición da origen a todos los de la serie numérica. Que no está dividido; íntegro. Idéntico. Único. *a. pl.* Algunos. *pron. indef.* Una u unas personas. El que habla. *m.* Unidad. Signo que la representa. Individuo.
untadura *f.* Acción de untar. Untura.
untamiento *m.* Acción de untar.
untar *t.* Ungir con materia grasa. Sobornar con dádivas. *r.* Mancharse con materia untuosa.
unto *m.* Materia pingüe para untar. Gordura, grasa. Ungüento.
untuosidad *f.* Calidad de untuoso.
untuoso -sa *a.* Craso, pingüe y pegajoso.
untura *f.* Untadura, untamiento. Materia con que se unta.
uña *f.* Lámina córnea y dura que nace y crece en el extremo de los dedos. Pezuña.
uñada *f.* Señal hecha con la uña. Arañazo.
uñarada *f.* Arañazo.
uñate *m.* Acción de apretar una cosa con la uña.

uñero *m.* Inflamación en la raíz de la uña. Herida que produce la uña cuando, al crecer, se introduce en la carne.
uñeta *f.* Dim. de *uña*. Cincel que usan los canteros.
uñoso -sa *a.* Que tiene largas las uñas.
¡upa! Voz para estimular a levantarse o a levantar algo.
upupa *f.* Abubilla.
uranio *m.* Metal duro, muy denso, de color parecido al del níquel.
uranio -nia *a.* Relativo a los astros y al espacio celeste.
Urano *m.* Planeta mayor que la Tierra.
uranografía *f.* Cosmografía.
uranógrafo *m.* Cosmógrafo.
uranometría *f.* Parte de la astronomía que trata de la medición de las distancias celestes.
urato *m.* Sal del ácido úrico.
urbanidad *f.* Buenos modales, cortesía, educación.
urbanismo *m.* Conjunto de estudios, proyectos, etc., referentes a la urbanización.
urbanización *f.* Acción de urbanizar.
urbanizar *t.-r.* Hacer urbano a uno. *t.* Abrir calles y dotarlas de servicios urbanos.
urbano -na *a.* Perteneciente a la ciudad. Cortés, atento. *m.* Individuo de la milicia urbana.
urbe *f.* Ciudad, esp. la muy po-
urce *m.* Brezo. /pulosa.
urchilla *f.* Liquen del que se obtiene un colorante violeta. Este colorante.
urdidera *f.* Urdidora. Instrumento donde se preparan los hilos para las urdimbres.
urdidor -ra *a.-s.* Que urde. *f.* Urdidera.
urdidura *f.* Acción de urdir.
urdimbre *f.* Estambre urdido. Conjunto de hilos paralelos entre los que pasa la trama para formar la tela. Acción de urdir.
urdir *t.* Preparar los hilos en la urdidera. Maquinar y disponer algo cautelosamente.
urea *f.* Substancia nitrogenada que se halla en la orina.
uremia *f.* Acumulación en la sangre de substancias que normalmente se eliminan con la orina.
urémico -ca *a.* Relativo a la uremia.
urente *a.* Que escuece, ardiente.
uréter *m.* Cada uno de los conductos que llevan la orina de los riñones a la vejiga.
urétera = **uretra** *f.* Conducto por donde se expele la orina.

urgencia *f.* Calidad de urgente. Falta apremiante de lo que es menester.
urgente *a.* Apremiante, que ha de ejecutarse con prontitud.
urgir *i.* Instar una cosa a su pronta ejecución; correr prisa.
úrico -ca *a.* Dic. de un ácido que se halla en la orina. Relativo al ácido úrico.
urinario -ria *a.* Relativo a la orina. *m.* Lugar para orinar.
urna *f.* Vaso o caja que se usaba para guardar dinero, restos o cenizas de cadáveres, etc. Caja de cristales planos para varios usos. /sonte.
uro *m.* Animal parecido al bi-
urogallo *m.* Ave gallinácea que vive en los bosques.
urología *f.* Parte de la medicina que trata de las enfermedades del aparato urinario.
urólogo *m.* Especialista en urología. /la orina.
uroscopia *f.* MED. Inspección de
urraca *f.* Pájaro córvido, domesticable, que aprende a remedar palabras.
úrsido -da *a.-m.* Dic. de los mamíferos de la familia del oso.
ursulina *a.-s.* Dic. de las religiosas de Santa Úrsula.
urticaria *f.* Enfermedad inflamatoria de la piel, caracterizada por escozor.
uruguayo -ya *a.-s.* De Uruguay.
usado -da *a.* Que se usa. Gastado y deslucido por el uso.
usagre *m.* Erupción pustulosa, propia de los niños pequeños. Sarna del perro y de otros animales.
usanza *f.* Uso, moda, estilo.
usar *t.* Hacer servir una cosa. Practicar habitualmente, tener por costumbre.
usarcé *c.* Ant. apóc. de *usarced*.
usarced *c.* Ant. contracción de *vuestra merced*.
useñoría *c.* Contracción de *vuestra señoría*.
usgo *m.* Asco. /ñoría.
usía *c.* Contracción de *vuestra se-
uso *m.* Acción de usar. Práctica general de una cosa. Moda, costumbre.
usted (pl. **ustedes**) *pron.* pers. de 2.ª pers., usado para el tratamiento de respeto y cortesía.
ustión *f.* Acción de quemar.
ustorio -ria *a.* Que quema.
usual *a.* De uso común o frecuente.
usuario -ria *a.-s.* Dic. del que tiene derecho a usar de la cosa ajena.
usufructo *m.* Derecho de usar de

usufructuar *t.* Tener el usufructo de una cosa.
usufructuario -ria *a.-s.* Que usufructúa una cosa.
usura *f.* Interés del préstamo, esp. cuando excede del legal o normal.
usurario -ria *a.* Díc. de los contratos y tratos en que hay usura.
usurear *i.* Dar o tomar a usura. Ganar, esp. con exceso.
usurero -ra *m. f.* Persona que presta con usura.
usurpación *f.* Acción de usurpar. Cosa usurpada.
usurpar *t.* Apropiarse injustamente una cosa de otro.
utensilio *m.* Lo que sirve para el uso manual o frecuente. Instrumento manual para las operaciones mecánicas.
útil *a.* Que produce provecho, fruto o interés. Que puede servir para un fin. *m.* Utensilio, instrumento.
utilidad *f.* Calidad de útil. Provecho, fruto.
utilitario -ria *a.* Que antepone a todo, la utilidad.
utilizar *t.* Emplear útilmente una persona o cosa.
utopía *f.* Plan o sistema halagüeño, pero irrealizable.
utópico -ca *a.* Relativo a la utopía.
utrero -ra *m. f.* Novillo o novilla de dos años.
utrículo *m.* H. NAT. Pequeño saco o cavidad.
uva *f.* Fruto de la vid.
uvada *f.* Abundancia de uva.
uval *a.* Parecido a la uva.
uvate *m.* Conserva de uvas.
uvayema *f.* Especie de vid silvestre, trepadora.
uve *f.* Nombre de la letra *v*.
úvea *f.* Cara posterior del iris del ojo.
uvero -ra *a.* Relativo a las uvas. *m. f.* Persona que vende uvas.
úvula *f.* Lóbulo carnoso que pende de la parte media y posterior del velo del paladar.
uxoricida *a.-m.* Díc. del que mata a su mujer.
uxoricidio *m.* Muerte causada a la mujer por su marido.

V

V v *f.* Vigésima quinta letra del alfabeto español. En la numeración romana, 5.
vaca *f.* Hembra del toro. Carne de vaca o de buey.
vacación *f.* Suspensión del trabajo o del estudio durante algún tiempo.
vacada *f.* Manada de ganado vacuno.
vacante *a.-f.* Dic. del cargo, empleo o dignidad que está sin proveer. *f.* Vacación.
vacar *i.* Cesar uno por algún tiempo en sus habituales negocios o trabajos. Quedar vacante un empleo. Dedicarse a un ejercicio determinado.
vacarí *a.* De cuero de vaca o cubierto de él.
vaciadero *m.* Sitio en que se vacia algo. Conducto por donde se vacía.
vaciado *m.* Acción de vaciar en molde. ARQ. Excavación. Figura, adorno de yeso, estuco, etc., formado en el molde.
vaciar *t.-r.* Dejar vacía una cosa. Sacar el contenido de un recipiente. Formar un hueco en un cuerpo sólido. Formar un objeto en un molde. Sacar filo a los instrumentos cortantes.
vaciedad *f.* Sandez.
vacilación *f.* Acción de vacilar. Perplejidad.
vacilar *i.* Moverse indeterminadamente; estar poco firme. Oscilar, temblar. Titubear, estar perplejo.
vacío -a *a.* Falto de contenido; no ocupado. Hueco, Ocioso, Vano. *m.* Espacio vacío.
vacuidad *f.* Calidad de vacuo.
vacuna *f.* Virus que se inocula al hombre para preservarlo de las viruelas. Toda substancia que inoculada en un individuo le inmuniza contra una enfermedad determinada.
vacunación *f.* Acción de vacunar.
vacunar *t.* Inocular una vacuna.
vacuno -na *a.* Perteneciente al ganado bovino. De cuero de vaca.
vacuo -a *a.* Vacío, vacante. *m.* Vacío, cavidad.
vadear *t.* Pasar un río por un vado.
vadera *f.* Vado ancho.
vado *m.* Paraje de un río con fondo poco profundo, por donde se puede pasar.
vadoso -sa *a.* Dic. del paraje que tiene vados.
vagabundear *i.* Andar vagabundo.
vagabundeo *m.* Acción de vagabundear.
vagabundo -da *a.* Que anda errante. *a.-s.* Holgazán que anda de un lugar a otro.
vagamundear *i.* Vagabundear.
vagamundo *a.-s.* Vagabundo.
vagancia *f.* Acción de vagar o andar ocioso.
vagar *m.* Tiempo libre para hacer algo.
vagar *i.* Andar errante.
vagaroso -sa *a.* Que vaga o se mueve de una parte a otra.
vagido *m.* Llanto del recién nacido.
vagina *f.* Conducto que desemboca en la matriz.
vago -ga *a.-s.* Desocupado, sin oficio. Vagabundo, holgazán. *a.* Indeterminado, indeciso.
vagón *m.* Carruaje de ferrocarril.
vagoneta *f.* Vagón pequeño y descubierto para transporte.
vaguada *f.* Línea que marca la parte más honda de un valle.
vagueación *f.* Inquietud o inconstancia de la imaginación.
vaguear *i.* Vagar de una parte a otra. Holgazanear.
vaguedad *f.* Calidad de vago o indeterminado. Expresión vaga.
vaguido -da *a.* Que padece vahídos. *m.* Vahído.
vahar *i.* Vahear.
vaharada *f.* Acción de echar el vaho o aliento.
vaharera *f.* Boquera (excoriación).
vaharina *f.* Vaho, vapor o niebla.
vahear *i.* Echar de sí vaho.
vahído *m.* Turbación breve del sentido por alguna indisposición.
vaho *m.* Vapor que despiden los cuerpos. Aliento de personas o animales. Tufo.

vaida *a.* Díc. de la bóveda formada por un hemisferio cortado por cuatro planos verticales, paralelos dos a dos.
vaina *f.* Funda de algunas armas. Cáscara tierna de las legumbres y silicuas.
vainazas *m.* Persona floja, descuidada o desvaída.
vainica *f.* Deshilado menudo que se hace por adorno.
vainilla *f.* Vainica. Planta americana de fruto oloroso, usado para aromatizar los licores, el chocolate, etc.
vaivén *m.* Movimiento alternativo de un cuerpo en dos sentidos opuestos.
vaivoda *m.* Título que se daba a los soberanos de Moldavia, Valaquia y Transilvania.
vajilla *f.* Conjunto de utensilios y vasijas para el servicio de la /mesa.
val *m.* Apóc. de *valle*.
valaco -ca *a.-s.* De Valaquia.
valar *a.* Relativo al vallado, muro o cerca.
vale *m.* Documento por el que se reconoce una deuda. Nota firmada que se da al que ha de entregar una cosa.
valedero -ra *a.* Que debe valer, ser firme y subsistente.
valedor -ra *m. f.* Protector.
valencia *f.* QUÍM. Poder de combinación de un elemento.
valenciano -na *a.-s.* De Valencia.
valentía *f.* Esfuerzo, vigor. Gallardía, arrojo. Hazaña heroica.
valentino -na *a.* Valenciano.
valentísimo -ma *a.* Superl. de *valiente*.
valentón -tona *a.-s.* Que se jacta de guapo o valiente.
valentona = **valentonada** *f.* Bravuconada.
valer *i.* Tener valor o cierto valor una cosa. Equivaler. Tener un precio determinado. Ser de eficacia o útil. Amparar, proteger. *r.* Servirse de una cosa.
valeriana *f.* Hierba de rizoma aromático que se usa como antiespasmódico.
valeroso -sa *a.* Valiente. Valioso. Eficaz. /zo, delicado.
valetudinario -ria *a.-s.* Enfermi-
valí *m.* Gobernador de una provincia de un Estado musulmán.
valía *f.* Valor, aprecio de una cosa. /de un valí.
valiato *m.* Gobierno y territorio
validación *f.* Acción de validar.
validar *t.* Dar validez.
validez *f.* Calidad de válido.
válido -da *a.* Firme, que vale legalmente. Robusto, fuerte.
valido *m.* Favorito de un rey o personaje.

valiente *a.-s.* Esforzado, que tiene valor. Valentón. *a.* Robusto, fuerte. Excelente.
valija *f.* Maleta. Saco de cuero donde llevan la correspondencia los correos. El mismo correo.
valijero *m.* El que conduce las cartas desde la administración principal de correos a los pueblos.
valimiento *m.* Acción de valer. Privanza. Amparo, favor.
valioso -sa *a.* De mucha estimación o poder.
valisoletano -na *a.* Vallisoletano.
valón -lona *a.-s.* Del territorio comprendido entre el Escalda y el Lys. Idioma valón.
valona *f.* Cuello grande y vuelto.
valor *m.* Cualidad o conjunto de cualidades de una persona o cosa en cuya virtud es apreciada. Importancia. Precio. Cualidad del alma que mueve a arrostrar sin miedo los peligros. MÚS. Duración relativa de una nota. *pl.* COM. Acciones, obligaciones, bonos, etc.
valoración *f.* Acción de valorar.
valorar y **-rear** *t.* Determinar el valor de una cosa; ponerle precio. /Valencia.
valoría *f.* Valía, estimación. QUÍM.
valorizar *t.* Valorar. Aumentar el valor de una cosa.
valquiria *f.* Cada una de ciertas divinidades femeninas de la mitología nórdica.
vals *m.* Baile de origen alemán, de movimiento animado.
valsar *i.* Bailar el vals.
valuación *f.* Valoración, evaluа-
valuar *t.* Valorar. /ción.
valva *f.* BOT. Ventalla. Cada una de las piezas que constituyen la concha de los moluscos.
válvula *f.* Pieza móvil que cierra o abre una abertura de paso de un líquido o gas. Bombilla de un aparato de radio.
valla *f.* Vallado. Línea de estacas o tablas que cierra un sitio.
valladar *m.* Vallado. Obstáculo.
valladear *t.* Vallar, cercar.
vallado *m.* Cerco para defensa de un sitio e impedir la entrada en él.
vallar *a.* Valar. *m.* Valladar.
vallar *t.* Cercar con vallado.
valle *m.* Espacio de tierra entre montes o alturas. Cuenca de un río.
vallico *m.* Ballico.
vallisoletano -na *a.* De Valladolid.
vampiro *m.* Murciélago que chupa la sangre de las personas o animales dormidos. Espectro que, según el vulgo, va a chupar la sangre de los vivos.

vanadio *m.* Metal blanco argentino que entra en varias aleaciones.
vanagloria *f.* Jactancia del propio valer u obrar.
vanagloriarse *r.* Jactarse del propio valer u obrar.
vanaglorioso -sa *a.* Jactancioso.
vanamente *adv.* En vano. Con superstición. Sin fundamento. Con presunción.
vandálico -ca *a.* Relativo a los vándalos o al vandalismo.
vandalismo *m.* Espíritu de destrucción.
vándalo -la *a.-s.* De un pueblo de la ant. Germania. *m.* El que comete acciones vandálicas.
vanguardia *f.* Parte de una fuerza armada que va delante del cuerpo principal.
vanidad *f.* Calidad de vano. Vana ostentación. Palabra vana. Ilusión, ficción de la fantasía.
vanidoso -sa *a.-s.* Que tiene vanidad y la da a conocer.
vanilocuencia *f.* Verbosidad inútil.
vanilocuente = vanilocuo -cua *a.-s.* Hablador insubstancial.
vaniloquio *m.* Discurso insubstancial.
vanistorio *m.* Vanidad ridícula. Persona vanidosa.
vano -na *a.* Falto de realidad. Hueco, vacío, sin solidez. Inútil. Presuntuoso. Sin fundamento. *m.* ARQ. Parte del muro en que no hay apoyo para el techo o bóveda.
vapor *m.* Gas en que se transforma un líquido o sólido, esp. el de agua. Especie de vértigo o desmayo. Buque de vapor.
vapora *f.* Lancha de vapor.
vaporación *f.* Evaporación.
vaporar *t.-r.* Evaporar.
vaporear *t.* Evaporar. *i.* Exhalar vapores.
vaporización *f.* Acción de vaporizar.
vaporizador *m.* Aparato para vaporizar.
vaporizar *t.-r.* Convertir un líquido en vapor. Dispersar un líquido en gotas muy finas.
vaporoso -sa *a.* Que despide vapores. Que los contiene. Tenue, ligero.
vapulación *f.* = **vapulamiento** *m.* Acción de vapular.
vapular = **vapulear** *t.-r.* Azotar.
vapuleo *m.* Vapulación.
vaquería *f.* Vacada. Lugar donde hay vacas o se vende su leche.
vaqueriza *f.* Lugar donde se recoge el ganado mayor.
vaquerizo -za *a.* Relativo al ganado bovino. *m. f.* Vaquero -ra.
vaquero -ra *a.* Propio de los vaqueros. *m. f.* Pastor o pastora de reses vacunas.
vaqueta *f.* Cuero de ternera curtido.
vaquilla *f.* Dim. de *vaca*.
vara *f.* Palo largo y delgado. Cada una de las dos piezas de madera entre las cuales se engancha la caballería al carro. Bastón de mando. Garrochazo dado al toro. Medida de long. (0'84 cm.).
varada *f.* MAR. Acción de varar.
varadero *m.* Lugar donde se varan las embarcaciones.
varadura *f.* Varada.
varal *m.* Vara larga y gruesa. Palo donde encajan las estacas que forman el costado del carro.
varapalo *m.* Palo largo. Golpe dado con palo o vara. Daño en los intereses. Desazón.
varar *i.* Encallar la embarcación. *t.* Sacar a la playa una embarcación.
varaseto *m.* Cerramiento o enrejado de cañas y varas.
varazo *m.* Golpe dado con una vara.
varbasco *m.* Gordolobo.
vardasca *f.* Verdasca.
vardascazo *m.* Verdascazo.
varea *f.* Acción de varear los frutos de ciertos árboles.
varear *t.* Golpear con vara. Derribar a varazos los frutos de un árbol. Picar al toro. Medir con vara.
varejón *m.* Vara larga y gruesa.
varenga *f.* MAR. Pieza curva atravesada sobre la quilla.
vareo *m.* Vareaje.
vareta *f.* Palito untado con liga para cazar pájaros. En un tejido, lista de diferente color que el fondo. Indirecta.
varetazo *m.* Golpe de lado que da el toro con el asta.
varga *f.* Parte más pendiente de una cuesta.
vargueño *m.* Bargueño.
variabilidad *f.* Calidad de variable.
variable *a.* Que varía o puede variar. Inconstante, mudable.
variación *f.* Acción de variar.
variado -da *a.* Que tiene variedad. De varios colores.
variar *t.* Hacer o volver diferente una cosa de lo que antes era. Dar variedad. *i.* Cambiar, modificarse.
várice y **varice** *f.* Dilatación permanente de una vena.
varicela *f.* Enfermedad infecciosa parecida a la viruela benigna.
varicoso -sa *a.* Relativo a las varices. *a.-s.* Que las padece.
variedad *f.* Calidad de vario. Diferencia dentro de la unidad. Variación.
varilarguero *m.* Picador de toros.
varilla *f.* Barra larga y delgada.

Cada una de las tiras que forman el armazón del abanico, el paraguas, etc.

varillaje m. Conjunto de varillas.

vario -ria a. Diverso o diferente. Inconstante, mudable.

varioloso -sa a. Perteneciente a la viruela. a.-s. Virolento.

varón m. Persona del sexo masculino. Hombre de respeto, autoridad u otras prendas.

varonil a. Propio del varón. Esforzado, valeroso y firme.

vasallaje m. Condición de vasallo. Sujeción, rendimiento. Tributo pagado por el vasallo.

vasallo -lla m. f. Persona sujeta a un señor a causa de un feudo. a.-s. Súbdito.

vasar m. Poyo o anaquelería para poner vasijas.

vasco -ca a.-s. Vascongado. De cierta parte del territorio francés. m. Vascuence.

vascón -cona a.-s. De la Vasconia, reg. de la España Tarraconense.

vascongado -da a.-s. De Álava, Guipúzcoa o Vizcaya. m. Vascuence.

vascuence a.-m. Dic. de la lengua hablada por los vascos.

vascular a. Relativo a los vasos de los animales o plantas.

vasculoso -sa a. Vascular.

vasera f. Vasar. Caja en que se guarda el vaso.

vasija f. Receptáculo para contener líquidos o cosas destinadas a la alimentación.

vaso m. Cualquier receptáculo, esp. el cilíndrico que sirve para beber. Líquido que cabe en él. zool. Tubo o canal por donde circula un líquido orgánico.

vástago m. Ramo tierno de una planta. Persona descendiente de otra. Barra unida al émbolo.

vastedad f. Dilatación, anchura.

vasto -ta a. Dilatado, muy extenso.

vate m. Adivino, poeta.

vaticano -na a. Perteneciente al monte Vaticano. Perteneciente al Vaticano o al papa. m. Estado o corte pontificia.

vaticinador -ra a.-s. Que vaticina.

vaticinar t. Pronosticar, profetizar.

vatídico -ca a. Relativo al vaticinio. a.-s. Vaticinador.

vatio m. Unidad de potencia eléctrica.

vaya f. Burla, chasco.

ve f. Nombre de la letra v.

vecera y **-ria** f. Manada de ganado perteneciente a un vecindario.

vecero -ra a. Dic. de las plantas que un año dan mucho fruto y poco o ninguno otro.

vecinal a. Perteneciente al vecindario o a los vecinos.

vecindad f. Calidad de vecino. Conjunto de personas que viven en una misma casa o barrio. Vecindario. Cercanías.

vecindario f. Conjunto de vecinos de una población.

vecino -na a.-s. Que habita con otros en un mismo pueblo, barrio o casa. Que tiene casa y hogar en un pueblo. a. Cercano, próximo. Parecido.

vectación f. Acción de caminar en un vehículo.

vector (radio) s. En ciertas curvas, cualquiera de las rectas que van desde el foco a un punto de la curva.

veda f. Acción de vedar. Tiempo en que está vedado cazar o pescar. Cada uno de los libros sagrados primitivos de la India.

vedado m. Terreno acotado donde está prohibido entrar o cazar.

vedamiento m. Veda, prohibición.

vedar t. Prohibir. Impedir.

vedegambre m. Planta de rizoma medicinal.

vedeja f. Guedeja.

vedija f. Mechón de lana. Pelo enredado.

vedijoso -sa a. Que tiene el pelo en vedijas.

veduño m. Viduño.

veedor -ra a.-s. Que ve o mira. m. ant. El encargado de inspeccionar determinadas cosas.

veeduría f. Cargo de veedor.

vega f. Tierra baja, regada y fértil.

vegetación f. Acción de vegetar. Conjunto de vegetales de un terreno.

vegetal a. Que vegeta. Relativo a las plantas. m. Ser viviente que carece de sensibilidad y de movimiento voluntario.

vegetar i.-r. Crecer y desarrollarse las plantas. Vivir una persona con vida meramente orgánica. Vivir perezosamente.

vegetarianismo m. Régimen alimenticio en el que se suprime la carne.

vegetariano -na a.-s. Dic. de la persona dada al vegetarianismo.

veguer m. Ant. magistrado en Aragón, Cataluña y Baleares.

veguería f. Territorio de la jurisdicción del veguer.

veguero -ra a. Relativo a la vega. m. Cultivador de una vega. Cigarro puro hecho de una hoja. /mente.

vehemencia f. Calidad de vehe-

vehemente *a.* Que obra con ímpetu. Que se siente o se expresa con viveza.

vehículo *m.* Artefacto para transportar personas o cosas. Lo que sirve para conducir o transmitir.

veintavo -va *a.-m.* Vigésimo.

veinte *a.* Dos veces diez. Vigésimo. /unidades.

veintena *f.* Conjunto de veinte

veinteno -na *a.* Vigésimo.

veinteñal *a.* Que dura veinte años.

veinticinco *a.* Veinte y cinco. Vigésimo quinto.

veinticuatreno -na *a.* Relativo al número veinticuatro. Vigésimo cuarto.

veinticuatro *a.* Veinte y cuatro. Vigésimo cuarto.

veintidós *a.-s.* Veinte y dos. Vigésimo segundo. /gundo.

veintidoseno -na *a.* Vigésimo segundo.

veintinueve *a.* Veinte y nueve. Vigésimo nono. /tavo.

veintiocheno -na *a.* Vigésimo octavo.

veintiséis *a.* Veinte y seis. Vigésimo sexto.

veintiseiseno -na *a.* Relativo al número veintiséis. Vigésimo sexto.

veintisiete *a.* Veinte y siete. Vigésimo séptimo.

veintitrés *a.* Veinte y tres. Vigésimo tercio.

veintiún o veintiuno -na *a.* Veinte y uno. Vigésimo primero.

veintiuna *f.* Juego de naipes o de dados en que gana el que hace veintiún puntos.

vejación *f.* Acción de vejar.

vejamen *m.* Vejación. Reprensión festiva o satírica. /viejo.

vejancón -cona *a.-s.* Aum. de

vejar *t.* Maltratar, molestar, perseguir. Dar vejamen.

vejarrón -rrona *a.-s.* Aum. de *viejo*.

vejatorio -ria *a.* Que veja.

vejestorio *m.* desp. Persona vieja.

vejeta *f.* Cogujada.

vejete *a.-s.* Dim. de *viejo*. Díc. del viejo ridículo.

vejez *f.* Calidad de viejo. Senectud.

vejiga *f.* En los animales, saco membranoso lleno de un líquido o gas; esp. aquel en que se deposita la orina. Ampolla en la piel.

vejigatorio -ria *a.-m.* Díc. del emplasto que levanta vejigas en la piel.

vejigazo *m.* Golpe dado con una vejiga llena de aire.

vejigoso -sa *a.* Lleno de vejigas.

vejiguilla *f.* Vesícula. Alquequenje.

vela *f.* Acción de velar. Tiempo que se trabaja por la noche. Asistencia delante del Santísimo Sacramento. Centinela, Cilindro de materia crasa, con torcida en el eje, para alumbrar. MAR. Trozo de lona fuerte que se amarra a las vergas para recibir el viento y hacer adelantar la nave.

velación *f.* Vela (acción de velar). Ceremonia que consiste en cubrir con un velo a los cónyuges en la misa nupcial.

velacho *m.* Gavia del trinquete.

velada *f.* Vela (acción). Reunión nocturna de varias personas.

velador -ra *a.-s.* Que vela. Díc. del que cuida de algo. *m.* Candelero. Mesita de un solo pie.

veladura *f.* PINT. Tinta transparente para suavizar el tono. Disimulo, eufemismo.

velar *i.* Estar sin dormir el tiempo destinado al sueño. Continuar trabajando después de la jornada ordinaria. Cuidar solícitamente, vigilar. *t.-r.* Asistir delante del Santísimo Sacramento. *t.* Asistir de noche a un enfermo o a un difunto. Observar. Cubrir, disimular. *t.-r.* Cubrir con un velo.

velarte *m.* Paño negro, tupido y lustroso.

veleidad *f.* Voluntad antojadiza o deseo vano. Inconstancia.

veleidoso -sa *a.* Inconstante, mudable.

velejar *i.* Utilizar las velas en la navegación.

velería *f.* Tienda donde se venden velas de alumbrar.

velero -ra *m. f.* Persona que hace velas, o *a.* Díc. de la embarcación muy ligera. *m.* Buque de vela.

veleta *f.* Pieza giratoria que sirve para indicar la dirección del viento. *c.* Persona inconstante.

velete *m.* Velo delgado.

vélite *m.* Ant. soldado romano de infantería ligera.

velo *m.* Tela destinada a ocultar algo a las miradas, esp. prenda de tela delgada con que las mujeres se cubren la cabeza o el rostro. Cosa ligera que cubre más o menos otra.

velocidad *f.* Relación entre el espacio recorrido y el tiempo empleado en recorrerlo. Cualidad de un movimiento de efectuarse en un espacio de tiempo relativamente corto. Cualidad del móvil que lo efectúa.

velocipedista *c.* Persona que anda en velocípedo.

velocípedo *m.* Vehículo ligero cuyas ruedas mueve por medio

de pedales el que va montado en él.
velódromo *m*. Lugar destinado para carreras en bicicleta.
velón *m*. Lámpara de metal, para aceite común, con uno o varios mecheros, que se sostiene sobre un pie y termina con un asa.
velonero *m*. El que hace o vende velones.
velorio *m*. Reunión para esparcimiento celebrada durante la noche. Acto de tomar el velo una religiosa.
veloz *a*. Dotado de velocidad. Ligero, rápido.
vellido -da *a*. Velloso.
vello *m*. Pelo corto y suave de algunas partes del cuerpo. Pelusilla de frutas y plantas.
vellocino *m*. Vellón (lana). Zalea.
vellón *m*. Toda la lana de una res esquilada. Zalea. Liga de plata y cobre. Ant. moneda de cobre.
vellori y **-rin** *m*. Paño entrefino de lana parda o sin teñir.
vellorita *f*. Maya, margarita. Primavera (planta).
vellosidad *f*. Abundancia de vello.
vellosilla *f*. Hierba compuesta de flores amarillas.
velloso -sa *a*. Que tiene vello.
velludillo *m*. Terciopelo de algodón, de pelo muy corto.
velludo -da *a*. Que tiene mucho vello. Felpa o terciopelo.
vellutero *m*. El que trabaja en seda, esp. en felpa.
vena *f*. Vaso sanguíneo que lleva la sangre al corazón. Filón. Conducto natural subterráneo por donde circula el agua. Nervio de hoja. Lista o raya en ciertas piedras o maderas. Inspiración poética. Disposición favorable. /jadiza.
venablo *m*. Lanza corta y arrovenado *m*. Ciervo.
venal *a*. Relativo a las venas. Vendible. Que se deja sobornar.
venalidad *f*. Calidad de venal.
venático -ca *a.-s*. Medio loco.
venatorio -ria *a*. Relativo a la montería.
vencejo *m*. Ligadura con que se atan las mieses. Pájaro parecido a la golondrina.
vencer *t*. Rendir, someter, dominar. Salir victorioso. Superar dificultades. *i*. Cumplirse un plazo o término.
vencida *f*. Vencimiento.
vencimiento *m*. Acción de vencer. Hecho de ser vencido. Cumplimiento de un plazo.
venda *f*. Tira de lienzo para ligar un miembro o sujetar apósitos.

vendaje *m*. CIR. Ligadura hecha con vendas.
vendar *t*. Atar o cubrir con vendas.
vendaval *m*. Viento fuerte.
vendedor -ra *a.-s*. Que vende.
vender *t*. Traspasar a otra la propiedad de una cosa a cambio de dinero. Traicionar. *r*. Dejarse sobornar.
vendí *m*. Certificado de venta, extendido por el vendedor.
vendimia *f*. Recolección de la uva.
vendimiar *t*. Recoger el fruto de las viñas.
veneciano -na *a.-s*. De Venecia.
veneno *m*. Substancia que, introducida en el organismo, causa la muerte o graves trastornos. Cosa dañosa para la salud o la moral. /neno.
venenoso -sa *a*. Que contiene veveneera *f*. Concha semicircular que llevaban los peregrinos. Cruz que los caballeros de las órdenes militares llevaban colgada al pecho.
venerable *a*. Digno de veneración, de respeto.
veneración *f*. Acción de venerar.
venerando -da *a*. Venerable.
venerar *t*. Dar culto a Dios y a los santos. Respetar mucho.
venero *m*. Manantial de agua. Criadero de un mineral.
véneto -ta *a.-s*. Veneciano.
venezolano -na *a.-s*. De Venezuela.
venganza *f*. Satisfacción que se toma de un agravio o daño, esp. causando otro daño.
vengar *t.-r*. Tomar venganza.
vengativo -va *a*. Inclinado a tomar venganza. /miso.
venia *f*. Perdón. Licencia, per**venial** *a*. Que se opone levemente a la ley o al precepto.
venialidad *f*. Calidad de venial.
venida *f*. Acción de venir. Regreso.
venidero -ra *a*. Que ha de venir o suceder. *m. pl*. Sucesores.
venir *i*. Ir de allá para acá. Llegar donde está el que habla. Acercarse un tiempo. Traer origen. Inferirse. Con *bien* o *mal*, ajustarse, acomodarse.
venoso -sa *a*. Relativo a las venas. Que tiene venas.
venta *m*. Acción de vender. Parador o posada en los caminos.
ventada *f*. Golpe de viento.
ventaja *f*. Superioridad o mejoría de una persona o cosa respecto de otra. Excelencia, condición favorable.
ventajoso -sa *a*. Que tiene ventaja o la reporta.
ventalla *f*. Válvula de una máquina. BOT. Cada una de las dos

partes en que se divide la vaina de una legumbre o silicua.

ventana *f.* Abertura que se deja en la pared de un edificio para dar luz y ventilación. Hoja con que se cierra. Abertura de la nariz. /tana con frecuencia.

ventanear *i.* Asomarse a la ventana.

ventaneo *m.* Acción de ventanear.

ventanera *a.-f.* Dic. de la mujer que ventanea.

ventanero *m.* El que hace ventanas.

ventanilla *f.* Dim. de *ventana*. Abertura pequeña en una pared o tabique para despachar, cobrar, pagar, etc.

ventanillo *m.* Postigo pequeño de puerta o ventana. Ventanilla en la puerta exterior para ver quién llama.

ventano *m.* Ventana pequeña.

ventar *impers.* Ventear.

ventarrón *m.* Viento muy fuerte.

venteadura *f.* Efecto de ventearse.

ventear *impers.* Soplar el viento. *t.* Tomar algunos animales el viento husmeando. Sacar una cosa al viento. Andar averiguando. *r.* Rajarse, henderse. Alterarse por la acción del aire. Ventosear.

venteril *a.* Propio de ventero.

ventero -ra *a.* Que ventea. *m. f.* Persona que tiene a su cargo una venta o posada.

ventilación *f.* Acción de ventilar. Abertura para ventilar.

ventilar *t.* Hacer que en un sitio entre aire del exterior para expeler el viciado. Exponer al viento. Controvertir, dilucidar.

ventisca *f.* Borrasca de viento y nieve. /to fuerte.

ventiscar *impers.* Nevar con vien-

ventisco *m.* Ventisca.

ventisquear *impers.* Ventiscar.

ventisquero *m.* Ventisca. Sitio de los montes donde se conservan la nieve y el hielo.

ventolera *f.* Golpe de viento recio o poco durable. Determinación inesperada y extravagante.

ventolina *f.* MAR. Viento leve y variable.

ventor -ra *a.* Dic. del perro que sigue a la caza por el olfato y el viento.

ventorrero -ra *m.* Sitio alto, muy combatido de los vientos.

ventorrillo *m.* Ventorro. Bodegón en las afueras de una población. /mala.

ventorro *m.* Venta pequeña y

ventosa *f.* Órgano de ciertos animales que les permite adherirse por medio del vacío. CIR. Vaso o campana que se aplica sobre la piel, después de haber enrarecido el aire en su interior, para producir una irritación local.

ventosear *i.-r.* Expeler del cuerpo los gases intestinales.

ventosidad *f.* Calidad de ventoso. Gases intestinales, esp. cuando se expelen.

ventoso -sa *a.* Que contiene viento. Flatulento. Dic. del tiempo o sitio en que hace viento.

ventral *a.* Perteneciente al vientre. /cados.

ventrecha *f.* Vientre de los pes-

ventregada *f.* Conjunto de animalitos nacidos de una vez.

ventrera *f.* Faja que aprieta el vientre.

ventrículo *m.* ANAT. Cavidad en un órgano. Cada una de las dos cavidades inferiores del corazón.

ventrílocuo -cua *a.-s.* Dic. del que tiene el arte de la ventriloquía.

ventriloquia *f.* Arte de modificar la voz de manera que parezca venir de lejos e imitar otros sonidos. /cho vientre.

ventrudo -da *a.* Que tiene mu-

ventura *f.* Felicidad. Casualidad, contingencia. Peligro.

venturero -ra *a.* Casual, contingente. Que anda dispuesto a trabajar en cualquier cosa. Venturoso. *a.-s.* Aventurero.

venturina *f.* Variedad de cuarzo que lleva en su masa laminillas de mica. /o suceder.

venturo -ra *a.* Que ha de venir

venturoso -sa *a.* Afortunado.

Venus *f.* MIT. Diosa del amor. *m.* Uno de los ocho planetas del sistema solar.

venustez = **venustidad** *f.* Hermosura, esp. en la mujer.

venusto -ta *a.* Hermoso, agraciado.

ver *m.* Sentido de la vista. Parecer o apariencia.

ver *t.* Percibir la forma, color, etc., de los objetos materiales por el sentido de la vista. Conocer, juzgar. Ser testigo presencial de un hecho. Observar, examinar. Visitar a una persona; avistarse con ella. Procurar, tratar de. *r.* Ser visible. Hallarse en un estado o situa-

vera *f.* Orilla. /ción.

veracidad *f.* Calidad de veraz.

veranada *f.* Temporada de verano respecto de los ganados.

veranadero *m.* Sitio donde en verano pasta el ganado.

veranar *i.* Veranear.

veraneante *a.-s.* Que veranea.

veranear *i.* Ir a pasar el verano

veraneo *m.* Acción de veranear.
veranero *m.* Veranadero.
veraniego -ga *a.* Relativo al verano. /lor en otoño.
veranillo *m.* Tiempo breve de ca-
verano *m.* Estío.
veras *f. pl.* Verdad en las cosas que se dicen o hacen.
veratro *m.* Vedegambre. /dad.
veraz *a.* Que dice siempre la ver-
verba *f.* Labia, locuacidad.
verbal *a.* Referente a la palabra. Que se hace de palabra. Relativo al verbo.
verbasco *m.* Gordolobo.
verbena *f.* Planta medicinal, de flores en espiga larga y delgada. Velada de regocijo popular.
verbenear *i.* Hormiguear, bullir. Abundar, multiplicarse en un paraje personas o cosas.
verberación *f.* Acción de verbe-
verberar *t.* Azotar. /rar.
verbigracia *adv.* Por ejemplo.
verbo *m.* Segunda persona de la Santísima Trinidad. Palabra. GRAM. Parte variable de la oración que expresa la existencia, acción o estado del sujeto.
verborrea *f.* Verbosidad excesiva.
verbosidad *f.* Abundancia de palabras en la locución.
verboso -sa *a.* Abundante de palabras. /verde claro.
verdacho *m.* Arcilla de color
verdad *f.* Adecuación del pensamiento a la cosa. Conformidad de lo que se dice con lo que se siente o piensa. Veracidad. Realidad.
verdadero -ra *a.* Que contiene verdad. Real, efectivo. Sincero, veraz.
verdal *a.* Díc. de las frutas que tienen color verde aun después de maduras.
verdasca *f.* Vara delgada, ordinariamente verde.
verdascazo *m.* Golpe dado con una verdasca.
verde *a.-m.* Díc. del color parecido al de la hierba fresca. *a.* De color verde. No marchito ni seco. No maduro. Libre, obsceno. *m.* Follaje. Hierbas segadas en verde.
verdea *f.* Vino de color verdoso.
verdear *i.* Mostrar una cosa color verde. Tirar a verde.
verdeceledón *m.* Color verde claro que se da a ciertas telas.
verdecer *i.* Reverdecer, verdear.
verdecillo *m.* Verderón.
verdegay *a.* De color verde claro.
verdeguear *i.* Verdear.
verdejo -ja *a.* Verdal.
verdemar *m.* Color verde de mar.
verderol *m.* Verderón.

verderón *m.* Pájaro cantor, de plumaje verdoso.
verdete *m.* Cardenillo. Color verde hecho con acetato de cobre.
verdezuelo *m.* Verderón.
verdín *m.* Color verde de las plantas que no han llegado a la sazón. Capa formada por plantas criptógamas en lugares húmedos y en las aguas estancadas. Cardenillo.
verdina *f.* Verdín (color verde).
verdinegro -gra *a.* De color verde obscuro.
verdinoso -sa *a.* Cubierto de verdín.
verdiseco -ca *a.* Medio seco.
verdolaga *f.* Planta de hojas pequeñas y carnosas que se come en ensalada.
verdón *m.* Verderón.
verdor *m.* Color verde de las plantas. Color verde. Vigor, lozanía.
verdoso -sa *a.* Que tira a verde.
verdoyo *m.* Verdín (color verde).
verdugado *f.* Falda que llevaban las mujeres debajo de las basquiñas para ahuecarlas.
verdugal *m.* Monte bajo que, después de cortado o quemado, se cubre de renuevos.
verdugazo *m.* Golpe dado con el verdugo.
verdugo *m.* Vástago o renuevo. Azote de materia flexible. Roncha. Ejecutor de la justicia. Persona cruel.
verdugón *m.* Verdugo (vástago y roncha).
verduguillo *m.* Estoque muy delgado. Navaja estrecha para afeitar. Listón estrecho en forma de mediacaña.
verdulera *f.* La que vende verduras. Mujer grosera y malhablada.
verdulería *f.* Tienda de verduras.
verdulero *m.* El que vende verduras.
verdura *f.* Verdor. Hortaliza. Calidad de verde. /oscuro.
verdusco -ca *a.* Que tira a verde
verecundia *f.* Vergüenza.
verecundo -da *a.* Vergonzoso (que se avergüenza).
vereda *f.* Camino angosto.
veredicto *m.* Definición sobre un hecho, dictada por el jurado. Parecer, dictamen, juicio.
verga *f.* MAR. Percha a la cual se asegura la vela.
vergajazo *m.* Golpe dado con un vergajo. /teria flexible.
vergajo *m.* Azote corto de ma-
vergé *a.* Díc. del papel que lleva una filigrana de rayitas.
vergel *m.* Huerto con flores y árboles.

vergeta f. Vergueta.
vergonzante a. Que por vergüenza procede de modo encubierto.
vergonzoso -sa a. Que causa vergüenza. a.-s. Que se avergüenza con facilidad. /o vara.
verguear t. Golpear con verga
vergüenza f. Deshonor humillante, oprobio. Turbación del ánimo causada por una falta cometida, por una humillación recibida o por sentirse objeto de la atención de alguien. Pundonor.
vergueta f. Varita delgada.
vergueteado -da a. Vergé.
vericueto m. Lugar áspero, por donde se anda con dificultad.
verídico -ca a. Que dice verdad. Que la incluye.
verificación f. Acción de verificar.
verificador -ra a.-s. Que verifica. Díc. esp. del encargado de comprobar la buena marcha de los contadores de agua, gas, etc.
verificar t. Comprobar o examinar la verdad de una cosa. t.-r. Realizar, efectuar.
verificativo -va a. Que sirve para verificar.
verija f. Pubis.
veril m. MAR. Orilla o borde de un bajo, sonda, placer, etc.
verisimil a. Verosímil.
verisimilitud f. Verosimilitud.
verismo m. Doctrina que señala lo verdadero como fin de la obra de arte.
verja f. Enrejado que sirve de puerta, ventana o cerca.
verjurado -da a. Vergé.
verme m. Lombriz intestinal.
vermicida a.-m. Vermífugo.
vermicular a. Que tiene vermes. Parecido a los gusanos.
vermiforme a. De figura de gusano.
vermífugo -ga a.-m. Que mata las lombrices intestinales. /belo.
vermis m. Parte media del cerebro.
vermut m. Aperitivo compuesto de vino blanco, ajenjo y otras substancias.
vernáculo -la a. Propio del país.
vernal a. Perteneciente a la primavera.
vernier m. Nonio. /mavera.
vero m. Piel de marta.
veronés -nesa a.-s. De Verona.
verónica f. Planta medicinal sudorífica. Cierto lance del toreo.
verosímil a. Que parece verdadero y puede creerse.
verosimilitud f. Calidad de verosímil.
verraco m. Cerdo padre.
verraquear i. Gruñir. Llorar un niño con rabia.

verraquera f. Lloro rabioso y continuado de los niños.
verruga f. Excrecencia cutánea pequeña. Abultamiento en la superficie de una planta. Defecto. /ro.
verrugo m. Hombre tacaño y avaro.
verrugoso -sa a. Que tiene verrugas.
versado -da a. Práctico, instruido.
versal a.-s. IMPR. Díc. de la letra mayúscula.
versalilla y **-ta** a. IMPR. Díc. de la letra mayúscula de igual tamaño que la minúscula.
versar i. Tratar de tal o cual materia un libro, discurso, etc.
versátil a. Que se vuelve o puede volver fácilmente. Voluble, inconstante.
versatilidad f. Calidad de versátil.
versear i. Versificar.
versículo m. Breve división de ciertos libros, esp. de la Sagrada Escritura. Oración breve, formada por una frase y la respuesta.
versificación f. Acción y arte de versificar. /versos.
versificador -ra a.-s. Que hace
versificar i. Hacer versos. t. Poner en verso.
versión f. Traducción. Modo que tiene cada uno de referir el mismo suceso.
versista c. Versificador. Persona que tiene prurito de hacer versos.
verso m. Palabra o conjunto de palabras sujetas a un ritmo, según reglas fijas y determinadas. Obra hecha en versos.
versta f. Medida itineraria rusa (1'067 km.).
vértebra f. Cada uno de los huesos que forma el espinazo.
vertebrado a.-m. Que tiene vértebras. /vértebras.
vertebral a. Perteneciente a las
vertedera f. Especie de orejera para voltear la tierra levantada por el arado.
vertedero m. Sitio donde se vierte algo, esp. escombros, basuras, etc.
vertedor a.-s. Que vierte. m. Conducto para dar salida al agua.
verter t. Hacer salir de un recipiente y esparcir o pasar a otro recipiente un líquido o cosas como la sal, la harina, etc. Inclinar o volver un recipiente. Traducir. Emitir conceptos. i. Correr un líquido por una pendiente.
vertibilidad f. Calidad de vertible.
vertible a. Que puede volverse o mudarse.

vertical *a.* Perpendicular al plano del horizonte. *f.* Línea vertical.
vértice *m.* Punto en que concurren los dos lados de un ángulo o las caras de un ángulo poliedro. Cúspide.
verticidad *f.* Capacidad de moverse a varias partes o alrededor. /verticilo.
verticilado -da *a.* Dispuesto en
verticilo *m.* Conjunto de hojas, flores, etc., dispuestas en un mismo plano alrededor de un eje.
vertiente *amb.* Declive por donde corre o puede correr el agua.
vertiginoso -sa *a.* Relativo al vértigo. Que lo causa.
vértigo *m.* Trastorno nervioso que produce al paciente la sensación de que los objetos que le rodean oscilan o dan vueltas. Turbación del juicio repentina y pasajera. Apresuramiento anormal de la actividad.
vertimiento *m.* Acción de verter.
vesania *m.* Demencia, furia.
vesánico -ca *a.* Relativo a la vesania. *a.-s.* Que la padece.
vesical *a.* Relativo a la vejiga.
vesicante *a.-m.* Díc. de las substancias que producen ampollas en la piel.
vesícula *f.* MED. Ampolla pequeña en la epidermis. Pequeña cavidad en el cuerpo del animal o de la planta.
vesicular *a.* De forma de vesícula.
vesiculoso -sa *a.* Lleno de vesículas.
véspero *m.* El planeta Venus como lucero de la tarde.
vespertilio *m.* Murciélago.
vespertino -na *a.* Perteneciente a las últimas horas de la tarde.
vestal *a.-f.* Díc. de las doncellas romanas consagradas a la diosa Vesta.
vestíbulo *m.* Atrio o portal.
vestido *m.* Lo que sirve para cubrir el cuerpo humano.
vestidura *f.* Vestido. Vestido que, sobrepuesto al ordinario, usan los sacerdotes para el culto.
vestigio *m.* Huella. Señal, memoria que queda de una cosa. Indicio. /horrible.
vestiglo *m.* Monstruo fantástico
vestimenta *f.* Vestido. Vestidura.
vestir *t.-r.* Cubrir el cuerpo con el vestido. *t.* Facilitar o hacer el vestido a otro. *t.-i.* Llevar tal o cual vestido. Cubrir, adornar. Disimular, disfrazar.
vestuario *m.* Vestido. Conjunto de trajes necesarios para una representación escénica. Parte del teatro donde se visten los actores. Uniforme de los soldados.

veta *f.* Filón, vena. Franja de una materia que se distingue de la masa en que está interpuesta.
veteado -da *a.* Que tiene vetas.
vetear *t.* Señalar o pintar vetas.
veterano -na *a.-s.* Antiguo y experimentado en cualquier profesión y esp. en la milicia.
veterinaria *f.* Ciencia y arte de curar las enfermedades de los animales.
veterinario *m.* El que se dedica a la veterinaria.
veto *m.* Derecho para vedar una cosa. Acción de vedar.
vetustez *f.* Calidad de vetusto.
vetusto -ta *a.* Muy antiguo, de mucha edad.
vez *f.* Cada uno de los casos en que se hace o sucede una cosa susceptible de repetición. Tiempo u ocasión determinada o de hacer algo por turno u orden.
veza *f.* Arveja.
vía *f.* Camino. Terreno sobre el que se asientan los carriles del ferrocarril, tranvía, etc. Cada par de estos carriles. Conducto. Modo, procedimiento.
viabilidad *f.* Calidad de viable.
viable *a.* Que puede vivir. Que puede llevarse a cabo.
vía crucis *m.* Camino señalado con representaciones de los pasos de la Pasión de Jesucristo. Ejercicio piadoso en que se conmemoran los pasos de la Pasión.
viador *m.* Criatura racional que está en esta vida y camina a la eternidad.
viaducto *m.* Obra a manera de puente para el paso de un camino sobre una hondonada.
viajante *a.-s.* Que viaja. *m.* Dependiente comercial que hace viajes para colocar mercancías.
viajar *i.* Hacer viaje. Hacer de viajante.
viajata *f.* Caminata.
viaje *m.* Ida de una parte a otra, esp. a lugar distante. Camino por donde se hace.
viajero -ra *a.-s.* Que viaja.
vial *a.* Perteneciente a la vía. *m.* Calle de árboles.
vianda *f.* Sustento de los racionales. Comida que se sirve a la mesa.
viandante *c.* Persona que va de camino.
viaticar *t.* Administrar el viático a un enfermo.
viático *m.* Prevención de lo necesario para un viaje. Sacramento de la Eucaristía que se administra a los enfermos que

están en peligro de muerte.
víbora *f.* Serpiente venenosa, pequeña, de cabeza triangular.
viborezno *m.* Cría de la víbora.
vibración *f.* Acción de vibrar.
vibrar *i.* Moverse rápidamente un cuerpo o sus moléculas a uno y otro lado de sus puntos de equilibrio. *t.* Dar un movimiento trémulo a una cosa delgada y elástica.
vibratorio -ria *a.* Que vibra. De vibración.
viburno *m.* Arbusto de flores blanquecinas y olorosas.
vicaria *f.* Segunda superiora en algunos conventos de monjas.
vicaría *f.* Oficio, oficina y jurisdicción del vicario.
vicariato *m.* Vicaría. Tiempo que dura el oficio de vicario.
vicario -ria *a.-s.* Que asiste a un superior en sus funciones o le substituye.
vicealmiranta *f.* Segunda galera de una escuadra.
vicealmirante *m.* Oficial general de la armada, inmediatamente inferior al almirante.
vicecónsul *m.* Funcionario inmediatamente inferior al cónsul.
viceconsulado *m.* Cargo y oficina del vicecónsul.
vicenal *a.* Que sucede cada veinte años. Que dura veinte años.
vicepresidencia *f.* Cargo de vicepresidente.
vicepresidente -ta *m. f.* Persona que hace las veces del presidente o de la presidenta.
vicerrector -ra *m. f.* Persona que hace las veces del rector o de la rectora.
vicesecretario -ria *m. f.* Persona que hace las veces del secretario o de la secretaria.
vicésimo -ma *a.-s.* Vigésimo.
vicetesorero -ra *m. f.* Persona que hace las veces del tesorero o de la tesorera.
viceversa *adv.* Invirtiendo el orden de dos términos. Al contrario o por lo contrario.
viciar *t.-r.* Dañar, corromper. *t.* Falsear, adulterar. Quitar validez. *r.* Entregarse a los vicios.
vicio *m.* Defecto, imperfección. Frondosidad excesiva. Hábito de obrar mal. Libertinaje. Mimo.
vicioso -sa *a.* Que tiene vicio. *a.-s.* Dado al vicio.
vicisitud *f.* Sucesión de unas cosas a otras muy diferentes. *pl.* Alternativa de sucesos prósperos y adversos.
víctima *f.* Persona o animal destinado al sacrificio. Persona que se expone a un grave riesgo por otra, o que sufre por culpa ajena o por causa fortuita.
victimario *m.* Entre los gentiles, el que asistía al sacerdote en el sacrificio.
¡víctor! *interj.-s.* ¡Vítor!
victorear *t.* Vitorear.
victoria *f.* Acción de vencer o ganar en una guerra, lucha, etc. Coche con dos asientos, abierto y con capota.
victorioso -sa *a.-s.* Que ha conseguido una victoria. *a.* Dic. de las acciones en que se consigue una victoria.
vicuña *f.* Rumiante americano parecido a la llama. Su pelo.
vid *f.* Arbusto sarmentoso y trepador, de fruto en bayas redondeadas y jugosas, agrupadas en racimos.
vida *f.* Fuerza interna substancial mediante la cual obra el ser que la posee. Estado de actividad de un ser orgánico. Unión del alma y el cuerpo. Expresión, viveza. Tiempo que transcurre desde el nacimiento hasta la muerte. Duración de las cosas. Modo de vivir. Medio de subsistencia. Ser humano. Biografía.
vidalita *f.* Canción popular argentina.
vidente *a.-s.* Que ve. *m.* Profeta.
vidriado -da *a.* Vidrioso, quebradizo. *m.* Barro o loza con barniz vítreo. Este barniz.
vidriar *t.* Dar a las piezas de loza o barro un barniz vítreo. *r.* Ponerse vidriosa una cosa.
vidriera *f.* Bastidor con vidrios con que se cierran puertas y ventanas.
vidriería *f.* Arte, taller y tienda del vidriero.
vidriero *m.* El que trabaja en vidrio o vende vidrios.
vidrio *m.* Substancia transparente o translúcida, dura y frágil, que se obtiene fundiendo una mezcla de sílice con potasa o sosa. Objeto de vidrio.
vidrioso -sa *a.* Quebradizo como el vidrio. Resbaladizo. Dic. de lo que debe manejarse con gran tiento y de la persona que fácilmente se resiente. Dic. de los ojos que se ponen como de vidrio.
vidual *a.* Relativo a la viudez.
vidueño = **viduño** *m.* Casta o variedad de vid.
viejo -ja *a.-s.* De mucha edad. Antiguo. Deslucido, estropeado por el uso.
vienés -nesa *a.-s.* De Viena.
viento *m.* Corriente de aire producida en la atmósfera por causas naturales. Rumbo. Aire at-

mosférico. Cuerda atada a una cosa para mantenerla derecha.

vientre *m.* Cavidad del cuerpo que contiene el estómago y los intestinos. Vísceras que contiene. Región del cuerpo que corresponde a ella. Panza de una vasija.

viernes *m.* Sexto día de la semana.

viga *f.* ARQ. Madero largo y grueso, o barra de hierro, para formar techos y sostener las fábricas.

vigencia *f.* Calidad de vigente.

vigente *a.* Que está en vigor.

vigésimo -ma *a.-s.* Díc. de cada una de las veinte partes iguales en que se divide un todo. Que sigue en orden al decimonono.

vigía *f.* Atalaya. Acción de vigiar. *c.* Persona destinada a vigiar.

vigiar *t.* Velar o cuidar de hacer descubiertas desde un lugar adecuado.

vigilancia *f.* Acción de vigilar.

vigilante *a.* Que vela o está despierto. Que vigila. *m.* Persona encargada de velar por algo.

vigilar *i.-t.* Velar sobre una persona o cosa.

vigilativo -va *a.* Que no deja dormir.

vigilia *f.* Acción de estar en vela. Falta de sueño. Trabajo intelectual, esp. el de noche. Víspera. Comida con abstinencia de carne.

vigor *m.* Fuerza activa. Viveza, eficacia. Fuerza de obligar en las leyes y las costumbres.

vigorar *t.* Vigorizar.

vigorizador -ra *a.* Que da vigor.

vigorizar *t.* Dar vigor. /roso.

vigorosidad *f.* Calidad de vigo-

vigoroso -sa *a.* Que tiene vigor.

vigota *f.* MAR. Especie de motón.

viguería *f.* Conjunto de vigas de un edificio.

vigués -guesa *a.-s.* De Vigo.

vigueta *f.* Dim. de *viga*.

vihuela *f.* Ant. instrumento parecido a la guitarra.

vil *a.* Bajo, despreciable. Indigno, infame.

vilano *m.* Penacho de pelos o escamitas que corona el fruto de muchas plantas compuestas. Flor del cardo. /vil.

vileza *f.* Calidad de vil. Acción

vilipendiar *t.* Tratar con vilipendio. /ción.

vilipendio *m.* Desprecio, denigra-

vilipendioso -sa *a.* Que causa vilipendio.

vilmente *a.* De manera vil.

vilo (en) *m. adv.* Suspendido; sin el fundamento o apoyo necesario. Con indecisión o inquietud.

vilordo -da *a.* Perezoso, tardo.

vilorta *f.* Aro hecho con una vara de madera flexible. Arandela.

vilorto *m.* Especie de clemátide. Vilorta.

villa *f.* Población más importante que el pueblo o lugar. Casa de recreo en el campo.

Villadiego (tomar las de) fr. Huir, escapar.

villaje *m.* Pueblo pequeño.

villanaje *m.* Gente del estado llano en los lugares. Estado de los villanos.

villancete y -cejo *m.* Villancico.

villancico *m.* Composición poética popular con estribillo, esp. de asunto religioso.

villanería *f.* Villanía. Villanaje.

villanesco -ca *a.* Perteneciente a los villanos.

villanía *f.* Bajeza de nacimiento, condición o estado. Acción ruin.

villano -na *a.-s.* Vecino del estado llano en una villa o aldea. Plebeyo. Ruin, indigno.

villar *m.* Villaje.

villorrio *m.* Población pequeña y poco urbanizada.

vinagrada *f.* Refresco compuesto de agua, vinagre y azúcar.

vinagre *m.* Líquido agrio, producido por la fermentación acética del vino.

vinagrera *f.* Vasija para el vinagre. *pl.* Utensilio de mesa con dos o más frascos para aceite y vinagre.

vinagrero -ra *m. f.* Persona que hace o vende vinagre.

vinagreta *f.* Salsa compuesta de aceite, cebolla y vinagre.

vinagrillo *m.* Vinagre de poca fuerza. /De genio áspero.

vinagroso -sa *a.* De gusto agrio.

vinajera *f.* Cada uno de los dos jarrillos con que se sirven el agua y el vino en la misa.

vinariego *m.* Persona que posee viñas y es práctico en su cultivo.

vinario -ria *a.* Relativo al vino.

vinatería *f.* Comercio de vinos.

vinatero -ra *a.* Relativo al vino. *m.* El que trafica con el vino.

vinaza *f.* Vino inferior sacado de los posos.

vinazo *m.* Vino muy fuerte y espeso.

vinculación *f.* Acción de vincular.

vincular *t.* Sujetar los bienes a vínculo. Atar o fundar una cosa en otra. Perpetuar una cosa.

vínculo *m.* Unión, lazo. Sujeción de unos bienes al goce de determinados sucesores.

vindicación *f.* Acción de vindicar.
vindicar *t.-r.* Vengar. Defender o exculpar al que se halla calumniado.
vindicativo -va *a.* Que vindica. Vengativo.
vindicta *f.* Venganza.
vínico -ca *a.* Relativo al vino.
vinícola *a.* Relativo a la fabricación del vino. /nos.
vinicultura *f.* Elaboración de vi-
viniebla *f.* Cinoglosa.
vinificación *f.* Transformación del mosto en vino.
vino *m.* Zumo de uvas fermentado. /vino.
vinolencia *f.* Exceso en el beber
vinolento -ta *a.* Que bebe vino con exceso.
vinosidad *f.* Calidad de vinoso.
vinoso -sa *a.* Que tiene las propiedades o apariencia del vino.
viña *f.* Terreno plantado de vides.
viñadero = **viñador** *m.* El que cultiva las viñas. Guarda de una viña.
viñedo *m.* Terreno plantado de vides.
viñero -ra *m. f.* Persona que tiene viñas.
viñeta *f.* Dibujo que se pone para adorno en los libros.
viola *f.* Instrumento músico de la misma figura que el violín, pero de mayor tamaño.
violáceo -a *a.* Violado. *a.-f.* Díc. de las plantas de la familia de la violeta.
violación *f.* Acción de violar.
violado -da *a.-s.* De color parecido al de la violeta.
violar *t.* Quebrantar una ley o precepto. Profanar un lugar sagrado.
violencia *f.* Calidad de violento. Acción violenta. Acción de violentar.
violentar *t.* Aplicar medios violentos a cosas o personas para vencer su resistencia. Dar interpretación torcida a lo dicho o escrito. *r.* Vencer uno su repugnancia a hacer una cosa.
violento -ta *a.* Que está fuera de su natural estado, situación o modo. Díc. de lo que uno hace contra su gusto. Que obra o se hace con ímpetu y fuerza. Díc. del genio iracundo. Falso, torcido. Que se hace contra justicia.
violeta *f.* Planta de flores moradas o blancas, de suave olor.
violín *m.* Instrumento músico de cuerda y arco, el más pequeño y agudo de los de su clase. Violinista.
violinista *c.* Persona que toca el violín.

violón *m.* Instrumento músico parecido al contrabajo.
violoncelista *c.* Persona que toca el violoncelo.
violoncelo *m.* Instrumento músico parecido al contrabajo pero menor que él y que el violón.
violonchelo *m.* Violoncelo.
viperino -na *a.* Relativo a la víbora. Que tiene sus propiedades.
vira *f.* Saeta delgada y de punta aguda. Tira para dar fuerza al calzado.
virada *f.* MAR. Acción de virar.
virador *m.* Líquido empleado en fotografía para virar. MAR. Calabrote o cabo grueso.
virago *f.* Mujer varonil.
viraje *m.* Acción de virar.
virar *t.* Mudar de dirección en su marcha un automóvil, aeroplano, etc. MAR. Cambiar de rumbo o de bordada. *t.* En fotografía, someter el papel impresionado a la acción de un líquido para fijar el color.
viratón *m.* Virote o vira grande.
virazón *f.* Viento que en las costas suele soplar del mar durante el día.
virgen *a.-s.* Persona que ha vivido en perfecta castidad. *a.* Intacto. Díc. de la tierra que no ha sido cultivada. Díc. de lo que no ha tenido artificio en su formación. *f.* Por antonomasia, María Santísima.
virgiliano -na *a.* Propio y característico del poeta Virgilio.
virginal *a.* Perteneciente a una virgen. Puro, incólume. *m.* Especie de espineta.
virgíneo -a *a.* Virginal.
virginidad *f.* Calidad de virgen. Pureza, candor.
virgo *m.* Virginidad. Signo y constelación zodiacal.
vírgula *f.* Varita pequeña. Rayita pequeña.
virgulilla *f.* Cualquier signo ortográfico en forma de coma o rasguillo.
viril *a.* Varonil. Díc. de la edad en que el hombre ha adquirido ya todo su desarrollo y vigor. *m.* Custodia pequeña que se pone dentro de la grande.
virilidad *f.* Calidad de viril. Edad
virio *m.* Oropéndola. /viril.
viripotente *a.* Vigoroso, potente.
virola *f.* Abrazadera de metal que se pone en algunos instrumentos. Anillo de hierro en la extremidad de la garrocha.
virolento -ta *a.-s.* Que tiene viruelas. Picado de ellas.
virote *m.* Especie de saeta guarnecida con un casquillo. Hombre

erguido y demasiado serio.
virotillo *m.* Madero corto vertical y sin zapata que se apoya en uno horizontal y sostiene otro.
virreina *f.* Mujer del virrey. La que gobierna como virrey.
virreinato *m.* Cargo de virrey. Tiempo que dura. Distrito gobernado por un virrey.
virreino *m.* Virreinato.
virrey *m.* El que gobierna en nombre y con la autoridad del rey.
virtual *a.* Que puede producir un efecto. Implícito, tácito. FÍS. Que tiene existencia aparente y no real.
virtualidad *f.* Calidad de virtual.
virtud *f.* Capacidad de producir un efecto determinado. Disposición habitual del alma para las buenas acciones. Castidad.
virtuoso -sa *a.* Que practica la virtud. Inspirado por la virtud. *m.* Persona que sobresale en la técnica de su arte.
viruela *f.* Enfermedad contagiosa, caracterizada por una erupción de pústulas.
virulencia *f.* Calidad de virulento.
virulento -ta *a.* Ponzoñoso, maligno. Sañudo. Ocasionado por un virus.
virus *m.* Humor maligno. MED. Agente infeccioso, comúnmente invisible y filtrable.
viruta *f.* Hoja delgada que se saca con el cepillo al labrar madera o los metales.
vis cómica *f.* Fuerza cómica. Comicidad.
visado *f.* Acción de visar. Diligencia que se pone en el documento que se visa.
visaje *m.* Gesto, mueca.
visar *t.* Autorizar un documento poniéndole el visto bueno. Dirigir la visual a un lugar.
víscera *f.* Entraña.
visceral *a.* Relativo a las vísceras.
visco *m.* Liga para cazar.
viscosidad *f.* Calidad de viscoso. Materia viscosa.
viscoso -sa *a.* Pegajoso.
visera *f.* Parte movible del yelmo que cubría el rostro. Ala pequeña de la parte anterior de las gorras, chacós, etc.
visibilidad *f.* Calidad de visible.
visible *a.* Que se puede ver. Evidente. Dic. de la persona notable.
visigodo -da *a.-s.* De una parte del pueblo godo que invadió España hacia la mitad del s. v.
visigótico -ca *a.* Relativo a los visigodos.
visión *f.* Acción de ver. Objeto de la vista. Ilusión que representa como reales cosas que sólo existen en nuestra imaginación.
visionario -ria *a.-s.* Que ve visiones.
visir *m.* Ministro de un soberano musulmán.
visita *f.* Acción de visitar. Persona que visita. Inspección, reconocimiento.
visitación *f.* Visita (acción). Visita de la Virgen María a su prima Santa Isabel.
visitador -ra *a.-s.* Que visita frecuentemente. *m.* Funcionario que hace visitas de inspección.
visitante *a.-s.* Que visita.
visitar *t.* Ir a ver a uno en su casa. Acudir a un lugar. Ir el médico a casa del enfermo. Realizar actos de inspección o reconocimiento.
visiteo *m.* Acción de hacer o recibir muchas visitas.
visitón *m.* Visita larga y enfadosa.
visivo -a *a.* Que sirve para ver.
vislumbrar *t.* Ver confusamente un objeto. Conjeturar por leves indicios.
vislumbre *f.* Reflejo o tenue resplandor. Leve semejanza. Indicio, conjetura.
visón *m.* Mamífero parecido a la marta.
visor *m.* Accesorio de la máquina fotográfica para visar el objeto que se quiere fotografiar.
visorio -ria *a.* Relativo a la vista. *m.* Visita o examen pericial.
víspera *f.* Día que antecede inmediatamente a otro. Inmediación de una cosa que ha de suceder. *pl.* Una de las partes del oficio divino.
vista *f.* Sentido corporal con que vemos las cosas. Facultad de ver. Los ojos. Acción de ver. Lo que se ve desde un punto. Cuadro que representa un lugar. Intento, propósito. *m.* Empleado de aduanas que registra los géneros.
vistazo *m.* Ojeada.
vistillas *f. pl.* Lugar alto desde el cual se descubre mucho terreno.
vistosidad *f.* Calidad de vistoso.
vistoso -sa *a.* Que atrae mucho la atención.
visual *a.* Perteneciente a la vista. *f.* Línea recta que se considera tirada desde el ojo del espectador hasta el objeto.
visualidad *f.* Efecto agradable producido por un conjunto de objetos vistosos.
visura *f.* Examen visual de una cosa. Visorio.
vital *a.* Relativo a la vida. De suma importancia.

vitalicio -cia *a.* Que dura hasta el fin de la vida. Que disfruta de un cargo vitalicio. *m.* Pensión vitalicia.
vitalidad *f.* Calidad de tener vida. Actividad, eficacia.
vitamina *f.* Cada una de las substancias imperfectamente conocidas existentes en los alimentos y cuya ausencia en la alimentación habitual ocasiona determinadas enfermedades.
vitando -da *a.* Que debe evitarse. Odioso, execrable.
vitela *f.* Especie de pergamino de piel de vaca o ternera.
viticola *a.* Relativo a la viticultura. *c.* Viticultor.
viticultor -ra *m. f.* Persona perita en la viticultura.
viticultura *f.* Cultivo de la vid.
vito *m.* Baile andaluz muy animado.
vitola *f.* Tamaño de los cigarros puros. Traza de una persona.
¡vítor! Interj. con que se aplaude.
vitorear *t.* Aplaudir, aclamar con vítores.
vitoriano -na *a.-s.* De Vitoria.
vitreo -a *a.* De vidrio o que tiene sus propiedades.   /ficar.
vitrificación *f.* Acción de vitrificar.
vitrificar *t.-r.* Convertir en vidrio o dar su apariencia.
vitrina *f.* Escaparate, armario o caja con puertas o tapas de cristales.   /vitriolo.
vitriólico -ca *a.* Perteneciente al
vitriolo *m.* Nombre que se da a algunos sulfatos.
vitualla *f.* Conjunto de víveres.
vituallar *t.* Avituallar.
vituperable *a.* Que merece vituperio.   /rar.
vituperación *f.* Acción de vitupe-
vituperar *t.* Censurar, desaprobar.
vituperio *m.* Baldón, oprobio. Censura.
vituperioso -sa *a.* Que incluye vituperio.
viudal *a.* Perteneciente al viudo o a la viuda.
viudedad *f.* Pensión que percibe la viuda de un empleado.
viudez *f.* Estado de viudo.
viudo -da *a.-s.* Dic. de la persona a quien se le ha muerto su cónyuge.
vivac *m.* Vivaque.   /Viveza.
vivacidad *f.* Calidad de vivaz.
vivandero -ra *m. f.* Persona que vende víveres a los militares en marcha o en campaña.
vivaque *m.* Guardia principal en las plazas de armas. Campamento militar de noche al raso.
vivaquear *i.* Acampar de noche las tropas al raso.

vivar *m.* Paraje donde crían los conejos. Vivero de peces.
vivaracho -cha *a.* Muy vivo de genio; travieso y alegre.
vivaz *a.* Que vive mucho. Eficaz, vigoroso. Perspicaz. Dic. de la planta cuyos órganos aéreos son anuales y cuyas raíces viven varios años.
víveres *m. pl.* Provisiones de boca.
vivero *m.* Terreno donde se recrían los arbolillos. Lugar donde se mantienen dentro del agua peces, moluscos, etc. Semillero.
viveza *f.* Prontitud, presteza. Energía, ardimiento. Agudeza de ingenio. Esplendor, lustre, esp. de los colores.
vividero -ra *a.* Dic. del lugar que puede habitarse.
vívido -da *a.* Lleno de vida, intenso, agudo.
vividor -ra *a.-s.* Que vive. Diligente en buscarse medios de vida. *m.* El que vive a expensas de los demás.
vivienda *f.* Morada, habitación.
viviente *a.-s.* Que vive.
vivificación *f.* Acción de vivificar.
vivificante *a.* Que vivifica.
vivificar *t.* Dar vida.   /vificar.
vivificativo -va *a.* Capaz de vi-
vivífico -ca *a.* Que incluye vida o nace de ella.
vivíparo -ra *a.* Dic. de los animales que no nacen de un huevo puesto.
vivir *i.* Tener vida. Durar con vida. Durar las cosas. Durar en la memoria. Pasar o llevar cierta clase de vida. Habitar, morar.
vivisección *f.* Disección de los animales vivos.   /Vives.
vivismo *m.* Filosofía de Luis
vivo -va *a.* Que tiene vida. Que subsiste. Intenso. Muy expresivo. Sutil, ingenioso; astuto. Diligente, pronto, ágil. *m.* Canto o borde. Cordoncillo o tira de tela en el borde de una prenda.
vizcacha *f.* Roedor americano, parecido a la liebre.
vizcaíno -na *a.-s.* De Vizcaya.
vizcondado *m.* Título y territorio del vizconde.
vizconde *m.* Título nobiliario inferior al de conde.
vizcondesa *f.* Mujer del vizconde. La que por sí goza de este título.
vocablo *m.* Palabra, término.
vocabulario *m.* Diccionario. Conjunto de las palabras de un idioma, ciencia, arte, autor, etc.
vocación *f.* Inspiración con que Dios llama a un estado. Inclinación a un estado o profesión.

vocal *a.* Perteneciente a la voz. Que se expresa con la voz. *m.* Individuo de una junta o consejo. *f.* Letra que se pronuncia con una simple vibración de las cuerdas vocales.
vocálico -ca *a.* Relativo a la vocal. /lizar.
vocalización *f.* Acción de vocalizar.
vocalizar *i.* Solfear sin nombrar las notas.
vocativo *m.* GRAM. Caso de la declinación en que va la palabra que sirve para invocar, llamar o nombrar a una persona o cosa personificada.
vocear *i.* Dar voces. *t.* Publicar con voces.
vocejón *m.* Voz muy bronca.
vocería *f.* = **vocerío** *m.* Gritería.
vociferación *f.* Acción de vociferar. /voces.
vociferar *i.* Hablar a grandes
vocinglería *f.* Calidad de vocinglero. Ruido de muchas voces.
vocinglero -ra *a.-s.* Que da muchas voces. Que habla mucho y vanamente. /teno.
vodka *m.* Aguardiente de cen-
volada *f.* Vuelo a corta distancia.
voladero -ra *a.* Que puede volar. Fugaz. *m.* Precipicio.
voladizo -za *a.-m.* Que sale de lo macizo en las paredes y edificios.
volado -da *a.* IMPR. Díc. del tipo de menor tamaño colocado en lo alto del renglón. /Cohete.
volador -ra *a.* Que vuela. *m.*
voladura *f.* Acción de volar algo con algún explosivo.
volandas (en) *m. adv.* Por el aire o levantado del suelo. Rápidamente. /molino.
volandera *f.* Arandela. Muela de
volandero -ra *a.* Volantón. Suspenso en el aire y que se mueve a su impulso. Casual. Que no hace asiento en ningún lugar.
volante *a.* Que no tiene asiento fijo. *m.* Guarnición rizada con que se adornan vestidos, tapicería, etc. Rueda que regulariza el movimiento de una máquina. Máquina para acuñar. Hoja de papel en que se manda un aviso, orden, etc.
volantín *m.* Cordel con uno o más anzuelos para pescar.
volantón -tona *a.-s.* Díc. del pájaro que empieza a volar.
volapié *m.* Suerte del toreo que consiste en herir de corrida el espada al toro, hallándose éste parado.
volar *i.* Ir o moverse por el aire. Ir con gran prisa: transcurrir rápidamente. Desaparecer rápida e inesperadamente. Sobresalir fuera del paramento de un edificio. *t.* Hacer saltar o estallar una cosa, esp. por medio de una substancia explosiva. Irritar.
volatería *f.* Caza de aves con otras enseñadas. Conjunto de diversas aves.
volátil *a.-s.* Que puede volar. Mudable. QUÍM. Que se volatiliza.
volatilidad *f.* QUÍM. Calidad de volátil.
volatilizar *t.-r.* Convertir en vapor o gas una substancia *r.* Desaparecer una cosa.
volatín *m.* Volatinero. Ejercicio que hace el volatinero.
volatinero -ra *m. f.* Persona que anda y voltea por el aire o sobre una cuerda o alambre y hace otros ejercicios semejantes.
volatizar *t.* Volatilizar.
volcán *m.* Abertura en la tierra por donde salen materias ígneas, vapores, etc.
volcánico -ca *a.* Relativo al volcán. Ardiente, fogoso.
volcar *t.-i.* Inclinar o invertir un objeto o recipiente de modo que caiga lo que contiene.
volea *f.* Voleo.
volear *t.* Golpear una cosa en el aire para impulsarla.
voleo *m.* Golpe dado en el aire a una cosa antes de que caiga al suelo. Acción de sembrar esparciendo la semilla en el aire.
volframio *m.* Metal muy duro y difícil de fundir.
volición *f.* Acción de la voluntad.
volitar *i.* Revolotear.
volitivo -va *a.* Díc. de los actos y fenómenos de la voluntad.
volquearse *r.* Revolcarse o dar vuelcos.
volquete *m.* Carro formado por un cajón que se puede vaciar girando sobre el eje.
voltaico (arco) *m.* Flujo de chispas en forma de arco originado al saltar la corriente eléctrica entre dos carbones muy próximos.
voltaje *m.* Potencial eléctrico expresado en voltios.
voltariedad *f.* Calidad de voltario.
voltario -ria *adj.* Versátil, inconstante.
voltear *t.* Dar vueltas a una persona o cosa. Poner una cosa al revés de como estaba. *i.* Dar vueltas una persona o cosa.
voltejear *t.* Voltear. Navegar de bolina virando de vez en cuando.
voltejeo *m.* Acción de voltejear.
volteo *m.* Acción de voltear.
voltereta *f.* Vuelta ligera dada en el aire.
volterianismo *m.* Espíritu burlón de incredulidad o impiedad.
volteriano -na *a.-s.* Que mani-

fiesta incredulidad o impiedad burlona. /tromotriz.
voltio *m.* Unidad de fuerza electromotriz.
volubilidad *f.* Calidad de voluble.
voluble *a.* Que fácilmente se puede mover alrededor. Versátil. BOT. Dic. del tallo que crece formando espiras alrededor de los objetos.
volumen *m.* Cuerpo material de un libro. Corpulencia de una cosa. GEOM. Espacio ocupado por un cuerpo.
voluminoso -sa *a.* Que tiene mucho volumen.
voluntad *f.* Potencia del alma en cuya virtud tendemos a hacer o no hacer una cosa. Intención. Deseo. Consentimiento. Afecto, benevolencia.
voluntariado *m.* Alistamiento voluntario para el servicio militar. /luntario.
voluntariedad *f.* Calidad de voluntario
voluntario -ria *a.* Que nace de la voluntad. Voluntarioso. *m.* Soldado que se alista libremente en el ejército.
voluntarioso -sa *a.* Que por capricho quiere hacer siempre su voluntad. Que hace las cosas con voluntad constante.
voluptuosidad *f.* Complacencia en los deleites sensuales.
voluptuoso -sa *a.* Que inclina a la voluptuosidad o la hace sentir.
voluta *f.* Adorno en figura de espiral en los capiteles.
volver *t.* Dar vuelta a una cosa. Entornar o cerrar la ventana, la puerta, etc. Rechazar o enviar por repercusión o reflexión. Dirigir una cosa hacia otra. Devolver, restituir. Mudar la haz de las cosas. Traducir. *i.-r.* Regresar *i.* Con la prep. *a.* Repartir lo que antes se ha hecho. Torcer, dejar el camino recto. *r.* Cambiar de aspecto o estado. Inclinar el cuerpo o el rostro hacia alguien o algo.
vómer *m.* Hueso que contribuye a formar el tabique medio de la nariz.
vómico -ca *a.* Que causa vómito.
vomitar *t.* Arrojar violentamente por la boca lo contenido en el estómago. Arrojar de sí una cosa algo que tiene dentro. Proferir injurias, maldiciones, etc.
vomitivo -va *a.-m.* Que promueve el vómito.
vomitón -tona *a.* Dic. del niño de teta que vomita mucho.
vomitona *f.* Vómito grande.
vomitorio -ria *a.-s.* Vomitivo. *m.* Puerta de acceso a las gradas en los antiguos circos.

voracidad *f.* Calidad de voraz.
vorágine *f.* Remolino impetuoso que hacen las aguas.
voraz *a.* Dic. del animal muy comedor y del apetito ansioso. Violento, pronto en consumir una cosa.
vórtice *m.* Torbellino. Centro de un ciclón.
vortiginoso -sa *a.* Dic. del movimiento en remolino del aire o del agua.
vos Pron. personal de 2.ª pers. usado como tratamiento en singular y plural masculino y femenino.
vosotros -tras Pron. personal de 2.ª pers. en número plural masculino y femenino.
votación *f.* Acción de votar.
votar *i.* Hacer voto a Dios, a la Virgen o a los santos. Dar uno su voto.
votivo -va *a.* Ofrecido por voto o relativo a él.
voto *m.* Promesa hecha a Dios, a la Virgen o a un santo. Expresión execratoria, blasfema o irreverente. Deseo del bien de otro. En una asamblea o elección, manifestación de la voluntad de cada uno. Facultad de votar.
voz *f.* Sonido que produce el aire expelido de los pulmones al hacer vibrar las cuerdas vocales. Grito. Sonido que producen ciertas cosas. Aptitud para cantar. Vocablo. Fama, rumor. Facultad de hablar en una asamblea.
vozarrón *m.* Voz muy fuerte y gruesa.
vuecelencia Sincopa de *vuestra excelencia.*
vuecencia Sincopa de *vuecelencia.*
vuelco *m.* Acción de volcar. Movimiento de lo que se vuelca.
vuelo *m.* Acción de volar. Espacio que se recorre volando sin posarse. Amplitud de un vestido en la parte que no se ajusta al cuerpo. Parte saliente de una fábrica. Arbolado de un monte.
vuelta *f.* Movimiento de una cosa alrededor de un punto o girando sobre sí misma. Circunvolución de una cosa alrededor de otra. Curvatura de un camino. Mudanza de las cosas. Regreso. Dinero sobrante de un pago. Parte de una cosa opuesta a la que se tiene a la vista. Repetición. Paseo corto.
vuelto p. p. irreg. de *volver.*
vuesarced Sincopa de *vuesa merced.* /ñoría.
vueseñoría Sincopa de *vuestra se-

vuestro -tra, -tros, -tras Pron. y a. posesivos de 2.ª persona en géneros masc., fem. y neutro.
vulcanio -nia a. Perteneciente a Vulcano o al fuego.
vulcanizar t. Combinar azufre con caucho o gutapercha.
vulgar a.-s. Perteneciente al vulgo. Común, general.
vulgaridad f. Calidad de vulgar. Cosa vulgar. /garizar.
vulgarización f. Acción de vulgarizar
vulgarizar t.-r. Hacer vulgar o común. t. Hacer asequible una ciencia o materia técnica.
vulgata f. Versión de la Sagrada Escritura, auténticamente recibida por la Iglesia.
vulgo m. El común de la gente popular. /lesión.
vulnerable a. Que puede recibir
vulnerar t. Dañar, perjudicar. Quebrantar la ley, precepto, etc.
vulnerario -ria a. Díc. del remedio que cura las heridas.
vulpeja f. Zorra.
vulpino, na a. Relativo a la zorra. Astuto.
vultuoso -sa a. MED. Díc. del rostro abultado por congestión.
vultúrido -da a.-f. Díc. de las aves rapaces cuyo tipo es el buitre.

W

W w f. Ve doble, letra que no pertenece propiamente al alfabeto español. Toma el sonido de la *v*.
wagneriano -na a. Referente a Wagner o a su escuela musical.
wat m. Nombre del vatio en la nomenclatura internacional.
water-closet m. Retrete, excusado.
whisky m. Licor alcohólico obtenido por la destilación de cereales fermentados.
whist m. Cierto juego de naipes.
wolfram m. Volframio.

X

X x f. Equis, vigésima sexta letra del alfabeto español. En la numeración romana, diez. MAT. Signo de la incógnita.
xenofobia f. Odio a los extranjeros.
xenófobo a.-s. Que siente xenofobia.
xerófilo -la a.-f. Díc. de las plantas que por almacenar agua en sus tejidos pueden vivir en climas muy secos. /la *x*.
xi f. Letra griega equivalente a
xifoideo -a a. Relativo al apéndice xifoides.
xifoides a.-m. Díc. del apéndice cartilaginoso en que termina el esternón.
xilófono m. MÚS. Instrumento de percusión compuesto de una serie de varillas de madera de diferente longitud, que se tocan con dos macillos de madera.
xilografía f. Arte de grabar en madera. Impresión tipográfica hecha con planchas de madera grabadas.
xilográfico -ca a. Relativo a la xilografía.

Y

Y y I griega, vigésima séptima letra del alfabeto español. Conjunción copulativa.
ya *adv.* En un tiempo pasado. Actualmente, haciendo relación al pasado. Por último. Luego, inmediatamente. Úsase como conjunción distributiva.
yacente *a.* Que yace.
yacer *t.* Estar echada o tendida una persona. Estar un cadáver en la fosa. Estar una persona o cosa en un lugar. Pacer de noche las caballerías.
yacija *f.* Cama o cosa en que se está acostado.
yacimiento *m.* Sitio donde se halla naturalmente un mineral.
yanqui *a.-s.* Norteamericano.
yantar *t.* ant. Comer.
yantar *m.* ant. Manjar, vianda.
yarda *f.* Medida inglesa de longitud (91 cm.).
yaribú *m.* Ave zancuda de América, parecida a la cigüeña.
yaro *m.* Aro (planta).
yatagán *m.* Sable curvo usado por los orientales.
yate *m.* Embarcación de gala o de recreo.
ye *f.* Nombre de la letra y.
yedra *f.* Hiedra.
yegua *f.* Hembra del caballo.
yeguada *f.* Rebaño de ganado caballar. /yeguas.
yeguar *a.* Perteneciente a las
yeguería *f.* Yeguada.
yegüerizo -za *a.* Yeguar. *m.* Yegüero.
yegüero *m.* El que guarda o cuida las yeguas.
yelmo *m.* Parte de la armadura que resguardaba la cabeza y el rostro.
yema *f.* BOT. Rudimento de brote en que los extremos aún no se han desarrollado. Masa esferoidal amarilla en el centro del huevo del ave. Parte de la punta del dedo opuesta a la uña. Dulce hecho con azúcar y yema de huevo.
yen *m.* Moneda japonesa.
yente *a.* Que va. Úsase sólo en la locución *yentes y vinientes.*
yerba *f.* Hierba.
yerbajo *m.* Desp. de yerba.
yermar *t.* Dejar yermo un lugar, campo, etc.
yermo *a.* Inhabitado. Inculto. *m.* Terreno inhabitado.
yerno *m.* Respecto de una persona, marido de su hija.
yero *m.* Hierba leguminosa que se cultiva para alimento del ganado. /vocación.
yerro *m.* Falta o delito. Equi-
yerto -ta *a.* Tieso, rígido o áspero. Que se ha quedado rígido por el frío o la muerte.
yesal = yesar *m.* Terreno abundante en mineral de yeso. Cantera de yeso.
yesca *f.* Materia seca y muy inflamable, preparada gralte. con la pulpa de un hongo.
yesar *f.* Yesar.
yesería *f.* Fábrica o tienda de yeso. Obra de yeso.
yesero -ra *a.* Relativo al yeso. *m.* El que fabrica o vende yeso.
yeso *m.* Sulfato de calcio que se emplea en la construcción y en escultura. Obra vaciada en yeso.
yesoso -sa *a.* De yeso o parecido a él. Abundante en yeso.
yesquero *a.* Dic. de un hongo y de un cardo con que se hace yesca. *m.* El que fabrica o vende yesca.
yeyuno *m.* Sección del intestino delgado comprendida entre el duodeno y el íleon.
yezgo *m.* Planta semejante al saúco pero de olor fétido.
yo Nominativo del pron. personal de 1.ª pers. en género masc. y fem. y núm. singular.
yodado -da *a.* Que contiene yodo.
yodo *m.* Metaloide de color gris negruzco y brillo metálico.
yodoformo *m.* Compuesto de yodo, nitrógeno y carbón.
yoduro *m.* Cualquier compuesto de yodo y otro elemento.
yola *f.* Embarcación ligera movida a remo y vela.
ypsilon *f.* Letra griega equiva-

lente a *y*.
yuca *f.* Planta americana de cuya raíz se saca una harina alimenticia.
yugada *f.* Espacio de tierra que puede arar una yunta en un día.
yugo *m.* Instrumento de madera al cual se uncen, formando yunta, las mulas o los bueyes. Ley, dominio que obliga a obedecer.
yugoslavo -va *a.-s.* De Yugoslavia.
yugular *a.* Perteneciente o relativo a la garganta: *vena, arteria yugular.*
yugular *t.* Degollar.
yunque *m.* Prisma de hierro acerado que, encajado en un tajo de madera, se usa para trabajar en él a martillo los metales.
yunta *f.* Par de animales que sirven en la labor del campo o en los acarreos. /yunta.
yuntero *m.* El que ara con una.
yusera *f.* Piedra o conjunto de dovelas que sirven de suelo en el alfarje de los molinos de aceite.
yute *m.* Materia textil que se obtiene de ciertas plantas de la India. Hilado o tejido de esta materia. /to a otra.
yuxtaponer *t.* Poner una cosa junto
yuxtaposición *f.* Acción de yuxtaponer. Modo de crecer propio de los minerales.
yuyuba *f.* Azufaifa.

Z

Z z *f.* Vigésima octava y última letra del alfabeto español.
¡za! Voz para ahuyentar a los perros y otros animales.
zabida y **-la** *f.* Áloe.
zabordar *i.* Encallar un barco en tierra.
zabucar *t.* Bazucar.
zabullida *f.* Zambullida.
zabullidura *f.* Zambullidura.
zabullir *t.-r.* Zambullir.
zacapela y **-lla** *f.* Riña, contienda ruidosa.
zacatín *m.* En algunos pueblos, plaza o calle donde se venden ropas. /¡za!/
zacear *t.* Ahuyentar con la voz
zafada *f.* Acción de zafar.
zafar *t.* Adornar, guarnecer. MAR. Desembarazar, quitar los estorbos. *r.* Escaparse, esconderse para evitar un encuentro o riesgo. Excusarse de hacer una cosa.
zafarí *a.* Díc. de una variedad de higo muy dulce.
zafariche *m.* Cantarera.
zafarrancho *m.* MAR. Acción de desembarazar una parte de la embarcación. Riza, riña.
zafiedad *f.* Calidad de zafio.
zafio -fia *a.* Tosco, inculto, grosero.
zafir *m.* Zafiro. /sero.
zafíreo -a *a.* = **zafirino -na** *a.* De color de zafiro.
zafiro *m.* Piedra fina, variedad azul de corindón.
zafo -fa *a.* MAR. Libre, desembarazado. Libre, sin daño.
zafra *f.* Vasija en que se ponen a escurrir las medidas para el aceite. Vasija grande de metal en que se guarda el aceite. Cosecha de la caña dulce. Fabricación del azúcar.
zaga *f.* Parte posterior de algunas cosas. *m. adv.* A la ~, en ~, atrás o detrás.
zagal *m.* Mozo, muchacho adolescente. Pastor mozo a las órdenes del rabadán.
zagala *f.* Muchacha soltera. Pastora joven. /lugareñas.
zagalejo *m.* Refajo que usan las
zagalón -lona *m. f.* Adolescente muy crecido.
zagual *m.* Remo corto con pala plana que no se apoya en la embarcación.
zaguán *m.* Pieza cubierta a modo de vestíbulo en la entrada de una casa.
zaguero -ra *a.* Que va en zaga. *m.* Jugador que se coloca detrás en el juego de pelota.
zahareño *a.* Díc. del pájaro difícil de amansar. Desdeñoso, esquivo, intratable.
zaharí *a.* Zafarí. /rir.
zaherimiento *m.* Acción de zahe-
zaherir *t.* Mortificar con reprensión o alusión maligna.
zahína *f.* Planta gramínea que sirve de pasto y cuyas semillas comen las aves.
zahón *m.* Calzón de cuero o paño, con perniles abiertos que se atan a los muslos.
zahorí *m.* Persona a quien se atribuye el poder de ver las cosas ocultas, esp. veneros de agua y yacimientos minerales. Persona perspicaz.
zahurda *f.* Pocilga.
zaida *f.* Ave zancuda parecida a la grulla.
zaino -na *a.* Traidor, falso. Díc. del caballo o yegua de color castaño oscuro. Díc. del toro o vaca de color negro.
zajarí *a.* Zafarí. Díc. de una variedad de naranja.
zalagarda *f.* Emboscada. Escaramuza. Alboroto repentino, re-
zalama *f.* Zalamería. /yerta.
zalamería *f.* Demostración de cariño afectada y empalagosa.
zalamero -ra *a.-s.* Que hace zalamerías.
zalea *f.* Cuero curtido de carnero u oveja con su lana.
zalear *t.* Arrastrar o menear con facilidad una cosa a un lado y otro.
zalema *f.* Reverencia en muestra de sumisión. Zalamería.

zaleo *m.* Acción de zalear.
zamacuco *m.* Hombre tonto y bruto. Hombre solapado.
zamarra *f.* Especie de chaqueta hecha de piel con su lana o pelo. Piel de carnero.
zamarrear *t.* Sacudir a un lado y otro la res o presa asida con los dientes como hacen los lobos, perros, etc. Maltratar a uno trayéndolo de una parte a otra. /rrear.
zamarreo *m.* Acción de zama-
zamarrico *m.* Zurrón de zalea.
zamarrilla *f.* Planta labiada aromática y medicinal.
zamarro *m.* Zamarra (chaqueta). Hombre tosco, lerdo.
zambo -ba *a.-s.* Dic. de la persona que tiene juntas las rodillas y separadas las piernas hacia fuera.
zambomba *f.* Instrumento rústico que produce un sonido ronco y monótono.
zambombo *m.* Hombre tosco y rudo de ingenio.
zamborotudo -da *a.* Tosco, grueso y mal formado.
zambra *f.* Fiesta morisca con bulla y baile. Algazara, ruido.
zambucar *t.* Esconder rápidamente una cosa entre otras.
zambuco *m.* Acción de zambucar.
zambullida = **zambullidura** *f.* Acción de zambullir.
zambullir *t.-r.* Meter debajo del agua con ímpetu o de golpe. *r.* Esconderse o cubrirse con algo.
zamorano -na *a.-s.* De Zamora.
zampabollos *c.* Zampatortas.
zampalimosnas *c.* Pobre que anda pidiendo por todas partes.
zampar *t.* Meter una cosa en otra de prisa. Comer de prisa y con exceso. *r.* Meterse de golpe en alguna parte.
zampatortas *c.* Persona tragona. Persona necia y sin crianza.
zampeado *m.* Firme para edificar sobre terrenos falsos.
zampear *t.* Afirmar el terreno con zampeados.
zampoña *f.* Instrumento rústico a modo de flauta o compuesto de muchas flautas.
zampuzar *t.* Zambullir. Zampar.
zanahoria *f.* Planta umbelífera de raíz fusiforme y comestible.
zanahoriate *m.* Azanahoriate.
zanca *f.* Pierna larga de un ave. Pierna larga y delgada. ARQ. Madero inclinado que sirve de apoyo a una escalera.
zancada *f.* Paso muy largo.
zancadilla *f.* Acción de cruzar uno su pierna con la de otro para derribarle. Ardid para perjudicar.

zancajear *i.* Andar mucho de una parte a otra.
zancajiento -ta *a.* Zancajoso.
zancajo *m.* Calcáneo. Parte del pie donde sobresale el talón. Zancarrón (hombre flaco). Parte del zapato o de la media que cubre el talón. Persona de mala figura.
zancajoso -sa *a.* Que tiene los pies torcidos hacia afuera. Que tiene grandes zancajos o descubre rotos los de sus medias.
zancarrón *m.* Hueso descarnado de la pierna. Hombre flaco, viejo y desaseado.
zanco *m.* Cada uno de los dos palos altos con travesaños en que se afirman los pies, para andar por lugares pantanosos.
zancón -na *a.* Zancudo.
zancudo -da *a.* De zancas largas. *a.-f.* Dic. de las aves que tienen muy largos los tarsos.
zanfonía *f.* Antiguo instrumento de cuerda que se tocaba con un manubrio.
zanga *f.* Cierto juego de naipes.
zangamanga *f.* Treta, ardid.
zanganada *f.* Impertinencia.
zangandongo -ga *m. f.* Persona inhábil y holgazana.
zanganear *i.* Andar vagando sin trabajar.
zángano *m.* Macho de la abeja reina. Holgazán que se sustenta de lo ajeno. Hombre desmañado.
zangarilleja *f.* Muchacha desaseada y vagabunda.
zangarrear *i.* Rasguear sin arte la guitarra.
zangarriana *f.* Enfermedad del ganado lanar. Dolencia periódica y leve. Tristeza.
zangarullón *m.* Zangón.
zangolotear *t.* Mover continua y violentamente. *i.* Moverse uno de una parte a otra sin concierto ni propósito. *r.* Moverse ciertas cosas por estar flojas. /lotear.
zangoloteo *m.* Acción de zango-
zangolotino -na *a.* Dic. del muchacho ya crecido que quiere pasar por niño. /vaído.
zangón *m.* Muchacho alto, des-
zanguanga *f.* Ficción de una enfermedad o impedimento para no trabajar. Lagotería.
zanguango -ga *a.* Indolente, perezoso.
zanja *f.* Excavación larga y angosta en la tierra.
zanjar *t.* Abrir zanjas. Resolver de modo expeditivo un asunto.
zanquear *i.* Torcer las piernas al andar. Zancajear.
zanquilargo -ga *a.-s.* De zancas

o piernas largas.
zanquillas *m. pl.* Persona de piernas delgadas y cortas.
zanquituerto -ta *a.-s.* De zancas tuertas.
zanquivano -na *a.* De piernas largas y flacas.
zapa *f.* Pala herrada con un corte acerado. Excavación. Lija. Piel labrada que forma grano como la lija.
zapador *m.* Soldado destinado a obras de excavación.
zapapico *m.* Herramienta a modo de pico con dos bocas, una puntiaguda y la otra de corte angosto.
zapar *i.* Trabajar con la zapa.
zaparrada *f.* Zarpazo.
zaparrastrar *i.* Llevar arrastrando los vestidos. /troso.
zaparrastroso -sa *a.* Zarrapas-
zapata *f.* Calzado que llega a media pierna.
zapatazo *m.* Golpe dado con un zapato o contra algo que suena.
zapateado *m.* Ant. baile español que se ejecutaba con gracioso zapateo.
zapatear *t.* Golpear con el zapato. Dar golpes en el suelo con los pies calzados. Traer a maltraer.
zapateo *m.* Acción de zapatear.
zapatera *f.* Mujer del zapatero.
zapatería *f.* Oficio y tienda del zapatero.
zapateril *a.* Relativo al zapatero.
zapatero -ra *a.* Dic. de las legumbres que se encrudecen cuando se echa agua fría en la olla en que se están cociendo. *m.* El que hace o vende zapatos.
zapateta *f.* Golpe o palmada que se da en el pie o zapato, brincando al mismo tiempo.
zapatilla *f.* Zapato ligero para estar en casa.
zapato *m.* Calzado exterior que no pasa del tobillo.
zapatudo -da *a.* Que lleva los zapatos grandes y fuertes.
¡zape! Interj. para ahuyentar a los gatos. Denota también extrañeza, miedo o precaución.
zapear *t.* Espantar al gato con la interjección ¡zape!
zapote *m.* Árbol americano de fruto comestible, aovado, con una pulpa azucarada. Este fruto.
zapotillo *m.* Zapote. /to.
zaque *m.* Odre pequeño.
zaquear *t.* Trasegar un líquido de un zaque a otro. Transportar en zaques.
zaquizamí *m.* Desván. Tabuco.

zar *m.* Título de los soberanos de Rusia y de Bulgaria.
zarabanda *f.* Antiguo baile. Cosa que causa estrépito, alboroto o molestia.
zaragata *f.* Gresca, alboroto.
zaragatero -ra *a.* Aficionado a zaragatas.
zaragatona *f.* Hierba de semillas pequeñas que, cocidas, dan una substancia mucilaginosa. Semilla de esta planta.
zaragocí *a.* Dic. de una variedad de ciruela amarilla. /za.
zaragozano -na *a.-s.* De Zarago-
zaragüelles *m. pl.* Especie de calzones anchos y follados en pliegues.
zaramagullón *m.* Somorgujo.
zaranda *f.* Criba.
zarandajas *f. pl.* Cosas menudas, sin valor.
zarandar *f.* Limpiar el grano o la uva con la zaranda. Mover una cosa con ligereza.
zarandear *t.* Zarandar. *r.* Ajetrearse, azacanarse.
zarandeo *m.* Acción de zarandear.
zarandillo *m.* Zaranda pequeña. Persona viva y ágil.
zarapito *m.* Ave zancuda, de pico largo y encorvado que vive en las playas y lugares pantanosos.
zaraza *f.* Ant. tela de algodón muy ancha y fina. *pl.* Veneno para matar animales.
zarcear *i.* Entrar el perro en los zarzales para buscar la caza. Andar de una parte a otra.
zarceño -ña *a.* Relativo a la zarza.
zarcero -ra *a.* Dic. del perro que entra en los zarzales.
zarceta *f.* Cerceta.
zarcillo *m.* Pendiente (joya). BOT. Hoja o brote en forma de filamento voluble. Almocafre.
zarco -ca *a.* De color azul claro.
zarevitz *m.* Hijo del zar y esp. el primogénito.
zarina *f.* Esposa del zar. Emperatriz de Rusia.
zarista *a.* Relativo al zar. *a.-s.* Partidario del zar.
zarpa *f.* Acción de zarpar. Mano, dedos y uñas de ciertos animales. Cazcarria.
zarpada *f.* Golpe dado con la zarpa. /se a la mar.
zarpar *t.-i.* Levar anclas, hacer-
zarpazo *m.* Zarpada. Batacazo.
zarposo -sa *a.* Que tiene zarpas o cazcarrias.
zarracatín *m.* Regatón que compra barato para vender caro.
zarramplín *m.* Hombre chapucero. Pelagatos.
zarrapastra *f.* Cazcarria.

zarrapastroso -sa *a.-s.* Desaliñado, desaseado.
zarria *f.* Cazcarria. Pingajo, harapo.
zarriento -ta *a.* Que tiene zarrias.
zarza *f.* Arbusto rosáceo de tallos sarmentosos, con aguijones, y fruto pequeño parecido a una mora redonda, negra cuando está madura.
zarzagán *m.* Cierzo flojo, pero muy frío.
zarzal *m.* Terreno poblado de zarzas.
zarzamora *f.* Fruto de la zarza. Zarza.
zarzaparrilla *f.* Arbusto americano medicinal. Bebida preparada con esta planta.
zarzaperruna *f.* Escaramujo.
zarzarrosa *f.* Flor del escaramujo.
zarzo *m.* Tejido plano hecho con cañas, varas o mimbres.
zarzoso -sa *a.* Que tiene zarzas.
zarzuela *f.* Obra dramática y musical en la que alternan el canto y la declamación.
¡zas! Onomatopeya de un golpe.
zascandil *m.* Hombre despreciable, ligero y enredador.
zata = **zatara** *f.* Especie de balsa para transportes fluviales.
zazo -za = **zazoso -sa** *a.* Tartajoso.
zeda *f.* Nombre de la letra z.
zedilla *f.* Cedilla.
zelandés -desa *a.-s.* De Zelanda.
zendavesta *m.* Colección de los libros sagrados de los persas.
zepelín *m.* Globo dirigible de forma alargada, con barquilla cerrada.
zeta *f.* Letra del alfabeto griego. Zeda.
zigzag *m.* Serie de líneas que forman ángulos entrantes y salientes.
zigzaguear *i.* Andar, moverse o extenderse en zigzag.
zinc *m.* Cinc.
zipizape *m.* Riña ruidosa o con golpes.
¡zis, zas! Onomatopeya con que se expresa la repetición de un golpe.
zoca *f.* Plaza.
zócalo *m.* Cuerpo inferior de un edificio para elevar los basamentos a un mismo nivel. Friso inferior o superior de una pared. Miembro inferior del pedestal.
zocato -ta *a.-s.* Zurdo. *a.* Dic. del fruto cuando se pone acorchado y amarillo.
zoclo *m.* Zueco, chanclo.
zoco -ca *a.-s.* Zurdo. *m.* En Marruecos, mercado.
zodiacal *a.* Perteneciente al Zodíaco.
Zodíaco *m.* Zona de la esfera celeste, de 16° de anchura, dividida en doce partes iguales, llamadas *signos del Zodíaco*.
zoilo *m.* Crítico presumido y maligno censurador de las obras ajenas.
zolocho -cha *a.-s.* Mentecato, aturdido.
zollipar *i.* Sollozar hipando.
zollipo *m.* Sollozo con hipo.
zona *f.* Lista, banda o faja. Extensión considerable de terreno que tiene forma de banda o faja. Cada una de las cinco partes en que se considera dividida la superficie de la Tierra por los trópicos y los círculos polares. MED. Erupción cutánea acompañada de gran ardor.
zoncería *f.* Sosería.
zonzo -za *a.-s.* Dic. de la persona sosa.
zonzorrión -rriona *a.-s.* Muy zonzo.
zoófago -ga *a.* Que se alimenta de materias animales.
zoófito *m.* Animal que tiene aspecto de planta.
zoografía *f.* Parte de la zoología que tiene por objeto la descripción de los animales.
zoolatría *f.* Culto de los animales.
zoología *f.* Parte de la historia natural que trata de los animales.
zoológico -ca *a.* Relativo a la zoología.
zoólogo *m.* El que se dedica a la zoología.
zootecnia *f.* Arte de la cría de animales domésticos.
zopas *c.* Persona que cecea.
zopenco -ca *a.-s.* Tonto, abrutado.
zopisa *f.* Brea. Resina de pino.
zopitas *c.* Zopas.
zoquete *m.* Pedazo de pan grueso e irregular. Taco de madera. Hombre pequeño y gordo. *a.-m.* Persona ruda para entender.
zoquetudo -da *a.* Basto o mal hecho.
zorcico *m.* Baile y canto popular vascongado.
zorollo *a.* Dic. del trigo que se siega antes de su completa madurez.
zorongo *m.* Pañuelo doblado que los aragoneses llevan atado de la cabeza. Moño ancho y aplastado. Baile popular andaluz.
zorra *f.* Mamífero carnicero cánido, de cola larga y gruesa, que persigue toda clase de caza y ataca a las aves de corral. Hembra de esta especie. Persona astuta y solapada.
zorrastrón -trona *a.-s.* Pícaro,

astuto.
zorrera f. Cueva de zorros.
zorrero -ra a.-s. Raposero. a. Astuto.
zorro m. Macho de la zorra. Hombre taimado y astuto. pl. Utensilio para sacudir el polvo.
zorronglón -glona a.-s. Que obedece refunfuñando.
zorruno -na a. Relativo a la zorra.
zorzal m. Pájaro del mismo género que el tordo. a.-s. Astuto, sagaz.
zote a.-s. Ignorante, torpe, tonto.
zozobra f. Acción de zozobrar. Inquietud, congoja.
zozobrar i. Peligrar la embarcación. Estar muy cerca de perderse una cosa. Acongojarse en la duda. i.-r. Naufragar.
zuavo m. Soldado argelino al servicio de Francia. Soldado francés uniformado como el anterior.
zubia f. Lugar por donde corre mucha agua.
zucarino -na a. Sacarino.
zuda f. Azud.
zueco m. Zapato de madera de una pieza. Zapato de cuero con suela de corcho o de madera.
zulacar t. Cubrir con zulaque.
zulaque m. Betún en pasta para tapar juntas en obras hidráulicas.
zulú a.-s. De cierto pueblo de raza negra del África austral.
zulla f. Hierba leguminosa que sirve de pasto para el ganado. Excremento humano.
zullarse r. Hacer uno sus necesidades. Ventosear.
zullenco -ca a. Que se zulla o ventosea con frecuencia.
zullón -ona a.-s. Zullenco. m. Ventosidad.
zumacar t. Adobar las pieles con zumaque.
zumacaya f. Zumaya (ave zancuda).
zumaque m. Arbusto cuya corteza se emplea como curtiente.
zumaya f. Ave zancuda de paso. Autillo. Chotacabras.
zumba f. Cencerro grande. Bramadera. Vaya, chanza, broma. Tunda, zurra.
zumbar i. Hacer una cosa ruido continuado y bronco. t. Dar un golpe, causar un daño. t.-r. Dar broma o chasco a uno.
zumbel m. Cuerda con que se hace bailar el peón.
zumbido m. Ruido de una cosa que zumba. Golpe, porrazo.
zumbo m. Zumbido.

zumbón -bona a. Díc. del cencerro que lleva el cabestro. Burlón.
zumiento -ta a. Que arroja zumo.
zumillo m. Dragontea.
zumo m. Líquido que se extrae de las flores, hierbas, frutos, etcétera.
zumoso -sa a. Que tiene zumo.
zuncho m. Abrazadera de metal, usada como refuerzo.
zupia f. Poso del vino. Vino turbio. Lo más inútil y despreciable de una cosa.
zurcido m. Unión o costura de las cosas zurcidas.
zurcidor -ra a.-s. Que zurce.
zurcidura f. Acción de zurcir. Zurcido.
zurcir t. Coser la rotura de una tela de modo que la unión resulte disimulada. Unir sutilmente una cosa con otra. Combinar mentiras.
zurdo -da a.-s. Que usa de la mano izquierda del modo que las demás personas usan de la derecha. a. Izquierdo. f. Mano izquierda. /loma.
zurear i. Hacer arrullos la pa-
zurito -ta a. Zuro.
zuro -ra a. Díc. de los palomos y palomas silvestres. m. Raspa de la mazorca del maíz.
zurra f. Acción de zurrar las pieles. Paliza, tunda.
zurrapa f. Brizna, pelillo, etc., que forma poso en los líquidos. Cosa despreciable.
zurrapelo m. Rapapolvo.
zurrapiento -ta = zurraposo -sa a. Que tiene zurrapas.
zurrar t. Curtir las pieles. Castigar con golpes. Censurar con dureza.
zurriaga f. Zurriago.
zurriagar t. Dar zurriagazos.
zurriagazo m. Golpe dado con el zurriago. Desgracia inesperada.
zurriago m. Látigo con que se castiga. Correa con que se hace bailar la peonza.
zurriar i. Zurrir.
zurribanda f. Zurra o castigo. Pendencia, riña.
zurriburri f. Sujeto o gente vil y despreciable. Barullo, confusión.
zurrido m. Sonido bronco y confuso. Golpe, garrotazo.
zurrir i. Sonar bronca y confusamente.
zurrón m. Bolsa grande de pellejo o cuero. Cáscara primera de ciertos frutos.
zurrona f. Mujer perdida y estafadora.
zurullo m. Pedazo rollizo de materia blanda.

zurupeto *m.* Corredor de bolsa no matriculado.
zutano -na *m. f.* Voz usada como complemento o en contraposición de *fulano* y *mengano*, en la misma acepción.
¡zuzo! *interj.* ¡Chucho!
zuzón *m.* Hierba cana.